2016

中国发展报告

CHINA DEVELOPMENT REPORT

《中国发展报告》编写组 编

图书在版编目（CIP）数据

2016中国发展报告 / 《中国发展报告》编写组编 .
-- 北京 ：中国统计出版社，2016.9
ISBN 978-7-5037-7919-0

Ⅰ．①2… Ⅱ．①中… Ⅲ．①中国经济－经济发展－调查报告－2016②社会发展－调查报告－中国－2016
Ⅳ．①F124

中国版本图书馆CIP数据核字（2016）第198769号

中国发展报告2016

作　　者／《中国发展报告》编写组
责任编辑／郭　栋
装帧设计／张　冰　黄　晨
编辑部电话／（010）63376877、63376861
编辑部信箱／yearbook@gj.stats.cn
网　　址／http://www.zgtjcbs.com
出版发行／中国统计出版社
通信地址／北京市丰台区西三环南路甲6号　邮政编码/100073
电　　话／邮购（010)63376907 书店（010)68783172
印　　刷／南京凯德印刷有限公司
经　　销／新华书店
开　　本／880×1230mm 1/16
字　　数／940千字
印　　张／36.25
版　　别／2016年9月第1版
版　　次／2016年9月第1次印刷
定　　价／460.00元

版权所有。未经许可，本书的任何部分不准以任何方式在
世界任何地区以任何文字翻印、拷贝、仿制或转载。
如有印装错误，本社发行部负责调换。

序 言（代）

经济常态发展　转型正在途中

宁吉喆

2015 年，在复杂严峻的国内外环境下，党中央、国务院保持战略定力，主动适应引领新常态，不断创新宏观调控，深入推进供给侧结构性改革，扎实推动大众创业、万众创新，我国经济保持了总体平稳、稳中有进、稳中有好的发展态势，圆满完成了“十二五”规划目标任务。国内生产总值增长 6.9%，是全球经济增长的“动力源”；结构调整深入推进，发展协调性进一步增强；对外开放迈出新步伐，国际化水平明显提高；以人为本加快发展，人民生活持续改善；创新引领科学发展，综合国力和国际影响力继续提高，为“十三五”发展、全面建成小康社会打下了良好基础。成绩来之不易，需要倍加珍惜。与此同时，也要清醒认识到，我国经济社会发展面临的困难和问题还不少，必须坚持稳中求进工作总基调，加大供给侧结构性改革力度，着力增加有效供给，培育发展新动力。

一、消费贡献上升，服务业支撑作用增强

坚持政府主动引导和利用市场机制优化资源要素配置相结合，加大对符合结构调整和转型升级方向重点领域的支持力度，我国经济结构加速优化，消费增长和服务业发展成为经济增长的重要支撑力量。2015 年，我国消费率为 52.4%，比上年提高 1 个百分点；最终消费支出对经济增长的贡献率达到 60.9%，比上年提高 11.3 个百分点，比资本形成总额的贡献率高 19.2 个百分点。投资结构不断优化，发展薄弱环节得到加强。2015 年，水利环境和公共设施管理业投资、交通运输仓储和邮政业投资增速分别比全部固定资产投资快

10.6和4.0个百分点，占全部固定资产投资的比重分别比上年提高0.9和0.4个百分点。与此同时，经济向服务业主导加快转变，服务业作为国民经济第一大产业的地位得到巩固。2015年，第三产业增加值占国内生产总值比重首次超过50%，达到50.5%，比上年提高2.4个百分点，比第二产业高10个百分点；第三产业增加值比上年增长8.3%，增速比第二产业快2.3个百分点，对经济增长的贡献率为54.1%，比上年提高6.2个百分点。

二、创新驱动作用强化，新经济加快成长

创新驱动发展战略深入实施，“大众创业、万众创新”氛围更趋浓厚，创新活力和动力持续增强。2015年，全国研究与试验发展（R&D）经费支出14220亿元，比上年增长9.3%，占国内生产总值的比重为2.10%，提高0.05个百分点。目前，我国已成为仅次于美国的第二大研发经费投入国家，研发投入强度已经位居发展中国家前列。研发投入的快速增加，有力促进科技成果不断涌现。2015年，受理境内外专利申请280万件，授予专利权172万件，分别比上年增长18.5%和31.9%。截至2015年底，我国有效发明专利为147万件，其中境内有效发明专利87.2万件，每万人发明专利拥有量为6.3件。伴随科技创新能力不断提高，“互联网+”行动计划和《中国制造2025》扎实推进，以新产品新模式新服务为代表的新经济迅速发展，成为支撑经济稳定增长的重要力量。2015年，网上商品零售额比上年增长31.6%，新能源汽车产量增长161.2%，运动型多用途乘用车（SUV）增长48%，工业机器人增长21.7%，智能电视增长14.9%，网络约车、在线医疗、远程教育等发展方兴未艾。

三、城乡统筹力度加大，区域协调呈现新面貌

坚持统筹兼顾、综合平衡，加大财政转移支付和政策支持力度，构建以城市群、经济带为支撑的区域发展格局，逐步补齐发展短板、缩小城乡地区差距，区域发展的平衡性、协调性不断增强。城镇化稳步推进，城乡差距进一步缩小。2015年末，全国城镇常住人口占全部人口比重为56.10%，比上年末提高1.33个百分点，为2011年以来最大提高幅度；农村居民人均可支配收入实际增长7.5%，增速比城镇居民人均可支配收入快0.9个百分点；城镇居民人均可支配收入与农村居民人均可支配收入倍差为2.73，比上年下降0.02。中西部发展继续快于东部。2015年，中西部地区规模以上工业增加值增速分别快于东部地区0.9和1.1个百分点；中西部地区社会消费品零售总额增速分别快于东部地区1.3和0.3个百分点；中部地区全社会固定资产投资增速快于东部地区2.9个百分点。京津冀三地优势互补、互利共赢协同发展格局初步形成，长江经济带引领作用进一步增强。

四、节能环保加快推进，绿色发展迈出步伐

积极推动经济向质量效率型集约增长转变，努力建设资源节约型、环境友好型社会，绿色发展态势逐步形成。节能降耗和清洁发展势头良好。2015年万元国内生产总值能耗比上年下降5.6%，降幅比上年扩大0.8个百分点。能源消费结构进一步改善。2015年，水电、

风电、核电、天然气等清洁能源消费量占能源消费总量的比重为17.9%，比上年提高0.9个百分点；煤炭消费量占比为64.0%，下降1.6个百分点。环境质量有效改善。2015年全国化学需氧量排放量比上年下降3.1%，二氧化硫排放量下降5.8%。生态保护取得积极成效。2015年完成造林面积617万公顷，新增水土流失治理面积5.4万平方公里，新增实施水土流失地区封育保护面积2.0万平方公里。

五、基础设施建设加强，基础产业较快发展

农业基础更趋巩固。农业综合生产能力稳步提高，粮食等主要农产品产量保持增长态势。2015年，粮食总产量达到62144万吨，比上年增长2.4%，实现“十二连增”；油料产量3537万吨，增长0.8%；茶叶产量225万吨，增长7.3%；水果产量27375万吨，增长4.7%。交通运输能力持续增强。高效、便捷的铁路网、公路网、航空运输网、城际铁路网、航道网更趋完善。2015年末，铁路营业里程达到12万公里，比上年末增长8.2%；公路里程458万公里，增长2.5%；高速公路里程12万公里，增长10.4%，定期航班航线里程532万公里，增长14.7%。信息通信发展水平快速提高。2015年，我国邮电业务总量28220亿元（按2010年不变价格计算），比上年增长29.2%。2015年末，移动电话用户、互联网上网人数分别达到13.1亿户、6.9亿人。

六、改革开放纵深推进，“走出去”步伐加快

2015年，简政放权、放管结合、优化服务改革深入推进，彻底终结了非行政许可审批；国企改革方案顺利推出，在完善现代企业制度，加强分类监管，推动股权多元化和混合所有制发展等方面取得新突破；价格改革力度加大，中央政府定价项目减少80%，地方政府定价项目减少一半以上；投融资体制改革进一步深化，积极推广政府和社会资本合作（PPP）模式；财税体制改革步伐加快，大力完善政府预算体制，加强对地方政府债务限额管理，扩大营改增范围；金融体制改革稳步推进，积极发展民营银行等中小金融机构，推动利率、汇率市场化改革，扩大人民币跨境使用。一系列改革举措极大地改善发展环境，激发了市场活力。2015年，全国新登记企业443.9万户，比上年增长21.6%，注册资本（金）29万亿元，增长52.2%。

统筹国内国际两个大局，坚持以开放促改革促发展，努力稳定对外贸易，提高贸易便利化水平，加快推动“一带一路”战略和国际产能合作，新一轮高水平对外开放结出硕果。全球货物贸易第一大国的地位得到巩固。2015年，我国货物进出口总额达到245741亿元，在全球市场的份额进一步提升至11.9%。双向投资实现基本平衡。2015年，我国实际使用外商直接投资1263亿美元，比上年增长5.6%，再创历史新高；非金融类对外直接投资1180亿美元，增长14.7%。“一带一路”建设成效显现。利用外资方面，2015年，“一带一路”沿线国家对华投资新设立企业2164家，比上年增长18.3%，实际投入外资金额84.6

亿美元，增长 23.8%；对外投资方面，我国企业共对“一带一路”相关的 49 个国家进行直接投资额 148 亿美元，增长 18.2%。国际产能合作步伐加快。

七、人口总量增长素质提高，人口红利继续释放

坚持计划生育基本国策，完善人口发展战略，大力提高人口素质，促进了人口红利持续发挥作用。全国总人口平稳增长。2015 年末，全国大陆总人口 137462 万人，比上年末增加 680 万人。劳动年龄人口总量依然可观。2015 年，全国 15 岁至 64 岁人口 100361 万人，接近全球劳动年龄人口总量的四分之一，占全部人口的比重为 73.0%，明显高于世界劳动年龄人口比重平均水平。劳动力素质稳步提高，对经济转型发展的支撑作用增强。2015 年，我国大专及以上文化程度人口占全部人口的比重达到 12.4%，比上年提高 1.7 个百分点；农民工高中及以上文化程度所占比例达到 25.2%，提高 1.4 个百分点；劳动年龄人口平均受教育年限达到 10.23 年，继续提高。

八、人民生活不断改善，减贫工作取得新成绩

坚持共享发展理念，紧扣增进民生福祉，千方百计增加就业和居民收入，保障民生力度持续加大，人民生活水平有新提高，生活质量有新改善。就业规模稳步扩大。由于产业发展向服务业转型和“双创”对就业带动作用增强，在经济增速放缓的背景下就业总量不降反升。2015 年末，全国就业人员 77451 万人，比上年末增加 198 万人。农民工总量 27747 万人，比上年增加 352 万人，增长 1.3%。居民收入稳定增长。就业形势稳定、工资性收入继续增长、社会保障水平提高共同促进了居民收入较快增长。2015 年，全国居民人均可支配收入 21966 元，比上年名义增长 8.9%，扣除价格因素，实际增长 7.4%，快于国内生产总值增速。居民生活质量不断提高。减贫成效显著。按照每人每年 2300 元（2010 年不变价）的农村贫困标准计算，2015 年农村贫困人口为 5575 万人，比上年减少 1442 万人，贫困发生率由上年的 7.2% 下降到 5.7%。

九、公共服务水平有序提高，社会事业持续进步

民生投入不断增加，民生福祉有效改善，教文卫等各项社会事业全面进步。教育事业稳步发展。2015 年，小学学龄儿童净入学率达到 99.9%，比上年提高 0.1 个百分点；高等教育毛入学率达到 40%，提高 2.5 个百分点。高等教育规模继续扩大。2015 年，全国普通本专科招生 738 万人，在校生 2625 万人，毕业生 681 万人，分别比上年增加 16.4 万人、77.6 万人、21.5 万人。文化事业欣欣向荣。卫生医疗体系不断健全。医疗健康服务水平不断提高，重大疾病防控有效实施，居民健康状况继续改善。2015 年，我国人均预期寿命达到 76.34 岁，比 2010 年提高 1.51 岁，居民健康达到中高收入国家水平。

十、国际地位稳步提高，国际影响力进一步增强

随着我国经济总量持续扩大，社会发展水平稳步提高，经济社会总量指标占世界的比重进一步上升，人均指标继续改善，国际影响力显著增强。国际货币基金组织数据显示，按市场汇率计算，2015 年我国国内生产总值 10.98 万亿美元，约占世界经济总量的 15%，比上年提高 1.6 个百分点；我国人均国内生产总值 7990 美元，在 189 个国家（地区）中排名第 76 位，比上年前移 7 位。我国主要工农业产品产量继续稳居世界前列。在经济快速发展的同时，人文发展水平持续提高。国际竞争力进一步增强。根据世界经济论坛《2015—2016 年全球竞争力报告》，2015 年我国国际竞争力在 140 个国家和地区中排名 28 位，继续领跑金砖国家，仍是全球主要新兴市场中最具竞争力的经济体。

在看到成绩的同时，也要清醒地认识到，我国经济社会发展面临的困难和问题还不少。从国际看，世界经济增长乏力，贸易保护主义抬头，地缘政治更趋复杂，传统安全威胁和非传统安全威胁相互交织，外部环境不稳定不确定因素有增无减；从国内看，发展不平衡、不协调、不可持续的问题依然突出，经济运行面临产能过剩与有效供给不足、去产能去库存与稳增长稳就业、融资难融资贵与财政金融风险上升并存等两难多难问题，趋势性、结构性、周期性矛盾相互叠加，经济下行压力仍然较大。2016 年和下阶段，要牢固树立创新、协调、绿色、开放、共享发展理念，坚持宏观政策要稳、产业政策要准、微观政策要活、改革政策要实、社会政策要托底，坚持稳中求进工作总基调，加大供给侧结构性改革力度，落实“三去一降一补”，增加有效供给，培育发展新动力，促进经济保持中高速增长，发展迈向中高端水平，人民生活逐步达到全面小康，奋力实现“两个一百年”奋斗目标和中华民族伟大复兴的中国梦！

《中国发展报告 2016》编写组

主　　编： 宁吉喆

副 主 编： 张为民　谢鸿光　许宪春　高建华　郑京平　贾　楠　鲜祖德　李晓超　宋跃征

编审人员：（以姓氏笔画为序）

万东华　王　军　王萍萍　毛有丰　文兼武　叶植材　朱维盛　许剑毅
邢志宏　严建辉　杜希双　李希如　张淑英　孟庆欣　赵云城　钟守洋
贾　海　徐　辉　盛来运　曾玉平　董礼华　察志敏

丁远忠　王尔淳　王世炎　王庆国　王　杰　王贵荣　王跃新　王新农
王建平　邓盛平　叶健夫　包东红　许　斌　朱章海　任湘生　刘同星
刘刚海　刘克明　刘顺国　刘柏呈　刘　恒　刘湛菁　李克勤　李　悦
李　敏　李　强　孙希有　孙法臣　张小军　张云松　张世平　张祖明
张晓光　余晓明　邹伟忠　陈　炜　杨和荣　杨景祥　杨　雯　武军定
幸晓维　朋　琳　胡国亮　胡敏谦　钟赛梅　侯碧波　赵太想　徐　莹
洪　玉　骆　飞　贾志鹏　贾红邦　贾晓光　钱晓康　符国瑄　蒋力歌
曾文明　葛　新　彭志龙　蓝庆华　谭　波　翟振新　潘振文　魏红江

编写人员：（见内文）

目录

主题报告篇

专题报告篇

地区报告篇

专栏文章

2016中国发展报告 China Development Report

一、主题报告篇

二、专题报告篇

三、地区报告篇

2015 年国民经济运行情况报告

2015 年是“十二五”规划的收官之年，是全面深化改革的关键之年，也是世界经济深度调整、国内“三期”叠加阵痛持续深化的一年。面对错综复杂的国际形势和不断加大的经济下行压力，党中央、国务院保持战略定力，谋划发展全局，主动适应引领新常态，以新理念指导新实践，以新战略谋求新发展，不断创新宏观调控，深入推进结构性改革，扎实推动“大众创业、万众创新”，经济保持了总体平稳、稳中有进、稳中有好的发展态势，圆满完成“十二五”规划目标任务，为“十三五”发展、决胜全面建成小康社会奠定了坚实基础。

一、经济运行稳中略缓，仍处在合理区间

初步核算，2015 年国内生产总值 676708 亿元，比上年增长 6.9%，增速比上年回落 0.4 个百分点。其中，第一产业增加值 60863 亿元，比上年增长 3.9%；第二产业增加值 274278 亿元，增长 6.0%；第三产业增加值 341567 亿元，增长 8.3%。分季度看，一、二、三、四季度分别增长 7.0%、7.0%、6.9% 和 6.8%。

（一）农业生产再获丰收

2015 年，全国粮食总产量 12429 亿斤，比上年增加 288 亿斤，增长 2.4%。其中，夏粮产量 2822 亿斤，增长 3.3%；早稻产量 674 亿斤，下降 0.9%；秋粮产量 8932 亿斤，增长 2.3%。全年猪牛羊禽肉产量 8454 万吨，比上年下降 1.0%。

（二）工业生产基本平稳

2015 年，规模以上工业增加值比上年增长 6.1%。分季度看，一、二、三、四季度分别增长 6.4%、6.3%、5.9% 和 5.9%。其中，12 月份同比增长 5.9%，增速比上月回落 0.3 个百分点。

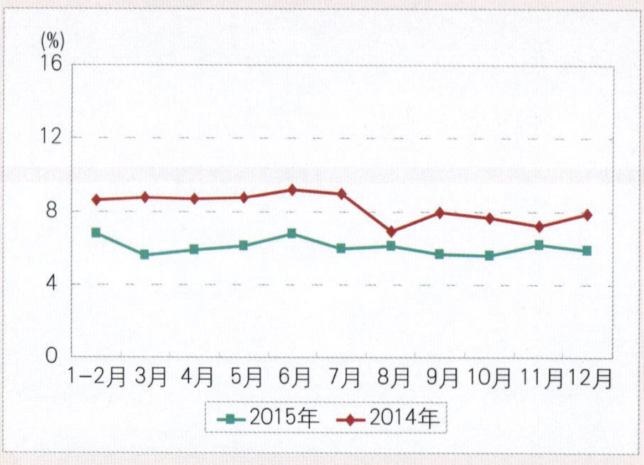

图 1　规模以上工业增加值当月增长速度

（三）服务业增长较快

2015 年，服务业增加值比上年增长 8.3%。分季度看，一、二、三、四季度分别增长 8.0%、8.5%、8.6% 和 8.2%。分类别看，批发和零售业增加值比上年增长 6.1%，交通运输、仓储和邮政业增长 4.6%，住宿和餐饮业增长 6.2%，金融业增长 15.9%，房地产业增长 3.8%。

（四）投资增速持续回落

2015 年，固定资产投资（不含农户）551590 亿元，比上年增长 10.0%。分季度看，一季度、上半年、前三季度分别增长 13.5%、11.4% 和

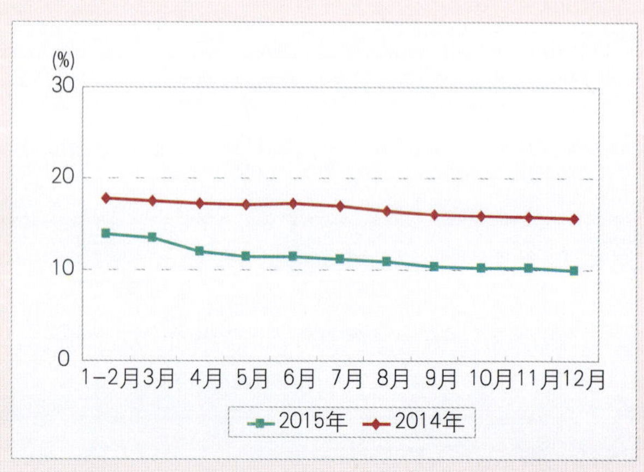

图 2　固定资产投资（不含农户）累计增长速度

10.3%。分三大领域看，基础设施投资比上年增长 17.2%，制造业投资增长 8.1%，房地产开发投资增长 1.0%。

（五）消费增长稳中有升

2015 年，社会消费品零售总额 300931 亿元，比上年增长 10.7%。分季度看，一、二、三、四季度分别增长 10.6%、10.3%、10.7% 和 11.1%。其中，12 月份同比增长 11.1%。

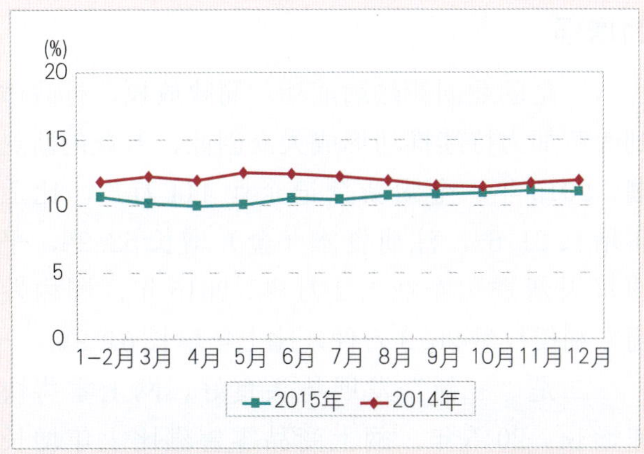

图 3 社会消费品零售总额当月增长速度

（六）出口降幅收窄

2015 年，进出口总额 245849 亿元，比上年下降 7.0%。其中，出口额 141357 亿元，比上年下降 1.8%；进口额 104492 亿元，下降 13.2%。分季度看，一季度出口增长 4.8%，二、三、四季度分别下降 3.2%、5.8% 和 1.8%，四季度出口降幅比三季度收窄 4.0 个百分点。12 月份出口同比增长 2.3%，上月为下降 3.7%。

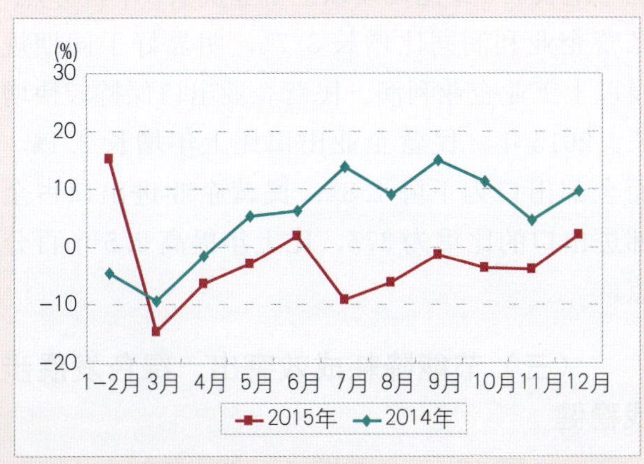

图 4 出口总额当月增长速度（按人民币计价）

（七）居民消费价格涨势温和

2015 年，居民消费价格总水平比上年上涨 1.4%。其中，食品价格比上年上涨 2.3%，影响居民消费价格上涨约 0.79 个百分点；服务价格上涨 2.0%，影响居民消费价格上涨约 0.59 个百分点。

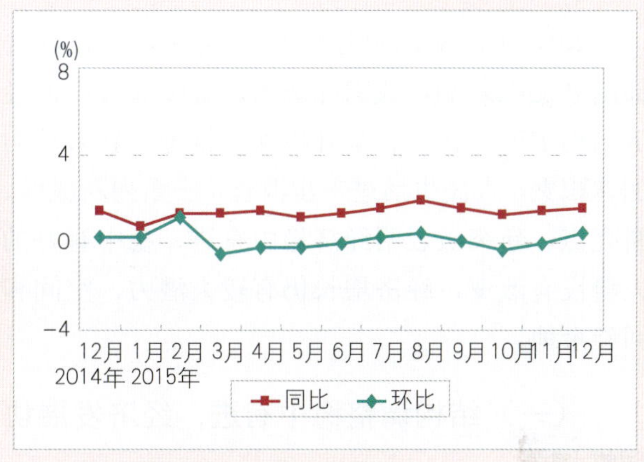

图 5 居民消费价格总水平当月涨（跌）幅

（八）工业品出厂价格下降较多

2015 年，工业生产者出厂价格比上年下降 5.2%，降幅比上年扩大 3.3 个百分点。其中，生产资料价格比上年下降 6.7%，影响工业生产者出厂价格下降约 5.1 个百分点；生活资料价格下降 0.3%，影响工业生产者出厂价格下降约 0.1 个百分点。

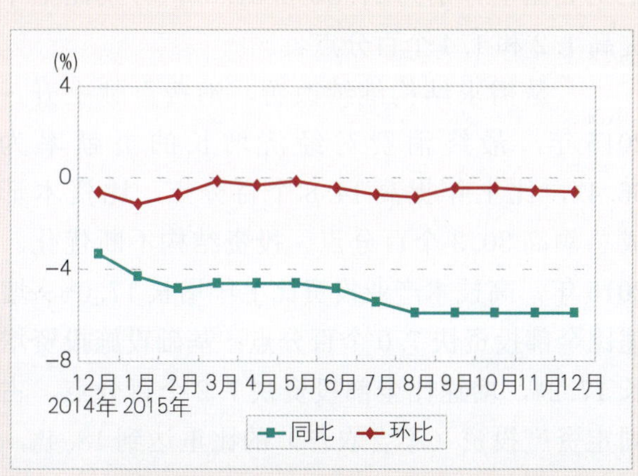

图 6 工业生产者出厂价格总水平当月涨（跌）幅

（九）就业总体稳定

在工业趋缓形势下，由于简政放权、“双创”

力度加大，就业形势良好。2015 年，城镇新增就业 1312 万人，超额完成全年目标任务。全年农民工总量为 27747 万人，比上年增长 1.3%。

二、以新理念指导新实践，经济发展稳中有进、稳中有好

2015 年，受趋势性周期性因素叠加、内外部困难交织影响，我国经济增速继续放缓，但经济结构加速优化，转型升级加快推进，新兴动力加速积聚，人民生活进一步改善，一系列新成就、新亮点、新突破表明经济稳中有进、稳中有好的大势没有改变，经济增长仍有较大潜力、空间和回旋余地。

（一）结构调整稳中有进，经济发展协调性增强

一是产业结构不断升级。服务业主导特征更加突出。2015 年，第三产业增加值比上年增长 8.3%，比第二产业快 2.3 个百分点，占国内生产总值的比重达到 50.5%，比上年提高 2.4 个百分点，比第二产业高 10 个百分点。工业升级态势明显。2015 年，高技术产业和装备制造业增加值比上午分别增长 10.2% 和 6.8%，增速分别比规模以上工业快 4.1 和 0.7 个百分点；占规模以上工业比重分别为 11.8% 和 31.8%，分别比上年提高 1.2 和 1.4 个百分点。

二是需求结构继续改善。消费贡献上升。2015 年，最终消费对经济增长的贡献率为 66.4%，比上年提高 14.8 个百分点，比资本形成总额高 30.3 个百分点。投资结构不断优化。2015 年，高技术产业投资比上年增长 17.0%，增速比全部投资快 7.0 个百分点；基础设施投资增长 17.2%，增速比全部投资快 7.2 个百分点，占固定资产投资（不含农户）的比重达到 18.4%，比上年提高 1.2 个百分点。

三是城乡统筹发展迈出新步伐。城镇化水平继续提高。2015 年末，城镇化率达到 56.10%，比上年提高 1.33 个百分点。城乡居民收入差距继续缩小。2015 年，城乡居民人均可支配收入倍差为 2.73，比上年降低 0.02。

四是区域协调亮点纷呈。中西部地区主要指标增长快于东部。2015 年，中、西部地区规模以上工业增加值比上年分别增长 7.6% 和 7.8%，增速分别快于东部地区 0.9 和 1.1 个百分点；中部地区固定资产投资（不含农户）增长 15.7%，快于东部地区 3.0 个百分点。

（二）新旧动力有序转换，创新驱动后劲增强

一是创业创新热潮涌动。简政放权、行政体制改革加力持续推动形成大众创业、万众创新热潮。2015 年，全国新登记企业 444 万户，比上年增长 21.6%，注册资本（金）增长 52.2%，平均每天新登记企业 1.2 万户。2015 年，国内发明专利授权量 26.3 万件，比上年增长 61.9%。

二是“三新”发展势头良好。网上零售快速增长。2015 年，网上商品零售额比上年增长 31.6%，明显快于社会消费品零售总额增速。信息消费爆发式增长。2015 年，移动互联网接入流量达 41.9 亿 G，同比增长 103%。高附加值、高技术含量的新产品不断涌现。2015 年，新能源汽车产量比上年增长 163.1%，运动型多用途乘用车（SUV）增长 46.9%，工业机器人增长 42%，光电子器件增长 22.9%，智能电视增长 21.8%，智能手机增长 14.6%。

三是市场活力持续迸发。非公经济较快发展。2015 年，规模以上工业中非公有制企业增加值比上年增长 7.9%，比规模以上工业快 1.8 个百分点；私营企业利润同比增长 3.7%，明显好于同期规模以上工业企业利润。民营企业出口保持较快增长。2015 年，民营企业出口比上年增长 3.1%，而全部出口为下降 1.8%；民营企业进出口占全部进出口的比重为 37%，比上年提高 2.5 个百分点。

（三）节能降耗成效突出，绿色发展步伐稳健

一是清洁能源消费比重上升。能源生产与消费结构发生深刻变化。2015 年，我国原煤产量和消费量比上年分别下降 3.5% 和 4.0%。在能源

消费结构中，煤炭消费量占比为64.0%，比上年下降1.6个百分点；水电、风电、核电、天然气等清洁能源消费量占比为17.9%，提高0.9个百分点。

二是能源利用效率整体提升。2015年，万元国内生产总值能耗比上年下降5.6%，降幅比上年扩大0.8个百分点。主要耗能产品综合能耗继续下降。

三是高耗能行业生产和投资增长放缓。产能过剩和市场需求不振倒逼高耗能行业压缩生产和投资。2015年，高耗能行业增加值比上年增长6.3%，增速比上年回落1.2个百分点，占规模以上工业的比重为27.8%，比上年下降0.6个百分点；高耗能行业投资增长4.5%，增速比上年回落7.3个百分点，占全部投资的比重为11.7%，下降0.6个百分点。

（四）对外开放纵深推进，国际影响力不断提升

一是我国经济仍然是世界经济的稳定之锚、增长之源。2015年，我国经济增速有所放缓，但仍然是全球增长最快的主要经济体之一，对世界经济增长的贡献超过25%。尽管由于大宗商品价格大幅下跌导致进口金额下降，但进口数量稳中有增。2015年，我国大豆进口量比上年增长14.4%，铜矿砂及其精矿增长12.6%，原油增长8.8%，铁矿砂及其精矿增长2.2%，为稳定国际市场做出了重要贡献。

二是“一带一路”战略扎实推进。我国与“一带一路”沿线国家经贸合作的步伐不断加快，进出口表现好于我国总体进出口。2015年，我国与“一带一路”相关国家进出口总值9955亿美元，占同期我国进出口总值的比重超过1/4。全年我国企业共对“一带一路”相关的49个国家进行了直接投资，投资额达148亿美元，比上年增长18.2%。不少企业觅机抱团出海，赢得了新的发展机遇。

三是对外投资加速发展。在美元升值、全球资本回流、流动性减少以及投资收益大幅下滑的大背景下，我国对外投资保持了两位数的高增长。2015年，我国累计实现对外非金融类直接投资1180亿美元，比上年增长14.7%，2015年末我国对外直接投资存量首次超过万亿美元大关。国际产能合作积极推进，对外投资保持强势增长。2015年，我国企业对“一带一路”相关国家的投资中，投向交通运输、电力、通讯等优势产业直接投资117亿美元，比上年增长80.2%，装备制造业对外投资70亿美元，增长154.2%。

（五）民生事业持续改善，发展成果全民共享

一是居民收入稳定增长。2015年，全国居民人均可支配收入21966元，比上年名义增长8.9%，扣除价格因素，实际增长7.4%，快于国内生产总值增速。其中，农村居民人均可支配收入11422元，名义增长8.9%，实际增长7.5%；城镇居民人均可支配收入31195元，名义增长8.2%，实际增长6.6%。2015年，农村外出务工劳动力月均收入3072元，比上年增长7.2%。

二是居民收入相对差距缩小。2015年，全国居民人均可支配收入五等份中，最高收入组与最低收入组的人均收入倍差为10.45，比上年降低0.29。全国居民人均可支配收入中位数比上年名义增长9.7%，比平均数增速高0.8个百分点。

三是居民消费结构持续升级。基本生存类消费占比下降，发展享受型消费占比提高。2015年，全国居民人均消费支出中，食品烟酒、衣着消费支出占比分别比上年下降0.4和0.2个百分点；交通通信、教育文化娱乐、医疗保健支出占比分别比上年提高0.4、0.4和0.2个百分点。在限上企业商品零售额中，通讯器材类、体育娱乐用品类和文化办公用品类比上年分别增长29.3%、16.6%和15.2%，增速明显快于社会消费品零售总额。

四是民生保障投入增加。在财政收入增速放缓、收支矛盾突出的情况下，政府对重点领域民生投入仍保持较快增长。2015年1-11月份财政支出中，节能环保、社会保障和就业、医疗卫生与计划生育、交通运输支出、科学技术、教育同比分别增长35.4%、21.9%、21.8%、21.5%、

21.4%和17.7%。截至2015年12月底，全国城镇保障性安居工程已开工783万套，基本建成772万套，其中棚户区改造开工601万套，均超额完成年度目标任务。

2015年我国经济爬坡前行，走过了不平凡的发展历程，克服了国内外多种风险挑战，取得的成绩来之不易，积累的经验弥足珍贵。

三、转型升级进入紧要关口，下行压力不容忽视

在看到经济稳中有进、大势未变的同时，也要深刻认识到我国转型升级已经进入攻坚克难、不进则退的关键阶段。经济运行面临产能过剩与有效供给不足、去产能去库存与稳增长、融资难融资贵与财政金融风险上升、"走出去"与国际市场萎缩等两难、多难问题，趋势性、阶段性、周期性矛盾相互叠加，加大了经济下行压力。

（一）国际形势分化调整加剧，外部环境更趋复杂严峻

一是世界经济复苏持续乏力。发达经济体中，美国经济复苏态势相对较好，但受加息周期重启影响，2016年走势存在不确定性；欧元区内部分化严重，量化宽松政策继续加码，杠杆率进一步攀升；日本经济受结构性矛盾突出等的制约，2016年难见明显改善。新兴经济体受美国加息影响，资本外流、汇率波动、债务上升等问题将更趋突出，经济下行压力进一步加大。据世界银行2016年1月《全球经济展望》预计，2015年全球经济增长2.4%，2016年增长2.9%，均比6月份预计下调0.4个百分点。

二是国际贸易延续低迷态势。世界经济复苏缓慢，加上贸易保护主义盛行，导致国际贸易持续低迷，国际贸易量增速连续低于世界经济增速，波罗的海干散货指数大幅低于贸易平衡点，截至2016年1月12日已跌到402点，创历史最低。此外，以美国为首的发达国家通过签署TPP、TISA和TTIP等协议，正在重塑全球贸易新规，将进一步冲击新兴市场国家出口。

三是全球金融市场大幅震荡。资本外流加剧。据国际金融协会（IIF）预计，2015年新兴市场国家资本净流出规模约为5400亿美元，是20多年以来的首次净外流。汇率波动频繁。2015年多国货币兑美元汇率一度跌至历史最低点。其中，12月15日，俄罗斯卢布兑美元汇率暴跌逾10%，创1999年以来最大单日跌幅；12月17日，阿根廷比索兑美元汇率贬值幅度超过30%。股市震荡剧烈。8月份，道琼斯工业指数、日本日经225指数、德国DAX指数、法国CAC40指数和香港恒生指数最大跌幅均超过了10%。

四是大宗商品价格深度下跌。美元走强进一步加大国际大宗商品价格下跌。2015年，国际能源价格比上年下跌45.1%，农产品价格下跌13.0%，原材料价格下跌9.4%，金属和矿产品价格下跌21.1%。国际大宗商品价格下跌加大了全球主要经济体通缩压力。

五是地缘政治冲突加剧。中东地区形势不稳，恐怖主义较为猖獗，地区争端不断升级，加大了全球贸易和世界经济复苏的不稳定性。

（二）国内供需矛盾加剧，经济下行压力加大

一是企业生产经营更加困难。营收增长连续放缓。2015年，规模以上工业企业实现主营业务收入同比仅增长0.8%，增速比前三季度放缓0.4个百分点。成本仍然居高难下。2015年，每百元主营业务收入中的成本为85.68元，比上年上升0.04元。资金周转比较困难。12月末，规模以上工业企业产成品存货和应收账款同比分别增长3.3%和7.9%，增速分别比2015年主营业务收入高2.5和7.1个百分点。效益继续下降。2015年，规模以上工业企业实现利润总额同比下降2.3%，降幅比前三季度扩大0.6个百分点。预期持续偏弱。12月份，制造业采购经理指数（PMI）为49.7%，已连续5个月位于临界点以下。

二是通缩压力继续加大。生产领域价格持续下跌。2015年，工业生产者出厂价格比上年下降5.2%，降幅比上年扩大3.3个百分点。其中，12月份同比下降5.9%，连续46个月下降；环比

北京地坛庙会

下降 0.6%，连续 24 个月下降。生产价格下降向消费领域传导的态势明显。12 月份，工业生产者出厂价格中，生活资料价格同比下降 0.4%，连续 14 个月下降。反映全社会整体价格水平的 GDP 缩减指数下降。2015 年，GDP 缩减指数为 99.6%，而 2013 年、2014 年分别为 102.2%、100.8%。分季度看，一季度、上半年和前三季度，GDP 缩减指数分别为 99.6%、99.8% 和 99.7%。此外，在美国加息的情况下，国际大宗商品价格进一步下跌，加大了我国输入性通缩压力。

三是部分地区、部分领域失业风险不容忽视。从我局开展的企业用工典型调查情况看，12 月份企业用工人数比 6 月份下降 1.4%。分行业看，住宿和餐饮业用工人数比 6 月份下降 9.2%，批发和零售业下降 4.9%，制造业下降 1.6%。

这些情况表明，外部环境更趋复杂严峻，国内面临不少困难挑战，经济仍将面临较大的下行压力。需要指出的是，经济运行中的一些困难和问题，是发展中的问题，是前进中的问题，也是转型升级阶段必然会出现的问题。对此，要高度重视、辩证思维、顺应规律、积极作为。

2016 年，是全面建成小康社会决胜阶段的开局之年，也是推进结构性改革的攻坚之年。必须根据中央经济工作会议的全面部署，坚持以创新提升供给、以减负激励供给、以新供给创造新需求、以市场机制去产能，加快培育新的发展动能，改造提升传统比较优势。从近期看，针对经济下行压力仍在加大，特别是一季度经济往往波动较大的情况，应未雨绸缪，坚持底线思维，进一步加大稳增长、稳信心、稳预期的力度，力促全年经济开好局、起好步。

（执笔：付凌晖 王冠华 周平 黄涛 许小乐 刘天）

2015 年人口发展报告

近年来随着我国经济社会较快发展，人口状况也有了很大改变。2015 年全国 1% 人口抽样调查结果显示，我国人口总量继续保持低速增长；人口出生率略有下降；劳动年龄人口继续减少，人口老龄化程度进一步加深；人口受教育程度向更高水平发展；人口健康水平改善，平均预期寿命稳步提高；居民居住水平进一步改善；城镇化进程稳步推进；流动人口增速趋缓，人口发展总体保持平稳态势。

一、人口总量继续保持低速增长

2015 年，全国总人口为 137462 万人[①]（表 1），其中，男性人口 70414 万人，占总人口的 51.22%，女性人口 67048 万人，占总人口的 48.78%。总人口性别比为 105.02（以女性人口为 100.00）。2010-2015 年，我国人口总量增加 3371 万人，增长率为 2.51%，年平均增长率为 0.50%，比 2000 年到 2010 年的年平均增长率 0.57% 下降 0.07 个百分点。尽管增长率非常低，但这五年每年增加的人口总量都在 600 到 700 万人左右。这是因为我国的人口规模庞大，虽然增长率较低，但每年的人口增量仍然比较大。较低的增长率和较大的增长量是目前我国人口增长的主要特征。

分地区看，东部地区人口[②]占全国总人口的 38.21%[③]，是人口最多的地区，中部地区占 26.54%，西部地区占 27.01%，东北地区占 7.96%。人口最多的前三个省中，广东省人口为 10849 万人，山东省人口为 9847 万人，河南省人口为 9480 万人，分别占全国总人口的 7.89%、7.16% 和 6.90%，三省人口之和达到了 21.95%。与此相对，人口最少的三个省（区）中，西藏自治区人口为 324 万人，青海省人口为 588 万人，宁夏回族自治区人口为 668 万人，分别占全国总人口的 0.24%、0.43% 和 0.49%，三省（区）人口之和仅占 1.16%。

从人口密度看，2015 年全国人口密度为每平方公里 143 人。东部地区的人口密度为每平方公里 573 人，中部地区为 355 人，东北地区为 139 人，西部地区仅为 54 人。我国东部地区人口密度明显高于其他地区，东部地区各省（市）大多是人

表 1　2010—2015 年全国人口增长情况

年份	总人口（万人）	出生人口（万人）	死亡人口（万人）	净增人口（万人）	出生率（‰）	死亡率（‰）	自然增长率（‰）
2010	134091	1592	951	641	11.90	7.11	4.79
2011	134735	1604	960	644	11.93	7.14	4.79
2012	135404	1635	966	669	12.10	7.15	4.95
2013	136072	1640	972	668	12.08	7.16	4.92
2014	136782	1687	977	710	12.37	7.16	5.21
2015	137462	1655	975	680	12.07	7.11	4.96

资料来源：根据人口普查、1% 人口抽样调查和人口变动调查资料推算。

注：①全国总人口为 2015 年年末人口数，本文使用的总量数据若未加标注皆为年末人口数。
②本文使用的分地区人口数据均为常住人口口径。
③由于全国总人口包括解放军和难以确定常住地的人口，东中西和东北地区比重合计不是 100%。

口密集的地区，其中上海、天津、北京3个直辖市，每平方公里分别为3834人、1369人和1292人，为人口高度密集的地区。而西部地区的人口密度则要低得多，尤其是青海、西藏，每平方公里不足10人，是人口显著稀少的地区。

二、出生人口减少，出生率略有下降

2015年，全年出生人口1655万人（表1），比2014年减少32万人；人口出生率为12.07‰，比2014年下降了0.30个千分点。影响出生人口减少的主要因素：一是育龄妇女数量的减少。2011年我国育龄妇女数量达到峰值后开始减少，2015年15岁至49岁育龄妇女数量比2014年减少500多万人，其中20岁至29岁生育旺盛期育龄妇女数量减少约150万人；二是育龄妇女生育水平下降和生肖偏好的影响。受我国育龄妇女婚姻生育年龄的推迟以及不婚不育比例上升的影响，近年来育龄妇女的生育水平不断下降，加之2015年是我国农历羊年，一些家庭选择推迟生育，这对出生人口减少产生了一定的影响。

尽管出生人口数量略有减少，但从孩次结构看，2015年的二孩出生人口仍在增加，二孩出生人口比重达到39.42%（表2），比2014年提高3.52个百分点，表明2013年底开始的单独二孩政策实施的效果已显现。

表2　2012—2015年分孩次出生人口所占比重

指标	2012	2013	2014	2015
一孩出生人口(%)	65.17	63.63	57.63	53.55
二孩出生人口(%)	30.44	31.72	35.90	39.42
三孩出生人口(%)	4.39	4.65	6.47	7.03

资料来源：1%人口抽样调查和人口变动调查资料。

2015年，出生人口性别比为113.5，比2014年降低2.4个百分点。2010年以来，我国出生人口性别比呈现先缓后快的下降走势（图1），一方面表明我国近几年出生人口性别比综合治理工作取得了显著成效，另一方面也反映出党的十八届三中全会调整完善生育政策以来，人们的生育观念和性别偏好也在发生转变。

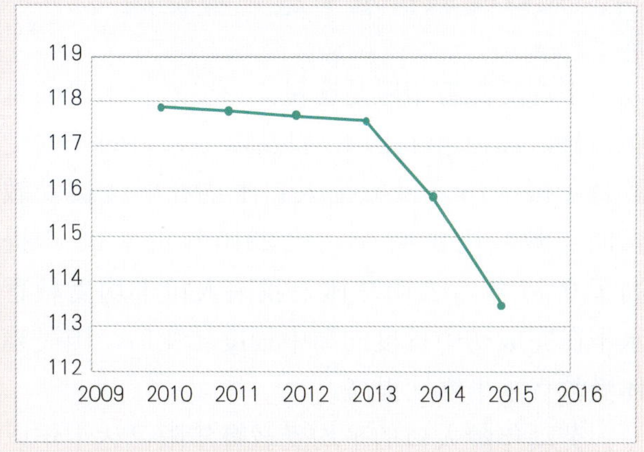

图1　2010—2015年全国出生人口性别比

三、劳动年龄人口减少，老年人口比重提高

2015年，0-15岁人口为24166万人，占总人口的17.6%，比2014年增加了209万人；16-59岁劳动年龄人口为91096万人，占总人口的比重为66.3%，比2014年减少487万人。这是继2012年我国劳动年龄人口总量出现首次减少之后，劳动年龄人口连续第四年减少。

2015年，60周岁及以上人口达到22200万人，占总人口的16.1%（图2），比2014年增加958万人，比重提高了0.6个百分点；65周岁及以上人口达到14386万人，占总人口的10.5%，

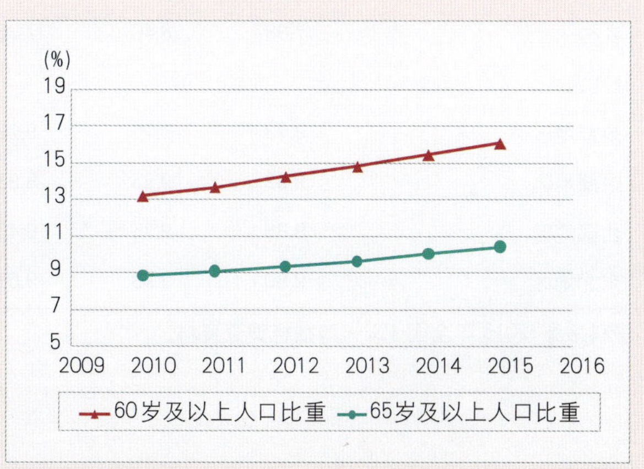

图2　2010—2015年全国老年人口比重

比 2014 年增加 631 万人，比重提高了 0.4 个百分点。老年人口数量不断增加，比重继续提高，说明我国人口的老龄化程度在进一步加深。

四、人口受教育水平进一步提高

平均受教育年限是衡量人口受教育水平的重要指标，2015 年我国 15 岁及以上人口的平均受教育年限（15 岁及以上人口平均在学校接受教育的年数）达 9.42 年，比 2010 年的 9.05 年提高了 0.37 年，表明总体上我国人口平均受教育水平在完成初中程度向高中程度转变后，国民整体受教育水平继续提高。

劳动年龄人口的平均受教育年限已达十年以上。劳动年龄人口的受教育水平反映了同样的进步。2015 年我国 16-59 岁劳动年龄人口的平均受教育年限已达 10.23 年，比 2010 年的 9.66 年提高了 0.57 年。而 20-24 岁人口的平均受教育年限更是达到了 12.5 年，展示出未来我国人力资源的巨大潜力。

然而，由于经济社会发展不平衡，不同区域尤其是城乡之间人口的受教育水平仍存在明显差异。2015 年，我国城镇 15 岁及以上常住人口的平均受教育年限为 10.55 年（表 3），乡村仅为 7.88 年，相差 2.67 年。分区域看，东、中、西部及东北地区的差距也很明显。东北地区 15 岁及以上常住人口的平均受教育年限最高，为 9.80 年，东部地区次之，为 9.73 年，两地区均高于全国平均水平；中部地区为 9.39 年，而西部则明显低于其他地区，为 8.85 年。

表 3　2015 年各地区分性别的人口平均受教育年限

单位：年

地　区	总计	男	女
总计	9.42	9.83	8.99
分城乡			
城镇	10.55	10.87	10.21
乡村	7.88	8.40	7.36
分地区			
东部地区	9.73	10.16	9.28
中部地区	9.39	9.85	8.93
西部地区	8.85	9.25	8.45
东北地区	9.80	9.98	9.63

资料来源：2015 年全国 1% 人口抽样调查资料。

人口受教育结构继续向更高水平发展。与 2010 年相比，2015 年我国每十万人中具有大学（指大专以上）教育程度人口由 8930 人上升为 12445 人；具有高中教育程度人口由 14032 人上升为 15350 人；具有初中教育程度人口由 38788 人下降为 35633 人；具有小学教育程度人口由 26779 人下降为 24356 人。从绝对量看，具有大学教育程度的人口已达到 17093 万人④，比 2010 年增加了 5129 万人，年均增加 1026 万人。我国人口受教育程度的结构重心继续稳步上移，国民整体受教育水平明显提升。

五、平均预期寿命稳步提高，老年人口健康状况总体较好

2015 年，我国死亡人口为 975 万人，人口粗死亡率为 7.11‰，人口死亡率继续保持在较低水平。人口平均预期寿命达到 76.34 岁（表 4），比 2010 年的 74.83 岁提高 1.51 岁。分性别看，男性为 73.64 岁，比 2010 年提高 1.26 岁；女性为 79.43 岁，比 2010 年提高 2.06 岁。男女平均预期寿命之差与 2010 年相比，由 4.99 岁扩大到 5.79 岁。这表明在我国人口平均预期寿命不断提高的过程中，女性提高速度快于男性，并且两者之差也进一步扩大。这与世界其他国家平均预期寿命的变化规律是一致的。

注：④此数据为根据 2015 年全国 1% 人口抽样调查推算的调查时点数。

表 4 人口平均预期寿命变化

单位：岁

年份	合计	男	女	男女之差
1981	67.77	66.28	69.27	-2.99
1990	68.55	66.84	70.47	-3.63
2000	71.40	69.63	73.33	-3.70
2010	74.83	72.38	77.37	-4.99
2015	76.34	73.64	79.43	-5.79

资料来源：历次人口普查和 1% 人口抽样调查资料。

世界银行数据显示，2015 年世界人口的平均预期寿命为 71.60 岁（表 5），其中高收入国家为 79.28 岁，中上收入国家为 74.83 岁，中下收入国家为 67.48 岁，低收入国家为 61.80 岁。我国人口平均预期寿命不仅明显高于世界平均水平，也超过了中上收入国家，与高收入国家的差距为 2.94 岁。从提高幅度看，2010-2015 年我国人口平均预期寿命提高 1.51 岁，比世界平均提高 1.11 岁快 0.5 岁左右。一般说来，平均预期寿命越高，提高速度越慢。但随着医药技术的发展和改善，一些平均预期寿命已处于较高水平的国家同期提高的速度也比较快，比如新加坡提高 1.55 岁、巴西 1.42 岁、韩国 1.37 岁、德国 1.03 岁等，表明我国平均预期寿命提高的幅度与其他国家相比也比较协调。

从老年人的健康状况看，2015 年，我国老年人口中有 40.50% 身体健康，41.85% 身体基本健康，两类合计占老年人口的 82.35%；不健康但生活能自理的老年人占 15.05%，生活不能自理的老年人仅占 2.60%。这一结果表明我国老年人口健康状况总体较好，绝大多数老年人处于健康状态，在日常生活上不需要依赖别人。尽管生活不能自理的老年人比例很低，但由于我国老年人口数量庞大，60 岁以上老年人口已达 2.22 亿，以此推算，生活不能自理、需要长期照料的老年人总数已经超过 577 万人。另外，按不健康老年人占 15.05% 的比例推算，全国还有 3340 多万老年人处于不健康状态，因此对老年人的健康

表 5 部分国家和地区的预期寿命

单位：岁

国家和地区	2015 年				2010 年	五年提高
	合计	男	女	女性比男性高		
世界	71.60	69.57	73.78	4.21	70.49	1.11
高收入国家	79.28	76.47	82.31	5.84	78.43	0.85
中上收入国家	74.83	72.84	76.95	4.11	73.79	1.04
中下收入国家	67.48	65.74	69.34	3.60	66.04	1.44
低收入国家	61.80	60.25	63.42	3.17	59.03	2.77
日本	83.56	80.41	86.87	6.46	82.84	0.72
韩国	81.92	78.78	85.22	6.44	80.55	1.37
新加坡	83.09	80.11	86.21	6.10	81.54	1.55
印度	68.35	66.91	69.86	2.95	66.51	1.84
巴西	74.68	71.03	78.50	7.47	73.26	1.42
南非	57.44	55.46	59.52	4.06	54.39	3.05
俄罗斯	70.14	64.64	75.92	11.28	68.86	1.28
英国	80.78	78.93	82.73	3.80	80.40	0.38
法国	82.26	79.41	85.25	5.84	81.66	0.60
德国	81.02	78.73	83.42	4.69	79.99	1.03
澳大利亚	82.50	80.48	84.62	4.14	81.70	0.80
加拿大	82.14	80.24	84.13	3.89	81.41	0.73
美国	79.16	76.87	81.56	4.69	78.54	0.62

资料来源：世界银行 WDI 数据库。

和照料问题应予以足够的重视。

六、居民居住水平进一步改善

居民住房状况是衡量一个国家或地区居民生活水平和质量的重要指标之一。2015 年，我国家庭户人均住房建筑面积达到 35.88 平方米（表 6），与 2010 年相比，增加了 4.82 平方米，增长 15.52%。其中城镇居民人均 35.27 平方米；乡村居民人均 36.58 平方米，分别比 2010 年增加 4.94 平方米和 4.85 平方米。由于镇的居民住房建筑面积增长速度较快，使得城镇人均增量大于乡村。

表 6　2015 年全国分城乡家庭户人均住房建筑面积

地区	人均住房建筑面积（平方米 / 人）		比 2010 年增加（平方米）	增长速度（%）
	2015 年	2010 年		
全国	35.88	31.06	4.82	15.52
城镇	35.27	30.33	4.94	16.29
城市	33.26	29.15	4.11	14.10
镇	37.90	32.03	5.87	18.33
乡村	36.58	31.73	4.85	15.29

资料来源：2015 年全国 1% 人口抽样调查资料。

从家庭户人均住房建筑面积的构成看，2015 年与 2010 年相比，发生了明显变化。人均住房建筑面积在 30 平方米以上的家庭所占比重都有提高，特别是人均 50 平方米以上的家庭户比重提高幅度最大，从 21.60% 上升到 27.43%，提高了 5.83 个百分点，说明全国有超过四分之一的家庭人均住房建筑面积在 50 平方米以上。而 2010 年，无论城镇还是乡村，都以居住在人均 20 — 29 平方米住房中的家庭户所占比重最大。

2015 年，我国家庭户平均每户拥有住房 3.59 间（表 7），比 2010 年多 0.47 间；平均每人拥有房间数为 1.14 间，比 2010 年多 0.13 间。其中，城镇家庭平均每户拥有住房 3.15 间，人均 1.07 间，分别比 2010 年多 0.49 间和 0.14 间。

表 7　全国分城乡家庭户住房间数

地区	平均每户住房间数（间 / 户）			人均住房间数（间 / 人）		
	2015 年	2010 年	增加值	2015 年	2010 年	增加值
总计	3.59	3.12	0.47	1.14	1.01	0.13
城镇	3.15	2.66	0.49	1.07	0.93	0.14
城市	2.74	2.37	0.37	0.97	0.88	0.09
镇	3.78	3.12	0.66	1.17	1.01	0.16
乡村	4.16	3.62	0.54	1.25	1.08	0.17

资料来源：2015 年全国 1% 人口抽样调查资料。

全国 91% 的家庭拥有 2 间以上住房， 66.2% 的家庭拥有 3 间以上的住房，这两项分别比 2010 年增加 4.99 和 7.67 个百分点。城镇中，拥有 2 间住房的户所占比重最大，为 31.80%；乡村中，拥有 3 间住房的户所占比重最大，为 25.61%。

七、城镇化进程稳步推进

2015 年，城镇常住人口为 77116 万人，比 2014 年增加 2200 万人；乡村常住人口为 60346 万人，比 2014 年减少 1520 万人；城镇常住人口比重为 56.10%，比 2014 年上升 1.33 个百分点。2010-2015 年，我国的城镇化率由 49.95% 上升到 56.10%（图 3），五年提高 6.15 个百分点，年均提高 1.23 个百分点；城镇常住人口由 66978 万人增长到 77116 万人，五年增加 10138 万人，年均增加 2028 万人。

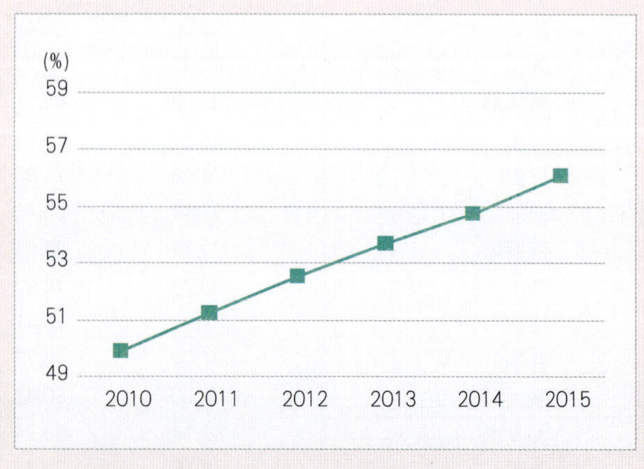

图 3　2010-2015 年我国城镇人口比重

城镇化水平稳步提高的主要因素有三个：一是城镇人口的自然增长；二是城镇区域规模扩大，增加城镇人口；三是乡村人口持续向城镇迁移流动。

八、流动人口增速趋缓

2015 年，我国居住地与户口登记地所在的乡镇街道不一致且离开户口登记地半年以上人口为 29247⑤万人，其中市辖区内人户分离人口⑥为 4650 万人，流动人口⑦为 24597 万人。同 2010 年相比，流动人口增加 2454 万人，增长 11.08%；流动人口占总人口的比重达到 17.91%（图 4），提高了 1.38 个百分点。流动人口规模庞大，平均每六个人中就有一人是流动人口，这是我国当前人口发展变化最显著的特征之一。

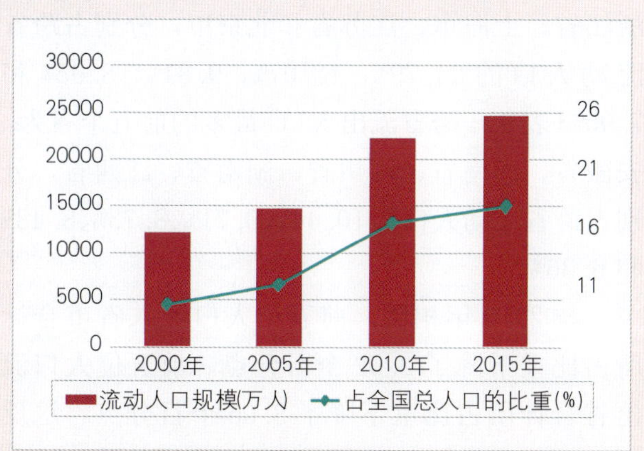

图 4 2000-2015 年我国流动人口规模

与 2010 年相比，尽管流动人口总量继续保持增长，但近五年的增速已明显趋缓。2000-2010 年的十年间，流动人口年均增加 1004 万人，年均增长率为 6.22%。而 2010-2015 年，流动人口年均增加 491 万人，年均增长率仅为 2.12%。影响流动人口增速放缓的因素主要有三个：一是我国近年来推进以人为核心的新型城镇化，加大农业转移人口市民化的力度，一些农民工在中小城市和小城镇落户，成为当地的常住人口；二是 16-59 岁劳动年龄人口持续减少，使得每年流动人口的潜在增量下降；三是随着区域协调发展和产业调整转移，一些农民工返回自己家乡就业、创业，相应减少了流动人口数量。

从流动方向看，2015 年，我国从乡村流向城镇的人口为 15524 万人（表 8），占 63.12%；从城镇流向城镇的人口为 5978 万人，占 24.30%；从乡村流向乡村的人口为 2033 万人，占 8.26%；从城镇流向乡村的人口为 1062 万人，占 4.32%。乡城流动依然是我国人口流动的主线。

表 8 我国流动人口的基本流向

单位：万人，%

流动人口	2010 年		2015 年	
	人口	比重	人口	比重
合 计	22103	100	24597	100
城镇合计	18626	84.27	21502	87.42
乡村流向城镇	14265	64.54	15524	63.12
城镇流向城镇	4361	19.73	5978	24.30
乡村合计	3477	15.73	3095	12.58
乡村流向乡村	2777	12.56	2033	8.26
城镇流向乡村	700	3.17	1062	4.32

资源来源：2010 人口普查和 2015 年 1% 人口抽样调查资料。

与 2010 年相比，乡城流动人口增加 1259 万人，增长率 8.83%；城城流动人口增加 1617 万人，增长率为 37.08%，城城流动人口增速明显较快。这一方面是由于“十二五”时期我国区域经济一体化的推进，区域间经济联系的加强，城镇之间人口流动变得日趋活跃；另一方面也与我国城镇化进程中城镇区域不断扩张有关，很多地区大力发展基础设施建设，培育和推进小城镇发展，实现了农村人口就地城镇化，也使得很多农村外出人口转变为统计上的城镇外出人口。

从流动距离看，2015 年我国流动人口中，

注：⑤流动人口数据均为 2010 年人口普查和 2015 年全国 1% 人口抽样调查的时点数。
⑥市辖区内人户分离的人口是指一个直辖市或地级市所辖的区内和区与区之间，居住地和户口登记地不在同一乡镇街道的人口。
⑦流动人口是指居住地与户口登记地所在的乡镇街道不一致且离开户口登记地半年以上的人口中，扣除市辖区内人户分离的人口。

北京东安市场

省内流动人口为14901万人，占60.58%；跨省流动人口为9696万人，占39.42%。分省看，跨省流入人口[⑧]最多的前五个省（市）为：广东省、浙江省、上海市、江苏省和北京市，分别占跨省流动人口的24.79%、12.07%、9.81%、8.95%和7.90%（表9）。跨省流出人口[⑨]最多的前五个省为：安徽省、河南省、四川省、湖南省、江西省，分别占跨省流动人口的10.44%、9.71%、8.73%、8.48%和6.36%。

表9　前五位流入、流出人口省市所占比重

单位：%

地区	2015年	2010年	2015年比2010年增减
流入合计	63.52	66.04	-2.52
广东省	24.79	25.03	-0.24
浙江省	12.07	13.77	-1.70
上海市	9.81	10.45	-0.64
江苏省	8.95	8.59	0.36
北京市	7.90	8.20	-0.30
流出合计	43.72	46.78	-3.06
安徽省	10.44	11.21	-0.77
河南省	9.71	10.04	-0.33
四川省	8.73	10.37	-1.64
湖南省	8.48	8.42	0.06
江西省	6.36	6.74	-0.38

与2010年相比，前五位人口流入省市合计所占比重下降了2.52个百分点，前五位人口流出省合计所占比重下降了3.06个百分点。这反映出当前流入大省的人口聚集程度在下降，流出大省的人口外出动能在减弱。尽管我国流动人口整体上依然是从中西部地区流出、向东部沿海地区集中的格局，但已显现出流向分散化的趋势。说明在我国大力推进产业结构调整和区域协调发展的背景下，中西部地区对人口和劳动力的吸引力已显现。

（执笔：李睿）

注：⑧跨省流入人口指居住在本省，户口登记地在外省且离开户口登记地半年以上的人口。
⑨跨省流出人口指居住在外省，户口登记地在本省且离开户口登记地半年以上的人口。

2015年农民工监测调查报告

一、农民工规模

（一）农民工总量增加，增速继续回落

根据国家统计局抽样调查结果，2015年农民工总量为27747万人，比上年增加352万人，增长1.3%。2011年以来农民工总量增速持续回落。2012年、2013年、2014年和2015年农民工总量增速分别比上年回落0.5、1.5、0.5和0.6个百分点。

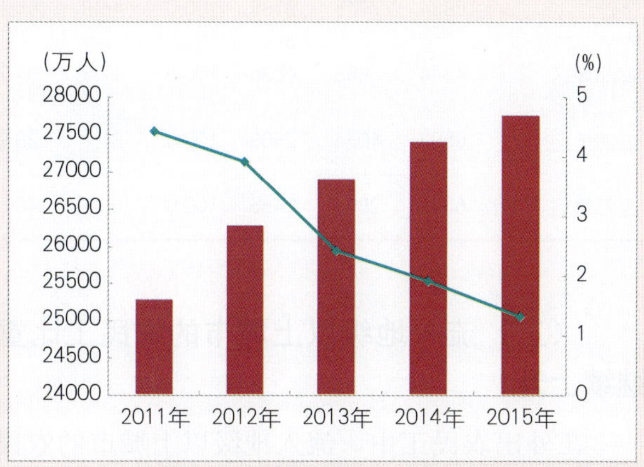

图1　农民工总量及增速

（二）本地农民工增长较快，占比提高

从农民工构成看，本地农民工10863万人，比上年增加289万人，增长2.7%。外出农民工16884万人，比上年增加63万人，增长0.4%。本地农民工占农民工总量的39.2%，所占比重比上年提高0.6个百分点。

表1　农民工数量及构成

单位：万人、%

指标	2015年	2014年	增减	增长
农民工总量	27747	27395	352	1.3
其中：外出农民工	16884	16821	63	0.4
本地农民工	10863	10574	289	2.7

（三）中部地区农民工数量增长快于其他地区

从输出地看，中部地区农民工9609万人，比上年增加163万人，增长1.7%，占农民工总量的34.6%；东部地区农民工10760万人，比上年增加96万人，增长0.9%，占农民工总量的38.8%；西部地区农民工7378万人，比上年增加93万人，增长1.3%，占农民工总量的26.6%。中部地区农民工增长速度分别比东部、西部地区高0.8和0.4个百分点。

二、农民工基本特征

（一）女性农民工比例有所提高

在全部农民工中，男性占66.4%，女性占33.6%。其中，外出农民工中男性占68.8%，女性占31.2%；本地农民工中男性占64.1%，女性占35.9%。农民工中女性比例比上年提高0.6个百分点，主要是由于本地农民工在农民工总量中占比提高，而本地农民工女性比例较高所致。

（二）青壮年农民工比重继续下降

农民工仍以青壮年为主，但所占比重继续下降，农民工平均年龄不断提高。从平均年龄看，农民工平均年龄为38.6岁，比上年提高0.3岁。从年龄结构看，40岁以下农民工所占比重

表2　农民工年龄构成

单位：%

年龄	2011年	2012年	2013年	2014年	2015年
16-20岁	6.3	4.9	4.7	3.5	3.7
21-30岁	32.7	31.9	30.8	30.2	29.2
31-40岁	22.7	22.5	22.9	22.8	22.3
41-50岁	24.0	25.6	26.4	26.4	26.9
50岁以上	14.3	15.1	15.2	17.1	17.9

为55.2%，比上年下降1.3个百分点；50岁以上农民工所占比重为17.9%，比上年上升0.8个百分点。

（三）农民工受教育水平不断提高

农民工中，未上过学的占1.1%，小学文化程度占14%，初中文化程度占59.7%，高中文化程度占16.9%，大专及以上占8.3%。高中及以上文化程度农民工所占比重比上年提高1.4个百分点。其中，外出农民工中高中及以上文化程度的占27.9%，比上年提高1.9个百分点；本地农民工中高中及以上文化程度的占22.6%，提高1.2个百分点。

表3　农民工文化程度构成

单位：%

受教育水平	农民工合计		外出农民工		本地农民工	
	2014年	2015年	2014年	2015年	2014年	2015年
未上过学	1.1	1.1	0.9	0.8	1.6	1.4
小学	14.8	14.0	11.5	10.9	18.1	17.1
初中	60.3	59.7	61.6	60.5	58.9	58.9
高中	16.5	16.9	16.7	17.2	16.2	16.6
大专及以上	7.3	8.3	9.3	10.7	5.2	6.0

三、农民工流向分布

（一）在中部地区务工的农民工比例提高

从输入地看，在中部地区务工农民工5977万人，比上年增加184万人，增长3.2%，占农民工总量的21.5%，比上年提高0.4个百分点；在东部地区务工农民工16489万人，比上年增加64万人，增长0.4%，占农民工总量的59.4%，比上年下降0.5个百分点；在西部地区务工农民工5209万人，比上年增加104万人，增长2%，占农民工总量的18.8%，比上年提高0.1个百分点。

（二）跨省流动农民工比上年减少

外出农民工中，跨省流动农民工7745万人，比上年减少122万人，下降1.5%，占外出农民工总量的45.9%，比上年减少0.9个百分点。分区域看，东部地区外出农民工17.3%跨省流动，比上年下降1个百分点；中部地区外出农民工61.1%跨省流动，下降1.7个百分点；西部地区外出农民工53.5%跨省流动，下降0.4个百分点。

表4　2015年外出农民工地区分布及构成

按输出地分	外出农民工总量（万人）			构成（%）		
	外出农民工	跨省流动	省内流动	外出农民工	跨省流动	省内流动
合计	16884	7745	9139	100.0	45.9	54.1
东部地区	4944	858	4086	100.0	17.3	82.7
中部地区	6592	4024	2568	100.0	61.1	38.9
西部地区	5348	2863	2485	100.0	53.5	46.5

（三）流入地级以上城市的农民工比重继续上升

在外出农民工中，流入地级以上城市的农民工11190万人，占外出农民工总量的66.3%，比上年提高2个百分点。其中，8.6%流入直辖市，比上年提高0.5个百分点；22.6%流入省会城市，提高0.2个百分点；35.1%流入地级市，提高0.9

表5　2015年外出农民工流向地区分布及构成

指标	合计	直辖市	省会城市	地级市	小城镇	其他
外出农民工总量（万人）	16884	1460	3811	5919	5621	73
其中：跨省流动	7745	1188	1752	3258	1473	73
省内乡外流动	9139	272	2059	2660	4148	0
外出农民工构成（%）	100.0	8.6	22.6	35.1	33.3	0.4
其中：跨省流动	100.0	15.3	22.6	42.1	19.0	0.9
省内乡外流动	100.0	3.0	22.5	29.1	45.4	0.0

个百分点。跨省流动农民工 80% 流入地级以上大中城市，比上年提高 3 个百分点；省内流动农民工 54.6% 流入地级以上大中城市，提高 0.7 个百分点。

四、农民工就业

（一）在第三产业就业农民工比例提高

农民工在第二产业中从业的比重为 55.1%，比上年下降 1.5 个百分点。其中，从事制造业的农民工比重为 31.1%，下降 0.2 个百分点；从事建筑业的农民工比重为 21.1%，下降 1.2 个百分点。农民工在第三产业就业的比重为 44.5%，比上年提高 1.6 个百分点。其中，从事批发和零售业的农民工比重为 11.9%，提高 0.5 个百分点；从事居民服务、修理和其他服务业的农民工比重为 10.6%，提高 0.4 个百分点。

表 6　农民工就业行业分布

单位：%、百分点

产业	2014 年	2015 年	增减
第一产业	0.5	0.4	-0.1
第二产业	56.6	55.1	-1.5
其中：制造业	31.3	31.1	-0.2
建筑业	22.3	21.1	-1.2
第三产业	42.9	44.5	1.6
其中：批发和零售业	11.4	11.9	0.5
交通运输、仓储和邮政业	6.5	6.4	-0.1
住宿和餐饮业	6.0	5.8	-0.2
居民服务、修理和其他服务业	10.2	10.6	0.4

（二）在中西部地区从事第三产业的农民工比重提高较快

在中、西部地区从事第三产业的农民工比重提高，分别比上年提高 1.9 和 3.1 个百分点，主要是从事批发和零售业，居民服务、修理和其他服务业的农民工比重提高。其中，在中部地区从事批发和零售业的农民工占 13.9%，从事居民服务、修理和其他服务业的农民工占 11.5%，分别比上年提高 0.7 和 0.6 个百分点；在西部地区从事批发和零售业的农民工占 14.8%，从事居民服务、修理和其他服务业的农民工占 12.9%，分别比上年提高 1.7 和 1.1 个百分点。

表 7　分地区的农民工产业分布

单位：%

产业	在东部地区		在中部地区		在西部地区	
	2014 年	2015 年	2014 年	2015 年	2014 年	2015 年
第一产业	0.4	0.4	0.4	0.3	0.8	0.7
第二产业	61.2	60.2	52.5	50.7	47.1	44.1
第三产业	38.4	39.4	47.1	49.0	52.1	55.2

（三）本地农民工从事制造业比重上升，从事建筑业比重下降明显

本地农民工从事第二产业的比重为 49.9%，比上年下降 1.2 个百分点。其中，从事制造业的占 27.7%，提高 0.2 个百分点；从事建筑业的占 19.4%，下降 1.3 个百分点。外出农民工从事第二产业的比重为 60.2%，比上年下降 1.6 个百分点。其中，从事制造业的占 34.4%，下降 0.6 个百分点；从事建筑业的占 22.8%，下降 0.9 个百分点。

（四）受雇方式就业的农民工所占比重上升

受雇就业的农民工所占比重为 83.4%，自营就业的农民工所占比重为 16.6%，受雇就业农民工比重较上年提高 0.4 个百分点。其中，本地农民工中受雇就业的比重为 72.8%，比上年提高 1.2 个百分点；外出农民工中受雇就业的比重为 94.1%，提高 0.2 个百分点。

五、农民工收入

（一）农民工月均收入增速有所放缓

农民工人均月收入 3072 元，比上年增加 208 元，增长 7.2%，增速比上年回落 2.6 个百分点。其中，制造业，建筑业，住宿和餐饮业，居民服务、修理和其他服务业农民工月均收入增速分别

比上年回落6.7、4.4、2.2和4.1个百分点。

表8 分行业农民工人均月收入及增幅

单位：元、%

行业	2014年	2015年	增长率
合计	2864	3072	7.2
制造业	2832	2970	4.9
建筑业	3292	3508	6.6
批发和零售业	2554	2716	6.4
交通运输、仓储和邮政业	3301	3553	7.7
住宿和餐饮业	2566	2723	6.2
居民服务、修理和其他服务业	2532	2686	6.1

（二）在东部地区的农民工收入保持较快增长

分地区看，在东部地区务工的农民工月均收入3213元，比上年增加247元，增长8.3%；在中部地区务工的农民工月均收入2918元，比上年增加157元，增长5.7%；在西部地区务工的农民工月均收入2964元，比上年增加167元，增长6%。在东部地区务工的农民工月均收入增速分别比在中、西部地区务工的农民工高2.6和2.4个百分点。

（三）外出务工农民工收入增速高于本地农民工

外出务工农民工月均收入3359元，比上年增加251元，增长8.1%；本地务工农民工月均收入2781元，比上年增加175元，增长6.7%。外出务工农民工月均收入比本地务工农民工高578元，增速比本地务工农民工高1.4个百分点。

六、外出农民工消费和居住

（一）外出农民工生活消费支出增速加快

外出农民工月均生活消费支出人均1012元，比上年增加68元，增长7.2%，比上年加快1.4个百分点。其中，居住支出人均475元，比上年增加30元，增长6.7%；居住支出占生活消费支出的比重为46.9%，比上年下降0.2个百分点。分区域看，在东部和西部地区务工的农民工生活消费支出增长快于中部地区，且在东部地区务工的农民工居住支出增长最快。

表9 外出农民工在不同地区务工月均生活消费和居住支出

地区	生活消费支出（元/人）		其中：居住支出（元/人）		居住支出占比（%）	
	2014年	2015年	2014年	2015年	2014年	2015年
合计	944	1012	445	475	47.1	46.9
东部地区	954	1028	447	480	46.8	46.7
中部地区	861	911	414	425	48.0	46.7
西部地区	957	1025	449	469	46.9	45.8

（二）在地级以上城市务工生活消费支出增长较快

分城市类型看，外出农民工在直辖市和省会城市务工的月均生活消费支出人均为1106元，比上年增长8.4%；在地级市务工的月均生活消费支出人均1043元，增长7.7%；在小城镇务工的月均生活消费支出人均为892元，增长4.5%。在地级以上城市务工的外来农民工居住支出占生活消费支出比重与上年基本持平，在小城镇务工的外来农民工居住支出占生活消费支出的比重比上年下降0.6个百分点。

表10 外出农民工在不同城市类型务工月均生活消费和居住支出

城市类型	生活消费支出（元/人）		其中：居住支出（元/人）		居住支出占比（%）	
	2014年	2015年	2014年	2015年	2014年	2015年
合计	944	1012	445	475	47.1	46.9
直辖市和省会城市	1020	1106	489	528	47.9	47.8
地级市	968	1043	420	452	43.4	43.4
小城镇	853	892	430	444	50.4	49.8

（三）独立租房、购房、早出晚归农民工比重上升

外出农民工中，在单位宿舍居住的占28.7%，比上年提高0.4个百分点；在工地工棚居住的占11.1%，下降0.6个百分点；在生产经营场所居住的占4.8%，下降0.7个百分点；与他人合租的占18.1%，下降0.3个百分点；独立租赁居住的占18.9%，提高0.4个百分点；乡外从业回家居住的占14%，提高0.7个百分点；在务工地自购住房的农民工比例为1.3%，提高0.3个百分点。

（四）得到雇主（或单位）提供免费宿舍或住房补贴的农民工减少

外出农民工中，从雇主或单位得到免费住宿的农民工所占比重为46.1%，比上年下降0.7个百分点；从雇主或单位得到住房补贴的农民工所占比重为7.9%，下降0.7个百分点；不提供住宿也没有住房补贴的比重为46%，提高1.4个百分点。

七、农民工权益保障

（一）超时劳动情况有所改善

外出农民工年从业时间平均为10.1个月，比上年增加0.1个月。外出农民工月从业时间平均为25.2天，日从业时间平均为8.7个小时，均较上年略有下降。日从业时间超过8小时的农民工占39.1%，周从业时间超过44小时的农民工占85%，分别比上年下降1.7和0.4个百分点。

表11 外出农民工从业时间和强度

从业时间和强度	2014年	2015年
全年外出从业时间（月）	10.0	10.1
平均每月工作时间（天）	25.3	25.2
平均每天工作时间（小时）	8.8	8.7
日工作超过8小时的比重（%）	40.8	39.1
周工作超过44小时的比重（%）	85.4	85.0

（二）签订劳动合同的农民工比重下降

2015年与雇主或单位签订了劳动合同的农民工比重为36.2%，比上年下降1.8个百分点。其中，外出农民工和本地农民工与雇主或单位签订劳动合同的比重分别为39.7%和31.7%，分别比上年下降1.7和1.6个百分点。农民工签订一年以下短期劳动合同的情况有所改善，比上年提高0.3个百分点。

表12 农民工签订劳动合同情况

单位：%

指标	无固定期限劳动合同	一年以下劳动合同	一年及以上劳动合同	没有劳动合同
2014年农民工合计	13.7	3.1	21.2	62.0
其中：外出农民工	14.6	3.7	23.1	58.6
本地农民工	12.5	2.3	18.5	66.7
2015年农民工合计	12.9	3.4	19.9	63.8
其中：外出农民工	13.6	4.0	22.1	60.3
本地农民工	12.0	2.5	17.1	68.3

（三）被拖欠工资的农民工比重提高

被拖欠工资的农民工所占比重为1%，比上年提高0.2个百分点。分地区看，在东部地区务工的农民工被拖欠工资的比重为0.8%，比上年提高0.3个百分点；在中部地区务工的农民工被拖欠工资的比重为1.5%，提高0.3个百分点；在西部地区务工的农民工被拖欠工资的比重为1.3%，提高0.2个百分点。

表13 分行业农民工被拖欠工资的比重

单位：%、百分点

行业	2014年	2015年	增减
合计	0.8	1.0	0.2
制造业	0.6	0.8	0.2
建筑业	1.4	2.0	0.6
批发和零售业	0.3	0.3	0
交通运输、仓储和邮政业	0.5	0.7	0.2
住宿和餐饮业	0.3	0.3	0
居民服务、修理和其他服务业	0.3	0.3	0

2015 年建筑业农民工被拖欠工资的比重为 2%，较上年提高 0.6 个百分点，高于其他农民工集中的行业。制造业农民工被拖欠工资的比重为 0.8%，比上年提高 0.2 个百分点；交通运输、仓储和邮政业农民工被拖欠工资的比重为 0.7%，提高 0.2 个百分点。批发和零售业，住宿和餐饮业，居民服务、修理和其他服务业农民工被拖欠工资的比重均为 0.3%，与上年持平。其他行业农民工被拖欠工资的比重均有不同程度的上升。

（四）人均被拖欠工资有所上升

2015 年，被拖欠工资的农民工人均被拖欠工资为 9788 元，比上年增加 277 元，增长 2.9%。其中，被拖欠工资的外出农民工人均被拖欠工资为 10692 元，比上年增加 79 元，增长 0.7%；被拖欠工资的本地农民工人均被拖欠工资为 8667 元，比上年增加 519 元，增长 6.4%。

附注：

1. 农民工监测调查简介

为准确反映全国农民工规模、流向、分布等情况，国家统计局 2008 年建立农民工监测调查制度，在农民工输出地开展监测调查。调查范围是全国 31 个省（自治区、直辖市）的农村地域，在 1527 个调查县（区）抽选了 8906 个村和 23.6 万名农村劳动力作为调查样本。采用入户访问调查的形式，按季度进行调查。

2. 主要指标解释

农民工：指户籍仍在农村，在本地从事非农产业或外出从业 6 个月及以上的劳动者。

本地农民工：指在户籍所在乡镇地域以内从业的农民工。

外出农民工：指在户籍所在乡镇地域外从业的农民工。

东部地区：包括北京、天津、河北、辽宁、上海、江苏、浙江、福建、山东、广东、海南 11 个省（市）。

中部地区：包括山西、吉林、黑龙江、安徽、江西、河南、湖北、湖南 8 省。

西部地区：包括内蒙古、广西、重庆、四川、贵州、云南、西藏、陕西、甘肃、青海、宁夏、新疆 12 个省（自治区）。

3. 说明

本报告数据来源于国家统计局在农民工输出地（农村地域）开展的农民工监测调查。该调查是以农村住户为调查对象，通过访问农村住户中的户主或了解情况的家庭成员获得农民工的有关情况，能准确反映农民工的总量及流向分布；但对于外出农民工本人在外工作及生活的各种情况的反映，可能存在一定程度的误差。为准确反映农民工市民化现状，2015 年国家统计局在城镇地域范围开展了农民工市民化进程动态监测调查。该调查是以农民工为调查对象，以农民工市民化为核心内容，直接向农民工调查相关情况。有关农民工参加社保的情况，将与农民工市民化进程动态监测调查结果一起发布。

（执笔：阳俊雄 肖林）

2015 年居民消费价格监测报告

2015 年，全国居民消费价格指数（以下简称“CPI”） 比上年上涨 1.4%，比 2014 年 2.0% 的全年涨幅回落了 0.6 个百分点。总体运行较为平稳，呈现出温和上涨的态势。

一、CPI 变动的基本情况

（一）城市涨幅略高于农村涨幅

分城乡看，2015 年城市上涨 1.5%，农村上涨 1.3%，城市涨幅略高于农村涨幅。而 2014 年城市上涨 2.1%，农村上涨 1.8%，城市涨幅也略高于农村涨幅。

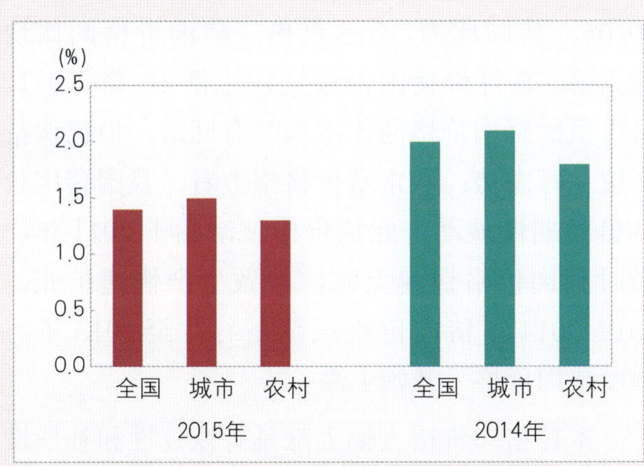

图 1　2015 年及 2014 年 CPI 涨幅

（二）各月环比涨跌互现，春节月份环比涨幅最高

2015 年 CPI 各月环比价格涨跌互现，六个月环比上涨，四个月环比下降，二个月环比持平。涨跌幅度在 -0.5% 至 1.2% 之间，最高环比涨幅 1.2% 出现在春节所在的 2 月份，最大环比降幅 0.5% 则出现在春节过后的 3 月份。

2015 年，在节假日因素、气候因素、消费习惯等因素的共同影响下，CPI 环比走势大体呈现“W”形。年初、年底涨幅较高，7、8 月份受猪肉价格环比上涨的影响，CPI 环比涨幅较高。

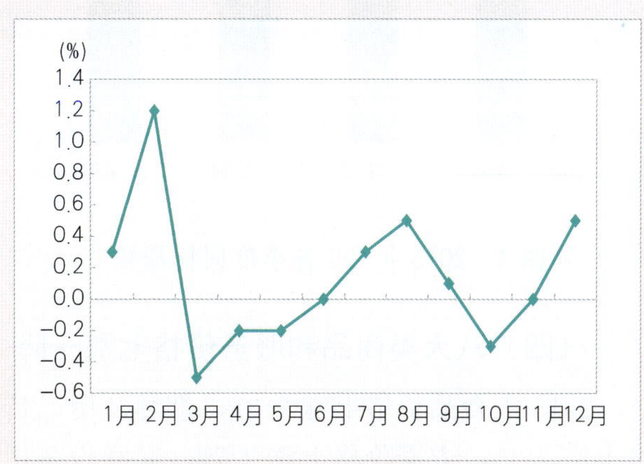

图 2　2015 年各月 CPI 环比涨跌幅

8 月份上涨 0.5%，达到全年 CPI 环比涨幅第二高。

（三）各月同比涨幅在 0.8% 至 2.0% 之间波动

2015 年 CPI 各月同比价格均小幅上涨，各月同比涨幅在 0.8% 至 2.0% 之间波动，走势相对温和。8 月份，受猪肉和鲜菜价格上涨较多的影响，CPI 同比上涨 2.0%，达到年内同比涨幅的最大值。

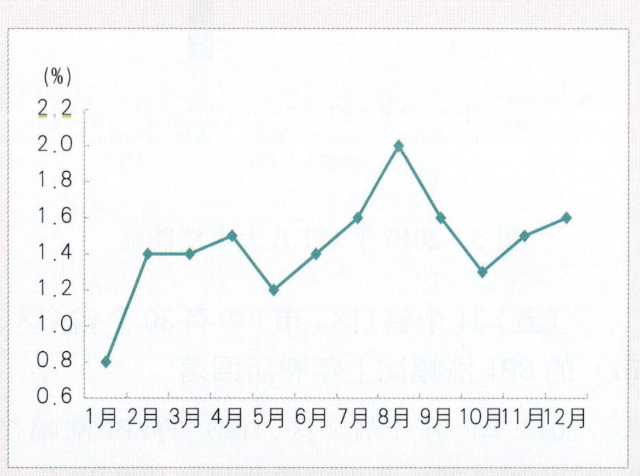

图 3　2015 年各月 CPI 同比涨幅

从季度看，一至三季度 CPI 涨幅小幅扩大，涨幅分别为 1.2%、1.4%、1.7%，第四季度涨幅略有回落至 1.5%，全年总体走势较为平稳。

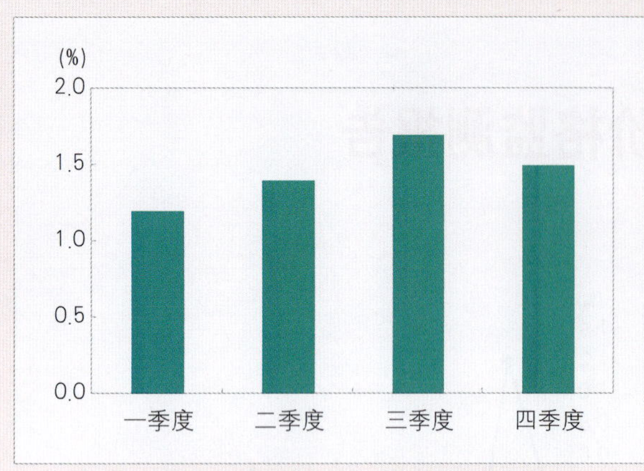

图 4　2015 年 CPI 各季度同比涨幅

（四）八大类商品和服务价格七涨一降

2015 年食品价格上涨 2.3%，烟酒及用品价格上涨 2.1%，衣着价格上涨 2.7%，家庭设备用品及维修服务价格上涨 1.0%，医疗保健和个人用品价格上涨 2.0%，交通和通信价格下降 1.7%，娱乐教育文化用品及服务价格上涨 1.4%，居住价格上涨 0.7%。

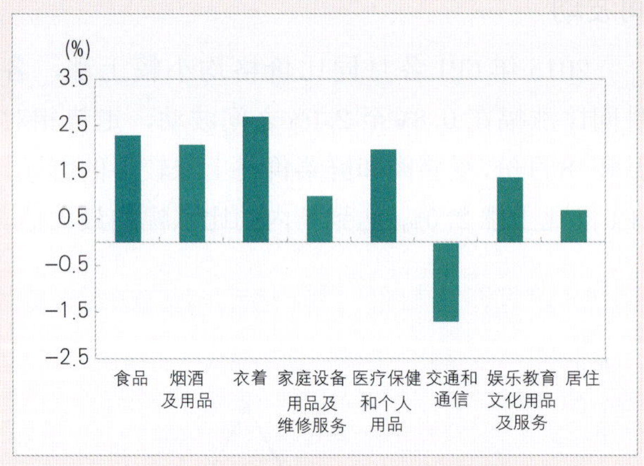

图 5　2015 年 CPI 八大类涨跌幅

（五）31 个省（区、市）中有 30 个省（区、市）的 CPI 涨幅比上年有所回落

2015 年，31 个省（区、市）的 CPI 涨幅在 0.6%-2.6% 之间。其中，除北京市比 2014 年涨幅扩大 0.2 个百分点外，其余 30 个省（区、市）均比 2014 年涨幅有所回落，回落幅度在 0.1% 至 1.5% 之间。

二、CPI 运行的主要特征

（一）食品价格是推动 CPI 上涨的主要力量

2015 年食品和非食品价格分别上涨 2.3% 和 1.0%，分别影响 CPI 上涨约 0.79 和 0.65 个百分点，分别约占 CPI 总涨幅的 56.4% 和 43.6%，说明食品价格的上涨是推动 CPI 上涨的主要力量。

1. 粮食价格持续上涨。2015 年粮食价格上涨 2.0%，影响 CPI 上涨约 0.06 个百分点。自 2009 年 1 月份起，粮食价格持续逐月小幅上涨，从七年的累积效果看，2015 年 12 月份粮食价格比 2008 年 12 月份粮食价格的累积上涨幅度达 51.2%。

2. 猪肉价格同比大幅上涨，具有恢复性和补偿性特征。2015 年猪肉价格上涨 9.5%，影响 CPI 上涨约 0.28 个百分点，约占 CPI 总涨幅的 20.0%。从同比看，5-8 月份，猪肉价格同比快速上涨，8 月份猪肉价格同比上涨 19.6%，9-12 月份虽然猪肉价格同比涨幅略有回落，但仍保持高位运行态势；从定基价格指数看，我国猪肉价格呈周期性波动，此轮价格波动始于 2011 年，当时猪肉价格快速上涨，导致生产快速扩张，2012-2014 年猪肉价格振荡下行，至 2015 年二季度猪肉价格又开始上涨。

本轮猪肉价格大幅上涨具有恢复性和补偿性的特征：一是生猪出栏量下降。2013-2014 年生猪价格总体偏低，影响了养殖户的积极性，导致目前能繁殖母猪存栏量持续偏低，市场供应数量下滑。二是部分省市受城镇化进程和环保要求影响，生猪限养禁养面扩大，也造成了生猪供应减少。

3. 鲜菜价格上涨较多。2015 年鲜菜价格上涨 7.4%，影响 CPI 上涨约 0.23 个百分点，约占 CPI 总涨幅的 16.4%。从环比看，11 月份起，全国范围内出现 60 年不遇的低温雨雪天气，长时间低温阴雨，给鲜菜的生产和运输带来了较大影响，12 月份鲜菜价格环比上涨达 13.7%；从同比看，全年共有 11 个月份的鲜菜价格同比呈现上涨态势，8 月份更是达到年内鲜菜价格同比涨幅的最大值 15.9%。

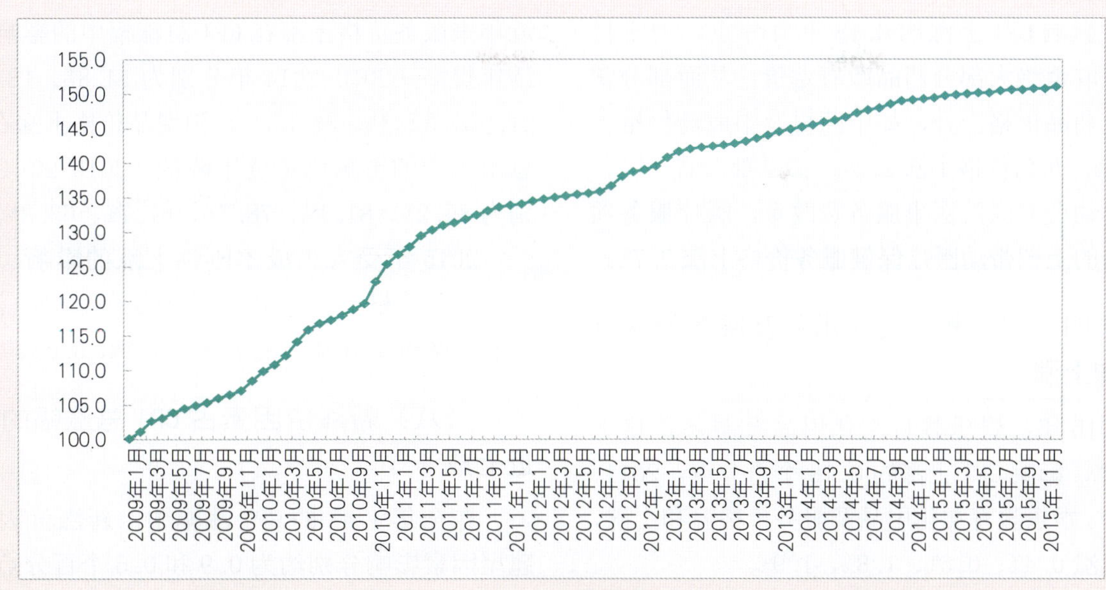

图 6　2009 年 1 月 –2015 年 12 月粮食价格指数（2008 年 12 月价格 =100）

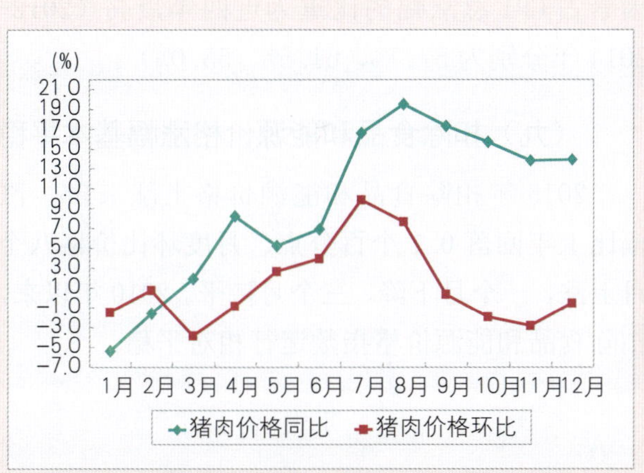

图 7　2015 年各月猪肉价格同比、环比涨跌幅

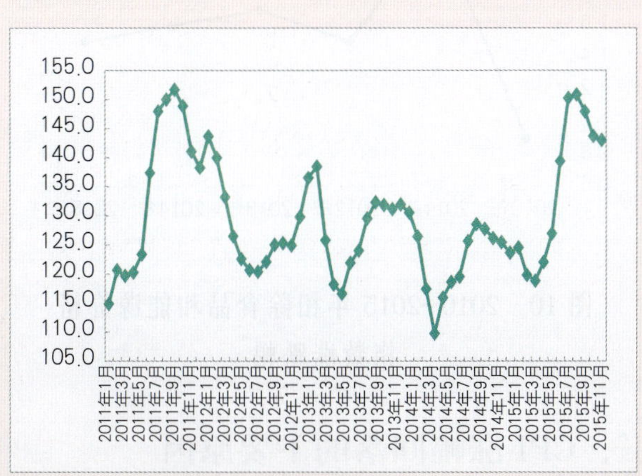

图 8　2011 年 1 月 –2015 年 12 月猪肉价格指数（2010 年价格 =100）

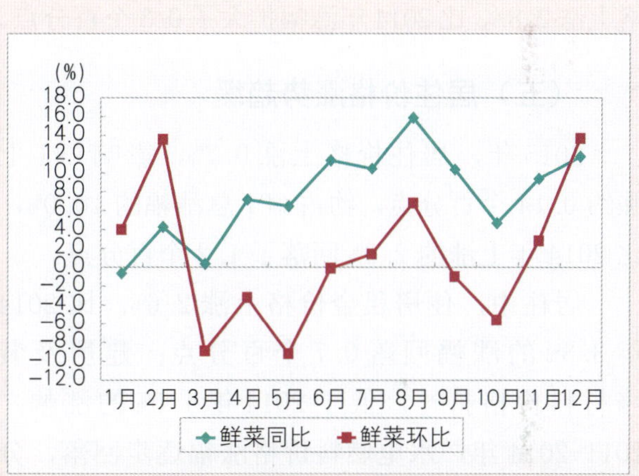

图 9　2015 年各月鲜菜同比、环比涨跌幅

（二）受政策因素影响烟酒及用品价格上涨

2015 年，烟酒及用品价格由 2014 年下降 0.6% 转为上涨 2.1%，影响 CPI 上涨约 0.06 个百分点。2015 年 5 月 10 日起，国家提高了卷烟批发环节价格税率，并加征从量税，带动烟草全年价格上涨 4.3%，其中高档、中档卷烟价格分别上涨 2.9%、4.2%。酒类价格下降 0.8%，主要是受白酒价格下降 1.9% 的影响，葡萄酒、啤酒等其他酒类价格略有上涨。

（三）部分省（区、市）启动医药卫生体制改革带动医疗保健和个人用品价格上涨

2015 年，医疗保健和个人用品价格上涨

2.0%，影响CPI上涨约0.18个百分点。由于目前国家取消绝大部分药品政府定价，从而部分常规低价药品价格上升，如中药材及中成药价格上涨2.7%，西药价格上涨2.3%；二是部分省（区、市）启动公立医院医事服务费改革，医疗服务项目价格的上调带动医疗保健服务价格上涨2.7%。

（四）娱乐教育文化用品及服务价格继续温和上涨

2015年，娱乐教育文化用品及服务价格上涨1.4%，影响CPI上涨约0.16个百分点。2011-2014年，娱乐教育文化用品及服务价格温和上涨，分别上涨0.4%、0.5%、1.8%、1.9%。

娱乐教育文化用品及服务中，旅游价格下降0.5%，而2014年旅游价格上涨5.0%；教育服务价格上涨2.8%，比2014年涨幅扩大了0.3个百分点。

（五）居住价格涨势趋缓

2015年，居住价格上涨0.7%，影响CPI上涨约0.14个百分点，约占CPI总涨幅的10.0%，比2014年上涨的2.0%回落了1.3个百分点。

居住中，住房租金价格上涨2.6%，比2014年3.3%的涨幅回落0.7个百分点；建房及装修材料价格持平，低于2014年1.0%的涨幅。2011-2014年，水电燃料价格涨幅逐步回落，分别上涨3.5%、2.4%、1.6%、0.7%，2015年水电燃料价格下降2.0%。

（六）交通和通信价格降幅比上年有所扩大

2015年交通和通信价格下降1.7%，影响CPI下降约0.17个百分点，降幅比2014年扩大1.6个百分点。其中，交通工具价格下降1.7%，车用燃料及零配件价格下降15.8%，通信工具价格下降3.1%。

（七）服务价格在CPI总涨幅中影响比重逐年提高

2015年服务价格上涨2.0%，消费品价格上涨1.2%，分别影响CPI上涨约0.59和0.85个百分点，分别约占CPI总涨幅的42.1%和57.9%。近年来服务价格上涨在CPI总涨幅中的影响比重逐年提高（2010-2014年分别为14.8%、18.9%、21.9%、32.3%、36.2%），消费品价格上涨在CPI总涨幅中的影响比重逐年降低（2010-2014年分别为85.2%、81.1%、78.1%、67.7%、63.8%）。

2015年受人工成本刚性上涨的影响，部分人工服务价格上涨较快，如家庭服务、理发、洗浴、衣着清洗价格分别上涨7.9%、5.4%、5.0%、4.9%。

（八）新涨价因素占CPI总涨幅的比重近七成

在全年1.4%的CPI涨幅中，新涨价因素和翘尾因素影响分别约为0.9和0.5个百分点，分别约占CPI总涨幅的64.3%和35.7%。新涨价因素占CPI总涨幅的比重大于翘尾因素，且新涨价因素占CPI总涨幅的比重为近四年最高（2012-2014年分别为57.7%、61.5%、55.0%）。

（九）扣除食品和能源价格涨幅基本平稳

2015年扣除食品和能源价格上涨1.5%，涨幅比上年回落0.1个百分点。月度环比价格八个月上涨，一个月下降，三个月持平。2010年以来，扣除食品和能源价格指数运行相对平稳。

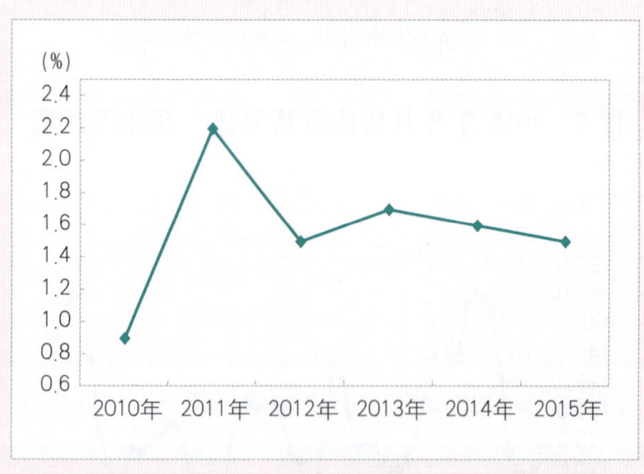

图10 2010-2015年扣除食品和能源价格指数涨跌幅

三、CPI涨幅回落的主要原因

2015年CPI全年上涨1.4%，比2014年2.0%的涨幅回落了0.6个百分点，延续了2014年CPI涨幅回落的态势，CPI涨幅回落的原因主要有以下三点：

（一）经济下行压力仍然较大，CPI 上涨动力不足

2015 年，我国经济社会发展面临的形势严峻复杂。从国际看，国际经济持续深度调整，世界经济增长乏力，贸易保护主义抬头，地缘政治更趋复杂，外部环境不稳定不确定因素有增无减；从国内看，“三期叠加”阵痛不断深化，经济结构性问题相对突出，经济下行的压力仍然较大。

CPI 上涨动力不足，主要原因有以下两点：一是自 2012 年 3 月份至 2015 年 12 月份，工业生产者出厂价格指数（以下简称“PPI”）连续 46 个月保持同比负增长态势，工业消费品供大于求的格局尚未得到根本改善，从而抑制了工业消费品价格的上涨；二是受到社会总需求增速放缓的影响，社会对服务业需求相对减弱，2015 年服务业价格上涨 2.0%，涨幅比 2014 年回落了 0.5 个百分点。

（二）食品价格涨势趋缓

2015 年食品价格上涨 2.3%，影响 CPI 上涨约 0.79 个百分点，约占 CPI 总涨幅的 56.4%。从涨幅来看，2.3% 的涨幅是 2010 年以来最低的食品年度涨幅（2010-2014 年分别为 7.2%、11.8%、4.8%、4.7%、3.1%），食品价格上涨在总涨幅中的影响比重逐年降低（2010-2014 年分别为 65.7%、59.6%、58.5%、51.8%）。

1. 粮食价格涨势减缓。2015 年，我国粮食及主要经济作物再获丰收，实现“十二连增”，这不仅在一定程度上缓解了国内粮食紧平衡的局面，也为稳定物价提供了物质基础。

据联合国粮农组织预测，2014/2015 年度全球谷物产量为 25.54 亿吨、消费量为 25.04 亿吨，期末库存将达 6.45 亿吨，为 15 年来最高水平。由于全球谷物供应不断增加，国际粮食价格总体继续弱势运行。目前，国际大豆、玉米、小麦、大米价格分别比国内价格每吨低 1175 元、923 元、626 元和 1143 元，这为国内市场带来一定冲击，特别是粮食进口数量持续增加，挤占了部分国内市场的销售份额，2013-2015 年粮食价格分别上涨 4.6%、3.1%、2.0%，国内粮食价格涨势趋缓，在一定程度上抑制了 CPI 的上涨幅度。

2. 牛肉价格涨幅回落，羊肉价格下降较多。2014 年牛肉、羊肉价格的走势与猪肉价格走势不同。牛肉价格在经历了 2011-2014 年稳步上涨的阶段后，2015 年进入启稳态势，全年价格上涨 0.8%，影响 CPI 上涨约 0.01 个百分点，比 2014 年上涨 6.3% 回落了 5.5 个百分点；羊肉价格在经历了 2011-2013 年快速上涨、2014 年涨幅略有回落的阶段后，2015 年价格持续下降，全年

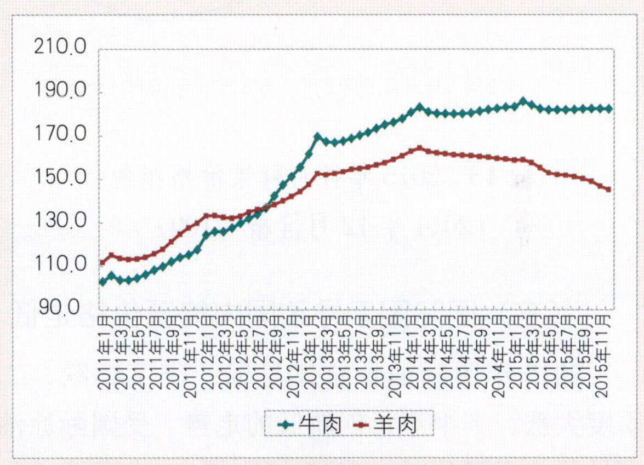

图 11　2011 年 1 月 –2015 年 12 月牛肉、羊肉价格指数（2010 年价格 =100）

下降 5.5%，影响 CPI 下降约 0.02 个百分点，而 2014 年羊肉价格上涨 4.3%。这主要是受到 2015 年饲料价格下降，生产成本降低，加之前期牛羊饲养量增加，市场货源充足的影响。

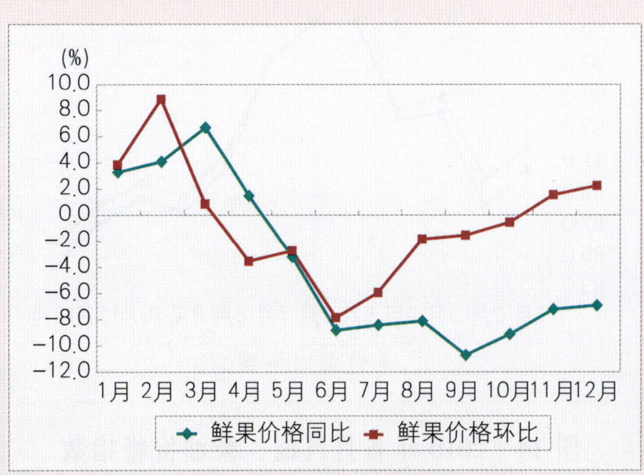

图 12　2015 年各月鲜果价格同比、环比涨跌幅

3. 鲜果价格比上年有所下降。2015 年，由于我国水果主要产地丰收，市场供应充足，消费需求相对不旺，因此水果价格下降幅度较大。2015 年，鲜果价格下降 3.8%，影响 CPI 下降约 0.09 个百分点。

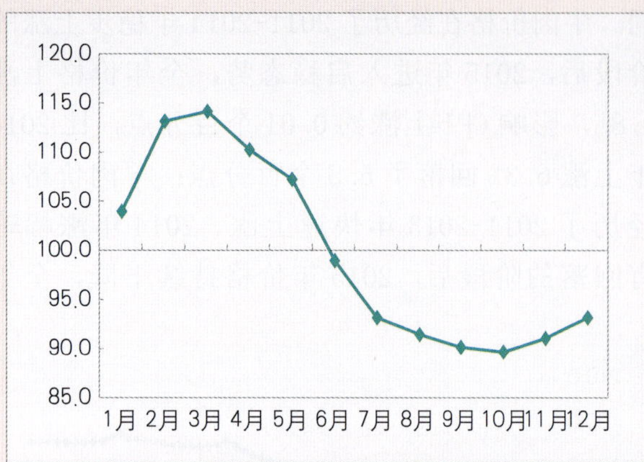

图 13　2015 年各月鲜果价格指数
（2014 年 12 月价格 =100）

（三）国际因素导致国内能源价格走低

2015 年国际油价总体呈现一季度续跌、二季度大涨、下半年再创新低的走势。受国际原油市场价格下跌影响，2015 年我国 12 次下调成品油价格。截至 2015 年底，我国全年汽油平均价格 7120 元 / 吨，同比下降 19.21%，柴油平均价格 5560 元 / 吨，同比下降 26.79%。2015 年汽油、柴油价格分别下降 18.5% 和 21.5%，分别影响 CPI 下降 0.15 和 0.03 个百分点。

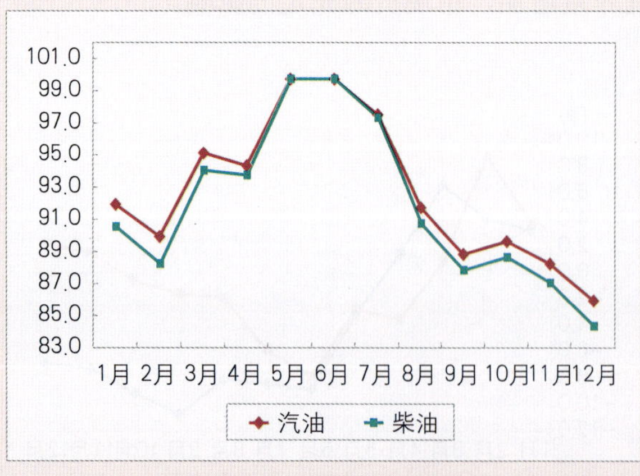

图 14　2015 年各月汽油、柴油价格指数
（2014 年 12 月价格 =100）

四、物价走势分析及政策建议

（一）物价形势分析

综合各方面情况看，未来一段时间内抑制和推动物价上涨的因素可能并存，CPI 仍将处于平稳上涨的态势。

1. 抑制物价上涨的因素。一是近年来我国粮食生产保持了稳定增长态势，为物价稳定提供了良好保障；二是经济下行压力较大，总需求相对不足；三是 PPI 处于下降态势，成本推动因素明显减弱；四是各地积极出台保障物价稳定的政策措施，增加市场供应，降低流通成本。

2. 推动物价上涨的因素。一是国际大宗商品价格走势仍不确定，输入性通胀因素不能排除；二是近年来各地最低工资标准不断上调，提高了企业用工成本。同时受人口政策的影响，近年来劳动力供应偏紧，人工成本刚性上涨，这在一定程度上推动了部分服务价格的快速上涨；三是部分资源类产品和公共服务价格存在改革压力。

3. 未来食品价格的走势具有不确定性。未来食品价格的走势具有不确定性，一是由于天气变化是影响鲜菜价格变动的重要原因，鲜菜价格可能随着天气情况的变化发生一定波动；二是由于生猪出栏量的恢复需要一定时间，预计猪肉价格将高位运行一段时间，未来走势我们将继续保持关注。

（二）政策建议

当前我国经济发展进入新常态，如何在经济增速放缓的背景下，确保 CPI 运行稳定，是我们要关注的重大课题。

一是要加强农产品流通体系建设。各地应切实降低运输成本，减少流通环节的收费，为农产品提供“绿色通道”。

二是建立农产品信息发布平台，及时发布农产品价格信息，使农产品生产者能及时了解价格变化，减少损失。

三是应适应消费升级趋势，破除政策障碍，优化消费环境，维护消费者权益。支持发展养老、健康、家政、教育培训、文化体育等服务性消费。

四是完善补贴制度，建立健全社会救助和保

障标准与物价上涨挂钩联动机制。各地应密切关注物价上涨情况，及时启动机制，发放价格临时补贴，特别是要保障好低收入居民群体的生活水平稳定。

（执笔：张燕）

2015 年工业生产者价格监测报告

2015 年，在世界经济复苏乏力，国内经济下行压力不断加大的复杂局面下，国际国内经济不景气，发展速度放缓，市场需求继续疲软，大宗商品价格屡次下滑，制造业经济发展动力不足，致使工业生产者价格全年一路走低。2015 年，工业生产者出厂价格比上年下降 5.2%，比 2014 年的降幅扩大 3.3 个百分点；工业生产者购进价格比上年下降 6.1%，比 2014 年的降幅扩大 3.9 个百分点。截至 2015 年 12 月份，工业生产者出厂价格同比已经连续 46 个月出现负增长，工业生产者购进价格连续 43 个月负增长。

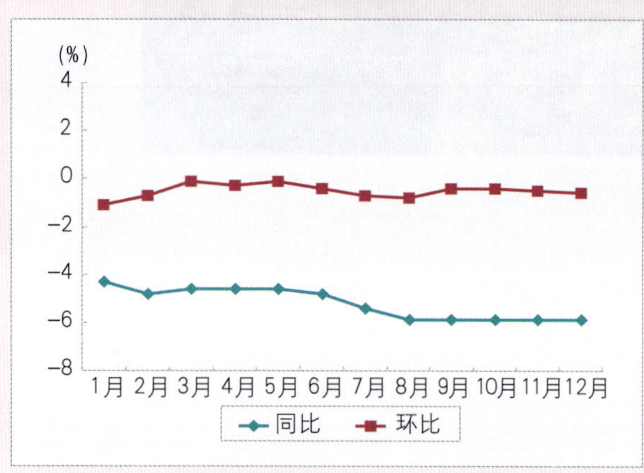

图 1　2015 年工业生产者出厂价格涨跌幅

一、工业生产者出厂价格总体变动情况

从同比指数看，工业生产者出厂价格总体呈现全年一路下跌且下半年加速下行的局面。上半年在翘尾因素和新涨（跌）价因素共同影响下，工业生产者出厂价格同比承接 2014 年的走势持续下跌，降幅在 -4.3%—-4.8% 之间。下半年，受美联储加息预期和美元走强等因素影响，大量资金从商品和金融等资产中流出，国际大宗商品价格出现一波快速下跌走势，原油价格再次跌破 50 美元，黄金价格创下五年来新低，铜、铝等有色金属价格跌至六年内低位，部分大宗商品指数已较 2008 年高点下跌近 60%，致使工业生产者价格从 7 月份开始降幅加深，8 月份起连续 5 个月降幅均为 -5.9%。

从月度环比指数看，年初降幅最大为 -1.1%，3—6 月份降幅明显收窄，在 -0.1%—-0.4% 之间，7、8 月份降幅有所扩大，9 月份以后降幅大致维持在 -0.4%—-0.6% 之间。

从定基指数看，工业生产者价格总体水平低于 2010 年，多数重要生产资料价格已降至 2010 年之前的水平。2015 年 12 月，PPI 价格总水平较 2010 年下降 7.5%。煤炭开采和洗选、石油和天然气开采、石油加工、黑色金属冶炼和压延加工、有色金属冶炼和压延加工业价格较 2010 年分别下降 33.6%、39.4%、23.6%、35.2% 和 19.6%。

分类别看，全年生产资料出厂价格比上年下降 6.7%，影响工业生产者出厂价格总水平下降约 5.1 个百分点，是工业生产者出厂价格下降的主要因素。其中，采掘工业价格下降 19.7%，原材料工业价格下降 9.5%，加工工业价格下降 4.3%。生活资料出厂价格下降 0.3%，影响工业生产者出厂价格总水平下降约 0.1 个百分点。其中，食品价格持平，衣着价格上涨 0.7%，一般日用品价格下降 0.7%，耐用消费品价格下降 0.8%。

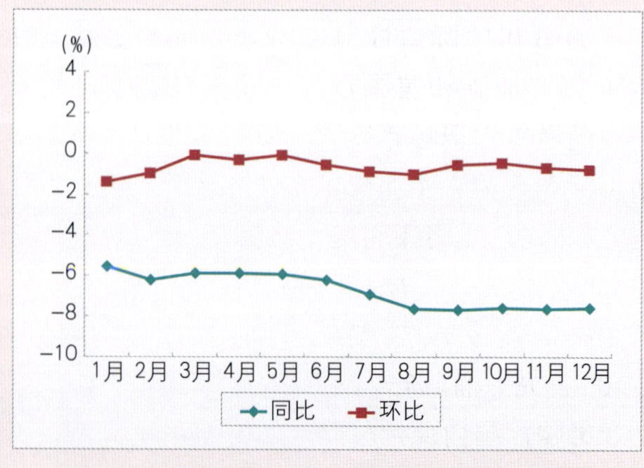

图 2　2015 年生产资料出厂价格涨跌幅

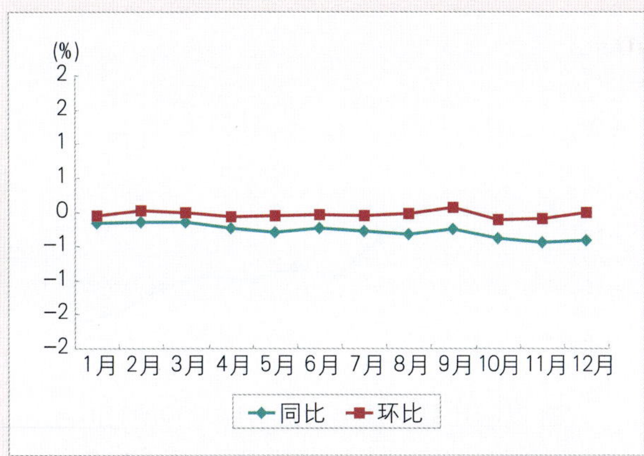

图 3 2015 年生活资料出厂价格涨跌幅

分行业看，主要工业行业出厂价格下降居多。从同比指数看，2015 年在调查的 41 个大类行业中，有 6 个行业上涨，1 个行业持平，34 个行业下降。其中，降幅较大的行业有石油和天然气开采、石油加工、黑色金属冶炼和压延加工、煤炭开采和洗选，同比分别下降 37.3%、21.5%、16.7%、14.7%。涨幅较大的行业有水的生产和供应、纺织服装服饰、家具制造，同比分别上涨 2.2%、0.7%、0.6%。从影响程度看，黑色金属冶炼和压延加工、石油加工、石油和天然气开采、化学原料和化学制品制造、煤炭开采和洗选、有色金属冶炼和压延加工分别影响 2015 年工业生产者出厂价格总水平下降约 1.3、0.8、0.5、0.5、0.4、0.3 个百分点，六者合计影响约 3.8 个百分点，占总降幅（-5.2%）的 73% 左右。

二、重要生产资料出厂价格变动情况

（一）原油价格大幅下挫，创近年新低

2015 年国际原油价格持续走低，虽然其间 OPEC 等产油国和美国页岩气持续博弈，油价在下跌通道曾出现触底反弹，但需求的持续疲软使油价反弹乏力。上半年原油价格最高触及 62.58 美元 / 桶，但 6 月下旬开始油价出现了连续下跌，WTI 原油价格的 50、40 美元关口相继失守，12 月更是一度跌破 35 美元 / 桶，12 月 31 日报收 37.05 美元 / 桶，全年跌幅超 30%，创近年新低。受此影响，国内原油价格始终处于低位震荡，全年国内原油价格比上年下降 43.6%。

表 1 2014 年、2015 年工业生产者出厂价格大类行业指数

上年价格 =100

项目名称	2014 年	2015 年
总指数	98.1	94.8
煤炭开采和洗选业	89.0	85.3
石油和天然气开采业	96.6	62.7
黑色金属矿采选业	91.2	79.7
有色金属矿采选业	96.5	92.9
非金属矿采选业	99.3	97.5
开采辅助活动	99.4	96.9
其他采矿业	100.0	100.0
农副食品加工业	99.1	98.7
食品制造业	102.0	99.9
酒、饮料和精制茶制造业	100.5	99.7
烟草制品业	100.3	100.4
纺织业	99.4	97.7
纺织服装、服饰业	100.2	100.7
皮革、毛皮、羽毛及其制品和制鞋业	101.8	100.8
木材加工和木、竹、藤、棕、草制品业	100.9	99.8
家具制造业	100.8	100.6
造纸和纸制品业	99.2	98.8
印刷和记录媒介复制业	100.0	99.6
文教、工美、体育和娱乐用品制造业	99.8	99.5
石油加工、炼焦和核燃料加工业	94.8	78.5
化学原料和化学制品制造业	98.0	93.3
医药制造业	100.7	100.5
化学纤维制造业	94.7	90.6
橡胶和塑料制品业	98.7	96.7
非金属矿物制品业	100.0	96.5
黑色金属冶炼和压延加工业	93.3	83.3
有色金属冶炼和压延加工业	95.6	91.7
金属制品业	98.6	97.1
通用设备制造业	99.5	98.8
专用设备制造业	99.8	99.2
汽车制造业	99.5	99.1
铁路、船舶、航空航天和其他运输设备制造业	99.6	99.9
电气机械和器材制造业	98.8	98.0
计算机、通信和其他电子设备制造业	98.3	98.4
仪器仪表制造业	100.0	99.4
其他制造业	102.1	98.8
废弃资源综合利用业	93.5	88.8
金属制品、机械和设备修理业	99.3	98.5
电力、热力生产和供应业	100.2	98.7
燃气生产和供应业	103.5	97.0
水的生产和供应业	102.6	102.2

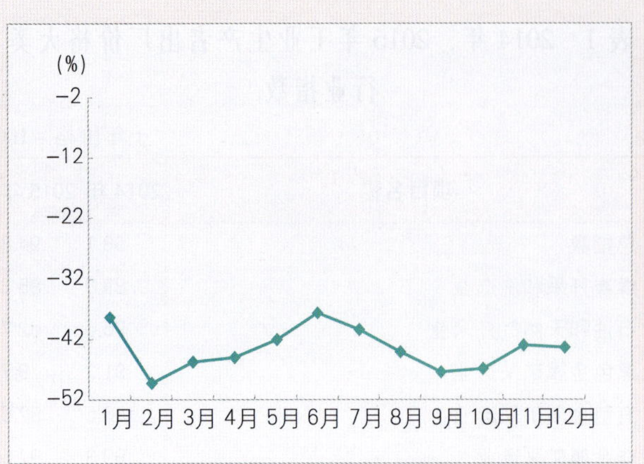

图 4　2015 年各月原油出厂价格同比涨跌幅

受国际原油价格大幅下跌影响，国内成品油价格进行了 12 次下调，7 次上调，汽油每吨累计下调 2050 元，柴油每吨累计下调 2205 元。与上年相比，汽油价格下降 20.0%，柴油价格下降 23.1%。

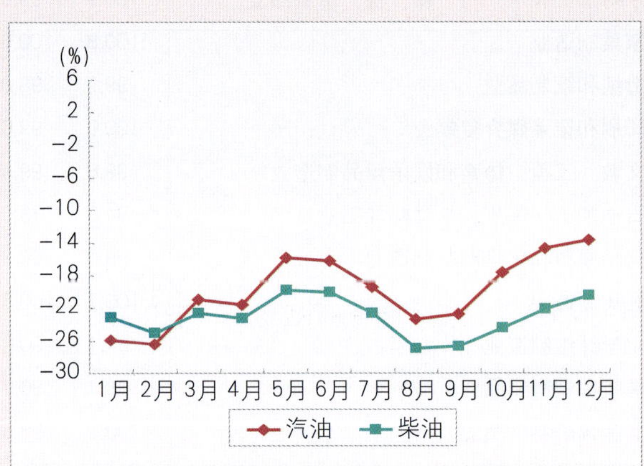

图 5　2015 年各月成品油出厂价格同比涨跌幅

（二）煤炭价格低位运行

2015 年，随着国内经济增速放缓，钢铁、水泥等主要耗煤行业的产能收缩，同时，在国家大力发展清洁能源，加大节能减排力度的影响下，煤炭市场供大于求的矛盾十分突出，全年煤炭价格始终处于低位运行，尤其是下半年，降幅不断走低，12 月份下降 17.2%，为全年最低点。全年煤炭开采和洗选业出厂价格比上年下降 14.7%，其中原煤价格下降 14.5%。

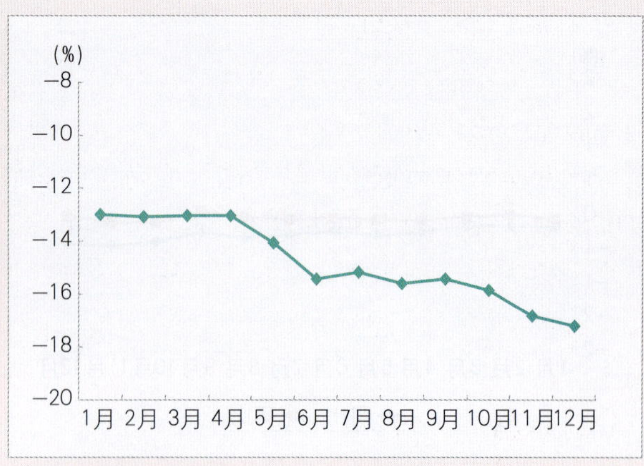

图 6　2015 年各月煤炭出厂价格同比涨跌幅

（三）钢材价格深度下跌

2015 年，宏观经济承受下行压力，投资增速不断回落，钢材市场需求明显减少，同时钢铁行业产能过剩严重，库存高企，铁矿石等原料价格下跌明显，钢材价格降幅更大，价格已接近或跌破企业成本价。截至 2015 年 12 月，黑色金属冶炼及压延加工业同比价格已连续 49 个月呈现负增长，全年始终处于低位运行，降幅逐月扩大，尤其是下半年加速下跌，12 月份下降 20.8%，为全年最大降幅。全年黑色金属冶炼及压延加工业比上年下降 16.7%，比 2014 年降幅扩大 10 个百分点，其中，厚钢板价格下降 25.0%，大型型钢价格下降 21.3%，线材价格下降 20.9%，中小型型钢价格下降 14.5%。

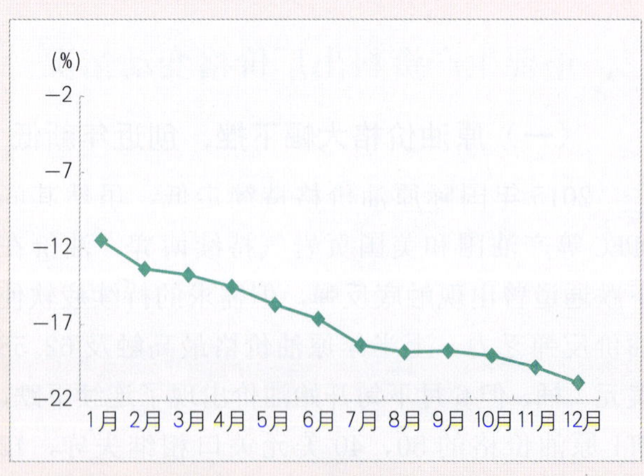

图 7　2015 年各月钢材出厂价格同比涨跌幅

（四）有色金属价格总体弱势

2015 年全球主要经济体复苏缓慢，有色金属市场需求疲软，供应过剩，尽管 3-5 月美元大幅下跌，推动有色金属价格短暂反弹，但下半年国际黄金价格创下五年来新低，铜、铝等有色金属价格跌至六年内低位，带动国内有色金属价格呈断崖式下跌，12 月份下降 13.9%，为全年最大降幅。整体市场全年表现低迷，价格持续走弱。2015 年有色金属冶炼及压延加工业价格比上年下降 8.3%。其中，铜冶炼价格比上年下降 14.4%，铝冶炼价格下降 6.8%，铅冶炼价格下降 4.5%，锌冶炼价格下降 0.6%。

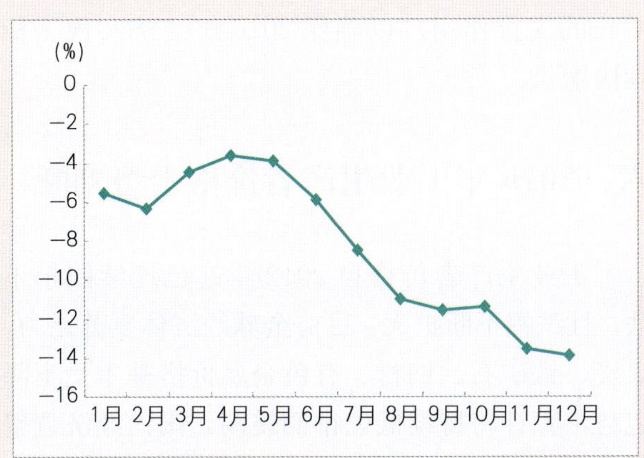

图 8　2015 年各月有色金属出厂价格同比涨跌幅

三、工业生产者购进价格总体变动情况

2015 年，工业生产者购进价格总体呈低位运行。上半年同比降幅在 -5.2%—-5.9% 之间，下半年降幅扩大，降幅在 -6.1%—-6.9% 之间。九大类中，黑色金属材料类购进价格比上年下降 11.6%，有色金属材料及电线类价格下降 7.3%，燃料动力类价格下降 11.3%。

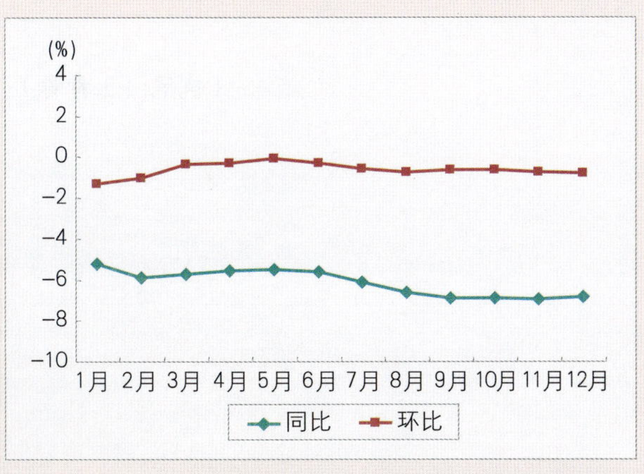

图 9　2015 年工业生产者购进价格涨跌幅

从月度环比价格变动情况看，全年除 5 月价格持平外，其他 11 个月份均呈下降态势，其中 1 月份下降幅度最大，为 -1.3%。

四、影响工业生产者价格下降的主要原因

（一）国际大宗商品价格下跌加剧 PPI 下行

国际金融危机以来，世界经济复苏进程艰难曲折，美欧等发达经济体基本保持了温和复苏的势头，但进程缓慢，而大部分新兴市场国家则面临较为严峻的经济下行压力。需求不足，致使 2015 年国际大宗商品价格始终低迷，总体呈现震荡走低局面。虽然资源性产品价格下降有利于下游企业降低成本，但在经济整体不景气背景下，上游产品价格过快、过大幅度下跌必然会带动下游行业产品价格下降，同时也不足以抵消下游企业销售下滑导致的边际成本上升影响，从而进一步加剧 PPI 下行。

（二）国内宏观经济增速总体放缓

国内投资、消费增速回落成为“新常态”。在新常态下，经济增速整体放缓。据国家统计局资料显示：2015 年，国内生产总值（GDP）比上年增长 6.9%，是 2009 年以来首度破 7。从分季度的数据来看，一季度同比增长 7.0%，二季度增长 7.0%，三季度增长 6.9%，四季度增长 6.8%。2015 年 1—12 月，全国规模以上工业增加值同比增长 6.1%，增速比上年同期回落 2.2 个百分点；全社会固定资产投资（不含农户）同比增长 10.0%，增速比上年同期回落 5.7 个百分点，工业和投资等主要经济指标增速持续回落，表明当前经济企稳的基础仍不牢固，下行压力仍然较大。在经济发展速度放缓的大环境下，工业经济尚未完全恢复元气，工业品价格回升空间不大。

（三）部分行业产能过剩影响

为应对 2008 年国际金融危机而采取的大规模刺激政策，客观上导致部分传统行业产能大幅

扩张，产品产量增长迅速。2011 年，我国钢材产量比 2007 年增长 56.7%，水泥增长 54.2%，氧化铝增长 75.5%，乙烯增长 48.6%，精炼铜增长 52.2%，造成严重产能过剩，形成了“价格下降－生产维持－供求状况进一步恶化－价格持续下降”的恶性循环。随着宏观调控政策回归常态，产能过剩问题更显严竣。2014 年中国粗钢产量 8.23 亿吨，刷新历史记录，但消费量仅为 7.4 亿吨，造成巨大库存，部分企业特别是产品附加值低的企业不得不依靠降低产能、降价等措施缓解库存压力，导致产品价格持续走低。

五、对策与建议

本轮工业生产者价格下跌持续时间较长，跌幅较大，导致部分工业企业经营困难，效益下降，促使企业生产经营趋于谨慎，形成“价格下跌—企业削减生产和投资—需求下降—价格进一步下跌”的恶性循环，为避免通货紧缩状况的出现，要从供需两方面入手，促进 PPI 合理回升。

（一）大力推进结构调整和转型升级

在新常态的背景下，工业发展的方向和出路在于结构调整和转型升级。2012 年以来资源性行业如煤炭、钢铁、石化持续低位运行，对工业增长的贡献呈趋势性下降。同时，行业内新业态企业迅速崛起，传统模式生产的企业逐步萎缩。因此在工业结构调整和转型升级中要积极培育新增长点，引导各种生产要素资源流入新兴产业，推动工业增长格局的改变，加快转型升级进程。

（二）适度加大投资，减缓投资需求的过度下降

针对当前基础资源类产品价格走势和相关企业库存情况，应适度加大投资规模，特别是加快推进棚户区改造、基础设施建设等民生投资项目。在建材价格水平较低情况下，适度加大投资，可起到稳定经济增长和价格水平的作用。

（三）引导传统主导产业新发展

密切关注传统主导产业形势的变化，在降成本、挖潜力，自主创新上下功夫。加快新兴产业的扶持力度，尽快将其做大做强，发挥对经济的主力军作用；加快实体经济发展，帮助小微企业应对困难；加快生产性服务业发展，增强对经济增长的支撑作用，以确保 2016 年经济实现平稳较快增长。

六、2016 年工业生产者价格走势判断

工业生产者价格自 2012 年起已连续四年下跌，且跌幅不断扩大。目前全球经济体复苏乏力，煤炭、铁矿石、钢材、有色金属价格基本呈下降之势，预计将持续低位徘徊震荡。国内经济调整面临的风险性因素增加，经济下行压力仍然较大，煤炭、钢材、水泥等传统待业产能过剩现象一时难以改观。但随着“十三五”规划的逐步实施，特别是供给侧改革和新兴创新行业发展战略的部署，将为经济发展注入活力，有效改善市场的供需状况，在一定程度上或将抑制 PPI 价格的下降。

总体看，内需不足格局仍将延续，国际原油等大宗商品价格下降或弱势整理的可能性较大，预计 2016 年 PPI 继续维持低位运行态势，但同比降幅将有所收窄。

（执笔：王青青）

2015年城乡居民生活状况报告

据国家统计局对全国31个省（自治区、直辖市）16万户居民家庭开展的城乡一体化住户收支与生活状况调查①，2015年全国居民人均可支配收入保持较快增长，居民间收入差距缩小，消费结构不断优化，生活水平继续提高。

一、2015年居民收入状况

（一）全国居民人均可支配收入增长8.9%

2015年全国居民人均可支配收入21966元，同比名义增长②8.9%，扣除价格因素影响，实际增长7.4%。按常住地分，城镇居民人均可支配收入31195元，同比名义增长8.2%，扣除价格因素影响，实际增长6.6%；农村居民人均可支配收入11422元，同比名义增长8.9%，实际增长7.5%。全国居民人均可支配收入增长的主要情况如下：

1. 工资性收入增长9.1%。2015年，全国居民人均工资性收入12459元，增长9.1%，比上年回落0.6个百分点，对全国居民人均可支配收入增长的贡献率为57.7%。工资性收入占可支配收入比重为56.7%。

城镇居民人均工资性收入19337元，增长7.8%。主要原因，一是新常态下经济情况总体平稳，就业形势基本稳定；二是全国行政事业单位人员实施养老保险制度改革，调整基本工资标准，增发补发自2014年10月份以来的工资；三是部分地区完成公车改革，增加了公车补贴等收入。但石油、煤炭等资源性行业效益下滑，部分地区经济增长较慢，使得部分行业、部分地区职工收入增长趋缓。

农村居民人均工资性收入4600元，增长10.8%。主要是农民工人数继续增加，其中本地农民工人数增长2.7%；同时农民工工资水平继续增长，但增速放缓，2015年农民工月均收入增长7.2%，增速同比回落2.6个百分点。

2. 经营净收入增长6.0%。2015年，全国居民人均经营净收入3956元，增长6.0%，比上年回落2.7个百分点，对全国居民人均可支配收入增长的贡献率为12.4%。经营净收入占可支配收入比重为18.0%。

城镇居民人均经营净收入3476元，增长6.0%。主要原因是各级政府继续简政放权，积极落实各项财政、金融、税费等扶持政策，不断拓展大众创业、万众创新空间，个体工商户和小微企业的经营环境进一步改善，税负进一步减轻。但是受经济大环境影响，总体经营状况仍较为困难。

农村居民人均经营净收入4504元，增长6.3%。分产业看，一是农村居民人均第一产业经营净收入3154元，增长5.2%，增速同比下降0.4个百分点。其中，种植业收入增长4.6%，增速同比下降2.2个百分点。主要是2015年粮食继续丰收，总产量增长2.4%，但粮食等主要农产品价格下降，尤其是四季度玉米等价格大幅下降，使得农民增产未增收。牧业净收入大幅回升，增速由上年的-3.7%转变为增长10.3%，主要是由于生猪价格的大幅回升。二是农村居民人均二三产业经营净收入增长9.0%。主要是对小微企业减负政策的落实及油价下跌等因素带动农村居民

注：①2012年四季度，国家统计局实施了城乡一体化住户调查改革，统一了城乡居民收入名称、分类和统计标准，在全国统一抽选了16万户城乡居民家庭，直接开展全国住户收支与生活状况调查。本文使用数据均来源于此调查。

②若无特殊说明，本文各项收入和消费增长均未考虑价格因素影响。因四舍五入原因，部分数据存在分项数据与合计数据有误差的情况。

二三产经营净收入较快增长。

3. 财产净收入增长 9.6%。2015 年，全国居民人均财产净收入 1740 元，增长 9.6%，比上年回落 2.0 个百分点，对全国居民人均可支配收入增长的贡献率为 8.4%。财产净收入占可支配收入比重为 7.9%。

城镇居民人均财产净收入 3042 元，增长 8.2%。主要是城镇居民出租房屋收入和红利收入增长较快，分别增长 10.2% 和 13.8%。

农村居民人均财产净收入 252 元，增长 13.3%。主要是红利、出租房屋收入和转让土地承包经营权等收入增长较快。

4. 转移净收入增长 11.2%。2015 年，全国居民人均转移净收入 3812 元，增长 11.2%，比上年回落 1.4 个百分点，对全国居民人均可支配收入增长贡献率为 21.4%。转移净收入占可支配收入比重为 17.4%。

城镇居民人均转移净收入 5340 元，增长 10.9%。主要是国家继续提高企业离退休人员基本养老金和城镇居民基础养老金水平，全国行政事业单位离退休人员增发补发离退休金，城镇居民人均养老金和离退休金增长 12.5%。

农村居民人均转移净收入 2066 元，增长 10.1%。主要是全国城乡居民基本养老保险基础养老金最低标准从每人每月 55 元提高至 70 元，农村居民人均离退休金和养老金增长 22.1%；同时国家大力推进精准扶贫，各地陆续提高低保及新农合等社保标准，农村居民从政府得到的各类救济及社保收入大幅增加。但来自政府的现金惠农生产补贴仅增长 6.0%。

表 1　2015 年居民人均可支配收入增长情况

指标	全国居民		城镇居民		农村居民	
	绝对值（元）	增长率（%）	绝对值（元）	增长率（%）	绝对值（元）	增长率（%）
人均可支配收入	21966	8.9	31195	8.2	11422	8.9
（一）工资性收入	12459	9.1	19337	7.8	4600	10.8
（二）经营净收入	3956	6.0	3476	6.0	4504	6.3
（三）财产净收入	1740	9.6	3042	8.2	252	13.3
（四）转移净收入	3812	11.2	5340	10.9	2066	10.1

（二）全国居民人均可支配收入中位数增长 9.7%

2015 年，全国居民人均可支配收入中位数 19281 元，同比增长 9.7%，比平均数增速高 0.8 个百分点。全国居民人均可支配收入中位数相当于平均数的 87.8%，比上年提高 0.7 个百分点。

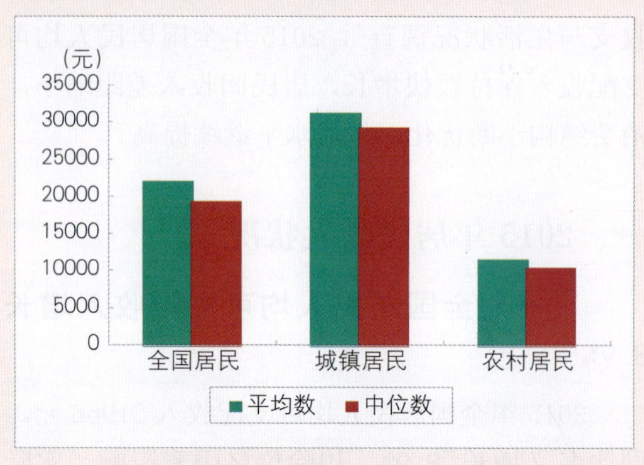

图 1　2015 年全国居民人均可支配收入平均数和中位数绝对值

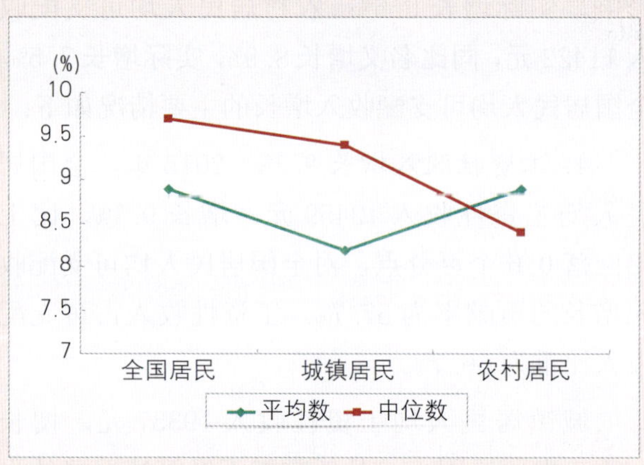

图 2　2015 年全国居民人均可支配收入平均数和中位数增速

二、2015 年居民收入差距

（一）全国居民收入差距

城乡居民人均可支配收入比值缩小。按照城乡同口径人均可支配收入计算，2015 年城乡居民人均收入之比为 2.73：1，比上年下降 0.02。

地区间居民收入相对差距略有下降。分区域看，收入水平较低的西部地区居民收入增速最快，东北地区居民收入增速最慢。西部地区全体居民收入增速为9.7%，比中部地区高0.4个百分点，比东部地区高1.0个百分点，比东北地区高2.5个百分点。东部地区与西部地区全体居民人均收入之比为1.67：1，与中部地区之比为1.53：1。东部与西部、东部与中部地区收入相对差距分别比上年缩小0.02和0.01。

表2　2015年分区域居民人均可支配收入情况

区域	全国居民		城镇居民		农村居民	
	绝对值（元）	增长率（%）	绝对值（元）	增长率（%）	绝对值（元）	增长率（%）
东部	28223	8.7	36691	8.2	14297	8.8
中部	18442	9.3	26810	8.4	10919	9.1
西部	16868	9.7	26473	8.5	9093	9.6
东北	21008	7.2	27400	7.1	11490	6.4

北方地区居民收入增速较慢。分省来看，北方地区居民收入增速慢于其他地区，山西、辽宁、黑龙江、吉林等省人均可支配收入增长较慢。主要原因一是煤炭、钢铁等部分行业去产能压力大，部分职工收入出现下降，对北方部分省份城镇居民收入产生较大影响；二是2015年四季度以来，玉米等大宗农产品价格大幅下降，对北方地区农村居民出售农产品收入产生较大不利影响，部分农户收入明显下降。

高、低收入组相对差距有所缩小。按人均可支配收入从低到高进行五等份分组，全国低收入组居民收入增速最快，达到10.0%，明显快于中等偏下、中等、中等偏上、高收入组四组居民9.2%、9.6%、9.3%和7.0%的收入增长速度。全国高、低收入组居民人均可支配收入之比为10.45：1，比上年下降了0.29。

表3　2015年分组居民人均可支配收入情况

组别		全国居民		城镇居民		农村居民	
		绝对值（元）	增长率（%）	绝对值（元）	增长率（%）	绝对值（元）	增长率（%）
东部	合计	21966	8.9	31195	8.2	11422	8.9
	低收入组	5221	10.0	12231	9.0	3086	11.5
	中等偏下组	11894	9.2	21446	9.1	7221	9.3
	中等收入组	19320	9.6	29105	9.2	10311	8.5
	中等偏上组	29438	9.3	38572	8.3	14537	8.1
	高收入组	54544	7.0	65082	5.6	26014	8.6
中位数		19281	9.7	29129	9.4	10291	8.4

（二）城镇居民收入差距

中西部地区城镇居民收入增速快于东部及东北地区。分区域看，2015年收入水平较低的中部、西部地区城镇居民收入增速较快，分别为8.4%和8.5%；收入水平较高的东部地区增速较慢，为8.2%；东北地区增速最慢，为7.1%。东部地区与西部地区城镇居民人均可支配收入之比为1.39：1，东北地区与西部地区城镇居民人均可支配收入之比为1.03:1。

高低收入组之比有所缩小。按人均可支配收入从低到高进行五等份分组，中等收入组城镇居民收入增速较快。2015年低收入组城镇居民人均可支配收入增速为9.0%，中等偏下收入组城镇居民人均可支配收入增速为9.1%，中等收入组城镇居民人均可支配收入增速为9.2%，中等偏上收入组城镇居民人均可支配收入增速为8.3%，高收入组城镇居民人均可支配收入增速为5.6%。高、低收入组城镇居民人均可支配收入之比有所缩小，2015年为5.32:1，比2014年下降0.17个百分点。

（三）农村居民收入差距

东西部相对收入差距缩小。分区域看，2015年收入水平较低的中部、西部地区农村居民收入增速较快，在9%以上；收入水平较高的东部、东北地区农村居民收入增速相对较慢，低于9%。其中：西部地区农村居民人均可支配收入增速为9.6%，比中部地区高0.5个百分点，比东部地区高0.8个百分点，比东北地区高3.2个百分点。东部地区与西部地区农村居民人均可支配收入之比为1.57:1；东北地区与西部地区农村居民人均可支配收入之比为1.26:1；中部地区与西部地区农村居民人均可支配收入之比为1.20:1。

高低收入组之比缩小。按人均可支配收入从低到高进行五等份分组，低收入组农村居民收入增速较快。2015年低收入组农村居民人均可支配收入增速为11.5%，中等偏下收入组农村居民人均可支配收入增速为 9.3%，中等收入组农村居民人均可支配收入增速为 8.5%，中等偏上收入组农村居民人均可支配收入增速为 8.1%，高收入组农村居民人均可支配收入增速为 8.6%。高、低收入组农村居民人均可支配收入之比有所缩小，2015 年为 8.43:1，比 2014 年缩小 0.22 个百分点。

三、2015 年居民消费与生活状况

（一）居民消费状况

居民消费支出保持增长。2015 年全国居民人均消费支出达到 15712 元，同比增长 8.4%，扣除价格因素，实际增长 6.9%。2015 年城镇居民人均消费支出 21392 元，同比增长 7.1%，扣除价格因素，实际增长 5.5%；农村居民人均消费支出 9223 元，同比增长 10%，扣除价格因素，实际增长 8.6%。农村居民人均消费支出实际增速快于城镇居民消费支出增速 3.1 个百分点。

恩格尔系数下降。2015 年全国居民人均食品烟酒消费支出 4814 元，同比增长 7.1%。食品烟酒支出占消费支出的比重即恩格尔系数从 2014 年的 31% 下降至 2015 年的 30.6%。2015 年城镇居民恩格尔系数从 2014 年的 30% 下降至 2015 年的 29.7%，农村居民恩格尔系数从 2014 年的 33.6% 下降至 2015 年的 33%。全国及分城乡居民恩格尔系数的下降，标志着居民生活水平的进一步提高。

居民饮食结构改善。2015 年城镇居民人均消费肉类 29 公斤，同比增长 1.8%；人均消费禽类 9 公斤，同比增长 4.1%；人均消费蛋类 10 公斤，同比增长 6.8%。2015 年农村居民人均消费肉类 23 公斤，同比增长 2.8%；人均消费禽类 7 公斤，同比增长 6.2%；人均消费蛋类 8 公斤，同比增长 15.1%。

住房和耐用品数量和质量双提高。2015 年，城镇居民人均居住住房面积 35.8 平方米，农村居民人均居住住房面积 43.9 平方米。居住在钢筋混凝土和砖混材料结构住房中的城镇居民占 92.6%，农村居民占 60%，分别比上年提高 0.8、3.3 个百分点。2015 年城镇居民拥有的家用汽车、助力车、空调、热水器、健身器材的数量增长较快，分别比上年增长 16.7%、7.7%、6.7%、3.1%、7.4%；农村居民拥有的家用汽车、空调、助力车、热水器、电冰箱数量增长较快，分别比上年增长 20.9%、13.3%、10.3%、8.9%、6.4%。

发展享受需求提高。交通通信支出快速增长。2015 年全国居民人均交通通信消费支出 2087 元，同比增长 11.6%，快于全国居民人均消费支出增速 3.2 个百分点。其中，人均交通消费支出 1409 元，同比增长 13.3%；人均通信消费支出 678 元，同比增长 8.4%。教育、文化、娱乐消费更加丰富。2015 年全国居民人均教育文化娱乐消费支出 1723 元，同比增长 12.2%，快于全国居民人均消费支出增速 3.8 个百分点。其中，人均文化娱乐消费支出 760 元，同比增长 13.2%。居民医疗保

表 4　2015 年全国及分城乡居民人均消费支出

指标		绝对水平（元）	构成（%）	增长率（%）
全国居民	人均消费支出	15712	100.0	8.4
	（一）食品烟酒	4814	30.6	7.1
	（二）衣着	1164	7.4	5.9
	（三）居住	3419	21.8	6.8
	（四）生活用品及服务	951	6.1	6.9
	（五）交通通信	2087	13.3	11.6
	（六）教育文化娱乐	1723	11.0	12.2
	（七）医疗保健	1165	7.4	11.5
	（八）其他用品和服务	389	2.5	8.7
城镇居民	人均消费支出	21392	100.0	7.1
	（一）食品烟酒	6360	29.7	6.0
	（二）衣着	1701	8.0	4.5
	（三）居住	4726	22.1	5.3
	（四）生活用品及服务	1306	6.1	5.9
	（五）交通通信	2895	13.5	9.8
	（六）教育文化娱乐	2383	11.1	11.2
	（七）医疗保健	1443	6.7	10.6
	（八）其他用品和服务	578	2.7	8.4
农村居民	人均消费支出	9223	100.0	10.0
	（一）食品烟酒	3048	33.0	8.3
	（二）衣着	550	6.0	7.9
	（三）居住	1926	20.9	9.3
	（四）生活用品及服务	546	5.9	7.7
	（五）交通通信	1163	12.6	14.9
	（六）教育文化娱乐	969	10.5	12.8
	（七）医疗保健	846	9.2	12.2
	（八）其他用品和服务	174	1.9	6.8

健消费较快增长，2015 年全国居民人均医疗保健消费支出 1165 元，同比增长 11.5%，快于全国居民人均消费支出年均增速 3.1 个百分点。

（二）基础设施和生活条件

*社区“四通”覆盖面不断扩大。*2015 年城镇地区通路、通电、通电话、通有线电视已接近全覆盖。农村地区“四通”也大幅改善，通路、通电、通电话也已接近全覆盖，所在自然村能接收有线电视信号的户比重达 96.4%，比上年提高 1.3 个百分点。同时计算机和移动电话接入互联网的住户大幅增加。2015 年，平均每百户城镇居民家庭拥有接入互联网的移动电话 112.3 部，同比增长 19.1%；平均每百户农村居民家庭拥有接入互联网的移动电话 69.2 部，同比增长 21%；平均每百户城镇居民家庭拥有接入互联网的计算机 67.3 台，同比增长 4%；平均每百户农村居民家庭拥有接入互联网的计算机 18.8 台，同比增长 14.4%。

*社区卫生医疗及教育服务水平提升。*2015 年城镇地区有 93.4% 的户所在社区饮用水经过集中净化处理，96.8% 的户所在社区内主要道路路面为水泥或柏油路面，97.2% 的户所在社区内垃圾能够做到集中处理，分别比上年提高 0.4、0.6、0.6 个百分点；2015 年农村地区有 50.1% 的户所在自然村饮用水经过集中净化处理，79% 的户所在自然村内主要道路路面为水泥或柏油路面，60.4% 的户所在社区内垃圾能够做到集中处理，分别比上年提高 3.4、4.1、6.9 个百分点。2015 年城镇地区有 82.5% 的户所在社区有卫生站，农村地区有 85.9% 的户所在自然村有卫生站，分别比上年提高 1.9、1.5 个百分点。2015 年城镇地区 98.3% 的户所在社区上幼儿园或学前班较便利，98.4% 的户所在社区上小学较便利。农村地区有 79.7% 的户所在自然村上幼儿园或学前班较便利，比上年提高 1.1 个百分点；有 83.4% 的户所在自然村上小学较便利，比上年提高 1 个百分点。

*生活设施和条件进一步改善。*2015 年城镇居民有水冲式卫生厕所的占 88.1%，农村居民占 26.3%，分别比上年提高 1.2、3.1 个百分点。2015 年城镇居民使用清洁燃料占比达 94.2%，比上年提高 0.7 个百分点；农村居民使用清洁燃料占比达 44.6%，比上年提高 3.6 个百分点。2015 年城镇地区有 92.1% 的户饮用经过净化处理的自来水，农村地区这一比例也达到 44%，较上年均有所提升。

（执笔：尚梦琦）

云南昆明金碧广场

2015 年农业发展报告

2015 年是"十二五"规划的收官之年，农业发展延续了"十二五"时期的良好形势。在国家一系列强农惠农富农政策带动下，2015 年粮食生产实现"十二"连增，粮食综合生产能力实现质的飞跃，主要大宗农产品获得丰收，市场供给充足，农产品市场平稳运行。农业发展的大好形势，为国民经济持续稳定健康发展奠定了坚实基础，提供了强大支撑。

一、粮食生产跃上新台阶

（一）粮食生产实现"十二连增"

保障粮食等重要农产品的基本供给，始终是农业农村工作的首要任务，是治国理政的头等大事。2015 年中央继续坚持把"三农"工作作为全党工作的重中之重，不断加大对粮食生产的投入力度，不断完善强农惠农富农政策体系。各地认真贯彻落实中央一号文件和中央农村工作会议精神，全力抗击各种自然灾害，粮食产量再创历史新高，自 2004 年以来连续十二年实现增产，彻底打破了"两丰一平一歉"的传统粮食产量变动规律，取得举世瞩目的巨大成就。2015 年全国粮食总产量为 12428.7 亿斤，比上年增加 288.2 亿斤，增长 2.4%。全国粮食总产量自 2013 年历史上首次突破 12000 亿斤，2014 和 2015 年分别再创历史新高，稳定站上 12000 亿斤新台阶，标志着我国粮食综合生产能力实现了质的飞跃，保障国家粮食安全的能力进一步增强。

"十二五"时期，全国粮食总产量累计增产 1499.2 亿斤，增长 13.7%，年均增幅为 2.6%。值得强调的是，"十二五"期间全国粮食总产量连年增产是在已经连续七年增产、基数较大的情况下取得的，实属不易。

表 1　2000 年以来全国粮食总产量

单位：亿斤

年份	粮食总产量	比上年增加	比上年增长（%）
2000	9244	-924	-9.1
2001	9053	-191	-2.1
2002	9141	88	1.0
2003	8614	-527	-5.8
2004	9389	775	9.0
2005	9680	291	3.1
2006	9961	280	2.9
2007	10032	71	0.7
2008	10574	542	5.4
2009	10616	42	0.4
2010	10930	313	3.0
2011	11424	495	4.5
2012	11791	367	3.2
2013	12038.8	247.8	2.1
2014	12140.5	101.7	0.8
2015	12428.7	288.2	2.4

（二）2015 年粮食生产主要特点

第一，分季节看，夏粮、秋粮增产，早稻减产，呈现"两增一减"格局。2015 年，全国夏粮 2822.4 亿斤，增产 90.5 亿斤，增长 3.3%；秋粮 8932.5 亿斤，增产 204.1 亿斤，增长 2.3%；早稻 673.8 亿斤，减产 6.4 亿斤，减少 0.9%。

第二，分类别看，谷物增产，豆类和薯类减产，呈现"一增两减"格局。2015 年，全国谷物产量 11445.1 亿斤，比上年增加 296.9 亿斤，增长 2.7%。谷物中，稻谷 4164.9 亿斤，小麦 2603.7 亿斤，玉米 4491.6 亿斤，分别增产 34.7 亿斤、79.6 亿斤和 178.7 亿斤。豆类 317.6 亿斤，薯类 666.0 亿斤，分别减产 7.5 亿斤和 1.2 亿斤。在粮食产量结构中，谷物占粮食总产量的比重提高，豆类和薯类占比下降。2015年谷物占粮食总产量的比重为92.1%，比上年提高0.3个百分点，比2005年提高3.7个百分点；豆类和薯类占粮食总产量的比重分别为2.6%和5.4%，比上年分别降低0.12和0.14个百分点，比2005年分别降低1.9和1.8个百分点。在谷物中，玉米所占比提高，稻谷占比下降，小麦占比基本持平。2015年玉米占谷物产量的比重为39.2%，比上年提高0.6个百分点，比2005年提高6.7个百分点；稻谷占谷物产量的比重为36.4%，比上年下降0.7个百分点，比2005年下降5.8个百分点；小麦占谷物产量的比重为22.7%，比上年提高0.1个百分点，与2005年基本持平。

第三，粮食主产区的重要作用进一步强化。2015年，13个粮食主产区全部实现增产，有10个粮食主产省（区）增产量均在10亿斤以上，其中，河南、辽宁分别增产59.0亿斤和49.7亿斤。2015年，13个主产区粮食产量为9468.2亿斤，比上年增加264亿斤，增长2.9%；占全国粮食总产量的比重为76.2%，比上年提高0.4个百分点，比2005年提高了3个百分点。2015年，13个粮食主产区粮食增产量占全国粮食增加量的比重为91.6%，表明九成以上的粮食增产来源于主产区。部分非粮食主产区减产。2015年，9个省（自治区、直辖市）减产，共减产20.8亿斤。其中，山西因秋粮受旱严重，比上年减产14.2亿斤，减5.4%。

（三）粮食增产的主要原因

1. 气候好、灾害轻，单产提高。2015年，全国粮食作物平均单产为每亩365.5公斤，每亩比上年增产6.5公斤，提高1.8%。因单产提高增产粮食约221.6亿斤，对粮食增产的贡献率为76.9%。其中，谷物单产每亩398.9公斤，每亩增产6.1公斤，提高1.5%。谷物中，稻谷、小麦、玉米单产分别为每亩459.5公斤、359.5公斤和392.8公斤，每亩分别增产5.3公斤、9.9公斤和5.5公斤。

粮食单产提高的主要原因：一是农业气象条件良好，灾害较轻。2014年冬和2015年春季，粮食主产省大于10℃积温、降雨量、累计日照时数普遍高于上年。虽然南方部分地区阶段性强降水、北方部分地区一段时间出现干旱等造成局部灾害，但全国农业气象灾害总体较轻。据民政部统计，2015年1-10月，全国农作物受灾面积31567.2万亩，比上年同期减少6312.3万亩，减少16.7%；绝收面积3639.0万亩，减少705.0万亩，减少16.2%。二是高产作物面积增加。2015年，全国玉米播种面积比上年增加1489.8万亩，增长2.7%。三是农业生产措施得力。特别是在部分地区发生灾情后，国务院领导亲自指挥，有关部门联合抗灾，有效减轻了灾害损失。

2. 政策好，播种面积增加。党中央、国务院高度重视农业生产，国家财政持续加大强农惠农政策力度，继续实施“四补贴”、最低收购价政策和临时收储政策，继续对产量大县和生猪大县进行奖励，调动了地方政府重农抓粮和广大农民务农种粮的积极性，粮食播种面积增加。2015年，全国粮食播种面积17亿亩，比上年增加926.9万亩，增长0.5%。因播种面积扩大而增产粮食约66.6亿斤，对粮食增产的贡献率为23.1%。其中，谷物播种面积14.35亿亩，增加1568.1万亩，增长1.1%。谷物中，小麦、玉米播种面积分别为3.62亿亩和5.72亿亩，分别增加107.8万亩和1489.8万亩；稻谷播种面积4.53亿亩，减少145.0万亩。

3. 农业物质技术装备水平提高。2015年国家继续加大以农田水利为重点的农业基础设施建设力度，全年新增耕地灌溉面积158万公顷，新增节水灌溉面积254万公顷。2015年国家加快推进农业创新，主要粮食作物育种、重大病虫害防治等现代农业生物技术取得重大进展；完善农业科技推广体系，大力推广良种良法，农业科技进步对农业增产的作用提升。据农业部统计，2015年农业科技进步贡献率有望超过56%，比上年提高0.4个以上百分点。农业科技进步贡献率超过50%，表明我国农业增长已由过去主要依靠增加资源要素投入，转变到主要依靠科技进步上来。2015年国家进一步完善农机具购置补贴政策，提高政策的指向性、精准性和普惠性，加大先进适用农业机械技术的推广应用力度，农业机械化水平提高。据农业部初步统计，2015 年我国农作物耕种收综合机械化水平达到 62%，比上年提高 1 个百分点。农业机械化水平提高，逐步改变了主要依靠人畜力进行农业劳作的传统生产方式，把农民从繁重的农业生产劳动中解放出来，有效地缓解了农村青壮年劳动力短缺的矛盾，同时极大地提高了农业劳动生产率。

（四）粮食价格变动情况

从国际市场看，虽然 2015 年全球谷物产量有所下降，但仍属产量较高年份，加之期初库存创历史新高，全球粮食供给形势较为宽松，主要谷物品种价格下跌。从国内情况看，我国粮食经过连年增产，加之进口处于较高水平，国内粮食库存巨大，供给较为充足。在国内外粮食供给均较为宽松的背景下，2015 年我国粮食价格总体呈现稳中略降的运行态势，部分产品四季度价格下降幅度加大。

从粮食生产者价格变动情况来看，2015 年全国粮食生产者价格总水平比上年下降 1.3%，其中，谷物下降 1.3%，豆类下降 1.1%，薯类下降 0.7%。在谷物中，小麦生产者价格下降 0.8%，稻谷上涨 1.6%，玉米下降 3.5%。分季度看，2015 年粮食生产者价格先扬后抑。第一季度和第二季度粮食生产者价格同比分别上涨 1.7% 和 1.4%，第三季度和第四季度同比分别下降 1.9% 和 5.7%。谷物生产者价格第一季度和第二季度同比分别上涨 1.8% 和 1.6%，第三和第四季度同比分别下降 2.1% 和 5.7%。其中，小麦第一季度和第二季度同比分别上涨 3.7% 和 1.4%，第三季度和第四季度同比分别下降 3.2% 和 5.8%；稻谷第一、二和三季度同比分别上涨 2.4%、2.6% 和 1.5%，第四季度同比下降 0.6%；玉米第一、二季度同比均上涨 1.3%，第三、四季度同比分别下降 3.9% 和 12.9%。豆类生产者价格第一、二季度同比分别上涨 1.5% 和 1.6%，第三、四季度同比分别下降 0.4% 和 6.5%。其中，大豆第一、二季度同比分别上涨 0.8% 和 2.2%，第三、四季度同比分别下降 0.4% 和 6.0%。薯类生产者价格第一、二和四季度同比分别下跌 1.5%、6.1% 和 1.4%，第三季度同比上涨 5.2%。

从粮食集贸市场价格变动情况，2015 年主要粮食品种集贸市场价格总体呈现下降走势。稻谷集贸市场价格先扬后抑，1 至 8 月稻谷价格上涨，8 至 12 月价格下跌。2015 年 8 月籼稻和粳稻集贸市场价格（这里的价格为全国 200 个集贸市场的平均价格，下同）分别为 2.83 元 / 公斤和 3.28 元 / 公斤，比 1 月份分别上涨 1.4% 和 2.8%，比上年同期分别上涨 1.8% 和 2.5%；12 月籼稻和粳稻集贸市场价格分别为 2.77 元 / 公斤和 3.20 元 / 公斤，比 8 月份分别下跌 2.1% 和 2.4%。2015 年 1 至 10 月小麦集贸市场价格持续下跌，11 月略有回升后趋稳。2015 年 12 月，小麦集贸市场价格为 2.44 元 / 公斤，比上年同期下跌 5.8%(2015 年小麦集贸市场价格走势参加图 3-4）。2015 年上半年玉米集贸市场价格稳中略升，下半年持续下跌，9 月份新粮上市后，价格加速下跌。2015 年 12 月，玉米集贸市场价格为 2.19 元 / 公斤，比上年同期下跌 10.6%。2015 年大豆价格总体保持下降趋势，12 月大豆集贸市场价格为 6.03 元 / 公斤，比上年同期下降 3.8%。

二、经济作物生结构调整加快

（一）棉花

1. 棉花生产情况。受结构调整、前期库存积压较多、需求回落和价格下降的影响，2015 年棉花产量下降。2015 年全国棉花总产量为 560.3 万吨，比上年减产 57.5 万吨，减少 9.3%。其中，新疆棉花产量为 350.3 万吨，比上年减产 17.4 万吨，减少 4.7%；其他地区棉花产量为 210.2 万吨，比上年减产 40.0 万吨，减少 16.0%。2015 年新疆棉花产量占全国的比重为 62.5%，比上年提高 3.0 个百分点。

棉花播种面积减少。2015 年全国棉花播种面积为 5695.5 万亩，比上年减少 638.4 万亩，减少 10.1%。新疆棉花播种面积比上年减少 73.5 万亩，其他地区合计减少 564.9 万亩。因播种面积减少使得棉花减产 61.9 万吨。

棉花单产略增。2015 年全国棉花单产为每亩98.4公斤，比上年增加0.8公斤，提高0.8%，因单产提高使得全国棉花产量增加了4.5万吨。全国棉花单产提高的原因：一是2015年长江流域棉花生长气候条件较为适宜，棉花长势好于上年，单产提高5.8%，这是全国棉花单产提高的主要原因。二是新疆棉花播种面积占全国的比重为50.1%，比上年提高了3.9个百分点；单产为122.6公斤/亩，虽比上年减少3公斤，但仍比其他地区高48.7公斤，由此全国棉花单产每亩提高了0.2公斤。

“十二五”时期，全国棉花产量波动较大，呈现出先扬后抑的变动特点。2011年和2012年棉花产量连续实现增产，2013年后连续下降。2012年全国棉花产量达到684万吨，比2010年增加88万吨，增长14.8%。2015年全国棉花产量比2012年124万吨，下降18.1%。

表2 2010年以来全国棉花（皮棉）产量

单位：万吨

年份	产量	比上年增加	比上年增长（%）
2010	596		
2011	660	64	10.7
2012	684.0	25.0	3.8
2013	629.9	-54.1	-7.9
2014	617.8	-12.1	-1.9
2015	560.3	-57.5	-9.3

2. 棉花价格变动情况。在国家实施棉花临时收储政策时期，棉花生产连续丰收，棉花净进口较多，2013/2014年期末棉花库存积压了1300多万吨。同时，世界经济增长乏力，国际竞争加剧，我国纺织品出口低迷，棉花需求不振。加之，我国实施农产品价格形成机制改革，取消棉花临时收储政策，在新疆开展棉花目标价格改革试点，棉花价格出现连续下滑。2015年，全国棉花（籽棉，下同）生产者价格比上年下降12.5%。其中，第一、二、四季度分别比上年同期下降22.2%、14.1%和7.3%（第三季度农户极少出售棉花，缺乏可靠的生产者价格数据）。从集贸市场价格来看，2015年棉花集贸市场价格下降，12个月的价格全部低于上年同期。2015年12月棉花集贸市场价格为6.52元/公斤，比上年同期下降6.2%。从月度变化情况来看，1-6月份棉花价格稳中略降，7-12月份总体呈下跌走势。

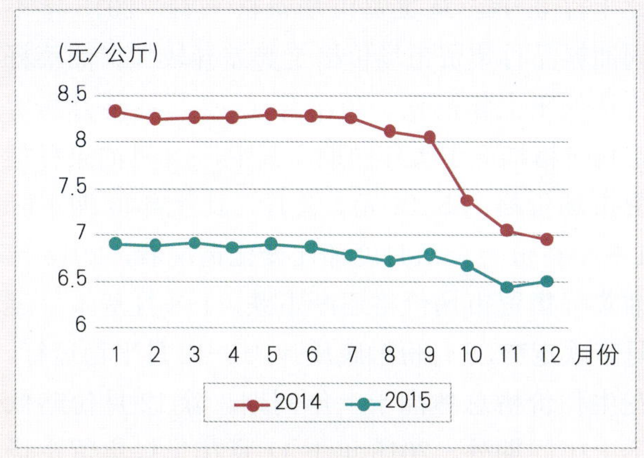

图1 2014和2015年棉花（籽棉）集贸市场价格走势

（二）油料

1. 油料生产情况。油料产量继2013年站上3500万吨新台阶后，2015年再创历史新高。2015年全国油料产量为3537万吨，比上年增加29.6万吨，增产0.8%。油料生产大省的增产作用增强。2015年油料生产大省河南、湖北、湖南、四川、内蒙古合计增产60.4万吨，其他地区减产39.2万吨。

“十二五”时期，全国油料产量总体保持持续增长态势。2015年全国油料产量比2010年增加了307万吨，增长9.5%，年均增长1.8%。

表3 2010年以来全国油料产量

单位：万吨

年份	总产量	比上年增加	比上年增长（%）
2010	3230		
2011	3307	77	2.4
2012	3437	130	3.9
2013	3517	80	2.3
2014	3507	-10	-0.3
2015	3537	30	0.8

2. 油料价格变动情况。从生产者价格来看，2015年油料生产者价格稳中略升，比上年增长0.8%。其中，第一和二季度同比分别上涨3.4%和0.3%，第三季度同比下降1.6%，第四季度同比上涨0.9%。从集贸市场价格来看，2015年不同油料品种集贸市场价格走势差异较大。油菜籽价格低于上年同期。2015年1-12月油菜籽集贸市场价格均低于上年同期。其中，12月油菜籽集贸市场价格为5.14元/公斤，比上年同期下降4.3个百分点。从月度环比变化情况看，2015年油菜籽集贸市场价格逐渐下跌，1-8月基本呈逐月下跌走势，9月份触底反弹，10-12月平稳运行。花生仁价格总体高于上年同期。除12月份略低于上年同期外，2015年1-11月花生仁集贸市场价格均高于上年同期。从月度环比变化情况来看，花生仁集贸市场价格先扬后抑，1-8月稳中略升，9月开始逐月下降。

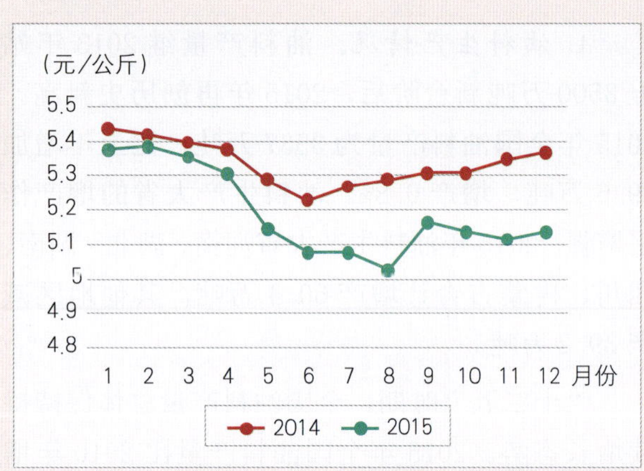

图2 2014和2015年油菜籽集贸市场价格走势

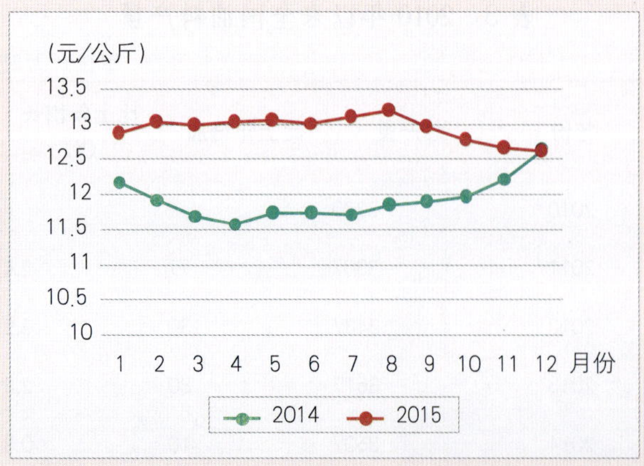

图3 2014和2015年花生仁集贸市场价格走势

（三）糖料

受近年来食糖国内外价差较大，食糖进口量居高不下，国内食糖生产成本增加，收益下降等因素的影响，2015年糖料生产萎缩，糖料减产。2015年全国糖料产量为12500万吨，比上年减少861.2万吨，减产6.4%。糖料产量前三省份广西、云南和广东合计减产682.0万吨，占全国减产量的比重为79.2%；其他省份减产179万吨，占全国减产量的比重为20.8%。

2015年全国糖料种植面积为2604.8万亩，比上年减少244.1万亩，下降8.6%。2015年全国糖料单产为4798.8公斤/亩，比上年增加108.8公斤/亩，提高2.3%。

“十二五”时期，全国糖料产量总体增加，但年度间波动较大，呈现先扬后抑的特点。2015年全国糖料产量比2010年增加492万吨，增长4.1%，年均增长0.8%。“十二五”前三年全国糖料产量连续增长，2013年达到13746万吨，比2010年1738万吨，增长14.5%，年均增幅为4.6%；后两年连续减产，2015年比2013年减产1246万吨，减少9.1%。

2015年糖料生产者价格比上年下降1.2%。其中第一、二季度同比分别下降2.5%和5.5%，第四季度同比上涨7.5%。

表4 2010年以来全国糖料产量

单位：万吨

年份	产量	比上年增加	比上年增长（%）
2010	12008		
2011	12517	509	4.2
2012	13485	968	7.7
2013	13746	261	1.9
2014	13361	-385	-2.8
2015	12500	-861	-6.4

三 畜牧业稳步增长

（一）生猪

1. 生猪生产情况。生猪出栏减少，猪肉产量下降。据初步统计，2015年全国生猪出栏7.08亿头，比上年减少2685万头，下降3.7%；猪肉产量5487万吨，比上年减少184万吨，下降3.3%。分地区看，15个主产区[①]生猪出栏和肉产量分别下降2.7%和2.5%；非主产区生猪出栏和肉产量分别下降8.0%和6.6%。其中，浙江、福建受生态环境要求等因素影响，生产降幅较大，两省生猪出栏分别下降23.7%和14.2%。

前两年，生猪市场价格持续低迷，养殖效益亏损，养殖户主动调减产能，生猪和能繁殖母猪存栏下降。2015年二季度以后，随着猪价上涨，养殖效益提升，养殖户补栏积极性有所提高。12月底全国生猪存栏及能繁殖母猪存栏分别为4.51亿头和4693万头，虽比上年同期分别下降3.2%和5.4%，但比9月底分别回升1.0%和3.9%。

自2010年首次超过5000万吨，“十二五”时期全国生猪产量站稳5000万吨新台阶，全部年份生猪产量都超过5000万吨。“十二五”时期，全国生猪产量总体呈稳定增长态势。2015年全国生猪产量比2010年增加了416万吨，增长8.2%，年均增长1.6%。从年度变动情况来看，2011年全国生猪产量与2010年相比，稳中略降，减产11万吨。2012、2013、2014年三年全国生猪产量连续增长，2014年全国生猪产量达到5671万吨，比2010年累计增产600万吨，增长11.8%。

表5　2010年以来全国猪肉产量

单位：万吨

年份	产量	比上年增加	比上年增长（%）
2010	5071		
2011	5060	-11	-0.2
2012	5343	283	5.6
2013	5493	150	2.8
2014	5671	178	3.2
2015	5487	-185	-3.3

2. 生猪价格变动情况。2015年生猪生产者价格先抑后扬，全年上涨8.9%。分季度看，第一季度生猪生产者价格同比下降3.6%，第二、三和四季度同比分别上涨5.9%、19.4%和12.9%。从集贸市场价格来看，2015年全国生猪价格呈“S”型走势，1-3月下跌，4-8月逐月快速上涨，9-11月有所回落，12月份止落企稳。12月份全国生猪价格为16.62元/公斤，比8月份的年内最高价低1.22元/公斤，下降6.8%，但比上年同期上涨21.1%。

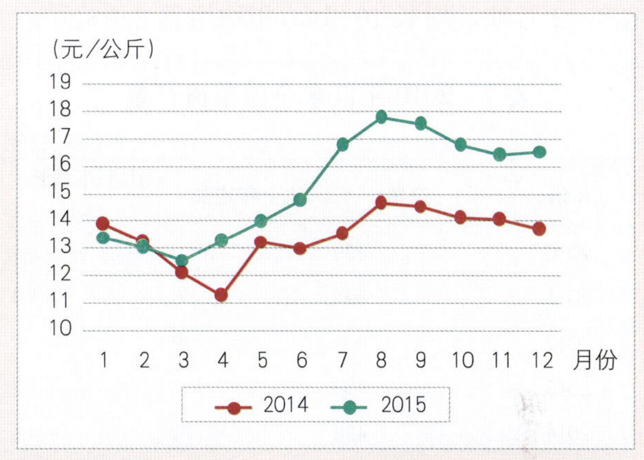

图4　2014和2015年生猪集贸市场价格走势

（二）牛和羊

1. 牛和羊生产情况。2015年，全国牛出栏5003万头，比上年增加74万头，增长1.5%；牛肉产量700万吨，比上年增加11万吨，增长1.6%。全年牛奶产量3755万吨，比上年增加30万吨，增长0.8%。12月底全国牛存栏1.08亿头，比上年同期增加239万头，增长2.3%。“十二五”时期，全国牛肉产量总体呈稳定增长态势，累计

表6　2010年以来全国牛肉产量

单位：万吨

年份	产量	比上年增加	比上年增长（%）
2010	653		
2011	648	-6	-0.9
2012	662	15	2.3
2013	673	11	1.7
2014	689	16	2.4
2015	700	11	1.6

注：①生猪主产区包括河北、辽宁、江苏、浙江、安徽、江西、山东、河南、湖北、湖南、广东、广西、重庆、四川、云南等15个省份，其他省份为非生猪主产区。

增产 47 万吨，增长 7.2%，年均增幅为 1.4%。

羊产品产量增长，存栏增加。2015 年全国羊出栏 2.95 亿只，比上年增加 731 万只，增长 2.5%；羊肉产量 441 万吨，比上年增加 13 万吨，增长 2.9%。12 月底全国羊存栏 3.11 亿只，比上年同期增加 785 万只，增长 2.6%。“十二五”时期，全国羊肉产量总体呈稳步增长态势，累计增产 42 万吨，增长 10.5%，年均增长 2.0%。

表 7　2010 年以来全国羊肉产量

单位：万吨

年份	产量	比上年增加	比上年增长（%）
2010	399		
2011	393	-6	-1.4
2012	401	8	2
2013	408	7	1.8
2014	428	20	4.9
2015	441	13	2.9

2. 牛和羊价格变动情况。2015 年活牛和活羊生产者价格下跌，分别比上年回落 0.9% 和 10.6%。分季度看，活牛生产者价格第一、二、三和四季度同比分别下跌 0.2%、0.3%、1.1% 和 1.4%；活羊生产者价格同比分别下跌 9.6%、9.3%、13.7% 和 9.4%。

2015 年活牛集贸市场价格总体呈下降走势，1-4 月份高于上年同期，5-12 月份低于上年同期。12 月活牛集贸市场价格为 26.96 元 / 公斤，比上年同期下跌 4.2%。从月度环比变动情况看，1-5 月活牛集贸市场价格总体下跌，6 月份后平稳运行。延续 2014 年稳步下跌趋势，2015 年活羊集贸市场价格逐月下跌，1-12 月价格水平均低于上年同期。12 月活羊集贸市场价格为 26.79 元 / 公斤，比上年同期下跌 10.8%。

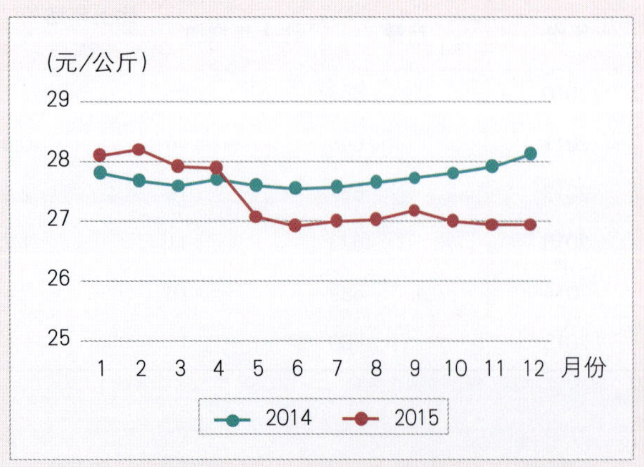

图 5　2014 和 2015 年活牛集贸市场价格走势

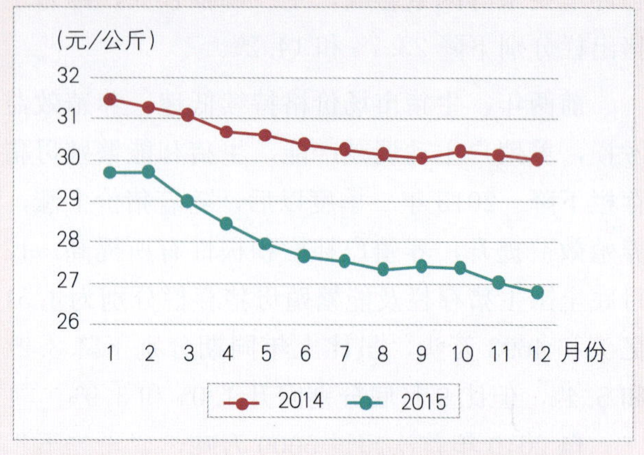

图 6　2014 和 2015 年活羊集贸市场价格走势

（三）家禽

1. 家禽生产情况。2015 年家禽养殖未出现较大疫情，生产稳步增长，产品产量增加。据初步统计，全国家禽出栏 120 亿只，比上年增加 4.46 亿只，增长 3.9%；禽肉产量 1826 万吨，比上年增加 76 万吨，增长 4.3%；禽蛋产量 2999 万吨，比上年增加 105 万吨，增长 3.6%。全国家禽年末存栏 59 亿只，比上年同期增加 8799 万只，增长 1.5%。

2. 家禽价格变动情况。从生产者价格情况来看，2015 年家禽生产者价格稳中略升，比上年上涨 1.3%。分季度看，第一、四季度同比分别上涨 3.2% 和 3.0%，第二、三季度同比分别下

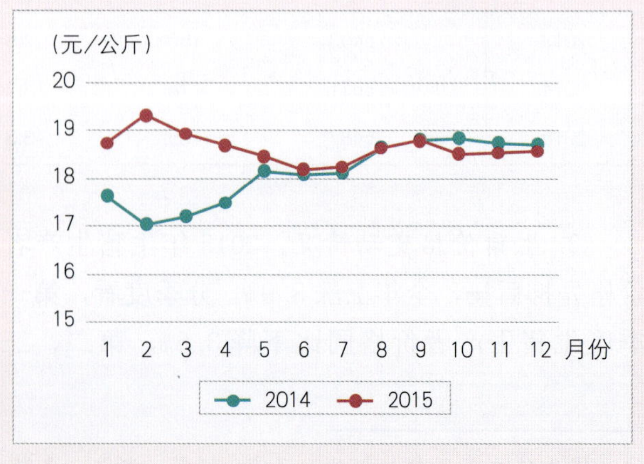

图 7　2014 和 2015 年活鸡集贸市场价格走势

跌 0.4% 和 0.5%。2015 年禽蛋生产者价格比上年下跌 3.1%，其中，第一季度同比上涨 4.1%，第二、三和四季度同比分别下跌 5.0%、3.5% 和 7.0%。从集贸市场价格情况来看，2015 年活鸡集贸市场总体在 18 元 / 公斤至 19 元 / 公斤之间震荡运行，年末价格与上年同期基本持平。

四、几点建议

（一）提高粮食综合生产能力

在国内外粮食供给较为充分的情况下，国家开始实施农业供给侧结构性改革，以逐步消化规模巨大的库存，优化农业生产结构，缓解农业发展面临的资源和环境压力。在推进农业供给侧结构性改革过程中，要主动调结构，保产能，要注重保护并提高粮食综合生产能力，防止出现放松或忽视粮食生产的倾向。要严守耕地红线不动摇，确保需要时有地可种。要切实提高耕地质量，确保需要时能产得出。习近平总书记强调，“中国人的饭碗任何时候都要牢牢端在自己手上，我们的饭碗应该主要装中国粮”。解决十三亿人的吃饭问题必须立足于国内生产，始终都是具有全局意义的战略问题。

（二）强化农业科技支撑

农业现代化依然是“四化同步”的短板，农业发展面临着严峻挑战，不仅受到价格“天花板”和成本“地板”的双重挤压，还受到资源和环境“紧箍咒”的双重约束。破解农业发展难题的根本出路在于科技，要真正把农业发展从依靠资源要素投入增加转到主要依靠科技进步上来，提高耕地产出率、资源利用率和劳动生产率。要大力加强以优良品种培育为重点的农业科技创新力度，重点突破生物育种、农机装备、智能农业、生态环保等领域关键技术。要完善农业技术推广体系，加快先进适用农业技术的应用步伐，缩短技术传播周期。要加强培育现代职业农民，发挥其辐射带动作用；要切实提高农业从业人员素质，认真解决好“最后一公里”问题。

（三）加强农产品市场宏观调控

降库存是农业供给侧结构性改革的重要任务，2016 年农产品市场运行面临较大的下行压力。要引导农民根据市场需求合理调整农作物种植结构。要加强并改善农产品市场宏观调控，确保农产品市场平稳运行，避免发生较为严重的“谷贱伤农”现象。要把握好农产品储备和进出口的规模、节奏和时机，推动农产品市场平稳有序运行。要综合运用工商、税收、财政、金融、保险等手段，维护市场秩序，维护农民利益。要加快发展农产品加工业，延长农业产业链条，推进一二三产业融合发展，缓解国家农产品收购压力，同时也能促进农民增收。

（四）深入实施农业“走出去”战略

人多地少、资源短缺、环境脆弱是我国农业基本国情，部分农产品国际竞争力低下，进口规模巨大，产业安全受到挑战。在农业对外开放度扩大的背景下，统筹利用国际国内两个市场、两种资源，提升我国农业竞争力，是当前和今后一段时期的重大挑战。实施农业“走出去”战略，在全球范围内优化资源配置，不仅可为我国建立稳定的产品来源基地，也可缓解我国资源和环境过度开发的压力，促进休养生息，同时也有利于促进世界农业发展和投资目的地经济增长。要加强农业“走出去”战略设计，明确战略定位和“走出去”的重点行业、重点地区；要完善农业“走出去”支持保护政策体系，鼓励有条件的农业企业向加工、物流、仓储、码头等资本和技术密集型行业以及种子、研发等科技含量较高的关键领域投资，提升投资层次；要加强对“走出去”企业的信息服务，因地制宜，建立健全纠纷解决机制；要整合资源，培育一些具有强大竞争力的跨国农业企业集团。

（执笔：汪传敬）

2015 年服务业发展报告

2015 年，在世界经济复苏疲软，国内“三期叠加”影响持续增强，经济下行压力不断加大的复杂环境下，党中央、国务院加快推进服务业发展的战略部署，奋力推动大众创业万众创新，以改革增活力，以创新强动力，以信息化助推转型升级，新产业、新业态、新商业模式蓬勃发展，亮点纷呈，服务业新经济快速增长，对国民经济稳定发展发挥了重要作用。

一、服务业经济运行总体情况

（一）服务业规模持续扩大，现代服务业发展迅速

2015 年，我国服务业增加值 344075 亿元，比上年增长 8.3%，增速较 2014 年加快 0.5 个百分点。全年服务业经济稳中趋好，一季度增长 8.0%，二季度增长 8.6%，三季度增长 8.6%，四季度增长 8.2%。“十二五”期间，我国服务业呈现快速发展态势，年均增速 8.4%，高于国内生产总值年均增速 0.5 个百分点。5 年间，服务业增加值在国内生产总值中的比重不断攀升，对国民经济的贡献率大幅提高。2015 年底，我国服务业增加值首次占据国民经济“半壁江山”，占国内生产总值的比重达到 50.2%，对当年 GDP

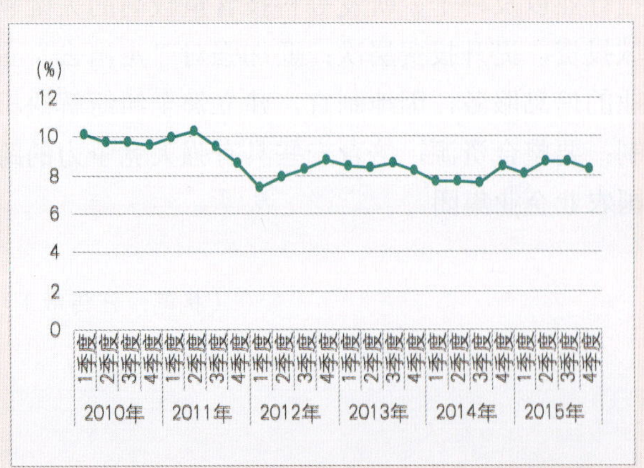

图 1　2010—2015 年服务业增加值分季度增速

的贡献率高达 53.7%，比 2010 年提高 14.7 个百分点。服务业逐步成为拉动经济增长的主动力、主引擎。

现代服务业增长较快，传统服务业稳中趋缓。2015 年，以现代服务业为主的金融业和其他服务业快速增长，增速分别为 15.9% 和 9.3%，金融业增速较 2014 年提高 6 个百分点。批发和零售业、交通运输仓储和邮政业受工业回落影响，全年增长 6.1% 和 4.6%，增速较上年分别放缓 3.6 和 1.9 个百分点。住宿餐饮业和房地产业分别增长 6.2% 和 3.8%，增速较上年有所提高，房地产行业受政策影响，保持低速增长。

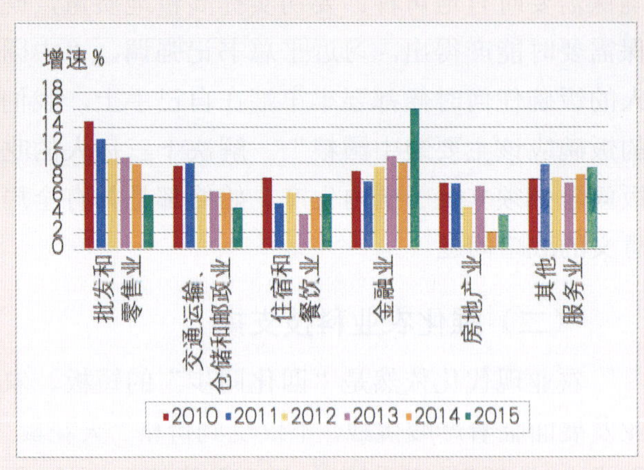

图 2　2010—2015 年服务业分行业增长值增速

（二）服务业就业人数继续增加，新兴服务业吸纳就业能力不断提升

2015 年末，全国服务业就业人数 32839 万人，比上年增长 1475 万，增速 4.7%，高于全国就业总人数增速 4.4 个百分点。“十二五”以来，伴随着经济结构和产业结构的转型升级，我国就业结构发生了较大变化。“十二五”期间，服务业就业人数年均增速 4.5%，明显快于一、二产业，劳动力不断从一、二产业向服务业转移。2015 年末，服务业就业人数占全国就业人数的比重为 42.4%，比 2010 年末提高 7.8 个百分点，服务业

成为吸纳就业的主渠道。

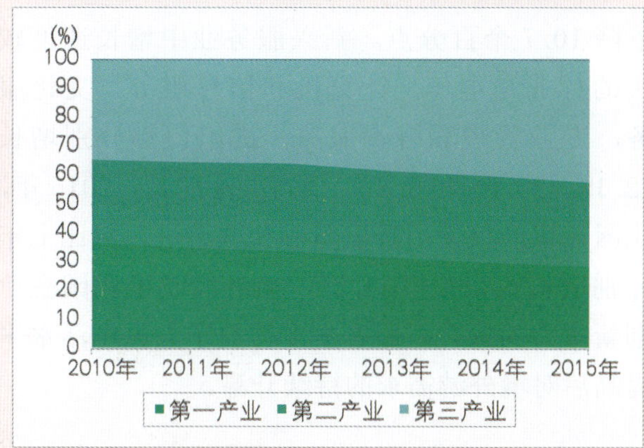

图 3 2010—2015 年三次产业就业人数结构

高技术服务业和生活性服务业吸纳就业的能力更为突出。2015 年，在规模以上[①]服务业企业中，互联网和相关服务、科技推广和应用服务业、软件和信息技术服务业等高技术服务业的就业人数比上年分别增长 13.3%、16.1% 和 10.0%，娱乐业、文化艺术业、卫生、教育等生活性服务业的就业人数比上年分别增长 16.0%、13.3%、11.0% 和 8.9%，均高于规模以上服务业就业人数 5.8% 的平均增长速度。

（三）服务业企业经济效益大幅提高，经营状况趋势向好

2015 年，全国规模以上服务业企业利润增长较快，全年增速较上年大幅提高，呈现前高后低走势；规模以上服务业企业营业收入全年增长较为平稳，增速较去年略有下降。

规模以上服务业企业利润高速增长。2015 年，规模以上服务业企业营业利润比上年增长 22.3%，增速较 2014 年提高 16.4 个百分点。规模以上服务业 34 个行业大类中，有 22 个行业的营业利润实现增长。分季度看，1-3 月、1-6 月、1-9 月同比分别增长 31.9%、36.0%、26.4%。

分行业看，房地产业（不含房地产开发经营），租赁和商务服务业的营业利润增速在规模以上服务业行业中位居前两位，分别增长 42.9% 和 42.7%。房地产业（不含房地产开发经营）营业利润的快速增长主要得益于一线城市二手房市场的回暖，而租赁和商务服务业营业利润的快速增长主要来自于投资收益。其他行业中，教育增长 24.3%，居民服务、修理和其他服务业增长 21.2%，文化、体育和娱乐业增长 21.0%，交通运输、仓储和邮政业比上年增长 19.2%，水利、环境和公共设施管理业增长 18.6%，信息传输、软件和信息技术服务业增长 7.2%。

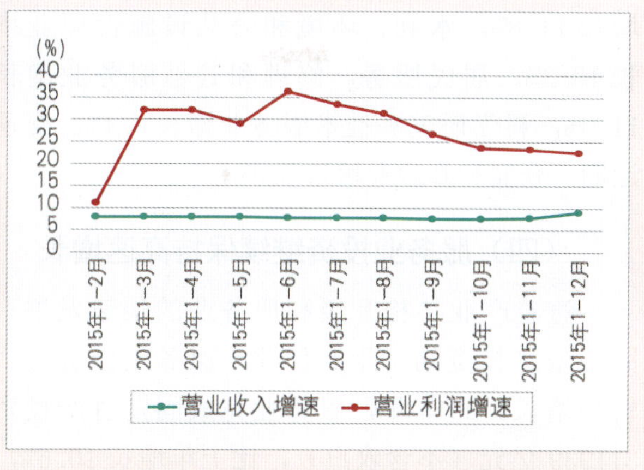

图 4 规模以上服务业企业主要指标增长情况

规模以上服务业企业营业收入增长平稳。2015 年，全国规模以上服务业企业营业收入比上年增长 8.7%，增速回落 0.3 个百分点。规模以上服务业 34 个行业大类中，32 个行业的营业收入实现增长，其中有 23 个行业的营业收入增速超过 10%。分季度看，1-3 月、1-6 月、1-9 月同比分别增长 7.6%、7.5%、7.2%，全年增速基本平稳。

分行业看，信息传输、软件和信息技术服务业，文化、体育和娱乐业发展较快，比上年分别增长 12.8% 和 12.3%，增速较去年提高 4.2 和 6.2 个百分点。其他行业中，房地产业（不含房地产开发）比上年增长 16.9%，教育增长 13.5%，卫生和社会工作增长 13.0%，租赁和商务服务业

注：①规模以上服务业调查范围：年营业收入 1000 万元及以上，或年末从业人员 50 人及以上的交通运输、仓储和邮政业，信息传输、软件和信息技术服务业，租赁和商务服务业，科学研究和技术服务业，水利、环境和公共设施管理业，教育，卫生和社会工作，以及物业管理、房地产中介服务、自有房地产经营活动和其他房地产业法人单位；年营业收入 500 万元及以上，或年末从业人员 50 人及以上的居民服务、修理和其他服务业，文化体育和娱乐业法人单位。不包含军工企业数据，下同。

增长 11.8%，水利、环境和公共设施管理业增长 10.3%，居民服务，修理和其他服务业增长 11.3%，科学研究和技术服务业增长 6.7%，交通运输、仓储和邮政业增长 3.3%。

（四）服务业投资继续保持高速增长

随着产业结构升级和服务业的快速发展，固定资产投资结构不断优化，服务业投资实现较快增长。2015 年，服务业完成固定资产投资 311939 亿元（不含农户），比上年增长 10.6%，增速高于第二产业 2.6 个百分点；占全部固定资产投资比重达到 56.6%，高于第二产业 16.0 个百分点。分行业看，信息传输、软件和信息技术服务业，卫生和社会工作固定资产投资增速最快，比上年分别增长 34.5% 和 29.7%。

从利用外资情况来看，2015 年，服务业实际使用外资 4770.5 亿元人民币（折 771.8 亿美元），比上年增长 17.3%。全国服务业实际使用外资的比重为 61.1%，高于制造业 29.7 个百分点。

（五）服务贸易继续增长，贸易逆差有所缩小，贸易结构不断优化

2015 年，中国服务进出口总额 7130 亿美元，比上年增长 14.6%，增速比 2014 年提高 2 个百分点。其中服务出口 2881.9 亿美元，增长 9.2%；服务进口 4248.1 亿美元，增长 18.6%。服务贸易逆差缩减至 1366.2 亿美元，比上年下降 14.6%，旅行贸易逆差仍是中国服务贸易逆差的最主要来源，占服务贸易逆差总额的 90.6%。2015 年，中国服务贸易占对外贸易总额（货物和服务进出口之和）的比重达 15.3%，比 2014 年提高 3 个百分点；其中服务出口占总出口（货物和服务出口之和）的比重为 11.2%，服务进口占总进口（货物和服务进口之和）的比重为 20.2%，均比 2014 年有所提升。“十二五”期间，中国服务贸易年均增速超过 13.6%，服务进出口在全球排名不断提升。据世界贸易组织统计，2015 年中国服务出口与进口增长速度均大幅高于全球水平，服务出口额与进口额占全球比重分别达到 4.9% 和 9.6%，服务贸易总额位居全球第二位。

服务贸易结构不断优化。2015 年，三大传统行业（旅游、运输服务和建筑服务）服务进出口额占服务贸易总额的 51.9%，比重较 2014 年下降 10.7 个百分点。新兴服务业中增长速度较快的行业是电信、计算机和信息服务，文化服务，专业管理和咨询服务，进出口额分别增长 22.1%、25.6% 和 9.3%。值得关注的是，2015 年，我国知识产权使用费出口额和旅游进口额比上年分别增长 64.9% 和 44.5%，前者反映了我国企业创新实力的提升，后者主要得益于人民生活水平提高后对境外游需求的持续升温。

（六）服务业税收稳步提高，服务业成为税收增长的主要来源

2015 年，全国税务部门共组织税收收入 110604 亿元（已扣减出口退税）。其中，服务业税收占比达 54.8%，较上年提高 1.3 个百分点。服务业税收比上年增长 7.6%，增速比第二产业高 5.5 个百分点。从新增税收贡献看，服务业成为税收增长的主要来源，服务业新增税收占全部新增税收总量的 80%，较上年提高 13 个百分点。与上年相比，互联网和相关服务业，软件和信息技术服务业，租赁和商务服务业，科学研究和技术服务业等服务业行业的税收收入分别增长 19.0%、21.2%、23.8% 和 13.0%。

二、新兴产业快速成长，传统产业加速转型升级

（一）电子商务和互联网经济高速增长，“互联网 +”辐射效应持续增强

电子商务交易额保持高速增长。2015 年，电子商务交易额达 21.79 万亿元，比上年增长 33.0%，持续保持高速增长。其中，商品类交易额 19.24 万亿元，增长 33.7%；服务类交易额 2.55 万亿，增长 27.5%。从交易模式看，B2B 是电子商务的主要交易模式，全年实现交易额 17.11 万亿元，比上年增长 32.8%，占全部交易额的 78.5%。从地区来看，东部地区是电子商务交易活动最活跃地区，电子商务交易额 14.98 万亿元，占全部交易额的 68.7%。2015 年，国内电商平台对境外实现的电子商务交易额达到 3033.70 亿

元，比上年增长 17.8%。

网络消费增长强劲。2015 年，全国网上零售额 38773 亿元，比上年增长 33.3%。其中，实物商品网上零售额 32424 亿元，增长 31.6%，占社会消费品零售总额的比重为 10.8%；非实物商品网上零售额 6349 亿元，增长 42.4%。

互联网服务高速发展。2015 年，规模以上服务业企业中，互联网和相关服务业营业收入比上年增长 30.2%；软件和信息技术服务业营业收入增长 21.1%，均高于同期规模以上服务业平均增长水平。

互联网带动传统行业快速增长。随着互联网向线下不断延伸，传统的居民服务如家政、保洁、保健服务等与互联网结合，通过互联网共享平台释放新的活力。2015 年，规模以上服务业企业中，家庭服务、保健服务、清洁服务等行业营业收入比上年分别增长 30.0%、21.9% 和 15.6%。

（二）高技术服务业和科技服务业平稳发展，科技创新实力持续增强

高技术服务业和科技服务业稳定增长。2015 年，规模以上服务业企业中高技术服务业营业收入同比增长 10.7%，科技服务业企业营业收入增长 10.2%。其中，研究和试验发展增长 9.4%，科技推广和应用服务业增长 14.5%。

科研投入持续加强，技术市场更加活跃。2015 年，我国的研究与试验发展（R&D）经费支出 14220 亿元，比上年增长 9.2%，投入强度（与国内生产总值之比）为 2.1%，其中，企业研发支出占全社会研发支出的 77.4%。2015 年，技术市场较上年更加活跃，成交额接近万亿大关，为 9835 亿元，增长 14.7%。

专利申请与授予数量显著提高。2015 年，我国受理境内外专利申请 279.9 万件，比上年增长 18.5%，授予专利权 171.8 万件，比上年增长 31.9%。2015 年末，我国有效专利 547.8 万件，其中境内有效发明专利 87.2 万件，每万人口发明专利拥有量 6.3 件。从服务业规模以上企业统计数据来看，2015 年规模以上知识产权企业营业收入实现增长 20.8%。

（三）金融市场运行平稳，金融业对经济支撑作用持续增强

金融业对经济贡献持续放大。2015 年，伴随着股票市场的快速增长，金融业对经济的贡献迅速攀升。金融业增加值增长 15.9%，较 2014 年攀升了 6 个百分点。分季度看，一季度增长 15.7%，二季度增长 19.2%，三季度增长 16.1%，四季度增长 12.9% 全年增速保持基本平稳。

货币信贷市场稳健运行。2015 年末，狭义货币（M1）余额增长 15.2%，增速较 2014 年明显加快，提高 12 个百分点，广义货币（M2）余额、流通中货币（M0）余额增速与上年相比小幅增长。人民币存、贷款余额分别增长 12.4% 和 14.3%，与上年相比，存款余额增速增长较快，贷款余额增速基本持平。全年社会融资规模增量为 15.29 万亿元，比上年减少 1.1 万亿。

天津解放北路金融街地区

证券业和保险业增长较快。2015 年，资本市场股票筹资额共计 8259 亿元，比上年增长 70.5%，股票成交金额达到 255.1 万亿，是 2014 年的 3.4 倍，年内股票市场出现巨幅波动，并创下全球最大股票单日交易额。保险业延续了上年较好的增长势头，全年保费收入 2.4 万亿，同比增长 20.0%，增速较 2014 年提高 2.5 个百分点。

金融对重点领域支持力度明显加强。2015 年末，全国银行业金融机构小微企业贷款余额 23.46 万亿元，占各项贷款余额的 23.90%，同比

增长 13.3%，较 2015 年末各项贷款平均增速高 0.4 个百分点。全国银行业金融机构涉农贷款余额 26.04 万亿元，比年初增加 2.57 万亿元，同比增长 11.9%。“十二五”期间，服务业企业贷款和个人贷款余额增长加快，分别为 43.4 万亿元和 19.2 万亿元，比 2010 年末分别增长 88.5% 和 140.6%。

（四）旅游、文化、体育、健康、养老五大幸福产业蓬勃发展

旅游经济潜力逐步释放。2015 年，我国国内旅游游客、入境游客、出境游客分别为 40 亿人次、13382 万人次和 12786 万人次，比上年分别增长 10.8%、4.1% 和 9.7%。全年国内旅游总花费 34195.1 亿元，增长 12.8%，国际旅游外汇收入 1136.5 亿美元，增长 7.8%。旅游企业经济经营效益较好。2015 年，规模以上旅行社服务企业营业收入增长 15.8%，旅游管理服务企业营业收入增长 29.8%，增速较上年均有大幅提升。随着游览景区、主题乐园的快速发展，带动周边产业，如娱乐业、公共设施管理业等行业的发展，2015 年，规模以上娱乐业企业营业收入增长 19.2%，公共设施管理业营业收入增长 10.0%，其中公园和游览景区管理营业收入增长 15.0%。

文化、体育服务业蓬勃发展。随着居民消费品质的不断升级，文化、体育等行业发展迅速。2015 年，规模以上文化艺术业企业营业收入增长 14.3%。文化表演团体数量较上年大幅增长 23%，增速提升 15.8 个百分点。在电影票房、电视热度不断攀升的带动下，广播、电视、电影和影视录音制作业营业收入增长 22.0%，营业利润增长 42.2%。体育服务业发展速度较去年明显加快。2015 年，规模以上体育服务业企业营业收入增长 15.4%，增速比上年提高了 12 个百分点，体育组织、体育场馆、体育健身活动营业收入分别增长 19.1%、32.8% 和 7.3%，增速分别比上年提高 17.2、24.4 和 5.4 个百分点。

健康、养老服务业硬件设施不断完善。2015 年末，全国医院、医院床位、执业（助理）医师的数量分别为27587 个、533.1 万张和 303.9 万人，较上年末分别增长 6.7%、7.5% 和 5.0%。已建成各类提供住宿的养老服务机构 2.8 万个，提供养老床位 641.9 万张，较上年末增长 16.4%。2015 年，规模以上服务业企业中，医院、社区医疗和卫生院、门诊等健康服务业行业的营业收入比上年分别增长 12.9%、10.3%、13.6%，均高于服务业平均水平，而与居民养老密切相关的社会工作行业营业收入增长 20.0%，其中，护理机构服务、老年人和残疾人养护服务、社会看护与帮助服务业营业收入分别增长 12.1%、27.3% 和 18.9%。截至 2015 年底，全国参加基本养老保险人数共计 85833 万人，基本养老保险基金累计结存 39937 亿元，全国寿险保费实现收入 13241.5 亿元，比上年增长 21.5%。

（五）交通运输业和邮政电信业的服务能力不断提升

交通运输网络规模持续扩大。2015 年末，全国铁路营业里程、公路通车里程、高速公路里程分别达到 12.1 万公里、457.7 万公里、12.4 万公里，较上年分别增长 8.2%、2.5% 和 10.4%；高铁营业里程超过 1.9 万公里，占世界高铁总里程的 60% 以上，居世界第一，铁路快速客运网基本覆盖我国 50 万以上人口城市。全国港口万吨级以上泊位 2221 个，海运船队运力规模达 1.6 亿载重吨，位居世界第三。定期航班航线里程 531.7 万公里，比上年增长 14.7%，国际航线里程增长 35.5%，通航 56 个国家和地区的 138 个城市，国际航线 660 条，新增 170 条。

旅客运输和货物运输有升有降。2015 年，全社会完成客运量 194.33 亿人、旅客周转量 30058.90 亿人公里，货运量 417.59 亿吨、货物周转量 178355.90 亿吨公里，比上年分别下降 4.4%、增长 4.9%，增长 0.2% 和下降 1.8%。分运输方式看，铁路旅客运输继续保持高速增长，铁路客运量较上年增长 10.0%，货运量降低 11.9%，公路客货运输增速与铁路相反，货运量增长 1.2%，客运量下降 6.7%。水路、民航客货运输均实现增长，水路客运量和货运量分别增长 3.0% 和 2.6%，全国港口完成货物吞吐量 127.50

亿吨，比上年增长 2.4%；民航客运量和货运量较上年分别增长 11.3% 和 5.9%。

邮政电信行业发展迅猛。2015 年，全国邮电业务总量 28220.4 亿元，比上年增长 29.2%，其中，邮政业务总量 5079 亿元，增长 37.4%，电信业务总量 23346.3 亿元，增长 28.7%。快递行业高速发展。2015 年，全国完成快递业务量 206.7 亿件，比上年增长 48.0%，快递服务企业业务收入完成 2769.6 亿元，增长 35.4%，快递业务收入占邮政行业业务收入的 68.6%，提高 4.7 个百分点。移动电话基本普及。2015 年，全国电话用户总数达到 15.0 亿户，其中移动电话用户 12.7 亿户，移动电话普及率为 92.5 部 / 百人。信息消费潜力不断提升。固定互联网宽带接入用户 2.6 亿户；移动宽带用户 7.1 亿户。移动互联网接入流量 41.9 亿 G，比上年增长 103%。互联网上网人数 6.88 亿人，增加 3951 万人，其中手机上网人数 6.20 亿人，增加 6303 万人。互联网普及率达到 50.3%。

三、服务业快速发展的原因分析及前景展望

（一）产业发展规律是推动服务业快速发展的根本原因

经济学理论和世界发达国家工业化进程历史经验表明，在工业化中后期，工业发展趋缓，而服务业发展速度将在一段时期内持续快于工业，且比重不断提高，产业结构由二产主导升级为三产主导。目前美英日等发达国家的服务业增加值占国内生产总值比重均在 70% 以上，金砖五国中其他四国服务业的比重也高于我国。2015 年我国人均国内生产总值约 8000 美元，按照世界银行的划分标准，已跨入中等偏上收入国家行列，这一时期经济结构调整步伐将明显加快，服务业比重明显上升。日本 1968 年步入中等偏上收入国家行列，1977 年成为高收入国家，1969—1977 年第三产业比重年均提高 0.69 个百分点，而第二产业比重年均下降 0.35 个百分点。韩国 1988 年步入中等偏上收入国家，1995 年成为高收入国家，1989—1995 年第三产业比重年均提高 0.62 个百分点。德国在进入工业化后期的 1991 年到 2011 年的 20 年间，服务业比重年均上升 0.36 个百分点。“十二五”期间，我国服务业占国内生产总值的比重年均上升 1.22 个百分点，这一时期的产业结构变化，正是反映了我国工业化进程历史阶段的规律特征。

（二）政策红利推动新兴服务业在短期内快速成长

党中央、国务院高度重视服务业发展，2012 年以来，不仅出台了许多简政放权、放宽服务业准入门槛、加快服务业营改增步伐、加快服务业基础设施建设等的政策措施，还印发了一系列促进各类新兴服务业加快发展的指导意见和发展规划，包括生产性服务业、生活性服务业、互联网+、旅游、健康、养老、服务外包、展览业、融资租赁、电子商务、知识产权等。据不完全统计，仅 2015 年，以国务院名义印发的此类文件就接近 20 件。这些政策措施改善了服务业发展环境、降低了准入门槛，对新兴服务业发展具有明显的引导作用。随着各项具体政策的落地，政策红利也将持续释放，在一段时间内继续支撑服务业快速发展。

（三）改革进一步释放了服务业发展潜力

“营改增”财税体制改革降低了服务业企业成本。长期以来，我国对第二产业征收增值税，对第三产业征收营业税，税制的不统一，造成了税收的不公平，同时也加剧了产业发展不平衡的问题。2012 试行的“营改增”财税体制改革，从税制上解决了服务业重复收税问题，大幅降低了服务业企业税收，彻底打通了二、三产业增值税抵扣链条，促进服务业发展和制造业转型升级。截至 2015 年底，“营改增”已累计实现减税 6412 亿元，其中，试点服务业纳税人因税制转换减税 3133 亿元。“营改增”试行后，一些研发、设计、营销等内部服务环节从其主业中主动剥离出来，集中核心竞争力，更加专注于提供专业化服务，成为效率更高、专业更强的创新主

体。2015年，软件和信息技术服务业、租赁和商务服务业、科学研究和技术服务业等专业化服务业分别实现税收增长21.2%、23.8%和13%，为全国税收收入实现稳定增长做出积极贡献。

商事制度改革激发了创业潜能。随着注册资本实缴改认缴、放宽住所登记条件、优化登记流程、创新登记方式、“三证合一”、“先照后证”等一系列改革措施的全面推进，有效降低了企业创业的制度成本，促进了新兴业态、小微企业的迅速发展，进一步激发了市场活力。2015年全国新登记注册企业443.9万户，其中，80.6%为服务业企业，96%为小微企业，服务业新登记企业数量比上年增长24.5%，平均每天新设立各类服务业企业接近1万户。在新登记的服务业企业中，信息传输软件和信息技术服务业、文化体育和娱乐业、金融业全年分别新增企业24万户、10.4万户、7.3万户，分别增长63.9%、58.5%、60.7%。教育、卫生和社会工作的新增企业分别为1.4万户和0.9万户，数量较上年翻番。

（四）城镇化激发服务消费需求

2015年，我国的常住人口城镇化率为56.1%，比上年提高1.3个百分点。随着我国城镇化的快速推进，大量农村人口转入城镇，部分家务服务将逐步由无酬劳动转变为有酬劳动，从自给型转向社会化，进一步拉动了服务业和国内生产总值的增长。随着收入的提高，居民对教育、卫生、娱乐业等服务需求迅速上升，消费结构由满足基本生存需要向追求高层次的品质消费转变。在规模以上服务业企业中，2015年，教育、卫生、娱乐业的营业收入比上年分别增长13.5%、12.9%和19.2%，均远高于规模以上服务业平均增速；随着人口老龄化程度的上升，社会工作、居民服务业也呈现快速发展趋势，2015年，社会工作营业收入比上年增长20.0%，居民服务业增长13.2%。

（五）服务业发展前景展望

目前，我国服务业占国民经济的比重已超过50%，但与发达国家70%以上的占比仍有较大差距，发展前景非常广阔。全面小康社会建设，城乡居民收入的增加，消费结构的升级，城镇化步伐加快，每年新增人口、新增就业都会在消费端产生强大的刚性需求，这都将是我国服务业乃至国民经济增长的强大推动力。现代信息技术的广泛运用，“互联网+”推动产业融合发展，新产业，新业态和新商业模式，都会在供给和需求双侧创造新的供给和新的需求。电信消费、金融服务业、商务服务业等现代服务业，仍将是服务业快速发展的突出亮点。各项积极有利因素将促使我国服务业在未来相当长一段时期继续保持稳定较快的发展。

（执笔：展国殿）

2015年工业发展报告

2015年，面对复杂严峻的国内外经济环境以及新旧动力转换"阵痛期"，工业生产增速继续放缓，产品出口和企业利润出现下降，工业品出厂价格下行明显。在国家一系列政策措施作用下，工业经济转型升级特征明显，结构进一步优化，动能转换有序推进，新产业、新产品的带动作用有所增强。

一、工业经济运行基本情况

（一）工业生产增长继续放缓

2015年，全国规模以上工业①增加值同比实际增长6.1%（以下增加值增速均为扣除价格因素的实际增长率），较2014年放缓2.2个百分点，延续了2011年以来工业生产增长速度逐年放缓的走势。

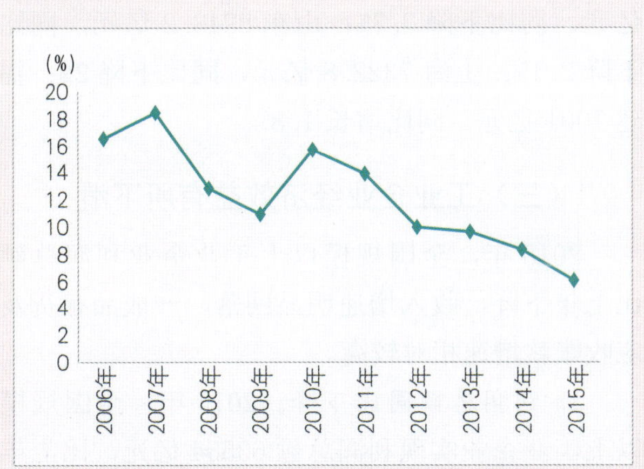

图1　规模以上工业增加值同比增速

分季度看，一季度增长6.4%，二季度增长6.3%，三季度增长5.9%，四季度增长5.9%。

分行业看，2015年，采矿业增加值同比增长2.7%，增速较2014年回落1.8个百分点；制造业增长7%，回落2.4个百分点；电力燃气水

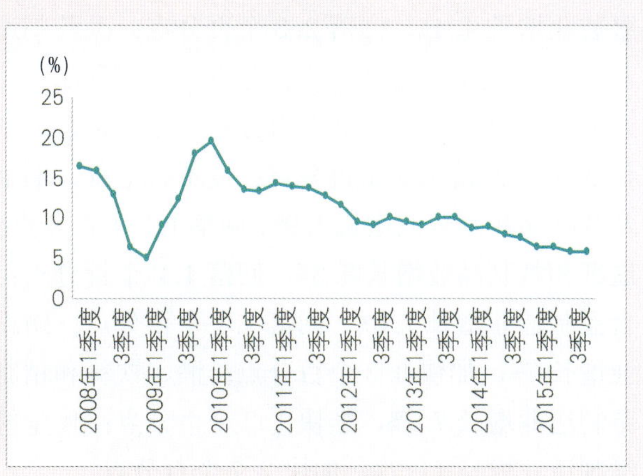

图2　规模以上增加值季度同比增速

的生产和供应业增长1.4%，回落1.8个百分点。41个工业大类行业中，33个行业增加值同比增速较2014年回落；8个行业增速较2014年加快。

2015年，高耗能行业增加值同比增长6.3%，增速较2014年回落1.2个百分点。其中，非金属矿物制品业同比增长6.5%，回落2.8个百分点；电力热力生产和供应业增长0.5%，回落1.7个百分点；有色金属冶炼及压延加工业增长11.3%，回落1.1个百分点；黑色金属冶炼及压延加工业增长5.4%，回落0.8个百分点；化学原料及化学制品制造业增长9.5%，回落0.8个百分点；石油加工炼焦及核燃料加工业增长7.4%，加快2个百分点。

2015年，装备制造业增加值同比增长6.8%，增速较2014年回落3.7个百分点。其中，通用设备制造业同比增长2.9%，回落6.2个百分点；铁路、船舶、航空航天和其他运输设备制造业增长6.8%，回落5.9个百分点；汽车制造业增长6.7%，回落5.1个百分点；金属制品业增长7.4%，回落4.2个百分点；仪器仪表制造业增长5.4%，回落4个百分点；专用设备制造业增长3.4%，回落3.5个百分点；电气机械和器材制造业增长

注：①规模以上工业的统计范围为年主营业务收入2000万以上的工业企业。

7.3%，回落 2.1 个百分点；计算机、通信和其他电子设备制造业增长 10.5%，回落 1.7 个百分点。

2015 年，消费品制造业增加值同比增长 6.3%，增速较 2014 年回落 1.9 个百分点。其中，烟草制品业同比增长 3.4%，回落 4.8 个百分点；纺织服装业增长 4.4%，回落 2.8 个百分点；医药制造业增长 9.9%，回落 2.4 个百分点；农副食品加工业增长 5.5%，回落 2.2 个百分点；家具制造业增长 6.9%，回落 1.8 个百分点；皮革、毛皮、羽毛及其制品和制鞋业增长 4.9%，回落 1.3 个百分点；造纸和纸制品业增长 5.3%，回落 1.2 个百分点；食品制造业增长 7.5%，回落 1.1 个百分点；纺织业增长 7%，加快 0.3 个百分点；酒、饮料和精制茶制造业增长 7.7%，加快 1.2 个百分点；化学纤维制造业增长 11.2%，加快 2.7 个百分点。

分经济类型看，2015 年，国有控股企业增加值同比增长 1.4%；集体企业增长 1.2%，股份制企业增长 7.3%，外商及港澳台商投资企业增长 3.7%；私营企业增长 8.6%。

分地区看，2015 年，东部地区同比增长 6.7%，中部地区同比增长 7.6%，西部地区同比增长 7.8%，东北地区同比下降 2.3%。

分产品看，主要工业产品产量中，2015 年，原煤产量 37.5 亿吨，同比下降 3.3%；原油 21455.6 万吨，同比增长 1.5%；天然气 1346.1 亿立方米，同比增长 3.4%；发电量 58105.8 亿千瓦小时，同比增长 0.3%；粗钢 80382.5 万吨，同比下降 2.2%；钢材 112349.6 万吨，同比下降 0.1%；十种有色金属 5155.8 万吨，同比增长 6.8%；水泥 23.6 亿吨，同比下降 5.3%；硫酸（折 100%）8975.7 万吨，同比增长 0.8%；烧碱（折 100%）3020.7 万吨，同比下降 1.4%；化学纤维 4831.7 万吨，同比增长 10.1%；乙烯 1714.6 万吨，同比增长 1.1%；汽车 2450.4 万辆，同比增长 3.3%，其中，轿车 1163 万辆，同比下降 6.8%；微型计算机设备 31418.7 万台，同比下降 10.4%；手机 181261.4 万台，同比增长 7.8%；集成电路 1087.2 亿块，同比增长 7.1%。

（二）工业产品出口出现下降

2015 年，规模以上工业共完成出口交货值 118581.8 亿元，同比下降 1.8%（2014 年同比增长 6.4%）。分季度看，一季度增长 2.9%，二季度下降 2.9%，三季度下降 2.9%，四季度下降 3.1%。

2015 年，前 10 大工业品出口行业②中，计算机、通信和其他电子设备制造业出口交货值 47607.7 亿元，同比下降 0.2%；电气机械和器材制造业 9986.1 亿元，同比下降 1.9%；纺织服装、服饰业 5120.2 亿元，同比下降 0.4%；通用设备制造业 4934.3 亿元，同比下降 4.9%；文教、工美、体育和娱乐用品制造业 4511.8 亿元，同比下降 10%；化学原料和化学制品制造业 4157.1 亿元，同比下降 4.2%；金属制品业 3811.8 亿元，同比下降 2.6%；纺织业 3803.3 亿元，同比下降 3.9%；橡胶和塑料制品业 3670 亿元，同比下降 6.2%；皮革、毛皮、羽毛及其制品和制鞋业 3645.4 亿元，同比增长 3.4%。

2015 年，6 大工业品出口地区③中，广东实现出口交货值 32594.2 亿元，同比下降 2.4%；江苏 22694 亿元，同比下降 0.9%；浙江 11707.4 亿元，同比下降 3.7%；山东 8248.2 亿元，同比下降 2.1%；上海 7322.8 亿元，同比下降 2%；福建 7001 亿元，同比增长 1.8%。

（三）工业企业经济效益有所下滑

2015 年，全国规模以上工业企业利润总额比上年下降，收入增速明显回落，产成品存货及应收账款增速相对较高。

1. 利润总额同比下降。2015 年，全国规模以上工业企业实现利润总额 63554 亿元，比上年下降 2.3%，为多年来首次同比下降。分季度看，一季度同比下降 2.7%，二季度增长 0.9%，三季度下降 3.5%，四季度下降 3.5%。主营业务收入利润率为 5.76%，比上年降低 0.18 个百分点。

分行业看，2015 年，在 41 个工业大类行业中，12 个行业利润总额比上年减少，29 个行业增加。利润总额减少较多的行业主要有：石油和

注：② 2015 年 10 大工业品出口行业出口交货值占总计的比重超过 75%。
③ 2015 年 6 大工业品出口地区出口交货值占总计的比重超过 75%。

天然气开采业利润总额804.8亿元，比上年下降74.5%；黑色金属冶炼和压延加工业利润总额525.5亿元，下降67.9%；煤炭开采和洗选业利润总额440.8亿元，下降65%；非金属矿物制品业利润总额3615.6亿元，下降9%；黑色金属矿采选业利润总额446.4亿元，下降43.9%。利润总额增加较多的行业主要有：石油加工炼焦和核燃料加工业利润总额648.6亿元，比上年增长9.7倍；电力热力生产和供应业利润总额4744.6亿元，增长13.8%；电气机械和器材制造业利润总额4389亿元，增长12.1%；化学原料和化学制品制造业利润总额4558.6亿元，增长7.7%。

2. 主营业务收入增速明显回落。2015年，全国规模以上工业企业实现主营业务收入110.3万亿元，比上年增长0.8%，增幅较上年回落6.2个百分点；发生主营业务成本94.5万亿元，增长0.8%，回落6.7个百分点；销售费用28740亿元，增长4%，回落4.5个百分点；管理费用41135.4亿元，增长5.2%，回落1.6个百分点；财务费用13371.2亿元，增长1.1%，回落10.1个百分点。

3. 产成品存货及应收账款增速相对偏高。2015年末，全国规模以上工业企业产成品存货38700.1亿元，比上年末增长3.3%，增幅虽较上年回落9.3个百分点，但与收入增速相比，仍高2.5个百分点，产成品存货周转天数为14.2天，比上年增长0.7天；年末应收帐款114546.9亿元，比上年末增长7.9%，增幅虽较上年回落2.1个百分点，但比收入增速高7.1个百分点，应收帐款平均回收期为35天，比上年增加2.7天。

4. 资产增速高于负债，资产负债率有所下降。2015年末，全国规模以上工业企业资产总计99.97万亿元，比上年末增长6.9%，增幅比上年回落2.4个百分点；负债合计56.2万亿元，增长5.6%，增幅回落1.8个百分点；资产负债率为56.2%，降低0.7个百分点。

（四）小微企业部分问题有所缓解，但总体状况仍不容乐观

2015年，简政放权、放管结合、优化服务带来了企业发展的活力和动力。如涉企收费清单管理、小微企业所得税减半征收政策、两次下调工业企业用电价格等，为小微企业减负明显。但由于市场需求不足、小微企业生产经营状况不景气等原因，小微企业总体状况仍不容乐观。

1. 融资及招工问题有所缓解。随着有关扶持政策的逐步落实，小微企业面临的融资及招工问题出现了一定程度的缓解。一是融资成本下降，2015年四季度，小微企业获得银行贷款的平均年利息及费用率约为6.49%，比三季度下降0.19个百分点，比上年同期下降0.81个百分点；2015年四季度，小微企业获得民间借款的平均月利率约为1.67%，年化利率约为21.96%，与三季度持平，比上年同期下降2.04个百分点。二是融资难问题有所缓解，2015年四季度，在有银行贷款需求的小微企业中，获得全部或大部分所需贷款的占30.2%，比三季度上升1.3个百分点，比上年同期上升2.6个百分点。三是招工难问题有所缓解，2015年四季度，在问卷调查中，15%的小微企业认为招工难是本季度面临的突出问题之一，比三季度下降0.5个百分点，比上年同期下降4.4个百分点。在有招工需求的小微企业中，招到全部或大部分所需员工的占47.7%，比三季度上升1个百分点，比上年同期上升3.8个百分点。

2. 景气指数仍然较低。2015年四季度，小微企业景气指数为90.2，比三季度下降0.4个点，比上年同期下降7.8个点，仍然处于较低水平。其中，14.8%的企业经营状况良好，比三季度下降0.4个百分点，比上年同期下降1.4个百分点；60.6%的企业经营状况一般，比三季度上升0.4个百分点，比上年同期下降5个百分点；24.6%的企业经营状况不佳，与三季度持平，比上年同期上升6.4个百分点。

3. 市场需求不足问题进一步加剧。2015年，市场需求不足对小微企业的影响面继续扩大，订货量低于正常水平的企业比例有所上升。2015年四季度，在问卷调查中，45.3%的小微企业认为市场需求不足是本季度面临的突出问题之一，比三季度上升3.3个百分点，比上年同期上升11.6个百分点；2015年四季度，36.1%的小微企业订

货量低于正常水平，比三季度上升1个百分点。

总体看，2015年，工业生产增速放缓、利润下降的主要原因：一是国内外需求总体偏弱，尤其是出口对工业增长的拉动力减弱，2015年工业出口交货值同比下降1.8%，在全球金融危机爆发之后再度出现负增长；二是投资、房地产行业持续走弱对基础原材料及相关产品需求减弱，工业品出厂价格持续下跌，2015年工业生产者出厂价格指数为94.8，较上年下降3.3个百分点，工业产品销售收入增长明显放缓，而期间费用和生产成本却相对较高，导致工业企业利润出现负增长；三是汽车、手机、微型计算机设备等前期工业增长的重要支撑行业增速放缓，拉动作用有所减弱；四是淘汰落后产能、化解过剩产能等促进结构调整和转型升级的政策主动调控的结果。

二、工业经济运行的主要特点

2015年，在工业增速总体放缓的同时，转型升级也在深入推进，结构调整正进一步深化，高技术产业的生产和利润增速均呈较快增长，比重持续上升，成为引领工业经济动能转换的优势产业；在行业板块之间，生产结构的比重变化、利润增长的优势行业体现出产业升级特点；在行业内部，不仅是新兴行业，传统行业细分领域优化也正在进行，新能源、新材料、新技术带动产品结构升级，生产附加值提高促进产业链价值提升。结构优化从产业之间的调整向产业内部的调整进一步细化、深化，工业转型升级取得积极有效进展。

（一）工业结构持续优化，高技术产业带动作用明显增强

2015年，工业经济转型升级、结构调整取得积极进展。高技术产业生产保持两位数增长，对工业增长的拉动作用继续增强，装备制造业增速虽有所回落，但仍高于规模以上工业，比重均有所上升；高耗能行业、采矿业比重下降；行业效益分化明显。

1. 高技术产业、装备制造业比重上升。2015年，高技术产业、装备制造业分别增长10.2%和6.8%，均高于规模以上工业增速，比重也相应上升，高技术产业的比重由2014年的10.6%上升至2015年的11.8%；装备制造业的比重由2014年的30.4%上升至2015年的31.8%。

2. 高耗能行业、采矿业比重下降。2015年，六大高耗能行业及其上游采矿业比重明显下降，六大高耗能行业的比重由2014年的28.4%下降至2015年的27.8%；采矿业的比重由2014年的11%下降至2015年的8.6%。

3. 消费品制造业成为支撑消费增长、服务民生建设的稳定力量。随着最终消费支出对GDP增长的贡献率提高，从工业生产角度看，消费品制造业在工业中的占比也连年上升，2015年消费品制造业增加值占规模以上工业的比重为26.1%，较上年继续上升1个百分点。一些与民生密切相关的消费品增长稳健。

4. 行业效益分化明显。从利润增长的行业板块看，2015年，采矿业需求减弱，价格大幅下跌，利润同比下降58.2%，原材料制造业行业利润下降6.3%，均明显低于全部规模以上工业利润增速；而消费品制造业、装备制造业和高技术制造业利润分别增长7%、4%和8.9%，均明显高于规模以上工业利润增速。

（二）动能转换有序推进，新产品增长势头迅猛

1. 新动能发展显现活力，技术进步成为工业增长的重要动力来源。2015年，从行业看，高新尖的细分行业快速增长，通信设备制造生产同比增长17.5%；电子器件制造增长14.3%；城市轨道交通设备制造增长20.8%；电线、电缆、光缆及电工器材制造增长10.3%。

2. 新产品释放增长潜力，智能制造成为领军创新驱动的新引擎。2015年，新型、智能化、自动化设备和高端信息电子产品成为新增长点，新能源汽车产量比上年增长161.2%，工业机器人增长21.7%，智能电视增长14.9%，智能手机增长11.3%，自动售货机、售票机产量成倍增长，太阳能电池（光伏电池）、光纤、光缆、光电子

器件、动车组、城市轨道车辆、安全自动化监控设备、电子工业专用设备等产品产量均实现两位数快速增长。

（三）传统行业通过产业链价值提升和产品结构优化等方式实现转型发展

在传统行业在工业中的比重总体上呈走低态势的同时，其结构调整也在深化，通过生产份额、产品结构的优化配置促进发展方式转型升级。

1. 从传统行业内部结构变化来看，生产份额更多向附加值高的产业链环节调整。如钢铁、有色工业中，附加值相对较低的冶炼行业生产份额减少、增速走低，而附加值相对较高的压延加工行业生产份额增加，提供了增长和盈利的空间。如炼铁、炼钢生产同比负增长的同时，钢压延加工生产同比仍然实现了 8.7% 的较快增长；常用有色金属冶炼处于微利状态，而有色金属压延加工生产增长 10.7%，利润也增长平稳。另外，合成材料制造、专用化学产品制造、日用化学产品制造、稀有稀土金属冶炼等细分行业增速也在 10% 以上。

2. 产品结构也在向质量更优、技术含量更高的方向调整。2015 年，建材行业中，传统的水泥、平板玻璃产量同比均为下降，而技术含量较高的钢化玻璃、夹层玻璃产量同比分别增长 7.5% 和 6.1%，玻璃纤维纱和玻璃纤维布产量同比分别增长 8.9% 和 10.6%；化工行业中，碳纤维增强复合材料、稀土磁性材料等新材料产量均实现两位数的快速增长。

三、工业经济运行的分析与展望

从当前形势来看，在国内外经济环境趋于复杂严峻的背景下，2015 年我国工业保持这一中高速增长尤为不易。近年来，世界经济复苏乏力，外需疲软的现象未明显改观，主要发达经济体回升不及预期，新兴经济体增速也普遍回落。根据联合国工业发展组织的数据，2015 年，世界制造业同比增速仅在 1% 至 3% 的区间徘徊。我国工业增长在世界主要经济体中仍位居前列。2015 年是十二五的收官之年，在“十二五”期间，累计淘汰落后炼铁产能 9100 万吨、炼钢 9480 万吨、电解铝 200 万吨、水泥 6.4 亿吨、平板玻璃 1.6 亿重量箱。在传统行业增速有所放缓，产能过剩行业增速明显回落、产量同比下降的同时，工业经济总体保持平稳增长实属不易，这一态势来源于新行业、新动能的增长支撑和传统产业的转型，表明工业结构调整、动力转换、转型升级正在有序推进。

从未来发展来看，在世界经济竞争加剧、国际政治风云变幻的严峻形势下，工业的战略地位更为突显于核心设备、关键零部件、战略性新材料和高端制造，以及科技研发成果的产品转化；在第一、第二、第三产业协同发展下，工业在国民经济中的比重随着服务业的快速发展而相对降低的同时，工业的支柱作用更加体现于设备、装备、技术水平的提高，工业机械对农业生产力的提升、工业深加工对农产品附加值的扩增，工业化与信息化的深度融合、智能制造的发展对服务业硬件的支撑，都是协同发展的重中之重。

从政策层面来看，供给侧结构性改革的提出，对工业产业体系的转型升级、创新驱动发展战略的有效落实加强了顶层设计与总体规划。在新形势下，中国工业发展的关键，是供需结构的平衡、质量效益的提升、核心竞争力的取得和高精尖技术的培育。下阶段，随着各项改革措施的逐步落实和改革任务的不断推进，工业经济总体将延续总体平稳、稳中有进的基本格局。在工业经济领域，供给侧结构性改革就是在创新驱动、关键动能上发力，有战略、有步骤、有系统地以工业产业的技术创新驱动各产业的协同创新，以工业体系的转型升级推进整体国民经济体系的升级发展，以奋力筑造工业强国梦想为实现中华民族伟大复兴的中国梦凝聚力量。

（执笔：陈颖婷）

2015 年建筑业发展报告

2015 年是“十二五”规划收官之年，也是我国建筑业从高速增长迈入中低速稳步发展阶段的重要一年。回首“十二五”，我国建筑业发展成果斐然，支柱产业地位继续稳固、企业数量和从业人员规模稳步增长、建筑业总产值和施工规模较快扩张；但自 2015 年初以来，受宏观经济下行压力加大、固定资产投资特别是房地产开发投资增速回落等因素影响，全国建筑业企业（指具有资质等级的总承包和专业承包建筑业企业，不含劳务分包建筑业企业，下同）建设项目施工进度明显放缓、生产增速下行，当年主要生产指标增速较 2014 年均明显回落。

一、全年基本情况及主要特点

（一）支柱产业地位保持稳定

“十二五”期间，我国建筑业增加值保持较快增长，尽管近年来行业下行压力较大、增速有所放缓，但建筑业在国民经济中的地位仍稳中有升。从速度看，除 2015 年建筑业增加值增速为 6.8% 较当年 GDP 增速低 0.1 个百分点外，2011 年至 2014 年均高于当年 GDP 增速。从产业结构看，“十二五”期间我国建筑业增加值占 GDP 比重虽略有波动，但 2015 年仍达到 6.9%，略高于 2011 年的 6.8%，建筑业的国民经济支柱产业地位继续得以稳固。

（二）企业数量和从业人员规模稳步扩张

2015 年末，我国建筑业企业单位 8.1 万家，与上年基本持平，比“十一五”期末增长 12.6%。全国建筑业企业年末从业人员 5003.4 万人，比上年增长 10.3%，比“十一五”期末增长 20.3%。建筑业从业人数占就业人数的比重达

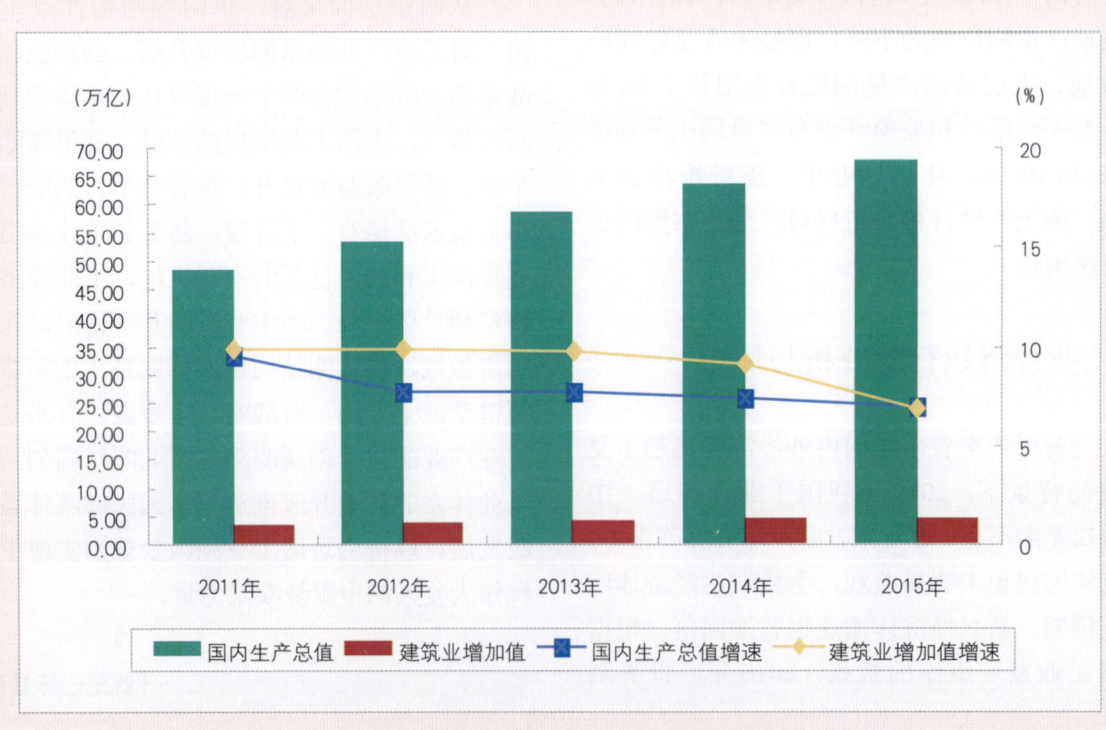

图 1 “十二五”期间国内生产总值、建筑业增加值及增速

6.5%，比上年高0.6个百分点，比“十一五”期末高1个百分点。

（三）建筑业总产值低速增长

“十二五”期间，我国建筑业总产值较快增长，年均增速达13.5%。2011年，建筑业总产值首次突破10万亿元大关，当年增速达到21.3%；2012年以来，随着宏观经济形势的影响和建筑业总产值基数的逐年扩大，我国建筑业总产值增速逐步回落。2015年，全国建筑业企业完成总产值180757亿元，比上年名义增长2.3%（按可比价格计算增长5.1%），增速比2014年回落7.9个百分点，进入个位数的低速增长区间。

分季度看，2015年建筑业生产增速整体呈现缓中趋稳的走势。2015年一季度、上半年、前三季度和全年建筑业总产值同比分别增长10.1%、4.3%、2.3%和2.3%，前三个季度增速逐季回落，四季度企稳，全年呈前高后低、低位企稳态势。

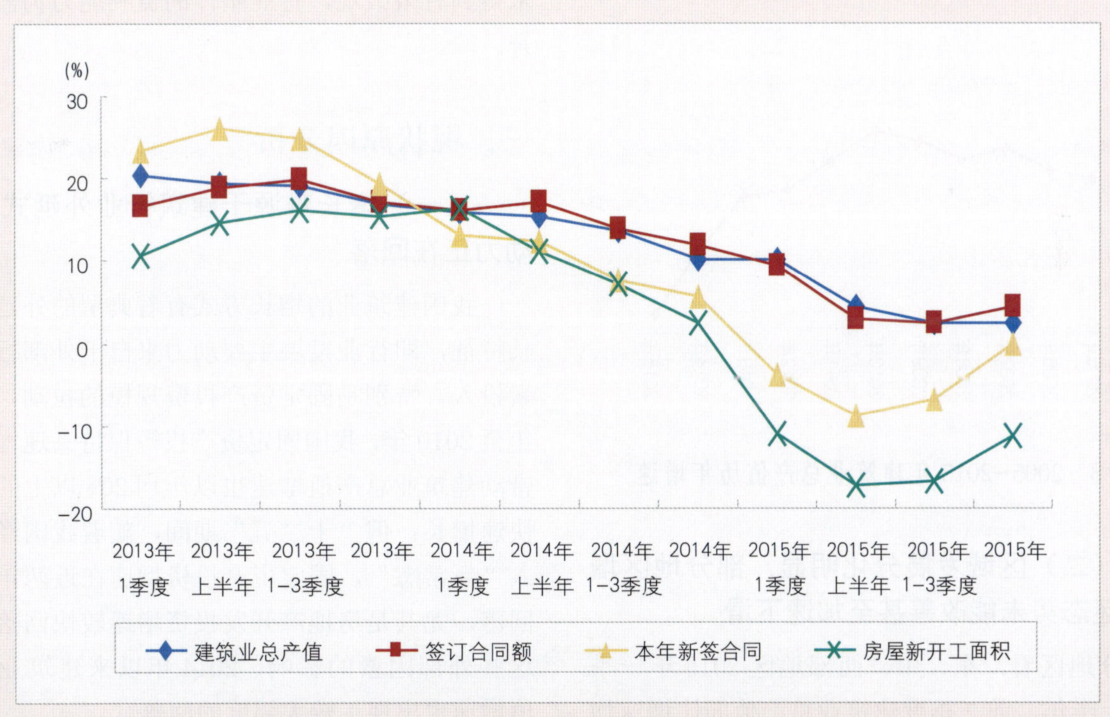

图2　近三年建筑业主要生产指标分季度增速

（四）房屋施工面积下降，但降幅收窄

“十二五”期间，我国建筑业施工规模快速扩张。2015年受建筑业生产增速放缓的影响，全国建筑业企业房屋施工面积比上年下降0.6%，但124.3亿平方米的施工面积已是“十一五”期末的1.76倍。

分季度看，2015年一季度、上半年和前三季度房屋施工面积增速分别为7.5%、3.1%和1.4%，增速呈现逐季下行但降幅收窄态势。其中，新开工面积46.8亿平方米，比上年下降11.4%，降幅比一季度扩大0.3个百分点，但比上半年和前三季度分别收窄5.9和5.3个百分点。

（五）企业签订合同额增长低位企稳，本年新签合同额降幅收窄

2015年，全国建筑业企业签订合同额338001亿元，比上年增长4.5%，增速比2014年回落7.3个百分点，比一季度回落4.8个百分点，但比上半年和前三季度分别回升1.7和2.2个百分点。其中，本年新签合同额184402亿元，比上年下降0.1%，降幅比一季度、上半年和前三季度分别收窄3.8、8.8和6.7个百分点。

（六）国有及国有控股建筑业企业主要生产指标增速均高于全行业水平

2015年，国有及国有控股建筑业企业完成建筑业总产值、签订合同额、房屋施工面积和竣

工面积分别比上年增长4.0%、9.0%、6.0%和8.4%，增速比全行业水平分别高出1.7、4.5、6.6和9个百分点。

二、存在的主要问题

（一）发展后劲不足，下行压力依然较大

“十二五”期间，我国建筑业总产值增速逐年回落，特别是近三年建筑业总产值增速较上一年分别回落了0.9、6.7和7.9个百分点，增速回落幅度明显加大。2015年，全国建筑业企业各季度累计完成建筑业总产值比上年同期分别增长10.1%、4.3%、2.3%和2.3%，尽管下半年以来有趋稳迹象，但各季度增速较上年同期相比均明显回落，且2.3%的增速已经是有数据记录以来的最低；同时，作为先行指标的本年新签合同额和房屋施工新开工面积均为负增长，显示建筑业发展后劲不足，行业下行压力依然较大。

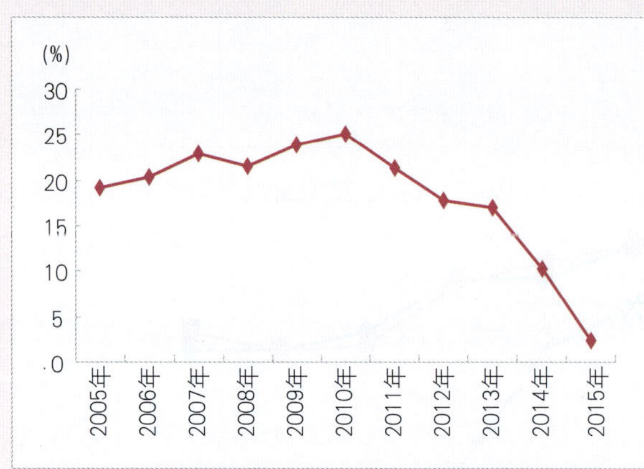

图3 2005-2015年建筑业总产值历年增速

（二）区域发展分化明显，部分地区增长低迷态势未能改善甚至加速下滑

分地区看，东、中、西部地区2015年一季度、上半年、前三季度建筑业总产值同比增速均逐季回落，四季度走势有所分化。东部地区建筑业总产值一季度、上半年、前三季度和全年同比增速分别为8.6%、2.1%、0.3%和0.9%，中部地区增速分别为12.6%、7.1%、4.6%和2.5%，西部地区增速分别为11.8%、7.8%、5.9%和6.5%，中部地区建筑业总产值增速逐季回落，而东部和西部地区四季度增速均较前三季度有所回升。

区域板块间的发展差异明显。长江经济带2015年一季度、上半年、前三季度和四季度建筑业总产值增速分别为11.4%、6.7%、5%和5.6%，呈企稳回升态势；京津冀地区生产增长乏力，一季度、上半年、前三季度和四季度建筑业总产值增速分别为8.9%、4.2%、1.5%和1.2%，处于低位探底区间，仍有下行压力；东北地区一季度、上半年、前三季度和四季度建筑业总产值较上年同期分别下降15.6%、23.5%、24%和25.7%，增速逐季加速下跌，建筑业规模急剧萎缩。

（三）建筑行业整体盈利能力下降

2015年，全国建筑业企业实现利润6508亿元，比2014年增长1.6%，增速回落3.8个百分点；产值利润率为3.6%，与上年持平；主营业务利润率为3.8%，比上年下降0.1个百分点。这表明，长期以来建筑业企业生产经营效益较差的情况并未得到有效改观，行业整体的盈利能力仍需要提升。

三、现状原因分析

（一）增长难源于建筑行业外延式增长动力正在回落

我国建筑业的增长方式有着典型的外延性增长特征，即行业发展主要动力来自于外部行业要素投入，特别是固定资产投资规模的拉动。2005年至2010年，我国固定资产投资保持高速增长，带动建筑业总产值增速也以年均20%以上的速度快速增长；但“十二五”期间，随着我国经济进入“新常态”，固定资产投资增速在近两年持续回落，尤其是房地产开发投资增速较快回落，受这些外部因素的影响，2014年以来建筑业总产值增速也出现了较大幅度的回落。

（二）效益差源于制约建筑市场发展的问题仍未得到根本解决

我国建筑行业是劳动密集型产业的代表，增长主要依赖企业在资金、人力等要素投入带来的施工规模扩张。但当前我国建筑行业已经出现结

构性产能过剩，在这种情况下，原有的粗放型增长模式难以长期持续。行业结构性产能过剩还导致近年来我国建筑行业市场的竞争过于激烈，加之发包方过度压价、施工企业低价招投标等无序竞争问题一直没有得到根本解决，用工成本近年来又快速上涨，迫使建筑业企业进入广投标、拼规模、低效益的不良发展循环，综合运营成本上升，行业整体盈利能力更趋减弱。

四、对 2016 年建筑业发展状况的展望

（一）增长低迷态势短期内难有明显改观

虽然 2015 年建筑业总产值增速已呈现低速企稳迹象，本年新签合同额、新开工面积等先行指标降幅明显收窄，但固定资产投资需求不足状况短期内难以明显改善，房地产去库存尚需时间，因此，我国建筑市场持续低迷的态势短期内难有明显改观。

（二）建筑业生产全年有望保持缓中趋稳、前低后高态势

总的来看，2016 年我国建筑行业整体形势仍较为严峻，企业的生产经营仍将艰难，但随着国家稳增长系列措施的不断落地实施，预计建筑业市场在下半年有可能会有所好转，全年走势可能会呈现前低后高态势。

（三）“营改增”对建筑业企业管理运营的影响尚需观察

按照《财政部 国家税务总局关于全面推广营业税改增值税试点的通知（财税［2016］36 号）》的要求，2016 年 5 月 1 日起，建筑业将被纳入“营改增”试点。建筑业实行“营改增”税制改革短期内势必会给建筑业企业特别是企业财务管理不够规范的中小企业带来一定冲击，对于建筑业企业的工程造价、招投标运作和日常的项目及财务管理工作等可能也会产生较大影响，但具体的情况变化尚需进一步观察。

北京故宫角楼

2015 年固定资产投资发展报告

2015 年，受国际经济疲软、国内市场不景气、企业效益下滑、房地产市场高库存等因素的影响，全国固定资产投资（以下简称“投资”）增速持续放缓，全年全社会投资 562000 亿元，同比增长 9.8%，增速比上年回落 5.4 个百分点。从“十二五”运行区间看，全社会投资累计完成 2206494 亿元，年均增长 19.3%。增速虽比“十一五”时期有所回落，但仍然保持在较高水平。

一、2015 年投资运行的主要特点

（一）投资增速进一步回落

“十二五”时期，全国固定资产投资（不含农户）[①]累计完成 2155852 亿元，年均增长 19.6%。“十二五”时期，固定资产投资增速前高后低，2011-2012 年增速均高于 20%，2013-2015 年增速在 10-20% 区间内运行。2015 年，全国完成固定资产投资（不含农户）551590 亿元，增长 10%[②]，增速比一季度、上半年、前三季度分别回落 3.5、1.4 和 0.3 个百分点，比上年回落 5.7 个百分点。扣除价格因素（2015 年全国固定资产投资价格指数为 98.2%），2015 年投资实际增长 12%，增速比一季度、上半年分别回落 2.5 和 0.5 个百分点，与前三季度持平，比上年回落 3.1 个百分点。

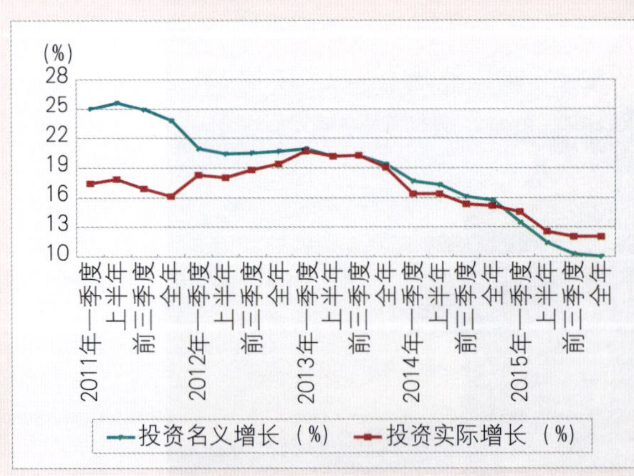

图 1　2011 年以来分季度固定资产投资(不含农户)名义和实际增长

（二）三大主要领域投资增速均回落

1. 制造业投资增长乏力。“十二五”时期，制造业累计完成投资 721817 亿元，年均增长 21.4%。在经历了“十一五”时期和“十二五”前期的快速发展后，近年来制造业投资增速出现一定回落。2015 年制造业完成投资 180365 亿元，增长 8.1%，增速比上年回落 5.4 个百分点；制造业占全部投资的比重由上年的 33.3% 下降到 32.7%；对投资增长的贡献率为 26.7%，比上年下降 2.6 个百分点。

2. 基础设施投资增速趋缓。“十二五”时期，基础设施投资增速总体呈现前低后高的走势，累计完成投资 369734 亿元，年均增长 14.6%。在稳增长政策的推动下，2015 年基础设施投资

表 1　2015 年基础设施各行业投资及增速变化

行　业	2015 年投资（亿元）	增长（%）	比上年（百分点）	比重（%）
基础设施	101271	17.2	-4.3	100.0
交通运输邮政业	42352	12.3	-5.8	41.8
其中：铁路运输业	7730	0.6	-16.0	7.6
道路运输业	28611	16.7	-3.6	28.3
信息传输	3246	31.1	-2.4	3.2
水利管理业	7249	21.0	-5.5	7.2
生态保护和环境治理业	2249	24.4	-1.6	2.2
公共设施管理业	46175	20.2	-2.9	45.6

注：①文中如无特殊说明，各投资统计数据口径均为固定资产投资（不含农户）。
②文中如无特殊说明，增长速度口径均为同比名义增长。

101271 亿元，增长 17.2%，增速比上年回落 4.3 个百分点，但明显高于全部投资增速；占全部投资的比重为 18.4%，比上年提高 1.2 个百分点；对投资增长的贡献率为 29.5%，比上年提高 7 个百分点。其中，信息传输业投资增长 31.1%；生态保护和环境治理业投资增长 24.4%；水利管理业投资增长 21%；公共设施管理业投资增长 20.2%；受铁路运输业投资低速增长的影响，交通运输邮政业投资增长 12.3%（见表 1）。

3. 房地产开发投资增速大幅回落。“十二五”时期，房地产开发累计完成投资 410629 亿元，年均增长 18.3%。“十二五”时期房地产开发投资增速出现较大波动，2011-2014 年分别为 28.1%、16.2%、19.8% 和 10.5%。受市场整体高库存的影响，2015 年房地产开发投资增速大幅回落，全年完成投资 95979 亿元，增长 1%，增速比上年回落 9.5 个百分点；占全部投资的比重为 17.4%，比上年下降 1.6 个百分点；对投资增长的贡献率为 1.9%，比上年下降 11.4 个百分点，降幅在三大领域中居首。其中，住宅投资 64595 亿元，增长 0.4%；办公楼投资 6210 亿元，增长 10.1%；商业营业用房投资 14607 亿元，增长 1.8%。

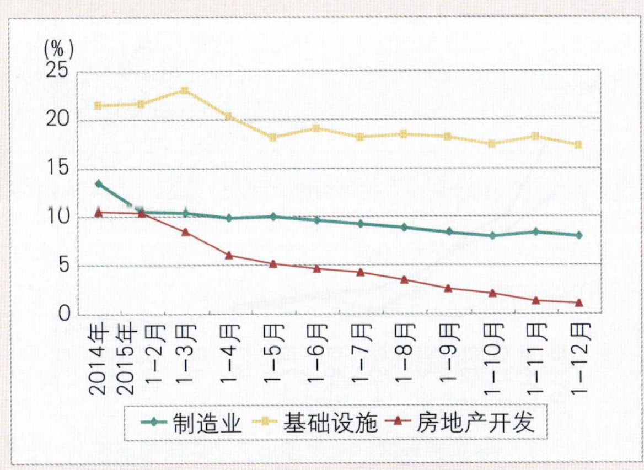

图 2　2014 年以来三大主要领域投资增长情况

（三）民间投资增速高位回落

“十二五”时期，民间投资总体保持了良好的增长态势，累计完成投资 1352792 亿元，年均增长 20.9%，增速比全部投资高 1.3 个百分点。多年来民间投资增速始终大幅高于固定资产投资，起到良好的引领效应。但在 2015 年，民间投资增速出现较大幅度回落，全年完成投资 354007 亿元，增长 10.1%，增速比上年回落 8 个百分点，仅比全部投资高 0.1 个百分点；民间投资占全部投资的比重为 64.2%，与上年持平。2015 年，国有控股完成投资 178933 亿元，增长 10.9%，增速比上年回落 2.1 个百分点，比全部投资增速高 0.9 个百分点；国有控股投资占全部投资的比重为 32.4%，比上年提高 0.2 个百分点。

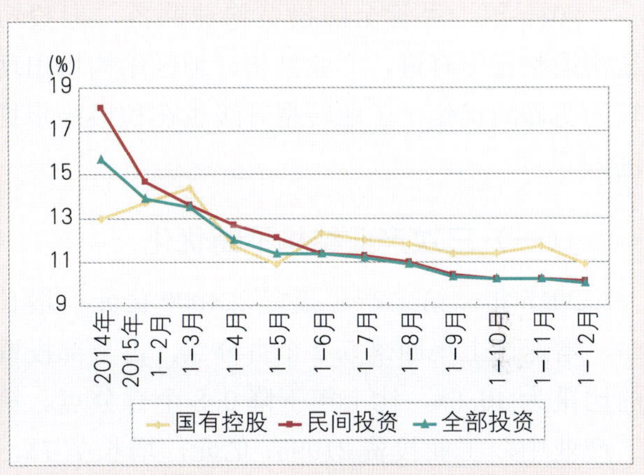

图 3　全部投资、国有控股投资及民间投资增长情况

（四）新开工项目计划总投资低速增长

2011-2012 年，新开工项目计划总投资分别增长 22.5% 和 28.6%，2013 和 2014 年增速回落到 14.2% 和 13.6%，2015 年增速进一步回落，全年新开工项目计划总投资 408084 亿元，增长 5.5%，比同期固定资产投资增速低 4.5 个百分点，

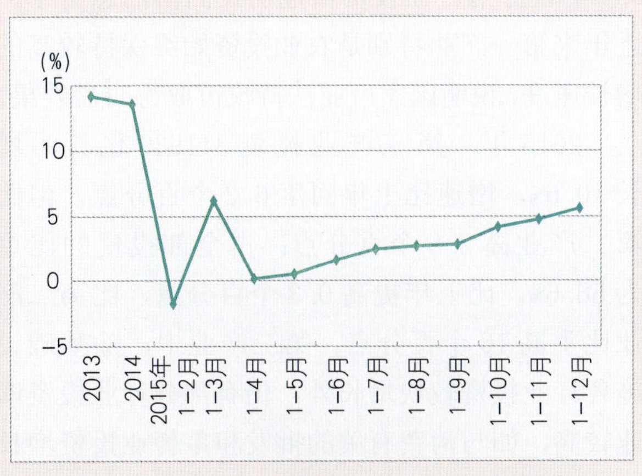

图 4　2013 年以来新开工项目计划总投资增速变化

其中，亿元以上新开工项目计划总投资自年初以来持续负增长，全年下降11%。从各月走势看，年初新开工项目计划总投资一度出现负增长，但自5月份开始增速逐月小幅回升，至年底已持续八个月。

二、投资增速虽然回落，但投资结构不断优化

2015年，尽管全国投资增速回落，但投资结构调整稳中有进，产业结构、地区结构均出现较为明显的优化，工业转型升级也在积极稳步推进。

（一）三次产业结构不断优化

2015年，第二产业投资224090亿元，增长8%，增速比上年回落5.2个百分点，占全部投资的比重为40.6%，比上年下降0.8个百分点。第二产业中，工业投资219957亿元，增长7.7%，增速比上年回落5.2个百分点，其中，采矿业投资12971亿元，下降10.8%；制造业投资180365亿元，增长8.1%；电力热力燃气及水的生产和供应业投资26621亿元，增长16.6%。

相比于第二产业投资低速增长、占比下降，第一、三产业投资保持较为良好的增长态势。2015年，第一产业投资15561亿元，增长31.8%，增速比上年回落2.1个百分点。第一产业投资占全部投资的比重为2.8%，比上年提高0.4个百分点。在投资增速明显回落的态势下，近年来第一产业特别是农业投资始终保持较高的增长速度，说明国家产业扶持政策取得明显效果。

2015年，第三产业投资311939亿元，增长10.6%，增速比上年回落6.2个百分点，但比第二产业高2.6个百分点；占全部投资的比重为56.6%，比上年提高0.3个百分点，比第二产业比重高16个百分点。第三产业中，除基础设施各行业投资较快增长外，仍有部分行业投资增速较高，如与消费有关的批发和零售业投资增长20.1%、租赁和商务服务业投资增长18.6%，与民生有关的教育投资增长15.2%、卫生和社会工作投资增长29.7%。第三产业投资增速和比重均高于第二产业，反映出国家产业升级不断推进和深化，服务业投资日益成为拉动投资增长的主要动力。

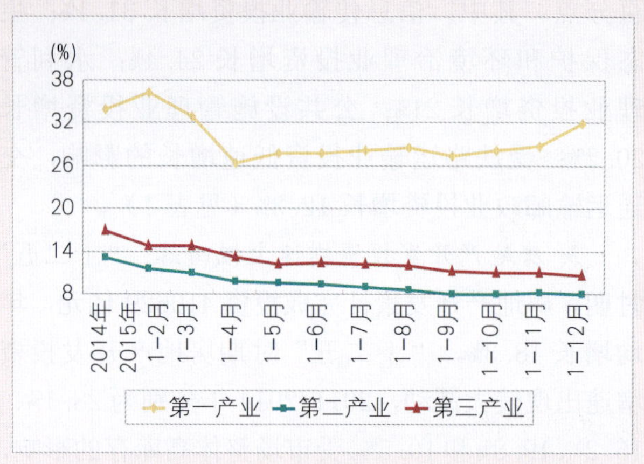

图5 2014年以来三次产业投资增长情况

（二）地区投资结构进一步改善

1. 投资继续向中、西部地区倾斜。2015年，中部地区投资162297亿元，增长14.6%，增速比东部地区高6.3个百分点；西部地区投资137353亿元，增长9%，增速比东部地区高0.7个百分点。中部和西部地区投资占全国投资的比重合计为54.3%，比上年提高1个百分点。

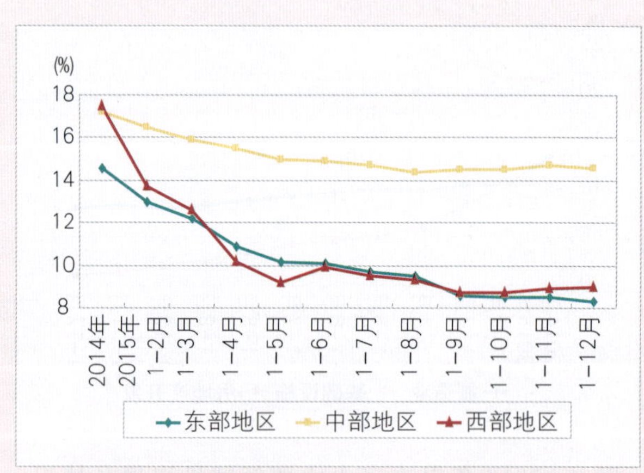

图6 2014年以来东、中、西部地区投资增长情况

2. “三大战略”助推区域经济协调发展。“一带一路”拓展区域经济发展新空间，“一带一路”共涉及全国18个地区，作为“一带一路”核心地区，2015年福建、新疆两省投资分别增长

17.4%和10.1%。京津冀地区协同发展，2015年京津冀三省完成投资48166亿元，增长10.7%，随着首都北京部分功能的疏解与转移，2015年天津市和河北省投资均保持良好增长态势，分别增长12.6%和10.6%。长江经济带地区投资较快增长，2015年长江经济带11省区投资233047亿元，增长13.9%，比全部投资增速高3.9个百分点；占全部投资的比重为42.3%，比去年同期提高1.5个百分点。“三大战略”奠定了国家未来区域结构发展大格局，随着战略的逐步推进，全国区域发展将进一步趋于协调、平衡。

（三）工业投资内部结构优化，转型升级成效初显

1. 高技术制造业投资带动作用有所增强。2015年，高技术制造业投资19951亿元，增长12.5%，增速比上年提高0.4个百分点，比全部工业投资快4.8个百分点；占全部工业投资的比重为9.1%，比上年提高0.4个百分点。

2. 工业技改投资成为促进工业投资增长的重要动力。2015年，工业技改投资83084亿元，增长12.4%，增速比全部工业投资快4.7个百分点；占全部工业投资的比重为37.8%，比上年提高1.6个百分点。其中，制造业技改投资增长13.9%，占制造业投资的比重为41%。

3. 装备制造业[③]投资增长态势良好。2015年，装备制造业投资72287亿元，增长10.2%，增速比全部工业投资高2.5个百分点。主要装备制造行业中，汽车制造业投资增长14.2%；通信设备、计算机等电子设备制造业投资增长13.3%；通用设备制造业投资增长10.1%；电气机械及器材制造业投资增长8.7%；专用设备制造业投资增长8.5%（见表2）。

表2 装备制造业行业投资及增速变化

行业	2015年投资（亿元）	增长（%）	比上年（百分点）	比重（%）
装备制造业	72287	10.2	-3.5	100.0
#金属制品业	9490	10.0	-11.4	13.1
通用设备制造业	13364	10.1	-6.3	18.5
专用设备制造业	12353	8.5	-5.6	17.1
汽车制造业	11527	14.2	5.9	15.9
铁路、船舶、航空航天和其他运输设备制造业	3226	2.2	-13.9	4.5
电气机械及器材制造业	11307	8.7	-4.2	15.6
通信设备、计算机等电子设备制造业	9035	13.3	2.6	12.5

4. 消费品制造业[④]投资平稳增长。2015年，消费品制造业投资49696亿元，增长11.5%，增速比全部工业投资高3.8个百分点。其中，文教、工美、体育和娱乐用品制造业投资增长29.7%，纺织服装、服饰业投资增长22%，家具制造业投资增长17.7%（见表3）。

表3 消费品制造业投资及增速变化

行业	2015年投资（亿元）	增长（%）	比上年（百分点）	比重（%）
消费品制造业	49696	11.5	-5.6	100.0
#农副食品加工业	10761	7.7	-11.0	21.7
纺织业	6002	12.8	0.4	12.1
医药制造业	5812	11.9	-3.2	11.7
食品制造业	5089	14.4	-7.6	10.2
纺织服装、服饰业	4529	22.0	2.8	9.1
酒、饮料和精制茶制造业	4090	4.4	-12.5	8.2
家具制造业	2882	17.7	-9.4	5.8
造纸及纸制品业	2813	0.4	-6.0	5.7
文教、工美、体育和娱乐用品制造业	2328	29.7	2.8	4.7

5. 高耗能行业[⑤]投资低速增长。随着化解产

注：③装备制造业包括：金属制品业，通用设备制造业，专用设备制造业，汽车制造业，铁路、船舶、航空航天和其他运输设备制造业，电气机械及器材制造业，通信设备、计算机及其他电子设备制造业，仪器仪表制造业和金属制品、机械和设备修理业9个行业大类。

④消费品制造业包括：农副食品加工业，食品制造业，酒饮料和精制茶制造业，烟草制品业，纺织业，纺织服装和服饰业，皮革、毛皮、羽毛（绒）及其制品业，家具制造业，造纸及纸制品业，印刷业和记录媒介的复制，文教、工美体育和娱乐用品制造业，医药制造业，化学纤维制造业13个行业大类。

⑤高耗能行业包括：石油加工、炼焦和核燃料加工业，化学原料和化学制品制造业，非金属矿物制品业，黑色金属冶炼和压延加工业，有色金属冶炼和压延加工业，电力、热力生产和供应业6个行业大类。

能过剩政策的逐步推进以及需求严重不足的影响，2015年，高耗能行业投资增速回落幅度较大，也带动了工业投资增速的下滑。2015年高耗能行业投资64285亿元，增长4.5%，增速比上年回落7.3个百分点，比工业投资增速低3.2个百分点。六大高耗能行业中，除电力、热力的生产和供应业投资保持较快增长外，其他行业投资均低速增长或负增长，其中，石油加工、炼焦及核燃料加工业投资下降20.9%，黑色金属冶炼及压延加工业投资下降11%，有色金属冶炼及压延加工业投资下降4%。

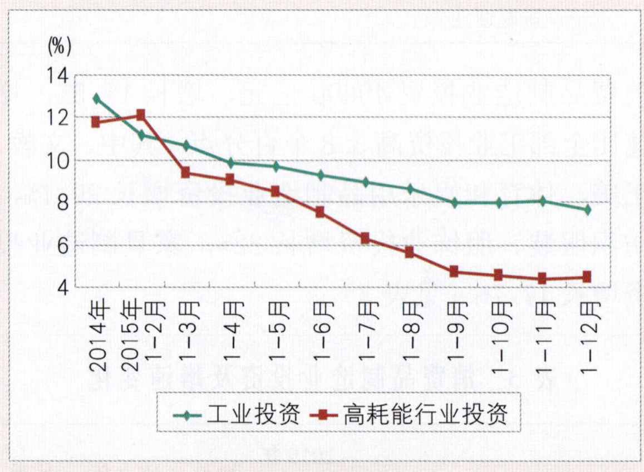

图7　2014年以来工业投资和高耗能行业投资增速变化

6. 主要产能严重过剩行业投资下降。近年来，钢铁、水泥、电解铝、平板玻璃、船舶行业的产能利用率基本在70%左右，是产能严重过剩行业，在国家化解产能过剩政策和行业利润增长大幅下滑的共同作用下，相关行业投资增长低迷。2015年，五大产能过剩行业投资均呈负增长，钢铁行业[⑥]投资下降12.7%，水泥制造业投资下降11%，铝冶炼行业投资下降2.8%，平板玻璃制造业投资下降13.7%，金属船舶制造业投资下降19.8%。

三、投资增速回落的主要原因

（一）投资增速回落是国家经济发展进入新常态的内生调整

改革开放以来，全国投资一直保持较快增长，特别是2003-2012年，随着工业化进程的推进及居民消费结构的升级，全国投资增速连续十年超过20%，全社会投资总量由2003年的5.6万亿元增加至2012年的37.5万亿元，成为拉动中国经济高速发展的首要力量。但是在经历30多年的快速发展后，全国经济发展的条件和环境已经发生诸多重大转变，经济增长的动力已由更多地依赖投资和出口需求驱动转向更多地依靠消费需求，经济增长速度也由高速进入了中高速。从投资需求自身来看，在经历了30多年高强度大规模开发建设后，主要传统领域摊子铺得过大、产能过剩问题逐步暴露，而创新型增长点仍处于培育、发展期，再加上土地、资源、环境等承载力的下降，投资增速换挡已成为必然。这种必然性是经济发展到更高阶段的正常表现，也与经济发展的新常态相适应。

（二）市场需求疲弱与产能过剩问题突出，企业投资意愿不足

从国际看，世界经济复苏乏力，国际贸易低迷，传统出口市场竞争加剧，2015年全国出口同比下降2.9%，而上年增长6.1%。从国内看，受结构性、周期性、阶段性矛盾叠加影响，国内市场需求疲弱；与此同时产能过剩问题仍十分突出，目前煤炭、钢铁等行业产能利用率基本在70%左右，传统行业去产能任务依然艰巨。产能过剩与市场需求不足导致工业产品价格下滑、企业利润下降，2015年工业生产者出厂价格同比下降5.2%，规上工业利润总额下降2.3%。在当前传统市场需求不振、竞争压力加大，新兴市场尚在培育、新的增长点仍未形成的条件下，企业投资意愿不强。从新开工项目看，尽管5月份以来新开工项目计划总投资增速连续8个月小幅回升，但总体增速仍然偏低，特别是亿元以上新开工项目计划总投资年初以来持续负增长，亿元以上项目多为跨年度项目，其增速持续负增长，不仅会影响今年投资增长而且将会在一定程度上制约未来年份的增长。

注：⑥钢铁行业包括：黑色金属矿采选业和黑色金属冶炼和压延加工业。

（三）房地产市场仍处于调整期，对投资的拉动效应减弱

2014年房地产行业进入调整期，2015年在稳增长、促改革、调结构、惠民生、防风险的宏观经济背景下，房地产调控利好政策陆续出台，央行连续降准降息、降低首付比例、放松公积金信贷门槛、降低二手房交易成本等政策为房地产市场营造了比较宽松的环境。在政策推动下，全国商品房销售持续向好，企业到位资金情况有所改善。但销售向好向开发环节传导较为缓慢，房地产开发投资增速仍处于下行通道，新开工面积、土地购置面积大幅下降，市场分化明显，三、四线城市去库存压力较大，前期积累的存量仍需时间来消化。2015年房地产开发投资增速的大幅回落，使其对投资增长的拉动效应急剧减弱，2015年房地产开发投资仅拉动投资增长0.2个百分点，比上年低1.9个百分点。

（四）部分领域投资仍存在体制机制障碍

近年来，各级政府认真贯彻落实国务院的要求，大力推动简政放权、放管结合、优化服务等改革措施，力度空前。但在实际操作中，部分领域行政审批流程仍然过多、过于繁琐，严重影响了企业的投资意愿和建设进度。另外，社会资本进入公共领域依然不够顺畅，在市场准入条件、资源要素配置、政府管理、法律保障等诸多方面难以享受同等的国民待遇，不利于民间投资的健康发展。

（五）投资到位资金低速增长

2015年在保持货币政策总体平稳的同时，国家多次降息降准，针对涉农、小微等领域实施定向宽松政策，但从执行上看政策效果还不明显，中小企业融资还存在困难。此外，受土地收入下降、地方财政收入增速下滑、地方融资平台清理等因素影响，地方政府投资能力有所下降，上述原因造成2015年全年各月投资到位资金增速均低于投资增速，资金层面偏紧也是投资增速下滑的重要原因之一。2015年，投资到位资金573789亿元，增长7.7%，增速比上年回落2.9个百分点，比同期投资低2.3个百分点。

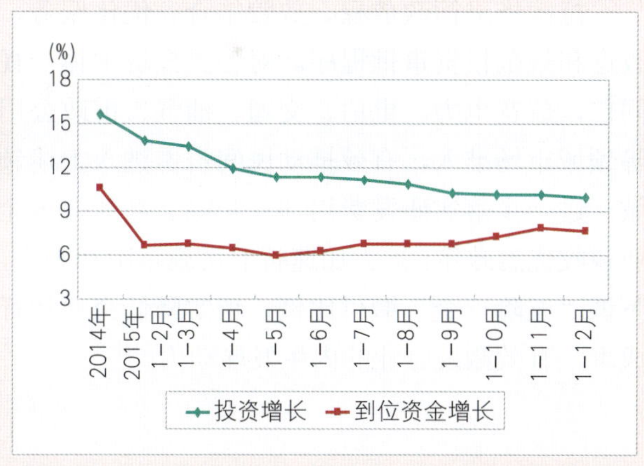

图8　2014年以来投资增速与到位资金增速比较

四、政策建议

（一）化解过剩产能，以创新为动力推动产业转型升级

一是要积极稳妥的淘汰低效供给。在严格执行环保、能耗、质量、安全标准淘汰落后产能的同时，综合运用市场机制、经济手段化解产能过剩，推动企业兼并重组，有效清除“僵尸企业”，释放闲置的资源和要素。二是要积极地为新经济发展营造良好的政策环境，明确和完善相关产业政策，加快培育发展新产业、新技术、新产品和新业态，以创新为驱动力，促进新旧动能的顺畅转换。三是要消除壁垒，通过市场引导社会资源和生产要素流入到更为高效的领域，引导新供给创造新需求，推动产业的转型升级。

（二）挖掘传统领域，增加投资潜力

近年来基础设施投资快速增长，但与民生相关领域仍存在短板，特别是中、西部地区交通设施、城市建设、环境治理等领域投资空间仍然较大。另外在房地产开发领域，目前部分三、四线城市库存高企，投资增速大幅下滑，但与其相关的棚户区改造、养老旅游地产、产业地产等新业态的需求空间仍然较大。因此，目前投资不应盲目追求规模上的扩大，而更应在投资的有效性和精准性上下功夫，有效提升投资效益。

（三）优化投资环境，激发企业的内生发展动力

持续推进简政放权、放管结合、优化服务，改进和规范投资审批程序。对各类投资主体一视同仁，放宽电力、电信、交通、油气、市政公用等领域市场准入，有效推动民间资本进入上述领域。进一步落实研发费用加计扣除、高新技术企业税收优惠政策，扩大加速折旧实施范围和力度，下调“五险一金”缴付比例，切实降低企业运行成本，有效激发企业的内生发展动力。

（四）拓宽融资渠道，支持实体经济发展

拓宽企业融资渠道，提高实体经济直接融资比重，支持企业利用短期融资券、企业债等方式融资，缓解建设资金不足的压力。同时降低中小企业的融资成本，进一步完善中小企业贷款风险分担和损失补偿机制，缓解中小企业融资难、融资贵的问题。创新金融服务方式，加快民营银行审批，发展服务中小企业的特色金融机构，支持实体经济发展。

（执笔：丁勇）

深湾海鲜舫

2015 年房地产市场发展报告

“十二五”期间，我国房地产市场逐步从供不应求转向总量平衡，房地产开发投资规模逐年扩大，但增速总体呈理性回归走势。2015 年，在稳增长、促改革、调结构、惠民生、防风险的宏观政策背景下，经济保持了总体平稳、稳中有进、稳中有好的发展态势。同时，房地产调控利好政策陆续出台，央行连续降准降息、降低首付比例、放松公积金信贷门槛，取消限外令，降低二手房交易成本，中央经济工作会议又将化解房地产库存作为 2016 年主要任务之一。从政策层面为房地产业营造了比较宽松的环境。

在政策组合拳作用下，全国商品房销售持续向好，企业到位资金有所改善。但同时，销售向好向开发环节传导较为缓慢，房地产开发投资增速持续放缓，新开工面积、土地购置面积大幅下降，去库存压力仍在，市场分化明显。在国家“分类指导、因地施策”的调控主基调下，房地产市场还将继续稳步调整。

一、房地产市场运行主要特点

（一）全国房地产开发投资

1. 房地产开发投资增速持续回落。2015 年，全国房地产开发投资 95979 亿元，比上年名义增长 1.0%（扣除价格因素实际增长 2.8%），增速比上年回落 9.5 个百分点，比一季度、上半年和前三季度分别回落 7.5、3.6 和 1.6 个百分点，呈持续下行走势。

2. 东、西部地区开发投资增速回落幅度较大。2015 年，东部地区房地产开发投资 53231 亿元，比上年增长 0.5%，增速低于全国平均水平 0.5 个百分点；增速比上年回落 9.9 个百分点，回落幅度大于全国 0.4 个百分点。中部地区投资 21038 亿元，增长 1.8%，增速回落 6.7 个百分点，回落幅度小于全国 2.8 个百分点。西部地区投资 21709 亿元，增长 1.3%，增速回落 11.5 个百分点，回落幅度大于全国 2 个百分点。

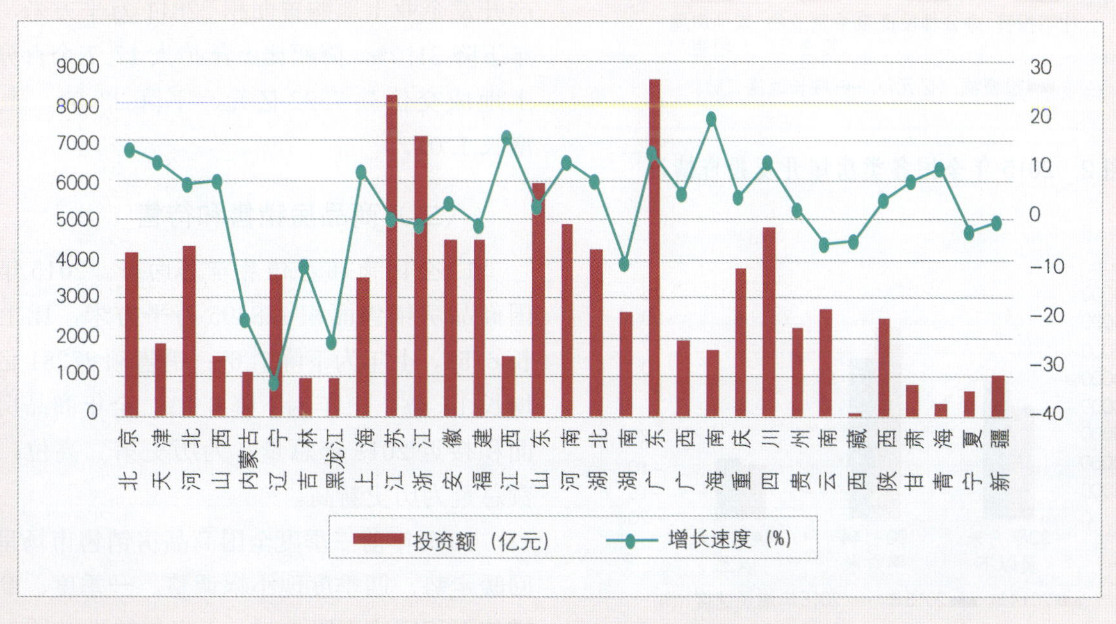

图 1　2015 年各地区房地产开发投资及增长速度

31个省、自治区、直辖市中，12个地区房地产开发投资比上年下降，降幅超过10%的地区有4个，分别为辽宁下降32.9%，黑龙江下降25.1%，内蒙古下降21.1%，吉林下降10.3%，东北地区房地产开发投资严重下滑。海南、江西、北京、广东、河南、天津等6个地区房地产开发投资增速超过10%，上海投资增长8.2%，热点地区区位优势明显。

3. 各物业类型房屋开发投资增速均回落。2015年，住宅开发投资64595亿元，比上年增长0.4%，增速比上年回落8.8个百分点。分户型看，90平方米及以下住宅投资24646亿元，增长21.2%，增速提高16.6个百分点；90—144平方米（不含90平方米）住宅投资28919亿元，下降15.9%，上年为增长18.3%；144平方米以上住宅投资11030亿元，增长14.4%，上年为下降7.8%。

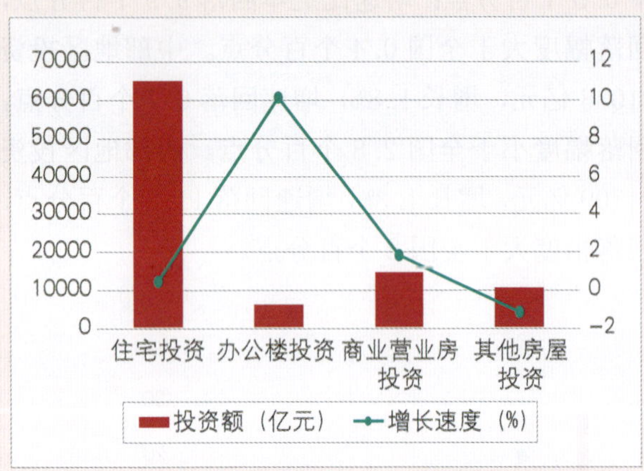

图2 2015年全国各类房屋开发投资情况

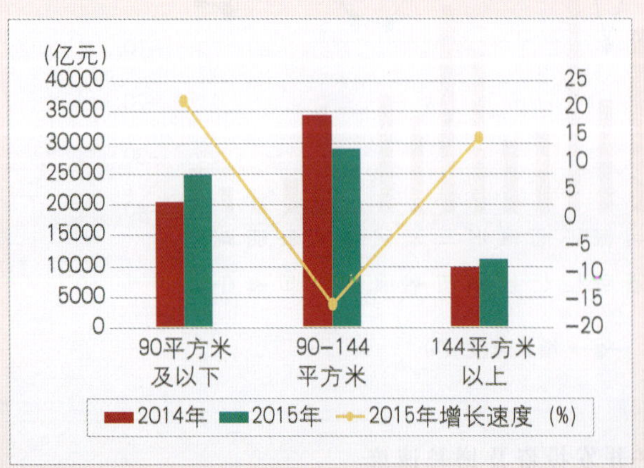

图3 2014、2015年全国分户型住宅开发投资情况

2015年，非住宅类房屋投资31384亿元，比上年增长2.3%，增速比上年回落11.1个百分点。其中，办公楼投资6210亿元，增长10.1%，增速回落11.2个百分点；商业营业用房投资14607亿元，增长1.8%，增速回落18.3个百分点；其他房屋投资10566亿元，下降1.2%，上年为增长2.2%。

4. 施工面积低速增长，新开工和竣工面积均下降。2015年，房地产开发企业房屋施工面积735693万平方米，比上年增长1.3%，增速比上年回落7.9个百分点。其中，住宅施工面积511570万平方米，下降0.7%。房屋竣工面积100039万平方米，下降6.9%，上年为增长5.9%。其中，住宅竣工面积73777万平方米，下降8.8%。房屋新开工面积154454万平方米，下降14.0%，降幅扩大3.3个百分点。其中，住宅新开工面积106651万平方米，下降14.6%。

2014年以来，房地产开发企业新开工面积持续大幅下降，2014年下降10.7%，在此基础上，2015年新开工面积继续下降。2015年，新开工面积比2013年下降23.2%，并影响了竣工规模。新开工和竣工面积下降将对下一阶段市场供应规模产生影响。

5. 土地购置大幅下降。2015年，全国房地产开发企业土地购置面积22811万平方米，比上年下降31.7%，降幅比上年扩大17.7个百分点。土地成交价款7622亿元，下降23.9%，上年为增长1.0%。

（二）商品房销售和待售

1. 全国商品房销售市场向好。2015年，全国商品房销售面积128495万平方米，比上年增长6.5%，上年为下降7.6%；销售额87281亿元，增长14.4%，上年为下降6.3%。全年商品房销售面积接近2013年总量，为历史第二高位；销售额总量为历史新高。

2015年前三季度全国商品房销售市场呈持续回暖走势，四季度现小幅调整。一季度，商品房销售面积同比下降9.2%，上半年转为增长3.9%，前三季度增长7.5%，全年增速比前三季度回落1

个百分点；一季度，商品房销售额下降9.3%，1—5月份转为增长3.1%，上半年、前三季度分别增长10.0%和15.3%，全年增速比前三季度回落0.9个百分点。

2. 东部地区商品房销售增长最快，贡献率最高。2015年，东部地区商品房销售面积59425万平方米，比上年增长8.5%，上年为下降13.7%；销售额52143亿元，增长19.6%，上年为下降11.6%。东部地区对全国商品房销售面积增长的贡献率达59.5%。中部地区销售面积35897万平方米，增长6.1%，上年为下降3.9%；销售额18199亿元，增长9.9%，增速比上年提高9.7个百分点。西部地区销售面积33173万平方米，增长3.4%，增速提高2.8个百分点；销售额16939亿元，增长5.0%，增速提高1.5个百分点。西部地区销售回升幅度明显小于东、中部地区。

3. 住宅销售明显向好。2015年，商品住宅销售面积112406万平方米，比上年增长6.9%，上年为下降9.1%；销售额72753亿元，增长16.6%，上年为下降7.8%。住宅对全部商品房销售面积增长的贡献率达92.0%。

分户型看，2015年90平方米及以下住宅销售面积比上年下降0.2%，降幅比上年收窄9.1个百分点；90—144平方米住宅增长9.3%，上年为下降7.4%；144平方米以上住宅增长11.9%，上年为下降15.4%。

4. 二手房成交大幅增长。据住房和城乡建设部40个重点城市房地产市场信息系统数据显示，2015年，重点城市二手房成交面积22588万平方米，比上年增长48.6%。其中，二手住宅成交20096万平方米，增长58.5%；成交223.5万套，增长55.6%。

东部20个城市二手房成交面积14925万平方米，增长60.0%；中部8个城市成交面积3490万平方米，增长39.1%；西部12个城市成交面积4173万平方米，增长24.1%。

5. 商品房待售面积增速放缓。2015年末，全国房地产开发企业商品房待售面积71853万平方米，比上年末增加9684万平方米，增长15.6%，增速比上年末回落10.5个百分点。其中，住宅待售面积45248万平方米，比上年末增长11.2%；办公楼待售面积3276万平方米，增长

表1 分地区商品房销售贡献率

地区	销售面积				销售额			
	总量（万平方米）	2015年增速（%）	2014年增速（%）	2015年贡献率（%）	总量（亿元）	2015年增速（%）	2014年增速（%）	2015年贡献率（%）
全国总计	128495	6.5	-7.6		87281	14.4	-6.3	
东部地区	59425	8.5	-13.7	59.5	52143	19.6	-11.6	77.7
中部地区	35897	6.1	-3.9	26.4	18199	9.9	0.2	14.9
西部地区	33173	3.4	0.6	14.1	16939	5	3.5	7.4

表2 分物业类型商品房销售贡献率

物业类型	销售面积				销售额			
	总量（万平方米）	2015年增速（%）	2014年增速（%）	2015年贡献率（%）	总量（亿元）	2015年增速（%）	2014年增速（%）	2015年贡献率（%）
商品房	128495	6.5	-7.6		87281	14.4	-6.3	
住宅	112406	6.9	-9.1	92.0	72753	16.6	-7.8	94.1
办公楼	2912	16.2	-13.1	5.2	3761	26.9	-20.9	7.3
商业营业用房	9252	1.9	7.2	2.2	8846	-0.7	7.6	-0.6
其他	3925	1.2	11.6	0.6	1921	-4.3	17.7	-0.8

24.7%；商业营业用房待售面积14664万平方米，增长24.6%。重点城市商品房待售面积27581万平方米，增长11.0%，增速比全国平均水平低4.6个百分点；非重点城市待售面积44273万平方米，增长18.6%，增速比全国平均水平高3个百分点。

6. 保障性安居工程建设稳步推进。2015年，全国城镇保障性安居工程新开工783万套，基本建成772万套，其中，棚户区改造新开工601万套，均超额完成年度目标任务。

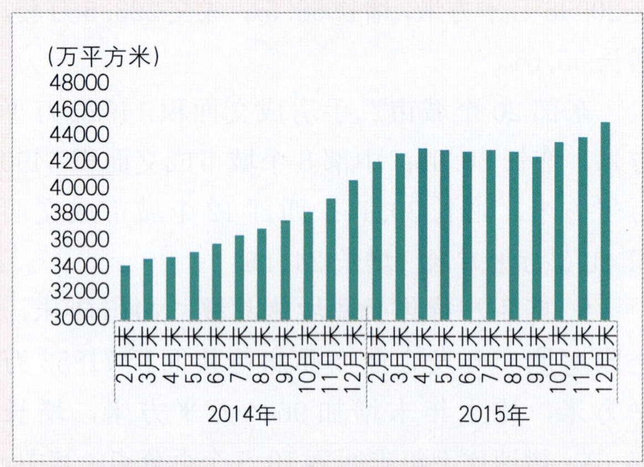

图4　2014年以来各月末商品住宅待售面积

（三）房地产开发企业到位资金

1. 全国房地产开发企业到位资金小幅增长。2015年，全国房地产开发企业到位资金125203亿元，比上年增长2.6%，上年为下降0.1%。分季度看，一季度到位资金下降2.9%，上半年增长0.1%，前三季度增长0.9%，增速呈回升走势。2015年1—2月份房地产开发企业到位资金增速比同期房地产开发投资增速低8.8个百分点，随后差距逐月缩小，1—11月份起反超开发投资增速，到全年比开发投资增速高1.6个百分点。

2. 定金及预收款和个人按揭贷款较快增长。2015年，全国商品房销售市场持续回暖，房地产开发企业销售资金回笼速度加快。受此拉动，定金及预收款和个人按揭贷款增速一路上行，成为推动房地产开发企业到位资金增长的主要因素。2015年，定金及预收款32520亿元，比上年增长7.5%，上年为下降12.4%。个人按揭贷款16662亿元，增长21.9%，上年为下降2.6%。

3. 企业开发贷款、自筹资金、利用外资均下降，利用外资降幅超过50%。2015年，房地产开发企业贷款20214亿元，比上年下降4.8%，上年为增长8.0%；自筹资金49038亿元，下降2.7%，上年为增长6.3%；利用外资297亿元，下降53.6%，上年为增长19.7%。

（四）房地产开发景气指数

2015年12月份，房地产开发景气指数（简称“国房景气指数”）为93.34，比11月份回落0.01点，比上年12月份回落0.59点。

二、房地产市场运行的主要问题

（一）供需结构仍需优化

2015年，全国大中户型住宅销售较快增长，其中中等户型住宅全年销售量甚至超过2013年，小户型住宅全年下降0.2%。大中户型住宅对商品房销售面积增长的贡献率达92.7%，其中中等户型贡献率达71.5%，改善性需求成为拉动销售增长的主要动力。

从2009年以来的住宅销售面积数据来看，中等户型一直占住宅销售市场的半壁江山，且比重逐年提高；2011、2012年，限购政策对大户型住宅影响较大，大户型住宅比重明显下降，对住宅销售增长的贡献率降至-40.1%和-61.6%，2014年地方限购政策陆续松绑后，大户型住宅销售比重有所回升，2015年，大户型住宅占全部住宅销售的比重为13.9%，比上年提高0.9个百分点。

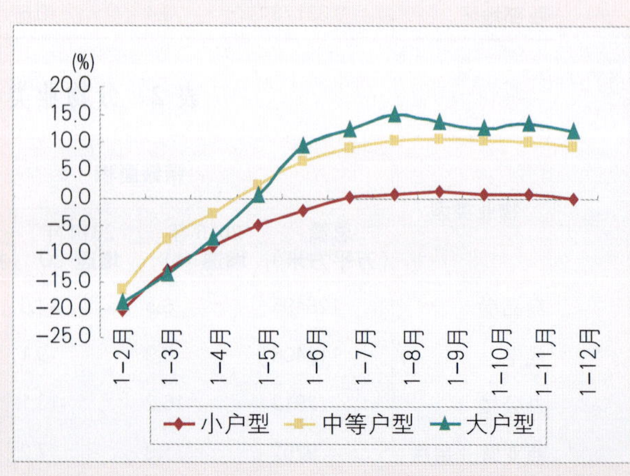

图5　2015年各月各户型住宅销售面积同比增速

从住宅销售市场户型结构可以看出，限购政策实施期间被抑制的改善性需求释放是本轮销售向好的重要原因。随着住房消费结构升级，小户型商品住宅在大部分地区需求减少，大中户型住宅比重提高。2014 年以来鼓励改善性需求的房地产政策进一步刺激了大中户型住宅需求的恢复性释放和部分超前增长。

（二）销售向好向投资环节传导较慢

与销售市场的持续回暖走势不同，房地产开发投资遇冷，增速一路下行，全年仅增长 1.0%，增速比上年回落 9.5 个百分点，比一季度、上半年和前三季度分别回落 7.5、3.6 和 1.6 个百分点。与 2008 年、2012 年相比，本轮销售向好向开发环节传导非常缓慢。房地产开发投资增速已经连续 19 个月回落，滞后销售拐点 12 个月，大大超过 3—6 个月的平均滞后期。同时，新开工面积、土地购置面积大幅下降，反映房地产供给情况的指标表现均不佳。说明前几轮周期中房地产市场销售先导，企业投资快速跟进的特征已经发生了一些变化，房地产企业开发投资更趋谨慎。

一方面，房地产开发投资总量自 1998 年以来逐年扩大，现有规模是 1998 年的 25.6 倍，比 2010 年翻一番，投资规模持续扩大；另一方面，房地产也不可能一直高速增长，在市场潜在增长率降低的情况下，投资回落是一种理性回归，当前全国房地产待售现房面积已经超过 7 亿平方米，待售的期房和待开发的土地面积更远远超过这一数字，前期房地产市场过快增长的累积问题还需消化时间。

（三）区域分化差异明显

2015 年，商品房销售市场东部地区表现好于中西部地区，重点城市明显好于非重点城市。东部地区商品房销售面积占全国的比重为 46.2%，但对全国增长的贡献率达 59.5%。40 个重点城市商品房销售面积占全国的比重为 38.9%，而对全国的增长贡献率达 53.2%。销售市场的结构性问题，在房地产投资、开发规模、资金、土地等领域同样存在。2015 年，40 个重点监测城市房地产开发投资比上年增长 3.2%，非重点城市房地产开发投资下降 1.6%；重点城市新开工面积下降 12.2%，非重点城市下降 15.1%；重点城市到位资金增长 5.8%，非重点城市下降 1.5%；重点城市土地购置面积下降 25.5%，非重点城市下降 34.9%。非重点城市的待售面积去库存化压力也明显大于重点城市。2015 年末重点城市商品房待售面积增长 11.0%，非重点城市待售面积增长 18.6%。

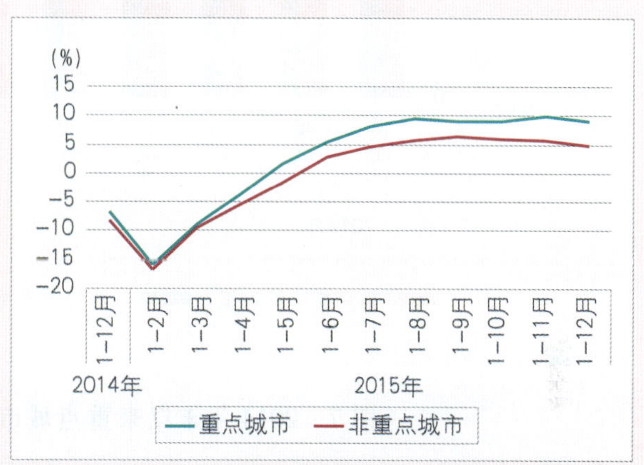

图 6　2014 年以来重点城市、非重点城市商品房销售面积增长速度

除了区域上、户型结构上的不均衡以外，居住和非居住用地供应结构失衡，房屋销售价格水平与大众收入水平失衡（大城市低总价比例偏低），住房租售结构失衡，市场化部分与保障性住房发展失衡等问题也比较突出。

三、“十二五”期间房地产市场的发展走势

“十二五”期间，我国房地产市场逐步从供不应求转向总量平衡，房地产开发投资规模逐年扩大。2011-2015 年，全国房地产地产开发累计完成投资 41.06 万亿元，年平均增长 18.3%。分年份看，2011 年至 2015 年房地产地产开发投资分别比上年增长 28.1%、16.2%、19.8%、10.5%、1.0%，增速总体呈回落走势，逐步回归理性。

分房屋物业类型看，2011-2015 年，住宅投资 28.16 万亿元，年平均增长 17.3%，住宅投资占房地产开发投资比重为 68.6%；非住宅投资

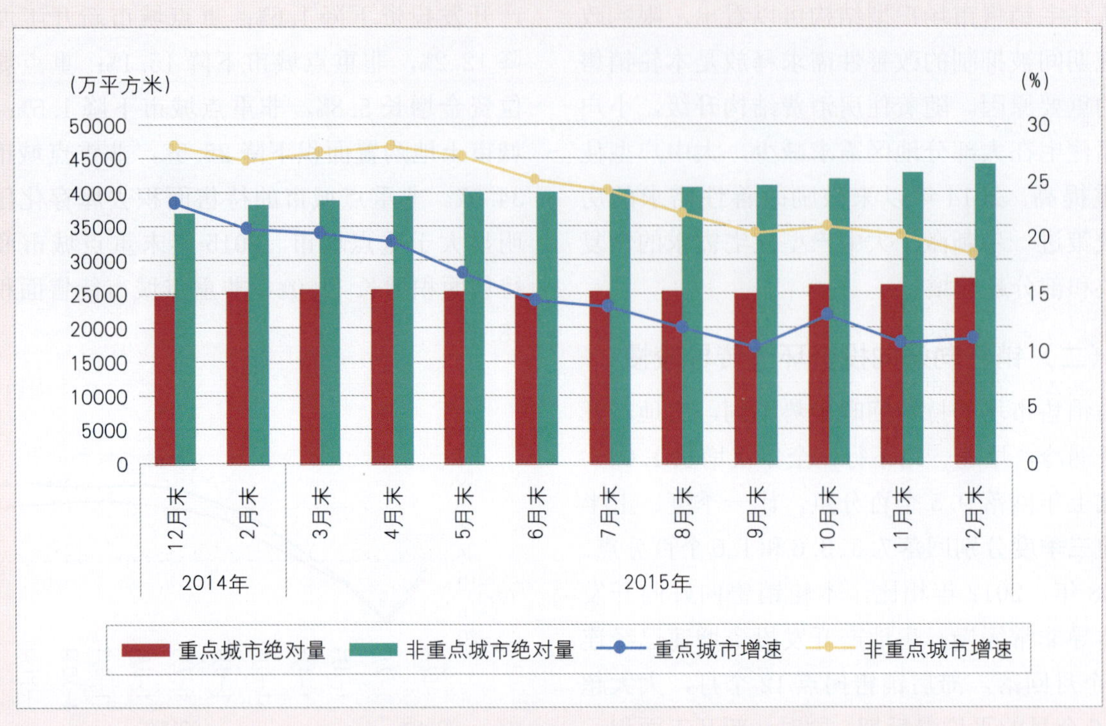

图 7　2014 年末以来重点城市和非重点城市商品房待售面积情况

12.90 万亿元，年平均增长 20.5%，非住宅投资占房地产开发投资比重为 31.4%。

从施工规模看，2011-2015 年，房地产开发企业房屋施工面积累计 320.79 亿平方米，年平均增长 12.7%。其中，住宅施工面积 232.97 亿平方米，年平均增长 10.2%。

从竣工情况看，2011-2015 年，房地产开发企业房屋竣工面积 50.10 亿平方米，年平均增长 4.9%。其中，住宅竣工面积 38.67 亿平方米。

从房地产开发景气指数看，2011-2015 年，房地产开发景气指数始终处于 92-104 区间，表现平稳。2011、2013 年指数较高，均处于 95 以上区间，2012、2014、2015 年指数相对较低，大部分月份景气指数在 95 以下。

“十二五”期间，全国城镇保障性安居工程建设稳步推进。2011-2015 年，城镇保障性安居工程累计新开工 4013 万套，基本建成 2860 万套。

针对 2015 年房地产市场运行特点、存在的问题以及“十二五”期间房地产市场发展走势，“十三五”期间的政策取向有：一是转变房地产开发投资拉动经济增长的思路，在满足供需平衡的基础上，推动房地产开发投资提质增效。二是继续坚持“分类指导、因城施策”的调控基调，既要推动三四线城市去库存，又要严控部分热点城市房价、地价过快上涨，确保房地产市场健康发展。三是研究建立房地产市场调控长效机制，保持市场调控政策的连续性和创新性。

（执笔：杲海青）

2015年消费品市场发展报告

2015年，我国消费品市场规模继续扩大，大众化消费前景广阔，新兴业态不断涌现，转型升级态势明显，供给方式加速创新，居民消费类型正由基本生存型向发展享受型过渡，消费品市场在平稳发展中向进一步结构优化转变。

一、消费品市场运行的基本情况和主要特点

（一）市场规模继续扩大，首次超过30万亿元

十八大以来，我国消费品市场总体上保持平稳增长的同时，消费品市场规模持续扩大，消费对经济增长的贡献日益提高，为“十三五”期间消费对我国经济增长起基础性作用打下了良好基础。

1. 消费品市场规模持续扩大。十八大所确立的“稳增长、调结构、惠民生、防风险”的战略部署给国内市场的发展开辟了前所未有的广阔空间，在国家一系列扩大内需、促进消费的宏观调控措施的积极作用下，国内市场经历了平稳发展、规模不断扩大的过程。反映消费品市场发展水平与规模的统计指标——社会消费品零售总额，在2012年首次突破20万亿元之后，于2015年首次突破30万亿元大关，消费品市场规模稳居世界第二位。2012年，全国实现社会消费品零售总额214433亿元，2015年，达到300931亿元，消费品市场规模从10万亿元到20万亿元，用了4年的时间；而从20万亿元到30万亿元，只用了3年时间。2013年-2015年年均增长12.7%，国内市场消费需求强劲，购销活跃，呈现出持续、稳定增长的态势。

2. 消费在经济增长中的基础性作用进一步加强。2015年最终消费支出对国内生产总值(GDP)增长的贡献率为60.9%，拉动GDP增速4.2个百分点，分别比上年提高11.3和0.6个百分点；批发和零售业增加值占国内生产总值的比重由2012年的9.3%逐步过渡到2015年9.8%，充分发挥了经济增长“稳定器”的作用。我国经济增长的动力由外需带动型、投资拉动型向消费驱动型转换。

（二）消费结构不断优化，消费升级态势明显

1. 商品结构进一步优化，消费升级类商品快速增长。经济发展步入新阶段之后，面对买方市场，消费者的选择余地增大，需求向多元化、高质量方面发展。政府干预逐步减少，为市场机制充分发挥作用提供了有利条件，市场对生产者和消费者的导向和引导作用愈发凸显，适应市场经济需要的新型的生产与消费关系逐渐形成。

伴随着经济的快速发展，经济结构的不断优化，供应市场的商品品种、数量增多，质量档次明显提高。市场上高质量、高档次、高技术、新用途的商品层出不穷，消费者生活质量明显改善。尤其是随着消费升级换代速度的加快，供应市场上吃、穿、用等各类商品琳琅满目，品种更加丰富多彩。消费者在购物消费方面的自由度和选择空间达到了前所未有的高度。中国人均GDP已突破7000美元，对高品质产品和良好的消费体验的追求快速提升，逐步进入高端商品消费能力集中释放阶段。从基本生活品到发展、享受型消费品，从以吃、穿为主到住、行为主，消费结构步入快速转型期。特别是以手机、计算机为代表的信息消费类商品，方便居民出行的汽车，用于改善人们居住条件和生活质量的家用电器等商品大量增加，极大地满足了居民多层次、多样化的消费需求。2015年，限额以上单位家用电器和音像器材类同比增长11.4%，增速比上年提高2.3个百分点，十八大以来年均增长11.6%；文化办

公用品类（计算机及配套产品包括在此类）增长15.2%，提高3.6个百分点，年均增长12.9%；体育与娱乐用品类增长16.6%，提高14.8个百分点，年均增长8.4%；金银珠宝类增长11%，提高7.3个百分点，年均增长10.5%；通讯器材类年均增长27.4%。

在消费品市场中占比重较大的汽车类商品年均增长7.8%，占社会消费品零售总额的比重由2012年的11.5%提高至2015年的12%。截至2015年底，全国汽车保有量为1.72亿辆，其中私家车总量超过1.24亿辆，全国平均每百户家庭拥有31辆私家车。全国有40个城市的汽车保有量超过百万辆，其中北京、成都、深圳、天津、上海等11个城市汽车保有量超过200万辆。

2. 城乡市场协同发展，乡村增速高于城镇。随着我国以人为核心的城镇化进程的稳步推进，城镇化率逐步提高和城市人口不断增多。推进城镇化的首要任务是促进有能力在城镇稳定就业和生活的常住人口有序实现市民化，而不是搞成城乡一律化，其核心放在人的城镇化上，因此，已出台的政策着重从户籍等核心问题入手，着力突破农民工市民化的障碍。2014年7月，国务院印发《关于进一步推进户籍制度改革的意见》等有关文件，明确了发展目标，让更多的农业转移人口和其它常住人口在城镇落户，未落户的也能享受城镇基本公共服务。这必然带动衣食住行等多方面的消费需求和消费升级，对消费的快速增长会有明显的促进作用。

按经营单位所在地分，2015年城镇消费品零售额258998.7亿元，同比增长10.5%；乡村消费品零售额41932.1亿元，增长11.8%；乡村市场增速继续高于城镇市场，增速差从上年的1.1个百分点扩大到1.3个百分点。2012-2015年，城镇市场年均增速为11.7%，乡村市场为13.9%，乡村市场增速比城镇市场年均增速高2.2个百分点，乡村市场在社会消费品零售总额中所占比重由2012年的13.2%提高到13.9%。

3. 区域结构不断改善，地区差异逐步缩小。随着国家西部大开发、中部崛起以及“一带一路”发展战略的不断推进，城乡之间、不同区域之间的社会消费品零售总额的发展速度和结构发生重大变化，区域市场呈现出均衡、协调发展的良好态势。“一带一路”即“丝绸之路经济带”及“21世纪海上丝绸之路”战略的提出与实施带动了我国部分地区的经济增长，并最终带动消费增长。

2015年，东、中、西部地区零售额分别为168276亿元、76927亿元和55124亿元，同比分别增长10.1%、11.1%和10.6%，中、西部地区分别比东部地区高1.0和0.5个百分点；中、西部地区零售额占全国比重分别为25.6%和18.4%，均比上年提高0.1个百分点。

（三）民生状况持续改善，消费市场更加健康

1. 基本生活类商品平稳增长，餐饮消费理性回归。2015年，限额以上单位粮油食品饮料烟酒类、服装类和日用品类商品同比增长14.6%、9.8%和12.3%，2013-2015年平均增速分别为13.2%、10.8%和12.7%，保持了平稳较快增长。

餐饮消费在经历了2013和2014年的深度调整之后，2015年逐步回归理性，实现恢复性增长。2015年餐饮收入32310.0亿元，增长11.7%，增速比2014年回升2个百分点，比2013年回升2.7个百分点，其中限额以上单位增长7.0%，分别比2014和2013年回升4.8和8.8个百分点。

2. 畸形消费得到有效遏制，大众消费成为消费主力。随着改进工作作风、密切联系群众的“八项规定”及严禁用公款送礼等“六项禁令”的出台，奢侈品和高端餐饮消费遇冷。以政策出台初期的2013年为例，限额以上单位餐饮收入同比回落1.8个百分点，增速比上年同期回落14.7个百分点，限额以上单位烟酒类商品增速比上年同期回落5.4个百分点。中央“八项规定”传递出杜绝奢侈浪费的信息，也让整个社会的消费理念逐步回归理性，消费者不再盲目跟风，而是更务实更注重自主选择，实惠型消费不断增多，“提倡节俭，反对浪费”蔚然成风。在部分高端餐饮和销售奢侈品为主的企业业绩下滑的同时，众多中小型企业由于自身经营方式灵活，顾客群体广泛、经济实惠等优点仍保持了较快增长，对

消费品市场平稳增长起到了重要作用。

2013-2015 年，限额以上单位消费品零售额平均增速为 9.6%，低于社会消费品零售总额增速 2.1 个百分点，而限额以下单位消费品零售对社会消费品零售总额的贡献明显提高。

（四）市场建设步伐加快，开放程度不断提高

1. 市场建设加快，规模不断扩大。十八大以来，商品市场规模不断扩大，从业人员大量增加，商业网点遍及城乡。据统计，2014 年底全国限额以上批发和零售业法人企业达到 18.2 万个，从业人员达到 1182 万人，分别比 2012 年增长 30.8% 和 19.9%，年均增速分别为 14.4% 和 9.5%；限额以上住宿和餐饮业法人企业 4.6 万个，比 2012 年增长 12.4%，年均增长 6.0%。

经过多年的培育和发展，商品交易市场已成为日用消费品和生产资料的重要集散地，在活跃商品流通、方便居民生活、扩大城乡就业、推动国民经济发展等方面发挥了积极的作用。2012-2014 年，全国亿元以上商品交易市场数量都保持在 5000 个以上，消费品交易市场蓬勃发展。2014 年，营业面积为 3.0 亿平方米，比 2012 年增长 6.0%；成交额为 10 万亿元，增长 7.8%。

2. 流通各行业分化调整，开放程度不断提高。从行业结构看，限额以上批发和零售业企业销售额由 2012 年的 41.1 万亿元增加到 2014 年的 54.1 万亿元，增长 31.9%；住宿和餐饮业在近三年经历了深度调整，行业发展更理性健康，限额以上企业营业额由 2012 年的 79.5 万亿元增加到 2014 年的 81.5 亿元。

从登记注册类型看，港、澳、台投资和外商投资企业的数量及从业人员持续增长，国内市场的开发程度不断提高。2014 年限额以上批发业企业中，港、澳、台投资企业个数为 1836 个，比 2012 年增长 38.4%，年末从业人员 34.2 万人，增长 37.0%；外商投资企业个数为 2456 个，增长 8.6%，年末从业人员 41.5 万人，增长 21.2%。限额以上零售业企业中，港、澳、台投资企业个数为 1193 个，比 2012 年增长 30.4%，年末从业人员 1452.3 万人，增长 17.8%；外商投资企业个数为 1045 个，增长 13.6%，年末从业人员 2271.6 万人，增长 16.1%。

二、消费品市场增速回落的主要因素分析

（一）城乡居民收入增速继续放缓影响

收入是影响消费的重要因素，收入放缓将直接影响居民的消费意愿和消费能力。2015 年，我国城镇居民人均可支配收入和农村居民人均可支配收入名义增速分别为 8.2% 和 8.9%，分别比上年回落 0.8 和 2.3 个百分点。

（二）价格回落因素影响

价格是影响名义增速的重要因素。2015 年，商品零售价格指数为 100.1（上年同期 =100），而上年该价格指数为 101.0，扣除价格因素，社会消费品零售总额实际增速仅比上年同期回落 0.3 个百分点。

（三）消费品市场未出现明显的消费热点

在以往优惠政策已退出而未出台新的刺激政策的情况下，消费品市场没有明显的消费热点，而且原有消费热点也在降温。受价格下跌和市场饱和度逐渐提高等因素影响，石油、汽车类商品增速回落。2015 年，限额以上单位汽车和石油类商品增速分别比上年同期回落 2.4 和 13.2 个百分点，此两类商品拉低社会消费品零售总额增速超过 1 个百分点。

三、市场展望

展望 2016 年，消费品市场发展既有支撑因素，也有一些制约因素。

（一）支撑因素

1. 流通体制、消费金融改革继续深化，简政放权、财税体制改革助推企业发展。有关部门通过研究制定促进传统商业转型升级的指导意

见，支持连锁经营发展，落实跨地区连锁企业总分支机构汇总纳税，对统一采购环节给予支持，促进商业企业走智能型连锁发展之路，并采取措施推动流通企业加快科技应用，创新发展模式，提高竞争能力。在金融及融资支持方面，银监会还将出台支持小微商贸企业融资的指导意见，推动供应链融资、商圈融资、商户经营权质押融资的发展；消费金融公司自2009年经国务院批准后开始在北京、天津、上海和成都四地试点，并于2015年6月将试点扩大至全国。这类消费金融服务机构将为市场提供无抵押、无担保、小额消费贷款，并将客户定位为传统银行惠及不足的中低收入人群。在物流体系建设方面，国家鼓励发展整合供应链能力的嵌入式物流，延展到生产、销售各个环节，对网点开发、车辆保障等加大投资和改善力度。

简政放权，取消和下放一批行政审批等事项，为企业创新和个人创业创造有利条件，助推企业特别是中小企业发展。国税总局发布的《关于坚持依法治税更好服务经济发展的意见》着力优化政策环境，积极探索支持企业发展的税收政策措施，特别是对处在起步阶段、规模不大但发展前途广阔、有利于就业的新经济形态。有关部门不断深化财税体制改革，完善小微企业税收优惠政策，推进部分商品消费税改革。2015年全国新登记企业数量和注册资本（金）总额均创历年新高，平均每天新登记企业1.2万户，市场竞争环境保持总体平稳，消费环境总体较好。

*2. 供给方式推陈出新，新兴业态快速发展。*随着网络技术的进步和网络覆盖范围的扩大，尤其是国家对农村地区网络建设的支持力度不断加大，以及网络购物带来的操作简便、价格优势明显、商品选择余地大、能满足消费者多样化、差异化、个性化需求等突出特点，网络购物用户规模不断壮大。网上零售作为一种先进的交易方式，以日新月异的高科技手段引领传统流通方式变革，促进线上交易与线下交易融合互动、虚拟市场与实体市场协调发展，促使零售企业不断创新经营思路，调整业态组合和渠道结构，零售业态进一步细分，全渠道零售模式迅速发展。零售企业在组织架构、系统整合、资源共享、供应链管理等方面都发生了根本性改变。2015年，全国网上零售额38773.2亿元，同比增长33.3%。其中，实物商品网上零售额32423.8亿元，增长31.6%，比社会消费品零售总额增速高20.9个百分点。

随着人民群众对物质生活和精神文化生活的多样化需求日益增加，新型商业模式不断涌现，如城市综合体的大量出现和完善发展是国内市场供给端不断创新的结果，也成为了消费市场的新亮点。城市商业综合体指以区域为中心、以购物中心为主导，融合了商业零售、餐饮、休闲养生、娱乐、文化、教育等多项城市主要功能活动，面向各类消费人群、提供综合性服务，并在各部分间建立一种相互依存、相互助益的能动关系，从而形成一个多功能、高效率的大型建筑综合体。另外，体验类消费逐渐增多，体验店层出不穷。体验店是最贴近消费者的零售终端店面种类之一，消费者在专门的有形体验店中免费体验产品，通过感觉体验来感知产品的真实性和价值，从而对产品的品质和价值建立起因亲身体验产生的信赖。体验店主要有智能手机体验店，还有体育用品、美食、娱乐、教育健身以及各种生活用品体验店。在体验产品和接受服务的过程中，企业发现消费者对产品的潜在需求，不断改进产品，使其由潜在需求变为显性需求，改善了买方市场有效供给不足的矛盾。这些供给方式的不断创新，为消费升级提供了有效支撑。

*3. 我国流通领域特别是农村地区的基础设施不断完善，消费环境持续改善。*一批布局合理、辐射面广的农产品批发市场和物流配送中心弥补了农村商业发展短板；依托于互联网金融的移动支付，具有效率高、成本低、简单易行等特点，较好地解决这些地区的金融服务需求，新兴电子支付对于居民消费特别是农村居民消费的影响和促进作用越来越明显，电子支付的应用加强了农村支付体系的建设，改善了农村的支付环境，实质上是将非现金支付资源向农村有效配置，为农村居民消费创造了更好的条件。

（二）制约因素

1. 城乡居民收入放缓制约消费增长。随着中国经济进入“新常态”，经济增速由高速进入中高速区间，居民收入也相应放缓。收入增速的放缓将影响消费能力的提高。此外，城乡居民在住房、医疗、教育、养老方面的支出压力较大，也影响消费意愿的提升。

2. 商品质量和种类无法满足居民个性化和创新型消费需求仍将在一定程度上制约消费增长。国家工商总局的有关统计显示，2015 年，中国工商和市场监管部门共受理消费者投诉 129.1 万件，同比增长 11.1%。其中，涉及质量问题投诉 41.36 万件、合同问题投诉 26.38 万件、售后服务问题投诉 18.67 万件，分别占投诉总量的 32.0%、20.4%、14.5%，共占投诉总量的 66.9%。这些投诉事件反映出的食品安全和产品质量以及商品种类不能满足居民个性化消费需求等问题会直接影响消费者的购物体验，降低其消费意愿和消费信心。

综合上述支撑和制约因素，如果 2016 年居民消费价格不出现大的波动，我国消费品市场仍有望保持平稳增长，但增速将比 2015 年有所回落。

四、政策建议

（一）继续完善社会保障制度，进一步提高居民收入水平

收入是消费的基础，促进城乡消费品市场繁荣发展，核心是增加城乡居民收入。一是优化收入分配格局，不断提高城乡居民的收入水平，稳步提高最低工资标准，建立健全职工工资正常增长机制，并加大对城乡低收入人群的转移支付力度，改善居民的收入预期，提高居民的消费意愿，将潜在的消费需求释放成现实的有效需求。二是完善社会保障制度，积极推进医疗改革，着力解决人民群众“看病难”和“看病贵”等问题，逐步化解城乡居民的后顾之忧，增强消费安全感。

（二）加强消费品市场的供给侧改革，通过创新供给培育新的消费需求点

一是鼓励和支持企业面向需求不断增多、要求不断提高的消费者调整产品结构， 开发、生产满足不同地区、不同层次需求的消费产品，进行有针对性的产品设计， 做到简单实用、物美价廉。二是增强服务意识，把提供商品和提供服务紧密结合起来，鼓励企业增设售后服务网点，提高售后服务的意识和水平。

（三）加强消费者权益保护，特别是消费者金融权益保护，优化消费软环境，增强消费者信心

一是要继续完善诚信体系建设，建立和完善国内商业企业信用信息记录和定期披露制度，进一步促进企业加强社会责任感，同时加强消费者协会、各行业协会、产品质量监督与市场监管机构之间的协作，对食品安全、产品质量、服务诚信各方面严格监管，加大违法惩治力度，保证消费者维权渠道的畅通无阻，降低消费者的维权成本，从根本上保护消费者的消费安全和保障消费者权益。二是相关金融机构应当遵循平等自愿、诚实守信等原则，充分尊重并自觉保障金融消费者的财产安全权、知情权、自主选择权、公平交易权、依法求偿权、受教育权、受尊重权、信息安全权等基本权利，金融领域相关社会组织应当发挥自身优势，积极参与金融消费者权益保护工作，协助金融消费者依法维权，推动金融知识普及，在金融消费者权益保护中发挥重要作用。

（执笔：张敏）

专栏：网购改变居民消费习惯

2009 年，当阿里巴巴旗下的淘宝商城首次举办“双十一”促销活动时，没有人会想到，网购之风会如此迅速地席卷全国。从 2009 到 2015 年，短短几年时间，阿里巴巴旗下平台的“双十一”单日销售额从区区 5000 万元一路飙升至 912.2 亿元，增长了 1800 多倍，“双十一”已经超越“黑色星期五”等国际知名活动，成为全球规模最大的电商消费节。团购、秒杀、海淘等时尚新词，也逐渐在越来越多的人那里变得耳熟能详。网购，正在改变人们的生活方式和消费习惯。

2015 年底，国家统计局开展了全国网购用户专项调查，对全国范围内 8872 个有网络购物行为的住户和一般网民进行了抽样调查。调查结果显示，2015 年全国网购替代率为 78.4%，即在网购用户网购总额中，有 78.4% 是在没有网络零售渠道情况下也会在线下实体店消费的，其余的 21.6% 是受网购刺激新产生的消费；72.3% 的网购用户因为网购而减少了外出购物次数，近六成网购用户平均每月网购 2-5 次；使用网购后，39.7% 的网购用户增加了购买商品的数量，46.0% 的网购用户增加了消费支出，并有 45.2% 的网购用户表示在今后一段时期会提高网购消费支出在生活消费总支出中的比重。在移动互联时代，随着人与信息的二元关系发生改变，整个社会的商业模式将随之发生根本性的变革，人们的消费习惯和消费行为也将发生颠覆性的改变。

今天，人们只要拿出手机，就可以随时随地、随心所欲地挑选自己心仪的商品和服务。网购带给我们的，不仅仅是丰富的品类、多样的选择和实惠的价格，更是一种便捷愉悦的购物体验、顾客至上的贴心服务和充满现代气息的时尚生活方式。全国网购用户专项调查的结果显示，消费者选择网络购物主要有五个原因：一是实惠的价格，吸引消费者眼球；二是网购可以足不出户、节约时间；三是丰富的信息，方便了消费者的选择和比较；四是网购是一种时尚新体验；五是体验顾客至上的感受。同时，有 86.3% 的网购用户对网购体验表示满意。网购，已经成为人们日常生活的一个重要部分，并正在成为一种消费新习惯。

作为一项方兴未艾的新兴事物，网购不仅悄然改变着人们的消费习惯，同时也有效拉动了消费需求增长，催生了新的就业机会，并促进了技术革新和企业生产，从而推动和促进了社会经济的持续健康发展。可以预见的是，随着我国供给侧结构性改革的深入推进，居民收入分配体制机制的合理调整，“互联网 +”创新发展战略的不断升级，以及大力发展农村电商等惠民政策的逐一落实，移动互联技术将在经济社会的各个领域得到更加广泛地应用，遍布城乡的物流配送网络将日趋完善，网购将给我们的生活带来更多精彩！

（执笔：汤魏巍）

2015年对外经济贸易发展报告

2015年，在国际市场不景气、世界贸易深度下滑的背景下，我国货物贸易进出口和出口额稳居世界第一，自2013年以来连续三年保持这一位置，同时国际市场份额进一步扩大，贸易结构持续优化，质量效益继续提高。服务贸易进出口额稳居世界第二位，吸引外资连续24年位居发展中国家的首位，对外投资位居世界的第三位，这份成绩来之不易。

一、我国对外经贸运行情况

（一）货物贸易

按人民币计价，“十二五”期间，我国货物进出口总额比“十一五”时期增长48.6%，年均增长4%。其中，出口比“十一五”时期增长46.5%，进口比“十一五”时期增长51.2%。2015年，我国货物进出口总额245740.5亿元，比上年下降7.0%。其中，出口总额141255.2亿元，下降1.8%；进口总额104485.3亿元，下降13.2%；全年贸易顺差36769.9亿元，比上年扩大56.3%。

按美元计价，我国货物进出口总额39569亿美元，比上年下降8.0%。其中，出口总额22749.5亿美元，下降2.9%；进口总额16819.5亿美元，下降14.2%；全年贸易顺差5930亿美元，比上年扩大54.8%。

2015年我国货物进出口呈现以下主要特点：

1. 占国际市场份额继续扩大。2015年，受全球经济放缓、国际需求不振影响，世界货物贸易增长疲软。据世界贸易组织统计，2015年，世界贸易量增长2.8%，连续第四年低于3%，并且连续第四年低于世界经济增速；贸易额从2014年的19万亿美元大幅下降13%至16.5万亿美元。在这种形势下，我国出口震荡下滑。但从国际比较看，我国出口情况仍好于其他主要经济体，出口占国际市场份额升至13.8%，比2014年提高1.5个百分点，是改革开放以来提高最快的一年。

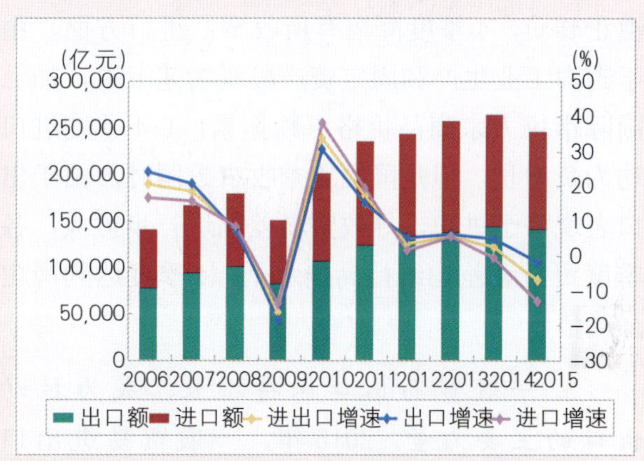

图1 2006—2015年进出口总额及增速

2. 出口、进口均逐季递增，出口明显好于进口，贸易顺差维持高位。从金额来看，2015年以来，出口额、进口额均逐季递增。出口方面，

表1 2015年我国分季度进出口情况

单位：亿元

季度	进出口		出口		进口		贸易差额	
	金额	增速（%）	金额	增速（%）	金额	增速（%）	金额	增速（%）
1季度	55432.0	-6.0	31443.2	4.8	23988.8	-17.1	7454.4	595.9
2季度	59686.2	-8.0	34004.3	-3.1	25681.9	-13.8	8322.4	56.5
3季度	63684.7	-9.3	36792.3	-5.8	26892.4	-13.7	9899.9	25.3
4季度	66937.6	-4.6	39015.4	-1.7	27922.2	-8.3	11093.3	20.2

受国际贸易格局发生变化及国际市场低迷的影响，1季度比上年同期增长4.8%，2季度起增速由正转负，4季度降幅有所收窄；进口方面，由于国内工业生产和固定资产投资增速下滑，加上国际市场大宗商品价格下跌拖累，1-4季度进口均为负增长，但是降幅逐季收窄。同时，由于出口表现好于进口，导致贸易差额进一步扩大，各季度贸易顺差均维持高位水平，4季度达到历史最高值。

表2 2015年我国对主要贸易伙伴进出口情况

单位：亿元

国别／地区	进出口		出口		进口	
	金额	增速（%）	金额	增速（%）	金额	增速（%）
欧盟	35081.1	-7.2	22096.5	-3.0	12984.6	-13.6
美国	34663.3	1.7	25425.1	4.5	9238.2	-5.4
东盟	29317.7	-0.6	17220.8	3.1	12096.9	-5.4
中国香港	21385.5	-7.3	20588.8	-7.7	796.7	2.8
日本	17305.9	-9.9	8424.5	-8.3	8881.4	-11.4
韩国	17137.5	-3.9	6290.6	2.1	10846.9	-7.1
中国台湾	11689.6	-4.0	2785.4	-2.0	8904.1	-4.6
澳大利亚	7072.5	-15.8	2505.3	4.2	4567.2	-23.8
俄罗斯	4227.0	-27.8	2161.2	-34.5	2065.7	-19.1
巴西	4437.2	-16.5	1696.5	-20.8	2740.7	-13.6

3. **一般贸易出口保持增长，成为拉动出口的主要力量。**2015年，一般贸易进出口132778.8亿元，比上年下降6.5%。加工贸易进出口77324.6亿元，下降10.6%。其中，一般贸易出口75456亿元，比上年增长2.1%，占外贸出口53.4%，比2014年同期提高2个百分点；加工贸易出口49552.7亿元，下降8.8%，占外贸出口35.1%，比2014年同期下降2.6个百分点。

4. **市场多元化取得进展，对部分新兴经济体出口增长较快。**2015年，欧盟、美国、东盟为我国前三大贸易伙伴，双边贸易额分别为35081.1亿元、34663.3亿元和29317.7亿元。对美国、东盟、韩国、澳大利亚出口分别增长4.5%、3.1%、2.1%、4.2%。对欧盟、日本、香港、俄罗斯等传统市场出口分别下降3.0%、8.3%、7.7%、34.5%。我国对部分新兴经济体出口增长较快，对印度、泰国、越南等国出口分别增长8.5%、12.9%和4.8%。

5. **民营企业占比第一次超过外资企业，成为出口的主力军。**民营企业经营机制灵活，适应环境能力强，在严峻复杂的形势下仍实现出口正增长，在我国外贸中的地位和作用进一步提升。2015年，我国民营企业出口63831.7亿元，同比增长2.8%，占出口总额的比重为45.2%，占比第一次超过外资企业。外资企业出口62388.6亿元，同比下降5.5%，占出口总额的比重为44.2%。国有企业出口15034.9亿元，同比下降4.6%，占出口总额的比重为10.6%。

6. **东部地区进出口占比略微提升，中、西部地区占比持平。**2015年，东部地区进出口总额209373.8亿元，同比下降6.7%，占全国进出口总额的比重为85.2%，比2014年同期略微提高0.2个百分点，其中出口下降0.9%，进口下降13.4%。中部地区进出口总额18268.2亿元，同比下降4.8%，其中出口下降0.9%，进口下降10.3%。西部地区进出口总额18098.5亿元，同比下降11.8%，其中出口下降10.9%，进口下降13.7%。中、西部地区进出口占全国进出口总额的比重基本持平，均为7.4%。

7. **机电产品和高新技术产品出口保持增长**

且占比提高，产品结构进一步优化。2015年，机电产品出口81421.4亿元，同比增长1.1%，占外贸出口57.6%，比2014年提高1.6个百分点。高新技术产品出口40737亿元，同比增长0.4%，占外贸出口28.8%，比2014年提高0.6个百分点。服装、纺织品、鞋类、家具、塑料制品、箱包和玩具等七大类劳动密集型产品出口29283.2亿元，同比下降1.7%，占外贸出口20.7%，占比与2014年基本持平，其中纺织品、服装、鞋同比分别下降1.3%、5.5%和3.9%。

8. 主要大宗进口商品量增价跌，消费品进口同比下降。2015年，我国原油、初级形状的塑料、大豆、纸浆、谷物及谷物粉、铁矿砂及其精矿等大宗商品进口量增价跌，进口数量分别增长8.8%、2.9%、14.4%、10.4%、67.6%、2.2%，进口金额增速分别为-40.5%、-11.8%、-12.8%、6.9%、52.4%、-37.7，大幅降低了国内企业生产成本，改善了效益。2015年，我国进口消费品8810.5亿元，较上年同期下降5.8%。

（二）服务贸易

“十二五”期间，我国服务贸易年均增长14.5%，为同期世界服务贸易进出口平均增速的2倍，服务贸易额全球排名从第四位上升至第二位。服务贸易在我国的外贸和世界服务贸易进出口中所占比重实现双提升，其中外贸占比从10.9%增至15.3%，全球占比由5.1%增至7.7%，我国贸易结构正不断得到优化。

2015年，我国服务进出口总额7130亿美元，同比增长14.6%，增速比2014年提高2个百分点。其中服务出口2881.9亿美元，增长9.2%；服务进口4248.1亿美元，增长18.6%；服务贸易逆差缩减至1366.2亿美元。2015年，我国服务贸易占对外贸易总额（货物和服务进出口之和）的比重达15.3%，比2014年提高3个百分点；其中服务出口占总出口（货物和服务出口之和）的比重为11.2%，服务进口占总进口（货物和服务进口之和）的比重为20.2%，均比2014年有所提升。

据世界贸易组织统计，2015年我国服务出口与进口增长速度均大幅高于全球水平，服务出口额与进口额的全球占比分别达到4.9%和9.6%，服务贸易总额位居全球第二位，其中服务进口额与排名第一的美国差距大幅缩小至320亿美元（按世界贸易组织发布数据计算）。

（三）吸收外商直接投资

“十二五”期间，我国吸收外资规模稳步增长，比“十一五”时期增长30%以上，并连续24年排名发展中国家首位。吸收外资质量持续提升，服务业实际利用外资占比提高到61.1%；中西部利用外资占比提高3.7个百分点，跨国公司在华已累计投资设立的研发中心超过2400家。

2015年，面对国际引资竞争日趋激烈、国内经济下行压力较大的困难和挑战，我国大力推动外商投资审批管理体制改革，推进自贸试验区建设，进一步扩大各领域对外开放，吸收外资规模稳步增长，利用外资质量进一步提升，主要呈现以下特点：

一是吸收外资规模再创新高。2015年，全国设立外商投资企业26575家，同比增长11.8%；实际使用外资金额7813.5亿元人民币（折1262.7亿美元），同比增长6.4%（未含银行、证券、保险领域数据，下同）。截至2015年12月底，全国非金融领域累计设立外商投资企业836404家，实际使用外资金额16423亿美元。

二是主要国家/地区对华投资总体保持稳定。2015年，前十位国家/地区实际使用外资金额达7339.7亿元人民币（折1186.3亿美元），同比增长6.2%，占全国实际使用外资金额的94%。来自东盟、欧盟、“一带一路”相关国家和香港、澳门地区投资分别增长22.1%、4.6%、25.3%、8.8%和53.4%；来自日本、美国和台湾地区投资分别下降25.2%、2%和14.1%。

三是外资质量持续提升，产业结构进一步优化。2015年，外商投资企业平均投资强度进一步提高，单个新设外商投资企业平均投资总额1530万美元，比2014年（1456万美元）增长5.1%。外资产业结构进一步优化。服务业实际使用外资4770.5亿元人民币（折771.8亿美元），同比增长17.3%，在全国总量中的比重为

61.1%。制造业实际使用外资2452.3亿元人民币（折395.4亿美元），与上年基本持平，在全国总量中的比重为31.4%。其中，高技术制造业继续增长，实际使用外资583.5亿人民币（折94.1亿美元），同比增长9.5%，占制造业实际使用外资总量的23.8%，而钢铁、水泥、电解铝、造船、平板玻璃等国内市场产能严重过剩的行业基本上未批准新设外资企业，有利于加快我国产业结构调整和优化进程。外资并购交易日趋活跃。2015年，以并购方式设立外商投资企业1466家，实际使用外资金额177.7亿美元，同比分别增长14.4%和137.1%。并购在实际使用外资中所占比重由2014年6.3%上升到2015年的14.1%。

四是东部地区引资保持良好势头。2015年，东部地区实际使用外资金额6551.6亿元人民币，同比增长8.9%。长江经济带区域新设立外商投资企业11974家，同比增长7.8%，占全国新设企业总数的45.1%。中部地区实际使用外资金额644.9亿元人民币，同比下降3.3%；西部地区实际使用外资金额617亿元人民币，同比下降6.8%。中西部地区在全国吸收外资总量中占比为16.2%。

五是全球500强跨国公司投资增资踊跃。全球500强跨国公司继续在华投资新设企业或追加投资，所投资行业遍及汽车及零部件、石化、能源、基础设施、生物、医药、通信、金融、软件服务等，充分体现了跨国公司依然看好我国市场和来华投资前景。跨国公司在华投资设立的地区总部、研发机构等高端功能性机构继续聚集。截至目前，外商投资在华设立研发机构超过2400家。

六是外商投资企业对经济社会促进作用显著。目前，外商投资企业创造了我国近1/2的对外贸易、1/4的工业产值、1/7的城镇就业和1/5的税收收入，对经济社会可持续发展的促进作用进一步增强。

（四）对外直接投资

“十二五”期间，我国对外直接投资规模是“十一五”的2.3倍。2015年末，我国对外直接投资存量首次超过万亿美元大关。2015年，我国境内投资者共对全球155个国家/地区的6532家境外企业进行了非金融类直接投资，累计实现对外投资7350.8亿元人民币（折1180.2亿美元），同比增长14.7%，实现对外直接投资连续13年增长，年均增幅高达33.6%。

2015年，我国对外直接投资流量上亿美元的国家/地区有54个，其中10亿美元以上13个，分别为中国香港、开曼群岛、美国、英属维尔京群岛、新加坡、荷兰、澳大利亚、哈萨克斯坦、卢森堡、老挝、印度尼西亚、加拿大和巴西。我国企业共对“一带一路”相关的49个国家进行了直接投资，投资额合计148.2亿美元，同比增长18.2%，占总额的12.6%，投资主要流向新加坡、哈萨克斯坦、老挝、印尼、俄罗斯和泰国等。

2015年，我国内地对中国香港、东盟、欧盟、澳大利亚、美国、俄罗斯和日本七个主要经济体的投资达868.5亿美元，占同期总额的73.6%。对东盟和美国投资增长较快，同比分别增长了60.7%和60.1%；对香港投资增长8.3%。

（五）对外经济合作

1. 对外承包工程。2015年，我国对外承包工程业务完成营业额9596亿元人民币（折1540.7亿美元），同比增长8.2%，新签合同额13084亿元人民币（折2100.7亿美元），同比增长9.5%，带动设备材料出口161.3亿美元。

2015年，新签合同额在5000万美元以上的项目721个（上年同期662个，增加59个），合计1758.5亿美元，占新签合同总额的83.7%。其中，上亿美元项目434个，较上年增加69个。

2015年，我国企业在“一带一路”相关的60个国家新签对外承包工程项目合同3987份，新签合同额926.4亿美元，占同期我国对外承包工程新签合同额的44.1%，同比增长7.4%；完成营业额692.6亿美元，占同期总额的45%，同比增长7.6%。

截至2015年底，对外承包工程业务累计签订合同额15717亿美元，完成营业额10892亿美元。

2. 对外劳务派出。2015年，我国对外劳务合作派出各类劳务人员 53 万人，较去年同期减少 3.2 万人，同比下降 5.7%。其中，承包工程派出 25.3 万人，劳务合作派出 27.7 万人。截至 2015 年底，对外劳务合作业务累计派出各类劳务人员 802 万人。

二、对外经贸发展的影响因素及走势判断

2016 年，我国对外贸易发展仍然面临严峻的国内外环境，世界经济复苏基础并不稳固，增长速度缓慢且分化严重，经济结构性问题突出，国际竞争更加激烈，贸易保护主义抬头，全球经济前景总体不乐观；我国经济开局良好，但仍正处于转型升级、动能转换的关键阶段，结构调整阵痛仍在持续，面临的风险和挑战不容忽视。

（一）有利因素

1. 新政持续发力，助力外贸发展“回稳向好”。2016 年初，国务院发布《关于促进加工贸易创新发展的若干意见》，提出改革创新管理体制，完善支持加工贸易发展的政策措施和保障。加工贸易是我国对外贸易和开放型经济重要组成部分，对于推动产业升级、稳定就业发挥了重要作用。随着世界经济深度调整和我国经济发展进入新常态，我国传统竞争优势削弱，承接国际产业转移放慢，一些劳动密集型产业和产品订单转出加快，加工贸易在对外贸易中所占比重下降。《意见》提出，要坚持始终坚持稳中求进、着力推动转型升级、大力实施创新驱动、合理统筹内外布局和不断优化营商环境等五大基本原则，将加大财政支持力度，推动加工贸易转型升级和梯度转移；大力发展先进制造业和新兴产业；支持企业创建和收购品牌，顺应互联网发展新机遇；引导建材、化工、有色、轻工、纺织、食品等产业开展境外合作。到 2020 年，加工贸易创新发展取得积极成果，进一步向全球价值链高端跃升。5 月 5 日，国务院发布《关于促进外贸回稳向好的若干意见》，提出了充分发挥出口信用保险作用，大力支持外贸企业融资，进一步提高贸易便利化水平，调整完善出口退税政策，减免规范部分涉企收费，进一步完善加工贸易政策，支持边境贸易发展，实行积极的进口政策，加大对外贸新业态的支持力度，加快国际营销服务体系建设，加快培育外贸自主品牌，发挥双向投资对贸易的促进作用，加强外贸知识产权保护，加强组织实施等十四条意见，促进外贸“回稳向好”。

2. “一带一路”战略继续推进，发展路线日益明确。我国与相关国家积极推进共建“一带一路”，发挥驻外经商机构的前沿作用，加强与相关国家沟通交流和经贸合作，取得了丰硕成果。主要包括：与俄罗斯签署了丝绸之路经济带与欧亚经济联盟对接的联合声明，与欧盟就“一带一路”与欧洲投资计划对接达成重要共识，与哈萨克斯坦、蒙古、印尼等国也都进行了发展战略和规划对接等等。印尼雅万高铁、匈塞铁路、中俄东线天然气管道、巴基斯坦瓜达尔港、中哈连云港物流合作基地等一批示范项目已经建成或者积极推进。中白工业园、中马钦州产业园和马中关丹产业园、中印尼综合产业园、中埃苏伊士经贸合作区等建设已经成为全球瞩目的合作典范。

目前我国已经和 30 多个国家签署了“一带一路”合作协议。未来五年，在“一带一路”实施的过程中，我国将与相关国家共同推进中蒙俄、新亚欧大陆桥、中国－中亚－西亚、中国－中南半岛、中巴和孟中印缅六大经济走廊建设。

3. 积极培育外贸竞争新优势和发展新动能。2016 年初，国务院同意在天津、上海、重庆、合肥、郑州、广州、成都、大连、宁波、青岛、深圳、苏州等 12 个城市设立跨境电子商务综合试验区，批复指出，跨境电子商务综合试验区要借鉴中国（杭州）跨境电子商务综合试验区建设“六大体系”、“两个平台”的经验和做法，因地制宜，突出本地特色和优势，着力在跨境电子商务企业对企业（B2B）方式相关环节的技术标准、业务流程、监管模式和信息化建设等方面先行先试，为推动全国跨境电子商务健康发展创造更多可复制推广的经验，以更加便捷高效的新模式释放市场活力，吸引大中小企业集聚，促进新业态成长，推动大众创业万众创新，增加就业，支撑外贸优

进优出、升级发展。5月份，经党中央、国务院同意，济南市、南昌市、唐山市、漳州市、东莞市、防城港市，以及浦东新区、两江新区、西咸新区、大连金浦新区、武汉城市圈、苏州工业园区等12个城市、区域，被列为开展构建开放型经济新体制综合试点试验地区。12个试点城市和区域将开展积极有效的探索，在市场配置资源新机制、经济运行管理新模式、全方位开放新格局、国际合作竞争新优势等方面形成一批可复制、可推广的经验和模式，为“十三五”时期基本形成开放型经济新体制，开创全方位开放新局面，打下坚实基础。

（二）制约因素

1. 外部需求总体依然偏弱。全球贸易陷入低迷，整体外部环境不利。国际金融危机暴露了此前世界经济增长模式的缺陷，相关结构性问题迄今仍然没有得到解决，经济增速始终徘徊在较低水平。发达国家居民消费和企业投资缺乏增长动力，市场需求偏弱。新兴经济体受到内生增长动力不足和政策空间有限的双重制约，经济下行压力不断加大，市场需求普遍萎缩。一些国家为刺激国内经济增长，推动货币贬值，进一步强化了国际市场份额竞争。据对重点进出口企业的调查，近8成的企业反映外需不足是当前面临的最大困难。

2. 外贸竞争优势转换尚未完全到位。近年来，随着劳动力、土地等要素成本持续上涨，我国传统出口竞争优势有所弱化，而新的竞争优势尚未形成，导致部分出口订单和产业向周边等新兴经济体转移。表现在贸易数据上，2007年加工贸易在出口中所占比重还在50.7%的较高水平，到2015年已降至35.1%。2010年，我国在美国、欧盟劳动力密集型产品进口市场中的份额分别达到50.6%和47.9%，2015年分别降至47.1%和43.6%，而周边的一些新兴经济体在美欧市场份额持续上升。近几年，我国新兴产业、新型商业模式出口较快发展，大型成套设备等资本品出口好于总体，但与发达国家相比，竞争力仍存在差距，短期内难以弥补传统优势产品出口低迷的影响。

3. 贸易摩擦的影响更加凸显。2015年，多边贸易自由化有所进展，世贸组织《信息技术协定》扩围谈判达成全面协议，成员国对《贸易便利化协定》的批准稳步推进。但在全球工业产能过剩、国际贸易大幅下滑、份额竞争激烈的情况下，一些国家试图通过贸易限制措施保护国内产业，全球范围贸易保护主义升温，我国外贸面临的外部政策环境趋紧。根据世贸组织2015年底发布的贸易限制措施报告，世贸组织成员国仍在实施的贸易限制措施超过1900项，2008年以来出台的贸易限制措施中75%仍在实施。在此背景下，我国遭遇的国外贸易保护主义压力明显加剧。

外贸是国民经济重要组成部分和推动力量。促进外贸回稳向好，对保持经济平稳运行和升级发展，具有重要意义。当前，我国外贸发展长期向好的基本面没有改变，结构调整和转型升级取得新进展。我国政府将积极落实支持外贸发展的各项政策，巩固提升传统优势，积极培育外贸竞争新优势和发展新动能。坚持积极有效利用外资，增强双向投资对贸易的带动作用。扎实推进“一带一路”建设，为外贸发展开辟新的市场空间。预计2016年我国货物贸易进出口特别是进口有望回稳向好；服务贸易继续平稳增长，占外贸总额的比重继续提升，贸易逆差继续缩减；利用外资规模再创新高，对经济社会可持续发展的促进作用进一步增强；对外直接投资保持高速增长，结构更加优化。

（执笔：付媛）

2015年交通运输业发展报告

2015年是“十二五”收官之年，在党中央、国务院正确领导下，交通运输业以科学发展为主题，以调整结构、转变发展方式为主线，加快交通基础设施建设，完善综合交通运输体系，提高运输服务能力，全力当好发展先行官，圆满完成了“十二五”规划目标任务。经过五年发展，实现了交通运输发展阶段由“总体缓解”向“基本适应”的重大跃升，为我国由“交通大国”迈向“交通强国”奠定了坚实基础。

一、基础设施规模持续扩大，交通网络日趋完善

2015年，交通运输业继续加大投资建设，完成固定资产投资2.8万亿元，交通基础设施规模不断扩大，交通网络进一步完善。“十二五”时期，完成交通固定资产投资超过12.5万亿元，是“十一五”时期的1.6倍，再创历史新高，为稳增长、扩内需作出了积极贡献。“十二五”期末，“五纵五横”综合运输大通道基本贯通，综合交通网络初步形成，综合枢纽建设明显加快，各种运输方式衔接效率显著提升。

（一）铁路路网规模不断扩大

2015年，铁路行业加大项目实施力度，全年完成铁路固定资产投资8238亿元，比上年增加150亿元，铁路建设目标全面实现，保证了“十二五”时期铁路建设任务圆满收官。“十二五”时期，是铁路建设投资力度加大、路网规模和质量显著提升的时期，铁路完成固定资产投资3.58万亿，投产新线3.05万公里，分别比“十一五“时期增长47.3%、109%，是历史上投资完成和投产新线最多的五年。

2015年，随着一大批新线建成投产，铁路网规模和质量大幅提升，对经济社会发展的运输保障能力不断增强，尤其是高速铁路网的形成，极大改善了旅客出行条件，对缓解春运等客流高峰期运力紧张状况发挥了重要作用。全年34条线路开通运营，铁路投产新线9531公里，其中高速铁路3306公里，均创历史最高纪录。到2015年末，全国铁路营业里程达到12.1万公里，比上年末增长8.2%，比“十一五”末增长32.7%，居世界第二位。其中，高速铁路达到1.98万公里，比上年末增长20.6%，比“十一五”末增长2.9倍，“十二五”期间年均新增31.2%，位居世界第一，占世界高铁总里程的60%以上。全国路网密度126公里/万平方公里，比上年末增加9.5公里/万平方公里，比“十一五”末增加31公里/万平方公里。其中，复线里程6.5万公里，增长13.8%；复线率53.5%，比上年提高2.7个百分点；电气化里程达到7.47公里，比上年末增长14.6%；电气化率达到61.8%，比上年末提高 3.5个百分点。

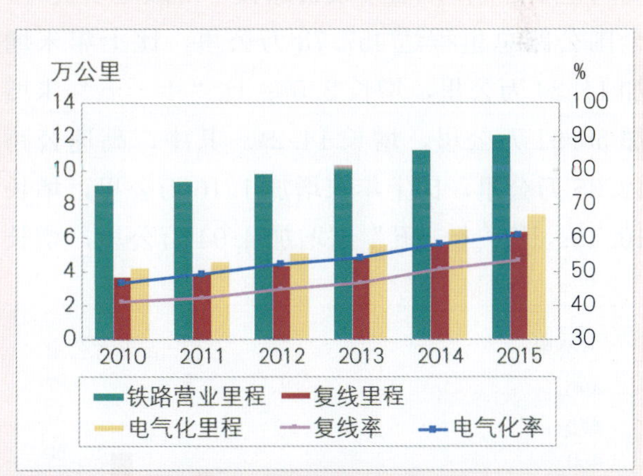

图1　2010—2015铁路营业里程、复线里程和电气化里程情况

“十二五”时期，铁路网络规模扩大，全国铁路营业里程累计新增2.98万公里。是“十一五”时期新增里程的1.9倍。其中，高速铁路新增1.47万公里，是“十一五”时期新增里程的5.4倍。

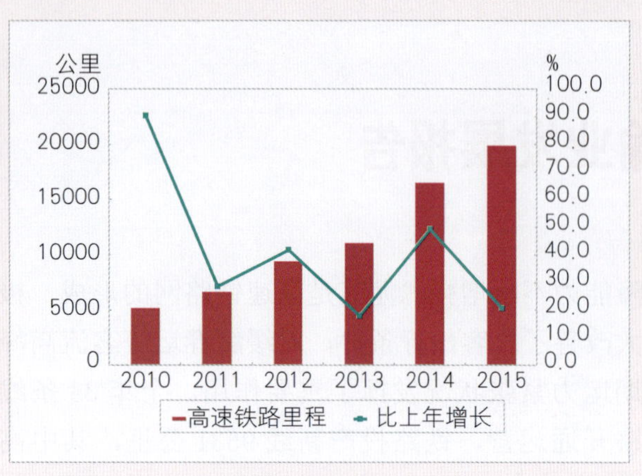

图 2 2010-2015 年高速铁路里程及其增长速度

（二）公路通达里程持续增长

2015 年，全年完成公路建设投资 16513.30 亿元，比上年增长 6.8%。其中，高速公路建设完成投资 7949.97 亿元，增长 1.7%。普通国省道建设完成投资 5336.07 亿元，增长 15.7%。农村公路建设完成投资 3227.27 亿元，增长 6.5%，新改建农村公路 25.28 万公里。纳入《集中连片特困地区交通建设扶贫规划纲要（2011-2020）》的 505 个贫困县完成公路建设投资 3474.72 亿元，增长 0.9%，占全国公路建设投资 21.0%。

2015 年末，公路网络不断延伸，“7918”国高网基本建成，国省干线公路技术等级逐步提升。全国公路总里程达 457.73 万公里，比上年末增加 11.34 万公里，增长 2.5%；比“十一五”末增加 56.91 万公里，增长 14.2%。其中，高速公路 12.35 万公里，比上年末增加 1.16 万公里，增长 10.4%；比“十一五”末增加 4.94 万公里，增长 66.7%，“十二五”期间年均增长 10.8%。全国等级公路里程达 404.63 万公里，比上年末增加 14.55 万公里，占公路总里程的比重为 88.4%，比上年末提高 1.0 个百分点。在各行政等级公路里程中，国道 18.53 万公里、省道 32.97 万公里，比上年末分别增加 0.61 万公里、0.69 万公里。2015 年末，全国公路密度为 47.68 公里 / 百平方公里，比上年末提高 1.18 公里 / 百平方公里，比“十一五”末提高 5.9 公里 / 百平方公里。

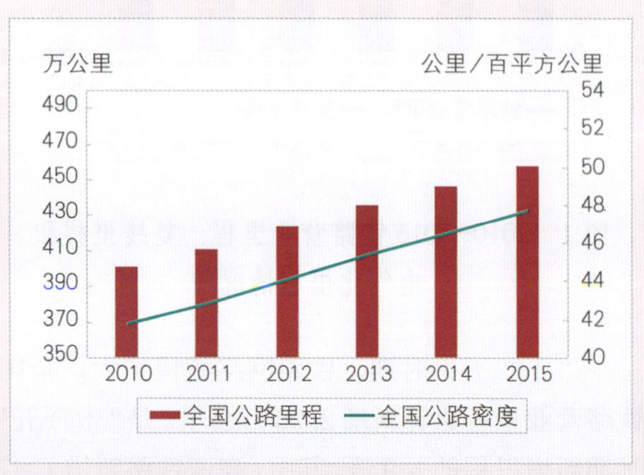

图 3 2010-2015 年公路里程及公路密度情况

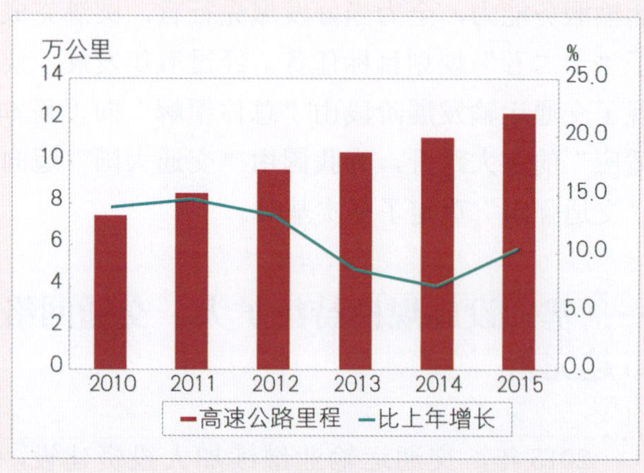

图 4 2010-2015 年高速公路里程及其增长速度

2015 年，我国农村公路建设迅速发展，完成了“十二五”的预期目标。年末全国农村公路（含县道、乡道、村道）里程达 398.06 万公里，比上年末增加 9.90 万公里，增长 2.5%；比“十一五”末增加 47.4 万公里，增长 13.5%。其中村道 231.31 万公里，比上年末增加 8.85 万公里。全国通公路的乡（镇）占全国乡（镇）总数 99.99%，其中通硬化路面的乡（镇）占全国乡（镇）总数 98.62%、比上年末提高 0.53 个百分点；通公路的建制村占全国建制村总数 99.87%，其中通硬化路面的建制村占全国建制村总数 94.45%、提高 2.68 个百分点。到 2015 年末，全国有 99.01% 的乡镇开通了客运线路，乡镇通车率比上年末提升 0.06 个百分点；94.28% 的建制村开通连客运线路，建制村通车率比上年末提升 0.96 个百分比。“十二五“期间，西部地区 81% 的建制村实现通畅，全国 96% 的县城实现二级及以上等级公路连通，公路养护管理水平持续提升。

（三）航道和港口建设发展趋缓

2015年，内河及沿海建设完成投资1457.17亿元，比上年下降0.2%。其中，内河建设完成投资546.54亿元，增长7.6%；沿海建设完成投资910.63亿元，下降4.3%。505个贫困县完成水运建设投资25.90亿元，全部为内河建设投资，增长4.9%，占全国内河建设投资4.7%。十二五期间，交通部会同国家发改委制定了《长江经济带发展规划纲要》，联合编制了《长江经济带综合立体交通走廊规划》，大力推进长江经济带综合立体交通走廊建设进程。

2015年，全国新增及改善内河航道里程932公里，到2015年末，全国内河航道通航里程达到12.70万公里，比上年末增加721公里，比“十一五”末增加2759公里。等级航道6.63万公里，占总里程52.2%，比上年提高0.4个百分点。其中，三级及以上航道11545公里，五级及以上航道3.01万公里，分别占总里程9.1%和23.7%，分别提高0.5个和1.2个百分点。“十二五”期间“两横一纵两网十八线”内河航道建设取得积极进展，内河高等级航道达标里程1.36万公里。

2015年末，水运基础设施网络布局更加合理，沿海港口万吨级以上泊位达到2166个，五年新增555个，总通过能力达79亿吨，其中集装箱1.88亿TEU。“十二五”期间，港口大型化、专业化、现代化水平进一步提升。

（四）民航基础设施建设不断完善

2015年，我国航空运输完成固定资产投资总额1840亿元，比上年增长28.6%。随着投资建设的稳步推进，机场布局不断完善，我国民航实力明显增强。全国运输颁证民用航空机场数量增至210个（不含港澳台地区，下同），比上年末增加8个，比“十一五”末增加35个。其中定期航班通航机场206个，比上年末增加6个，比“十一五”末增加31个；定期航班通航城市204个，比上年末增加6个，比“十一五”末增加32个。2015年末，年旅客吞吐量达到100万人次以上机场有70个，比上年末增加6个；年旅客吞吐量达到1000万人次以上的有26个，比上年增加2个；年货邮吞吐量达到10000吨以上的有51个，比上年增加1个。“十二五“期间，北京新机场等枢纽机场开工建设，郑州、武汉、重庆等干线机场改扩建加快，建成14个、新建7个支线机场，通勤和其他通用机场加快发展。

2015年末，我国定期航班航线里程（按不重复距离计算）达到531.72万公里，比上年末增加68.00万公里，增长14.7%；比“十一五”末增加255.21万公里，增长92.3%。其中，国内航线292.28万公里，国际航线239.44万公里，分别比上年增加5.28万公里、62.72万公里，分别比“十一五”末增长72.4%、123.7%。定期航班航线条数达到3326条，比上年末增加184条，增长5.9%；比“十一五”末增加1446条，增长76.9%。其中，国内航线2666条（含港澳台航线109条），比上年末增加14条，增长0.5%，比“十一五”末增长68.9%；国际航线660条，比上年末增加170条，增长34.7%，比“十一五”末增长1.2倍。

（五）管道运输网络格局初步形成

2015年，全国管道运输完成固定资产投资299亿元，随着投资的增加，我国油气管网格局初步形成。

2015年末，全国管道总里程达10.87万公里，比上年末增加3018公里，增长2.9%；比“十一五”末增加3.02万公里，增长38.5%。其中：输油管里程达4.66万公里，比上年末增加 1449公里，增长3.2%；输气管里程达6.21万公里，比上年增加1569公里，增长2.6%。2015年末，全国输油（气）管道共有850条，比上年增加29条，比“十一五”末增加112条，增长15.2%。其中：输油管道有306条，比上年末增加7条，增长2.3%；输气管道有544条，比上年末增加22条，增长4.2%。

二、运输装备水平不断提高，通行服务能力不断提升

2015年，交通运输能力得到了较大的提高。全国铁路机车拥有量2.14万台、公路营运汽车

1473.12万辆、机动船14.97万艘、民用飞机4554架。“十二五“期间，交通运输装备通过集成创新和信息化建设，不断提高运输的现代化和通行能力。铁路重载的研究、大功率电力机车和ETC（不停车收费）联网等一批新成果的开发应用，不仅促进了运输装备质量持续提升，也使交通运输效率得到了进一步的提高。

（一）铁路装备水平不断提高

2015年末，铁路运输装备水平进一步提升。全国铁路机车拥有量21366万台，比上年末增加270台，比“十一五”期末增加1935台，增长10.0%。其中，电力机车占57.2%，比上年提高2.2个百分点，比“十一五”末提高14.1个百分点；内燃机车占42.7%，比上年减少2.3个百分点。铁路客车拥有量为6.77万辆，比上年末增加0.71万辆；其中，空调车5.21万辆，占87.0%，提高1.5个百分点；“和谐号”动车组1883组、17648辆，增加479组、3952辆。全国铁路货车拥有量为76.85万辆，比上年末增加5.19万辆。

“十二五“期间，我国铁路装备技术水平步入世界先进行列，部分技术成果达到世界领先水平。建立铁路技术标准体系，全面提升铁路技术创新水平，为加快铁路现代化建设、推动铁路走出去提供了强有力的技术支撑。高速铁路、高原铁路、高寒铁路、重载铁路技术水平集体迈入世界先进行列，科技创新能力明显提高。新型机车、大型养路机械等关键技术装备自主研发取得重要突破。

（二）公路通行能力不断提升

2015年末，全国拥有公路营运汽车1473.12万辆，比上年末减少64.81万辆，下降4.2%。其中，拥有载客汽车83.93万辆、2148.58万客位，比上年末分别减少0.65万辆、40.97万客位，分别下降0.8%和增加1.9%。拥有载货汽车1389.19万辆、10366.50万吨位，比上年末分别减少64.17万辆、74.03万吨位，分别下降4.4%和0.7%；其中普通货车1011.87万辆、4982.50万吨位，分别下降7.3%和4.9%；专用货车48.40万辆、503.09万吨位，分别增长6.2%和2.5%。

“十二五”期间，公路交通着力开展信息化建设工作，完成了全国公路联网收费，提高了公路的通行能力。2015年9月全国累计建成ETC专用车道1.2万余条、5万余条人工刷卡（MTC）车道，ETC用户约2171.5万，完成了“2015年底实现用户数量2000万”的目标；建成自营服务网点1100多个，合作代理网点约1.6万个，各类服务终端约2.7万个，进一步发挥了路网规模效益。全国高速公路日平均交通量为22334辆，日平均行驶量为125766万车公里，比上年分别增长2.5%、2.4%。

（三）水上运输船舶大型化发展

2015年末，全国拥有水上运输船舶16.59万艘，比上年末下降3.5%，比“十一五“末增加1.25万台；净载重量27244.29万吨，比上年末增长5.7%；平均净载重量1642.16吨/艘，比上年末增长9.5%，比“十一五”末增长62.4%，五年年均增长10.2%；载客量101.73万客位，比上年末下降1.5%；集装箱箱位260.40万TEU，比上年末增长12.3%；船舶功率7259.68万千瓦，比上年末增长2.8%。“十二五”期末，我国海运船队运力规模达1.6亿载重吨，位居世界第三。

（四）民航运输装备大幅增加

2015年末，我国已拥有民用飞机4554架，比上年末增加 386架，增长9.3%，比“十一五”末增加2149架，增长89.4%，五年年均增长13.6%；运输飞机2650架，比上年末增加280架，增长11.8%，比“十一五”末增加 1053架，增长65.9%，五年年均增长10.7%。其中，大中型运输飞机2499架，比上年末增加281架，增长12.7%，比“十一五”末增加1046架，增长72.0%，五年年均增长11.5%。“十二五”期间，我国民用航空基础设施建设稳步推进，航线结构持续优化，运输服务能力显著提升，航空运输规模稳居全球第二。

三、旅客运输平稳增长，货物运输有升有降

2015年，交通运输业客货运输量保持了稳

步增长，为国民经济发展提供了有力支撑。全年完成客运量 194.33 亿人、旅客周转量 30058.90 亿人公里，比上年分别下降 4.4%、增长 4.9%；全年完成货运量 417.59 亿吨、货物周转量 178355.90 亿吨公里，比上年分别增长 0.2%、下降 1.8%。“十二五”时期，是综合运输服务保障能力整体大幅提升的五年。客运舒适性、快捷性明显提升，高铁、民航客运量年均增速达 10% 和 9%，高等级客车比例超过 25%。货运转型升级步伐加快，船型标准化比重不断提升，多式联运、甩挂运输、城乡物流配送集约化等取得积极进展。

（一）铁路客运量较快发展，货物运输持续下降

2015 年，铁路行业动态优化客车开行方案，改进售票组织工作，落实基本服务标准，客运服务水平持续上升。全国铁路运输完成客运量 25.35 亿人，比上年增加 2.30 亿人，增长 10.0%，已连续三年实现 10% 的增长；完成旅客周转量 11960.60 亿人公里，比上年增加 719 亿人公里，增长 6.4%。其中：高铁客运量 9.61 亿人、旅客周转量 3863.06 亿人公里，分别比上年增长 36.6%、36.7%。

“十二五”时期，是客货运输改革深入推进、运输服务实现重大进步的时期。通过推行以实名制和互联网售票为核心的客运改革，推出了一系列便民利民服务新举措，铁路客运服务实现重大进步。“十二五”国家铁路完成旅客发送量 106 亿人，较“十一五”增长 49.1%。

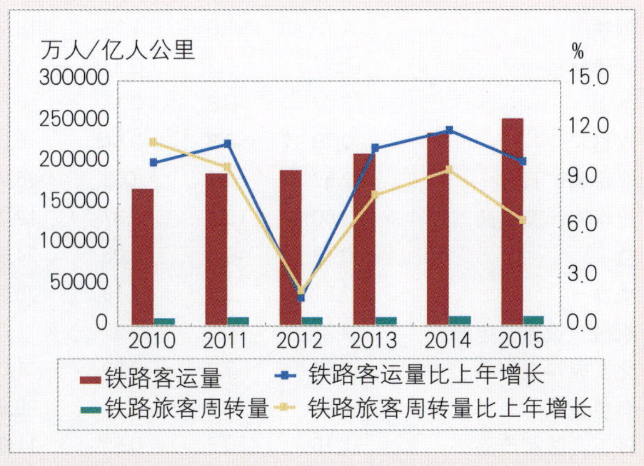

图 5 2010—2015 年铁路旅客运输情况

2015 年，铁路行业大力推进货运改革，研究制定建设现代物流企业三年计划，构建物流基础设施网络。但随着经济增长速度的减缓，下行压力增强，大宗货物运输需求持续下滑。全国铁路完成货运量 33.58 亿吨，比上年减少 4.55 亿吨，下降 11.9%；完成货物周转量 23754.31 亿吨公里，比上年减少 0.38 亿吨公里，下降 13.7%。国家铁路主要品类运输完成情况：煤炭运量完成 14.32 亿吨，比上年下降 12.7%；金属矿石完成 3.28 亿吨，下降 10.5%；钢铁及有色金属完成 1.60 亿吨，下降 18.3%；石油运量完成 1.26 亿吨，下降 2.0%；矿建材料完成 1.04 亿吨，下降 12.2%；粮食运量完成 0.56 亿吨，下降 32.3%；集装箱运量完成 0.95 亿吨，增长 4.5%。

“十二五”时期，铁路行业通过实施以实货制为核心的货运改革，实行敞开收货，取消中间环节，改革运输组织，提供全程服务，极大方便了货主运货，在发展铁路现代物流上迈出重要步伐。“十二五”五年里，国家铁路完成货物发送量 155 亿吨，较“十一五”增长 13.6%。

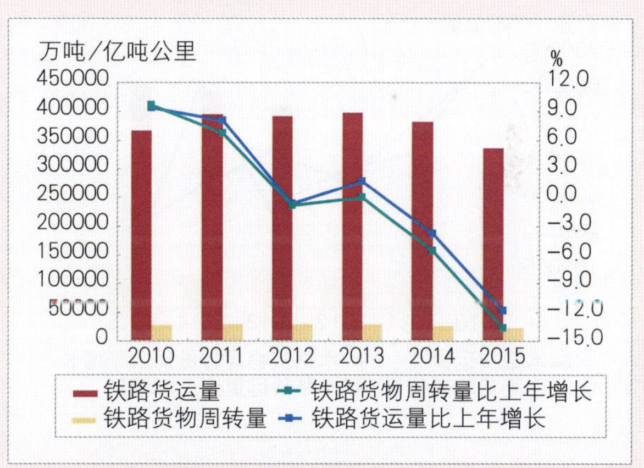

图 6 2010—2015 年铁路货物运输情况

（二）公路旅客运输缓慢下降，货物运输平稳增长

随着公路基础网络的不断完善，我国公路客货运输继续保持增长，特别是公路货物运输持续平稳发展，为国民经济稳步增长发挥了重要作用。随着高速铁路快速发展，其方便、快捷的优势改变了人们出行方式，转移了公路客运人流，

从而导致公路客运逐年下降。2015 年，全国营业性客车完成公路客运量 161.91 亿人，比上年下降 6.7%；完成旅客周转量 10742.66 亿人公里，比上年下降 2.3%。全年营业性货车完成货运量 315.00 亿吨，比上年增长 1.2%；完成货物周转量 57955.72 亿吨公里，比上年增长 2.0%。

（三）水路客运量保持平稳发展，货物运输略有增长

2015 年，全国水路客运量保持了增长，全年水路运输完成客运量 2.71 亿人，比上年增长 3.0%；旅客周转量 73.08 亿人公里，比上年下降 1.7%。全国水路货运量略有增长，水路完成货运量 61.36 亿吨，比上年增长 2.6%；完成货物周转量 91772.45 亿吨公里，比上年下降 1.1%。在全国水路货运中，内河运输完成货运量 34.59 亿吨、货物周转量 13312.41 亿吨公里；沿海运输完成货运量 19.30 亿吨、货物周转量 24223.94 亿吨公里；远洋运输完成货运量 7.47 亿吨、货物周转量 54236.09 亿吨公里。

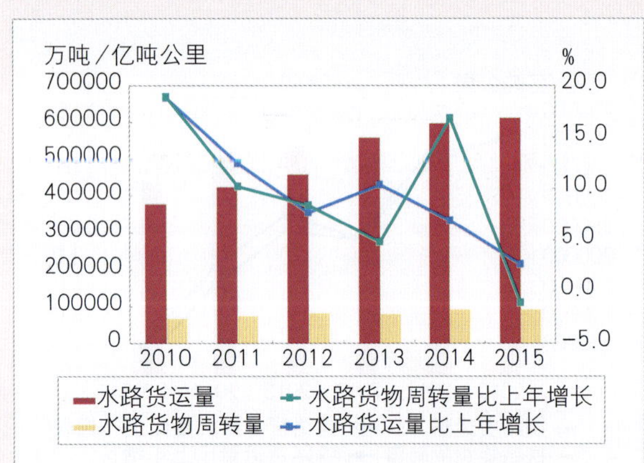

图 7　2010—2015 年水路货物运输情况

（四）港口货物吞吐量低速发展，外贸货物吞吐量基本稳定

2015 年，在经济下行压力下，港口及外贸货物吞吐量保持低速增长，沿海港口吞吐量、集装箱吞吐量继续稳居世界首位。全国港口完成货物吞吐量 127.50 亿吨，比上年增长 2.4%。其中，沿海港口完成 81.47 亿吨，内河港口完成 46.03 亿吨，分别比上年增长 1.4%、4.2%。全国港口完成外贸货物吞吐量 36.64 亿吨，比上年增长 2.0%。其中，沿海港口完成 33.01 亿吨，内河港口完成 3.63 亿吨，分别比上年增长 1.0%、12.2%。五年来，沿海规模以上港口外贸货物吞吐量占全球比重超过三分之一，有效服务和支撑了我国作为世界第一货物贸易大国的地位。

全国港口完成集装箱吞吐量 2.12 亿 TEU，比上年增长 4.5%。其中，沿海港口完成 1.89 亿 TEU，内河港口完成 2249 万 TEU，比上年分别增长 4.0% 和 8.9%。

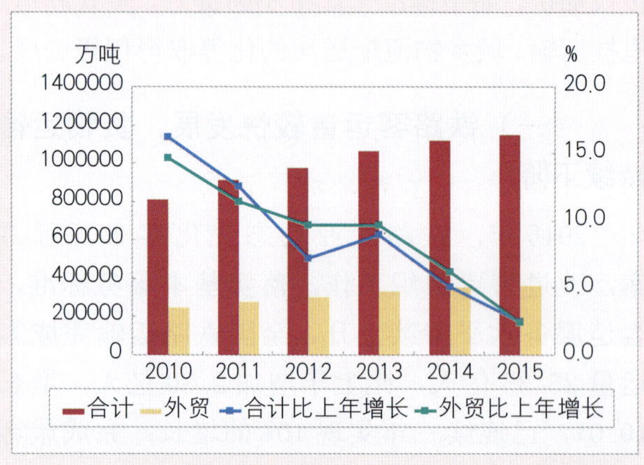

图 8　2010—2014 年规模以上港口及外贸货物吞吐量

表 1　2015 年规模以上港口各货类吞吐量及增长速度

货类名称	吞吐量（亿吨）	比上年增长（%）	外贸吞吐量（亿吨）	比上年增长（%）
总计	114.64	1.9	36.14	1.7
煤炭及制品	20.72	-6.2	2.11	-25.0
石油、天然气及制品	8.54	8.7	4.32	11.1
金属矿石	18.26	0.9	11.27	0.2
钢铁	4.79	1.9	1.13	18.1
矿建材料	17.77	6.3	0.37	5.2
水泥	3.07	-0.8	0.15	7.4
木材	0.79	-3.8	0.61	-6.8
非金属矿石	2.57	3.7	063	26.7
化学肥料及农药	0.60	15.2	0.37	12.2
盐	0.18	-0.8	0.06	-24.9
粮食	2.51	3.4	1.19	25.2
机械、设备、电器	2.22	0.2	1.37	1.0
化工原料及制品	2.44	3.2	0.89	1.0
有色金属	0.17	3.8	0.11	-9.8
轻工、医药产品	1.16	0.7	0.52	11.6
农林牧渔业产品	0.55	10.8	0.24	3.6
其他	28.31	4.4	10.78	2.1

从主要货品吞吐量情况看，2015 年，全国规模以上港口完成煤炭及制品吞吐量 20.72 亿吨，石油、天然气及制品吞吐量 8.54 亿吨，金属矿石吞吐量 18.26 亿吨，分别比上年下降 6.2%、增长 8.7% 和 0.9%。

（五）民航旅客运输较快增长，货物运输平稳发展

2015 年，在世界经济增速放缓，国内经济下行压力较大的情况下，民航主要运输继续保持平稳较快增长。全年完成客运量 4.36 亿人，比上年增加 4423 万人，增长 11.3%。其中，国内航线完成 3.94 亿人，比上年增长 9.4%（其中内地至香港、澳门和台湾地区航线为 1020 万人，比上年增长 1.44%）；国际航线完成 0.42 亿人，比上年增长 33.3%。完成旅客周转量 7282.55 亿人公里，比上年增加 948.36 亿人公里，增长 15.0%；其中，国内航线完成 5565.72 亿人，比上年增长 10.9%；国际航线完成 1716.84 亿人，比上年增长 30.4%。

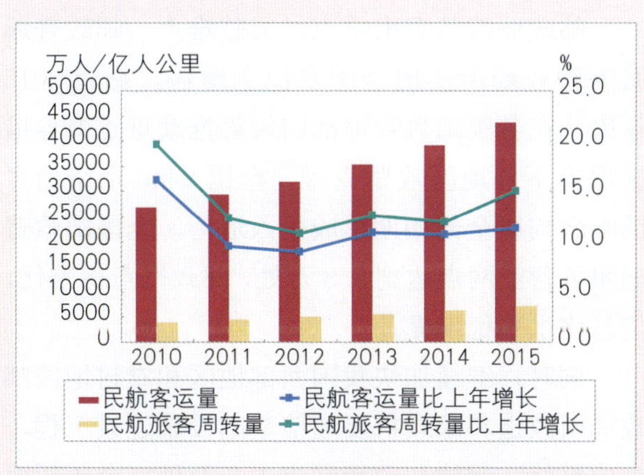

图 9　2010—2015 年民航旅客运输量情况

2015 年，民航货物运输保持平稳增长，全年完成货运量 629.29 万吨，比上年增加 35.20 万吨，增长 5.9%；完成货物周转量 208.07 亿吨公里，比上年增加 20.30 亿吨公里，增长 10.8%。

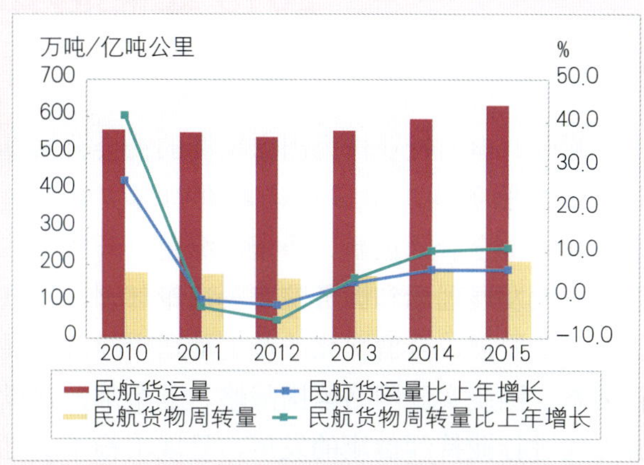

图 10　2010—2015 年民航货物运输情况

（六）管道运输持续稳定发展

2015 年，全年管道实际完成输油（气）量 7.59 亿吨，比上年增加 2118 万吨，增长 2.9%。其中：输油量 5.13 亿吨，增长 1.9%；输气量 2.46 亿吨，增长 5.1%。全年完成输油（气）周转量 4665.35 亿吨公里，比上年增加 337 亿吨公里，增长 7.8%。其中：输油周转量 2099.80 亿吨公里，增长 0.2%；输气周转量 2565.55 亿吨公里，增长 14.9%。

2016 年是全面建成小康社会决胜阶段的开局之年，也是推进结构性改革的攻坚之年。交通运输业将着力推动综合交通基础设施加快成网，着力推动运输服务提质增效升级，着力提高交通运输服务水平和服务能力，加快推进综合交通、智慧交通、绿色交通、平安交通建设，加快推进综合运输体系建设以更好地适应经济社会发展的需要。

（执笔：栾尽晖）

2015 年邮政电信行业发展报告

邮政、电信行业作为国家重要的社会公共事业和现代服务业，2015 年认真贯彻落实党中央十八届五中全会“创新、协调、绿色、开放、共享”五大发展理念和国务院有关决策部署，注重创新驱动发展，全面深化改革主动适应经济发展新常态。围绕实施网络强国战略、五个邮政建设努力促进行业持续健康的发展，呈现出稳中求进的良好态势，为“十三五”开局打下坚实基础”。2015 年全国邮电业务实现了快速增长，全年完成邮电业务总量 28425 亿元，与上年同比增长 30.2%，增幅提高 11.7 个百分点。

一、坚持围绕五个邮政建设改革创新、邮政行业呈现快速发展态势

我国邮政行业坚持以五大发展理念为引领，加快推进普惠邮政、智慧邮政、安全邮政、诚信邮政和绿色邮政“五个邮政”建设，重在提高行业发展的质量和效益，邮政普遍服务营业场所实现全国乡镇全覆盖，快递“三向”工程成效显著。快递业务增长速度连续多年稳居国民经济各行业前列，快递业务量突破 200 亿件，居世界第一位。服务流通经济、提升社会消费能力作用增强、影响力扩大， 保持了持续快速发展的良好态势。全年邮政行业业务总量完成 5078.7 亿元，同比增长 37.4%。邮政行业业务收入（不包括邮政储蓄银行直接营业收入）完成 4039.3 亿元，同比增长 26.1%。年人均用邮支出 294 元，比上年增加 60 元。邮政全行业拥有各类营业网点 18.9 万处，其中设在农村的 6.3 万处。邮政普遍服务和快递服务满意度稳中有升，消费者申诉处理满意率达到 97%。

（一）围绕建设现代邮政业奋斗目标，努力实现行业做大愿景

党中央国务院高度重视邮政业发展，2015 年多次对邮政业改革发展做出重要指示批示。我国邮政业紧紧围绕建成与小康社会相适应的现代邮政业奋斗目标，站在稳增长、促改革、调结构、惠民生的高度上突出改革重点，要素资源得到有效汇集。中国邮政集团公司位列世界 500 强 143 位，较上年提高 25 位。

邮政业发展“十三五”规划以及邮政普遍服务和监管体系建设 2 个专项规划编制进入全面征求意见阶段，京津冀、长三角、珠三角 3 个区域规划编制工作同步推进，与国家综合交通运输发展等重点专项规划编制有序衔接。出台《村邮站服务规范》，编制完成邮政业安全生产设备配置规范等 15 项行业标准，制订了促进邮政服务创新发展指导意见，积极引导邮政企业发展新兴业务。

邮政业改革突出重点，突破难点，邮政普遍服务营业场所实现全国乡镇全覆盖。截止 2015 年底，在各级邮政管理部门统筹推动重点督导措施保障下各地区攻坚克难，全国 8440 个空白乡镇邮政局所全部如期建成投入运营，全国邮政普遍服务营业网点达到 5.3 万处，邮政网点标准化、信息化水平稳步提升。

同时，继续加快我国西部地区和农村地区邮政局所改造和邮政机要通信基础设施建设工程，完成整修、翻建和改造网点 1.3 万处；全年新建村邮站 4.6 万个，全国村邮站总数达到 21 万个，已通邮的行政村比重达到 99.8%，国家基本公共服务体系“十二五”规划“乡乡设所、村村通邮”重点任务基本完成。

继续推进简政放权、放管结合，不断优化发展环境、完善邮政管理体系。制定邮政行政管理权力清单、邮政普遍服务两项行政审批，年度报告审核、分支机构备案等多项职权全面下放到市（地）局。邮政管理工作向纵深推进，批复成立 54 个县级派出机构。国家邮政局邮政业安全中

心启动运行，行业安全运行监测预警和应急管理能力持续增强。与海关总署确定国际邮件互换局设立审查机制，同意设立义乌、宁波国际邮件互换局兼交换站。与北京市签署战略合作协议共同建设“国内领先、国际一流”的首都现代邮政业。广东、福建等地为支持邮政行业发展和安全生产安排了专项扶持资金，浙江、西藏等地对企业购置安检设备给予财政补贴。中国邮政集团公司顺利实现法人体制调整，完成了县级分支机构更名换牌工作。

邮政普遍服务基础设施有待巩固。截至 2015 年底，全国邮政邮路总条数 2.5 万条，比上年末增加 1352 条。邮路总长度（单程）637.6 万公里，比上年末增加 7.1 万公里。全国邮政农村投递路线 9.1 万条，农村投递路线长度（单程）375.6 万公里，比上年末减少 2 万公里。全国邮政城市投递路线 5.6 万条，比上年末减少 2100 条；城市投递路线长度（单程）137.1 万公里，比上年末减少 6.4 万公里。邮政城区每日平均投递 2 次，农村每周平均投递 5 次。全国拥有邮政信筒信箱 13 万个，比上年末减少 1.3 万个。邮政报刊亭总数 2.6 万处，比上年末减少 1847 处。

邮政普遍服务主体业务面临严峻挑战。近些年来，随着互联网络技术更加广泛应用、移动手机电话普及率逐年提高、网上银行开通、快递营业网点布局向下延伸、密度加大等因素共同影响，社会公众在享受基本用邮服务生活方式方面发生极大变化。2015 年，邮政企业属于普遍服务范畴的各主要业务普遍持续下滑，降幅均超过上年。全年函件业务量完成 45.8 亿件，同比下降 18.3%。人均年发函件量由上年 4.1 件减少到 3.3 件。包裹业务量完成 4243.4 万件，同比下降 29.6%。订销报纸业务完成 188 亿份，同比下降 1.7%。订销杂志业务完成 10 亿份，同比下降 7.1%。只有每百人订有报刊量由上年 10.9 份增加到 11.3 份。普遍服务业务中的汇兑业务下降幅度最大，全年汇兑业务完成 8241.7 万笔，同比下降 34.2%。

（二）快递业在“互联网 +”发展潮流中做大做强

近年来，在经济下行压力持续加大的情况下，全国快递业仍保持高位运行。2015 年最高日处理量超过 1.6 亿件，年快递业务量突破 200 亿件，稳居世界第一，直接吸纳百万人就业。作为现代服务业重要组成部分的我国快递业坚持市场主导、安全为基、创新驱动、协同发展的基本原则，顺应“互联网 +”发展趋势，业务规模已连续二年跃居世界第一位，成为支撑电子商务发展的主渠道和中国经济异军突起的一匹“黑马”。通过快递，在服务社会生产、方便群众生活、支撑电子商务交易、降低流通成本、扩大内需、增加就业渠道、促进社会创业创新等方面发挥了积极作用。

统计资料表明，我国快递业务量从 0-10 亿件，在时间上走了 26 年；从 10 亿件到 100 亿件，走了八年时间；从 100 亿件到 200 亿件，中国快递业仅用了一年时间。2015 年全国人均快递使用量为 15 件，比上年增加 4.8 件，一年间增长了 47.1%。年人均快递支出 201.5 元，增加 52 元。

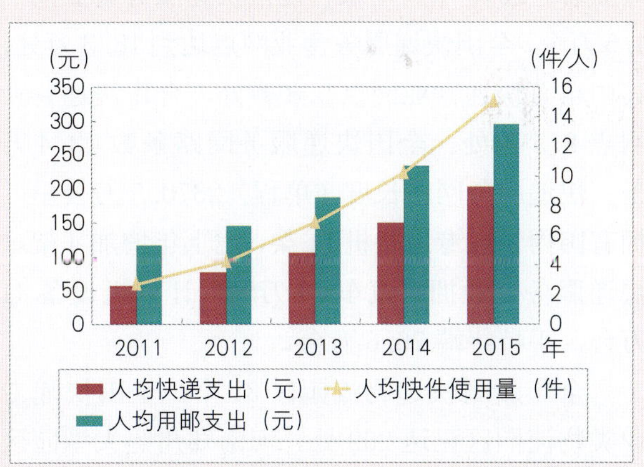

图 1　2011—2015 年人均快递使用量和快递支出情况

为支持做大做强中国快递业，国家从政策层面、财政支持方面不断出台一系列扶持政策。2015 年， 国务院印发《关于促进快递业发展的若干意见》，这是我国第一次出台全面指导快递业发展的纲领性文件，为推动快递业加速发展提出了“1+1+3”共五项重点任务，即：培育“一个主体”、坚持“一个方向”、实施“三大工程”。绘制了2020年的发展蓝图：快递年业务量、业务收入分别达到500亿件、8000亿元，快递市场规模稳居世界首位。

推进简政放权优化服务进一步优化快递业务经营许可审批流程。实现全流程网上办理，准入材料由22项减为9项，准入审批时限由45个工作日压缩至25个工作日，许可变更绿色通道企业压缩至15个工作日。并将出台快递用电动三轮车国家标准，发布和修订车辆生产企业和产品公告，规范解决各地区“最后一公里”通行难问题。

中央预算内投资重点支持农村和西部地区公益性、基础性快递设施建设，全方位支持农村电商发展。制订促进快递业发展措施等方面缩小城乡数字鸿沟、壮大新业态促消费惠民生、培育现代服务业新增长点。全国农村地区收投快件量超过50亿件，带动农副产品进城和工业品下乡，帮助老少边穷地区走出了一条脱贫致富的新路。

加快农村和中西部地区网络布局和设施建设，推进快递向下、向西、向外“三向”工程成效显著。2015年新增农村地区快递服务营业网点4.5万个，全国快递服务营业网点达到18.3万处，其中自有快递营业网点9.8万处，合作快递营业网点8.5万处。全国快递服务网路条数13.4万条，快递服务网路长度（单程）2370.5万公里。拥有国内快递专用货机71架，比上年增加4架。快递服务企业拥有汽车19万辆，计算机设备41万台，手持终端76.6万台。

全年新增快递物流园区31个，全国快递专业类物流园区已达202处。河南郑州等大型园区产业集聚效应开始发挥。EMS华中转运中心、顺丰华东航空枢纽等投入运营，湖北国际快递枢纽项目进入选址阶段，圆通货运航空公司正式获批，快件航空运输网络基本形成，高铁快递和电商班列取得突破性进展。末端服务能力持续改善，快递公共服务站、连锁商业合作等第三方服务平台不断涌现，全国主要城市安装智能快件箱已逾6万组。深入推进快递电商协同发展试点工程，第一、二批城市试点效果初步显现，基本形成“可复制、可推广”的协同发展模式。

坚持开放发展，增强邮政业国际竞争力。已初步形成6家年营业收入超200亿元、9家年营业收入超100亿元的快递企业集群。企业国际快递网络布局力度继续加大，圆通发起成立全球包裹联盟，顺丰、申通、中通、韵达等企业也加快国际网络建设，大力开展跨境网购寄递服务等新兴业务。首届中国国际快递业大会以“便民惠民·通达天下”为主题在杭州桐庐召开。国内外专家学者共同探讨“互联网+”视野下的市场开放与中外快递合作、大众创业万众创新等发展问题。

回眸“十二五”，我国快递业迎来发展的重要机遇期。快递产业在十二五期间迎来了迅猛发展。继2011年至2014年连续4年实现了年增长速度超过50%，2015年又实现了在较大基数情况下增长48%的良好业绩。快速发展进入了“二百亿”时代。全年快递业务量完成206.7亿件，同比增长48%。快递业务收入完成2769.6亿元，同比增长35.4%。快递业务收入占邮政行业业务总收入的比重达到68.6%，比上年提高4.7个百分点。

图2 2007—2015年快递业务量及增长速度情况

民营快递搭上利好政策顺风车。上世纪90年代，申通、顺丰、宅急送等快递企业相继诞生，借助国家利好政策频出，中国民营快递如雨后春笋般兴起，搭上了邮政体制改革的快车。桐庐快递从无到有，从小到大发展变化是浙江乃至全国快递业发展的一个缩影。2015年民营快递企业业务量完成184.8亿件，市场份额再度提高3.8

个百分点，实现业务收入2246亿元。国有、民营、外资快递企业业务量市场份额分别为9.9%、89.4%和0.7%，业务收入市场份额分别为11%、81.1%和7.9%。

（三）坚持市场监管常态化，行业诚信建设取得实效

各级邮政管理部门从邮政行业安全监管、快递业务经营许可、快递服务质量监管、邮政用品用具和市场秩序监管五方面入手建立行业安全监管联动机制，依法行政能力得到不断加强。邮政市场监管水平和行业诚信建设能力增强，各级快递协会服务、协调和自律职能进一步发挥。

2015年邮政普遍服务严守“两条红线”——邮政企业未经审批擅自撤销营业场所和停限办业务的现象明显减少。开展邮政专用标志车辆使用、无着邮件处理和重大题材邮票印制销售等专项检查，圆满完成抗战胜利70周年纪念邮票发行和全国集邮巡展等服务保障工作，有效推进经营邮政通信业务审批工作，社会监督作用进一步加强。充分发挥消费者申诉与市场监管联动机制作用，加强集邮市场监管，开展“315”集邮市场诚信主题活动。

2015年开展快递企业经营范围规范和清理、快递服务质量整治以及打击违法招揽加盟商等专项工作；制订加强快递业信用体系建设的若干意见，与发展改革委、工商总局等37个部门共同建立失信企业协同监管和联合惩戒合作机制。印发通知加强国家机关公文寄递管理，与最高检联合规范检察法律文书寄递工作，颁布《智能快件箱投递服务管理规定》。充分发挥消费者申诉与市场监管联动机制作用，加强集邮市场监管，开展“315”集邮市场诚信主题活动。

法规建设和执法监督工作进一步完善。先后完成邮政法二次修正，推进快递条例立法进程，参与电子商务立法，修订颁布《邮政普遍服务监督管理办法》和《快递业务经营许可管理办法》，建立法治邮政建设指标体系，出台行政执法评议考核制度。一批市（地）立法试点稳步推进，一批地方性邮政地方法规规章出台，全国各地开展行政执法监督配套制度建设得到有效落实。2015年，全国邮政管理部门对邮政市场检查和行政执法工作实行常态化管理，共出动执法人员23.8万人次，检查单位9.8万家次，查处违法违规行为1.4万次，下达行政处罚决定2801份，罚款金额1462万元。

国家邮政局加强与各有关部门间联动，积极调整多级互动机制、多维保障机制，充分发挥“错峰发货、均衡推进”的核心机制作用。及时调整全网运行，有效控制旺季峰值，缓解旺季期间的运输压力，打造“放心快递”。据国家邮政局监测数据显示，随着我国快递产品体系不断丰富，一年一度的“双11”快递业务旺季当天主要电商企业全天共产生快递物流订单4.6亿件，同比增长65%；全天各邮政、快递企业共处理1.48亿件。全国快递最高日处理量继2012年突破3000万件、2013年突破6500万件、2014年突破1.03亿件，2015年最高日处理量超过1.6亿件。

建设诚信邮政，维护消费者合法权益。2015年国家邮政局和各省（区、市）邮政管理局通过“12305”邮政行业消费者申诉电话和申诉网站共受理消费者申诉98.3万件，同比增长36.7%，其中有效申诉28.2万件，同比增长17.9%。为消费者挽回经济损失3320.7万元，同比增长20.8%。其中，邮政服务中共受理有效申诉6652件，同比增长43.1%；快递业务中共受理有效申诉27.6万件，同比增长17.4%。申诉比较集中的问题主要是投递服务、延误和丢失短少这三个方面。全国快递业务有效申诉率为平均每百万件快件13.3件，比上年又回落了3.5件，“放心快递”观念更加深入人心。

二、大力实施“网络强国”战略目标，全国电信业继续保持健康发展

2015年，我国电信行业围绕实施网络强国战略，推动网络提速降费，提升4G网络和宽带基础设施水平，信息消费在国民经济增长中的拉动作用进一步增强，全行业保持了健康稳步的发展。全年电信业务总量完成23346.3亿元，同比

增长 28.7%。电信业务收入完成 11665.0 亿元，按可比口径测算同比增长 0.8%。

（一）继续加快高速宽带网络建设步伐，投资完成额再创新高

宽带网络是国家战略性公共基础设施，为推动“互联网 +”发展提供有力支撑，对于稳增长、促改革、调结构、惠民生具有重要意义。近年来，我国宽带发展水平有了显著提升，但网络速率相对国际先进水平仍然较低，人均网费支出占收入的比重仍然较高，服务质量有待改善。2015 年 5 月，国务院出台《关于加快高速宽带网络建设推进网络提速降费的指导意见》，要求加快推进基础设施建设，大幅提高网络速率，有效降低网络资费，持续提升服务水平。随后，住房和城乡建设部、工业和信息化部联合印发《关于加强城市通信基础设施规划的通知》，通知规定 2016 年底前所有大城市、特大城市都应完成通信基础设施专项规划编制工作，以加快构建“宽带、融合、安全、泛在”的下一代国家信息基础设施目标。10 月，国务院决定完善农村及偏远地区宽带电信普遍服务补偿机制，缩小城乡数字鸿沟促消费惠民生。预计投入 1400 多亿元，力争到 2020 年实现约 5 万个未通宽带行政村通宽带、3000 多万农村家庭宽带升级，使宽带覆盖到 98% 的行政村，并逐步实现无线宽带覆盖。

电信行业认真贯彻落实党中央国务院各项政策措施，切实转变政府职能，加强宏观指导和规划引导，努力提升服务水平。2015 年，全行业固定资产投资力度继续加大，投资规模完成 4524.8 亿元，同比增长 13.0%。

春节期间，三家基础电信企业采取有效运行措施积极做好各项通信保障工作，确保通信网络运行安全、畅通、平稳。针对春节期间返乡、出境旅游、探亲活动多的特点，各电信企业加大惠民让利力度，开展形式多样的流量包大优惠、封顶提醒、返乡优惠券、以旧换新，针对返乡农民工推出了套餐免费升级等优惠活动，让用户放心消费。

我国光纤接入占比大幅提高，宽带网络基础设施服务能力进一步增强。2015 年，互联网宽带接入端口数量达到 5.8 亿个，光纤接入（FTTH/0）端口占互联网宽带接入端口的比重由上年的 40.6% 提升至 56.7%。移动通信基站总数达 465.6 万个，其中新增 4G 基站 92.2 万个，总数达到 177.1 万个。新建光缆线路 425.1 万公里，全国光缆线路总长度达到 2486.3 万公里。

宽带用户规模持续扩大、高速率接入服务水平提升。2015 年，三家基础电信企业固定互联网宽带接入用户总数达 2.6 亿户，8M 以上、20M 以上宽带用户总数占宽带用户总数的比重分别达 69.9% 和 33.4%。融合业务发展渐成规模，IPTV 用户已达 4589.5 万户。

（二）传统话音业务持续萎缩，移动互联网接入流量消费增长较快

在“网络强国”国家战略布局下，目前我国已经成为全球最大的电信市场，建成世界第一大固定网络和移动网络，电话用户总数达到 15.0 亿户，高速率移动宽带用户占比提升明显。截至 2015 年底，全国移动电话用户总数达到 12.7 亿户，移动电话普及率达 92.5 部 / 百人。固定电话用户总数达到 2.3 亿户，固定电话普及率达 16.8 部 / 百人。移动宽带用户（3G/4G）在移动用户中的渗透率达到 55.6%，比上年提高 10.3 个百分点。其中 4G 移动电话用户总数达到 4.3 亿户，在移动电话用户中的渗透率达到 33.9%。

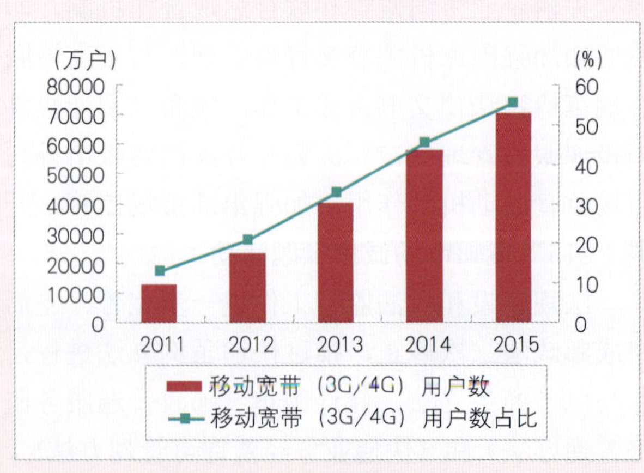

图 3　2011-2015 年移动宽带用户发展情况

传统话音业务萎缩，占比持续缩小。2015 年，

全国固定本地电话通话时长同比下降13.8%，固定长途电话通话时长同比下降10.8%，移动电话去话通话时长同比下降2.6%。话音收入占电信业务收入31.7%，与上年相比又下降10.1个百分点，非话音收入占电信业务收入68.3%。移动短信业务量同比下降8.4%，移动短信业务收入同比下降10.4%。

在智能终端普及推动下，手机上网流量成为推动移动互联网流量高速增长的主要因素。微信拜年、抢发红包等互联网企业推出的春节特色服务成为春节娱乐的新方式，传统的短彩信和电话拜年方式继续减少。2015年央视春晚送红包互动中，微信摇一摇总次数72亿次，峰值8.1亿次/分钟，送出微信红包1.2亿个。从除夕到初六的七天假期里手机用户消费了4937.6万G移动互联网流量，每用户平均每天使用54.8M，比平日流量高出50%以上。2015年移动互联网接入流量消费达41.87亿G，同比增长103%，比上年提高40.1个百分点。其中手机上网流量达到37.59亿G，同比增长109.9%，在移动互联网总流量中的比重达到89.8%。月户均移动互联网接入流量达到389.3M，同比增长89.9%。固定互联网使用量同期保持较快增长，固定宽带接入时长达49.96万亿分钟，同比增长20.7%。

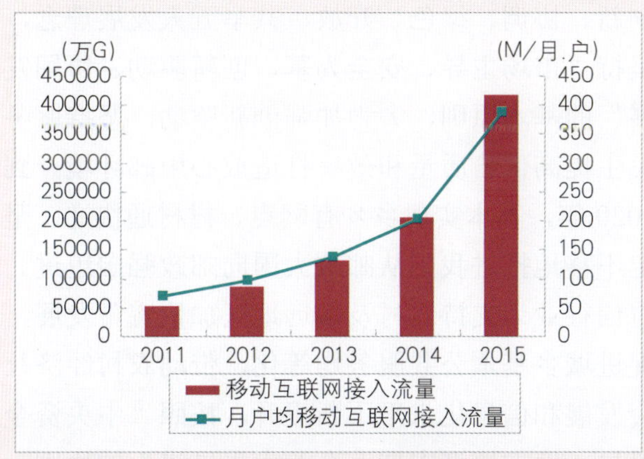

图4 2011-2015年移动互联网流量发展情况

（三）深刻把握“互联网+”时代变革趋势，培育新经济增长点

为落实党的十八届五中全会精神，促进互联网和经济社会融合发展，拓展网络经济空间，提高发展质量和效益，工业和信息化部印发《国务院关于积极推进“互联网＋”行动的指导意见》行动计划（2015－2018年）。到2018年，建成一批全光纤网络城市，4G网络全面覆盖城市和乡村，80%以上的行政村实现光纤到村，直辖市、省会主要城市宽带用户平均接入速率达到30Mbps。为推动农村及偏远地区宽带建设发展，财政部、工业和信息化部组织开展电信普遍服务试点工作。面向未通宽带的行政村、已通宽带但接入能力低于12Mbps的行政村，发挥中央财政资金引导作用，带动地方政府加强统筹和政策支持，调动企业承担电信普遍服务任务的积极性，促进宽带建设发展。

以“互联网+”为主要内容的电子商务发展迅猛，成为我国经济增长的强劲动力，对推动大众创业、万众创新发挥了不可替代的作用。但是，互联网领域侵犯知识产权和制售假冒伪劣商品违法犯罪行为也呈多发高发态势。11月，国务院发出加强互联网领域侵权假冒行为治理的意见，要求依法监管，加快推进打击互联网领域侵权假冒行为相关法律法规建设，构建法治化市场环境。加大技术支持相互协作配合，形成工作合力，区域联动、社会共治，营造开放、规范、诚信、安全的网络交易环境，促进电子商务健康发展。

根据中国互联网络信息中心(CNNIC)发布的《第37次中国互联网络发展状况统计报告》显示：中国互联网网民数量方面，半数中国人已接入互联网，互联网普及率提升到50.3%，同比提高了2.4个百分点。截至2015年底我国网民规模达

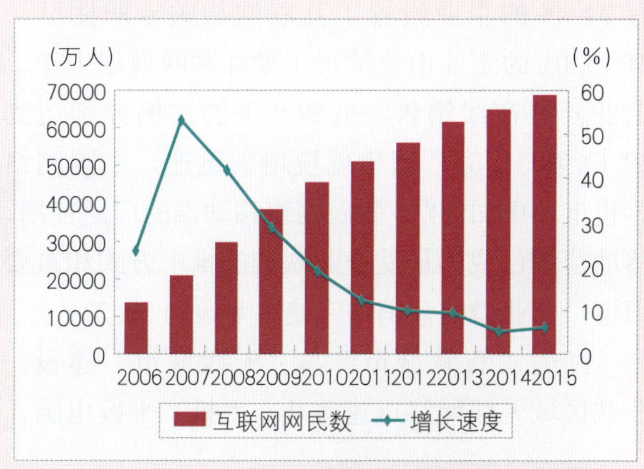

图5 近十年互联网网民及增长速度情况

到6.88亿，新增网民3951万人，同比增长6.1%，网民规模增速在连续多年下滑之后止跌回升。通过手机上网的手机网民规模达6.20亿，网民中使用手机上网人群占比由85.8%提升至90.1%。手机网民以其庞大的用户规模和第一大上网终端继续为其他相关服务提供了巨大的潜在商业价值，我国网民人均每周上网时长为26.2小时。

互联网基础资源方面，“.CN”域名注册保有量居全球第一。我国域名总数为3102万个，同比增长50.6%。其中中国国家顶级域名“.CN”总数为1636万，年增长为47.6%，占中国域名总数的52.8%，“.CN”域名已超过德国国家顶级域名“.DE”，成为全球注册保有量第一的国家和地区顶级域名。

中国网站总数为423万，同比增长26.3%。中国网页数量首次突破2000亿，数量达到2123亿个，同比增长11.8%。为满足活跃的国际互联网交流需求，国际出口带宽再创新高。截至2015年12月，中国国际出口带宽为5392116Mbps，年增长30.9%，增速比上年提高10个百分点，标志着中国国际通信网络能力的显著提升。我国IPv4地址总数基本维持不变共计有3.37亿个，IPv6地址数量为20594块/32，同比增长9.6%。

我国企业计算机使用比例为95.2%、使用互联网的比例为89.0%、通过固定宽带接入互联网的比例为86.3%，同比分别上升了4.8个、10.3个和8.9个百分点。越来越多的中国企业将“互联网+”行动计划纳入企业战略规划的重要组成部分。有34.0%的企业设置了互联网专职岗位，有24.4%的企业设置了互联网相关专职团队，有13.0%的企业由决策层主导互联网规划工作。企业开展在线销售、采购业务的比例分别达到32.6%和31.5%，销售规模增长迅速，中国网络零售市场更加活跃。随着网络移动端的广泛使用，移动营销已成为最受企业欢迎的推广方式和重要渠道，企业微信营销推广使用率达到75.3%。

随着“智慧城市”与“无线城市”建设，公共区域无线网络迅速普及。手机、平板电脑、智能电视带动家庭无线网络使用，Wi-Fi无线网络已成为网民在固定场所下接入互联网的首选方式。2015年网民通过Wi-Fi无线网络接入互联网的比例高达91.8%。

伴随网络环境的完善和手机上网的迅速普及，移动互联网应用的需求不断被激发，手机网上支付增长尤为强劲。截至2015年底，手机网上支付用户规模达到3.58亿，比上年增长64.5%，网民使用手机网上支付的比例由2014年的39.0%提升至57.7%。互联网的普惠、便捷、共享特性已经渗透到社会众多公共服务领域，即提升了公共服务水平、又为改善民生服务社会提供了有力保障。2015年，有1.1亿网民通过互联网实现在线教育，1.5亿网民使用网络医疗，9664万人使用网络预约出租车，2165万人网络预约专车。

2015年11月，国际电信联盟（ITU）发布《衡量信息社会报告（2015）》，对2014年全球167个国家和地区信息通信技术（ICT）发展指数（简称IDI指数）进行排名。我国最新IDI指数值为5.05，略高于全球平均水平（5.03），排名第82位，比上年上升4个名次。

2016年，是“十三五”时期建设小康社会决胜阶段的开局之年。我国邮政行业将牢固树立创新、协调、绿色、开放、共享五大发展理念，坚持“市场主导、安全为基、创新驱动、协同发展”的基本原则，大力加强创新驱动，坚持服务民生提高供给质量和效率打造放心用邮环境。到2020年，基本实现乡乡有网点、村村通快递，坚定不移地推进我国从邮政大国向邮政强国迈进。电信行业为支持农村及偏远地区加快宽带发展，促进城乡基本公共服务均等化，带动农村经济社会发展和信息化水平不断提升，按照“中央资金引导、地方协调支持、企业为主推进”的原则，2016年将支持近1.5万个未通村、2.2万个升级村宽带建设和运行。

（执笔：邢明发）

2015 年财政运行报告

2015 年，面对错综复杂的国际形势和艰巨繁重的国内改革发展稳定任务。财政部门积极贯彻落实党中央、国务院各项决策部署，预算管理制度改革不断深化，营改增、消费税、资源税等税制改革有序推开，财政体制逐步完善，现代财政制度建设取得重要阶段性成果。财政宏观调控注重稳定市场预期、激发内生动力、推动结构优化，更多依靠市场力量，更多运用改革办法，促进了经济平稳运行和提质增效。民生保障持续加强，在增加投入的同时，着力完善相关领域支出政策和机制设计，突出公共性，增强可持续性。财政运行基本平稳，各项财税政策有效落实，为完成全年经济社会发展主要目标任务和实现“十二五”规划胜利收官提供了有力支撑。

一、2015 年预算执行情况良好

（一）一般公共预算收入情况

全国一般公共预算收入平稳增长。2015 年，全国一般公共预算收入 152217 亿元，比 2014 年增加 11867 亿元，比 2014 年同口径（考虑 11 个项目由政府性基金转列一般公共预算影响，下同）增长 5.8%，增幅比上年回落 2.8 个百分点。加上使用结转结余及调入资金 8055 亿元，收入总量为 160272 亿元。其中，中央一般公共预算收入 69234 亿元，比上年增加 4744 亿元，增长 7%；地方一般公共预算（本级）收入 82983 亿元，比上年增加 7123 亿元，增长 4.8%。从一般公共财政收入的主要收入项目执行情况看，税收收入

表 1　2015 年全国一般公共预算收入主要项目执行情况

项目	执行数（亿元）	执行数为预算数的 %	执行数为上年决算数的 %
一、税收收入	124891.8	97.4	104.8
国内增值税	31109.1	82.5	100.8
国内消费税	10542.2	94.1	118.4
进口货物增值税、消费税	12516.8	81.9	86.8
出口货物退增值税、消费税	-12867.0	105.0	113.3
营业税	19312.6	171.6	108.6
企业所得税	27125.1	101.6	110.1
个人所得税	8618.0	106.2	116.8
资源税	1035.1	52.5	95.5
城市维护建设税	3887.0	98.7	106.7
房产税	2050.8	100.5	110.8
印花税	3441.5	204.2	223.5
其中：证券交易印花税	2552.7	356.2	382.8
城镇土地使用税	2142.0	91.2	107.5
土地增值税	3832.1	83.7	97.9
车船税	613.3	103.9	113.3
船舶吨税	46.9	97.8	103.8
车辆购置税	2792.5	88.1	96.8
关税	2554.7	84.6	89.8
耕地占用税	2097.4	89.3	101.9
契税	3898.6	89.0	97.4
烟叶税	142.8	89.2	101.2
其他税收收入	0.4		95.6
二、非税收入	27324.8	105.0	110.6
专项收入	6970.7	87.0	97.6
行政事业性收费收入	4865.4	94.8	92.4
罚没收入	1876.2	101.4	109.0
国有资本经营收入	6080.6	160.7	191.4
国有资源（资产）有偿使用收入	5462.2	112.0	124.2
其他收入	2069.8	87.0	68.7

124892 亿元，同比增长 4.8%；非税收入 27325 亿元，同比增长 10.6%。

分季度看，全国一般公共预算收入一季度同比增长 2.4%，开局呈现低增长态势，增幅偏低主要受国内增值税下降、进口环节税收、房地产相关税收及石油特别收益金收入大幅减少等影响。上半年和一至三季度增速分别为 4.7% 和 5.4%，比一季度略有回升，但继续呈中速偏低增长态势。全年一般公共预算收入增速为 5.8%。

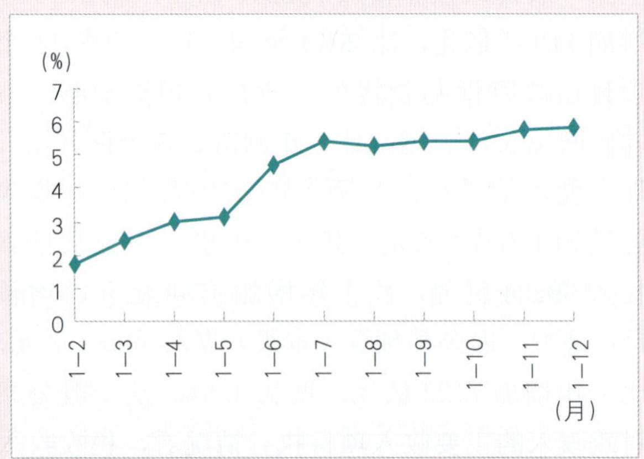

图 1　2015 年累计全国一般公共预算收入增长情况

2015 年，全国一般公共预算收入增长 5.8%，比 2013 年和 2014 年分别回落 4.4 和 2.8 个百分点。一般公共预算收入增幅偏低的主要原因：一是大宗商品进口价格下跌（全年下跌 11.6%）、一般贸易进口大幅下滑（全年下降 15.9%）导致进口税收大幅下降，进口货物增值税、消费税 12517 亿元，同比下降 13.2%；关税 2555 亿元，同比下降 10.2%；二是工业生产增速放缓（全年规模以上工业增加值增长 6.1%，同比回落 2.2 个百分点），尤其是工业生产者出厂价格持续大幅下降（全年 PPI 下降 5.2%）以及前期扩大营改增范围减税力度加大等因素影响，国内增值税 31109 亿元，同比增长 0.8%，剔除营改增转移收入影响后下降 0.5%；三是企业效益下滑、利润增幅回落使企业所得税增幅相应回落，企业所得税 27125 亿元，同比增长 10.1%，剔除 2015 年及 2014 年企业所得税退税因素后增长 4.5%，其中工业企业所得税 7425 亿元，下降 5.3%；四是实行结构性减税和普遍性降费，减轻了企业和居民负担，也直接带来财政减收。

（二）一般公共预算支出情况

2015 年，各级财政部门按照党中央、国务院确定的各项稳增长政策要求，着力加强预算执行管理，大力推进财政资金统筹使用，积极盘活存量，优化支出结构，强化支出绩效管理，确保各项政策措施及早落实并取得实效。2015 年，全国一般公共预算支出 175768 亿元，比上年增长 13.2%。

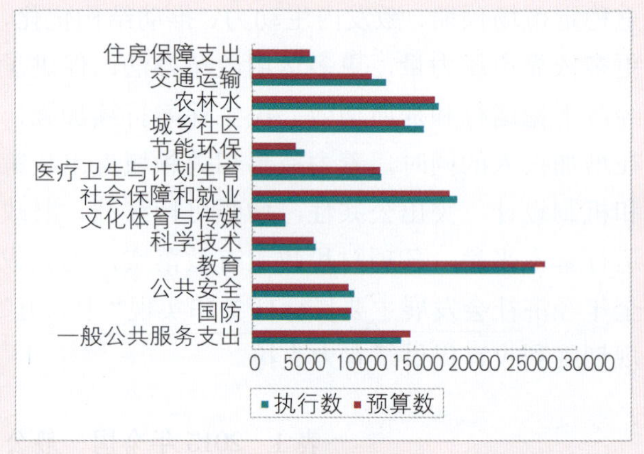

图 2　2015 年全国一般公共预算支出主要项目完成情况

分中央和地方看，中央一般公共预算支出 80730 亿元（其中，中央本级支出 25549 亿元，中央对地方税收返还和转移支付 55181 亿元），完成预算的 99.1%，增长 8.6%。地方一般公共预算支出 150219 亿元，增长 13.2%（剔除使用结转结余及调入资金后增长 7.9%）。

在财政收入增长明显放缓的情况下，各项重点支出得到较好保障。教育支出 26205 亿元，增长 8.4%；文化体育与传媒支出 3067 亿元，增长 9.3%；医疗卫生与计划生育支出 11916 亿元，增长 17.1%；社会保障和就业支出 19001 亿元，增长 16.9%；城乡社区支出 15912 亿元，增长 11.5%；农林水支出 17242 亿元，增长 16.9%；节能环保支出 4814 亿元，增长 26.2%；交通运输支出 12347 亿元，增长 17.7%。

从一般公共预算执行结果看，中央一般公共

预算收入 69234 亿元，从中央预算稳定调节基金调入 1000 亿元，收入总量为 70234 亿元。中央一般公共预算支出 80730 亿元，补充中央预算稳定调节基金 704 亿元，支出总量为 81434 亿元。收支总量相抵，中央财政赤字 11200 亿元，与预算持平。

2015 年，地方一般公共预算本级收入 82983 亿元，中央对地方税收返还和转移支出收入 55181 亿元，地方一般公共预算收入 138164 亿元，再加上地方财政使用结转结余及调入资金 7055 亿元，收入总量为 145219 亿元。地方一般公共预算支出 150219 亿元。收支总量相抵，地方财政赤字 5000 亿元，与预算持平。

（三）政府性基金情况

2015 年，全国政府性基金收入 42330 亿元，比上年下降 15.9%。分中央和地方看，中央政府性基金预算收入 4112 亿元，增长 5.2%；地方本级政府性基金预算收入 38218 亿元，下降 17.7%，其中受房地产市场继续调整的影响，国有土地使用权出让收入 32547 亿元，同比减少 8840 亿元，下降 21.4%。

全国政府性基金预算支出 42364 亿元，下降 12.7%。分中央和地方看，中央本级政府性基金支出 3024 亿元，增长 4.9%；地方政府性基金支出 39340 亿元，下降 13.8%，其中国有土地使用权出让收入安排的支出 32895 亿元，同比减少 7464 亿元，下降 18.5%。

（四）国有资本经营预算收支情况

2015 年全国国有资本经营预算收入 2560 亿元，全国国有资本经营预算支出 2079 亿元。其中，中央国有资本经营预算收入 1613 亿元，为预算的 104.1%，增长 14.3%，中央国有资本经营预算支出 1360 亿元，完成预算的 80.3%，下降 4.2%，主要是厂办大集体改革和“三供一业”分离移交工作进展低于预期；地方国有资本经营预算收入 947 亿元，地方国有资本经营预算支出 843 亿元。

（五）社会保险基金情况

2015 年全国社会保险基金收入 44660 亿元，为预算的 103.6%。其中，保险费收入 32518 亿元，财政补贴收入 10198 亿元。全国社会保险基金支出 39357 亿元，完成预算的 102.3%。当年收支结余 5304 亿元，年末滚存结余 57002 亿元。

二、财税体制逐步完善

（一）预算管理制度改革不断深化

2015 年 1 月 1 日，新修订的《中国人民共和国预算法》正式实施，标志着我国财税法治化进程迈出了重要一步。财政部门积极组织做好新预算法的学习宣传培训工作，准确掌握新预算法的精神、原则和各项具体规定，严格依法行政、依法理财。同时增强了各级政府和部门、单位的预算法治意识，将预算法各项要求落到实处。加强了预算法配套制度建设，按照新预算法确定的原则及授权，修订预算法实施条例，预算法实施条例修订草案已向社会公开征求意见，并且完善了一般性转移支付等制度。协调推进新预算法实施与财税改革工作，加强各项财税改革具体方案与新预算法及其配套制度建设的相互衔接。配合全国人大有关部门在立法法中进一步明确税收法定原则，制定了贯彻落实税收法定原则的实施意见。积极配合做好环境保护税等立法工作。

全面树立预算的权威性和严肃性。坚持先有预算、后有支出，未列入预算的不得支出，未经法定程序不得调整支出，加强预算刚性约束，强化预算的严肃性。进一步细化了预算编制，压缩代编预算规模，及时批复部门预算。加快支出预算指标分解下达工作节奏，加大对部门组织实施项目的督查力度，预算执行进度明显加快。完善预算监管体系，将预算评审实质性嵌入预算管理流程。健全预算基本支出和项目支出定额标准体系，优化项目库管理，加强预算基础建设。改进预算编制方法，进一步编实编细预算，提高预算编制的前瞻性和准确性。完善预算执行动态监控机制，建立健全预算支出责任制度，进一步提高预算执行的效率和均衡性。出台中央对地方专项转移支付绩效目标管理暂行办法等制度。中央部门绩效评价项目数量和金额分别增长 26.3%、

27%，评价结果与 2016 年预算安排挂钩。扩大纳入全国人大审查预决算的部门范围，首次公开分地区、分项目专项转移支付预算。开展地方财政预决算公开情况专项检查，增强地方财政透明度。坚持勤俭办一切事业，推动厉行节约反对浪费等制度落地生根。压缩一般性支出，严格控制中央各部门“三公”经费预算，按公车改革规定相应核减公务用车经费。继续清理“吃空饷”、超编进人等。分门别类盘活财政存量资金，建立健全清理规范财政结转结余资金的长效机制。积极推进中央和地方国库现金管理操作。树立花钱要问效、无效要问责的理念，扩大预算绩效评价的层级和范围，强化对重点民生支出的绩效评价，加大绩效问责力度，完善绩效评价结果与预算安排相结合的机制。

将地方教育附加等 11 个项目由政府性基金预算转列一般公共预算。制定中央国有资本经营预算管理办法，加大国有资本经营预算调入一般公共预算的力度，建立中央对地方国有资本经营预算转移支付机制。推动实行中期财政规划管理。进一步清理整合专项转移支付，从 2014 年的 150 项减少为 2015 年的 96 项。

（二）税制改革有序推进

研究全面推开营改增试点方案、综合与分类相结合的个人所得税改革方案。实施稀土、钨、钼资源税改革，从价计征范围进一步扩大。研究消费税改革方案，完善消费税政策。深入开展涉企收费专向清理规范工作。

完善出口退税负担机制。研究推进中央与地方事权和支出责任划分改革。结合税制改革进展，抓紧制定调整中央和地方收入划分过渡方案。

三、提高积极财政政策的针对性和有效性，改善和加强财政宏观调控

根据经济运行情况，在区间调控基础上实施定向调控和相机调控，加强预调微调，促进经济在合理区间运行。一是保持必要的支出强度。在 2015 年预算安排中适当扩大财政赤字规模，并使用以前年度结转资金，加大支出力度。采取全面清理结转结余资金、强化督查问责等措施，积极盘活财政存量资金，调整用于保民生、补短板、增后劲。置换 3.2 万亿元地方政府到期存量债务，降低了利息负担，缓解了当期偿债压力，为地方腾出资金用于重点项目建设创造了条件。二是加大结构性调整力度，重点支持薄弱环节发展。保持稳增长和调结构之间的平衡，给市场一个企稳的预期，防止经济惯性下滑，为经济平稳运行创造有利的宏观环境。扩大小型微利企业所得税、固定资产加速折旧优惠政策范围。对小微企业免征 42 项行政事业性收费，取消或暂停征收 57 项中央级行政事业性收费。降低失业保险、工伤保险和生育保险费率，扩大失业保险基金支持企业稳岗政策的实施范围。三是强化财政资金政策的导向作用。大力推广政府和社会资本合作（PPP）模式，通过特许经营、投资补助、运营补贴等方式，拉动民间资本进入公共服务领域。深入推进中央级事业单位科技成果使用、处置和收益管理改革试点。完善企业研发费用加计扣除政策。启动首批小微企业创业创新基地城市示范。

四、加强地方政府性债务管理

全面落实加强地方政府性债务管理的意见，严格防控财政风险。一是建立一般债务和专项债务相结合的规范的地方政府债务举债融资机制。中央对地方政府一般债务和专项债务指标的分配，主要根据财力等客观因素测算确定。健全地方政府债券市场化定价机制，强化对地方政府举债的市场化约束，维护投资者权益和市场信心。二是建立和完善债务管理机制。对地方政府举债实行限额管理，地方政府举债不得突破批准的限额。将地方政府债务分类纳入一般公共预算和政府性基金预算管理。建立地方政府债务风险评估和预警机制，对债务高风险地区进行预警。指导和督促地方建立债务风险应急处置机制，制定应急处置预案。建立地方政府债务公开制度，定期向社会披露债务情况。加快权责发生制政府综合财务报告制度建设，制定出台政府综合财务报告

中国银行

编制办法和操作指南、政府会计基本准则等。三是妥善处理存量债务和在建项目后续融资。将清理甄别后经法定程序批准的存量债务，分类纳入预算管理。地方政府要多渠道筹集资金，按时偿还到期债务。同时，合理设置过渡期，过渡期内允许在建项目在批准的限额内通过银行贷款解决部分后续融资，避免资金链断裂，防范财政金融风险。对甄别后纳入预算管理的地方存量债务允许逐步置换，以降低利息负担，优化期限结构，腾出更多资金用于重点项目建设。

五、保障民生支出政策落实情况

推动教育改革发展。支持实施第二期学前教育三年行动计划。落实农村义务教育经费保障机制和城市义务教育学生免学杂费政策，惠及约1.1亿名农村学生和2944万名城市学生。实施现代职业教育质量提升计划，推动职业教育布局调整。改革中央高校预算拨款制度，引导中央高校转变发展模式。支持特殊教育发展，保障特殊群体受教育权益。健全国家助学贷款、国家助学金等资助政策体系，全国约775万名高校学生、514万名普通高中学生和265万名中职学生得到资助，约1045万名中职学生享受免学费政策。

落实创新驱动发展战略。深化中央财政科技计划管理改革，完成大部分科技计划优化整合工作，集中资源支持体现国家战略意图的重大科技任务。加大对公共科技活动特别是基础研究的支持力度。支持实施科技重大专项。保障科研院所开展自主选题研究，改善科研条件。启动首台（套）重大技术装备保险补偿机制试点。

支持做好社会保障和就业工作。企业退休人员基本养老金水平继续提高，月人均达到2270元。城乡居民基本养老保险基础养老金最低标准由每人每月55元提高到70元。推进机关事业单位养老保险制度改革，建立职业年金制度，同步调整机关事业单位工作人员基本工资。深入实施高校毕业生就业促进计划、大学生创业引领计划，加强政府公共就业服务能力。加大对低保对象、孤儿、残疾人等困难群体救助工作的支持力度。继续提高优抚对象等人员抚恤和生活补助标准，落实移交政府安置的军队离退休人员相关待遇。

深化医药卫生体制改革。新型农村合作医疗和城镇居民基本医疗保险财政补助标准提高到每人每年380元，个人缴费标准相应提高到每人每年120元。基本公共卫生服务项目年人均财政补助标准由35元提高到40元，农村地区新增资金全部用于支付村医提供的基本公共卫生服务。在全国所有县（市）推开县级公立医院综合改革，城市公立医院综合改革试点扩大到 100 个城市。继续支持基层医疗卫生机构和村卫生室实施基本药物制度。推进住院医师规范化培训。完善城乡医疗救助和疾病应急救助制度。

推进农业可持续发展。扩大地下水超采区综合治理试点范围，在部分地区开展农业“三项补贴”改革试点，着力支持耕地地力保护和粮食适度规模经营。推进节水供水重大水利工程、区域规模化高效节水灌溉和高标准农田建设。进一步加大财政扶贫资金投入，推动实施了一批效果突出的减贫项目。加强草原生态保护，支持落实新一轮退耕还林还草 1000 万亩，扩大全面停止天然林商业性采伐范围。实施国家水土保持重点建设工程，治理水土流失面积 6570 平方公里。统筹推进农村综合改革相关试点。支持开展农村土地承包经营权确权登记。

加强环境保护和节能减排。增加投入，突出重点，提升大气污染防治效果。推进地下综合管廊和海绵城市建设试点，在 38 个重点区域开展重金属污染防治。以流域为单元，实施国土江河综合整治试点。继续推进重点防护林保护等生态工程。在近 2 万个村庄开展环境综合整治，加大对农村环保基础设施运行管理的支持。推动新能源和可再生能源产业发展。建立全方位支持政策体系，全年新能源汽车生产量、销售量分别增长均有所增加。深入开展节能减排财政政策综合示范。

完善住房保障政策。实行实物配租与租赁补贴并举，开展运用 PPP 模式投资建设和运营管理公共租赁住房试点。支持棚户区改造开工 601 万套、农村危房改造 432 万户。

促进文化繁荣发展。推动落实国家基本公共文化服务指导标准，加快构建现代公共文化服务体系，推进基层综合性文化服务中心建设。加强文化遗产保护和中国传统村落保护。促进骨干文化企业和创意文化产业发展。加强重点媒体国际传播能力建设，提升国家文化软实力。

2015 年，在经济下行压力加大、财政收入增幅回落、收支平衡难度很大的情况下，财政运行基本平稳，各项财税政策有效落实。同时，可以看到，财政运行还面临一些困难和问题，主要是：收支平衡压力越来越大，支出结构僵化问题仍然突出；地方政府偿债压力较大，违规举债、变相举债仍有发生，潜在风险防控任务十分艰巨；有的部门和单位预算执行力亟待增强，一些重大投资项目开工不及时、建设推进慢；财政资金统筹使用力度需进一步加大，资金使用的安全性、有效性仍需提高。

展望 2016 年，我国经济长期向好的基本面没有变，经济韧性好、潜力足、回旋余地大的基本特征没有变，经济持续增长的良好支撑基础和条件没有变，经济结构调整优化的前进态势没有变。同时，“三期叠加”影响凸显，结构性矛盾导致全要素生产率增速放缓，经济下行压力依然较大。从财政看，一方面，我国税收收入以流转税为主，随着经济增速趋缓和工业生产者出厂价格连续下降，财政收入增速的回落幅度大于国内生产总值增速的回落幅度。加上为保持经济稳定增长、推进结构性改革，需要加大减税降费力度，特别是全面实施营改增后减收很多，将进一步拉低财政收入增幅。另一方面，财政支出刚性较强，支持转方式、补短板、防风险等增支需求较大。总体判断，2016 年财政形势更加严峻，平衡收支面临极大压力。财政部门将继续实施积极的财政政策并加大力度，加快推进财税体制改革，促进供给侧结构性改革、适度扩大总需求，支持去产能、去库存、去杠杆、降成本、补短板，推动产业结构调整和培育发展新动力；坚持依法理财，认真贯彻落实预算法各项要求；加大财政资金统筹使用力度，盘活存量，用好增量，优化结构，提高绩效；坚持过紧日子，厉行节约，重点保障基本民生支出，压缩其他支出，从严控制一般性支出；加强政府债务管理，有效防范财政风险，努力实现“十三五”时期经济社会发展的良好开局。

（执笔：马佳）

2015 年金融市场运行报告

2015 年，国际金融市场震荡加剧，国内深层次矛盾凸显，经济下行压力加大，面对“三期叠加”的局面，面对错综复杂的国内外经济金融环境，金融监管部门坚持稳中求进工作总基调，继续加强宏观调控，全面深化金融改革，切实防范金融风险，促进了经济提质增效升级发展。

一、货币供应量快速增长

2015 年，中国人民银行继续实施稳健的货币政策，加强预调微调，进一步增强调控的针对性和有效性，保持了流动性合理充裕，保持了货币环境的稳健和中性适度。2015 年末，广义货币供应量 M2 余额为 139.2 万亿元，比上年末增长 13.3%，增速上升 1.1 个百分点，保持较快增长的态势。狭义货币供应量 M1 余额为 40.1 万亿元，比上年末增长 15.2%，增速上升 12.0 个百分点。流通中货币 M0 余额为 6.3 万亿元，比上年末增长 4.9%，增速上升 2.0 个百分点。全年现金净投放 2957 亿元，比上年多投放 1269 亿元。

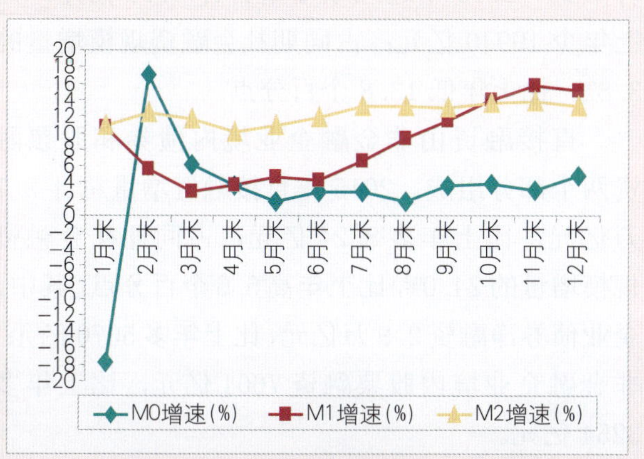

图 1 2015 年各月末货币供应量增长情况

2015 年广义货币供应量 M2 增速前低后高。上半年基本在 11%-12% 左右，在连续出台的稳增长措施推动下，7 月后跳升至 13% 以上，全年 M2 保持了较快增长态势。

2015 年末，基础货币余额为 27.6 万亿元，比年初减少 1.8 万亿元，下降 6.2%，主要是因为 2015 年多次通过下调法定准备金率提供了大量流动性，而下调准备金率并不会增加基础货币，这也是基础货币余额下降，同时货币乘数提高的重要原因。2015 年末货币乘数为 5.04，比上年末高 0.86。金融机构超额准备金率为 2.1%[①]，其中农村信用社为 13.4%。

二、金融机构存款增速总体平稳

2015 年末，金融机构本外币各项存款余额 139.8 万亿元，比上年末增长 12.4%，增速回落 0.2 个百分点，全年本外币各项存款增加 15.3 万亿元，比上年多增 1.6 万亿元。其中，人民币存款余额为 135.7 万亿元，比上年末增长 12.4%，增速上升 0.3 个百分点，全年人民币存款增加 15.0 万亿元，比上年多增 1.9 万亿元。外币存款余额为 6272 亿美元，比上年末增长 3.2%，全年外币存款增加 167 亿美元，比上年少增 905 亿美元。

从人民币存款部门分布看，住户存款增速平稳，非金融企业存款增速明显加快。年末金融机构住户人民币存款余额为 54.6 万亿元，比上年末增长 8.7%，增速与上年基本持平，全年住户存款增加 4.4 万亿元，比上年多增 2599 亿元。非金融企业人民币存款余额为 43.0 万亿元，比上年末增长 13.7%，增速上升 9.1 个百分点，全

注：① 2015 年 1 月，中国人民银行调整了存款准备金缴存基数，将非存款类金融机构存放纳入各项存款口径。超额准备金率按扩大后的存款基数测算，和以前数据并不可比。若按调整前口径测算，超额准备金率要高于 2.1%。

年非金融企业存款增加 5.3 万亿元，比上年多增 3.3 万亿元。财政存款余额为 3.4 万亿元，比年初减少 914 亿元，而上年财政存款增加 5531 亿元。非存款类金融机构存款余额为 12.9 万亿元，比上年末增长 37.8%，增速明显快于住户和非金融企业存款，全年非存款类金融机构存款增加 3.5 万亿元，与上年基本持平。其中，证券及交易结算类存放余额为 4.3 万亿元，比上年末增长 63.7%；SPV 存放（包括表外理财、证券投资基金、信托计划等）余额为 4.9 万亿元，比上年末增长 65.6%。

三、金融机构贷款平稳较快增长

2015 年末，金融机构本外币贷款余额 99.3 万亿元，比上年末增长 13.4%，增速与上年末基本持平，全年本外币贷款增加 11.7 万亿元，比上年多增 1.3 万亿元。其中，人民币贷款余额 94.0 万亿元，比上年末增长 14.3 %，增速上升 0.6 个百分点，全年人民币贷款增加 11.7 万亿元，比上年多增 1.8 万亿元。外币贷款余额 8303 亿美元，比上年末下降 5.8%，全年外币贷款减少 502 亿美元，而上年外币贷款增加 821 亿美元。

从人民币贷款分部门结构看，住户贷款、非金融企业及机关团体贷款增速略有上升。年末人民币住户贷款余额为 27.0 万亿元，比上年末增长 16.8%，增速上升 0.2 个百分点，全年住户贷款增加 3.9 万亿元，比上年多增 5814 亿元。非金融企业及机关团体贷款余额为 65.8 万亿元，比上年末增长 12.7%，增速上升 0.2 个百分点，全年非金融企业及机关团体贷款增加 7.4 万亿元，比上年多增 8987 亿元。非银行业金融机构贷款余额为 8539 亿元，比上年末增长 66.9%，全年非银行业金融机构贷款增加 3767 亿元，比上年多增 2605 亿元。从人民币贷款期限结构看，中长期贷款比年初增加 6.7 万亿元，比上年多增 6332 亿元，在新增人民币贷款中占比达 57.1%，比 2014 年低 4.9 个百分点。包含票据融资在内的短期贷款快速增长，比年初增加 4.7 万亿元，比上年多增 1.2 万亿元。

四、社会融资规模总体适度

2015 年，社会融资规模增量为 15.4 万亿元，比上一年少 4675 亿元。值得注意的是，2015 年发行地方政府债券超过 3.5 万亿元，其中大部分用于置换地方融资平台借入的存量债务（如银行贷款、信托贷款等）。由于地方融资平台属于社会融资规模统计的非金融企业部门范畴，而地方政府在社会融资规模统计之外，因此存量债务置换会使社会融资规模减少。如果还原该因素，金融对实体经济的实际支持力度超过往年。

从结构上看，社会融资规模包括金融机构本外币贷款、实体经济通过金融机构表外的融资、直接融资和其他类融资四个部分。

金融机构本外币贷款增量比重持续上升。全年人民币贷款增加 11.3 万亿元，比上年多增 15241 亿元；外币贷款折合人民币减少 6427 亿元，比上年多减 7662 亿元。全年人民币贷款增量占社会融资规模增量的 73.1%，比上年高 11.7 个百分点，本外币贷款增量占比 69.0%，比上年上升 7.4 个百分点。金融机构本外币贷款仍然是社会融资的主体，表明当前贷款依然是实体经济的主要融资工具。

实体经济通过金融机构表外的融资，主要有委托贷款、信托贷款和未贴现的银行承兑汇票三种形式。2015 年这三项增量合计 5778 亿元，比上年少 19940 亿元；占同期社会融资规模增量的 3.8%，比上年低 13.8 个百分点。

直接融资由非金融企业境内债券和股票融资两个部分组成。2015 年直接融资增量总计 3.7 万亿元，比上年多 8324 亿元，占同期社会融资规模增量的 24.0%，比上年高 6.6 个百分点。其中，企业债券净融资 2.9 万亿元，比上年多 5070 亿元；非金融企业境内股票融资 7604 亿元，比上年多 3254 亿元。

其他类融资主要包括投资性房地产、保险赔偿和小贷公司及贷款公司贷款。2014 年这三项增量合计为 5042 亿元，比上年少 597 亿元，占同期社会融资规模增量的 3.3%，比上年降低了 0.1 个百分点。

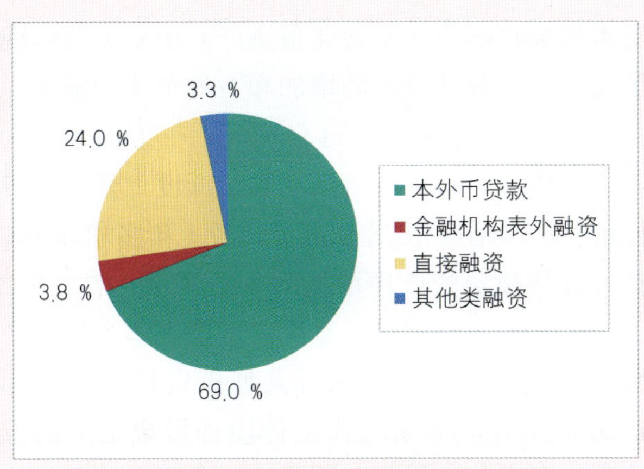

图 2　2015 年社会融资规模增量构成

2015 年末社会融资规模存量为 138.2 万亿元，比上年末增长 12.5%，增速回落 1.8 个百分点。其中，对实体经济发放的人民币贷款余额为 92.8 万亿元，比上年末增长 13.9%；对实体经济发放的外币贷款折合人民币余额为 3.0 万亿元，比上年末下降 13.0%；委托贷款余额为 11.0 万亿元，比上年末增长 18.0%；信托贷款余额为 5.2 万亿元，比上年末增长 2.0%；未贴现的银行承兑汇票余额为 5.9 万亿元，比上年末下降 14.8%；企业债券余额为 14.6 万亿元，比上年末增长 25.1%；非金融企业境内股票余额为 4.5 万亿元，比上年末增长 20.2%。

从结构看，2015 年末对实体经济发放的人民币贷款余额占同期社会融资规模存量的 67.1%，比上年末高 0.8 个百分点；对实体经济发放的外币贷款余额占比 2.2%，比上年末低 0.6 个百分点；委托贷款余额占比 8.0%，比上年末高 0.4 个百分点；信托贷款余额占比 3.9%，比上年末低 0.5 个百分点；未贴现的银行承兑汇票余额占比 4.2%，比上年末低 1.3 个百分点；企业债券余额占比 10.6%，比上年末高 1.1 个百分点；非金融企业境内股票余额占比 3.3%，比上年末高 0.2 个百分点。

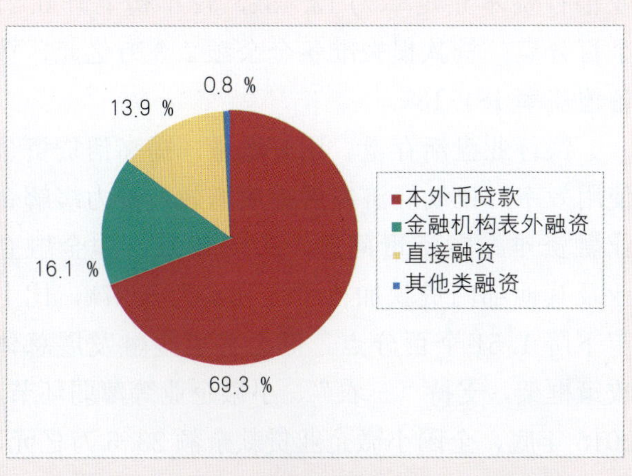

图 3　2015 年末社会融资规模存量构成

五、金融机构贷款利率总体下降

贷款利率明显下降。2015 年 12 月，非金融企业及其他部门贷款加权平均利率为 5.27%，比上年 12 月下降 1.51 个百分点。其中，一般贷款加权平均利率为 5.64%，比上年 12 月下降 1.28 个百分点；票据融资加权平均利率为 3.33%，比上年 12 月下降 2.34 个百分点。个人住房贷款利率稳步下行，12 月加权平均利率为 4.70%，比上年 12 月下降 1.55 个百分点。

从利率浮动情况看，执行下浮利率的贷款占比上升，执行基准利率、上浮利率的贷款占比下降。2015 年 12 月，一般贷款中执行下浮利率的贷款占比为 21.45%，比上年 12 月上升 8.34 个百分点；执行基准利率的贷款占比为 18.60%，比上年 12 月下降 1.04 个百分点；执行上浮利率的贷款占比为 59.95%，比上年 12 月下降 7.30 个百分点。

六、银行间市场成交量大幅增长

2015 年，银行间市场拆借、现券和债券回购累计成交 608.8 万亿元，比上年增加 101.3%。其中，银行间市场同业拆借成交 64.2 万亿元，比上年增加 70.5%；债券回购成交 457.8 万亿元，比上年增加 104.0%；现券成交 86.8 万亿元，比上年增加 114.9%。

银行间债券市场进一步丰富投资者群体，引入私募投资基金、期货公司及其资产管理产品投资银行间债券市场。2015 年末，银行间市场各类参与者共计 9642 家，较上年末增加 3108 家，比上年增加 49.2%。其中，境内法人类参与机构为 2094 家，境内非法人机构投资者为 7240 家。2015 年末，共有 308 家境外央行、主权财富基金等境外机构进入银行间市场投资，较去年末增加 128 家。

2015 年，货币市场利率先升后降，整体下行明显。2015 年 12 月，质押式回购加权平均利率为 1.95%，较去年同期下降 154 个基点；同业拆借加权平均利率为 1.97%，较去年同期下降 152 个基点。

七、人民币汇率双向浮动弹性明显增强

2015 年，人民币对美元汇率小幅贬值，双向浮动特征明显，汇率弹性明显增强，人民币对一篮子货币保持了基本稳定，人民币汇率预期总体平稳。2015 年末，CFETS 人民币汇率指数为 100.94，较 2014 年末升值 0.94%；参考 BIS 货币篮子和 SDR 货币篮子的人民币汇率指数分别为 101.71 和 98.84，分别较 2014 年末升值 1.71% 和贬值 1.16%。三个人民币汇率指数一贬两升，显示 2015 年人民币对一篮子货币总体保持了基本稳定。根据国际清算银行的计算，2015 年，人民币名义有效汇率升值 3.66%，实际有效汇率升值 3.93%；2005 年人民币汇率形成机制改革以来至 2015 年 12 月，人民币名义有效汇率升值 45.87%，实际有效汇率升值 56.15%。2015 年末，人民币对美元汇率中间价为 6.4936 元，比 2014 年末贬值 3746 个基点，贬值幅度为 5.77%。2005 年人民币汇率形成机制改革以来至 2015 年末，人民币对美元汇率累计升值 27.46%。

八、国际收支经常项目仍保持较大顺差，跨境资本流动波动性大

2015 年，我国经常项目顺差 3306 亿美元，较上年增长 19%，与 GDP 之比为 3.0%，较上年上升 0.3 个百分点，依然处于国际公认的合理区间之内。其中，货物贸易顺差与 GDP 之比为 5.2%，较上年上升 1.0 个百分点，主要受进口价格回落等影响；服务贸易逆差与 GDP 之比为 1.7%，与上年基本持平，旅行项下逆差较为突出，与国内居民收入提高、境外消费高涨等因素密切相关。资本和金融账户（不含储备资产）逆差主要体现了境内主体对外投资的增加和对外负债的减少。2015 年逆差规模为 4853 亿美元，一方面表现为境内主体参与国际经济活动的活跃度上升，直接投资资产净增加 1878 亿美元，较上年多增 53%，对外证券投资资产净增加 732 亿美元，增长 5.8 倍，体现了我国有序拓宽境内市场主体全球资产配置的结果，对外贷款等其他投资持续净增加 1276 亿美元，显示境内主体境外资金运用的方式更加多元化；另一方面反映了我国企业对外债务的去杠杆化，如其他投资负债项下由 2014 年的净流入转为净流出，但直接投资项下境外资本保持较大规模净流入。此外，跨境资本流动的波动性较大，外汇储备资产一季度减少 795 亿美元、二季度增加 130 亿美元，下半年又转为较快下降，三季度外汇储备资产下降 1606 亿美元，四季度外汇储备资产减少 1151 亿美元，降幅较三季度收窄。

九、银行业风险防范能力加强，支持实体经济稳增长、调结构

银行业资产和负债规模稳步增长。2015 年底，我国银行业金融机构共有法人机构 4，262 家；资产总额 199.3 万亿元，比上年增长 15.7%；负债总额 184.1 万亿元，比上年增长 15.1%；不良贷款余额 1.96 万亿元，不良贷款率 1.94%。银行业金融机构积极计提贷款损失准备金，继续保持了较强的风险防范能力。截至 2015 年底，商业银行资本充足率为 13.45%，较年初上升 0.27 个百分点；贷款损失准备金余额 2.3 万亿元，拨备覆盖率 181.18%。

银行业盘活存量、用好增量，提高信贷资金使用效率，推动经济发展提质增效。着力缓解企业融资难、融资贵问题，2015 年底，非金融企业及其他部门贷款加权平均利率为 5.27%，比上年下降 1.51 个百分点。健全普惠金融发展总体政策框架，支持“三农”、小微企业等薄弱环节。2015 年底，全国小微企业贷款余额 23.5 万亿元，实现了“三个不低于”目标。银行业金融机构涉

农贷款余额26.4万亿元，比上年增长11.7%。银行业紧跟国家战略，创新金融产品与服务，主动对接、积极支持重大工程项目建设。2015年底，银行业金融机构保障性安居工程贷款余额1.99万亿元，基础设施领域贷款余额19.4万亿元。

十、股票市场波动剧烈

2015年，沪深两市共901只A股股票进行了首发及再融资，合计筹资8518.7亿元（不含定向增发资产认购6056.17亿元），比上年多筹3684.7亿元，其中首发221只，筹资1766.9亿元，定向增发674只（现金认购），筹资6709.5亿元，配股6只，筹资42.3亿元。

2015年，沪深300指数开盘3566.09点，最高5380.43点，最低2952.01点，收盘3731.01点，较上年底上涨5.58%；上证综指开盘3258.63点，最高5178.19点，最低2850.71点，收盘3539.18点，较上年底上涨9.41%；深证综指开盘1419.44点，最高3156.96点，最低1408.99点，收盘2308.91点，较上年底上涨63.15%；创业板指数开盘1470.58点，最高4037.96点，最低1429.08点，收盘2714.05点，较上年底上涨84.14%。2015年沪深两市股票日均成交10453.03亿元，较2014年增加244.26%。

2015年A股走势分为三个阶段：年初至6月12日快速上涨，上证综指和深证综指分别上涨60%和122%；6月15日至8月26日从高位急速下跌，上证综指和深证综指跌幅分别达43%和46%；8月27日至年底逐步回升，上证综指和深证综指分别上涨21%和36%。全年上证综指振幅达72%，深证综指振幅达123%。

十一、债券发行规模显著扩大

2015年累计发行各类债券22.9万亿元，比上年增长108.3%，主要是地方政府债券、公司债和同业存单发行量增长很快；公司信用类债券中的企业债券发行量较上年减少。年末国内各类债券余额48.8万亿元，比上年增长38.1%。

表1　2015年国内各类债券发行情况

单位：亿元

债券品种	发行额	较上年增加
国债	21058	3311
地方政府债券	38351	34351
中央银行票据	0	0
金融债券	102095	65543
其中：国家开发银行及政策性金融债	26051	2851
同业存单	53024	44827
公司信用类债券	67205	15709
其中：非金融企业债务融资工具	54326	12514
企业债券	5031	-3229
公司债	7708	6680
国际机构债券	115	95
合计	228824	119009

债券市场品种进一步丰富。一是在银行间债券市场推出保险公司资本补充债券，拓宽了保险公司资本补充渠道，提高了保险公司偿付能力和抵御风险能力。二是推出绿色金融债券，为金融机构通过债券市场筹集资金支持环保、节能、清洁能源、清洁交通等绿色产业项目创新了筹资渠道，增加了绿色信贷特别是中长期绿色信贷的有效供给。三是非金融企业债务融资工具品种不断丰富，推出永续票据、并购票据、绿色票据、资产支持票据、“债贷组合”等新品种，发行注册管理体系不断完善，实行分层分类管理，并在定向融资工具发行中引入专项机构投资人制度。

各类债券发行利率均明显回落。12月份发行的10年期国债发行利率为2.99%，比上年同期发行的同期限国债利率下降78个基点；11月份国开行发行的10年期金融债利率3.47%，比上年12月发行的同期限金融债利率下降90个基点；主体评级AAA的企业发行的一年期短期融资券（债券评级A-1）平均利率3.78%，比上年同期低152个基点；主体评级AAA 的企业发行的5年期中期票据（债券评级AAA）平均发行利率4.17%，比上年同期下降150个基点。Shibor对债券产品定价基准作用继续提升。2015年全年，发行以Shibor为基准定价的浮动利率债券4只，总量为170亿元；发行固定利率企业债302只，总量为3421亿元，全部参照Shibor定价；发行参照Shibor定价的固定利率短期融资券8903亿元，占固定利率短期融资券发行总量的91.6%。

十二、保险业继续保持强劲势头

2015年保险业继续保持强劲发展势头。全年累计实现原保险保费收入24282.5亿元，比上年增长20.0%，增速比上年提高2.5个百分点。其中产险公司原保险保费收入8423.3亿元，比上年增长11.7%；寿险公司原保险保费收入15859.1亿元，比上年增长25.0%。产险业务增速有所回落，保费收入7995.0亿元，比上年增长11.0%，增速比上年回落5.0个百分点；人身险业务增速有所加快，保费收入16287.6亿元，比上年增长25.0%，增速比上年提高6.6个百分点。其中寿险业务原保险保费收入13241.5亿元，比上年增长21.5%；健康险业务原保险保费收入2410.5亿元，比上年增长51.9%；意外险业务原保险保费收入635.6亿元，比上年增长17.1%。由于产险保费收入增速低于人身险保费收入增速，产险保费收入占保费总收入的比重为32.9%，比2014年下降了2.7个百分点。

表2　2014-2015年保险公司保费收入

单位：亿元

项目	2014年	2015年
合计	20234.81	24282.52
一、财产保险公司	7544.4	8423.26
1.企业财产保险	387.35	386.16
2.家庭财产保险	33.68	41.69
3.机动车辆保险	5515.93	6198.96
4.工程保险	81.67	82.93
5.责任保险	253.3	301.85
6.信用保险	200.67	192.55
7.保证保险	199.88	208.1
8.船舶保险	55.12	55.01
9.货物运输保险	95.44	88.16
10.特殊风险保险	41.76	42.34
11.农业保险	325.78	374.9
12.健康险	169.09	228.34
13.意外伤害保险	171.93	199.95
14、其他险	12.8	22.23
二、人寿保险公司	12690.41	15859.26
1、寿险	10901.69	13241.52
2、健康险	1418.09	2182.13
3、人身意外伤害险	370.63	435.61

注：本表人寿保险公司中包括中华控股寿险业务。

2015年，我国保险公司总资产保持较快增长，外资保险公司资产份额有所提升。保险公司（不含筹建）已经发展到了194家，比上年增加14家。保险公司总资产达到12.4万亿元，比上年增长21.7%，增速比上年回落0.9个百分点。其中外资保险公司资产达到8539.8亿元，占保险业资产总额的6.9%，比上年提高了0.4个百分点。保险系统职工人数达到102.5万人，比上年增长13.3%，其中中外合资保险公司职工人数为4.8万人，比上年增长9.6%，占职工总人数的4.7%，比上年下降0.2个百分点。

表3　2014-2015年保险系统机构和人员情况表

项目	机构数（个）		期末职工人数（人）	
	2014年	2015年	2014年	2015年
一、总计	180	194	904253	1024572
二、保险集团公司	10	11	4824	5660
三、中资保险公司	113	126	855320	970573
四、中外合资公司	57	57	44109	48339

表4　2014-2015年保险公司资产情况表

单位：亿元

项目	2014年	2015年
总资产	101591	123598
其中：财产险公司	14061	18481
寿险公司	82487	99325
再保险公司	3514	5187
其中：中资公司	94951	115058
外资公司	6640	8540

随着保险业市场的加速发展，我国保险市场开发程度也在不断深化。2015年，我国保险密度（人均保费收入）为1770.9元/人，比上年增长19.4%，增速上升2.5个百分点；保险深度（保费收入占GDP的比重）为3.6%，比上年提高0.4个百分点。但与世界水平相比，我国的保险密度

和保险深度还有很大差距。2015 年在对世界 88 个经济体的调查中，平均保险密度为 621.2 美元 / 人，平均保险深度为 6.23%，中国两项指标分别位于 53 位和 40 位。

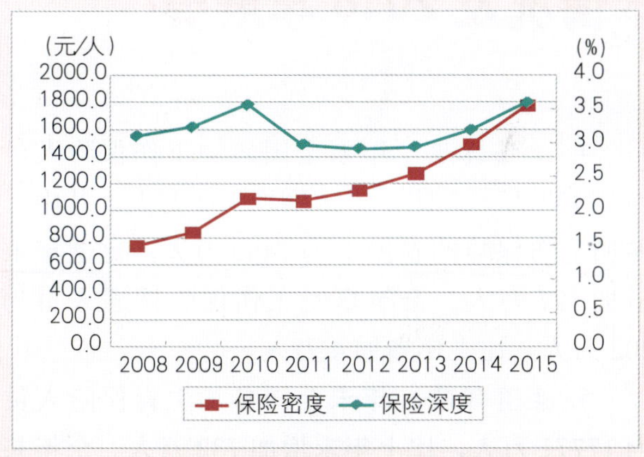

图 4 2008—2015 年保险密度与保险深度

表 5 2014—2015 年保险公司赔款及给付情况

单位：亿元

项目	2014 年	2015 年
合计	7216.21	8674.14
一、财产保险公司	3968.27	4448.32
1. 企业财产保险	215.22	216.39
2. 家庭财产保险	11.46	16.77
3. 机动车辆保险	3026.74	3335.58
4. 工程保险	35.01	36.63
5. 责任保险	107.72	129.25
6. 信用保险	57.7	45.11
7. 保证保险	29.05	63.73
8. 船舶保险	33.58	33.37
9. 货物运输保险	43.68	46.18
10. 特殊风险保险	12.91	19.05
11. 农业保险	205.8	237.05
12. 健康险	124.84	187.96
13. 意外伤害保险	55.21	66.2
14、其他险	9.36	15.05
二、人寿保险公司	3247.94	4225.82
1、寿险	2728.43	3565.17
2、健康险	446.31	575.01
3、人身意外伤害险	73.21	85.64

注：本表人寿保险公司中包括中华控股寿险业务。

2015 年保险业赔款与给付达 8674.1 亿元，比上年增长 20.2%。其中财产保险公司支出 4448.3 亿元，比上年增长 12.1%，占总支出的 51.3%，比上年下降 3.7 个百分点；人寿保险公司支出 3565.2 亿元，比上年增长 30.7%，占总支出的 48.7%。产险业务赔款 4194.2 亿元，比上年增长 10.7%；寿险业务给付 3565.2 亿元，比上年增长 30.7%；健康险业务赔款和给付 763.0 亿元，比上年增长 33.6%；意外险业务赔款 151.8 亿元，比上年增长 18.2%。

2015 年末，保险资金运用余额 11.2 万亿元，比上年增长 19.8%。其中银行存款 24349.7 亿元，占比 21.8%；债券 38446.4 亿元，占比 34.4%；股票和证券投资基金 16969.0 亿元，占比 15.2%；其他投资 32030.4 亿元，占比 28.7%。

十三、深化金融改革促进创新发展

在经济发展新常态下，金融监管应坚持稳中求进的工作总基调，保持政策的连续性和稳定性，继续实施稳健的货币政策，保持松紧适度，适时预调微调，增强针对性和灵活性，做好供给侧结构性改革中的总需求管理，为结构性改革营造中性适度的货币金融环境，促进经济稳定持续发展。更加注重改革创新，寓改革于调控之中，把货币政策调控与深化改革紧密结合起来，更充分地发挥市场在资源配置中的决定性作用。针对金融深化和创新发展，进一步完善调控模式，强化价格型调节和传导机制，疏通货币政策向实体经济的传导渠道，着力解决经济金融运行中的突出问题，提高金融运行效率和服务实体经济的能力。

（执笔：陈希）

2015 年全国社会保险基本情况及 2016 年展望

2015 年，在党中央、国务院的坚强领导下，全国人力资源社会保障系统全面贯彻党的十八大和十八届三中、四中、五中全会精神和习近平总书记系列重要讲话精神，坚持稳中求进工作总基调，适应经济发展新常态，实行社会政策要托底的思路，改革创新、奋发有为，社会保险制度运行平稳，覆盖城乡居民的社会保险体系基本建成。

一、2015 年社会保险基本情况

（一）各项社会保险参保人数继续增长

1. 养老保险。年末全国基本养老保险参保人员共计 85833 万人，比上年末增加 1601 万人。其中，领取待遇人员 23942 万人，比上年末增加 1036 万人。（1）年末全国参加城镇职工基本养老保险人员为 35361 万人，比上年末增加 1237 万人。其中，参保职工 26219 万人，参保离退休人员 9142 万人，分别比上年末增加 688 万人和 549 万人。（2）年末城乡居民基本养老保险参保人员 50472 万人，比上年末增加 365 万人。其中，实际领取待遇人员 14800 万人，比上年末增加 487 万人。

2. 城镇基本医疗保险。年末全国参加城镇基本医疗保险人员为 66582 万人，比上年末增加 6835 万人。其中，参加职工基本医疗保险人员为 28893 万人，比上年末增加 597 万人；参加城镇居民基本医疗保险人员为 37689 万人，比上年末增加 6238 万人。在参加职工基本医疗保险的人员中，参保职工 21362 万人，参保退休人员 7531 万人，分别比上年末增加 321 万人和 276 万人。

3. 失业保险。年末全国参加失业保险人员为 17326 万人，比上年末增加 283 万人。全年全国共向 456.8 万失业人员发放不同期限的失业保险金，比上年增加 34.8 万人。年末全国领取失业保险金人员为227万人，比上年末增加20万人。

4. 工伤保险。年末全国参加工伤保险人员为 21432 万人，比上年末增加 793 万人。其中，参加工伤保险的农民工为 7489 万人，比上年末增加 127 万人。全年享受工伤保险待遇人员为 202 万人，比上年增加 4 万人。

5. 生育保险。年末全国参加生育保险人员为 17771 万人，比上年末增加 732 万人。全年共有 642 万人次享受了生育保险待遇，比上年增加 29 万人次。

（二）社会保险基金收支规模持续扩大

社会保险制度运行平稳。2015 年，各项社会保险的基金总收入约为 46012 亿元，比上年增加 6184 亿元，增长 15.5%；基金总支出约为 38988 亿元，比上年增加 5985 亿元，增长 18.1%。

1. 养老保险。全年基本养老保险的基金总收入达到 32195 亿元，比上年增长 16.6%；基金总支出 27929 亿元，比上年增长 19.7%。（1）全年城镇职工基本养老保险基金总收入 29341 亿元，比上年增长 15.9%，其中征缴收入 23016 亿元，增长 12.6%；全年基金支出 25813 亿元，比上年增长 18.7%。年末基金累计结存 35345 亿元。（2）全年城乡居民基本养老保险基金收入 2855 亿元，比上年增长 23.6%，其中个人缴费 700 亿元，比上年增长 5.1%；基金支出 2117 亿元，比上年增长 34.7%。年末基金累计结存 4592 亿元。

2. 医疗保险。全年基本医疗保险基金总收入 11193 亿元，比上年增长 15.5%；全年基金总支出 9312 亿元，比上年增长 14.5%。（1）全年城镇职工基本医疗保险基金收入 9084 亿元，比上年增长 13%；全年基金支出 7532 亿元，比上年增长 12.5%。年末基金累计结存 10997 亿元（统筹基金累计结存 6568 亿元、个人账户积累 4429 亿元）。（2）城乡居民基本医疗保险基金收入 2109 亿元，比上年增长 27.9%；全年基金支出

1781 亿元，比上年增长 23.9%。年末基金累计结存 1546 亿元。

3. 失业保险。全年失业保险基金收入 1368 亿元，比上年下降 0.9%；全年基金支出 736 亿元，比上年增长 19.8%。年末基金累计结存 5083 亿元。

4. 工伤保险。全年工伤保险基金收入 754 亿元，比上年增长 8.6%；全年基金支出 599 亿元，比上年增长 6.8%。年末基金（不含储备金）累计结存 1076 亿元，储备金结存 209 亿元。

5. 生育保险。全年生育保险基金收入 502 亿元，比上年增长 12.5%；全年基金支出 411 亿元，比上年增长 11.8%。年末基金累计结存 684 亿元。

（三）社会保险待遇水平稳步提高

2015 年，全国企业退休人员养老待遇人均水平达到每月 2200 多元，比上年提高 7.3%。2015 年 1 月人力资源社会保障部、财政部印发通知，经国务院批准，从 2014 年 7 月 1 日起全国城乡居民基本养老保险基础养老金最低标准提高到每人每月 70 元。2015 年各级财政对居民医保的补助每人每年 380 元以上，居民医保政策内住院支付比例为 68.6%，参保人员的医保待遇明显提高。失业、工伤、生育保险待遇水平继续提高。

（四）统筹推进城乡社会保障体系建设

1. 推进机关事业单位养老保险制度改革，整合城乡居民基本养老保险制度。实施机关事业单位养老保险制度改革。研究制定养老保险制度改革总体方案及相关分方案。全面实施统一的城乡居民基本养老保险制度。完善并落实被征地农民社会保障政策。调整企业退休人员和城乡居民基本养老金。企业年金进一步发展。2015 年末，全国建立企业年金的企业 7.55 万家，比上年增长 3.0%。参加职工 2316 万人，比上年增长 1.0%。企业年金基金年末累计结存 9526 亿元。

2. 完善全民医保体系，健全生育保险制度。城乡居民基本医疗保险财政补助和个人缴费标准继续提高，基本医疗保障水平进一步提升。推进城乡居民基本医疗保险制度整合。全面实施城乡居民大病保险。改进职工医保个人账户，推进门诊统筹。完善医疗保险付费总额控制，深化支付方式改革，加强医疗保险服务监管。巩固和提高医疗保险统筹层次，推进异地就医医疗费用结算和关系转移接续工作。

上海陆家嘴保险大厦

3. 不断完善失业保险制度。调整失业保险费率，落实失业保险支持企业稳定岗位政策。加强失业动态监测，开展失业预警试点工作。

4. 稳步推进工伤保险工作。组织实施“同舟计划”——建筑业工伤保险专项扩面行动计划，全面推进建筑业从业人员参加工伤保险。完善费率机制，降低工伤保险费率。积极稳妥推进工伤预防和工伤康复。加快推进工伤保险省级统筹。研究制定工伤保险辅助器具配置管理办法、实施《工伤保险条例》若干问题的意见、非因工伤残劳动能力鉴定管理办法等政策标准。

（五）加强社会保险基金监管

着力加强基金监督制度机制建设，健全社保欺诈查处移送制度，开展养老保险专项检查，深化社会保险基金社会监督试点和安全评估试点，完善行政执法与刑事司法相衔接、行政监督与社会监督相结合的机制。完善社会保险基金预算执行约束机制，进一步严格预算管理，坚持依法征收和应收尽收，强化征缴稽核，禁止以各种名义自行降低缴费基数、缴费费率损害参保人员利益。强化社会保险基金征缴和监督管理，用好法律、法规武器和信息化手段，加强实时监控和核查比对，打击各种套取、诈骗社保基金行为。制定实施职业年金办法及基金管理办法，修订企业年金办法和企业（职业）年金管理机构资格认定办法，促进企业年金市场良性运行。制定基本养老保险基金投资管理办法。

（六）社会保险经办管理服务标准化、规范化、信息化水平不断提高

制定实施机关事业单位养老保险经办、城乡居民基本养老保险经办等相关规程。加强社会保险经办管理服务，整合经办资源，推进五险统一征收，抓好基本医疗保险异地就医结算服务工作。完成行业企业社会保险纳入地方管理。继续做好外国人参加社会保险工作。完善社会保险信息披露制度。加强社会保险精算工作。推进社会保险经办机构业务整合和流程优化，完成“十二五”社会保险标准化建设，大力发展“电子社保”。

全国统一的社会保障卡发行和推广应用加快，2015 年底持卡人数达到 8.84 亿人。全国社会保障卡持卡人员基础信息库已在部本级和 11 个省份正式上线，21 个省份（含新疆生产建设兵团）完成部署。人员基础信息入库 7.1 亿条，社会保障卡基础信息 5.5 亿条，实现人员基础信息的集中管理，为跨地区用卡提供支撑。

二、2016 年社会保险工作展望

2016 年社会保险工作的任务是：全面贯彻党的十八大和十八届三中、四中、五中全会精神和习近平总书记系列重要讲话精神，坚持稳中求进工作总基调，坚守底线、坚持创新，加快推进社会保障制度建设，全力推进全民参保计划，积极开展扩面征缴，稳步提高待遇水平，提高基金监管和社保经办管理服务水平。

（一）继续做好社会保险扩面、征缴和支付工作

继续扩大各项社会保险覆盖面。预计到 2016 年底，全国基本养老保险参保人员将达到 8.8 亿，城镇基本医疗保险参保人员 6.75 亿、失业保险参保人员 1.73 亿、工伤保险参保人员 2.15 亿、生育保险参保人员 1.76 亿。进一步健全多缴多得、长缴多得的激励约束机制，继续提高社会保险待遇水平，确保各项社会保险待遇按时按规定支付。

（二）加快推进养老保险制度建设

继续推进机关事业单位养老保险制度改革，出台相关配套政策，推动实施。制定养老保险制度改革总体方案。制定职工基础养老金全国统筹方案。制定渐进式延迟退休年龄方案。完善职工基本养老保险个人账户政策。提高企业和机关事业单位退休人员基本养老金待遇水平，确保养老金按时足额发放。完善城乡居民养老保险和被征地农民社会保障政策。

（三）完善全民医保体系，健全生育保险制度

2016 年各级财政对居民医保的补助标准达到每人每年 420 元，居民个人缴费达到人均不低于 150 元。整合城乡居民基本医疗保险制度。巩固完善城乡居民大病保险制度。研究完善职工医保个人账户政策。推进医保、医药、医疗“三医联动”。改革医疗保险支付方式，加快推进基本医保全国联网和异地就医结算。开展建立长期护理保险制度试点。研究医疗保险和生育保险合并实施方案。

（四）完善失业保险制度

修订失业保险条例。推进失业监测预警工作。研究建立完善失业保险稳定就业、促进就业长效机制。阶段性降低失业保险费率。研究完善失业保险稳岗补贴政策。

（五）加强工伤保险制度建设

实施“同舟计划”——建筑业工伤保险专项行动，全面推进建筑业从业人员参加工伤保险。抓好费率政策落实，降低工伤保险费率。积极稳妥推进工伤预防和工伤康复。继续推进工伤保险省级统筹。

（六）加强社会保险基金监管

制定企业年金管理办法。启动实施基本养老保险基金投资运营工作。实施职业年金基金管理暂行办法。研究制定社会保险基金监督规定、欺诈案件查处规定和监督执法规程，继续推进基金安全评估试点，加强社会保险基金监督检查。推进健全基金监督行政执法与刑事司法有效衔接机制，落实查处和规范社会保险欺诈联席会制度。

（七）提升社会保险经办管理服务水平

加强社会保险基金预决算管理。推进企业退休人员社会化管理，2016 年底企业退休人员社区管理服务率达到 82%。完善医疗保险定点医药机构协议管理。全面推进医疗服务智能监控工作。

（八）加快推进社会保险信息化

启动金保工程二期建设，推进社会保险信息化建设，强化信息资源服务能力，提升公共服务水平。运用云计算、大数据、移动应用等现代信息技术，创新服务模式，推动社会保险领域“互联网＋”和大数据发展。建设机关事业单位养老保险信息系统，全面推广医疗服务监控系统，建设全民参保登记系统。加大跨地区业务系统应用力度，建设国家异地就医结算系统，推进部异地转移系统的应用。提高社会保险联网数据覆盖率和数据质量，开展综合分析。推进大厅窗口与 12333 等各类服务渠道的联动服务，实现查询服务多样化。加快推进社会保障卡的发放与应用工作，2016 年底持卡人数达到 9.5 亿以上，开通 80% 用卡目录项目。

（撰稿：饶志刚）

2015 年科技事业发展报告

2015 年是国家“十二五”科学和技术发展规划的收官之年，也是创新驱动发展战略深入实施的一年。在这一年里，科技体制改革扎实推进，创新环境条件优化改善，研发投入较快增长，科研与技术创新能力增强，科技产出成果丰硕，创新能力不断提升，科技创新引领经济社会发展成效显著。

一、创新驱动发展战略深入实施，科技体制改革扎实推进

2015 年，科技创新系统谋划得到加强，创新驱动发展战略深入实施。十八届五中全会把创新发展作为五大发展理念之首，明确要求充分发挥科技创新在全面创新中的引领作用，科技创新在国家发展全局中的战略地位提升到新高度。创新驱动发展战略顶层设计业已完成，《中共中央国务院关于深化体制机制改革加快实施创新驱动发展战略的若干意见》已从 8 个方面 30 个领域推动创新驱动发展战略的落地。

按照党中央、国务院战略部署，中组部、发改委、财政部、科技部等 40 多个部门联合组织实施《深化科技体制改革实施方案》，以问题为导向，针对科技创新驱动发展存在的体制机制和政策制度障碍，提出了 10 个方面 32 项改革及 143 项政策措施。《促进科技成果转化法》的重新修订为进一步加快高等学校、科研机构的成果向企业和社会转化的速度和效率提供了法制保障。

二、财政政策助力创新驱动战略落实，政府资金扶持力度加大

国家财政扶持政策及时出台，有力支持了创新驱动发展战略的深入实施。2015 年，中央财政深化科技计划管理改革，完成大部分科技计划优化整合工作，集中资源支持体现国家战略意图的重大科技任务。全年国家安排了 3574 项科技支撑计划课题和 2561 项“863”计划课题。2015 年全社会研发经费中，政府资金所占比重为 21.3%，比上年提高 1 个百分点。

国家新兴产业创投计划投资范围拓宽，扶持科技创新的减免税政策落实力度加大。2015 年国家新兴产业创投计划累计支持设立 206 家创业投资企业，资金总规模达 557 亿元；累计投资创业企业 1233 家，比上年增加 494 家。从企业享受减免税情况看，2015 年我国规模以上工业企业研发费用加计扣除减免税和高新技术企业减免税分别为 449.3 亿元和 702.3 亿元，分别比上年增长 18.3% 和 14.6%。

三、全社会研发投入实现较快增长，企业创新能力得到加强

2015 年全社会投入研发经费 14169.9 亿元，比上年增加 1174.2 亿元，增长 9%；研发经费投入强度（与国内生产总值之比）由上年 2.02% 提高到 2.07%。目前我国研发经费投入总量位列美国之后，在世界排名第二位；研发经费投入强度已达到中等发达国家水平，居发展中国家前列。2015 年全社会研发人员全时当量为 375.9 万人年，增长 1.3%；其中研究人员 161.9 万人年，增长 6.2%。研究人员占全部研发人员总量的比重为 43.1%，比上年提高 2 个百分点。我国研发经费投入水平和研发人员队伍素质的进一步提高为科技创新实现由“跟跑”到“并跑”和“领跑”创造了有利条件。

企业研发投入不断增加，创新能力得到加强。2015 年，企业研发经费为 1.1 万亿元，比上年增长 8.2%，其中规模以上工业企业研发经

费首次突破万亿元，达10013.9亿元；企业研发经费占全社会研发经费投入的比重为70.7%。截至2015年底，我国累计认定的国家级企业技术中心1187家，比上年增加89个；技术中心共投入研发经费4172.8亿元，比上年增长9%，占企业研发经费支出的比重为38%。截至2015年底，在企业设立的国家重点实验室为177个，占国家重点实验室的36.8%；在企业设立的国家工程技术研究中心为144个，占国家工程技术研究中心的41.6%。

四、基础研究投入快速增长，原始创新能力不断提升

国家不断加大对技术创新源泉的基础研究的支持。2015年我国基础研究经费为716.1亿元，比上年增长16.7%，增速是全社会研发经费的1.9倍；基础研究经费支出占研发经费支出的比重达5.1%，这是2007年以来基础研究支出占比首次超过5%的水平。其中作为基础研究骨干力量的高等学校，2015年基础研究经费支出391亿元，比上年增长19%，占全国基础研究经费的比重为54.6%，比上年提高1个百分点。以基础研究为重点任务的国家重点实验室得到加强，截至2015年底，国家重点实验室累计达481个，比上年增加80个。2015年国家自然科学基金共资助各类项目40668项，其中以基础研究项目为主的面上项目为16709项，所占比重为41.1%；全年共资助资金218.8亿元，其中面上项目资金102.4亿元，所占比重为46.8%。

在国家财政资金大力支持下，基础研究领域涌现出一批重要研究成果：实现单光子多自由度量子隐形传态，实现对单个蛋白质分子的磁共振探测，揭示埃博拉病毒演化及遗传多样性特征，探测到宇宙早期最亮中心黑洞质量最大的类星体等。基础研究领域取得的重大成果表明了我国原始创新能力得到进一步提升。

五、专利数量显著增长，专利质量同步提升

专利是国际通用的反映一国科技产出能力和水平的重要指标。2015年，我国受理专利申请279.9万件，比上年增长18.5%，专利申请受

理量恢复快速增长态势；其中受理发明专利申请数首次突破百万件，为110.2万件，比上年增长18.7%。2015年授予专利171.8万件，比上年增长31.9%；其中授予发明专利35.9万件，比上年增长54.1%。从境内受理和授权情况看，2015年受理境内专利申请261.7万件，增长19.7%；其中受理境内发明专利95.7万件，增长21.2%，占总量的36.6%，比上年提高0.5个百分点。全年授权境内专利157.8万件，增长32.4%；其中境内发明专利25.6万件，增长62.5%，占总量的16.2%，提高3个百分点。在境内发明专利申请受理和授权数中发明专利所占比重均有提高，表明我国科技成果的质量和水平进一步提升。

有效专利是指截至报告期末专利权处于维持状态的专利，是反映一国自主知识产权情况的重要指标。截至2015年底，我国共有有效专利547.8万件，比上年增加83.5万件；其中境内有效专利467.4万件，境内有效发明专利87.1万件，分别比上年增加75.5万件和20.8万件。我国每万人口发明专利拥有量达6.3件，比"十二五"规划纲要的目标提高了3件。

《专利合作条约》（PCT）是对各国专利申请进行提交、检索和审查的一项国际合作条约，PCT专利情况可在一定程度上反映一国的科技实力和水平。2015年，国家知识产权局共受理PCT专利申请30548件，比上年增长16.7%；其中受理国内申请28399件，比上年增长18.3%，占全部申请量的93%。我国通过PCT途径提交的国际专利申请达29846件，占全球总量的13.7%，稳居世界第三位。

六、科技奖励成果荟萃，获奖项目面广质优

2015年，我国对在科技进步方面作出突出贡献的295个科技项目给予奖励：国家自然科学奖授奖项目42项，其中一等奖1项，二等奖41项；国家技术发明奖授奖项目66项，其中一等奖1项，二等奖65项；国家科学技术进步奖授奖项目187项，其中特等奖3项，一等奖17项，二等奖167项。另外，授予杨克里斯特·杨森教授等7名外国专家中华人民共和国国际科学技术合作奖。

2015年获得国家表彰奖励的项目均是在当代科学技术前沿取得重大突破或在科学技术创新、科学技术成果转化和高技术产业化中，创造了巨大的经济效益或社会效益的项目。髓系白血病发病机制和新型靶向治疗研究，使该病成为第一个可基本治愈的急性髓系白血病；硅衬底高光效GaN基蓝色发光二极管的研制成功，改变了国外技术垄断的局面；农产品黄曲霉毒素靶向抗体创制与高灵敏检测技术，创造了灵敏度最高、特异性最强的世界纪录；高效环保芳烃成套技术的攻克，使我国成为世界上第三个掌握该技术的国家等，这些成果代表了我国各行各业科技创新项目的最高水平。

七、科技服务体系建设快速推进，技术交易规模再创新高

气象服务、地震预报、海洋监测和测绘等专业技术服务工作继续加强。2015年，中央气象台和省级气象台发布气象预警信号5939次，警报6107次。截至2015年底，全国共有地震台站1687个，区域地震台网32个；共有海洋观测站（点）124个；全年测绘地理信息部门公开出版地图2003种，测绘图书2375种。质量监督和检验检疫工作不断完善。截至2015年底，全国共有产品检测实验室31768个，其中国家检测中心641个，比上年增加44个；质监部门全年抽查产品191种、2.5万批。全国现有产品质量、体系认证机构221个，比上年增加38个；已累计完成对13.7万个企业的产品认证，比上年增加1.9万个。全国共有法定计量技术机构3830个，全年强制检定计量器具7354万台（件）。全年制定、修订国家标准1931项，其中新制定1330项。

目前，我国已建立的科技中介服务体系包括：以国家计划支持的、公共机构为主的共性技术研究平台，以生产力促进中心、孵化器、中小企业创业服务中心为主的技术转移和创业服务机构，

以科技咨询与评估、技术交易等专业服务为代表的科技中介机构以及地方政府资助的区域性技术创新服务网络。截至2015年底，全国各类众创空间已超过2300家，科技企业孵化器、加速器逾2500家，在孵企业超过10万家，培育上市和挂牌企业600多家。截至2015年底，国家技术转移示范机构453家，技术(产权)交易机构30家。

2015年全国技术交易规模再创新高，全年技术市场共签订技术合同30.7万项，比上年增长3.4%；实现技术合同成交金额9836亿元，增长14.7%；平均每项技术合同成交金额320.2万元，增长10.9%。分合同类型看，技术服务是技术交易的主要形式，2015年技术服务合同成交金额5059亿元，占比首次过半，达51.4%；分技术领域看，城市建设与社会发展领域首次超过现代交通领域，与电子信息技术领域、先进制造技术领域共同占据技术领域前三位，成交金额分别为1210亿元、2497.3亿元和1350.7亿元，分别占全国合同成交金额的12.3%、25.4%和13.7%；分知识产权类型看，涉及技术秘密和专利等各类知识产权的技术合同成交金额4108.1亿元，占全国成交金额的41.8%。技术市场作为科技中介服务体系的重要组成部分，其稳步发展有效促进了技术的加速转移和转化。

八、科技创新促进产业优化升级，支撑引领经济社会发展

高技术制造业是国民经济行业中研发投入相对较高的行业，以电子及通信设备制造业和医药制造业为代表的高技术制造业总体呈现稳中有进的发展态势，为优化我国工业产业结构奠定基础。2015年高技术制造业增加值比上年增长10.2%，比同期规模以上工业增加值增速高出4.1个百分点；全年完成新产品产值42558.4亿元，比上年增长16.2%；实现主营业务收入139968.6亿元，比上年增长7.7%；实现新产品销售收入41413.5亿元，比上年增长14.2%；全年完成出口交货值50923.1亿元，比上年下降0.1%。高技术制造业的较快发展得益于研发投入的不断增加。2015年高技术制造业企业投入研发经费2626.7亿元，比上年增长13.6%。研发经费投入强度为1.88%，比上年提高0.1个百分点，是全部制造业研发投入强度的近2倍。

科技创新成为引领经济社会发展新引擎。我国TD-LTE产业链日趋成熟，2015年末4G用户数超过3.8亿；半导体照明技术加快应用推广，2015年半导体照明产业整体规模达4245亿元，比上年增长21%；2015年初步统计新能源汽车产销量超过30万辆，居世界第一；截至2015年底，中国自主研发的高速铁路运营里程达1.9万公里，居世界第一；全球首个生物工程角膜艾欣瞳以及阿帕替尼、西达本胺等抗肿瘤新药成功上市等，科技创新为我国经济社会发展带来日新月异的变化，为改善民生福祉提供有力保障。

（执笔：赵利婧）

专栏：2015年世界十大科技进展新闻

1. 美国癌症基因组图谱（TCGA）计划完成。始于2006年的TCGA计划旨在从遗传学角度描述1万个肿瘤，该计划共斥资1亿美元，是国际癌症基因组联盟最大组成部分。研究人员利用相关数据已经提出了对肿瘤进行分类的新方法，并发现了以前未被认识的药物靶点和致癌物质。

2. 埃博拉疫苗为接种者提供100%保护。7月31日在线发表于《柳叶刀》杂志上的一项研究表明，注射一种由默克公司生产的埃博拉疫苗能够在10天后对埃博拉病毒接触者提供100%的保护。这种疫苗将有助于最终结束在西非爆发的长达18个月之久的埃博拉疫情，该研究成果将是载入史册的一项公共卫生成就。

3. 发现调控细胞衰老的关键“开关”。美国《科学》杂志的一项研究报告称，美国科学家利用快速高通量筛选技术，诱导人类成纤维细胞衰老，并最终找到了调控该过程的关键“开关”——GATA4转录因子；该因子可调控反应细胞衰老过程中所分泌的趋化因子和细胞活化因子，其过量表达会直接导致细胞衰老，反之则抑制细胞炎症反应进而延缓衰老。确定GATA4因子在细胞衰老以及相关炎症反应中的关键作用，为将来的相关治疗和干预提供了可能的途径和靶标。

4. 锂—空气电池研究获重大进展。美国剑桥大学研究人员报告称，通过将锂—空气电池的正极改用多层次的大孔石墨烯的方式，克服了过去电池因使用多孔导电碳材料作为正极而存在的重大缺陷，大大提高了电池性能。该成果发表在《科学》杂志上，该成果把锂—空气电池技术朝实用化方向推进了一大步。

5. 全球最大太阳能飞机“阳光动力”2号首次环球飞行。“阳光动力”2号于3月9日从阿布扎比开始首次环球飞行，全程共飞行3.5万公里，停留12个城市，并于7月成功返回阿布扎比；途中克服了横跨太平洋五天五夜不间断飞行的最大困难，飞行器整体设计得到全面检验，飞行员的体能和心理状况也通过了挑战。此次飞行是人类历史上太阳能飞机的首次环球飞行。

6. 单个光子“纠缠”3000个原子。美国麻省理工学院和贝尔格莱德大学的物理学家开发出一种新技术，使用单个光子成功实现了与3000个原子的纠缠，创下了迄今为止粒子纠缠数量的新纪录，相关论文发表在《自然》杂志上。该技术为创建更复杂的纠缠态奠定了基础，未来有望借此制造出运算速度更快的量子计算机和更精确的原子钟。

7. 火星表面找到液态水的“强有力”证据。美国航天局宣布，在分析火星勘测轨道飞行器获取的火星表面4处地点“季节性斜坡纹线”的光谱数据时发现，该数据与水沉淀形成的水合盐矿物的光谱信号一致。该发现是火星表面有液态水活动的“强有力”证据，为在火星寻找生命提供了新线索。

8. 新疫苗或有潜力遏制艾滋病感染。《科学》和《细胞》杂志发表的两项研究认为，一种成功的艾滋病疫苗需要包括一系列相关但又略有区别的免疫原，经多轮免疫接种才能激发人体产生抗艾滋病病毒的广谱中和抗体。经过对小鼠进行免疫原测试，结果显示有希望在这种免疫原的基础上开发出有效的艾滋病疫苗。

9. 全球海洋考察揭示大量新生命形式。一个研究团队在全球210个地方对海洋微小生物进行了为期3年半的的考察后，在《科学》杂志发表了第一批研究成果，成果包括一个超过4000万微生物基因的目录以及约5000个病毒基因类型，同时还有对15万种真核生物的评估。整个项目提供了一个真正有价值的数据库，从而能够以一种前所未有的方式探寻全球的海洋微生物生态系统。

10. 人类探测器首次近距离飞过冥王星。美国“新视野”号探测器从2006年升空后经过9年多长途跋涉，终于与冥王星“会面”，最近距离缩至1.25万公里。该探测器成为首个探测冥王星这颗矮行星的人类探测器。

（执笔：赵利婧）

专栏：2015 年中国十大科技进展新闻

1. 首次实现多自由度量子隐形传态。中国科技大学研究小组在国际上首次实现该突破，并将该成果以封面标题的形式发表于《自然》杂志。这是 1997 年国际上首次实现单一自由度量子隐形传态以来，量子信息试验研究领域的又一重大突破，为发展可扩展的量子计算和量子网络技术奠定了坚实的基础；该成果被欧洲物理学会评为“2015 年度物理学重大突破”。

2. 北斗系统全球组网首星发射成功。该卫星于 3 月 30 日在西昌发射成功，由中科院和上海市政府共建的上海微小卫星工程中心研制，是我国首颗新一代北斗导航卫星，入轨后将开展新型导航信号体制、星间链路等试验验证工作。该卫星的成功发射标志着我国北斗卫星导航系统由区域运行向全球拓展的启动实施。

3. “长征六号”首飞“一箭多星”创纪录。我国新型运载火箭“长征六号”于 9 月 20 日在太原卫星发射中心点火发射，成功将中国航天科技集团公司等单位研制的 20 颗微小卫星送入太空，用于开展航天新技术、新体制、新产品等空间试验。此次发射任务的圆满完成，不仅标志着我国长征系列运载火箭家族再添新成员，而且创造了中国航天一箭多星发射的新纪录。

4. 首架国产大飞机下线。中国自主研制的大型客机 C919 首架机于 11 月 2 日在上海正式下线，该飞机在总体方案、气动外形、飞机机体设计与制造、系统集成及工程项目管理等五个方面实现自主创新。业内专家认为，C919 总装下线对于中国民机产业发展、基础工业实力提升、发展制造强国具有深远的意义。

5. 剪接体高分辨率三维结构获解析。由中科院院士、清华大学教授施一公领导的研究组在《科学》杂志同时发表两篇研究，第一篇题为“3.6 埃的酵母剪接体结构”的研究报道了单颗粒冷冻电子显微技术解析的酵母剪接体近原子分辨率的三维结构，在此基础上第二篇题为“前体信使 RNA 剪接的结构基础”的研究阐述了剪接体对前体信使 RNA 执行剪接的基本工作机理。这是科学家首次捕获到真核细胞剪接体复合物的高分辨率空间三维结构，并阐述了相关工作机理，被专家评价为中国生命科学发展史的一个里程碑。

6. 首次发现外尔费米子。德国科学家 Weyl 在 1929 年预言该无“质量”（即线性色散）电子存在后始终无人能够在实验中观测到，中科院物理所研究团队于 2012 年首次预言在狄拉克半金属中或许可以发现该粒子，并于 2015 年首次在实验中发现了外尔费米子。外尔费米子的半金属能实现低能耗电子传输，有望解决当前电子器件小型化和多功能化所面临的能耗问题。

7. 首次发现相对论高速喷流新模式。中科院研究团队利用世界上最大的光学望远镜对上千万光年之外的旋涡星系 M81 中的极亮超软 X 射线源进行了光谱检测研究，首次发现该光谱中具有高度蓝移的氢元素发射线，揭示了该系统中存在速度达到 0.2 倍光速的相对论性重子喷流。该成果打破了天文学界以往的认知，揭示了黑洞吸积和喷流形成的新方式，《自然》杂志刊登了该成果。

8. 攻克细胞信号传导重大科学难题。中科院上海药物所研究团队利用世界上最强 X 射线激光，成功解析视紫红质与阻遏蛋白复合物的晶体结构，攻克了细胞信号传导领域的重大科学难题。该项突破性成果以长文形式在线发表于《自然》杂志，该研究为开发选择性更高的药物奠定了坚实的理论基础。

9. 首个自驱动可变形液态金属机器问世。中科院、清华大学联合研究小组发现，液态金属可在吞食少量物质后，以可变形机器形态长时间高速运动，实现了无需外部电力的自主运动，相关论文发表于《先进材料》杂志。此发现在世界属首次，该成果标志着中国在液态金属领域达到世界领先水平。

10. “永磁高铁”牵引系统通过首轮线路试验考核。搭载着由中国中车研发的永磁同步牵引系统的中国首列“永磁高铁”在 10 月底通过整车首轮线路运行试验考核。这意味着我国高铁动力正发生革命性变化，成为世界上少数几个掌握“永磁高铁”牵引技术的国家。

（执笔：赵利婧）

2015年社会事业发展报告

2015年，是我国“十二五”时期的收官之年，也是我国社会事业全面发展的一年。党和政府在抓经济稳步增长的同时，更加注重民生改善，更加重视社会事业的发展，各项增进民生福祉的新政策和新举措，有力推动了教育、卫生、社会服务、文化、体育及法制等领域的全面发展。

一、教育规模保持增长，普及程度不断提高

2015年，党和国家继续坚持优先发展教育战略，教育规模保持增长，教育普及程度不断提高，各级各类教育协调发展。

（一）学前教育和特殊教育规模较快增长

2015年，全国共有幼儿园22.4万所，比上年增加1.4万所，增长6.6%，增幅高于上年0.9个百分点；全国学前教育在园幼儿数为4264.8万人，比上年增加214.1万人，增长5.3%，增幅高于上年1.3个百分点。2015年，全国学前教育毛入园率为75.0%，比上年提高了4.5个百分点，是近三年水平提高较快的一年。

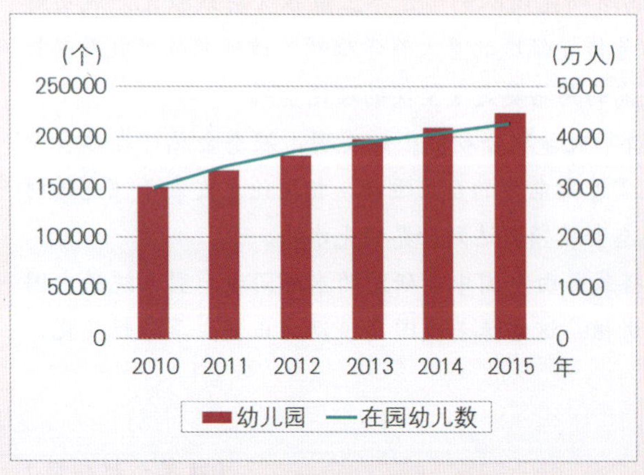

图1 2010—2015年学前教育幼儿园和在园幼儿情况

2015年，全国特殊教育学校2053所，比上年增加53所，增长2.6%；全国共招收特殊教育学生8.3万人，比上年增加1.3万人，增长17.8%，增幅比上年提高了10.6个百分点，增长速度快，增幅大。2015年特殊教育在校学生44.2万人，比上年增加4.7万人，增长12.0%。

（二）义务教育普及程度达到高水平

2015年，全国义务教育阶段共招生3140.1万人，比上年增加33.8万人，增长1.1%；在校生14004.1万人，比上年增加168.4万人，增长1.2%。其中，小学招生1729.0万人，比上年增加70.6万人，增长4.3%，小学在校生9692.2万人，增加241.1万人，增长2.6%，增幅比上年提高了1.6个百分点；初中（含普通初中和职业初中）招生1411.0万人，在校生4312.0万人，与上年比均为减少趋势。

2015年，全国九年义务教育巩固率达93.0%，比上年提高了0.4个百分点，义务教育普及程度已达到高水平。小学学龄儿童净入学率达到99.9%，小学毕业升学率为98.2%，均比上年有所提高；初中阶段毛入学率104.0%，比上年提高了0.5个百分点。

（三）高中教育基本稳定

2015年，全国高中阶段教育中，普通高中招生数为796.6万人，与上年招生规模基本持平；中等职业教育招生数为601.2万人，与上年比略有减少；普通高中和中等职业教育在校学生分别为2374.4万人和1656.7万人，分别比上年减少26.1万人和98.6万人。2015年，全国高中阶段毛入学率达到87.0%，比上年提高了0.5个百分点；高中毕业升学率为92.5%，比上年提高了2.3个百分点。

（四）高等教育规模继续增长

2015 年，全国共招收研究生 64.5 万人，比上年增加 2.4 万人，增长 3.8%；在学研究生 191.1 万人，比上年增加 6.4 万人，增长 3.4%；毕业生 55.2 万人，比上年增加 1.6 万人，增长 2.9%。

2015 年，全国普通本专科共招生 737.8 万人，比上年增加 16.5 万人，增长 2.3%，普通本专科在校生 2625.3 万人，增加 77.6 万人，增长 3.0%。其中，本科在校生 1576.7 万人，增加 35.6 万人，增长 2.3%；专科在校生 1048.6 万人，增加 42.0 万人，增长 4.2%。2015 年，高等教育毛入学率为 40.0%，比上年提高 2.5 个百分点；每十万人口在校学生数为 2524 人，增加 36 人，增长 1.4%。

2015 年，全国有 8508 名残疾人被普通高等院校录取，比 2014 年的 7864 人增加了 644 人，有 1678 名残疾人进入特殊教育学院学习。

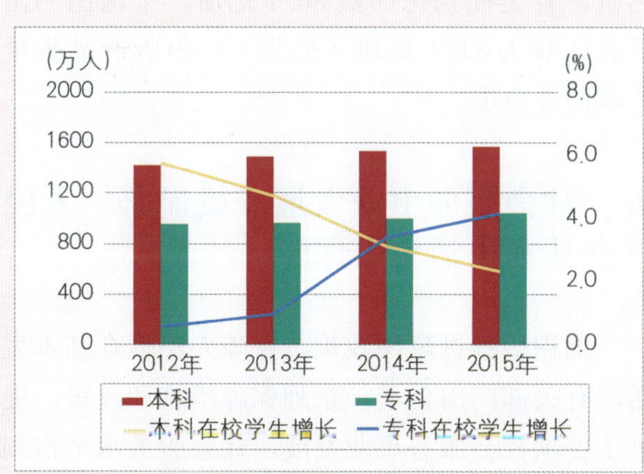

图 2　2012—2015 年普通本专科在校学生和增长变化情况

二、医疗卫生资源有效增加，服务能力不断提升

2015 年，国务院办公厅印发了《全国医疗卫生服务体系规划纲要（2015-2020 年）》，这是促进我国医疗卫生资源进一步优化配置、提高医疗卫生服务水平和效率的新举措，也推动了医疗卫生事业取得新的进展。

2015 年，全国共有医疗卫生机构 98.4 万个，比上年增加 0.3 万个。其中，医院 2.8 万个，比上年增加 0.2 万个。全国医疗卫生机构床位数 701.5 万张，比上年增加 41.4 万张，增长 6.3%。其中，医院床位数 533.1 万张，增加 36.9 万张，增长 7.4%。2015 年，每千人口医疗卫生机构床位数①5.1 张，每千人口医院床位数 3.9 张，分别增长 5.7% 和 6.9%。

2015 年，全国卫生技术人员 800.8 万人，比上年增加 41.8 万人，增长 5.5%。其中，全国共有执业（助理）医师 303.9 万人，比上年增加 14.7 万人，增长 5.1%；其中，执业医师 250.8 万人，增加 13.3 万人，增长 5.6%，执业医师占卫生技术人员比重超过 3 成。全国共有注册护士 324.2 万人，比上年增加 23.7 万人，增长 7.9%，增速快于执业（助理）医师 2.8 个百分点。2015 年，每千人口执业（助理）医师 2.2 人，其中，每千人口执业医师 1.8 人，均比上年有所增加；每千人口注册护士 2.4 人，比上年增加 0.2 人。

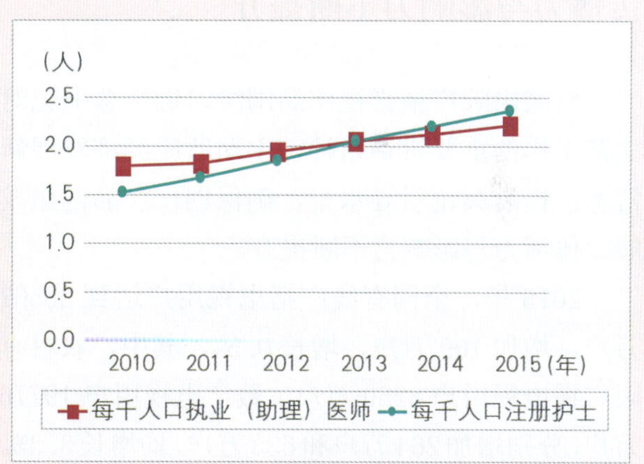

图 3　2010—2015 年每千人口医师护士情况

三、公共文化服务体系建设不断加强，文化事业快速发展

为满足人民群众日益增长的精神文化需求，政府加大文化建设投入力度，公共文化服务体系建设不断加强，文化事业快速发展。

2015 年，全国共有公共图书馆 3139 个，

注：①根据 2015 年全国年末总人口数据计算（下同）。

比上年增加 22 个，增长 0.7%，图书馆总藏量 83844 万册件，增长 6.0%；全国公共图书馆总流通人次 58892 万人次，是上年的 1.1 倍，增长 11.0%，增幅高于上年 3.3 个百分点；全国共有博物馆 3852 个，比上年增加 194 个，增长 5.3%；群众文化机构 44291 个，文物保护管理机构 3307 个，基本保持上年水平。

2015 年，全国共有艺术表演团体 10787 个，与上年比增加 2018 个，增长 23.0%；演出场次为 211 万场次，增长 21.3%；国内演出观众达 9.6 亿人次，增长 5.3%；全国文化系统艺术表演场馆 1358 个，增长 1.5%，演（映）出场次 85.6 万场次，增长 9.6%，观众人次达 7433 万人次，增长 8.6%。

2015 年，全国文物保护管理机构和博物馆基本陈列、展览共 22620 个，参观人次达 9.2 亿人次，分别增长 7.0% 和 9.7%。其中，博物馆陈列、展览数量与参观人次增长速度均在 8% 以上。

四、新闻出版广播影视事业适应新发展，传播力与影响力不断提升

新闻出版广播影视作品围绕习近平总书记对文艺工作的重要讲话精神，主动适应经济发展新常态，提高舆论引导水平，确保创作产品健康发展，传播力与影响力不断提升。

2015 年，全国有线广播电视用户达到 23567 万户，增加 109 万户，增长 0.5%，其中，农村有限广播电视用户 8250 万户，数字电视用户 19776 万户，分别增加 264 万户和 633 万户，均增长 3.3%。2015 年全国有线电视数字化率②进一步提高，达到 83.9%，比上年的 81.6% 提高了 2.3 个百分点。

2015 年，全国各类广播、电视节目制作时间分别为 771.8 万小时和 352.0 万小时，分别增长 0.9% 和 7.4%；各类公共广播电视节目播出时间分别为 1421.8 万小时和 1779.6 万小时，分别增长 1.1% 和 1.8%。

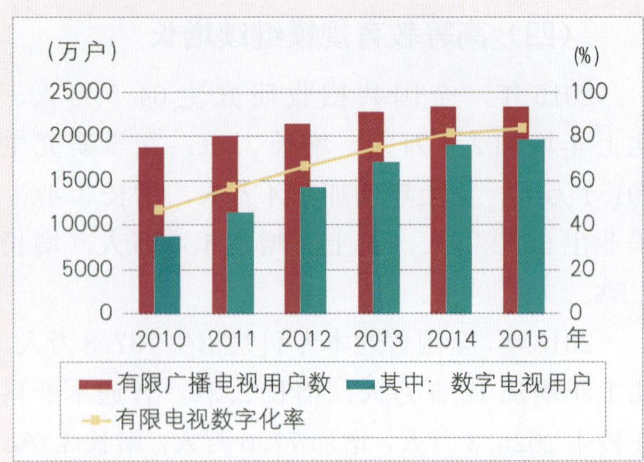

图 4　2010—2015 年有限广播电视用户情况

2015 年，全国生产故事影片 686 部，增加 68 部；电影院线 46 条，电影院线内银幕 31600 块，增加 8000 块，是上年的 1.3 倍，增长 33.9%；2015 年，全国电视剧制作 394 部 /16540 集，电视剧播出 23.3 万部 /686.4 万集。

2015 年，全国出版各类报纸总印数 440.0 亿份，各类期刊总印数 30.1 亿册，全国图书出版总印数为 81.1 亿册（亿张），出版产品数量基本保持稳定。

五、社会服务事业发展成效显著，人民群众基本生活更有保障

为积极推进惠民政策，保障人民群众基本生活，有关部门出台了一系列保障措施和政策，促进了各项社会服务事业发展，社会服务水平得到进一步提高。

2015 年，全国共有社会服务机构和设施 176.5 万个，比上年增加 9.7 万个，增长 5.8%；共有职工 1308.9 万人，比上年增长 4.6%；提供住宿的社会服务业机构 3.1 万个，比上年减少 0.6 万个；为残疾人提供服务的福利企业 1.5 万个，共吸纳 42.9 万残疾人就业；社区服务机构和设施数为 36.0 万个，比上年增加 10.9 万个，增长 43.2%。全国持证社会工作者共 20.6 万人，增长 28.8%，其中社会工作师 5.2 万人，助理工作师 15.4 万人。

注：②有线电视数字化率 = 数字电视用户 / 有线广播电视用户 *100%。

2015 年，全国各类养老服务机构和设施 11.6 万个，比上年增长 23.4 %；全国共有老龄事业单位 2280 个，老年法律援助中心 2.1 万个，老年维权协调组织 7.1 万个，老年学校 5.3 万个，各类老年活动室 37.1 万个。

2015 年，全国享受高龄补贴的老年人 2155.1 万人，享受护理补贴的老年人 26.5 万人，享受养老服务补贴的老年人 257.9 万人。2015 年，全国各类养老床位 672.7 万张，比上年增长 16.4%；每千老年人口（指 60 岁及以上老年人）拥有养老床位 30.3 张，增长 11.4%。

2015 年末，全国共有 6604.7 万人享受城乡居民最低生活保障，其中，城市 1701.1 万人，农村 4903.6 万人；全国农村五保供养人数 516.8 万人。2015 年，全国共资助困难群众参加基本医疗保险 1659.8 万人、参加新型农村合作医疗 4449.6 万人。2015 年，民政部门直接医疗救助 2558.4 万人次，比上年增加 163.1 万人次，增长 6.8%；全国优抚对象 897.0 万人，共接受军队离退休人员 1.9 万人，均比上年有所减少。2015 年全国城市低保平均标准 451.1 元 / 人、月，比上年增长 9.9%，全国城市低保月人均补助水平 316.6 元，比上年增长 10.9%，增长幅度高于上年 2.8 个百分点；全国农村低保平均标准 3177.6 元 / 人、年，增长 14.4%，全国农村低保年人均补助水平 1766.5 元，增长 13.8%。

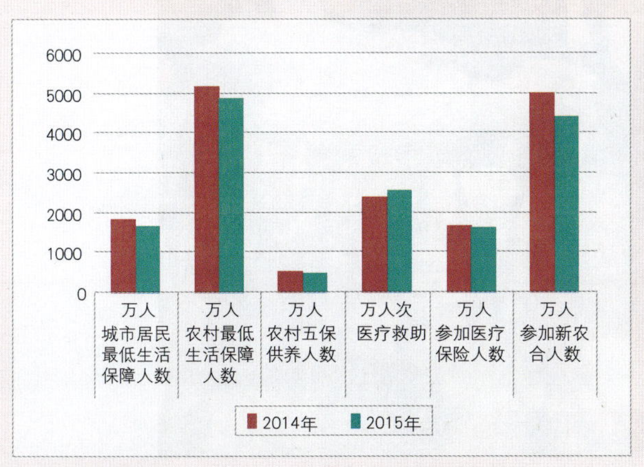

图 5　2014—2015 年社会救助情况

六、继续推进体育强国建设，提高人民身体素质和健康水平

2015 年，我国公共体育服务体系建设不断完善，公共体育服务水平进一步提升，城乡居民参与体育健身意识不断增强，我国体育事业的发展为改善民生服务、提升我国竞技体育综合实力发挥着重要作用。

2015 年度国家体育总局安排使用 24.2 亿元体育彩票公益金，占国家体育总局本级使用彩票公益金的 88.7%，用于援建全民健身场地设施（包括实施农民体育健身工程、小型全民健身活动中心、建设社区多功能运动场等项目）、捐赠体育健身器材、资助群众体育组织建设和开展全民健身活动，有力促进了群众性体育活动的开展。

2015 年，我国运动员在 25 个大项中获得 127 个世界冠军，有 8 人创造了 12 项世界纪录。2015 年，我国成功申办冬季奥运会，将成为世界上首个举办过夏季奥运会、冬季奥运会、残奥会以及青年奥运会的国家，我国正向着体育强国迈进。

2015 年，残疾人体育迈上了新台阶，我国残疾人运动员在 34 项国际赛事中获得 395 个世界冠军，是三年来参赛项目最多、获得冠军数最多的一年、也是成绩最佳的一年。2015 年，我国听障运动员在第十八届冬季听障奥运会上，获得了 1 枚金牌、1 枚银牌、2 枚铜牌，实现了冬季听障奥运会奖牌零的突破，也取得了历史最好成绩。

七、贯彻依法治国理念，切实为保障民生提供服务

2015 年，我国公安、检察院、法院、司法等政府部门为贯彻落实习近平总书记依法治国的新理念和《中共中央关于全面推进依法治国若干重大问题的决定》文件精神，坚持司法为民、依法惩治犯罪、强化法律监督，规范司法行为，大力拓展民生领域法律服务，各项工作取得新进展。

2015年，全国检察机关共批准逮捕各类刑事犯罪嫌疑人87.3万人，提起公诉139.1万人；坚决惩治严重暴力犯罪，共起诉故意杀人、抢劫、绑架、放火等犯罪7.4万人；起诉黑社会性质组织犯罪2027人；起诉毒品犯罪16.5万人；依法办理29人跨国电信诈骗案等重大案件；依法严厉打击危害食品药品安全犯罪，起诉生产销售伪劣产品案、销售假药案等危害食品药品安全犯罪1.3万人。最高人民检察院对81件制售假药劣药、有毒有害食品重大案件进行挂牌督办；维护妇女合法权益，起诉严重侵害妇女人身权益的犯罪2.4万人；起诉拒不支付劳动报酬犯罪1688人，维护了农民工合法权益。

2015年，全国法院（指地方各级人民法院、军事法院等专门人民法院）新收各类案件1766.0万件，同比上升22.8%；审执结案件1671.4万件，上升21.1%。新收、审执结案件的同比增幅均是2014年的3倍多，也是近10年来的最高水平。新收一审案件数量首次突破千万件，新收刑事、民事、行政（含行政赔偿）一审案件1144.5万件，上升20.6%。其中，刑事一审案件112.7万件，占一审案件总数的9.8%；民商事一审案件1009.8万件，占88.2%；行政一审案件22.0万件，占1.9%。

2015年，全国司法行政机关大力加强人民调解工作，新建行业性、专业性人民调解组织3653个；全国司法行政机关共组织办理法律援助案件132万件，同时，继续加大农民工、军人军属、老年人等法律服务和法律援助工作力度，推进“12348”法律服务热线建设；加强值班律师工作，各地在看守所设立法律援助工作站1700余个；办理司法协助案件3000余件，有力推进了民生领域的法律服务工作，保障了百姓的合法权益，维护了社会公平正义。

2015年我国经济持续稳定增长，为我国社会发展提供了有力保障，各项社会事业取得了可喜成就。进入“十三五”时期，各项保障民生、改善民生、惠及民生政策将继续为2020年全面建成小康社会的宏伟目标提供保障，也将继续推动我国各项社会事业取得更大进展。

专栏：留守儿童与困境儿童

2016年2月，国务院印发的《关于加强农村留守儿童关爱保护工作的意见》指出，留守儿童是指父母双方外出务工或一方外出务工另一方无监护能力、不满十六周岁的未成年人。定义的核心是监护人的监护能力与监护可及问题。《关于加强困境儿童保障工作的意见》，对困境儿童作了定义，指出困境儿童包括因家庭贫困导致生活、就医、就学等困难的儿童，因自身残疾导致康复、照料、护理和社会融入等困难的儿童，以及因家庭监护缺失或监护不当遭受虐待、遗弃、意外伤害、不法侵害等导致人身安全受到威胁或侵害的儿童。困境儿童的定义涉及两个要素，一个是造成困境的原因，包括家庭经济困难、自身残疾、监护缺失或不当等原因。一个是面临的困境，包括生存、发展和安全困境。

留守儿童与困境儿童的区别：

总体来讲，《关于加强农村留守儿童关爱保护工作的意见》和《关于加强困境儿童保障工作的意见》二者的指导思想、基本原则以及贯穿的儿童优先、儿童利益最大化这个思想是一致的。解决问题都强调家庭尽责、政府主导、社会参与。具体来讲二者又有区别，一是从农村留守儿童和困境儿童的覆盖区域来讲，农村留守儿童主要在农村，困境儿童不仅包括生活在农村的，也包括生活在城市的。二是从留守儿童和困境儿童的生存状态看，农村留守儿童因父母双方外出务工或一方外出务工，有一定的经济来源，其面临的主要问题不是经济贫困问题，而是监护问题。困境儿童有一部分是缺乏有效监护，但多数是家庭经济贫困或者是自身残疾，他们面临的主要是生存和发展的问题。三是从留守儿童和困境儿童解决问题的重点看，农村留守儿童需要解决的核心问题是关爱保护，困境儿童需要解决的核心问题是基本生活、教育、医疗等兜底保障、精准帮扶。

困境儿童面临哪些问题：

困境儿童面临的突出问题，一是基本生活仍存在困难。除了弃婴、孤儿和艾滋病病毒感染儿童纳入了国家孤儿保障外，其他困境儿童主要通过低保、临时救助等方式保障，有的还尚未纳入保障。二是医疗、教育保障有待加强。尤其是残疾儿童的医疗、康复和特殊教育。三是监护存在困境。法定抚养人无力抚养儿童等困境儿童不仅是生活困难的问题，相当一部分缺乏有效家庭监护，基本人身安全面临风险。

困境儿童保障包括哪些内容：

保障的内容由基本生活、基本生存向教育、医疗、救护、康复、服务等拓展，标志着我国儿童福利制度进入了一个崭新的发展阶段，这与其他国家现代儿童福利制度发展的路径总体上是一致的，将推动建立与我国经济社会发展相适应的现代儿童福利制度。

（执笔：肖丽）

专栏：2015年性别平等十大事件

1. 全国人大常委会通过反家庭暴力法。12月27日，十二届全国人大常委会表决通过了《中华人民共和国反家庭暴力法》，明确了家庭暴力的预防和处置机制措施，标志着家暴行为正式进入了法律监管范畴。首部反家暴法的出台，对于我国反对家庭暴力具有里程碑式意义。

2. 刑法修正案（九）取消嫖宿幼女罪。8月29日，第十二届人大常务委员会审议通过刑法修正案（九），取消了嫖宿幼女罪，对这类行为适用刑法关于奸淫幼女的以强奸论、从重处罚的规定。同时，刑法修正案（九）将原来的强制猥亵妇女罪修改为强制猥亵他人罪，扩大了保护主体范围。

3. 法院判决不让女性当快递员属性别歧视。2014年9月，女大学毕业生马某通过劳务派遣公司在北京某邮政公司营投部应聘快递员，并获得负责人口头的入职承诺，但随后因是女性而被拒绝录用。马某遂以“侵害一般人格权”为由把邮政公司告上法庭，经过三次公开审理后，北京市顺义区人民法院于10月20日一审判决，邮政公司对她实施了就业歧视，造成了一定的精神损害，判决被告赔偿原告入职体检费、鉴定费和精神损害抚慰金。

4. 屠呦呦获诺贝尔生理学或医学奖。10月5日，85岁的中国中医科学院研究员屠呦呦因在青蒿素研究中的杰出贡献，获得2015年诺贝尔生理学或医学奖，这是中国本土科学家首次获得诺贝尔自然科学奖项，也是中国医学界迄今获得的最高奖项、中医药成果获得的最高奖项，更是中国女性第一次捧得诺贝尔奖。屠呦呦科研团队研制出的青蒿素已挽救了全球特别是发展中国家数百万人的生命。

5. 中国政府与联合国妇女署共同举办全球妇女峰会。9月27日，国家主席习近平在纽约联合国总部出席并主持全球妇女峰会。习近平在开幕式上发表题为《促进妇女全面发展 共建共享美好世界》的重要讲话，就促进全球妇女事业、加强国际合作阐述中国主张。

6. 被拐女获评“最美乡村女教师”遭质疑。1994年，18岁的河南少女郜艳敏被人贩子拐卖到河北大山深处嫁做人妇。2000年，放弃逃跑的郜艳敏成为山村里唯一的代课教师，并在这个岗位上勤恳工作，成为受学生们爱戴的老师。2006年，郜艳敏被评为“感动河北十大年度人物”，其曲折经历还被拍成了电影《嫁给大山的女人》，2013年当选最美乡村教师。2015年，一篇名为《最美乡村教师候选郜艳敏：被拐女成为山村女教师》的报道被网友翻出，引起广泛质疑：一起严重的刑事案件何以被轻松忽略？受害者的屈辱经历何以被一笔带过？一片未曾彻底清洗的泥泞和血污之上，又如何承载得起一座“感动中国”的奖杯？

7. 李彦家暴杀夫案二审改判死缓。4月24日，四川省高级人民法院委托四川省资阳市中级人民法院对李彦故意杀人案二审重审公开宣判：被害人谭某在婚姻家庭生活中多次打骂妻子李彦，对案件的引发存在一定过错，依法改判李彦死刑，缓期二年执行，剥夺政治权利终身。此次改判的依据是认定被害人生前多次对李彦实施了家庭暴力。2010年11月3日，时年42岁的李彦不堪忍受愈演愈烈的家庭暴力，多方求助无果后杀夫分尸，因此被判死刑。

8. 温州法院发出离婚判决后人身保护令。4月8日，浙江省温州市龙湾区法院做出裁定，禁止叶某殴打、威胁、骚扰、跟踪梅某，且禁止进入梅某住所。44岁的浙江妇女梅某因长期遭受丈夫叶某家庭暴力，向法院提起离婚诉讼，并在一审胜诉后申请对叶某实施禁止、远离令。

9. 计划生育法修改，“全面二孩”政策落地。12月27日，十二届全国人大常委会通过关于修改人口与计划生育法的决定，修改后的计生法明确国家提倡一对夫妻生育两个子女。这次修改，是适应我国人口发展出现的重大转折性变化，对生育政策作出的重大调整，这对于促进我国人口均衡发展将产生广泛而深远的影响。

10. 正副处级女干部女高知明确60周岁退休。3月27日，中央组织部、人力资源和社会保障部下发通知明确，党政机关、人民团体中的正、副县处级及相应职务层次的女干部，事业单位中担任党务、行政管理工作的相当于正、副处级的女干部和具有高级职称的女性专业技术人员，年满六十周岁退休。该通知在政策上仍留有“口子”：上述女干部和具有高级职称的女性专业技术人员如本人申请，可以在年满五十五周岁时自愿退休。而年满六十周岁的少数具有高级职称的女性专业技术人员，因工作需要延长退休年龄的，仍按照国家有关规定执行。

（执笔：徐建琳）

2015 年能源供需和节能降耗情况报告

2015 年，随着我国经济转型升级加快，能源革命进一步推进，能源供需出现转型阶段的积极变化，新型能源大幅增长，能源进口下降，供给充足多元，能源消费增速放缓，结构不断优化，利用效率继续提高，节能降耗成效显著。

一、能源生产总量稳定，新型能源大幅增长

2015 年全国能源生产总量 36.2 亿吨标准煤，与上年持平，增幅比上年回落 0.9 个百分点。其中，原煤生产 37.5 亿吨，比上年下降 3.3%；原油生产 21456 万吨，增长 1.5%；天然气生产 1346 亿立方米，增长 3.4%；电力生产 58106 亿千瓦小时，增长 0.3%，其中新型能源（核能、风力、其他新型能源）发电 4375 亿千瓦小时，同比增长 22.8%，其中核能、风电及其他新型能源增长分别为 28.9%、16.1% 和 27.1%。

二、煤炭进口显著下降，原油、天然气进口增幅回落

2015 年，全年能源进口（净进口，下同）6.7 亿吨标准煤，比上年下降 2.7%，增幅比上年回落 4.9 个百分点。其中，煤炭进口 2 亿吨，比上年下降 30.4%， 降幅扩大 19.8 个百分点；原油进口 3.3 亿吨，增长 8.1%，增幅回落 1.8 个百分点；天然气进口 584 亿立方米，增长 3.3%；增幅回落 10.2 个百分点。

三、能源供给充足多元

2015 年，全国能源供应总量（生产 + 进口）42.9 亿吨标准煤，比上年下降 0.5%，年末能源库存比年初下降 1.2%，供需保持平衡。在一次能源生产总量构成中，原煤占 72.1%，比上年下降 1.5 个百分点；原油占 8.5%，比上年提高 0.1 个百分点；天然气占 4.9%，比上年提高 0.2 个百分点；一次电力及其他能源占 14.5%，比上年提高 1.2 个百分点。煤炭生产比重的继续降低和清洁能源生产比重的不断提高，表明我国能源供给的多元化进程进一步加快。

四、能源消费增速放缓，结构进一步优化

2015 年，全国能源消费总量 43 亿吨标准煤，比上年增长 0.9%，增幅比上年回落 1.2 个百分点。其中，煤炭消费 39.6 亿吨，比上年下降 3.7%；石油消费约 5.5 亿吨，比上年增长 6.0%；天然气消费 1930 亿立方米，比上年增长 3.3%；电力消费 5.6 万亿千瓦时，比上年增长 0.5%。用能占比最高的规模以上工业企业全年能源消费比上年下降 2.8%，增幅比上年回落 2.9 个百分点。

从能源消费的构成来看，煤炭消费比重降低，清洁能源比重提高，能源消费结构进一步优化。全年煤炭消费占 64.0%，比上年下降 1.6 个百分点，石油占 18.1%，比上年提高 0.7 个百分点；天然气占 5.9%，比上年提高 0.2 个百分点；一次电力及其他能源占 12.0%，比上年提高 0.7 个百分点，清洁能源共占 17.9%，比上年提高 0.9 个百分点。

五、能源利用效率继续提高

一是多数工业产品的单位产品能耗明显下降。2015 年，在统计的重点用能工业企业的 39 项单位产品综合能耗指标中，87% 的单位产品能耗比上年下降。其中，原煤生产单耗下降 1.1%，油气生产单耗下降 3.1%，原油加工单耗下降

0.3%，机制纸及纸板生产单耗下降 5.1%，烧碱单耗下降 1.4%，乙烯单耗下降 0.6%，合成氨单耗下降 2.3%，电石单耗下降 0.8%，水泥单耗下降 0.5%，平板玻璃单耗下降 3.7%，吨钢综合能耗下降0.6%，铜、铝、铅、锌冶炼单耗分别下降6.5%、1.1%、4.0% 和 2.9%，火力发电煤耗下降 1.0%。

二是能源加工转换效率进一步提高。2015 年，能源加工转换总效率比上年提高 0.1 个百分点，其中火力发电提高 0.4 个百分点，热电联产提高 0.6 个百分点，原煤洗选提高 0.8 个百分点，炼焦提高 0.1 个百分点，炼油及煤制油持平。

三是能源回收利用保持较高水平，规模以上工业企业回收利用能源 14908 万吨标准煤，回收利用率为 2.5%。

六、节能降耗成效显著

2015 年，全国单位 GDP 能耗比上年降低 5.6%，降幅比上年扩大 0.8 个百分点，其中：一季度降低 5.6%，上半年降低 5.9%，前三季度降低 5.7%；全年单位 GDP 电耗比上年降低 6.0%；全国规模以上工业单位增加值能耗比上年降低 8.4%，其中煤炭行业降低 6.1%，石油石化行业降低 3.8%，钢铁行业降低 8.9%，有色行业降低 3.9%，建材行业降低 12.4%，化工行业降低 6.1%，纺织行业降低 5.0%，机械行业降低 8.5%，电力行业降低 6.2%。单位 GDP 能耗、单位 GDP 电耗、规模以上工业单位增加值能耗，均为 2005 年实行节能降耗约束性管理以来降幅最大的，节能降耗成效显著。

图 1 2006-2015 年单位 GDP 能耗降低率

分地区看，全国 29 个省（区、市）单位 GDP 能耗下降，其中，2 个地区下降 8% 以上，6 个地区下降 7%-8%，6 个地区下降 6%-7%，4 个地区下降 5%-6%，3 个地区下降 4%-5%，7 个地区下降 3%-4%，1 个地区下降 1%-3%。

2015年环境与生态保护状况报告

一、环境保护事业取得积极进展

2015年是“十二五”规划的收官之年，是全面深化改革的关键之年。党的十八届五中全会提出“创新、协调、绿色、开放、共享”的发展理念，党中央、国务院对生态文明建设和环境保护作出一系列重大决策部署，各地区、各部门坚决贯彻落实，以改善环境质量为核心，着力解决突出环境问题，取得积极进展。

（一）全力打好环境治理攻坚战

深入实施《大气污染防治行动计划》。2015年全国城市空气质量总体趋好，首批实施新环境空气质量标准的74个城市细颗粒物（$PM_{2.5}$）平均浓度比2014年下降14.1%。中央财政安排大气污染防治专项资金106亿元，支持京津冀及周边地区、长三角、珠三角等重点区域开展大气污染治理。深化区域协作，将河南省、交通运输部纳入京津冀及周边地区联防联控协作机制；圆满完成中国人民抗日战争暨世界反法西斯战争胜利70周年纪念活动空气质量保障任务。淘汰2005年底前注册营运的黄标车126万辆。积极推广新能源汽车，全年生产37.9万辆，比2014年增长4倍。全国全面供应国四标准车用汽柴油，北京、天津、上海等地率先供应国五标准车用汽柴油。

出台实施《水污染防治行动计划》。制定落实目标责任书，将任务分解落实到各省（区、市）1940个考核断面。建立全国及重点区域水污染防治协作机制。各省（区、市）均已编制水污染防治工作方案，国务院有关部门分别出台实施方案。积极推进流域水生态环境功能分区管理，明确控制单元水质目标。开通城市黑臭水体整治监管平台，各地排查确认近2000条城市黑臭水体。实施国家地下水监测工程。加强农业面源污染防治。加快实施化肥、农药使用量零增长行动，推广配方施肥面积达15亿亩。

稳步推进土壤污染防治。加快编制《土壤污染防治行动计划》。在10省启动土壤污染治理与修复试点示范项目。支持38个重金属重点防控区域开展综合防治示范。继续开展农产品产地土壤重金属污染普查，涉及16.23亿亩耕地。在长株潭地区实施重金属污染耕地修复及农作物种植结构调整试点，涉及170万亩。在新疆、甘肃等6省（区）和新疆生产建设兵团开展地膜回收利用示范，面积约1200万亩。

深入推进主要污染物减排。新增城镇（含建制镇、工业园区）污水日处理能力1096万吨，再生水日利用能力338万吨。全国城市污水处理率达91.97%。2万余家畜禽规模养殖场完善废弃物处理和资源化利用设施。近1亿千瓦现役煤电机组脱硫设施实施增容改造，新增脱硝机组容量1.4亿千瓦，累计1.6亿千瓦燃煤电厂完成超低排放改造。全国化学需氧量、二氧化硫、氨氮和氮氧化物排放总量分别比2014年下降3.1%、5.8%、3.6%和10.9%。

（二）严格环保执法监管

深入开展《环境保护法》实施年活动，依法落实地方政府环保责任。环境保护部对33个市（区）开展综合督查，公开约谈15个市级政府主要负责同志；各地对163个市开展综合督查，对31个市进行约谈、20个市县实施区域环评限批、176个问题挂牌督办，推动一批突出环境问题得到解决。落实企业环保主体责任。以偷排、偷放等恶意违法排污行为和篡改、伪造监测数据等弄虚作假行为为重点，依法严厉打击环境违法行为。全国实施按日连续处罚、查封扣押、限产停产案件8000余件，移送行政拘留、涉嫌环境污染犯罪案件近3800件。各地环保部门下达行政处罚决定9.7万余份，罚款42.5亿元，比

2014年增长34%。开展环境保护大检查，全国共检查企业177万家次，查处各类违法企业19.1万家，责令关停取缔2万家、停产3.4万家、限期整改8.9万家。加强核与辐射安全监管，28台运行核电机组、19座民用研究堆保持良好安全运行记录，26台在建核电机组建造质量受控。妥善处置突发环境事件，科学应对天津港“8.12”特别重大火灾爆炸事故环境影响。

（三）深化生态环保领域改革

党中央、国务院印发《关于加快推进生态文明建设的意见》和《生态文明体制改革总体方案》，共同形成了深化生态文明体制改革的战略部署和制度架构。出台党政领导干部生态环境损害责任追究等配套文件，打好生态文明建设和体制改革“组合拳”。在河北省开展中央环境保护督察试点。推进生态环境监测网络建设，将分三步完成国家大气、水和土壤环境质量监测点位的建设和事权上收。启动生态环境损害赔偿制度改革、自然资源资产负债表编制、自然资源资产离任审计等试点。推进排污许可证管理制度改革，深入开展排污权有偿使用与交易试点，累计交易超过70亿元。在三江源等地区开展国家公园体制试点。积极推进环保费改税。北京、江苏等10省（市）大力开展环境污染第三方治理。

（四）坚持预防为主，推动转方式调结构

积极稳妥化解过剩产能，近三年淘汰落后炼铁炼钢产能9000多万吨、电解铝100多万吨、水泥2.3亿吨、平板玻璃7600多万重量箱。积极推进煤炭清洁高效利用，京津冀等重点区域实现煤炭消费负增长。印发《关于重点产业布局调整和产业转移的指导意见》，引导相关产业向适宜开发区域集聚。加快落实主体功能区规划，印发实施海洋主体功能区划、京津冀协同发展生态环境保护规划，修编发布全国生态功能区划。加快推进生态保护红线划定，江苏、天津等6省（市）基本完成划定工作。建立规划环评会商机制，加强规划环评与项目环评联动，启动京津冀、长三角、珠三角战略环评。在下放环评审批权限的同时，采用“双随机”抽查、约谈、区域限批或上收审批权限等手段，严格事中事后监管。严格环境准入，发布国家环境标准83项。

（五）持续加大生态和农村环境保护

加强生物多样性保护，完成生物多样性保护优先区域边界核定，发布《中国生物多样性红色名录—脊椎动物卷》。完成全国生态环境十年（2000-2010年）变化调查评估。全国各级各类自然保护区达2740个，约占陆地国土面积的14.8%。对12个开发建设活动严重的国家级自然保护区开展执法检查，提出整改要求。健全流域上下游横向生态保护补偿机制，明确新安江试点接续政策，在京津冀水源涵养区、广西广东九洲江、福建广东汀江—韩江开展试点。中央财政安排资金60亿元，支持各省（区、市）开展农村环境综合整治。

（六）加强环境宣传教育

以“践行绿色生活”为主题开展宣传活动，加快推动生活方式绿色化。及时主动公布空气、水环境质量等与民生密切相关的环境信息，发布重点排污企业和违法排污企业名单。出台《建设项目环境影响评价信息公开机制方案》和《环境保护公众参与办法》。开通环保微信举报平台，全国共收到并办理举报线索超过1.3万件。

（执笔：环境保护部环境监测司）

二、林业事业取得明显成效

2015年，全国林业系统认真贯彻落实习近平总书记系列重要讲话精神和党中央、国务院的决策部署，全力推进林业改革发展，各项工作都取得明显成效，为建设生态文明、推动经济社会发展作出了积极贡献。

（一）林业改革全面推进

按照中央6号文件精神，认真部署推进了国有林区和国有林场改革。国有林区改革加快推进，内蒙古自治区国有林区改革方案已批复，吉

林、黑龙江的改革方案正在审批。东北、内蒙古重点国有林区全面停止了天然林商业性采伐。国有林场改革全面启动，近1/3省区市上报了改革方案，其中广东、北京、内蒙古、宁夏、山西等10省区市改革方案已批复，江西、浙江、甘肃、山东、湖南5省改革试点任务已完成。集体林权制度改革不断深化，确定了30个集体林业综合改革试验示范区，全国县级及以上林权交易服务机构达1610个，林业合作组织达16万家，流转林地面积累计达2.28亿亩，占全部确权林地的8.5%。集体林地承包经营纠纷调处工作纳入综治委平安建设综合考评体系。起草了《关于完善集体林权制度的意见》。取消下放和调整行政审批事项37项，本届政府以来累计64项，取消下放比例达67%。认真落实《生态文明体制改革总体方案》，建立国家公园体制试点、编制林业自然资源资产负债表等工作扎实推进。

（二）造林绿化任务全面完成

营造林任务全面完成，成功举办共和国部长义务植树、国际森林日植树纪念等活动，义务植树和部门绿化深入开展。林业重点工程建设扎实推进，三北、长江、珠江、沿海等防护林体系建设工程造林任务全部完成，共造林2139万亩；退耕还林工程2014年任务全部完成，2015年任务已落实到县，完成计划的31.86%；京津风沙源治理和石漠化综合治理工程林业建设任务全部完成。河北张家口坝上地区退化最严重的25万亩防护林全部完成改造。城市绿化加快推进，新命名国家森林城市21个。修订了造林、森林抚育、低效林改造等技术规程，《森林抚育经营规划（2016－2050）》编制工作基本完成。加强了森林经营人才培训和森林抚育质量监管。2015年生产林木种子2500万公斤，苗木400亿株。制定了《国家储备林制度方案》，建设国家储备林1160万亩。发布了第五次全国荒漠化和沙化监测结果，制定了《国家沙化土地封禁保护区管理办法》，扩大了沙化土地封禁保护区补贴试点范围，新建国家沙漠公园22个。

（三）资源保护管理不断强化

修订了《建设项目使用林地审核审批管理办法》。开展了第九次全国森林资源连续清查和2015年全国森林资源宏观监测，完成了“十三五”期间年森林采伐限额编制。启动了新一轮森林可持续经营试点。完成了非法侵占林地清理排查专项行动，共清理排查案件4.7万多起，涉及违法占用林地118.8万亩。目前，已行政问责1803人，行政处罚3.05万人，回收林地32万多亩。启动了新一轮古树名木资源普查试点，进一步规范树木移植管理，“大树进城”之风得到遏制。编制了《全国城郊森林公园发展规划（2016－2025年）》，新建国家级森林公园28处。成立了中国湿地保护协会和沿海湿地保护网络，开展了围垦占用湖泊湿地专项打击行动。新增国际重要湿地3处，新建国家公园试点137处，新增湿地保护面积450万亩，恢复退化湿地30万亩，退耕还湿11.5万亩。

（四）野生动植保护全面加强

认真落实中央领导同志批示指示精神，成立了国家野生动植物保护工作领导小组，联合20多个部门制定了落实象等野生动植物保护分工方案的具体措施，公开销毁662公斤非法象牙及制品，对非洲象牙雕刻品和狩猎纪念物象牙进口采取了暂停措施。开展“眼镜蛇三号行动”“雷霆行动”“绿剑行动”等专项行动，严厉打击了破坏野生动植物资源的违法行为。全国第二次陆生野生动物调查工作稳步推进。编制了大熊猫、亚洲象、东北虎豹等专项保护工程规划，加强了珍稀濒危物种拯救保护。野生动物类型国家公园建设扎实推进，成立了西藏羌塘藏羚羊、野牦牛国家公园。

（五）森林火灾等灾害防控工作扎实开展

全年共发生森林火灾2936起，受害森林面积19.4万亩，伤亡26人，分别比去年下降20.7%、32.3%和76.8%，没有发生特大森林火灾。认真落实《国务院办公厅关于进一步加强林业有害生物防治工作的意见》，与各省区市人民政府签订了重大林业有害生物防治目标责任书，修订了《突发林业有害生物事件处置办法》。全国林业有害生物发生面积1.8亿亩，除治1.22亿亩。妥善处理了H5N1高致病性禽流感、大熊猫犬瘟热等突发野生动物疫情，加强了沙尘暴监测预警。

（六）林业产业快速发展

国务院办公厅印发了《关于加快木本油料产业发展的意见》。森林认证体系获得40多个发达国家认可，启动了林下经济（非木质林产品）认证试点。开展了第二批国家林业重点龙头企业认定，确定了128个国家林下经济示范基地。国家森林生态标志产品体系建设正式启动，林产品质量提升行动深入开展。成功举办了第三届中国绿化博览会、2015中国森林旅游节、第八届中国义乌国际森林产品博览会等节庆展会活动。特色经济林、林下经济、花卉苗木、竹藤、森林旅游等绿色富民产业强劲发展，有力地推动了农民就业增收。林业电子商务快速发展，2015年销售额达1万多亿元。全国林业产业总产值5.81万亿元，比上年增长7.5%；林产品进出口贸易额1400亿美元，与上年持平。

（七）林业应对气候变化工作扎实推进

2030年林业应对气候变化目标写入《中国国家自主贡献》文件，林业增汇成为我国应对气候变化国家自主贡献三大行动目标之一。森林及相关内容作为单独条款纳入《巴黎协定》，在国际法层面确定了林业在应对气候变化中的重要作用。在18个省区市开展了土地利用变化与林业碳汇计量监测，具备了用实测数据计量森林碳汇量的能力。启动了林业碳排放配额制度研究，林业碳汇交易加快推进，正在履行交易程序的林业碳汇项目近30个。制定了《林业应对气候变化“十三五”行动要点》和《林业适应气候变化行动方案（2016－2020年）》。

（八）依法治林稳步推进

形成了森林法修改稿，野生动物保护法修订草案已提请全国人大常委会审议，新修订的种子法已颁布实施，湿地保护条例已上报国务院审查，退耕还林、天然林保护、大熊猫保护等条例制修订工作取得积极进展。共办理林业行政许可事项3500多件、行政诉讼应诉案件11件，完成行政复议25件，制定发布规范性文件19件。开展了林木采伐管理检查、征占用林地行政许可检查、防沙治沙执法年等专项活动。全国共查处林业行政案件19.5万起，森林、野生动物等刑事案件3.1万多起，严厉打击了各类涉林违法犯罪活动。同时，林区安保维稳工作扎实开展。

（九）支撑保障能力进一步增强

2015年中央林业投入达1074.5亿元，与上年同口径相比增加73.7亿元。提高了国家级公益林、天然林保护工程补助标准和森林植被恢复费征收标准。安排棚户区（危旧房）改造任务7.7万户、投资11.7亿元，累计达166.6万户，现已竣工入住近150万户。与国家开发银行联合开发了贷款期25－30年、宽限期8年、贷款利率为基准利率的国家储备林建设优惠贷款，首个项目100亿元已落户广西。新建10个工程技术研究中心、4个国家林业生物产业基地。发布国家标准、行业标准228项，成立了首个林业国际标准化机构——竹藤技术委员会。4个林业物种转基因生物新品种培育项目通过科技部专家论证，3项成果获得国家科技进步二等奖，竹缠绕复合压力管技术列入《国家重点推广低碳技术目录（第二批）》。林业生态建设与保护北斗示范应用项目获得批复实施，推进了“互联网+林业”、林业大数据开放平台建设，国家林业局内外网进行了扩建升级，中国林业网社会影响力和公共服务能力进一步提升。

（十）林业宣传工作扎实开展

联合新华社推出了《为了中华民族永续发展——习近平总书记关心生态文明建设纪实》。全国各主要媒体刊发林业新闻1.3万多条次。抓住植树节、世界湿地日、世界防治荒漠化和干旱日等重要纪念日，开展了一系列主题宣传活动。对《关于加快推进生态文明建设的意见》《国有林区改革指导意见》《国有林场改革方案》《国务院办公厅关于加快木本油料产业发展的意见》等进行了详细的政策解读和深度宣传。发布了全国第四次大熊猫调查结果、生态建设与自然保护情况，组织中外媒体对公开销毁象牙、“眼镜蛇三号行动”进行了集中报道，开展了南非“中国年”野生动物保护宣传、三北防护林建设成就展、百家媒体百名记者进林场、奋斗在林改一线的优秀大学生村官遴选宣传、童眼观生态、《鸟的迁徙》大型电视直播等一系列活动。出版了《中华大典·林业典》，完成了中国湿地资源系列图书编撰工作，《论生态文明》被评为第二届全国党员教育培训优秀教材。

（十一）国际交流合作深入推进

与韩国、德国等国签订了8个部门间合作协议，参加了中韩、中日韩自贸区谈判，林业多双边合作不断加强。积极参与全球生态治理，出席了第十四届世界林业大会、联合国森林论坛第十一届会议、《湿地公约》第12届缔约方大会、防治荒漠化公约第12届缔约方大会等重要国际会议，举办了首届世界生态系统治理论坛，推动林业指标纳入了2030年联合国发展议程。完成了第七轮中美战略与经济对话下打击野生动植物非法交易、林业应对气候变化、中美中国园建设等磋商。推进了“一带一路”林业合作，建立了中国—中东欧林业合作机制。亚太森林组织成立首届董事会及理事会，国际化进程加快推进。4个林业项目获得欧洲投资银行批准，落实贷款1.95亿欧元。推进了与荷兰、韩国、美国等国的大熊猫合作研究，完成赠澳门大熊猫任务。加强了对境外非政府组织的管理。在荒漠化防治、野生动植物保护、竹藤产业等方面，加大了对发展中国家的人员培训、资金技术等援助力度。

（执笔：国家林业局发展规划与资金管理司）

三、海洋事业不断发展

2015年，全国海洋系统广大干部职工努力推动海洋强国建设，全面履行海洋综合管理职能，取得了令人瞩目的成就。

（一）制定海洋战略规划

牵头制订的《全国海洋主体功能区规划》，由国务院印发实施，为科学谋划海洋空间布局、实现“多规合一”提供了国家层面的管理依据。组织开展21世纪海上丝绸之路建设重大问题研究，并落实战略任务分工。启动编制海洋经济可持续发展“十三五”规划；编制形成《全国海岛保护“十三五”规划大纲》；基本完成《国家海洋科技创新总体规划（2016-2030年）》战略研究和海洋生态建设等专项规划。国家局与江苏、上海、广西、海南签署合作协议，支持地方海洋强省强市建设。沿海省市政府的海洋规划工作扎实推进，山东在省级层面组织编制了《“海上粮仓”建设规划》，构建区域发展新的空间布局。

（二）促进海洋经济发展

海洋生产总值2015年预计近6.5万亿元，按可比价同比增速约为7%。联合国家发改委首次发布《中国海洋经济发展报告2015》。全面推进开发性金融促进海洋经济发展试点工作，编制《海洋产业投融资目录（开发性金融类）》。与工业与信息化部就《促进海洋经济发展的战略合作协议》达成共识。提升海洋经济运行监测与评估能力，拓展基础数据来源，开展监测指标、指数和评估方法的研究工作。启动首次全国海洋经济调查，编制管理办法和11项配套技术规范，并分别在广西北海、江苏南通和河北石家庄开展调查试点工作。国家局与沿海部分省针对重大项目用海，专门建立工作机制，加快海洋功能区划修改方案审查进度，提高海洋环评、海域使用论证评审工作效率，促进项目投资尽快落地、落海，助推经济发展。沿海各地还陆续出台了促进海洋经济发展的政策措施，天津探索设立了海洋产业引导基金，发挥了财政资金杠杆撬动作用；福建投入财政资金5000万元设立现代蓝色产业创投基金，募集资金总额达2亿多元；厦门建成南方海洋研究中心创新创业基地，并设立了“海洋助保贷”和海洋创投基金。

（三）构建依法治海新格局

国家局党组印发实施了《关于全面推进依法行政加快建设法治海洋的决定》，确立了法治海洋建设的总目标和路线图。《深海海底区域资源勘探开发法》已提交全国人大常委会审议。《海洋环境保护法》《海洋石油勘探开发环境保护管理条例》修订送审稿已提请国务院审查。《海洋石油天然气管道保护条例》研拟、制订工作有序推进。启动《海域法》修订前期研究。修订印发《国家海洋局规范性文件制定程序管理规定》，完成了国家局规范性文件的清理。制定了海洋督察制度建设方案。行政复议、应诉和政府信息公开工作扎实开展，探索建立了权责一致的应诉工作机制。积极开展海洋法制宣传培训，完成海洋系统“六五”普法验收。天津、山东、江苏印发了加快推进法治海洋建设的意见，山东、福建围绕海洋生态损害赔偿补偿、海岸带保护与利用等研究制定地方性法规，辽宁、天津建立了重大行政执法决定法制审查制度，上海、浙江等建立完善了行政处罚裁量基准制度，山东、福建分别开展了海域使用督察和执法队伍规范化建设督察工作。

（四）推动海洋生态文明建设

印发《海洋生态文明建设实施方案》，将生态文明建设贯穿于海洋事业发展各方面以及海洋管理、执法全过程。批准建立国家级海洋生态文明建设示范区 12 个、国家级海洋公园 3 处，评审通过国家级海洋公园 9 处。扩大海洋生态红线制度实施范围，以莱州湾为案例落实海洋环境质量通报制度，完成 20 个县级单元的资源环境承载能力监测预警试点。印发《关于推进海洋生态环境监测网络建设的意见》，试点装备 49 套在线监测设备。与此同时，沿海地区海洋生态修复力度加大，青岛推进胶州湾综合整治工程，上海实施大金山岛保护与开发利用示范，广东启动“美丽海湾”建设工程，深圳实施小铲岛等海岛生态修复整治项目，广西开展茅尾海、涠洲岛等海洋生态修复，生态效益初步显现。

（五）夯实海洋综合管理

制定《区域建设用海管理暂行办法》，将依法用海、生态用海贯穿于规划编制与实施全过程，优化生产、生活、生态空间布局，促进海域资源集约节约利用。根据中央部署，在国务院港澳办的指导下，圆满完成澳门习惯水域管理范围划定技术工作，近期已由国务院公布，国家局还与澳门特区政府签署了用海合作安排，积极支持澳门经济适度多元发展。开展海域使用管理专项调研和危化品用海专项调研，全面摸清围填海造地和危化品用海基本情况。编制《全国海岛及其周边海域生态环境评价报告》；印发第一批中国海域海岛标准名录。开展海岛生态红线技术路线研究。指导完成浙江扁鳗屿公益用岛确权和余山岛、牛山岛、大柑山等 11 个领海基点保护范围选划。对海域使用、海底电缆管道保护、海洋工程、海洋倾废、海岛保护等领域的 48260 个项目实施了 143757 次执法检查，发现违法行为 1531 起，作出行政处罚决定 1023 件，收缴罚款 37.15 亿元。其中，“海盾 2015”专项执法行动共立案 55 件，结案 63 件，收缴罚款 36.55 亿元；“碧海 2015”专项执法行动立案 561 件，结案 516 件，收缴罚款 4407.4 万元。

（六）强化海洋科技创新

强化各类海洋科研专项管理，“海洋环境安全保障”和“深海关键技术与装备”成为在国家新的科技管理体制下首批获准立项的重点专项，努力推动海水利用相关研究纳入水资源高效开发利用重点专项。完成海洋一号 C/D 卫星和海洋二号 B/C 卫星等 4 颗业务卫星及配套地面系统建设项目可行性论证，完成新一代海洋水色卫星和海洋盐度探测卫星 2 颗科研卫星预研。推进建造 4500 吨级海洋综合科考船“向阳红 01”和“向阳红 03”船。组织开展海水淡化水纳入水资源配置及试点研究。推进威海浅海等海洋能试验场、海洋能支撑平台建设，新增投资 1 亿元开展海洋可再生能源示范。发布了 10 项海洋国家标准和 16 项海洋行业标准，组织新建 6 项海洋计量标准。国家局与国家测绘地理信息局、中国地质调查局签署协同发展合作协议，推进资源和信息共享。

（七）提升海洋公益服务能力

新建 12 个海况视频监控点，精细化预报试点重点保障目标增加至 70 多个。成功应对“杜鹃”、“彩虹”等 6 次台风风暴潮、20 余次温带风暴潮和海浪灾害。推进海洋灾害重点防御区划定试点和减灾综合示范区建设。南中国海区域海啸系统 25 个宽频地震台实现业务化运行。海洋渔业生产安全和海上搜救环境保障服务系统投入试运行。省级海洋预警报能力升级改造项目全面实施。浙江利用 85 艘海洋观测志愿船建构海洋移动观测网。

（执笔：国家海洋局战略规划与经济司）

天津港口

专栏：“十二五”环境保护成效突出

“十二五”以来，党中央、国务院把生态文明建设和环境保护摆上更加重要的战略位置，作出一系列重大决策部署，以大气、水、土壤污染治理为重点，坚决向污染宣战，环境保护取得积极进展。

坚决向污染宣战。大力实施《大气污染防治行动计划》，在京津冀、长三角和珠三角等重点区域，建立健全区域联防联控协作机制。建成发展中国家最大的环境空气质量监测网，全国338个地级以上城市全部具备PM2.5等六项指标监测能力。实施《重点流域水污染防治规划》，加强饮用水水源地和水质较好湖泊生态环境保护。全国地表水国控断面劣Ⅴ类比例下降6.8个百分点，大江大河干流水质稳步改善。完成首次全国土壤污染状况调查。

推进污染减排。城镇污水日处理能力由2010年的1.25亿吨增加到1.82亿吨。安装脱硫设施的煤电机组由5.8亿千瓦增加到8.9亿千瓦，安装率由83%增加到99%以上；安装脱硝设施的煤电机组由0.8亿千瓦增加到8.3亿千瓦，安装率由12%增加到92%。安装脱硫设施的钢铁烧结机面积由2.9万平方米增加到13.8万平方米，安装率由19%增加到88%；安装脱硝设施的新型干法水泥生产线由0增加到16亿吨。全国化学需氧量、二氧化硫、氨氮和氮氧化物排放总量分别比2010年下降12.9%、18.0%、13.0%和18.6%。

坚持以环境保护优化经济发展。在4省（区）开展生态保护红线划定试点，6省（区）在全国率先出台省级环境功能区划。国家层面完成西部大开发、中部地区发展战略环评。各级环保部门完成4000多项规划环评审查，国家层面完成300多项。国家层面审批项目环评文件1164个，对153个不符合条件项目不予审批，涉及总投资7600多亿元。加强标准引导，发布国家环保标准493项，对重点地区重点行业执行更加严格的污染物特别排放限值。

开展生态建设和农村环境综合整治。成立生物多样性保护国家委员会，发布《生物多样性保护战略与行动计划（2011-2030年）》。中央安排专项资金275亿元，支持7.2万个村庄完成环境综合整治，1.2亿多农村人口直接受益。

加强重点领域风险防控。安排中央专项资金172亿元，支持重金属污染治理，重金属污染事件由2010-2011年的每年10余起下降到2012-2015年的平均每年不到3起。全国堆存长达数十年的670万吨历史遗留铬渣处置完毕。各级环保部门妥善处置各类环境事件近2600起。

提高执法监管水平。以新《环境保护法》为标志，环境保护的立法和执法取得明显进展。2011-2014年，联合多部门开展环保专项整治行动，全国共出动执法人员924万余人（次），检查企业362万余家（次），查处环境违法问题3.7万件。建立行政执法与刑事执法协调配合机制，环境司法取得重大进展。

（执笔：环境保护部环境监测司）

专栏：《水污染防治行动计划》全面实施

2015年4月，国务院印发《水污染防治行动计划》，各部门认真贯彻落实，相继出台了一系列配套政策措施。

环境保护部印发了《水污染防治工作方案编制技术指南》，召开了全国环保厅（局）长座谈会，指导各地制订水污染防治工作方案；分解落实目标任务，组织签订目标责任书；筹备建立全国水污染防治工作协作机制，京津冀及周边地区、长三角、珠三角重点区域水污染防治联动协作机制；建立信息调度通报机制，编制水污染防治工作简报。财政部和环境保护部继续加大中央财政支持力度，出台水污染防治专项资金管理办法，积极推广政府和社会资本合作模式。住房和城乡建设部加快城市黑臭水体整治，联合环境保护部印发工作指南，搭建信息管理平台。农业部出台《农业部关于打好农业面源污染防治攻坚战的实施意见》，通过提升监测预警能力、实施化肥农药零增长行动等，深入推进农业面源污染防治工作。国家发展和改革委员会积极推进居民阶梯水价制度，牵头出台了提高污水处理收费标准的相关政策。科技部组织推广节水、治污、水生态修复等先进适用技术，提升水安全保障的科技支撑能力。水利部扎实开展最严格水资源管理制度考核，专题部署用水定额管理工作。工业和信息化部组织编制高耗水工艺、技术和装备淘汰目录，督促落实年度淘汰落后产能和过剩产能目标任务。交通运输部全面推进船舶与港口污染防治工作，印发专项实施方案。各地因地制宜，认真编制水污染防治工作方案，逐年确定分流域、分区域、分行业的重点任务和年度目标，为深入做好水污染防治工作奠定了扎实基础。

（执笔：环境保护部环境监测司）

九寨沟自然风景

专栏：《大气污染防治法》修订通过

2015年8月29日，《大气污染防治法》经十二届全国人大常委会第十六次会议修订通过，同日，习近平主席签署第31号主席令正式公布，自2016年1月1日起施行。

新《大气污染防治法》规定了大气污染防治领域的基本原则、基本制度、防治措施等。具有以下几个鲜明特点：一是主线更加清晰。明确提出防治大气污染应当以改善大气环境质量为目标，强化地方政府的责任，加强考核和监督。二是重点更加突出。突出地方政府和企业这两个关键主体，主要包括：推动地方政府切实履行改善本地区大气环境质量的主体责任，规定了地方政府对辖区大气环境质量负责、环境保护部对省级政府实行考核、未达标城市政府应当编制限期达标规划、上级环保部门对未完成任务的下级政府负责人实行约谈和区域限批等一系列制度措施，推动企业全面落实达标排放。三是内容更加完备。第一，坚持源头治理。明确规定转变经济发展方式，优化产业结构和布局，调整能源结构。明确制定燃煤、石油焦、生物质燃料、涂料等含挥发性有机物的产品、烟花爆竹以及锅炉等产品的质量标准时，应当明确大气环境保护要求。明确燃油质量标准，应当符合国家大气污染物控制要求。第二，坚持全防全控。针对中国多污染物共存、多污染源叠加的大气污染现状，规定大气污染防治，应当加强对燃煤、工业、机动车船、扬尘、农业等的综合防治，对颗粒物、二氧化硫、氮氧化物、挥发性有机物、氨等大气污染物和温室气体实施协同控制。第三，坚持问题导向。直面当前重污染天气频发的问题，设专章，对重点区域大气污染联合防治、重污染天气应对作了专门规定。四是监管更加严密。将《大气污染防治行动计划》的长效措施巩固下来，规定了限期达标、分级考核、行政约谈、区域限批、源头治理、控车减煤、点源面源结合、区域联防联控等一系列制度措施，形成更为严密的监管体系。五是处罚更加有力。与新《环境保护法》相衔接，对造成大气污染的违法行为切实加大了处罚力度。第一，除倡导性的规定外，有违法行为就有处罚。法律责任条款共30条，超过全法条文的20%，涉及的违法行为种类90多种。第二，提高了罚款上限。第三，在新《环境保护法》基础上，细化并增加了按日计罚的行为。第四，增加了处罚种类。如行政处罚中有责令停业、关闭、停产整治、停工整治、没收、取消检验资格、治安处罚等。此外还规定了民事赔偿责任和刑事责任。

新《大气污染防治法》的出台，体现了党中央、国务院关于生态文明建设的新要求，顺应了公众对改善大气环境质量的新期待，明确了新时期大气污染防治工作的重点，对解决大气污染防治领域的突出问题具有很强的针对性和操作性，为大气污染防治工作全面转向以质量改善为核心提供了坚实的法律保障。

（执笔：环境保护部环境监测司）

专栏："1+6"生态文明体制改革

按照党中央、国务院的总体部署，2015 年，国家打出"1+6"生态文明体制改革"组合拳"，落实《生态文明体制改革总体方案》。"1"就是《生态文明体制改革总体方案》，"6"包括《环境保护督察方案（试行）》《生态环境监测网络建设方案》《开展领导干部自然资源资产离任审计试点方案》《党政领导干部生态环境损害责任追究办法（试行）》《编制自然资源资产负债表试点方案》《生态环境损害赔偿制度改革试点方案》。

《环境保护督察方案（试行）》要求建立环境保护督察工作机制，作为推动生态文明建设的重要抓手，督促地方党委和政府认真履行环境保护主体责任，切实落实环境保护"党政同责"和"一岗双责"。

《生态环境监测网络建设方案》要求全面设点，完善生态环境监测网络；全国联网，实现生态环境监测信息集成共享；自动预警，科学引导环境管理与风险防范；依法追责，建立生态环境监测与监管联动机制；健全生态环境监测制度与保障体系。到 2020 年，全国生态环境监测网络基本实现环境质量、重点污染源、生态状况监测全覆盖，各级各类监测数据系统互联共享，监测预报预警、信息化能力和保障水平明显提升，监测与监管协同联动，初步建成陆海统筹、天地一体、上下协同、信息共享的生态环境监测网络，使生态环境监测能力与生态文明建设要求相适应。

《开展领导干部自然资源资产离任审计试点方案》提出开展领导干部自然资源资产离任审计试点的主要目标，是探索并逐步完善领导干部自然资源资产离任审计制度。审计涉及的重点领域包括土地资源、水资源、森林资源以及矿山生态环境治理、大气污染防治等领域。要对被审计领导干部任职期间履行自然资源资产管理和生态环境保护责任情况进行审计评价，界定领导干部应承担的责任。

《党政领导干部生态环境损害责任追究办法（试行）》规定，地方各级党委和政府对本地区生态环境和资源保护负总责，党委和政府主要领导成员承担主要责任，其他有关领导成员在职责范围内承担相应责任。中央和国家机关有关工作部门、地方各级党委和政府的有关工作部门及其有关机构领导人员按照职责分别承担相应责任。

《编制自然资源资产负债表试点方案》提出通过探索编制自然资源资产负债表，推动建立健全科学规范的自然资源统计调查制度，努力摸清自然资源资产的家底及其变动情况，为推进生态文明建设、有效保护和永续利用自然资源提供信息基础、监测预警和决策支持。

《生态环境损害赔偿制度改革试点方案》对今后一个时期中国生态环境损害赔偿制度改革做出了全面规划和部署。确定 2015-2017 年选择部分省份开展试点工作，2018 年起在全国试行，到 2020 年，力争初步构建责任明确、途径畅通、技术规范、保障有力、赔偿到位、修复有效的生态环境损害赔偿制度。

（执笔：环境保护部环境监测司）

专栏：环境影响评价改革

积极推进环评改革。强化战略环评对宏观决策的支撑作用，制定促进长江中下游城市群、中原经济区产业与环境保护协调发展的指导意见，开展三大地区战略环评工作；推动规划环评落地，制定《关于规划环境影响评价加强空间管制、总量管控和环境准入的指导意见》，发布《关于开展规划环境影响评价会商的指导意见（试行）》，出台《关于加强规划环境影响评价与建设项目环境影响评价联动工作的意见》；进一步简政放权，发布《环境保护部审批环境影响评价文件的建设项目目录（2015年本）》，修订《建设项目环境影响评价分类管理名录》；规范环评管理，制定火电等7个行业环评审批原则和准入条件，发布水电水利等9个行业验收现场检查及审查要点，发布《关于印发环评管理中部分行业建设项目重大变动清单的通知》；加大环评信息公开，印发《建设项目环境影响评价信息公开机制方案》。

健全建设项目全过程监管体系。出台《建设项目环境保护事中事后监督管理办法（试行）》，明确了国家和省级环保部门监督指导责任、市县级环保部门属地管理职责，强化了建设单位主体责任，规定了地方党委政府领导职责；发布《建设项目环境影响后评价管理办法（试行）》，对重大、敏感项目运行一段时间后的环境影响和生态环境保护措施有效性进行评价；制定《建设项目环境影响评价区域限批管理办法（试行）》，对未达到国家环境质量目标，存在严重环境违法行为的予以限批，督促地方政府和企业依法履行环保责任。

全国环保系统环评机构脱钩。2015年，环境保护部直属单位的8家环评机构已率先全部完成脱钩，省级环保部门全部按要求上报了脱钩方案，67家机构提前完成脱钩。

（执笔：环境保护部环境监测司）

专栏：统筹推进海洋生态文明示范建设与保护修复

深入推进海洋生态文明示范建设。组织修改完善并印发《海洋生态文明示范区建设指标体系》，开展第二批国家级海洋生态文明建设示范区的申报和评审工作，新批准建立辽宁盘锦市，大连市旅顺口，山东青岛市、烟台市，江苏南通市、东台市，浙江嵊泗县，广东惠州，深圳大鹏新区，广西北海市，海南三亚市、三沙市等12个国家级海洋生态文明建设示范区。通过建立海洋生态文明建设示范区，探索沿海地区经济社会与海洋生态协调发展的科学模式，为蓝色国土的绿色发展提供“新标杆”、“试验田”。

推进海洋保护区规模和质量同步提升。2015年，国家海洋局批准建立辽宁团山等3处国家级海洋公园，同时完成新一批国家级海洋特别保护区申报审查工作。为强化保护区管理和能力建设，印发了《国家级海洋保护区监督检查办法》，组织开展国家级海洋保护区监督检查，修订《国家级海洋特别保护区开发利用活动管理办法》等6项规范性文件。沿海各地积极开展保护区能力建设，山东制定意见对全省各类保护区实施分类管理，浙江投入专项资金用于国家级保护区规范化能力建设，河北、海南开展国家级自然保护区人类活动专项清理活动。高度注重海洋保护区基础信息采集和信息化管理能力建设，建立全国海洋保护区建设与管理系统，实现国家级海洋保护区基础信息网上填报、网上管理和实时监督。

深入推进海洋生态修复工作。落实《全国生态保护与建设规划》，启动《全国海洋生态保护与建设规划》编制工作。组织开展滨海湿地保护“十三五”实施规划项目申报工作，完成广西北仑河口自然保护区湿地保护工程项目和国家滨海湿地监测中心建设项目立项工作，共获得中央预算内资金2000万元。

（执笔：国家海洋局战略规划与经济司）

专栏：加强海洋生态文明建设顶层设计

为贯彻落实《中共中央、国务院关于加快推进生态文明建设的意见》，2015 年 5 月，国家海洋局成立了以分管局领导为组长，相关业务司为成员单位的海洋生态文明建设协调小组，组织编制了《国家海洋局海洋生态文明建设实施方案（2015-2020 年）》。《实施方案》着眼于建立基于生态系统的海洋综合管理体系，坚持“问题导向、需求牵引”、“海陆统筹、区域联动”原则，以海洋生态环境保护和资源节约利用为主线，以制度体系和能力建设为重点，以重大项目和工程为抓手，旨在通过 5 年左右的努力，推动海洋生态文明制度体系基本完善，海洋管理保障能力显著提升，生态环境保护和资源节约利用取得重大进展，推动海洋生态文明建设水平在“十三五”期间有较大水平的提高。

《实施方案》提出从强化规划引导和约束、实施总量控制和红线管控、深化资源科学配置与管理、严格海洋环境监督与污染防治、加强海洋生态保护与修复、增强海洋监督执法、施行绩效考核和责任追究、提升海洋科技创新与支撑能力、推进海洋生态文明建设领域人才建设、强化宣传教育与公众参与等 10 个方面 31 项主要任务推进海洋生态文明建设，通过开展 20 项重大工程项目推动主要任务深入实施。

根据《实施方案》统一部署，2015 年，国家海洋局组织编写了《海洋资源管理与生态环境保护制度研究》、开展了国家海洋生态安全政策海洋专题研究、系统分析了海洋资源管理与生态环境保护的现状与问题、海洋生态安全的主要风险挑战，提出了建立海洋督查制度、维护生态安全的基本思路和重点领域以及任务，研究成果分别被《生态文明建设体制改革总体方案》和国家安全报告采纳。组织开展了海洋生态补偿与损害赔偿制度研究和制定以及“蓝色海湾”综合整治行动和“南红北柳”湿地修复工程前期研究，研究成果在国家“十三五”规划纲要中得到体现。

辽宁、天津、山东、江苏、福建、广东等地根据《实施方案》要求，结合实际深入谋划海洋生态文明建设，组织制定了具体的行动计划，将目标、任务、责任逐级分解细化至沿海市、县政府，山东还以省政府名义印发了《关于加快推进全省海洋生态文明建设的意见》。

（执笔：国家海洋局战略规划与经济司）

2015 年世界经济形势报告

2015 年，世界经济运行中的新旧矛盾相互叠加和共振，复苏疲弱乏力，增长速度放缓。工业生产低速增长，世界贸易持续低迷，国际金融市场动荡加剧，大宗商品价格大幅下跌。发达国家复苏缓慢，新兴经济体增速进一步回落。2016 年，不利因素和不确定性因素较多，世界经济仍将继续低速运行。我国经济运行的外部环境更趋严峻，需认真对待。

一、主要经济体经济运行情况

（一）美国经济复苏趋缓

2015 年，美国经济继续温和复苏，但整体复苏势头趋缓。全年经济增长 2.4%，增速与上年持平。

1. *经济增速趋缓*。2015 年一季度，美国 GDP 环比折年率增长 2%，二季度大幅加快至 2.6%，外部经济的不确定等因素使四季度 GDP 环比折年率增速又回落至 0.9%。

2. *工业生产同比下降*。2015 年，工业生产同比仅增长 1.3%，大大低于 2014 年 3.7% 的增速。其中，12 月份，工业生产同比下降 2.6%，连续四个月下降。2015 年，制造业生产同比增长 2.0%，低于 2014 年 2.5% 的增速。工业产能利用率降至 77.8%，比上年同期回落 0.3 个百分点，低于 1972 年至 2014 年间美国工业整体设备开工率 80.1% 的平均值。

3. *私人消费增长趋缓*。私人消费是美国经济增长的主要驱动因素，2015 年呈前高后低、前旺后淡的特点。全年零售额仅增长 0.9%，大大低于 2014 年 3.5% 的增速。分月看，同比增速由 1 月份的 3.7%，回落到 12 月份的 2.8%。2015 年，汽车零售量下降 0.5%，是 2010 年以来首次下降。分月看，同比增长率由 1 月份的 8.9%，至 12 月份的下降 6.6%。

4. *房地产市场活跃*。房地产市场持续活跃，是拉动美国经济复苏的主要力量。2015 年，新房开工量（折年率，下同）为 111.2 万套，同比增长 10.9%，已超过 2004 年的 100 万套水平。分月看，除 2、3 月外，其余各月均达到 106 万套以上。建筑许可证发放量为 118.3 万套，同比增长 12.5%，已超过 2004 年 104.6 万套的水平。现房销售数量为 525 万套，同比增长 6.3%。现房价格涨至 22.2 万美元 / 套，同比上涨 6.8%，已超过 2007 年的 21.9 万美元 / 套。

5. *对外贸易持续低迷*。2015 年，美国出口额同比下降 4.9%，进口额同比下降 3.7%，均为 2010 年以来首次下降；2015 年全年实现贸易逆差 5004 亿美元，比上年同期扩大 2.1%。

6. *就业形势持续好转*。2015 年，美国失业率从上年的 5.7% 回落至 5.0%。2015 年，非农雇员人数月平均净增 22.1 万人。分月看，除 3、8 和 9 月外，其余各月净增均超过 20 万人。

（二）欧元区经济缓慢复苏

2015 年，欧元区经济总体呈温和复苏态势。全年经济增长 1.7%，比上年加快 0.8 个百分点。工业生产加快，消费稳定增长，对外贸易相对活跃，信心总体走强。然而，通缩风险仍存，失业率有所回落但就业形势依然严峻。

1. *GDP 增速快于上年*。2015 年，欧元区 GDP 增长 1.7%，增速比上年加快 0.8 个百分点；四季度，欧元区 GDP 同比增长 1.7%，环比增长 0.4%，增速均比上季度加快 0.1 个百分点。展望 2016 年，欧元区经济将保持温和增长。从驱动力看，由于油价长期低迷以及较高的个人收入，私人消费将持续成为经济复苏的主要驱动力。德国等成员国的扩张性财政政策刺激，有望进一步提升大众消费。融资条件的改善和产能利用率的不断上升也将拉动企业投资。而 2016 年新兴市场疲软的经济可能对欧元区净出口造成负面影响，因为新兴市场占据欧元区商品出口约50%的份额。

2. 工业生产平稳增长。工业生产的稳定增长是欧元区经济稳定向好的重要因素。2015年欧元区工业生产比上年增长1.5%，增速较上年加快0.6个百分点。虽然2015年全年工业生产增速加快，但从逐月走势看，呈现冲高回落的态势，特别是在年底出现了明显放缓。其中，2015年12月工业生产增长率同比下降0.1%，制造业生产同比增长0.8%，增速分别比上月回落1.8和1.1个百分点。

3. 消费稳定增长。消费活跃也是欧元区经济温和复苏的主要支撑因素。2015年欧元区零售总量、新车登记数同比分别增长2.8%和8.8%，较2014年加快1.3和5.0个百分点。12月，欧元区零售量同比增长2.8%，增速比上月加快0.7个百分点；新车登记数同比增长13.7 %，增速比上月加快2.7个百分点。2015年欧元区消费保持稳定增长，与欧元区较低的通货膨胀率和有所改善的就业市场有较大关系。

4. 进出口相对活跃。2015年欧元区出口和进口分别增长5.3%和2.2%，较2014年加快3.1和1.5个百分点。2015年，欧元区对外贸易逆全球低迷之势增长，表现相对活跃。但下半年进出口走势有疲弱迹象，7至10月份进、出口同比增速持续回落，11至12月份才有所反弹。

5. 通缩风险仍存。2015年，欧元区CPI零增长，涨幅比上年回落0.4个百分点。12月份，欧元区消费价格同比上涨0.2%，涨幅较上月加快0.1个百分点。欧元区仍面临通缩压力，为此欧洲央行于2015年12月3日宣布将存款利率下调10个基点至-0.3%，未来货币政策仍将保持宽松。如果2016年经济保持复苏，大宗商品价格跌势趋缓，则欧元区CPI涨幅有望逐步回到正常轨道，但这些条件仍存不确定性。

6. 就业有所改善。2015年，欧元区失业率为10.9%，较2014年降低0.7个百分点。从月度走势看，欧元区2015年失业率与失业人数均保持持续小幅回落态势。12月份，欧元区失业率为10.4%，比上月下降0.1个百分点，比2014年12月下降1个百分点，为2011年9月份以来最低水平；失业人数为1675万人，比上月减少5万人，比2014年12月减少了150万人。总体看，欧元区失业率与失业人数均有所改善，但形势依然严峻。在成员国中，希腊和西班牙仍是欧元区中失业率最高的国家，12月份的失业率分别为24.5%和20.8%；虽然经济强国德国的失业率仅为4.5%，但法国失业率高达10.2%。

7. 预警指标向好。2015年1-12月份，欧元区制造业采购经理人指数与服务业采购经理人指数总体呈逐步走强态势，分别从1月份的51.0和52.7波动攀升到12月份的53.2和54.2。消费者信心指数则在年初短暂走强后波动下降，但年末已有所回升。

（三）日本经济依然艰难

2015年，日本经济增长0.5%，四个季度同比增速分别为-1.0%、0.7%、1.8%和0.7%。

1. 工业生产低迷。2015年，日本工业生产下降0.9%。分月看，1-3月份日本工业生产三个月移动平均环比折年率增速较快，均高于4%，而4-11月份连续8个月下降，仅12月份恢复微增0.1%。

2. 消费需求不足。2015年，日本零售额下降0.4%，家庭消费支出下降3.7%，新车登记数下降9.7%。分月看，由于2014年4月份消费税提高造成提前消费造成当年一季度基数偏高，2015年1-3月份的零售额同比连续下降，3月份降幅高达9.7%。而新车登记数全年12个月均下降，1-4月份和12月份降幅较大，下降幅度超过两位数。

3. 房地产市场稳定。房地产市场稳定复苏是日本经济中难得的亮点，也是日本经济没有进一步下滑的重要支撑因素。2015年，日本新房开工量增长1.9%，而2014年为下降9%。分月看，仅1月、2月、10月和12月同比下降，其他月份均为同比增长，其中6月份同比增速高达16.3%。

4. 出口先扬后抑，进口继续下降。2015年，日本出口增长3.5%。其中，前9个月出口保持了较高的增速，有力地拉动了经济增长，但随后几个月的增长受到明显抑制，10-12月份同比连续三个月下降，12月份降幅达到8.0%。而进口持续低迷，2015年下降8.7%。分月看，全年12个月进口均为负增长，且下半年起降幅呈逐月扩大趋势，12月份降幅达到18.0%。

5. 消费价格仍处低位。2015年，日本CPI同比上涨0.8%，核心CPI同比上涨1.0%，PPI同比下跌2.3%。分月看，2015年前三个月CPI同比增幅均超过2%，但4月起CPI同比增幅仅在零增长和微增0.6%之间徘徊。由此可见，日本政府靠实施极宽松的货币政策摆脱通货紧缩的努力收效甚微，虽然CPI略有所改善但远低于央行2%的通胀目标。

（四）新兴经济体增长持续回落、分化加大

2015年，新兴经济体经济整体呈回落向下态势，各经济体经济发展不均衡，分化加大。

韩国、印度、印尼、墨西哥和中国香港在大环境不利的条件下，经济整体维持较强或相对平稳走势。韩国在私人消费和投资的大幅提振下，克服了年初中东综合症带来的不利影响，经济呈现缓慢上升态势，全年经济增长保持在2.6%。印度经济在消费、投资、制造业走势较强的支撑下，经济逆全球经济放缓之势而实现较快增长，全年GDP增长7.5%。印尼外贸和采矿业大幅萎缩，但依靠国内消费、工业生产的支撑，经济增长较为稳定，全年GDP增长4.8%。墨西哥经济在国内消费和改革新政的拉动下，维持着低速稳定增长，但在新兴经济体中也属较好表现，全年经济增长2.5%。中国香港全年受外部环境的影响，出口低迷，金融不振，经济增长继续在潜在增长率之下，全年增长2.4%，比前年放缓0.2个百分点。

南非、马来西亚、中国台湾、巴西和俄罗斯则在2015年全年呈现一路走低势头。南非和马来西亚受全球经济大环境的拖累和低迷的大宗商品价格影响，经济萎靡，货币大幅贬值。中国台湾在工业生产和出口下滑的拖累下，加之岛内需求不足，三、四季度GDP同比连续出现负增长，全年经济增长0.7%，经济下行风险加大。巴西经济连续七个季度收缩，进入深度衰退。零售额连续九个月下降，进出口全年大幅下降，近几个月工业生产同比呈两位数下降，通胀严重，失业率不断攀升，各项经济指标无一亮点，全年经济衰退3.8%。俄罗斯经济持续衰退，全年经济比2014年下降3.8%。通胀居高不下、工业生产持续负增长、零售额9月以来同比以两位数下跌、失业率重返年内高点，经济仍处衰退之中，底部仍未探明。

二、世界经济运行的主要特点

（一）世界经济继续低速运行

1. 经济复苏缓慢，增长低于上年。据世界银行2016年6月份最新测算，按汇率法GDP加权汇总，2015年世界经济将增长2.4%，增速比上年放缓0.2个百分点。其中，发达经济体整体形势略好于上年，经济将增长1.8%，增速比上年加快0.1个百分点；发展中经济体增速较上年略有放缓，预计全年将增长3.4%，增速比上年放缓0.8个百分点。

2. 工业生产低迷。2015年，世界工业生产下降0.5%，增速比上年回落5.8个百分点。其中，发展中国家增长3.8%，增速比上年回落1.5个百分点；发达国家下降3.3%，增速比上年大幅回落8.5个百分点。分月看，工业生产增速总体上呈现逐月走低态势。

造成全球工业生产低迷的主要原因有三：（1）全球经济复苏乏力导致需求疲弱。世界经济仍处在危机以后的修复期，发达国家复苏并不理想，新兴经济体则表现欠佳，这无疑制约了全球工业需求。（2）全球债务问题仍存，发达国家与新兴经济体的债务都在高企，限制了财政政策发挥积极作用的空间，从而拖累工业复苏。（3）国际资本流动异常与金融动荡。2015年，美国加息预期持续不断，并最终在12月成真，使得国际资本流向发生逆转，而资金的外流又使新兴市场国家的金融市场动荡加剧。在以上因素的综合作用下，世界工业生产复苏的动力被削弱，工业生产陷入低迷状态。

（二）世界贸易增长进一步放缓

国际货币基金组织2016年4月份预测，2015年世界贸易量增长2.8%，比上年回落0.6

个百分点。其中，发达经济体进口增长 4.3%，比上年提高 0.9 个百分点；新兴经济体进口仅增长 0.5%，比上年大幅回落 3.2 个百分点。波罗的海干散货运指数波动走低。2015 年，波罗的海干散货运指数从年初的 771 点一度回升至 8 月 5 日的 1222 点（年中最高点），随后持续回落并屡创新低，2016 年 1 月 6 日，该指数降至 467 点。

（三）全球消费价格涨幅回落

2015 年，世界、发达国家和发展中国家 CPI 同比中位数分别上涨 1.4%、0.3% 和 2.5%，比上年回落 0.7、0.6 和 1.0 个百分点。

国际市场大宗商品价格大幅下跌。2015 年，能源价格比 2014 年暴跌 45.1%，其中欧佩克一揽子原油现货价格比 2014 年暴跌 46.2%，纽约期货市场轻质原油价格比 2014 年暴跌 45.8%。2015 年 12 月 18 日，纽约期货市场轻质原油价格为 34.73 美元 / 桶，创 2009 年 2 月 18 日以来最低水平。2015 年，非能源价格下跌 15.1%，均连续 4 年下跌。其中，农产品价格下跌 13%，油类和谷物分别下跌 21.8% 和 14.7%；肥料下跌 5.1%，金属和矿产下跌 21.1%。

导致油价暴跌的主要因素有：供大于求是根本原因。一方面是供应增长过快。欧佩克回避减产并大幅增产，美国和俄罗斯等国的原油产量也处于高位；另一方面是需求疲弱。美元升值是催化剂。在美国加息的影响下，2015 年美元兑主要货币名义有效汇率指数年累计升值 9.3%。高库存抑制油价。截止 12 月 25 日当周，美国商业原油库存量达到 4.87 亿桶，依然处于历史高位。此外，伊朗逐渐重返石油出口市场也是打压油价的重要因素。

（四）国际金融市场大幅动荡

2015 年，主要经济体经济形势继续分化，货币政策也继续分化，特别是美联储升息预期持续升温和年末“靴子落地”导致国际资本异常流动扩大，国际金融市场剧烈震荡。

1. 主要经济体货币政策继续分化

2015 年，世界大多数国家采取降息措施，施行宽松货币政策。全年共有 25 个国家 58 次降息，其中，俄罗斯降息 5 次，降幅达 600 个基点；印度、中国、匈牙利、新西兰和丹麦均降息 4 次；瑞典降息 1 次、3 次提高购债规模；土耳其降息 2 次，1 次调整美元和欧元存款利息。瑞士、丹麦、瑞典和欧盟等发达国家和地区维持负利率。另有 10 个发展中经济体升息，合计升息 22 次，其中，巴西升息 5 次，达 250 个基点；冰岛升息 4 次，达 150 个基点；乌克兰、南非、秘鲁和智利各升息两次。升息幅度最大的为乌克兰，两次升幅分别为 550 和 1050 个基点，年利率高达 30%； 哈萨克斯坦则一次性升息 400 个基点，年利率为 16%。市场普遍预期美国将于 9-12 月份升息，最终美联储决定于 12 月中旬启动 10 年来首次升息，结束了国际金融危机以来的零利率时代。

2. 其他主要货币对美元明显贬值

2015 年，38 个发展中经济体本币兑美元出现了幅度超过 6% 的贬值。其中，哈萨克斯坦、阿根廷、乌克兰、巴西和马拉维货币贬值幅度超过 30%；阿塞拜疆、纳米比亚、哥伦比亚、俄罗斯、摩尔瓦多、土耳其和巴拉圭货币贬值幅度超过 20%。在这些国家中，除乌克兰、摩尔瓦多、土耳其以外，其他经济体本币贬值基本都发生在 2015 年下半年。加拿大、挪威、新西兰、澳大利亚、丹麦、欧盟和瑞典等 7 个发达经济体本币兑美元也出现了超过 7% 的贬值。

美国加息，有可能引发未来新一轮汇率大战。2016 年新年伊始，已有三个国家调整了货币政策，印尼降息 25 个基点，丹麦和秘鲁分别升息 10 和 25 个基点。

3. 世界股指动荡加剧

2015 年全年，特别是下半年，世界股指（所有国家）波动幅度加大，全年跌幅超过 4.2%。其中，5 月末到 9 月下旬最大跌幅达到 15.5%。美国标普 500 波动率指数（亦称恐慌性指数）2015 年 8 月份出现一波急升，一度接近欧债危机时期的水平。2016 年年初，全球主要股市波动幅度加大。在全球经济增长疲弱，各种困难和挑战增多的情况下，新的一年全球股市会面临新的风险。

4. 发展中国家资本净流入持续减少

截至 2015 年第二季度，发展中国家资本净流入连续5个季度减少，而2015年下半年转为净流出。2015年第三季度，国际投资者从发展中国家股市和债市撤资520亿美元，创历史纪录。

三、外部环境对中国经济的影响及政策建议

（一）需求疲弱将制约中国经济增长

一是全球贸易增长低缓，进而影响我国对外贸易的稳定增长；二是随着发达国家再工业化以及部分发展中国家加速融入世界经济，加上我国生产成本上升和环境、资源制约加强，我国出口面临发达国家下压和发展中国家上挤的双重压力；三是国际大宗商品价格将持续保持低位，如果持续下跌，将使我国进口量较大的能源、资源产品呈量增价跌态势，虽然有利于降低进口成本，但同时也会拉低我国进口的总体增速。

可采取如下措施应对需求疲弱的冲击：积极推进“一带一路”战略，有助于扩大外需，并有利于化解国内产能过剩问题。在世界经济复苏乏力的背景下，我国应着力扩大内需，实施积极的财政政策，减税以降低中低收入阶层和小微企业负担；积极推进“供给侧改革”，努力解决供需错配，即低端产品供给过剩、高端产品供给不足的问题。

（二）贸易、新技术竞争将倒逼中国经济转型升级

一是愈发激烈的国际贸易之争对我国贸易领域既是挑战也是机遇。一方面，传统的贸易理念适用空间会缩小，新的贸易规则、产业行业标准及技术、质量、环保等方面会产生新的贸易壁垒，也会使我国贸易在外部需求疲弱的影响下雪上加霜。另一方面，我国可利用外部压力倒逼国内加速调整产业、产品结构，在技术上创新、在工艺上提高、在环保效能上加强，客观上讲，是我国转型升级难得的机遇。二是新技术的竞争将成为经济增长的突破点。全球新一轮科技革命正在兴起，科技创新正加速推进，并广泛渗透到人类社会的各个方面，成为重塑世界格局、引领经济增长的主导力量。我国如能在这波竞争中占据一席之地，在航天、核能、高铁及互联网+等领域发挥优势并占领国际市场，将对国内社会经济和科学研究发展产生巨大的推动作用。

应对措施：面对来自TPP（跨太平洋战略经济伙伴协议）、TTIP（欧美跨大西洋贸易与投资伙伴协议）和TISA（国际服务贸易协定）的战略挤压，未来需扩大与主要贸易伙伴签订双边或多边自由贸易协定，并与“一带一路”战略密切结合。

（三）金融市场动荡将影响我国货币政策和金融市场稳定

未来，中国经济与人民币国际地位有望进一步提升，国内与国际金融之间的相互作用和影响进一步加大。但在这一背景下，国际金融市场动荡也将影响我国货币政策和金融市场稳定。首先，美联储加息、人民币被纳入SDR（特别提款权）等，都会导致人民币汇率波动扩大；其次，我国跨境资本的流动性在日益提高，对我国国际收支的影响会越来越大，波动性也将加剧；再次，面对新形势，我国宏观政策必须在汇率稳定、独立自主的货币政策和资本国际流动之间艰难地寻求平衡，即所谓“三难”（固定汇率制度、资本自由流动与独立的货币政策）问题更加突出。

针对全球金融市场动荡增大的风险，我国可采取如下措施：密切监测国际资本流动，关注美联储货币政策动向，做好各种应对预案；考虑到金融市场冲击具有多边性甚至全球性，我国可联合其他国家做好防范金融冲击的准备，例如加强国际金融监管合作，实施双边或多边货币互换以应对短期流动性和偿债风险；必要时可考虑采取限制国际资本流动的措施，比如征收托宾税限制外汇投机交易等。

（四）地缘政治将影响我国经济增长

地缘政治动荡加剧将会为我国经济增长带来下行压力。全球热点主要集中在中东及周边地区，这是我国重要能源供应地，也涉及我国“一带一路”沿线地区；正在升温的朝鲜核问题是另一潜在热点问题。在目前世界经济增长动力不足的情况下，一旦战事爆发，紧张情绪激化，消费者信心和投资者信心必将大受打击。

（执笔：释经组）

2014 年地区发展与民生指数监测报告

为了客观、全面、科学反映各地区经济社会发展和民生改善情况，中国统计学会和国家统计局统计科学研究所按照《地区发展与民生指数编制方案》，继续对各地区发展与民生指数（Development and Life Index，简称 DLI）进行监测。地区发展与民生指数评价指标体系包括经济发展、民生改善、社会发展、生态建设、科技创新和公众评价（另行开展）六大方面，共 42 项指标。根据每项评价指标的上、下限阈值对其进行无量纲化，计算各分项评价指标的指数，再根据指标权重合成分类指数和总指数。测算结果显示，2014 年我国东、中、西部及东北地区发展与民生指数分别为 73.92%、64.53%、62.14% 和 64.03%，均比上年稳步提升。

一、2014 年四大区域发展与民生指数稳步提升，增速有所放缓

自 2000 年以来，我国四大区域发展与民生指数稳步提升（见图 1），西部地区年均增速最快，为 4.36%；中部地区次之，为 4.08%；东部地区和东北地区分别为 3.38% 和 3.36%。

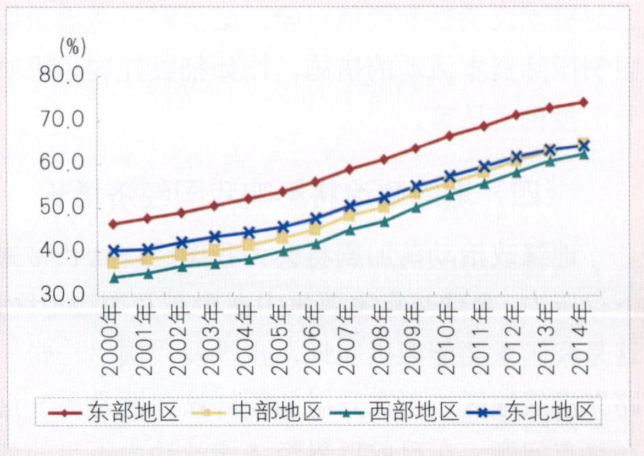

图 1 2000 - 2014 年四大区域发展与民生指数

与上年相比，2014 年东部地区发展与民生指数由 72.63% 提高到 73.92%，比上年增长 1.78%；中部地区由 62.90% 提高到 64.53%，比上年增长 2.59%；西部地区由 60.70% 提高到 62.14%，比上年增长 2.38%；东北地区由 63.25% 提高到 64.03%，比上年增长 1.23%。2014 年四大区域发展与民生指数增速均低于 2001 - 2014 年及“十二五”以来的年均增速（见图 2）。

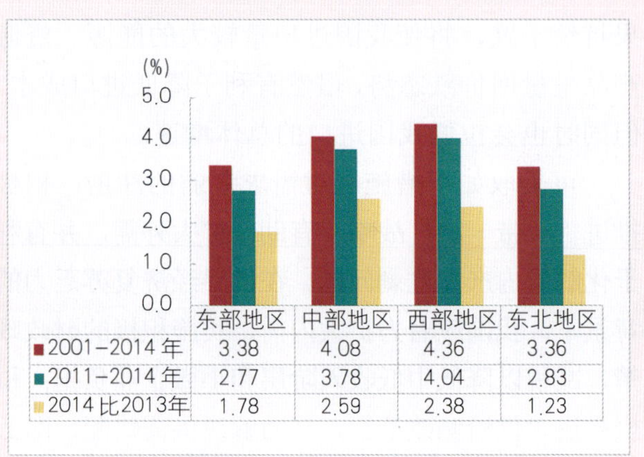

	东部地区	中部地区	西部地区	东北地区
2001-2014 年	3.38	4.08	4.36	3.36
2011-2014 年	2.77	3.78	4.04	2.83
2014 比2013年	1.78	2.59	2.38	1.23

图 2 不同时期四大区域发展与民生指数年均增速

二、2014 年 31 省（区、市）发展与民生指数普遍提高，省际间差距有所缩小

2014 年，31 个省（区、市）的发展与民生指数比上年均有不同程度提高（见图 3）。指数排在前十名的地区分别为北京、上海、天津、浙江、江苏、广东、福建、重庆、山东和辽宁，除重庆属于西部地区、辽宁属于东北地区外，其余 8 省（市）均属于东部地区。

发展与民生指数增速排在前十名的地区分别为内蒙古、西藏、贵州、甘肃、湖北、河南、陕西、湖南、上海和四川，除上海属于东部地区、河南、湖北属于中部地区、黑龙江属于东北地区外，其余 6 省（区、市）均属于西部地区。

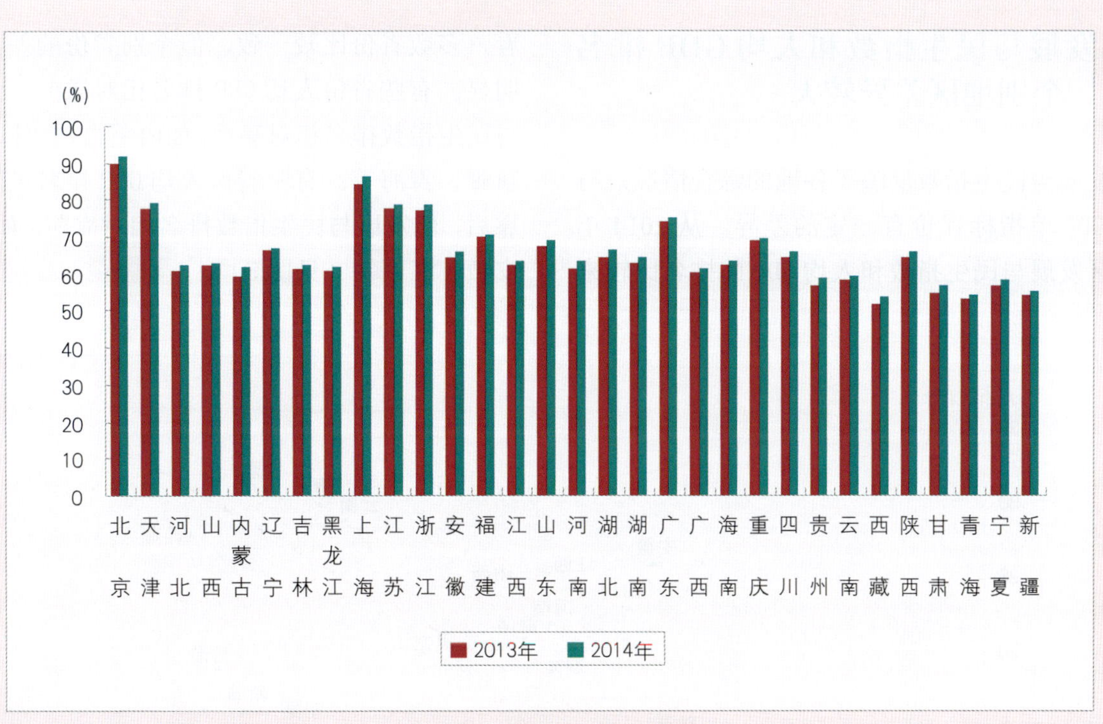

图 3　2013 和 2014 年各地区发展与民生指数比较

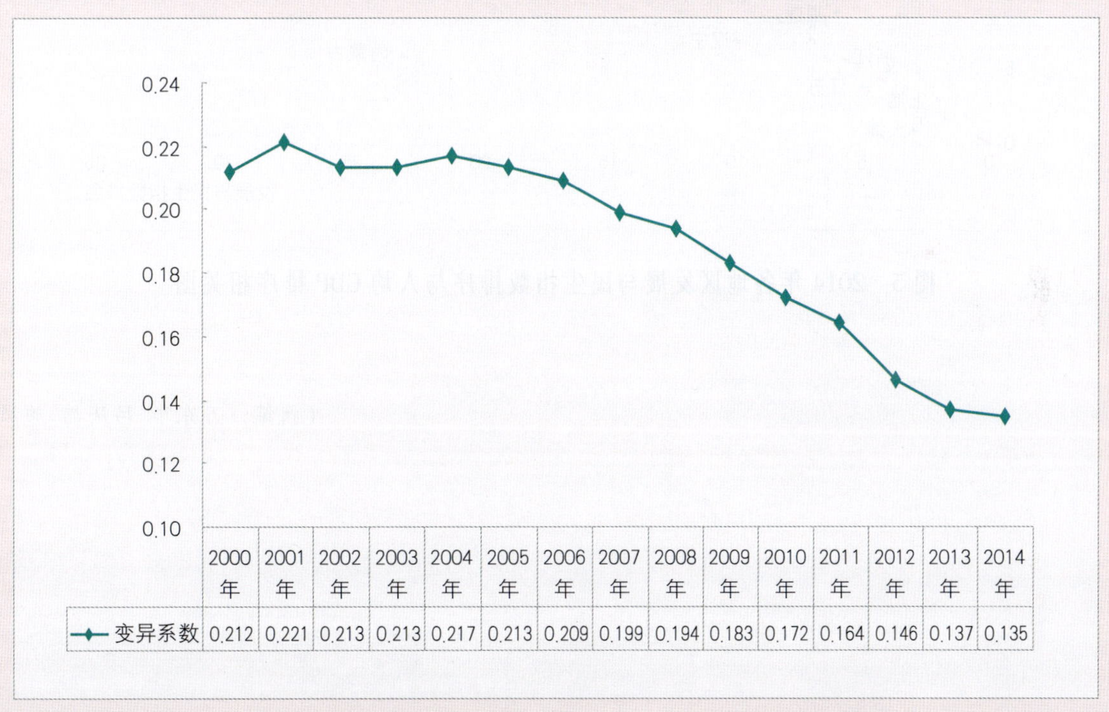

	2000年	2001年	2002年	2003年	2004年	2005年	2006年	2007年	2008年	2009年	2010年	2011年	2012年	2013年	2014年
变异系数	0.212	0.221	0.213	0.213	0.217	0.213	0.209	0.199	0.194	0.183	0.172	0.164	0.146	0.137	0.135

图 4　2000 – 2014 年各地区发展与民生指数变异系数

从反映省际间差异情况的变异系数①来看，全国 31 省（区、市）发展与民生指数的变异系数自 2004 年后呈现逐年缩小的趋势（见图 4）。2014 年，变异系数又由上年的 0.137 缩小到 0.135，表明省际间差距有所缩小。

注：①变异系数是标准差与平均数的比值，记为 CV。变异系数是衡量资料中各观测值变异程度的一个统计量，它可以消除单位和（或）平均数不同对两个或多个地区变异程度比较的影响。

三、发展与民生指数和人均 GDP 排名相比，个别地区差异较大

发展与民生指数反映了各地的综合情况，与人均 GDP 单指标评价有一定的差异。从 2014 年各地区发展与民生指数和人均 GDP 的排名比较来看，多数省份比较一致，但个别省份的差异比较明显。有些省份人均 GDP 排名相对靠前，但发展与民生指数排名相对靠后，如内蒙古、吉林、宁夏、新疆、青海等；有些省份人均 GDP 排名虽然相对靠后，但发展与民生指数排名相对靠前，如四川、安徽、江西等（见图 5）。

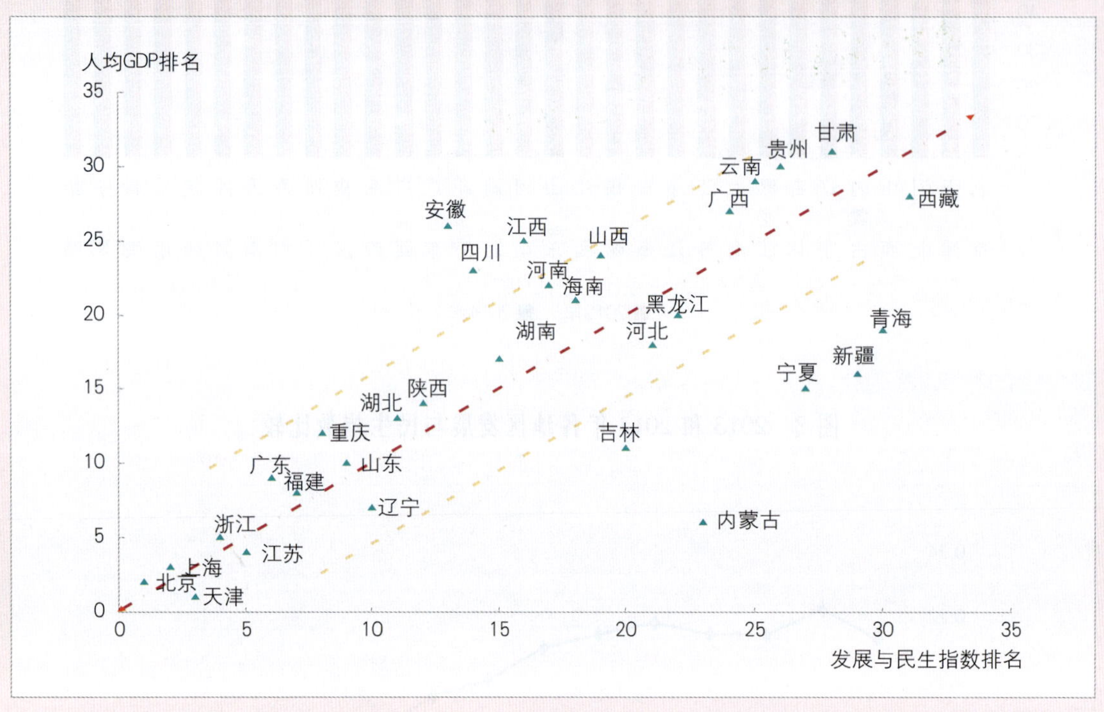

图 5　2014 年各地区发展与民生指数排序与人均 GDP 排序相关图

（执笔：万东华　吕庆喆　施凤丹）

附表 1

2000－2014 年主要年份各地区发展与民生指数

单位：%

	2000 年	2005 年	2010 年	2011 年	2012 年	2013 年	2014 年
东部地区	**46.39**	**54.45**	**66.28**	**68.59**	**71.10**	**72.63**	**73.92**
北　京	64.08	75.59	82.76	85.56	88.29	90.04	92.12
天　津	53.11	63.05	73.15	75.44	77.26	77.84	79.42
河　北	38.14	44.78	56.19	58.57	60.10	60.92	62.20
上　海	62.01	70.34	79.93	81.65	83.30	84.11	86.21
江　苏	46.25	56.08	70.30	73.51	76.93	77.60	78.50
浙　江	49.07	58.10	70.11	71.68	75.00	77.27	78.89
福　建	45.80	52.58	62.92	65.72	67.92	69.94	70.70
山　东	41.76	49.32	61.02	63.54	65.77	67.54	69.06
广　东	50.54	57.28	68.16	69.62	72.23	74.24	75.30
海　南	40.55	44.93	55.39	58.61	60.95	62.60	63.25
中部地区	**36.85**	**43.45**	**55.64**	**58.31**	**60.70**	**62.90**	**64.53**
山　西	34.31	41.44	54.48	56.54	59.67	62.18	63.08
安　徽	36.13	41.18	55.49	58.97	61.54	64.45	65.97
江　西	35.80	44.83	56.68	58.94	60.75	62.21	63.63
河　南	35.85	42.70	53.97	56.96	59.54	61.45	63.33
湖　北	40.35	45.97	57.72	59.91	61.98	64.52	66.53
湖　南	37.89	44.60	56.26	58.75	60.99	63.00	64.59
西部地区	**34.18**	**40.40**	**53.03**	**55.67**	**58.18**	**60.70**	**62.14**
内蒙古	35.78	43.15	54.22	56.18	57.77	59.45	61.87
广　西	34.83	42.42	53.33	54.64	57.56	60.30	61.53
重　庆	36.14	44.94	59.63	63.70	66.01	68.83	69.61
四　川	35.46	42.56	56.37	59.43	62.22	64.27	65.80
贵　州	28.66	36.29	49.46	52.40	54.70	57.09	59.03
云　南	35.42	38.79	50.87	53.60	55.50	58.41	59.21
西　藏	30.09	35.80	45.63	47.57	49.72	51.67	53.74
陕　西	38.21	41.32	56.02	58.80	61.51	64.43	66.24
甘　肃	29.31	35.33	45.97	48.42	51.58	55.05	56.86
青　海	31.06	36.82	46.05	49.25	51.79	53.49	54.49
宁　夏	31.37	37.89	50.11	51.06	53.65	56.95	58.28
新　疆	30.92	35.49	47.08	49.62	52.12	54.17	55.20
东北地区	**40.32**	**46.56**	**57.26**	**59.53**	**61.74**	**63.25**	**64.03**
辽　宁	42.42	49.89	59.95	63.06	65.10	66.42	66.87
吉　林	40.18	45.85	56.49	58.30	59.73	61.33	62.34
黑龙江	38.11	43.37	54.74	56.38	59.34	60.99	61.97

附表 2

2000－2014 年各地区发展与民生指数年均增速

单位：%

	2014 年比上年增长	2001－2014 年年均增速	“十五”期间年均增速	“十一五”期间年均增速	“十二五”以来年均增速
东部地区	**1.78**	**3.38**	**3.26**	**4.01**	**2.77**
北 京	2.31	2.63	3.36	1.83	2.71
天 津	2.03	2.92	3.49	3.02	2.08
河 北	2.11	3.56	3.26	4.64	2.58
上 海	2.49	2.38	2.55	2.59	1.91
江 苏	1.16	3.83	3.93	4.62	2.80
浙 江	2.10	3.45	3.44	3.83	3.00
福 建	1.08	3.15	2.80	3.65	2.96
山 东	2.25	3.66	3.38	4.35	3.14
广 东	1.42	2.89	2.54	3.54	2.52
海 南	1.05	3.23	2.07	4.28	3.37
中部地区	**2.59**	**4.08**	**3.35**	**5.07**	**3.78**
山 西	1.45	4.45	3.85	5.62	3.74
安 徽	2.36	4.39	2.65	6.14	4.42
江 西	2.28	4.19	4.60	4.80	2.93
河 南	3.06	4.15	3.56	4.80	4.08
湖 北	3.11	3.64	2.64	4.66	3.62
湖 南	2.53	3.88	3.31	4.75	3.51
西部地区	**2.38**	**4.36**	**3.40**	**5.59**	**4.04**
内蒙古	4.08	4.00	3.82	4.67	3.36
广 西	2.05	4.15	4.02	4.68	3.64
重 庆	1.14	4.79	4.45	5.82	3.94
四 川	2.39	4.52	3.72	5.78	3.95
贵 州	3.39	5.30	4.83	6.39	4.52
云 南	1.36	3.74	1.83	5.57	3.87
西 藏	4.00	4.24	3.54	4.97	4.17
陕 西	2.82	4.00	1.58	6.28	4.28
甘 肃	3.29	4.85	3.81	5.41	5.46
青 海	1.87	4.11	3.46	4.58	4.29
宁 夏	2.35	4.53	3.85	5.75	3.85
新 疆	1.91	4.23	2.80	5.82	4.06
东北地区	**1.23**	**3.36**	**2.92**	**4.22**	**2.83**
辽 宁	0.68	3.31	3.30	3.74	2.77
吉 林	1.65	3.19	2.68	4.26	2.49
黑龙江	1.61	3.54	2.62	4.77	3.15

附表 3

2014 年各地区发展与民生指数及分类指数

单位：%

	发展与民生指数	经济发展指数	民生改善指数	社会发展指数	生态建设指数	科技创新指数
东部地区	**73. 92**	**77. 70**	**86. 12**	**71. 20**	**73. 81**	**48. 25**
北　京	92.12	97.71	99.58	81.41	80.43	99.99
天　津	79.42	87.19	87.65	72.69	77.63	64.65
河　北	62.20	60.48	80.35	69.82	63.69	13.97
上　海	86.21	99.98	94.31	74.91	82.44	72.28
江　苏	78.50	82.77	88.50	73.86	72.36	68.85
浙　江	78.89	76.67	95.47	70.63	76.88	65.60
福　建	70.70	73.74	84.40	69.27	77.01	31.21
山　东	69.06	70.29	83.37	70.39	72.93	30.46
广　东	75.30	84.88	82.61	68.84	76.60	54.34
海　南	63.25	67.50	77.55	70.48	68.11	8.97
中部地区	**64. 53**	**63. 18**	**78. 70**	**69. 70**	**68. 21**	**24. 28**
山　西	63.08	62.28	77.27	70.19	61.31	27.20
安　徽	65.97	60.86	79.61	70.93	71.61	29.89
江　西	63.63	63.10	78.69	71.40	67.15	16.34
河　南	63.33	60.83	77.54	68.22	67.41	24.59
湖　北	66.53	67.55	80.89	69.31	68.61	28.53
湖　南	64.59	65.36	78.37	69.57	70.38	18.88
西部地区	**62. 14**	**64. 36**	**74. 20**	**67. 46**	**65. 16**	**21. 39**
内蒙古	61.87	69.69	75.39	65.84	65.86	10.28
广　西	61.53	61.62	76.63	66.76	68.51	12.04
重　庆	69.61	74.12	79.04	67.60	74.88	38.96
四　川	65.80	65.41	76.83	69.62	67.83	35.09
贵　州	59.03	63.30	70.78	67.19	63.46	8.97
云　南	59.21	60.50	70.34	68.01	66.58	9.41
西　藏	53.74	57.61	64.96	72.16	48.98	2.91
陕　西	66.24	66.00	71.68	72.14	67.53	44.24
甘　肃	56.86	59.27	71.16	64.65	57.17	11.46
青　海	54.49	62.19	70.78	62.02	49.02	6.30
宁　夏	58.28	64.06	72.39	64.86	56.49	13.31
新　疆	55.20	62.02	75.62	59.03	48.98	7.28
东北地区	**64. 03**	**69. 27**	**78. 08**	**69. 10**	**66. 16**	**16. 38**
辽　宁	66.87	73.20	79.90	70.46	70.05	20.39
吉　林	62.34	64.77	77.75	68.89	64.79	13.47
黑龙江	61.97	67.99	76.23	67.69	62.70	13.87

附件一：

地区发展与民生指数编制方案

一、研究背景

2005 年 10 月，党的十六届五中全会审议通过的《中共中央关于制定国民经济和社会发展第十一个五年规划的建议》指出："要深化对科学发展观基本内涵和精神实质的认识，建立符合科学发展观要求的经济社会发展综合评价体系。"2011 年 3 月第十一届全国人民代表大会第四次会议通过的《中华人民共和国国民经济和社会发展第十二个五年规划纲要》提出："以科学发展为主题，是时代的要求，关系改革开放和现代化建设全局"，"加快制定并完善有利于推动科学发展、加快转变经济发展方式的绩效评价考核体系和具体考核办法，弱化对经济增长速度的评价考核，强化对结构优化、民生改善、资源节约、环境保护、基本公共服务和社会管理等目标任务完成情况的综合评价考核，考核结果作为各级政府领导班子调整和领导干部选拔任用、奖励惩戒的重要依据。"为引导和转变发展观念，激励发展思路创新，中国统计学会组织专家，成立课题组，根据科学发展观的内涵与要求，制定并发布了 2000 — 2010 年各地区综合发展指数（Comprehensive Development Index，简称 CDI）。

党的"十八大"以后，考虑到我国地区经济社会发展中一些新情况，为客观、全面反映各地区发展水平，并突出"民生"主题，课题组根据"十八大"提出的新目标和新要求，在原《综合发展指数编制方案》的基础上，调整和补充了部分指标，并修订为《发展与民生指数编制方案》，并据此对各地区发展与民生指数（Development and Life Index，简称 DLI）进行了测算。主要修订情况如下：①在民生改善类指标中增加农村自来水普及率和每千人拥有社会服务床位数两个指标；②在社会进步类指标中，把农村居民享受最低生活保障人口比例替换为农村最低生活保障救助标准占农村居民人均消费支出比例，把城镇居民享受最低生活保障人口比例替换为城镇最低生活保障救助标准占城镇居民人均消费支出比例；③删除了个别相关和重复的指标。

长期以来，如何更好地对经济社会发展进行综合评价，有关国际组织和一些国家都进行了积极探索。联合国开发计划署（UNDP）从 1990 年开始发布用以衡量各国社会经济发展程度的人类发展指数（Human Development Index，简称 HDI），该指数是在预期寿命、成人识字率、人均 GDP（购买力平价美元）三个指标的基础上计算生成的。英国于 1996 年提出了国家可持续发展战略，并成为在全球首次提出全套可持续发展指标体系的国家。联合国大会于 2000 年通过决议，提出了 8 项"千年发展目标"及相关的 18 项具体目标和 48 项指标，内容涉及社会公平（反贫困、教育平等、性别平等）、生命健康、环境保护及全球合作等方面，成为衡量社会发展进程的重要标准。国内有关研究机构和部门对地区发展也提出了诸多评价指标体系和测评办法。

本课题研究以科学发展观为指导，以"十二五"规划纲要中主要指标为核心指标，制定发展与民生指数评价指标体系；并采用有关部门发布的权威数据，对各地发展与民生改善情况进行量化评价。需要指出的是，本课题报告是初步的、阶段性研究成果，从统计角度反映了我国各区域及各省、自治区、直辖市在发展与民生改善方面的进程情况。课题研究在指标选取、测算方法等方面还需要进一步完善，课题组将持续开展进一步深入的研究。

二、指导原则和指标体系设计

发展与民生指数评价指标体系的构建应该遵循以下指导原则：

—— 导向性原则。指标体系要充分发挥导向、引领作用，激励各地区进一步增强科学发展意识和发展能力，创新体制机制，切实有效地加快科学发展进程。

—— 前瞻性原则。建立发展与民生指数评价指标体系，视野要开阔，着眼要长远，不仅要考虑本世纪头二十年全面建设小康社会的目标，而且要考虑本世纪中叶基本实现现代化的目标，力争与“十二五”规划相衔接，重点应放在本世纪第二个十年。

—— 开放性原则。发展与民生指数评价指标体系的建立过程，应保持指标体系的动态性和开放性，根据地区发展的新情况、新特征及中国发展阶段的变化，及时对指标体系进行补充、完善和修订。

—— 可操作性原则。指标选择具有代表性，同时兼顾统计数据的可获得性，使指标可采集、可量化、可对比。指标设置要与中央“十二五”规划建议等相关国民经济和社会发展规划指标衔接一致，以增强指标体系的政策导向与实践意义。

—— 公认性原则。评价指标不仅要以客观指标反映地区发展的数量特征，更要把群众认可、满意作为一项重要的衡量标准，做到量化考评和定性考评相结合。因此，发展与民生指数评价指标体系引入公众评价指标，以充分考察人民群众的切身感受，提高公众对于发展的参与度和认可度，主观性指标的引入强化了“既看数字又不唯数字”的理念。

按照以上指导原则，发展与民生指数评价指

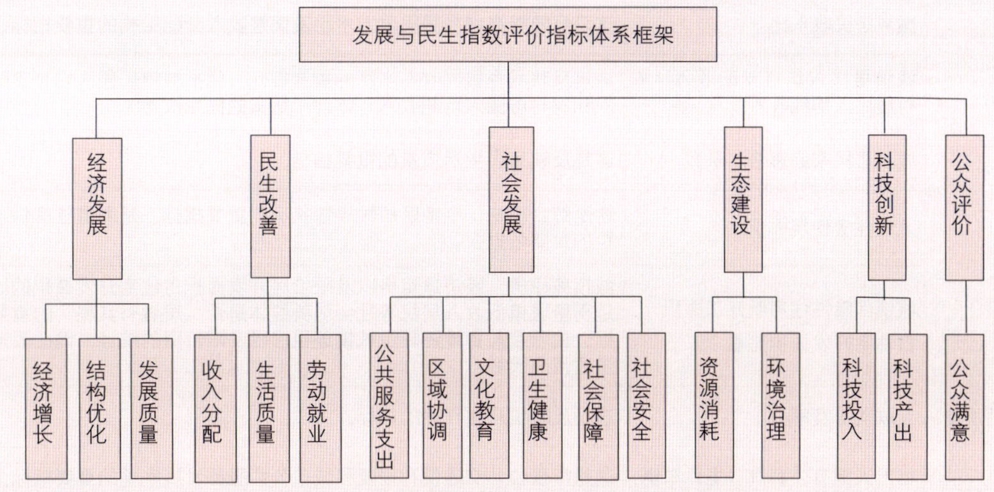

图 1　发展与民生指数评价指标体系框架图

表 1　经济发展类指标

二级指标	三级指标	备注
经济增长	人均 GDP、GDP 指数	这是反映经济发展水平的指标，没有选用总量，而是选用人均，既体现发展第一要义，又体现以人为本，同时选用增长速度，充分考虑了区域经济的动态变化，以衡量经济发展绩效。
结构优化	服务业增加值占 GDP 比重	这是反映产业结构优化升级的指标。服务业是产业结构升级的未来方向，对于发展方式转变及国家整体竞争力具有重要意义，其产出比重已成为衡量产业结构层次高低的重要标准。
	居民消费占 GDP 比重	这是反映优化经济增长需求结构的指标，提高消费需求贡献率，可以促进三大需求拉动的平衡发展，增强经济发展的内生动力。
	高技术产品产值占工业总产值比重	这是反映产业结构优化升级的指标，体现工业结构调整的重要方向，是提高产业竞争力、走新型工业化道路的重要途径。
	城镇化率	该指标反映一个地区城镇化水平高低，衡量城乡二元结构的改善状况，也是反映科学发展观城乡统筹发展的重要指标。
发展质量	全社会劳动生产率	这是反映经济发展综合效益的指标。

表2 民生改善类指标

二级指标	三级指标	备注
收入分配	城乡居民收入占 GDP 比重	这是反映居民在居民、企业、政府三者之间收入分配关系的指标。
生活质量	城乡居民收入比	这是反映提高城乡居民收入水平及调整收入分配结构的重要指标。
	城镇居民人均可支配收入、农村居民人均纯收入	这是反映城乡居民收入水平的重要指标，包括城镇居民人均可支配收入和农村居民人均纯收入，体现了切实的民生改善。
	城乡居民家庭恩格尔系数	这是反映居民生活质量的重要指标。
	人均住房使用面积	这是综合反映一个地区居民居住状况的重要指标，是衡量住房供求差距的重要依据。
	城镇保障性住房新开工面积占住宅开发面积比重	城镇廉租房、经济适用房以及限价房开发面积占住宅开发面积的比重是衡量城镇低收入居民等社会弱势群体是否"居者有其屋"的重要指标。由于目前各地还缺少城镇廉租房以及限价房的统计，因此暂用经济适用房代替。
	互联网普及率	这是反映信息化程度的指标。
	每万人拥有公共汽（电）车辆	这是衡量公共交通便利程度和城市公共服务发展水平的重要指标。
	平均预期寿命	这是衡量一个社会的生活质量、医疗卫生服务水平的指标。人的发展是科学发展的出发点和落脚点，提高人均寿命是以人为本的重要体现。
	农村自来水普及率	农村自来水工程是一项社会公益性为主的事业，是一项重大民生工程。农村自来水普及率是反映农村居民生活水平、生活质量和卫生条件的一项重要指标。
	每千人拥有社会服务床位数	加强社会养老服务体系建设，是应对人口老龄化、保障和改善民生的必然要求，是适应传统养老模式转变、满足人民群众养老服务需求的必由之路，是解决失能、半失能老年群体养老问题、促进社会和谐稳定的当务之急。每千人拥有社会服务床位数是反映社会养老服务体系建设状况的一项重要指标。
劳动就业	城镇登记失业率	这是反映就业水平的指标，体现了就业是民生之本。

标体系具体包含经济发展、民生改善、社会发展、生态建设、科技创新、公众评价六个方面 42 项指标，涵盖经济、民生、社会、生态、科技、民意等领域，体现“以人为本”的核心理念和“全面协调可持续”的基本要求，突出资源节约和环境友好，强调科技创新对于转变发展方式、推动科学发展的重要作用。

经济发展类。“十二五”规划建议指出，以加快转变经济发展方式为主线，是推动科学发展的必由之路。按照坚持把经济结构战略性调整作为加快转变经济发展方式的主攻方向，力争经济结构战略性调整取得重大进展。因此，经济发展模块设置了经济增长、结构优化、发展质量 3 项二级指标及 7 项三级指标（见表 1）。

民生改善类。“十二五”规划建议指出，完善保障和改善民生的制度安排，把促进就业放在经济社会发展优先位置，加大收入分配调节力度，坚定不移走共同富裕道路，使发展成果惠及全体人民。因此，民生改善模块设置了收入分配、生活质量、劳动就业 3 项二级指标及 13 项三级指标（见表 2）。

社会发展类。“十二五”规划建议指出，加快发展各项社会事业，完善基本公共服务体系，统筹城乡发展，加快推进社会主义新农村建设，促进区域良性互动、协调发展。因此，社会发展模块设置了公共服务支出、区域协调、文化教育、卫生健康、社会保障、社会安全 6 项二级指标及 9 项三级指标（见表 3）。

生态建设类。“十二五”规划建议指出，把建设资源节约型、环境友好型社会作为加快转变

表 3 社会发展类指标

二级指标	三级指标	备注
公共服务支出	人均基本公共服务支出	这是反映政府提供公共服务的指标，既反映城市又反映农村，体现公共财政的发展方向、政府职能的转变和城乡统筹的思想。
区域协调	地区经济发展差异系数	这是反映区域之间差别的指标。
文化教育	文化产业增加值占 GDP 比重	该指标反映文化产业在整个国民经济中的发展状况。"十二五"规划建议中提出推动文化产业成为国民经济支柱性产业，该指标可以衡量文化产业的发展状况。
	平均受教育年限	这是反映人口受教育状况的总体指标，旨在体现科教兴国战略和人才强国战略的实施成果。
卫生健康	5 岁以下儿童死亡率	这是反映社会公共医疗发展水平的重要指标。
社会保障	基本社会保险覆盖率	这是反映城乡社会保障水平的指标，包括现行的城镇基本社会保险，同时增加了农村有关保险的内容，体现了城乡统筹的思想。
	农村（城镇）最低生活保障救助标准占农村（城镇）居民人均消费支出比例	这是反映贫困人口得到社会救助的一项重要指标。
社会安全	社会安全指数	这是反映社会治安及安全生产状况的综合指标。

表 4 生态建设类指标

二级指标	三级指标	备注
资源消耗	单位 GDP 能耗	这是"十一五"规划纲要中提出的一个约束性目标，在"十二五"规划建议中仍是一个约束性指标，反映节约能源情况和资源的利用效率。该指标的设立体现建设资源节约型、环境友好型社会的要求。
	单位 GDP 水耗	这是反映水资源节约和利用效率的指标，反映建设节水型社会的情况。
	单位 GDP 建设用地占用	这是反映土地资源集约、高效利用的指标，符合资源节约的要求。
环境治理	环境污染治理投资占 GDP 比重	这是反映环境治理保护投入力度和水平的重要指标。
	工业"三废"处理达标率	这是反映工业"三废"（废水、废气、固体废物）治理情况的指标。
	城市生活垃圾无害化处理率	城市生活垃圾已经成为城市环境的主要污染源之一，而垃圾被称为"放错地方的资源"，要加强资源循环利用和生态环境保护，增强可持续发展能力，使人民在良好的环境下生活，需要监控城市生活垃圾的无害化处理情况。
	城镇生活污水处理率	城镇生活污水已成为城市环境的主要污染源之一，由于城镇化步伐的加快，为使人民在良好的环境下生活，需要监控城镇生活污水处理情况。
	环境质量指数	这是反映环境问题治理和改善状况的重要指标，包括空气、水和绿化，是人民群众直接感受到环境改善的指标。

经济发展方式的重要着力点。按照深入贯彻节约资源和保护环境基本国策，节约能源，促进经济社会发展与人口资源环境相协调，走可持续发展之路。因此，生态建设模块设置了资源消耗、环境治理 2 项二级指标及 8 项三级指标（见表 4）。

科技创新类。"十二五"规划建议指出，把科技进步和创新作为加快转变经济发展方式的重要支撑，充分发挥科技第一生产力和人才第一资源作用，推动发展向主要依靠科技进步、劳动者素质提高、管理创新转变，加快建设创新型国家

表 5　科技创新类指标

二级指标	三级指标	备注
科技投入	万人 R&D 人员全时当量、R&D 经费支出占 GDP 比重	这是国际上通用的衡量一个国家或地区科技活动规模、科技投入强度以及科技创新能力的重要指标，在很大程度上反映了一个国家或地区经济增长潜力和可持续发展能力。
科技产出	高技术产品出口占总出口比例	这是反映出口商品中高技术含量、高附加值产品所占比重的一个重要指标，这一比重的提高既可以直接反映出中国外贸出口产品结构不断升级，也可以间接反映出中国的自主创新能力不断增强。
	万人专利授权数	这是反映自主知识产权和自主创新的指标，专利特别是发明专利体现了一个地区的科技创新能力，具有很强的导向性。

表 6　公众评价类指标

二级指标	三级指标	备注
公众满意	人民群众对发展与民生改善的满意度	采用民意调查，用于衡量人民群众对发展与民生改善的主观感受

的要求。因此，科技创新模块设置了科技投入、科技产出 2 项二级指标及 4 项三级指标（见表 5）。

公众评价类。对发展与民生改善的评价，必须坚持群众满意的原则。因此，评价体系引入公众满意度指标，作为重要的辅助参考指标，暂不参与定量评价（见表 6）。

三、测评方法

发展与民生指数是从经济发展、民生改善、社会发展、生态建设和科技创新五个维度测量的综合性指数，每一维度都是构成具体方面的分指数，每个分指数又由若干个指标合成。其测评方法主要借鉴了联合国人类发展指数（HDI）的测量方法，基本思路是根据每个评价指标的上、下限阈值来计算单个指标指数（即无量纲化），指数一般分布在 0 和 100 之间，再根据每个指标的权重最终合成发展与民生指数。此种方法测算的指数不仅横向可比，而且纵向可比；不仅可以比较各省（区、市）发展与民生指数相对位次，而且也可以考察每个省（区、市）发展与民生改善的历史进程。

（一）指标上、下限阈值的确定

在计算单个指标指数时，首先必须对每个指标进行无量纲化处理，而进行无量纲化处理的关键是确定各指标的上、下限阈值。指标的上、下限阈值主要是参考 2000 － 2009 年全国 31 个省（区、市）中相应指标最大值和最小值，以及小康社会目标值，对有些比例指标还参考了世界中等收入国家的平均值。第 i 个指标的实际值记为 X_i，权重为 W_i，下限阈值和上限阈值分别为 $X^i{}_{\min}$ 和 $X^i{}_{\max}$，无量纲化后的值为 Z_i。

（二）指标无量纲化

无量纲化，也叫数据的标准化，是通过数学变换来消除原始变量（指标）量纲影响的方法。

正指标无量纲化计算公式：

$$Z_i=\frac{X_i-X^i_{\min}}{X^i_{\max}-X^i_{\min}} \text{ 或 } Z_i=\frac{Ln(X_i)-Ln(X^i_{\min})}{\ln(X^i_{\max})-Ln(X^i_{\min})} \quad (1)$$

逆指标无量纲化计算公式：

$$Z_i=\frac{X_i-X^i_{\min}}{X^i_{\max}-X^i_{\min}} \text{ 或 } Z_i=\frac{Ln(X_i)-Ln(X^i_{\min})}{\ln(X^i_{\max})-Ln(X^i_{\min})} \quad (2)$$

（三）指标权重的确定

权重值的确定直接影响综合评估的结果，权重值的变动可能引起被评估对象优劣顺序的改变。所以，合理地确定综合评估发展各主要因素指标的权重，是进行综合评估能否成功的关键问题。本体系采取常用的专家打分法（即 Delphi 法）确定各级指标的权重。

（四）分类指数和总指数的合成

1. 分类指数的合成方法

本体系由经济发展、民生改善、社会发展、生态建设、科技创新五个分类组成。将某一类的所有指标无量纲化后的数值与其权重按公式（3）计算就得到类指数。

$$I_i=\frac{\sum Z_j W_j}{\sum W_j} \tag{3}$$

2．发展与民生指数的合成方法

将发展与民生指数评价指标体系中的前41个指标无量纲化后的数值与其权重按公式（4）计算就得到发展与民生指数。

$$I=\frac{\sum_{i=1}^{41} Z_i W_i}{\sum_{i=1}^{41} W_i} \tag{4}$$

表7 发展与民生指数评价指标体系

一级指标	二级指标	三级指标	单位	权重
经济发展(20.0)	经济增长	人均 GDP	元	3.0
		GDP 指数	上年 =100	2.0
	结构优化	服务业增加值占 GDP 比重	%	3.0
		居民消费占 GDP 比重	%	3.0
		高技术产品产值占工业总产值比重	%	3.0
		城镇化率	%	3.0
	发展质量	全社会劳动生产率	元 / 人	3.0
民生改善(26.0)	收入分配	城乡居民收入占 GDP 比重	%	3.0
		城乡居民收入比	农村＝1	3.0
	生活质量	城镇居民人均可支配收入	元	2.5
		农村居民人均纯收入	元	2.5
		城乡居民家庭恩格尔系数	%	1.5
		人均住房使用面积	平方米	1.5
		城镇保障性住房新开工面积占住宅开发面积比重	%	0.5
		互联网普及率	%	1.5
		每万人拥有公共汽（电）车辆	标台	1.5
		平均预期寿命	岁	2.0
		农村自来水普及率	%	2.0
		每千人拥有社会服务床位数	张	2.0
	劳动就业	城镇登记失业率	%	2.5
社会发展(21.0)	公共服务支出	人均基本公共服务支出	元	2.5
	区域协调	地区经济发展差异系数	—	2.5
	文化教育	文化产业增加值占 GDP 比重	%	2.5
		平均受教育年限	年	2.5
	卫生健康	5 岁以下儿童死亡率	‰	2.5
	社会保障	基本社会保险覆盖率	%	2.5
		农村最低生活保障救助标准占农村居民人均消费支出比例	%	1.5
		城镇最低生活保障救助标准占城镇居民人均消费支出比例	%	1.5
	社会安全	社会安全指数	%	3.0
社会发展(21.0)	资源消耗	单位 GDP 能耗	吨标准煤 / 万元	3.0
		单位 GDP 水耗	吨 / 万元	3.0
		单位 GDP 建设用地占用	亩 / 万元	3.0
	环境治理	环境污染治理投资占 GDP 比重	%	2.0
		工业“三废”处理达标率	%	2.0
		城市生活垃圾无害化处理率	%	2.0
		城镇生活污水处理率	%	2.0
		环境质量指数	%	3.0
科技创新(13.0)	科技投入	万人研究与试验发展（R&D）人员全时当量	人年	3.5
		R&D 经费支出占 GDP 比重	%	3.5
	科技产出	高技术产品出口占总出口比例	%	3.0
		万人专利授权数	件	3.0
公众评价	公众满意	人民群众对发展与民生改善的满意度		

注：①人均 GDP、城镇居民人均可支配收入、农村居民人均纯收入、单位 GDP 能耗、单位 GDP 水耗、单位 GDP 建设用地占用均按 2000 年价格计算。

②公众评价暂未开展。

附件二：

主要指标定义、计算方法与数据来源

1．人均 GDP

国内生产总值（GDP）是指一个国家（或地区）所有常住单位在一定时期内生产活动的最终成果。对于地区，GDP 中文名称为“地区生产总值”。人均 GDP 是指一定时期内按常住人口平均计算的 GDP。计算公式为：

人均 GDP=GDP÷ 年平均常住人口

注：GDP 按 2010 年不变价计算。

资料来源：统计部门国民经济核算资料。

2．GDP 指数

国内生产总值（GDP）是一个价值量指标，其价值的变化受价格变化和物量变化两大因素影响。不变价国内生产总值是把按当期价格计算的国内生产总值换算成按某个固定期（基期）价格计算的价值，从而使两个不同时期的价值进行比较时，能够剔除价格变化的影响，以反映物量变化，反映生产活动成果的实际变动。

GDP 指数是根据两个时期不变价国内生产总值计算得到，在现有的统计体系中通常选择上年，或者 1978 年为基期。本指标体系中该指标选择上年为基期，即上年 =100，其计算公式为：

$$\text{GDP 指数} = \frac{\text{按上年价格计算的本年度 GDP}}{\text{上年度 GDP}} \times 100$$

数据来源：统计部门国民经济核算资料。

3．服务业增加值占 GDP 比重

指第三产业增加值占国内生产总值（GDP）的比重。

我国的三次产业划分是：

第一产业：农业（即农林牧渔业）。

第二产业：工业（包括采矿业、制造业、电力燃气及水的生产和供应业）、建筑业。

第三产业：服务业（除第一、第二产业以外的其他各业）。

计算公式为：

第三产业增加值占 GDP 比重 = 第三产业增加值 ÷ 国内生产总值 ×100%

资料来源：统计部门国民经济核算资料。

4．居民消费占 GDP 比重

居民消费支出指常住住户在一定时期内对于货物和服务的全部最终消费支出，包括如下几种类型：单位以实物报酬及实物转移的形式提供给劳动者的货物和服务；住户生产并由本住户消费了的货物和服务，其中的服务仅指住户的自有住房服务和付酬的家庭雇员提供的家庭和个人服务；金融机构提供的金融媒介服务。

居民消费占GDP比重指居民消费支出与GDP的比值，计算公式为：

$$居民消费占GDP比重=\frac{居民最终消费支出}{GDP}\times 100\%$$

数据来源：统计部门国民经济核算资料。

5．高技术产品产值占工业总产值比重

高技术产品产值指高技术产业以货币表现的在一定时期内（通常为一年）生产的工业产品总量。工业总产值是以货币形式表现的，工业企业在一定时期内（通常为一年）生产的工业最终产品或提供工业性劳务活动的总价值量，反映一定时间内工业生产的总规模和总水平。

高技术产品产值占工业总产值比重指高技术产业产品产值与工业总产值的比值。计算公式为：

$$高技术产品产值占工业总产值比重=\frac{高技术产品产值}{工业总产值}\times 100\%$$

数据来源：统计部门国民经济核算资料、科技统计资料。

6．城镇化率

指城镇人口数量占总体人口数量的比重。计算公式为：

城镇化率 = 城镇人口 ÷ 人口总数 ×100%

本指标使用的是人口普查中按城乡划分标准统计的城镇人口数。

资料来源：统计部门人口统计资料。

7．全社会劳动生产率

指一定时期内全社会劳动者（从业人员）的劳动效率。它表明一个国家（或地区）的社会生产力发展水平，是反映该国家（地区）经济实力的基本指标之一。计算公式为：

$$全社会劳动生产率=\frac{GDP}{平均就业人口总数}$$

数据来源：统计部门国民经济核算资料、人口统计资料。

8．城乡居民收入占GDP比重

指一个国家（或地区）城镇居民可支配收入与农村居民纯收入之和占GDP的比重，其中城镇居民可支配收入等于城镇居民人均可支配收入乘以城镇常住人口，农村居民纯收入等于农村居民人均纯收入乘以农村常住人口。计算公式为：

$$城乡居民收入占GDP比重=\frac{城镇居民人均可支配收入\times 城镇人口+农村居民人均纯收入\times 农村人口}{GDP}\times 100\%$$

数据来源：统计部门住户调查资料、人口统计资料、国民经济核算资料。

9．城乡居民收入比

指城镇居民人均可支配收入与农村居民人均纯收入之比（以农村为1）。计算公式为：

城乡居民收入比 = 城镇居民人均可支配收入 ÷ 农村居民人均纯收入

资料来源：统计部门住户调查资料。

10．城镇居民人均可支配收入

城镇居民可支配收入指居民家庭可以用来自由支配的收入。它是家庭总收入扣除交纳的所得税、个人交纳的社会保障费以及调查户的记账补贴后的收入。计算公式：

城镇居民可支配收入＝家庭总收入－交纳所得税－个人交纳的社会保障支出－记账补贴

城镇居民人均可支配收入指在一段时期内（一般为一年）按城镇人口平均计算的城镇居民可支配收入。

数据来源：统计部门住户调查资料。

11．农村居民人均纯收入

农村居民纯收入指农村居民当年从各个来源得到的总收入相应地扣除所发生的费用后的收入总和。计算公式：

农村居民纯收入＝总收入－税费支出－家庭经营费用支出－生产性固定资产折旧－赠送农村内部亲友支出

农村居民人均纯收入指在一段时期内（一般为一年）按农村人口平均计算的农村居民纯收入。

数据来源：统计部门住户调查资料。

12．城乡居民家庭恩格尔系数

指居民用于食品消费的支出占消费性支出（城镇）或生活消费支出（农村）的比重。食品支出是指居民用于主食、副食、其他食品以及在外饮食的支出总和。计算公式为：

恩格尔系数 =（城镇居民食品支出 ÷ 消费性支出 ×100%）× 城镇人口比重 +

（农村居民食品支出 ÷ 生活消费支出 ×100%）×（1 －城镇人口比重）

数据来源：统计部门住户调查资料。

13．人均住房使用面积

指城镇人均住房使用面积和农村人均钢筋砖木结构住房面积的加权平均。计算公式为：

人均住房使用面积 = 城镇人均住房使用面积 × 城镇人口比重

+ 农村钢筋砖木结构人均住房面积 ×（1 －城镇人口比重）

城镇人均住房建筑面积：指城镇居民按人平均的现有住房的建筑面积。现住房计算总建筑面积时以房屋产权证或租赁证为准。建筑面积可按使用面积乘以 1.33 计算得出。

农村人均钢筋、砖木结构住房面积：指农村居民按人平均的钢筋混凝土结构和砖木结构住房的室内面积。房屋面积从内墙线算起，不包括房屋结构（如墙、柱）占用的面积，多层建筑按各层面积总和计算。钢筋混凝土结构是指房屋的梁、柱、承重墙等主要部分是用钢筋混凝土建造的。砖木结构是指梁、柱、承重墙等主要部分是用砖、石和木料建造的。

数据来源：统计部门住户调查资料。

14．城镇保障性住房新开工面积占住宅开发面积比重

保障性住房指政府在对中低收入家庭实行分类保障过程中所提供的限定供应对象、建设标准、销售价格或租金标准，具有社会保障性质的住房。包括廉租房、经济适用住房、公共性租赁房（是政府提供政策支持，限定户型面积、供应对象和租金水平，面向中低收入住房困难家庭等群体出租的住房）、

城市棚户区改造房、林（垦、煤）区棚户区改造房以及国有工矿棚户区改造房等。计算公式为：

$$城镇保障性住房新开工面积占住宅开发面积比重=\frac{本年新开工保障性住房面积}{本年新开工住宅面积}\times 100\%$$

由于数据所限，本指标用经济适用房面积来表示保障性住房面积。

数据来源：统计部门固定资产投资统计资料。

15. 互联网普及率

指一段时期内互联网使用人口占全部人口的比重。计算公式为：

$$互联网普及率=\frac{互联网使用人口}{全部人口}\times 100\%$$

数据来源：工业和信息化部统计资料、统计部门人口统计资料。

16. 每万人拥有公共汽（电）车辆

指报告期末每万人平均拥有的公共交通车辆的标准运营车数，单位为标台。标准运营车数即为不同类型的运营车辆按统一的标准当量折合成的运营车数。计算公式为：

标准运营车数 =Σ（每类型车辆数 × 相应换算系数）

各类型车辆换算系数标准：

类别	车长范围（米）	换算系数	类别	车长范围（米）	换算系数
1	＞5～7	0.7	5	＞16～18	2.0
2	＞8～10	1.0	6	＞18	2.5
3	＞10～13	1.3	7	双层	1.9
4	＞13～16	1.7			

注：每类车长的上限值均含在本级中。

数据来源：交通运输部统计资料、公安部门统计资料。

17. 平均预期寿命

指一个人口群体从出生起平均能存活的年龄（岁）。平均预期寿命是根据分年龄死亡率，通过编制生命表得到的。由于需要分年龄死亡数据，为了保证分年龄死亡数据的代表性，必须从规模较大的调查中获得死亡数据。我们可以利用 10 年一次的人口普查和 5 年一次的 1% 人口抽样调查获得的死亡数据计算平均预期寿命。其余年份的数据采取根据联合国推荐的平均预期寿命在各阶段提高幅度，参考年度 1‰人口变动情况抽样调查数据进行推算，以此对指标执行情况进行监测和评价。

资料来源：统计部门人口统计资料。

18. 农村自来水普及率

指农村饮用自来水人口数占农村人口总数的百分比。计算公式为：

$$农村自来水普及率=\frac{农村饮用自来水人口}{农村人口总数}\times 100\%$$

数据来源：卫生部门统计资料、统计部门人口统计资料。

19. 每千人拥有社会服务床位数

指每 1000 人口中拥有社会服务床位的数量。计算公式为：

$$每千人拥有社会服务床位数=\frac{社会服务床位数}{常住人口}\times 1000$$

数据来源：民政部门统计资料、统计部门人口统计资料。

20. 城镇登记失业率

指城镇登记失业人员与城镇单位就业人员（扣除使用的农村劳动力、聘用的离退休人员、港澳台及外方人员）、城镇单位中的不在岗职工、城镇私营业主、个体户主、城镇私营企业和个体就业人员、城镇登记失业人员之和的比。计算公式为：

$$城镇登记失业率=\frac{城镇登记失业人口}{\begin{array}{c}（城镇单位就业人口-使用的农村劳动力-聘用的离退休人员-\\聘用的港澳台及外方人员）+不在岗职工+城镇私营业主+城镇\\个体户主+城镇私营企业及个体就业人员+城镇登记失业人数\end{array}}\times 100\%$$

数据来源：统计部门人口统计资料。

21. 人均基本公共服务支出

基本公共服务是指建立在一定社会共识之上，由政府根据经济社会发展阶段和总体水平来提供、旨在保障个人生存权和发展权所需要的最基础的公共服务。基本公共服务主要分为四个方面：一是基本生存服务，包括公共就业服务、社会保障等；二是基本发展服务，包括教育、医疗卫生、文化体育等；三是基本环境服务，包括交通通信、公共设施和环境保护等；四是基本安全服务，包括公共安全、国防安全等。这里的基本公共服务支出是指包括公共教育、医疗卫生、社会保障和就业、公共文化、环境保护、基础设施、住房保障等支出。

人均基本公共服务支出指在一段时期内按常住人口平均计算的基本公共服务支出。计算公式为：

$$人均公共服务支出=\frac{基本公共服务支出}{常住人口}\times 100\%$$

数据来源：财政部门统计资料。

22. 地区经济发展差异系数

指各地区经济发展水平（人均国内生产总值）的差异系数。计算公式为：

$$V_\sigma=\frac{\sqrt{\frac{1}{n}\sum_{i=1}^{n}(PCY_i-\overline{PCY})^2}}{\overline{PCY}}$$

其中 n 为辖区内地区个数，PCY_i 为地区 i 的人均 GDP，$\overline{PCY}$ 为 n 个地区的平均人均 GDP。地区经济发展差异系数 V_σ 反映的是各地区之间经济发展差异情况，V_σ 值越大，各地区之间经济发展差异程度越大，反之亦然。

数据来源：统计部门国民经济核算资料。

23. 文化及相关产业增加值占 GDP 比重

指文化及相关产业增加值占国内生产总值的比重。

文化及相关产业指为社会公众提供文化产品和文化相关产品的生产活动的集合。我国文化及相关产业的范围包括：以文化为核心内容，为直接满足人们的精神需要而进行的创作、制造、传播、展示等文化产品（包括货物和服务）的生产活动；为实现文化产品生产所必需的辅助生产活动；作为文化产品实物载体或制作（使用、传播、展示）工具的文化用品的生产活动（包括制造和销售）；以及为实现文化产品生产所需专用设备的生产活动（包括制造和销售）。根据各类文化活动的特点，兼顾相关标准，将全部文化产业活动划分为 10 大类别：①新闻出版发行服务；②广播电视电影服务；③文化艺术服务；④文化信息传输服务；⑤文化创意和设计服务；⑥文化休闲娱乐服务；⑦工艺美术品的生产；⑧文化产品生产的辅助生产；⑨文化用品的生产；⑩文化专用设备的生产。计算公式为：

文化及相关产业增加值占 GDP 比重 = 文化及相关产业增加值 ÷ 国内生产总值 ×100%

资料来源：统计部门。

24. 平均受教育年限

指一定时期全国 15 岁及以上人口人均接受学历教育（包括成人学历教育，不包括各种非学历培训）的年数。计算公式为：

$$\text{平均受教育年限} = \frac{\sum P_i E_i}{P}$$

式中 P 为本地区 15 岁及以上人口，P_i 为具有 i 种文化程度的人口数，E_i 为具有 i 种文化程度的人口受教育年数系数，i 则根据我国的学制确定。

资料来源：统计部门人口统计资料。

25. 5 岁以下儿童死亡率

指每千名活产婴儿从出生到满 5 岁时的死亡概率。

数据来源：卫生部门统计资料。

26. 基本社会保险覆盖率

指已参加基本养老保险和基本医疗保险人口占政策规定应参加人口的比重。计算公式为：

$$\text{基本社会保险覆盖率} = \frac{\text{已参加基本养老保险的人数}}{\text{应参加基本养老保险的人数}} \times 50\% + \frac{\text{已参加基本医疗保险的人数}}{\text{应参加基本医疗保险的人数}} \times 50\%$$

基本社会保险主要包括基本养老保险、基本医疗保险、失业保险、工伤保险和生育保险等五项，其中基本养老保险、基本医疗保险最为重要，所以在计算基本社会保险覆盖率时只计算基本养老保险和基本医疗保险的覆盖率。

资料来源：劳动和社会保障部门统计资料或统计部门劳动保障统计资料。

27. 农村最低生活保障救助标准占农村居民人均消费支出比例

是反映享受最低生活保障的农村居民相对于农村一般消费水平所能达到的生活质量。计算公式为：

$$\text{农村最低生活保障救助标准占农村居民人均消费支出比例} = \frac{\text{农村最低生活保障救助标准}}{\text{农村居民人均消费支出比例}} \times 100\%$$

农村最低生活保障救助标准按照当地维持农村居民基本生活所必需的衣、食、住费用，适当考虑用电、用水、燃料等所需费用确定，并随着当地生活必需品价格变化、经济发展和农村居民生活水平提高适时调整。

数据来源：民政部门统计资料、统计部门住户调查资料。

28．城镇最低生活保障救助标准占城镇居民人均消费支出比例

是反映享受最低生活保障的城镇居民相对于城镇一般消费水平所能达到的生活质量。计算公式为：

$$\text{城镇最低生活保障救助标准占城镇居民人均消费支出比例}=\frac{\text{城镇最低生活保障救助标准}}{\text{城镇居民人均消费支出比例}}\times 100\%$$

城镇居民最低生活保障标准按照当地维持城镇居民基本生活所必需的衣、食、住费用，适当考虑用电、用水、燃料等所需费用确定，并随着当地生活必需品价格变化、经济发展和城镇居民生活水平提高适时调整。

数据来源：民政部门统计资料、统计部门住户调查资料。

29．社会安全指数

是一个合成指数，表示社会安全的状态。指一定时期内，社会安全的几个主要方面（社会治安、交通安全、生活安全、生产安全等）的总体变化情况。其中，社会治安采用万人刑事犯罪率指标；交通安全采用万人交通事故（含道路交通、水上交通、铁路、民航等）死亡率指标；生活安全采用万人火灾事故死亡率指标；生产安全采用万人工伤事故死亡率指标。计算公式为：

$$\text{社会安全指数}=\frac{\text{2000 年全国万人刑事犯罪率}}{\text{当年本地万人刑事犯罪率}}\times 40+\frac{\text{2000 年全国万人交通事故死亡率}}{\text{当年本地万人交通事故死亡率}}\times 20+\frac{\text{2000 年全国万人火灾事故死亡率}}{\text{当年本地万人火灾事故死亡率}}\times 20+\frac{\text{2000 年全国万人工伤事故死亡率}}{\text{当年本地万人工伤事故死亡率}}\times 20$$

资料来源：法院、公安、安全生产管理部门统计资料。

30．单位 GDP 能耗

指在一定时期内（通常为一年），每生产万元国内生产总值（GDP）所消耗的能源总量。计算公式为：

$$\text{单位 GDP 能耗}=\frac{\text{能源消耗总量（吨标准煤）}}{\text{国内生产总值（GDP）（万元）}}$$

注：GDP 按 2000 年不变价计算。

资料来源：统计部门能源统计资料。

31．单位 GDP 水耗

指在一定时期内（通常为一年），每生产万元国内生产总值（GDP）的用水总量。计算公式为：

$$\text{单位 GDP 水耗}=\frac{\text{用水总量（立方米）}}{\text{国内生产总值（GDP）（万元）}}$$

注：GDP 按 2000 年不变价计算。

数据来源：水利部门统计资料、国民经济核算资料。

32．单位 GDP 建设用地占用面积

指在一定时期内（通常为一年），每生产万元国内生产总值（GDP）所占用的建设用地面积。计算公式为：

$$单位GDP建设用地占用面积=\frac{建设用地面积（公顷）}{国内生产总值（GDP）（万元）}$$

注：GDP按2000年不变价计算。

数据来源：国土资源部门统计资料、统计部门国民经济核算资料。

33. 环境污染治理投资占GDP比重

环境污染治理投资指在污染源治理和城市环境基础设施建设的资金投入中，用于形成固定资产的资金，其中污染源治理投资包括工业污染源治理投资和“三同时”项目环保投资两部分。环境污染治理投资为城市环境基础设施投资、工业污染源治理投资与“三同时”项目环保投资之和。环境污染治理投资占GDP比重指环境污染治理投资在GDP中所占比重。计算公式为：

$$环境污染治理投资占GDP比重=\frac{环境污染治理投资}{GDP}\times 100\%$$

数据来源：环保部门统计资料、统计部门国民经济核算资料。

34. 工业“三废”处理达标率

指工业废水排放达标率、工业废气排放达标率、工业固体综合利用率的算术平均。计算公式为：

$$工业“三废”处理达标率=\frac{工业废水排放达标率+工业废气排放达标率+工业固体综合利用率}{3}$$

其中，工业废气排放达标率是工业二氧化硫排放达标率、工业烟尘排放达标率、工业粉尘排放达标率的算术平均数。

资料来源：环保部门统计资料。

35. 城市生活垃圾无害化处理率

指在一定时期内（通常为一年），生活垃圾无害化处理量与生活垃圾产生量比率。在统计上，由于生活垃圾产生量不易取得，可用清运量代替。

生活垃圾无害化处理量指用卫生填埋、堆肥、焚烧等工艺方法处理生活垃圾的总量，即生活垃圾在无害化处理厂（场）处理的垃圾总量。计算公式为：

$$城市生活垃圾无害化处理率=\frac{城市生活垃圾无害化处理量}{城市生活垃圾产出量}\times 100\%$$

资料来源：住房和城乡建设部统计资料。

36. 城镇生活污水处理率

指在一定时期内（通常为一年），城镇生活污水处理量与城市生活污水产生量的比率。计算公式为：

$$城市生活污水处理率=\frac{城市生活污水处理量}{城市生活污水排放总量}\times 100\%$$

城镇生活污水排放量指城镇居民每年排放的生活污水，用人均系数法测算。计算公式为：

$$城镇生活污水排放量=城镇生活污水排放系数\times 市镇非农业人口\times 365$$

城镇生活污水处理量指报告期内污水处理厂处理的城镇生活污水总量。由于污水处理厂不仅处理生活污水，也处理一部分工业废水。因此，计算公式为：

城镇生活污水处理量 = 污水处理厂处理的城镇生活污水总量 - 处理的工业废水总量

资料来源：住房和城乡建设部统计资料。

37. 环境质量指数

环境质量是包括水环境、大气环境、土壤环境、生态环境、地质环境、噪声等环境要素优劣的一个综合概念。由于环境统计数据的限制，环境质量指数的计算目前暂由水环境、大气环境、绿化等环境要素构成，待条件成熟时，再加其他。环境质量综合指数包括：城市空气质量达标率、地表水达标率和国土绿化达标率。计算公式为：

环境质量指数 = 城市空气质量达标率 ×40%+ 地表水达标率 ×40%+ 国土绿化达标率 ×20%

其中：

（1）城市空气质量达标率：指辖区内城市全年空气质量良好以上天数（即空气污染指数 API 小于或等于 100 的天数）占总天数比例的平均值。

（2）地表水达标率：指辖区内各地表水环境功能区断面全年监测结果均值按相应水域功能目标评价达标的断面数占总断面数的比例。计算公式：

$$\text{地表水达标率}=\frac{\text{辖区内各地表水环境功能区断面中全年水质达标的断面数}}{\text{辖区内各地表水环境功能区断面总数}}$$

（3）国土绿化达标率：指辖区内森林覆盖率与目标值 23% 的比率。计算公式：

$$\text{国土绿化达标率}=\frac{\text{森林覆盖率（\%）}}{23\%}\times 100\%$$

数据来源：环保部门、林业部门统计资料。

38. 万人 R&D 人员全时当量

研究与试验发展（R&D）人员全时当量由参加 R&D 项目人员的全时当量及应分摊在 R&D 项目的管理和直接服务人员的全时当量两部分相加计算。一个折合全时当量是一人年。例如，一个人在 R&D 活动上花费了 30% 的正常工作时间而 70% 的时间用于其他工作，则其折合全时当量为 0.3。

万人研究与试验发展（R&D）人员全时当量指每万个地区人口的研究与试验发展（R&D）人员全时当量。计算公式为：

$$\text{万人 R\&D 人员全时当量}=\frac{\text{R\&D 人员全时当量}}{\text{常住人口总数（万人）}}\times 100\%$$

数据来源：统计部门科技统计资料。

39. R&D 经费支出占 GDP 比重

指一定时期（通常为一年）科学研究与试验发展（简称 R&D）经费支出占同期 GDP 的比重。计算公式为：

$$\text{R\&D 经费支出占 GDP 比重}=\frac{\text{R\&D 经费支出}}{\text{GDP}}\times 100\%$$

研究与试验发展（R&D）指在科学技术领域，为增加知识总量、以及运用这些知识去创造新的应用进行的系统的创造性的活动，包括基础研究、应用研究、试验发展三类活动。

数据来源：统计部门科技统计资料。

40．高技术产品出口占总出口比例

指一定时期（通常为一年）高技术产品出口额占同期出口总额的比重。计算公式为：

$$高技术产品出口占总出口比例=\frac{高技术产品出口额}{总出口额}\times 100\%$$

数据来源：统计部门科技统计资料。

41．万人专利授权数

专利授权数指报告年度内由国内外知识产权行政部门向调查单位授予专利权的件数。包括发明、实用新型和外观设计三种专利，反映拥有自主知识产权的科技和设计成果情况。万人专利授权数指按年度常住人口平均计算的专利授权数。计算公式为：

$$万人专利授权数=\frac{专利授权数}{常住人口总数（万人）}\times 100\%$$

数据来源：统计部门科技统计资料。

42．公众对发展与民生改善的满意度

主观指标，采用民意调查得到，用于衡量公众对于各地发展与民生改善的主观感受和认可程度。此指标暂未开展调查。

2016中国发展报告 China Development Report

一、主题报告篇

二、专题报告篇

三、地区报告篇

当前一些地区农村土地承包经营权流转的主要特点和存在问题

为了解农村土地承包经营权流转（以下简称土地流转）最新情况，国家统计局组织山西、内蒙古、辽宁、吉林、黑龙江、上海、江西、山东、广东、四川、陕西调查总队及辽宁、黑龙江、安徽、河南、湖南省统计局进行了重点调查。结果显示，农村土地流转进展区域差异明显，呈现出新型农业经营主体流转热情高、农民流转意愿增强等新特点，但也存在着不容忽视的问题和困难。

一、农村土地流转的特点

（一）农村土地流转进展区域差异明显

随着农村土地流转规模的扩大，流转进展呈现明显的区域差异。从调查的情况看，发达地区土地流转较快，上海及广东部分地区流转比例达50%以上；陕西、辽宁及山东部分地区进展较慢，流转比例在22%以下；安徽调查的长江以南地区土地流转比例为30.3%，比皖北地区快16.3个百分点。从地势上看，土地集中连片、地势平坦的地方，土地流转速度快，且规模不断扩大，丘陵、山区、边远乡村土地流转较慢。四川调查的12个县（市）中，平原县土地流转比例为38.4%，比丘陵县高2.9个百分点，比山区县高21.8个百分点。

（二）新型农业经营主体转入积极，流转价格较高

土地向专业大户、家庭农场、农民专业合作社等新型农业经营主体流转，部分转出农户获得的流转效益更高。黑龙江流转给规模经营主体水田的平均价格为558元/亩，比流转给普通农户价格高143元/亩。哈尔滨阿城区繁荣村流转给哈尔滨鑫富成农机专业合作社的一万多亩旱田，平均流转价格为600元/亩，比流转给普通农户的价格高近200元/亩。内蒙古科右前旗额尔格图镇图门嘎查的奔腾农机专业合作社流转土地面积5300亩，每亩流转费用330元，比普通农户之间流转高出100多元。

（三）土地流转使双方受益，流转意愿增强

流入方通过流转土地扩大经营规模，降低生产成本从而获得较高收益；转出农户不仅可以获得土地转让收入、土地分红等，还可以在合作社、农业园区务工，赚取劳务收入。山西长子县大堡头镇沙河村王如飞创办家庭农场，转进70多户村民231亩土地，大规模种植白菜、青椒等错季节蔬菜，每亩地实现纯收入3000多元，成为远近闻名的致富能手；江西吉安县敦厚镇下岭村路下村民表示，通过土地流转，大部分农户摆脱了土地的束缚，集中精力外出务工，增加了收入。山西受访的120户农户中，70%的农户在最近三年里有过土地流转，并且有高达71%的农户有转入或转出土地意愿。

（四）基层干部在土地流转中作用大

由于市县、乡（镇）、村三级土地流转中介服务组织较少，因此在流转过程中主要依赖乡镇、村干部发布流转信息、协调矛盾。尤其是外地业主需要土地时，基本依赖乡镇、村干部帮助寻找、联系流转土地。河南许昌县陈曹乡政府通过宣传、示范、培育主体、创新方法等措施，全乡共流转耕地5.6万亩，占耕地面积60.7%。山东淄博市桓台县东营村土地流转1860亩，涉及农户560户，博山区石马镇桥东村流转土地1000亩，涉及农户1800户，都是由村委会组织村民与种粮大户或公司签订合同。

二、土地流转中存在的问题

（一）流转年限短，影响可持续经营

土地流转期限短，转入方对土地改良和农田

水利建设等长期投入没有积极性。吉林流转土地的期限以1至3年的短期为主，流转期限为1年的占流转总量的80%以上，10年期及以上的仅占流转总量的5%左右。河南新乡市2013年流转年限在5年以下的占66.8%。湖南益阳市土地流转期限在1年以下的占到25.3%，1-5年的占43.4%。四川调查的12个县（市）土地流转年限在5年以下的占71.4%。由于约定期限短，部分承租者在经营过程中短期行为倾向严重，进行掠夺性生产，导致地力下降。

（二）土地流转手续不健全，行为不规范

一是土地流转手续不健全。农户之间的土地流转，部分是以“隐性契约”、口头协议方式进行的，双方权利和义务难以得到保障，容易引发土地纠纷。陕西宝鸡市陈仓区土地流转签订合同的仅有35.4%；广东茂名市农村土地流转多采用口头协议，没有通过合同来规范双方的权利和义务；辽宁调查的有土地流转的农户中30.7%在流转过程中没有签订正式合同。二是流转行为不规范。一些地方土地流转是由村委会直接将农户的土地通过以租代征的方式，由村委会代替农民签订流转合同。三是风险防范机制不健全，流转“双方”权益缺乏有效保障。近年来，规模经营主体转入土地的意愿较强，但在流转时没有考虑农产品价格上涨、物价涨跌等因素，农户流转收益没有随经济的发展得到相应增长，有的甚至将流转价格约定数十年不变，存在转出农户违约的隐患。一些地方缺乏对转入方农业经营能力的资格审查和评估，转入方一旦经营上出现失误，无法履约，将给转出农户造成较大的经济损失。如河南禹州市万福新农业有限公司在郭连镇一次性流转土地6000多亩，受经营不善、管理不到位、资金周转困难等多种因素影响，企业经营陷入困境，土地租金未能按时支付。四是土地流转平台不健全，仲裁机制不完善，部分土地流转纠纷得不到及时处理。山西调查的没有土地流转的农户中，15.8%因没有信息渠道和服务平台而放弃土地流转。河南许昌调查中有8.5%的农户反映当地没有或根本不清楚当地是否有土地流转服务组织。

（三）一些农民对流出土地有顾虑

在目前农村劳动力转移就业还不稳定，养老保险、社会救助尚不健全的情况下，部分农民外出务工担心失业又失地，不愿意放弃土地，对于土地流转存在后顾之忧，影响了土地有效流转。河南封丘县受访村民中，有21%的人反对土地流转。江西万载县调查显示，没有转出土地的农户中有21.4%的农户表示除了务农没有其他活可干，21.4%的农户表示害怕土地流出后征收补偿等收益得不到保证，或担心土地转出后难以收回。

（国家统计局农村司根据山西、内蒙古、辽宁、吉林、黑龙江、上海、江西、山东、广东、四川、陕西调查总队及辽宁、黑龙江、安徽、河南、湖南省统计局重点选题调研报告撰写）

用工尚待规范 被欠薪农民工维权难

一、资金周转困难是造成工资拖欠的主要原因，部分用人单位有意拖欠工资以留住工人

辽宁调查的被欠薪农民工中，因为雇主资金周转出现困难而不能按时发放工资的占80.8%，因为企业亏损或倒闭而发不出工资的占6.4%。上海调查的被欠薪农民工中，73.3%的人反映老板以现金周转不开为由拖欠，13.3%的是单位无理由拒付工资，6.7%的是工程有纠纷致使老板跑路，其他原因占6.7%。湖南反映，娄底市从2013年年底开始，因部分房地产开发商资金链断裂，使得一些农民工拿不到工资，当地某在建小区二期由于资金周转困难发不出工资，出现过农民工集体罢工讨薪的情况。张家界市永定区调查的农民工庹某2014年5月至11月在新疆从事建筑业，因包工头无力支付工资，被拖欠2万元。广东务工的桂林农民工李某反映，其所在的电子厂2014年以来订单减少，运营困难，欠薪时间最长达4个月。

此外，辽宁、黑龙江、宁夏、安徽等地反映，部分用工单位为了留住人手，缓解用工压力，会押扣工人部分工资，农民工为了要回被拖欠的工资，只好继续为原雇主工作。辽宁调查的被欠薪农民工中，12.8%的人反映雇主有意拖欠工资以留住工人。山西反映，部分劳动密集型企业因熟练工人短缺，普遍担心春节后招工困难，往往在年底拖欠农民工一部分工资。如长治市故驿砖厂每年都在11月停工时拖欠工人2个月工资，在春节前再结清大部分，拖欠尾款，以此促使农民工节后继续在其企业工作。宁夏隆德县一名在新疆打工的电工反映，包工头为防止他跳槽，扣押了26500元的工资。湖南调查发现，有些企业对新入务工人员扣取一定数额的工资作为押金，农民工离职需提前1到3个月提出申请，否则会被没收扣押的工资。这种“行规”在制造业或服务业企业较为常见。

二、农民工劳动合同签订率低，工资约定与发放方式不规范

（一）劳动合同签订率低

调查显示，多数地区农民工劳动合同签订率未达到50%；广东劳动合同签订率较高，也只有64%。

陕西调查的农民工劳动合同签订率只有12.3%。合阳县调查的70位农民工中，签订劳动合同的仅有5人。内蒙古、山西调查的农民工劳动合同签订率分别为27.6%、27.3%。上海调查显示，被欠薪农民工签订合同的比例仅为38.9%，比未被欠薪的农民工低30.7个百分点。安徽反映，2014年第三季度全省外出农民工签订劳动合同的比例仅为42%。

广东调查的农民工合同签订率相对较高，57.3%的农民工表示自己与雇主直接签订了正式劳动合同，6.7%的受访者表示自己与劳务队伍（包工头）或中介组织签订了正式合同。调查的18位被欠薪的农民工中，有8人因劳动合同不规范导致工资被拖欠，有2人因建设单位与施工企业签订“阴阳合同”和资金周转困难导致工资被拖欠。

（二）工资约定和发放不规范

调查发现，部分地区调查的农民工中，口头约定工资数额和发放方式的比例高达七到八成，有些农民工领取工资没有任何凭证。

黑龙江调查的被欠薪农民工中，与雇主口头约定工资数额和发放方式的占88.2%，通过劳动合同约定的占5.9%，没有约定的占5.9%；领取工资时，有工资条的占9.8%，写收条的占31.4%，没有凭证的占58.8%。辽宁调查的农民工

中，口头约定工资数额和发放方式的占79.6%，通过劳务合同约定的占15.3%，按照招聘广告约定的有53人，占5.1%。内蒙古调查的农民工中，口头约定工资发放方式和数额的占68.4%，通过劳动合同约定的占27.6%，通过其它方式约定的占4%。领取工资时有工资条的占11.4%，有银行账户记录的占30%，没有凭证的占58.6%。宁夏调查的68名农民工中，有62人和雇主口头约定工资数额和发放方式，有6人通过劳动合同约定；46名农民工领取工资没有任何凭证。山西调查的农民工中，有68.7%仅口头约定工资标准。安徽调查的农民工中，口头约定工资的占43.8%，通过劳动合同约定的占31.3%，无任何约定的占16.6%；36.9%的人领取工资无任何凭证，35.8%的人有工资条，15%的人有银行账户记录。福建、陕西调查也反映了类似情况。

三、被欠薪农民工以自行讨薪为主，不愿通过劳动保障部门或法律手段维权

（一）农民工被欠薪时主要靠自行讨要维权

调查显示，由于大部分欠薪农民工的工资发放基于口头约定，当出现工资拖欠后，难以为维权提供有力依据，以自行讨要为主。

重庆调查的被欠薪农民工中，92.6%的人采取自发讨要或求助媒体等方式维权，仅7.4%的人求助劳动保障部门或通过法院起诉。黑龙江调查的被欠薪农民工自行讨要的占77.5%，求助媒体的占3.9%，求助劳动保障部门的占5.9%，通过法院起诉的占2.0%，到政府上访的占4.9%，其它方式占5.8%。湖北调查的曾经采取维权行动的农民工中，88%为自行讨要。湖南调查的被欠薪农民工表示曾经自行讨要的占54.9%。辽宁调查的被欠薪农民工中，自行讨要工资的占50%。内蒙古被欠薪农民工中，采取过维权措施的占88.3%，其中自发讨要的占86.5%。上海调查的近两年有被拖欠工资的18名农民工中，7人通过自行讨要方式维权，6人求助劳动保障部门，2人采取了其他措施维权。陕西被拖欠工资的17名农民工均自发讨要工资。

（二）被欠薪农民工不愿通过劳动保障部门或法律手段维权的原因主要是花费时间长、效果不明显

辽宁铁岭市调查的43名被欠薪农民工中，8人求助过劳动保障部门，但问题都没有得到有效解决。重庆南川区调查的某农民工表示，由于缺乏证据难以举证，找政府部门解决时间也长，还不如自己想办法讨要工资。陕西合阳县党姓夫妇反映，2013年被拖欠务工收入1万元，2014年春节前向县劳动监察大队提交了讨薪申请及有关欠薪证明，先后跑了四、五趟，截至调查时拖欠工资也没有拿到手。广西南丹县吾隘乡农民工陆某曾经与工友一起向劳动保障部门举报企业拖欠工资行为，相关部门当时对矿山情况进行了检查，但陆某的工资被拖欠已有三个月，截至调查时依然没有拿到。

此外，农民工为维系劳动关系，对拖欠工资数额不大且雇主承诺尽快解决的，大多数不愿通过劳动保障部门或法律手段维权。

（三）多种原因导致一些被欠薪农民工未采取任何措施维权

福建调查的被欠薪农民工中，没有采取任何维权措施的农民工占65%。广西调查的被欠薪农民工中，53.2%选择等待，相信到时欠资方自然会给。河池市都安县蓝某在六柱村农民工创业园从事建筑工作，工程完成后，被拖欠工资1000元，他所在的工程班有10多人各被拖欠1000-2000元不等。他认为雇主有背景，怕被打击报复，不敢维权。上海被欠薪农民工中，没有采取任何讨薪措施的3名农民工都是因没有欠薪凭证而放弃讨薪。广东调查的18名被欠薪农民工中，9名放弃讨薪，4人是因为“讨薪成本太高”；4人是因为“找不到正式求助途径”或“不知道如何维权”；另有1人是因为“担心丢掉工作”而不敢讨薪。湖南调查的被欠薪农民工中，41.2%的人未采取过维权措施。一方面，部分农民工习惯于到年底或项目完成后工资一次性发放的方式，相信到期能拿到被拖欠的工资，觉得没必要去讨

要；另一方面，一些农民工是跟着熟人或老乡务工，虽然暂时要不到工资，但是相信在雇主有能力支付后会拿到。

辽宁调查的被欠薪且未采取任何维权措施的38名农民工中，认为将来会拿到工资的有21人；不知道如何维权的有6人；认为讨薪成本太高的有4人；因为没有欠薪凭证而放弃维权的有3人；因想继续工作不想和单位闹僵的有2人；已习惯于工资被拖欠的有2人。黑山县调查显示，大多数农民工对于拖欠一两个月工资的现象习以为常。

（国家统计局办公室根据山西、内蒙古、辽宁、黑龙江、上海、安徽、福建、湖北、湖南、广东、广西、重庆、四川、陕西、宁夏调查总队报送信息综合整理）

"营改增"新增试点行业企业税负有升有降 增值税抵扣问题较为突出

铁路运输和邮政业以及电信业自2014年1月1日和6月1日起分别纳入营业税改征增值税试点。国家统计局北京、天津、山西、内蒙古、辽宁、黑龙江、江苏、福建、湖北、湖南、广西、重庆、四川调查总队近期对新增试点行业企业税负变化情况进行的调查显示，征收增值税后企业税负增减不一，小规模纳税人[①]减税明显。但在运行过程中，企业反映存在增值税抵扣链条不完整，可抵扣项目少，纳税申报手续繁琐等一些问题。

一、新增试点行业企业税负有升有降，"营改增"助推企业转型升级

北京调查的195家"营改增"新增行业试点的规模以上法人单位中，铁路运输业税负下降，2014年1-11月，试点单位流转税总额24.1亿元，同比下降15.7%；邮政基本服务业和电信业税负上升，其中邮政基本服务业试点单位流转税总额0.9亿元，同比增长31.2%；电信业试点单位流转税总额33.7亿元，同比增长30.8%。福建共有397家邮政企业和382家电信企业纳入营改增试点，1-11月，邮政企业"营改增"试点纳税人减税面达96.8%，累计减少税收143.47万元；电信企业"营改增"试点纳税人减税面达89.9%，累计减少税收3.02亿元。天津调查的51家新增试点行业企业中，51.4%表示税负减轻，34.3%表示税负基本不变，其中14家小规模纳税人企业全部实现减负。辽宁调查的21家新增试点行业小微企业中，12家反映税负减少，4家反映没有明显变化，5家反映税负有所增加。

内蒙古、湖北、四川、湖北调查的企业反映，为适应增值税税收制度，企业更加注重上下游企业分工协作、细化分工，促进了企业管理升级。同时，企业主动从产业链构建、财务管理、供应商选择等方面完善管理机制，内部管理水平得到提高。山西临汾市调查的6家企业中，4家企业正在考虑或已完成转型升级，有1家企业已将服务业进行主辅剥离，1家企业正在考虑进行主辅剥离。江苏泰州市调查的19家企业中，11家已经或正着手进行主辅业务分离、服务外包。

二、小规模纳税人减税明显

四川、辽宁、天津、陕西调查的小规模纳税人均反映"营改增"后税负下降。四川内江市截至2014年11月底，"营改增"试点纳税人达到2762家，其中，一般纳税人占10.1%，小规模纳税人占89.9%。调查的10家小规模纳税人企业中，8家表示"营改增"后税负有所减少，2家基本持平。辽宁调查的14家小规模纳税人中，9家税负减少，4家基本持平。

但辽宁、四川等地小规模纳税人企业反映，由于小规模纳税人按简易办法征收增值税，企业无法开具增值税专用发票，如果客户需要，小规模纳税人虽然可以从税务机关代开，但是代开的增值税专用发票只有3%的抵扣率，低于一般纳税人开具的抵扣率在6%以上的增值税专用发票，造成部分客户转向一般纳税人企业，由此对小规模纳税人业务有一定影响。

三、电信业企业反映税负增加

调查的电信业企业反映，由于抵税链条不完整、可抵扣项目少等原因造成企业税负增加。广西调查的电信业企业反映改革后税负明显增加。

注：①试点政策规定，以年应税销售额500万元以下的为小规模纳税人。

中国联通柳州市分公司和中国移动通信集团广西有限公司柳州分公司 2014 年 6-10 月税金总额与 1-5 月相比分别上涨 1.3% 和 5.8%。中国联通广西自治区分公司反映，营改增前营业税每月约 1200 万元，改革后增值税每月约 1500 万元，税负增加了 25%。黑龙江调查的 11 家电信企业中，9 家在“营改增”后税负增加，1 家税负下降，1 家变化不明显。在问及税负增加的主要影响因素时，8 家企业选择因适用税率提高，7 家企业选择因部分可抵扣项目无法取得增值税扣税凭证，6 家企业选择受人工成本、房屋租金等无法抵扣因素影响，2 家企业选择因新采购设备金额过少或无新采购设备，1 家企业选择因企业可抵扣项目过少等其他因素影响。江苏调查的 8 家电信企业中，6 家反映电信业“营改增”政策实施以后税负有不同程度增加。湖南调查的中国电信股份有限公司娄底分公司 2014 年 6-11 月综合税负为 6.03%，同比提高 3.08 个百分点。

四、“营改增”执行过程中遇到的问题

（一）企业财务管理成本有所增加

北京、湖南、四川调查的企业反映，企业需要开发新的财务管理系统、购置或升级设备，对企业的计收及费用报账流程也需要进行相应改造。内蒙古锡盟邮政分公司表示，为积极应对“营改增”之后的财务处理变化，公司先后组织了 6 次业务培训，给五个业务量较大的邮政网点安装了 5 套税款系统。重庆调查的部分企业反映，企业主税种由以前单一的营业税改为增值税或增值税与营业税并行，税费征收管理机关由原来单一的地税局改为地税局和国税局并行，报税和纳税的工作量和难度增加。黑龙江、内蒙古、广西调查的企业反映，营改增后报账手续增多，发票管理较繁琐，如营业税中并没有销项核算，所以核算相对简单，而增值税的计算更加复杂，收入入账的方法也有了很大的变化，给财务管理增加了一定难度。

（二）增值税抵扣链条不完整，行业范围小，可抵扣项目少

一是目前许多行业尚未纳入试点，以及小规模纳税人无法开具增值税专票，企业抵扣不足。湖南调查的电信业企业反映，目前许多行业尚未纳入试点，如劳务支出、建筑成本占电信企业费用比重较大，而承担这些业务的企业大多数还是缴纳营业税，其开具的发票不能进行增值税抵扣，造成电信企业的税负增加。中国联通重庆开县分公司反映，由于建筑安装业尚未纳入营改增试点改革，所以大量终端设备安装费不能取得进项税抵扣专用发票。湖北调查的企业建议对于占有企业较大成本比例的过路过桥费、保险费、房屋租金、检测费、人力支出费用、外包作业费用等纳入进项税抵扣范围。对一些相对固定有外出长途货运难以取得增值税专用发票的支出，如燃油消耗、修理费等按照行业平均水平测算一个可以抵减的比例，将这些项目的支出作为减计处理。天津调查的邮政企业希望将劳务外包业纳入“营改增”范围。此外，重庆、湖南调查的电信业企业均反映，上游供应商和业务对象有相当一部分是小规模纳税人，导致总纳税额中可抵扣的进项税额很少。二是企业反映可抵扣项目认定不尽合理。湖南调查的电信业企业反映，企业在“营改增”前大部分设备投资项目已经发生，导致进项抵扣相对较少，这就使得进项税额与销项税额在一定时段上不匹配，综合税率大幅提高。山西、湖北、重庆、四川等地调查的电信业企业反映，电信行业常用的“存话费送话费”“存话费送手机”“积分兑换实物”等业务营销活动在“营改增”后均视同销售，需征收销项税，使得电信企业税负提高。辽宁调查的邮政业企业反映，服务型企业人力成本较高，能抵扣的增值税进项发票少，希望增加可抵扣项或降低行业税率。

（三）纳税申报手续繁琐

天津、黑龙江、湖北、内蒙古等地调查的部分企业表示，在办理增值税纳税过程中，税种核定、发票开具、申报缴纳过程程序繁多，部分纳税人要分别去国税、地税部门缴纳税款，手续比

较繁琐。如黑龙江调查的 26 家企业中，12 家企业认为申请税款的实际操作较为困难，负担较大。天津、内蒙古部分企业建议税务部门将抵扣内容或抵扣方式等制成“增值税可抵扣项目”清单，方便企业查询和操作。国税局和地税局应紧密协作，调整票据开具条件，创新抵扣方式，减轻企业同时接受两个部门管理、操作繁琐带来的负担。

北京、黑龙江调查企业反映，目前增值税税率多，相应的业务拆分规则企业执行起来较为复杂，建议简并税率，方便企业执行。江苏调查的企业反映增值税纳税实行每月申报且必须至办税大厅申报，无法网上申报，申报人数众多，排队等候时间较长。

（四）政策的具体操作指导不足，应建立过渡性财政扶持政策

湖南、内蒙古等地试点企业反映在抵扣进项税额时，必须满足规定范围、规定时限、规定凭证三个条件，否则将无法抵扣。由于一些企业对目前增值税政策不了解，容易出现不符合规定的问题。北京、天津、山西、辽宁、黑龙江、四川、广西等地调查企业建议税务部门加强政策解读以及对具体操作上的指导，通过制定通俗易懂、贴近实际的实施细则，设立热线电话、咨询平台等方式使企业更好地理解并运用相关政策。

北京、山西、四川调查的企业建议，针对“营改增”后部分行业和企业因抵扣不充分而出现税负增加现象，尽快出台统一的过渡性的财政补贴政策，以帮助试点纳税企业过渡。同时，在财政扶持政策的实施中，尽量简化相关手续，以保证补贴资金及时到位。

（国家统计局办公室根据北京、天津、山西、内蒙古、辽宁、黑龙江、江苏、福建、湖北、湖南、广西、重庆、四川调查总队报送信息综合整理）

黑龙江省肇东市铁路

淘汰过剩和落后产能企业用工总体下降 职工结构优化 工资水平提升

国家统计局河北、山西、内蒙古、黑龙江、福建、湖南、广西、陕西、宁夏、新疆调查总队和四川省统计局近期对2014年实施过淘汰过剩和落后产能的规模以上企业①用工情况调研显示，相关企业用工数量总体下降，职工结构得到优化、工资水平有所提升，但部分企业在为职工缴纳失业保险和安置裁减人员等方面仍存在一些问题。

一、企业用工总体下降

福建2014年淘汰过剩和落后产能目标任务共涉及16家规模以上企业，调查的14家企业（另外2家企业已关闭）当年均完成淘汰任务。分行业看，造纸、铁合金、电池、电石企业产能分别下降29.3%、47.4%、49.8%和100%。2014年末，14家企业职工总数比实施淘汰前下降1524人，降幅为30.5%；其中，70.3%是直接被裁减下岗。黑龙江调查的7家企业中，有2家水泥企业和1家钢铁企业进行了生产线更新升级，产能与实施淘汰前持平；2家电力企业实施淘汰后产能降幅在10%-30%之间，1家造纸企业产能比淘汰前下降10%以下。实施淘汰后，5家企业职工人数基本未变，1家造纸企业裁员67人，裁员比例为11%；1家水泥企业裁员55人，裁员比例为25.3%。四川调查的17家企业中，9家实施淘汰后产能下降在23%-55%之间；8家企业在实施淘汰的同时进行了技术改造，技改后有7家企业产能大幅提升。17家企业实施淘汰前共有职工19200人，2014年末有职工18611人，比淘汰前净减少589人（少于下岗人数，系另新招收部分素质较高的职工），降幅为3.1%。山西临汾市新临钢公司和新金山公司实施淘汰后，产能分别下降12.5%和53.2%；两家企业职工总数由实施淘汰前的9082人减少到8226人，降幅为9.4%。首钢长治钢铁有限公司实施淘汰后在岗人员为13498人，减少4.6%。河北冀中能源邯郸矿业集团有限责任公司和德龙钢铁有限公司2014年实施淘汰后分别下降27.1%、30%；因减压产能而转移安置人员各有437人和500人，分别占职工总数的1.9 %和10.9%。

调查发现，也有部分企业实施淘汰后，通过改造升级，产能扩大，效益提高，用工数量增加。宁夏调查的15家企业中，有8家企业在实施淘汰后增加了新的生产线，企业用工数不减反增，2014年用工人数比2013年增长29.8%。新疆南风日化有限责任公司昌吉分公司实施淘汰前年产洗衣粉1.2万吨、洗洁精5000吨，有职工53人；实施淘汰后，投资1亿元建设新厂，年产洗衣粉3万吨、洗洁精1万吨，2014年末职工增至76人。

二、职工结构进一步优化，工资水平有所提升

（一）企业职工结构得到优化

广西64家受访企业职工年龄结构呈现两头减、中间增的态势。2014年64家企业中，30岁及以下、50岁及以上两个年龄段职工比例比上年分别下降13.4%和11.3%；高级技工人数上涨了12.8%，而初级、中级技工人数分别下降了1.2%和3.7%；研究生及以上学历人数增加5.2%，初中及以下学历职工人数下降13.7%。宁夏15家受访企业中，2014年底初级工占职工总数的52.8%，中、高级工分别占18.3%、14.3%；与上年相比，初级工比重下降5.5%，中高级工比重均略有上升。从文化程度看，2014年底，15家企业职工中初中及以下文化的职工占45%，同比

注：①本次各地调研的企业为2014年在实施淘汰过剩和落后产能后依然保留的企业。

下降了5个百分点。四川17家受访企业中，高、中级工（技师）占比由实施淘汰前的69.3%上升到69.7%。

（二）职工工资水平有所提升

实施淘汰后，四川受访企业职工月平均工资3330元，比淘汰前提高了107元。广西受访企业2014年各岗位薪酬均有不同程度的提高，其中涨幅最大的普通技工为13.7%，科研人员为10.0%。福建调查的14家企业2014年职工人均月工资3193元，同比上涨20%。宁夏调查的15家企业2014年职工人均年工资为4.7万元，比上年上涨5.3%。湖南调查的桂阳燕山建材有限公司普工、技工、管理人员的平均月工资比实施淘汰前分别上涨了8.0%、9.3%、3.3%；安仁龙海水泥有限公司普工、技工、管理人员的平均月工资比实施淘汰前分别上涨了15.4%、33.4%、33.4%。内蒙古调查的33家企业2014人均月工资3764元，同比增长6.2%。

个别企业实施淘汰后经营依然困难，职工工资下降。如山西新临钢钢铁有限公司工人和行政人员人均月工资分别下降10.4%和15.1%。河北冀中能源邯郸矿业集团有限责任公司职工年平均工资2014年为4.76万元，较上年下降13.3%。

三、企业安置裁减下岗人员的主要措施

一是在企业内部转岗分流。山西新临钢钢铁有限公司实施淘汰后需安置1052人，企业解决了88.4%的职工安置问题，剩余122名需安置职工处于待岗状态，待岗期间企业仍按时发放基本工资。陕西中钢集团西安重机有限公司有100余人经过培训后在企业内部转岗。湖南桂阳燕山建材有限公司、安仁龙海水泥有限公司实施淘汰后，共分流安置到企业下属混凝土站和水泥粉末站160人。四川调查的17家企业实施淘汰后共有758人内部转岗，1102人下岗，转岗和下岗比例分别为3.94%和5.74%。山西新金山公司新建成两座100吨转炉，待岗人员经培训后全部转岗至新生产线。

二是让职工提前退休或内部退养。河北冀中能源峰峰集团有限公司自2011年以来按照国家关闭破产职工安置政策，以提前退休、等退、病退等渠道对9857个职工进行了分流安置，占总人数的25.1%。陕西中钢集团西安重机有限公司以办理内部退养方式裁减了部分一线工人和行政管理人员。

四、企业实施淘汰后用工方面存在的问题

（一）在缴纳失业保险方面，职工有无劳动合同差别大

企业为签有劳动合同的职工缴纳失业保险情况较好。广西64家受访企业中，有53家为签订了劳动合同的职工缴纳失业保险，占82.8%；11家企业只缴纳了养老保险和医疗保险，没有缴纳失业保险，占17.2%。从人数看，2014年缴纳了失业保险的职工共51484人，占用工人数的85.0%。四川17家受访企业为98.2%的有劳动合同的职工缴纳了失业保险。黑龙江调查的7家企业都为签有劳动合同的正式职工缴纳了失业保险。宁夏企业为签订了劳动合同的职工缴纳失业保险的比例相对较低。2014年，15家受访企业中，有11家企业为5969名签订合同的职工缴纳了失业保险，占企业职工总数的46.6%。

但也有些企业由于职工流动性较大等原因，没有与职工签订劳动合同，造成该类职工的权益难以得到保障。如，广西64家受访企业中，没有一家为无劳动合同的职工缴纳失业保险。宁夏15家受访企业，对无劳动合同的职工均未为其缴纳失业保险。陕西反映，大多数企业都为签有劳动合同的职工缴纳了失业保险金，但对于以完成一定工作任务为期限的职工未签订劳动合同，也未缴纳失业保险金。

（二）企业反映裁员负担重，部分被裁减人员未得到任何经济补偿

陕西受访企业反映，由于政府稳定就业的相关财政补贴尚未兑付到位，内部退养职工的生活费完全由企业承担，负担较为沉重。中钢集团

北京中关村

西安重机有限公司每月给内部退养职工人均发放300-400元的生活费，每月支付内退人员生活费10万余元，占月支出职工工资总额的近三成，企业不堪重负。福建南平水泥股份有限公司实施淘汰后已停产，但每年仍需负担15名员工（9名老干部、6名老工人）的工资和医疗费补助120-130万元，企业负担较重。华发纸业（福建）股份有限公司因淘汰落后产能，与裁减的123人解除劳动关系，需发放补偿金72万元，企业反映负担增加。

广西受访的64家企业直接裁员598人，大部分是企业直接辞退，无任何经济补偿。如贵港市2家受访企业裁减下岗的390名职工中，企业直接辞退、无任何补偿的有240人，占61.5%。

（三）不少企业不了解政府稳定就业补贴政策

2014年11月，人力资源社会保障部等四部委联合下发《关于失业保险支持企业稳定岗位有关问题的通知》，旨在更好地发挥失业保险预防失业、促进就业作用，激励企业承担稳定就业的社会责任。各地政府也出台了对企业稳定就业的补贴政策。从企业反馈的情况看，相当一部分企业不了解相关补贴政策，政府有关部门对政策的宣传、执行力度还需加强。

湖南反映，少数特大型企业享受稳定岗位补贴情况较好，如湘潭钢铁集团有限公司2014年享受了湘潭市政府稳定就业相关政策补贴310万元。但常德、株洲、张家界等地调查的6家建材、机械、煤炭等行业的企业，均表示不了解相关补贴政策。内蒙古33家受访企业中有14家表示对补贴政策不了解，更未申请过该项补贴；11家受访时未作回答；仅8家享受过相关补贴。广西调查的64家企业中，有16家企业反映享受了政府为稳定就业发放的相关补贴，其余企业均未享受过。新疆阿克苏地区5家受访企业均表示不了解相关补贴政策。

（国家统计局办公室根据河北、山西、内蒙古、黑龙江、福建、湖南、广西、陕西、宁夏、新疆调查总队和四川省统计局报送信息综合整理）

民营医院发展势头好、投资意愿强 期盼进一步优化政策环境

国务院办公厅《深化医药卫生体制改革2014年重点工作任务》，明确提出加快推动公立医院改革、积极推动社会办医等任务。2014年8月，国务院常务会议审议通过了对民营医院的包括降低准入门槛在内的一系列利好政策。为了解当前民营医院（含私人诊所，下同）经营及相关情况，国家统计局河北、山西、内蒙古、吉林、黑龙江、江苏、安徽、福建、江西、广西、陕西、青海、宁夏调查总队近期进行了调研。

调研结果显示，民营医院近年来营业额、就诊人数、用工人数等经营指标总体呈增长态势，发展势头良好。多数受访民营医院表示，未来三年内有增加投资的意愿，但因缺乏与公立医院公平竞争的政策环境，面临人才引进难、培训难、留用难等问题，发展受到一定程度制约。

一、民营医院营业额、就诊人数、用工人数呈增长态势，发展势头良好

福建调查的67家民营医院（含11家私人诊所）2014年就诊人数比上年增长25.7%，营业额增长34.5%，用工人数增长26.3%；37家在2014年盈利，户均利润74.27万元，比上年增长11.0%。内蒙古调查的34家民营医院（含16家私人诊所）近三年就诊人数年均增长4%，营业收入年均增长8.8%，利润年均增长4.6%。宁夏调查的37家民营医院（含20家私人诊所）2013年和2014年营业额分别比上年增长34.7%和14%；利润分别比上年增长200%和45.8%。其中17家医院就诊人数分别比上年增长2.5 %和39.1%；用工人数分别比上年增长12.8%和2.3%；20家私人诊所就诊人数分别比上年增长14.9 %和14.1%。

陕西、山西、江苏无锡、安徽宿州、铜陵、池州等地调查的民营医院近三年也呈现出就诊人数、营业额和利润稳步增长的态势。

二、民营医院投资意愿较强

各地调查显示，受访民营医院普遍看好行业发展前景，对新一届政府全面深化医疗卫生体制改革充满信心，投资意愿较强。广西调查的207家民营医院中，有124家在未来三年有加大投资的意愿，占60%。福建67家受访民营医院中，44家在未来3年内有投资计划，计划投资额13.4亿元。陕西调查的17家民营医院中，有15家表示未来三年内有加大投资、扩大经营规模的意愿。山西调查的22家民营医院中，有12家表示未来三年内有继续投资的意愿。

三、民营医院发展面临的主要问题

（一）缺乏与公立医院公平竞争的政策环境

一是纳入医保定点单位的民营医院少，纳入科目受限。吉林调查的36家民营医院和私人诊所中只有3家被纳入当地医保报销，其中一家私人诊所还是依靠附带药店才能进行医保刷卡。内蒙古调查的18家民营医院中，有8家被纳入了医保定点或新农合定点医疗；16家私人诊所无一家纳入医保。呼和浩特调查的民营医院反映，想要纳入医保范围，首先要具备2000平米以上的营业面积，仅此一条就把许多民营医院挡在了门外。广西梧州市玛丽娅妇产医院反映，该医院只有妇科、产科被列入医保和新农合定点报销范围，且报销地区仅限梧州市城区，下辖的三县一市不在范围之内。福建调查的部分民营医院认为纳入医保定点单位难度大，其中4家民营医院与1家诊所符合相关部门的认定条件，但提出的申请还未获批，如连江县济雅医院为一级乙等医院，

符合医保定点条件，从2014年5月提出医保申请，至接受调查访问时仍未获批。

二是纳入医保后的报销政策有差别。福建25家受访民营医院反映医保方面存在不平等待遇。如霞浦海峡医院、邵武博爱医院医保报销门槛均高于公立医院，一级民营医院只能按二级公立医院的医保报销比例。此外，民营医院开具的是税务发票，部分市县医保中心不予承认。内蒙古呼和浩特市调查的4家民营医院反映，民营医院医保报销门诊加住院的封顶线是3500元，超出部分患者需要自己负担，而医院如果超出核定的额度也会遭遇罚款；另外还规定，民营医院对医保患者门诊开药必须由患者本人亲自去开，并且只能开3-7天的药，对一些慢性病患者来说非常不便。安徽六安市开发区医院反映，其医疗设备、技术水平与当地公立二级医院相关科室旗鼓相当，但患者看病报销比例仅70%，而公立医院是85%，有失公平。亳州市调查的民营医院反映，医保政策对民营医院有“次均消费”和“总额消费”限制，一旦超限就处罚。黑龙江密山市某民营血管病医院反映，该院中药的医保报销比例为45%，仅为公立中医院报销比例的一半。宁夏调查的几家进入医保定点的民营医院反映，虽然进入医保定点机构，但仍然有很多限制。如，2014年，银川市医疗保险事务管理中心给银川民营医院13种门诊大病支付限额，如宁夏友谊慈善医院、宁夏古方中医医院和宁夏阳光老年病康复专科医院的额度分别是9万元、20万元和19万元，医院普遍反映额度不够用。

三是运营方面享受的一些政策不能与公立医院同权。广西爱尔眼科医院反映，同为医疗机构，公立医院不需要办理公共场所经营许可证，民营医院必须办理且每2年年检一次；公立医院用电按居民用电标准收费，而民营医院则按商业用电标准收费。福建67家民营医院中，仅有8家享受与公立医疗机构同价的电、水、气、热。

（二）人才问题是制约民营医院发展的首要问题

调查发现，民营医院普遍面临人才引进难、培训难、留用难的问题，其医务人员以公立医院退休返聘人员和刚毕业的大中专学生为主，缺乏具有中高级职称的中青年医生。

福建调查的67家民营医院有40家反映人才问题突出，一是有经验的年轻医务人员不愿到民营医院，二是医务人员流失率高。如泉州市德诚医院35-45岁的医务人员不足1/4；福清融强医院从1996年成立以来医务人员年均流失率在20%以上，主要流向公立医院。内蒙古包头市一家二级甲等民营医院反映，近三年的人才流失率每年在15%左右，流失的医生主要是想到公立医院取得事业编制身份。呼和浩特市平安医院反映，前几年还比较容易聘请到大医院的退休老医生、老专家，但是最近几年越来越多的公立医院也以高薪返聘退休医生，民营医院在薪酬上难与公立医院竞争。安徽六安市调查的5家民营医院中，医务人员几乎清一色是刚毕业不久的大中专学生，具有高级职称者均为公立医院离退休或兼职人员。黑龙江鹤岗市平安医院具有高级技术职称的人员80%以上为退休返聘人员。集贤县永祥医院医生共9人，其中5人是返聘的退休医生；该医院反映，护士更换频繁，刚毕业的护士在民营医院取得一些经验后，纷纷考取公立医院职位，该院年龄最大的护士仅31岁。陕西、吉林、河北、青海等省也反映了类似情况。

江西、广西等地还反映，民营医院面临人员培训难题。民营医院希望刚招聘进来的大学毕业生参加培训和到大医院进修见习，但担心一些医生培训完成后跳槽，民营医院人财两空。同时，对刚入行的医务人员进行培训时间长、费用高，一般要到派其到大医院见习一年甚至二年以上，民营医院难以负担培训经费及学员工资。

（国家统计局办公室根据河北、山西、内蒙古、吉林、黑龙江、江苏、安徽、福建、江西、广西、陕西、青海、宁夏调查总队报送信息综合整理）

乡镇政府负债现象普遍 受访乡镇认为主要原因有三

国家统计局河北、山西、内蒙古、吉林、黑龙江、江苏、浙江、福建、江西、湖北、湖南、重庆、四川、青海、宁夏、新疆总队和河南省统计局近期对乡镇政府债务情况的调研显示，受访乡镇政府负债现象比较普遍，部分乡镇负债总额占当年财政收入的比率较高；受访乡镇认为产生债务的主要原因是事权与财权不匹配、实施公共建设项目与财力不相称、为完成上级下达的任务或在考核中达标而举债等。乡镇政府偿债能力弱、利息负担重等问题亟待关注。

一、受访乡镇政府普遍有负债，部分乡镇负债总额占当年财政收入的比率较高

截至2014年年底[①]，山西调查的28个乡镇均有负债，平均负债1273.8万元。有9个乡镇受访时提供了负债总额占当年财政收入的比率情况，其中2个乡镇在50%左右，2个在10%-20%，5个在10%以下。值得重视的是，有一部分乡镇没有提供其财政收入情况，但负债明显偏高，如晋城市固隆镇截至2014年底负债1.25亿元。四川调查的22个乡镇均有负债，负债总额占当年财政收入的比率为226%，其中最高的乡镇为2023%。宁夏调查的22个乡镇政府中20个有负债，这20个乡镇的负债总额占当年财政收入的比率为160.7%。浙江调查的30个乡镇中20个有负债，债务总额为34.6亿元，负债总额占当年财政收入的比率为72.1%。内蒙古调查的36个乡镇均有负债，平均每个乡镇负债3072.4万元。有29个乡镇受访时提供了负债总额占当年财政收入的比率情况，平均为108%。

二、历史债务和逾期债务多，新增债务占比不高

截至2014年底，河南549个受访乡镇的逾期债务为48.53亿元，占债务总额的75.3%。逾期10年以上的占逾期债务总额的45.3%，逾期5-10年的占30.7%，逾期5年以下的占24.0%。51.0%的受访乡镇2014年有新增债务，新增债务占受访乡镇债务总额的22.0%和当年财政收入的12.1%。黑龙江40个受访乡镇逾期债务占债务总额的37.2%，逾期时间多为10年左右；有4个乡镇2014年有新增债务，新增债务占债务总额的1.3%。山西受访乡镇的逾期债务占债务总额的91.6%；受访乡镇2014年新增债务2982.45万元，占债务总额的8.4%。内蒙古有28个受访乡镇提供了债务逾期情况，其中20个有逾期债务，有10个乡镇的债务全部逾期。有26个乡镇提供了2014年新增债务情况，其中7个乡镇存在新增债务。吉林16个受访乡镇的负债均为历史债务，安图县永庆乡于10年前欠债690.4万元至受访时尚未还清。宁夏受访的20个负债乡镇中有16个乡镇存在逾期债务，逾期债务占债务总额的27.3%；逾期时间最短的2年，最长的10年。

三、乡镇政府负债主要用于基础设施建设

内蒙古受访乡镇反映，其负债用于公共基础设施建设和市政建设的约占85%，负债中多为拖欠施工方的工程款；负债用于其他用途的约占15%，主要是历史遗留债务，包括撤乡并镇后

注：①除特别注明外，本文中涉及的债务数据均截止到2014年年底。

的划转债务、乡镇企业借款、垫付的农业税等。浙江受访乡镇的负债中，用于常规基础设施建设的约占 61.8%；用于专项基础设施建设，如建学校、解困房、工业园区等的占 33.6%；用于其他用途，如利息支出、代付企业工资、行政事业经费、土地征用费等占 4.6%。2014 年新增债务中大约四成用于常规基础设施建设，近五成用于专项基础设施建设。江苏受访乡镇的负债中，用于城镇基础设施建设的占 37.2%，用于园区建设的占 17.7%，用于新农村建设的占 15.9%。重庆有负债的 16 个受访乡镇（街道）中，13 个乡镇的负债涉及基础设施建设，8 个乡镇的负债涉及市政、环卫、农村公路维护养护等公共服务支出。山西汾阳市乡镇债务中工程欠款占 65.4%。该市阳城乡负债 176.5 万元，全部为工程欠款。左权县麻田镇债务 198.6 万元，主要是乡镇敬老院、乡镇公共基础设施建设的工程欠款。河北邯郸县 7 个乡镇（不含 2 个街道办事处）的负债中，用于修路占地和建设的占 88.8%；用于中小学建设的占 7.7%。

四、导致乡镇政府欠债的主要原因

乡镇政府债务的成因较为复杂，受访乡镇认为较为突出的有三个。

（一）乡镇政府事权和财权不匹配导致收支矛盾凸显

黑龙江、山西、新疆、江苏、四川、宁夏、福建等地反映，乡镇政府事权和财权不对等，上级拨付的有限财政转移支付资金与乡镇政府担负的越来越多的社会事权形成巨大反差，导致乡镇政府收支矛盾凸显。如黑龙江反映，2006 年国家全面实施农村税费改革政策，农业税和统筹费等被取消，乡镇政府可用财力大幅削弱，维持工作运转和各项事业建设的支出主要通过税收返还和上级财政转移支付解决。但财政转移支付资金与实际日常支出需求缺口较大，按照现行的“分税制”收入划分比例，留给乡镇政府的税收收入仅占税收总收入的 25%，特别是增值税收入比例划分过于向上级政府集中，直接影响到乡镇财政收入的稳定增长，财权与事权脱节严重，导致乡镇政府收不抵支，负债运行。山西反映，大部分负债较多的乡镇均拥有丰富的煤炭资源，以前所办煤炭企业利润上缴是乡镇政府收入的重要来源，随着煤炭资源整合，原由乡镇办的煤矿被大煤炭集团兼并，管理权限上收，乡镇政府来自煤矿的收入锐减。而小城镇建设、教育、卫生事业等支出不断增大，乡镇收支矛盾凸显，历史性债务无力化解，逾期债务额逐年积累。新疆反映，乡镇政府财政主要靠上级财政下拨，乡镇政府在基础设施建设上的投入力度受“吃饭”财政的制约，一些乡镇财力不足，又急于搞建设，往往“先借款干活”，形成负债。

（二）为各种工程项目建设筹措配套资金举债

湖北、内蒙古、浙江、江苏、宁夏、河南、江西等地反映，上级部门对交通、水利、农业综合开发等基础设施投资项目，一般都要求乡镇按一定比例配套资金，项目争取得越多，所需配套资金也越多，乡镇为了地方发展不得不借债。如湖北反映，国家为了改善经济欠发达地区农业、农村现状，以项目形式下达专项资金，要求当地政府必须按规定配套一定比例的资金，但由于县乡财力有限，配套资金只得靠借债或拖欠工程款解决。例如，随县新街镇政府拖欠的工程款就是因建设通村公路资金不足造成的。内蒙古兴安盟某镇 2014 年实施水土保持工程项目，上级下拨资金为每个植树坑 1.2 元，而实际费用为每个 2 元，该镇需要配套 40% 的资金，由此产生了 39.6 万元的债务。浙江反映，乡镇要对农村医疗、低保等民生项目进行资金配套补助，往往因财力不足而举债。宁海县黄坛镇 2014 年农村医保及低保配套资金支出近 300 万元，村镇环境整治支出近 100 万元；力洋镇新型农村合作医疗财政配套资金从 2013 年的 171 万元增加到 2015 年的 314 万元，乡镇政府为应对这些支出不得不借债。

（三）为完成上级下达的任务或在考核中达标而举债

调查发现，很多乡镇政府为完成上级布置的任务或下达的各项考核指标，实施了与其财力不相适应的公共建设项目，由此举债。

一是为确保全年预算收入完成，县级财政往往根据支出规模把收入任务下达到乡镇，每年与乡镇签订财税工作目标管理责任状，实行一票否决，部分乡镇为完成税收任务被迫举债。湖南新化县上梅镇2014年税收任务为1.92亿元，1-10月仅完成1.02亿元，为确保实现目标，只得举债完成任务。湖北也反映，乡镇的税收任务每年都在增加，遇到完不成的年份往往通过借债弥补缺口。随县新街镇就曾举债106万元完成税收任务。

二是在计划生育、信访维稳、安全生产、义务教育等方面，由于上级政府每年对下级政府实行一票否决的考核机制，乡镇政府在这些工作方面的开支剧增，导致负债。黑龙江40个受访乡镇的债务中，用于普及九年义务教育达标工程的占债务总额的6.8%；用于公共基础设施建设达标的占38.1%。湖南娄底市娄星区石井镇2014年为计划生育、信访维稳和安全生产工作共举债投入70余万元；小碧乡为安全生产工作举债投入10万元。

三是为了完成上级布置的小城镇建设、“村村通”工程、房屋拆迁、农村清洁工程及公益性基础设施建设任务，不得不举债。江西万载县为实施农村清洁工程，要求村级垃圾焚烧炉建设、乡（镇）购买垃圾清运车、垃圾桶购置等经费由县、乡财政各承担50%，实施第一年，黄茅镇、潭埠镇、赤兴乡、罗城镇、双桥镇均为此举债几十万元。内蒙古呼和浩特某镇在2014年承担了县政府投资的一个基建项目，由于工程款未能足额到位，造成该镇新增债务4亿多元。

宁夏、湖南、新疆反映，一些乡镇为了获得竞争上位的资本，超越自身财力，大搞“政绩工程”、“形象工程”，债台高筑也在所不惜。

五、值得关注的问题

（一）乡镇偿债能力弱

吉林反映，乡镇收入大部分为专项资金，不能偿还债务。如白山市浑江区六道江镇政府2014年财政收入90%以上为专项资金，乡镇每月仅定额2万元的办公经费，很难获得更多资金清偿债务。内蒙古通辽市某镇2014年末历史债务高达912万元，县财政每年的转移支付为112万元，镇政府根本无力偿还债务，现在由县法院每年按照债务总额的1.65%直接从县财政转移支付中扣除。河北邯郸县全县7个乡镇（不含2个街道办事处）2014年偿还债务2489.99万元，占2013年末债务总额的8.95%。

（二）利息及融资成本负担重

青海、新疆、浙江等地反映，随着乡镇债务总额不断增加，每年应付利息成为一笔巨大开支，部分乡镇甚至出现举新债还旧债的现象。浙江桐庐县某镇每年可用资金在5000万元左右，2014年新增债务中利息支出及其他融资成本就高达4000万元。

（国家统计局办公室根据河北、山西、内蒙古、吉林、黑龙江、江苏、浙江、福建、江西、湖北、湖南、重庆、四川、青海、宁夏、新疆总队和河南省统计局报送信息综合整理）

以地入股合作社处于起步阶段 发展面临五方面因素制约

农民以土地经营权入股合作社是近年来土地流转出现的新形式。2015年中央一号文件特别指出："引导农民以土地经营权入股合作社和龙头企业，提高农民组织化程度"。为了解农民以土地经营权入股的合作社（以下简称以地入股合作社）发展情况，国家统计局山西、内蒙古、辽宁、吉林、黑龙江、上海、江苏、浙江、安徽、福建、山东、湖北、湖南、广西、重庆、宁夏调查总队开展了专题调研，结果显示：以地入股合作社与以其他方式流转土地的专业合作社（以下简称其他合作社）相比，数量少、规模小，尚处于起步阶段；受访合作社以种植经济作物为主，多数受访合作社规章健全、运营规范并实现盈利。以地入股合作社发展中面临五方面制约因素。

一、发展尚处于起步阶段，数量少、规模小

各地反映，以地入股合作社是近几年才逐渐兴起的，与其他合作社相比，数量较少，土地流转规模较小，尚处于起步阶段。截至2014年底，浙江调查的29个乡镇共有合作社2521家，其中以地入股的325家，占12.9%。此次调查的113家合作社中，以地入股的39家，占34.5%。从成立时间看，39家以地入股合作社中，2010年及以后成立的19家，占48.7%。39家合作社平均注册资本额164.3万元，与其它受访合作社相当；平均经营土地面积527.8亩，相当于其它受访合作社的88.2%；2014年平均营业收入270.3万元，相当于其它受访合作社的一半；营业净利润100万元以上的有3家，占7.7%，低于其它受访合作社6.2个百分点，66.7%的以地入股合作社营业净利润在50万元以内。江苏17个市县相关部门数据显示，截至2014年底，实际运营的3327家合作社中，以地入股合作社仅167家，占5.2%。福建调查的7个设区市的27个县(市、区)中，15个县共有22家以地入股合作社，12个县尚没有以地入股合作社。截至2014年底，莆田市工商登记在册的1271家农民专业合作社中以土地经营权入股的有4家；宁化县共流转土地9.1万亩，其中以地入股方式流转0.15万亩，占1.6%；浦城县流转土地面积15.02万亩，其中土地入股流转873亩，占0.6%。山西调查的16个市县中，只有8个市县有以地入股合作社，且数量较少。截至2014年底，晋城市有注册农民专业合作社4734家，其中以地入股合作社仅1家；静乐县有注册农民专业合作社464家，其中以地入股合作社有12家。山东2014年以土地入股方式流转土地58.3万亩，占当年全省土地流转面积的4.0%。

虽然以地入股合作社尚处于起步阶段，但从调研情况看，多数合作社有健全的规章制度，在农户入股、分红、参与监督管理等方面都有明确规定，运营较为规范。辽宁调查的80家以地入股合作社有91.3%与入股农户签订了合同；78.8%的合作社每年召开2次以上社员代表大会，88.7%每年召开1－2次监事会会议，92.5%能做到代表一人一票，83.7%有社员（代表）大会、理事会会议、监事会会议记录；85%的合作社实行财务公开，76.3%有完整、详细的产品交易记录并接受查询，其中有查询记录的达到71.2%。湖北调查的79家合作社有72家与入股农民签订了合同，占91.1%；74家以地入股合作社入股农户有监督权，占93.7%；63家有退出机制，占79.7%。重庆巴南区和涪陵区调查的共10家以地入股合作社都有健全的章程制度，如涪陵区南沱镇洪丽鲜榨菜专业合作社，农户按照入股比例进入理事会、监事会，参与监督管理，合作社定期召开成员或成员代表大会，商议股份分红、吸纳社员、扩大发展等重要问题。上海调查的浦东新区新场镇王桥村土地股份合作社制定了章程并由

入股农户代表2/3以上签字通过；入股农户推选代表，通过成员代表大会讨论决定合作社生产经营、预决算、收益分配等重大事项；成员代表大会选举产生理事会、监事会作为代表大会的执行机构和监督机构，对成员代表大会负责；合作社实行理事长负责制，选举村党支部书记担任理事长，对成员代表会议负责。

二、以从事经济作物种植为主，多数实现盈利

湖北79家受访以地入股合作社中，经营涉及经济作物种植的51家，水稻等传统粮食种植的22家，二者兼种的5家。山东11家受访以地入股合作社仅1家种植小麦、玉米等粮食作物，其余10家均种植经济作物。宁夏24家受访以地入股合作社从事粮食种植的7家，从事经济作物种植和牲畜养殖的16家，从事其他经营的1家。浙江受访以地入股合作社进行经济作物、果（茶）园、设施种植的比例分别高于其它受访合作社28.8个、8.3个和1个百分点，种植粮食作物和发展养殖业的比例分别比其他合作社要低3.7个和11个百分点。

从经营情况看，除近两年新成立的合作社外，多数受访合作社实现盈利。湖北79家受访以地入股合作社2014年营业额为98209.3万元，除2013年、2014年成立的32家没有分红外，有47家实现了盈利分红。江苏34家受访以地入股合作社提供了2014年营业情况，总营业额3.1亿元，分红总额5290.79万元，平均每亩地分红1166元。200户受访入社农户对合作社评价为很好的占71.5%，评价为较好的占24%，评价为一般的占4.5%，没有评价为较差和很差的。福建22家专业合作社2014年营业额9771.72万元，同比增长38.2%。湖南8家受访以地入股合作社中，2014年营业利润实现增长的有5家，下降的1家；另有2家成立时间较短，暂未核算营业利润。

三、以土地面积入股为主，入股期限多在5年以上

以地入股合作社有按土地面积折股、按栽种作物数量入股、以土地产出品入股等方式，其中按土地面积折股或折资（折价）入股较多。湖北78家受访以地入股合作社有77家以土地面积折价入股。浙江53.8%的受访合作社（21家）以土地面积折股。重庆合川区鼎罐水果种植股份有限合作社按每亩土地15年经营权折价6000元入股，入股期限至本轮土地承包到期（2026年）；潼南县百姓种养殖股份合作社规定，每股为人民币1万元，入股农户每亩土地按800元折价，入股土地折价不足1万元的以现金补差。

部分以果树种植为主的合作社实行按栽种作物数量入股的方式。重庆酉阳县林旺水果股份合作社主要种植李子等果树，农户入股的土地都是坡地，面积不好计量，合作社就按土地内的果树株数来折算股份。山东临朐县调查的部分合作社也以果树棵数折股，按果树棵数进行分红。

此外，还有少数合作社以土地产出品入股。湖北黄冈市有1家以地入股合作社以每亩平均收获200公斤稻谷折价入股。浙江3家受访合作社以土地出产的产品入股。

从入股期限看，以地入股合作社与农户约定的入股期限较长，多数在5年以上；少数合作社与入股农户每年续签合同，有的合作社农户可以随时加入或退出。湖北79家受访以地入股合作社中，期限在5年或以上的69家，5年以内的5家；无期限可随时退出的有3家，混合期限的有2家（混合期限有3年、5年、10年和15年四个期限）。山东11家受访以地入股合作社合同入股期限最短为5年，最长的为28年。江苏28家受访以地入股合作社中，25家的入股期限在5年或以上，3家在5年以下。安徽涡阳县农兴土地流转专业合作社与入股农户每年都要口头签约，以一年为一周期，可以灵活加入退出。

四、分红方式多样，多采取固定与浮动相结合方式

湖南 8 家受访以地入股合作社中，分红方式为固定分红加浮动分红的 1 家，为鼎城区逆江坪乡花河土地专业合作社，该社每年每亩保底收益 320 元（即固定分红），年底再按一定比例分红；按比例浮动分红的 7 家，如郴州市鲁塘镇森山果蔬种植农业专业合作社 2014 年拿出当年营业利润的 49% 作为分红，平均每亩入股土地分红 300 元。重庆永川区圆桂农机股份合作社通过吸纳农户承包地、社会资金、农机具等入股，其中土地股东每年享受保底每股 200 公斤稻谷或折价（即固定分红），浮动分红为入股土地所产粮食超出保底分红部分的一半，另一半归合作社所有。山东曹县石山农业合作社采取固定分红加浮动分红的方式，每股保底分红 600 元，年底从经营利润中拿出 70% 进行二次分红，剩余的 30% 作为风险基金，用来保障保底分红，实现“以丰补歉”；齐河县焦庙镇瑞祥农作物种植合作社单一采取固定分红方式，按每年每亩 1200 元固定分红。

五、以地入股合作社发展面临五方面因素制约

（一）部分以地入股合作社管理制度流于形式，一般农户股东参与监管少

广西反映，不少以地入股合作社的管理制度流于形式，大多数农户社员的选举权、表决权等未能充分行使，对合作社管理的参与权和决策权有限，导致出现少数人控制合作社的现象。据崇左市扶绥县笃邦村龙泉专业合作社以地入股的农户反映，合作社理事会没有充分听取所有入股农户意见就将入股土地以每亩每年 1000 元的价格租赁给南宁英德肥业有限责任公司种植甘蔗，且租期达 10 年之久，入股农户对此表示不满。上海调查的浦东新区新场镇王桥村土地股份合作社在股权上设置了个人股和集体股两种股份，村集体的集体股占总股本将近四成，886 名农户股东按其入股土地面积享有个人股 1905 股。由于个人股股权较为分散，形成“农户话语权弱，集体说了算”的局面，合作社面临较高的内部监督成本和管理成本。加之合作社与村委会之间关系不明晰，合作社理事长由村党支部书记担任，理事会、监事会成员普遍由村干部交叉兼任，一些重大事项由村干部等少数人决定的情况依然存在。吉林反映，一些以地入股合作社在建立初期制定了章程，对入股分红、社员监督权、入社和退社等都有规定，但实际运营中，管理比较松散，受访的合作社社员表示，入社或退社只要口头与社长约定即可。重庆反映，农户入股后家里劳动力多数外出务工，合作社主要靠董事会运作，一般股东参与管理的积极性不高，召集股东大会十分不易。永川区白云寺村村民邓远昌是朝文茶叶种植股份合作社的一般股东，他最关心分红，认为经营管理只是董事会的事。浙江也反映，农民进行土地流转多是为了摆脱农业生产，对于参与合作社经营积极性不高。

山西、福建、内蒙古等地也反映，一些以地入股合作社内部运行管理较松散，规章制度流于形式，合作社基本由法人代表经营运作，入股的普通农户主动参与管理监督合作社事务的积极性不高。

（二）以地入股与以租赁方式获取地租相比收益优势不明显

宁夏、湖北、江苏反映，由于部分农户对合作社不够信任或者不愿承担风险等原因，很多以地入股合作社虽然与农民签署入股合同，实际却并没有按照经营效益进行分红，而以固定分红代替浮动分红，这与土地租赁获得地租收入并无太大差异。

上海调研显示，上海土地流转费基本稳定在每年每亩 1000-1400 元之间，很多农户认为目前土地流转费已基本达到种粮一整年的最高收益，如果以地入股，农民需要承担风险，收益也不会高出太多，加之土地租赁是当年获得收入，而入股分红则需等到次年，所以部分农户不愿参与以地入股合作社。

（三）部分入股农户只希望分享收益，不愿担风险

调查中发现，大多农户对以土地入股的股份专业合作社的认识还存在“利益可共享，风险不共担，只行使权利，不履行义务”的心态。重庆在潼南县太安镇罐坝村和河边村调查了解到，村里多数农户只希望每年拿到土地流转的租金，不愿承担风险，认为以地入股合作社难获收入。山东反映，以地入股合作社的不少农户在合作社效益好时积极加入合作社，效益下降时会产生埋怨情绪，萌发退意。而且不少农户对以土地入股合作社后合作社如何经营、如何保障收益、出现风险谁来承担等问题仍存在顾虑，害怕受灾害影响收成不确定、投资回收期长、合作社不按约定分红等，因此不愿入股。淄博市淄川区昆山叠翠合作社法人反映，因一户农民有 0.3 亩土地在合作社经营范围之内，多次上门协商转让土地承包经营权或调换其他地块无果。

（四）股东对收益分配难以达成一致意见

重庆部分以地入股合作社反映，分红时照顾各方利益比较难。武隆县海鸿果蔬种植股份合作社成立于 2012 年 3 月，经营状况较好，但因入股农户在红利分配上意见不一致，至调查时未向入股农户分过红；酉阳县葛粮农产品股份合作社、恒福蔬菜种植股份合作社负责人表示，由于合作社股东众多，入股农户参与经营管理较少，对合作社的经营情况、财务状况了解不多，收益分配时意见较难统一，容易为是否留存发展资金或留存比例引发争议。吉林永吉县鹏博稻米生产农民专业合作社反映，入股和出资的社员更关心当年的收益，而社长更关心合作社的长远发展，因此在利润用于分红还是再投资方面意见不统一。

（五）相关法律法规不完善

山东、湖北、上海等地反映，尽管《农村土地承包法》明确规定土地承包人可以自愿联合将土地承包经营权入股从事农业合作生产，但以地入股合作社在工商注册登记、土地资产的评估等方面仍缺乏必要的法律依据。

（国家统计局办公室根据山西、内蒙古、辽宁、吉林、黑龙江、上海、江苏、浙江、安徽、福建、山东、湖北、湖南、广西、重庆、宁夏调查总队上报信息综合整理）

多地调查显示：企业缺工、招工难现象依然存在　企业用工面临三大问题

国家统计局山西、内蒙古、吉林、黑龙江、上海、江苏、浙江、安徽、福建、河南、湖北、湖南、广东、重庆、四川、云南、甘肃、宁夏、新疆调查总队和福建省统计局近期进行的企业用工情况调查显示，企业缺工、招工难现象依然存在，结构性用工矛盾突出、中小企业和传统行业企业用工“老弱化”、员工流动性大是企业用工中面临的主要问题。

一、企业反映存在缺工、招工难现象

多地调查显示，约有四成左右的企业反映存在缺工现象。上海2月末调查的企业中，31.3%的企业反映缺工。广东调查的企业约六成反映缺工。浙江绍兴2月末调查的已开工或即将开工的企业中，46.2%的企业反映存在缺口。宁夏调查的企业中，43.7%的企业反映缺工。江苏常州市调查的94家企业中，45.7%的企业表示长期缺工，较上年同期上升26.6个百分点。连云港市26家企业节后开工情况调查显示，18家企业缺工。缺工企业中，14家企业缺工程度与上年同期相当，3家缺工程度有所缓解，1家有所加重。湖南调查的缺工企业主要集中在纺织、食品加工、制鞋、机械制造等劳动密集型行业。在调查的10家纺织服装类企业中，有8家存在缺工情况，平均缺工率为9.8%，主要是缺普通工人和技术人员。常德市调查的缺工企业中，75%的企业反映缺一线普工，尤其缺熟练工。

一些企业反映未招到所需员工。河南调查的有招工需求的规模以下工业企业中，19.9%的企业反映招到了全部所需员工，66.7%反映招到了部分所需员工，13.4%反映没有招到所需员工。甘肃一季度末调查的规模以下工业企业中，有招工需求的占44.1%，其中招到全部或大部分所需员工的占19.5%，招到少部分所需员工的占14.8%，没招到员工的占9.8%。26.1%的企业反映存在招工难问题。福建调查的未完成节后招聘计划的企业中，反映普通技工未招满的占78.0%，同比下降4.8个百分点。

一些企业反映存在招工难问题。上海调查的企业中，一季度有36.2%的企业反映存在招工难问题，其中问题较严重的行业分别是住宿餐饮业（72.9%）、工业（41.5%）和其他服务业（39%）。福建调查企业中，79.7%反映存在“招工难”问题。广东广州市人力资源市场服务中心的数据显示，广州节后用工缺口16.4万人，比上年同期增加了4.1万人。调研的30家小微企业中，近三成企业表示通过现有员工加班、少接定单及控制生产经营规模来应对招工难问题。安徽芜湖调查的183家企业中，56.8%的企业反映存在招工难。湖南益阳市调查的11家企业计划招聘人数1048人，实际招收人数529人，占计划人数的50.3%。其中计划招聘普工、技术工人、管理人员分别为927人、77人、44人，实际招聘率分别为50.7%、50.6%、45.5%。

二、企业用工成本普遍上涨

安徽调查显示，春节后大部分企业新招员工薪酬普遍提高。蚌埠市已经招工的42家企业中，34家企业表示今年新招员工月薪高于上年同期，占81%。四川调查的200家企业反映今年新招聘员工薪酬比上年上涨10.2%。宁夏调查的有招聘计划的34家企业中，41.2%的企业反映员工月底薪与上年同期相比上涨。河南调查的规模以下工业企业中，48.9%反映用工成本上升快是当前企业面临的突出问题。新乡市调查的60家企业中，55.9%的企业今年不同程度提高了职工薪酬水平，月平均增幅为5.5%。信阳一家茶叶公司反映，一线工人的工资从3000元左右上涨到4000元以

上，车间工人短缺的问题才得到缓解。甘肃调查企业中，50.3%的企业认为企业用工成本上升快。一些企业反映，为留住熟练技术工人，采取了提高福利待遇、奖励等措施。山西、吉林、黑龙江、上海、江苏、湖北、重庆等地均反映用工成本比去年有所上升。

三、企业用工主要面临三方面问题

（一）用工结构性矛盾突出

主要表现为技术性岗位和工作条件差的岗位招工难。河南反映，中小企业普遍存在普通工人好招，中高级技术工人、高素质管理人才难招的问题。如郑州市调查的今年有招工计划的7家企业，至3月中旬调研时完成招工计划的75%。其中普工招聘计划完成87.2%，技术人员完成58.8%，管理人员没有招到。新疆反映，技术工人紧缺主要集中在皮革加工、光伏发电、风力发电、煤炭开采、纺织、服装等企业，紧缺情况规模以下企业比规模以上企业严重、私营企业比国营企业严重，如：博尔塔拉蒙古自治州调查的6家企业均反映缺技术工人，乌鲁木齐市华迩佳制衣有限公司反映技工缺口在40%以上，阿拉山口雪克皮业有限公司反映技术工人缺工率达到80%。重庆江津区广州双桥（重庆）有限公司在招聘会上计划招30人，要求文化程度大专及以上，在招聘会上符合要求达成就业意向的仅有7人。开县重庆平安胜发建设（集团）有限公司在春节后需招技术人员10名，至3月中旬调查时未招到一人。山东德州调查的39家企业中，22%的企业反映缺高级技工，15.2%反映缺科研人员。浙江某机械有限公司从事的医疗器械包装属于新兴产业，该公司招聘的7名员工经培训后仍不合格只能辞退。安徽宝骐汽车制造有限公司反映，高级技工都是从苏州招过来的，本地很难招到。

内蒙古、吉林、江苏、湖南、云南也反映，技术工人招工难困扰企业发展。

（二）中小企业和传统行业企业用工“老弱化”

湖南、黑龙江反映，新生代农民工受教育程度和职业期望值更高，部分企业的普工工作劳动强度大，发展空间有限，难以实现职业前景规划，有的青年人出于生存需要应聘到企业，遇有更好的发展机会则选择离职。河南调查的部分中小企业反映，用工呈现老弱化现象。如南阳市调查的18家企业中，40岁以上职工322人，占所有职工人数的75%；女性职工278人，占所有职工人数的65%。浙江温州市调查企业反映，部分工种存在年龄断层现象，如温州某鞋业有限公司的车工全在40岁以上，企业在劳务市场上很难招到年轻车工。湖北部分传统行业企业反映，由于工作性质、环境与新生代务工人员诉求难以匹配，导致招工困难。如宝源集团从事煤炭生产，由于煤炭生产具有一定安全风险，即使工资年年提高，企业也难以招到年轻员工。山西临汾市调查显示，养殖、餐饮、物业等岗位的企业员工主要是中老年农民工，原因是这些岗位招聘、挽留年轻人比较困难。重庆泰山石膏（重庆）有限公司今年计划招35岁以下的年轻人20人，因有意向的应聘人员年龄偏大而没有招到员工。江苏部分企业为应对招工难题，放宽了学历、年龄等招聘条件。如，常林股份有限公司招聘钻床工、修磨工的年龄上限由45周岁放宽至50周岁。

（三）员工流动性较大

浙江温州调查企业2014年全年新招工人数约占用工总量的25.1%，流失人数约占用工总量的14.3%，个别企业流失人数甚至高于新招人数。江苏宿迁市问及缺工的主要原因，55.0%的受访企业表示是因为“劳动力流动性大”。连云港恒飞制药有限公司表示，老员工相对稳定，工作效率高且离职率低，每年新招聘的普工存在不稳定、易离职等现象。江苏凯都新型建筑材料有限公司反映，今年的员工返岗率勉强过半。甘肃反映，劳动力流动性大是造成招工难的主要原因之一。大部分小微企业的一线生产工人2到3年就会换一大半。河南反映，由于中小企业规模小、管理不规范，在用工时存在不签订劳动合同、不缴纳养老保险现象，企业职工流动性大，部分中小企业生产季节性强，旺季时用工需求大，淡季用工需求小，有的企业根据订单生产，也造成了企业员工流动性较大。宁夏调查的小微企业普遍反映，存在“招工－流失－再招工－再流失”的窘境。

（国家统计局办公室根据山西、内蒙古、吉林、黑龙江、上海、江苏、浙江、安徽、福建、河南、湖北、湖南、广东、重庆、四川、云南、甘肃、宁夏、新疆调查总队和福建省统计局报送信息综合整理）

四成外向型工业企业预期向好

国家统计局江苏、浙江、福建、山东、湖北、湖南、广东、四川、宁夏调查总队近日对外向型工业企业经营情况的调研显示，今年一季度出口形势总体平稳，约四成受访企业预期全年出口向好；多数受访企业有自主品牌，但品牌影响力不足；企业认为在出口贸易中当前面临的主要困难是成本上涨快、外需不足等。

一、出口形势总体平稳，约四成受访企业预期出口向好

根据调查，外向型工业企业一季度经营情况有好有差，出口订单量、营业额、利润额有增有减，从总体情况看，反映同比增加的略多。一季度[①]，江苏调查的247家企业中，54.3%的企业经营情况好于去年同期，44.5%与去年同期持平，1.2%情况较差；其中一半以上的企业出口订单量、营业额、利润额同比增加，分别为51.7%、53.3%、59.8%。福建调查的182家企业出口额25.43亿美元，同比增长1.9%；新签外贸订单额27.06亿美元，同比下降8.7%；实现主营业务收入286.61亿元，同比增长4.3%；利润17.28亿元，同比增长19.3%。湖南调查的40家外向型工业企业中，有72.5%的企业反映一季度出口订单同比增加，生产经营状况较好。山东调查的38家企业，订单同比增加的和下降的均占48.4%，持平的占3.2%；利润额同比增加的占47.1%，下降的占50%，持平的占2.9%。浙江调查的29家规模以上工业企业出口交货值34.0亿元，同比下降2.0%，其中13家增长，16家减少；新增出口订单额11家增加，9家持平，10家减少。调查的14家规模以下工业企业一季度出口额为2346.4万元，同比增长7.0%，其中6家增长，8家减少；新增出口订单额6家增长，3家持平，5家减少。

对于全年经营形势，多数企业并不悲观。江苏40.9%的受访企业认为今年经营情况将会较好，52.2%的认为一般，6.9%的认为较差。福建受访企业中，预计今年二季度及全年国外需求将上升的分别占45.1%、45.6%；预计二季度出口额、新签订单额同比增长的分别占40.1%、39.6%；预计全年出口额、新签订单额同比增长43.4%、41.8%。广东深圳市受访企业预计全年出口订单、营业收入和利润三个指标同比增长的占比均超过四成，分别为41.9%、46.5%和41.9%；预计持平的占比分别为37.2%、34.9%和44.2%；预计减少的分别为20.9%、25.6%和13.6%。韶关市40.0%的受访企业预计全年出口将会增长，33.3%预计将会持平，26.7%预计将会下降。四川成都市40家受访企业中，预计全年外贸出口形势好和较好的占35%，预计一般的占32.5%，预计较差和差的占25%。浙江受访规模以上企业与规模以下企业预期呈分化格局，规模以上企业预期较为乐观。29家规模以上工业企业中，预期全年出口比较乐观的有11家（预计全年出口会比上年增长10%-30%），预期持平的有13家，预期下降的有5家；14家规模以下工业企业中，7家认为持平，7家表示会有所下降，没有对全年出口表示乐观的。

二、多数受访企业有自主品牌，但品牌影响力不足

调查发现，约七成受访企业拥有自主品牌。四川成都市40家受访企业中，72.5%的企业有自主品牌；遂宁市6家受访企业中，有5家企业有自主品牌，仅1家无自主品牌；广安市5家受访企业全部有自主品牌。山东38家受访企业有

注：①除特别注明外，本文中数据均为今年一季度数。

自主品牌的占71%，没有的占29%。江苏受访企业中，66.8%以自主品牌产品出口为主。57.1%的企业贴牌产品销售收入占比不到30%，32.4%的企业占比超过一半，10.5%的企业占比在30%-50%。福建64.8%的受访企业拥有自主品牌，6.6%的企业已在海外设厂。如福建省世竹环保科技有限公司拥有多个自主品牌，并在美国、法国等地设立了研发机构。湖南40家受访企业中，近一半的企业有自主品牌。

但调研同时发现，尽管多数受访企业有自己的品牌，但出口时仍以贴牌为主。如浙江杭州市华三通信技术有限公司反映，由于品牌认可度等原因，该企业主要在两岸三地使用自主品牌，在欧美和日本均贴牌销售。宁夏调查企业反映，宁夏有比较优势的羊绒羊皮等民族特色出口产品，由于自主品牌缺乏知名度，大多为贴牌出口，产品售价和利润长期处于低位。如西部皮草有限公司生产的羊皮褥子每张25美元，出口到意大利后，意大利客商贴牌后每张标价60美元。

三、出口企业面临的主要困难

（一）成本上涨快，竞争力下降

江苏反映，在问及出口贸易中所面临的主要困难（多选）时，60.3%的受访企业选择“出口产品成本上升”，居7个选项首位。福建反映，由于国内人工成本不断攀升，出口订单不断流失到越南、印尼等东南亚国家。调研中，8.2%的受访企业反映订单流失严重。如惠安港溢针织有限公司一季度订单流失近1000万元；福建上润精密仪器有限公司一季度订单流失近10万美元。浙江反映，传统劳动密集型企业由于用工成本上升，与东南亚同类型企业竞争已经没有优势。据桐乡市新华羊毛衫有限公司、桐乡市福得来鞋业有限公司和桐乡市明珠家纺公司介绍，现在国内用工成本人均每月5000元人民币，而柬埔寨、越南等地工人月工资才120美元，用工成本的巨大差距导致这些企业产品价格在国际上竞争力逐年下降。调研中，已有桐乡市明珠家纺公司等个别企业因为国内人工成本较高而计划到东南亚设厂。山东烟台市6家受访企业中有5家认为出口产品成本上升影响了出口的增长。

（二）国际经济不景气和地区局势动荡导致外需不足

江苏反映，在问及出口贸易中所面临的主要困难（多选）时，51.4%的受访企业选择“市场需求下降”，选择比例仅次于“出口产品成本上升”。广东韶关市30家受访企业中，18家认为国际市场需求下降是影响企业接单的主要因素；佛山市22家受访企业中，一季度订单降幅超过20%的有7家，主要是由于国际市场需求不旺，客户为了降低库存风险暂缓签订新订单。福建22.5%的受访企业反映，国外市场需求不足导致外贸订单额和出口额下降。

浙江反映，由于国际石油价格下跌，俄罗斯、委内瑞拉等石油出口国经济衰退，使得部分出口订单结算支付被无限期拖延，企业资金成本压力增大，出口受到影响。浙江凯爱进出口汽车配件厂反映，目前委内瑞拉、尼日利亚等国家的订单结算存在较大难度，客户若是无法按期完成支付，其滞港费、仓储费都是不小的开支。四川乐山市东川机械有限公司生产的小型电机产品主要出口到俄罗斯，但今年俄罗斯的订单全部取消，导致该公司一季度出口额同比下降90.0%。中国南车资阳机车有限公司产品主要出口巴基斯坦，由于该国局势不稳定，企业一季度仅签订出口订单1891万元，同比下降94.0%。

（三）汇率波动，利益受损

江苏反映，在问及受访企业出口贸易中所面临的主要困难（多选）时，46.6%的企业选择“汇率变动”，选择比例在7个选项中居第三位，且远高于排在其后的其他选项（选择比例均低于20%）。广东佛山市22家家电、家具、陶瓷、纺织等行业企业中，18家反映汇率波动对其出口贸易影响明显。浙江杭州松下家用电器有限公司表示，仅汇率波动一项，该企业近五年出口成本上涨25%-30%；万向钱潮股份有限公司和凯爱进出口汽车配件厂均反映，由于欧元汇率下跌，企业出口欧洲的产品价格优势丧失殆尽，市场份额正被欧洲本地企业侵占。四川成都瑞迪机械实业有限公司反映，2014 年初至 2015 年 3 月，因汇率损失至少在 200 多万元以上；尚志鞋业（四川）有限公司 2014 年也因汇率波动而损失 300 多万元。

（四）贸易壁垒影响大

广东佛山市 22 家受访企业中有 14 家近年来在出口贸易中遭遇贸易摩擦。其中，遭遇“双反”调查并被征收反倾销税的企业有 5 家，主要集中在陶瓷建材和金属类企业。山东烟台市 6 家受访企业出口均受到了贸易壁垒的影响，其中 3 家企业表示影响很大。湖南湘潭电化集团反映，该公司拳头产品电解二化锰一度遭遇反倾销调查，出口美国产品被征收每吨 152 美元的反倾销税，在日本被征收 46% 的反倾销税，公司被迫放弃相关市场，出口严重受创。浙江传化股份有限公司反映，欧美等地在服装、纺织等产品进口方面对中国和越南等国家采取不同的关税政策，越南等地出口到欧美的产品为零关税，国内企业在竞争中明显处于劣势。为避开贸易壁垒，一些企业选择到海外设厂，如桐乡市巨石集团有限公司在埃及设立分厂，有效避开欧洲贸易壁垒，企业预计今年出口订单增长 20%。

四、企业的意见和建议

（一）希望政府部门加大金融、税收、信息交流等方面支持力度

福建 42.3% 的受访企业希望政府扩大出口信用保险规模和覆盖面，支持企业开拓国际市场；借助出口信用保险对买方资信调查的服务，建设信息化共享平台，减少外贸风险。67.6% 的受访企业希望有关部门完善中资金融机构全球授信管理，支持金融机构与重点行业出口企业合作，将供应链融资延伸到境外，提升企业应对风险能力和资金实力。浙江万向钱潮股份有限公司表示，因欧元大幅贬值，企业正在欧洲采购高精尖设备，在进口此类设备时希望在税率上有所优惠。浙江传化股份有限公司反映，企业正在逐步实施“走出去”战略，希望政府在鼓励企业海外发展方面有实质性扶持政策，帮助企业在世界各地尤其是第三世界国家快速布局占领市场。湖南企业反映，国际贸易中遭遇的贸易壁垒、法律风险、政策风险等问题，单一企业无法独立应对，希望政府相关部门从政策、人才、信贷担保等方面予以支持；同时希望政府部门帮助加强企业间沟通协调，搭建信息交流平台，实现资源互通，增强产品的国际市场竞争力，避免国内企业在国际市场恶性竞争。

（二）完善出口退税政策

浙江桐庐市受访企业反映，出口退税和费用减免政策主要享受对象为流通企业，生产企业如不是自营出口则无法享受。以桐庐莉望针织品有限公司为例，该企业大量外贸订单通过外贸公司承接，而外贸公司在交易过程中处于强势地位，通常不允许企业用工厂名义办理出口申报，最终享受退税的是贸易企业而非生产企业。湖南宇腾有色金属股份有限公司反映，从事加工贸易的企业，如果没有出口退税，就意味着进口交了一次税，出口再交一次税，因此，希望政府恢复白银出口退税。

（三）完善海关等相关服务

浙江桐庐县多家中小企业外贸销售人员反映，由于当地没有海关、出入境检疫、国际货运代理等机构，在办理海关注册年检、出口申报等相关手续时必须到杭州或邻近有办事处的区县办理，造成中间环节增多、成本增加。江苏艾迪科精细化工有限公司希望海关简化进出口货物单证审核，降低出口货物查验率。凯驰清洁技术（常熟）有限公司建议给出口企业提供出关便利，减少报关及出口退税纸质资料。

（国家统计局办公室根据江苏、浙江、福建、山东、湖北、湖南、广东、四川、宁夏调查总队报送信息综合整理）

乡村医生发展“五难”待解

为了解乡村医生发展现状及队伍建设情况，国家统计局山西、内蒙古等 18 支调查总队和河南省统计局近期进行了专题调查。调查结果显示，乡村卫生室建设取得一定成效，多数调查省份达到千人一名乡村医生的目标。但乡村医生队伍后继乏人，收入及养老保障水平偏低，医疗责任保险缺失等问题较为突出。

一、乡村医生现状

（一）每千人有 1 名乡村医生目标未完全实现

调查显示，一些省实现了每千人有 1 名乡村医生的目标，如湖南、湖北、江苏、内蒙古、山西、吉林、河南等省每 1 名乡村医生的服务人数均低于 1000 人，其中湖南（960 人）、湖北（955 人）、江苏（927 人）服务人数在 900 人以上；内蒙古（863 人）、山西（841 人）、吉林（837 人）服务人数在 800 人以上；河南（667 人）服务人数处在 700 人以下，目标实现程度相对较高。一些省尚未实现，如浙江调查的 169 个行政村常住人口约 41.7 万人，其中农村居民 28.7 万人；共有乡村医生 257 名，平均每村为 1.5 人；每个乡村医生服务人口数 1622 人，服务当地村民数为 1116 人，与每千人按不少于 1 名乡村医生的目标尚有一定的距离。江西反映，当前各地原则上按照每千服务人口不少于 1 名的标准配备乡村医生，但现实情况与此差距较大。从调查的 6 个市县共计 395 个行政村看，每个行政村平均只有乡村医生 1.3 人，平均每个村医要服务村民人数为 1134 人。虽然各村情况有所差异，但总体上看仍未能达到每千服务人口不少于 1 名乡村医生的标准。黑龙江对 146 个乡村医疗机构调查结果显示，平均每名村医服务的村民人数为 1019 人，接近千人 1 名的标准。

（二）卫生室标准化建设参差不齐

湖北调查的 76 个村卫生室平均面积 120.4 平方米，其中标准化（产权公有化、建设标准化、服务规范化、运行信息化、管理一体化）村卫生室占比达 78.9%。但仍有 37.7% 的标准化卫生室面积不足 60 平米。新疆仅少数地市能够实现村卫生室全覆盖。如哈密市 63 个村卫生室均已建成标准化卫生室，博乐市有 83% 达到标准化要求；部分市县村卫生室标准化率则较低，如额敏县只有 12.5%。广东韶关调查显示，按照村级卫生室不少于 60 平方米的建设要求，有 25.6% 的村卫生室不达标。

（三）基础设施落后、医疗设施简陋等问题较为突出

湖北调查的 76 个村卫生室有氧气筒、高压灭菌等基本医疗设备的卫生室不足一半，占 44.9%。安徽蚌埠调查的村卫生室拥有的医疗设备一般是体重秤、血压仪、视力表等设备，有的村室仅有听诊器、血压计、体温计“老三件”。内蒙古乌兰察布反映，调查的村卫生室仅配备了床、输液架、听诊器、药柜等基本设施。呼和浩特在调查中发现，目前不少农村居民已住进楼房，乡村医生开办的卫生室大多设在住宅楼一楼，生活区和诊疗区连为一体，卫生管理不规范。浙江 30.7% 的受访乡村医生表示目前场所建设和设备提供比较欠缺，勉强能够满足一般需求；11.4% 的人表示严重不足，无法满足一般需求。江苏南京市高淳区、盐城市反映，部分村卫生室条件简陋，仍是上世纪七八十年代建造的瓦房，部分村级卫生室基本设备配备简陋、不齐。

（四）职业医师资格持有率较低

多地调查显示，乡村医生中，取得执业（助理）医师资格的比例较低，如福建、河南调查的乡

村医生中这一比例均不足 20%，分别为 12.7%、17.7%；江苏、江西、湖南、浙江较高，在 40% 左右；在调查省份中，湖北最高，为 61.8%。陕西调查显示，许多乡村医生都是过去的赤脚医生，仅有乡村医生执业资格，具有执业医师或执业助理医师资格的人数较少。澄城县 315 名乡村医生中，具有执业医师和执业助理医师资格的仅占 1.3%；略阳县调查的 18 名乡村医生中，仅有 1 人具有执业助理医师资格。辽宁本溪市现有 432 名村医中，取得执业医师和执业助理医师资格的占 4.4%；阜新市现有村医中，具有执业医师资格的占 12.2%。

（五）村民对乡村医生较为满意

湖北调查的 355 户农村居民对当前的村医执业情况总体评价满意。在出现常见疾病时，村民首先选择“村卫生室”的比例为 84.5%，选择“县级医院”、“乡镇卫生院”的分别是 4.8%、11.5%。58% 的受访者“对村医收费感到满意”，73.8% 反映村医治病服务质量“很好”，55.2% 反映村医治病的疗效“很不错，对症下药，治了就好”；55.5% 反映村医能为村民（幼儿）进行定期疫苗接种；78.6% 反映村医能为村民进行健康知识宣传。江苏调查的 45 名村民中，89% 的村民对村医持满意或基本满意态度；广西调查村民对乡村医生执业情况大多给予积极肯定评价；山东受访村民表示，村医服务及时、快捷、服务态度较好，村卫生室实现基本药物零差价，减轻了看病就医负担，省却了很多麻烦。

二、乡村医生发展存在五大问题

（一）老龄化现象严重，后继乏人

江西调查的乡村医生中，40 岁以上的占 63%，其中 60 岁以上的占 36%。受访村医表示由于当前工资待遇、工作环境、养老保障三个大问题，很少有年轻人愿意到基层村卫生所（室）工作，即使有也待不长，调动或转行是主要离开方式。老一辈的赤脚医生虽然年龄大了，但由于无退休金等相关养老保障，需要依靠村医收入维持基本生活，而且由于无人接班，只能继续留守工作岗位。湖南调查的 83 名村医平均年龄 48.2 岁，40 岁以上的占 71.1%，其中 60 岁以上的占 16.9%。石门县调查反映，2014 年准备招收一批定向乡村医生，提供全省 3 年集中免费学习，要求 30 岁以下，不少乡村没有满足条件的人报名。宁夏调查的村医中，45 岁以上的占 51.8%。一半以上村医是上世纪七八十年代的乡村卫生员和赤脚医生，年龄小的村医大部分是老赤脚医生的儿女或者儿媳妇。浙江安吉县 2012 年共有乡村医生 369 人，2014 年减至 286 人，老的乡村医生逐步退出，而年轻人又不愿留在农村，近年来委培的 71 名大学生村医到目前为止留在服务站的仅剩 4 人。辽宁铁岭市调查的 30 家村级卫生室中，50 岁以上的村医占 62%；鞍山市各乡村医生中，50 岁以上的占 40%；本溪市 60 岁以上的村医占 22%；锦州市乡村医生平均年龄 50 岁，60 岁以上的占 20%。

（二）收入偏低，部分地区补贴覆盖不足

湖北 76 名受访村医平均月收入 2486 元，与实行基本药物（零差价）制度以前平均月收入（3156 元）相比，人均收入下降了 670 元。60.5% 的村卫生室认为实行基本药物制度后，卫生室效益变差。此外，黄石、十堰等地调查发现，存在着乡镇资金配套不到位、资金打包拨付以及拨付周期较长等现象。宁夏受访村医中，35.2% 的人反映 2014 年收入有所减少，多数村医的年收入在 2 万元左右。内蒙古 34 名受访村医中有 20 人表示近两年收入变化不大，基本保持稳定；另有 14 名村医反映收入下降。一部分村民自建卫生室反映，没有享受国家政策补贴，不能进行新农合报销，就医人数呈逐年减少的趋势，近两年收入减少幅度在 30% 左右。

湖南调查显示，村医没有全面享受公共卫生服务费和基本药物补偿费补贴，享有省财政拨款补贴的只有 13.3%。吉林调查显示，由于国家各项服务费的补贴是以诊疗建档数量为基准，规模较大的村级卫生所得到的补贴较多，而就医人数较少的村级卫生所得到的补贴较少，如辽源市黑

牛村由于就诊人数少，2014 年所得服务费和药物补偿只有 2000 元。福建部分受访村医表示，因名额有限，政府津贴补助无法惠及所有在册乡村医生。截至 2014 年底，惠安县共有在册乡村医生 697 名，领取乡村医生政府津贴补助的名额仅有 434 个，占 62.3%。

（三）养老保障不足

长期以来，乡村医生多数“半医半农”，身份尴尬，离岗后养老保障情况堪忧。江西的受访村医均表示没有购买养老保险。福建 291 名受访村医中，参加养老保险的占 95.8%，其中，5.5% 参加企业职工基本养老保险，14.4% 参加乡村医生养老保险，73.2% 参加新农保，2.7% 参加城镇居民基本养老保险。村医可自行选择缴费档次，个人缴费部分政府给予的补贴（封顶 100 元），村医大多选择较低缴费档次，保障水平低。广西调查的村医中，有养老保障的占 31.9%。湖北调查的村医中，有养老保险的占 18.4%。湖南调查的村医中，90% 参加了新农保，4.8% 参加了企业职工基本养老保险。根据国家政策，凡三证齐全，男 60 岁，女 55 岁以上的乡村医生在村级连续不断执业 35 年（含 35 年）的，退休后每人每月可领取 1080 元左右，但满足条件的村医只有 13 名，占调查总数的 15.7%。内蒙古赤峰 10 名受访村医仅有 2 名有养老保险，通辽 9 名受访村医中有 6 名未缴纳任何养老保险。新疆部分离岗老村医至今没有参加任何养老保险；一部分已达到或即将达到退休年龄的在岗乡村医生表示，要达到 15 年以上的参保年限较为困难；还有一部分对个人缴纳养老保险费用倍感吃力，不愿参加养老保险。浙江调查显示，受访村医中 30.1% 的人有城乡居民养老保险或失地农民养老保险，46.4% 的人有城镇职工养老保险，23.5% 的人没有任何形式的养老保险。

（四）培训与实际需求有差距，医疗水平提高存在困难

河南受访村医 2014 年人均接受县级卫生部门免费培训 3.6 次，13.8 天，但在培训效果的调查中，近四成人认为对促进工作作用一般或者基本没有作用。村医反映近两年对乡村医生培训的内容以公共卫生方面为主，临床知识少。培训方式多采取集中到县里以会代培，培训层次基本上最高到县级，缺少更高层次的培训，实际效果有限。浙江 80.3% 的受访村医表示需要加强业务培训，需求主要集中在全科诊疗、急救知识、农村常见病诊疗、慢性病防治及公共卫生知识等。从调查情况来看，2014 年参加过培训的乡村医生有 168 人，占 91.8%，平均每人的培训次数为 3.6 次。对于培训效果，73.2% 的人表示较好，认为对个人提高帮助较大。23.8% 的人认为效果一般，表示培训人数较多，纪律较差，影响听课效果；一些培训课并非老师现场授课，而是通过电教片的形式授课，效果欠佳。安徽蚌埠市部分村医反映，盼望得到实际诊疗技能和临床指导，但目前的培训主要是以获得学历或行医资格为主、以临床培训为辅的短期职业教育，与村医的实际需求差距较大。

（五）保险缺位，存在医疗隐患

目前，由商业保险公司承保的医疗责任保险在乡村医生执业的村医疗卫生机构鲜有覆盖，调查的乡村医生反映，一旦发生医疗事故难以应对。江西受访村医表示，由于没有投保医疗责任险，一旦发生医疗事故，村医很难妥善解决，对于一些重病、急病、高血压、中风老人，村医往往不敢医治。河南受访村医在回答“您不希望下一代继续从事乡村医生工作的主要原因”和“您的下一代不愿意继续从事乡村医生工作的主要原因”问题时，“医疗风险大”分别以 31.1% 和 27.6% 的占比成为首要原因。广东韶关受访村医反映，行业内流传“一针回到解放前”的说法，就是一旦发生医疗事故，可能会赔个倾家荡产，期待有专门针对乡村卫生站的医疗事故保险。

（国家统计局办公室根据山西、内蒙古、辽宁、吉林、黑龙江、江苏、浙江、安徽、福建、江西、山东、湖北、湖南、广东、广西、陕西、宁夏、新疆调查总队和河南省统计局报送信息综合整理）

创业园区服务大众创业有成效

国家统计局26个省级调查总队和江苏、福建、青海省统计局近期对各类创业园区（含创业孵化基地等，以下简称园区）服务大众创业情况的调研显示，园区入驻企业明显增加，经营情况较好，园区服务形式多样，有力推动了创业主体发展，但调研的部分园区也存在配套设施不完善、服务能力和水平不足、园区自身运营盈利能力弱等问题。

一、园区入驻企业明显增加，经营情况良好

上海33个受访园区2012、2013、2014年实有企业数分别为1106、1611、2055家，年均增幅36.3%。2014年，闵行区15个科技企业孵化器累计孵化企业1300家，孵化器内共有10家企业被认定为高新技术企业，6家成功在“新三板”挂牌；在孵企业2014年营业总收入11.41亿元，同比增长20.0%；税收7482万元，同比增长21.7%。四川24个受访园区2014年末入驻企业898家，较2012年增加95.2%。成都市4个受访园区，园区内企业反映经营状况好的占74.1%。泸州市合面镇太山生态高校毕业生创业园区入驻的12个创业主体均表示经营状况良好，创业初始投资额共计41.8万元，2014年每个创业主体平均收入7.48万元。福建26个受访园区2014年末入驻企业6938家，比上年同期增长14.6%，比2012年末增长47.2%。2015年1-3月，调查的111家园区内企业实现营业收入5.33亿元，比上年同期增长11.0%。64.0%的受访企业反映经营状况良好。云南盘龙区省级青年（大学生）创业示范园2010年5月创办以来，累计投入运营资金100万元，截至2015年2月底，累计孵化小微企业66家，其中出园后稳定经营3个月以上的30家，占出园企业的81%，带动就业932人。北京、江苏、安徽、宁夏、山东、广西、贵州、内蒙古、浙江、重庆、新疆、江西、青海等地均反映，园区入驻企业情况和企业经营发展情况较好。

二、园区服务从硬件到软件，形式多样

（一）园区普遍优惠提供创业场所等硬件条件

宁夏15个受访园区共为企业提供创业场所1054间，面积33.5万平方米。有的园区还提供培训室、综合办公楼、会议室、休闲洽谈区、机房、摄影室等公共设施和场所。受访园区提供场所的租金水平比当地同档次场所低两到七成，享受优惠的期限2-5年。福建26个受访园区中，17个园区提供整间工作室，7个园区提供厂房车间，3个园区提供仓储设施，2个园区提供工位。有18个减免了入园企业场地租金，其中10个园区租金比当地同档次场所租金低10%-80%；8个园区免费提供办公场所，免费期限为3个月到5年不等。上海宝山区19个受访园区提供给创业者的场所月租金比当地同档次场所低5%-20%，入驻企业享受优惠的期限为1-3年。云南调查的4个园区对入园创业企业在孵化期内（一般为1-2年）提供面积不等的免费办公场所，其中3个园区还免费提供电脑、打印机、办公桌等办公用品。山东、河南、山西、四川、贵州、海南、湖南、河北等地也反映了类似情况。

（二）金融、培训、信息咨询，园区为企业提供多样化服务

金融服务。上海宝山区19个受访园区中，有12个为企业提供金融服务。福建26个受访园区中，有23个提供金融服务。如福鼎市大学生创业孵化基地为创业者设立了100万元担保资金，每个创业者两年内可申请最高15万元贷款，

年利率 8.3%。青海西宁中小企业创业园针对创业园区中小微企业融资难题，2014 年与金融部门协调召开 2 次银企对接座谈会，全年累计帮助企业融资 8700 余万元。安徽合肥国家大学科技园设立了 100 万元的大学生创业基金，2014 年累计向 15 家入驻的创业企业提供短期拆借 300.5 万元，企业凭销售订单合同等材料即可申请短期拆借，而且拆借款项不收利息。安徽时代文化科技创业园 2014 年 10 月正式运营，园区设立 300 万元种子基金为园内初创小微企业开展股权、债权类风险投、融资服务，截至调查时已向入驻企业投资 50 多万元。江苏南通市江海创业园对入驻园区符合小额担保贷款条件的创业者给予不超过 12 万元的贷款扶持，还款后可享受贷款贴息，贷款期限 2 年；对从事高新技术专利项目的创业者，贷款额度提高到 20 万元，并给予相应的贴息；入驻基地符合条件的创业者，初次创业领取营业执照稳定经营 6 个月以上、正常申报纳税的，一次性给予 3000 元的初始创业补贴。湖南永州市大学生创业城为创业者提供为期 2 年金额为 5-8 万元的免息小额担保贷款。

培训指导。福建 26 个受访园区中，有 25 个园区提供创业培训指导。如闽侯大学城大学生创业基地制定了每月创业讲座制度，由 10 所院校轮流举办讲座讲授创业经验。重庆 8 个受访园区中有 5 个提供免费创业培训。潼南微企孵化园为入园创业者安排为期一周的免费培训，从 2013 年初到 2015 年 4 月 13 日，共培训微型企业创业人员 2883 人次。青海西宁中小企业创业园 2014 年组织入园企业开展团队执行力、企业管理与流程化、生产现场管理等培训 12 次，累计培训 360 余人次。山西晋中经济技术开发区创业服务中心不定期安排入驻企业参加金融、互联网科技、创业论坛等各类培训，2014 年累计培训 110 人次；太原迎泽物流电子商务创业基地为创业大学生提供实训岗位，创业者可在物流、仓储、快递、电子商务等供应链的各个岗位实训，该基地每年培训创业人员近 600 人。湖南澧县创业孵化基地邀请县内各个行业领域知名的企业家、技术能手及有关专家学者 33 人组成咨询服务团，由县政府统一发放聘书，常年免费为基地入驻企业提供政策咨询、创业指导和跟踪服务。上海宝山区 19 个受访园区中，有 18 个为企业提供创业指导服务。

证照代办。福建 26 个受访园区中，有 10 个园区提供证照代办服务。河北衡水市调查的 3 家园区为企业全程代办各种开工手续，包括项目立项、环评、工商营业执照、组织机构代码证、税务登记证、规划许可证、开工许可证等。上海宝山区 84.2% 受访园区为企业提供证照代办服务。

信息咨询。重庆巴南微企孵化园组织 5 家律师事务所免费提供法律咨询。上海闵行区 14 个受访园区均为入驻企业提供政策咨询和信息服务。宝山区 19 个受访园区中，有 18 个为企业提供政策咨询服务、17 个园区提供信息服务。

其他服务。上海 33 家受访园区中，在入驻企业遇到技术困难时， 75.8% 的园区会通过组织企业间开展技术互助，69.7% 的园区会帮助联系科研机构，63.6% 的园区会组织园内专家团队帮助解决。海南创业村科技产业园为创业者统一提供户籍管理、档案托管、财务托管、人才招聘、法律顾问等服务。山东威海火炬软件孵化器创业园为园区内的企业提供组织指导申报高新技术企业、认定高新技术产品、技术成果鉴定、产品鉴定、成果登记、报奖、申报各级各类科技计划、专利等工作在内的 13 项服务。贵州贵阳高新区大学生创业园向园区企业提供“新三板”挂牌服务，2014 年帮助贵州东方世纪科技有限责任公司等 3 家企业在“新三板”成功挂牌。四川南充市顺庆区农望大学生创业园不仅为创业者提供平整后的土地、优惠的灌溉条件，还为创业者传授经验、提供技术指导、搭建销售平台等。园区和许多单位建立了合作关系，创业者的产品销售困难时，园区可以进行收购。

三、创业者亟需信息服务

调查显示，在园区提供的各项服务当中，创业者对于信息服务的需求较为迫切。广东湛江当问及 20 名园区创业者希望在创业孵化基地中得到什么服务时（多选），有19人表示“希望在基地中得到关于投融资方面的信息或服务”，14人“希望得到法律咨询”，13人“希望得到营销方面指导”，11人“希望通过孵化基地获得一些人脉资料或者参与基地内部创业活动”,8人“希望得到基地基础设施服务”，7人“希望基地提供创业导师指导创业活动”。福建对91家入园企业的调查显示，企业需求较多的服务依次是：政府政策信息（57.1%）、协调与政府部门关系（52.4%）、信息咨询（52.4%）、物业管理（42.9%）、创业辅导（42.9%）、员工培训（33.3%）。在问及“对园区建设的建议（多选）”，71.4%的企业期待完善公共服务配套设施，69.2%的期待细化园区优惠政策，52.7%的期待科学长远规划园区，还有42.9%的期待进一步简化审批环节。

四、创业园区存在三大问题

（一）园区配套设施待完善

部分园区因资金不足、规划不合理等原因，生活服务、交通仓储等配套设施不够完善，影响入驻企业发展。福建对111家入驻园区的受访企业调查显示，32.4%的企业反映交通不够便利，30.6%反映缺乏住宿、餐饮等配套生活设施。如漳州市易维通创业园离市区近10公里，只有1条公交路线，晚上6：30公交车停运，员工出行十分不便。广西百色市靖西农民工创业园的规划几经修改，给入驻企业造成较大影响。该园区靖西品佳工贸有限公司反映，已耗资90万元进行了前期施工，但由于政府修改规划，导致原本规划的道路没有通到企业门口，所需建材无法运到施工场地。湖南郴州经济开发区中小企业创业孵化基地的郴州天成松品公司反映，创业孵化基地时常停水停电，公司时常因此停产。湖北等地也反映了类似问题。

（二）服务能力和水平有待提升

北京反映，2014年，全市科技企业孵化器总收入中，物业收入占总收入的43.8%，比重高居第一；综合服务收入占25.1%，代表孵化器竞争力的投资收入仅占4.5%。不少孵化器停留在以出租房屋为主的低端水平，投资服务和管理咨询服务能力等亟待提高。陕西调查企业反映，大多数创业园区针对企业发展的创业指导、市场开拓、公共信息平台建设、园区文化等深层次服务不足。江西吉安、宜春等地受访企业反映，园区虽然为创业者提供免费培训，但培训含金量较低，与其企业发展状况不相符。吉安县永佳模具有限公司的饶某表示，感觉园区组织的免费培训不够专业，所请专家缺乏创业经验，讲课脱离实际。

（三）孵化基地类的园区自身运营盈利能力弱

吉林反映，政府创办的孵化基地以公益性服务为主，运营主要靠政府资金支持。白城市小企业孵化基地属于事业单位企业管理，共有管理人员6人，每年人员工资、水电费及其他管理费用支出需60多万元，每年省里下拨资金40万元，基地厂房租金等收入20多万元，如果省里停止下拨资金，孵化基地难以生存。江苏苏州市反映，孵化器类型的创业载体绝大多数处于亏损状态。如静尚慧科技孵化有限公司只向创业团队收取600元／月的费用，企业的物业管理、网络、电话、水电等支出均由孵化器承担，同时孵化器还免费为入驻企业组织培训、对接等活动，虽然降低了入驻创业团队的成本，但孵化器自身盈利点偏少，影响长远发展。贵州、安徽也反映了类似情况。

（国家统计局办公室根据北京、河北、山西、内蒙古、吉林、上海、江苏、浙江、安徽、福建、江西、山东、河南、湖北、湖南、广东、广西、海南、重庆、四川、贵州、云南、陕西、青海、宁夏、新疆调查总队和江苏、福建、青海省统计局报送信息综合整理）

棚户区改造力度大 居民总体满意

国家统计局北京、河北、山西等19个省级调查总队，近期对棚户区改造工作进行了专题调研。结果显示，自2014年7月国务院办公厅发出《关于进一步加强棚户区改造工作的通知》以来，各地普遍加大棚户区改造力度；多数受访企业表示享受到优惠政策；棚改区居民对棚户区改造工作总体满意，当前棚户区改造工作主要存在五方面问题。

一、各地采取积极措施加快棚户区改造建设

（一）普遍加大棚户区改造力度

调查显示，去年下半年以来，各地普遍加大棚户区改造目标任务，棚户区改造工作进入“加压提速”阶段。山西2014年至2017年将开工改造各类棚户区70.3万户，其中城市棚户区61.4万户（含城中村改造31.4万户），工矿棚户区8.6万户，林区棚户区2457户，垦区棚户区767户。棚户区改造从零星、小规模、低标准向集中、大规模、高标准迈进。吉林17个参与调查的市县中，2014年完成改造的棚户区面积达437.2万平方米，共计安置回迁居民7.7万户。

湖南2015年至2017年计划开工各类棚户区改造（包括城市棚户区、国有工矿棚户区和垦区棚户区）107.3万套，其中2015 年各类棚户区改造任务31.7万套。广西自治区政府调整了2013-2017年棚户区改造规划，将原规划改造29.1万套上调至55.7万套，将危旧房改住房、非集中成片棚户区、城中村等纳入改造范围。2015年全区在建的棚户区改造房屋达29万套，截至4月底共开工8.9万套。黑龙江2015年计划投资336亿元，推进采煤沉陷区、煤城棚户区、国有工矿棚户区和其它地区棚户区改造，开工建设保障性安居工程16.3万套，力争完成20万套，基本建成11.1万套。北京、吉林、福建、四川、宁夏、甘肃等省（区、市）今年的棚户区改造工作进度也明显加快。

（二）实行棚户区改造用地优先供应政策

据调查，去年以来，各地加大供地支持，将棚户区改造安置住房用地纳入当地土地供应计划优先安排。江苏棚户区（危旧房）改造安置住房用地纳入保障性安居工程建设统筹安排，优先安排土地计划，涉及新增建设用地的，在年度土地利用计划中优先安排，单列指标。河南鹤壁、平顶山市棚户区改造项目用地纳入年度供地计划，改造项目中配建的廉租住房及经济适用住房按划拨方式供地，棚户区改造土地的出让金收益部分，优先用于棚户区改造的基础设施配套和公共服务设施建设。安徽淮南市全面实行“净地出让”，即棚改区项目范围内土地由市土地储备开发中心收储，统一纳入全市供地计划，并且坚持成片改造，杜绝“取易留难”、“挑肥拣瘦”。淮北市对企业自主实施的国有工矿棚户区改造项目，属于原拆原建且利用企业原有存量划拨住宅用地的，本着自愿原则可实行协议供地。

（三）创新方式吸收社会资金投入棚改

为了缓解棚户区改造中政府资金紧张的压力，各级政府不断创新融资渠道，通过市场运作、利益引导的方式，积极吸引社会资金投入项目建设。四川眉山市、南充市实行“BT模式”，即由政府负责拆迁以及建筑规划设计、工程质量监理，招引有实力的建筑企业全额垫资建设，建成后整体移交政府。2015年眉山市计划投资38亿元，其中利用社会资金19.9亿元，占总量的52.32%。湖南株洲市采取“七三分成”新模式，即由社会资本实施的棚改拆除新建项目，在项目土地挂牌出让后，社会资本投资方与市棚改公司

按照7:3的比例分担盈亏。该市房管局相关负责人介绍，在土地一级开发环节采取“分成”模式，更能吸引社会资本进入，有利于推动棚改项目的品质提升。安徽安庆市采取“PPP模式”，即政府和社会资本在基础设施及公共服务领域建立的一种长期合作关系，由社会资本承担设计、建设、运营、维护基础设施的大部分工作，并通过“使用者付费”及必要的“政府付费”获得合理投资回报，政府部门负责基础设施及公共服务价格和质量监管，以保证公共利益最大化。四川南充市实行“打包招商”模式。在顺庆区南门坝棚户区改造中，实行对土地统一收储，整体包装公开拍卖，引进了四川蓝光和骏等知名企业进行商住开发建设，改变了棚改单靠财政投入的局面。

二、多数棚改企业表示享受到较多的优惠政策

棚改企业普遍反映享受到了税费减免等相关优惠政策。黑龙江调查的25家棚改企业中，84%的企业表示实施项目建设时，得到了国家政策资金补助，且及时到位；52%表示棚改项目建设过程中在银行贷款融资方面得到了政府的大力帮扶。吉林实施棚改项目的房地产开发企业辽源东星建设集团表示，企业参与棚改项目可享受到的优惠政策有：房地产开发贷款利率优惠，土地出让价格上有所减免，地产开发税收项目上减免或不收（如营业税、城市维护建设税、教育费附加、城镇土地使用税等），且回迁部分免收等。陕西西安市棚改项目开发企业可以享受与棚改项目相关的税费减免政策，包括涉及的相关税费、行政事业性收费、政府性基金、城市基础设施费（不含代收资金和地铁专项配套费）和市政公用事业经营性收费等。西安市国有工矿企业出资参与政府统一组织的棚户区改造，出资部分可享受不向国家纳税政策。广西柳州市温馨房地产开发有限责任公司反映，该公司承建的柳州市改制企业职工危旧房集中区改造项目，享受到了土地净收入返还、税费减免或返还、规划调整平衡投资等三项优惠政策。安徽铜陵市对承担保障性安居工程的企业所得税按0.75%预征，土地增值税零预征，2014年共备案减免土地使用税1646万元。淮南市华安盛专业有限公司反映目前淮南市关于棚改优惠政策均能享受，主要优惠政策为“报建一费制”，每平米综合费用减少60%-70%。内蒙古包头的北梁棚改项目参建企业共有12家，在与供气部门签订安装协议时，得到了将初装费缴纳标准由60%调整至30%以内的优惠。

部分企业获得了银行融资及发行债券支持。江苏国家开发银行成立棚改事业部，以专项资金支持棚改项目。如南京壹城集团在一期棚改项目的国开行贷款专项资金约11.69亿元。宿迁市城投公司通过绿色通道发行债券，2013年发行棚改债10亿元。甘肃借助国家开发银行加大对棚户区改造“供血功能”的支持政策，推进棚户区改造省级融资平台建设，为棚改企业在利率、资金等方面提供优惠政策。截至2015年4月，兰州市申请国开行贷款棚户区改造项目共14个，得到授信212亿元，发放75.2亿元，支付15.1亿元。广西来宾市城投公司负责的项目获得22.6亿元贷款，工投公司在上海证券交易所发行10亿元企业债券，为期7年，票面年利率为5.97%，募集资金全部用于来宾市棚户区改造工程建设项目。

三、棚改区居民对棚改工作总体满意

本次专项调查显示，棚改区居民对棚改工作总体表示满意。黑龙江调查的390户棚改居民家庭中，92.8%表示对国家推进棚户区改造工作大力支持，75.6%认为所居住的棚户区改造效果很好，60.3%对所在地区的棚户区改造拆迁安置办法表示满意，87.4%表示补偿款能够做到及时足额发放。江苏南京市对棚改居民进行的民意调查表明，棚改居民对拆迁补偿办法的满意度为85%，对“补偿款及时足额发放”的满意度为95%，对“棚改安置房质量”的满意度为80%，对“小区配套设施建设”的满意度为45%。福建调查显示，有66.2%的居民对拆迁补偿办法表示满意，67.5%的居民反映补偿款能够及时足额发放。河

南调查显示，55% 的棚户区居民对安置房按时交房表示满意，67% 对安置房工程质量满意。

四、当前棚户区改造工作存在的主要问题

（一）资金缺口大，融资较困难

各地反映，棚户区改造面临的最突出问题是资金短缺。黑龙江受煤炭市场需求锐减、煤炭价格持续走低影响，煤炭城市的地方财政吃紧，地方政府投入到棚改项目中的资金有限，多数项目只能依靠银行贷款和发行政府债进行。湖南反映，民营企业贷款难的“通病”在棚户区改造上依然存在。如郴州市尽管成立了市保障性安居工程投资有限公司（简称“安居投”）为主体的保障性安居工程融资平台，但真正通过融资平台利用政策性借贷资金开展棚户区改造的项目不多，导致借贷资金大量闲置。山西晋城市某地产公司开发的东谢匠社区棚户区改造项目投资预算 2.7 亿元，目前自筹资金 1.5 亿元，资金缺口 1.2 亿元，一直与各银行申请贷款，目前尚无着落。

（二）项目手续繁杂，影响建设进度

据调查，在实际工作中，棚户区改造项目建设从征地到开工建设等有诸多环节，办完这些手续至少需要半年以上，对项目如期动工建设造成很大影响。广西蓝星化工新材料股份有限公司广西分公司房改办相关负责人介绍，该公司 2014 年 5 月申请 550 套国有工矿棚户区改造，由于项目审批要求和程序较为繁琐，截至调查时仅完成立项报告申批、用地红线、规划设计条件审批、确定招标代理以及设计服务招标等工作，离正式开工建设尚需时日。黑龙江相关企业反映，当前棚户区改造安置房的土地划拨必须按照经济适用房审批才能划拨，土地项目审批周期延长，办理相关手续大约需要 6 个月，部分城建项目报建手续最长达 22 个月。以海林市高丽花园棚改项目为例，受项目审批、企业资金、“滞留户”等因素影响，自 2009 年立项动迁至今仍未能竣工验收。山西晋中市王湖玉林苑棚户区改造项目共用了 3 年才完成各项审批手续，导致项目完成时间大大延后。四川超盛建筑有限公司项目负责人匡某介绍，项目前期手续过于繁杂，仅图纸评审就

要八个部门认定批准。

（三）优惠政策不到位，执行尺度不一致

中央以及省、市各级政府对于棚户区改造项目出台了很多优惠政策，但有些政策在实际操作中落实不到位。四川眉山市四川万景房地产开发有限公司相关负责人表示，企业棚改项目暂未获得相关优惠政策，资金来源均为企业自筹。南充市走访的几家开发企业反映，参与棚户区改造过程中，信贷和税费优惠政策均无明显体现。个别企业反映税费偏重，税收和行政规费就占到建安成本的10%。宁夏一些房地产企业反映，地方政府相关部门执行政策时尺度与有些规定存在不一致和执行不彻底的情况。银川市调查的3家企业表示，只是享受到了部分优惠政策，平罗县、吴忠市和盐池县分别调查的3家企业均表示没有享受到政府的优惠政策。甘肃白银市保障性安居工程建设项目税费减免优惠政策制度不够健全，各部门在税费减免政策执行上不一致、不统一，人防易地建设费、电力基础设施、供暖管网建设费等税费减免不到位。

（四）工程质量有待提高，配套设施有待完善

福建调查的莆田市护城河五期片区改造工程25户回迁居民中，68%对棚改工程质量不满意，认为施工方存在偷工减料行为，房屋不同程度存在钢筋外露、空洞、蜂窝等问题；门窗质量较差，部分甚至已损坏；配套设施不完善；物业管理比较混乱。湖南对娄底25户棚改居民调查中，超过70%的人表示对安置小区周边基础设施配套不满意，交通不方便、没有学校和医院是棚户区居民最关心最期望解决的问题。四川成都市部分原金牛区交通巷26号的棚户区老居民反映，回迁小区周边配套设施较滞后，无银行网点、综合性医院、公交卡充值点，门口马路上未安装路灯。广西反映，近年来经过高速推进保障性住房项目建设，各地在地方配套资金筹措方面已非常吃力，部分项目基本建成后，出现无法通路、通水、通电，无法交付使用的问题。

（五）群众诉求多元，棚改进度受阻

广东韶关市住建部门摸底调查，城市棚户区居民对棚改工作仅有约三分之一的住户积极响应，三分之一持观望态度，三分之一不表态。河北唐山市拆迁部门反映，由于部分居民补偿期望值过高，个别居民甚至煽动、串联其他居民拒绝搬迁，导致拆迁时限延长。江西吉安市吉州区平安里棚改区共有拆迁户72户，由于对政策了解程度不够，目前只有28户签订搬迁协议，剩余虽已基本达成意向，但还在进行商谈，工作难度大。山西晋城市郝匠社区棚户区改造项目2009年开工，原本预期3年完成，部分居民与开发商迟迟达不成一致意见，导致棚改工程项目至今尚未完工。

（国家统计局办公室根据北京、河北、河南、山西、内蒙、吉林、黑龙江、江苏、安徽、福建、江西、湖南、广东、广西、海南、四川、陕西、甘肃、宁夏、青海总队报送信息综合整理）

社会资本参与基础设施和公共服务设施建设面临问题应予重视

国家统计局12个调查总队和北京市统计局、福建省统计局近期开展的专项调研显示，各地积极探索政府和社会资本合作（PPP）建设基础设施和公共服务设施，实施过程中存在的一些问题应引起重视。

一、基本情况

从政策层面看，继国务院发布《关于创新重点领域投融资机构 鼓励社会投资的指导意见》后，各地陆续出台推广运用政府和社会资本合作模式实施方案，就工作的总体要求、鼓励社会投资的重点领域、机制创新、政策保障等作出规定，积极鼓励社会资本参与基础设施和公共服务设施建设，努力推进投融资体制改革和促进投资主体多元化。

从涉及领域看，各地PPP项目涵盖领域较广。如，浙江调研的社会资本参与的17个PPP项目，主要集中在生态环保、市政基础设施、交通和社会事业四大领域。北京自2013年以来分三批推出的187个市场化试点项目，涵盖轨道交通、道路、综合交通枢纽、污水处理、固废处置、镇域供热、社会办医、社会养老和文化事业等主要公共领域。四川推出的PPP项目涉及交通运输、环境保护、保障性安居工程、医疗卫生、文化教育等领域。湖南对6个市（州）、8个县（市）随机抽选的33个PPP项目调查显示，这些项目主要涉及教育、医疗、养老等领域。新疆已推出的社会资本参与建设运营的两批示范项目，主要涵盖市政基础设施、城建和交通、生态环保、农业和水利、信息和民用空间基础设施项目等。

从社会资本实际投资占比情况看，据各地对已有社会资本投资或已确定投资主体的PPP项目的调查，社会资本占据较大份额。如，广西37个项目中，政府投资额占11.6%，社会资本投资额占88.4%，有27个项目全部由社会资本投资。北京127个项目中，115个项目社会资本投资额占比约87%，12个轨道交通项目社会资本投资占比较低，但也达到30.8%。内蒙古19个项目中，全部由社会资本投资的有6个，社会资本投资额占比在70%-90%之间的有5个，社会资本投资额占比在50%-70%之间的有4个，社会资本投资额占比在50%以下的有4个。云南大理、红河调查的20个项目中，有11个项目全部由社会资本投资，其余9个项目的社会资本投资额占90%。浙江调查的17个项目中，11个在建和已投入使用的项目实际投资额为65.9亿元，其中社会资本投资额占90.0%，这11个项目中有8个项目全部为社会资本投资；另外6个待建项目中，除杭州至海宁城际铁路项目尚未明确社会资本出资额外，5个项目的社会资本计划出资额占94.4%。山西调查的已投入运营的9个PPP项目中，政府投资额占13.9%，社会资本投资额占86.1%，有4个项目全部由社会资本出资。

从资金运作方式看，各地社会资本参与PPP项目以直接投资为主。如，浙江调研的17个项目中，14个项目的社会资本投资方以直接投资的方式参与。广西调查的37个项目中，社会资本直接投资的有32个。山西调研的9个PPP项目中，8个为社会资本投资方直接投资。四川乐山调研的5个项目中，4个是社会资本直接投资。福建调研的3个项目中，2个是社会资本直接投资。

二、社会资本参与基础设施和公共服务设施建设面临的主要问题

（一）一些地方存在政府配套建设滞后和资金投入缩水等现象

调研中，有社会资本投资方反映，部分项目

由于政府配套工作未按照协议规定完成，或约定的资金投入、补贴款项不到位，使社会资本投资方利益受损。如，浙江瑞安市垃圾焚烧厂反映，政府没有按照协议规定对企业周边300米内的住宅区进行拆迁并提供飞灰处置场，导致企业环保验收推迟，无法获得退税。山西高平市集中供热二期工程南部热源厂项目至2014年10月份已具备150万吉焦供热能力，由于地方政府负责的供热配套管网建设迟缓，当期采暖季实际供热量仅为34.18万吉焦，给社会资本投资方造成经济损失。宁夏中卫市静态交通项目总投资2600万元，按照协议，地方政府应出资1060万元，但政府最终实际投入400万元。内蒙古鄂尔多斯等地的一些社会资本投资方也反映，有些项目前期商定的由政府拨给投资方的补贴资金迟迟没有到位，影响了社会资本的投资信心。

（二）部分项目盈利情况不乐观

多地调研反映，基础设施和公共服务设施建设项目投资大、回收周期长、回报率较低，部分项目盈利情况不容乐观，这在一定程度上影响了社会资本参与基础设施和公共服务设施建设的意愿。山西调查的已投入运营的9个 PPP 项目中，有3个盈利，2个收支平衡，4个亏损。如，临汾市热力供应公司自2005年运营以来，因收支倒挂，一直处于亏损状态，截至2014年底，该公司累计亏损5.7亿元；忻州市热力有限公司2014年亏损51.59万元。上述两家企业主要靠政府补贴维持运营。重庆万州区待建的高峰污水处理厂工程，前期投入预计在1500万元左右，设计处理污水能力为10000立方米/天，污水处理成本约0.7元/立方米，而万州区对于居民污水处理收费价格为1.0元/立方米，该厂预期年利润在110万元左右，仅成本回收就需14年。四川宜宾市生活垃圾焚烧发电项目，政府承诺该项目垃圾处置费暂按垃圾填埋处置费（51.2元/吨）支付，即便加上发电收入，也远低于企业估算的垃圾焚烧处理至少65元/吨的成本，企业认为难以持续运营。

（三）PPP 项目筛选和落地的相关操作流程有待明确和规范

四川反映，各级政府部门先后出台多项关于鼓励和扶持 PPP 发展的政策，地方政府和社会资本也积极响应，但目前项目落地缺乏明确的制度规范和操作流程，造成部分地区虽然大力推动但进展缓慢。如，乐山市2015年面向社会资本推出111个 PPP 项目，但初步确定能在年内启动的只有60个；截至8月底，开工建设的只有5个。湖南反映，PPP 模式还处在起步阶段，部分地区和部门对如何筛选确定 PPP 项目和项目如何实施等缺乏具体操作办法，社会资本对参与 PPP 项目也有一定的观望情绪，造成不少项目迟迟不能落地。如，岳阳市2015年度共确定16个 PPP 项目，计划投资270亿元，截至8月底，仅有3个项目与社会资本达成框架协议，尚没有项目具体达成投资协议，到位资金为零。

（国家统计局办公室根据山西、内蒙古、浙江、湖南、广西、重庆、四川、云南、陕西、宁夏、新疆调查总队和北京市统计局<北京调查总队>、福建省统计局报送信息综合整理）

各地多举措推动棚改货币化安置 仍存在一些问题值得关注

今年6月，国务院发出《关于进一步做好城镇棚户区和城乡危房改造及配套基础设施建设有关工作的意见》，明确指出要积极推进棚改货币化安置，满足群众多样化居住需求。为了解各地棚改货币化安置相关情况，国家统计局组织20个省级统计机构近期进行了专题调研。结果显示，为推进棚改货币化安置，各地出台了相应的奖励和优惠措施，但棚改户反映安置补偿标准低，地方政府反映资金缺口大等问题值得关注。

一、各地采取多种措施推动货币化安置

（一）对选择货币化的棚改户实施多种奖励和补贴

根据调查，不少地区对选择货币化安置的棚改户，在被征收房屋评估价的基础上，给予20%-35%的奖励，或者按面积给予一定补贴、或多给予一定的临时安置费。如湖北宜昌市给予20%的奖励。河北衡水市、沧州市分别给予10%、15%的货币补贴。江苏苏州市姑苏区给予25%的奖励，并按面积一次性支付六个月临时安置补偿费。安徽亳州市给予35%的一次性奖励；淮北市给予20%的奖励，除城中村外的普通住宅还享受15%的公摊面积补助及6个月临时安置补贴；滁州市对选择货币补偿的棚改户多支付3个月临时安置费。四川宜宾市翠屏区给予30%左右的搬迁奖励。乐山调查的24户选择货币化安置的棚改户，平均得到的补偿价为5252.91元/平方米，购买新房的平均价为4248.19元/平方米，折算成同面积房屋的赔付比为1∶1.24，高于之前棚改就地换房安置政策赔付比1∶1.15。湖南岳阳市按被征收房屋面积给予300元/平方米的货币补偿奖。对符合条件的城区非农业常住户口、无房户或住房建筑面积低于50平米的住房困难户、低收入家庭，实施经济适用房货币补贴政策。宁夏固原市对选择货币补偿的棚改户，一次性补偿到位。四川绵阳市优化了货币化安置补偿体系，在补助、奖励、补贴等方面给棚改户多种选择。选择货币补偿的，按被征收房屋评估价，住宅给予不高于30%的购房补助，非住宅给予不高于10%的购房补助；选择产权调换的，标准为住宅不高于10%，非住宅不高于5%。此外，在规定期限内完成搬迁的，按被征收房屋建筑面积再给予不超过300元/平方米的奖励；而选择产权调换的，标准为100 元/平方米。

（二）给予契税和公积金贷款优惠

福建选择货币化安置购买商品房（除别墅外）的棚改户，购买首套房、首次改善性住房，不论面积均可享受首套房有关优惠政策；根据购房纳税凭证，按货币补偿款或商品房价款享受购房贴息补助、奖励；购买商品房成交价低于货币补偿款的，所购房屋免征契税；高于货币补偿价款的，只缴纳超过部分的契税。湖北黄石市对选择货币化安置的棚改户，放宽职工住房公积金使用政策，加快贷款审批流程，降低首套房首付比例至20%，并支持异地购房。安徽芜湖市、马鞍山市、淮北市均对选择货币化安置的棚改户实施免征契税等优惠政策。芜湖市对签订货币化安置补偿协议后6个月内和6-12个月内购买新建商品房的棚改户，分别给予其应缴契税（购房总款超出货币补偿安置款部分）100%、50%的补助；对申请住房贷款的，给予利率优惠。

（三）搭建平台，畅通购房渠道

建立商品房选购服务平台、组织团购、组织棚改居民与开发企业对接等，是相关政府部门服务棚改居民的主要方式。如湖北宜昌市搭建棚改商品房安置的“实体平台”和“网络平台”，市房地产登记交易中心开辟了安置房源超市，将19个项目2500多套房源放到网络平台上，棚改户

选择这些房源再给予98折优惠。5月中旬至10月底，有800多户棚改户通过平台与开发企业签订了购房协议。福建建立了棚改户选购存量商品房服务平台；组织棚改居民与开发企业以房交会、现场巡展会等方式进行销售对接；组织团购，入围的房地产企业给予棚改居民10%-20%的价格优惠。据省住建厅统计，1-8月，棚户区改造居民选购商品房1.6万套。四川绵阳市搭建了棚改户自主购房网络平台，发布政策法规、棚改动态、房源信息等，城区选择货币化安置户通过购房服务平台购买新建商品住房的，政府给予80元/平方米的补贴，还可享受房企承诺的至少100元/平方米的优惠。泸州市组织70家房地产开发企业参与棚改信息化服务平台建设，支持棚改户自主购买存量商品住房安置。安徽芜湖市建立棚改项目团购商品房活动平台，组织开发企业进驻棚改征收现场，方便居民选房购房；征收实施单位定期组织“棚改居民看房团”集中到周边楼盘看房。淮北市整合存量房源，吸纳43家房地产开发企业的49个项目共14777套房纳入签约安置房源，并适时进行更新。

（四）发放安置房代购券，由居民自主选择商品房

辽宁抚顺市2015年的21个棚改项目中，16个项目为货币化安置。其中14个项目由政府团购市场房源进行安置，2个项目向居民发放安置房代购券，由居民自主选择商品房。辽阳市、铁岭市采用“结算单”式货币化棚改政策，棚改办依据棚户区改造政策计算原地产权调换房屋面积，按市场评估价折算出货币金额，发给棚改居民相应的购房资金证明，棚改居民持购房资金证明，可在市棚改办确认具备市场化安置条件的开发楼盘自主购房。安徽淮北市选择货币化安置的棚改户在签订征收补偿协议后6个月内，持征收实施单位出具的购房券（金额等于补偿款），可在淮北市棚改办确认具备货币化安置条件的楼盘购房，也可自主购买二手房，以券抵购房款。芜湖市棚改户选择货币化安置后，可凭“棚改居民购房优惠券”在团购平台内自由选购商品房。

此外，湖南、福建等地还规定，选择货币化安置的棚改户，其直系后代在几年内仍可在原划片区入学。

辽宁沈阳铁西新区住宅建筑

二、货币化安置目前存在的问题

（一）部分棚改户反映货币化安置补偿低，认为选择房屋置换更合算

河北承德、张家口、衡水等市调查的棚改户普遍认为货币补偿低，选择房屋置换更合算。衡水市棚改户张先生说："一套 75 平米的旧房子，货币化安置能得到 29.6 万元，但如果选择置换的话可以换一套 90 平米的，能值 36 万元。"宁夏银川市 2015 年列入计划的 21 个棚户区改造项目中，仅有 7 个项目的少数居民选择货币安置，截至 10 月底，货币化安置户数仅占全年棚改计划安置户数的 2.5%。由于项目多是城中村改造，居民普遍认为货币补偿标准低，无法买到同等地段的商品房，选择房屋置换更合算。山东济南、青岛、淄博等 7 市调查的部分居民，因补偿标准低、优惠政策少等原因，对货币化安置的认可程度比较低。在接受货币化安置的居民中，只有青岛的货币化安置户反映在购房时可以享受税费优惠，其他 6 市的调查对象反映没有享受到税费优惠。

集体土地民房补偿标准过低，棚改户倾向于选择实物安置。云南调查反映，征收国有土地上商品房和集体土地上民房的补偿标准差距大。如，按照昆明市的补偿标准，集体土地上民房补偿标准为 3000-4000 元 / 平方米，商品房为 7000-12000 元 / 平方米。因货币化安置的补偿款远远不能购置等面积的商品房，多数集体土地上的城中村改造项目涉及的棚改户倾向于选择实物安置。宁夏固原市原州区房屋征收办公室反映，当地国有土地产权上的房屋按最新市场价评估，补偿价为 3200 元 / 平方米左右，基本可换购原住宅等量的新房；集体土地按文件规定的补偿标准价只有 1200 元 / 平方米左右，导致集体土地的棚改户配合度不高，部分棚改户因此拒绝房屋被征收。四川、湖南等地调查反映，因不同城市间、片区间补偿标准差距较大，部分安置对象表示不满，影响到安置工作进度。

河北、内蒙古、山东、河南、广西等地反映，城中村的棚户区改造涉及改造后村民的户籍、社会保障等多方面利益。且对于一些自有房屋价值低、且收入低的困难户来说，回购商品房的经济压力大，尽管有一些政策奖励货币化安置，但大多数居民更希望在原址或就近获得安置住房。

（二）地方政府反映，安置成本高，资金缺口大

山西反映，由于经济下行压力加大，许多市县财政收入下降。在传统的实物安置过程中，政府通过将部分地块出让给开发企业进行商业开发补偿其费用，不用投入大规模资金；而成规模的进行货币化安置，需先期投入大量资金，市县财政压力大，且融资有难度，多数情况下不得不优先考虑实物安置。内蒙古反映，采取货币化安置，由政府回购市场房源，成本高于新房房屋建设成本，资金投入加大。同时，由于货币化安置周期短，政府即期支付压力大。湖北随州市房管局反映，在城中村改造过程中，实物安置比通过购买商品房安置的成本低，棚户区改造实施单位货币化安置意愿不强。四川调查反映，省内多数城市的棚户区位于城市中心地段，改造项目涉及资金额大，在地方财政紧、贷款难度高的形势下，面临较大资金缺口。福建三明、龙岩、南平三市地处山区，大多县属吃饭财政，资金缺口大。以三明市本级为例，2015-2018 年计划实施棚户区改造约 6000 户，征收面积约 50 万平方米，若 50% 选择货币补偿需补偿资金约 20 亿元，占市本级 2014 年度财政总收入的 65%。

（国家统计局办公室根据河北、山西、内蒙古、辽宁、黑龙江、江苏、浙江、安徽、福建、山东、河南、湖北、湖南、广西、四川、云南、陕西、宁夏、新疆调查总队和福建省统计局报送信息综合整理）

临时救助制度已建立 存在问题应重视

为了解《国务院关于全面建立临时救助制度的通知》贯彻落实情况，及时反映各地区解决城乡困难群众突发性、紧迫性和临时性生活困难等情况，国家统计局近期组织开展了临时救助工作实施情况专题调研。结果显示：临时救助制度已建立并取得初步成效，但实施过程中存在的问题仍需引起重视。

一、临时救助调研基本情况

此次调研涉及全国12个省（区、市）的63个市（县、区），走访了临时救助对象560人（含救助家庭成员），并与相关地区的民政部门进行座谈，深入了解临时救助制度建立和实施情况。调研显示，调研地区均已建立临时救助制度，并在已有制度的基础上作了完善和修订，明确了临时救助工作职责、对象范围、程序标准和筹集资金渠道，临时救助制度救急难、补“短板”作用更加突出。为大力推进临时救助工作有效开展，各地区积极采取“一门受理、协同办理”、救助信息共享、社会力量参与等措施，切实解决城乡困难群众突发性、紧迫性、临时性生活困难。

从调研情况看，受访者在提出临时救助申请并被受理后，均在不同程度上得到了政府的应急救助资金或物品，最低救助金为300元，最高在5万元以上。申请原因主要是重大疾病、交通事故、意外事件和基本生活暂时遇到困难。天津和江苏因重大疾病申请救助的受访者占本省（市）受访者的比例均为75%，福建占71%，北京占67%。多数受访者认为医疗费用是家庭主要负担，天津持这种看法的受访者占86%，四川占80%，江苏和河南均占75%。此次调研还显示，受访的被救助者，收入普遍较低，无工作、无正式职业者较多。如陕西近七成受助者月收入在1000元以下；浙江的受助者月收入均在2000元以下，1000元以下的占六成；河南、四川无工作的受助者占四成多。

二、临时救助对象反映的问题

临时救助制度填补了社会救助体系的“短板”，在缓解因病、因灾、因意外事件等原因导致家庭和个人基本生活困难方面，发挥了兜底、救急难的作用。但从走访受助者情况看，该制度在实施中仍然存在一些实际问题。

（一）临时救助标准低，难以解决生活困境

临时救助标准低是受访者反映的主要问题。如河南、安徽、福建得到一次性临时救助金额在2000元以下的受访者占本省全部受访者的比例，分别为85%、65%和57%。江苏一次性受救助金额在2000元以下受访者的比例也超过一半，为55%。由于临时救助标准低，且一次性的救助金对于救助家庭或个人只是杯水车薪，受访者反映难以解决生活困境。

（二）临时救助时效性不强，一定程度上影响了“救急”功能

北京、浙江申请临时救助后获取救助款的时间在1个月及以上受访者的比例均在八成以上，福建占59%；有些地方存在半年或一年一次审批发放临时救助资金的现象，使临时救助的“救急”功能大打折扣。申请救助程序繁琐，也在一定程度上影响了时效性，如广西受访者和江西少数区（县）申请人表示，临时救助程序“复杂”或“很复杂”，救助资金下发较慢。

（三）临时救助虽有帮助，但不能满足多元化需求

受助者反映，尽管得到了政府提供的临时救

助金，但更希望政府在提高重大疾病报销比例、扩大医保范围等方面加大救助力度；在解决困难家庭人员就业、子女就学等问题上给予支持和帮扶；在救助形式上不仅希望有物质帮助，也希望得到心理安抚和疏导。如北京受助者普遍反映，由于大病救助病种少，报销比例不高，因重大疾病带来的高额医疗费用，不仅使家庭致贫，也直接影响了子女接受教育。安徽65%的受访者反映，有些慢性病、罕见病未列入医保目录，有些进口药（特别是对癌症患者使用副作用小、医疗效果较好的进口药）不能报销，增加了家庭医药负担。河南受访者希望政府提高救助金额、帮助创业。

三、制度执行中存在的问题

做好做实临时救助工作，地方各级政府需要抓紧完善配套政策措施、加强部门间的配合、加大资金投入、提高社会力量参与度。但在这些方面，从与基层民政部门座谈中反映的问题也较为突出。

（一）部门协同配合不够，联动性不强

安徽反映部门配合意识不强，信息集约程度不高，难以实现真正共享。江西反映目前各部门尚未建立配套政策，导致“一门受理、协同办理”效果不佳，不利于信息共享和资源整合。江苏反映由于相关政策不配套，地税、证券、银行等部门尚未纳入信息核对范围。浙江反映部门间信息沟通渠道不通畅，降低了救助工作效率，加大了救助成本。

（二）区（县）级救助资金有限，财政负担重

调研反映，各级人民政府虽然将临时救助资金纳入了财政预算，但因资金有限，在一定程度上加大了地方政府尤其是区（县）一级政府的财政负担。安徽调研的芜湖市本级2014年临时救助资金实际支出是预算资金的3.9倍。河南2014年开封市龙亭区（新区）和洛阳市栾川县两地政府临时救助资金实际支出分别是预算资金的1.2倍和4.2倍。广东反映个别行政区由于申请救助人员较多，尤其需要临时救助的外来流动人口多，而救助资金来源只靠财政拨款，资金缺口大，加重了财政负担。四川调研的地区反映98%的救助资金靠财政支出，而提供相应的配套资金较为困难。

（三）社会力量参与度低，转介服务推动难度大

调研反映，临时救助制度实施过程中，群众团体、慈善组织、社会服务等机构的救助资源还未得到充分的对接与结合，推动转介服务有难度。四川和陕西反映，现行社会救助主要靠政府，救助的社会性未充分体现。而慈善组织网络不健全，慈善事业发展缓慢，也致使社会救助参与度较低。天津反映，临时救助工作缺乏社会参与，在提高政府扶持力度的同时，还需要统筹和整合社会力量和公众力量、培育和发挥公益慈善组织的救助作用。广西全区约有400个民间公益组织，每年有相当数量的社会组织和企业开展自发性的公益活动，但尚未建立有效机制，公益组织和社会力量得不到充分调动和发挥作用，也难以为临时救助对象提供转介服务。

（四）基层救助力量薄弱，救助工作受制约

基层临时救助工作主要由乡镇（街道）民政办承担。据调研地区反映，随着社会救助范围不断扩大，乡镇一级工作任务不断增加，但人员配置不足，在一定程度上影响了临时救助工作的执行和政策落实。如，浙江目前多数乡镇（街道）一级仅有1名民政工作人员，除承担本职工作外，同时负责临时救助工作。江西和陕西反映多数乡镇民政所工作人员只有2人。福建多数区（县）民政部门则是指定人员兼职负责临时救助工作。

（国家统计局社科文司根据北京、天津、江苏、浙江、安徽、福建、江西、河南、广东、广西、四川、陕西12省（区、市）统计局重点选题调研报告整理）

产业园区循环经济发展情况调研报告

《国务院关于加快发展循环经济的若干意见》出台后，国家和各地区先后确定了循环经济示范试点园区，利用园区产业集聚优势和示范效应，有效推进循环经济发展，提高资源综合利用效率，减少环境污染。为了解示范园区循环经济发展情况和特点，国家统计局能源司选取北京、天津、辽宁、浙江、河南、湖北等省（市）的部分循环经济产业园区进行了重点调研，形成了调研报告。

一、循环经济发展特点

（一）依据自身优势，因地制宜发展循环经济

调研省（市）根据各自区位优势、自然条件、经济社会基础和核心产业，因地制宜发展循环经济，产业园区循环经济发展各有特点。北京鲁家山循环经济基地定位于发展城市固废资源循环利用和节能环保产业，北京华新绿源环保产业发展有限公司集废旧电器环保处理、工业电子废物环保处理处置等业务为一体，在实现资源循环利用的同时，有效防止危险废物或其他有害物质进入自然环境。天津市临港经济区，构建了重型装备制造业、化工产业、粮油储备加工业、节能建材等四大循环经济产业体系；天津子牙循环经济产业区重点发展废旧机电产品、废弃电器电子产品、报废汽车、废旧塑料、精深加工再制造和节能环保新能源六大产业。辽宁沈阳化学工业园区致力于发展橡胶制品、精细化工（含制药）和化工新材料三大类主导产业，将园区及周边企业废旧材料利用和新产品生产结合，建立起资源共享、产业共生的循环产业链。河南鹤壁宝山集聚区依据区域资源优势和产业特色，围绕“煤、电、化、材”初步构建了“煤－电力、化工－建材”循环经济产业链条，集聚区产生固废的近40%在内部利用。

（二）依靠核心企业，构建园区循环经济产业链条

园区的产业定位和核心企业确立，对园区产业链构建、招商与发展作用重大。天津市经济技术开发区引进电子废物、废铅酸蓄电池、汽车拆解和废钢等资源综合利用企业；利用欧盟“亚洲可持续生产与消费基金项目”开发产业共生信息平台，截至2014年底，已有261家企业加入该信息平台，通过发布企业闲置资源或副产品的种类、数量等信息，实现资源的循环高效利用。辽宁大连松木岛化工园区依托核心企业发展精细化工产业，初步搭建了以大化集团、大染集团等核心企业为主体，以海洋化工、碳一化工、特色石油化工、精细化工及后加工为四大核心产业的产业链条，四大产业之间及产业链上下游的原料、产品、废弃物再资源化的生态循环链密切关联，初步形成了产业内外共生的循环经济发展模式，实现了能源的梯级利用和循环利用。天津北疆发电厂构建“发电－海水淡化－浓海水制盐－盐化工－新型建材”循环经济产业链，实现了煤炭资源的节约利用、淡水资源零开采、废水和固体废物的零排放、废气的低排放。浙江开发区内建有静脉企业172家，2014年消纳垃圾和废弃物995.7万吨，比上年增长42.3%。

（三）加强科技创新，提升循环经济技术保障能力

在循环经济科技创新方面，企业与高校、科研机构紧密结合，通过加大科技研发投入，提高自主研发能力和创新能力，形成了一批拥有自主知识产权和自主研发能力的企业和团队。北京华新绿源凭借北京丰富的科技研发资源，与有色金属、高分子等方面的科研机构、院校建立长期合作，不断创新废旧电器拆解工艺；湖北荆门市格林美园区废弃电池与钴镍稀有金属循环利用技术

达到国际先进水平；襄阳市谷城县再生资源园区湖北金洋冶金有限公司和湖北骆驼蓄电池有限公司，成为回收利用废旧铅酸蓄电池、废铝的全国知名企业。

（四）管控教育结合，循环经济深入企业经营管理全过程

通过管控教育相结合，企业管理人员循环经济意识不断增强，循环经济深入企业经营全过程。北京鲁家山构建控制基地内污染废弃物排放的三级监控管理体系并与北京市环境监测部门联网，实现循环经济在线监控、监测和管理，设立垃圾处理世界馆等5个展馆，展示城市固废无害化、减量化、资源化处理，宣传循环经济发展的可行性和必要性；北京华新绿源对排放的污染物自行监测并公开信息，确保公司运营不对周边生态环境、人群健康造成明显影响，建立废弃电器电子产品回收处理主题环境教育基地，开展循环经济宣传、教育。

二、循环经济发展成效

（一）资源减量化利用，综合利用效率提高

通过大力淘汰落后产能和采取推进清洁生产、加强节能降耗和污染减排、开展余压余热利用、加强污染治理等措施，园区资源消费减量化和污染物减排成效明显，资源综合利用效率提高。天津市经济技术开发区建立的产业共生信息平台，截至2014年底已完成99组废物对接利用，减少原材料用量93.63万吨，减少废物填埋量237.14万吨。沈阳化学工业园在废旧资源综合利用的基础上，总产值不断增长，2012年、2013年和2014年实现总产值分别为32亿元、42亿元和72亿元，上缴税费分别为0.56亿元、0.53亿元和1.47亿元。湖北襄阳市谷城县再生资源园区工业废弃物年综合利用量达到238万吨，实现年产值500亿元。天津北疆发电厂采用世界先进的低温多效蒸馏技术，利用海水和发电工程的余热生产纯净水，每年可向滨海新区提供6500万吨淡化水；携带废热的浓海水可大幅度提高制盐效率，使汉沽盐场增加近一倍的原盐产量，同时节省22平方公里的盐田用地；制盐母液进入盐化工生产流程，生产溴素、氯化钾、氯化镁、硫酸镁等市场紧缺的化工产品，延长了产业链条，实现了煤炭资源的节约利用、废水和固体废物的零排放、废气的低排放。

（二）固体废物处理力度加大，资源化程度提高

北京鲁家山循环经济基地年处理城市固废约285万吨，利用垃圾发电，年净输出能源约10万吨标煤，废水实现零排放；天津市约四成城市生活垃圾用于焚烧发电，2014年垃圾发电量达到35061万千瓦时，相当于替代约26.19万吨标准煤；天津市子牙循环经济产业区年回收处理废电器电子产品207万台，回收报废机动车4.6万辆，进口废弃机电品48.2万吨，进口废塑料26.5万吨，向市场提供再生铜20万吨、铝8万吨、钢铁15万吨、橡塑材料36万吨、其他原材料6万吨；辽宁大连松木岛化工园区固废综合利用率达到95.63%；沈阳化学工业园固废综合利用率达到99.96%；湖北襄阳市国新天汇公司的污泥综合处置项目，每天处理污泥300吨，餐厨废弃物15吨，年生产660万立方米沼气提供给出租车做燃料，相当于每年节约5500吨标准煤能耗，减少二氧化碳排放2万吨；大冶有色再生资源循环利用产业园年回收再生资源38.82万吨，其中废杂铜16万吨，废铝4.71万吨，废钢铁14.41万吨，废塑料及橡胶2.9万吨，废玻璃及其它0.8万吨，废弃电器电子产品和废弃机电产品的回收利用已覆盖鄂东南地区，废铜回收辐射安徽、江西、广州等省市，集聚效应明显。

（三）余热余压和水资源循环利用，重复利用水平提升

天津卡博特化工和冶金轧一钢铁等企业建立余热中心，将工艺尾气燃烧产生的蒸汽用于区域供暖和企业生产，并配有发电机组为企业自身或其他企业供电，2014年全市共消费余热余压458.57万百万千焦，折合15.64万吨标准煤；大沽化工等企业充分利用工业冷却循环水中的低位

热能，通过水源热泵机组转移到集中供热系统中，提供满足系统温度要求的供热热水，实现厂区集中供热；中新生态城构建了以污水处理、中水回用、雨水收集、淡化海水与中水混用为主要内容的水资源循环利用体系，非传统水源利用率达到50%以上。浙江省级及以上开发区（园区）2014年全年回收余热总热量（供水、供气）2632万吉焦，比上年增长10.8%；收集利用工业废气120万吨，比上年增长15.3%。

（四）污染排放减少，为生态环境建设作出贡献

北京华新绿源环保产业发展有限公司年处理废弃电器电子产品3.7万吨，在实现资源的循环利用的同时，有效防止危险废物或其他有害物质进入自然环境；天津临港工业园华能天津IGCC电站建成我国首台自主知识产权的洁净煤发电机组，2014年发电量10.82亿千瓦时，同时实现包括二氧化碳在内的燃煤污染物的低排放；天津中新生态城规划实施了轨道交通、清洁公共交通、绿道相结合的绿色交通体系，清洁能源公交比例100%；浙江省园区规模以上工业企业万元产值综合能耗2014年为0.164吨标煤，比上年下降8.9%；万元产值二氧化硫排放量为0.44千克，比上年下降54.6%；湖北襄阳市谷城县再生资源园区年处理废弃铅酸蓄电池20万吨以上，年减少废气排放量6.1亿立方米、减少二氧化硫排放量9340吨、减少铅尘排放量20吨，废渣中铅削

减量 1822 吨，节约标煤 22100 吨。

三、循环经济发展中存在的问题

（一）循环经济发展统筹规划和布局有待完善

从调研情况看，产业园区循环经济发展还存在统筹规划和布局不够完善的问题。有的地方在申报循环经济发展项目时统筹规划不够，出现同质化现象。如湖北襄阳市相邻的谷城县和老河口市，循环经济园区都主打废铅回收利用，同质化发展。按照环保相关规定，2 个县（市）园区周围居民都要搬迁，既增加搬迁成本，浪费环境资源，又影响循环经济企业竞争力，不利于园区规模化发展。

（二）推动循环经济发展的法律、法规、政策还不够健全

现有制度顶层设计不够健全，新制度出台后的配套政策不完善。如，目前固体废物管理政策法规多是从政府对垃圾管理工作的角度出发，注重部分环节的安全性和高效性，而对真正推动资源循环利用的重视不够，导致缺乏促进发展的顶层设计；有利于循环经济发展的产业、投资、财税、金融等政策还不够配套完善。河南洛阳的企业反映，再生资源主要来源于社会居民、个体工商户、非经营性企事业单位及经营性工矿企业，而除经营性工矿企业外，95% 以上的资源收购不能取得增值税专用发票，而产品销售时又要开具 17% 的增值税专用发票，增值税不能抵扣，挤占了企业利润，在很大程度上制约了再生资源企业的壮大和发展；部分资源性产品价格形成机制还尚未理顺，循环经济能力建设、服务体系、宣传教育等还有待加强。

（三）循环经济投资需求大，投资供给不足

由于缺乏吸引金融机构投资的引导机制，无法实现多元市场融资，导致发展循环经济的投资需求缺口较大，投资供给不足。现有的投融资制度安排中，除政府和大型国企外，缺少引导和激励其他投资主体和商业化融资的有效手段，不能将经济增长积累起来的社会资金引向循环经济产业项目，无法满足循环经济产业多样性发展和日益增长的投资需求。调查发现不少循环经济企业资金严重短缺，有些甚至因此影响了正常运行。

（四）废品回收体系不健全，无法满足静脉产业发展需求

静脉产业是垃圾回收和再资源化利用的产业。目前各地废旧物资的分类收集和规模化回收利用体系不完善，不能满足静脉产业发展需求。居于产业链“源头”的回收队伍以散户为主，缺乏专业化处理设备，大量废旧商品经简单分拣与处理后重新流入市场。由于上游回收环节的低组织化和零散化，各环节之间无法形成稳定的交易关系，导致从事加工处理的静脉企业难以广泛吸纳废弃物，不仅造成二次污染，大大降低了废旧资源利用率，还造成静脉产业缺乏稳定的原材料，影响产业的规模化发展和运行效益的提高，急需建立政府主导、企业实施、物业配合和居民支撑的多方合作体系。

（国家统计局能源司根据北京、天津、辽宁、浙江、河南、湖北省＜市＞统计局和调查总队调研信息综合整理）

工业产业转移取得积极进展

国家统计局工业司对北京、河北、上海、江苏、安徽、河南、重庆和新疆8个地区工业产业转移情况进行了调研。结果显示，东部地区产业向中西部地区转移渐成气候。转出地区经济效益提升，产业承接地区产业集群和产业基地稳步发展。但产业转移内生动力不足、产业转移过程遭遇一些问题影响企业积极性等情况值得关注。

一、不同地区产业转移模式各具特点

（一）东部地区政府积极引导，以产业转移促结构升级

北京采取政府引导为主的产业转出模式。2006年以来，北京市产业转移进程不断推进。2014年下半年，北京市政府发布《北京市新增产业的禁止和限制目录（2014年版）》，将一些不再适合在北京发展的产业加以限制，使其向外围疏解，产业转移进入高峰期。上海产业对外转移受市场和政府双轮驱动。高新技术产业多为市场驱动下的主动转移。以汽车、精品钢材为代表的高技术企业积极选择转移承接地区优势资源，主动扩大空间布局；劳动资源密集型产业因要素成本压力、资源环境约束等一系列“瓶颈”问题，在市场和政府的双轮驱动下逐步实现梯度转出。江苏产业省内转移、省外转移相结合。江苏省内区域差距依然存在，苏南、苏中和苏北经济发展水平依次递减，呈梯度分布。在制度安排上，江苏侧重于省内区域间的产业转移。而向外省的转移则是在市场经济条件下企业自发的市场行为。

（二）中西部地区主动积极承接产业转移

河北发挥临近京津的区位优势，产业发展、基础设施和一体化市场体系建设等方面与京津对接融合，创新区域合作机制，成为京津拓展发展空间的重要区域。安徽承接产业转移发挥示范作用。2010年初，国务院批准实施《皖江城市带承接产业转移示范区规划》，标志着皖江示范区建设上升到国家战略层面。河南在“一个载体、四个体系”的框架下，坚持产业转移与转型升级相结合，注重空间载体营造。重庆以打造国家重要现代制造业基地为目标，实施“大投资、大支柱、大基地、大企业、大项目”发展战略，力求借力产业转移实现跨越式发展。新疆积极利用对口省市和中央企业产业援疆平台，发挥政策优势、机遇优势、资源优势和产业基础优势，承接产业转移开局良好。

二、产业转移主要集中在劳动密集型行业

从全国看，工业产业转移集中于以下行业：一是传统劳动密集型行业。纺织、服装、皮革、木材加工、家具制造等行业在东部地区的比重下降超过5个百分点。二是建材行业。2015年上半年，非金属矿采选业资产在东部地区的比重为39.9%，比2011年末下降8.4个百分点，在中部和西部地区的比重分别为31.7%和28.4%，比2011年末分别提高7.9和0.5个百分点。建材企业生产基地向中部地区转移，有效降低了物流成本。三是电子信息制造业。2015年上半年，计算机通信和其他电子设备制造业资产在东部地区的比重为78.8%，比2011年末下降7.1个百分点；中部地区的比重由2011年末的7.2%上升到2015年上半年的13.8%，提高接近一倍；西部地区的比重由6.8%上升到7.3%，其中，重庆电子信息制造业几乎从无到有，2015年上半年，电子行业资产已占重庆规模以上工业5.8%，而主营业务收入则占15.7%。

三、产业转移取得积极进展

2011年至2015年上半年间，工业资产呈现从东部地区向中西部地区转移的趋势。2015年6月末，规模以上工业资产总计在东部地区的比重为58.1%，比2011年末下降2.4个百分点；中、西部地区比重为22%、19.9%，分别比2011年末提高0.8个、1.6个百分点。

（一）转出地区经济效益提升，能耗水平降低，创新能力提高，优势产业竞争力增强

经济效益提升。北京工业经过十年转移，工业经济运行质量有所提高。2014年，主营业务收入利润率为7.7%，高于2006年3个百分点；人均主营业务收入为178.2万元，是2006年的2.4倍。上海规模以上制造业从业人员从2010年末的255万人，下降为2014年末的246万人。2014年，劳动生产率较四年前获得显著提升；利润率达到7.5%，比2010年提高0.2个百分点。江苏规模以上工业2014年主营业务收入利润率6.2%，较2013年提高0.3个百分点。

能耗水平降低。北京自2011年以来，高耗能行业在工业中的比重逐年降低。2011-2015年上半年，高耗能行业增加值占全市规模以上工业的比重由28.5%降到24.8%。2006年至2014年，能耗从2100万吨标准煤左右下降至1200万吨煤左右。上海在“十二五”期间累计完成产业结构调整项目超过3000项，年综合能源消耗量减少353万吨标煤，化学需氧量减少2.19万吨，二氧化硫减少9.45万吨，氮氧化物减少5.77万吨，调整项目涉及土地5.88万亩。铁合金、平板玻璃生产、电解铝、皮革鞣制等整行业退出；铅蓄电池、砖瓦生产全行业调整，促进了节能减排。

创新能力提高。北京工业企业通过加强产学研合作，积极开展国家技术创新工程试点。新增了一批国家重点实验室、质检中心、企业技术中心和工程实验室。研发经费投入大幅增加，科技创新能力稳步提升，技术创新成果不断涌现。2014年，规模以上工业企业申请发明专利9835件，其中大中型企业8011件，为2006年的9.9倍。2015年上半年，北京规模以上工业现代制造业增加值增长9.6%，增幅高于规模以上工业7个百分点，占规模以上工业的比重由2013年的43%提高到49.2%；战略性新兴产业增长8.5%，明显快于工业平均水平。北京奔驰、京东方、中芯国际等高端制造业企业保持快速增长，新能源汽车、高铁装备成为北京工业新的增长点。

优势产业竞争力增强。从近年来看，上海产业转移的主体是以大型企业和企业集团为核心，集聚在具备产业代表性的“龙头企业”中，对整个产业的外移发挥着核心推动的作用。如上海电气集团、上汽集团、宝钢集团、华谊集团等资本密集型重化大型企业，对外转移过程中不仅实现了企业自身的战略扩张和内在结构提升，也带活和引导了一大批相关行业的投资，逐渐形成“上游”与“下游”、“龙头”与“配套”相互吸引、相互推动的良性发展格局，不仅使区域产业发展凝合成强大的竞争优势，而且通过产业集群内的协作和互补培育出新的竞争优势。

（二）产业承接地区产业结构升级，产业集群和产业基地稳步发展，转移产业为经济发展提供支撑

产业结构升级。河北装备制造业快速发展，钢铁工业一枝独秀的局面正在改变，高耗能行业比重下降。增长动力在悄然转换，规上工业经济增长由钢铁工业主导逐步转为由装备制造业主导。2014年，装备制造业实现增加值2416.5亿元，占规模以上工业的比重为20.6%，比2010年提高3.4个百分点。六大高耗能行业实现增加值4656.6亿元，占规模以上工业的比重为39.6%，比2010年下降9.6个百分点。重庆构建起电子信息、汽车、装备、材料、能源、消费品为骨架的“6+1”支柱产业体系，汽车、电子等优势行业和一些消费类行业对规模以上工业增加值增长的贡献率较五年前大幅提高。新疆承接有色金属等产业转移，推动了新疆工业的快速发展。自2010年，有色金属冶炼及压延加工业占规模以上工业比重明显提高，从2010年的0.8%

提高到2014年的4.8%；对规模以上工业的贡献率也不断提高，从2010年的1%提升到2014年的28.2%。在目前工业经济增长放缓的情况下，今年上半年有色金属冶炼及压延加工业仍然保持40.4%的增长速度。

产业集群和产业基地稳步发展。河北环首都绿色经济圈（承德、张家口、廊坊、保定）地理位置优势逐步显现，发展势头良好。2014年，实现工业增加值2733.8亿元，占规模以上工业的比重为23.3%，比2010年提高1.5个百分点。安徽自2010年至2015年6月末，皖江示范区共承接1351家企业，覆盖全省现有工业体系34个大类行业、319个小类行业。其中电器机械和器材制造业、非金属矿物制品业、通用设备制造业以及计算机通信和其他电子设备制造业企业数和总量位居前列，企业数合计占全部承接企业的35.7%；产值分别为328.3亿元、87.8亿元、172.2亿元和557.8亿元，合计占59.4%。河南产业集聚区快速扩张，形成了郑州智能终端（手机）、洛阳电子信息服务、漯河食品、商丘制冷、濮阳家具、新乡医药、鹤壁陶瓷、周口纺织制鞋等一大批辐射带动能力强的特色产业集群和在全国有影响的产业基地。富士康项目产生了强大的产业集聚效应和“雁阵效应”，带动100多个产业、400多家配套企业落户河南。重庆都市功能拓展区和城市发展新区吸引投资占全市比重接近90%，其中，城市发展新区工业投资领跑全市，占全市工业投资的58%，增幅达28%，MDI、数控机床、机器人、汽车薄板、华晨鑫源涪陵汽车基地、中机西南能源蓄能技术装备等重点项目快速推进，工业主战场作用开始显现。都市功能拓展区工业产值增长16%，集成电路、液晶面板、通用航空器、石墨烯等战略性项目加速实施，云计算、大数据等平台投入营运，产业高端化趋势加快。

四、产业转移值得关注的问题

一是产业转移内生动力不足。总体看，虽然中西部地区发展前景广阔，但东部发达地区发展环境对资本依然具有吸引力。一些西部地区吸引人才能力不足、财税金融政策不对等、产业配套不完备，难以吸引产业转移。

二是产业转移过程遭遇资金紧张、收益减少、资源处置过程较慢等阵痛期，影响企业积极性。

三是转出地要谨慎关注产业“集群式”外移，预防制造业“空心化”。在制造业全球化分工背景下，同一产业链上下游企业之间依赖性强，核心企业发生外移，可能带动其他上下游配套企业共同外移。

四是产业承接地区要避免转入产业结构单一、层次不高。

（国家统计局工业司根据北京、河北、上海、江苏、安徽、河南、重庆、新疆等省＜区、市＞统计局重点选题调研报告综合整理）

历经严冬的中国经济正萌生春天的气息

如何认识当前的中国经济增长速度

刚刚过去的2015年，中国经济增长6.9%，为近25年来首次低于7%；工业生产者出厂价格连续46个月同比下跌，亦为历史罕见。为此，社会舆论对中国经济前景表现出特别的担忧。那么，当前的经济增长是否不正常呢？

其实，正常不正常，不能光看增速，也不能认为增速是多少年的新低就不正常。任何一个国家在其经济增长换挡期增速都是波动下行的，因为这与基数提高到新的平台有关，将来出现30年新低、40年新低都会是很正常的事情；正常不正常与是否低于7%也没有关系，我们2015年年初定的增长目标是7%左右，并非一定要达到7%以上。事实上，从7%以上到7%以下的过度是非常温和的，2014年四季度经济增速是7.2%，2015年一、二季度均为7%，三季度为6.9%，四季度为6.8%，这种换挡的节奏，其实是从2010年一季度12.1%的高位下滑以来最平缓的，应该说只是一种量变，并非出现了质变。那么，究竟该如何判断2015年的经济增长呢？

一是从增量看。按2010年不变价计算，2015年比2014年的GDP新增量为3.85万亿元，为2012年以来的最高值。自2010年以来，经济走出一个U型的探底回升的趋势，这个底为增速从上年的9.5%下降为当年的7.7%的2012年。这样一个增量，按不变价计算，相当于30年前的1985年我国全年的GDP。

二是从国际比较看。国际经济仍处于金融危机后的深度调整期，全球100多个国家，鲜有增速超过中国的。从发达国家看，美国经济增长相对稳健，2015年前三季度分别增长2.9%、2.7%和2.2%，全年增速预计为2.7%左右；欧元区分别增长1.3%、1.6%和1.6%，全年增速预计为1.5%左右；日本分别增长-1.1%、0.7%和1.6%，全年增长预计为1%左右，均明显低于中国经济增长。

从新兴市场国家看，前三季度俄罗斯和巴西均呈现超过2%的负增长，南非增速也从一季度的超过2%降至三季度的1%，韩国增速不到3%，只有印度保持7%以上的增长，增速略超过中国。而印度经济增速超过中国，很大程度上与其基数较低相关，2014年印度经济总量仅相当于同期中国的1/5。2015年我国的新增GDP，按2015年年末汇率折算，差不多6300亿美元，相当于全球排名20左右的一个国家全年GDP总量（2014年全球排名第20位的瑞士GDP总量为7010亿美元，排名第21位的瑞典为5711亿美元）。

三是从就业看。虽然经济增速放缓，但2015年城镇新增就业仍明显超过年初制定的1000万人的目标，调查失业率稳定在5.1%左右甚至有所回落，没有出现上个世纪亚洲金融危机期间以及7年前国际金融危机爆发时曾发生的失业压力短时间明显加剧的现象。

四是从收入看。城乡居民收入保持平稳增长，且快于经济增长速度。2015年全年全国居民人均可支配收入21966元，比上年名义增长8.9%，扣除价格因素实际增长7.4%，比经济增速高0.5个百分点。特别是农民收入增速明显快于城镇，促进城乡收入差距进一步缩小，民生得到较大改善。

从以上数据的分析我们可以认为，当前的经济增长保证了就业形势的稳定和收入的平稳增长，保持了经济增量的稳定以及经济增速在全球范围内的领先地位，说明当前的增长速度不仅是正常的速度，而且是来之不易的。

如何看待正在发生的结构优化与动力转换

当前中国经济，结构正呈现着巨大的变化。

研究中国经济，当然需要了解总量的变化情况及其趋势，但在当下，了解结构变化显得更为重要。一是因为结构变化可以更好地体现经济运行的健康状况；二是通过结构变化可以更好地解析影响经济增长的因素，剖析经济运行中存在的困难和矛盾的原因，也可以更好地把握经济未来的发展方向；三是深入分析经济结构问题，可以为供给侧结构性改革提供重要的决策参考依据。

（一）消费需求正逐渐成为需求侧的主要动力

2015 年经济增长 6.9%，是在进出口罕见地下降 7%，其中出口下降 1.8% 的背景下实现的。事实上，金融危机以来，我国出口从未出现过下降。改革开放以来，仅在 2009 年金融危机期间出口出现过下降，上个世纪末亚洲金融危机期间，1997-1998 年出口每年都还保持着增长。从另一角度说，在这样一个外贸背景下经济实现 7% 左右的增长，表明我国内需动力其实是在增强的。

而在内需中，2015 年发挥基石般稳定作用的是消费需求。近 3 年来，消费对经济增长的贡献分别为 48.2%、51.6% 和 66.4%，呈现逐年加大的趋势，尤其是消费相对于投资的贡献，增长更为明显。

收入的持续增长，尤其是近年来增速快于 GDP 增速，是推动经济增长的基础。而社会保障制度的不断完善，尤其是城乡医保、社保受益人数近年来平稳持续增长，有效地提升了消费需求。近年来，消费者信心呈现持续回升态势，2013 年至 2015 年分别为 101.2、104.4 和 105.9。近 3 年来，消费者的储蓄意愿从 52.7% 下降到 41.1%，购买商品和服务的消费意愿从 45.7% 上升到 53.5%。

消费的增长，还突出表现在消费结构升级上。一是在商品消费中，与信息化相关的消费增长较快，比如 2015 年通讯器材消费增长 30% 左右，商务部重点监测零售企业 4G 手机销量同比增长 75.9%，新能源车销量增长 3.4 倍；二是相对于反映商品消费的社会消费品零售总额 10.7% 的增速，服务性消费更趋活跃。2015 年电影票房收入增长接近 50%，国内旅游突破 40 亿人次，旅游收入超过 4 万亿元，连续 4 年保持快速增长。城乡居民保险意识增强，2015 年保险收入增长 20%。实际上，从价格变化也能看出服务需求的增长：2015 年全国居民消费价格上涨 1.4%，其中衣着加工服务价格涨幅为 5.2%，家庭服务及加工维修服务价格涨幅高达 6.6%，这意味着需求在加大。

（二）产业结构从资源密集型转向技术密集型

近 3 年来，产业结构变化趋势十分明显。首先表现在第三产业增速持续快于第二产业。2011 年，第二产业增长 10.6%，比第三产业高 1.1 个百分点；2012 年两者比较接近，分别为 8.2% 和 8% 左右；2013 年第三产业增速为 8.3%，比第二产业快 0.4 个百分点，占 GDP 的比重为 46.9%，首次超过第二产业；近两年，这一趋势进一步发展，2014-2015 年，第三产业增速分别比第二产业高 0.5 个和 2.3 个百分点，第三产业占 GDP 比重不仅明显超过第二产业，而且已经超过 GDP 的一半。服务业的相对较快发展成为产业结构升级的典型标志，也成为避免经济出现大幅波动的重要稳定力量。

而从工业内部看，产业分化也非常明显。2015 年四季度工业企业景气指数为 112.2，其中医药、食品、烟草等与消费相关行业景气指数高达 130 以上，而钢铁、煤炭的景气指数分别只有 84.2 和 62。2015 年医药、IT 设备等高新技术产业增加值增长 10% 左右，而煤炭、水泥、粗钢的年产量都出现了下降。

（三）新的区域经济格局正在形成

伴随着经济结构的调整，我国目前形成了新的区域经济格局，大体分为三类：一类是技术密集型，一类是制造密集型，一类是资源密集型。

2015 年尽管面临巨大的经济下行压力，我国东部沿海的一些技术先进、服务业发展迅速的地区仍保持平稳增长，比如 2015 年一至三季度江苏、浙江、广东的经济增速分别为 8.5%、8% 和 7.9%，与上年相比，江苏微降 0.2 个百分点，浙江和广东则分别提高 0.1 个和 0.4 个百分点，这些地区可以作为技术密集型的代表。

伴随着承接东部产业转移力度的不断加大，重庆、贵州以及中部的一些地区不断形成密集的制造业产业集群，经济增长依然保持着较快的速度。2015 年前三季度，重庆、贵州的经济增速分别为 11% 和 10.8%，与上年大体持平；湖北、安徽的经济增速分别为 8.8% 和 8.7%，虽比上年有所下降，但仍保持着较快增长，这些地区可以作为制造密集型的代表。

而东北、西北、山西等资源密集型产业占比较大的地区，经济发展出现滞缓，压力特别大。2015 年前三季度，辽宁、山西的地区生产总值分别增长 2.7% 和 2.8%，比 2014 年分别减少 3.1 个和 2.1 个百分点，规模以上工业分别下降 5.4% 和 3.3%，而上年则分别增长 4.8% 和 3%。这些资源密集型地区，当前遇到的困难和挑战尤为巨大。

（四）民营经济活力增强

当前企业效益下滑是社会对经济下行压力加大的最主要担忧之一。2015 年 1-11 月规模以上工业企业主营业务收入同比增长 1%，利润下降 1.9%，其中，国有及国有控股企业主营业务收入及利润分别下降 8% 和 23%，而私营企业则分别增长 4.9% 和 5.3%。在 PPI 持续 46 个月为负的罕见苛刻环境下，这一结果一定程度表明，面对经济巨大的下行压力，民营经济表现出了更大的韧性和更强的活力。

从进出口数据同样能看出民营企业的活力。据海关统计，2015 年，我国货物贸易进出口总值比上年下降 7%，出口下降 1.8%；同期我国民营企业进出口只微降 0.2%，占进出口总值的比重为 37%，比上年提升 2.5 个百分点，其中出口仍保持 3.1% 的正增长。

（五）劳动力的技术构成在不断提升，创新驱动力在逐渐增强

2012 年开始，中国的人口结构在发生根本性的变化，16-60 岁的劳动人口以每年 300 万人左右的数量在减少。与此同时，每年新毕业的大学生差不多 700 万人左右，绝大多数加入新就业大军。劳动力素质处于持续提高的过程中。伴随着人工成本的上升以及产业结构升级的双重推动，企业招收大学生的意愿明显高于招收农民工。据中国企业家调查系统2015年的年度跟踪调查，2016 年计划招收大学毕业生数量“增加”的企业占 38.4%，比“减少”的多 18.3 个百分点。而计划招收农民工数量增加的企业比重比计划减少的少 21.8 个百分点。劳动力技术构成的提升，将为创新驱动奠定人力资本基础。

据国家统计局创新指数研究课题组测算，2014 年创新指数为 158.2（以 2005 年为 100），意味着 10 年来国家创新综合水平增长了近六成。据中国企业家调查系统调查，2015 年 66% 的企业有提高企业自动化水平的意愿，57% 的企业对互联网 +“兴趣较大”或“兴趣很大”；超过 55% 的企业研发投入比上年增加，显示在“大众创业、万众创新”政策的促进和“三期叠加”形势倒逼的双重作用下，来自企业的创新内在动力在增强。2015 年，随着简政放权政策的进一步推进，国务院取消和下放了 139 项行政审批事项，全国新登记注册企业平均每天超过 1 万家，显示出创业热情。

2016 年走势及供给侧结构性改革

（一）2016 年经济面临的压力和挑战

一是国际经济仍然充满不确定性。新年伊始，一定程度反应国际航运景气程度的波罗的海干散货指数（BDI）跌穿 400 点，创历史新低，石油价格和铁矿石价格也是跌势不止，表明国际贸易需求尤其是大宗产品交易日趋清淡，国际经济复苏乏力。由于美联储步入加息周期，美国与其他主要经济体的货币政策出现分歧，可能会带来国际资本跨境流动的加快，对那些依赖宽松货币政策支撑大宗产品价格的资源型国家尤为如此，一定程度上会加剧国际经济的不稳定。2016 年 1 月 20 日，国际货币基金组织发布最新的《世界经济展望》，将 2016 年全球经济增长速度从 10 月份的预测值 3.6% 下调为 3.4%。2015 年 12 月，中国海关总署发布的中国外贸出口先导指数为 31.2，较 11 月回落 0.8，表明今年一季度我

国出口压力仍然较大。

二是房地产去库存压力依然十分巨大。受2014年下半年以来房地产市场调整的影响，2015年房地产一直处于去库存的状态，1-11月竣工面积为7.2亿平方米，比销售面积少3.7亿平方米，但库存面积仍高达6.96亿平方米，增速为16.5%，比销售增速高9.1个百分点。与此同时，同期施工面积72亿平方米，是竣工面积的10倍，意味着未来库存将进一步大幅增加。而从需求看，目前城镇住房拥有率已经超过90%（西南财经大学调查），在满足现有城镇户籍人口需求方面应该说几乎饱和。

三是产能过剩形势依然十分严峻。根据国家统计局企业景气调查，近3年来工业企业的产能利用率保持下降的趋势，一定程度上表明产能过剩的形势没能有效缓解，部分产业甚至仍处于加重趋势。据中国企业家调查系统2015年年度跟踪调查，认为本行业产能过剩“非常严重”的企业经营者占16.1%，认为“比较严重”的占58.6%，两者合计比重比2014年上升了0.7个百分点，为近4年来的最高值。受产能过剩的影响，企业面临的市场竞争压力也明显加大，与去年同期相比，认为今年以来市场竞争压力“明显增加”的企业经营者占38.3%，比2014年高了4.9个百分点。产能过剩造成去库存压力居高不下，PPI下行趋势未见改变。

四是部分消费热点商品增长已趋极限。汽车是近年拉动消费的重要热点商品，但随着产销量达到2400万量，其消费峰值基本已经达到，2015年上半年的增长颓势已现。随着2015年9月1.6排量以下小汽车购置税减半政策的刺激，四季度产销量明显回升，但该政策2016年年底会到期，或许到期前2016年还可能保持一定的增长，但期待两位数的增长是不现实的，且这种透支式增长对2017年的产销将形成巨大压力。另一消费热点是手机，近年来飞速增长，其背后是每百人手机拥有率从2012年年初的不到75部上升到2015年底的超过95部，其未来需求增长放缓是自然的。

五是金融风险继续累积。从国际上看，作为全球第一大经济体的美国开始进入加息周期，而欧元区及日本仍在加大宽松货币政策力度，货币政策的分歧导致全球跨境资本流动加速，对我国来说汇率波动风险加剧，货币政策操作难度加大。国内的地方债务风险和企业债务风险也在不断积累之中。2015年1-11月，规模以上工业企业的应收账款增长7.8%，比主营业务收入增长高6.8个百分点；亏损企业亏损额、亏损面持续扩大，其应收账款增长更多，一些企业间的债务链存在断裂的可能。

（二）支撑经济平稳增长的动力与供给侧结构性改革

我们既要认清当前面临的巨大压力和挑战，也要看到支撑中国经济的长期动力依然存在，而且我们的政策“工具箱”里还有很多工具可以使用。

一是支撑我国经济长期持续增长的基本面没有变化。比如城镇化依然有空间，而放开二孩政策以及强调人的城镇化，对经济增长的影响进一步加大；比如信息化对经济全方位的推动；比如绿色发展本身给环保等相关产业带来历史性成长空间等等。

二是产业结构转移仍在产生梯度增长效应。目前增长较快的重庆、贵州以及中部地区多数省份都是这一效应的受益者。

三是一带一路、长江经济带和京津冀的发展战略在2016年将由设计阶段逐步进入到施工阶段，其产生的辐射效应是可观的。长江经济带和京津冀的人口占全国的一半，GDP占全国的55%左右，影响将是巨大的。一带一路不仅会促进我国GDP的增长，而随着企业海外收益的快速增长，有可能会出现国民生产总值GNP增长快于GDP的情况。

四是去年力度逐渐加大的积极的财政政策和稳健的货币政策的滞后效应，将在2016年有比较明显的显现。从目前的统计数据看，利率的下降对减轻企业的财务费用有明显的积极影响：与2014年相比，2015年1-11月，规模以上工业企业主营业务收入增速从7.0%降至1.0%，同期财务费用增速从11.2%降至0.9%，其中，利息支出增速从9.2%降至-2.0%。从M2的增长看，2015年下半年各月增速均超过13%，明显高于上半年增速；固定资产投资到位资金累计增速也从年初的不到7%增长到11月份的接近8%。

从国家发改委的项目审批力度看，去年下半年尤其是四季度力度明显加大。目前国家发改委PPP项目库总计有2125个项目，总投资3.5万亿元，大多是去年下半年审批通过的。2015年，国家发改委共审批核准固定资产投资项目280个，总投资25159亿元。其中，12月份共审批核准32个，总投资5151亿元，表明年底投资审批力度加大。这些项目将陆陆续续在2016年进入实施阶段，对投资的推动将是可观的。

五是供给侧结构性改革将对经济增长和结构调整产生重大影。从当前我国经济面临的巨大压力来看，由于问题的根源是结构性矛盾，过去常用的通过总量需求刺激来化解矛盾、走出困境的办法不再灵验。由此，通过改善供给环境提振供给信心、优化供给结构、提升供给品质的供给侧改革被赋予重任。化解前述的几大压力，供给侧改革均大有可为。

对2016年来说，供给侧结构性改革首要的任务是去产能、去库存、去杠杆、降成本、补短板。将去产能放在第一位，尤其是特别提出处置“僵尸企业”，是具有深意的。这是因为“僵尸企业”的僵而不死，很大程度上并非市场行为，比如地方政府出于对当地经济、社会多方面的考虑而对这些企业加以施救，尤其是对特大型企业。殊不知“僵尸企业”如果不能“入土为安”，会占用和消耗更多资源，维持更多低效甚至无效生产，进一步加剧去库存的难度，也会增加去杠杆的风险。这个风险可能在微观企业层面，也可能在施救的地方政府层面。“僵尸企业”的带病运行，也增加了企业降成本的难度，因为它无形中降低了整个社会的生产能力利用率。而设备利用率低是生产成本难以降低的重要原因之一。现在确实到了壮士断腕的关键时刻，要拿出当年亚洲金融危机期间我国纺织行业大规模压锭、砸锭的勇气和决心。

北京朝阳区城市景观

去库存目前看首要的是去房地产库存。这是一项艰巨的任务，一方面要积极推动保障房货币化的政策推进力度，既较快满足低收入群体的居住需求，又有助于化解商品房库存，还可避免过多低收入群体居住同一小区可能带来的管理压力。另一方面，要大力推进人的城镇化进程，有条件的地方需要尽快解决愿意在打工所在地落户的进城农民工的户籍问题。这是化解不断累积的商品房库存的根本之策。

去杠杆关键要加强企业和地方政府债务的动态监测，加大PPP项目的推广力度，促进地方融资平台的转型。当然，促进资本市场的稳健发展，提高企业的直接融资比重，也非常重要。

相对于去产能短期内甚至可能会使部分地区经济增长进一步下滑的情况，降成本将会使几乎所有的企业受益。降成本包括进一步减税，全面推动营改增并适度降低增值税率；降成本还应包括全面清理非税收入。2015年1-11月，国家各项税收收入合计增长4.4%，而非税收入增长高达29%，通过降费来降低成本的空间很大。此外，适度降低企业上缴的社保费用也已势在必行。

补短板，其实是前述“三去一降”后腾出来的先手棋。要将这手棋下在生态环保上，下在扶贫上，下在重大科技攻关上，下在引导消费结构升级上。这一补，既使得经济更加协调、稳健，也更有持续的动力。

（三）2016年的走势预期

面对当前依然十分严峻的经济下行压力，目前存在的一个重要问题是信心的缺失。国家统计局企业景气调查的结果显示，企业家信心为金融危机以来的最低，经济学家信心调查结果也呈现类似的结果，亦为金融危机以来的新低。当今经济某种程度上是信心经济，信心的缺失会导致投资意愿的下滑。

在当下经济进入新常态、改革进入深水区的关键时期，既要深刻认识面临的困难与挑战，也要对推动经济稳定增长的积极因素有充分认识，尤其是要坚定通过供给侧结构性改革使经济增长发生质的变化。综合对上述压力与动力的分析，我们认为2016年经济结构分化的态势将进一步延续：

第二产业增长可能会进一步放慢，而第三产业尤其是IT服务、科技服务、商务和租赁服务等生产性服务业，以及与消费结构升级相关的服务业，比如文化传媒、教育、旅游休闲等将进一步快速发展；投资增长总体可能进一步放慢，尤其是资源型和资源密集型产业投资继续下降，但消费结构升级可望继续推进，对经济增长的贡献有望继续加大。

总体来看，2016年我国经济可能继续走出略向下倾斜的L性走势，与此同时，经历供给侧结构性改革的中国经济，内力将逐步得到增强。

或许可以说，历经严冬的中国经济正萌生春天的气息。

（作者：潘建成）

适应新常态 走稳新步伐

1月19日，国家统计局发布了2015年国民经济运行主要统计指标。数据显示，过去的一年，中国经济在进入新常态的背景下，总体保持了稳中向好的发展态势，各项主要指标平稳增长，结构调整、转型升级取得积极进展，既在全面建成小康社会的道路上又迈出了坚实一步，也为世界经济增长作出了突出贡献。但要在2016年乃至未来5年内完成中央经济工作会议的各项部署，实现“两个翻一番”的全面小康目标，仍需付出极大的努力。

平稳：经济总量及主要宏观指标起伏较小，“平稳”的特征比其他时期更为突出和明显

一是经济总量平稳增长。全年国内生产总值增长6.9%。分季度看，一至四季度同比增速分别为7%、7%、6.9%和6.8%。波动幅度仅为0.2个百分点，在各年中是很低的。由此表明，我国宏观经济运行在整体上没有出现波动，其“平稳”的特征比以往更加突出和明显。

二是主要领域核心指标增速比较平稳。规模以上工业增加值实际增速，在3月份降至5.6%的相对低点后，于6月份又回到1-2月6.8%的水平，虽然此后有所起伏，但并未出现新低，全年增长6.1%；全国固定资产投资（不含农户）累计增速仍保持两位数增长，全年名义增长10%，扣除价格因素增长12%；社会消费品零售总额名义增幅始终在10%及以上，高低仅差1.2个百分点，且在11月份创造了11.2%的年内新高，全年增长10.7%。

三是价格波动幅度相对较小。全年涨幅为1.4%。除1月份因存在不可比因素为0.8%以外，2-12月，同比涨幅均保持在1.2%到2.0%之间，高低差不到1个百分点，波动幅度较小。长期以来，价格领域宏观调控的目标都是3%左右。2015年连续11个月高于1%、不超过2%，表明价格走势稳定在一个相对平稳、暂无通胀风险和通缩之忧的区间。连续11个月稳定在这样一个区间的情况，以往历年也确实比较少见。

向好：产业结构、区域结构、需求结构发生积极变化，城乡居民收入差距有所缩小，居民收入在GDP分配中的占比有望提升，GDP能耗水平有所降低

一是产业结构调整稳步推进。2015年一季度，第三产业增加值同比增长7.9%，既高于第一、第二产业增速，也高于GDP的平均增速，其中金融业、其他服务业，增速均明显快于第三产业平均增速。这种态势在年内继续延续，全年三产增速达到8.3%，在GDP总量中的比重继续提升，达到50.5%，首次超过50%。此外，第三产业中的旅游、保健等行业，第二产业中的装备制造业、中医药制造业、航空航天器及设备制造业、电子及通信设备制造业、信息化学品制造业等行业都增长较快或增速有明显回升，对经济增长的贡献率也都在加大。这种变化和趋势显然是持续推进结构调整所取得的进展和成果。

二是区域结构出现积极变化。2015年，区域经济发展总体上呈现出明显的西高东低态势。重庆、贵州等地增幅在全国位居前列，新疆、云南、广西、甘肃、四川等地，增速也都处于相对较高水平。相比较而言，东部地区除天津外，多数地区增速慢于西部。中部省份的速度整体上也处于中等水平。这与中国当前经济发展的阶段性特征是基本契合的。从过去的东中西，到现在的西中东，表明我国国民经济在区域结构上是向着更加合理优化、平衡协调的方向发展演进的。

三是需求结构进一步改善。2015年，最终消

费支出对国内生产总值增长的贡献率为66.4%，比上年提高15.4个百分点。长期以来，靠不断扩大投资规模拉动经济增长的模式得到根本改变。而居民消费结构也在发生变化。农村增速快于城镇，餐饮增速快于商品，网上增速大幅度快于网下（其中非实物快于实物）。

四是居民收入占比有望提升。2015年，全国居民人均可支配收入21966元，扣除价格因素后同比实际增长7.4%，超过GDP增速0.5个百分点，居民收入占比有望提升。而分城乡看，农村居民人均可支配收入同比实际增长7.5%，城镇居民人均可支配收入同比实际增长6.6%，城乡居民人均收入差距继续缩小。

五是节能降耗继续取得进展。GDP能耗水平在持续降低的基础上又有进一步下降，全年单位国内生产总值能耗同比降幅达到5.6%，比上年全年的4.8%又扩大了0.8个百分点。这既是调整产业、产品结构、淘汰落后产能的结果，也是积极采用新技术、降低现有产品能耗水平的结果。

对于速度的回落必须有一个合乎规律和科学的认知，才能确保经济运行的航船沿着正确的航道行进

长期以来，一些经济学家和职能部门人士，往往把速度的回落说成是经济的下滑或滑坡。这种认知既不符合规律，也不符合事实。很长一段时期，中国经济都面临和存在着下行压力。这既有外部环境因素的影响，也与自身经济发展的阶段性特征有关。而允许速度适度回调，并通过宏观调控，把握好回调的幅度和方向，是尊重、适应经济发展规律的理性选择。

无论是从经济发展规律和历史进程，还是从外部环境和现阶段形势来看，无论是从中国经济发展的阶段性特征，还是从国民经济核算的原理和逻辑来看，中国经济增长速度回调至7%左右，并非是一种周期性的下行，而是发展进程中的一个必经阶段，也是适应外部环境变化、针对存在问题主动调整的一种必然选择。而即使是这个速度，也仍然比其他主要经济体要高出若干个百分点。中国经济对世界经济增长的贡献也依然位居首位。

而2015年的中国经济，之所以能面对下行压力，在7%左右的位势上保持平稳发展态势，一是在于经过多年来的发展奠定了相对稳定的基础和格局，具备了一定韧性和抗风险能力，能够适应形势变化进行校正和调整；二是在于近年来适应新常态变化，积极调整结构、提质增效、转型升级，正在取得初步成效；三是在于决策层面对经济运行中的情况和问题，审时度势，积极采取以金融手段为主的各项调控措施，在一定程度上化解或缓解了面对的风险。

准确判断和应对当前经济发展中存在的主要问题，才能适应新常态要求，真正实现转型升级、提质增效

尽管结构调整、转型升级正在取得积极进展，但经济发展进程中长期积累的矛盾和问题仍未得到根本性解决。而2015年的各项经济数据，也揭示了当前经济运行中的一些突出问题。

一是经济效益持续下降。1-11月份，规模以上工业企业利润总额同比下降1.9%。销售下降，成本和费用上升。尽管一些符合转型升级方向的行业效益良好，但整体效益持续下滑，预示在制造业领域的结构调整、转型升级、提质增效，仍然面临着各种阻力和困难，还有一个相对艰难和漫长的过程。

二是生产价格长期下行。无论是工业生产者出厂价格还是购进价格，也无论是同比还是环比，都呈现长期下行态势，近一年来涨幅始终在0及0以下。到2015年12月，出厂价格同比连续5个月在-5.9%的新低位置上；购进价格同比也连续2个月停滞在-6.9%的新低位置之后，略降至-6.8%的次低位置。PPI长期走低，表明市场有效需求仍然不足，企业的盈利空间无疑也会进一步缩小。

三是房地产市场分化明显。一方面是销售经历了从大幅下降到大幅增长的过程，目前前景尚不确定；价格的整体变化情况与销售相似，不同

城市房价有升有降。另一方面是房地产投资增速逐月降低，全年名义增幅降到了1%的新低；土地购置同比降幅始终在30%以下；待售面积持续增长。个别一线城市的房价暴涨与广大三四线城市的库存形成鲜明对比。

四是进出口额仍然同比下降。全年进出口总值下降7%，其中出口下降1.8%，进口下降13.2%。进出口持续下降，表明外需依然不足，对国内经济的拉动作用难以在短期内明显提升。

2016年是“十三五”的开局之年。坚持科学引导、合理布局、有效调控，年度和五年目标就一定可以实现

做好今年及未来5年的经济工作，需要从以下几个方面努力。

一是通过“双创”和供给侧改革，保持经济的中高速增长，以实现经济总量翻番。虽然未来5年，保持6.5%左右的平均增速，即可以实现2020年经济总量比2010年翻一番的目标。但是，保持这样的增速，既要应对国内外因素的不利影响，又必须从调整结构、转型升级、提质增效的要求考虑，努力提高增长质量。因此，这个目标也并非轻轻松松可以实现。所以要在化解过剩产能的同时，通过“大众创业，万众创新”和供给侧改革，一方面促进传统产业的升级换代，改进和提高产品质量；另一方面积极发展高技术产业，打造和培育新的经济增长点，增加新的有效供给，形成多点支撑的局面，以促使经济增速维持在适度水平上。

二是通过调整GDP分配结构，增加居民收入，以实现人均收入翻番。GDP的蛋糕既定，其在居民、企业、政府三者中的分配比例此长彼消。十八届五中全会确定了放开全面二孩政策，这意味着未来5年人口增长率有可能在一段时间以来5‰左右的水平上有所提升。考虑人口增长的因素，需要调整GDP分配结构，使居民收入增速超过经济增速，使居民收入在GDP分配中所占的比重有所提高，才能确保人均收入翻一番目标的实现。

三是通过政策导向和改革措施，缩小贫富差距，以逐步实现共同富裕。要通过改革和完善财税、金融和投融资体制，通过政策引导和扶植，加大对西部地区的支持和扶植力度，并有效实施振兴东北老工业基地的战略，努力缩小地区间的差距；通过各项惠农政策和推进城镇化进程，努力缩小城乡间的差距；通过改进和完善收入分配机制、调节机制，并充分运用财税、金融等调控手段，加大扶贫脱贫力度，努力缩小居民收入的差距，使社会财富从偏态分布尽可能向正态分布方向回归，使更多的人逐步达到或接近小康目标。

四是通过坚持居住属性和分城施策原则，使房价回归价值，以创造更多有支付能力的需求。要按照中央经济工作会提出的思路，鼓励房地产开发商降低房价，以积极化解三四线城市的房地产库存。同时，在一二线城市，则应该继续坚持住房的居住属性，继续控制投资性购房和房价过快上涨，促使房价向符合价值的方向合理回归，使广大人民群众真正共享全面小康成果。

（作者：潘播）

创新创业：就业增长新引擎

2015年，在经济增速下行压力持续加大背景下，就业形势保持总体平稳，前三季度调查失业率基本稳定在5.1%左右。来自人力资源和社会保障部的数据显示，2015年1-11月份全国城镇新增就业1251万人，已超过全年1000万人的目标任务。“十二五”期间，连续5年城镇新增就业人数超过1200万。这一成绩来之不易。

政策鼓励以创业带动就业

全国就业创业工作电视电话会议2015年5月19日在京召开。中共中央政治局常委、国务院总理李克强作出重要批示：就业是民生之本，就业稳则心定、家宁、国安。国务院印发《关于进一步做好新形势下就业创业工作的意见》，把“创业”二字首次列为国家促进就业的重要手段。

作为推动大众创业、万众创新的系统性政策文件，国务院《关于大力推进大众创业万众创新若干政策措施的意见》把推进大众创业、万众创新定位为“稳增长、扩就业、激发亿万群众智慧和创造力，促进社会纵向流动、公平正义的重大举措”，并从9大领域、30个方面明确了96条政策措施。

政府着力培育经济和就业增长新引擎，密集出台了促进就业创业、推进“大众创业、万众创新”若干政策措施。据不完全统计，2015年以国务院名义发布的203份文件中，与创新创业相关的多达31份。各地采取有效措施强力推动政策落实，实施更加积极的就业政策，以大众创业、万众创新拓展就业空间，以服务业、新兴产业加快发展扩大就业容量；坚持简政放权、放管结合、优化服务，用改革的办法搭建更优创业平台，用市场的力量创造更多就业机会，以创业带动就业的效应显现。

为方便企业注册，我国继续深化商事制度改革。2015年10月1日，三证合一、一照一码全面推开，企业只需跑一次窗口、填一次表格即可拿到新版营业执照；31个省（区、市）出台了住所管理规定，不少地方采取“一址多照”、“一照多址”、商务秘书公司等改革举措，促进了众创空间、创客工场等新业态、新经营模式的发展。

来自国家工商总局的数据显示，截至2015年11月底，全国新登记市场主体1321.5万户，比上年同期增长14.1%，其中企业389.5万户，增长19%，平均每天新登记企业1.17万户。据中国社科院专家测算，新创企业的增加可带动近20%的城镇新就业增长。

2015年我国两度扩大所得税减半征收政策适用范围，自2015年1月1日至2017年12月31日，将该政策适用范围扩大到年应纳税所得额不超过20万元的小型微利企业；在此基础上，自2015年10月1日至2017年12月31日，进一步扩大到年应纳税所得额不超过30万元的小型微利企业，进一步加大对小微企业税收优惠的力度，为创业就业拓展空间。

结构转型促就业变化

创新创业既是基于经济转型升级的需要，也是经济转型的结果。产业结构中快速扩张的第三产业，以及得益于政府改革红利从而充满活力的小微企业，是吸纳就业的主力军。2015年，新兴产业、新型业态、新商业模式加快成长。1－11月份，高技术产业增加值同比增长10.4%，网上零售额同比增长超过30%。

人力资源市场供求和互联网招聘机构数据均显示，电子商务、计算机软件、金融等新兴产业用人需求大幅增长，成为就业市场的主力军。根据人社部对全国3万多家企业监测的情况看，2015年前3个季度，岗位流失主要集中在煤炭、钢铁、化工等行业，多是化解产能过剩或环境治理的重点行业。

在 2015 年 12 月 18 日举办的首届深圳湾论坛上，腾讯公司副总裁、腾讯云负责人邱跃鹏表示，互联网很大程度上促进了创新创业和就业。“O2O 的发展非常快，2015 年很多企业已经超过了 100 亿美金的估值，腾讯开放平台上的应用数量增长了 70%。保守估计，O2O 解决了 800 万人的就业问题。”

在经济较为发达的地区，如江苏省连云港市，服务业就业增长迅速，目前已成为吸纳就业、缓解就业压力的主要动力。近 20 年来，该市服务业从业人员占全社会从业人员的比重年均提高 0.82 个百分点，2014 年，全市服务业就业人数达到 90.98 万人，占总就业人口比重为 36.2%。这说明连云港服务业表现了较大的就业容纳能力。

而在传统工业基地，如沈阳市，工业经济在连续多年保持高速增长后，支撑发展的要素条件在发生深刻变化，潜在增长率有所下降。2015 年截至 9 月，工业增加值增长速度为 -2.8%。很显然，工业吸纳就业大幅下降。目前，沈阳已出台鼓励创新创业的政策措施，吸引高端人才，服务经济转型升级。

山西省在资源型经济转型综合配套改革试验区设立以来，经济转型步伐加快，产业结构进一步优化，劳动力就业在产业间的分布更加趋于合理。从 2015 年大学生就业情况看，以往比较抢手的涉煤和建筑专业类的工作，需求量有所减少，而民营中小企业成了高校招聘会上的主角。农村富余劳动力逐步由第一产业向第二、三产业转移，实现了全社会范围内劳动力资源的合理配置，进一步提升了全社会劳动生产率，有利于为社会创造出更多的财富和价值。但是，由于环保压力，当地淘汰了一批落后产能，有专家测算，有可能造成比全国平均水平高出 1 个百分点的失业率。

就业形态也要转型升级

创业就业同样需要转型，创业形态创新、创业就业模式与时俱进，将有利于就业增长。今天的创业应该是创新型创业，创业之路将从大众型、经验型为主向越来越重视知识、能力、科技的创新型、知识型创业转变。受过高等教育的青年人有望在第三产业，特别是互联网领域实现他们的创业梦。创业咖啡、创意工厂等创业孵化模式的兴起，都为年轻人营造着更好的创业氛围。

近年来，相关部门不断完善扶持政策，畅通高校毕业生就业渠道，让更多的毕业生能够立足基层、立足一线、立足岗位、成长成才。高校毕业生每年离校时的就业率稳定在 70% 左右，年底总体就业率超过 90%。2015 年，我国高校毕业生达到 749 万人，再创历史新高。随着我国经济发展进入新常态，就业总量压力依然存在，结构性矛盾更加凸显。人力资源和社会保障部副部长信长星说：“只有产业由中低端向中高端迈进，才能创造更多能适应大学生就业愿望和就业需求、就业预期的中高端岗位。”

教育部 2015 年 12 月出台《关于做好 2016 届全国普通高等学校毕业生就业创业工作的通知》也提出，从 2016 年起，所有高校都要设置创新创业教育课程，对全体学生开发开设创新创业教育必修课和选修课，纳入学分管理；还要求高校通过合作、转让、许可等方式，向高校毕业生创设的小微企业优先转移科技成果；通过学校自设、校外合作、风险投资等多种渠道筹集资金，扶持高校学生创新创业。

（作者：杨敬）

消费助力经济增长

2015年，尽管我国经济面临较大的下行压力，房地产下滑，制造业较为低迷，固定资产投资持续放缓，但消费市场却稳中有升，成为拉动经济增长的主引擎。

纵观全年消费情况，一方面，消费品零售额稳中有进，城乡市场持续保持增长，基本生活类商品稳中有升，网上零售增速较快，消费市场可圈可点；另一方面，鼓励消费的各项政策不断发挥作用，社会保障体制的日趋完善，助推了消费市场的发展，预计全年社会消费品零售总额增速在10.6%左右，总体规模有望突破30万亿元。

消费品零售增速稳中有升

2015年，我国经济正在由原来的“高速增长”转向“中高速增长”，消费市场运行保持基本平稳，消费需求保持了较为旺盛的增长势头。

国家统计局数据显示，全国实现社会消费品零售总额在前三季度达到21.6万亿元，同比增长10.5%，增速较上半年回升0.1个百分点；扣除价格因素，实际增长10.5%，最终消费支出对国内生产总值增长的贡献率为58.4%，比上年同期提高9.3个百分点。2015年1-11月，全国社会消费品零售总额27.2万亿元，同比增长10.6%，增速与2015年1-10月份持平，消费对经济的拉动作用也在不断增强。

2015年前三季度，房地产市场回暖带动住房相关商品消费较快增长，限额以上单位建材、家具、家电销售额同比分别增长18.6%、16.7%和10.8%，比上年同期分别加快4.8个、2.2个和2.1个百分点；食品、日用品等刚性消费总体呈现稳步增长态势，限额以上单位商品零售类值中，食品类商品、日用品销售额分别增长13.9%和11.8%，较上年同期分别加快3.1个和0.8个百分点；大众休闲、文化娱乐消费需求持续增长，餐饮收入同比增长11.7%，较上年同期加快2个百分点，旅游已从传统的观光型向观光休闲复合型转变，自由行、自驾游、城市休闲、乡村采摘等渐成主流；节能智能商品消费旺盛，全国新能源汽车销售同比增长2.3倍；消费价格基本稳定，居民消费价格同比上涨1.4%，涨幅比上半年扩大0.1个百分点。预计四季度消费增长将略有加快，增速在11%左右。

事实上，2015年1-11月份，社会消费品零售总额增速10.6%，比上年同期的12%稍有回落。据测算，汽车和石油类商品增速下滑，对社零总额的影响大约为1.3个百分点，如果扣除这两大类商品，2015年1-11月份社会消费品零售总额增速将与上年同期基本持平。

网上消费持续快速增长

2015年，电子商务引领互联网经济发展，我国网络零售交易规模引领全球，已成为全球第一大网络零售市场，网上销售如火如荼，势不可挡。在“双十一”单日活动中，仅阿里巴巴所属平台当天的总交易额就达到912亿元，而2014年为571亿元。传统零售业也主动拥抱“互联网+”，家乐福、稻香村、银泰、苏宁等千余商家联动，全国330个城市的18万商家共同参加了“双十一”“双十二”等活动，网上消费可望成为未来新经济的主力。

据国家统计局数据显示，2015年1-11月，网络零售保持强劲势头，全国网上零售额34525.5亿元，同比增长34.5%。分商品类别看，2015年1-11月，实物商品网上零售额28868.8亿元，同比增长33%，占社会消费品零售总额的比重为10.6%；非实物商品网上零售额5656.8亿元，增长42.9%。

事实上，2015年一开年，网上零售就呈现快速增长态势，占社零总额的比重逐渐扩大。一季度全国网上商品零售额增长41%，占社会消费品零售总额比重的8.9%，对社零总额增长的贡献率达到27.1%，拉动社零增长近2.9个百分点。2015年上半年，全国网上零售额16459亿元，同比增长39.1%。值得关注的是，2015年二季度我国移动购物市场交易规模达4433.6亿元，同比增长133.4%，增速远高于同期同比增长39.6%的网络购物整体增速。移动购物有望成为网络购物市场快速发展的主要推动力。

随着产品、需求、服务越来越个性化，未来网络零售将更趋于小批量和个性化，网络消费市场还将得到迅速发展。另外，我国网络零售增长最大潜力当属农村地区。

利好政策相继发力

在经济新常态背景下，消费结构升级成为新的经济增长动力，一系列助推消费的政策措施也在稳步推进，进一步挖掘了大众的消费潜力，激发了大众的消费热情。

长期以来，制约我国居民消费水平提高的重要因素之一是社会保障体制不健全，居民储蓄过多，消费难有大增长。社保体制的健全能够更好地解决我国居民消费的“后顾之忧”，增强居民消费能力。为此，国家及相关部委出台的诸如《关于建立统一的城乡居民基本养老保险制度的意见》等一系列加快完善社保体制进程的政策措施，提高了大众的消费能力。

随着传统车市场的走低，车企对新能源汽车的重视度在逐渐加大。国家对新能源汽车的推广应用也有了更加具体的指导意见，明确了多项消费补贴和优惠，进一步打开了新能源汽车消费市场，促进了汽车市场消费结构转变。工信部数据显示，仅2015年7月份我国新能源汽车生产2.04万辆，同比增长2.5倍。从某种意义上说，相较于此前的状态，传统车企对新能源汽车的态度更为积极，大型生产企业不仅将目光投向新能源本身的生产，还在新能源分时租赁、充电桩建设以及产业链上下游都有了更深入的布局。

《深化财税体制改革总体方案》的出台，一方面增强了消费税的调节功能，提高了高耗能、高污染产品及高档消费品和服务税率，另一方面降低了部分日常用品、新能源汽车等产品的税率，进一步引导了消费转型。

鼓励大众消费的多项利好政策相继发力，使得市场变得更加活跃，消费结构日趋完善，宏观经济企稳向好，消费市场将继续保持平稳增长，成为拉动经济增长的主引擎。尽管我国当前经济仍存在下行压力，但“一带一路”战略、京津冀一体化和长江经济带以及“中国制造2025”战略的实施，将有效培育新的经济增长点，从而保障中国经济的平稳运行。

（作者：魏琳）

外贸增长承压力

根据国家统计局公布的一季度宏观经济数据，2015 年一季度我国外贸实现顺差 7553.3 亿元，同比扩大 6.1 倍。但我国进出口总值却比去年同期下降 6 个百分点，尤其是 3 月份的下降更为明显。因此，我们有必要详细分析一下近期我国外贸的运行轨迹，找到产生这个结果的原因。

国际经济低迷 拖累我国外贸

纵观一季度的外贸数据，进出口增速较上年有明显下降，尤其值得注意的是，今年 3 月份我国进出口同比双双明显下降，进出口总额同比下降 13.5%，其中，出口下降 14.6%；进口下降 12.3%。

3 月份同比数据波动如此之大，究其缘由，主要是受春节假期因素的影响，今年春节假期 2 月 18 日开始，较上年晚 20 天左右，春节假期的错位使得 1 月份和 3 月份同比基数偏大，2 月份同比基数又偏小，导致 3 月份进出口增速出现了较大的波动。

刨去基数的影响，近期我国外贸确实遇到了一些困难，影响了外贸的平稳增长。

首先是国际市场需求不振，出口订单有所减少。从国际主要经济体来看，除美国外的世界主要经济体都或多或少地遇到了经济不景气的问题。2014 年，美国一季度 GDP 环比折年率下降 2.1%，二、三季度分别增长 4.6% 和 5.0%，四季度增长 2.2%，全年 GDP 增长 2.4%，比上年加快 0.2 个百分点；欧元区一至四季度 GDP 环比分别增长 0.3%、0.1%、0.2% 和 0.3%，始终在停滞的边缘徘徊，全年经济增长 0.9%；日本因消费税上调引发提前消费潮，去年一季度 GDP 环比增长 1.3%，但二、三季度环比分别下降 1.6% 和 0.7%，经济出现技术性衰退。此外，大多数发展中经济体经济增长均有所放缓。

世界经济的放缓导致了全球贸易低速增长。联合国最新预测，2014 年，世界贸易量增长 3.4%，虽略高于上年的 3%，但大大低于国际金融危机前约 7% 的平均水平。波罗的海干散货运指数回落，2014 年，波罗的海干散货运指数基本在海运平衡点（2000 点）以下波动回落，从 1 月 2 日的 2113 点降至 12 月 24 日的 782 点，累计下降 62.9%，可见国际贸易近期收缩之巨。在此情况下，我国出口订单减少和维持弱势增长，这是近期我国出口受挫的主因。

其次，企业综合成本不断推高，降低了竞争优势。尽管去年下半年以来国际大宗商品价格持续走低，我国外贸企业原材料成本有所下降，但与此同时，劳动力、融资、汇率、环保等成本依然居高不下，我国传统外贸的竞争优势正在被削弱。海关总署调查显示，3 月份有 56.2% 的企业反映出口综合成本同比增加，其中分别有 61.8% 的企业认为劳动力成本在同比上升，有 37.5% 的企业认为融资成本在上升，有 33.4% 的企业认为汇率成本有所上升。

以上是出口面临的困境，至于进口的波动，主要受两方面因素影响。

一是大宗商品进口价格持续低迷，大幅拉低了进口值的增速。海关数据显示，今年一季度我国原油、铁矿砂等大宗商品进口价格同比跌幅都达到了 45%。一季度我国进口价格指数同比下跌 9.8%，其中 3 月份跌幅更达到了 10.5%。尽管进口量有所增加，但进口值却在下降，这是近期我国进口下降的主因。

二是国内经济下行压力加大，企业进口意愿偏弱。当前，国内经济发展进入新常态，部分行业过剩产能仍有待化解。外贸企业对国际国内经济形势的判断大多趋于谨慎，特别是制造业企业生产扩张的步伐放缓，进口意愿偏弱，影响了进口增速。

外贸结构优化 “一带一路”抢眼

尽管一季度我国外贸交出的“成绩单”并不理想，但今年以来我国外贸在提质增效、优化结构等方面取得了一些积极进展。

—— 出口商品结构不断优化升级。机电产品出口增长，部分高端制造产品出口形势较好。一季度，我国出口机电产品 1.82 万亿元，增长 6.4%，占我国外贸出口总值的 57.7%。同时，运输工具、手机和金属加工机床等高端制造产品出口增速都在 20% 以上。

—— 对新兴市场的出口增势良好，对“一带一路”沿线地区出口表现抢眼。一季度，我国对东盟、印度等新兴市场出口分别增长 20.9% 和 23.3%，对非洲、拉丁美洲等地区出口也增势良好，分别增长 22.2% 和 9.6%，对东盟、印度、非洲和拉丁美洲等 4 个新兴市场或地区出口值合计占我国出口总值的 26.8%，比去年同期提升了 3.1 个百分点。经过海关总署的初步测算，今年一季度我国与“一带一路”沿线国家和地区的进出口值约为 1.45 万亿元，占同期我国外贸总值的比重超过 1/4，其中出口表现较好，增长速度超过 10%，高出同期出口总体增速 5.5 个百分点。

—— 中西部地区外贸进出口保持增长，贸易区域布局更加均衡。一季度，我国中西部地区进出口增长 4.2%，占我国进出口总值的 14.5%，较去年同期提升 1.4 个百分点。其中，中西部地区的出口增速为 16.5%，明显高于同期出口总体增速。

稳定外贸增长 尚需多重努力

当前，世界经济仍处于危机后的修复期，复苏道路艰难曲折。不过值得欣慰的是，主要国际组织预测 2015 年世界经济形势好于 2014 年。据世界银行 2015 年 1 月份预测，2015 年世界经济将增长 3.0%，比上年加快 0.4 个百分点；2015 年全球贸易量将增长 4.5%，加快 0.5 个百分点。据联合国 2014 年 12 月份预测，2015 年世界经济将增长 3.1%，加快 0.5 个百分点；全球贸易量将增长 4.5%，加快 1.1 个百分点。全球经济形势预期有所改善和全球贸易量预期增长有所加快，有利于我国扩大出口。

尽管世界经济出现分化，但各国政府都在努力改善自身经济发展环境，我国也在全面深化改革，促进外贸稳定增长和转型升级。跨境电子商务、市场采购贸易、融资租赁等新型贸易业态将继续蓬勃发展。自由贸易试验区和“一带一路”战略也将加快实施，这些都是促进今年我国外贸发展的有利因素。

对于我国今年的外贸形势，国家统计局新闻发言人盛来运表示，由于中国企业在加快结构调整和转型升级，而且加大技术创新的步伐，再加上中国的产业基础比较好，基础设施、劳动力的技能水平等各个方面综合来讲是有竞争优势的，所以只要我们加大结构调整力度、加快创新步伐，出口保持稳定增长还是有可能的。

然而实现今年政府工作报告中外贸增长 6% 左右的预期目标仍面临诸多困难，不容乐观。海关总署新闻发言人黄颂平对此表示，外需不振、经济下行、出口竞争优势削弱、大宗商品价格低迷等基本面因素对外贸发展形成了明显的制约。未来一段时期，我国外贸进出口面临的形势总体上还是严峻复杂的，要实现今年外贸预期增长目标，还需要付出艰苦的努力。

（作者：孙靓）

巨大潜力待释放

尽管经济增速有所放缓，但一季度我国消费市场依然呈现出稳健的运行态势。国家统计局数据显示，一季度反映实物商品消费的社会消费品零售总额70715亿元，同比增长10.6%，扣除价格因素实际增长10.8%，实际增速较上年同期放缓0.1个百分点。

在中国经济增速换挡的“新常态”之下，虽然消费增速也出现了一定程度的下行，但是总体来看市场运行平稳，增速也较为稳健，特别是诸如信息消费、绿色环保消费、电影消费、旅游消费等等消费热点与市场亮点颇有可圈可点之处。这些积极因素，不仅助推消费成为当前拉动经济增长的头号动力，同样也让我们看到了消费市场的巨大潜力。而这，无疑也让人们在面对一季度表现略显黯淡的经济数据时，多了一份底气与对未来的希望。

消费热点可圈可点

从一季度国家统计局公布的社会消费品零售总额分项指标来看，不同商品门类的消费品呈现分化调整趋势。金银珠宝、汽车、中西药品等消费品门类增速较去年同期有所放缓。其中，汽车一季度同比增长6.5%，比去年同期增速回落5.8个百分点，石油及制品类消费显著减少，同比减少7.2%。而诸如餐饮、化妆品、日用品、通信器材、家具、建筑及装潢材料等与人们日常生活息息相关的诸多门类消费，均实现两位数以上增长，且增速较去年同期均有不同程度的加快。

消费市场上诸多表现亮眼的消费热点令人印象深刻。其中，以通信器材等为代表的信息消费，可以说是眼下最炙手可热的消费热点。数据显示，一季度限额以上单位通信器材同比增长38%，而去年同期的数值为14.7%，增速大幅加快23.3个百分点。与此同时，来自商务部的相关数据同样指示出通信类消费的热度仍在进一步发酵。数据显示，一季度我国4G用户净增预计超过6000万。根据工信部日前发布的通信业经济运行情况，一季度全国电信业务总量完成5099.3亿元，同比增长22%，比1－2月同比增速提高0.4个百分点，继续保持加速增长趋势。

而以互联网为引领的新技术，也正源源不断地催生出新的消费热点。除了网购实物商品，越来越多的消费者开始通过互联网购买洗车、美容等等多样化的生活服务。来自国家统计局的数据显示，一季度网上服务零售额增速快于同期网上商品零售额。其中，网上服务零售额1297亿元，增长43%；网上商品零售额6310亿元，增长41.0%；全国网上商品和服务零售额合计7607亿元，同比增长41.3%。

除此之外，随着人们环保意识的不断增强，以新能源汽车为代表的绿色环保消费，也成为一季度消费市场的一大热点。中国汽车工业协会日前发布的数据显示，一季度新能源汽车呈现高速增长态势，产销量分别达到2.72万辆和2.65万辆，同比分别增长2.9倍和2.8倍。

消费升级势头明显

2015年伊始，一则关于“中国客”漂洋过海到日本哄抢马桶盖的新闻报道，一度引发国人广泛关注，以及对“中国制造”的反思。而这其实只是中国消费者通过追求高品质优的商品来实现消费升级的一个典型缩影。事实上，随着生活水平的不断提高以及人们消费理念的日渐更替，吃穿住行等传统的生存型消费，向以休闲、文化、娱乐等为代表的享受型消费转变、升级的态势正愈发凸显。

近年来中国客出境游热情的持续高涨以及境外消费的体量之大，或许最能彰显这种消费升级的态势。一季度，受签证便利、日韩等多国汇率走低等利好因素影响，出境游也迎来“开门红”，特别是赴日游呈现空前火爆的局面。数据显示，一季度，中国游客赴日达到创纪录的 69 万人次，总数已接近去年全年水平。据《日本经济新闻》报道，在日本樱花节期间的 3 月 15 日到 4 月 15 日，赴日旅游的中国人达到约 35 万人，较 2014 年同比翻了一番。同时据估算，赏花季中国游客在日消费高达 70 亿元人民币。

然而值得关注的是，与国人境外消费“井喷”的火热势头相比，国人在国内市场购物的热情却显得有些不足。以 2015 年春节黄金周为例，商务部相关数据显示，2015 年我国春节黄金周全国零售和餐饮企业销售额增长 11%，增速比 2014 年春节黄金周回落 2.3 个百分点。在这种情况下，如何提高国内消费市场购物的竞争力、引导境外消费回流愈发值得深思。

作为典型的文化娱乐消费之一，一季度我国电影票房的火爆局面，同样也是消费升级的一个生动写照。根据艺恩咨询的相关数据，今年一季度全国总票房累计约为 95.84 亿元，相较 2014 年同期 67.84 亿元的总票房，同比上涨 41.65%，刷新历史最高涨幅；观影人次 2.6592 亿，较去年同期上涨 38.11%。

除此之外，餐饮消费回归两位数以上增长，或许也能够从一个侧面说明大众消费的活跃以及居民外出就餐所呈现出的增长态势。数据显示，一季度餐饮收入同比增长 11.3%，较去年同期加快 1.5 个百分点。其中，限额以上单位餐饮收入增速较去年同期加快 4.5 个百分点。

底气不减潜力巨大

正如我们从上述种种消费市场的积极表现所感受到的那样，经济增速放缓似乎并没有显著地影响到中国消费者的消费信心与热情。事实上，根据各地统计系统的相关调查数据，深圳、海南、上海等多地一季度消费者信心指数都呈现积极乐观的回升态势。以深圳为例，数据显示，一季度深圳消费者信心指数为 112.3，比去年四季度提高 5.1 个百分点，进入强信心区。

而日前在京发布的两岸四地 2015 年第一季度消费者信心指数，同样显示出大陆消费者的这种积极乐观心态。报告显示，大陆一季度消费者信心总指数以 104.3 居冠，环比微升 0.3，创该指数自 2009 年推出以来的历史新高。

经济增速放缓的大背景下，消费者的消费信心与底气来源之一便是居民收入的持续增加。根据城乡一体化住户调查，一季度全国居民人均可支配收入 6087 元，同比名义增长 9.4%，扣除价格因素实际增长 8.1%，跑赢同期 GDP 增速。

与此同时，从消费需求来看，旅游、教育、文化、健康养老等多领域消费可谓方兴未艾，消费升级的空间才刚刚打开。此外，广大的农村消费市场同样也是潜力巨大的增长点之一。数据显示，乡村消费品零售额增速连续跑赢城镇地区，今年一季度同比增长 11.6%，快于城镇增速 1.2 个百分点。而随着城镇化的不断推进，农村消费的潜力也必将进一步迸发。

一面是积极的消费意愿，一面是巨大的市场需求，我国消费市场所蕴藏的潜力着实巨大。在这种情况下，如何有效激发消费需求、挖掘消费潜力，将是发挥消费在拉动经济增长中“主角”地位的关键所在。

（作者：李琳）

追求更高含金量

刚刚公布的一季度国民经济运行数据，表面看来，不怎么“好看”——7%的GDP同比增速，虽然在人们的预料之中，但工业增速下滑较快，投资低迷，外贸负增长，房地产大幅度减速……几大指标阴云密布，仍令人不安。有人开始为今年的经济运行捏把汗。

情况真的有那么糟糕吗？怎么看待今年一季度的国民经济总体态势？

总体继续运行在合理区间，增长基本面没有改变

的确，一季度经济增长速度有所放缓，部分指标增速回落明显，下行压力有所加大。但总体看来开局平稳，主要指标仍然比较靓丽：

农业态势良好。最近几年，我国农业一直保持3.5%左右的增速。今年一季度，农业总产值增长3.3%，保持了总体平稳的态势。而且几大主要作物春播面积扩大，目前看来灾情轻，苗情好，旱情偏轻，为10年来最好的一年。今年可望再迎来一个丰收年。

消费平稳增长。一季度保持了10.8%的较高实际增速，与去年同期持平。

就业总体稳定。一季度新增就业324万人，平均每个月新增100多万人。

居民收入继续增长。一季度城镇居民收入同比增长8.3%，农民人均收入增长10.0%。增速双双跑赢GDP。

结构调整、转型升级取得成效，经济发展含金量提高

与此同时，积极因素继续累积，经济结构分化调整、转型升级态势明显，新生动力加快孕育成长。

产业结构继续改善，经济向服务业主导加快转变。一季度，三产增加值同比增长7.9%，增速比二产快1.5个点，占GDP的比重高于二产8.7个点，占比继续提高。高技术、科技、生产性、文化产业相关行业等重点服务业发展继续向好。互联网、软件和信息技术、科技推广和应用、租赁等产业及相关服务业增长多在两位数，批零、住餐、交运、信息、金融、高技术服务业等保持较快增长，其中信息和金融业同比增速接近20%。

工业化和信息化融合加快，工业发展继续向中高端迈进，信息技术、数控机床、人工智能、航空航天装备、生物医药等高技术产业和装备制造业增长较快。高新技术产业实现两位数增长。

轨道交通、铁路、航空航天、通信设备、电子元器件等基础设施和高新技术设备大幅增长，利润率十分可观。高附加值产品正渐渐撑起制造业的天空。

消费升级效应显现。消费层次不断提升，健康、信息、文化和旅游休闲消费逐渐成为消费时尚。通信器材、中西药品、文化办公用品、家用电器和音像器材等消费增速都达到两位数以上，明显快于总体消费增速。电影票房增速超过四成。

能源利用效率提高。结构调整，转方式，使节能减排取得实效，单位GDP能耗在去年下降4.8%基础上，今年一季度又下降5.6%。

东部地区转型显效。受国际金融危机冲击较早较大，东部地区率先转型，迈出调整升级步伐，在新产业培育、传统产业改造、开拓国际市场等方面成效显现。规上工业增加值回落幅度小于中西部和东北地区。苏、鲁、粤规上工业增加值均高于全国工业1个点以上。

“三新”加快成长，发展新动力正在孕育

在传统产业低迷情况下，新主体、新业态、新动力加快孕育成长。

今年以来，党中央、国务院继续简化审批、放宽准入，以部门权力的“减法”换取企业和市场活力的“加法”，催生了大量新的市场主体，为新常态下经济发展注入了新活力。一季度，民间投资同比增长13.6%，占全部投资的比重为65%。

以互联网、云计算、大数据为代表的新一代信息技术与现代制造业、生产性服务业等融合创新，打造出一批新的产业增长点，带动了相关行业增长。信息传输、软件和信息技术服务业、计算机、通信和其他电子设备制造业投资增长两至三成，增速明显快于全部投资。

网售新业态继续加速发展。网上商品和服务零售额延续了四成多的同比增长，网售额占社零总额的比重达到8.9%。互联网相关行业快速增长。

高附加值高技术含量的新产品快速增长，新动力不断形成。面对市场环境的变化，不少企业加快产品结构升级和技术创新，延伸产业链，提高附加值。电子工业专用设备产量同比增长68.4%，动车组增长34.4%，光电子器件增长18.5%，大气污染防治设备增长13.6%，新能源汽车同比增长3倍。

传统产业遭遇困难，“三新”支撑尚待时日

勿庸讳言，一季度有些数据“不好看”，的确反映出当前我国经济发展面临复杂严峻的形势。

今年以来，国际经济复苏缓慢，三大经济体在低谷挣扎，国内“三期”叠加影响加深，长期积累的过剩产能尚未有效化解，市场供大于求的矛盾越发突出，经济下行压力加大。具体表现在以下几个方面：

工业品价格降幅持续扩大，市场供过于求，企业经营困难仍较突出。国内外市场需求疲软，订单不足，再加上用工成本上升，企业利润进一步受到挤压。

特别是原材料行业产能过剩问题仍然突出，与房地产相关的水泥、钢材、玻璃等产品需求大大减少，由此带来一些企业开工不足，开始裁员，使部分地区、部分领域下岗失业人员增加的苗头日趋明显。

与此同时，房地产的低迷、出口的下降、企业经营的困难，使税收下滑的现象开始显现，个别地方已较为突出。

我们不得不看到，在建筑业和制造业两大支柱产业放缓之际，经济在寻找增长新动力上面临挑战。

尽管“三新”获得较快发展，推动了我国经济的创新和转型，但由于总体体量较小，尚不足以弥补传统产业下滑腾出来的空间，还难以在短时间内接续传统产业，难以形成有力的支撑。可以说，目前我国正处在新旧增长动力转换的交替期，处在结构调整的关键阶段，处在爬坡过坎的关键时期。传统产业的调整升级还需要一个过程，新生动力的成长和接续也需要一个过程。

我们必须正视这一点

宏观政策应更加积极灵活，改革推动要更加有力

不少专家认为，在国内外形势的倒逼之下实现新旧转换，难免要付出一定代价，有些数据出现短暂波动在所难免。当前我国经济减速是趋势性、结构性的，不会出现断崖式下滑。发展仍然具有很大的空间、潜力和韧性。

关键是要采取切实有效的措施，促使经济健康平稳发展。

过高的增速不利于调结构，过低的增速也不能支撑调结构。

我们不搞强刺激，但也要从实际出发，该出手时就出手，要主动作为，实施定向调控、适度预调微调，全力推动国民经济运行在合理区间。

一是宏观政策要更加积极。积极财政政策要加力增效，货币政策要灵活有效运用。要尽快启动实施一批有利于补短板、调结构的新的重大工程，政府主导的公共产品、公共服务等方面的投资要加大力度，投资重点是比较薄弱的农田水利、铁路公路、环境保护、城市地下管网等方面。

二是改革推动要更加有力。进一步简化新企业注册程序，完善创新创业公共服务体系，打破垄断，降低旅游、医疗、养老、教育等服务行业准入门槛，鼓励民营资本进入这些需求旺盛但基础薄弱领域。

三是干事创业要更加强调。完善政绩考核评价机制，鼓励各级领导干部勇于担当，鼓足干劲，创造新常态下的新业绩。

尽管一季度的经济增速略有放缓，但我国经济总体平稳的基本面没有改变，仍然处于合理运行区间。我们追求更高的含金量。新的增长点正在培育中。我们要对此充满信心。

（作者：彭嘉陵）

稳中有进 经济含金量提高

国家统计局刚刚公布的三季度经济数据牵动了公众的目光，也有人担心中国经济下一程的走向。而在长期从事经济分析工作的张先生看来，“部分经济指标回落没那么可怕，要看到这个6.9%的GDP增速背后的含金量和细分行业指标的积极变化”。

的确，三季度中国经济增速虽然略有回落，但稳中有进、稳中向好的大势更趋明显，经济运行中不乏新趋势、新亮点。经济正向服务业主导加快转变，与居民消费相关的行业高度活跃，并持续在经济增长中扮演“中流砥柱”的重要作用。发达地区工业企业已经从人才结构、技术装备等诸多方面开始向智能制造转型升级，“大众创业、万众创新”所带来的新业态、新产品，正在不断颠覆我们的生活方式……

结构调整和转型升级加速

从产业结构和行业比重看，中国经济结构调整的步伐明显加快，“进”的因素正在累积。

一方面，随着财税、金融、土地等政策的支持力度不断加大，服务业不负众望，发展潜力不断释放，成为中国经济稳定发展的重要支撑力量。前三季度，第三产业增加值同比增长8.4%，比第二产业快2.4个百分点。第三产业在国民经济中的比重持续上升，在国内生产总值的占比高达51.4%，比上年同期提高2.3个百分点。无论是节假日热闹红火的商场、餐馆，还是熙熙攘攘的高铁站台，甚至是轰动一时的“美团与大众点评网合并”、“快的和滴滴联姻”等事件，都让人们在日常生活中感受着服务业的发展步伐。

另一方面，工业转型升级也在持续推进。今年“两会”之后，“互联网+”和“中国制造”行动计划，为中国工业的转型升级之路指明了方向。“工业化与数字化”、“智能制造”等词汇也从陌生到熟悉。

记者在近期的走访中发现，东南沿海地区一些长期从事传统工业品制造的企业家，不仅对这些概念和产品耳熟能详，而且已经率先开始更新装备，并积极寻求和智能芯片、嵌入式传感器等产品厂家合作。

这些转变在数据上也得到了体现。前三季度，在规模以上工业中，高技术产业和装备制造业增加值增速分别比规模以上工业快4.2个和0.5个百分点，占规模以上工业比重分别达到11.6%和31.4%，分别比上年同期提高1.3个和1.4个百分点。企业对高技术产业和服务业的投入也在加大，工业设备更新的时代已经到来。

与此形成鲜明对比的是，高耗能行业投资占全部投资比重持续下降。前三季度，高耗能行业投资同比增长4.7%，增速比上半年回落2.8个百分点；占全部投资的比重为11.8%，比上年同期下降0.7个百分点。相关产业“去产能”调整持续推进，高耗能行业占比继续下降，前三季度六大高耗能行业增加值占规模以上工业比重为28.2%，比上年同期下降0.4个百分点。

伴随着服务业比重的提高、工业转型升级的加快和能源利用效率的提高，节能降耗也取得了新进展。前三季度，单位国内生产总值能耗同比下降5.7%，降幅比上年同期扩大1.1个百分点。

新动能加快孕育成长

随着简政放权和商事制度改革、行政审批制度改革的推行，以及降税清费等一系列优惠政策的持续发力，中国经济发展中一些“好”的势头正在进一步显现，新动能的孕育成长不断加快，对经济的支撑和接续作用正变得日益突出。

“全国平均每天新登记企业1.16万户”。从首都的中关村到杭州的云栖小镇，再到遍布于各个城市的“创客空间”，创业已经成为很多人的一种生活方式。“大众创业、万众创新”方兴未艾，有效地激发了市场的活力，带动了非公经济的快速发展。前三季度，民间投资增长10.4%，比固定资产投资快0.1个百分点。全国新登记企业中，信息传输、软件和信息技术服务业，文化、体育和娱乐业，金融业，教育，卫生和社会工作分别增长65.3%、64.2%、53.2%和1.2倍、1倍。

智能机器人制造，3D打印技术运用，信息消费亮点频现，电子商务、物流业飞速发展……乘着“互联网+”的春风，新业态、新模式、新技术、新产品如雨后春笋般层出不穷。前三季度，网上商品零售额同比增长34.7%，增速比社会消费品零售总额快近25个百分点；全国快递服务企业业务量137亿件，同比增长46%；手机上网流量连续实现翻倍增长。此外，高附加值、高技术含量产品也“不甘示弱”，前三季度，运动型多用途乘用车（SUV）增长45.4%，新能源汽车同比增长2.3倍。而信息软件、生物医药互联网传媒、旅游等板块在近期股市的不俗表现，也印证了投资人对这些行业投资前景的认可。

消费增长稳中有升

新常态下，消费对经济增长的推动功不可没。前三季度，最终消费支出对国内生产总值增长的贡献率为58.4%，比上年同期提高9.3个百分点。三季度，社会消费品零售总额同比增长10.7%，分别比一季度和二季度加快0.1个和0.4个百分点。消费增长保持稳中有升的态势，也意味着中国经济的内生动力在不断增强。

消费不仅在数量上稳中有升，在质量上也有所提升。消费升级带动了居民消费潜力的有序释放，“世界那么大，我想去看看”言犹在耳，假日出游的人们络绎不绝，健康、信息、文体和旅游休闲等新型消费需求日益强烈。前三季度，全社会餐饮收入同比增长11.7%，较上年同期加快2个百分点。前三季度，全国电影票房收入同比50%左右的增速，更是让人感受到扑面而来的文化消费热。

可以说，6.9%GDP增速背后的含金量确实大大提高了。

当然，我国经济还处在新旧动能转换的艰难进程中，仍面临着巨大的挑战，而且中国经济已同世界经济深度融合，当前世界经济复苏过程依然比较复杂。我们还需要爬坡过坎，奋力前行，使中国经济行稳致远，迈向中高端水平。

（作者：王青萍 陈怡凤）

勿为浮云遮望眼

在关于今年上半年国民经济运行的主要指标数据中，有一个指标吸引了记者的眼球——上半年我国外贸顺差16128亿元。

该指标之所以引起记者的注意，在于它至少传递出了两个信息：一是尽管外贸总体下降6.9%，但相比去年同期，外贸顺差额激增了1.5倍；二是按美元计值的顺差额，不仅创出了历年同期最高纪录，甚至比2013年全年顺差额还要多出35亿美元。

是何因素主导了当前外贸高顺差？高顺差又给中国经济运行带来了什么影响？如何把握好当前高顺差“红利”？这些问题需要我们深入分析，理性观察。

贸易顺差缘何创了历史新高

纵观上半年，全球经济依然处于深度调整，复苏乏力，需求不振。中国经济下行压力加大。在这样大背景下，进出口总额同比下降6.9%。其中，出口微增0.9%，进口下降15.5%。

顺差缘于出口与进口的差值，尽管上半年出口仅微增长，但因进口增速下降过大，两者增速之差高达16.5个百分点，这就使得顺差激增16128亿元人民币，同比大增156%！

显然，当前顺差激增的直接原因是进口增速下降过快。近几十年，我们也曾经历过进口增速大滑坡，但出口增速往往伴随下行，同期顺差并不如当前突出。

进一步分析进口为何降幅过大，可以说既有内因，更有外因。从国内看，主要是受周期性因素和结构性矛盾制约，经济下行压力大，尤其是工业产能过剩矛盾仍然突出，抑制了进口需求。从外因看，当前全球经济仍未摆脱金融危机深层影响，国际市场需求疲软，导致大宗商品价格指数大跌，助推了进口额下滑。

以原油为例。上半年我国进口16337万吨，进口值4246亿多元；去年同期进口了15198万吨，进口值7286亿多元。今年上半年进口数量虽比去年同期多1139万吨，但进口值反而少了3040亿元。个中原因就在于自去年7月份以来，原油价格跌幅近半。据笔者测算，如油价仍保持去年同期水平，那么按今年上半年的规模，原油进口值就将增加3586亿元。仅此一项，就会使上半年外贸进口增幅从-15.5%提升至-9.5%，降幅至少减轻6个百分点。那么，相应地，外贸顺差将从同比增长156%降至增长99%，减少57个百分点。

如果再考虑到铁矿砂、大豆、初级塑料、集成电路等大宗商品进口所受到的价格因素影响，那么，我们就不难得出这样的结论——由于进口商品价格大跌所产生的“价格红利”因素，在拉低进口总值的同时，也有力地推动了高顺差。

当然，高顺差还与出口保持了正向增长紧密相关。上半年，我国企业努力克服外需不振、出口综合成本居高不下、人民币实际有效汇率持续高位等实际困难，积极优化出口市场格局，转变贸易增长方式，使得出口同比增长了0.9%，与进口增速深跌形成了鲜明对比。

高顺差对当前中国经济有利也有弊

当前贸易高顺差是在人民币实际有效汇率持续高位背景下，主要因进口“价格红利”所致。这种高顺差现象以往并不常见，需要客观分析，理性看待。

从有利方面观察，有三大看点。

一是贸易条件明显改善，提升了对外贸易效益，经济建设得到了可观的进口“价格红利”。我国是世界工业生产大国，每年需要进口大量能源原材料等初级商品。根据笔者测算，今年上半年，由于进口价格下降因素，原油进口节省了3586亿元，铁矿砂及其精矿进口节省了1475亿元，集成电路进口节省了368亿元，大豆进口节省了308亿元，成品油进口节省了292亿元，初级塑料进口节省了225亿元。仅此6项进口，就合计少花了6254亿元人民币。尤其是飞机及其他航空器，进口数量同比大增21.6倍，金额却反而下降6.3%。由此可见，我们的经济建设享受了多么大的“价格红利”！

据海关总署测算，上半年出口价格总体下跌1.3%，但因同期进口价格总体下跌10.9%，使得我国贸易价格条件指数达到110.8%。这意味着，企业每出口一定量的商品可以多换回10.8%的进口商品。贸易价格条件改善无疑促进了外贸效益的提升。

二是直接拉动了经济增长。一些人士认为，进口增长降幅过大是外贸形势恶化的信号，是经济下行乃至衰退的一个标志，是内需严重不足的表现。其实，扣除价格因素，进口数量大部分还是增加的。用支出法来核算GDP，主要包含最终消费、资本形成和净出口三大块。高顺差意味着净出口多，净出口新增较多对于GDP增长的贡献度也就越大。今年上半年贸易顺差增长156%，而去年同期增速为-6.86%。可见，高顺差对上半年经济取得7%的增长发挥了积极作用。

三是增厚了国家外汇储备，提高了中国经济抗风险能力和对外投资的实力。

从不利方面看，也有三个层面。一是高顺差给人民币汇率带来了升值压力。而人民币汇率持续高位，对我国出口尤其是劳动密集型企业的出口不利。二是建立在进口“价格红利”之上的高顺差，其背后夹带着输入性通缩，进一步加大了经济下行压力。目前工业生产者价格指数已连续40个月负增长，反映出经济的景气度严重不足，尤其是一些能源原材料企业经营困难，工业经济结构调整、转型升级的压力加剧。三是在纷繁复杂的国际经济环境和地缘政治环境中，进口“价格红利”能够持续多久，还具有不确定性。

用好高顺差“价格红利”，推动中国经济转型升级

辨证看待当前“价格红利”推动的贸易高顺差，就必须因势利导，努力兴其利而除其弊。

一是要紧紧抓住当前能源原材料价格低迷的有利时机，加快推动新型城镇化，以较低成本搞基础设施投资建设，创造经济发展需求，释放经济增长潜力。

据国家统计局测算，过去10年间，我国城镇化率每提高1个百分点，平均拉动投资增长3.7个百分点，拉动消费增长1.8个百分点。与发达国家相比，我国城镇化水平无论是实现程度还是城镇化质量都还有较大差距，有着较大提升空间。相对于东部发达地区，当前中、西部地区城镇化水平差不多分别要低13个和17个百分点。尤其是中西部地区基础设施建设历史欠账较多，公共产品和服务仍较短缺，铁路、公路、水利、电力、生态、民生等投资建设需求巨大。如果不往地里砸进去成千上亿吨钢材、水泥等建材，中西部地区实现现代化就是一句空话。而如果把中西部基础设施投资建设需求真正激活起来，以此来带动工业产能释放，那么，中国经济增长潜力就能够较大地发挥出来。

二是要努力变价格下行压力为工业企业调整转型升级的动力，进一步提升“中国制造”的竞争力，推动中国经济跃上中高端。

工业生产者价格指数已持续多年下降，今年上半年跌幅进一步扩大，国际大宗商品价格暴跌无疑是跌幅加深的重要原因。例如，黑色金属作为冶炼钢铁的主要原料，去年上半年，其上游矿采选业出厂价降幅要小于下游冶炼和压延加工业1.8个百分点。但随着今年以来铁矿砂及其精矿进口价格暴跌45%以上，尽管上半年出厂价都在大幅下滑，但下游企业却要相对好于上游企业——冶炼和压延加工业出厂价降幅就比采选业少降了7.2个百分点，这无疑得益于进料成本的降低。因此，面对降价冲击，一些缺乏竞争力、面临生存困境的上游企业，有必要加快关停并转、转型发展步伐，而下游企业则应抓住进料便宜的

宝贵时机，加快培育以技术、品牌、质量、服务为核心的综合竞争优势，共同推动“中国制造”迈上全球生产价值链的高端。

三是应紧紧围绕“一带一路”发展战略，加快国际产能合作，推动全球基础设施建设，在为全球经济加快复苏发展提供中国动力的同时，用好高顺差“价格红利”，进一步开拓中国经济发展更大的增长空间。

高顺差与对外投资堪称一枚硬币的两面，两手抓、两手硬才能可持续发展。这与某些发达国家那种以贸易逆差输出货币，又以吸纳虚拟金融产品投资回收货币的循环模式有着本质的不同。或许，这将是中国经济进入新常态后的一个未来发展趋势。

（作者：黄真 张晓霞）

发达地区趋好 重工基地堪忧

上半年，我国经济发展承压负重砥砺前行，经济结构调整、产业转型升级的既定征程虽多有磨难，但举国上下汇聚共识，奋力赢得经济增速7％的“稳增长”，为跨越“中等收入陷阱”蓄势储能。

稳中向好看东部

概括上半年经济走势，“稳中向好”评价到位！“好”在哪里？记者从我国东部沿海拾得几枚璀璨的珠贝，答案似乎就在其中。

自北向南望去，今年以来，我国东部发达省市经济增长整体向好，转型升级干得热火朝天，经济增长的新活力孕育而生：

—— 地处新亚欧大陆桥东端起点的江苏连云港市，以战略性新兴产业助推工业转型升级，如今已尝到甜头：战略性新兴产业以不到两成的产值实现了全市工业一半的利润总量。这只是江苏产业转型的一个缩影。

近年来，培育战略性新兴产业成为江苏产业结构调整的主打牌。1-5月，高新技术投资中的新能源制造业和软件业投资分别增长26.4%和18.5%。不断加大投入，促使江苏战略性新兴产业发展始终走在全国前列，不仅企业数量占到全国的四成，且新兴产业的超强盈利能力带动全省工业效益稳步上行。前5个月，规上工业企业实现利润3401亿元，稳居全国首位，约占全国规上工业利润的15.1%。

—— 经济大省浙江则全力出击，连打五水共治、腾龙换鸟、机器换人等“转型升级组合拳”，省市县三级加紧实施淘汰落后和过剩产能计划，在1-5月全省工业投资中，技改投资增长12.8%，占比68.4%；装备制造业投资增长9.6%。

总投资75亿元的长安福特整车项目，承载着浙江制造业转型升级的辉煌“汽车梦”，年初投产后立竿见影地改善了工业效益。1-5月，浙江规模以上工业企业利润总额增长7.7%，增幅比前4个月回升2.1个百分点。其中，汽车行业利润增长50.9%，拉动规上工业利润增长2.6个百分点，贡献率为33.7%。

—— 福建省小微企业的数量约占工业企业的95%，转型升级的活力无疑来自于此。调查显示，二季度福建小微工企景气指数环比上升6.3点，制造业企业和电力、热力及水生产供应业企业景气度回升幅度尤为突出。另据6月份进行的产业转型升级情况调查，传统产业的企业家转型升级意愿颇为强烈。六成以上受访企业将依靠开发新产品、采用电子商务和打造名牌产品来实现转型升级。这表明经济发展的细胞正恢复活力，预示福建经济将在企业自觉转型升级中走向总体回暖复苏。

—— 以加工制造为优势的经济强省广东，正在提速上演“广东智造”的大戏。加速技术改造，实施“机器换人”计划，是上半年广东省拉动先进装备制造业发展的重大举措，也是沿海发达地区工业转型升级的共同特征。今年，广东“重点打造珠江西岸先进装备制造产业带”。以珠海、东莞为代表的珠三角地区纷纷掷重金开发机器人，谋求产业转型升级与智能装备业同步发展的“一箭双雕”效应。1-5月，广东完成技改投资增长56.0%，力度之大可见一斑。

身陷困境老大难

从部分省市上半年经济形势座谈会反映的情况看，受益于经济结构调整起步早、产业转型升级动作快，东部发达地区爬坡上行亮点多多；而地处北部、西部的部分重工业基地和资源大省则依然步履蹒跚，难以摆脱经济下滑的困境。

作为传统的老工业基地，东北、西北省区长

期以资源、能源输出为主，产业结构相对单一，上游重工业占比偏高，在经济转型中“船大难掉头”，往往处于被动局面。今年，北方一工业省份主要工业品煤炭、水泥、钢铁、原铝等产量大幅下降，受此拖累，1-4月份，全省规上工业利润下降51.1%。西北某省冶金、有色、煤炭行业亏损加剧，致使前5个月规上工业企业实现利润滑坡96.3%。西北某区石油工业约占规上工业增加值的四成，对全区工业效益影响举足轻重。前4个月，因石油企业利润持续下降、化工和煤炭出现亏损、钢铁工业亏损加剧，规上工业实现利润下降66.2%。

此外，随着国家限制产能过剩行业和加大环保治理力度，重工业相对集中的东北三省产业结构落后的矛盾愈加突出，主导产业重工业产值增速明显回落，导致经济增速低迷甚至滑坡。5月份，东北三省工业增加值增速已分别降至-6.1%、-2.9%和-2.2%。同样，钢铁、水泥、平板玻璃生产企业扎堆的北方另一工业省份也陷入“压产能治污染”的窘境。1-5月，全省企业亏损面扩至17.3%；规上工业实现利润下降6.0%，已连续8个月下降。

记者注意到，上述老工业基地在经济下行的重压下，正处于生存与发展的两难境地，传统产业需求不足、推动能力日趋下降，新兴产业接替尚需资金、时日，当地政府在“稳增长”与“调结构”中把握平衡点难度越来越大，转型升级任重道远！

转型对路效果好

就在邻近省区为工业减速忧虑时，重庆市却因电子和汽车的双轮驱动而快速上行。1-5月，重庆规模以上工业增加值增长11.0%，增速高于全国平均水平近5个百分点，在各省市中排名第二。前5个月，重庆汽车制造业实现利润增长23.7%，对规上工业利润增长的贡献率达到43.6%，与当下全国汽车行业整体下滑的趋势形成鲜明反差，令业界大跌眼镜；电子制造行业实现利润增长16.5%，对规上工业利润增长的贡献率为6.7%。

记者仔细观察产品结构后发现，令重庆胜出的关键点不是产业选择，而是产品的技术含量以及市场需求契合度。

近年来，重庆市在转型升级中，一是紧盯市场，积极打造以长安为龙头，汇集通用、现代、上汽、北汽、力帆等10个整车品牌和上千家零部件企业的汽车产业集群，着力开发符合消费需求的车型。5月份，仅运动型多用途乘用车（SUV）和多功能乘用车（MPV）产量就分别增长1.2倍和66.7%。目前位列全国销量前10名的轿车和SUV，有5款产自重庆。二是着眼高科技，以京东方、SK海力士等企业为骨干，加快形成电脑、通讯电子、穿戴电子、智能电子等多元化终端产品体系，不断做大做强电子信息产业。前5个月，重庆手机、显示器等产品订单持续增加，产量分别增长60.8%和45.8%。

技术进步引领产业升级。如今，助推重庆华丽转身的高技术产业已成为全市工业增长的重要支撑。5月份，智能手机增产23.9%，移动通信基站设备增产4.0倍，光缆增产55.6倍；高技术产业增加值增长17.9%，增幅高于全市平均水平7.1百分点，对全市工业增长的贡献率达16.4%。

可见，转型升级有思路、有力度，结果自然就好。蕴涵其间的发展道理不言而喻。

（作者：钟蓝）

2016中国发展报告 China Development Report

一、主题报告篇

二、专题报告篇

三、地区报告篇

北京市经济社会发展报告

2015 年，面对错综复杂的外部环境和改革发展的艰巨任务，北京积极适应经济发展新常态，加快转变发展方式，扎实做好稳增长、促改革、调结构、惠民生各项工作，全市经济保持平稳健康发展态势，为“十二五”划上了圆满句号，为“十三五”顺利开局奠定了坚实基础。

一、经济运行总体情况

（一）经济运行在合理区间

1. 经济运行总体平稳。2015 年，北京经济延续了“十二五”以来减速换挡的运行态势。初步核算，全市实现地区生产总值 22968.6 亿元，按可比价格计算，同比增长 6.9%，增速比上年回落 0.4 个百分点（见图 1）[①]。其中，第一产业实现增加值 140.2 亿元，下降 9.6%；第二产业实现增加值 4526.4 亿元，增长 3.3%，增速回落 3.6 个百分点；第三产业实现增加值 18302 亿元，增长 8.1%，增速提高 0.6 个百分点。“十二五”时期，全市地区生产总值年均增长 7.5%，低于“十一五”时期平均增速 3.9 个百分点，三次产业结构由 2010 年 0.9:23.6:75.5 变化为 0.6:19.6:79.8。

按常住人口计算，2015 年，北京人均地区生产总值达到 106284 元，按年平均汇率折算超过 1.7 万美元，为 17064 美元。

2. 物价温和上涨。2015 年，全市居民消费价格总水平同比上涨 1.8%，涨幅比上年提高 0.2 个百分点，仍处于 5 年来的较低水平。其中，食品价格上涨 1.6%，非食品价格上涨 1.9%；消费品价格上涨 0.3%，服务项目价格上涨 4.2%。

3. 就业形势稳定。2015 年，城镇新增就业 42.63 万人，比上年减少 0.02 万人。各月城镇登记失业率稳定在 1.5% 以内，12 月份为 1.39%，继续保持低位运行。

4. 财政收支较快增长。2015 年，北京完成一般公共预算收入 4723.9 亿元，比上年同口径增长 12.3%。一般公共预算支出 5751.4 亿元，增长 27.1%。其中，用于城乡社区、节能环保、交通运输、社会保障和就业的支出分别增长 77.9%、42.1%、37.8% 和 37.6%。“十二五”时期，一般公共预算收入和一般公共预算支出累计分别达到 18733.4 亿元和 21380.3 亿元，分别是“十一五”时期的 2.1 倍和 2.2 倍。

综合来看，主要指标增速均处于合理区间，实现了经济平稳增长、价格和就业稳定的宏观调控基本目标。

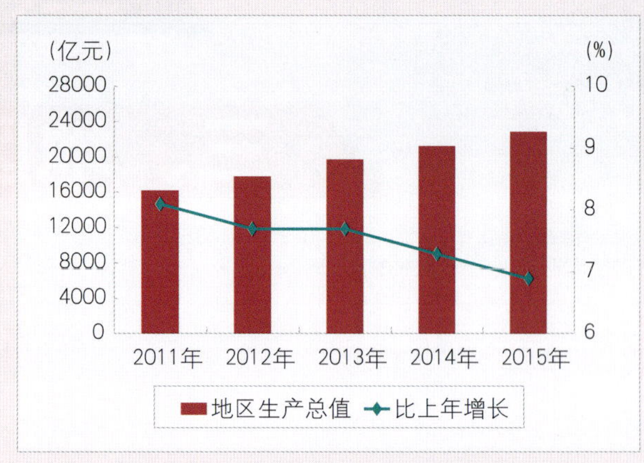

图 1　2011—2015 年北京地区生产总值及增长速度

（二）主要领域分化调整

1. 服务业增势良好，优势行业带动作用明显。2015 年，北京第三产业发展向好。其中，金融、信息、科技服务业等优势行业增长较快。三个行业分别实现增加值 3926.3 亿元、2372.7 亿元和 1820.6 亿元，分别增长 18.1%、12% 和 14.1%，分别高于第三产业增速 10 个、3.9 个和 6 个百分点，对经济增长贡献率合计超 7 成。“十二五”时期，金融、信息、科技服务业三个行业增加值

注：①文中使用的 2015 年相关数据均为初步统计数。

占地区生产总值的比重由2010年的28.5%提高至2015年的35.3%，成为经济增长的重要支撑力量。

2. 工业缓中趋稳，高技术产业快速发展。受市场需求不足、结构调整转型等因素影响，2015年规模以上工业增加值增长1%，增速比上年回落5.2个百分点，为1996年以来最低增速。从年内走势看，呈现缓中趋稳的发展态势。前3季度增速逐步回落，10月份以后在一系列稳增长政策和新产品投放市场的带动下，全年增速回升。规模以上高技术制造业增加值同比增长6.7%，成为带动工业回升的重要因素。重点行业中，汽车制造业增加值增长8.3%，计算机、通信和其他电子设备制造业增加值增长7.3%，医药制造业增加值增长7.2%。“十二五”时期，北京工业坚持高端引领的发展方向，高技术制造业增加值年均增长9.9%，高出规模以上工业年均增速4.1个百分点。汽车、电子和医药三个行业增加值占规模以上工业的合计比重由2010年的27.9%提升至2015年的38%。

3. 传统农业规模收缩，都市型农业稳步发展。在农业调结构、转方式、发展高效节水农业等因素作用下，传统农业规模进一步收缩。第一产业增加值按可比价格计算，同比下降9.6%。养殖业规模继续缩减，生猪出栏数、牛奶产量以及禽蛋产量分别下降7%、3.8%和0.3%。粮食作物播种面积、蔬菜及食用菌种植面积继续减少，同比分别减少13.1%和5.6%。同时，符合城市功能定位的都市型农业稳步发展。全年观光园实现收入26.3亿元，同比增长5.6%；民俗游实现收入12.9亿元，同比增长14.2%。“十二五”时期，观光园和民俗游实现收入分别年均增长8.1%和11.9%。

4. 消费稳步上行，网上零售增势强劲。2015年，北京实现市场消费总额1.86万亿元，增长8.7%，增速比1-3季度提高0.4个百分点，比上半年提升1.4个百分点，年内呈现稳中向好态势。其中，实现服务性消费8308亿元，增长10.5%，占总消费的比重为44.6%；实现社会消费品零售总额10338亿元，增长7.3%（见图2）。服务性消费中，通信、医疗保健服务性消费增长较快，需求旺盛，增速分别达到16.3%和16.2%；商品性消费中，限额以上批发零售企业实现网上零售额增长40.2%，拉动全市零售额增长6个百分点。“十二五”以来，在互联网与传统行业加速融合的背景下，网上零售等新兴业态发展迅速。网上零售额占社会消费品零售总额的比重由2010年的2%大幅提升至2015年的19.5%，成为拉动消费品市场增长的主要力量。

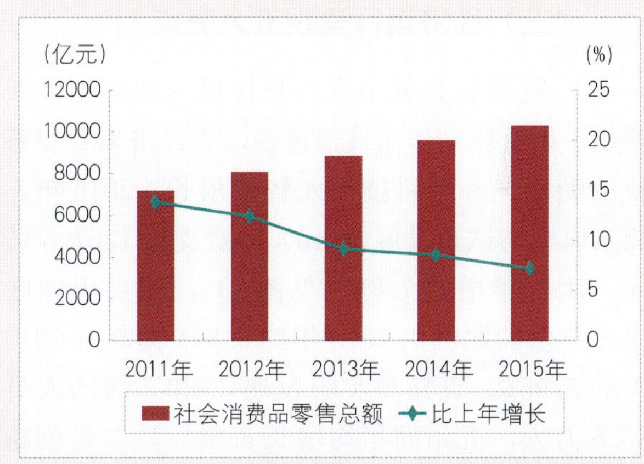

图2 2011—2015年北京社会消费品零售总额及增长速度

5. 投资低位回升，民间投资占比提高。2015年，北京投资低位开局，随着部分项目逐步开工建设，投资增速有所回升。全年完成全社会固定资产投资7990.9亿元，同比增长5.7%（见图3）。其中，完成基础设施投资2174.5亿元，增长7.7%，占全市投资的比重为27.2%，比上年提高0.5个百分点；完成房地产开发投资4226.3亿元，增长8.1%，占投资的比重为52.9%，比上年提高1.2个百分点。“十二五”以来，随着简政放权、深化改革逐步推进，民间投资增长较快。2015年完成民间投资3296.2亿元，增长25.8%，占投资的比重达到41.2%，比2012年提高8.9个百分点②。

注：② 2012年，国家统计局调整了民间投资统计口径，为确保数据可比，数据起点为2012年。

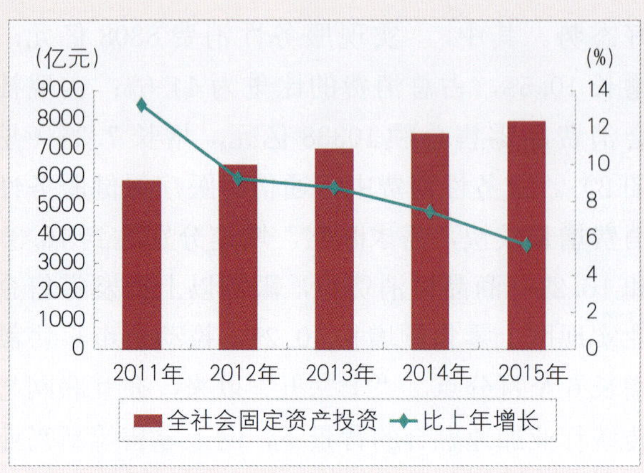

图 3 2011-2015 年北京全社会固定资产投资及增长速度

（三）经济运行呈现五大亮点

1. 创新引领蓄动能。科技投入和产出持续增加，创新驱动作用日益增强，为经济增长积蓄新的动能。一是科技投入较快增长。2015 年，北京研究与试验发展（R&D）经费支出 1367.5 亿元，比上年增长 7.8%（见图 4），相当于地区生产总值的比例由 2010 年的 5.82% 提高到 2015 年的 5.95%。研究与实验发展（R&D）活动人员 35.5 万人，五年间年均增长 5.6%。。二是创新成果量大质优。2015 年，专利申请数同比增长 13.2%，其中发明专利申请数占专利申请总数 5 成以上（56.9%），增长 13.8%。“十二五”时期，北京专利申请量与授权量累计分别达到 58.8 万件和 32.3 万件，分别比“十一五”时期增长 1.8 倍和 2.2 倍。三是微观主体活力进一步释放。政府简政放权的一系列改革措施为“大众创业、万众创新”营造了良好的氛围。2015 年，北京新设企业 20.1 万家，增长 11.2%，其中新设科技服务业企业 5.9 万家，占比近 3 成。

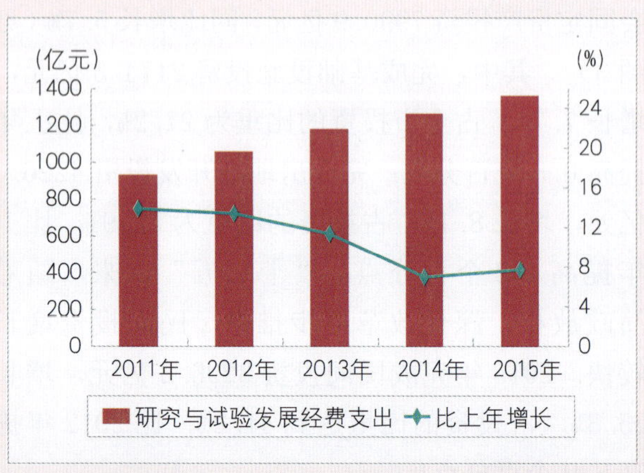

图 4 2011-2015 年北京研究与试验发展经费支出及增长速度

2. 协调发展布新局。北京深入贯彻落实京津冀协同发展战略，以调整疏解非首都功能为抓手，积极推进区域协调发展，建立京津冀协同发展新格局。一是产业疏解持续推进，“瘦身健体”成效明显。2015 年，北京范围内关停退出污染工业企业 326 户，拆并疏解商品交易市场 57 家。二是《禁限目录》涉及行业投资下降。2015 年，《禁限目录》涉及行业完成投资 635.5 亿元，下降 9.9%。其中，工业投资下降 12%，服务业投资下降 5.3%。三是人口调控取得进展。2015 年末，北京常住人口 2170.5 万人，比上年末增加 18.9 万人，增长 0.9%；与 2014 年相比增量减少 17.9 万人，增速下降 0.8 个百分点。

3. 绿色低碳提质量。北京坚持绿色发展理念，走可持续发展道路，扎实推进节能降耗，经济发展质量进一步提升。主要表现在三个方面：一是综合能源消费量增长放缓。2015 年，能源消费总量为 6850.7 万吨标煤，与 2010 年相比年均增长 1.5%，低于“十一五”时期年均增速 3.2 个百分点。二是能源品种结构继续优化。“十二五”以来，北京加大燃煤压减力度，煤炭消费量大幅下降，与此同时天然气消费量逐年增长，带动能源品种结构优化。其中，煤炭在能源消费总量中所占比重由 2010 年的 29.6% 下降至 2015 年的 13.7%，天然气所占比重由 2010 年的 14.6% 提高至 2015 年的 29%。三是能源利用效率稳步提高。“十二五”以来，北京万元 GDP 能耗从“十一五”末的 0.45 吨标煤下降到 2015 年的 0.34 吨标煤（按 2010 年可比价计算），五年间累计下降 25.08%，年均下降 5.61%，提前一年实现“十二五”期间累计下降 17% 的目标。

4. 开放互通扩影响。北京坚持国际交往中心的战略定位，认真落实国家对外开放总战略，国际影响力不断提升。一是服务贸易规模持续扩大。2015 年，实现服务贸易进出口总额 1302.8

亿美元，较2010年年均增长10.3%。二是“引进来”和“走出去”步伐加快。境外投资快速增长，“十二五”时期，境外中方投资额累计达到220.1亿美元，是“十一五”时期的11.6倍，其中2015年达到95.6亿美元，同比增长75%。同时，利用外资保持稳定增长态势，“十二五”时期实际利用外商投资额累计达到456.6亿美元，是“十一五”时期的1.6倍，其中2015年为130亿美元，同比增长43.8%。

5. 共享成果惠民生。北京按照共享发展要求，积极提高居民收入，关切民生需求，推进发展成果共享。2015年，全市居民人均可支配收入达到48458元，增长8.9%，扣除价格因素，实际增长7%，实现与经济发展基本同步。其中，城镇居民人均可支配收入52859元，增长8.9%；农村居民人均可支配收入20569元，增长9%；扣除价格因素，城乡居民收入分别实际增长7%和7.1%。农村居民收入连续7年高于城镇居民（见图5）。“十二五”时期，城乡居民收入年均分别实际增长7.2%和7.8%，基本与经济增长同步；城乡居民收入比由2011年的2.65∶1下降至2.57∶1。

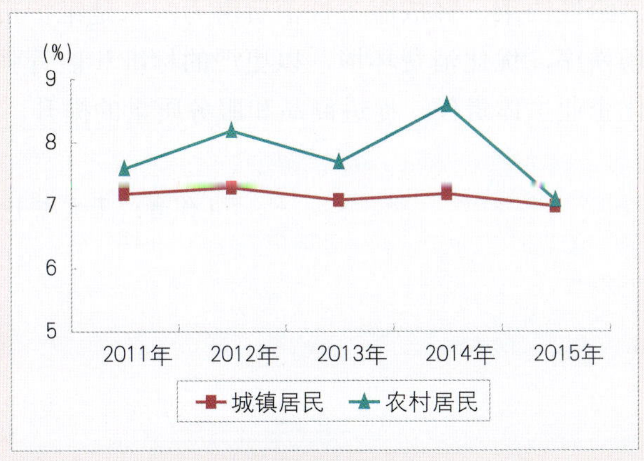

图5 2011—2015年北京城乡居民人均可支配收入实际增速

二、需要关注的问题

（一）平衡稳增长、调结构、疏功能的难度进一步加大

近年来，北京经济发展进入新常态，经济增速也由高速增长转为中高速增长。“十二五”时期，北京地区生产总值年均增速比“十一五”时期降低3.9个百分点。当前，国际经济环境复杂多变，全国处在结构调整的关键阶段，传统产业去库存、去产能力度加大。北京经济在面临较大增长压力的同时，也面临结构深度调整、非首都功能疏解、治理大城市病等艰巨任务。受此影响，一方面增量经济将受到更加严格的准入限制，另一方面存量经济调整疏解的力度会不断加大，实现稳增长、调结构、疏功能之间的平衡，难度进一步加大。

（二）经济增长的后劲仍显不足

一是新产品、新产业、新业态规模都较小，尚未对经济增长形成有力支撑。如新能源汽车虽成倍增长，但产量仅占北京汽车产量1%左右；互联网及相关服务业收入增速持续高于20%，但占信息服务业收入的比重不足1/5；互联网金融在发展速度和规模上均已超过金融租赁、融资担保、小额贷款公司等新兴金融机构，但与传统金融业相比，还不具备规模优势，收入仅占金融业营业收入的2%左右。二是实体投资持续下降，对后续增长难以形成有效支撑。2015年1季度以来，北京建安投资持续下降，占全社会固定资产投资的比重低于40%。全年建安投资下降13.6%，降幅比上年扩大12.2个百分点，占比为37.5%，低于上年8.4个百分点。同时费用比重超过50%，增速高达22.2%。

（三）服务性消费潜力有待进一步释放

目前，北京消费市场正处于由商品性消费主导向服务性消费主导转变的阶段，服务性消费需求潜力较大。2015年，全市居民人均服务性消费支出增长11.3%，其中城镇和农村分别增长11.1%和15%，增幅分别高于商品性消费4.7个和9.7个百分点，表现出较大的增长潜力。从结构上看，交通、通信、医疗、文化娱乐等服务性消费增长较快，但仍不同程度地存在供给不足、供给质量不高等问题。服务性消费中的供给性约束，一定程度上抑制了消费需求的进一步释放。

北京天坛

三、2016 年经济形势展望及工作建议

展望 2016 年，北京经济面临的形势仍然十分复杂，各种有利和不利因素交织。从国际看，世界经济仍处于危机后深度调整之中，呈现出低增长、不平衡、宽震荡、多风险的特征。从国内看，我国处在结构调整的关键阶段，潜在增长率趋势性回落与长期结构性、短期周期性问题叠加，经济下行压力仍然较大。在此背景下，国家出台了一系列稳增长、促改革措施。预计随着全面改革、扩大开放、万众创新等一系列红利逐渐释放，将为全国以及北京经济注入强有力的动力。从北京自身看，经济增速虽然有所放缓，但经济运行的基本面仍然较好，有利因素不断积蓄。京津冀协同发展为首都经济带来前所未有的发展机遇，推进结构调整为经济持续增长提供动力，同时市场预期较为稳定。综合判断，2016 年北京经济仍将保持平稳运行态势。建议在以下方面继续加大工作力度。

（一）做足加法，实现经济减速不减势

一是将疏解工作的重心放在存量上，腾出空间，发展符合首都功能定位的增量，以此带动产业升级和人口疏解。二是加快新产业、新动力的培育，在疏解的同时，抓紧培育、做强符合首都战略定位的产业，如生态环境治理、生物医药、互联网等有发展前景的行业，加快产业融合步伐，推动产业向中高端迈进。三是采取有力措施巩固金融、信息、科技等优势行业增长态势，对冲传统行业下行的压力。四是进一步促进产学研相结合，以市场机制配置科技资源，推动科技产业化、产业科技化，充分发挥科技创新对经济增长的引领作用。

（二）双向发力，以“供给侧”改革促进消费潜力释放

在刺激消费需求的同时，以“供给侧”改革促进消费潜力释放，进一步扩大内需，实现增加有效供给和刺激有效需求双轮驱动。一是着力调整消费供给结构，加快教育、卫生、文化等事业单位分类改革，放宽民间资本的市场准入，缓解供给性约束，释放服务性消费潜力；二是维护市场秩序，优化消费环境，以更严的标准和监管强化企业主体责任，促进商品和服务质量的提升。

（作者：王文杰）

专栏：积极推进价格改革 服务新时期首都定位

一、2000 年以来北京价格改革进展

从 1978 年改革开放至 2000 年，全国范围内市场机制在价格形成中的主导地位逐步确立。进入新世纪，大规模、大面积、大幅度的“调”“放”基本结束，北京市改革重点转为完善价格形成机制、价格调控体系，并对极少数重要商品和服务价格进行调整。

（一）调整资源性产品价格

在非居民用资源性产品价格方面，尝试结合产业调整实行差别化价格政策，对北京市限制或淘汰的产业实行高水价、高电价，推进用水、用电工商业同价，降低服务业用水、用电成本；实施再生水低价政策，鼓励企业使用再生水。在居民用资源性产品方面，根据产品成本以及居民承受力等综合定价，多次调整资源性产品价格，并在 2012 年、2014 年和 2016 年分别对居民用电、用水、用气实施阶梯价格。

（二）完善公共服务领域价格机制

一是完善交通服务领域价格形成机制。制定出租汽车油价租价联动、燃油附加费动态调整机制，以及公共交通“一年一小调、五年一大调”的票价动态调整机制。二是教育方面，先后调整公办幼儿园和民办教育高校收费标准。三是医疗方面，在全国率先探索公立医院医药分开价格补偿机制，取消药品加成，适度调整相关医疗服务项目收费标准，并进行医药分开试点，试行医事服务费政策。四是环境方面，围绕大气环境治理，大幅度提高非居民排污收费和垃圾收费标准。

（三）缩小政府定价范围，减少行政事业性收费

取消营利性医疗机构服务、非保障性住房的物业服务收费定价等，放开了药价、居住小区停车收费、机动车安全检测收费等领域价格。取消和停止多项行政事业性收费和社会团体涉企收费项目，其中，累计取消 114 项行政事业性收费。

（四）建立健全价格调控管理体系

一是逐步完善制度性基础工作。制定并修改政府定价目录，从制度上明确了政府定价范围；实施价格听证制度，在国家要求的项目基础上，主动增加居民供暖价格等与民生密切相关的项目；制定价格成本监审目录，并按类别由市、区两级实施。二是优化监管模式。坚持放管结合，加强价格管理的事中、事后监管；建立并规范明码标价制度；加强民众与舆论监督，开通价格举报热线。三是丰富完善价格调控手段。建立价格综合调控政策与统计部门紧密沟通的机制，扩大价格监测覆盖面并提高价格监测频次；建立价格调节基金，发挥市场自我调节作用；出现价格突发事件时启动应急调查，完善价格异常波动分级调控应急机制。

二、北京价格改革的成效和影响

新世纪以来，北京的价格改革基于全国改革的大框架，进行了诸多有益尝试，积累了宝贵经验，在优化资源环境、撬动社会资本以及减轻企业负担等方面取得显著成效。

一是疏解部分资源性产品价格矛盾，以价格杠杆促进社会节能减排。北京市万元 GDP 能耗由 2000 年的 1.3 吨标准煤下降至 2015 年的 0.34 吨标准煤，下降超过 7 成。生活用能源结构改善，人均生活用煤量由每年 223.6 千克降至 126.3 千克，下降 4 成以上；清洁能源天然气用量大幅增加，由 16.4 立方米增加至 63.7 立方米，增加约 2.9 倍。环境条件有所改善，可吸入颗粒物年日均值由 0.162 毫克 / 立方米降至 0.102 毫克 / 立方米，下降近 4 成。

二是社会资本进入医疗、养老、污水处理等重点领域。营利性民办医院数量由最初的 8 个增加至 2015 年的 315 个。其中，高端医疗市场发展迅速，分担了部分就医需求。营利性社会办养老服务领域社会资本

广泛进入，城市养老机构床位数由2004年的11692张增加至2015年的33829张，增长约1.9倍。污水处理行业市场化进程逐步推进，污水处理能力显著提高，由2000年的129万立方米/日提高至2015年439.5万立方米/日，增加约2.4倍。居民和非居民用水的污水处理费由2000年的每吨0.3元和0.5元分别提高至2016年的1.36元和3元，基本能够满足社会化运营需要。

三是大幅削减行政事业性收费项目。其中涉及企业的项目2013-2015年4年间取消了110余项，优化了企业发展环境，降低了企业生产和经济运行成本。此外，多次取消行政审批事项，改善了北京的投资环境。

四是保持价格总水平总体稳定。新世纪之初，政府管理的项目调整较多，对CPI影响较大，个别年份政府调价项目影响当年CPI上涨0.8个百分点以上，如2001年为0.83个百分点。随后几年呈波动变化，有的年份为负值。2011-2014年整体较为稳定，每年均在0.2个百分点左右。总体上，2001-2015年，政府定价项目调价对CPI影响呈现尾部上翘的"L"型走势，较好地处理了推进价格改革与保持物价稳定的关系。

三、"十三五"时期价格改革的新形势和新要求

新世纪以来的价格改革初步建立起旨在反映市场供求、资源稀缺程度和环境损害成本的价格形成机制，建立完善了价格综合调控管理体系，在完善公共服务领域价格机制方面取得重要进展，一定程度上促进了产业结构调整、资源节约和环境保护。但是，当前价格改革仍没有完全到位，如资源性产品价格矛盾尚未完全疏解到位，公益性服务定价机制尚不完善，价格手段作为治理"城市病"的杠杆作用仍未有效显现。并且，随着经济社会的发展，各方对价格工作的要求越来越高，价格改革面临的环境越来越复杂，"十三五"时期北京市价格改革任务依然繁重。价格改革的重点正转向推进难度大、影响广泛的基础性领域，价格改革正式进入"深水区"。

（一）价格改革进入攻坚阶段

我国和北京市的价格改革采用先易后难、由浅入深的渐进方式进行。经过长期的市场化改革，绝大部分定价已经市场化，政府定价主要集中在水、油、气、电等重点公共产品，交通、电信等公用事业以及公办医疗、教育等公益性服务领域。这些项目属性复杂，改革难度大，对国计民生影响大，是新时期价格改革难啃的"硬骨头"。

（二）物价形势有利

前几年全国和北京的物价涨幅较高，推进价格改革空间小。当前价格形势呈现新变化，CPI显著回落。2014年下半年以来，全国和北京的月度CPI均在102%上下波动，价格改革空间增加，全面深化价格改革的有利时机已经到来。

（三）中央价格改革提速

当前中央层面的价格改革步伐正在加快。北京作为国家首都和特大型城市，实际情况更复杂。如政治保障任务重，价格改革窗口期少；生活必需品对外依存度高，价格改革的同时保持物价总水平稳定的难度大等。如何找准有利时机，把握好价格改革的节奏和力度，成为北京价格改革工作面临的更大挑战。

（四）北京自身要求

当前，北京人口资源环境问题突出，治理"城市病"、疏解非首都功能任务艰巨。在全面深化价格改革过程中，运用市场化手段，建立完善价格杠杆机制倒逼落后产能退出，促使生产要素向周边城市流动，是北京首都城市战略定位的内在要求。

四、北京“十三五”时期价格改革的重点

（一）进一步理顺资源性产品价格矛盾，完善价格机制

1. 疏导水价矛盾。北京属于典型的资源型缺水特大型城市。2015 年，北京市人均水资源拥有量为 123.3 立方米，不及国际缺水警戒线的 15%，约为全国平均水平的 6%。北京人均水资源量大幅低于上海、深圳等南方城市，不到上海的一半，约占深圳的 6 成。即便在京津冀三地中，北京人均水资源量也显著低于河北，不足河北的 7 成。从价格水平上看，北京居民用水各阶梯价格高于河北，与天津基本相当。工商业用水分别比天津、河北高 0.3 元 / 立方米和 2.82 元 / 立方米。南水北调后，水生产成本明显提升，但现行价格并未完全反映北京水资源极度缺乏、水生产成本涨幅较高的实际情况，价格矛盾需要进一步疏导。

2. 继续完善价格机制。由于电力难以储存的特殊性，实行峰谷价格有利于平抑用电高峰，降低发电损耗。一线城市中上海、广州、深圳的居民用户在实行阶梯电价的同时可自主选择是否执行峰谷电价。京津冀三地，河北省于 2015 年在全省范围内实行居民用电峰谷分时电价政策，北京和天津暂未实施。北京电网属于典型的城市受端电网，整体电力电量平衡需纳入京津唐用电网统一考虑，未来政策空间很大。

阶梯制度的初衷是通过实行分类计量收费和超定额累进加价，促进资源节约。从各档价格来看，北上广深居民用水 3 档价格约为 1 档价格的 1.7-2 倍；居民用电 3 档价格约为 1 档价格的 1.5-1.6 倍；居民用气 3 档价格约为 1 档价格的 1.4-1.7 倍，各档价格差距未显著拉开。

（二）降低公共服务成本，引导分流公益性服务需求

公共交通、有线电视、邮政电信等公用事业定价多是在核准成本基础上制定固定价格，有助于抑制经营者利用垄断地位谋取高额利润，保护消费者利益，但也会带来企业降低成本动力不足的问题。考虑到政府财政补贴压力过大不可持续，降低公共服务生产成本势在必行。

教育、医疗、文化、养老等服务领域中民办部分已由市场定价，但市场份额较小，不能有效分流总体需求。以医疗为例，北京市民营医院有 433 个，占全部医院数量的 6 成以上，其中 315 个民营营利性医院已经实行市场定价，118 个非营利性医院执行政府指导价。但是除少数提供高端医疗服务外，绝大部分为一级医院，医疗水平不高，民众认可度较低。北京市民营医院的年诊疗人次占比不到 1 成，民营医院分担社会就医需求能力还比较弱。

（三）创造有利条件，进一步激发市场活力

北京市已经放开居民小区地下停车费和物业费的定价，但调研发现，成功调整的不多。主要原因一是相关法律法规不完善，知晓率不高；二是尚未建立物业服务行业标准，物业公司服务水平难以客观评价。由于市场机制发挥作用的前提条件尚不具备，无法仅仅靠市场来完成，对于已经放开的市场，政府仍需在法律法规、行业标准制定等方面创造有利条件，真正激发市场活力。

（四）结合价格改革，利用价格杠杆服务京津冀协同发展

目前北京市已采取出台新增产业禁止和限制目录、关停“三高”企业等行政手段疏解非首都功能。从资源性产品价格来看，京津冀三地中，北京资源性产品价格与天津、河北大体相当，甚至更低。其中，北京和天津居民用水和工商业用水价格均基本相当；三地居民用电价格北京最低，河北最高，一般工商业用电价格北京低于天津；工商业用天然气价格北京高于天津和河北，北京居民用天然气价格略低于天津和河北。

公共服务中，三地公交车票价也基本相当，空调车票价均为 2 元；若持公交卡乘车，天津和石家庄优惠幅度为 9 折 -9.5 折，北京持卡 5 折优惠幅度最大，实际支付的空调车票价要低于天津和石家庄。除住房成本，北京生活成本和低端服务业的经营成本并不高。下一阶段需依托行政、经济和法律三个层面综合施策，利用价格杠杆，逐步建立市场化长效机制，加快推进产业调整和人口疏解，促进京津冀协同发展。

五、对策建议

（一）扩大价格改革窗口期

目前资源环境领域价格矛盾尚未理顺，教育、医疗等公共服务改革步伐也将加快。由于调价前价格偏低，调价后可能导致短期价格波动较大。建议适当提高对 CPI 预期目标的容忍度，扩大价格调整的窗口期。在确定年度目标时，将价格涨幅预期目标长期稳定在 4%-5% 的水平，为价格改革创造条件。

（二）继续梳理政府定价目录

“十三五”时期要将可以由市场定价的项目交给市场。在政府定价的项目中，对居民生活和物价总体水平影响不大的专业服务项目价格可考虑逐步放开。公益性服务项目无法全面放开定价，鉴于全市各区价格改革条件和财政收入水平不尽相同，特别是远郊区如延庆、密云、怀柔等情况与全市和中心城区差距较大，建议诸如辖区内停车收费、生活垃圾及危险废物处置费、区政府投资建设运营的养老服务机构的基本养老费、殡葬服务费等下放到区级管理。

（三）继续完善政府定价机制

事关民生又属于垄断经营的资源，如水、电、油、气等资源性产品，不具备完全市场化的条件，需进一步完善机制。在资源提供方面引入竞争机制，细化价格形成机制管理，加强成本监审，有效降低成本。在资源使用方面继续完善阶梯价格制度，拉大各档价格差，大幅提高非基本需求尤其是最高档用量的价格，促进资源节约。

（四）充分发挥价格杠杆作用

在行业引导方面，大幅提高限制类企业用电、用水、用气、排污等价格，研究出台惩罚性价格政策。同时促进企业进行技术改造升级，引导其降低能耗和排污成本。在公共服务方面，提高一级医院医保报销比例、降低三级医院比例，引导居民小病就医向一级医院倾斜。提高城区行车成本，疏导交通拥堵；细化公共交通价格改革的优惠政策，研究分时优惠票制，平抑乘车高峰；将公交票价纳入通勤优惠制度，引导地铁搭配公交出行。

（五）加强对放开市场的监管

一是规范市场主体行为，制订完善价格监管规则和质量标准，做到质量和价格同步提升。二是完善市场进出机制，真正让市场“活起来”。如居委会联合物业行业管理协会，鼓励小区成立业主大会，提高居民参与社区事务的积极性，给物业服务企业进出创造条件。三是加大价格执法力度，营造公平竞争的市场环境。畅通价格诉求举报渠道，加强对举报案件办理情况的督办，提高办理时效和质量。

（六）跟进价格改革的配套工作

一是完善社保标准和物价联动机制。健全完善社会救助和保障标准与物价挂钩的联动机制，努力化解价格改革对低收入居民基本生活的影响。二是建立工资增长的长效机制。实现收入与经济、收入与物价特别是生活必需品价格的同步增长，缓解价格改革对居民生活的影响。三是做好政策宣传。在价格改革的事前、事中、事后制定不同的宣传方案，保障改革在积极的社会舆论环境中平稳推进。

（作者：邢志宏）

天津市经济社会发展报告

2015年，面对错综复杂的经济环境和持续的下行压力，天津市认真落实中央各项决策部署，坚持稳中求进、改革创新，主动适应经济发展新常态，抢抓五大战略机遇，积极应对各种挑战，经济运行总体平稳，质量效益稳步提升，经济结构持续优化，发展活力不断增强，人民群众生活明显改善，各项社会事业继续完善，在转型调整中实现新的发展。

一、经济社会发展主要特点

（一）经济运行总体平稳

经济保持平稳增长。面对持续的经济下行压力，把稳增长放在更加重要的位置，采取一系列有针对性的措施，取得预期效果。2015年，全市生产总值（GDP）16543.58亿元，按可比价格计算，比上年增长9.3%，高于全国2.4个百分点，继续保持全国前列。

财政税收增势平稳。落实“营改增”政策，在实施结构性减税和普遍性降费、减轻企业负担的同时，财政实力得到进一步增强。2015年，全市一般公共预算收入2666.99亿元，增长11.6%，其中税收收入占59.2%。尤其是随着现代服务业的快速发展，服务业税收占全市税收的比重达到65.9%，成为财政增收的重要来源。

金融运行稳中加快。深入开展“一助两促”，实施中小微企业贷款风险补偿机制，给予实体经济更多支持，存贷款保持两位数增长。2015年末，全市金融机构（含外资）本外币各项存款余额28149.37亿元，增长11.9%；各项贷款余额25994.68亿元，增长11.8%。金融改革创新继续深化，融资租赁、商业保理等新型业态集聚发展，融资业务规模继续位居全国前列，金融业增加值占全市生产总值的比重达到9.6%，比上年提高0.6个百分点。

（二）结构调整成效显著

服务经济占比过半。落实加快现代服务业发展的若干意见和9个重点产业三年行动计划，制定实施扶持生产性服务业、公共文化、旅游业发展的政策措施，服务业发展规模和水平进一步提升。2015年，天津第三产业增加值8628.54亿元，增长9.6%，占全市生产总值的比重首次超过50%，达到52.2%，形成“三二一”产业格局，经济发展由工业主导向服务业主导转变。其中，现代服务业发展较快，信息服务、租赁和商务、科技服务、金融等行业增加值分别增长17.2%、13.7%、13.1%和11.7%，均高于服务业平均增幅。

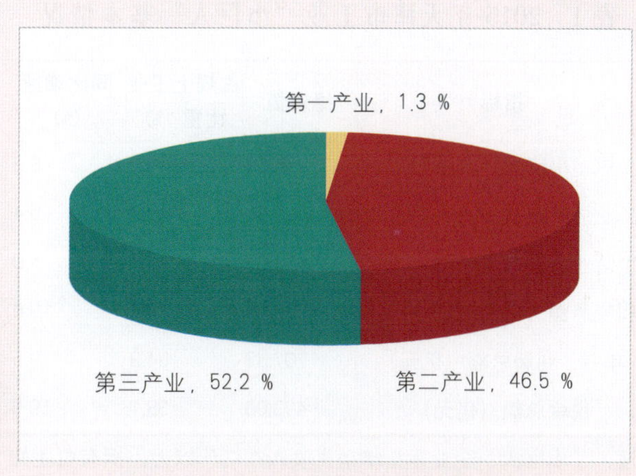

图1　2015年天津三次产业结构

工业升级趋势明显。主动对接“中国制造2025”，出台建设全国先进制造研发基地实施方案，实施12个重点产业三年行动计划，超大型航天器、力生制药、比亚迪新能源大客车等项目竣工投产，重型装备、新一代信息技术等10条产业链更加完善。2015年，全市规模以上工业增加值增长9.3%，其中装备制造业支撑有力，增加值比重达到36.2%，比上年提高3.2个百分点。转型升级产品增长较快，新能源汽车、平板显示器、光电子器件等产量分别增长5.8倍、27.6%和13.4%；产能过剩产品持续减产，平板玻璃、粗钢、生铁、水泥等产量分别下降 4.4%、9.5%、10.5% 和 23.7%。工业“小巨人”引领工业转型发展。截至 2015 年底，全市规模以上工业“小巨人”企业 2309 家，占全市“小巨人”企业比重达 66.9%；工业“小巨人”实现工业总产值 13619.34 亿元，同比增长 5.4%，增速高于全市规模以上工业平均水平 5.1 个百分点；产值总量占全市规上工业的 48.2%，拉动全市规上工业增长 4.8 个百分点。工业“小巨人”主营业务收入增长 5.0%，利税总额增长 19.6%，分别快于规模以上工业 5.7 个和 17.1 个百分点，占规模以上工业的比重分别为 48.7% 和 48.4%。高端行业企业规模扩大，成为动能转换“新引擎”。2015 年全市规上工业市级技术中心企业为 417 家，其中工业“小巨人”占比为 86.1%；全市拥有杀手锏产品的规上工业企业 142 家，工业“小巨人”占比为 96.5%。

表 1　2015 年天津市工业“小巨人”基本情况

指标	绝对值	占规上工业比重（%）	同比增速（%）
工业“小巨人”（个）	2309	41.8	8.3
工业总产值（亿元）	13619.34	48.2	5.4
主营业务收入（亿元）	13635.01	48.7	5.0
利税总额（亿元）	1701.69	48.4	19.6
其中：利润总额（亿元）	1207.33	54.3	19.5
税金总额（亿元）	493.08	38.1	19.9

注：“小巨人”企业是指年销售收入在亿元以上，拥有自主知识产权的科技成果、技术和产品，在行业内居于全国前列，具有较高成长性的科技型中小企业。

投资结构不断优化。注重发挥投资对稳增长的关键作用，制定实施促投资稳增长的 33 条措施，推动全市投资总量持续扩大，投资结构进一步优化。2015 年，全社会固定资产投资 13065.86 亿元，增长 12.1%。服务业投资拉动有力，占城镇投资的 58.0%，比上年提高 2.8 个百分点；战略性新兴产业投资增势强劲，新能源、新材料、新一代信息技术、高端装备制造等投资分别增长 25.5%、48.1%、1.1 倍和 1.6 倍。

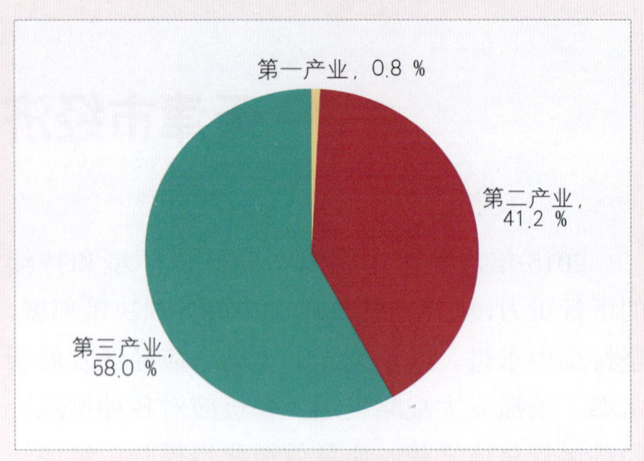

图 2　2015 年天津城镇固定资产投资结构

民营经济亮点突出。大力发展众创空间，进一步增强市场主体活力，激发大众创业热情，民营市场主体大量涌现，民营经济主要指标领跑全市。2015 年，全市新登记各类市场主体 14.32 万户，其中民营市场主体 14.02 万户，占 97.9%；民营经济增加值 7781.42 亿元，增长 13.5%，占全市生产总值的 47.1%；民营工业增加值增长 21.7%，民间投资增长 12.5%，均高于全市平均增幅。

表 2　2015 年天津市民营经济主要指标数据

指标	绝对值	占全市比重（%）
新注册市场主体（万户）	14.02	97.9
增加值（亿元）	7781.42	47.0
税收收入（亿元）	1255.15	79.5
民间投资（亿元）	7588.90	58.1
外贸出口（亿美元）	111.10	21.7

（三）创新驱动激发活力

自主创新能力提升。出台天津国家自主创新示范区发展规划纲要，加快推进“一区二十一园”建设，着力构建现代信息技术、智能装备制造、新能源、新能源汽车四大产业链，实施智能机器人、新药创制等重大科技专项，开发出一批国际领先的技术和产品，企业核心竞争力显著提升，进一步把握率先发展的主动权。2015 年，全社会研发经费支出占生产总值的比重达到3%；年末有效专利10.38万件，其中发明专利1.85万件，分别增长24.1%和25.5%。

创新发展成效初显。出台打造科技小巨人升级版的政策措施，发布加快高新技术企业发展的实施意见，科技型企业加快成长，新产业、新业态加速集聚。2015年，全市新增科技型中小企业1.38万家，其中小巨人企业510家，国家级高新技术企业达到2309家；高技术产业（制造业）增加值占规模以上工业的13.8%，比上年提高1.5个百分点；批发和零售业网上零售额增长95.2%，占限额以上社会消费品零售总额的比重达到8.9%，比上年提高3.9个百分点，快递业务量增长1.1倍。

创新平台建设加快。大力推进重大科技创新平台建设，建成中科院天津工业生物技术研究所等科研院所，引进聚集一批国家创新人才、创新团队和高成长性企业，创新成果转化为现实生产力的进程不断加快。2015年末，全市共有国家重点实验室12个，国家部委级重点实验室49个，国家级工程（技术）研究中心36个，国家级企业技术中心45个；引进国家“千人计划”人才113人，国家优秀创新群体和团队达到42个。

（四）抢抓重大战略机遇

自贸试验区政策效应初步释放。中国（天津）自由贸易试验区挂牌运营，123项制度创新举措落地实施，9项成果向全国推广；保税展示交易、进口商品直营等业务顺利开展，汽车平行进口试点全面展开；新型贸易业态蓬勃发展，天津成为全国跨境电商试点城市和综合试验区。随着投资贸易便利化水平不断提高，企业集聚效应日益凸显，双向投资势头良好。2015年，自贸试验区新增市场主体1.41万户，其中新设外商投资企业627家，实际直接利用外资47.20亿美元，占全市的22.3%；新设境外企业机构61家，中方投资额56.33亿美元，占全市的75.5%。

京津冀协同发展提速推进。深入落实《京津冀协同发展规划纲要》，围绕天津“一基地三区”的功能定位，逐项制定行动计划，加快构建一体化交通网络，积极开展产业对接协作，不断强化环境保护联防联治，推动京津冀协同发展取得明显成效。2015年，津保铁路投入运营，与京广、京沪、津秦和京津城际四条高铁无缝对接，天津成为全国高铁枢纽；在京冀地区设立的无水港达到10个，天津口岸进出口总额中，京冀货物比重达到32.6%；引进京冀项目857个，到位资金1739.29亿元，占全市实际利用内资的43.0%。

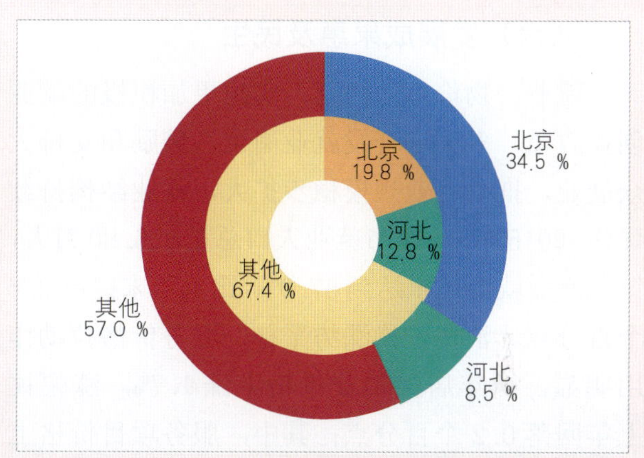

图3 2015年天津利用内资和口岸进出口额地区构成

主动融入“一带一路”建设。围绕“一带一路”国家战略，积极开展与沿线国家投资贸易合作，多式联运跨境交通走廊加快建设，苏伊士经贸合作区等项目建设进展顺利，在对美欧日韩等传统市场出口低迷的情况下，对“一带一路”沿线国家出口保持快速增长。2015年，全市对东盟出口101.32亿美元，增长28.0%。

（五）加快建设美丽天津

绿色发展取得新进展。不断加大生态环境治理力度，加快推进“四清一绿”行动，修订实施大气污染防治条例，出台治霾“津八条”、京津冀大气污染防治协作12条措施，严格落实控煤、控尘、控车、控工业污染、控新建项目“五控”治理措施，推动环境质量进一步提升。2015年，全市环境空气达标天数220天，比上年增加45天；PM2.5浓度均值70微克/立方米，下降15.7%。

大交通体系逐步完善。强化海空两港枢纽功能，加快建设“两港四路”，构建服务区域、紧密衔接、高效便捷的现代综合交通体系，城市脉络更加畅通。2015 年，全市港口货物吞吐量 5.41 亿吨，集装箱吞吐量 1411.10 万标准箱；机场旅客吞吐量 1431.43 万人次，增长 18.6%；公路里程 16549 公里，比上年末增加 439 公里，其中高速公路 1130 公里；城市客运量（不包括出租）18.56 亿人次，其中，公交客运量 15.70 亿人次，地铁客运量 2.56 亿人次。

（六）发展成果惠及民生

就业、物价总体稳定。实施更加积极的就业创业政策，多渠道开发就业岗位，鼓励和支持大众创业，推动就业规模稳步扩大，就业结构持续优化。2015 年末，全市就业人口总量 896.80 万人，第三产业就业比重达到 57.0%，比上年末提高 3.6 个百分点。消费价格涨势平稳，服务价格拉动作用明显。全年居民消费价格上涨 1.7%，涨幅比上年回落 0.2 个百分点；其中，服务项目价格上涨 3.4%，拉动消费价格总水平上涨 1.1 个百分点，贡献率达到 67.3%。

居民收入稳步增长。全面落实 20 项增收措施，企业养老金实现十一连增，最低工资标准进一步提高。2015 年，天津城镇常住居民人均可支配收入 34101 元，增长 8.2%；农村常住居民人均可支配收入 18482 元，增长 8.6%；全市月最低工资标准由上年的 1680 元调整至 1850 元。

民生保障力度加大。全面完成 20 项民心工程，民生支出占财政支出的 75% 以上，提高社会保障相关待遇标准，实施养老服务促进条例，推进保障性住房建设，社会保险覆盖面进一步扩大。2015 年末，全市参加基本养老和医疗保险人数分别达到 686.28 万人和 1054.11 万人，分别比上年末增加 29 万人和 30.49 万人；建成保障性住房 7.5 万套，新增发放租房补贴 1 万户；新增养老床位 8369 张。

社会事业加快发展。继续完善公共服务体系，推进各级各类教育优质均衡发展，调整优化卫生资源布局，大力实施文化惠民工程，经济社会发展的协调性进一步增强。2015 年末，全市共有普通高校 55 所，中等职业教育学校 108 所，普通中学 509 所，小学 849 所；发行 6 万张“天津文化惠民卡”，更多市民走进剧场，享受高水平、低票价的惠民演出；各类卫生机构 5222 个，卫生机构床位 6.37 万张，分别比上年末增加 232

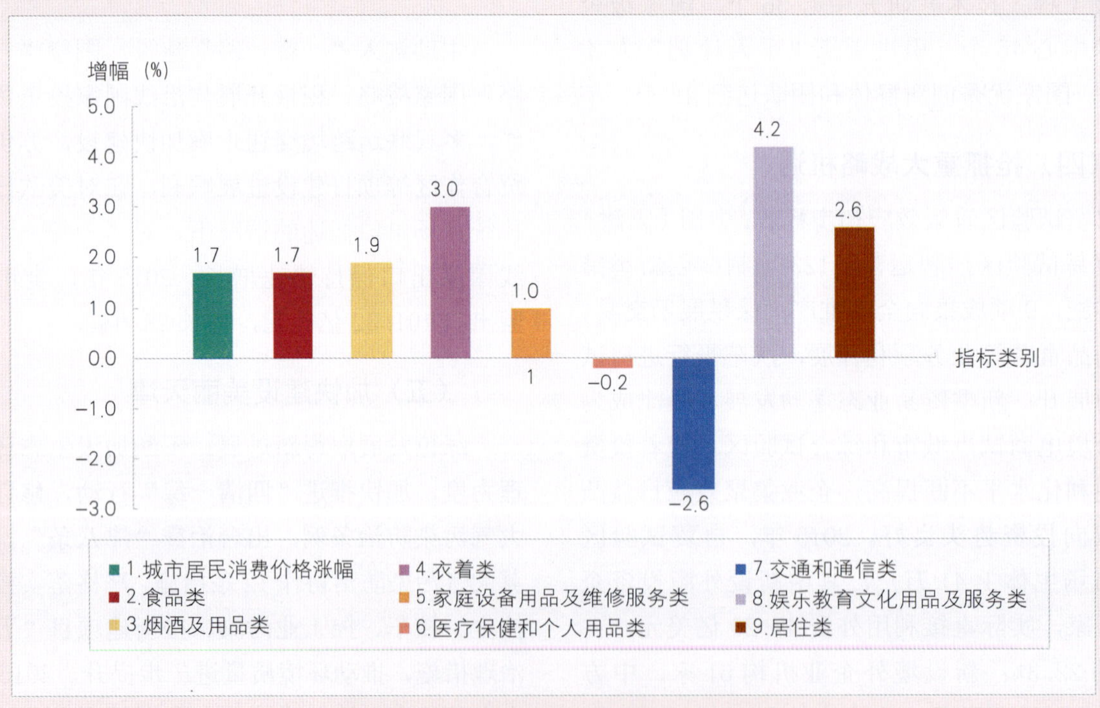

图 4 2015 年天津居民消费价格涨幅

个和 0.27 万张。

二、需要关注的问题

当前，国内外经济环境错综复杂，经济下行压力依然较大，一些问题值得重点关注。

（一）工业生产下行压力不减

一是动力转换有待加快。部分传统行业增长乏力，受部分企业限产限排等因素影响，石油加工、化学制品两个行业增加值分别增长 4.5% 和 7.8%，低于全市工业平均增幅；受三星系生产转移影响，电子信息行业增加值下降 2.7%。新兴产业虽成长加快，但短期内难以弥补部分传统行业回落带来的影响。航空航天、汽车、生物医药、新能源、新材料、环保六个产业增加值合计占全市工业的 20.4%，比上年提高 3.3 个百分点，但规模偏小，拉动作用有限。二是新增项目贡献减弱。工业投资仅增长 5.0%，比上年回落 10.2 个百分点；新增规模以上工业企业 487 家，比上年减少 63 家，且户均企业规模有所减小。

（二）传统服务行业增速放缓

大宗商品价格持续下降，主要生产资料销售放缓，批发和零售业增加值增长 6.1%，比上年回落 2.5 个百分点；批发和零售业商品销售额增长 8.7%，回落 6.4 个百分点，金属材料、石油及制品、煤炭及制品、化工材料及制品四类商品占限额以上销售额的 70.0%，合计增长 6.0%，比上年回落 6.6 个百分点。交通运输、仓储和邮政业增加值增长 7.7%，比上年回落 1 个百分点，港口货物吞吐量和集装箱吞吐量分别仅增长 0.1% 和 0.4%，分别比上年回落 7.8 个和 7.7 个百分点。

（三）外贸出口形势不容乐观

外商及港澳台商投资企业出口占全市的 62.8%，出口下降 4.6%；民营企业出口下降 3.1%，上年为增长 22.9%。主要出口市场持续低迷，对美国、韩国、日本出口分别下降 18.6%、19.8% 和 10.0%；对巴西、俄罗斯出口分别下降 34.0% 和 38.8%。

三、推进稳增长的建议

2016 年是“十三五”开局之年，要认真贯彻全市经济工作会议精神，按照“适应新常态、树立新理念、培育新动能、再上新水平”的总要求，着力加强结构性改革，在适度扩大总需求的同时，去产能、去库存、去杠杆、降成本、补短板，从供给侧发力，培育新增长点，切实提高发展的质量和效益，努力实现开好局、起好步。

（一）创新引领，扩大政策实施效果

一是打造创新主体集聚区。天津国家自主创新示范区发展规划纲要获批，进一步明确各分园空间、功能和产业定位，着力发挥核心区示范辐射作用，将“一区二十一园”建设成为科技成果、科技人才、科技服务、科技金融的高度聚集区。二是推动科技型企业发展。加大对科技企业特别是中小企业的普惠性政策扶持，市场主体创新活力将进一步释放。及时落实相关政策措施，加快培育国家高新技术企业，全力打造“科技小巨人”升级版，形成一批有国际竞争力的创新型领军企业。三是大力帮扶中小微企业。用足用好中小微企业贷款风险补偿新十条补充措施，落实减税降费政策，更好满足企业需求。

（二）分类施策，促进工业转型调整

一是加快高端制造发展步伐。要围绕全国先进制造研发基地建设，加快发展航空航天、集成电路等高端产业，壮大智能终端、基础元器件等具有比较优势的产业，培育新能源、新材料等新兴产业，以龙头企业或主导产品为核心，支持一批配套型中小微企业发展，强化高端产业配套能力；抓好过剩产能退出，改造提升石化、冶金等传统产业，提高主要产品市场占有率和竞争力。二是推进区域产业对接转移。加快未来科技城京津合作示范区、津冀循环经济产业示范区等载体建设，围绕重点产业规划定向招商，构建产业链上下游对接合作平台。

（三）抢抓机遇，提升服务经济功能

一是分类推进服务业发展。2015 年，服务

业占全市经济比重首次超过 50%。要落实好国家和我市一系列促进服务业发展的政策措施，突出发展金融、物流、科技、信息等生产性服务业，改造提升商贸、餐饮、交通等传统服务业，积极推进养老、住房、医疗等公益服务业，加快发展旅游、会展、总部经济等带动性较强的服务业，加快培育一批服务业龙头骨干企业。二是积极跟踪扶持新业态。依托物联网、云计算、大数据等新一代信息技术的良好基础，抢抓产业互联网兴起的机遇，加大投入力度，集聚创新人才，实现产业互联网服务专业化。三是释放自贸试验区红利。自贸试验区推出跨境电商试点、贸易单一窗口、平行汽车进口、保税展示交易等创新举措，政策效应初步释放，为全市服务业发展注入新活力。要抓住契机，重点引进和推进公司总部、研发中心、软件科技、金融等现代服务业项目，使现代服务业发展成为转型升级、拉动经济增长的新一轮引擎。

（四）定向引导，强化有效投资拉动

一是稳定实体项目投资。实体投资占城镇投资的比重超过六成，对稳定经济增长起着越来越重要的作用。要围绕产业政策落实，加快引进一批技术含量高、带动作用强、市场前景好的优质项目，增强项目储备；加快两化搬迁改造、中沙新材料、一汽大众华北汽车生产基地等重大项目开工建设。二是加快基础设施投资。基础设施投资占城镇投资的五分之一，比重和增幅均比上年有所提高，符合国家宏观调控导向。要充分利用钢铁、建材价格较低的有利时机，加大基础设施投入，力争形成更多实物量。三是推进楼市健康发展。在减税降息、降低二套房贷首付比例、提高公积金贷款额度等政策刺激下，房地产市场逐步回暖。要在贯彻国家政策的同时，进一步研究相关落实措施，促进刚需释放，带动相关产品生产和消费增长。四是合理引导民间投资。民间投资占全社会投资的比重接近六成，已成为全市投资增长的主体。要进一步释放改革红利，围绕新兴产业、基础设施和公共服务领域，推出更多面向民间资本的招商项目；进一步优化投资环境，降低民营企业资金杠杆，激发民间投资活力。

（五）加快转型，稳定外贸出口增速

一是鼓励民营企业出口。要加大对民营企业出口的支持力度，鼓励民营外贸企业联合重组、借船出海、抱团闯市场，不断提高民营企业出口对全市的贡献率。二是发展多元贸易方式。要引导外贸出口企业加大科技创新投入，大力发展自主品牌，不断提升出口产品的技术含量和附加值，进一步提高一般贸易比重；加快推进外贸新型商业模式发展，支持跨境电商和外贸综合服务企业，鼓励企业参加境外展销、投保出口信保和建设营销网络，为全市外贸发展提供多点支撑。三是积极开拓出口市场。充分发挥我市区位、口岸、产业以及制度创新等优势，深入拓展“一带一路”沿线国家市场，依托埃及苏伊士经贸合作区等境外合作载体，扩大在新兴市场的出口份额。

（执笔：杜西平）

专栏：2015年天津市城镇居民收入消费特点分析

2015 年是“十二五”规划的收官之年，也是全面深化改革的关键之年。面对复杂的经济环境和持续的经济下行压力，全市上下全面落实中央和市委市政府各项决策部署，主动适应经济增长新常态，以经济增长和政策推动促民生发展，城镇居民收入保持了平稳增长，人民生活水平继续提升。

一、城镇居民收入平稳增长

2015 年天津市城镇常住居民人均可支配收入为 34101 元，比上年增长 8.2%，扣除价格因素实际涨幅为 6.4%，城镇居民收入增长平稳，但增幅较上年有所放缓。

（一）多种因素促进居民增收

1. 政策推动，工薪收入较快增长。2015 年天津市出台了《关于 2015 年深化收入分配制度改革和增加群众收入工作的工作方案》，从多个层面推动各群体居民增收。按照国务院统一部署进行了机关事业单位养老制度改革，部分区县机关事业单位人员提高津补贴标准，机关单位发放了绩效管理考核奖励、提高社区工作人员待遇等措施推动了城镇居民增收。全年人均工资性收入 21060 元，增长 12.0%。

2. 鼓励创业，经营净收入略增。国家出台鼓励小微企业发展政策，使得小微企业盈利提高；企业注册门槛的降低和大规模创业宣传带动的深入，提升了群众自主创业的积极性；近郊经济发展，带动人口增加，批零、交通和服务业等行业得到较快发展；郊县休闲旅游业的发展，也带动相关住宿、餐饮、交通等行业经营收入增加。但同时，受宏观经济环境影响，部分行业效益不佳，也影响了部分家庭经营户收益。全年人均经营净收入 2458 元，微增 0.6%。

3. 楼市回暖，财产性收入小幅增长。随着住房限购政策放开、降息以及公积金贷款上限提高，房地产市场持续升温，带动了房屋出租价格上涨。同时，随着各条地铁线路的投入使用，地铁沿线和市区周边的房租都有所提高。全年人均财产性收入 3400 元，增长 5.3%，其中，出租房屋收入增长 10.7%。

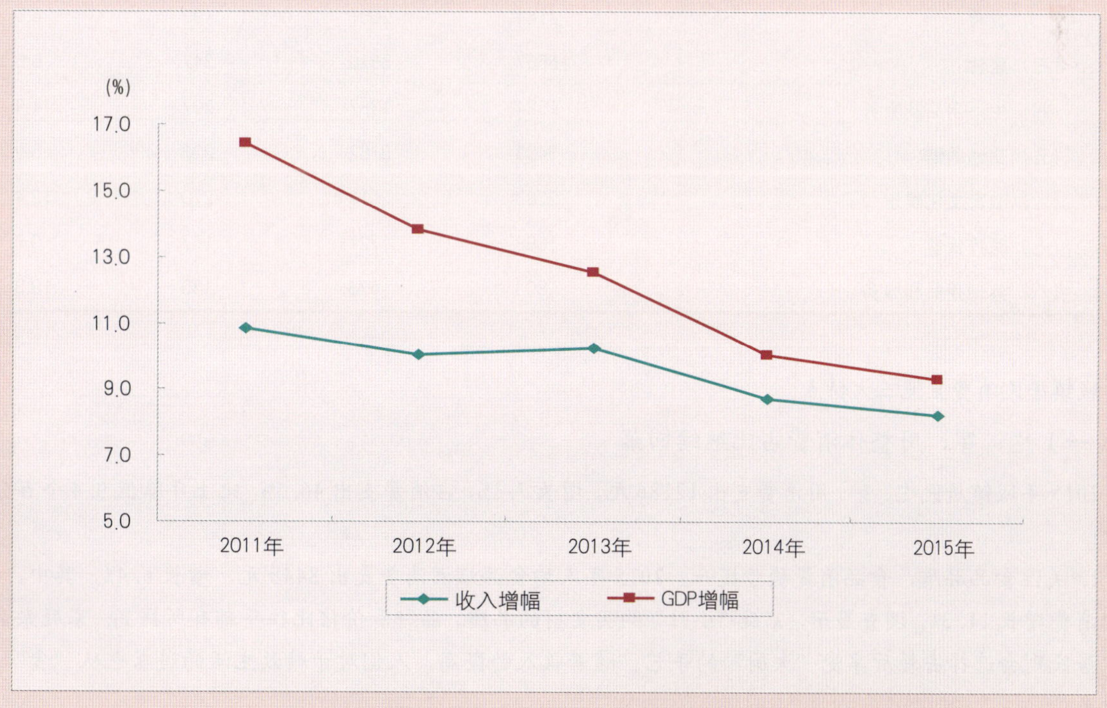

“十二五”时期天津市地区生产总值和城镇居民收入增速走势图

4. 重视养老，转移性收入继续提高。2015 年，政府提高了离退休人员养老待遇、老年人生活补助和城乡居民养老补助标准；提高了最低生活保障标准。社会保障体系的进一步完善，使城镇居民来自转移的收入不断增加。全年人均转移净收入 7183 元，增长 2.1%。其中，养老金收入增长 6.7%。

（二）居民收入增幅放缓

从“十二五”时期全市城镇居民收入走势看，随着经济发展步入新常态，经济结构调整，城镇居民收入增速也进入新阶段。经济增速（GDP）由 2011 年的 16.4% 回落到 2015 年的 9.3%；同期城镇居民收入增速也由 10.8% 回落到 8.2%。（见上页）

二、城镇居民消费与收入同步增长，生活质量进一步改善

据国家统计局天津调查总队抽样调查资料显示，2015 年，我市城镇常住居民人均消费支出 26230 元，比上年增长 8.0%。近几年，随着居民生活水平的提升，以及信息传播方式和速度的整体升级，居民消费观念逐渐发生改变，以发展享受型消费占比逐年提高和基础性消费品质提升为特点，城镇居民消费结构日趋优化。吃、穿、用基础消费占比 46.5%，消费额增长 7.1%；教育文化娱乐和其他用品、服务消费分别增长 13.4% 和 19.3%；受“京津冀一体化”和公共交通发展的影响，交通通信消费增长 6.9%；保健意识的增强，使得居民医疗保健消费增长 9.7%；房屋装修和居住条件改善使得居住消费增长 6.5%。整体而言，消费“八大类”都有了不同程度的增长（见下表）。

2015 年城镇居民消费支出情况表

单位：元

项　目	2015 年	2014 年	增加额	增幅（%）
人均消费支出	26230	24290	1940	8.0
（一）食品烟酒	8448	7943	505	6.4
（二）衣着	2144	2051	93	4.5
（三）居住	5667	5320	347	6.5
（四）生活用品及服务	1594	1387	207	14.9
（五）交通通信	3403	3182	221	6.9
（六）教育文化娱乐	2283	2013	270	13.4
（七）医疗保健	1888	1721	167	9.7
（八）其他用品和服务	803	673	130	19.3

城镇居民消费呈现三大特点：

（一）吃、穿、用整体消费占比继续回落

2015 年城镇居民吃、穿、用消费支出 12186 元，增长 7.1%，占消费支出 46.5%，比上年降低 0.4 个百分点。其中：

1. 关注食品品质，食品消费稳步提升。2015 年人均食品烟酒消费支出 8448 元，增长 6.4%。其中，在外饮食消费增长 11.3%。调查显示，家庭“小灶”购买食材的品质、品种和价格比往年都有所提高；家庭聚会时，不少居民则会选择去餐厅享受“大厨”的手艺。随着收入的提高，人们对于精致生活的追求也从“食”上体现出来。

2. 网络消费引领，衣着消费略有上涨。2015 年人均衣着消费 2144 元，增长 4.5%。随着成衣行业的发展

以及“互联网+销售”模式的迅速兴盛，在大众成衣零售价格回落的同时，极大地刺激了居民对于衣着鞋帽购买的热情。调查显示，居民衣着实体店购买和网络购买都有所增加，特别是随着“70后”“80后”“90后”逐渐成长，给自己打扮的“个性、漂亮”，给父母买几件“舒服、合体”的衣服尽孝心已经成为新时代年轻人表达感情、展示自我的方式之一。

3. 提升生活品质，生活用品消费激增。2015年人均生活用品及服务消费支出1594元，增长14.9%。房屋重新装修直接推动了居民家具及室内装饰品和家用电器消费的增加，增幅均达三成。调查显示，由于科技水平不断提高和电商推广，一些家庭选择家用器具开始逐渐向高科技含量产品倾斜，扫地机器人、空气净化器等等颇具“科技”“现代”含量的产品逐渐走进寻常百姓的生活。

（二）住、行消费需求平稳

2015年城镇居民人均居住、交通通信支出9070元，增长6.7%。占消费支出34.6%。其中：

1. 房屋装修装饰带动居住消费。2015年人均居住支出5667元，增长6.5%。房价的持续高位使非刚需的居民暂缓了购房步伐而转为修缮和重新装修现住房，加之住房条件的改善，推动了住房维修和管理费用支出比上年增长23.5%。

2. “一体化”和公共交通发展带动交通通信消费。2015年人均交通通信消费支出3403元，增长6.9%。其中，人均交通消费支出2221元，增长13.4%；人均通信消费支出1182元，增长2.2%。随着天津航空、铁路、轻轨等交通运输能力不断提升，加之旅游业发展和居民生活水平的整体提高，居民出游热情有了明显增强，而“京津冀”一体化以及一小时交通圈的形成，紧密地将三地联系在一起，使三地居民之间的交流更加频繁，居民交通费及交通工具用燃料等消费增长14.7%；而在智能手机的普及以及网络提速降费的双重作用下，居民开通手机网络热情也得到一定程度提升，通信服务消费增长2.5%。

（三）发展享受型消费占比整体上升

2015年城镇居民人均教育文化娱乐、医疗保健及其他用品和服务支出4975元，增长12.9%，占消费支出19.0%，比上年提高0.9个百分点。其中：

1. 发展享受，教育文娱消费明显提升。2015年人均教育文化娱乐消费支出2283元，增长13.4%。其中，人均教育支出增长16.4%；人均文化娱乐支出增长11.1%。随着生活水平的不断提高以及居民整体文化素质的提升，越来越多的津城民众意识到“学习”的重要性，也更加愿意在教育上为自己为孩子进行投资，学习多方面的文化知识的同时也学习生活艺术的各类技巧。与此同时，满足基本生活需要之后的精神生活享受，也成为津城居民的追求之一，越来越多的人走出家门，参加亲友聚会、参观艺术展览、欣赏电影音乐会等活动，使津城居民的生活幸福度也逐渐提升。

2. 关注健康，带动医疗保健服务消费。2015年人均医疗保健消费支出1888元，增长9.7%，其中人均医疗器具及药品消费增长6.9%，人均医疗服务增长11.3%。

3. 幸福生活，其他消费服务大幅提升。2015年人均其他用品和服务消费支出803元，增长19.3%。其中，其他用品消费增长15.1%；其他服务消费增长22.3%。随着生活水平的提升，居民购买金饰以及相关奢侈品的热情较往年有所提高。

三、促进城镇居民增收和提升居民消费的建议

（一）加快“调结构”步伐，促进经济发展

经济发展是居民增收的基础。天津目前的整体经济状况仍然面临诸多挑战，高污染、高消耗产业的停工，部分产能过剩企业面临破产，给天津经济发展带来极大压力。应进一步调整优化产业结构，加快经济转型升级。支持创新型小微企业发展，提升产品高技术含量附加值。健全创业服务体系，努力培育优良的创业环境，

提振创业热情，激发经济活力。

（二）做好转岗培训，多渠道促进就业

天津正处于经济结构改革“阵痛期”，高耗能、高污染行业的关停，会有为数较多的工人面临下岗再就业问题。对下岗人员进行有针对性培训，加强推荐上岗力度，架起企业和求职者之间的桥梁，对再就业者提供相关法律咨询和帮助。同时，对于积极响应政策，主动安置下岗员工的企业，给予一定鼓励。从劳动力供求双方同时着手，多渠道促进居民就业。

（三）缩小收入差距，制定政策“提低、稳中、限高”

从初次分配入手，通过贯彻实施最低工资标准以及推进工资集体协商等方式，使工资分配向基层倾斜、向一线倾斜，逐步缩小收入差距。对低工资行业特别是劳动密集型中小型企业，可以适当加大税费减免力度，将减免额用于增加企业员工工资。同时，政府制定相关政策，使劳动者收入朝“提低、稳中、限高”的方向发展。

（四）完善社会保障，提升“扶贫救困”水平

继续完善养老保障等制度，提高退休人员工资水平。对属于“困难帮扶”家庭在提高社会救济标准的同时，要有针对性的进行“精准帮扶”，这就要求对各“困难帮扶”家庭的资质进行进一步审核分类。对于有条件、有希望脱离“困难帮扶”的家庭，提供相应的帮助，并做好思想工作。

（五）稳定物价，加大市场监管力度

物价上涨会降低居民实际收入水平，特别是对低收入群体生活水平会产生较大的影响。建议进一步规范市场运作，加强价格监督检查，尤其是对于居民生活必需品价格监管，在不断提升居民收入的同时，以稳定物价来提高居民消费能力。

（六）完善巩固“民心工程”，改善居民消费预期

天津市“民心工程”实施以来，在改善居民生活环境、提高居民生活水平等方面取得了良好的成效。要进一步推进就业、教育、医疗、住房等“民心工程”落实，着力构建社会保障安全网，在解决居民后顾之忧的同时，改善居民消费预期，提高居民消费动力。

（七）引导消费观念，培育消费增长点

积极推进供给侧结构改革，拓展新的消费和服务领域，为城镇居民提供多样化、优质化、个性化的产品和服务，引导消费观念升级，优化消费结构，促进居民消费增长，使居民充分享受到改革和发展的成果。

（执笔：杨波）

河北省经济社会发展报告

2015年，在复杂严峻的形势下，全省各级各部门在省委、省政府正确领导下，认真贯彻落实习近平总书记系列重要讲话精神，坚持稳中求进工作总基调，以提高经济发展质量和效益为中心，主动适应经济发展新常态，积极稳增长、调结构、促改革、治污染、惠民生、防风险，国民经济稳中有进、稳中有新、稳中有好，社会事业取得全面进步。

一、经济运行的主要特点

（一）基本面保持平稳

经济运行总体平稳。全省生产总值29806.1亿元，比上年增长6.8%，增速同比加快0.3个百分点，比前三季度加快0.3个百分点。其中，第一产业增加值3439.4亿元，增长2.5%，同比回落1.2个百分点；第二产业增加值14388.0亿元，增长4.7%，同比回落0.3个百分点；第三产业增加值11978.7亿元，增长11.2%，同比加快1.5个百分点。

就业形势保持稳定。全省城镇新增就业人员73.5万人，下岗失业再就业25.8万人，就业困难对象再就业10.1万人，分别完成全年目标任务的105%、117.3%、126.3%。年末城镇登记失业率为3.60%，控制在4.5%的调控目标之内。

物价低位平稳运行。全省居民消费价格同比上涨0.9%，全年各月累计波动幅度在0.3个百分点以内。

财政收入总体平稳。全部财政收入4047.7亿元，增长7.5%，增速比上年加快4.4个百分点。其中地方一般公共预算收入2648.5亿元，增长8.3%，加快1.7个百分点。

（二）三次产业协调推进

农业生产形势较好。粮食生产稳定，全年粮食总产量达3363.8万吨，同比增长0.1%。蔬菜生产平稳发展，总产量达8240.2万吨，增长1.4%。林业生产平稳，造林绿化面积35.4万公顷，增长4.1%。果品生产增长较快，园林水果总产量1508.6万吨，增长6.2%。牧业生产有所回落，猪肉产量275.0万吨，下降2.2%；禽蛋产量373.6万吨，增长3.0%；牛奶产量473.1万吨，下降3.0%。畜牧、蔬菜、果品三大优势产业产值占农林牧渔业总产值的比重为71.0%，同比提高1.1个百分点。

工业生产低位平稳运行。2015年，全省规模以上工业增加值各月累计增速在4.1%-4.9%之间，全年规模以上工业增加值11244.7亿元，增长4.4%。其中，装备制造业增加值比上年增长7.0%，占规模以上工业的比重为23.7%，比上年提高3.1个百分点；钢铁工业增加值增长5.0%，占规模以上工业的比重为26.0%，比上年下降4.6个百分点；石化工业增加值增长6.1%；医药工业增加值增长4.8%；建材工业增加值增长1.1%；食品工业增加值增长3.2%；纺织服装业增加值增长3.3%。

服务业发展较快。全省服务业增加值增长11.2%，比上年加快1.5个百分点，比地区生产总值快4.4个百分点。其中交通运输、仓储和邮政业增加值2479.9亿元，增长6.7%，增速比上年加快4.8个百分点。

（三）内需支撑基本稳定

固定资产投资增速平稳。全省固定资产投资完成28905.7亿元，增长10.6%。其中，建设项目投资完成24620.5亿元，增长11.5%；房地产开发投资完成4285.3亿元，增长5.6%。工业和城市基础设施投资较快增长。工业完成投资14669.0亿元，增长11.9%，比全省平均水平高1.3个百分点，占全省固定资产投资的50.7%，同比提高0.5个百分点；城市基础设施投资5769.8

亿元，增长15.1%，比全省平均水平高4.5百分点。民间投资增速平稳增长，完成投资22769.4亿元，增长8.5%。

消费品市场平稳增长。2015年，全省社会消费品零售总额12990.7亿元，增长9.9 %。其中，城镇零售额10125.4亿元，增长9.4%；乡村零售额2865.2亿元，增长11.6%。从限额以上批发和零售业主要商品大类看，生活必需品平稳增长。粮油、食品类增长10.9%，饮料类增长15.7%，烟酒类增长10.9%，服装鞋帽针纺织品类增长6.7%，化妆品类增长8.4%，日用品类增长7.0%，中西药品类增长18.3%，家具类增长26.6%，通讯器材类增长13.0%。

（四）财政金融对实体经济的支持作用增强

财政支出力度加大。全省一般公共预算支出5675.3亿元，增长22.4%。其中教育支出增长20.3%；社会保障和就业支出增长31.0%；城乡社区支出增长43.5%；节能环保支出增长52.8%。

金融贷款增速加快。全省年末金融机构各项存款余额48550.9亿元，增长11.4%，增速同比加快0.4个百分点；各项贷款余额32151.4亿元，增长16.5%，加快1.4个百分点。

（五）居民收入稳步增长

全省城镇居民人均可支配收入26152元，增长8.3%。其中，工资性收入增长9.4%，经营净收入增长1.4%，财产净收入增长4.4%，转移净收入增长9.5%。农村居民人均可支配收入11051元，增长8.5%，增速快于城镇居民0.2个百分点。其中，工资性收入增长9.1%，经营净收入增长7.3%，财产净收入增长14.6%，转移净收入增长8.3%。

二、转型升级呈现亮点

2015年，全省转型升级步伐加快，呈现五个亮点：

第一，服务业对经济增长的贡献率大幅提升。2015年，三次产业占全省生产总值的比重分别为11.5%、48.3%和40.2%，其中第一产业、第二产业比重分别比上年下降0.2和2.7个百分点，第三产业比重比上年提高2.9个百分点。三次产业对经济增长贡献率分别为3.7%、37.3%和59.0%，服务业对经济增长的贡献率超过第二产业21.7个百分点，连续6个季度保持在50%以上，已成为拉动经济增长的主要力量。

第二，装备制造业增长高于规模以上工业。2015年，装备制造业增加值2667.6亿元，增长7.0%，高于规模以上工业增速2.6个百分点，对工业增加值增长的贡献率为33.6%，同比提高14.8个百分点。

第三，新产业加快培育。深入实施创新驱动战略，高新技术产业发展步伐加快。2015年，全省高新技术产业投资3736.5亿元，增长17.9%，增速高于全省固定资产投资7.3个百分点，占全省工业投资的25.5%，同比提高1.3个百分点。全省高新技术产业增加值1796.8亿元，增长11.6%，增速快于规模以上工业7.2个百分点；占规模以上工业增加值的16.0%，同比提高2.9个百分点，再创历史新高。其中，新能源、电子信息、高端技术装备制造三大领域增加值分别增长19.7%、13.8%和11.8%。

第四，节能降耗好于预期。2015年，全省单位生产总值能耗降低率为6.14%。规模以上工业能耗2.03亿吨标准煤，同比下降1.87%，已连续两年下降。单位工业增加值能耗同比下降6.0%，超过年度下降4.2%的调控目标。

第五，“走出去”速度高于“引进来”。2015年，全省实际利用外资73.7亿美元，增长5.1%。全省对外投资30.6亿美元，增长80.8%，增速明显快于利用外资。

三、存在的主要问题

当前，全省正处在爬坡过坎、转型升级的关键时期，传统增长动力减弱，新的增长动力正在加快孕育，但短期内还难以挑起大梁，特别是面临着化解过剩产能、大气污染防治双重任务，保持经济平稳增长的挑战和困难仍然较多。

（一）经济下行压力依然较大

2014年以来，全省生产总值各季度累计增速持续低于全国平均水平，2015年增长6.8%，虽然差距持续缩小，但仍低于全国0.1个百分点，稳增长依然面临着挑战。从产业看，主要是工业增长动力偏弱。受市场需求不足、化解过剩产能、治理环境污染等因素影响，企业生产经营持续困难，停减产企业始终在四成以上。规模以上工业增加值增长4.4%，比上年回落0.7个百分点。其中大型企业增加值下降4.4%；12月份，停产、减产企业占规上工业企业的45.0%。从需求看，主要是投资增长后劲乏力。突出表现为大项目减少，资金供应总体趋紧。亿元以上在建项目5961个，同比减少436个；完成投资仅增长3.6%。受国家产业政策调控影响，我省高耗能、高污染、产能过剩行业项目减少，而其他行业没有形成有效补充，是项目减少的重要原因。从资金供应观察，全省资金到位率仅为98.8%。我省传统产业整体上仍处于去产能、去库存、去杠杆的过程，新产业、新业态带动力仍显不足，保持经济平稳增长需要付出艰苦努力。

（二）企业效益有所降低

2015年规模以上工业实现利润总额下降9.6%，“十二五”期间基本上呈连年下降态势。单位企业实现利润也处在一个较低水平，平均每个企业年度实现利润仅为0.15亿元。企业获利能力低，成本费用利润率、收入利润率分别为5.4%、5.2%，分别比2010年低0.6、0.4个百分点。影响工业利润下降的主要原因：一是产品销售不畅。2015年，规模以上工业销售产值由上年增长2.5%转为下降3.6%。二是工业品价格“倒挂”影响企业效益。全省工业生产者出厂价格同比下降10.9%，降幅大于购进价格1.2个百分点。三是企业融资成本、用工成本上升挤压盈利空间。提高经济发展质量效益，实现提质增效升级，仍面临诸多困难和挑战。

（三）对外贸易出现负增长

进出口总值完成514.8 亿美元，比上年下降14.2%。其中，出口总值329.4 亿美元，下降7.8%；进口总值185.4 亿美元，下降23.6%。特别是我省一些传统优势出口产品出现较大幅度下降，纺织纱线、织物及制品出口16.3 亿美元，下降14.8%；服装及衣着附件出口38.2 亿美元，下降16.5%；钢材出口98.7 亿美元，下降4.0%；农产品出口16.6 亿美元，下降7.6%；机电产品出口87.9 亿美元，下降10.0%；高新技术产品出口23.6 亿美元，下降14.3%。

四、2016年走势展望

纵观国内外形势，不确定因素依然较多，经济运行环境依然错综复杂，机遇和挑战并存。

从世界看，发达经济体实施“再工业化”战略，美国将传统产业电子化，德国提出“工业4.0”提高工业竞争力，英国出台新的经济发展政策促进制造业回流。美欧发达国家通过由“虚拟经济”向“实体经济”转型，加大创新力度，在发展先进制造业的基础上，加强制造业与服务业的融合，新一轮工业革命正在加速孕育，这对我省加快发展、加速转型提供了机遇。但也存在诸多不确定因素。美国经济复苏不稳定，2015年各季度GDP增速逐步回落，同时，美联储加息政策的不确定性将对全球市场预期产生较大影响。欧元区经济增长持续乏力，仍未恢复至欧债危机爆发前0.7%的平均增速。日本经济步履蹒跚，2015年四季度GDP环比下降0.4%，连续两个季度呈现负增长。新兴经济体增长明显放缓，巴西、俄罗斯陷入衰退，同时，部分新兴经济体开始依靠资源、劳动力等低优势发展劳动密集型产业，低成本竞争日趋激烈。国际货币基金组织、世界银行等国际机构下调对2016年全球经济增长的预测，2016年世界经济仍将处于国际金融危机后的调整期，微弱复苏是一个大概率事件。

从全国看，我国经济长期向好的基本面没有改变，中央提出在扩大总需求的同时，着力加强供给侧结构性改革，着力提高供给体系质量和效率。供给需求共同发力，“大众创业、万众创新”等一系列政策持续推动，新产业、新业态、新模

河北承德避暑山庄水心榭

式保持较好发展势头，新动力将会推动经济保持平稳健康增长。但随着经济发展进入新常态，长期积累的深层次矛盾愈发凸显，传统动力逐步弱化，新动力正在加速孕育，但动力转换需要一个过程，新动力短期内还难以弥补传统动力的影响。

从河北看，2016 年是“十三五”的开局之年，河北进入发展历史上重大机遇最为集中的时期，京津冀协同发展、环渤海地区合作、北京携手张家口举办冬奥会、“一带一路”、创新驱动、“中国制造 2025”“互联网 +”行动计划等国家战略和重大部署，对我省经济发展提供了巨大动力和机遇。同时，省委八届十二次全会明确提出要坚持协同发展、转型升级、又好又快的工作主基调和“三个高于、两个翻番、一个全面建成”的经济社会发展主要目标，强调了实现“八个新突破”的工作重点，将人力激发全省加快发展、加速转型的动力和活力。同时也应看到，长期积累的矛盾和问题依然存在，经济下行压力依然较大，全面建成小康社会仍然存在短板，保持经济平稳健康发展仍需付出艰苦努力。总的看，2016 年河北面临的机遇很多，困难挑战也不少，但机遇大于挑战，全省经济将保持平稳增长。

五、对策建议

2016 年是“十三五”的开局之年，是推进结构性改革的攻坚之年，也是河北加快发展、加速转型的关键之年。为实现开好局、起好步，应积极适应和准确把握新常态下经济运行的新特点，狠抓改革攻坚，突出创新驱动，促进全省经济平稳健康发展。

（一）强化有效供给，积极扩大消费，稳定经济增长

积极适应新的消费需求，加快供给侧结构性改革，加大公共产品和公共服务投入力度，加快投融资体制改革，用市场化新思路化解项目建设中的土地、资金制约。抓好大项目建设，注重投资效益好、带动作用强、引领力度大的项目签约储备，加快审批核准进度，确保储备项目及早落地，增强投资增长后劲。积极培育新的消费热点，提高消费层次，扩大社会消费总量规模，把服务

消费、信息消费、时尚消费、品质消费、绿色消费、农村消费等重点领域作为主攻方向，切实增加新供给和有效供给，满足蓬勃兴起的新消费需求，发挥好消费对经济增长的基础作用。以推进服务业重点项目建设为抓手，加快发展科技服务、设计产业、电子商务、节能环保等生产性服务业，推进科技化、信息化与工业化深度融合，形成经济发展的新动力。

（二）坚持功能定位，推进协同发展，打造新增长极

把京津冀协同发展贯穿到经济社会发展各领域、各环节，立足“三区一基地”功能定位，聚焦承接疏解、补齐短板，狠抓重点任务落实，努力在区域协同中加速河北转型发展。积极承接京津教育、医疗、养老等服务功能疏解，推动对接签约项目尽快落地。积极参与区域生产布局调整和产业链重构，有序承接京津产业转移和科技成果转化，努力实现错位发展、融合发展和协调发展。拓展交流平台，把北京、天津作为招商引资的主平台，积极对接大公司、大企业。全力筹办好冬奥会。按照“四个坚持”的办奥理念，配合冬奥组委会做好各项规划编制工作，有序推进场馆及配套设施建设。围绕打造京张体育文化旅游产业带，大力推广冰雪运动，促进冰雪、休闲旅游等产业快速发展，打造富有活力、别具特色的地域经济体系。

（三）培育新兴产业，加大创新力度，力促转型升级

大力培育发展战略性新兴产业，坚持创新驱动，实施重点突破，积极引导资本从产业的低端环节向中高端环节迈进，引导钢铁、煤炭、建材等传统资源型产业向精深加工和链式循环发展转变。加快发展新材料、节能环保、新能源、电子信息等先导产业，大力推进“互联网+”，用高新技术改造传统产业，走减污、提质、升级、增效之路。深入挖掘传统行业的资产与资源潜力，鼓励行业集团向现代物流、金融服务、装备制造等新方向和新领域发展，努力培育一批多元产业新板块，发挥好产业协同优势。加大研发创新力度，加大对技术研发的资金支持，改善技术装备水平，努力优化产业结构，增强传统产业可持续发展能力。

（四）强化运行调节，推进简政放权，释放改革红利

加强调度、重点监测，分类指导保运行。加大对重点大中型企业的调度，有针对性地做好“一企一策”，促其提速增效。加强对增速较低的行业重点监测，及时化解运行中出现的困难和问题，出台精准帮扶措施，落实好减轻税负、定向降准等一系列扶持中小微企业发展的政策措施。鼓励企业探索先进的市场营销方式，积极开拓国内外市场，增加销量，以量的增长带动利润的增加。强化政府、银行、企业间的沟通对接，积极探索创新融资模式。采取信贷融资、财政投入、社会融资、招商引资等多管齐下的措施，拓宽融资渠道，充分发挥民间资本的活力，吸引民间资本在市场调节下参与竞争。进一步推进简政放权、放管结合、优化服务工作，着力破除体制机制障碍，加快营造公平透明的市场环境，为释放新供给创造条件，激发经济内在活力。

（五）增加就业机会，提高收入水平，确保民生改善

着力惠民生，尽心尽力办好医疗、养老、教育、就业等为民利民的实事。完善城乡居民基本医疗保障制度，推进基层卫生服务提升工程，加快基本医保异地就医结算。完善基本养老金合理调整机制，推进机关事业单位养老保险制度改革，加快城乡养老服务机构建设。确保义务教育，深化教育体制改革，统一城乡义务教育经费保障机制。增加城乡居民收入，推动职工工资合理增长，多渠道增加农民收入，大力治理拖欠农民工工资问题。确保就业稳定，增加就业机会。抓好高校毕业生、农村转移劳动力、退伍军人就业，落实好援企稳岗、社保补贴、税费减免等扶持政策，加大对中小微企业发展的支持力度，以创业带动就业，以就业提高居民收入。

（撰稿人：杨景祥）

专栏：农民收入稳定增长　翻番目标实现九成

2015 年，面对新常态下经济运行中出现的新情况、新问题，河北省委、省政府把握平衡点，狠抓增长点，既稳增长又调结构，既力促农村经济健康发展，又着力改善民生，全年农村居民收入增长 8.5%，扣除价格因素，农民收入实际增长 7.9%，含金量提高。实际增速实现“三高于”，即高于 GDP，高于城镇，高于全国。同时，农民生活水平得到提高、消费结构更加优化、服务类消费走进农家，生活质量大幅提升。

一、农村居民收入稳定增长

2015 年河北农村居民人均可支配收入为 11051 元，同比名义增长 8.5%，扣除价格因素实际增长 7.9%。

（一）收入全面增长，工资性收入对增收贡献最大

1. 各项收入全面增长。2015 年农村居民各项收入呈全面增长态势。其中，人均工资性收入为 5812 元，同比增长 9.1%；人均经营净收入 3685 元，同比增长 7.3%；人均财产净收入 234 元，同比增长 14.6%；人均转移净收入 1320 元，同比增长 8.3%。

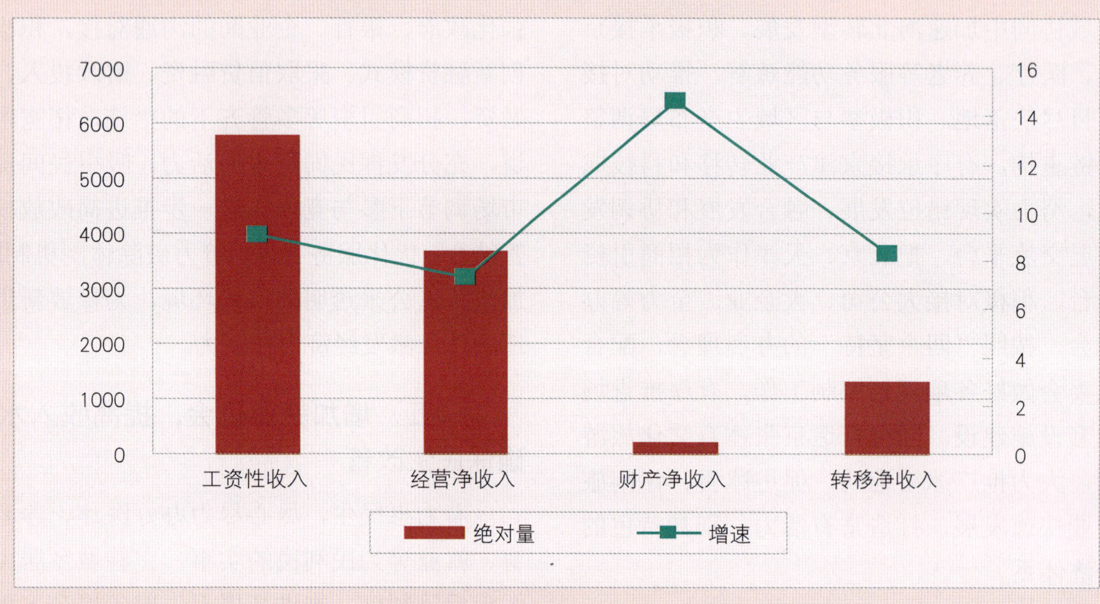

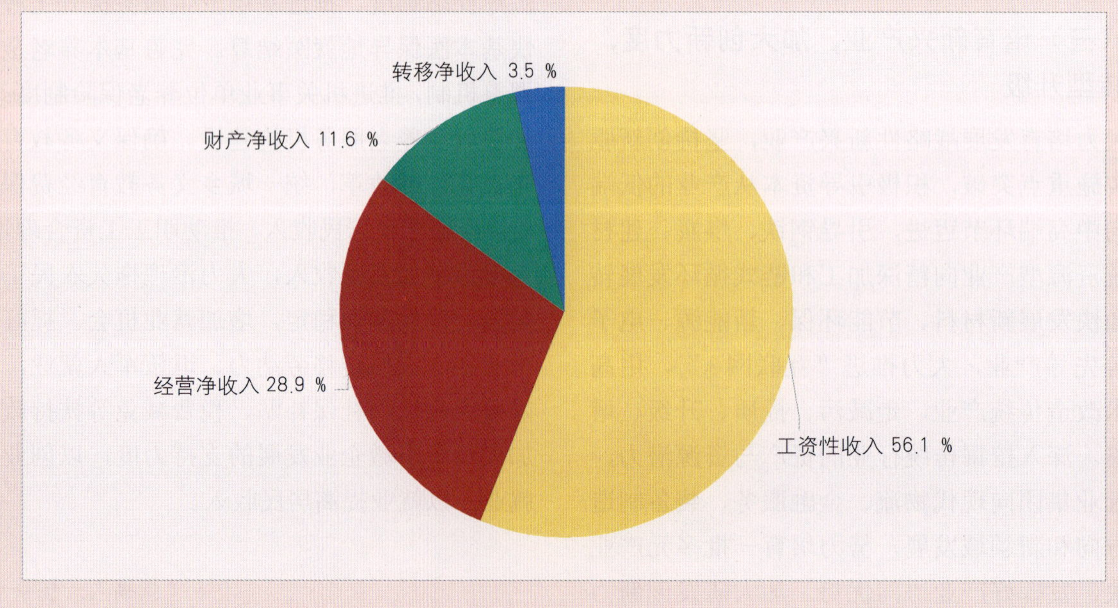

2. 工资性收入是拉动收入增长的主要因素。2015 年人均工资性收入增加 485 元，对收入增加额的贡献率为 56.1%，拉动收入增长 4.8 个百分点，依然是农民增收的第一支撑因素；经营净收入位居第二位，对收入增加额的贡献率为 28.9%，拉动收入增长 2.4 个百分点；转移净收入、财产净收入对收入增长的贡献率分别为 11.6% 和 3.5%，分别拉动收入增长 1.0 个百分点和 0.3 个百分点。

（二）农村居民收入增速实现“三高于”

1. 农民收入增速连续 6 年高于城镇，城乡差距逐年缩小。自 2010 年以来，城镇居民收入增速分别为 10.5%、12.5%、12.3%、9.9%、8.6% 和 8.3%；农村居民收入增速分别为 15.7%、19.5%、13.5%、12.6%、10.9% 和 8.5%。农村居民收入增速分别快于城镇 5.2、7.0、1.2、2.7、2.3 和 0.2 个百分点。2015 年城乡居民人均可支配收入倍差为 2.37: 1（以农村为 1），较 2010 年缩小了 0.30， 城乡居民收入差距逐年缩小。

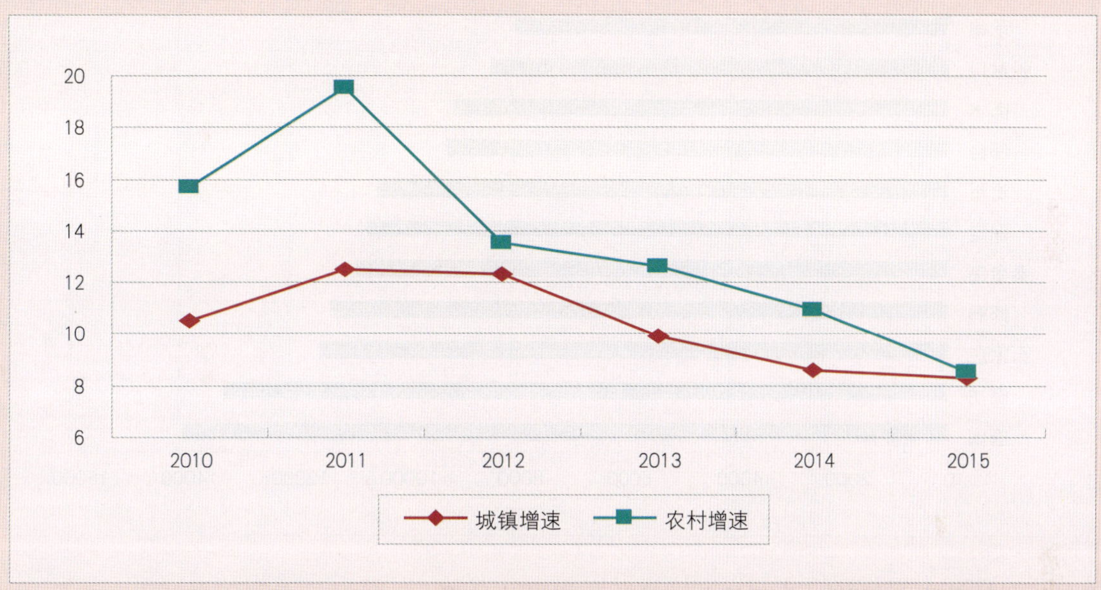

2. 农民收入实际增速超全国及周边，收入含金量提高。2015 年河北农村居民人均可支配收入扣除价格因素实际增长 7.9%，比全国高 0.4 个百分点。比周边的山西、内蒙、辽宁、山东和河南分别高 1.4、1.1、1.7、0.1 和 0.3 个百分点，农民收入含金量提高，实际增速超过周边省份。

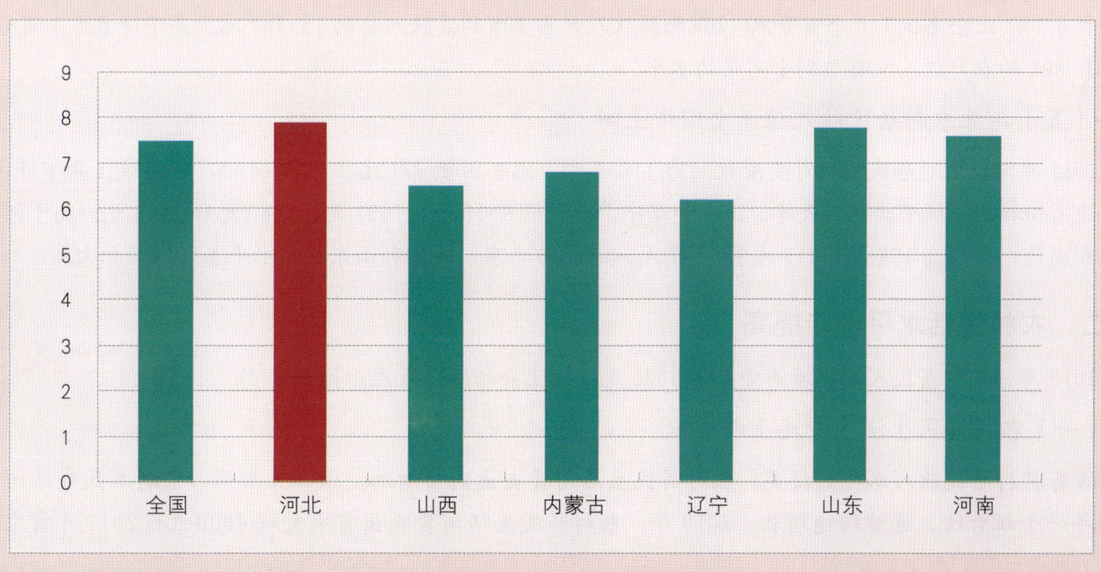

3. 农民收入连续 5 年高于 GDP，保持稳步增长。2015 年河北农村居民人均可支配收入同比增长 8.5%，扣除价格因素实际增长 7.9%，高于同期河北 GDP 增速。自 2011 年以来，河北农村居民收入实际增速连续 5 年跑赢了 GDP 增速，分别高 0.9、1.1、0.7、2.5 和 1.1 个百分点，农民收入增长实现与经济发展同步。

（三）地区间收入差距缩小。

2015 年地区间收入差距缩小，河北省 11 个设区市农村居民可支配收入由高到低排列为唐山、廊坊、石家庄、邯郸、秦皇岛、保定、沧州、邢台、衡水、张家口、承德，收入分别为 13935 元、13159 元、11442 元、11247 元、10782 元、10558 元、10389 元、9152 元、9030 元、8341 元和 7923 元。其中收入最高的唐山市和收入最低的承德市农村居民可支配收入比由 2014 年的 1: 1.796 降至 2015 年的 1: 1.759（承德为 1）。

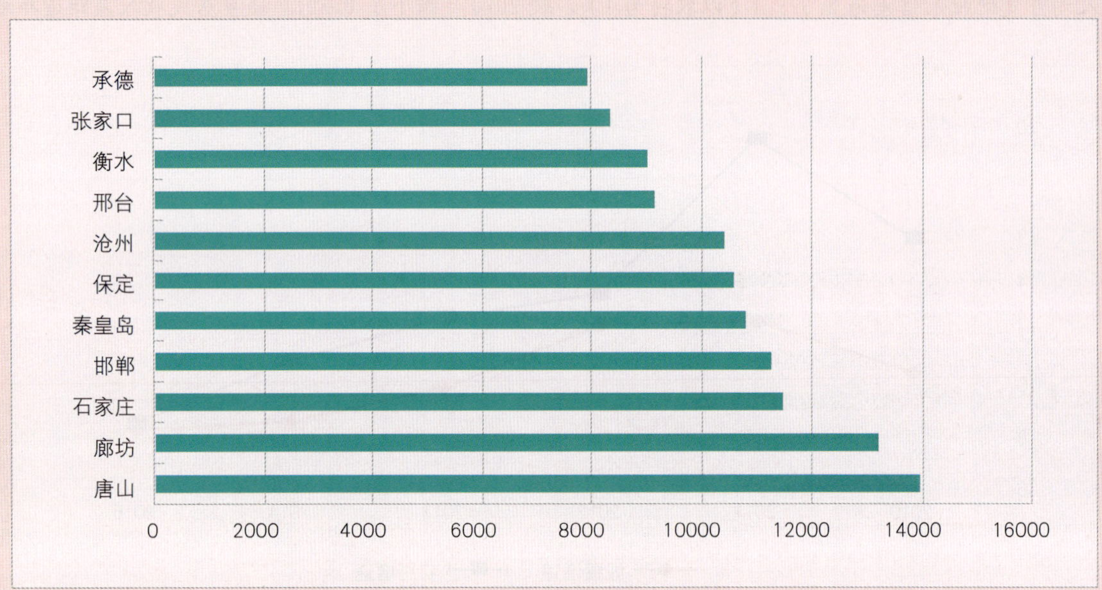

（四）农村居民内部收入差距扩大，低收入户增收较慢

2015 年河北农村居民人均可支配收入五等分组情况为：20% 的低收入组人均可支配收入为 3142 元，20% 的中等偏下收入组为 7474 元，20% 的中等收入组为 10252 元，20% 的中等偏上收入组为 13623 元，20% 的高收入组为 23299 元。高收入组是低收入组的 7.41，比 2014 年扩大 0.28。20% 的低收入户人均可支配收入同比增长 6.9%，比全省低 1.6 个百分点；20% 的低收入户占 20% 的高收入户的 13.5%，比上年下降 0.5 个百分点；全省有 60% 的农户收入没有达到全省平均水平。

（五）河北农村居民收入位于全国中上游

2015 年河北农村居民人均可支配收入为 11051 元，比全国低 371 元，居第 14 位，位次较上年下降 1 位。与周边省份相比，低于北京、天津、山东和辽宁，分别低 9518 元、7431 元、1880 元和 1006 元；高于河南、内蒙和山西，分别高 198 元、275 元和 1597 元。河北与北京、天津和山东收入水平差距继续拉大。

二、农村生活水平稳步提高

2015 年，农村居民人均生活消费支出 9023 元，比上年增加 775 元，增长 9.4%。

（一）农村居民生活消费连上新台阶

随着农村居民收入水平的提高，农村居民生活消费支出同步增加。十二五期间，农村居民生活消费支出一年一个新台阶，连续快速增长。2010 年，农村居民生活消费支出首次突破 4000 元；2011 年首次突破

5000元，2012年首次突破6000元，2013年首次突破7000元，2014年首次突破8000元，2015年首次突破9000元。

（二）八大类消费支出全面增长

农村居民八类消费支出呈全面增长态势，其中医疗保健支出增长16.7%，位居第1位。教育文化娱乐支出增长14.7%，交通通信支出增长13.3%，居住支出增长8.4%，衣着支出增长7.5%，食品烟酒支出增长6.5%，生活用品及服务支出增长3.8%，其他用品和服务支出增长2.0%。

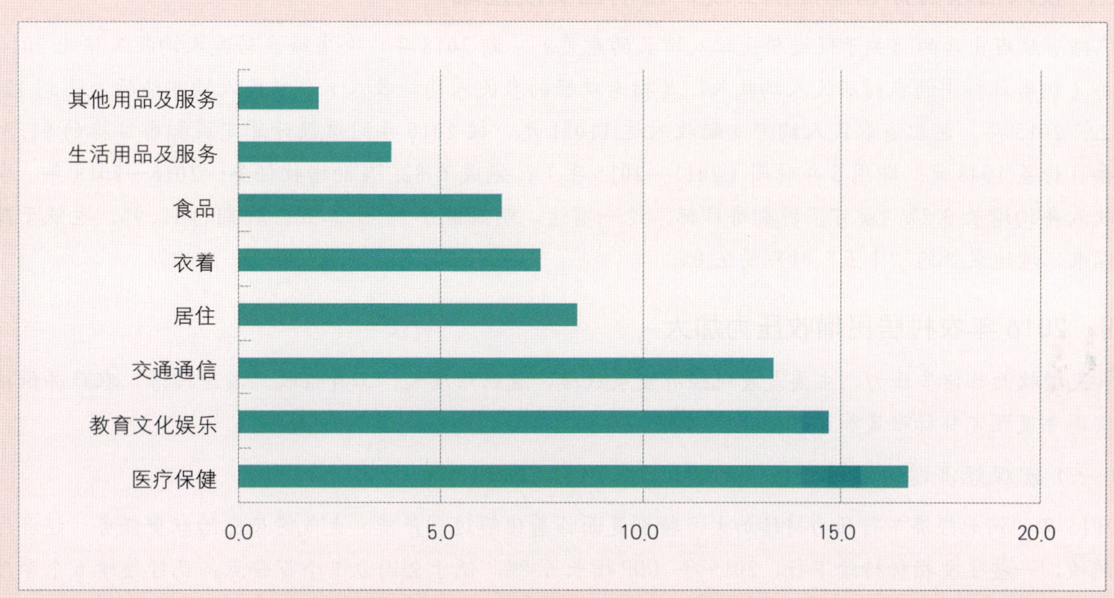

（三）吃住行支出增加，是拉动消费增长的主因

农村居民食品烟酒、居住与交通通信支出5891元，占农村居民生活消费支出的65.3%。其中，食品烟酒支出对消费支出增长的贡献率为20.2%，拉动消费支出增长1.9个百分点；居住支出对消费支出增长的贡献率为20.1%，拉动消费支出增长1.9个百分点；交通通信支出对消费支出增长的贡献率为19.6%，拉动消费支出增长1.8个百分点；这三项支出成为拉动农村居民消费支出增长的三大主动力。

（四）消费水平稳步提高，增速连年快于收入

2015年农村居民人均消费支出为9023元，增长9.4%，比农村居民可支配收入增速快0.9百分点。自2011年起，连续5年消费增速高于收入增速，分别高出3.0、0.4、1.7、0.9和0.9个百分点。

（五）增速快于城镇，城乡消费差距继续缩小

2015年农村居民消费支出增速比城镇居民快0.9个百分点。从各项消费支出看，农村居民交通通信、医疗保健支出增速高于城镇，分别高15.8、1.7个百分点；食品烟酒、衣着、居住、生活用品及服务、教育文化娱乐、其他用品和服务支出增速慢于城镇，分别低1.5、0.9、1.7、5.1、2.8和7.7个百分点。2015年城乡居民消费比为1.95：1（农村消费支出为1），较上年同期缩小0.02，城乡消费差距缩小。

（六）发展享受型消费较快增长，生活质量提高

2015年农村居民消费支出中发展和享受性消费即生活用品服务、交通通信、教育文化娱乐和医疗保健消费共计3617元，增长13.0%，比生存型消费支出增速快了5.6个百分点。2015年农村居民饮食服务消费增长11.7%，家庭服务消费人均增长19.0%，文化娱乐服务支出增长13.4%，服务类消费增速迅猛，饭店、美容院、

健身房逐渐有了农民的身影，生活质量提高。

（七）人均消费支出低于全国，位于全国中上游水平

2015 年河北农村居民人均消费支出 9023 元，比全国低 200 元，居第 12 位，位次与上年持平。与周边省份相比，低于北京、天津、内蒙古，分别低 6788 元、5717 元和 1615 元；高于辽宁、山东、河南和山西，分别高 150 元、275 元、1135 和 1602 元。

三、收入倍增目标有望提前实现，目前已实现九成

根据省政府出台的《关于促进居民收入增长的意见》，到 2018 年，全省城乡居民人均收入将比 2010 年翻一番（翻番目标中的农村居民人均收入，是指老口径的农民人均纯收入），农民人均年纯收入达到 12000 元以上。2015 年，河北省农民人均可支配收入达 11051 元，按 2010 年同口径计算完成翻番目标的 91.3%，与翻番目标差 1048 元。即用 5 年时间（2011—2015 年），完成了 82.7% 的增收任务；2016—2018 年，农村居民收入年均增长 3.1%，就可实现翻番目标。这一增速，明显低于 “十二五” 时期的 12.9%，也低于改革开放以来，增速最低的“十五”时期的 7.0%。

四、2016 年农村居民增收压力加大

农民增收面临诸多压力，主要是宏观经济发展放缓、就业难度大，工资性收入增速回落、农产品价格低迷，实现年度预定目标难度加大。

（一）宏观经济增速继续放缓

2015 年，河北经济下行压力持续加大，特别是面临着化解过剩产能、大气污染防治双重任务，经济形势复杂严峻，一些主要指标持续下行，2015 年 GDP 增长 6.8%，低于全国 0.1 个百分点。已经连续 6 个季度徘徊在 6.2%-6.8% 之间，经济发展速度放缓。

（二）农村居民收入增速连续 5 年下降

2015 年农村居民人均可支配收入增速为 8.5%，是 2010 年以来的最低增速，同比增速已连续 5 年下降，呈逐年递减态势。自 2013 年开始，增速降幅逐年扩大，分别比上年下降 0.9、1.7 和 2.4 个百分点。

（三）工资性收入增速回落

工资性收入是支撑农民收入增长首要因素，但受宏观经济下行和经济结构调整影响，劳务经济发展受到一定影响。据居民收支调查显示，河北农村居民工资性收入增速略有回落，2015 年增速 9.1%，比 2014 年下降 6.2 个百分点，比 2013 年下降 7.9 百分点，比最高的 2011 年下降近 20 个百分点。农民工监测调查数据显示，2015 年底河北外出农民月收入同比增长 6.1%，比 2014 年下降了 4.9 个百分点，比 2013 年下降 13.4 个百分点，农民工月收入增幅逐年收窄。

（四）农产品出售价格下跌影响农民增收

2015 年，据住户抽样调查，大宗农产品中几个主要品种出售价格出现较大跌幅，其中小麦跌幅 2.5%，玉米跌幅 0.7%，棉花、水果、薯类、肉牛、菜羊和鸡蛋跌幅较大，分别为 19.8%、17.4%、9.7%、13.9%、24.8% 和 19.7%。据此测算，由于上述几个主要品种价格下跌造成农村居民人均可支配收入减少 183 元，拉低收入增速 1.8 个百分点。本次农产品价格下跌波及面较大、下降幅度较深，2016 年仍存在进一步下跌的可能。

五、农村居民增收的思路措施

2016 年，河北要积极适应经济发展新常态，抓住京津冀协同发展这一大好机遇，全面实施协同发展、转型发展、创新发展战略，大力提升农民工资性收入和家庭经营收入水平，通过政策性增收提高财产转移收入，

力促农民收入多元化。

（一）保护农民工合法权益，拓宽就业渠道

一是强化政策保障，保护农民工合法权益，确保农民工子女在就学、就医、购（租）房、社会保障等方面享受与本地居民同等待遇；二是加大农民技能培训力度，扩大培训范围，提升培训质量，进一步提升农民工技能含金量。

（二）推进农村土地流转，优化第一产业结构

一是鼓励企业和农村能人承包或租赁农户土地，根据市场需求，调整产业结构，进行规模化生产。通过土地租金收入增加农民财产性收入，通过为规模生产户提供劳务服务或外出就业增加工资性收入；二是调整产业结构，形成特色农业生产和加工基地。大力发展品质优良、特色鲜明、附加值高的优势农产品，不断延长粮食产业链条，拓宽粮食增值空间。加快发展果品、蔬菜、花卉、中药材等特色农产品，创出有市场竞争力的特色农产品品牌。

（三）加强农业供给侧结构性改革，提高供给体系质量和效率

农产品价格下跌需要推进农业供给侧结构性改革来解决。一是改善农产品供求关系，增优调差，促进农产品价格合理水平的形成。二是要加快农产品加工业的发展，用政策引导推动农产品加工业的转型升级。三是发展适度规模经营，降低成本，提高农业全要素生产率。四是推进农村一二三产业融合，延长农业产业链，发展休闲农业和乡村旅游业，通过利益联结机制，让农民能够共享产业融合发展的增值收益，扩宽农民增收空间。

（四）借助京津冀协同发展，提升外出务工收入水平

河北环抱京津，农村外出务工人员有24.3%流向京津两地，加之省内的65.2%，有近九成的务工人员在京津冀三地。因此，2016年在推动京津冀协同发展中，要按照“三个精准”，抓住有利时机，做好规划，借助京津冀协同发展大势带动经济发展，迅速提升农村外出务工人员收入水平。

（五）加大财政惠民力度，提高各项补贴标准

一是完善农村最低生活保障制度，提高财政对农村公共事业发展的保障水平，巩固新农合与新农保制度，提高筹资标准和财政补助水平；二是提高农村低保、五保供养补贴标准，加大种植大户、养殖大户扶持力度，使各项惠民政策落地开花。

（作者：刘刚海）

山西省经济社会发展报告

2015年，面对经济下行压力持续加大的困难局面，省委、省政府团结带领全省人民，主动适应新常态，统筹推进稳增长、促改革、调结构、惠民生、防风险各项工作，全省经济呈现出缓中趋稳、稳中有进的发展态势，积极因素不断积累，经济结构积极变化，民生进一步改善，经济发展在克服困难中奋力前行。

初步核算，全年全省地区生产总值12802.58亿元，按可比价格计算，比上年同期增长3.1%，增速比一季度、上半年、前三季度分别加快0.6个、0.4个、0.3个百分点。其中，第一产业完成增加值788.14亿元，增长1.0%；第二产业完成增加值5224.26亿元，下降1.1%；第三产业完成增加值6790.18亿元，增长9.8%。全年全省地区生产总值中，三次产业结构为6.2:40.8:53.0，与2014年（6.2:49.3:44.5）相比，第一产业占比持平，第二产业下降8.5个百分点，第三产业提升8.5个百分点。根据国家统计局发布数据，我省地区生产总值增速比全国（6.9%）低3.8个百分点，第三产业占地区生产总值比重比全国（50.5%）高2.5个百分点。

一、2015年全省经济运行主要特点

（一）农业生产形势稳定

初步核算，2015年全省第一产业完成增加值788.14亿元，比上年增长1.0%。

1. *粮食总产量是第四个高产年*。全年全省粮食总产量1259.6万吨，虽较上年减少71.2万吨，下降5.4%，但仍是我省历史上第四个高产年。其中，夏粮272.8万吨，增长4.8%；秋粮986.8万吨，下降7.8%。

2. *主要畜产品产量有增有减*。全年全省羊出栏484.4万只，增长3.1%；牛出栏40.2万

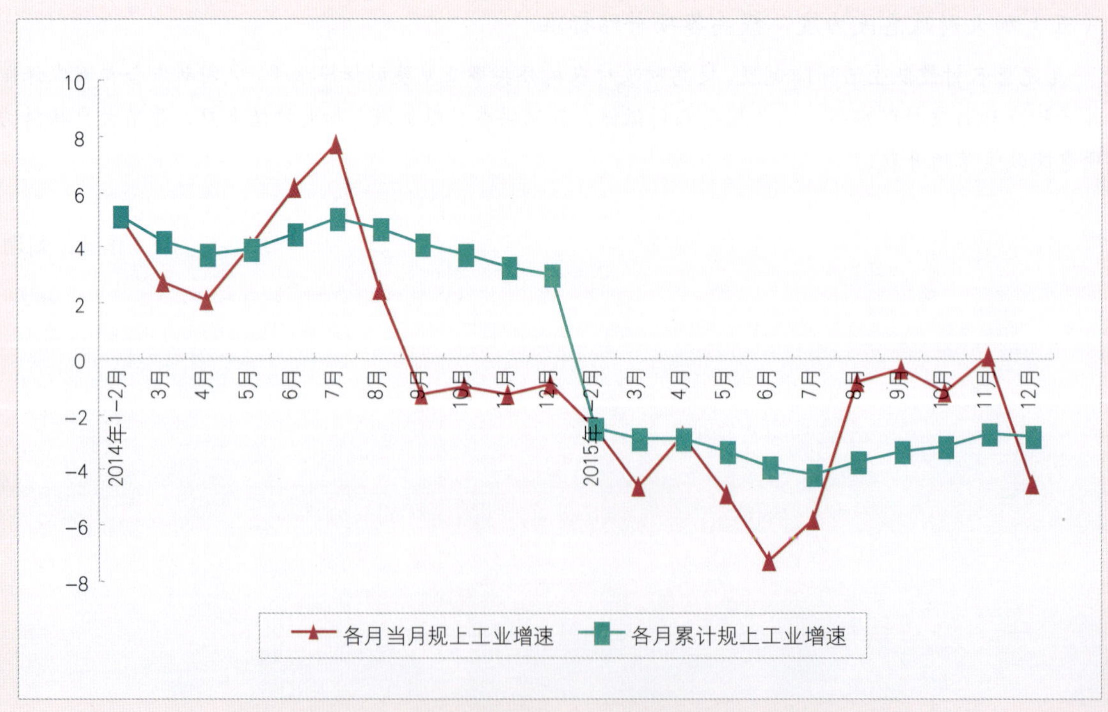

图1 2014年以来全省规模以上工业增加值当月和累计增速

注：按照国家规定1月份数据免报，1-2月为累计数据

头，增长 1.1%；家禽出栏 8780.9 万只，增长 15.7%；生猪出栏 783.7 万头，减少 6.4%。猪牛羊禽四种肉产量 84.3 万吨，减少 2.0%；禽蛋产量 87.2 万吨，增长 4.3%；牛奶产量 91.9 万吨，减少 4.5%。

3. 蔬菜、水果产量稳定增长。初步预计，全年全省蔬菜种植面积 385.0 万亩，与上年基本持平；蔬菜产量 1302.2 万吨，比上年增长 2.4%。全年全省园林水果种植面积 544.6 万亩，与上年基本持平；水果产量 760.3 万吨，增长 11.4%。

（二）工业生产降幅持续收窄，非煤产业占比过半

2015 年，全省规模以上工业增加值累计降幅由年初（-2.5%）逐步扩大至 1-7 月份全年最低点(-4.1%)，随后降幅持续收窄，全年下降 2.8%。

分产品看，全年全省 12 种主要工业产品产量中有 4 种保持增长，分别是：原煤增长 0.6%，氧化铝增长 17.6%，化学药品原药增长 18.5%，煤层气增长 1.9%；焦炭、水泥、生铁、粗钢、钢材、原铝、发电量、移动通信手持机（手机）等 8 种下降。

从行业看，全年全省规模以上工业 12 个行业中，4 个行业增加值保持增长。其中，煤炭工业增长 1.5%，煤层气采掘业增长 8.2%，医药工业增长 0.8%，其他工业增长 8.8%；其余焦炭工业(-8.1%)、电力工业(-7.6%)、冶金工业(-9.0%)、化学工业（-8.6%）、建材工业（-12.2%）、装备制造业（-1.0%）、食品工业（-5.2%）、纺织工业（-3.8%）等 8 个行业增加值比上年下降。

从结构看，全年全省规模以上工业行业中，非煤产业增加值占比 53.2%，比上年上升 4.7 个百分点，2008 年以来首次超过 50%；非传统产业增加值占比 26%，上升 3.3 个百分点。

从先行指标看，全年全省全社会用电量 1737.2 亿千瓦时，下降 4.7%；工业用电量 1356.5 亿千瓦时，下降 6.6%。全年太原铁路局铁路货运量 5.9 亿吨，下降 3.1%；公路货运量 9.2 亿吨，增长 3.4%。

（三）固定资产投资不断加快，连续高于全国平均水平

全年全省固定资产投资完成 13744.6 亿元，增长 14.8%，增速较 1-11 月份加快 0.1 个百分点，自 5 月份以来连续 8 个月增速逐月加快，6 月份以来持续高于全国水平。根据国家统计局发布数据，我省固定资产投资增速比全国（10%）高 4.8 个百分点，比中部（14.6%）高 0.2 个百分点。

表 1　全省规模以上主要工业产品产量完成情况

产品名称	单位	2015 年 12 月	增长 (%)	2015 全年	增长 (%)	2015 年 1-11 月	增长 (%)
原煤	万吨	8256.5	3.0	94410.3	0.6	86149.0	0.4
焦炭	万吨	657.7	-9.6	8034.7	-8.4	7377.0	-8.2
水泥	万吨	198.2	-9.1	3564.7	-20.6	3366.5	-20.8
生铁	万吨	260.2	-13.2	3576.4	-15.1	3316.2	-15.2
粗钢	万吨	296.5	-8.1	3847.0	-11.6	3550.4	-11.9
钢材	万吨	360.3	-5.2	4267.3	-9.2	3906.9	-9.6
原铝	万吨	5.2	-15.1	66.0	-20.1	60.9	-20.6
氧化铝	万吨	113.7	11.4	1272.9	17.6	981.1	19.4
发电量	亿千瓦时	215.5	-12.4	2434.7	-8.8	2219.2	-8.4
煤层气	亿立方米	3.2	-25.9	39.8	1.9	36.5	5.1
移动通讯手持机	万台	211.9	4.3	2038.4	-9.6	1826.4	-11.0
化学药品原药	吨	2544.2	19.2	25349.7	18.5	22805.6	18.4

注：个别产品产量同期入库有调整。

1. 第一产业投资高速增长，第三产业投资增速快于全部投资。全年全省第一产业完成投资 1500 亿元，增长 69.1%；第二产业完成投资 5205.0 亿元，增长 4%；第三产业完成投资 7039.5 亿元，增长 15.7%。全省三次产业投资比例由上年同期的 7.4：41.8：50.8 转变为 10.9：37.9：51.2，第一、三产业投资比重分别上升 3.5 个、0.4 个百分点，第二产业投资比重下降 3.9 个百分点。

2. 民间投资快速增长，占比超过六成。全年全省民间固定资产投资完成 8353.3 亿元，增长 21%；占全省固定资产投资比重 60.8%，同比上升 3.1 个百分点。

3. 工业投资中非煤产业投资占比继续提高。全年全省工业固定资产投资增长 4.6%。其中，煤炭工业投资下降 2.8%，非煤产业投资增长 6.6%，占全省工业投资比重 80.2%，比上年提高 1.5 个百分点；非煤产业中，电力、炼焦工业投资分别增长 34.9%、11.8%，冶金工业投资下降 10.2%。

4. 战略性新兴产业投资较快增长。全年全省战略性新兴产业投资完成 6574.3 亿元，增长 12.6%，占全省固定资产投资比重 47.8%。

5. 新开工项目投资带动作用强劲。全年全省新开工项目 13420 个（不含房地产企业开发项目，下同），比上年增长 58.9%；全省新开工项目完成投资 8056.3 亿元，比上年增长 36.3%。全年新开工项目完成投资占全省固定资产投资的比重 58.6%，拉动全省固定资产投资增长 17.9 个百分点。

（四）消费市场稳中有升，旅游业保持快速发展，高新技术产品出口保持增长

全年全省社会消费品零售总额6030.0亿元，增长 5.5%，自上半年以来增速稳步提升。限额以上消费品零售额下降 5.3%，自 7 月份以来降幅逐月收窄。如果扣除石油、汽车类企业零售额，限额以上消费品零售额增长 4.6%。其中，限额以上批发零售业通过互联网实现商品零售额 14.6 亿元，增长 83.3%。

全年全省旅游总收入 3447.5 亿元，增长 21.1%；接待入境过夜人数 59.4 亿人次，增长 5.1%；接待国内旅游者人数 3.6 亿人次，增长 20.2%。

全年全省海关进出口总额 914.0 亿元，下降 8.4%。其中，出口 523.3 亿元，下降 4.7%；进口 390.7 亿元，下降 12.8%。高新技术产品出口

图 2 2014 年以来山西、全国当月居民消费价格指数

251.5亿元，增长9.9%，占全省出口额比重为48.1%；机电产品出口348.8亿元，增长9.1%，占全省出口额比重为66.7%。

（五）财政民生支出继续增加，金融运行稳定

全年全省一般公共预算收入1642.2亿元，下降9.8%。其中，税收收入1056.5亿元，下降6.8%；非税收入585.7亿元，下降14.7%。一般公共预算支出3443.4亿元，增长11.2%。其中，教育、医疗卫生、社会保障和就业、住房保障、公共交通运输、节能环保、城乡社区事务等民生支出2900亿元，增长12.3%，民生支出占全省一般公共预算支出比重84.2%，比上年提升0.8个百分点。

12月末，全省金融机构本外币各项存款余额28641.4亿元，比年初增加1602.9亿元；各项贷款余额18574.8亿元，比年初增加2016.1亿元。

（六）居民消费价格指数温和上涨，工业生产者出厂价格指数持续下降

全年全省居民消费价格上涨0.6%，涨幅较上年回落1.1个百分点。其中，城市上涨0.6%，农村上涨0.7%。分类别看，食品价格上涨0.4%，烟酒及用品上涨2.6%，衣着上涨2.2%，家庭设备用品及维修服务上涨0.1%，医疗保健和个人用品上涨1.8%，交通和通信下降2.7%，娱乐教育文化用品及服务上涨1.7%，居住上涨0.2%。12月份当月，全省居民消费价格上涨0.9%。

全年全省工业生产者出厂价格下降12.3%。其中，煤炭开采和洗选业产品出厂价格下降18.1%，石油加工、炼焦及核燃料加工业类产品出厂价格下降19.4%，黑色金属冶炼及压延加工业产品出厂价格下降15.4%。工业生产者购进价格下降6.9%。12月份当月，全省工业生产者出厂价格下降15.5%，连续46个月下降。12月份当月，工业生产者购进价格下降9.1%。

（七）人口就业总体稳定

据2015年全国1%人口抽样调查，年末全省常住人口为3664万人，比上年末增加16万人。全年全省出生人口36万人，人口出生率为9.98‰；死亡人口20万人，死亡率为5.56‰；自然增长率为4.42‰，比上年下降0.57个千分点。从性别结构看，男性人口1879万人，女性人口1785万人，总人口性别比为105.27（以女性为100）。从年龄构成看，16周岁以上至60周岁以下（不含60周岁）的劳动年龄人口2524万人，比上年末减少6万人，占总人口的比重为68.88%，60周岁及以上人口530万人，占总人口的14.45%，65周岁及以上人口333万人，占总人口的9.10%。

从城乡结构看，城镇常住人口2016万人，比上年末增加54万人，乡村常住人口1648万人，比上年末减少38万人。城镇人口占总人口比重（常住人口城镇化率）为55.03%，比上年上升1.24个百分点。

全年全省城镇新增就业51.48万人，完成全年目标100.94%，比上年增加0.08万人。全省农村劳动力转移就业37.65万人，完成全年目标101.76%，比上年减少0.05万人。全年全省登记失业率为3.51%，控制在4.2%目标以内。

（八）城乡居民收入继续增加

全年全省居民人均可支配收入17854元，同比增长8.0%。按常住地分，城镇居民人均可支配收入25828元，增长7.3%；农村居民人均可支配收入9454元，增长7.3%。

（九）市域经济分化明显

太原等3个市GDP增长快于全省。2015年，大同、太原、晋中等3个市地区生产总值持续领涨全省，一季度、上半年、前三季度和全年均位列全省前三。全年大同地区生产总值比上年增长9.0%，太原增长8.9%，晋中增长6.4%。其余8个市地区生产总值增速低于全省，其中，朔州（-2.3%）、长治（-2.9%）、吕梁（-4.7%）等3个市负增长。增速最高与最低的市差距为13.7个百分点。

大同等5个市规模以上工业增加值增速高于全省。2015年，大同规模以上工业增加值增长

8.4%，太原和晋中均增长5.7%，晋城和忻州均增长0.8%。其余6个市均为负增长，其中，吕梁（-11.9%）下降幅度最大。

晋中等6个市固定资产投资快于全省。2015年，晋中固定资产投资增长18.7%，阳泉增长16.1%，太原和忻州均增长16%，长治增长15.7%、朔州增长14.9%。其余5个市低于全省。

二、2016年形势展望

2016年，是全面建成小康社会决胜阶段的开局之年，也是推进结构性改革的攻坚之年。受结构性、周期性因素叠加影响，山西经济运行仍面临较大的下行压力。在全省经济工作会上，王儒林书记明确指出，当前山西正处于改革开放以来发展最困难的时期，面对前所未有的困难，全省上下要进一步坚定信心，狠抓落实，在从危机中看到亮点，在困局中看到前景，从不确定性中把握确定性。

（一）新常态下，从全国视角看，山西经济发展长期向好的基本面没有变，近期我省经济发展的有利因素也正在不断积聚

2015年全国地区生产总值增长6.9%，分季度看，一、二、三、四季度分别增长7.0%、7.0%、6.9%和6.8%，总体保持了稳中有进、稳中有好的发展态势。中央经济工作会对新的一年结构性改革、重点改革领域等作出了详细部署，明确提出了去产能、去库存、去杠杆、降成本、补短板等五大任务，全面推进供给侧结构性改革，这一系改革创新将赋予经济增长新的动能。此外，随着“互联网+”、中国制造2025、创业与创新等政策措施的推进落实，经济活力开始显现，创新驱动正逐步替代要素驱动成为经济增长的新动力。

从山西情况看，一方面，国家重大发展战略实施为我省发展提供更加广阔的发展空间。伴随着国家“一带一路”战略实施和山西正式纳入《环渤海地区合作发展纲要》和《京津冀协同发展规划纲要》，“承东启西”的山西正积极融入国家重大发展战略。依托“一带一路”、京津冀协同发展，山西地缘、人文等方面优势将充分发挥；全面促进环渤海地区共同发展，加快国家新型能源基地、清洁能源基地建设，山西的资源优势将会进一步显现；同时积极引入京津冀地区的科教文化产业，将有利于消除科技创新短板，实施创新驱动发展战略，促进经济提质增效，优化要素结构，为山西提供更加广阔的发展空间。另一方面，国家宏观政策对山西的倾斜和支持力度进一步加大。2016年，国家将出台一系列新的煤炭行业脱困政策，支持我省电力体制改革综合试点，为煤炭、电力等传统支柱产业脱困提供更大政策支持；国家积极推进供给侧改革，明确支持我省扩大电解铝产能，将煤层气探矿权采矿权下放到我省审批，太原创新城市试点等政策效应逐步显现，同时一大批铁路、公路、外送电通道、水利设施等基础设施建设，都将为我省经济注入新的活力；此外，综改试验区建设深入推进，将为山西全面深化改革，创新体制机制，敢于突破障碍，做好经济转型和治理能力现代化提供更多制度保障。第三，新的经济增长点正在逐步汇聚。随着全省“六大发展”的深入推进，特别是“三个突破”重要抓手的着力实施，全省经济增长的新动能正在逐步汇聚。全省固定资产投资自2015年5月以来逐月加快，在上半年赶超全国平均水平后，继续加力，增速超过中部平均水平，全年增长14.8%，其中民间投资、非煤投资占比明显提升。煤层气等新兴产业加快发展，全年煤层气产业增加值增长8.2%。文化旅游产业加快发展，全年旅游总收入增长21.1%。电子商务等新业态发展迅速，全年限额以上批发零售业通过互联网实现商品零售额增长83.3%。

（二）当前外部宏观经济形势依然复杂严峻，山西作为典型的资源型经济地区，发展不平衡、不协调、不可持续的问题仍然突出

“三去一降一补”任务艰巨繁重，工业经济下行压力不减。2015年，全省规上工业增加值同比下降2.8%，比全国平均水平低8.9个百分点，工业经济仍在负增长区间运行；煤炭、钢材

等主要工业产品价格降到近年来的最低点（煤炭PPI12月当月下降21.8%）；全省规上工业企业亏损面接近50%，特别是煤炭、焦炭、冶金等行业效益下滑、全行业亏损、企业应收账款增加、负债率高企，在这样的背景下，去产能将使2016年山西工业经济面临更加严峻的困难和压力。随之而来的财政压力加大，民生保障任务艰巨。2015年全省财政一般公共预算收入下降9.8%，其中国内增值税收入下降15.5%、营业税收入下降13.3%、企业所得税下降14.5%；全省9个地级市一般公共预算收入负增长，降幅超过20%的4个。各级财政面临的困难前所未有，保工资、保运转、保民生等民生保障任务艰巨。有效投资不足，大项目偏少，投资保持持续较快增长的后劲不足。2015年全省工业固定资产投资同比增长4.6%，低于全省固定资产投资平均水平，其中建材、煤炭、冶金、装备制造、化学等工业投资同比分别下降1.1%、2.8%、10.2%、13.5%、14.1%；此外新开工项目中亿元以上大项目偏少；从市域投资情况看，不均衡现象依然存在，投资整体保持持续较快增长的后劲仍显不足。

困难与希望同在，机遇与挑战并存。面对这一系列困难和问题，全省上下必须高度重视起来，持续加力，继续拼搏，继续筑牢经济企稳回升基础，全力以赴巩固和发展经济运行向好态势。

三、相关发展建议

（一）认真落实中央各项决策部署，着力抓好“三去一降一补”各项重点工作，积极化解过剩产能

认真落实好中央经济工作会议和李克强总理考察山西重要指示精神，以“冬季行动”为抓手，把去产能和帮扶困难企业同实施、同落实。紧密结合山西实际，积极化解过剩产能。严格控制现有生产煤矿核增能力，“十三五”期间不再新上新建、扩建煤矿项目；同时积极化解煤炭库存，鼓励兼并重组，提高产业集中度；进一步做大做强超大型煤炭企业，增强其市场占有率。努力拓宽钢材消费市场，积极鼓励钢铁等产品的本地销售。继续强化政策落实，精准帮扶作为“兼并主体”的重点行业企业。按照“三去一降一补”要求，完善“煤炭20条、17条”、工业减负“60条”、“促进工业稳增长19条”等政策措施，确保政策实施取得实实在在的效果；对于作为兼并主体的重点行业企业，继续加大帮扶力度，给予更多政策和资金支持。

（二）以“六大发展”为导向，以“三个突破”为抓手，着力推动经济结构的战略性调整，做好“供给侧”相关领域改革创新

打通关键领域创新链条，做大新兴产业增量，全力推动科技创新。借助去产能倒逼机制，大力推进传统产业工业结构调整和升级换代，特别是电力产业优化升级；以重大专项为抓手，促进科技成果转化，推进装备制造业、煤层气、节能环保、电动汽车、医药等新兴产业发展，加快做大新兴产业增量。深化金融体系改革，扩大企业直接融资规模，实现金融振兴。加快推进政银企协作机制，密切银企、政企合作关系；加快地方金融机构改革创新和多层次融资市场建设，进一步扩大直接融资规模；加快企业改制，培育合格的市场主体，千方百计谋划好项目，争取金融机构更大支持。继续简政放权，大力发展民营经济，发挥好民营经济统计监测作用。加快制定和落实各项优惠政策，进一步清权放权、简化审批，着力破解民营企业融资难、融资贵、用地难等突出问题；及时做好民营经济相关领域运行监测，积极发挥好民营经济统计监测体系作用。

（三）加大项目储备力度，持续增加有效投资，充分发挥好投资在稳增长、调结构中关键作用

积极做好符合产业结构调整要求的大项目的前期谋划，加大对重点产业、重点企业、重点项目的支持力度，狠抓招商引资和大项目落地、开工、达效，加强亿元以上项目资金运作，突出效益，避免资金、土地等要素对项目建设的制约。同时按照省委、省政府部署安排，重点解决好“投什么”“谁来投”“怎么投”的问题。围绕有效需求进行有效投资。紧紧围绕文化旅游、装备制造、

新能源、新材料、节能环保、食品医药和现代服务业等安排投资，加大对传统产业升级换代的投资，不新增低端过剩产能。继续创新投融资机制。发挥好我省民间资本充裕的优势，积极引导并推广PPP投融资方式，鼓励社会资本通过特许经营、政府购买服务、股权合作等方式参与重大项目建设。深化投资管理体制改革。积极推行投资负面清单、权力清单、责任清单管理制度，减少政府核准事项和前置条件，最大限度地为企业提供便利化的投资环境。

山西平遥古城墙

（四）优化消费环境，挖掘消费潜力，全力保持消费市场总体稳定

继续优化消费环境，推动消费升级。畅通市场经脉，打击侵权假冒，营造良好消费环境；加快电子商务平台企业建设，鼓励各类市场主体进入流通领域，发挥好煤炭交易中心等网络销售平台效能，促进互联网创新应用的辐射效应；同时依托区位优势加快物流业消费等相关行业发展，积极打造煤炭生产、销售、物流一体化流通主渠道。充分挖掘消费潜力，夯实消费增长基础。在稳定住房汽车等大宗消费基础上，继续挖掘消费潜力，鼓励民间资本投资公共服务行业，促进公共服务消费；促进新型电子产品、智能家电、新能源汽车、环保家居建材等绿色循环消费，积极培育形成有效、持续的消费热点。积极鼓励旅游业相关消费。创新“互联网 + 旅游”等发展模式，进一步加快旅游产业发展步伐；通过申报旅游发展大会，整合资金资源，推进全省旅游提质升级，带动全省旅游业消费较快增长。

（五）千方百计促进就业创业，全力保障民生工程建设。拓宽就业渠道，积极鼓励“大众创业、万众创新”

落实好国务院和我省出台的一系列帮扶政策，积极鼓励“大众创业、万众创新”；针对煤炭、冶金等行业去产能将对企业员工产生较大冲击的现状，积极帮扶企业采取在岗培训、协商薪酬的办法稳定就业岗位；认真按照国家融资和减免税政策要求，扶持小微企业发展，鼓励吸纳就业。加快推进居民增收计划，全力增加城乡居民收入。通过稳定就业进一步增加居民工资性收入；鼓励自主创业和深化农村经营体制改革，进一步增加居民经营性收入；提高农业补贴和居民保障水平，进一步增加转移性收入；通过农村产权改革和拓宽投资渠道，进一步增加财产性收入。保持市场物价稳定，继续完善社会保障体系。强化价格监管，落实好社会救助和保障标准与物价上涨挂钩的联动机制，保持市场物价总体稳定。稳步提高企业退休人员基本养老金和城乡居民最低生活保障标准；积极推进养老保险制度改革，完善机关事业单位养老保险制度配套政策；完善医疗保险制度，建立统一的城乡居民医疗保险制度；加强社会救助，保障困难群众基本生活。

（作者：翟振新）

专栏：2015年山西城乡居民收支稳步提高

2015年，山西省认真贯彻落实党中央、国务院决策部署，将保障和改善民生放在突出重要的位置，着力扩大就业，增加民生支出，加大支持“三农”力度，加快构建城乡一体化发展新格局，经济社会发展在克服困难中奋力前行，全省城乡居民收支实现稳步增长。

一、城乡居民收入稳步增长

2015年，山西省在坚持转型跨越发展的同时，始终把改善民生作为第一要务，出台多项措施促进城乡居民增收，取得显著成效。

（一）城镇居民可支配收入保持增长

2015年，全省城镇居民人均可支配收入25828元，比上年增加1759元，增长7.3%。（见表1）

表1 2015年山西省城镇居民可支配收入及构成情况

单位：元/人

指标	2015年		2014年		2015年比2014年		贡献率（%）	拉动可支配收入增长百分点
	绝对量	占比（%）	绝对量	占比（%）	增加额	增幅（%）		
可支配收入	25828	100	24069	100.0	1758	7.3		
1.工资性收入	16562	64.1	15624	64.6	938	6.0	53.3	3.9
2.经营净收入	2790	12.4	2701	12.8	89	3.3	5.1	0.4
3.财产净收入	1789	7.0	1727	7.3	62	3.6	3.5	0.2
4.转移净收入	4687	16.5	4017	15.3	670	16.7	38.1	2.8

1. 工资性收入稳步增长。2015年，山西把促进居民收入增长放在突出重要的位置，全省民生类支出占到一般公共预算支出的84.2%，城镇新增就业51.5万人。出台多项增资政策，大幅度提高行政事业人员的津贴补贴标准，实行了机关事业单位工资改革，提高了最低工资标准。这些措施拉动了全省城镇居民收入的稳定增长。2015年，全省城镇居民人均工资性收入为16562元，同比增加938元，增长6.0%。

2. 经营净收入小幅增长。2015年，山西省出台了一系列加强小微企业发展的政策，着力解决创业、融资、减负等方面存在的问题，激发了市场主体创造活力，带动了居民经营净收入快速增长。全省城镇居民人均经营净收入2790元，同比增加89元，增长3.3%。其中第三产业经营净收入人均2185元，在经营净收入中占比最大，达78.3%。

3. 转移净收入增速居首。2015年，全省城镇居民人均转移净收入4687元，同比增加670元，增长16.7%，增幅居四大项收入之首。转移净收入增长较快的主要原因：一是企业退休人员基本养老金月均增加100元。二是提高了养老金和城市低保标准。城乡居民养老保险基础养老金最低标准由每人每月65元调整至每人每月80元；城市低保标准每人每月提高20元，达到399元。

4. 财产净收入持续增长。随着金融业的不断发展，越来越多的城镇居民主动进行理财规划，配置适合自己和家庭的理财产品，在一定程度上增加了收益。同时，住房租金价格持续上涨带动了居民出租房收入的增加，这些因素都有力地推动了山西省城镇居民财产净收入的增长。2015年，全省城镇居民人均财产净收入1789元，同比增加62元，增长3.6%。

（二）农村居民可支配收入稳定增长

2015年，全省农村居民人均可支配收入为9454元，比上年增加645元，增长7.3%。（见表2）

表 2　2015 年山西省农村居民可支配收入及构成情况

单位：元 / 人

指标	2015 年		2014 年		2015 年比 2014 年		贡献率（%）	拉动可支配收入增长百分点
	绝对量	占比（%）	绝对量	占比（%）	增加额	增幅（%）		
可支配收入	9454	100	8809	100	645	7.3		
1. 工资性收入	4922	52.1	4570	51.9	352	7.7	54.6	4.0
2. 经营净收入	2624	27.7	2482	28.2	142	5.7	22.0	1.6
3. 财产净收入	142	1.5	123	1.4	19	15.1	2.9	0.2
4. 转移净收入	1766	18.7	1634	18.5	132	8.0	20.5	1.5

1. 务工形势较为稳定，工资性收入稳定增长。2015 年，在经济下行压力依然很大的情况下，山西省积极采取有力措施，加大投资力度，稳定农民就业，全年固定资产投资比上年增长 14.8%，全年转移农村劳动力 37.7 万人。省政府出台了《关于进一步做好农民工服务工作的实施意见》和《支持农民工等人员返乡创业的实施意见》，对扩大农民工本地就业具有积极的作用。同时，山西省提高了最低工资标准，一类地区达到 1620 元，在全国已公布的 28 个地区中居第九，对稳定农民务工收入提供了保障。2015 年，全省农民人均工资性收入为 4922 元，比上年增加 352 元，增长 7.7%，是拉动农民收入增长的主要力量。

2. 农业生产基本平稳，经营净收入小幅增长。2015 年，虽然面临粮食减产、农产品价格有所下降的不利形势，但由于农产品结构优化，猪肉、瓜菜、豆类等价格增长，农业生产成本下降，农民家庭经营收入保持了增长态势。住户调查资料显示，农民出售高粱、谷子、薯类、豆类、蔬菜、林产品、牧业产品等金额比上年增加，尤其是猪价上涨，饲料价格下降，增大了利润空间，农民人均出售肉猪 329 元，增长 25%，牧业净收入人均 232 元，比上年增长 17.3%。全省农民人均经营净收入 2624 元，比上年增加 142 元，增长 5.7%。

3. 强农惠农政策力度不减，促进转移性收入增加。2015 年，全省农民人均转移净收入 1766 元，比上年增加 132 元，增长 8.0%。农民转移净收入增长的主要原因：一是省政府出台《关于 2015 年新实施强农惠农富农补贴政策的通知》，新增资金 15.76 亿元，资金规模总量超过 85 亿元，这是从 2009 年开始，山西连续 7 年出台强农惠农政策；二是为了弥补煤价下降给农民造成的损失，2015 年山西将原来每户发放一吨煤变为发放 300 元货币补贴；三是农村社会保障标准提高，城乡居民养老保险基础养老金最低标准由每人每月 65 元调整至每人每月 80 元，将新农合筹资标准由人均 390 元提高到 450 元，低保标准人均月提高 20 元，达到 226 元，农村五保集中和分散供养补助标准分别提高 200 元和 100 元，达到 2400 元和 1530 元。

4. 土地流转和红利收入增加，带动财产性收入增长。自 2013 年山西实施百企千村产业扶贫开发政策以来，有力地吸引了社会资本投资现代农业，促进了各类新型经营主体对土地的需求，全省各地产业扶贫项目稳步推进，土地流转速度加快，城镇化进程加快使农民得到的集体分配股息和红利等财产性收入逐年提高。2015 年，全省农民人均财产净收入为 142 元，比上年增加 19 元，增长 15.1%，对可支配收入的贡献率 2.9 %，拉动可支配收入增长 0.2 个百分点。在财产性收入中，红利和转让承包土地经营权收入占 65.5%。

二、城乡居民消费亮点纷呈

随着经济的发展和收入水平的提高，山西城乡居民消费观念发生深刻变化，消费领域不断拓宽，消费层次有效提升，消费结构日趋合理。

（一）城镇居民消费层次不断提高

2015 年，山西城镇居民人均消费支出 15819 元，比上年增加 1182 元，增长 8.1%。八大类消费支出呈现“七升一降”的态势。从绝对额来看，食品烟酒、居住和教育文化娱乐是构成城镇居民消费支出的重要组成部分，仅此三项支出占到消费总支出的 58.2%；从增幅来看，交通通信、医疗保健和教育文化娱乐支出分别增长 25.6%、12.4% 和 9.0%。（见表 3）

表 3 2015 年山西省城镇居民人均消费支出及构成情况

单位：元 / 人

指标	2015 年		2014 年		2015 年比 2014 年		贡献率（%）	拉动可支配收入增长百分点
	绝对量	占比（%）	绝对量	占比（%）	增加额	增幅（%）		
消费支出	15819	100.0	14637	100.0	1182	8.1		
（一）食品烟酒	3981	25.17	3804	25.99	177	4.7	14.99	1.21
（二）衣着	1705	10.78	1616	11.03	89	5.5	7.55	0.61
（三）居住	3020	19.09	2899	19.81	121	4.2	10.25	0.83
（四）生活用品及服务	948	5.99	888	6.07	60	6.8	5.08	0.41
（五）交通通信	2148	13.58	1710	11.68	438	25.6	37.06	3.01
（六）教育文化娱乐	2208	13.96	2027	13.85	181	9	15.32	1.24
（七）医疗保健	1394	8.81	1241	8.48	153	12.4	12.95	1.05
（八）其他用品和服务	415	2.62	453	3.09	-38	-8.4	-3.2	-0.26

1. 发展型消费支出比重上升。城镇居民在满足基本生存消费的同时，越来越注重生活的品质和自我的发展，旅游出行、接受再教育等逐渐成为城镇居民享受生活的新选择。2015 年，城镇居民消费支出中属于发展型消费的交通通信支出、教育文化娱乐支出、医疗保健支出位居八大类消费支出增幅前三位，共计 5750 元，占生活消费支出的比重为 36.3%，比上年提升了 2.3 个百分点。与此对应，2015 年山西城镇居民消费支出中属于生存型消费的食品烟酒、衣着和居住类支出 8706 元，占整个生活消费支出的比重为 55.0%，比上年下降了 1.8 个百分点。恩格尔系数由 2014 年的 26.0% 下降为 25.2%。

2. 交通通信支出领跑城镇居民消费增长。交通和通信水平是反映居民生活质量的重要标志。2015 年，全省城镇居民人均交通通信支出 2148 元，同比增加 438 元，增长 25.6%，增加额和增幅均居八大消费支出之首。其中，交通和通信类支出分别增长 40.3% 和 4.4%。交通通信支出较快增长源于四方面原因。一是出行增多带动交通费快速增长。城镇居民人均交通费支出同比增长 22.2%，其中乘坐飞机支出增长 1.6 倍；二是购车档次提升带动交通工具支出增加。城镇居民人均购买汽车支出同比增长 75.4%；三是家用汽车保有量提高带动汽车维修保养费用增加。城镇居民人均交通工具使用及维修支出同比增长 46.6%；四是计算机和移动电话更新换代加快，质量不断提升。城镇居民购买通信工具支出增长 12.1%。

3. 医疗保健支出快速增长。近年来，随着城镇居民生活水平的不断提升，生活观念的逐步转变，防病治病的意识普遍增强。2015 年，山西城镇居民人均医疗保健支出为 1394 元，比上年增加 153 元，增长 12.4%，增幅居八大类消费支出第二。

4. 服务类消费成为新的增长点。近年来，城镇居民消费观念的不断转变，消费需求向多样化、多层次和个性化发展，服务类消费逐渐成为新兴消费热点。2015 年，在购买生活消费品及服务支出中，山西城镇居民人均医疗服务支出 836 元，同比增长 12.0%；人均饮食服务支出 667 元，同比增长 9.0%；人均文化娱乐服务支出 572 元，同比增长 20.6%；人均家政服务支出 33 元，同比增长 72.7%。

5. 网上购物快速增长。随着信息化程度的不断加深，人们消费观念的不断转变，越来越多的城镇居民选择网上购物这一新型购物方式。2015 年，山西城镇居民通过互联网购买商品或服务的人均支出由上年的 125 元增加到 163 元，增幅达 30.3%。

（二）农村居民消费结构日趋合理

2015 年，山西省农村居民人均生活消费支出 7421 元，比上年增加 429 元，增长 6.1%。八大类消费支出呈现“七升一降”的态势。从绝对额来看，食品烟酒、居住和教育文化娱乐是构成农村居民消费支出的重要组成部分，三项支出占到消费总支出的 63.4%；从增幅来看，交通通信、生活用品及服务和教育文化娱乐支出分别增长 16.1%、11.2% 和 9.5%。（见表 4）

表 4　2015 年山西省农村居民人均消费支出及构成情况

单位：元 / 人

指标	2015 年		2014 年		2015 年比 2014 年		贡献率（%）	拉动可支配收入增长百分点
	绝对量	占比（%）	绝对量	占比（%）	增加额	增幅（%）		
消费支出	7421	100.0	6992	100.0	429	6.1		
（一）食品烟酒	2150	28.98	2054	29.4	96	4.7	22.37	1.37
（二）衣着	559	7.53	540	7.7	19	3.5	4.39	0.27
（三）居住	1537	20.71	1480	21.2	56	3.8	13.12	0.81
（四）生活用品及服务	382	5.15	344	4.9	39	11.2	8.98	0.55
（五）交通通信	820	11.05	707	10.1	114	16.1	26.52	1.63
（六）教育文化娱乐	1017	13.71	928	13.3	89	9.5	20.66	1.27
（七）医疗保健	794	10.70	770	11.0	24	3.1	5.62	0.34
（八）其他用品和服务	162	2.18	168	2.4	-7	-4.0	-1.55	-0.10

1. 生存性消费所占比重下降。2015 年，山西农村居民用于食品、衣着、居住等生存性消费支出为人均 4246 元，比上年增长 4.2%，占生活消费的比重由上年的 58.2% 下降到 57.2%。

2. 发展性消费继续升温。2015 年，山西农村居民用于医疗保健、交通通信、文教娱乐等发展性消费支出为人均 2632 元，比上年增长 9.4%，占生活消费的比重由上年的 34.4% 上升到 35.5%。

3. 物质型消费基本得到满足。经过过去十年农村居民收入和消费快速增长后，吃、穿、住的需求基本得到满足，耐用品普及程度也明显提高，家庭物质型消费需求开始向注重高品质发展。2015 年农村居民购买室内装饰品支出人均增长 49%，购买床上用品支出人均增长 28%，购买化妆品支出人均增长 12%，购买首饰手表支出人均增长 46%，购买园艺花卉支出人均增长 52%，购买滋补保健品支出人均增长 43%。

4. 服务型消费需求快速增长。2015 年，在全省农村居民总支出中，人均饮食服务支出 150 元，比上年增长 2.2%；人均家庭服务支出 15 元，增长 46.6%；人均通信服务支出 245 元，增长 7.2%；人均文化娱乐服务支出 51 元，增长 5.5%；人均医疗服务支出 525 元，增长 2.4%。服务性消费支出的增长成为农村居民生活消费的新趋势。

（作者：刘顺国）

内蒙古自治区经济社会发展报告

2015年，内蒙古认真贯彻落实“四个全面”战略布局，加强重点工作落实督导，着力推进“十个全覆盖”等重点工程建设，积极主动作为，创新调控手段，在“稳增长、促改革、调结构、惠民生、防风险”各项工作中取得了新成效，经济总体实现了稳中有进、稳中有好、稳中提质，基本完成了年度经济社会发展主要任务，实现了“十二五”胜利收官。

一、2015年内蒙古经济社会发展基本情况及变动特点

在全区上下的积极努力下，总体看，全区经济虽有一定程度的下行，但也仍在合理区间，基本符合预期。初步核算，全年全区实现地区生产总值18032.8亿元，按可比价格计算，比上年增长7.7%，高于全国平均增速0.8个百分点。其中，第一产业增加值1618.7亿元，增长3.0%；第二产业增加值9200.6亿元，增长8.0%；第三产业增加值7213.5亿元，增长8.1%。全区生产总值中三次产业结构由上年的9.2:51.3:39.5调整为9:51:40。人均生产总值达到71903元，增长7.4%，按年均汇率计算折合为11547美元。非公有制经济发展步伐加快，全年非公有制经济完成增加值11579.1亿元，比上年增长8.1%。

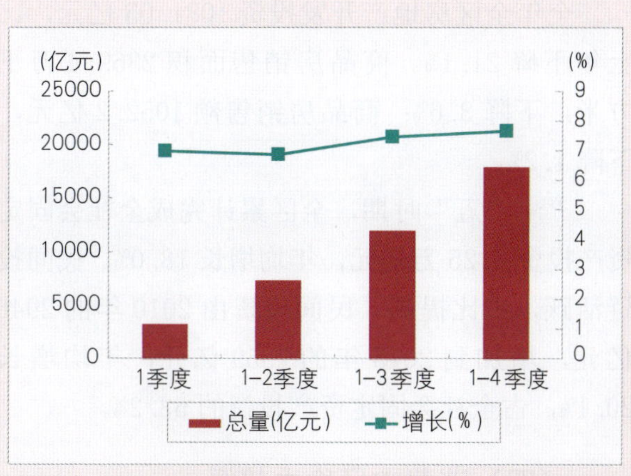

图1 2015年内蒙古地区生产总值及增速

“十二五”时期，全区地区生产总值年均增长10.0%，快于全国同期年均增速2.2个百分点。第一、二、三产业的年均增速分别为4.5%、11.6%和8.9%。

（一）农牧业生产保持平稳

全区克服了干旱等自然灾害的影响，在各项惠农政策的实施和农业科技推广力度不断加大的作用下，粮食生产能力稳步提升。全年粮食作物播种面积572.7万公顷，比上年增长1.3%。粮食产量再创历史新高。全年粮食总产量2827万吨，增长2.7%。油料产量193.6万吨，增长13.7%；甜菜产量230.1万吨，增长43.7%；蔬菜产量1445.3万吨，下降1.9%。

牧业年度全区牲畜存栏头数达13585.7万头（只），比上年增长5.2%；牲畜总增头数7612.4万头（只），牲畜总增率达58.9%。牧业年度良种及改良种牲畜总头数12268.4万头（只）。全年肉类总产量245.7万吨，比上年下降2.6%。其中，猪牛羊肉产量分别达到70.8万

表1 2015年内蒙古主要农畜产品产量和牲畜存栏数

指标	总量	比上年增长(%)
粮食（万吨）	2827.0	2.7
小麦（万吨）	158.3	2.8
玉米（万吨）	2250.8	3.0
油料（万吨）	193.6	13.7
牛奶（万吨）	803.2	1.9
绵羊毛（万吨）	12.7	4.7
山羊绒（吨）	8380.1	1.2
肉类总产量（万吨）	245.7	-2.6
牧业年度牲畜存栏（万头、只）	13585.7	5.2

吨、52.9万吨和92.6万吨，分别下降3.4%、3.0%和0.8%。牛奶产量803.2万吨，增长1.9%。

“十二五”时期，全区粮食产量年均增长5.5%，牧业年度牲畜存栏头数年均增长4.7%。优质高产农作物加快发展，畜牧业呈快速发展趋势，牛奶、羊肉、羊绒产量居全国首位。

（二）工业结构调整成效明显

面对国内产能过剩、需求不足等矛盾，全区采取有效措施积极应对，有效化解不断加大的下行压力，保持了工业经济稳中有进的发展态势。全年全部工业增加值7939.2亿元，比上年增长8.2%。其中，规模以上工业企业增加值增长8.6%。工业结构调整取得明显成效。规模以上工业中高新技术业、装备制造业、农畜产品加工业对工业的贡献率比上年提高6.7个百分点，能源和化学工业对工业的贡献率比上年下降16.5个百分点。

新产业发展势头良好。在一系列创新创业活动和成果的支撑下，新产业加快孕育并迅速发展。全年规模以上装备制造业呈现出一定的加快增长态势，比上年增长12.5%，高于全区平均增速3.9个百分点；规模以上高新技术产业发展势头强劲，增长26.3%，高于全区平均增速17.7个百分点。从工业产品产量看，全区原煤产量达9.1亿吨，比上年下降8.5%；发电量达到3928.8亿千瓦小时，增长1.8%，其中，风力发电量407.9亿千瓦小时，增长4.6%。

表2　2015年内蒙古工业主要产品产量

指标	总量	同比增长（%）
原煤（万吨）	90957.1	-8.5
天然原油（万吨）	178.8	-5.2
发电量（亿千瓦小时）	3928.8	1.8
粗钢（万吨）	1735.1	4.4
钢材（万吨）	1897.2	7.8
乳制品（万吨）	293.6	8.1
液体乳（万吨）	276.4	10.0
多晶硅（万吨）	1.5	81.6
十种有色金属（万吨）	340.4	8.3

“十二五”时期，全区全部工业增加值年均增长11.9%，规模以上工业增加值年均增长12.8%。煤炭对规模以上工业增加值贡献率由33.5%下降到11.3%，装备制造、高新技术、有色金属和农畜产品加工业贡献率由31.7%上升到49.0%。

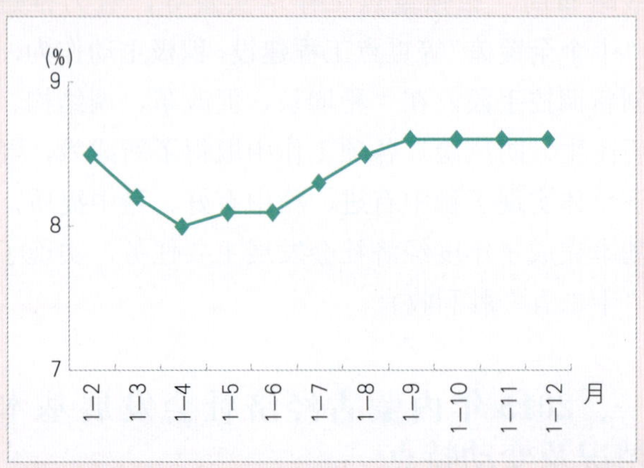

图2　2015年内蒙古规模以上工业增加值累计增速

（三）固定资产投资保持稳定增长

全年投资实现了平稳较快增长，全社会固定资产投资总额13824.8亿元，增长14.5%。从三次产业投资看，第一产业投资893.4亿元，增长6.3%；第二产业投资6614.6亿元，增长16.9%，其中，工业投资6451.1亿元，增长16.3%；第三产业投资6316.8亿元，增长13.3%。全区全年在建施工项目数16944个，比上年增长7.2%；其中全年新开工项目12695个，增长2.4%；全年共有14074个项目投产，增长22.9%。

全年全区房地产开发投资1081.05亿元，比上年下降21.1%。商品房销售面积2369.4万平方米，下降3.6%；商品房销售额1052.2亿元，下降1.2%。

“十二五”时期，全区累计完成全社会固定资产投资5.25万亿元，年均增长18.0%。民间投资活跃，占比提高。民间投资由2010年的2946亿元，增加到2015年的7359亿元，年均增长20.1%，占全社会固定资产投资的53.2%。

（四）消费市场稳中趋缓

消费市场虽仍保持着平稳增长的势头，但

较上年相比增速明显放缓。全年实现社会消费品零售总额6107.7亿元，比上年增长8%。从经营单位所在地看，城镇实现社会消费品零售额5538.0亿元，占社会消费品零售总额的90.7%，增长7.7%；乡村消费品零售额569.7亿元，增长10.7%。“十二五”时期，全区社会消费品零售总额年均增长12.5%。

（五）对外贸易有所下降

全区外贸进出口总值实现790.4亿元，比上年下降11.6%。其中，出口350.3亿元，下降10.8%；进口440.1亿元，下降12.2%。从贸易对象看，蒙古与俄罗斯仍为我区前两大贸易伙伴。我区与蒙古的贸易值达203.35亿元，与俄罗斯的贸易值达166.41亿元，与这两大贸易伙伴的进出口值占全区进出口总值的46.8%。“十二五”时期，全区外贸进出口总值年均增长7.9%，出口年均增长11.1%。

（六）物价低位运行

居民消费价格涨势持续趋缓，CPI全年累计上涨1.1%。分城乡看，城市和农村牧区涨幅均为1.1%。从八大类别看，涨幅超过3%的只有烟酒及用品类，比上年上涨3.7%；而交通通信和居住两大类价格则为下降，分别比上年下降2%和0.3%；其余类别小幅上涨。从生产者角度看，工业生产者购进价格指数和工业生产者出厂价格指数分别比上年下降4.1%和6.0%。固定资产投资价格下降2.0%，农产品生产价格下降2.0%。

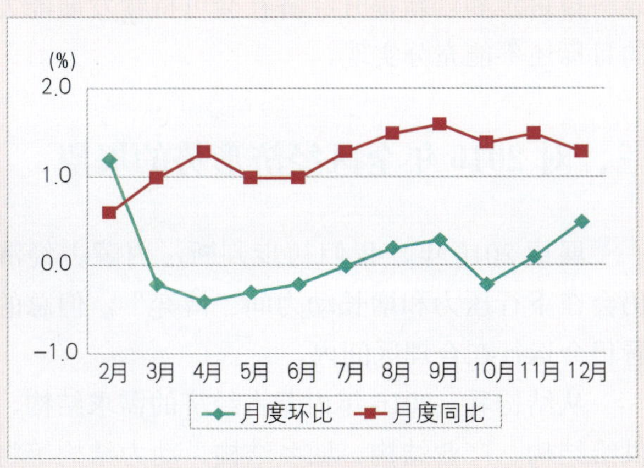

图3 2015年内蒙古居民消费价格月度涨跌幅度

（七）财政收入圆满完成全年预期目标

2015年，全区积极应对严峻复杂形势带来的困难和挑战，继续落实对企业的各项资金扶持政策以及结构性减（免）税（费）政策，支持企业做大做强，减轻企业负担，为财政持续稳定增收奠定了基础，圆满地完成了全年财政收支目标任务。全年全区一般公共预算收入实现1964.4亿元，比上年增长6.5%。在12个盟市中，有一半盟市一般公共预算收入超百亿元。102个旗县一般公共预算收入全部超过亿元，实现了超亿元旗县全覆盖。全年一般公共预算支出4253.7亿元，增长9.6%。民生和重点社会事业支出得到较好保障。其中，社会保障和就业支出增长13.7%，教育支出增长12.9%。“十二五”时期，全区一般公共预算收入年均增长12.9%，与全国同期年均增速持平。一般公共预算收入占GDP的比重由2010年的9.2%提高到2015年的10.9%。

（八）金融形势较为平稳

全区金融形势平稳，货币政策对实体经济的服务作用更为明显。年末全区金融机构人民币存款余额18077.6亿元，全年新增存款1641.3亿元，增长11.0%。其中，住户存款余额8999.4亿元，比上年末增加626.7亿元，增长7.1%；非金融企业存款余额4959.6亿元，比上年末增加457.6亿元，增长10.0%；广义政府存款余额3517.7亿元，比上年末增加426亿元，增长14.0%。年末全区金融机构人民币贷款余额17140.7亿元，全年新增贷款2186.7亿元，增长14.7%。其中，住户贷款余额4223.6亿元，比上年末增加265.7亿元，增长6.9%；非金融企业及机关团体贷款余额12908.1亿元，比上年末增加1915.2亿元，增长17.4%。

（九）节能降耗成效显著

初步核算，万元生产总值能耗超额完成年度下降目标和“十二五”进度目标。2015年，万元GDP能耗比上年下降4.0%，万元工业增加值能耗下降8.8%。2011—2015年，全区完成GDP能耗累计下降18.8%，超过“十二五”节能总目标3.8个百分点，提前一年完成“十二五”单位GDP能耗下降目标。2015年全区能源消费总量增长3.4%，创“十二五”以来最低。

（十）城乡居民生活继续得到改善

在“共享发展”理念指导下，全区居民收入实现了稳定增加，城乡居民收入均有新突破，城镇居民和农村牧区居民收入分别首次突破3万元和1万元大关。2015年，内蒙古全体居民人均可支配收入达到22310元，比上年增长8.5%。其中，城镇常住居民人均可支配收入为30594元，增长7.9%；农牧区常住居民人均可支配收入为10776元，增长8.0%。农村居民增速快于城镇居民0.1个百分点。“十二五”时期，城乡居民人均可支配收入分别年均增长11.1%和13.2%。城乡居民收入差距连年缩小。城乡居民收入差距从2010年的3.2倍缩小至2.8倍。

二、2015年全区经济运行中需要关注的问题

（一）经济下行压力较大，面临的内外部形势严峻复杂

虽然2015年全区经济增长接近预期增速目标，保持了中高速增长，总体运行在合理区间。但也应清醒地认识到，全区经济增长的回落势头明显，面临的内外部形势依然严峻复杂，压力仍较大。从数据看，全区经济自2007年（增长19.2%）以来基本呈逐年回落的态势，已形成了较大的下行惯性。新的增长动能培育和成长较慢，还未发挥出支撑作用。另外，传统动能如何进一步改造升级，提升创新能力，使其焕发出新的生机和活力，也是一个需要重点解决的问题。

（二）工业企业效益偏差

全区工业企业效益偏差，主要表现为亏损企业亏损额增加，企业生产成本上升，企业盈利空间缩小。全区规模以上工业企业实现主营业务收入18522.7亿元，比上年下降0.3%；实现利润940.5亿元，下降23.8%。在全区4378家规模以上工业企业中，亏损企业1041家，亏损面为23.8%；亏损企业亏损额520.2亿元，增长35.3%。

（三）消费需求增长偏慢，投资需求也存在一些隐忧

首先，从消费需求看，全区消费市场虽呈稳步回升的增长势头，但总体看，消费规模仍偏小，增长缓慢，不仅远低于自治区11%的预期增速目标，也低于同期全国平均增速2.7个百分点。其次，从另一大投资需求看，虽然全区固定资产投资保持了平稳较快的增长，但维系这样的增长更多依靠的是前几年开工的在建项目，全年新开工的项目则明显不足，全年增长仅为2.4%，为今后全区固定资产投资保持平稳较快增长形成了隐忧。最后，从外需看，全区进出口总值和要素净流动完全处于下降态势。全年全区进出口总值比上年下降11.6%，且仍为贸易逆差，对全区经济增长是逆拉动。

（四）科技创新能力对经济拉动仍显不足

在经济进入新常态后，创新驱动是其中的重要方面。而全区目前的总体创新能力仍偏弱，创新的氛围还不浓厚，保障鼓励创新的体制机制还未完全形成，创新人才严重不足。科技创新基础薄弱，原始性创新成果和自主创新品牌缺乏，企业拥有自主知识产权较少，大专院校、科研院所与企业间的联系和合作还不够密切。科技投入不足，科技要素对经济增长的贡献率偏低，主要依靠科技进步和创新提升经济社会可持续发展能力的目标还不能充分实现。

三、对2016年全区经济形势的展望

展望2016年，我们初步判断，内蒙古经济仍会在下行压力和增长动力间“博弈”，但总的看仍会运行在合理区间内。

从结构看，2016年内蒙古经济的需求结构、供给结构、产业结构、城乡结构、动力结构等将会进一步优化升级，尤其是随着供给侧改革的加速推进，可以预期，产业结构的转型升级将呈现

加速态势。从趋势上看，2015年经济增长缓中趋稳，居民消费价格波动平稳，就业形势总体稳定，居民收入稳定增长，2016年内蒙古经济稳中有进的态势不会改变。从动力看，“三驾马车”新的动力在积聚，“创新创业”动力孕育兴起，宏观调控政策会有很大的助力空间，新常态下的内蒙古经济增长动力将更加强劲有力。

从国家对全区发展影响较大的一些外部环境分析，有利因素有：首先，国家经济发展新思想、新观点、新举措的推出及实施为全区经济实现新一轮的稳中求进提供了新指导。另外，我国在一些重大科研关键技术上取得了新的重大突破，有力促进了装备制造业的发展和减轻了一些企业的生产成本。如煤化工产业中的关键核心技术——“大型空气分离压缩机技术”也已被我国成功攻克，并已成功研发运营，为我国及我区的煤化工企业节约了相当大的进口该装备的成本，助推了这一产业的升级步伐。三是一些改革措施的陆续推出及实施会带来新的“红利”。按照改革的顶层设计和总体部署方案，2016年，国家会有一批新的改革举措陆续推出或实施。如2015年底中办、国办印发的《深化国税、地税征管体制改革方案》，2016年将是该方案全面落实年，将会在理顺征管职责划分、创新纳税服务机制、转变征收管理方式、深度参与国际合作、优化税务组织体系、构建税收共治格局等方面进行系列改革，这将使我区的企业、自然人等经济主体能分享到更多的税收改革便利和“红利”，进一步减轻负担，激发出新的活力。

不利因素有：全国部分行业的销售低迷影响着生产的发展。如煤炭行业、钢铁行业、皮革行业等。当前全国煤炭、钢铁、皮革行业陷入了产能过剩、需求不足的困局中，销售增长遇到了“天花板”。从短期看，这对于我区这些行业特别是以上述行业作为重点发展产业的地区造成的影响较大。

从自治区近期采取的一些措施或向国家争取到的一些优惠分析，会对2016年经济工作形成利好因素的有：

一是为迎接自治区成立70周年，2016年全区将会有一大批重点项目开工、续建或者投产达效。2017年将是自治区成立70周年，因此为迎接70周年纪念，2016年全区将会在基础设施建设、市政建设、包括“十个全覆盖”工程在内的民生保障领域再有一大批重点项目、民生项目开工、续建，还有之前开工建设的一些项目、工程将在2016年完成，发挥效益，这些都将为2016年全区经济增长、结构调整、产业升级、民生改善带来新的“助推力”。

二是内蒙古成为国家可再生能源就近消纳试点。为贯彻落实中央财经领导小组第六次会议部署，促进清洁能源持续健康发展，国家发展和改革委员会决定在甘肃省和内蒙古自治区部分地区开展可再生能源就近消纳试点工作。这将为其他地区积累经验，努力解决当前严重弃风、弃光现象的大胆探索，是电力市场化改革背景下促进可再生能源发展的机制创新。

三是全区取消13项经营性服务收费项目。自治区下发了《内蒙古自治区发展和改革委员会取消、降低部分经营性服务收费项目和收费标准的通知》，该通知自2015年11月1日起执行。本次取消经营性服务收费涉及口岸、住建、技术监督、商务、教育、工商、人社和铁路等9个部门和企业13个项目，降低经营性服务收费涉及气象、住建和口岸等3个部门4项标准。这将会促进自治区经济稳步发展，进一步减轻企业负担，优化企业发展环境。

四、对2016年全区调控措施的几点建议

2016年的全区经济工作要以党的十八届三中、四中、五中全会和全国、全区经济工作会议精神为指导，特别是要按照“五位一体”总体布局和“四个全面”战略布局，牢固树立和贯彻落实创新、协调、绿色、开放、共享的发展理念，重点抓好去产能、去库存、去杠杆、降成本、补短板五大任务。在此基础上，我们对做好2016年经济工作提出如下几点建议：

（一）鼓励探索多种农牧业经营方式，加快农牧业发展方式转变

积极鼓励探索多种农牧业经营方式。如可以试点鼓励农牧民成立土地（草场）股份合作社，以土地（草场）经营权换取合作社的股权，培育、聘请新型农牧民职业经理人进行专业化经营，盈利后实施分红。创新各种贷款抵押形式，优化农牧业资源配置，把先进生产要素高效对接，实现共建共赢。

（二）以产业协调推进和实现提质增效为切入点，狠抓二产和三产融合发展，努力提升服务业占比

创造性地推进各项产业发展。首先，狠抓第二产业持续发展和结构调整。自治区应继续以产业多元、产业升级、产业融合为抓手，用先进技术、创新力改造提升传统产业，延长产业链，大力培育新型产业和替代接续产业，尽快形成新的产业增长点。要引导鼓励企业在逆境中创新求变，实现“创新发展”。其次，要狠抓第三产业发展壮大和优化调整。针对当前全区第三产业发展实际，建议相关部门在自治区“十三五”规划的指导下，要分别制定服务业中各产业、各行业的“十三五”发展规划，提出明确的发展目标、发展路径、发展举措等。此外，结合当前互联网 +、云计算、大数据、物联网等现代信息技术，挖掘、培育新型的第三产业新领域。

（三）积极促进扩大消费需求，适时再储备开工一批大项目、好项目

按照五中全会精神要求，坚持协调发展，着力形成平衡发展结构。消费方面。要在“十三五”期间，全力扭转全区主要依靠投资拉动的经济增长格局，提高消费需求和净要素流出对经济增长的贡献率和拉动力。鼓励批发零售企业迎合时代发展潮流和居民消费习惯，拓展消费渠道，将线下消费和线上消费相结合，促进消费升级。在投资方面，要重点储备开工一批大项目、好项目，要结合国家推出的“简政放权、放管结合、优化服务”改革思路以及迎接自治区成立 70 周年的

内蒙古额济纳旗

契机，简化和下放投资审批手续，运用PPP模式，再谋划开工一批民生工程、民心工程、发展工程。要持续不断地推进自治区“十个全覆盖”工程的实施，确保在自治区成立70周年前夕此项重大民生工程如期完成，切实惠及广大农村牧区居民。

（四）着力推进供给侧结构性改革，落实“放管服”各项配套政策

进一步加大结构性改革的力度，在扩大总需求的同时，着力加强供给侧结构性改革，全面落实去产能、去库存、去杠杆、降成本、补短板五大任务，提高供给体系质量和效率、提高投资有效性、改造提升传统比较优势，加快培育新的发展动能。

加快高端制造发展步伐。要围绕五大基地建设，培育新能源、新材料等新兴产业，以龙头企业或主导产品为核心，支持一批配套型中小微企业发展；抓好过剩产能退出，改造提升传统产业，积极推进信息技术与制造技术紧密结合，实现产品和装备的数字化、智能化，提高主要产品市场占有率和竞争力；围绕京津冀一体化等载体建设，加快构建产业链上下游对接合作平台，推进区域产业对接转移。确保重点企业带动作用，引导企业集团主动调整产品结构，生产适销对路的产品，扩大市场份额。

抢抓机遇，提升服务业发展动能。一是分类推进服务业发展。要落实好国家和自治区一系列促进服务业发展的政策措施，突出发展金融、物流、科技、信息等生产性服务业，改造提升商贸、餐饮、交通等传统服务业，积极推进养老、住房、医疗等公益服务业，加快发展旅游、会展等带动性较强的服务业，加快培育一批服务业龙头骨干企业，促进服务业总量扩大、结构优化、竞争力增强。二是积极跟踪扶持新产业新业态新模式发展。互联网经济具有较好的成长性，要充分利用制造业发展优势，依托物联网、云计算、大数据等新一代信息技术的良好基础，抢抓产业互联网兴起的机遇，加大投入力度，集聚创新人才，实现产业互联网服务专业化。

合理引导民间投资。要进一步释放改革红利，围绕新兴产业、基础设施和公共服务领域，推出更多面向民间资本的招商项目；进一步优化投资环境，完善配套服务，降低民营企业资金杠杆，激发民间投资活力。

（五）努力提高居民收入水平，使居民切实享受到全区改革发展的成果

以落实“共享发展”理念为契机，使城乡居民收入持续稳定增加，使发展成果惠及更多群众。当前，要对重点人群采取一些倾斜性措施。一方面，要下大力气、以新措施抓好扶贫脱贫工作。以“精准扶贫”思路为指导，对症下药，在土地要素、思想观念、措施保障上做文章、想办法，采取一户一策，努力帮助贫困户尽早脱贫、持续增收。另一方面，要高度关注养老业。当前，全区“银色浪潮”已来袭，养老问题越来越成为重要的社会民生问题。要结合自治区养老事业实际，对“医养结合”新模式进行试点，鼓励在养老机构配备医疗功能，降低养老机构创办医疗卫生机构的审批门槛，要建立养老机构与二级、三级医院医联体的绿色通道，完善基本医疗的药品目录，将医疗和养老信息打通，来保障医养结合的有序运行。

（作者：胡敏谦）

专栏：内蒙古农牧业发展实现新跨越

2015 年，内蒙古自治区各级党委、政府全面贯彻落实中央关于加强“三农三牧”工作的决策部署，继续全面深化农村牧区改革，大力推进现代农牧业发展，努力优化农牧业生产结构，加快转变农牧业增长方式，实现了农牧业生产连年增收，农牧业经济总量稳步增加，农牧民收入持续增长的目标，农牧业发展又有新跨越。

一、农牧业经济总量稳步增长

2015 年，内蒙古自治区农林牧渔业产值实现 2751.6 亿元，可比增长 2.4%。其中农、林、牧、渔、服务业增加值占第一产业总产值的比重为 51.5：3.6：42.2：1.1：1.5。

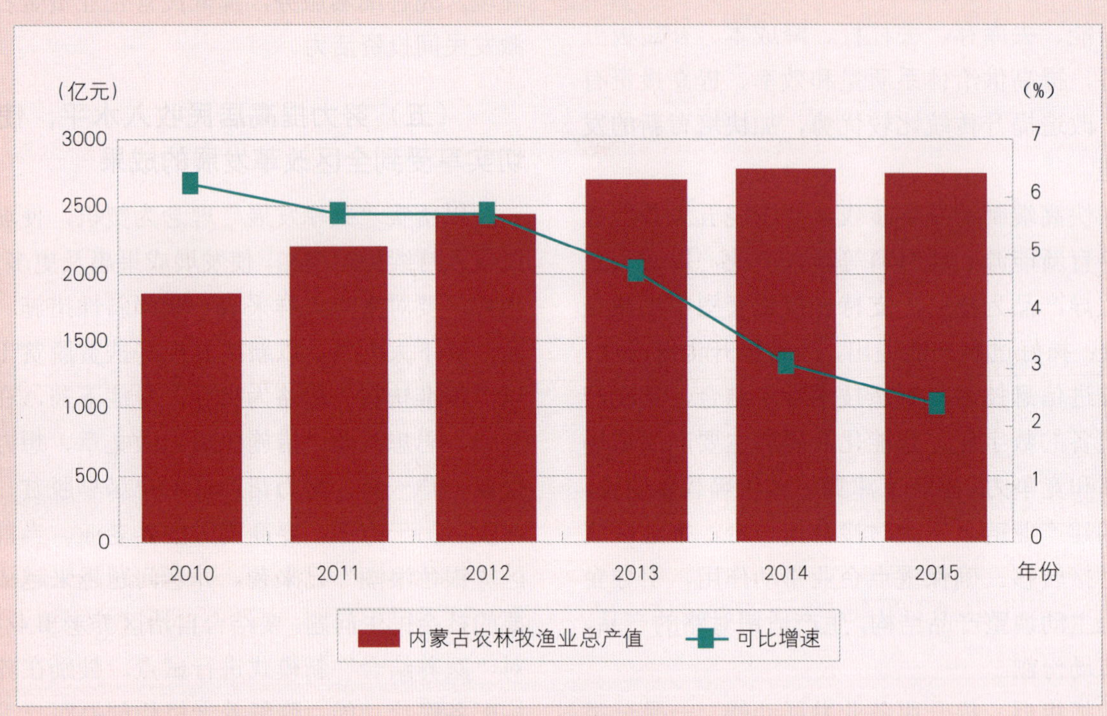

2010—2015 年内蒙古农林牧渔业总产值及增速表

二、粮食生产再获丰收，总产量创历史新高

2015 年内蒙古自治区粮食总产量达到 565.4 亿斤，占全国粮食总产的 4.5%，位居全国第 10 位；内蒙古粮食总产比上年增产 14.8 亿斤，增长 2.7%。

表 1 2010—2015 年内蒙古粮食作物播种面积、总产量、单产变化情况

年份	粮食作物播种面积（万亩）	粮食产量（亿斤）	粮食单产（公斤 / 亩）
2010	8248.5	431.6	261.6
2011	8343.0	477.5	286.2
2012	8383.5	505.7	301.6
2013	8425.5	554.6	329.1
2014	8476.5	550.6	324.8
2015	8590.1	565.4	329.1

1. 粮食总产再创新高。进入“十二五”以来，内蒙古自治区农业持续丰收，全区粮食连年高位增产，综合生产能力连续跨上450亿斤、500亿斤和550亿斤大关， 2015年全区粮食总产量达到565.4亿斤，比历史高点2013年增产10.8亿斤，再创历史新高；比“十一五”末期的2010年增产133.8亿斤，增长31.0%，为国家粮食安全作出了重要贡献。

2. 播种面积和单产水平均达到了历史最好水平。2015年全区粮食播种面积8590.1万亩，比上年增加113.6万亩，增长1.3%；占全国粮食播种面积的比重达到5.1%，位居全国第7位；粮食单产达到329.1公斤/亩，比上年提高了4.3公斤/亩，提高幅度为1.3%，播种面积和单产水平均达到了自治区历史上的最好水平。

3. 东部四盟市粮食产量占全区总产的八成。2015年，东部4盟市粮食产量占全区粮食总产的80%，达到452.5亿斤，比上年增长3.3%，增幅高于全区平均水平0.6个百分点，分别都高于中西部盟市。其中通辽、呼伦贝尔、赤峰三市的粮食产量均超过百亿斤。

4. 39个产粮大县粮食产量占全区八成以上。内蒙古自治区在粮食生产发展过程中，始终注重发挥粮食主产区资源优势，加大对产粮大县的政策扶持力度，有效增强了产粮大县的生产动力，有力提升了产粮大县的产出能力。2015年，全区39个产粮大县粮食总产量534.12亿斤，占全区的88.47%，比2014年增产11.29亿斤，增长2.16%。

三、主要畜禽生产产能大幅提升，产业结构不断调整

2015年内蒙古自治区畜牧业产业呈现整体实力持续壮大、生产方式加快转变、结构布局不断优化、发展基础不断夯实的主要特点。

1. 主要畜禽生产产能大幅提升。2015年四大畜禽肉（指猪肉、牛肉、羊肉、禽肉）产量达到236.8万吨，比2010年增长6.2万吨；牛奶、禽蛋、山羊绒和绵羊毛产量分别达到803.2万吨、56.4万吨、8380.1吨和12.7万吨，牛奶和羊肉产量多年来保持全国首位。

2. 畜禽生产产业结构不断调整。在畜禽生产综合能力增强的同时，内蒙古畜禽生产产业结构不断调整，呈现牛、羊生产规模扩大，生猪和禽类生产规模有所缩小的特点。据监测数据推算，截止2015年底，全区牛存栏671.0万头，比上年增长6.4%；全区羊存栏5777.8万只，增长3.7 %；全区生猪存栏645.3万头，比上年减少3.6%，其中能繁母猪存栏81.3万头，占总存栏量的12.6%，同比减少2.8%；全区家禽存栏4580.7万只，同比减少9.0%。

3. 畜牧业产业化得到了长足发展。内蒙古自治区依托“建设绿色农畜产品生产加工输出基地”这一战略定位，与时俱进调整农牧业发展思路，在逐步形成以“畜牧业产业化为抓手，促进一二三产联动发展”的全产业链发展模式，加快推进畜牧业产业化等方面得到了长足发展。2015年全区规模以上农畜产品加工业增加值增长8.8%，达到1225.4亿元，占全区规模以上工业增加值的16%左右，成为自治区第三大支柱产业。

四、农牧民收入稳定增长，生活质量明显提升

近年来，内蒙古自治区坚持适应新常态，引领新常态，加快培育经济增长新动力，通过“十个全覆盖”工程实现了惠民生、稳投资、促改革的主要目的，促进了农牧民收入的稳定增长。特别是“十二五”以来，内蒙古自治区农牧民收入水平一年迈上一个新台阶，人均收入连续突破6000、7000、8000、9000元，2015年实现新跨越，首次突破万元大关，达到10776元，比“十一五”末翻了近一番，农牧民收入呈“跨跃”式增长，生活水平显著提高。

1. 收入增速呈现“两个高于”的特点。当前，国内经济仍处在“三期”叠加的阵痛期，国家和自治区整体经济发展速度放缓，但内蒙古各级党委、政府对民生改善的工作力度只增不减，对“三农三牧”工作的支持力度只增不减，对保障低收入群体的倾斜力度只增不减，使得农牧民收入不断增加，呈现出农牧民收入增速高于同期GDP增速、高于城镇居民收入增速的特点。2015年内蒙古农牧区常住居民人均可支配收入同比

增幅 8.0%，分别比同期内蒙古 GDP 增幅和城镇居民收入增幅高 0.3 个和 0.1 个百分点。

2. 农牧民各项收入稳定增长。一是 2015 年内蒙古农牧民人均转移净收入达到 1916 元，同比增长 16.5%，增幅居四项收入只首；内蒙古农牧民人均转移净收入“十二五”期间年均增幅达到 23.8%，是拉动内蒙古农牧民收入增长的一大亮点。二是 2015 年全区农牧民转移就业达到 251 万人，农牧民工稳定在 240 万人左右，农牧区剩余劳动力的充分就业带动工资性收入快速增加，2015 年达到 2250 元，同比增长 8.6%。三是 2015 年内蒙古农牧民人均经营性收入达到 6185 元，同比增长 5.3%。四是随着农牧民收入水平的不断提高，居民存款和各种投资收益明显增加，特别是随着农村牧区改革的深化，转让承包土地经营权的土地流转为农牧民带来较大收入，2015 年内蒙古农牧民人均财产性收入达到 425 元，同比增长 9.4%，同比与 2010 年相比，五年年均增幅达 21.0%，是“十二五”期间内蒙古农牧民收入增长的又一亮点。

3. 收入结构呈现多元化特征。从收入结构看，2015 年，内蒙古农牧民人均工资性收入、经营净收入、财产净收入、转移净收入所占可支配收入的比重依次达到：20.9%、57.4%、3.9% 和 17.8%。其中，经营净收入占可支配收入比重比上年下降 1.5 个百分点，而工资性收入、财产净收入和转移净收入比重分别上升 0.1、0.1 和 1.3 个百分点。与“十一五”末相比，“十二五”期间内蒙古农牧民经营净收入的比重逐年降低，从 2011 年的 63.5% 下降到 2015 年的 57.4%，降低 6.1 个百分点，这说明内蒙古农牧民以经营净收入为主的格局逐年改善，收入结构日趋多元化。

4. 与城镇居民收入的相对差距逐步缩小。近年来，内蒙古农牧民与城镇居民的相对收入差距呈现逐年缩小的态势，由 2010 年的 3.1 ∶ 1 缩小到 2015 年的 2.8 ∶ 1。

5. 农牧民消费水平的不断提高，生活质量明显提升。2015 年内蒙古自治区农牧民消费支出达到 10637 元，同比增长 6.7%，高于城镇居民 2.0 个百分点。从构成消费支出的八个大类来看，呈现两个特点。一是基本生活消费全面增长。2015 年，内蒙古农牧民人均食品、衣着、居住、生活用品等消费支出分别达到 3123、765、1817 和 475 元。同比分别增长 2.8%、5.1%、8.4% 和 11.0%。其中，恩格尔系数由上年的 30.5% 下降到 29.4%，食品类消费中体现生活改善的指标干鲜瓜果、糖果糕点、鸡蛋牛奶、烟草酒类等消费增速均在 10% 以上，且呈现逐年增加的消费趋势。二是改善类消费需求快速增长。2015 年内蒙古农牧民人均交通通信、教育文娱、医疗保健及其他用品及服务支出分别达到 1647、1458、1118 和 235 元，同比分别增长 12.2%、10.6%、0.3% 和 16.6%。

五、农牧业发展中面临三重压力

未来内蒙古农牧业发展仍面临较大压力，新的一年如何主动适应经济发展新常态，破解发展中遇到的难题，任务依然繁重而艰巨。

（一）粮食生产面临诸多制约因素，持续稳产增产难度较大

虽然“十二五”时期内蒙古粮食总产连年丰收，但是影响粮食稳产增产的因素依然存在。一是土地持续增产的能力下降。多年来，农药、化肥和薄膜的大量施用在提高农产品产量的同时，也因其过度使用导致有害残留物增多、土壤板结、地力下降。二是粮食种植面积大幅增加的空间较小。近 10 年来，粮食种植面积环比逐年增长且趋于稳定，将来粮食种植面积大幅增加的可能性不大。三是农田管理粗放。当前农村大量青壮年劳力外出务工，从事粮食生产的人员多数年龄偏大、文化水平偏低，不利于粮食科技推广和农田管理。四是种粮收益下降。2015 年，内蒙古粮食价格低位运行，种粮收益有所下降，如果这种现象持续出现，农民种粮积极性就会出现波动。

（二）畜禽养殖效益起伏不定，龙头产业面临发展瓶颈

内蒙古天然草场辽阔而宽广，总面积位居中国五大草原之首，是中国重要的畜牧业生产基地。曾经以奶、绒、牛羊肉等为特色为优势的内蒙古畜牧业在全国独占鳌头，发展了地方经济、带富了一方农牧民。可是随

着饲料成本、生产性费用快速上涨，再加上养殖场雇工难、雇工贵以及专业技术人员短缺等因素共同影响，畜牧业利润空间在逐渐缩小，养殖效益出现了下滑的苗头，昔日的龙头产业面临发展瓶颈。

（三）增长空间收缩是影响农牧民增收的最大困难

一是农牧民依靠增加产量来提高收入水平的难度逐年增大。2015 年内蒙古农牧民来自第一产业经营净收入为 5500 元，远高 3154 元的全国平均水平，同时，由于内蒙古农牧业产量短期内没有大幅度增长的可能，因此牧民依靠增加产量来提高收入水平的难度逐年增大。二是“三农”政策扶持对农牧民收入增长的促进效应递减。近年来内蒙古地区农牧业生产综合成本上涨，财政资金对农牧业生产的激励和扶持作用逐渐下降，农牧业补贴对促进生产的边际效应逐年递减。三是经济结构调整期内农牧民工资性收入增长也将放缓。在新常态下，传统的制造业、建筑业、纺织业等劳动密集型行业不景气，出现了部分地区及企业订单减少，招工数量不足的现象，迫使外出农牧民工返乡，影响了农牧民工资性收入的增长。

六、对策建议

1. 加大投入，巩固和保持粮食生产好势头。促进内蒙古自治区粮食生产稳定发展，基础是稳定面积，重点是提高单产，关键要依靠科技，核心是抗灾减灾。农业部门要紧紧抓住关键季节、主要作物、重点地区和重大技术措施，加大工作力度，强化措施落实，千方百计巩固和保持粮食生产发展的好势头。

2. 多措并举，推进现代畜牧业健康发展。畜牧业结构调整，必须以加快牛羊肉、禽肉生产，突出奶类和优质细羊毛生产为重点，实施名牌战略，大力开发名、特、优新产品，改进加工和包装技术，尽快创出一批在国内外市场上有较高知名度的名优畜产品。

3. 深入分析，促进农民持续较快增收。一是保障内生动力——城乡居民工资收入应保持平稳增长。要建立行政事业单位人员工资改革后的正常增长机制，努力推动劳资双方平等协商、通过规定最低工资标准、职工加班工资标准、建立企业工资指导发布制度，充分发挥政府调控指导作用，推动和规范劳动力价格机制形成。二是发展新兴动力——抓住供给侧改革的巨大机遇。内蒙古优良的自然生态环境和丰富的旅游资源，是实现供给侧改革的良好基础。因此必须抓住机遇，鼓励创业创新，通过新兴产业的发展带动城乡居民经营净收入的增长。三是补足缺失动力——改善金融、房地产市场环境，提高财产性收入。四是优化平衡动力——构建良好的转移支付体系。

（作者：徐光伟）

辽宁省经济社会发展报告

2015年，面对极其严峻复杂的国际、国内经济形势，在省委、省政府的正确领导下，全省各地区、各部门坚持稳中求进的工作总基调，严格按照“四个着力”和“三严三实”要求抓经济工作，积极推进“四个驱动”共同发力，注重培育和壮大“六个新的增长点”，顶住压力、迎难而上，全省经济运行保持总体平稳。

初步核算，2015年，全省地区生产总值28743.4亿元，按可比价格计算，比上年增长3.0%，增速比前三季度提高0.3个百分点，比上半年提高0.4个百分点，比一季度提高1.1个百分点。其中，第一产业增加值比上年增长3.8%，第二产业下降0.2%，第三产业增加值增长7.1%。人均地区生产总值65521元，按可比价格计算，比上年增长3.1%，按2015年平均汇率折算达到10520美元，连续两年超过1万美元。

一、全省经济运行平稳，实现“稳增长”

（一）三次产业“两升一降”

一是农业生产再获丰收。2015年，全省粮食产量2002.5万吨，比上年增长14.2%，粮食生产再获丰收。其中，玉米产量1403.5万吨，比上年增长19.9%；水稻产量467.7万吨，比上年增长3.6%。2015年，全省粮食播种面积达到3297.4千公顷，比上年增长8.7%。其中，玉米播种面积2416.8千公顷，增长3.7%；水稻播种面积544.9千公顷，比上年下降3.1%。全年猪、牛、羊、禽肉产量423.2万吨，比上年增加0.6万吨，增长0.1%。其中，猪肉产量227.1万吨，牛肉产量40.3万吨，羊肉产量8.5万吨，禽肉产量147.3万吨。全年禽蛋产量276.5万吨，比上年减少2.8万吨，下降1.0%。全年生牛奶产量140.3万吨，比上年增加9.1万吨，增长6.9%。年末猪出栏2675.7万头，比上年末减少163.7万头；存栏1457.5万头，减少101.3万头。

二是工业生产降幅收窄。2015年，全省规模以上工业增加值比上年下降4.8%，降幅比前三季度收窄0.6个百分点，比上半年收窄0.7个百分点，比一季度收窄1.1个百分点。从门类看，采矿业下降5.7%，制造业下降4.9%，电力、热力、燃气及水生产和供应业下降1.1%。从经济类型看，国有及国有控股企业实现工业增加值比上年下降3.5%，私营企业下降6.1%，股份制企业下降4.9%，外商及港澳台商投资企业下降3.6%。从企业规模看，大型企业实现工业增加值比上年下降2.8%，中型企业下降5.9%，小型企业下降5.4%。

三是服务业对稳增长的作用增强。初步核算，2015年全省服务业增加值12976.8亿元，按可比价格计算，比上年增长7.1%，高于生产总值增速4.1个百分点。从趋势看，一季度增长6.6%，上半年增长7.1%，前三季度增长7.2%，全年增长7.1%，连续6个季度累计增速高于生产总值增速。年末金融机构（含外资）本外币各项存款余额47758.2亿元，比年初增加4811.6亿元。其中，人民币各项存款余额46843.5亿元，比年初增加4817.1亿元。年末金融机构（含外资）本外币各项贷款余额36282.8亿元，比年初增加3244.2亿元。其中，人民币各项贷款余额34734.6亿元，比年初增加3469.1亿元。全省各种交通运输方式完成货运量20.2亿吨，比上年增长3.6%。港口货物吞吐量10.5亿吨，比上年增长1.2%。受社会化医疗、社会化办学促进政策以及居民文化娱乐需求提高的影响，全省卫生、文化、教育等服务业继续保持增长。2015年，全省规模以上卫生和社会工作营业收入增长7.3%，文化、体育和娱乐业营业收入增长0.4%，教育营业收入增长0.2%。

（二）三大需求“一稳两降”

一是固定资产投资增速下降，投资效率有所提高。2015 年，全省固定资产投资完成 17640.4 亿元，比上年下降 27.8%。其中，第一产业投资 345.8 亿元，下降 27.4%；第二产业投资 7425.6 亿元，下降 28.3%；第三产业投资 9869 亿元，下降 27.4%。

得益于重点领域、新兴行业投资的不断推进，全省投资效率有所提高。2015 年，全省新增固定资产 15058.3 亿元，固定资产交付使用率（新增固定资产占固定资产投资比重）为 85.4%，比上年提高 14.8 个百分点；全省改建和技术改造投资 1178.6 亿元，占固定资产投资比重 6.7%，比上年提高 1.7 个百分点。

二是消费品市场稳步发展。2015 年，全省社会消费品零售总额 12773.8 亿元，比上年增长 7.7%。按经营单位所在地分，城镇消费品零售额 11575.2 亿元，比上年增长 7.2%；乡村消费品零售额 1198.6 亿元，增长 13.4%。按消费形态分，餐饮收入 1500.9 亿元，比上年增长 9.8%，商品零售 11272.9 亿元，增长 7.5%。

随着经济发展、收入增加以及各项社会保障水平不断提高，农村居民的消费水平明显提升。全年全省乡村消费品零售额 1198.6 亿元，比上年增长 13.4%，高于全省社会消费品零售总额增速 5.7 个百分点，高于城镇消费品零售额增速 6.2 个百分点。

三是外贸进出口下降。2015 年，全省进出口总额 960.9 亿美元，比上年下降 15.7%。其中，出口总额 508.4 亿美元，下降 13.5%；进口总额 452.5 亿美元，下降 18.1%。从贸易方式看，其中一般贸易出口 268.4 亿美元，比上年下降 16.8%；加工贸易出口 180.4 亿美元，下降 16.1%。从出口地区看，对亚洲出口 317.0 亿美元，比上年下降 12.1%；对非洲出口 15.2 亿美元，下降 9.8%；对欧洲出口 76.8 亿美元，下降 14.2%；对拉丁美洲出口 23.0 亿美元，下降 35.7%；对北美洲出口 64.4 亿美元，下降 12.5%；对大洋洲出口 12.0 亿美元，增长 9.0%。

二、创新驱动经济发展，重在“调结构”

（一）结构调整取得新进展

一是第三产业比重有所提高。全省加快发展现代服务业，促进传统服务业转型升级的一系列举措，激活了第三产业的发展动力。按新口径核算，2015 年，全省第三产业增加值所占比重为 45.1%，比上年提高 3.3 个百分点，与全国的差距由上年的 6.3 个百分点缩小至 5.4 个百分点。

二是附加值高、科技含量高的行业及产品发展态势较好。在一系列结构优化政策的积极作用下，全年新能源汽车 1538 辆；民用钢质船舶 121.5 万载重吨，增长 5.3%；化学试剂 135.6 万吨，增长 28.9%；移动通信手持机（手机）1614.5 万台，增长 5.6%；数字激光音、视盘机 216.0 万台，增长 8.3%。受产品产量变化的影响，产业的规模也出现了积极的变化，高端装备制造业规模有所扩大，传统行业中的落后产能有所化解。全年全省装备制造业增加值占规模以上工业增加值的 32.3%，所占比重比上年提高 0.3 个百分点。在全省规模以上工业中，汽车制造业增加值所占比重为 7.6%，比上年提高 1.6 个百分点；计算机、通信和其他电子设备制造业所占比重为 1.9%，提高 0.1 个百分点；仪器仪表制造业所占比重为 0.6%，提高 0.1 个百分点。全年规模以上工业企业高新技术产品增加值比上年增长 3.2%。

得益于重点领域投资的不断推进，新兴行业投资快速增长。全年电信、广播电视和卫星传输服务业投资比上年增长 18.4%，占固定资产投资的比重比上年提高 0.1 个百分点；通信设备、计算机及其他电子设备制造业投资增长 11.6%，所占比重提高 0.5 个百分点。

三是全省出口商品结构有所优化。随着推动外贸“优进优出”各项政策的落实，出口商品中，高附加值和高科技含量产品所占的比重有所提高、低附加值和低科技含量产品所占比重有所降低。全年机电产品出口占出口商品的比重为 41.7%，比上年提高 1.2 个百分点，其中电器及电子产品出口比重提高 0.5 个百分点，机械设备产品出口比重提高 0.5 个百分点；高新技术产品出口所占比重为9.8%，比上年提高0.4个百分点；钢材出口所占比重为12.4%，比上年下降1.7个百分点；服装及衣着附件出口所占比重为22.3%，比上年下降0.3个百分点。

四是能源结构进一步改善。2015年，为加强对生态环境的保护，促进绿色发展，全省不断加大发展清洁能源的工作力度。全年发电量1626.8亿千瓦小时，比上年增长0.8%，其中核能发电量144.7亿千瓦小时，增长21.0%。清洁能源发电量占发电量的比重由上年的16.5%上升到17.9%。

（二）创业创新不断深入

一是创新力度不断加大。2015年，省政府出台了促进科技成果转化、发展众创空间的意见，积极推动大众创业、万众创新。全年专利申请42153件，比上年增加4293件，其中发明专利申请19332件，比上年增加915件；授权专利25182件，比上年增加5657件，其中授权发明专利6569件，比上年增加2594件。全年有21项成果获国家科技奖，比上年增加15项，有270项成果获省科技进步奖，比上年增加7项。全年技术市场成交各类技术合同12287项，比上年增加709项，技术合同成交额292亿元，比上年增加41.1亿元。根据初步统计数据，2015年全省科学研究与试验发展（R&D）经费支出459.1亿元，占地区生产总值的1.6%。

二是新消费热点、新消费业态发展迅速。近年来，作为传统创业增长点的餐饮业，积极采取"互联网+"的方式，运用新模式、新技术和新服务，实现多元化转型和可持续发展，全年全省餐饮收入实现1500.9亿元，比上年增长9.8%，增速高于社会消费品零售总额增速2.1个百分点。随着信息、教育、文体、养老、家政等产业政策的不断实施，与消费升级相关的产品保持了较快增长。从限额以上批发零售业商品零售类值看，全省通讯器材类商品比上年增长12.9%，建筑及装潢材料类商品增长6.1%，家用电器和音响器材类商品增长9.9%，家具类商品增长9.2%。全省电子商务快速发展，企业上网、"O2O"网上商城普及等工程加快实施。全年全省限额以上单位通过公共网络实现零售额105.2亿元，比上年增长55.8%，其中限额以上网上商店实现零售额97.7亿元，比上年增长48.2%。

三、更加注重民生保障，突出"惠民生"

（一）民生支出持续增加

2015年，全省公共财政预算支出4617.8亿元，比上年下降9.1%。在经济下行、整体公共财政预算支出下降的情况下，与居民生活相关的各项支出保持了增长，民生支出占总支出的比重达到75%以上，其中社会保障和就业支出比上年增长10.8%，节能环保支出增长12%。

（二）就业和物价保持稳定

全年城镇登记失业率为3.4%，低于全年控制目标，新增就业超过40万人。全年居民消费价格比上年上涨1.4%，其中城市、农村居民消费价格均上涨1.4%。分类别看，食品类价格上涨2.5%，烟酒及用品类价格上涨3.0%，衣着类价格上涨2.0%，家庭设备用品及维修服务类价格上涨0.5%，医疗保健和个人用品类价格上涨1.5%，交通和通信类价格下降1.0%，娱乐教育文化用品及服务类价格上涨1.1%，居住类价格上涨0.3%。

（三）城乡居民收入增长快于经济发展

全省完善解决农民工工资拖欠问题的长效机制，多渠道促进农民增收，连续提高企业退休人员基本养老金，提高月最低工资标准，城乡居民的收入稳步增加。2015年，全省常住居民人均可支配收入24576元，比上年增长7.7%，扣除价格因素实际增长6.3%，居民收入增速快于地区生产总值增速3.3个百分点。其中，城镇常住居民人均可支配收入31126元，比上年增长7%，扣除价格因素实际增长5.6%；农村常住居民人均可支配收入12057元，比上年增长7.7%，扣除价格因素实际增长6.3%，农村居民收入增速快于城镇0.7个百分点，城乡收入比由上年的2.60缩小为2.58。

（四）交通基础设施更加完善

2015 年，随着沈丹客专、丹大快速铁路等公路、铁路的相继建成通车，年末全省公路里程（不含城管路段）达到 119362 公里，增加 4858 公里，其中高速公路 4195 公里；铁路营业里程 5319 公里，比上年末增加 429 公里，其中高速铁路 1513 公里。全省高速公路密度为 2.83 公里 / 百平方公里，比 2014 年提高 0.02 公里；高速铁路密度为 1.02 公里 / 百平方公里，比 2014 年提高 0.21 公里。高速公路密度和高速铁路密度高于全国水平。年末民用汽车拥有量 597 万辆，比上年末增长 10.8%。在民用汽车拥有量中，年末个人汽车拥有量 492 万辆，比上年末增长 13.3%。

四、确保经济平稳发展，做好“新一轮振兴”

面对严峻复杂的经济形势和艰巨繁重的改革任务，要保持全省经济平稳发展，应从以下几方面入手，把握好三个方面的关系。

（一）把握好供给侧改革与平稳发展的关系

当前全省原有供给体系的质量和效益偏低，新的有效供给体系尚未形成，在供给体系转变的过程中可能会加大经济下行压力。为此，应把握好供给侧改革与平稳发展的关系。一是以降成本和去杠杆为主要手段，减轻企业负担、化解企业经营风险。深入开展降低企业成本专项行动，采取有效措施切实降低企业生产、经营中的各项支出；积极帮助企业去杠杆，对高杠杆的重点企业进行风险提示，及时化解企业经营中的潜在问题。二是以补短板为主要抓手，促进传统企业转型升级和新兴企业发展。全面落实《中国制造 2025 辽宁行动纲要》，加快全省制造业升级步伐。针对行业的不同情况，通过延伸产业链、提高专业化水平和提高产品附加值等方式促进传统企业转型升级；坚持以市场化引进新兴产业，促进新兴企业发展。通过以提高新兴企业自主竞争力为着眼点实施各项扶持和促进政策，不搞温室中的新兴行业。三是合理运用去产能、去库存方法，有序清理落后产能。坚持以发展为目标去产能、去库存；在合理范围内去产能、去库存；通过重组兼并等手段，化解同质化竞争矛盾，引导企业主动去产能、去库存。坚持采取差别化的工作方法处理“僵尸企业”。

（二）把握好扩大有效需求与结构调整的关系

当前全省有效需求偏低，在扩大需求的过程中，由于发展惯性和路径依赖可能会重复原有的发展方式。为此，应以发挥有效投资的关键作用

辽宁沈阳冬季世博园

等为主要措施，把握好扩大有效需求与结构调整的关系。一是充分发挥有效投资的关键作用。围绕增量调结构的主线，加大招商引资力度，全面改善投资环境，优化投资结构，扩大有效投资，提高投资效益。在切实抓好一批大项目的同时，严格控制过剩产能的产生，防止原有发展路径的重新形成。二是充分发挥新型消费的作用。积极顺应城乡居民消费升级的需求，促进消费新业态的发展。在加快发展信息消费、旅游消费和养老健康消费等消费新热点和深入发掘汽车、住房等消费潜力的同时，应合理引导商贸企业以防止热门消费市场过快饱和，应合理引导消费者以防止消费潜力过快透支。三是充分发挥外贸“优进优出”的支撑作用。落实好各项对外贸易的政策举措，积极推进与中央外贸企业的合作，加快培育以技术、品牌、质量、服务为核心的出口新优势。在积极推动优势产能、重大装备和重点企业走出去的同时，逐渐改变传统的“大进大出、大而不强”的对外贸易模式。四是充分发挥新型城镇化释放内需潜力的作用。深入推进新型城镇化，实现集约化发展。抓好“地上”和“地下”两个硬件建设，加大力度改造棚户区和各类危房，继续做好城市地下综合管廊建设。在逐步提高户籍人口城镇化率的前提下，坚持以盘活存量为目标做优增量，增强新城、新区服务功能，化解房地产库存，尊重城市发展的自然历史规律，控制新城、新区的不合理扩张。

（三）把握好在深化改革过程中政策行为与市场行为的关系

解决当前经济发展面临困难和问题的根本途径是全面深化改革，经济领域深化改革的核心问题是处理好政府和市场的关系。一是在创新驱动的改革中应以市场行为为主，政策行为为辅。坚持企业的市场创新主体地位，明确面向市场的创新才是企业需要的创新，通过引导企业市场预期来鼓励企业增加创新投入，激发企业创新潜力。坚持市场化的成果转化和收入分配机制，加快创新成果产业化，用真金白银鼓励科技人员创新创业，激发机构和高校的创新潜力。政府在做好和维护市场创新机制的基础上，争取引进国家重大科技创新项目。二是在绿色发展的改革中应坚持市场行为与政策行为的相辅相成。要加强绿色发展的政策执行力度，大力清理整顿环保违规建设项目，严格执行企业的燃煤和污染物排放总量控制，进一步推广清洁能源和先进环保技术的使用。同时要善于利用市场化手段提高企业绿色发展的积极性，探索建立让少排放、多减排企业受益的制度。积极发展第三方环保服务企业，以购买环保服务的方式减轻企业购置环保设备的资金压力，以达到传统高污染企业减轻负担、新兴环保服务业加快发展和社会资源环境得到保护的三赢效果。三是在保障民生的改革中以政策行为为主、市场行为为辅。实施更加积极的就业政策，确保全省就业形势总体稳定。提高基础教育、基本医疗、基本养老和社会救助等基本公共服务的均等化水平。探索社会化办学、社会化养老以及非公立医院等新模式以充实民生投入，使全省公共服务体系更加健全。

（作者：魏红江）

专栏：辽宁农民合作社优势显现 存在问题值得关注

一、合作社在促进“三农”发展上的效果初步显现

目前，全省大部分合作社都能按照国家规定，并结合自身实际，建立比较完善的管理和运行机制，各地政府对合作社的扶持力度继续加强，合作社在促进“三农”发展上的效果初步显现。

（一）机械化和科技优势明显，农业效益得到提高

调查中93.8%的农民认为合作社农业科技水平高于普通农户，80个合作社中科技创新能力较强的占86.3%，良种使用水平、土地产出率、生产销售能力高于普通农户的分别达到89%、85%、88.7%。特别是从事种植业的合作社机耕和机收能力均高于普通农户，大部分合作社机械化程度达到80%以上，其中：机耕和机收分别占到56.7%和50%，全程实现机械化的占到36.7%。在蔬菜种植合作社中，科技优势也体现的比较明显，例如，龙灯中国公司与北票市相英蔬菜、程远果蔬专业合作社合作，引入现代科技理念，选择了6个黄瓜棚、5个西红柿棚作为示范棚，实现了无公害商品化，示范棚隔日采摘一次黄瓜，一次采摘550多公斤，比按传统方式种植的同样大小的棚每次多采200多公斤。

（二）社员收入高于普通农户，带动致富作用较强

调查中，有91.3%的合作社社员的收入高于普通农户，其中，人均收入高出2000元以上的占31.5%，高出1500-2000元的占6.8%，高出1000-1500元的占17.8%，高出500-1000元的占15.1%，高出500元的占28.8%，与普通农户差不多的有5家，收入低的只有2家。合作社在对经济和社会发展方面起到了提质增效的积极作用。如凌源市农峰蔬菜种植专业合作社，现已发展农户5000多户，并使600多困难户脱贫，为广大农户致富提供了广阔的平台，也为当地新农村建设奠定了坚实的基础。彰武县哈尔套镇富有村的富裕农民专业合作社不仅提高了合作社社员的收入水平，还带动周围三个村600余户农民增收致富。阜蒙县建设镇新德村荣源玫瑰专业合作社带动周围50余户农民增收致富。

（三）现代企业制度已有萌芽，合作机制逐步健全

调查显示，合作社与入股社员有91.3%以签合同作为保障，未签合同的仅占8.7%，而且参股期限在10年以上的占33.3%。目前，合作社发展越来越正规，大部分合作社建立了管理、监督和退出机制。78.8%的合作社每年召开2次以上社员代表大会，88.7%的合作社每年召开1－2次监事会会议，92.5%能做到代表一人一票，83.7%的合作社有社员（代表）大会、理事会会议、监事会会议记录。85%的合作社实行财务公开，76.3%有完整、详细的产品交易记录并接受查询，其中有查询记录的达到71.2%，社员的主人地位得到充分体现。社员在退出合作社时，有72.5%能正常返还当初出资，78.8%可以按章程规定分享合作社未分配财产，68.8%可以按章程规定分享公共积累。

二、带头人及政策因素对合作社发展的影响

在所调查的80家合作社中，以土地折股方式组成的合作社居多，占35%，土地与资本折股的占22.5%，合作社与龙头企业结合的占7.5%。从事种植业的合作社有60家，占75%，从事农产品加工的12家，占15%，种养结合型合作社仅仅5家，占6%。在众多合作社中，管理者的年龄与知识结构，在经营类型上有着比较突出的特点，同时，合作社带头人情况及政策因素，对农民参与的积极性和自身发展起到至关重要的影响。

（一）管理者文化程度影响合作社的发展能力

在耕种收实现机械化程度达到80%的种植业合作社中，管理者高中或职校水平的占到31.2%，大专水平的25.7%；在全程实现机械化程度达到100%的种植业合作社中，管理者高中或职校水平的占到40.1%，大专水平的29.7% 。表明知识程度越高，接受现代农业科学技术的能力越强，更愿意用先进的科技手段改造传

统种植农业，实现单位效益的最大化。

在所调查的5家种养结合型合作社中，管理者年龄均在41-50岁之间，文化程度达到高中或职校水平的有2个，达到大专以上水平的有3个。在从事农产品加工的12家合作社中，管理者年龄在41-50岁之间的有6个，占50%，文化程度达到高中或职校水平的有5个，占41.7%，达到大专以上水平的有4个，占33.3%。表明文化程度相对较高的中青年管理者已不满足于只从事传统的种植业，而把眼光放在更有发展前景的复合型或深加工型合作社上。

（二）能人、大户领办型合作社参与程度较高

由能人或种养大户牵头，农户参加，在组织内部开展产前、产中、产后全程服务，形成“能人、大户+农民专业合作社+农户”的运行机制，这种类型合作社的发展完全取决于能人或种养大户的组织合作、销售、采购和技术能力。朝阳市合作社中有1868个属此类型，占合作社总数的74%。能人呈现多样化，有技术能人、销售能人、也有既掌握技术又有销售渠道的能人。如朝阳双塔区兴龙蔬菜种植专业合作社，由理事长领办，合作社负责销售社员产品。此类合作社市场信息灵通，能拓宽销售渠道，增强市场竞争力，受到农户认可。

（三）由村干部牵头的合作社富农效应较好

由村干部牵头，农户参加，围绕当地的主导产业，利用区位优势、市场优势、产品优势、村级组织优势，按照“一乡一品”、“一村一品”的发展思路，建立具有地方特色的专业生产合作社。由于村干部在群众当中威信比较高，号召力也强，农民愿意加入到有威望的村干部领办的合作社。在合作社中因农民至少占成员总数的80%，在这个弱势群体中村干部一是国家政策知道的多些，知识相对丰富一些；二是信息比较灵通，交际比较广；三是自身具有一定的特长。如凌源市农峰蔬菜种植专业合作社就是由宋杖子镇范杖子村书记牵头，周边村民积极响应，现已发展农户5000多户，使600多困难户脱贫，为广大农户致富提供了广阔的平台，也为范杖子村新农村建设奠定了坚实的基础。

（四）政府的扶持和示范推动作用较明显

各级政府继续加大对合作社的扶持力度，有82.5%的被调查者反映当地有促进合作社发展的条例和政策。据省农委统计，2014年省本级财政支持示范社200家，每家获财政奖励20万元，其中重点社20家，每家获财政奖励50万元。同时，各市县根据自身财政状况，给予示范社和重点社适当奖励和税收减免，朝阳市自2007年合作社法发实施以来，先后创建各级示范社198个，获得扶持资金2433万元，其中国家级11个，省级147个，市级10个，县级30个，示范社引导辐射作用明显，极大地促进了全市农民专业合作社发展。

三、当前存在的问题和面临的困难

虽然目前合作社发展态势良好，数量不断增加，规模效应带来的经济效益不断提升，政府也在积极探索建立农业合作社的服务管理制度，但在发展的过程中仍存在许多亟待解决的问题。

（一）合作社数量“井喷”，发展良莠不齐

以所调查地区阜新为例，截止2014年末，阜新已登记4262家农民合作社，比2013年末的1469家增长近2倍，在众多合作社中，能够正常运行的约占1/3，半运行和不运行的约占2/3，能正常运行且发挥带动作用的更是少之又少；再以喀左县为例，全县222个合作社中，发展比较好的占总数的21%，一般的占总数的71%，完全没有发挥功能的占总数的8%。主要原因是当初成立合作社的目的不纯，很大程度上是在借合作社的名义获得相应优惠。

（二）合作社规模偏小，产业结构比较单一

据调查了解，目前全国合作社社均成员80户，辽宁省平均为44户，远低于全国平均水平，大部分合作社规模偏小，引领辐射能力不强。从产业结构看，种养结合型的循环农业、传统种植业与休闲观光农业结合

的农业合作社发展还不够充分。据国家统计局朝阳调查队了解，全市合作社主要围绕种植业和养殖业两大产业成立，占到合作社总数的78.8%。

（三）融资渠道不畅，扩大规模困难

农业相对于其他产业来说生产周期长、收益率相对较低，而很多合作社由于规模小，缺乏可抵押的资产（目前租赁土地不能作抵押），想获取银行等金融机构的贷款很难。虽然辽宁的邮政储蓄银行、农村商业银行等金融机构有专门对农民的小额贷款，但额度相对较小，一般为5万元，这对于规模较大的合作社而言，扶持力度远远不够。目前合作社的资金来源主要是自筹以及财政补贴，在参与调查的合作社中，获得过政府资金扶持的只有35.8%。个贷利率较高，一般在年利率15%左右，小额公司更在20%以上。一方面，合作社在成立之初，土地流转、大棚、圈舍建设等一次性投入相对集中，动辄几十万甚至上百万，这对于每个入社农村家庭来说是一笔不小的投入；另一方面，即便前期投入能够负担，但随着土地流转价格的不断攀升，想要扩大规模或成立新的合作社变得越来越难，制约了合作社的发展。同时，金融机构对合作社等新型农业主体认识和研究不足，缺乏对农村信贷市场的开拓与农业金融创新的积极性。农业金融机构的产品还受经济体制的影响、金融改革滞后的约束。如某蔬菜专业合作社，辐射全县23个乡镇，入社社员300多户，拥有特色蔬菜大棚29栋，产品打入沈阳、北京等大型超市，深受欢迎，市场前景广阔，但今年发展急需的200万元资金只有当地农村信用社解决了60万元，剩余部分落实无望。调查中合作社普遍反映，资金困扰已成为影响其向深层次发展的最大障碍。

（四）经营者文化素质偏低，经营理念比较落后

目前合作社大多由农民自发组建而成，虽然农事经验丰富，但普遍存在经营理念保守、经营管理落后、管理者文化素质偏低等问题。从调查结果看，合作社管理者文化程度大都以初中为主，占三分之二，而高中以上占三分之一，大专只有18.2%。从管理者年龄看，青壮年较少，40岁以上占83%， 50岁以上的占37.5%，31-40岁的仅占17.5%，而21-30的为零。文化程度偏低，年龄偏大，导致接受农业新知识的能力和积极性有限，从而造成产品科技含量不高，附加值低，经营者只能通过广种薄收的粗放式经营，仅向经营规模要效益，使成本效益比率不高，无法适应现代农业发展的需要。合作社内部缺少新生力量有可能成为制约其长远发展的重要因素。

四、继续加强扶持引导，促进合作社健康发展

为促进农民合作社健康发展，必须进一步推动和加强农业结构调整，提高农民进入市场和农业的组织化程度，增强农业综合生产能力和农产品市场竞争能力。

（一）加大扶持，促进合作社规模化

鼓励农户转变经营理念，推广新型集约化农业经营模式。要加大宣传力度，鼓励合作社开展多种经营。在营销方面，要充分发挥合作社自身优势，与旅游、观光等产业有效结合，增加收入渠道。通过政策支持，鼓励合作社发展循环经济、生态农业，实现合作社的生态效益。鼓励和支持合作社优化联合，对具有产业优势、产品优势的农民合作社开展跨地域合作，迅速培育一批即具有产品品质优势，又有产品规模优势的农民合作联社，改变目前一村多个、一个项目多个合作社的现状，避免无序竞争产生的内耗，集聚综合发展和特色力量。同时，进一步完善政策性金融体系，加强农村信用社对农村信贷的支持力度，吸纳和规范民间资本进入合作金融领域，发展多元化的农村合作金融组织，提高合作社自我服务、自我发展能力。

（二）加强培训与指导，提高农民素质

目前，真正务农的农民不但受教育程度偏低，而且年龄老化、接受新知识能力较差，阻碍了合作社发展的创新动力。地方政府要加强宣传教育，通过举办培训班、农业专家讲座、农业知识科普展览等容易被广大

群众接受的方式向合作社推广新型农业生产模式，鼓励农民摒弃老旧的经验式农业生产方式，树立用先进的农业知识和新型农业生产方式发展现代农业的理念。针对目前农民子弟宁可外出打工也不愿回村务农的现象，政府应出台鼓励措施，创造围绕农业发展的多种经营途径，吸引更多的掌握现代农业知识的年轻人服务农业。

（三）加快土地规范有序流转，为规模化集约化生产创造条件

对从事种植业的合作社来说，只有土地集中连片，才能为实现大规模农机作业提供可能，而现实的农田碎片化为实际操作带来诸多困难。因此，要通过规范土地流转来促进规模化经营，切实解决土地确权与集约生产之间的矛盾，实现土地流转的高效、高质量发展。政策保障与开放、自由的市场运作不但会保障土地有长期稳定的收益，也会进一步调动农民参与合作社的积极性和主动性，提高生产效率，增加种植效益，实现农民增收。

（作者：贾晓光）

辽宁沈阳福陵（东陵）

吉林省经济社会发展报告

2015年以来，面对国内外复杂的局面和经济下行的压力，省委、省政府坚持稳中求进的工作总基调，沉着应对、科学决策、精准调控，全年吉林省经济运行基本处在合理区间，经济社会发展呈现出缓中趋稳、稳中有进的发展态势。

一、2015年吉林省经济社会基本情况

（一）经济总量稳步扩大

初步核算，2015年全省实现地区生产总值（GDP）14274.11亿元，居全国第22位；按可比价格计算，同比增长6.5%，增速与上年持平，低于当期全国平均增速0.4个百分点。

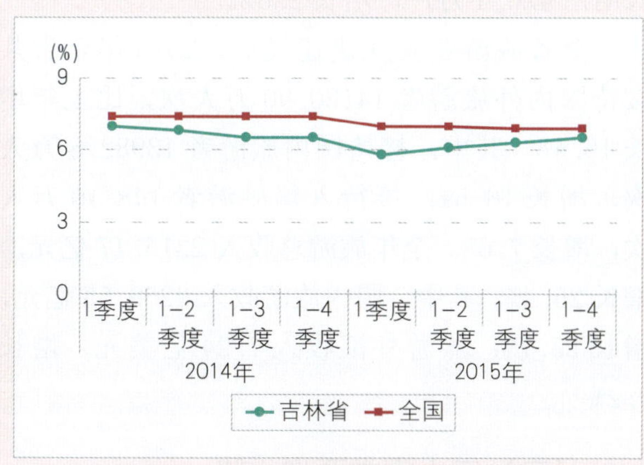

图1　各季度地区生产总值（GDP）增速情况

分产业看，全年实现第一产业增加值1596.28亿元，同比增长4.7%，高于当期全国平均增速0.8个百分点；实现第二产业增加值7337.06亿元，增长5.6%，低于当期全国平均增速0.4个百分点；实现第三产业增加值5340.77亿元，增长8.3%，与当期全国平均增速持平。

（二）各产业平稳发展

1. 粮食产量保持高产，畜牧业持续稳定发展。初步核算，2015年吉林省实现农林牧渔业总产值2880.62亿元，同比增长4.2%；实现农林牧渔业增加值1644.62亿元，同比增长4.7%，增速比上年提高0.1个百分点，高于当期全国平均增速0.7个百分点。

2015年吉林省粮食生产继续稳产高产，总产量达到729.4亿斤，在全国居第4位，粮食总产量再创历史新高，单位面积产量达到7182.1公斤/公顷，单产继续位居全国第一。畜牧业生产也保持平稳增长，全年全省畜牧业增加值同比增长4.9%，增速高于上年同期3.7个百分点。

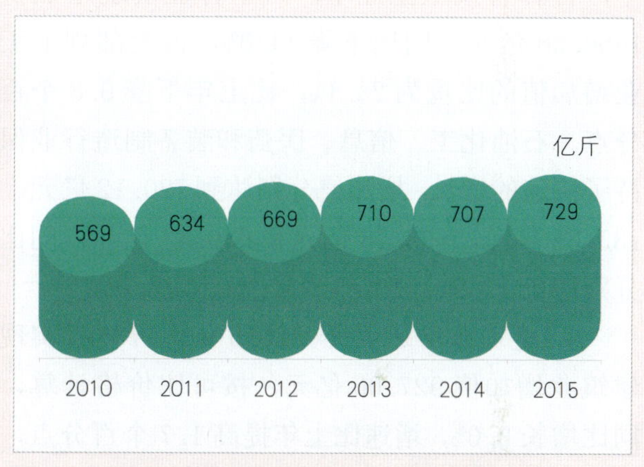

图2　近年吉林省粮食总产量情况

2. 规上工业顶住压力，保持相对稳定增长。2015年，吉林省实现规模以上工业增加值6054.63亿元，按可比价格计算，同比增长5.3%，

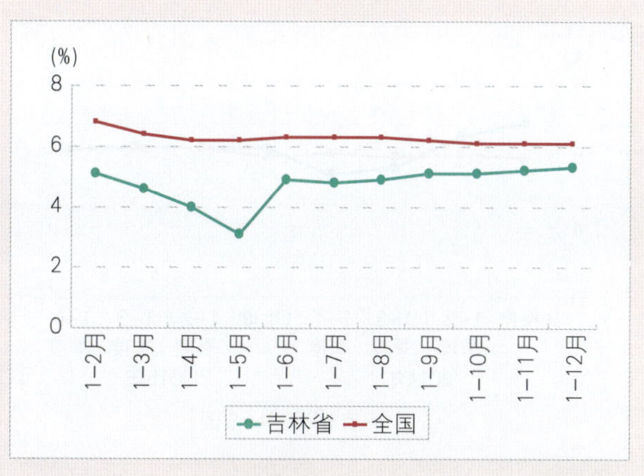

图3　2015年各月规模以上工业增加值增速情况

比当期全国平均增速低0.8个百分点。2015年上半年，全省工业经济受环境影响，增长明显放缓。随着多项稳增长和精准调控措施的落实到位，下半年以来全省工业经济的增速基本保持了平稳回升的态势，而且和当期全国平均水平的差距逐月缩小。

工业经济运行特点：

一是轻工业拉动工业经济增长。2015年，吉林省规模以上轻工业实现增加值1956.59亿元，同比增长6.7%；全省规模以上重工业实现增加值4098.04亿元，同比下降0.2%；轻工业生产增速快于重工业6.9个百分点，轻工业占比达到32.3%，比上年同期提升1.6个百分点。

二是多数重点行业保持较快增长。2015年，吉林省规上工业中，汽车行业实现增加值1456.38亿元，同比下降14.0%，占全部规上工业增加值的比重为24.1%，比上年下降0.8个百分点。石油化工、信息、医药和装备制造行业保持了快速的增长，增加值分别达到720.12亿元、133.38亿元、533.78亿元和630.43亿元，同比分别增长13.9%、13.6%、12.2%和13.0%。

3. 建筑业增速提升。2015年，吉林省实现建筑业增加值927.06亿元，按可比价格计算，同比增长8.0%，增速比上年提高1.7个百分点，高于当期全国平均增速1.2个百分点。

4. 服务业保持快速稳健发展。2015年，吉林省服务业增加值同比增长8.3%，增速比上年提升1.4个百分点，高于地区生产总值增速1.8个百分点，高于第二产业增速2.7个百分点，与当期全国平均增速持平。全省服务业增加值占地区生产总值（GDP）比重为37.4%，比上年同期提升1.2个百分点。

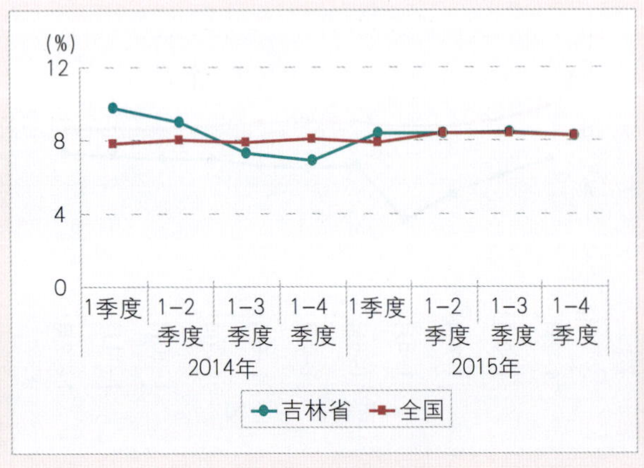

图4　各季度服务业增加值增速情况

交通运输行业稳定发展。全省各种运输方式全年累计完成货物发送量5.36亿吨，增长1.1%。全年各种运输方式旅客周转量477.51亿人公里，增长1.0%。

金融服务业规模稳步扩大。12月末，全省境内金融机构本外币存款余额18683.80亿元，比年初净增加2046.36亿元。金融机构本外币贷款余额15308.84亿元，比年初净增加2609.40亿元。全年保险业原保险保费收入431.32亿元，同比增长30.7%。全部金融业增加值达到544.09亿元，同比增长20.6%。

邮政电信行业持续健康发展。全年邮电业务总量达到389.43亿元，同比增长18. 7%。其中，邮政业务总量36.13亿元，增长17.8%；电信业务总量353.30亿元，增长18.8%。全年宽带接入用户426.4万户，增长2.8%。

全省旅游业实现快速发展。2015年全省共接待国内外旅游者14130.90万人次，比上年增长16.4%。其中，接待国内旅游者13982.8万人次，增长16.5%；接待入境旅游者148.10万人次，增长7.6%。全年旅游总收入2315.17亿元，增长25.4%。其中，国内旅游收入2269.55亿元，增长25.7%；旅游外汇收入7.24亿美元，增长7.2%。

（三）三大需求两增一降

1. 固定资产投资平稳增长。2015年，吉林省完成固定资产投资12704.27亿元，同比增长12 %，完成年初规划目标。其中，完成不含农户固定资产投资12508.59亿元，同比增速为12.6%，高于当期全国平均增速2.6个百分点。

固定资产投资运行情况：

一是三次产业投资平稳增长。2015年，吉林省第一、二、三产业分别完成投资540.69亿元、7019.57亿元和4948.33亿元，同比分别增长25.2%、11.3%和13.2%。二是新项目投资增长较快。2015年全省新建项目完成投资4806.91亿元，

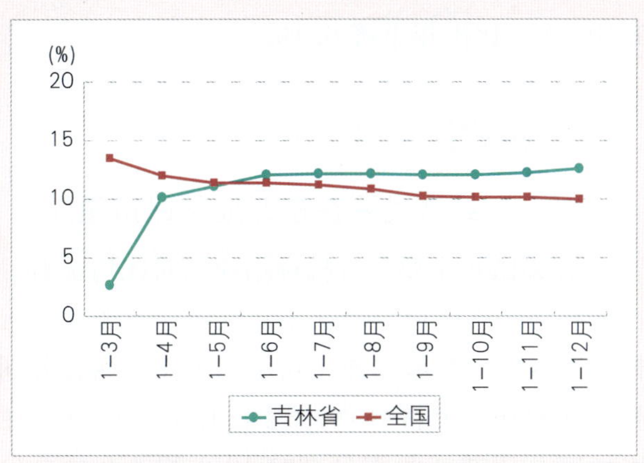

图 5　2015 年各月固定资产投资（不含农户）增速情况

同比增长 17.1%，扩建项目完成投资 1821.42 亿元，同比下降 0.6%，改建和技术改造项目完成投资 3889.34 亿元，同比增长 11.7%。

2. 消费品市场增速回升。2015 年，全省全社会消费品零售总额达到 6646.46 亿元，同比增长 9.3%，增速低于当期全国平均增速 1.4 个百分点。其中，限额以上企业累计实现社会消费品零售总额 2481.26 亿元，同比增长 5.2%。2015 年全省消费品市场呈现前低后高的增长态势，年初受经济环境影响，社会消费品零售总额增速明显回落，在全省稳增长、促消费的各项政策措施拉动下，增速逐季回升。

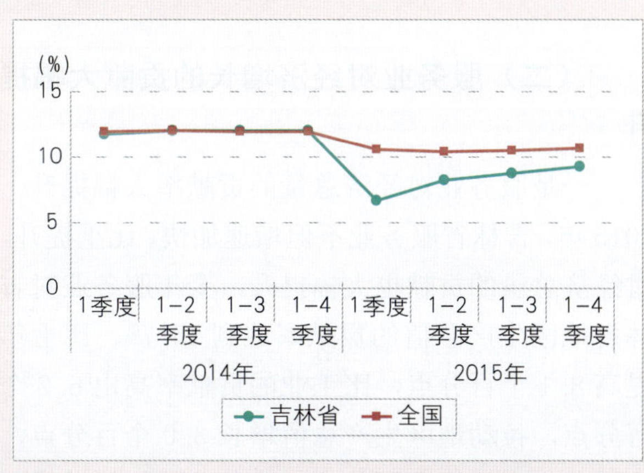

图 6　各季度社会消费品零售总额增速情况

分地域看，城乡消费平衡增长。2015 年，全省城镇和乡村企业分别实现社会消费品零售额 5870.17 亿元和 776.29 亿元，同比分别增长 9.0% 和 11.6%，乡村的增速略快于城镇。

分产品类别看，食用类和穿着类商品零售额实现快速增长。2015 年，全省限额以上企业社会消费品零售类值中，食用类、穿着类和使用类商品的零售额分别达到 375.77 亿元、357.81 亿元和 1595.90 亿元，同比分别增长 11.2%、8.8% 和 2.7%。

3. 进出口总额下滑。2015 年，吉林省实现进出口总额 189.38 亿美元，同比下降 28.2%，比当期全国平均降幅大 21.2 个百分点。其中，出口额 46.54 亿美元，同比下降 19.5%；进口额 142.85 亿美元，同比下降 30.7%。

2015 年，全省实际利用外资 85.72 亿美元，同比增长 12.0%。其中，外商直接投资额 21.27 亿美元，同比增长 8.2%，高于当期全国平均增速 1.8 个百分点。2015 年全省实际利用外省资金 6829.83 亿元，同比增长 16.1%。

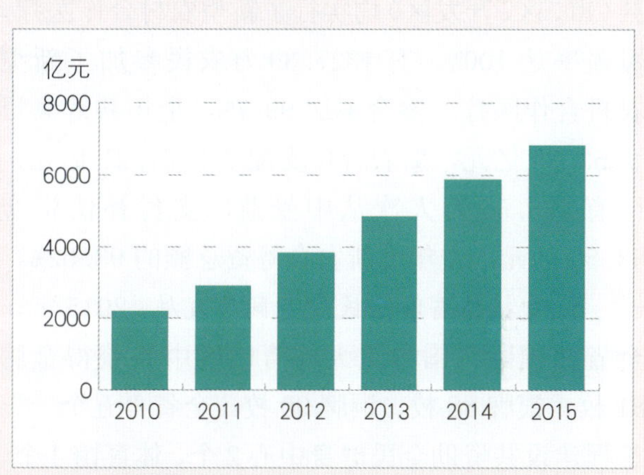

图 7　近年吉林省实际利用外省资金总额情况

（四）社会事业扎实稳步推进

1. 科研创新能力提升。截至 2015 年末，全省已建成国家级重点实验室 12 个，省部（吉林省与科技部）共建重点实验室 3 个，省级重点实验室 59 个，省级科技创新中心（工程技术研究中心）118 个。年内全省国内专利申请量 14800 件，授权量 8878 件，分别比上年增长 24.0% 和 32.6%。其中，发明专利申请量 6154 件，增长 17.0%；发明专利授权量 2240 件，增长 57.0%。

2. 各类教育资源充足。2015 年，全省有小学 4493 所，招生 20.6 万人。初中 1181 所，招生 18.1 万人。普通高中学校 239 所，招生 13.5 万人。中等职业教育学校 289 所，招生 4.5 万人。普通高校 58 所，招收普通本、专科学生 17.5 万人，成人高校本专科共招生 7.1 万人。研究生培养单位 21 个，招收研究生 1.9 万人。幼儿园 4174 所，入园（班）幼儿 23.5 万人，在园（班）幼儿 46.4 万人。特殊教育学校 47 所，在校生 6015 人。

3. 文化产业稳步发展。截至 2015 年末，全省拥有文化馆 78 个（包括群众艺术馆），艺术表演团体 40 个，公共图书馆 66 个，博物馆 76 个，全年博物馆参观人数达 915 万人次。年末广播人口综合覆盖率达到 98.64%；电视人口综合覆盖率达到 98.76%。有线广播电视用户数为 595.06 万户，其中数字电视用户数达到 541.56 万户，分别比上年增加 20.26 和 28.66 万户。

4. 新型农村合作医疗全面覆盖。全省所有县（市、区、开发区）均实行了新型农村合作医疗，覆盖率达 100%。有 1327.39 万农民参加了新型农村合作医疗，参合率达 99.7%，全年共筹集资金 63.85 亿元，新农合可支配资金 57.21 亿元，已有 688.55 万人次从中受益，支付补偿资金 53.50 亿元，占年度新农合筹资总额的 93.52%。

5. 竞技体育和全民健身同步发展。2015 年，全省在国际、国内重大体育比赛中共获得金牌 81 枚、银牌 88 枚、铜牌 90 枚。全省“五个一”工程建设共资助全民健身中心 2 个、体育馆 4 个、体育场 3 个、体育公园（健身广场）13 个，为 135 个乡镇（含街道）、1181 个行政村（含社区）配建了全民健身器材。

6. 环境质量有所提升。2015 年，全省化学需氧量（COD）排放量比上年下降 2.53 %，氨氮排放量下降 3.13 %，二氧化硫（SO2）排放量下降 2.51%，氮氧化物排放量下降 8.66 %。全省空气质量总体保持稳定，全年全省城市环境空气质量优良天数比例为 73.7%。全省主要城市 17 个集中式饮用水源地水质状况良好。

7. 安全生产形势持续向好。2015 年，全省共发生各类事故 13711 起，比上年减少 2472 起；死亡 1462 人，比上年减少死亡人数 35 人。全省亿元国内生产总值生产安全事故死亡人数为 0.102 人，比上年下降 6.4%。

二、吉林省经济社会运行特点

（一）经济发展在东北地区保持领先

从 2015 年主要经济指标增速的对比情况看，吉林省主要指标增速均在东北地区保持领先。吉林省地区生产总值增速比辽宁和黑龙江两省分别高 3.5 和 0.8 个百分点；规上工业增加值增速比辽宁和黑龙江两省分别高 10.1 和 4.9 个百分点；固定资产投资增速比辽宁和黑龙江两省分别高 40.4 和 9.0 个百分点；社会消费品零售总额增速比辽宁和黑龙江两省分别高 1.6 和 0.4 个百分点。虽然 2015 年，东北板块的经济发展落后于全国，但相对于辽黑两省，吉林省的各项主要经济指标没有出现大幅度的下滑，经济仍然运行在合理区间。

表 1　东北三省主要经济指标增速情况

单位：%

省份	地区生产总值	规上工业增加值	固定资产投资（不含农户）	社会消费品零售总额
吉林省	6.5	5.3	12.6	9.3
辽宁省	3	-4.8	-27.8	7.7
黑龙江省	5.7	0.4	3.6	8.9

（二）服务业对经济增长的贡献大幅提升

一是服务业对经济总量的贡献率大幅提升。2015 年，吉林省服务业不但增速加快、比重提升，对经济总量的贡献也大幅提升，全年服务业对吉林省地区生产总值的贡献率达到 45.7%，比上年提高 8.1 个百分点，比工业的贡献率高出 6.2 个百分点，拉动地区生产总值增长 3.0 个百分点，比工业高出 0.4 个百分点。服务业的加快发展，保障了吉林省经济的稳定。

二是服务业投资的比重提升。虽然 2015 年吉林省固定资产投资的增速比上年回落了 3.1 个百分点，但服务业投资的增速比上年提升了 0.8 个百分点，服务业投资占全部投资的比重达到 39.6%，比上年提升 0.5 个百分点。

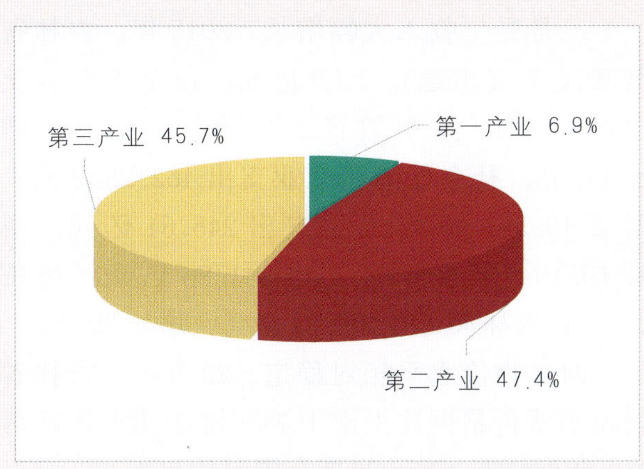

图 8 2015 年三次产业对经济增长的贡献率

三是服务业税收收入占比持续提升。2015 年吉林省地方级税收收入中，服务业税收收入占比达到 59.8%，比上年提高 3.3 个百分点，比工业和建筑业税收收入占比之和还高出 20 个百分点。

（三）民营经济为经济发展注入强大活力

2015 年吉林省民营经济实现业务主营收入 32634.2 亿元，同比增长 8.8%；全部民营经济从业人员达到 723.8 万人，同比增长 5.4%；民营经济增加值占 GDP 的比重达到 51.4%。民营经济在各领域中，也表现出了强劲的活力。

一是民营工业活力明显。2015 年，吉林省规模以上工业企业中，民营工业累计实现增加值 3401.62 亿元，同比增长 13.8%，比全部规上工业的增速快 8.5 个百分点。

二是民间投资更居投资主导地位。2015 年，全省完成民间投资 9108.92 亿元，同比增长 13.3%，占全部投资的 72.8%，比去年同期提高了 0.4 个百分点。

三是限下零售保持稳定快速增长。2015 年受经济环境影响，全省社会消费品零售总额增速较上年有所回落，但以民营企业为主的限额以下零售企业保持了相对稳定的发展，全年限下企业社会消费品额同比增长 10.9%，比限上企业增速高出 5.7 个百分点。

（四）产业升级稳步推进

一是全省战略性新兴产业和装备制造业实现快速发展。2015 年，全省战略性新兴产业产值达到 3510 亿元，增长 10.1%。装备制造业更是保持了迅猛的发展势头，全年全省装备制造业实现增加值 630.43 亿元，同比增长 13.0%，比上年提高 3.9 个百分点，占全省规上工业的比重达到 10.4%，比上年提高 1.2 个百分点。在装备制造业中，通用设备制造业和铁路、船舶、航空航天制造业等涉及高端装备制造的行业保持了连续两年两位数的快速增长。

二是创新推动吉林产业发展。2015 年，以医药企业为代表的吉林省高技术产业保持了良好的发展态势，高技术产业规模不断扩大，在全省规模以上工业中占比持续提高。2015 年，全省规模以上高技术产业实现增加值 577.30 亿元，占全省规上工业的比重达到 9.5%，比上年提高 1.1 个百分点。2015 年，吉林省成功发射“吉林一号”商业卫星组星，拥有自主知识产权的时速 350 公里中国标准动车组正式下线，在这些高科技领域创新产业中，吉林省已经走在了全国前列。

三是高耗能行业过剩产能逐步淘汰。2015 年吉林省以水泥、炼钢、炼铁、造纸、玻璃等高耗能行业为重点，进一步淘汰落后产能，积极推进产业结构调整。随着淘汰落后产能工作的推进，吉林省高耗能行业发展呈现出整体回落的趋势。2015 年，全省规模以上高耗能行业实现增加值 1238.55 亿元，同比增长 3.4%，增速低于全省规

图 9 近年全省万元 GDP 综合能源消耗情况

模以上工业1.9个百分点，比上年回落3.0个百分点。2015年全省万元GDP综合能耗降低率为10.7%；规模以上工业万元增加值综合能耗降低率为14.4%，保持了较高的水平。

（五）民生事务获得优先快速发展

一是居民收入稳定增长。全年城镇居民人均可支配收入达到24901元，增长7.2%；农民人均可支配收入在国家玉米临储价格下调的情况下，仍然达到11326元，增长5.1%。

二是就业和社会保障大幅提升。全年全省城镇新增就业52.5万人，比年初计划目标多2.5万人。实现27.2万人脱贫。城镇、农村低保标准分别达到月人均403元、年人均2719元，分别增长8.3%、9.2%。企业退休人员养老金标准人均达到1935元/月，增长12.5%。城乡居民基本医疗保险补助标准达到380元，增长18.8%。

三是民生收入大幅增长。2015年，吉林省财政民生支出超过2500亿元，占全部财政支出的80.3%。其中教育支出477.57亿元，增长17.3%；社会保障和就业支出462.28亿元，增长18.5%；医疗卫生支出245.81亿元，增长19.1%；城乡社区支出341.86亿元，增长25.1%；农林水支出408.61亿元，增长32.4%。

四是物价水平相对稳定。2015年，吉林省居民消费价格同比上涨1.7%，涨幅比上年回落0.3个百分点，高于当期全国平均水平0.3个百分点。其中，食品类价格上涨2.0%，涨幅比上年回落1.0个百分点，低于当期全国平均水平0.3个百分点，物价涨幅基本保持在合理可控的范围内。

（作者：李悦）

长白山天池冬景

专栏："十二五"吉林省扶贫开发成绩斐然 精准脱贫大有可为

"十二五"时期，吉林省扶贫开发成效显著。截至2015年末，全省现行扶贫标准下（年人均2300元，2010年不变价格）农村贫困人口数量大幅减少，省内贫困地区农村居民收支水平稳步提高，家庭生活条件不断改善，农村基础设施建设和公共服务水平持续完善，扶贫资金投放力度大，农户受益面较广，整体工作取得巨大成绩。

一、扶贫开发成绩斐然

（一）农村贫困人口总量明显减少，发生率稳步降低

据全省住户收支调查和农村贫困监测调查数据显示，按照现行农村贫困标准（年人均2300元，2010年不变价格），2015年全省农村贫困人口总量为69万人，比2010年减少147万人，年均减贫29.4万人；贫困人口下降幅度68.1%，贫困发生率为4.6%，比2010年下降10.1个百分点；全省贫困地区（八个国定扶贫重点县）农村贫困人口降至12万人，比2010年减少22万人，贫困人口下降幅度为64.7%，贫困发生率为10.8%，比2010年减少20.7个百分点。

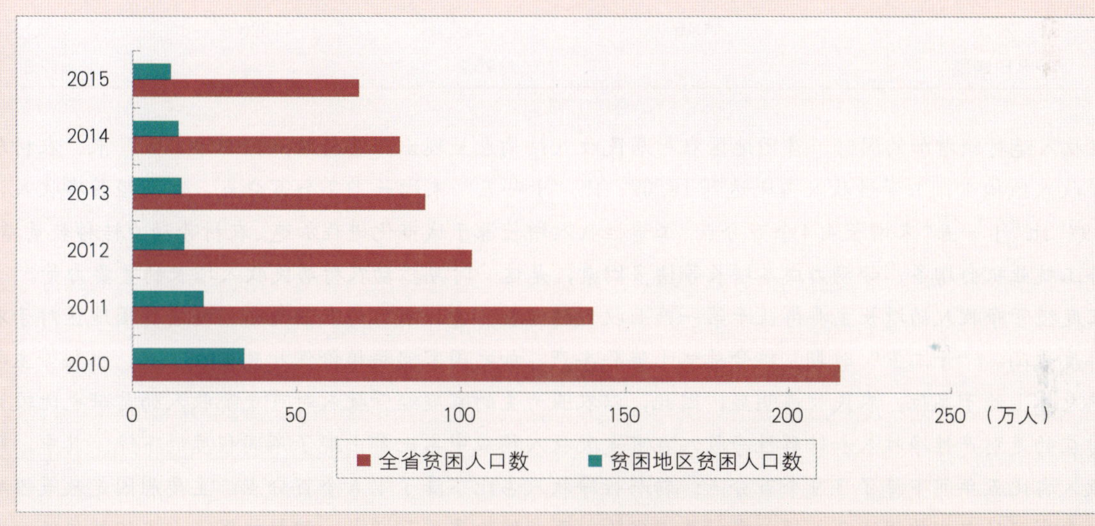

图1 "十二五"时期贫困人口规模

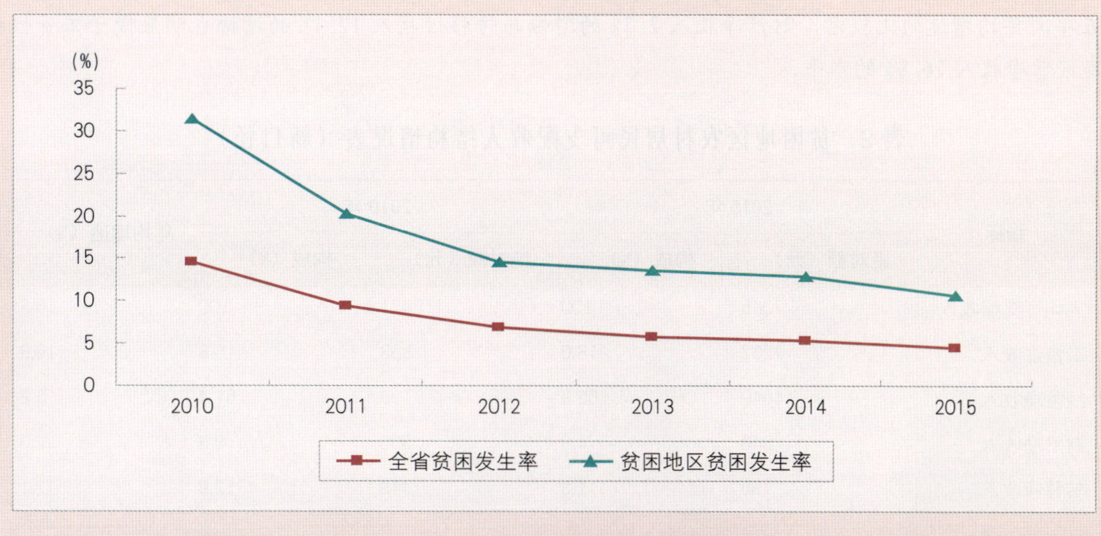

图2 "十二五"时期农村贫困发生率

（二）贫困地区可支配收入增速高于全省平均水平

“十二五”时期的五年，是全省贫困地区农民收入增长幅度最大的五年，也是农民收入增速最快的五年。据监测数据显示，全省贫困地区农村居民人均可支配收入从2010年的人均3471元增加至2015年末的7045元，基本实现了千元目标的逐级跨越。2015年，全省贫困地区农村居民人均可支配收入是2010年时的2.03倍，年均增速为15.2%，高于同期全省农村居民可支配收入平均水平2.9个百分点。

表1 “十二五”农村居民可支配收入情况（新口径）

年份	贫困地区		全省	
	收入（元）	增速（%）	收入（元）	增速（%）
2010	3471		6340	
2011	4120	18.7	7634	20.4
2012	4845	17.6	8741	14.5
2013	5799	19.7	9781	11.9
2014	6414	10.6	10780	10.2
2015	7045	9.8	11326	5.1
平均增幅		15.2		12.3

在收入绝对额增加的同时，贫困地区农村居民收入结构也呈现出一些新特点。“十二五”末，农村居民可支配收入结构中，工资性收入占比达到18.0%，比“十一五”末增长1.2个百分点，家庭经营净收入占比为65.9%，比“十一五”末增长4.4个百分点。工资性收入增长源于城市化进程加速，农村劳动力转移数量增加，外出务工就业机会增多，劳动力成本增长等诸多因素，是这一时期拉动农村居民收入增长的重要力量。

家庭经营净收入的增长主要得益于第一产业收入的增长。吉林省作为农业大省，全省贫困地区对于农业的依存度更高，“十二五”时期，粮食总体上连年丰产，加之国家实施粮价保护政策，玉米、水稻等主要粮食价格总体上处于高位，农民收益明显。因此，以农业为主的家庭经营收入对可支配收入的贡献也比较大。与之对应的是财产性净收入和转移性净收入在可支配收入构成中占比都出现了不同程度的下降。其中，财产性净收入占比五年间下降了3.9个百分点；转移性净收入占比下降了1.6个百分点。主要原因是政策性补贴对于粮食生产的激励作用逐年放缓，农村养老保险、医疗保险覆盖面增大，但整体保障水平仍然偏低，农村居民财产性收入来源渠道狭窄，理财意识不足。这些因素对于贫困地区的农村居民表现的更为明显。从四项收入五年间年均增速的比较看，财产净收入2.3%的增幅与转移性收入12.1%的增幅也明显慢于工资性收入和家庭经营净收入16.8%的水平。

表2 贫困地区农村居民可支配收入结构情况表（新口径）

指标	2015年		2010年		年均增速（%）
	绝对额（元）	构成（%）	绝对额（元）	构成（%）	
人均可支配收入	7045	100	3471	100	15.2
工资性收入	1267	18.0	583	16.8	16.8
经营净收入	4640	65.9	2133	61.4	16.8
财产净收入	343	4.9	306	8.8	2.3
转移净收入	795	11.3	449	12.9	12.1

（三）贫困地区农村居民消费较快增长，活力释放明显

“十二五”时期，与贫困地区农民收入增长相对应，农民消费能力也得到了极大的释放。贫困地区农村居民消费支出从2010年的人均3163元增长至2015年6607元，五年间累计增加3444元，累计增幅达到108.9%，年均增速为15.9%；比同期全省农村居民消费支出增幅高1.1个百分点。

表3 “十二五”时期农村居民消费情况表（新口径）

年份	贫困地区		全省	
	消费（元）	增速（%）	消费（元）	增速（%）
2010	3163		4399	
2011	4552	43.9	5426	23.3
2012	4953	8.8	6327	16.6
2013	5344	7.9	7523	18.9
2014	5948	11.3	8140	8.2
2015	6607	11.1	8783	7.9
平均增幅		15.9		14.8

与此同时，贫困地区农村居民消费结构也在悄然发生变化。农民用于食品的基本生存消费需求支出下降显著，贫困地区农村居民恩格尔系数从2010年的43.4%下降至2015年的36.4%，五年间累计下降了7个百分点，与之对应的是，用于居住类、家庭设备用品类、文化教育娱乐类、医疗保健等发展、享受型消费支出比重逐渐上升，贫困地区农村居民消费活力也在不断释放。

表4 贫困地区农户生活消费构成情况对比表（新口径）

指标	2015年		2010年	
	绝对额（元）	构成（%）	绝对额（元）	构成（%）
总额	6607	100	3163	100
食品	2407	36.4	1372	43.4
衣着	460	7.0	202	6.4
居住	1241	18.8	483	15.3
家庭设备．用品	259	3.9	110	3.5
交通和通讯	536	8.1	278	8.8
文化教育．娱乐	705	10.7	282	8.9
医疗保健	878	13.3	357	11.3
其他商品和服务	122	1.8	79	2.5

（四）贫困地区农民生活条件进一步改善

“十二五”时期，全省地区农户住房条件和家用设施不断改善。2015年末，贫困地区农民人均住房建筑面积达到30.2平方米，比2010年人均19.3平方米增加10.9平方米。截止“十二五”末居住竹草土坯房的农户比重12.9%，五年间下降了17.9个百分点；农户照明电普及率达到100% ，使用管道供水农户达到80%，增长了4.1%；独立用厕所农户比重98.9%，增长0.3%，炊用柴草农户比重86.4%，比五年前下降5.3%。

贫困地区农户生活条件改善的另一表现则是家庭主要耐用消费品拥有量增加。2015年末全省贫困地区

每百户家用汽车拥有量 9.4 辆，2010 年末该指标是空白；摩托车 71.7 台，比 2010 年增加 26.5 台；冰箱冰柜拥有量 76.9 台，比 2010 年增加 32.7 台；彩电拥有量 102.3 台，比 2010 年增加 0.9 台；移动电话拥有量 164.8 部，比 2010 年增加 11.0 部；计算机拥有量 24.9 台，比 2010 年增加 18.3 台。

表 5　贫困地区农户住房及家用设施情况

单位：%

指标名称	2015 年	2010 年	差值
居住竹草土坯房农户比重	12.9	30.8	-17.9
使用照明电农户比重	100.0	99.8	0.2
使用管道供水农户比重	80.0	75.9	4.1
独立用农户厕所农户比重	98.9	98.6	0.3
炊用柴草农户比重	86.4	91.7	-5.3

表 6　贫困地区农村居民每百户耐用消费品拥有量情况表

指标名称	单位	2015 年	2010 年	增量
小汽车	辆	9.4	0	9.4
冰箱冰柜	台	76.9	44.2	32.7
彩色电视机	台	102.3	101.4	0.9
摩托车	台	71.7	45.2	26.5
移动电话	部	164.8	153.8	11.0

（五）农村基础设施不断完善，公共服务水平提高

截止“十二五”末，被纳入贫困地区的全省八个国家扶贫重点县全部 1168 个行政村，通电比例 100%，有线电视信号通达率 100%，沥青水泥路普及率 99.6%，通客运班车的比率 99.6%，通宽带的行政村达到 92.1%；八个扶贫重点县文化馆全部覆盖，数字影院拥有率 87.5%；延伸至自然村，通电、通电话、有线电视信号比例都是 100%，通宽带比重 90.8% 主干道路面经过硬化处理的自然村 88.6%，通客运班车及饮用水经过比重 74.9%。文化教育卫生方面，有文化活动室村比重 97.8%、有卫生站（室）村比重 72.9%，有合格村医和卫生员的村比重达到 74.8%。

（六）贫困地区县域扶贫力度较大，受惠面广

根据农村贫困监测县域调查资料显示，“十二五”时期，全省贫困地区累计获得扶贫投资总额为 37.8亿元。其中，中央贴息扶贫贷款累计发放 5.25 亿元、中央财政专项扶贫资金 18.2 亿元、专项退耕还林草工程补贴 0.65 亿元、中央拨付低保资金 2.5 亿元、省级财政安排扶贫资金 4.1 亿元、其它资金 7.1 亿元。

就扶贫效果上看，“十二五”期间，全省贫困地区累计实施扶贫项目的村 2234 个，项目覆盖农户 26.6 万户，项目扶持贫困人口数 85.3 万人，累计获得扶贫贷款资助的农户数为 3.5 万户。

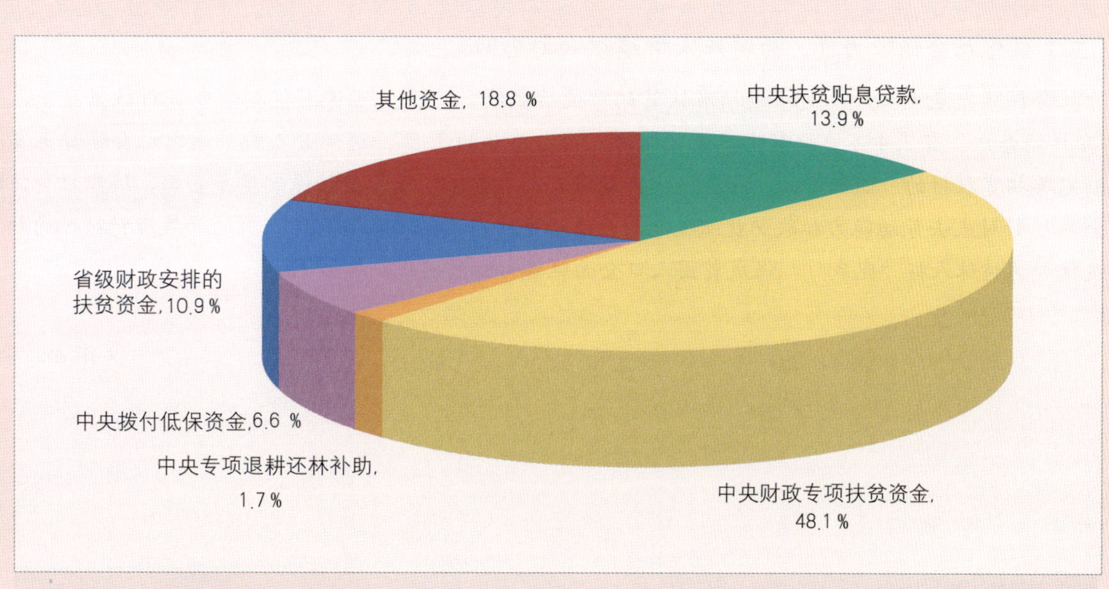

图3 “十二五”时期扶贫资金来源情况分布

二、“十三五”时期，精准脱贫大有可为

“十三五”时期是实现脱贫攻坚全面建成小康社会的决胜阶段，要确保全省最后69万农村贫困人口到2018年年底全部实现脱贫，是吉林省委、省政府对国家和全省人民做出的庄严承诺，也是吉林省“十三五”规划中的重点民生工作。全省上下都在认真贯彻“精准扶贫”、“精准脱贫”的实施方略，就精准而言，应当着重从以下几个方面入手：必须项目要准，有较强的针对性；必须注重知识、技能的培养，有较强的可操作性；必须保障兜底，有实实在在的普惠性。因此，精准脱贫，以下几方面的工作必不可少。

（一）大力推进产业发展，广开增收渠道

对于有劳动能力的贫困人口，要通过谋划产业发展增强其自身“造血”机能带动脱贫，这是实施精准扶贫、精准脱贫的最主要手段。从住户收支调查和贫困监测调查的基本情况看，我省农户存在产业结构单一、小农经济生产方式为主的致贫原因。大力推进产业发展，是全省精准脱贫的主攻方向。因此，在我省东西两块连片贫困地区，一方面要加速农业产业化步伐，针对不同区域特点因地制宜发展“特色农业”，例如，西部地区县（市）依托草场发展特色养殖业，东部山区县（市）依托山区林业资源发展林下种、养业等；另一方面，要大力发展农村非农产业带动脱贫。例如，依托旅游资源，东部延边地区朝鲜族的特色民俗游，西部白城地区特色生态游，都将是非农产业带动扶贫的有益实践。

（二）提升贫困人口知识技能水平，适应就业创业需要

就对农户致贫因素的分析，文化教育程度低是一个重要方面。随着党和政府民生政策的逐年完善，农村的教育环境和教育条件都有了极大改善，农村家庭基础教育阶段的负担有了很大缓解。因此，现阶段针对农村贫困人口素质提升，宣传引导显得十分重要。借助舆论宣传提高农民尤其是贫困农民利用知识、技能改变生活现状思想意识，克服保守、懒惰以及知识无用的旧有思想，鼓励其发挥主观能动性，自觉投身到知识、技能的学习中。

此外，要为贫困人口创造条件、开拓渠道，提供更多的就业、创业的机会。如开辟更多的就业岗位促成劳动力向非农产业转移；利用电商平台进行特色产品营销，催生新的商机，使掌握信息技术的贫困人口通过自主创业实现脱贫致富。

（三）强化社会保障力度，为特殊人群编织“安全网”

“社会保障兜底一批”，是推进精准扶贫的“最后底线”。据全省贫困监测调查资料数据显示，全部31.9万户调查户，有2.4万户没有生产经营能力，约占总量的7.5%。这部分人群，亟需社会保障来支撑。要不断完善拓宽农村的“低保”、“五保”、“老保”、“医保”等各类社保制度覆盖面，编织社会保障的“安全网”，针对失去劳动能力和缺少就业技能而无法从事生产经营活动的特殊人群的开展有针对性的帮扶，以制度保障为特殊人群“兜底”，促成贫困人口全面脱贫目标的实现。

（作者：李敏）

吉林省延吉市天池大桥

黑龙江省经济社会发展报告

年初以来，面对错综复杂的国际形势和不断加大的国内经济下行压力，黑龙江省委、省政府牢牢把握稳中求进工作总基调，主动适应经济发展新常态，大力实施“五大规划”发展战略，着力构建“龙江丝路带”，推进十大重点产业建设，将调结构、转方式作为工作重点，黑龙江省经济在预期中运行，呈现总体平稳、稳中有进、稳中有优的良好态势。

初步核算，2015 年黑龙江省实现地区生产总值（GDP）15083.7 亿元，按可比价格计算，比上年增长 5.7%，增幅同比提高 0.1 个百分点，比一季度、上半年和前三季度分别提高 0.9、0.6 和 0.2 个百分点，低于全国平均水平 1.2 个百分点。其中，第一产业 2633.5 亿元，增长 5.2%，高于全国平均水平 1.3 个百分点；第二产业 4798.1 亿元，增长 1.4%，低于全国平均水平 4.6 个百分点；第三产业 7652.1 亿元，增长 10.4%，高于全国平均水平 2.1 个百分点。三次产业结构比为 17.5:31.8:50.7；三次产业贡献率依次为 10.0%、11.1% 和 78.9%。

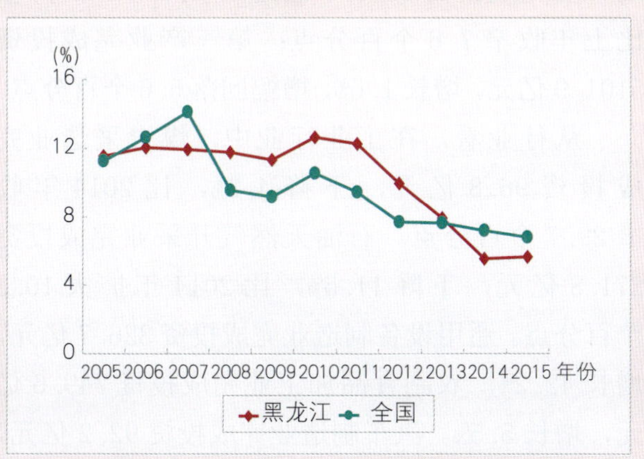

图 1　2005 年以来我省 GDP 增幅与全国比较

一、农业生产形势较好

年初以来，黑龙江省深入贯彻落实省委农村工作会议精神，积极抢抓“两大平原”现代农业综合配套改革试验的契机，增加农业投入，巩固农业基础，加强农业基础设施建设，为实现全年农业丰收奠定了坚实基础。

从粮食生产看，2015 年，我省克服了东涝西旱和低温多雨等不利因素影响，粮食作物全部在丰产期播种，我省粮食产量增长 1.3%，实现“十二连增”，再创历史新高，连续 5 年位列全国第一。水稻、小麦、玉米和大豆产量分别为 439.9 亿斤、4.4 亿斤、708.8 亿斤和 85.7 亿斤。

从畜禽生产看，我省畜牧业生产规模扩大，稳步回升。2015 年末，全省牛、羊和家禽存栏量分别为 510.7 万头、895.7 万只和 1.5 亿只，存栏量分别比上年增长 1.7%、4.5% 和 4.4%；全年牛、羊和家禽出栏量分别为 269.7 万头、751.9 万只和 2.1 亿只，出栏量分别比上年增长 2.3%、3.2% 和 3.0%。畜牧业产品产量有所增加，牛肉和羊肉产量为 41.6 万吨和 12.3 万吨，分别增长 2.4% 和 3.9%。禽肉、禽蛋和牛奶产量分别为 34.4 万吨、99.9 万吨和 570.5 万吨，比上年增长 3.7%、1.8% 和 2.5%。生猪生产规模化加强，存栏 1314.1 万头，出栏 1863.4 万头，猪肉产量 138.4 万吨。

从产业看，绿色（有机）食品产业实力增强。2015 年全省绿色（有机）食品认证面积 7309 万亩，总产值 2330 亿元，分别比上年增长 1.4% 和 14.8%。

二、工业生产缓中企稳

2015 年，大庆油田减产以及国际原油价格走低，给我省工业带来前所未有的压力和挑战，全省规模以上工业增加值比上年增长 0.4%。全年规上工业增速呈现“U”字型走势：规上工业增速从前两个月的 0.8% 起步，“高开低走”，前五个月下探至—0.3%，上半年下降 0.1%，后经缓慢爬升，前三季度恢复到一季度 0.2% 的水平，第四季度开始平稳回升，全年规上工业生产形势基本稳定。

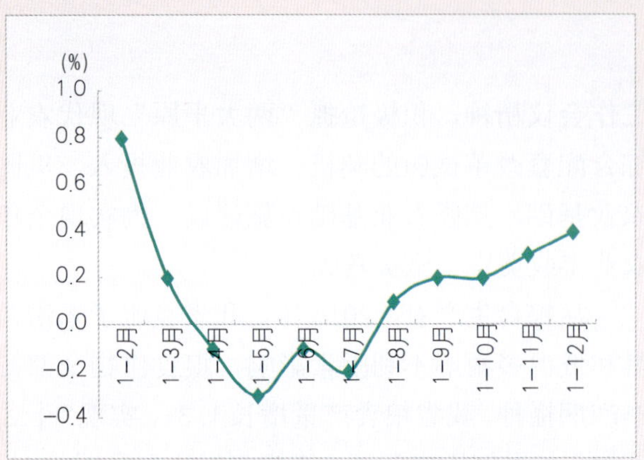

图 2　2015 年我省工业增加值累计增幅变化情况

从全国看，全国 30 个省（区、市）增速（除西藏外）均不同程度地回落。2015 年，全国规模以上工业增速比上年回落 2.2 个百分点，在 30 个省（区、市）中，辽宁（—4.8%）工业增速回落最多，由 2014 年的增长 4.8% 转为 2015 年的下降 4.8%，回落 9.6 个百分点。吉林（5.3%）回落 1.3 个百分点，内蒙古（8.6%）回落 1.4 个百分点。

从行业看，四大主导产业增速呈现“2 升 2 降”，能源工业占全省规模以上工业的 45%，比上年下降 3.7%，降幅扩大 3.1 个百分点。其中，由于大庆油田平均油价 2390 元 / 吨，同比下降 47.1%；原油产量 3838.6 万吨，比上年同期减少 161.4 万吨，全省石油和天然气开采行业比上年下降 3.1%，降幅比上年扩大 3.0 个百分点；煤炭开采和洗选行业比上年下降 2.9%，降幅比上年收窄 24.8 个百分点。食品工业增长 8.5%，石化工业增长 4.8%，装备工业下降 1.1%。

从地市看，全省 14 个市（地、局）工业增加值增速呈现“8 正 6 负”。增速较快的有：绥化增长 6.8%、鹤岗增长 5.3%、牡丹江增长 4.5%、齐齐哈尔增长 3.5%。降幅较大的有：大兴安岭下降 18.5%、伊春下降 15.6%、佳木斯下降 10.4%、农垦总局下降 10.0%、双鸭山下降 6.3%、大庆下降 4.8%。

从产品产量看，工业产品产量降多增少。在重点监测的 26 种工业产品中，产量增长的 5 种，下降的 21 种。增长的有：化肥 49.2 万吨，增长 5.7%；化学药品原药 1.1 万吨，增长 5.0%；化学纤维 8.0 万吨，增长 3.8%；啤酒 208.1 万千升，增长 3.3%。降幅较大的有：微型电子计算机 1.7 万部，下降 51.4%；金属切削机床 505 台，下降 45.1%；工业锅炉 1.1 蒸发量万吨，下降 42.1%；成品糖 3.8 万吨，下降 30.6%；汽车 8.0 万辆，下降 30.6%。

三、固定资产投资增速有所加快

2015 年，黑龙江省狠抓产业项目建设，简政放权，扩大民间投资。我省固定资产投资（不含农户）完成 9884.3 亿元，比上年增长 3.1%，增幅比上年提高 1.6 个百分点。

从全国看，全国有 25 个省（市、区）增速比上年回落。2015 年，全国固定资产投资增长 10.0%，增速回落 5.7 个百分点，其中，辽宁（—27.8%）回落最多，回落 26.3 个百分点，吉林（12.6%）回落 2.8 个百分点，内蒙古（0.1%）回落 15.6 个百分点。

从产业看，第一产业完成投资 904.2 亿元，增长 32.6%，增幅比上年提高 9.7 个百分点；第二产业完成投资 3878.3 亿元，下降 0.1%，降幅比上年收窄 7.6 个百分点；第三产业完成投资 5101.9 亿元，增长 1.6%，增幅回落 5.6 个百分点。

从行业看，在工业行业中，煤炭采选业完成投资 96.8 亿元，下降 4.3%，比 2014 年收窄 29.7 个百分点。石油天然气开采业完成投资 271.8 亿元，下降 11.5%，比 2014 年扩大 10.3 个百分点。通用设备制造业完成投资 326.7 亿元，增长 42.2%。农副食品加工业完成投资 749.6 亿元，增长 5.5%。汽车制造业完成投资 92.2 亿元，增长 41.9%。

从投资项目看，大项目明显减少。2015 年，全省投资（含房地产）亿元以上项目开复工 2463 个，减少 915 个，其中新开工 749 个，减少 762 个。施工项目计划总投资 15472.4 亿元，下降

13.5%；新开工项目计划总投资3587.1亿元，下降42.9%；完成投资3965亿元，下降30.1%，对全省投资向下拉动17.8个百分点。

从地市看，从全省14个市地（局）看，8个地市增速高于全省平均水平，5个地市增速超过10%。增长较快的有：牡丹江和佳木斯均增长10.5%，哈尔滨和齐齐哈尔均增长10.1%，绥化增长10.0%。降幅较大的有：大庆下降39.7%，伊春下降23.8%，双鸭山下降18.8%，大兴安岭下降12.5%。

从房地产市场看，房地产开发规模缩小，商品房销售面积下降。2015年，全省房地产开发项目计划总投资6060.5亿元，比上年下降6.1%；房屋施工面积1.2亿平方米，下降12.7%；新开工面积2181.8万平方米，下降33.5%。全年房地产开发完成投资992.1亿元，比上年下降25.1%。商品房销售面积1996.6万平方米，下降19.4%。

四、消费品市场缓中回升

2015年，我省消费品市场总体运行呈现先抑后扬、平稳回升的态势，实现消费品零售总额7640.2亿元，比上年增长8.9%，增幅比上年回落3.3个百分点，比上半年和前三季度分别提高0.6和0.2个百分点。

从全国看，全国有30个省（区、市）（除天津外）增速比上年回落。全国社会消费品零售总额增速比上年回落1.3个百分点，其中山西（5.5%）回落最多，回落5.8个百分点，辽宁（7.7%）回落4.4个百分点，吉林（9.3%）回落2.8个百分点，内蒙古（8.0%）回落2.6百分点。

从城乡格局看，城乡市场共同发展，乡村略快于城镇。全年城镇消费品零售额6685.9亿元，比上年增长8.8%，占全省零售总额的87.5%；乡村消费品零售额954.3亿元，增长9.4%，增幅高于城镇0.6个百分点。

从商品形态看，批发零售业仍为消费主体，餐饮业回暖。全省批发零售企业零售额6728.1亿元，比上年增长8.9%，占全省零售额的88.1%。全年实现餐饮业零售额890.3亿元，比上年增长9.3%，增幅比上半年和前三季度分别提高0.6和0.2个百分点。

从地市看，在14个市（地、局）中，8个地市消费品零售额增幅高于全省平均水平，其中牡丹江增长10.8%，齐齐哈尔增长10.6%，哈尔滨和佳木斯均增长10.5%。大庆社会消费品零售总额1037.6亿元，仅增长2.6%，增幅回落8.6个百分点。

五、进出口继续下降

2015年，我省国际贸易持续低迷，降幅逐月扩大，从一季度的—28.6%扩大至上半年的—30.5%，前三季度降幅扩大至—42.0%，全年降幅继续扩大。据海关统计，全省对外贸易实现进出口总值209.9亿美元，比上年下降46.1%。其中，出口80.3亿美元，下降53.7%；进口129.6亿美元，下降39.9%。

从全国看，全国有28个省（市、区）进出口增速比上年回落。2015年全国进出口下降8.0%，增幅比上年回落11.4个百分点，在增幅回落的28个省份中，有12个省份增幅回落超20个百分点，有20个省进出口增幅是由2014年正增长转为2015年的负增长。辽宁下降15.7%，增幅回落15.3个百分点；吉林下降28.2%，增幅回落30.3个百分点；内蒙古下降12.4%，增幅回落33.8个百分点。

从贸易方式看，一般贸易和边境贸易下降，加工贸易增长。2015年，全省实现一般贸易进出口总额144.0亿美元，比上年下降48.8%；边境贸易进出口总额39.0亿美元，比上年下降57.3%；加工贸易进出口总额15.0亿美元，比上年增长76.3%。

从企业性质看，国有企业、民营企业降幅较大。2015年国有企业进出口总额100.9亿美元，比上年下降38.8%，降幅扩大31.1个百分点；民营企业进出口总额96.1亿美元，比上年下降54.4%，降幅扩大61.9个百分点；外商投资企业进出口12.2亿美元，下降8.7%。

从国别看，对俄罗斯、美国、东盟和欧盟贸易下降，对沙特、土耳其等新兴市场贸易实现增长。2015 年，我省与俄罗斯贸易往来仍为对外贸易主体，对俄实现进出口 108.5 亿美元，比上年下降 53.4%，占全省进出口的 51.7%。其中，对俄出口 23.5 亿美元，下降 73.9%；自俄进口 84.9 亿美元，下降 40.5%。对美国实现进出口总额 14.9 亿美元，下降 30.8%。对东盟、欧盟和巴西进出口分别为 13.2 亿美元、11.8 亿美元和 7.8 亿美元，分别下降 44.3%、36.2% 和 17.1%。我省对沙特阿拉伯和土耳其进出口为 5.9 亿美元和 3.7 亿美元，分别增长 14.2% 和 1.7 倍。

六、实际利用外资保持增长

2015 年，全省实际利用外资 55.5 亿美元，比上年增长 7.6%，增幅同比回落 3.5 个百分点。分三次产业看，第二产业实际利用外资居主导地位，占全省实际利用外资总额的 66.3%，实现金额 36.1 亿美元，比上年增长 27.9%；第一产业利用外资下降 12.9%；第三产业利用外资下降 19.1%。

七、财政收支一降一升

2015 年，全省实现公共财政收入 1165.2 亿元，下降 10.4%。其中，税收收入实现 879.6 亿元，下降 10.0%。在税收收入中，国内增值税、企业所得税、资源税和个人所得税等主体税种分别实现 129.4 亿元、99.9 亿元、53.7 亿元和 35.6 亿元，上述 4 个税种均为负增长，分别下降 23.3%、3.1%、50.4% 和 3.8%，营业税实现 257.0 亿元，比上年增长 2.6%。

公共财政支出完成 4022.1 亿元，比上年增长 17.1%。从支出项目看，节能环保、农林水事务、医疗卫生、社会保障和就业、文化体育与传媒增长较快，分别增长 39.4%、39.8%、16.6%、20.8%、16.6%。

八、金融运行总体平稳

据人民银行统计，截至 12 月末，全省金融机构人民币存款余额 21218.9 亿元，比上年增长 8.4%。其中，住户存款 12439.8 亿元，比上年增长 10.6%；非金融企业存款 4085.2 亿元，下降 8.5%；政府存款 3799.1 亿元，增长 12.3%。

金融机构人民币贷款余额 16214.9 亿元，比上年增长 21.0%。其中，住户贷款 4036.7 亿元，增长 8.4%；非金融企业及机关团体贷款 12137.5 亿元，增长 25.6%。

九、居民收入及就业形势总体稳定

城乡居民收入水平稳步提高。全年城镇居民人均可支配收入 24203 元，比上年增长 7.0%；城镇居民人均生活消费支出 17152 元，增长 4.2%。农村居民人均可支配收入 11095 元，增长 6.1%；农村居民人均生活消费支出 8391 元，增长 7.2%。在城镇居民收入中，工资收入 14372 元，增长 4.6%，占 59.4%；在农村居民收入中，经营净收入 7050 元，增长 6.9%，占 63.5%。

就业形势总体稳定。2015 年全省城镇新增就业人员 71.7 万人，城镇失业再就业人员 56.8 万人。城镇登记失业率 4.48%。

十、消费价格低位运行

2015 年，全省居民消费价格总指数（CPI）比上年上涨 1.1%，涨幅低于上年 0.4 个百分点，低于全国平均水平 0.3 个百分点，城市和农村均上涨 1.1%。从商品类别看，呈现“7 升 1 降”：医疗卫生和个人用品上涨 2.7%、烟酒及用品上涨 2.1%、衣着上涨 1.6%、文教娱乐用品及服务上涨 1.3%、食品上涨 1.1%、家庭用品及服务上涨 0.8%、居住上涨 0.7%；交通和通信下降 1.0%。农业生产资料价格比上年上涨 1.3%。工业生产者出厂价格下降 14.0%，工业生产者购进价格下降 11.8%。

总的看，2015 年我省宏观经济运行总体平稳，粮食生产再获丰收，GDP、投资和畜牧业生产稳步回升，工业生产缓中企稳，就业形势、居民消费价格、金融运行基本稳定，结构调整稳步推进。同时也要看到经济发展回升基础仍不稳固，面临的困难和问题仍然不少，主要是受能源工业影响，规上工业低速运行；大的投资项目少；消费市场需求尚不旺盛；财政减收等。2016年是“十三五”的开局之年，全省上下应继续共同努力，贯彻落实创新、协调、绿色、开放、共享的发展理念，抓住重点产业不放松，积极培育新的经济增长点，去产能、去库存、去杠杆、降成本、补短板，向创新驱动阶段转变，深挖经济发展的持续性动力，实现“十三五”时期全省国民经济和社会发展良好开局。

（一）转变农业发展方式，推动农业现代化发展进程

要积极抢抓我省“两大平原”现代农业综合配套改革战略规划的机遇，重视农业生产，加强农田水利基础设施建设，提高粮食综合生产能力，转变发展方式，发展优质、高效的现代农业。要依托产粮大省的资源优势，做精做细农产品加工，做大做强绿色食品产业，提高农产品附加值。贯彻落实惠民政策，完善农产品价格机制，保障农民根本利益，提高农民生产积极性，增加农村居民收入。

哈尔滨圣索菲亚大教堂

（二）发展“非能源”产业，调整工业结构

要深挖“非能源”行业发展潜力，通过产品创新、结构优化、转型升级等手段，加快发展高技术产业、战略性新兴产业，摆脱对能源工业的过度依赖。注重科技创新和技术改造，建立健全科技人才培养计划，提高自主创新和科技成果转化能力，降低成本，增加竞争优势，抢占市场份额。

（三）创新驱动，提高投资有效性

要牢牢把握“十大重点产业”的发展方向，推进东部陆海丝绸之路经济带建设，依靠国家政策扶持，吸引资金投入。进一步简政放权，充分调动民间投资者的积极性和主动性，为企业发展创造良好环境以及生存空间，鼓励民间资本进入我省投资兴业。要发展创新驱动力，产业项目定位及资金投放精准，切实提高投资有效性。

（四）打造冰雪旅游品牌，推动服务业快速发展

要继续打造冰雪旅游品牌，增加冰雪旅游场馆建设、健全配套设施，提高服务水平，吸引国内外游客。要顺应消费观念和消费方式的转变，创新服务供给，加快发展教育、文化、旅游、养老、健身等产业，释放居民消费潜力。要建立本地电子商务平台，全力支持电子商务产业发展，提升企业信息化应用水平，促进互联网与传统产业的深度融合，推动服务业快速发展。

（作者：葛新）

专栏：黑龙江省农业发展势头良好 城乡居民收入实现历史突破

2015年，在经济发展仍面临较大下行压力情况下，黑龙江省认真贯彻党中央、国务院社会经济发展战略方针，振兴东北的工作部署，发挥自身优势，挖掘释放发展潜力，经济在预期中运行，农业继续保持良好发展势头，城乡居民收入稳步提高，并实现历史突破。

一、粮食总产量连续稳定增长，全国产粮第一大省地位稳固

（一）农业生产喜获丰收，粮食产量再创新高

2015年，在省委、省政府的正确领导下，黑龙江省按照“稳粮增收调结构、提质增效转方式”的要求部署，优化调整种植结构，落实提质增效措施，战胜了春涝低温、伏旱、有效积温减少等诸多不利气象因素，全省粮食总产量再创新高。2015年黑龙江省粮食总产量为1264.8 亿斤，比上年增加16.4亿斤，增长1.3 %。

今年黑龙江省粮食丰收是在连续七年特大丰收基础上再创的历史新纪录。2011年黑龙江省粮食产量超越河南省，成为全国第一产粮大省。2015年黑龙江省粮食产量超过河南省51.4亿斤。2015年与2010年相比，黑龙江省粮食增产262.2亿斤，占全国增量的18%；年均增长4.8%，高于全国平均增速2.2个百分点，也高于产量列第二位的河南省2.6个百分点，高于第三位的山东省3.1个百分点。

（二）种植结构调整、播种面积增加、生产条件改善共促粮食增产

高产作物种植面积增加是粮食增产主因。2014年国家在黑龙江省实施的大豆目标价格补贴政策，由于补贴标准较低，种植大豆经济效益仍远低于玉米，2015年农民种植大豆积极性不高，大豆种植面积继续下降，同时，玉米播种面积增加，对粮食增产带动作用较大。据2015年黑龙江省粮食产量抽样调查调查结果，玉米种植面积为8731.4万亩，比上年增加571.1万亩，占粮食播种面积比重为49.5%，比上年提高3个百分点；大豆种植面积为3600.9万亩，比上年减少264.2万亩，所占比重为20.4%，比上年下降1.6个百分点。由于种植结构调整，粮食增产20亿斤。

粮食播种面积增加助推粮食增产。2015年，黑龙江省始终把落实强农惠农政策作为头等大事来抓，严格程序，规范运作，不折不扣地落实到位。省委、省政府连续12年下发了贯彻落实中央1号文件的实施意见，并在保持原有惠农政策不变的基础上，出台了一系列含金量高的扶持政策。利用两大平原现代农业综合配套改革试验契机，加大资金整合力度，重点投向粮食生产重点领域和关键环节。政策支持和资金投入力度持续加大，进一步调动了农民发展粮食生产积极性，粮食播种面积不断扩大。据2015年黑龙江省粮食产量抽样调查调查结果，黑龙江省粮食播种面积增加102.9万亩，致使增产7.3亿斤。

生产条件改善提升稳产能力。2015年气象条件整体不如去年，5至9月全省平均气温17.9℃，比去年低0.1℃；平均降水量为459毫米，比去年同期少7.8毫米；有效积温2535℃，比2014年同期低121.2℃。个别地方遭受了风灾，作物倒伏较为严重。由于气象条件不利，造成了2015年黑龙江省主要粮食作物单产水平下降。但生产条件的改善助推了粮食稳产。2015年，黑龙江省加大粮食生产资金投入力度，仅春耕期间就突破650亿元，比上年增加30亿元，投入标准是近年来最高的一年。黑龙江省利用两大平原现代农业综合配套改革试验整合资金5.7亿元，加快水稻育秧大棚和智能催芽基础建设，全省水稻催芽大棚化育秧比例达到74.8%，智能化催芽实现全覆盖，分别比上年提高6.3个百分点和19.3个百分点。全省五大粮食作物模式化栽培面积超过1.8亿亩，落实玉米“双增二百”科技行动任务面积3000万亩，大力推广玉米通透密植技术、大垄双行栽培技术、地膜覆盖技术、育苗移栽技术。深入推进农业科技成果转化应用，积极开展农业生产减化肥、减农药、减除草剂工作，围绕提高农药化肥施用效率和农业绿色增产模式开展科技攻关，实

施重大农业技术推广项目183个，建设了200多个农业科技创新集成与示范基地；推广测土配方施肥技术面积1亿亩，比上年增加500万亩。这一系列有效技术的采用和措施实施，很大程度抵消了不利气象条件对粮食作物单产的影响。据2015年黑龙江省粮食产量抽样调查调查结果，主要粮食作物单产与去年相比仅略有下降，水稻下降0.5%，玉米下降1.1%，大豆下降0.1%，单产下降仅使总产量减少10.9亿斤。

二、黑龙江省城乡居民生活水平稳步提高

（一）全省居民收入实现稳定增长，全体居民人均可支配收入增长6.8%

2015年，黑龙江省全体居民人均可支配收入为18593元，比上年增长6.8%。其中，人均工资性收入为9182元，同比增长4.4%，对可支配收入增长的贡献率为32.6%，拉动全年可支配收入增长2.2个百分点；人均经营净收入为4463元，同比增长6.0%，对可支配收入增长贡献率为21.3%，拉动可支配收入增长1.5个百分点；人均转移净收入为3956元，同比增长15.4%，对可支配收入增长的贡献率为44.5%，拉动可支配收入增长3.1个百分点；人均财产净收入为992元，同比增长1.9%，对可支配收入增长的贡献率仅为1.6%。

（二）多重利好拉动居民收入稳步提高，城乡分别突破2万、1万大关

2015年，黑龙江省城镇常住居民人均可支配收入达到24203元，农村常住居民人均可支配收入达到11095元，城乡常住居民收入分别突破了2万元和1万元大关，实现了历史性跨越。

1. 城镇常住居民可支配收入增长7%。2015年黑龙江省城镇常住居民人均可支配收入为24203元，同比增加1594元，增长7.0%。其中，人均工资性收入为14372元，比上年增长4.6%；人均经营净收入为2527元，比上年增长4.4%；人均财产净收入为1341元，比上年增长1.7%；人均转移净收入为5963元，比上年增长16.3%。

今年以来，省委、省政府加大力度提高工资、养老金、离退休金水平，加快民生改善进程，黑龙江省城镇居民生活水平得到了稳步提高。一是工资及津补贴标准大幅提升助推收入稳定增长。近两年，黑龙江省相继出台了多项增资政策，如调整机关事业单位津贴补贴调控线、基本工资标准和增加机关事业单位离退休人员离退休费3个实施方案、调整全省最低工资标准等政策，森工系统调整等级工资等。工资薪酬标准的调高以及补发拉动了机关事业单位、企业和个体私营单位职工工资收入增长。调查显示，2015年黑龙江省城镇常住居民人均按月发放工资比上年增长3.2%，补发工资增长1.6倍。城镇居民工资性收入对可支配收入增长贡献率为39.6%，拉动可支配收入增长2.8个百分点。二是民生保障力度加大拉动转移性收入快速增长。2014—2015年黑龙江省出台了调整企业退休人员基本养老金、调整失业保险金标准、提高城乡低保标准、财政补助水平和农村五保供养标准等政策。按照省政府办公厅及相关部门下发的文件要求，各市县不同程度上调了最低生活保障、医疗保险报销救助、高龄补贴及其他社会救助标准等。民生保障力度加大是拉动全省城镇居民增收的重要因素，也是今年民生工作的一个最大亮点。抽样调查显示，2015年城镇居民人均转移净收入对可支配收入增长贡献率达52.4%，拉动可支配收入增长3.7个百分点；人均养老金或离退休金为6682元，比上年增长17.7%；政策性生活补贴增长17.4%。三是经济发展企稳回升支撑经营收入增长。近两年受国际和国内经济大环境影响，黑龙江省经济发展增速回落，2015年在经济发展仍然存在诸多困难和不确定因素的复杂经济形势下，省委、省政府全力推进“五大规划”和“十大重点产业”，加快“龙江丝路带”建设，使全省经济企稳，强力支撑了城镇居民家庭经营收入稳步增长。调查显示，2015年我省城镇居民经营净收入人均2527元，比上年增长4.4%，其中，第三产业人均为2116元，比上年增长3.0%；第一产业人均为276元，比上年增长22.0%；第二产业人均为134元，比上年下降4.1%。

2. 农村居民可支配收入增长6.1%。2015年全省农村常住居民人均可支配收入为11095元，比上年增加

642 元，增长 6.1%；其中，工资性收入为 2247 元，比上年增长 2.7%；经营净收入为 7050 元，比上年增长 6.9%；财产净收入为 525 元，比上年增长 2.5%；转移净收入为 1273 元，比上年增长 10.2%。

黑龙江省各级政府和有关部门加大“三农”投入力度，推进土地规模经营和种植结构调整，农民收入一直保持较快增长。2015 年，农业种植结构中优质高产作物继续增加，粮食产量持续增长，同时畜禽产品中生猪价格企稳回升，对农民增收起到拉动作用。一是种植结构优化确保农民稳定增收。2015 年，黑龙江省大力推进种植结构调整，引导农民种植高效、高附加值、适应市场需求的产品。水稻种植面积保持稳定，高产玉米面积大幅增加，大豆面积减少，全年农业生产再获丰收，粮食产量增加部分弥补了农民因玉米价格下降造成的损失。二是现代化种植方式有效降低生产成本，提高生产效率，使农民增收。这是在粮价下滑形势下，农民收入依然保持稳定增长的一个重要因素。调查显示，2015 年黑龙江省农村居民人均农业经营净收入比上年增长 13.0%。三是工资收入拉动农民收入增长。随着土地流转进程加快，黑龙江省农村剩余劳动力增多，农民外出或本地务工人数增加，同时部分市县乡村干部、教师、行政事业单位人员工资标准上调，从而保证了农民工资性收入的增长。四是政策扶持力度加大促进农民增收。随着强农惠农政策不断推出，黑龙江省农村居民转移性收入快速增高。具体表现在：为种植大豆农民每亩地发放 60 元的种植补贴，提高农村最低生活保障标准、农村社会养老金标准，医疗、贫困子女就学和其他社会救助标准稳步提升且覆盖范围不断扩大等，促使全年转移净收入高速增长，拉动可支配收入增长 1.1 个百分点。五是畜禽业好转拉动农民增收明显，特别是生猪价格企稳回升，对农民增收起到了关键作用。

2015 年，在经济发展存在多种不利因素的形势下，黑龙江省委、省政府领导全省坚持稳中求进的工作总基调，发挥优势谋发展，在调结构、转方式、惠民生、补短板上下功夫，全省经济发展态势总体向好，为城乡居民收入的稳步增长提供了动力源泉。按照 2000 年的不变价格计算，2015 年城乡常住居民的可支配收入分别为 17305 元和 7161 元。根据十六大报告中提出的城镇居民人均可支配收入 1.8 万元（按 2000 年不变价格）和农村居民人均可支配收入 8000 元（按 2000 年不变价格）这两项全面建成小康社会的标准来看，黑龙江省城乡常住居民收入距离实现目标指日可待。

（撰稿人：谭波）

上海市经济社会发展报告

2015年，在党中央、国务院和中共上海市委、市政府的坚强领导下，面临错综复杂的外界环境，上海凝心聚力、攻坚克难，全力推进“创新驱动发展、经济转型升级”。在各方共同努力下，上海经济继续运行于合理区间，保持较为平稳的基本面，转型升级取得显著成效。

一、2015年上海经济总体保持平稳

2015年，在严峻复杂的外部环境下，本市经济增长稳中趋缓。初步核算，全年本市生产总值（GDP）完成24964.99亿元，按可比价格计算，比上年增长6.9%，增速比上年回落0.1个百分点。其中，第一产业增加值109.78亿元，下降13.2%；第二产业增加值7940.69亿元，增长1.2%；第三产业增加值16914.52亿元，增长10.6%。从各季度走势看，一季度GDP低开，仅比上年同期增长6.6%，上半年增速回升至7.0%，三季度放缓至6.8%，但四季度随着工业生产的回暖和金融市场的稳定，GDP增速企稳回升。上海经济运行的态势，与全国的走势基本吻合（见图1）。

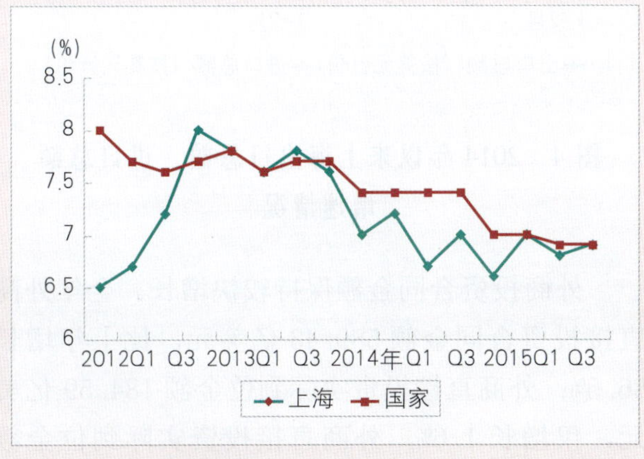

图1　2012年以来上海与全国经济增长走势情况

（一）第三产业加快发展，工业生产“阵痛”延续

第三产业加快发展。全年上海第三产业增加值16914.52亿元，比上年增长10.6%，增速同比提高1.8个百分点。主要行业中，金融业冲高和房地产业回暖成为服务业增速提高的重要力量，全年金融业和房地产业增加值分别增长22.9%和9.0%。此外，信息传输、软件和信息技术服务业增加值增长12.0%，交通运输、仓储和邮政业增加值增长7.3%，批发和零售业增加值增长4.3%，而住宿和餐饮业增加值下降0.6%。

工业生产“阵痛”延续。全年规模以上工业总产值31049.57亿元，比上年下降0.8%，而上年为增长1.6%（见图2）。规模以上工业增加值增长0.2%，增速比上年回落4.3个百分点。六个重点行业工业总产值为20769.44亿元，下降0.2%。其中，仅电子信息产品制造业、成套设备制造业和生物医药制造业实现增长，其他三个行业均表现低迷（见表1）。与此同时，受整体工业发展不振的影响，本市战略性新兴产业制造业总产值8064.12亿元，下降1.1%。

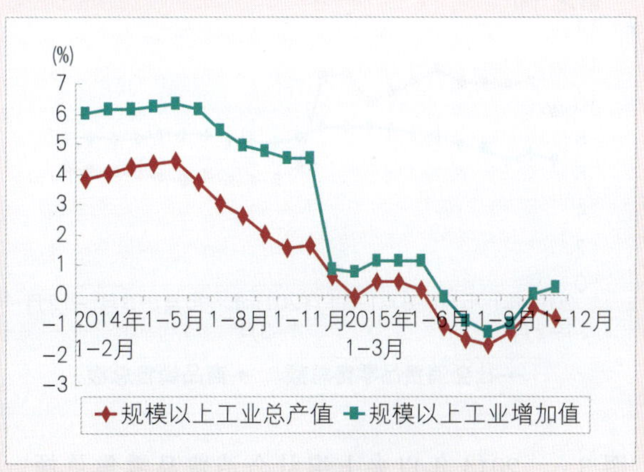

图2　2014年以来上海规模以上工业总产值工业增加值增速情况

表 1　2015 年上海六个重点工业行业生产情况

指标	绝对值（亿元）	比上年增长（%）
规模以上工业总产值	31049.57	-0.8
#六个重点行业工业总产值	20769.44	-0.2
电子信息产品制造业	6159.55	-1.8
汽车制造业	5168.22	-2.3
石油化工及精细化工制造业	3375.31	7.1
精品钢材制造业	1159.53	-7.6
成套设备制造业	4001.94	0.3
生物医药制造业	904.89	2.0
成套设备制造业	4001.94	0.3
生物医药制造业	904.89	2.0

（二）固定资产投资平稳增长，消费品市场基本趋稳

固定资产投资平稳增长。全年固定资产投资总额 6352.70 亿元，比上年增长 5.6%，增速比上年回落 0.9 个百分点。从产业投资看，第三产业投资比重提高。第三产业投资总额占比达到 84.8%，比重同比提高 4.2 个百分点；第二产业投资总额占比为 15.1%。从投资领域看，城市基础设施投资增长较快。城市基础设施投资增长 34.8%，房地产开发投资增长 8.2%，工业投资下降 17.2%。

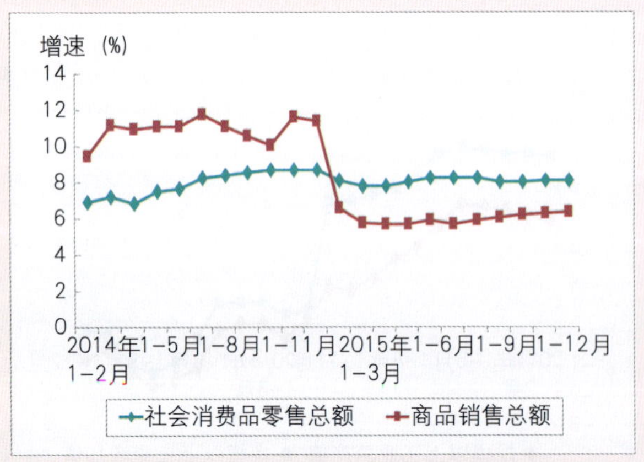

图 3　2014 年以来上海社会消费品零售总额、商品销售总额增速情况

消费品市场基本趋稳。全年社会消费品零售总额 10055.76 亿元，比上年增长 8.1%。分行业看，批发和零售业零售额增速快于住宿和餐饮业，分别增长 8.2% 和 7.3%。分经济类型看，外商投资经济零售额增长 10.6%，增速分别高于国有经济和私营经济 3.1 个和 2.2 个百分点。全年商品销售总额 93406.57 亿元，比上年增长 6.4%，增速同比回落 5.0 个百分点（见图 3）。

（三）货物贸易持续低迷，合同外资快速增长

货物贸易进出口总额仍处于下降通道。全年上海货物进出口总额为 28060.88 亿元，比上年下降 2.1%。其中，货物进口总额 15832.33 亿元，增长 0.5%；货物出口总额 12228.55 亿元，下降 5.3%（见图 4）。从出口主体结构看，上海外商投资企业占比最高，外商企业的出口额占本市出口额总量的 67.1%。从出口方式看，一般贸易出口下降 3.7%，降幅小于加工贸易出口 3.7 个百分点。一般贸易出口与加工贸易出口的比重逐渐趋于平衡，分别为 42.6% 和 42.8%。

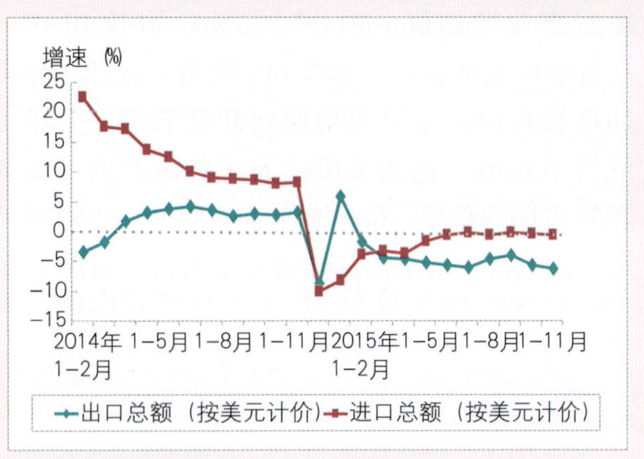

图 4　2014 年以来上海出口总额、进口总额增速情况

外商投资合同金额保持较快增长。全年外商直接投资合同金额 589.43 亿美元，比上年增长 86.5%；外商直接投资实际到位金额 184.59 亿美元，仅增长 1.6%。外商直接投资实际到位金额增幅较小的主要原因为受自贸区公司注册资本认缴登记制试行、放宽注册资金登记条件、公司股东出资缴足期限限制取消等因素影响。

（四）财政收入较快增长，货币信贷运行平稳

财政收支保持较快增长。全年一般公共预算收入 5519.50 亿元，比上年增长 13.3%；一般公共预算支出 6191.56 亿元，增长 19.5%。对重点项目的保障力度进一步加大，其中，城乡社区支出、医疗卫生与计划生育支出分别增长 46.5% 和 14.6%（见表 2）。

表 2　2015 年上海地方财政收支情况

指标	绝对值（亿元）	比上年增长（%）
一般公共预算收入	5519.50	13.3
#增值税	1012.80	4.5
营业税	1215.49	21.3
企业所得税	1104.08	17.1
个人所得税	487.61	19.3
契税	270.99	26.4
一般公共预算支出	6191.56	19.5
#一般公共服务	259.84	4.4
公共安全	269.20	7.3
教育	767.32	0.4
社会保障和就业	543.16	5.6
医疗卫生与计划生育	303.46	14.6
城乡社区	1173.88	46.5

货币信贷运行基本平稳。年末本市中外资金融机构本外币存款余额 103760.60 亿元，比上年末增长 14.4%；中外资金融机构本外币贷款余额 53387.21 亿元，增长 10.1%。全年新增本外币各项存款 13328.75 亿元，同比少增 199.07 亿元；新增本外币各项贷款 4880.58 亿元，同比多增 984.06 亿元。全年新增人民币个人消费贷款 1997.95 亿元，同比多增 1077.11 亿元，其中住房按揭贷款新增 1506.98 亿元，同比多增 931.38 亿元。

（五）居民消费价格温和上涨，工业生产者价格持续下降

居民消费价格保持温和上涨。全年居民消费价格比上年上涨 2.4%，涨幅同比缩小 0.3 个百分点。八大类商品价格同比“六升两降”（见表 3）。其中，衣着类价格上涨 7.8%，继续领涨；居住类价格位居第二，上涨 4.6%。

表 3　2015 年上海居民消费价格分类同比指数

项目名称	指数	比上年上涨（%）
居民消费价格总指数	102.4	2.4
#服务项目价格指数	103.2	3.2
#消费品价格指数	102.0	2.0
食品	102.9	2.9
烟酒	104.2	4.2
衣着	107.8	7.8
家庭设备用品及维修服务	102.9	2.9
医疗保健和个人用品	99.3	-0.7
交通和通信	97.6	-2.4
娱乐教育文化用品及服务	100.3	0.3
居住	104.6	4.6

工业生产者价格和购进价格继续下降。全年工业生产者出厂价格比上年下降 3.9%，降幅同比扩大 2.8 个百分点；工业生产者购进价格下降 9.4%，降幅扩大 5.3 个百分点。工业品价格持续下降的走势反映出工业品市场需求依然疲软。

（六）居民收入增速略有放缓，就业形势基本平稳

据抽样调查，全年本市居民人均可支配收入 49867 元，比上年增长 8.5%，扣除价格因素，实际增长 6.0%。从收入构成看，工资性收入 30499 元，增长 6.1%；经营净收入 1319 元，下降 4.2%；财产净收入 7173 元，增长 10.3%；转移净收入 10876 元，增长 16.5%。全年城镇常住居民人均可支配收入 52962 元，增长 8.4%，扣除价格因素，实际增长 5.9%；农村常住居民人均可支配收入 23205 元，增长 9.5%，扣除价格因素，实际增长 6.9%。

全年本市新增就业岗位 59.66 万个，其中，农村富余劳动力实现非农就业 10.33 万个。截至

12 月底，本市城镇登记失业人数 24.81 万人，比上年末减少 0.82 万人。

二、2015 年上海经济转型发展成效进一步释放

2015 年，随着“创新驱动发展、经济转型升级”的深入推进，上海经济发展加速向形态更高级、结构更合理、分工更细化的阶段演化转变，推动经济发展方式从规模速度型转向质量效益型，经济结构从增量扩能转向存量调整、做优增量并存，经济发展动力从传统增长点转向新增长点，经济转型成效进一步释放。

（一）从经济阶段看，上海经济进入新常态

第一，产业结构不断优化。2015 年，本市服务经济为主的产业结构进一步巩固。全年上海第三产增加值比上年增长 10.6%，占本市 GDP 的比重达到 67.8%，比上年提高 3.0 个百分点。高附加值的现代服务业保持较快发展。1～11 月，互联网和相关服务企业营业收入比上年同期增长 31.4%，软件和信息技术服务业企业营业收入增长 19.4%，均远高于规模以上社会服务业营业收入 7.5% 的平均增速。

第二，经济增长效益较好。2015 年，尽管上海经济增速缓中趋稳，但是经济效益不断提升。一是财政收入增速持续高于经济增速。全年本市一般公共预算收入比上年增长 13.3%。其中，第三产业财政收入增长 15.4%，占地方财政收入的比重为 80.7%，比上年同期提高 1.8 个百分点。二是企业效益相对较好。规模以上社会服务业企业的营业利润增速继续维持在较高水平，全年同比增长 28.3%；受益于工业结构调整和盈利方式多元化，工业企业主营业务收入利润率为 7.8%，明显高于全国平均水平。

（二）从内生增长看，经济增长驱动力发生转换

第一，新业态、新模式促进商贸发展。2015 年以来，上海在深化商业转型升级和促进消费等政策效应的推动下，电子商务、平台经济等新兴商贸业态、模式蓬勃发展，成为商贸运行总体平稳的关键因素。全年本市无店铺零售业态实现零售额比上年增长 26.9%，增速高出社会消费品零售总额 18.8 个百分点。其中，网上商店实现零售额增长 31.6%，占社会消费品零售总额比重从上年的 9.4% 提高至 10.9%。

第二，新领域、新融资推动投资增长。从投资内容看，第三产业投资占主导地位。全年第三产业投资占本市固定资产投资总额的比重为 84.8%，比上年提高 4.2 个百分点。其中，金融业投资额增长 19.2%，信息传输、软件和信息技术服务业投资增长 15.7%，均领先于其他领域投资增速。从投资方式看，随着上海金融建设的深入推进，极大丰富了企业融资方式和组合，IPO、企业债、股权融资、互联网金融等融资方式从不同层面满足各类企业资金需求。

（三）从对外联系看，经济开放进一步深化

第一，“走出去”快于“引进来”。上海逐渐从单边引进外资走向“引进来”与“走出去”协同发展。全年上海对外直接投资总额比上年增长 2.8 倍，远高于吸收外商直接投资金额 86.5% 的增速。特别是在服务业的资本流动方向上，“引进来”和“走出去”的双渠道交流更加畅通。在本市对外直接投资中，商务服务业占总额的 28.8%，信息传输、计算机服务和软件业占 20.7%。

第二，自贸区对外资吸引力较大。2015 年以来，随着中国（上海）自由贸易试验区扩区和管理体制调整落实到位，自贸区吸收外商投资大幅增长。全年扩区后的上海自贸试验区吸引外商直接投资合同金额 396.26 亿美元，占本市比重达到 67.2%。同期，自贸试验区跨境人民币结算总额达到 12026.4 亿元，比上年增长 2.7 倍。

（四）从城市竞争力看，城市主体功能继续提升

上海在建设“四个中心”及具有全球影响力的科技创新中心的过程中，加速集聚城市服务功

能、资源。一是城市科技创新资源不断汇集。年全市用于研究与试验发展（R&D）经费支出 925 亿元，相当于全市生产总值的比例为 3.7%，相当于发达国家水平。二是城市金融规模不断壮大。全年上海金融期货交易所成交额增长 1.5 倍，银行间市场成交额增长 94.8%，上海黄金交易所成交额增长 68.8%，上海证券交易所股票成交额大幅增长 2.5 倍。三是贸易规模进一步扩大。全年完成电子商务交易额同比增长 21.4%，关区货物进出口总额占全国的比重超过五分之一。全年服务贸易进出口总额（按国际收支统计口径）增长 12.2%，占全市对外贸易总额的比重为 30.3%，同比提高 3.0 个百分点。四是城市航运地位不断巩固。面临全球航运业普遍低迷的大环境，全年上海港口货物吞吐量达到 71739.64 万吨，规模位居世界前列；港口国际集装箱吞吐量 3653.70 万国际标准箱，连续第六年居全球第一。

“十二五”时期，面对国内外环境的复杂变化和重大风险挑战，上海紧紧围绕建设“四个中心”和社会主义现代化国际大都市的总体目标，坚持科学发展、推进“四个率先”， 以深化改革扩大开放为强大动力，以保障和改善民生为根本目的，坚持创新驱动、转型发展，“十二五”规划确定的主要目标和任务胜利完成。“十二五”时期，全市生产总值年均增长 7.5%，人均生产总值突破 10 万元；地方财政收入比“十一五”期末增长 92.1%，年均增长 13.9%；商品销售总额突破 9 万亿元，年均增长 13.9%。

千磨万击还坚劲，任尔东西南北风。2016 年是实施“十三五”规划的第一年。上海将按照中央经济工作会议、中央城市工作会议精神和十届市委十次全会部署，围绕树立和贯彻创新、协调、绿色、开放、共享的发展理念，适应经济发展新常态，坚持改革开放，坚持稳中求进工作总基调，坚持稳增长、调结构、惠民生、防风险，推进供给侧结构性改革，推进创新驱动发展、经济转型升级，促进经济社会持续健康发展，为完成“十三五”发展目标任务打下扎实基础。

上海东方明珠（摄影：王泰龙）

专栏：上海科技创新中心建设全面启动

2014 年 5 月，习近平总书记在上海调研时要求上海加快向具有全球影响力的科技创新中心进军。这是以习近平同志为总书记的党中央在新形势下对上海的新要求，已列入国家“十三五”规划纲要，成为国家战略。2014 年下半年，上海围绕推进科创中心建设这一主题开展一系列密集调研和准备工作。2015 年初，“大力实施创新驱动发展战略、加快建设科技创新中心”被列为上海市委年度唯一课题，此后，上海科创中心建设加速开启，各项利好政策措施纷纷出炉，创新成效逐步显现。

一、科创中心建设全面启动，政策扶持力度空前

2015 年 5 月 25 日，上海市委市政府发布《关于加快建设具有全球影响力的科技创新中心的意见》，提出 2020 年前形成科创中心基本框架体系，2030 年前形成科创中心城市核心功能的奋斗目标。在建立市场导向的创新型体制机制、建设创新创业人才高地、营造良好的创新创业环境、优化重大科技创新布局等方面提出具体 22 条相关意见，标志着上海建设科创中心的全面启动。

此后，上海又在人才、科技金融、科技成果转化等方面陆续出台实施了一批相关配套政策，对科创领域的扶持力度可谓空前。在人才方面，出台了如降低外籍人才永久居留证申办条件，缩短国内人才居住证专户籍年限（从 7 年缩短至最低 2 年），定向微调非户籍人才住房限购等政策；在科技金融方面，出台了如开展“股权 + 银行贷款”和“银行贷款 + 认股权证”等多种形式的股权与债权相结合的融资方式创新，设立一家注册资本金 50 亿元的大型政策性融资担保基金等政策；在科技成果转化方面，出台了如科研成果使用、处置和收益权进一步下放到研发团队，允许研发团队市场化方式确定科技成果价格，提高股权奖励的比重（可超过 50%），用于股权奖励的激励额可超过近 3 年税后利润形成的净资产增值额的 17.5% 等政策。

可以说，相关政策的出台实施，为全面落实中央关于上海要加快向具有全球影响力的科技创新中心进军提供了保障和动力。

二、“双自联动”方案出炉，张江园区成科创中心“主战场”

上海张江国家自主创新示范区是 2011 年国务院批准建设的第三个国家自主创新示范区。目前，张江国家自主创新示范区面积 531 平方公里，上海自贸区面积 120.7 平方公里，两大国家战略园区有约 65 平方公里的叠加区域。“双自”园区的交错融合，为创新政策叠加、体制机制共用、服务体系共建提供了机遇。2015 年 11 月，上海出台《关于加快推进中国（上海）自由贸易试验区和上海张江国家自主创新示范区联动发展的实施方案》，为对接科创中心建设，构建高效的“双自联动”机制，该方案提出了 10 项重点创新试点事项，分别涉及科创所需要的机构、资金、技术、人才四方面创新要素。具体是：探索完善高新技术企业和技术先进性服务企业认定管理办法，开展创新药物上市许可持有人制度试点，建设国际化创新创业孵化平台，探索运用电子围网等方式创新保税研发模式，建立张江空运货物服务中心，推进集成电路全产业链保税监管模式，探索开展进口高端装备再制造试点，探索境外风险投资基金直接投资境内创新企业，完善研发技术服务的非贸付汇政策，建设面向国际的知识产权交易服务平台。

纵观全球典型科技创新中心，如美国加利福尼亚州的“硅谷”，慕尼黑生物科技产业集群，纽约服务业科技创新集群和印度班加罗尔的 IT 产业集群，均是一些具有创新活力、强大凝聚力和国际影响力的集群区域或中心。而张江高科技园区作为国内创新龙头，已经集聚了一批重大科学设施和科研机构，如上海光源，国家蛋白质中心，中科院，上海科技大学等，有着科技创新得天独厚的优势和资源。在“双自联动”发展方案的基础上，张江建设综合性国家科学中心方案也已获国务院批准，其任务是打造高度集聚的重大科技基础设施群，建设有国际影响力的大学和科研机构，开展多学科交叉前沿研究，探索建立国家科学中心运行管理新机制等。可见，张江已成为上海建设全球科创中心的“主战场”和“核心区”。

三、科技创新项目成果涌现，创新创业环境不断优化

（一）重点产业扶持基金助推发展

上海组建三支共500亿元规模的集成电路产业基金，其中300亿为集成电路制造基金，主要用来支持在上海兴建新一代超大规模集成电路生产线，100亿专注于集成电路材料产业，另外100亿用来并购海内外优秀的集成电路设计企业。目前，上海已初步形成较为完整的集成电路产业体系，产业规模快速扩张，产业结构不断优化。2015年，上海集成电路产业实现销售收入950.15亿元，比上年增长15.6%，其中封装测试业占比从上年37.7%下降至35%，设计业、芯片制造业和设备材料业占比从上年62.3%上升至65%。

国家先进制造业产业投资基金成立，首期规模200亿元，作为我国制造业重地的上海将受益匪浅。借此东风，上海对先进制造业发展加快谋篇布局，推出《关于推进供给侧结构性改革，促进工业稳增长调结构促转型的实施意见》，其中发展先进制造业是重中之重。如提出实施千项工业精品创造计划，包括300项高端装备自主突破、300项新一代信息技术成果产业化、200项新材料首批次应用、200项消费品改善供给。

（二）重大科技基础设施和服务平台建设扎实推进

全球生命科学领域首个综合性大科学装置——国家蛋白质科学研究（上海）设施通过国家验收。这是继上海光源后第二个落户上海张江的国家重大科技基础设施，总建筑面积3.3万平方米，完成总投资7.56亿元人民币。该研究设施集成了具有不同空间和时间分辨率的仪器和设备，形成了蛋白质研究的先进体系，在分析精度、检测极限和处理通量上均取得了突破，居于国际领先水平。

国家技术转移东部中心落户上海开始运营。东部中心集技术交易、孵化引导、科技金融、国际对接等功能于一体，是国家科技部和上海市政府共同设立的区域技术转移平台。其主要业务：一是建设基础网点服务平台的中心主体；二是打造海外收购最优质的全要素平台；三是建设全国高校技术市场，加快学校研究与产业市场。目前东部中心搭建国内外技术转移渠道 37 个，形成开放创新、软着陆、高校成果转化、东部智库、东部资金池、行业服务包、东部众创和东部实验室的八大特色服务包。

（三）重大科技专项成果产业化进程加快

在上海加快建设科创中心相关的22条意见中明确提出要实施一批重大战略项目，如集成电路制造、高端医疗装备、北斗导航、大飞机等。由此，相关领域科技成果产业化进程明显加快。

集成电路装备方面，极大规模集成电路制造装备与成套工艺国家科技重大专项“40-28纳米集成电路制造用300毫米硅片”项目在上海临港地区启动。预计2017年底完成大硅片量产技术攻关，实现15万片／月产能建设，打破我国大尺寸硅材料基本依赖进口的局面；上海先进半导体公司与深圳比亚迪微电子有限公司签订建立战略产业联盟合作协议，共同打造IGBT（绝缘栅双极型晶体管）国产化产业链，新能源汽车芯片国产化进程有望持续加快；上海华力微电子建设12英寸集成电路生产线项目顺利通过竣工验收。

高端医疗设备方面，产业规划重点是要加快高端医疗影像和诊断、微创植（介）入器械、精密治疗和康复设备等产品研发。如微创电生理医疗科技有限公司自主研发的首家国产磁定位全弯段显示三维心脏电生理标测系统，创领心律医疗研发制造的具有国际化的质量和功能的植入式心脏起搏产品，上海品瑞医疗器械设备公司研发的基于智能化、精准化、无痛化治疗方向的磁致伸缩牙科综合治疗仪等。

北斗导航方面，上海北伽导航公司研制的中国首颗40纳米北斗多模射频基带一体化芯片将于近期规模化投放市场。目前上海已初步建成重点车辆监控、大众位置服务、社区矫正监管、智能公交应用、高精度位置服务、WiFi室内定位等六大应用系统，部署完成近8万台套北斗终端，引领全国北斗导航产业发展。2015年，上海北斗卫星导航产业规模超过50亿元，增速超过20%。

大飞机方面，2015年11月，我国首架用于中短程的ARJ21喷气式支线客机交付使用，而首架用于中远程的C919大型客机也总装下线，这两架客机研制均具有完全自主知识产权，标志着我国客机项目工程研制

发展取得了阶段性成果，也是建设科创中心的里程碑工程。

（四）创新创业环境不断优化

一是着力缓解中小微企业融资压力。上海股权托管交易中心科技创新板正式推出，致力于为科技型、创新型中小微实体企业，提供融资、交易、重组并购等综合金融服务。2015 年底，首批挂牌企业共 27 家，其中，科技型企业 21 家，创新企业 6 家，19 家企业处于初创期。

二是大力发展众创空间。2015 年底，上海共建立创新创业服务组织 450 余家，其中创业孵化苗圃 71 家，孵化器 149 家、新型孵化器 62 家、新型创业服务组织 209 家。90% 的孵化器为社会力量办，55 家孵化器单位纳入国家级孵化器管理。2015 年各类众创空间开展服务活动超过 3000 项，在孵企业数超过 8000 家。

三是切实培育创新创业人才。上海启动实施新一轮鼓励创业带动就业三年（2015-2017 年）行动计划，目标是三年内帮扶引领创业 3 万人，其中青年大学生不少于 2 万人，实施创业教育培训 10 万人，创业带动就业 20 万人；到 2017 年末，培育市级创业孵化示范基地 80 家。2015 年，该计划已帮助 1.1 万人成功创业，居民整体创业活动率为 11.5%，比上年提升 1.1 个百分点。

四、科创中心建设辐射效应初显，上海经济社会发展“稳中提质”

（一）经济结构转型升级

2015 年，上海产业结构调整成效显著，第三产业增长加快，增加值为 16914.52 亿元，增长 10.6%，占全市经济的比重为 67.8%，比上年提高了 3.0 个百分点；第一产业和第二产业的增加值分别下降 13.2% 和增长 1.2%。第三产业内部结构也进一步优化，金融、信息等现代服务业快速增长，2015 年实现金融业增加值 4052.23 亿元，增长 22.9%，相比上年提高了 8.9 个百分点；信息传输、软件和信息技术服务业增加值 1374.51 亿元，增长 12.0%。新兴产业发展势头强劲，全年战略性新兴产业增加值占全市经济的比重达到 15%。企业盈利状况向好，规模以上社会服务业企业全年营业利润为 1709.28 亿元，增速继续维持在较高水平，同比增长 28.3%；受益于工业结构调整和盈利方式多元化，工业企业主营业务收入利润率为 7.8%，明显高于全国平均水平。

（二）科技信息化步伐加快

2015 年，上海全社会研发经费支出 925 亿元，占全市生产总值的比例达到 3.7%，该指标已达到发达国家水平。每万人口发明专利拥有量为 29 件，同比增长了 22.4%。全年专利授权量为 60623 件，增长 20.1%，其中发明专利授权量为 17601 件，增长 51.5%。年内认定高新技术成果转化项目 603 项，其中电子信息、生物医药、新材料等重点领域项目占 83.4%。全年经认定登记的各类技术交易合同金额 707.99 亿元，增长 6.0%。

2015 年，上海实现信息产业增加值 2747.64 亿元，比上年增长 9.8%。其中信息服务业增加值 1753.49 亿元，增长 12.0%。至年末，全市光纤到户覆盖总量达 910 万户，比上年末增加 69 万户，家庭宽带平均接入带宽达 30M。全市第四代移动通信（4G）网络已基本全覆盖，互联网上网人数普及率为 73.1%，城市公共区域 WLAN 接入热点累计达 14.2 万个。全年完成电子商务交易额 16452 亿元，比上年增长 21.4%。其中，B2B 交易额 12312 亿元，增长 15.7%，占电子商务交易额的 74.8%；网络购物交易额 4140 亿元，增长 42.6%，占 25.2%。市公共信用信息服务平台正式开通运行，至年末，市公共信用信息服务平台已有包含行政机关、司法机关、公用事业单位在内的 99 家信息源单位，归集信息事项 3444 个，基本覆盖全市常住人口及 138 万企业法人、事业法人和社会组织法人。

（作者：朱章海）

江苏省经济社会发展报告

2015年，面对错综复杂的宏观经济环境和艰巨繁重的改革发展任务，全省上下坚持稳中求进工作总基调，主动适应经济发展新常态，全力推进改革开放，妥善应对各种风险挑战，全省经济运行总体平稳、稳中有进、稳中向好，综合实力显著增强，转型升级取得进展，质量效益稳定提高，民生事业持续改善，经济社会发展态势良好。

一、主要经济社会发展指标平稳运行

2015年，全省实现地区生产总值70116.4亿元，同比增长8.5%，增速较上年回落0.2个百分点。其中，第一产业增加值3987.9亿元，增长3.2%；第二产业增加值32043.6亿元，增长8.4%；第三产业增加值34084.8亿元，增长9.3%。从主要经济指标增速看，年内低开稳走，进入四季度后略有回升，但与上年同期相比，大部分指标增速出现明显回落，“新常态”下增速换挡特征明显。

（一）农业生产平稳向好

2015年，全省实现农林牧渔业增加值4209.5亿元，同比增长3.5%，增速比2014年回升0.1个百分点。全年粮食总产量3561.3万吨，比上年增加70.7万吨，增长2%。其中，夏粮总产1271.7万吨，比上年增加17万吨，增长1.4%；秋粮总产2289.7万吨，增产53.7万吨，增长2.4%。畜牧业生产小幅回落。2015年生猪出栏2978.3万头，同比下降3.1%；生猪存栏1780.3万头，同比下降1.1%。家禽出栏量7.4亿只，同比下降2.9%；存栏量3.1亿只，同比下降3.7%；禽蛋产量198.8万吨，同比增长0.9%。渔业生产平稳向好。全年水产品总产量为522.1万吨，同比增长0.6%。

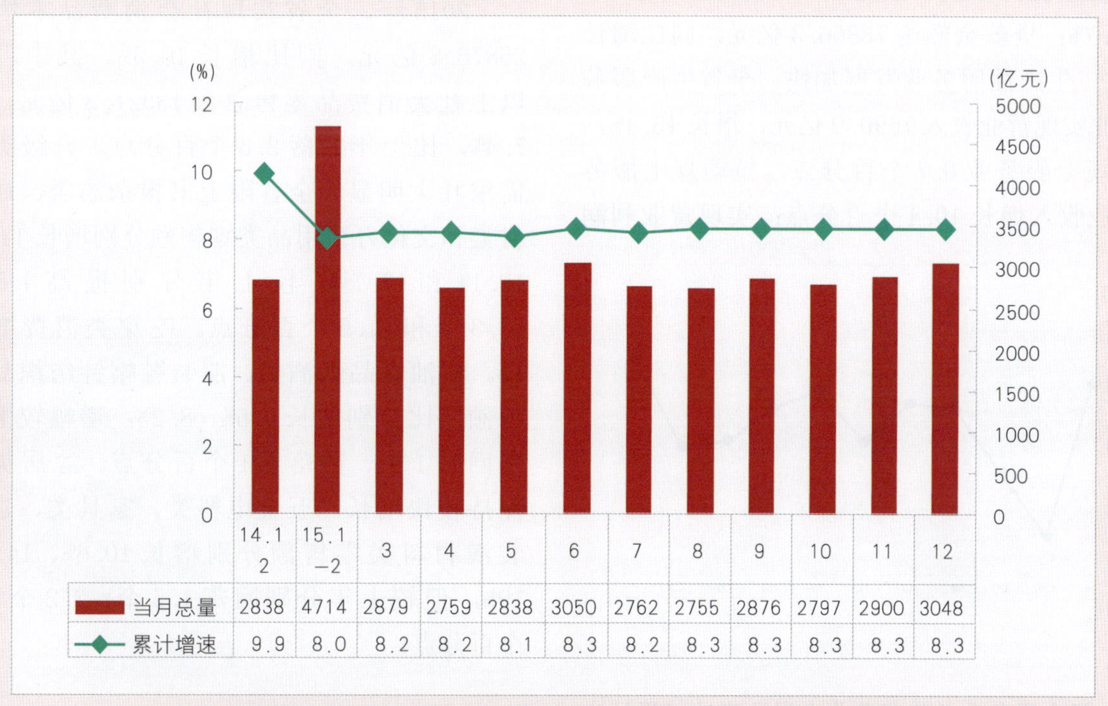

图1 规上工业增加值同比增速（累计）及单月总量

（二）工业运行稳中提质

2015 年，全省实现规模以上工业增加值 33422.5 亿元，同比增长 8.3%。全省规上工业企业实现主营业务收入 14.8 万亿元，同比增长 4.8%；实现利润总额 9617.1 亿元，同比增长 9.1%，总量位居全国首位。高新技术产业稳步提升。全省高新技术产业实现产值 6.14 万亿元，同比增长 7.6%，高于规上工业总产值增速 1.4 个百分点左右，占规上工业产值比重 40.1%，较 2014 年提高 0.6 个百分点。战略性新兴产业发展提速。全省战略性新兴产业实现产值 4.5 万亿元，同比增长 10.7%，高于规上工业产值增速 4.2 个百分点，占规上工业产值比重达 29.4%，较 2014 年提高 0.7 个百分点。

（三）服务业发展稳中有升

2015 年，全省服务业增加值占 GDP 比重达 48.6%，较 2014 年提升 1.6 个百分点。全省规模以上服务业完成营业收入 9867.1 亿元，同比增长 12.4%，高于全国平均增速 5 个百分点；实现营业利润 995.5 亿元，增长 16.3%，增速快于营业收入 3.9 个百分点，增速较上年同期提高 8 个百分点。金融支撑力度明显增强。2015 年末，全省金融机构存款余额达 107873 亿元，同比增长 11.7%；贷款余额达 78866.3 亿元，同比增长 13.4%。生产性服务业发展加快。全省生产服务类行业实现营业收入 7690.9 亿元，增长 13.1%，高于规上服务业 0.7 个百分点，拉动规上服务业营业收入增长 10.4 个百分点；实现营业利润 799.8 亿元，增长 19.1%，高于规上服务业 2.8 个百分点。

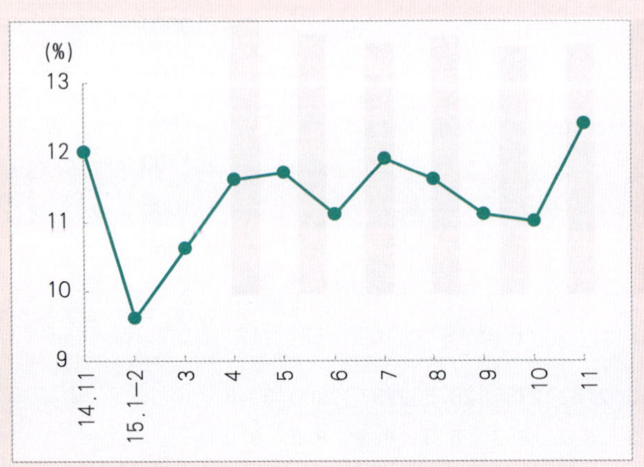

图 2　规上服务业单位营业收入同比增速（累计）

（四）固定资产投资持续增长

2015 年，全省完成固定资产投资 45905.2 亿元，同比增长 10.5%。投资结构持续优化。工业投资较快增长，同比增长 12.4%，高于全社会固定资产投资增幅 1.9 个百分点，增幅比上年同期回升 2.2 个百分点；基础设施投资同比增长 14.2%；房地产开发投资增幅持续回落，同比下降 1.1%，较上年同期回落 14.9 个百分点。技术改造投入明显加快。全省完成技术改造投资 12693.2 亿元，同比增长 24.2%，增速比全部投资快 13.7 个百分点，占投资总量的比重由去年同期的 24.6% 上升到 27.7%，对投资增长的贡献率为 56.8%，同比提升 25.9 个百分点，拉动投资增长 5.9 个百分点。服务业投资持续快增。全省服务业项目投资完成 14628.3 亿元，同比增长 14.2%，占全部投资比重较 2014 年提升 1.1 个百分点，尤其是与民生相关的卫生和社会工作投资同比增长 63.0%，批发和零售业投资同比增长 46.9%。

（五）消费品市场基本稳定

2015 年，全省实现社会消费品零售总额 25876.8 亿元，同比增长 10.3%。其中，限额以上社会消费品零售总额 13321.3 亿元，增长 7.4%，比上年回落 2.3 个百分点。升级类消费需求壮大明显。全省限上书报杂志类、通讯器材类和文化办公用品类零售额分别增长 11.1%、18.1% 和 17.7%，较上年分别提高 4.8 个、13.3 个和 11.6 个百分点。吃穿类消费增势平稳。粮油食品烟酒类、服装鞋帽针纺织品类零售额同比分别增长 9.5%、8.2%，增幅较上年分别回升 1 个、回落 1.1 个百分点。家居类商品保持较快增长。五金电料类、家具类、建筑及装潢材料类零售额分别增长 10.6%、14.5% 和 19%，但较上年分别回落 1.5 个、3.2 个和 0.8 个百分点。

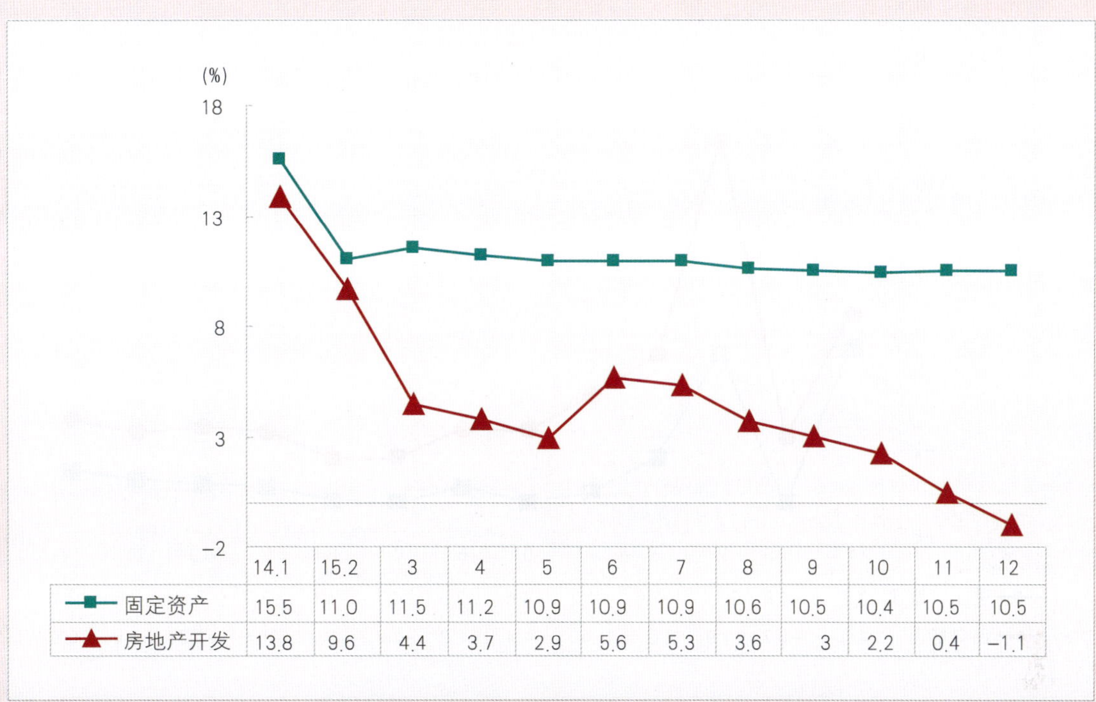

图 3 固定资产、房地产开发投资同比增速（累计）

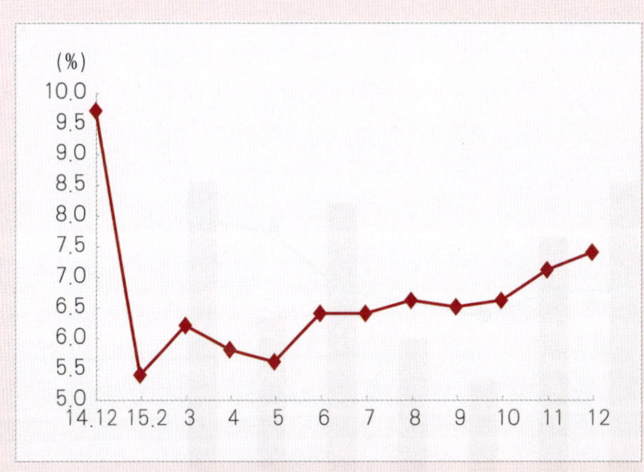

图 4 限上社会消费品零售总额同比增速（累计）

（六）进出口规模小幅收缩

2015 年，全省实现进出口总额 5456.1 亿美元，同比下降 3.2%，增幅高于全国 4.8 个百分点；受国际市场低迷和人民币汇率走低双重影响，出口总额 3386.7 亿美元，下降 0.9%，以人民币计价出口总额 21022.1 亿元，同比增长 0.1%。一般贸易出口比重仍高于加工贸易。全年一般贸易出口总额 1552.5 亿美元，占出口总额比重达 45.8%，高于加工贸易 2.1 个百分点。机电产品、高新技术产品增势平稳，全年分别增长 1.5% 和 1.3%，高新技术产品增速比 2014 年回升 0.2 个百分点。

（七）财税实力明显增强

2015 年，全省完成一般公共预算收入 8028.6 亿元，同比增长 11%，比 2014 年回升 0.9 个百分点。其中，税收收入完成 6610.1 亿元，同比增长 10.1%，比 2014 年回落 0.8 个百分点；非税收入完成 1418.5 亿元，同比增长 15.6%，比 2014 年回升 8.8 个百分点。主体税种增长平稳。2015 年全省增值税、营业税、企业所得税和个人所得税收入同比分别增长 6%、17.2%、11.8% 和 17.8%。一般公共预算支出增长加快。全省财政一般公共预算支出 9681.5 亿元，同比增长 14.3%，比 2014 年提高 5.7 个百分点，其中，教育、社会保障和就业、住房保障支出分别同比增长 14.2%、17.8% 和 32.2%，比 2014 年分别提升了 9.2 个、3.8 个和 19.4 个百分点。

（八）居民收入稳定增长

2015 年，全省全体居民人均可支配收入 29539 元，同比增长 8.7%。全体居民人均可支配收入中，工资性收入 17188 元，增长

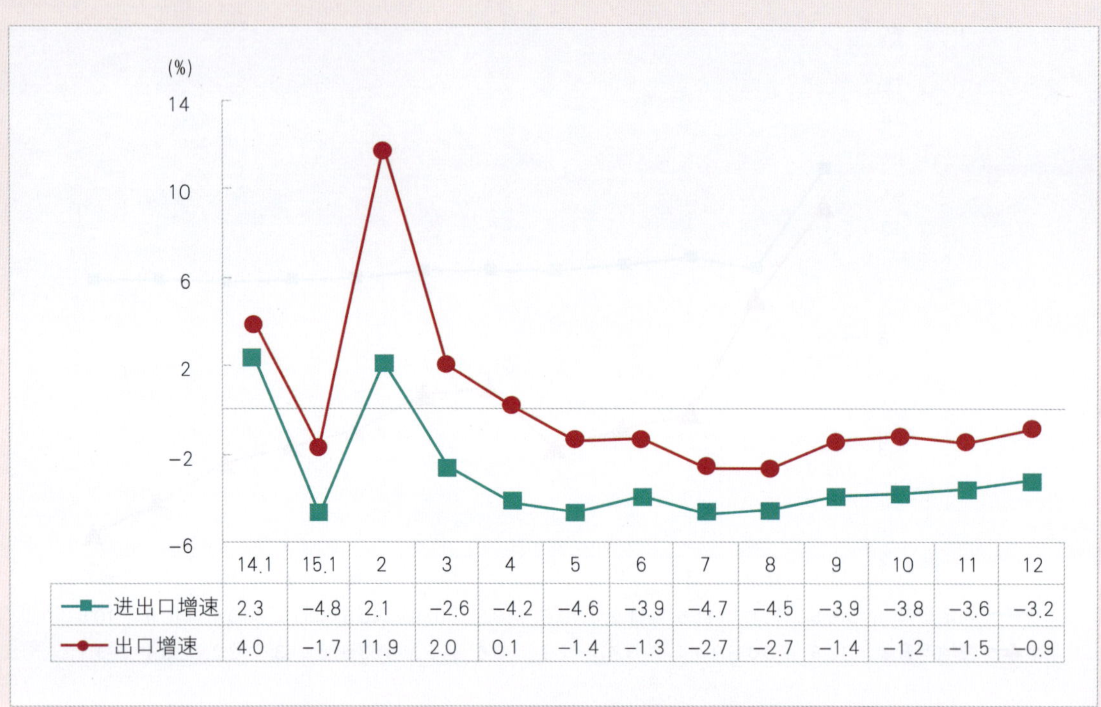

图 5　进出口、出口总额同比增速（累计）

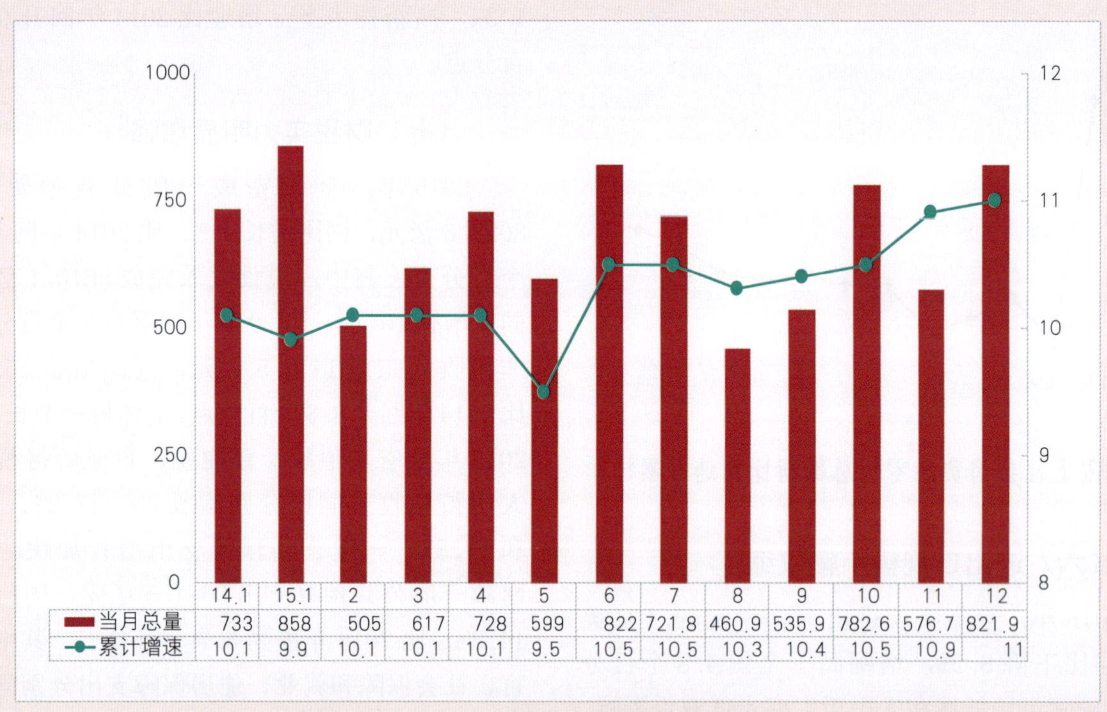

图 6　一般公共预算收入同比增速（累计）

9.4%；经营净收入 4467 元，增长 1%；财产净收入 2537 元，增长 10.3%；转移性收入 5348 元，增长 12.7%。分城乡看，城镇常住居民人均可支配收入 37173 元，增长 8.2%；农村常住居民人均可支配收入 16257 元，增长 8.7%。

（九）居民消费价格涨势回落

2015 年，居民消费价格同比上涨 1.7%，与上年同期相比回落 0.5 个百分点。八大类商品“七涨一跌”：食品涨 3%，烟酒涨 1.9%，衣着涨 3%，家庭设备用品及维修服务涨 2.8%，医疗保健和

表 1 2015 年居民收入构成情况

指标	全体居民		城镇常住居民		农村常住居民	
	绝对值（元）	增幅（%）	绝对值（元）	增幅（%）	绝对值（元）	增幅（%）
人均可支配收入	29539	8.7	37173	8.2	16257	8.7
工资性收入	17188	9.4	22460	8.4	8015	11.8
经营净收入	4467	1.0	4134	1.7	5046	0.3
财产净收入	2537	10.3	3682	9.1	545	15.5
转移净收入	5348	12.7	6897	11.4	2651	16.0

二、转型升级实现积极进展

（一）结构调整稳步推进

产业结构优化完善。全年服务业增加值占GDP比重达48.6%，高于第二产业，产业结构转变为“三二一”格局，三次产业比重为5.7：45.7：48.6。服务业发展速稳效增，2015年规上服务业企业各月营业收入增速保持在11%以上。需求结构得到改善。消费对经济增长的贡献率提升，预计全年达51.5%左右，高于投资贡献率4.4个百分点。民间投资增长14%，对全省投资增长

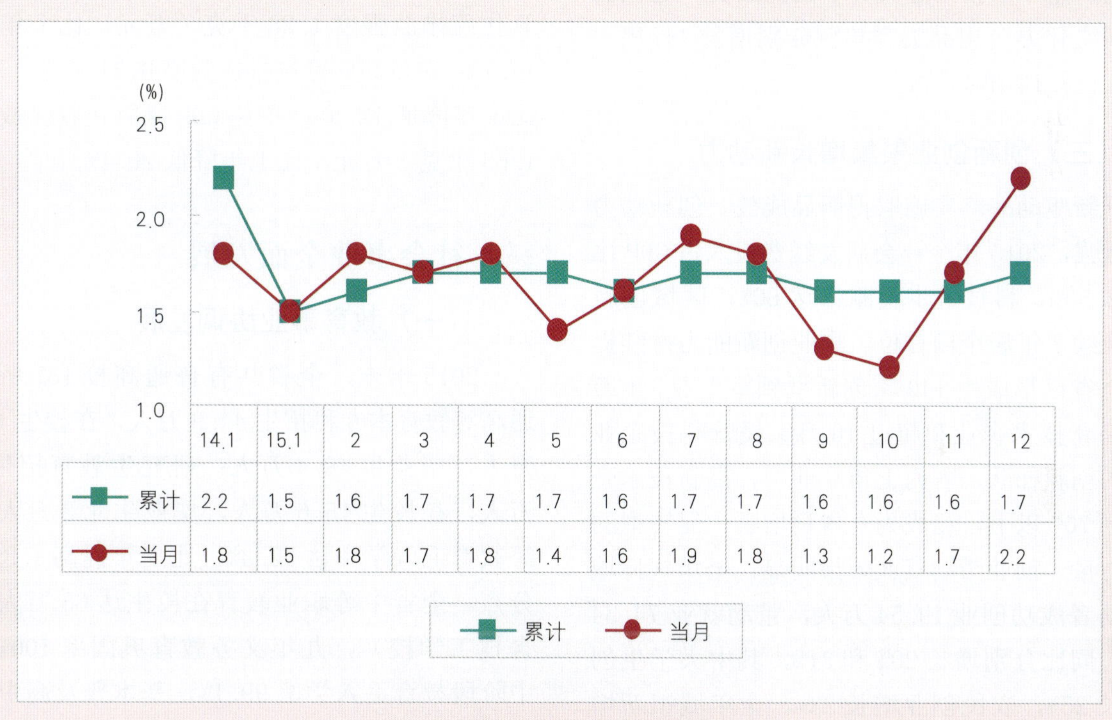

图 7 居民消费价格同比涨幅

个人用品涨1.6%、娱乐教育文化用品及服务涨1.8%、居住涨0.9%、交通和通信跌2.7%。

（十）就业形势保持稳定

2015年，全省新增城镇就业139.84万人，比2014年增加1.5万人，再创历史新高，连续十一年实现新增就业超百万。2015年末，全省城镇登记失业人员36.01万人，比2014年末减少0.56万人；城镇登记失业率为3.00%，比2014年末下降0.01个百分点，仍保持较低水平。

的贡献率达到90.1%，拉动投资增长9.5个百分点。工业新增投资全部为技改投资，占工业投资比重超过50%，增长25.6%。节能降耗成效明显。全年规上工业综合能源消费量负增长，同比下降0.1%，增速比上年回落1.1个百分点；“十二五”期间全省单位GDP能耗降低率超额完成国家下达的目标。

（二）新的发展动能加快孕育

“互联网+”、“中国制造2025”催生的新产业、新产品、新业态、新模式迅猛发展，新

的增长点不断孕育成长。“互联网 +”相关产业加速壮大，互联网和相关服务业、软件和信息技术服务业营业收入快速增长，分别增长 61.9%、20.7%；快递业增长 48.2%。高附加值、高技术含量的工业产品高速增长，2015 年全省智能手机产量增长 36.3%、智能电视增长 59.5%、运动型多用途乘用车（SUV）增长 17.1%；新能源汽车、碳纤维增强复合材料实现从无到有，产量分别达 16028 辆、1184 吨。网络零售保持快速增长，线上线下融合加快，限额以上网络零售额增速 40.1%，远高于实体零售店增速。升级类消费持续升温，全年书报杂志类、中西药品类、通讯器材类和文化办公用品类零售额分别增长 11.1%、14.2%、18.1% 和 17.7%。

（三）创新创业聚集增长新动力

创新驱动战略实施取得明显成效。创新动力不断增强，2015 年全社会研发经费投入占 GDP 比重达 2.55%，科技进步贡献率达 60%，区域创新能力连续 7 年居全国首位。企业创新能力持续提升，全省已形成由 140 家创新型领军企业、1 万多家高新技术企业和超过 10 万家民营科技企业组成的创新梯队，省内上市企业中，高新技术企业占到 70% 以上，已成为全省稳增长、促转型的中坚力量。创业带动就业效果明显，全年扶持城乡劳动者成功创业 19.54 万人，带动就业 74.34 万人，同比分别增长 20% 和 31%，其中大学生创业增长 25%，农民创业增长 23%。全年城镇新增就业人口中，私营个体经济和灵活就业占比约 75%，第三产业特别是在信息技术、移动互联网应用和大数据处理为代表的新业态领域，新增就业 13.04 万人，对城镇就业贡献率达到 9.3%。

（四）民生福祉继续改善

民生投入持续加大，2015 年一般公共预算支出中，教育、社会保障和就业支出同比分别增长 14.2%、17.8%；医疗卫生支出增长 15.4%；住房保障支出增长 32.2%。失业处在较低水平。2015 年末，全省城镇登记失业人员 36.01 万人，同比减少 0.56 万人；城镇登记失业率 3.0%，均保持较低水平。社保扩面任务超额完成。2015 年末，全省企业职工养老、城镇职工医疗、失业、工伤和生育保险参保人数分别达到 2013.49 万人、2428.25 万人、1490.91 万人、1593.03 万人和 1471.71 万人；主要险种参保率保持在 95% 以上；农村低收入人口整体实现 4000 元脱贫目标。

（五）节能减排取得积极进展

2015 年，江苏单位 GDP 能耗为 0.462 吨标准煤，比上年降低 6.73%，“十二五”累计降低 22.9%，超额完成国家下达的 18% 目标任务。2015 年全省单位 GDP 化学需氧量排放强度 1.61 千克 / 万元，比上年降低 11.5%；单位 GDP 二氧化硫排放强度 1.28 千克 / 万元，比上年降低 14.7%；单位 GDP 氨氮排放强度 0.21 千克 / 万元，比上年降低 12.5%；单位 GDP 氮氧化物排放强度 1.63 千克 / 万元，比上年降低 20.1%。

三、社会事业全面发展

（一）教育事业协调发展

2015 年末，全省共有普通高校 137 所。普通高等教育本专科招生 44.9 万人，在校生 171.6 万人，毕业生 48.4 万人；研究生教育招生 5.1 万人，在校生 15.6 万人，毕业生 4.3 万人。高等教育毛入学率达 52.3%，比上年提高 1.3 个百分点。全省中等职业教育在校生达 68 万人（不含技工学校）。九年义务教育巩固率 100%，高中阶段教育毛入学率 99.1%，基本普及高中阶段教育。特殊教育招生 0.4 万人，在校生 2.3 万人。全省共有幼儿园 6759 所，比上年增加 1687 所；在园幼儿 250.7 万人，比上年增加 16.6 万人。

表 2　各类教育招生和在校生情况

指　标	招生数		在校生数		毕业生数	
	绝对数（万人）	比上年增长（%）	绝对值（元）	增幅（%）	绝对值（元）	增幅（%）
研究生教育	5.10	3.9	15.56	3.3	4.28	2.6
普通高等教育	44.86	0.8	171.57	1.0	48.41	1.1
普通高中教育	31.95	-0.1	97.80	-5.4	36.88	-7.0
普通初中教育	63.43	2.7	186.72	0.8	61.21	-0.4
小学教育	91.96	3.5	499.64	6.0	64.69	4.0

（二）公共文化服务水平提升

2015 年末，全省共有文化馆、群众艺术馆 287 个，公共图书馆 114 个，博物馆 301 个，美术馆 23 个，综合档案馆 118 个，向社会开放档案 43.1 万件。共有广播电台 14 座，中短波广播发射台和转播台 21 座，电视台 14 座，广播综合人口覆盖率和电视综合人口覆盖率均为 100%。有线电视用户 2285.5 万户，与上年基本持平。生产故事影剧片 19 部。全年报纸出版 26.8 亿份，杂志出版 1.2 亿册，图书出版 5.5 亿册。

（三）卫生事业快速发展

2015 年末，共有各类卫生机构 32015 个。其中医院、卫生院 2622 个，卫生防疫防治机构 165 个，妇幼卫生保健机构 109 个。各类卫生机构拥有病床 40.7 万张，其中医院、卫生院拥有病床 37.9 万张。共有卫生技术人员 48.7 万人，其中执业医师、执业助理医师 18.3 万人，注册护士 20 万人，卫生防疫防治机构卫生技术人员 7352 人，妇幼卫生保健机构卫生技术人员 8244 人。新型农村合作医疗人口覆盖率达 98% 以上。县级公立医院综合改革全面启动。

（四）体育事业持续发展

江苏体育健儿在重大比赛中获世界冠军 14 项，获金牌 199 人次，获银牌 182 人次，获铜牌 134 人次。全民健身活动广泛开展，圆满举办第二届夏季青年奥林匹克运动会，成功举办第十八届省运会和第九届省残运会。 2015 年，全省 100% 的城市社区建成“10 分钟体育健身圈”，每万人拥有晨（晚）练健身点 5.4 个，比 2010 年多了 1 个。基层体育社会组织乡镇街道覆盖率苏南达 100%，苏中达 94.43%，苏北达 97.53%。

四、经济运行存在的问题和挑战

（一）外需不振与内需不足相互交织

从外部需求看，2015 年二季度以来，全省工业出口交货值连续 9 个月负增长，全年下降 0.9%。主要出口行业中，除电气机械、通用设备略增以外，电子、化工、铁路船舶、纺织、专用设备等行业分别下降 0.6%、4%、8.1%、4.9% 和 6.4%。从国内市场看，全年居民消费价格（CPI）上涨 1.7%，是 2010 年以来最低点。工业生产者出厂价格（PPI）自 2012 年起持续 4 年下跌，目前累计跌幅达 10.8%，部分行业跌幅已接近甚至超过 30%，如钢铁行业下跌 37.2%、化学纤维行业下跌 31.1%，石油加工行业下跌 27.5%，化工行业下跌 19.8%。价格指数低位不振，折射需求疲弱，产能过剩、产品积压矛盾突出。

（二）结构性供求矛盾依然突出

众多传统产业产能过剩，去产能面临巨大压力。目前全省工业产能利用率仅为 76.5%。钢铁、有色、石化、煤炭开采等 9 大行业产值负增长，其中钢铁、水泥、石化行业分别下降 4.4%、9.1% 和 8.7%，钢铁产能利用率仅为 76.2%。低技术含量、低品质产品、服务供给过剩的同时，高性价比、高品质的产品、服务相对短缺。据网易公布的 2015 年国民海淘数据，江苏海淘消费者数量在全国排名第四，仅次于北上广，高于浙江，所购商品以服装、保健、数码产品、奢侈品为主。

（三）实体经济发展仍面临多重困难

受需求不足影响，社会扩大再生产的意愿明显降低，目前全省贷款余额中仅有 20% 左右流向制造业，银行反映有效融资需求不足，符合贷款条件的企业少，风险高，不良贷款有所上升，少数地区制造业不良贷款率已接近警戒水平。同时，有资金需求的中小企业普遍反映融资难，融资贵等问题依旧突出，银行贷款利率高于基准利率 20% 以上，担保、评估、公正等融资相关费用较高。由于经济下行压力增大，企业订单减少，加之用工成本持续上涨，部分企业出现潜在用工需求和实际用工需求“双下降”苗头，2015 年末在岗职工总数比 2014 年末净减 3.1 万人，同比减少 4.5%，其中制造业下降 6.1%。从人力资源市场供求情况看，制造业用工需求同比下降 12.8%。2015 年四季度，江苏企业家信心指数、企业景气指数分别比三季度均有不同程度下降，表明企业对行业及本企业未来生产经营状况的乐观预期均有所下降。

（四）经济增长的后劲不足

从投资看，新开工项目平均规模下降，大项目对投资支撑和拉动作用明显下降。2015 年全省新开工项目平均投资规模为 7604 万元，同比下降 984 万元；在建亿元项目个数、计划总投资、完成投资分别下降 6.7%、4% 和 2.2%。建设总规模和到位资金增速偏低，全省在建项目计划总投资同比仅增长 4.6%，比上年回落 3.1 个百分点。全省到位建设资金增长 7.9%，其中国内贷款和利用外资两项均为负增长，分别下降 10.3%、19.6%。从消费看，汽车、油品类销售持续走低，分别增长 4.7%、下降 2%，两者占零售额近 40%，对整个零售额影响较大。传统零售业态支撑力明显不足，大型超市零售额下降 1.8%；百货店、专卖店零售额分别增长 4.2%、6.4%，比上年回落 0.6 个、1.7 个百分点。

五、经济形势展望及对策建议

2015 年，受需求疲软、汇率波动以及全球产业链条与经济结构调整等因素影响，全球贸易出现了 2008 年金融危机以来的最大降幅，经济呈现深度调整、走势分化等特征。预计 2016 年，全球经济有望继续缓慢复苏，但面临的下行风险仍在增加。发达国家经济复苏的差异化导致货币政策的分化，由此带来国际资本的流动和外汇市场的乱局还将继续困扰全球经济金融的稳定。新兴经济体国家经济增速下滑、国际大宗商品价格下跌以及国际资本外流，可能引发政治与经济上的不确定性和金融市场的持续动荡。从国内看，国家将加大供给侧结构性改革，在适度扩大总需求的同时，在去产能、去库存、去杠杆、降成本、补短板方面会出台许多实质性的政策措施，供给体系质量和效率会逐步趋好。可以预见，新的发展动能加快培育，同时传统动能继续改造提升，今年总体上仍会保持平稳增长的势头。

2016 年，是“十三五”规划开局之年，江苏将进入全面建成小康社会的决胜阶段，尽管外部发展环境中的不确定因素仍然较多，经济增长仍有下行压力，但同时也面临重大战略机遇，随着增长新动力的不断显现，经济有望探底企稳。下阶段，要认真贯彻落实中央和省经济工作会议

江苏周庄

各项部署，坚持稳中求进工作总基调，坚持以提高经济发展质量和效益为中心，按照五大发展理念，加大供给侧结构性改革力度，提高我省产业供给结构的适应性和灵活性，充分调动各方面积极性，努力实现“十三五”良好开局。

（一）狠抓年度各项目标任务落实

紧紧围绕全年目标任务，按照“稳开稳走”或“高开平走”的预期，细化分解目标任务，强化工作责任落实，充分调动各级干部抓发展、抓项目、抓转型、抓民生的积极性、主动性、创造性，担当作为，紧前不紧后，努力实现开门红，争取工作主动权，开好头，起好步，为实现全年目标打好基础。

（二）积极推动产业中高端化发展

通过实施重大工程和重点项目，加速技术创新成果产业化进程。财政引导资金应重点投向制造业转型升级的关键领域，鼓励企业开展集成创新、管理创新和营销模式创新。适应新的生产、消费需求，大力发展智能制造、高端装备、生物医药等高端制造业。充分发挥现代服务业集聚区的功能优势，大力发展生产型服务业，努力实现企业非核心业务分离和外包，提高全要素生产率，促进我省产业向中高端迈进。

（三）切实加大有效投入

加大力度提高招商引资组织化水平，把有效投资作为硬任务，层层落实。将产业投资作为未来投资增长的主要支撑，加大对生产性服务业、制造业服务化的投资力度。挖掘铁路、公路、港口、机场等重大基础设施建设方面的潜力，打破壁垒限制，引入社会资本，巩固民间投资的支撑作用。鼓励创新，倒逼转型，继续发挥技改投资的拉动作用。

（四）提高满足新消费的供给水平

顺应民众多元化、品质化的消费需求，鼓励企业加大创新力度，提升产品品质，提供满足消费、引领消费的新产品和服务。大力扶持发展电子商务，要排出一批成长性较好的电商，有针对性出台扶持发展政策，加速这些企业做大做强做出知名度、影响力。

（五）实施外贸“优进优出”战略

鼓励企业强化技改研发，开发适销对路的高附加值产品，增加高质量、高水平的优质外贸商品供给，同时加大对国外先进技术、关键设备、重要零部件和国内稀缺资源、国内消费者愿意购买的优质商品进口，推动外贸从“大进大出”向“优进优出”转变。

（六）营造公平良好的市场环境

发挥政府引导基金作用，带动社会资金积极投向新兴产业和大众创新创业领域。加大金融服务实体经济力度，完善促进金融机构开展中小微企业金融服务的激励机制，发展普惠金融和绿色金融，创新小微企业信贷风险分担模式，建立政府、银行和担保机构合作机制。营造安全放心的消费环境，倡导绿色消费合理消费。

（执笔：徐莹）

专栏：2015年江苏农民工监测调查分析

2015年，江苏农民工总量比上年略有减少，各年龄段农民工接受培训比重均有提高，工资收入保持较快增长，但相关权益保障仍需进一步加强。

一、农民工规模

据全省农民工（输出地农民工）监测推算，2015年全省农民工总量为1807.3万人，比上年减少35.1万人，下降1.9%，其中，本地农民工969.4万人，减少0.4%；外出农民工837.8万人，减少3.6%。在外出农民工中，单个外出农民工539.3万人，减少6.9%；举家外出农民工298.5万人，增加3.0%。农民工总量减少，主要是因为随着全省城市化水平提高，农村劳动力总量趋减；受经济增速放缓影响，部分农村居民非农就业困难增大。

二、农民工就业与培训

2015年，全省85.1%的农民工为受雇就业，14.9%的农民工为自营就业，自营占比较上年下降2.1个百分点。受雇农民工主要从事第二产业，自营农民工主要从事第三产业。

2015年末，全省农民工中，第二产业从业人员比重为63.4%，比上年提高0.8个百分点，其中，制造业从业人员比重为65.4%，建筑业比重为31.9%。第三产业从业人员比重为36.4%，下降0.8个百分点。其中，从业人员相对集中的行业主要为：批发和零售业占比为27.4%，居民服务、修理和其他服务业为25.5%，交通运输、仓储和邮政业为11.7%。

全省农民工中，接受过职业技能培训的比重为47.3%，比上年提高2.5个百分点，各年龄段农民工接受培训比重均有提高。

三、外出农民工流向分布

2015年，189.6万外出农民工跨省流动，648.2万省内流动，分别占全省农民工的22.6%和77.4%。跨省流动人员主要在东部地区就业，占跨省流动总量的83.3%。

外出农民工中，更多农民工倾向于选择大中型城市就业。从业地区为直辖市的占12.1%，比上年提高1.1个百分点；从业地区为省会城市的占11.6%，提高0.1个百分点；从业地区为地级市的占37.4%，下降0.4个百分点；从业地区为县市城区的占27.9%，下降1.1个百分点。

2015年，有3.5%的外出农民工返乡就业，当年没有外出从业。其中，48.1%的受访对象认为在外务工收入不稳定，工资拖欠风险较大，比上年提高33.1个百分点；另外，有17.9%的农民工由于家中农业生产缺乏劳动力，不得不回乡务农；6.5%的返乡人员觉得在外务工生活条件较差，另有5%的调查对象认为外出找不到好工作，从而回乡寻找机会。

四、外出农民工收入情况

2015年，全省外出农民工人均月工资水平3731元，比上年增加384元，增长11.4%。分行业看，制造业人均月收入3402元，比上年增长9.9%；建筑业4326元，增长15.7%；批发和零售业3602元，增长6.5%；交通运输、仓储和邮政业3927元，增长6.9%；住宿和餐饮业3019元，增长4.6%；居民服务、修理和其他服务业3343元，增长8.8%。2015年，全省外出农民工人均月生活消费支出917元，比上年增加21元，增长2.3%。

用人单位对外来雇工居住方面的照顾有所缩减，有雇主提供免费住宿的农民工占43.5%，比上年下降0.2个百分点；雇主不提供住宿，但提供住房补贴的农民工占9.3%，下降1.5个百分点；既不提供住宿，也没有住房补贴的农民工占47.3%，提高1.7个百分点。2015年，外出农民工人均居住支出（含房租、水、电、燃料支出）575元，比上年增长9.5%。其中，每月居住支出超过1000元的农民工占23.3%，比上年提高4.7个百分点。农民工更多向大城市迁移，导致居住支出占比提高。

五、外出农民工从业时间和权益保障

2015年，全省外出农民工年平均从业时间为10.3个月，平均每月从业25.7天，平均每天工作8.9个小时。每月从业26天以上的农民工占39.8%，比上年下降0.9个百分点；每天从业10小时以上的超时从业农民工占36.2%，下降0.5个百分点，其中，从业12小时以上的占3.2%，下降1.5个百分点。一方面，农民工特别是新生代农民工，更会运用法律维护自身权益；另一方面，经济增速放缓，部分企业开工不足也是工作时间减少的主要原因。特别是12.9%的农民工每月从业时间不足22天，比上年上升了2.2个百分点。

2015年，0.92%的外出农民工被拖欠工资，比例较上年高0.56个百分点。被拖欠工资的外出农民工中，平均每人被拖欠16562元，拖欠金额比上年高62%。外出农民工（不含外出自营和其他从业人员）与雇主签订劳动合同的比例为48.7%，比例较上年下降3.1个百分点。其中，签订了一年期以上劳动合同的占45.3%，下降3.9个百分点。另外，外出农民工参加社会保障比例依然不高，与上年相比还有所下降。其中，参加养老保险的比重比上年下降2.4个百分点，参加工伤保险的比重下降3.2个百分点，参加医疗保险的比重下降2.4个百分点，参加失业保险的比重下降0.2个百分点，参加生育保险的比重提高1.2个百分点。

六、几点建议

（一）改革户籍制度，推进农民工市民化进程。在尊重农民落户意愿的前提下，重点解决已经转移到城镇就业的农业转移人口落户问题；对于户籍迁入城镇的农民工可允许保留农村宅基地和一定期限的承包地，或允许使用农村宅基地和耕地承包权换取城镇社保，消除农民工因就业不稳定而产生的顾虑。

（二）稳步提高农民工合同签订率和各项社保的参保率。随着经济增速放缓，企业效益不佳，农民工的劳动保障受到冲击。在此情况下，各级政府应更加依法加大对用人单位与劳动者签订劳动合同的监督、检查和执法力度，一方面，通过加强宣传和培训等让农民工熟知自己在劳动中所享有的权利；另一方面，对表现优秀的用人单位进行适当奖励，促进用工规范化。

（三）完善社会保障迁徙制度和农村环境，解决农民工的后顾之忧。各地应适应农民工流动性大的特点，解决好农民工工伤保险和大病医疗保障、社会保险异地转移接续等问题，扩大农民工参加社会保险的覆盖率。同时，改善农村环境面貌，解决农村留守儿童、空巢老人等社会问题，减少外出农民工顾虑，使其安心工作。

（四）适应“新常态”，进一步加强农民工劳动技能培训。济“新常态”下，使得企业需要更多高素质、高技术的劳工。短期看，政府及社会、企业应设立专项基金鼓励农民工参加培训。长期看，在加强农村基础教育的同时，也要大力发展农村职业教育，提升农民综合能力。

（作者：张祖明）

浙江省经济社会发展报告

2015年是“十二五”时期的收官之年，也是国内外经济形势比较复杂的一年。

从国际经济环境看，世界经济仍处于国际金融危机之后的恢复期和低速增长期。国际金融危机沉重地打击了世界经济，使世界经济一蹶不振，欲振乏力，进入了一个持续低于长期平均水平的新阶段，美国太平洋基金管理公司总裁埃里安将之称为“新常态”。2014年，国际货币基金组织（IMF）总裁拉加德又把这种低信心、低增长、低通胀的世界经济现象称为“新平庸”。进入2015年以来，受大宗商品价格下跌和美联储加息预期等影响，全球经济增长面临的不确定性增加。总体上看，美英等国稳定复苏，发达经济体的经济和金融稳定状况有所改善，但发达经济体和新兴经济体走势分化，新兴经济体经济减速比较明显，下行压力增大，并存在资本外流和资产恶化的风险，发达经济体经济复苏抵消不了新兴经济体增长减速的影响。2015年10月20日，国际货币基金组织（IMF）发表了《崩溃与复兴：理解全球衰退与复苏》的报告。报告认为，目前全球经济还未彻底复苏，却已经可能面临新一轮衰退。有的报告则更加悲观，认为“今年全球经济复苏尽显疲态。危机对实体经济深层影响全面显现、而短期刺激政策又捉襟见肘，旧力已尽，新力未生，经济发展无枝可依。全球经济潜在增长率可能正处于大幅放缓、甚至绝对停滞的羸弱状态。”① 在这种错综复杂的国际经济环境下，进入2015年以来，我国包括浙江外贸出口一直处于比较困难的境地。2015年与上年同期相比，以美元计价的出口总额，全国下降2.8%，浙江情况稍好，也仅增长1.2%。我国是全球第一货物贸易大国，浙江是全国第三出口大省，出口增长受阻直接影响到我国和浙江经济的增长。

从国内经济环境看，根据国务院发展研究中心课题组的判断，2015年是我国经济从高速增长向中高速增长过渡的转换期基本结束、行将开启新的增长阶段的一年。2013年，国务院发展研究中心副主任、国务院发展研究中心“中长期增长”课题组组长刘世锦指出：“中国经济增长阶段的转换已经开始，且最近两年将是转换期，其潜在增长率在7%-8%之间；在经历一个寻找均衡点的波动过程后，潜在增长率将可能最终稳定在6%-7%。”②。当年下半年，他到浙江调研时又强调：“经济增长速度回落到什么程度能够稳住，仍然需要进一步研究，国务院发展研究中心研究推论，中速增长大概在6%到7%之间，甚至可能更低一些。”最近几年我国经济运行的实际状况基本印证了他们的判断和预测。进入2015年以来，经济增长新旧动能转换的态势更加明显，旧动能的弱化加大了经济下行压力。2015年，全国经济增长6.9%。从全年全国经济走势看，尽管月度之间、季度之间有一定的波动，但总体呈现稳中趋降的态势。

在上述国际国内经济背景下，2015年浙江经济总体呈现“高开稳走向好”的态势，主要经济指标增长处于合理区间，转型升级取得新进展，并积累了一些积极因素。但经济运行中也存在不少问题和风险，需要积极应对和妥善解决。

一、经济运行的态势和特征

（一）经济保持中高速增长

2015年，浙江经济运行呈现“高开稳走向好”的态势，总体上看，经济运行是平稳的、正

注：①《世界经济陷全局性困境》上海证券报2015年7月31日。
②国务院发展研究中心“中长期增长”课题组：《中国经济增长十年展望：寻找新的动力与平衡》，转引自刘世锦《寻找新阶段中国经济增长新动力》，中国经济时报2013年3月24日。

常的、健康的。从表 1 可以看出，尽管各项主要经济指标增长率有所波动，有些指标增长曲线的变化趋势也不尽一致，但总的来说还是比较平稳的。GDP 同比增长率，一季度为 8.2%，上半年为 8.3%，前三季度为 8.0%，全年为 8.0%，如期完成年初制定的全年增长 7.5% 左右的预期目标。2015 年是“十二五”时期最后一年，对照“十二五”规划《纲要》确定的 31 个主要指标，除了进出口总额等个别指标之外，绝大多数指标都完成或超额完成规划目标。

表 1　2015 年浙江省主要经济指标增长率

单位：%

指标	一季度	上半年	前三季度	全年
GDP	8.2	8.3	8.0	8.0
规模以上工业增加值	5.1	5.0	4.2	4.4
社会消费品零售总额	8.6	9.6	9.9	10.9
固定资产投资	17.0	12.3	11.2	13.2
出口总额（人民币）	13.4	2.3	1.2	2.3
出口总额（美元）	13.1	2.4	1.1	1.2
一般公共预算收入	8.6	7.5	8.2	7.8
居民人均可支配收入	9.2	8.8	9.2	8.8

从 2015 年经济走势看，进入二季度之后出口增速明显减缓，受此影响，以 GDP、工业、投资为代表的一些经济增长指数，下半年比上半年有不同程度的回落，这与 2014 年 GDP 增长速度逐季略有上升的走势并不一致。笔者在《2014 年浙江经济发展报告》曾经指出，“从短期看，造成工业乃至整个经济小幅回升的主要动力是外需的回暖……经济增长回升主要依靠外需，就要看外需是否能成为持续回升的依靠，而这是值得疑问的。”2015 年的经济运行态势，印证了这一看法。所幸的是，2015 年出口、工业等增长指数的低点是在 7 月份，8 月份之后又有所回稳。当然，决定经济增长上行和下行的因素并不完全和并不主要是外贸出口，更重要的是国家宏观调控措施和浙江转型升级组合拳的力度及其效应。正是因为浙江贯彻落实了党中央、国务院稳增长、调结构、促改革、惠民生、防风险的一系列政策措施，并且在打好转型升级组合拳方面取得了实质性的进展，才使得浙江经济保持了平稳增长的态势。

（二）转型升级取得成效

对于处在高速增长阶段向中高速增长阶段的转换期行将结束的浙江来说，当前最重要的任务是加快转型升级，加快转变经济发展方式，为今后长期发展增添后劲，争取平稳较快转入经济发展新常态。因此，分析和判断 2015 年浙江经济发展，既要看速度，也要看增量，更要看质量，更要看转型升级的成效。

结构调整加快推进。从 GDP 结构看，第三产业增加值增长 11.3%，增幅比第二产业（5.3%）高出 6.0 个百分点；第三产业对 GDP 增长贡献率达到 65.7%。信息、环保、健康、旅游、时尚、金融、高端装备制造等七大重点产业长足发展，信息经济核心产业和金融业增加值分别增长 13.7% 和 16.1%。从工业结构看，高新技术产业、战略性新兴产业、装备制造业增加值同比分别增长 6.9%、6.9% 和 6.3%，增幅比规模以上工业分别高出 2.5、2.5 和 1.9 个百分点。八大高耗能行业增加值增长 3.5%，增幅比规模以上工业低 0.9 个百分点。从投资结构看，工业技术改造投资增长 23.6%，明显快于工业投资增长（11.0%）。从出口结构看，机电产品和高新技术产品出口分别增长 4.7% 和 10.0%，占全部商品出口的 42.1% 和 6.1%，同比分别提高 1.0 和 0.4 个百分点。

创新驱动作用增强。2015 年，地方财政对科技支出同比增长 20.6%；规模以上工业企业科技活动经费支出增长 2.8%，增幅高于主营业务收入 3.8 个百分点。发明专利申请量和授权量分别增长 29.1% 和 74.6%，且 60% 以上是企业发明的。规模以上工业企业新产品产值增长 13.8%，增幅比规模以上工业总产值高出 13.0 个百分点；新产品产值率为 32.2%，同比提高 3.7 个百分点。

节能减排成效明显。万元 GDP 能耗同比下降 3.5%，超额完成国家下达的“十二五”节能降耗目标。规模以上工业增加值能耗下降 2.2%。据省环保厅通报，11 个设区市城市环境空气 PM2.5 均值为 47 微克 / 立方米，比上年同期下降 11.3%。化学需氧量、二氧化硫、氨氮、氮氧化物等指标在提前一年完成国家下达的“十二五”减排目标的基础上，又比上年有不同程度的下降。

重点工作扎实推进。“五水共治”继续深入展开。治理黑臭河 446 公里，深化提升整治 1500 公里。建设和改造城镇污水管网 3549 公里。221 个省控制的河流断面中，Ⅰ-Ⅲ类水质断面占 72.9%，比上年同期上升 9.1 个百分点；劣Ⅴ类占 6.8%，下降 3.6 个百分点。跨行政区域河流交接断面水质达标率为 72.4%，同比上升 4.9 个百分点。11 个设区城市主要饮用水源地水质达标率为 92.8%，同比上升 5.0 个百分点。“三改一拆”改造旧住宅区、旧厂区、城中村 2.2 亿平方米，拆除违章建筑 1.58 亿平方米。“四换三名”（腾笼换鸟、机器换人、空间换地、电商换市，创建名企、名品、名家）、“浙商回归”等工作也有新进展。如在电商换市方面，实物商品网上零售额同比增长 54.5%；在“浙商回归”方面，浙商回归省外到位资金 3066 亿元。特色小镇创建工作扎实推进。首批 37 个特色小镇投资 478 亿元，新入驻企业 3258 家。

（三）三大需求有不同程度增长

投资保持平稳增长。2015 年，固定资产投资同比增长 13.2%。随着铁路、城市地铁、高速公路、港口、能源、水利、公共设施、环境治理、网络宽带等“万亿基础设施完善工程”的推进，政府主导的基础设施投资对扩大有效投资起着重要作用。全年基础设施投资增长 29.2%，基础设施投资对全部投资增长的贡献率达到 53.9%。其中生态环保投资增长 89.3%，交通、仓储和邮政业投资增长 33.7%。工业投资增长 11.0%，其中“机器换人”等工业技术改造投资增长 23.6%。在制造业中，汽车制造、计算机和通信设备、其他制造业、医药制造、金属制品、酒和饮料、化纤、烟草、农副食品加工、电气机械等行业投资增长较快，而黑色金属冶炼、化学原料、印刷等行业投资下降。受近几年房地产市场调整的影响，在商品房库存较大、待售面积增长较快的背景下，房地产开发投资增长呈明显减缓的态势，同比增幅由一季度的 12.7%、上半年的 7.8%，降至全年的 -2.1%。由于各级政府采取了一系列促进房地产健康发展的政策措施，使商品房销售保持了较快增长。全年商品房销售面积和销售额均增长 28.0 %，因此，商品房去库存周期有一定的缩短。

消费需求增长回稳。最近几年，浙江社会消费品零售总额增长速度连下几个台阶：进入 2012 年后，在刺激消费政策（如汽车补贴和家电补贴等）退出的背景下，社会消费品零售总额名义增长率由过去 15% 以上降至 13% 左右；进入 2014 年后，在公款消费明显降温的背景下，社会消费品零售总额名义增长率再次降至 12% 以下。而进入 2015 年后，在汽车销售疲软、石油价格下降、消费热点缺乏的背景下，社会消费品零售总额名义增长率“破 10”。2015 年一季度，社会消费品零售总额增幅只有 8.6%，明显低于往年平均水平。随后，汽车销售形势转好，商品房销售的较快增长也带动了相关商品和材料的零售，使得社会消费品零售总额增长企稳并略有回升，全年社会消费品零售总额增长 10.9%，比一季度回升 2.3 个百分点；扣除价格因素实际增长 11.0%，比一季度回升 1.5 个百分点。在实体店销售不理想的同时，网络零售继续保持快速增长态势。据省商务厅资料，全年全省实现网络零售额同比增长 49.9%，其中省内居民消费增长 39.6%。

出口小幅增长。前几年，在世界经济和世界贸易低速增长的条件下，全国和浙江外贸出口仍然保持了中高速增长。2012-2014 年，全国和浙江以美元计价的出口总额年均增长率分别为 7.3% 和 8.1%，其中 2014 年分别增长 6.0% 和 9.9%。进入 2015 年之后，受春节因素的影响，引发 1、2、3 月份出口增长率大幅波动，但一季度出口同比增长率仍然达到 13.1%（按人民币计价增长 13.4%，下同）。不料进入二季度之后，出口形势骤变，上半年出口增长率已降至 2.4%（2.3%）。7 月份出口继续大幅下降（-8.5%），8 月份之后虽有所企稳，但出口形势并未根本好转。全年，出口增长1.2%（2.3%），这一增幅高出全国平均水平（-2.8%）4.0个百分点，也比沿海其他主要出口省份广东（-0.4%）、江苏（-0.9%）、山东（-0.5%）、上海（-6.8%）要好些，但与年初的预期目标（增长7.5%以上）相比差距较大，出口对经济增长的拉动力明显减弱。进口状况更加堪忧，全年进口同比下降13.4%（-12.5%），导致进出口总额同比下降2.1%（-1.1%）。

（四）民生继续得到改善

就业形势基本稳定，就业对经济增长下行的容忍度明显提高。2015年，城镇新增就业110.5万人，同比增长2.6%，登记失业率为2.93%，比上年同期下降0.03个百分点。这与人口红利发生变化有关。2012年以来，我省不仅劳动年龄人口占总人口比重开始下降，而且劳动年龄人口绝对规模也呈净减少趋势，2015年比2014年减少了20万人左右， 劳动年龄人口连续第四年减少。而对于外来人口比重高、文化程度低的浙江来说，经济增长下行和“机器换人”，挤出的是省外低端劳动力。

城乡居民收入增加。2015年，全体居民人均可支配收入同比增长8.8%，扣除价格因素实际增长7.3%。其中城镇和农村常住居民人均可支配收入分别增长8.2%和9.0%，扣除价格因素实际分别增长6.7%和7.5%。居民收入增加的重要推动力是，随着人口红利和劳动力供求关系的变化，企业一线员工工资依然保持增长势头。全年全体居民人均工资性收入增长8.3%，拉动可支配收入增长4.8个百分点。财产性收入的较快增长（人均增长13.7%），也对居民人均可支配收入增长起到重要作用（拉动1.5个百分点）。

社会保障得到加强。年末基本养老保险参保人数为3684万人，其中企业职工养老保险参保人数2398万人，分别新增255万人和216万人。基本医疗保险参保人数为5195万人，其中城镇职工参保人数1993万人。新开工城镇保障性安居工程26.7万套，竣工19.7万套，均已超额完成国家下达任务。财政对住房保障、节能环保、城乡社区和科技等支出分别增长41.1%、39.2%、38.9%和20.6%。

二、经济运行中存在的主要问题

（一）经济持续下行态势没有根本扭转

2015年，浙江GDP同比增长8.0%，这一增幅比上年要高出0.4个百分点。但这并不意味着浙江经济已经走在回升道路上。笔者一直认为，季度之间、月度之间短期增长率的变化，忽上忽下，其实还是次要的，重要的是对经济大势的正确判断。如果从更长的时间跨度观察，往以前看，浙江经济和全国经济一样，经济增长率呈现逐渐回落的态势；往今后看，浙江经济也仍然处于中高速增长“底在何处”的探底过程中，经济增速继续下移是个大概率事件。因此，对于某些专家学者常常作出近年某个季度将是本轮经济周期的低点，之后就会回升的“精确预测”，甚至以此乐观地作出所谓“最困难的时候即将过去”的判断，笔者总是不以为然。

经济持续下行态势没有根本扭转，主要表现在以下几个方面：首先，进入2015年下半年之后，浙江GDP、工业、出口、投资、用电等主要经济指标增长率比上半年有不同程度的回落，虽然经过努力有所回稳，但回稳的力度微弱，回稳的基础并不牢固。其次，进入2015年以来GDP增长率比上年同期有所回升，对此要作具体分析。事实上，2015年GDP增幅较高，其中金融业、其他服务业和房地产业起了很大作用。2015年，金融业、其他服务业和房地产业增加值同比分别增长12.3%、17.1%和9.9%，三者合计对GDP增长贡献了4.3个百分点，对GDP增长贡献率达到53.4%。而这些行业较快增长，或者是由于某些领域的爆发式增长，如上半年证券交易额同比增长343%；或者是由于去年同期基数较低，如2014年前三季度商品房销售额下降19.5%，导致2015年前三季度商品房销售额同比增长40.5%；或者是由于新开业企业影响显著。而所有这些因素，都不完全具有持续性。除上述三个行业之外的许多行业，增长速度则比2014年有一定幅度下降。如规模以上工业增加值同比增长4.4%，增幅比上年同期下降 2.5 个百分点。再次，2015 年以来特别是下半年以来经济增长的回稳，很大程度上得益于国家采取了比较有力的稳增长政策，并不完全是经济内生动力增强的结果。因此，随着稳增长政策边际效果递减，经济增长是否能够稳住，仍有待观察和考验。第四，更重要的是，影响经济下行的多重因素并没有减弱和消失。总体上看，当前乃至今后一个时期，世界经济持续低迷与我国经济由高速增长向中高速增长转换"两叠加"，国内中长期潜在经济增长率下降与短期增长动力不足"齐碰头"，总量问题与结构矛盾"相交织"。因此，我国包括浙江经济正处在新旧动能转换的艰难进程中，旧的动能明显弱化，新动能成长需要一个过程，经济运行的不确定、不稳定因素比较多，所有这些决定了经济下行压力依然比较大。

（二）经济继续保持分化态势

经济继续保持分化态势，是当前经济运行中的一个重要特征，这在企业之间、行业之间、地区之间都表现得十分明显。从企业来看，无论是通过统计资料还是下基层调研都能发现，尽管也有一些增长强劲的企业，但多数企业表现一般，甚至还有不少困难企业。据对 3.8 万多家规模以上工业企业的调查，2015 年四季度，总产值占 26.45% 的企业认为本季度总体运行状况"乐观"，64.2% 的企业认为"一般"，9.35% 的企业认为"不乐观"。从行业来看，相对景气的行业比较少，景气一般或不景气的行业比较多。就国民经济门类行业而言，比较好的是信息传输、软件和信息技术服务业，社会服务业，而制造业、交通运输、批发零售、住宿餐饮、建筑业表现都不怎么样，即便是增长速度比较快的金融业和房地产业，也并不那么景气。就制造业而言，主营业务收入和利润双增长的行业只有汽车制造、通信电子、电器机械、仪器仪表、家具、医药等少数行业，大部分行业不如理想。从地区来看，2015 年 GDP 增速高于全省平均水平的只有杭州、舟山、湖州和温州 4 个市，多数市增速低于全省平均水平。即便是全省 GDP 增速最高的杭州，主要是以阿里巴巴为代表的信息经济增长较快所致，工业增长速度反而低于全省平均水平。工业、投资、出口等指标的地区分化态势也比较明显。

经济继续分化是在转入新常态的背景下，经济结构调整的体现，是新旧动力转换接替过程的必然结果。总体上看，目前以产能过剩的传统制造业和重化工业为主导的经济下行的力量，与以新产品、新技术、新业态、新模式、新产业为引导的新兴上升力量并存，新的增长动能正在加快成长，但尚未完全接替正在消退的旧动能。因此，对于经济继续分化态势必须引起足够重视，防止困难和问题不断扩散蔓延，产生传导和放大效应，对稳增长带来不利影响。更重要的是，要因势利导，充分利用这种分化态势带来的契机和机遇，加快转变经济发展方式，加大结构调整和转型升级力度。必须充分认识到，低水平恶性竞争，使优秀企业无法脱颖而出，行业不能实现优胜劣汰和转型升级，将影响新旧动能转换，削弱中长期增长动力。必须加快结构调整，推进过剩产能调整和"僵尸"企业退出，恢复和振兴实体经济。要从过去动用大量宝贵资源去帮扶、保护落后企业和对"僵尸"企业进行输血，转变为推动兼并重组和结构调整，鼓励优势企业开展跨地区、跨所有制的兼并重组，淘汰落后产能，规范破产清算，健全风险应对，整合产业链，提高集中度和竞争力，并做好失业人员的社保接续、转岗培训和就业服务工作。

（三）各种风险隐患仍然存在

"防风险"是转入经济发展新常态的我国包括浙江守住底线的关键。由于经济发展中不平稳、不协调、不可持续问题的日益显现，而过去依靠高速增长掩盖或延后的一些矛盾和问题随着增长速度的放缓"水落石出"，因此，现阶段经济运行中各种风险隐患不少。

金融领域防风险任务艰巨。主要表现在以下几个方面：一是一些地区企业资金链紧张的问题依然存在。2015 年，社会融资规模 6291 亿元，比上年同期少增 1707 亿元，新增银行贷款 4957 亿元，在 2014 年同期比 2013 年同期少增 577 亿元的基础上，又比上年同期少增786亿元。不少企业感到“融资难”、“融资贵”的问题没有根本解决，企业资金链、担保链“两链”风险尚未遏止。二是不良贷款继续上升。近两年金融机构处置了不少不良贷款，但企业出险速度快于银行处置速度，不良贷款仍然呈上升势头。年末金融机构不良贷款余额1808.5亿元，比年初增加411.5亿元；不良贷款率为2.37%，比年初上升0.41个百分点。与此同时，关注类贷款余额达3390亿元，占全部贷款的4.4%，其中有部分可能向不良贷款转变。三是银行经营压力增大。“贷款难”和“难贷款”并存。受市场环境以及利率改革、债务置换、拨备计提等政策性因素影响，2015年银行利润同比减少33.1%，部分股份制商业银行出现净亏损。这些问题是相互联系、相互影响的。例如，不良贷款上升使得金融机构对贷款审批更为审慎，并导致市场信贷利率中由企业违约概率决定的风险溢价上升，从而加剧了中小企业、实体经济“融资难”、“融资贵”的现象，这就是为什么近年来央行多次降息降准备金率，但银行照样惜贷、融资成本高企、企业仍然缺钱的缘由。还要看到，近年来还存在着实体经济去产能、去库存、降杠杆、降风险与社会资金“脱实入虚”、金融风险增大并存的矛盾：一方面，贷款结构的不合理和一些领域不计成本融资的资金饥渴症，对实体经济和中小企业产生挤出效应；另一方面，稳增长中一些片面化的举措，很可能继续推高资金杠杆和风险，为日后更大的产能过剩、风险积累埋下了伏笔。

房地产市场风险依然存在。在房地产市场进入调整期以来，房地产开发投资增速已经明显趋缓。2011-2013年，浙江房地产开发投资年均增长27.1%，2014年降至16.8%，2015年则为负增长，增速是-2.1%。即便投资增长速度大为减缓，但房地产企业资金紧张状况并未缓解。2015年，房地产企业本年实际到位资金同比下降0.4%。尽管随着商品房销售面积和销售额的较快增长，新建商品住宅去库存周期已经从2014年末的20个月下降到2015年末的13个月，但总的来说，商品房库存总量仍然比较大，而且待售面积又增长很快（增长21.4%）。地区之间、企业之间、楼盘之间分化态势也更加明显，有的城市周边地区、一些竞争力弱的企业和品质差的楼盘，由于缺乏竞争优势，市场需求潜力有限，后续压力和风险持续加大。

产能过剩局面十分突出。浙江制造业产能过剩呈现出行业面广、绝对过剩程度高、持续时间长等特点。一般认为，产能利用率在82%至83%属于正常水平，经济相当景气年份，产能利用率可以达到85%左右，产能利用率在75%以下则为严重过剩。最近两年，浙江规模以上工业企业每个季度主要产品生产能力利用率在75%-77%之间，即在产能严重过剩的标准线附近徘徊。2015年第四季度，浙江规模以上工业企业平均设备利用率为75.2%，31个制造业行业中，产能利用率在75%以下的有11个行业，其中有4个行业设备利用率不到70%。规模以下工业企业产能利用率更低，仅为62.5%，同比下降幅度很大。产能严重过剩，不仅导致许多行业处于利润低下甚至亏损状态，恶化市场预期，影响工业品价格下降（工业生产者价格已经连续48个月下降且降幅呈扩大趋势），而且导致大量资源固化于产能过剩行业，抑制了战略性新兴产业和现代服务业等领域的发展。

地方政府债务负担增加。经过几年的大量举债，地方政府进入偿债还贷高峰。而在房地产投资增长明显放缓和制造业投资相对低迷的情况下，为了“稳增长”和“扩大有效投资”，增加政府主导的基础设施投资又成为首选措施。事实上，这几年基础设施投资一直较快增长，这要求地方政府的融资平台继续向金融机构融资，从而进一步增加了地方政府债务负担。另一方面，房地产市场进入调整期后，来自房地产的相关税收增长趋缓且很不稳定，出让土地收入也呈现回落的态势。债务负担增加和政府收入减少一增一减，加大了政府的财政风险。

（执笔：王杰）

专栏：浙江大力整治农村环境 建设美丽宜居新农村

浙江以“千村示范万村整治”为起点，以建设美丽乡村为目标，持续整治农村人居环境，取得了显著成效。为全面了解浙江农村人居环境状况，国家统计局浙江调查总队在6个县的90个行政村和910户农村居民家庭进行了人居环境状况的专题调查。

一、农村人居环境持续改善

（一）农村环境整治举措有力，成效显著

经过多年农村环境整治，人居环境不断改善，44.5%的村民表示环境越来越好，46.3%的村民认为环境有所好转，仅有9.2%的村民认为环境变化不大。对本村人居环境表示满意的村民占69.9%，不满意仅占5.6%，24.5%的村民表示一般。农村人居环境得到村民的较高评价，得益于浙江各级政府对农村环境治理采用一系列持续有效的治理措施，主要做法是：

1. 以规划为先导引领环境整治。农村人居环境整治是一个系统工程，村庄布局、道路、绿化、污水管网、公共设施等环境元素都需要统筹考虑、精心规划。浙江农村环境整治非常重视规划的引领作用，63.2%的村编制了村庄总体规划，68.9%的村编制了污水管网建设专项规划，有43.4%的村编制了村庄道路专项规划，39.6%的村编制了环境保护和环卫设施规划，而没有编制任何规划的村仅占8.5%。通过编制立足当前兼顾中长期的规划，确定整治重点，分步实施，提高了整治效果。

2. 全面实施农村环境整治工程。村庄整治从道路硬化、改水改厕、垃圾清运等突出问题入手，再到绿化美化、河道治理、污水处理不断深化。调查的90个行政村中，85个村已实施道路硬化，占94.4%，90%的村建立了垃圾清扫和运输制度，88.9%的村实施通自来水工程，86.7%的村架设了路灯，81.1%的村进行了河道整治，73.3%的村修建了村内公共厕所。修建村民活动场所、进行道路和公园绿化的村也有66.7%，另有65.6%的村已埋设污水管网。通过一系列环境整治工程，根本上改变了农村人居环境。

表1　村庄整治工程实施的项目情况

整治工程项目	选择的村数	占调查村的比例（%）
道路硬化	85	94.4
河道整治	73	81.1
道路边和公园绿化	60	66.7
通自来水	80	88.9
建设居民活动场地	60	66.7
修建公共厕所	66	73.3
垃圾清扫和运输	81	90.0
埋设污水管网	59	65.6
设路灯	78	86.7
其他	3	3.3
没有开展整治	1	1.1

3. 财政资金是环境整治投入的主渠道。环境整治的重点和难点是资金筹措，浙江建立了以各级财政资金为主的投入机制。据对90个村的调查，近五年，用于环境整治工程的投入资金平均每村达到589万元，其中各级政府的补助和奖励占56%，村集体资金占33.4%，企业赞助资金占3.4%，农户集资占2.9%，其他渠道占3.1%。财政资金不仅以项目建设补助和奖励的形式支持，还对环境长效管理给予奖励，如村垃圾清扫和运输的经费平均51.9%由政府补助。

4. 初步建立了环境设施的长效管理机制。改善农村人居环境，在注重设施建设的同时，设施日常维护和管理同样重要，各县（市区）重视长效管理机制的建设，明确责任、建立队伍、落实经费，保证了环卫设施功能的正常发挥。有 97.8% 的村有保洁人员定期清扫，有 91.1% 的村建立了垃圾专人定期向外清运制度，65.6% 的村进行绿化定期修理和补种，有 61.1% 的村进行道路定期维护修补，有 31.1% 的村进行污水管网定期疏浚和维护，有 26.7% 的村污水处理站有专人管理。

表 2　村庄长效维护管理制度建设情况

项目	村数	占比（%）
道路定期维护修补	55	61.1
绿化定期修理和补种	59	65.6
有保洁人员和制度	88	97.8
垃圾专人定期向外清运制度	82	91.1
村污水处理站专人管理	24	26.7
有污水管网的疏浚和维护	28	31.1
无相应长效维护制度	3	3.3

（二）综合治理水污染，水质状况总体好转

针对农村水污染问题日益严峻的问题，各级政府大力治理农村水污染，各项治污措施逐步落实，池塘、河道的水质有所好转。

1. 水质状况总体较好。村民对池塘、河流的水质总体评价较好，在调查的 90 个行政村中，认为水质很干净和比较干净的村庄占一半以上，认为水质污染严重的村仅为 5 个；58.1% 的农户表示对本村的河道、池塘水质表示满意，不满意的仅占 14.6%。

2. 生活污水是水污染的主要原因。主要是生活污水排放，56% 的农户认为河道池塘水质污染的主要原因是生活污水排放；其次是生活垃圾污染，有 27.8% 的农户认为生活垃圾乱倒造成水污染；农业面源污染也是水污染的重要原因，26.4% 的农户认为畜禽污染影响水质，20.3% 的农户认为农药和化肥污染影响水质；工业污染相对少一些，仅有 17.5% 的农户认为工业废水排放污染水质；另外有 18.7% 的村民认为没有进行河道清淤影响了水质。

表 3　村内水污染主要原因

选项	选择户数	比例（%）
生活污水排放	510	56.0
生活垃圾乱倒	253	27.8
企业废水排放	159	17.5
畜禽养殖污染	240	26.4
农业生产农药和化肥污染	185	20.3
工业垃圾乱堆污染	41	4.5
没有进行河道清淤	170	18.7
水面垃圾污染	132	14.5
其他	21	2.3
没有水质污染问题	95	10.4

3. 以污水管网建设为重点，加大污水治理。近年来，浙江美丽乡村建设把污水治理放在重要地位，以规

划为先导，加大资金投入，加快污水管网和污水处理站的建设，取得明显成效。有 51.9% 的村埋设了污水管网，45.5% 的村建有集中式的污水处理站。在已建污水处理设施的村中，83% 建立了管网、处理站的专人定期维护制度。在 90 个调查村中，22.2% 的村多数农户生活污水通过管网接入镇级或村的污水处理设施；35.6% 的村已建成污水主管网，部分农户污水已接入管网；13.3% 的村已开始建设污水主管网，农户污水还未接入；16.7% 的村已经立项，准备建设污水管网；没有建设任何污水处施管网也没有建设计划的村仅占 12.2%。已有 63.5% 的农户生活污水通过村建的污水管道向外排放的。

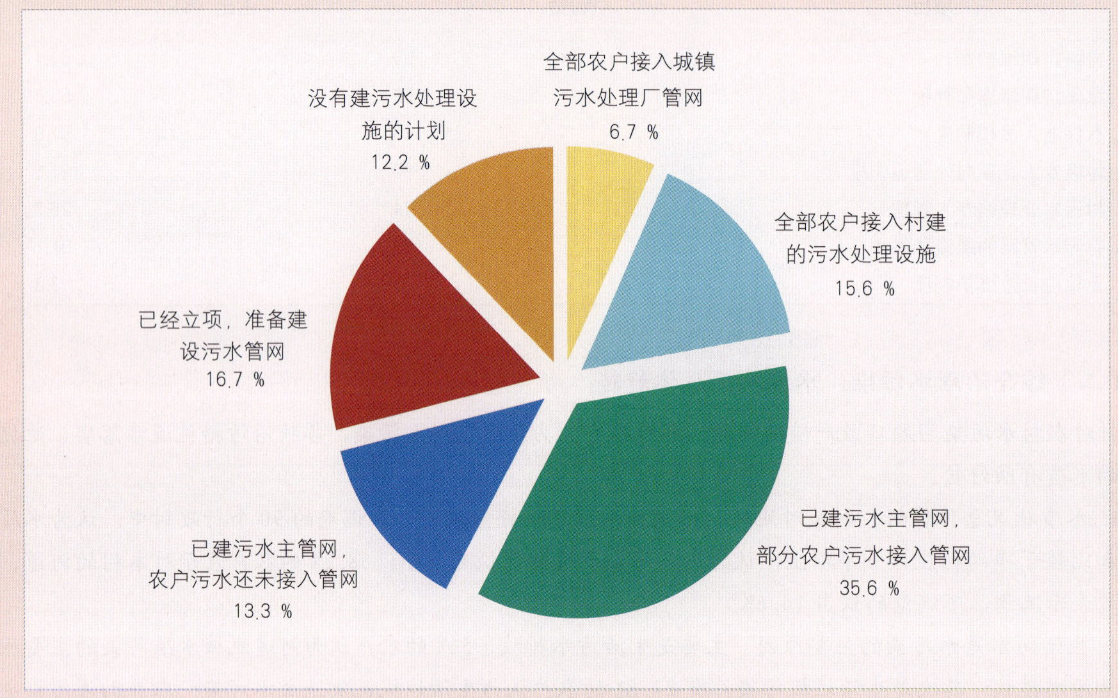

图 1 村庄污水处理设施建设情况

4. 多管齐下综合治理农村水污染。在加大污水处理设施建设的同时，各村根据自身水环境状况，结合实际、多管齐下，采取多种措施综合治理水污染。在 90 个调查村中，70% 的村进行了河道清淤，52.2% 的村关停了畜禽养殖场，38.9% 的村关停了污染企业或督促污染企业建立环保设施，还有部分村实行了禁用除草剂、农药化肥等措施。

表 4 治理水污染采取的措施

选项	村数	比例（%）
关村内污染企业	21	23.3
督促污染企业建立环保设施	28	31.1
关停畜禽养殖场	47	52.2
进行河道清淤	63	70.0
建立污水处理设施	53	58.9
其他	3	3.3
没有采取相关措施	5	5.6

（三）卫生保洁制度基本建立，环境卫生明显改善

环卫设施不断完善，卫生保洁制度初步建立，环境卫生状况得到村民的充分肯定， 90.8%的村民认为目前农村的环境卫生状况不断改善， 73.2%的农户对本村环境卫生状况表示满意，基本建立了“户集、村收、镇运输”的垃圾搜集和处理模式。

1. 垃圾投放设施多样化，农户投放便利。多数村建立了功能齐全、种类多样的垃圾投放设施，垃圾箱（桶）数量多，投放便利，据90个调查村的数据，每户有一个公共垃圾箱（桶）的户占37.1%；几户共用一个垃圾箱（桶）的户占40.4%；十多户共用一个垃圾箱（桶）的户占18.0%，在调查的90个村中，仅有一个村还没有公共的垃圾投放设施。村户可以方便的在家门口投放垃圾，91.8%的农户离垃圾箱（桶）在百米之内；只有1.6%的农户离公共垃圾箱相对较远，在500米以上。

2. 建立保洁员队伍，落实保洁经费。97.8%的村建立了保洁人员和保洁制度，其中61.1%的村保洁人数在5人以上，16.7%的村有3至4名清洁工，21.1%的村有1至2名清洁人员。建立了以财政补助和村集体自筹的长效保洁经费保障制度，村垃圾清扫和清运人员的经费来源中，来自财政补助的占51.9 %，来自村集体经济的经费占45.0%，村民缴纳的卫生费占2.3 %，其他占0.8 %。

3. 垃圾定期清扫和外运制度基本建立。90%的村实现每天清扫保洁；只有个别村实行两三天清扫一次和每周清扫一至二次，不定期清扫或没有清洁人员的村不到4%。垃圾定期清运制度基本建立，有7.8%的实行每天运2次，71.1%的村做到每天清运，有15.6%的村也能做到两三天清运一次，无法做到及时清运的村占5.5%。

表5 村内垃圾清扫和清运情况

垃圾清扫的次数	村	比例（%）	垃圾清运次数	村数量	比例（%）
一天多次	20	22.2	每天2次	7	7.8
一天一次	61	67.8	每天1次	64	71.1
两三天一次	5	5.6	两三天1次	14	15.6
每周一两次	1	1.1	每周1次	3	3.3
每周不到一次	1	1.1	每周不到一次	1	1.1
无专人定期清扫	2	2.2	无人定期清运	1	1.1

二、农村人居环境治理需关注的问题

（一）资金筹措困难制约环境整治工作

随着整治工作的深入，资金需求量不断增加，而集体经济薄弱、政府资金投入不足和到位不及时的问题同时存在，资金缺口问题日益突出。集体经济薄弱制约环境整治工作的深入推进， 44%的村2014年度集体经济收入不到50万元。政府资金投入方面，有55.6%的村干部反映投入不足。尤其是污水处理设施建设，工程量大、资金需求多，还需要资金保障设施的运行和维护，村污水处理管网及设施建设中存在的问题中，有48.9%的村表示管网建设资金筹措困难。

（二）长效管理机制尚不够完善

随着环境设施建设的不断推进，运行维护和管理问题日益突出，特别是在污水处理设施的运行维护管理和保洁工作的监管方面，存在不少问题，有些村污水主管网建成后没有及时建设入户管网，一些村的污水处理站运行成本高、技术要求高、缺少专业技术人员，有些污水处理站由于没有建立维护管理制度，造成污水处理设施没有正常运转，形同虚设。污水处理站的排放水基本没有建立定期水质监测制度。在环境卫生的保

洁管理上，环卫工作缺少监督和检查机制，垃圾清扫和清运不够及时。

（三）道路不畅和乱堆杂物成为人居环境的突出问题

随着农民生活条件的提高，小汽车拥有量不断增加，而农村道路由于缺乏总体规划，路网建设不完善，外加一些村民私自占用公共道路，入户道路没有全面硬化，车辆通行困难成为村民反映最强烈的问题，52.3%的村民表示“村内道路狭窄、通车不方便”是本村人居环境存在的问题，其次是部分农民的杂物堆放问题，认同率为33.8%。另外，入户道路没有全面硬化、庭园绿化不重视和水质污染也是村庄人居环境需要重视的问题。

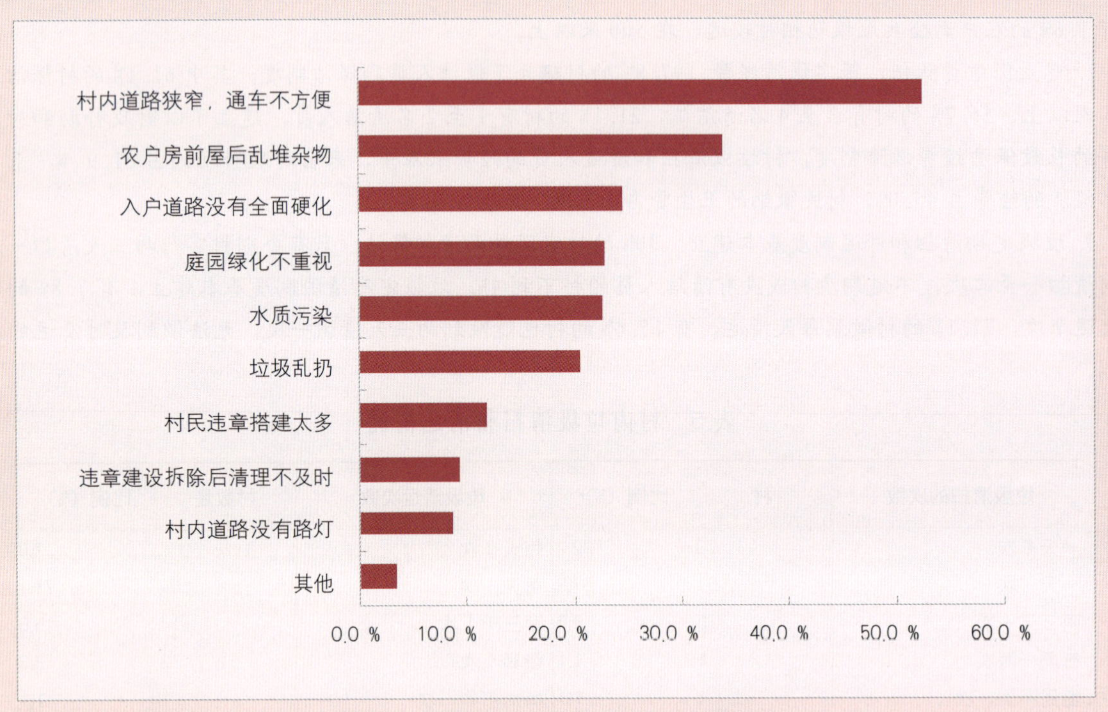

图2 村庄人居环境存在的主要问题

三、加大环境治理力度，进一步改善农村人居环境

在人居环境取得显著成效的基础上，保持政策不变，力度不减，干劲不松，咬定青山不放松，继续深化农村环境治理，不断提升全省农村人居环境。

（一）多渠道筹措资金，加大资金投入

随着环境整治的深入，资金需求量增大。应继续以政府主导、集体补充、村民参与、社会支持的投入机制，保证整治工作的资金需求。通过建立融资平台、设立专项基金、申请世界银行项目等多渠道筹集资金。整合新农村建设、农户改造、乡村旅游、公路村村通等涉农资金，统筹安排、形成合力。建立引导激励机制，鼓励社会资本参与建设。科学合理运用财政补助资金，加强项目管理和资金使用的监督，创新补助方式，提高资金的导向作用和激励作用。

（二）加快人居环境设施建设

以规划为引领，对农房改造、公共设施、道路、污水管网、绿化、河道整治、电力和通信线路建设，统一规划设计、综合考虑安排。规划要有超前性，村内道路设计、污水管网工程设计时，要从农村现实需要和未来长远发展统筹规划。加大污水处理设施建设，在编制污水处理设施建设规划的基础上，有计划分步骤加以推进，在建设主管网的同时，同步建设入户纳污管。选择处理效果好、运行成本低、维护方便的污水处理系统。加强工程建设质量的监督管理，严格验收标准，实行工程质量与资金补助挂钩政策。

（三）整治农村环境突出问题

深化农村环境整治要以村民反映强烈的问题为导向，深入开展整治。一是深化村内道路建设，结合“三改一拆”，对违章搭建和侵占公共道路的行为进行专项整治，拓宽村内道路，逐步解决道路狭窄问题。在主次干道硬化的基础上，重点解决入户道路的硬化。二是集中清理乱堆乱放现象，加大宣传提高村民环境意识，定期组织人员规范乱堆杂物行为，对占用公共道路堆放的杂物，统一组织清理。三是继续整治畜禽养殖污染，控制养殖总量，严格控制畜禽养殖区域，严禁在河道200米内进行规模化养殖。四是加强企业污水排放监管，建立污染排污口警示标志，严肃查处超标排放企业。

（四）完善人居环境设施的长效管理机制

重点建立四方面长效管理机制。一是污水管网和道路的日常管理和维护制度，建立固定的维修资金筹措渠道，及时组织人员维修损坏的管网和路面。二是污水处理站的管理和监督制度，确定有相应专业技能的人员负责日常管理，环保部门要定期巡查各村的污水处理站，对排放废水进行定期监测，确保污水处理站的正常运行和处理效果。三是卫生长效保洁制度，根据村域面积配备相应数量的保洁人员，明确保洁人员的职责、考核和奖惩办法；建立垃圾清运监督制度，对未按时清运的行为采用相应的处罚措施。四是人居环境监督考核制度，对环境设施的建设、工程质量、日常管理和维护、资金筹措等改善人居环境的举措，建立全面的考核评价监督制度，考核结果与长效管理资金拨付挂钩。

（作者：洪玉）

浙江杭州西湖杨公堤

安徽省经济社会发展报告

2015年，面对错综复杂的宏观环境，安徽人民在省委省政府坚强领导下，深入贯彻落实中央各项决策部署，主动适应经济发展新常态，坚持稳中求进工作总基调，坚持以提高经济发展质量和效益为中心，加快调结构转方式促升级，全省经济运行总体平稳、稳中有进、稳中趋好，主要指标增幅居全国前列。展望今年，机遇与挑战并存，总体有利因素居多，整体经济仍有望保持平稳健康发展势头。

一、2015年经济运行基本情况及主要特点

（一）“稳”的格局未变

主要指标平稳增长。初步核算，2015年安徽生产总值22005.6亿元，按可比价格计算，比上年增长8.7%，增幅比全国高1.8个百分点，居全国第9位。规模以上工业增加值9817.1亿元，增长8.6%，增幅比全国高2.5个百分点，居全国第7位。固定资产投资23965.6亿元，增长12.7%，比全国高2.7个百分点。社会消费品零售总额8908亿元，增长12%，比全国高1.3个百分点，居全国第6位。外贸出口331.1亿美元，增长5.2%，好于全国（为下降2.8%）。财政收入4012亿元，增长9.5%。农业生产形势较好。粮食生产实现“十二连丰”，总产创历史新高，达707.6亿斤，增长3.6%，增幅居全国第5位。主要肉类产量417.9万吨，增长1.2%；牛奶产量30.6万吨，增长9.9%。就业和物价保持稳定。全年城镇新增就业65.2万人，超额完成年度目标任务（63万人）；城镇登记失业率3.14%，低于年控制目标1.36个百分点。居民消费价格上涨1.3%，比全国低0.1个百分点。

（二）“调”的成效显现

服务业发展加快。全年服务业增加值8206.6亿元，增长10.6%，增幅高于GDP1.9个百分点，比上年高1.1个百分点，增加值占GDP比重由上年的35.4%提高到37.3%。新兴产业加快成长。规模以上工业中，装备制造业增加值增长11.1%，增幅高于全部工业2.5个百分点，增加值占比由上年的34%提高到35.7%，其中电子信息业增加值增长23.8%、增幅高于全部工业15.2个百分点、增加值占比由4.8%提高到5.6%；战略性新兴产业产值增长17.6%，高于全部工业11.5个百分点，产值占比由上年的20.2%提高到22.4%。限额以上网上商品零售额114.5亿元，增长77.8%。快递业务量39935.6万件，实现业务收入46.1亿元，分别增长67.4%和58.2%，居全国第4和第3位。供给侧投资结构优化。固定资产投资中，基础设施和技术改造投资分别增长19.6%和14.4%，高于全部投资6.9和1.7个百分点，投资额占比分别由上年的16.5%、23.7%提高到17.5%和24%。

（三）“转”的步伐加快

新增市场主体较快增长。全年新登记注册各类市场主体47.2万户，累计达276万户，分别增长15.8%和12.7%。其中，新登记企业14.4万户、增长18.4%。创新驱动发展取得积极成效。全年净增高新技术企业796家，累计达3157家、居全国第8位。高新技术产业增加值增长11.8%，增幅高于规模以上工业3.2个百分点，增加值占规模以上工业增加值比重由上年的34.8%提高到36.9%。获授权发明专利11180件，增长1.2倍，总量和增速分别居全国第7和第1位。外贸出口中，高新技术产品出口额增长10.8%，比全部出口增幅高5.6

个百分点，出口额占比由上年的19.3%提高到20.4%。发展活力进一步增强。民营工业增加值增长10.4%，高于全部规模以上工业1.8个百分点，增加值占全部规模以上工业比重由上年的67.8%提高到70.4%；民间投资增长17.6%，高于全部投资4.9个百分点，投资额占全部投资比重由上年的69.1%提高到72%。全年新批外商投资项目289个，增长12.9%；合同利用外资39.4亿美元，增长26.6%；实际利用外商直接投资136.2亿美元，增长10.4%。

（四）“好”的变化增多

企业成长状况良好。全年新增规模以上工业企业2574户，累计达17969户，比上年分别增加356户和1597户；产值超亿元的企业达7160户、比上年净增511户，产值超10亿元的企业达483户、比上年净增7户，产值超50亿元的企业64户，产值超100亿元的企业达29户。净增限额以上商贸企业926户。质量效益稳步提升。全年规模以上工业单位增加值能耗下降9%，降幅比上年扩大0.6个百分点。规模以上工业企业实现利润1852.7亿元，增长4.2%，好于全国（下降2.3%），增幅高于上年4.1个百分点，居全国第9位，电力、家电和汽车三个行业利润分别增长42.1%、10.7%和16.5%，比上年增加54.8亿元、27.6亿元和14.5亿元。民生持续改善。全年城镇常住居民人均可支配收入26936元，增长8.4%，扣除价格因素，实际增长7%；农村常住居民人均可支配收入10821元，增长9.1%，扣除价格因素，实际增长7.7%。全年33项民生工程累计投入资金726.5亿元，同比增长12.1%，超额完成任务。进出口形势趋好。全年进出口总额488.1亿美元，下降0.8%，降幅比一季度、上半年、前三季度分别收窄3、9.7和6.9个百分点，低于全国7.2个百分点。融资环境改善。年末金融机构人民币贷款余额25489亿元，增长15.4%，增幅比全国高1.1个百分点；余额比年初增加3400.8亿元，比上年多增451.5亿元。全年直接融资2950亿元，居中部首位，比上年增长70%。

总体上看，2015年在外部环境复杂多变、发展困难较多的情况下，虽然安徽主要经济指标增速有所放慢，但仍保持在较快增长的合理区间；同时，结构调整稳步推进，质量效益持续提升，新旧动力加速转换，民生福祉持续改善，为“十二五”画上了圆满句号。

二、当前经济发展存在的主要困难和问题

（一）市场需求不足矛盾仍较为突出

去年12月份安徽制造业采购经理指数（PMI）为49.8%，仍处在荣枯线（50%）以下。反映市场需求变化的工业生产者出厂价格持续下降，已连续45个月同比下降，去年全年平均下降6.1%，降幅比上年扩大3.5个百分点。反映市场销售变化的产品销售率，去年全年规模以上工业为97.4%，比上年低0.2个百分点。反映对未来市场信心的制造业投资，去年全年增长13.1%，比上年回落1.5个百分点。

（二）企业盈利能力总体较弱

去年全年规模以上工业企业主营业务收入利润率（利润与主营业务收入之比）为4.83%，比全国低0.93个百分点，居全国第22位；工业成本费用利润率为5.1%，比全国低1.08个百分点，居全国第22位；39个行业中有25个行业亏损企业亏损额同比增加，其中钢铁、黑色金属矿采选、有色、建材等四个行业亏损企业亏损额分别增长11.1倍、1.3倍、2.6倍和1.3倍。

（三）大型工业企业生产增速较慢

去年全年大型企业增加值增长4.5%，增幅比全部规模以上工业低4.1个百分点，比上年回落2.6个百分点，对规模以上工业增长的贡献率由上年的24.3%下降到18.9%。产值前50户的大型企业中，16户产值增幅比上年回落，合计回落幅度为12.8个百分点，其中皖北煤电、安庆石化、马钢及华鑫铅业等企业回落幅度均在20个百分点以上。

（四）房地产市场仍然低迷

去年全年房地产开发投资增长2%，增幅比上年回落8个百分点，对全部投资增长的贡献率由上年的13.1%下降到3.2%。房地产购置土地面积下降40.4%，新开工面积下降11.2%，商品房销售面积下降0.5%。商品房库存增长偏快，去年末商品房待售面积2509.4万平方米，增长53.3%，增幅比上年高31.4个百分点。房地产市场低迷，对相关工业行业的影响显现，去年全年水泥、钢材产量分别增长0.8%和0.2%，增幅比上年回落0.8和3.4个百分点。

三、2016年经济发展展望

当前，世界经济总体呈低增长、不平衡、多风险态势，我国经济正处在新旧动力转换和结构调整的爬坡过坎阶段。虽然安徽经济发展还面临不少困难和挑战，但也有不少有利因素。综合来看，全省经济仍有望继续保持平稳健康发展势头。主要判断依据：

主要有利因素：一是世界主要经济体经济有望保持增长。从美国看，经济增长基础相对稳固。再工业化政策效果逐步显现，有望推动实体经济持续增长。能源价格大幅下跌降低了企业生产和居民消费成本，有利于企业增加利润，有利于居民提高消费能力。在新能源革命、新一代信息技术革命、新一轮工业技术革命等领域取得较大进展，逐步培育出新的经济增长点。IMF预计，2015和2016年美国经济将增长2.6%和2.8%。从欧元区看，经济将保持温和增长。欧洲央行购债计划的实施压低了融资成本和欧元汇率，有助于推动出口，刺激经济增长；财政整固、结构改革逐步取得一定实效。IMF预计，2015和2016年欧元区经济将增长1.5%和1.6%。从日本看，2015年GDP由上年的下降转为增长0.6%。除了能源价格下跌之外，延迟提高消费税将促进消费增长；2016年将重启核电，以及继续保持宽松的刺激政策等，将有助于推动日本经济小幅回暖。IMF预计，2015和2016年日本经济将增长0.6%和1.0%。IMF预计，2016年世界经济将增长3.6%，高于2015年的3.1%（预计数），为2011年以来最快增速。二是我国经济长期向好的基本面未变。深化改革的红利在不断释放、全球合作的动能在不断提升，打造中国经济升级版、构建全球经济新版图，战略方位的变化等，将给经济发展带来全新的机遇。工业化、城镇化仍未完成，“一带一路”、京津冀协同发展和长江经济带三大区域战略的实施将进一步拓展经济发展空间。再加上2016年是“十三五”开局之年，各项规划和“十八大”确定的全面深化改革各项举措逐步落地生效，必将有效释放经济内在增长动力，激发市场主体的活力，推动国民经济行稳致远，这为安徽经济发展提供了良好的外部环境。三是安徽经济增长有较好的支撑。目前安徽战略性新兴产业、高新技术产业、民营经济和服务业等均保持良好的发展势头，如“十二五”期间全省战略性新兴产业产值年均增长30.8%，高新技术产业和装备制造业增加值年均分别增长16.4%和17%。同时，近年来创新能力持续增强，2012-2015年安徽区域创新能力连续4年居全国第9、中部第1位，创新潜力指数居全国第3位，规模以上工业企业中有研发机构的企业数居全国第5位。加之强力推进“调转促”的成效逐步显现等，这些都将对全省经济发展起到重要支撑作用。

主要不利因素：一是新兴和发展中经济体经济增长压力较大。新兴市场经济增速已连续5年下滑，有分析表明，2016年俄罗斯、巴西等国经济衰退程度有望降低，但是大部分国家经济结构调整进展缓慢，美元加息带来的金融市场动荡，以及缺乏新增长动力等因素，使得新兴和发展中经济体经济增长回升的难度较大。二是国内市场需求不足的状况短期内难以改观。全国制造业采购经理指数（PMI）已连续5个月在临界点以下，持续处于收缩区间；工业生产者价格已连续46个月同比、24个月环比下降。市场需求不足，将影响投资者的投资意愿，进而对投资稳增长产生影响。三是结构性产能过剩矛盾突出。尽管近年来化解产能过剩取得积极成效，但由于产能过剩问题长期积累，汽车、电力、钢铁、水泥等行业前期投入形成的新产能仍在继续释放。2010年以来，安徽统计的23种主要工业产品中，原煤、发电设备、汽车、房间空气调节器、彩电等14种产品的产能利用率均趋于下降，其中彩电、汽车、发电设备、化学纤维等产能利用率不足6成。去年末，全省在建商品房施工面积3.4亿平方米，按去年月均销量514.5万平方米计算，消化期为67个月；商品房中住宅待售面积1483.7万平方米，增长50.8%、比上年上升37.3个百分点，若按每套100平方米计算，则有14.8万套住宅未销售。

下一阶段各地各部门应认真落实党的十八届五中全会、中央经济工作会议和全省经济工作暨城市工作会议精神，牢固树立和贯彻创新、协调、绿色、开放、共享的发展理念，推进结构性改革，加快实施“4105”行动计划，不断加大改革创新和“调转促”力度，不断培育新的发展动能，努力延续经济平稳增长、结构优化、质量提升、效益改善的良好发展势头，确保实现“十三五”良好开局。

（作者：钱晓康）

安徽黄山北海

专栏：安徽农民工人力资本积累取得新进步

城镇化、工业化进程必然伴随着人口由乡村向城镇的集中。改革开放以来，数以亿计的农民工由乡村到城镇、由农业到非农产业，实现了空间的转移、就业的转换；释放出巨大的“人口红利”，成为推动中国经济增长的重要动力。农民工大规模大范围“候鸟式”迁徙流动，成为改革开放以来中国经济社会大转型的重要标志性特征之一。作为农民工主要输出地，安徽农民工跨省流动数量多，为中国经济发展作出了很大贡献；安徽农民工群体已经成为产业工人队伍的重要组成部分，是推动“十三五”期间经济社会加快转型升级的重要力量。

一、农民工人力资本积累的重要性日益凸显

改革开放以来，我国劳动年龄人口比重迅速上升，通过劳动力充分供给和高储蓄为经济发展提供了人口红利。伴随着劳动力年龄人口增长减速，人口老龄化的问题也开始凸显，如何应对“未富先老”和“人口红利”衰减难题，就成为了中国经济转型中的重大战略问题。化解这一难题，就必须以人口素质和劳动生产率持续提升为前提，没有劳动生产率的持续提升，经济发展就有可能陷入“中等收入陷阱”。但农民工群体的存在，使我国人力资本开发还有很大的潜力可挖，这为我国跨越“中等收入陷阱”提供了难得的机遇。

人才，是企业或产业发展的核心要素，具有可再生、创新性、创造性特质，但只有与产业发展有机融合，其重要价值才能得以体现。中国经济发展进入“新常态”后，实现“双中高”发展，将对人力资本的依赖程度更深。农民工群体将成为高技能人才的重要后备力量。

二、安徽农民工人力资本积累的现状和特征

人力资本既体现在劳动力供给的数量上，更体现在劳动力的质量上，是指通过人的教育、培训、实践经验、迁移、保健等方面投资而获得的知识和技能的积累。

（一）安徽农民工的数量、就业、流向及收入状况

1. 从数量来看，安徽农民工人力资本积累呈现持续增长。国家统计局安徽调查总队农民工监测调查数据显示，2015 年，安徽农民工总体就业形势较为平稳，农民工总量为 1858.8 万人，比上年增加 8.6 万人，增长 0.5%。尽管农民工数量的增长速度有所回落，但供给总量仍呈现出持续增长，基本能够满足产业发展对劳动力的需求。

2. 从就业形式[①]看，外出就业仍是安徽农民工就业首要选择。2015 年安徽农民工中外出农民工 1371.4 万人，比上年增加 51.1 万人，增长 3.9%；本地农民工 487.4 万人，比上年减少 42.4 万人，减少 8%；外出农民工占安徽农民工总量的 73.8%。这表明农民工“离土离乡”的主动迁徙模式已经成为常态，也为加快推进新型城镇化进程提供了重要动力。

3. 从流向分布看，外出农民工的省外就业比例高，且数量稳步增长。调查数据显示，2015 年安徽全省在省外务工的农民工共 987 万人，占全省外出农民工数量的 72%；其中，流向东部发达地区的安徽农民工共 921.8 万人，且主要集中在与安徽临近的长三角地区；仅江浙沪三省（市）就有 779.7 万人，占全省外出农民工的 56.9%。

4. 从就业行业看，安徽农民工就业主要集中在制造业、建筑业、批发和零售业三大行业。2015 年，安徽农民工在三大行业就业就业的比重分别为 27.0%、25.3%、12.7%，合计占比 65.0%；尽管安徽农民工所从事的行业大多是劳动密集型行业，但在制造业部门的就业比重稳步提升。

注：①农民工就业形式主要有本地就业、外出就业两大类。农民工是指户籍仍在农村，在本地从事非农产业或外出从业 6 个月及以上的劳动者。本地农民工指在户籍所在乡镇地域以内从业的农民工。外出农民工指在户籍所在乡镇地域外从业的农民工。

5. 从工资收入看，安徽农民工收入逐年增长，且外出务工收入明显高于本地务工收入。2015 年，安徽外出农民工平均年收入为 36151.1 元，比上年增长 9.6%；本地农民工平均年非农务工收入为 24941.3 元，比上年增长 8.0%。收入的稳步增长也反映了农民工人力资本积累上的进步。

（二）安徽农民工的人力资本存量逐步提升

1. 农民工人力资本存量的测算方法。人力资本存量的计算方法理论界并不统一。本文是以农民工受教育程度、健康状况、生活水平等几个核心指标，利用调查取得的原始抽样数据，进行加工处理，采用一种指数化处理方法，对近几年安徽农民工人力资本水平指数进行测算。农民工人力资本水平（HRI）指数根据人力资本的核心概念，主要关注农民工教育培训、工作经验和生活水平等三个领域的发展。在反映农民工人力资本水平上比仅使用单一的受教育指标更加可靠，也提供了更加综合全面的观察视角。该指数值（HRI）在 0 ~ 1 之间，指数越接近 1，说明人力资本水平越高。该指数以三个分指数为基础，三个分指数分别衡量农民工人力资本的三个方面：教育培训指数（ET）用以反映农民工接受教育和技能培训情况，用农民工平均受教育年限水平指数（E，占 1/2 权重）和农民工职业技能培训率（T，占 1/2 权重）衡量；工作经验水平指数（EV）用以反映农民工职业稳定度和经验积累，用从事当前工作满 5 年（含）以上农民工比率衡量；生活水平指数[②]（CE）用以反映劳动力再生产能力，以农民工外出务工月平均消费支出占当年全国城镇居民月平均生活消费支出（2015 年该值为 1783 元 / 月）的比值衡量。其计算公式如下：

HRI=0.4ET+0.3EV+0.3CE

ET=E/2+T/2，$E=\frac{\sum p_i e_i}{p}/E_0$，其中 p_i 为具有 i 种文化程度的劳动力数，e_i 为具有 i 种文化程度的人口受教育年限系数（如高中或中专为 12 年），p 为该群体人口总数，E_0 为农民工转变为合格产业工人所需要的教育年限目标值，为便于计算本文将该目标值定位高中（中专）12 年。

2. 安徽农民工的教育培训水平。从受教育程度看，监测调查数据结果显示，近年来安徽农民工整体受教育程度逐年提升，2015 年安徽农民工人均受教育年限为 9.07 年。从接受职业技能培训的情况看，安徽各级政府近年来更加重视农民工职业技能培训工作，且农民工接受职业技能培训的比重逐步提升。2015 年安徽农民工接受过非农职业技能培训的比重为 33.5%。从安徽农民工的工作经验看，2015 年安徽外出农民工从事当前工作的平均年限为 5.1 年。从事当前工作年限在 5 年以上的安徽农民工占了 73.9%。显示安徽农民工就业稳定性较好。

表 1　近三年安徽农民工文化程度构成

单位：%、年

指　标	2013 年	2014 年	2015 年	受教育
年限系数	21	23.3		
未上过学	2.0	1.8	1.9	0
小 学	16.7	16.7	15.7	6
初 中	67.3	65.5	65.9	9
高 中	10.1	10.8	10.0	12
大专及以上	3.9	5.2	6.4	15
人均受教育年限	8.88	9.00	9.07	—

3. 人力资本存量较高的青壮年是安徽农民工主体。从平均年龄看，安徽农民工平均年龄为 40.0 岁，比上年提高 0.3 岁。从年龄结构看，40 岁以下农民工所占比重为 57.8%，比上年下降 0.9 个百分点；50 岁以

注：②一般情况下，生活水平越高的劳动力，其人力资本水平越高，作为城镇产业工人重要组成部分的农民工，其消费水平应当达到城镇居民消费的平均水平，因此将该值作为农民工生活水平的目标值。

上农民工所占比重为 15.2%，比上年略有上升。

表 2 近三年安徽农民工年龄构成

单位：%

年 龄	2013 年	2014 年	2015 年
16-19 岁	3.7	2.7	2.3
20-29 岁	30.8	29.5	30.7
30-40 岁	27.2	26.5	24.8
41-50 岁	26.4	27.1	27.0
50 岁以上	11.8	14.3	15.2

4. 社会网络在安徽农民工外出从业中发挥了重要的积极作用。安徽外出农民工外出方式中政府（单位）组织、中介组织介绍、亲朋好友介绍、自发和其他这 5 种方式分别占 0.9%、2.0%、52.4%、39.2% 和 5.6%。可见社会网络在安徽外出农民工外出务工中占有重要的地位，这意味着一批“走出去”的时间较早，具有较丰富工作经验、人力资本水平较高、职业搜寻能力较强的农民工，充当了职业介绍人的角色。

5. 安徽外出农民工的消费和居住情况不断改善。一是生活消费持续增加，居住支出增长明显。2015 年外出农民工人均生活性消费支出 10836 元，比上年增加 654.1 元，增长 6.4%，人均月生活性消费支出为 903 元。月均居住支出 468 元，比上年增加 70 元，增长 17.6%。这表明，随着收入增加，农民工更加注重生活质量。

6. 安徽农民工人力资本水平指数（HRI）的测算。依据上文的测量方法，首先分别计算三个分项指数：教育培训指数（ET）为 0.545，工作经验水平指数（EV）为 0.739，生活水平指数 （CE）0.506。综合三个分项指数计算，安徽农民工人力资本水平指数为 0.592，将进入人力资本加快积累的阶段。

（三）安徽不同农民工群体人力资本存在差异

农民工个体的知识和智力、职业和专业、年龄和性别、健康和消费等多方面因素，决定着农民工群体的人力资本状况。

1. 外出农民工与本地农民工的人力资本特征差异较为显著。从年龄结构看，外出农民工中 40 岁以下农民工占 68.8%，而本地农民工中这一比例为 36.8%，两者相差 32 个百分点。表明安徽外出农民工中青壮年比重明显高于本地农民工，其年龄结构也更加合理。从性别结构看，安徽外出农民工中男性比为 66.4%，本地农民工男性比为 66.1%，差别并不显著。从务工收入来，调查数据显示本地农民工人均年收入仅相当于外出农民工人均年收入的三分之二。

表 3 安徽不同农民工群体的受教育程度构成

单位：%

指 标	农民工合计	外出农民工	本地农民工
未上过学	1.9	1.3	3.9
小 学	15.7	12.2	21.0
初 中	65.9	66.9	61.1
高 中	10	11.0	9.3
大专及以上	6.4	8.6	4.7
平均受教育年限（年）	9.07	9.36	8.58

从平均受教育年限来看，外出农民工的人力资本水平显著高于本地农民工。2015 年安徽外出农民工平均受教育年限为 9.36 年，比本地农民工平均受教育年限（8.58 年）高了 0.78 年；外出农民工中受初中以上教育程度的比重为 86.5%，比本地农民工高了 11.3 个百分点。从受教育程度的差异也可以看出，外出农民工群体的人力资本存量显著高于本地农民工。在劳动力市场的资源配置作用下，农民工分群效应日益明显。

从接受职业技能培训的情况看，2015 年安徽外出农民工接受过职业技能培训的比例为 36.3%，本地农民工接受过职业技能培训的比例为 27.0%；外出农民工群体比本地农民工高了 9.3 个百分点，差异也很明显。

2. 安徽新生代农民工是人力资本存量较高的一个群体。随着农村劳动力的大量向城镇、向二三产业的集中，农民工内部也出现了代际更替，80 年之后出生的外出农民工，通常我们也将其称为“新生代农民工，逐渐成为外出农民工的主体，而且在产业升级中发挥着越来越大的影响。根据 2015 年安徽农民工监测调查，安徽外出农民工中，新生代农民工即 80 年之后出生的外出农民工的比例超过了一半，占到 59.6%。按照 2015 年安徽外出从业 6 个月及以上的外出农民工数量为 1371.4 万人来推算，安徽新生代农民工的数量已经达到 817.4 万人，已经成为安徽外出农民工的主体。新生代农民工之所以逐渐成为外出农民工的主体，这主要是由于在进行就业选择时，较为年轻的农村劳动力选择外出从业的倾向明显更高。而且新生代农民工的受教育程度也较高。

三、对策与建议

（一）健全覆盖全面、城乡统一的社会保障体系，提升农民工自我发展能力

调整现有制度设计，对不同类型农民工进行社会保障分类管理，重点关注新生代农民工的社会保障问题，提高其参保意愿。不断完善城乡统一的基本社会保险制度体系，消除农民工参保预期不佳、缴费能力不足、政府责任缺失和制度平台不统一等问题，用制度红利引导农民工持续向城镇转移。重点完善社会保险关系转移接续政策，落实城乡养老保险制度衔接暂行办法，做好参保人员跨制度衔接，尤其是城镇职工社会保险制度与城乡居民基础社会保险制度的衔接。

（二）建立农民工人力资本开发资金投入保障机制

进一步拓宽资金来源，建立政府主导下的多元投入机制，不断增加经费投入。依托财政资金和社会捐助设立农民工人力资本开发基金，通过对取得相应资质的农民个人、企业和社会机构开展直接补贴、信贷支持等模式，鼓励企业深度参与农民工培训，引导产业界关注农民工人力资本开发问题，逐步建立起政府、社会组织、企业和个人共同负担的农民工人力资本开发投入机制。

（三）健全农民工职业教育和继续教育制度

要加快整合教育培训资源，逐步建立“政府引导、企业主导、多种层次、特色鲜明”的农民工职业技能教育培训体系。将我省现有职业院校、培训机构、企业中心等教育资源纳入培训体系；在激发公办职业教育参与农民工技能培训的基础上，采取“以奖代补”等多种方式，充分调动行业和企业开展农民工技能培训的积极性，大力推动办学主体多元化。坚持市场化原则，促进培训机构公平竞争、农民工自主选择、行业依规评审、部门加强监管的办法，将农民工的培训需求和培训机构的培训能力有机衔接，合理设置培训专业，及时公布培训机构、时间、内容、费用、补贴标准等信息，确保技能培训实效。

（作者：骆飞）

福建省经济社会发展报告

2015年，在全球宏观经济形势趋向低落的情况下，福建主动适应新常态，总量保持增长，结构优化显现。

一、运行状态平稳

（一）经济运行处于合理区间，主要指标平稳增长

1. 地区生产总值仍处于增长状态。初步核算，2015年福建实现地区生产总值25979.82亿元，按可比价格计算，比上年增长9.0%，增幅高于全国平均水平2.1个百分点，比上年回落0.9个百分点，与前三季度持平，比上半年提高0.4个百分点，比一季度提高0.5个百分点。其中，第一产业增加值2117.65亿元，增长3.9%；第二产业增加值13218.67亿元，增长8.7%；第三产业增加值10643.50亿元，增长10.3%。三次产业保持协调推进的势头。

2. 农业生产有缓有进。2015年，福建农林牧渔业总产值3717.87亿元，比上年增长3.9%，增幅虽然比上年回落0.6个百分点，但比前三季度提高0.3个百分点，比上半年提高0.7个百分点，比一季度提高1.2个百分点。其中农业产值1618.60亿元，增长4.6%；林业产值314.28亿元，增长4.1%；牧业产值571.27亿元，下降0.9%；渔业产值1082.31亿元，增长5.4%；农林牧渔服务业131.41亿元，增长6.6%。

3. 工业生产变稳。2015年，福建规模以上工业实现增加值10621.33亿元，比上年增长8.7%，增幅比上年回落3.2个百分点，比前三季度、上半年和一季度分别回落0.3个、0.7个和0.6百分点。工业生产进入个位数增长的区间。

4. 全社会固定资产投资增幅回落。2015年，福建完成全社会固定资产投资21628.31亿元，比上年增长17.2%，增幅比上年回落1.6个百分点。其中，固定资产投资（不含农户）21300.91亿元，比上年增长17.4%，增幅比上年回落1.6个百分点。

5. 市场销售增长趋升。2015年，福建社会消费品零售总额10505.93亿元，比上年增长12.4%，增幅比前三季度、上半年和一季度分别提高0.1个、0.2个和0.3个百分点。

6. 外贸出口实现正增长。2015年，福建海关进出口总额10511.00亿元，比上年下降3.5%，降幅分别比前三季度和1-11月扩大1.5个和0.2个百分点。其中，出口7013.24亿元，增长0.6%；进口3497.76亿元，下降11.0%。

7. 居民收入增速常态性趋缓。2015年，福建居民人均可支配收入为25404元，比上年增长8.9%，增幅比上年回落1.1个百分点，扣除价格因素后，实际增长7.1%，比上年回落0.7个百分点。分城乡看，城镇居民人均可支配收入33275.0元，增长8.3%，增幅比上年回落0.7个百分点，扣除价格因素后，实际增长6.5%，比上年回落0.3个百分点；农村居民人均可支配收入13792.7元，增长9.0%，增幅比上年回落1.9个百分点，扣除价格因素后，实际增长7.2%，比上年回落1.6个百分点。

8. 财政收入增速降低。2015年，福建公共财政总收入4143.71亿元，比上年增长8.2%，增幅比上年回落3.4个百分点。其中，地方公共财政收入2544.08亿元，增长7.7%，增幅比上年回落3.8个百分点。2015年，福建公共财政支出3995.77亿元，比上年增长20.8%，增幅比上年提高13.0个百分点。

9. 居民消费价格有所上涨。2015年，福建居民消费价格总水平上涨1.7%，比上年回落0.3个百分点。工业生产者出厂价格下降3.0%，降幅比上年扩大1.6个百分点，比前三季度扩大0.1个百分点；工业生产者购进价格下降3.9%，降

幅比上年扩大2.2个百分点，比前三季度扩大0.2个百分点。

10. 货币信贷平稳增长。2015年末，福建金融机构本外币各项存款余额36845.47亿元，比上年末增长10.7%，增幅比上年提高0.6个百分点；本外币各项贷款余额33694.42亿元，增长12.1%，增幅比上年回落3.6个百分点。

（二）产业结构调整取得进展

1. 现代农业更趋现代。一是现代农业园区建设有再推进。2015年，福建建设9个国家现代农业示范区、6个台湾农民创业园、73个福建农民创业园及示范基地，引导农业龙头企业和产业链上下游经营主体向园区集聚发展。“一区两园”完成项目投资80亿元，超额完成全年投资计划，建成30个特色优势产业集中区。二是设施农业有发展。重点支持发展蔬果温室和智能温控大棚生产、食用菌工厂化栽培、畜禽标准化设施化养殖等设施农业项目，建成各类温室大棚11.5万亩，设施农业面积累计达178万亩，其中千亩以上规模的设施农业基地达105个。推广应用农业物联网，认定了70个省级农业物联网示范点。三是强化农业科技创新推广。持续实施现代种业工程，深化闽台种业合作，主要粮油作物良种覆盖率达98.9%。创建了一批农业“五新”集成推广示范基地，加快农业科技进村入户，福建农业科技进步贡献率达57%。

2. 工业结构调整效果显现。一是产业转型升级有推进。2015年，福建实施省级智能制造重点项目200个，建设省级智能制造试点示范基地2个、示范企业20家，实施“机器换工”1000台（套）。新增国家级企业技术中心5家、国家技术创新示范企业2家、省级企业中心22家、行业技术开发基地6家。认定国家级新型工业化产业示范基地10家、省级新型工业化产业示范基地15家。二是高技术行业占比提升。2015年，福建规模以上工业中高技术行业实现增加值1005.02亿元，比上年增长11.1%，增速比上年加快0.9个百分点，快于福建规模以上工业平均增速2.4个百分点，高技术产业增加值占规模以上工业增加值比重为9.5%，比上年提高0.4个百分点。三是民营工业贡献突出。2015年，福建规模以上民营工业实现增加值6881.48亿元，比上年增长9.5%，增幅比规模以上工业平均水平高0.8个百分点；占规模以上工业增加值的64.8%，比上年提高0.7个百分点；对规模以上工业增长的贡献率为78.9%，比上年提高19.9个百分点。四是企业聚集度有所提高。2015年，福建规模以上工业企业中产值亿元以上企业为7628家，比上年增加587家，占规模以上工业企业的45.5%，亿元以上企业累计实现增加值9410.52亿元，增长12.3%，占规模以上工业增加值的88.6%，对规模以上工业增加值增长的贡献率达120.3%。

3. 第三产业占比提高。2015年，福建第三产业实现增加值10643.50亿元，比上年增长10.3%，增幅比上年提高2.0个百分点，比前三季度提高0.9个百分点，比第二产业高1.6个百分点。第三产业对经济增长的贡献率为42.4%，比上年提高10.9个百分点，拉动经济增长3.8个百分点，比上年提高0.7个百分点，成为支撑经济增长的重要力量。金融业增加值保持增长。2015年福建实现金融业增加值1656.43亿元，比上年增长14.3%，增幅比上年提高1.0个百分点；金融业增加值占第三产业比重由上年的15.2%提高至15.6%。规模以上服务业企业发展趋升。2015年，全省规模以上服务业实现营业收入2810.01亿元，同比增长12.3%，增幅比上年和全国平均增速分别高1.9个和3.6个百分

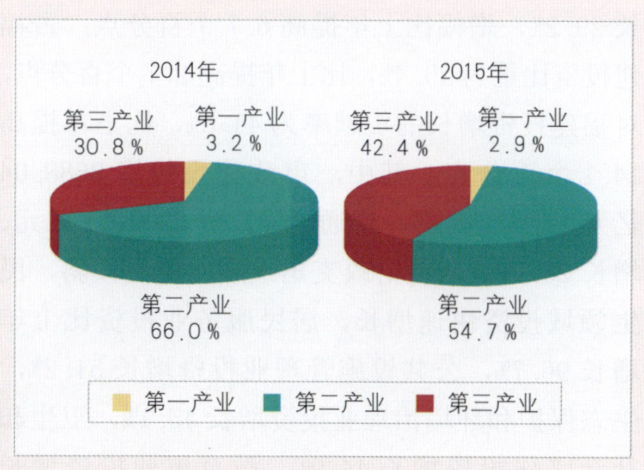

图1 2014、2015年三次产业对GDP增长的贡献率

点；实现营业利润 306.67 亿元，增长 20.1%，增幅比上年提高 16.1 个百分点，比全国平均增速低 2.2 个百分点。

（三）“三驾马车”各有特色

1. 投资结构优化。一是三次产业投资增长趋向均衡。2015 年，福建三次产业投资由上年一产大幅增长、二产大幅回落调整至相对均衡增长，第一产业完成投资 515.09 亿元，比上年增长 34.6%，增幅比上年回落 23.0 个百分点；第二产业完成投资 7506.63 亿元，增长 16.1%，增幅比上年提高 2.7 个百分点；第三产业完成投资 13279.19 亿元，增长 17.6%，增幅比上年回落 3.8 个百分点。三次产业投资结构由上年的 2.1：35.7：62.2 调整为 2.4：35.2：62.4。二是工业投资结构调整效果显现。高技术产业投资高速增长。2015 年，福建高技术产业投资 555.25 亿元，比上年增长 43.2%，增幅比上年提高 34.7 个百分点。其中，广播电视设备制造投资增长 246.3%，航空航天器制造投资增长 170.5%，公共软件服务投资增长 95.8%，电子器件制造投资增长 69.1%。电子及通信设备制造业投资增长 53.0%。高耗能行业投资占比下降。2015 年，福建高耗能行业投资 1897.42 亿元，比上年增长 8.1%，占工业投资的比重为 26.0%，比 2014 年下降 2.0 个百分点。同时，工业投资中用于三废治理的投资增长 25.9%，比上年提高 18.8 个百分点。三是基础设施投资拉动作用增强。2015 年，福建基础设施投资 6257.91 亿元，比上年增长 29.2%，增幅比上年提高 6.7 个百分点；占福建投资比重为 29.4%，比上年提高 2.7 个百分点，对福建投资增长的贡献率为 44.8%，比上年提高 14.1 个百分点。其中，市政建设投资 2688.04 亿元、增长 50.6%，交通运输投资 2300.91 亿元、增长 26.9%。四是财政支出继续向民生倾斜，民生领域投资快速增长。居民服务业投资比上年增长 96.7%，公共设施管理业投资增长 51.2%，生态保护和环境治理业投资增长 45.1%，卫生和社会工作投资增长 44.9%、教育事业投资增长 27.5%。2015 年度福建 21 项为民办实事项目累计完成投资 912.89 亿元 超额完成年度投资计划。

2. 消费市场有点凸显。一是信息消费成为市场热点。随着互联网技术的广泛应用，信息技术高速发展，智能手机不断普及，信息消费市场日趋活跃。2015 年，福建限额以上通讯器材类商品零售额比上年增长 26.9%，增幅比上年回落 13.7 个百分点，增幅比限额以上零售额高 12.0 个百分点；计算机及其配套产品零售额增长 48.7%，增幅比限额以上零售额高 33.8 个百分点。二是大众休闲消费热点涌现。随着消费结构不断升级，大众休闲、文化娱乐消费需求持续增长。2015 年，福建限额以上体育、娱乐用品类商品零售额比上年增长 54.0%。其中，照相机类增长 5.8 倍，金银珠宝类增长 27.9%。此外，带薪休假制度落实程度的逐步提升，促使居民的休闲度假旅游消费快速增长，自由行、自驾游成为主流。2015 年，福建共接待国内旅游人数 26175.82 万人次，比上年增长 14.4%；人均花费 1082 元，增长 2.9%，增幅比上年提高 0.4 个百分点。

3. 外贸出口逆势增长。2015 年，福建外贸进出口、出口、进口规模在全国位次保持不变。其中，进出口降幅为 3.5%，比全国平均水平小 3.5 个百分点；进口降幅 11.0%，比全国平均水平小 2.2 个百分点；出口方面则是在全国下降 1.8% 的大背景下，福建逆势增长 0.6%。从贸易方式看，2015 年，福建一般贸易出口额 5128.67 亿元，比上年增长 3.0%，增幅高于全部出口 2.3 个百分点，占出口总额比重达 73.1%，比上年提高 1.6 个百分点，超过加工贸易 50.5 个百分点。从出口国别看，对美国和“一带一路”沿线国家出口表现抢眼，其中对美国出口 1379.89 亿元，增长 12.6%，拉动福建出口增长 2.2 个百分点；对 32 个海上丝绸之路国家出口 1832.6 亿元，增长 4.9%；对 47 个陆上丝绸之路经济带国家出口 1001.7 亿元，增长 1.6%。

（四）经济运行要素有增长点

1. 金融机构存贷款平稳增长。2015 年末，福建金融机构本外币各项存款余额 36845.47 亿元，比上年末增加 4987.04 亿元，增长 10.7%，其中人民币存款35576.06亿元，增长10.6%，外汇存款195.49亿美元，增长5.5%。本外币各项贷款余额33694.42亿元，比上年末增加2623.75亿元，增长12.1%，其中人民币贷款32132.96亿元，增长13.1%。年末福建本外币余额存贷比为91.4%。

2. 利用外资显示增长。2015年，福建新签外商直接投资项目1689项，比上年增长61.8%；实际利用外资76.83亿美元，比上年增长8.0%，增幅比上年提高1.5个百分点。其中，服务业实际到资32.43亿美元，增长28.5%，占福建实际到资比重42.2%，比上年提高6.7个百分点。香港、台湾（含第三地转投）仍为福建外资主要来源地，实际到资60.11亿美元，增长5.4%，占全部比重为78.2%。此外，部分“一带一路”沿线国家投资快速增长，如：沙特阿拉伯实际到资5796万美元，增长1.4倍；马来西亚1443万美元，增长1.1倍。

3. 交通运输平稳运行。2015年，福建完成货运量126445.31万吨，比上年增长13.1%；货物周转量5566.52亿吨公里，增长16.4%；客运量62686.20万人，增长3.5%；旅客周转量983.10亿人公里，增长10.1%；港口货物吞吐量50282.09万吨，增长2.3%；港口集装箱吞吐量1363.69万标箱，增长7.3%。

（五）经济运行有质有量

1. 新产品新业态发展存在。2015年，福建规模以上工业主要产品中，高端智能产品生产增长加快（部分产品产量实现倍增），代表高端制造业的液晶显示屏、智能手机分别增长29.1%、20.0%；代表新技术支持的服务器增长1.6倍。满足消费升级需要的产品有所增长。2015年，福建运动型多用途乘用车（SUV）比上年增长70.96倍、手机增长68.3%、电工仪器仪表增长46.0%、锂离子电池增长56.6%、隔热、隔音人造矿物材料及其制品增长44.0%、液晶显示屏增长29.1%、家用房间空气清洁装置增长25.0%、通信及电子网络用电缆增长22.6%。网上零售保持增长。支付宝2015年账单显示，福建人均支付57548元。2015年，福建限额以上批发和零售企业通过互联网实现的商品零售额354.91亿元，在上年增长102.3%的基础上，仍增长63.8%，增幅比限额以上零售额高48.9个百分点，拉动限额以上零售额增长3.0个百分点，比上年提高0.5个百分点。

2. 财税收入仍处于增长状态。2015年，福建实现财政总收入4143.71亿元，比上年增长8.2%。其中，地方公共财政收入完成2544.08亿元，增长7.7%。地税全年各项收入2517.40亿元，比上年增长4.5%。其中，税收收入1734.86亿元，增长2.9%，社保费收入659.20亿元，增长9.3%。社保费中基本养老保险费 （不含厦门）入库251.48亿元，增长13.2%。

3. 企业效益存在。2015年，福建规模以上工业经济效益综合指数为276.17，比上年提高11.56个点；主营业务收入39106.59亿元，比上年增长6.6%；实现利润总额2208.70亿元，增长4.7%（同期全国下降2.3%）。福建规模以上工业企业上缴税金1556.77亿元，增长11.7%，增幅比上年提高4.2个百分点。

表1 2015年规模以上工业经济主要效益指标

单位：亿元

指标	2015年		2014年增长(%)
	数值	增长(%)	
一、企业单位数(个)	16774	4.6	1.5
#亏损企业(个)	1355	15.9	7.6
二、主营业务收入	39106.59	6.6	10.1
三、利润总额	2208.70	4.7	5.3
四、亏损企业亏损额	255.65	69.5	22.1
五、税金总额	1556.77	11.7	7.5
六、流动资产合计	14686.66	3.8	7.5
七、应收帐款净额	3840.02	6.7	6.5
八、产成品存货	1428.91	2.6	11.9

4. 生态环境持续保持。2015年，福建23个城市空气质量达到或优于国家环境空气质量二级标准，达标城市比例为100%，与上年持平。其中一级53.5%，二级46.0%；平均达标天数比例

比上年提高 0.2 个百分点，其中一级提高 5.7 个百分点， 二级下降 5.5 个百分点。14 个县级城市空气质量达标天数比例平均为 99.2%，其中一级 50.4%，二级 48.8%。九个设区城市空气质量达标天数比例平均为 97.9%。按空气质量综合指数从小到大排序九个设区市环境空气质量排名依次为南平、龙岩、莆田、厦门、宁德、泉州、福州、漳州和三明。厦门、福州分别居全国 74 个城市空气质量排名第 2 名和第 6 名。

（六）民生保障不断改善

1. 就业形势基本稳定。2015 年，福建城镇新增就业人数 65.95 万人，完成目标任务的 109.9%；下岗失业人员再就业人数 14.02 万人，完成目标任务的 140.2%；新增农村劳动力转移就业人数 42.41 万人，完成目标任务的 106.0%；截止 2015 年末福建城镇登记失业率 3.66%，比上年末升 0.19 个百分点，控制在目标任务 4.20% 以内。2015 年末，福建城镇登记就业困难人员再就业 3.84 万人，完成年度任务的 128.0%；农业富余劳动力转移 42.41 万人，完成年度任务的 106.0%；全年动态消除城镇零就业家庭 1271 户，1622 人。

2. 物价水平保持温和。2015 年，居民消费价格比上年上涨 1.7%，涨幅比上年回落 0.3 个百分点。其中，城镇上涨 1.7%，农村上涨 1.7%。八大类消费价格指数“七升一降”，食品类上涨 2.3%、烟酒及用品类上涨 2.3%、衣着类上涨 2.9%、家庭设备用品及维修服务类上涨 0.8%、医疗保健和个人用品类上涨 4.5%、娱乐教育文化用品及服务类上涨 1.2%、居住类上涨 1.3%；交通和通信类下降 1.7%。

（七）社会事业发展均衡

1. 教育事业稳定发展。截至 2015 年底，全省义务教育学校标准化完成率达 98.5%。70.9% 的小学、92.6% 的初中实现“宽带网络校校通”，64.5% 的小学班级、77.4% 的初中班级实现“优质资源班班通”。全省累计 51 个县（市、区）通过“全国义务教育发展基本均衡县”认定，占比位居全国第 7 位，近 90% 随迁子女就读公办学校，所有高中面向符合条件的随迁子女开放。2015 年，全省新增公办幼儿园 100 所、学位 3 万个，学前教育入园率和高中阶段毛入学率达到 96.8% 和 93.4%，分别比 2010 年提高 7.3 个百分点和 9.0 个百分点。高等教育大众化程度进一步提高，2015 年，全省普通高等学校招生数 21.79 万人，在校生数 75.85 万人，毕业生数 19.47 万人，比 2010 年分别增加 1.54、11.07 和 4.13 万人；高等教育毛入学率 42.8%。

福建南靖土楼

2. 公共卫生服务继续完善。截至 2015 年底，全省共有三级医院 59 所，其中每个设区市均有 1 所以上的三级甲等综合医院， 80 万人口以上的县（市）有三级综合医院 6 所；30 万人口以上的县（市）都有 1 所二级甲等综合医院；基本实现每个乡镇有一所乡镇卫生院、每个街道有一所社区卫生服务中心、每个行政村有一个村卫生所的目标。全省累计建立居民健康档案 3313.2 万份，电子建档率 88.4%，其中为 65 岁以上老年人建档 302 万份。

3. 文化事业繁荣。全省各级公共图书馆、博物馆、美术馆、文化馆、纪念馆和乡镇综合文化站已面向全社会免费开放。截至 2015 年底，全省全面完成 14433 家农家书屋的建设任务，共投入建设资金 2.14 亿元，配备图书 2532 万册、报刊 2.3 亿份、音像制品 73 万张、影视放映设备和阅读设施 1.4 万余套，实现了所有行政村全覆盖。歌剧《土楼》、舞蹈诗《沉沉的厝里情》、木偶戏《赵氏孤儿》荣获第十届中国艺术节暨第十四届文华奖优秀剧目奖，舞剧《丝海梦寻》受邀在联合国总部、联合国教科文组织总部、欧盟机构及香港、澳门、台湾等地演出。

4. 体育事业取得进步。2015 年，第一届全国青运会在福建成功举办，此次赛事是福建省第一次举办全国性的体育运动大赛，浸润了福建的人文气息，展示了八闽“有福之地”的良好形象。借力青运会的东风，2015 年福建省全民健身运动的项目已经发展到 50 多项，吸引更多群众投入到体育健身行列。在首届青运会上，福建省年轻健儿获得 32 金 30 银 32 铜，金牌数、奖牌数、总分三项均位列全国第二位。全省已形成以体育用品服装、鞋帽为支柱，体育场馆为依托，体育健身娱乐、竞赛表演、体育中介和技术培训市场初步发展的体育产业结构体系。

二、“十二五”时期福建经济社会发展取得成就

“十二五”以来，福建发展迎来了新的历史机遇，“一带一路”核心区、自由贸易试验区、全国首个生态文明先行示范区等，为福建发展注入了强大动力。一是人均地区生产总值万美元。2011 — 2015 年全省生产总值年均增速为 10.7%。福建人均地区生产总值于 2014 年首次突破 1 万美元大关，为 10333 美元，是全国第 8 个超过 1 万美元的省份。2015 年福建人均地区生产总值为 67966 元，增长 8.0%。二是财政实力增强。经济快速增长带来了财政收入的稳定增长，五年间财政收入实现了翻倍。福建公共财政总收入从 2010 年的 2056.01 亿元，增加到 2015 年的 4143.71 亿元，年均增长 15.0%。其中，地方公共财政收入从 2010 年的 1151.49 亿元，增加到 2015 年的 2544.08 亿元，年均增长 17.2%。三是就业形势稳定。“十二五”期间，五年累计城镇新增就业人数、下岗失业人员再就业人数、新增农村劳动力转移就业人数分别为 325.58 万人、66.55 万人、214.96 万人，完成“十二五”规划目标任务的 108.5%、153.0%、107.5%。城镇登记失业率均保持在 4% 以下。四是基础设施建设继续。“十二五”期间，福建全社会固定资产累计完成投资 7.84 万亿元。其中，基础设施累计完成投资 2.15 万亿元，年均增长 18.4%。省铁路营业里程由 2010 年的 2111 公里增加至

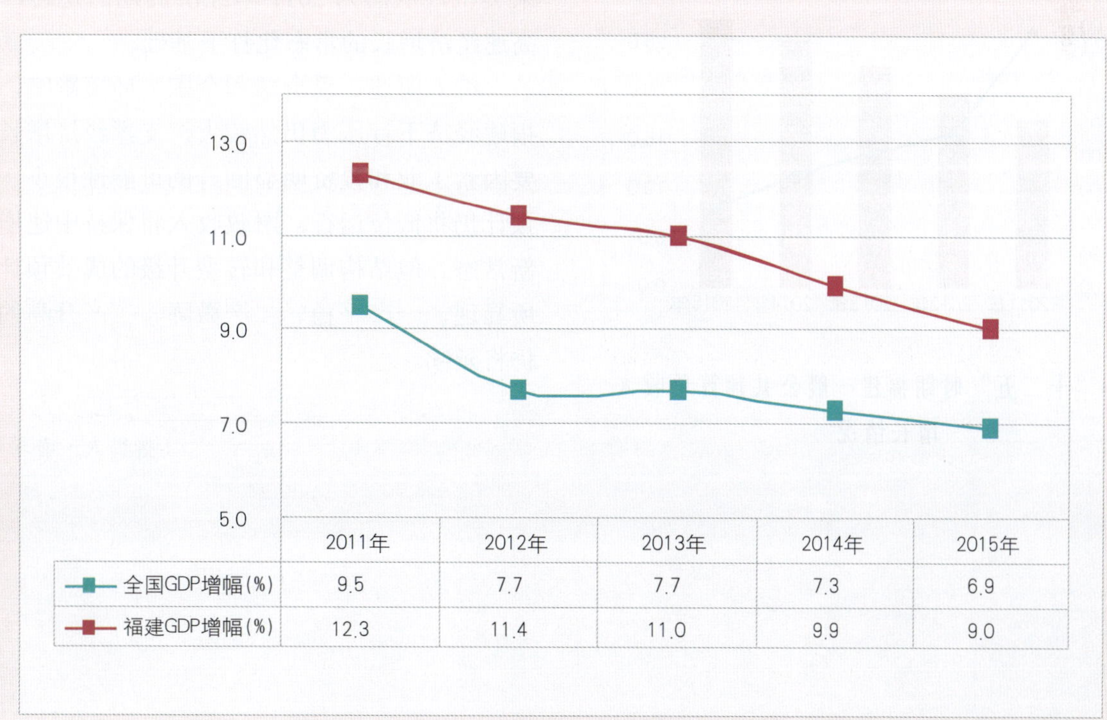

	2011年	2012年	2013年	2014年	2015年
全国GDP增幅(%)	9.5	7.7	7.7	7.3	6.9
福建GDP增幅(%)	12.3	11.4	11.0	9.9	9.0

图 2 “十二五”期间福建与全国 GDP 增幅比较

2015 年的 3197 公里，其中快速铁路营运总里程突破 1500 公里，已实现市市通动车。公路通车里程由 2010 年的 91015 公里增加至 2015 年的 104585 公里，年均增加 2714 公里。其中，高速公路里程由 2010 年的 2351 公里增加到 2015 年的 4813 公里，年均增加 492 公里，实现了县县通高速。五是有节能有降耗。“十二五”以来，福建加快淘汰落后产能，推动产业转型升级，节能降耗形势良好。2015 年全社会能源消费总量比上年增长 0.6%，增幅比上年回落 7.4 个百分点。2011 年至 2015 年全省万元 GDP 能耗累计下降 20.2%，超额完成国家下达福建的“十二五”万元 GDP 能耗下降 16% 的节能目标。六是社会事业协调发展。教育、卫生、文化等社会事业协调发展。“十二五”期间，全省公共财政教育经费支出从 2010 年的 327.77 亿元增长到 2015 年的 765.12 亿元，年均增长 18.5%，教育经费支出占公共财政支出比例继续多年位居全国前列；全省各级医疗机构基本建设投入 124.97 亿元，新增业务用房建筑面积 189.5 万平方米，全省人均基本公共卫生服务经费标准从 2010 年不低于 15 元 / 人提高到 2015 年的 40 元 / 人；全省文化建设做到文化育民、文化惠民、文化乐民，基本形成省、市、县（区）、乡（镇）、行政村五级公共文化服务网络。

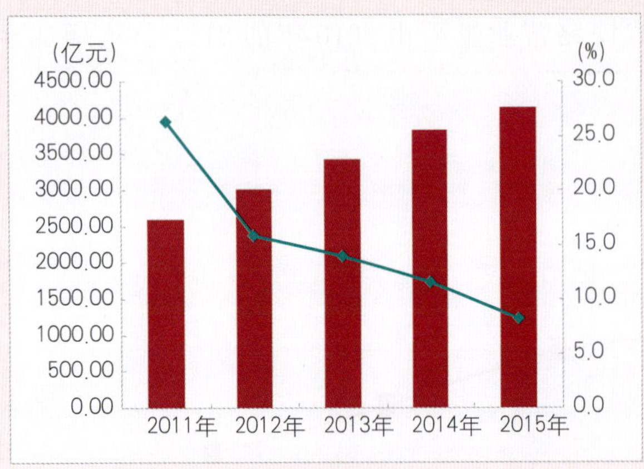

图 3 “十二五”时期福建一般公共预算总收入增长情况

三、2016 年福建经济形势预测预判

从全球看，外部环境没有明显改善，世界经济复苏还处于颠簸状态。在此大环境复苏乏力的背景下，要想使经济逆势复苏式增长，需要有新常态的创新要素驱动。

从全国看，我国经济发展增速由高速进入中高速的“新常态”，继续深化改革和结构性调整也将进入新常态。IMF 预测 2016 年我国经济增速为 6.5%；由中国人民大学等多家学术研究机构组建的中国宏观经济分析与预测课题组预测 2016 年我国 GDP 增速为 6.6%，课题组预测，2016 年将是中国宏观经济近期最艰难的一年，各类宏观经济指标将进一步回落，微观运行机制将出现进一步变异。这将给中国进行实质性的存量调整、全面的供给侧改革以及更大幅度的需求性扩展带来契机，从而为 2017 年经济周期的逆转，为中高速经济增长的常态化打下基础。

综上所述，受全球和全国大环境影响，今年福建经济下行压力仍然较大，支撑经济增长的重要因素工业和投资明显回升的可能性很小，出口预计仍将低位运行，财政收入将保持中速增长的新常态。但结构调整和转型升级的成效预计会有所显现，一产平稳、二产微降、三产升高的趋势仍将延续。

（撰稿人：孙希有）

专栏：挖掘双创动力源　打造发展新引擎

2015年，面对经济下行压力，福建省深入学习贯彻中央经济工作会议精神和习近平总书记系列重要讲话、李克强总理在闽考察时的指示精神，认真落实中央一系列决策部署以及国务院《关于大力推进大众创业万众创新若干政策措施的意见》，积极作为，主动对接国家扶持创业创新政策，全力打造推动“双创”的政策保障体系和发展软环境，通过体制机制创新，充分激发了“双创”热情，成效显著，亮点纷呈。

一、“双创”亮点频现

（一）创新成效明显

1. 企业创新主体地位进一步增强。至2015年底，全省拥有高新技术企业2035家，创新型企业639家（国家级14家），分别比上年增加256家和211家；省级以上企业技术中心401家，其中国家级企业技术中心35家，分别比上年增加22家和5家；工程技术研究中心447个（国家级7个），比上年增加 37个。企业创新活力不断增强，企业创新主体地位进一步突显。

2. 企业自主创新成效明显。2015年，全省拥有国家级、省级创新型（试点）企业904家，高新技术企业2035家。全年专利申请受理8.31万件，专利授权6.16万件，分别比上年增长43.2%和62.8 %，增幅居全国第5位和第4位，其中发明专利申请1.77万件，比上年增长41.0%，发明专利授权0.57万件，比上年增长67.3%，增幅分别居全国第3位和第10位；全省PCT国际专利申请351件，居全国第8位。据福建调查总队对全省160家制造业企业开展的专项调查显示，约三成企业开展个性化定制业务以及云计算、云制造和大数据等新型制造经营模式应用，企业通过自主创新，在增加产品销售、降低成本等方面取得明显成效。如福建三钢集团，通过整合企业MES 系统，在生产控制、质量管理、数据统计与考核等方面对炼钢的生产活动进行自动化指导，控制了原料质量和生产过程，降低了生产成本，提高了经营管理水平。

3. 校、科、企“三维”产业技术联合创新取得突破。2015年福建继续实施省级专项产业技术联合创新工程，支持龙头骨干企业与高校、科研单位形成创新联合体，共同推动开发关键共性技术，进行产品的试验验证、推广以及产业化；依托北京的专家资源开展异地评审，共组织评审通过“北斗AIS渔船防碰撞预警系统研发及产业化”等23个重大技术开发项目。

（二）创业热情日趋高涨

1. 新设市场主体发展迅猛，初创企业经营状况平稳。据工商部门统计，自2014年3月商事制度改革至2015年底的22个月间，全省新登记内资主体89.7万户，注册资金总额17195.6亿元，与商事制度改革前22个月相比分别增长22.9%、100.6%。其中，新登记内资企业26.21万户，注册资金16181.5亿元，分别增长34.8%和112.3%；新登记内资个体工商户62.56万户，注册资金714.9亿元，分别增长 19.2%和25.7%。2015年，全省新登记内资市场主体52.7万户，同比增长27.7%，注册资金总额12125.87亿元、户均注册资金230.1万元，分别比上年同期增长118.3%和70.9%。

调查显示，64%的大学生表示目前创业经营状况良好，企业运营平稳，对当前的创业环境表示满意。如龙岩市赖凯伦2015年增资40万元，将淘宝店扩大经营为天猫店，每月营业额1-2万元；厦门庄哲鑫2014年7月毕业于厦门理工学院，同年11月开始创业，从事金银首饰加工，创业至今黄金存量已由10万元增加至70万元。

2. 大学生创业势头不减，创业领域“触网”多。据人社厅不完全统计，2015年福建高校毕业生自主创业人数8158人，同比增长30.7%，比上年提高7.1个百分点，创业带动就业人数达2.6万人，同比增长52.9%。如厦门大学2015年度应届毕业生创业人数比2014年增长7.9%，全年在学生创业方面投入277.5万元，比上年增长28.6%，全年孵化企业27家，比上年增长22.7%。福州大学2015 年度本科毕业生创业人数为130人，目前在校学生中共有 185 个创业项目在运营，实现工商注册 57 家，1000 多名学生参与创业项目运作，20个优秀创业项目入驻创业孵化基地，带动就业人数近千人。

据福建调查总队近期对创业大学生调查显示，70% 的大学生创业项目与互联网有关。龙岩市赖凯伦 2013 年毕业于福建农林大学网络构建专业，大二期间投资 1000 元创立淘宝店销售家乡——培斜村生产的竹凉席；南平市林高明 2013 年毕业于武夷学院数计学院，毕业当年投资 10 万元创立武夷山高茗网络科技有限公司，主要从事电子商务、网络信息服务；厦门市王庭发 2013 年毕业于国立台北科技大学，2014 年 5 月获天使投资基金 100 万元搭建“台湾购”跨境电商平台。

二、“三新”挖掘经济发展动力源

（一）新设小微企业增添经济发展新动力

据福建调查总队对 1129 家正常营业的新设小微企业问卷调查显示：四季度 72.7% 的企业市场需求情况比上季度好或持平。由于市场需求保持稳定，四季度企业经营情况趋于好转。有 808 家小微企业四季度经营情况比上季度好或与上季度持平，占 71.6%，比上季度上升 2.7 个百分点，比上年同期上升 2.1 个百分点；有 321 家四季度经营情况比上季度差，占 28.4%，比上季度回落 2.7 个百分点，比上年同期回落 2.1 个百分点。新设小微企业良好的运营态势，增添了福建经济发展的新动力。

（二）新兴业态展现新活力

农村电商的发展，拓宽了农副产品销售渠道，增加了农副产品经营利润。据总队 2016 年 4 月对全省 65 家农副产品经营企业（户）或电商的调查，农村电商发展前，本地农副产品的销售有 83.1% 是通过“农贸市场零售”，有 66.2% 是通过“商贩收购后销售”，有 64.6% 是通过“种养殖前与加工单位签订收购合同”。农村电商发展后，农副产品除了延续以往的销售模式外，现已有 49.2% 通过淘宝、阿里巴巴、微店以及农产品网站等进行网络销售，既拓宽了农副产品的销售渠道，同时也减少了农副产品销售的中间流通环节，提高了销售单价，增加了农副产品的经营利润。霞浦县盛威工贸、溢源海洋食品、永兴水产等 12 家规模较大的农业企业，利用电子商务进行海带、紫菜、虾皮、大黄鱼、鲍鱼、海参、茶叶、蜜柚等农副产品销售，2015 年线上销售额达 1.1 亿元，同比增长 3.11 倍；三明市易付宝电子商务有限公司从事贡米、淮山等农副产品销售，2015 年销售额达 539 万元，其中网络销售占比为 41%，利润同比提高 30% 左右；明溪天山冈高新农业开发有限公司经营茶叶和咸鱼等农副产品，2015 年销售额为 186 万元，其中网络销售占比为 52.2%，利润同比提高 15% 左右。调查的 65 家农副产品经营企业（户）或电商中，69.2% 认为农副产品的网络销售增加了企业经营利润，其中：15.4% 认为增加幅度在 20% 以上，24.6% 认为增加幅度在 10%-20%。

（三）新兴产业引领新方向

初步核算，2015 年全省高新技术产业实现增加值 3950 亿元，比上年增长 14.4%，占 GDP 的比重为 15.2%，比上年提高 0.9 个百分点，对经济增长贡献率达 18.1%。其中规模以上高技术制造业实现增加值 1005.02 亿元，比上年增长 12.5%，增幅比规模以上工业高 3.8 个百分点。2015 年，全省战略性新兴产业实现增加值 2618.82 亿元，比上年增长 9.9%，占 GDP 的比重为 9.2%。全年新对接引进战略性新兴产业科技项目 310 项，在建亿元以上重大项目完成投资 7587 亿元，在建省重点项目完成投资 3916 亿元。联芯 12 英寸晶圆制造、京东方 8.5 代面板、华佳彩高新技术面板等项目落地建设，带动新兴产业向高端化、规模化发展。

三、“四众”打造经济发展新引擎

（一）众扶优环境

1. 政策支持。福建高度重视大众创业万众创新，据不完全统计，福建省政府和相关职能部门先后出台了鼓励大众创业、万众创新的政策保障达 9 项 112 条，与此同时，从深化商事制度改革、简政放权、促进科技金融融合等方面入手，全力打造新常态下经济增长新引擎。省科技厅强化创业公共服务，鼓励创业投资机构、行业领军企业、社会组织等多元主体建设多种类型的众创空间，积极推动创业大本营、创客天地、创业咖啡、创新工场等众创空间建设。

2. 政府扶持。2015年，省级财政科技支出达19.46亿元，比上年增长23.4%。启动实施创新券制度，为197家创新企业提供购买科技创新服务的补助1058.7万元。从减免税情况看，2015年全省企业研发费用加计扣除额47.56亿元，比上年增长9.0%。各级政府发挥财政资金的引导和放大作用，通过加大财政补贴力度，助推创新创业工作。据对48家众创空间典型调查，2015年有23家众创空间获得财政补助，补助金额达1220万元，平均每家获得补助53万元。一是给予孵化用房补助。福建鼓励各地充分利用老厂房、旧仓库、存量商务楼宇以及传统文化街区等资源改造成为新型众创空间，并对符合条件的众创空间给予孵化用房补助。二是购买创新服务补助。以政府补贴和购买服务等方式，支持众创空间及附属的公共场所光纤网络覆盖、宽带接入和免费无线网络服务，并对众创空间所购买的公用工具软件等给予适当补贴。三是提供财政资金资助。各地对认定的国家、省、市级众创空间和示范基地，根据具体情况，给予数额不等的财政资金补助。2015年厦门市级财政为认定的众创空间发放各类补助1539万元。

（二）众创增活力

1. 众创空间蓬勃发展。据省科技厅统计，2015年底，全省各类众创空间达300多家，其中省级众创空间49家，市级众创空间54家。49家省级众创空间吸引创业团队达1000多个，创客5000余人，创业导师近500人。其中，厦门市青瓦众创空间自2014年5月筹建以来，共开发近1800平方米的众创空间，现已有厦门仙侠科技有限公司等12家创业团队入驻。

2. 孵化器服务功能转型升级。一是积极培育孵化器。省科技厅积极鼓励多元化主体投资建设科技企业孵化器，加快落实国家级、省级孵化器奖励政策，推动各地在高校、产业园区等新建科技企业孵化器。2015年6月省科技厅出台了《福建省互联网孵化器管理实施细则（暂行）》。截至2015年底，全省备案孵化器136家，其中国家级孵化器11家，省级孵化器31家，孵化面积208万平方米，入驻企业3300家，创业岗位6.9万个。二是积极引导传统孵化器转型升级。相关部门积极谋划，在发挥传统孵化器在基础设施方面优势的同时，引导传统孵化器转型升级，提升孵化器服务功能，促进传统孵化器与新型孵化器的深层融合，逐步完善“创业苗圃－孵化器－加速器”的创业孵化链条。引导国有科技企业孵化器从“重资产、轻服务”转向“轻资产、重服务”。例如，依托中国机械研究总院海西分院在三明高新区建设先进制造领域全链条创业服务平台；依托福州大学科技园建设大数据、云计算全链条创业服务平台。

（三）众筹助发展

众筹为创业创新者解决资金难题提供了一条有效途径，它的产生为创业创新带来了强劲的助推力，也为经济社会持续健康发展注入了强大动能。据省科技厅对全省近90家众创空间调查，众创空间服务的团队及企业2015年获投资总额8亿元左右，其中社会投资6亿多元，获得种子资金、天使、A轮、B轮、C轮融资服务企业数近250个，新三板挂牌企业5个，正在申报2个。福州凤凰谷创业咖啡孵化的神奇宝贝联盟、拉丁云和胤臣智能笔等3个项目已成功获得近千万元人民币投资；福州优空间孵化冻品在线（生鲜配送020企业），屏动天下（玻璃3维成像UI界面接收）等2个项目合计获得风险投资1300万元；新华都商学院创业孵化中心孵化的游龙网络已进行了A轮融资，正在推动B轮融资，计划在新三板上市；福建信和贷金融信息服务有限公司获得A轮融资1000万元。

（四）众包促变革

福建星网锐捷通讯股份有限公司将家用路由器的生产外包给深圳部分企业进行生产，其生产成本降低10%以上；福建联迪商用设备有限公司50%以上的POS机产品均为外包生产，企业将主要的资源集中投入于产品研发，现有技术100%实现自主研发；福州瑞芯微电子有限公司对集成芯片采取只设计研发，不投资生产的经营模式，与德国、台湾、上海等地芯片生产厂商合作，由最初单一从事MP3、复读机芯片生产企业转变为主攻平板电脑、手机、笔记本电脑芯片设计的研发型企业。

（作者：刘同星）

江西省经济社会发展报告

2015年，全省上下认真贯彻落实党的十八大、十八届三中、四中、五中全会和习近平总书记系列重要讲话，特别是对江西工作“一个希望、三个着力”重要指示精神，深入实施“发展升级、小康提速、绿色崛起、实干兴赣”十六字方针，坚持稳中求进工作总基调，主动适应经济发展新常态，积极有效应对困难挑战，扎实推进稳增长、促改革、调结构、优生态、惠民生各项工作，经济社会发展取得新的成绩。

一、从总体运行看：经济增长稳中有进，财政实力不断增强

初步核算，全年实现地区生产总值（GDP）16723.8亿元，按可比价计算，比上年增长9.1%，高于全国平均水平2.2个百分点，居全国第5位、比上年前移2位。其中，第一产业增加值1773.0亿元，增长3.9%；第二产业增加值8487.3亿元，增长9.4%；第三产业增加值6463.5亿元，增长10.0%。三次产业结构由上年的10.7:52.5:36.8调整为10.6:50.8:38.6，对GDP增长的贡献率分别为4.2%、60.7%和35.1%。人均GDP36724元，增长8.5%，按年均汇率折算为5898美元。

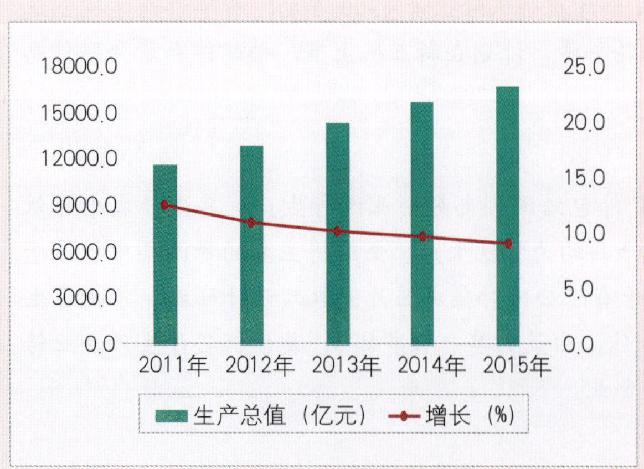

图1　2011–2015年地区生产总值及其增长速度

全年财政总收入3021.5亿元，比上年增长12.7%，占GDP的18.1%，比上年提高1.0个百分点。其中，一般公共预算收入2165.5亿元，增长15.1%；税收收入2373.0亿元，增长8.9%，占财政总收入的78.5%。财政总收入超10亿元的县（市、区）85个，比上年增加8个；超20亿元的36个，增加7个；超30亿元的17个，增加2个；超50亿元的5个，增加2个；百亿县实现零突破，南昌县财政总收入达100.9亿元。

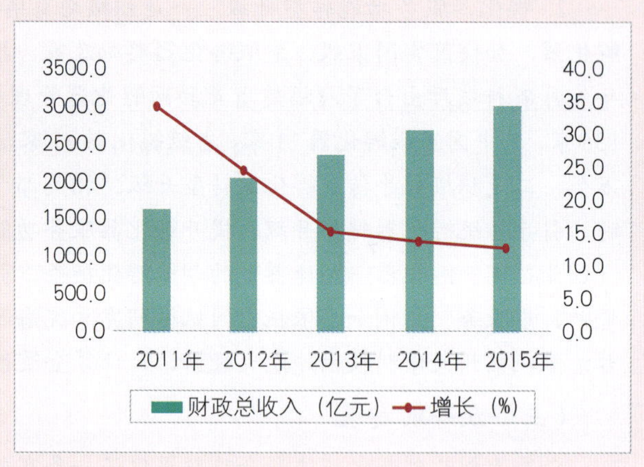

图2　2011–2015年财政总收入及其增长速度

二、从三次产业看：发展稳中向好，结构优化调整

全年粮食种植面积3705.6千公顷，比上年增长0.2%，其中，谷物种植面积3393.2千公顷，增长0.1%。油料种植面积739.9千公顷，下降0.2%。蔬菜种植面积585.4千公顷，增长2.3%。棉花种植面积81.1千公顷，下降4.5%。糖料种植面积14.5千公顷，增长1.1%。

全年粮食总产量2148.7万吨，比上年增长0.2%，再创历史新高。其中，早稻811.9万吨，下降1.0%；中稻及一季晚稻279.1万吨，增长2.4%；二季晚稻936.2万吨，增长0.4%。

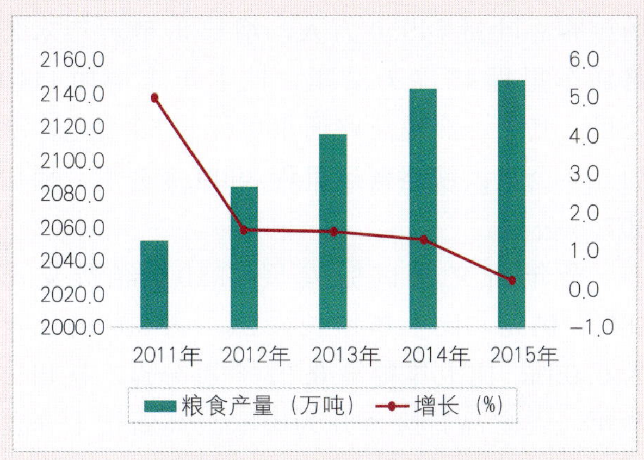

图 3 2011—2015 年粮食产量及其增长速度

全年肉类总产量 355.1 万吨，比上年下降 0.1%。其中，猪肉产量 253.5 万吨，下降 2.4%；牛肉产量 13.6 万吨，增长 3.7%；羊肉产量 1.2 万吨，增长 2.0%。禽蛋产量 49.3 万吨，增长 3.0%。牛奶产量 13.0 万吨，增长 1.2%。水产品产量 264.2 万吨，增长 4.2%。

全年规模以上工业增加值 7268.9 亿元，按可比价计算，比上年增长 9.2%。规模以上工业 38 个行业大类中，34 个实现增长，占比近九成。其中，电子、电气机械、纺织、农副食品、医药和有色等六大重点行业表现突出，分别增长 16.5%、12.3%、12.3%、11.2%、10.4%、10.3%，合计实现增加值 2707.0 亿元，占规模以上工业的 37.2%，对规模以上工业增长的贡献率达 46.8%。高新技术产业增加值 1869.7 亿元，增长 10.4%，占规模以上工业的 25.7%，比上年提高 0.8 个百分点。

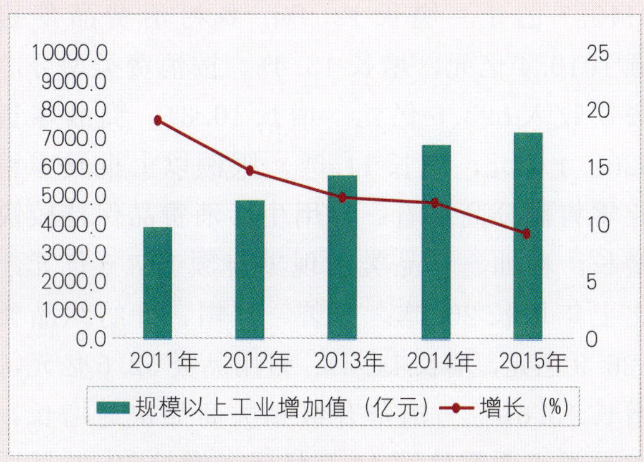

图 4 2011—2015 年规模以上工业增加值及其增长速度

年末工业园区实际开发面积 618.8 平方公里，投产企业 9645 家，比上年增加 679 家；从业人员 217.1 万人，增长 1.7%。全年工业园区实现工业增加值 6007.0 亿元，增长 9.3%；主营业务收入、利税总额、利润总额分别完成 25508.3 亿元、2973.2 亿元和 1801.8 亿元，增长 4.6%、6.6% 和 5.8%。主营业务收入超百亿元的工业园区 73 个，比上年增加 2 个；超 500 亿元的 16 个，增加 8 个；超千亿元的 4 个，增加 2 个。其中，南昌高新技术产业开发区 1530.8 亿元，居全省首位。

全年建筑业总产值 4602.5 亿元，比上年增长 11.6%；建筑业增加值 1500.6 亿元，增长 11.5%。房屋建筑施工面积 28895.4 万平方米，增长 4.2%；房屋建筑竣工面积 14255.6 万平方米，增长 12.0%。新增特级建筑企业 3 家、一级建筑企业 80 家，年末分别达 6 家和 388 家。

全年接待国内旅游者 3.8 亿人次，比上年增长 23.3%；接待入境旅游者 176.9 万人次，增长 3.1%。实现旅游总收入 3637.7 亿元，增长 37.3%。其中，国内旅游收入 3600.5 亿元，增长 37.7%；国际旅游外汇收入 5.7 亿美元，增长 2.0%。新增瑞金共和国摇篮旅游区、宜春明月山旅游区两个国家 5A 级景区，鹰潭获批首批国家级旅游业改革创新先行区。

三、从要素供给看：投资规模不断扩大，科技投入持续增加

全年全社会固定资产投资 17388.1 亿元，比上年增长 15.3%。其中，固定资产投资（不含农户）16993.9 亿元，增长 16.0%。

固定资产投资（不含农户）中：分产业看，第一产业投资 428.8 亿元，增长 35.7%；第二产业投资 9035.3 亿元，增长 13.3%，其中，工业投资 8918.3 亿元，增长 12.8%；第三产业投资 7529.8 亿元，增长 18.4%。分投资主体看，国有投资 3833.0 亿元，增长 15.5%；非国有投资 13160.9 亿元，增长 16.2%，其中，民间投资 12598.5 亿元，增长 17.5%。

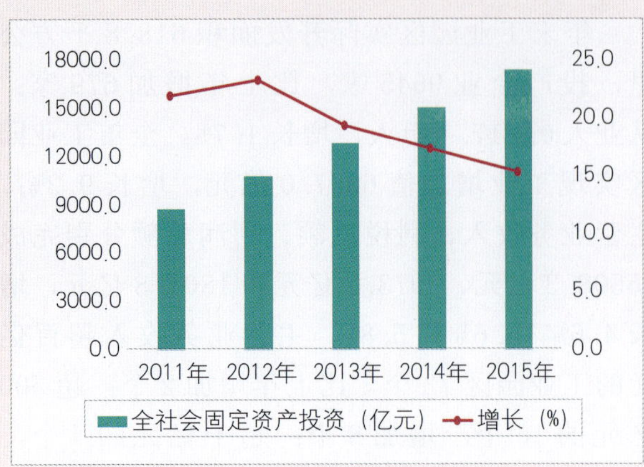

图 5　2011—2015 年全社会固定资产投资及其增长速度

全年房地产开发投资 1520.1 亿元，比上年增长 14.9%。其中，住宅投资 1113.1 亿元，增长 14.5%；办公楼投资 52.1 亿元，下降 3.5%；商业营业用房投资 239.4 亿元，增长 20.5%。房屋施工面积 15293.6 万平方米，增长 14.7%；房屋竣工面积 1907.9 万平方米，增长 1.9%；房屋新开工面积 3704.9 万平方米，增长 10.6。商品房销售面积 3478.2 万平方米，增长 13.4%；商品房销售额 1863.7 亿元，增长 14.9%；商品房待售面积 1496.1 万平方米，增长 26.8%。

全年货物运输量 16.1 亿吨，比上年增长 6.2%。其中，铁路货运量 3942.7 万吨，下降 18.2%；公路货运量 14.8 亿吨，增长 7.3%；水运货运量 9400.7 万吨，增长 2.6%。货物运输周转量 3904.4 亿吨公里，增长 1.9%。其中，铁路货运周转量 497.0 亿吨公里，下降 8.2%；公路货运周转量 3200.1 亿吨公里，增长 4.1%；水运货运周转量 207.4 亿吨公里，下降 3.7%。

全年旅客运输量 7.0 亿人，比上年增长 3.0%。其中，铁路客运量 8458.3 万人，增长 9.4%；公路客运量 6.1 亿人，增长 2.2%；水运客运量 273.9 万人，下降 2.8%。旅客运输周转量 990.9 亿人公里，增长 4.9%。其中，铁路客运周转量 668.7 亿人公里，增长 6.5%；公路客运周转量 321.8 亿人公里，增长 1.7%；水运客运周转量 0.3 亿人公里，下降 6.4%。机场旅客吞吐量 985.0 万人，增长 5.9%。其中，昌北机场旅客吞吐量 749.0 万人，增长 3.5%。年末公路通车里程 15.7 万公里，比上年末增加 1110 公里。其中，高速公路通车里程 5058 公里，增加 574 公里；铁路营运里程 3909.3 公里，增加 307.5 公里。

全年研究与试验发展（R&D）经费支出 165.6 亿元，比上年增长 8.2%，占 GDP 的比重为 0.99%，比上年提高 0.02 个百分点。抚州、赣州、吉安高新区晋升为国家级高新技术开发区，年末国家级高新技术开发区达 7 家，居全国第 6、中部第 1；省级高新技术产业园区 3 家，比上年新增 1 家；国家高新技术产业化基地 27 个，居全国第 1。年末共有国家工程（技术）研究中心 8 个，省工程（技术）研究中心 215 个；国家级重点实验室 4 个，省级重点实验室 121 个。通过省级科技主管部门鉴定的科技成果 85 项，获得国家科学技术进步奖的科技成果 10 项，获得国家科学技术奖的科技成果 12 项。其中，“硅衬底蓝色发光二极管”技术获得国家技术发明一等奖，“热针灸”技术获得国家科技进步二等奖。

四、从市场环境看：内外贸平稳发展，金融行业运行稳健

全年社会消费品零售总额 5896.0 亿元，比上年增长 11.4%。按城乡分，城镇消费品零售额 4885.5 亿元，增长 11.0%，其中，城区 3118.7 亿元，增长 12.9%；乡村消费品零售额 1010.4 亿元，增长 13.4%。按消费类型分，餐饮收入 693.5 亿元，增长 10.3%；商品零售 5202.4 亿元，增长 11.5%。限额以上批发零售业零售额分商品看：日用生活消费品保持较快增长。粮油、食品类实现零售额 177.6 亿元，比上年增长 26.0%；服装、鞋帽、针纺织品类 126.9 亿元，增长 11.4%；日用品类 52.6 亿元，增长 13.6%。与消费升级相关商品快速增长。家具类实现零售额 41.2 亿元，增长 42.3%；通讯器材类 26.8 亿元，增长 38.2%；建筑及装潢材料类 34.5 亿元，增长 28.1%。汽车销售继续

保持快速增长。汽车类实现零售额663.0亿元，增长19.5%。

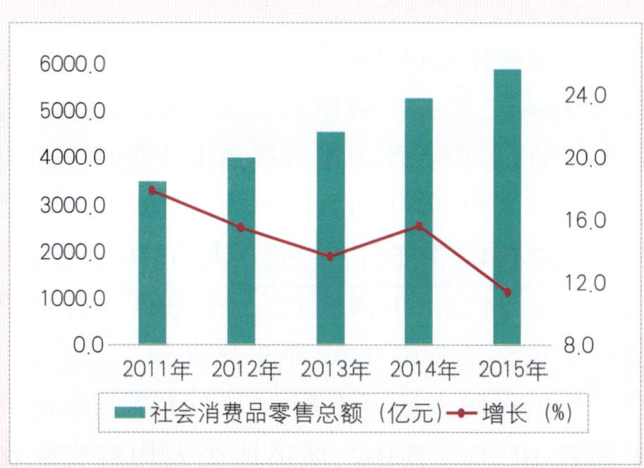

图6 2011–2015年社会消费品零售总额及其增长速度

全年居民消费价格比上年上涨1.5%。其中，城市、农村均上涨1.5%。商品零售价格上涨0.5%，农业生产资料价格指数上涨1.4%，固定资产投资价格下降1.8%，工业生产者出厂价格下降6.3%，工业生产者购进价格下降6.4%。

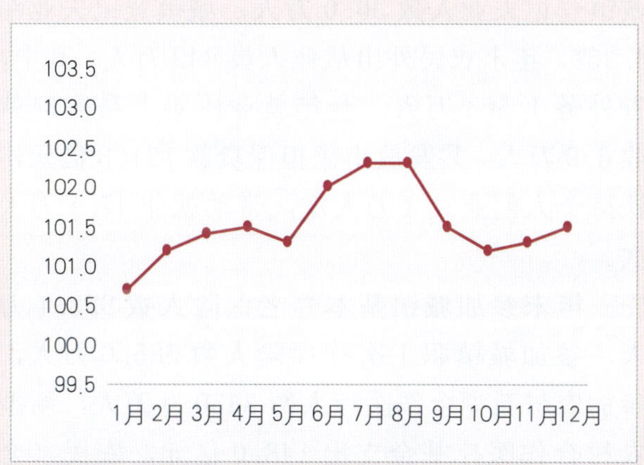

图7 2015年各月居民消费价格指数（上年同期为100）

全年进出口总值2641.5亿元，比上年增长0.7%。其中，出口值2060.9亿元，增长4.8%；进口值580.6亿元，下降11.7%。分贸易方式看，一般贸易出口1723.3亿元，增长9.5%；加工贸易出口290.9亿元，下降2.3%。分重点商品看，机电产品出口872.8亿元，增长10.1%；高新技术产品出口326.5亿元，增长1.1%；服装及衣着附件出口247.1亿元，下降13.6%。

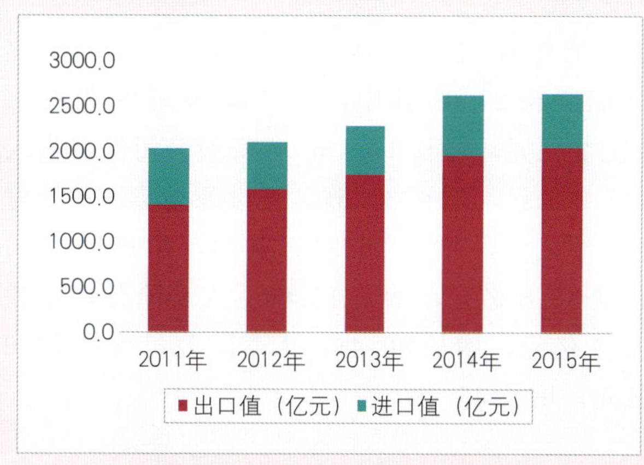

图8 2011–2015年进出口总值

全年新批外商投资企业640家，合同外资金额73.7亿美元，实际使用外资金额94.7亿美元，比上年增长12.1%。引进世界500强投资背景企业3家，年末在赣投资的具有世界500强投资背景企业65家。利用省外项目2158个，增长0.3%；实际进资5232.2亿元，增长15.2%。其中，亿元以上项目1387个，增长4.3%；实际进资4654.0亿元，增长19.8%。新签对外承包工程合同项目230个，比上年增长10.0%；合同金额40.4亿美元，增长52.6%；完成营业额35.1亿美元，增长23.1%。

年末金融机构人民币各项存款余额24785.1亿元，比年初增加3013.7亿元。其中，住户存款余额12389.7亿元，增加1343.1亿元；非金融企业贷款余额6693.4亿元，增加929.3亿元。年末金融机构人民币各项贷款余额18348.0亿元，比年初增加2881.0亿元。其中，住户贷款余额6928.1亿元，增加926.2亿元；非金融机构及机关团体贷款余额11418.7亿元，增加1955.5亿元。重组江西金控集团，新组建江西银行、江西省再担保公司、江西航空公司，引进东亚、广发银行。江西省金融租赁公司、江西联合股权交易中心成立营运。

年末辖区内上市公司35家，其中，主板公司22家，中小板公司8家，创业板公司5家。辖区内有证券公司2家，分公司15家，证券营业部260家，证券交易额8.75万亿元；期货公司1家，期货营业部33家，期货成交金额9.13万亿元。

全年保险公司保费收入508.4亿元，比上年增长27.0%其中，财产险公司保费收入171.2亿元，增长17.4%；人寿险公司保费收入337.2亿元，增长32.5%。支付各类赔款及给付178.1亿元，增长25.3%。其中，财产险公司赔款85.8亿元，增长12.6%；人寿险公司赔款12.4亿元，增长80.4%；人寿险公司给付79.9亿元，增长35.4%。

五、从发展质量看：企业效益保持增长，生态建设成效显著

全年规模以上工业企业实现主营业务收入32459.4亿元，比上年增长4.3%；实现利税总额3543.8亿元，增长3.8%，其中，利润总额2128.0亿元，增长2.4%。主营业务收入超百亿元的企业10户，其中，江铜集团2010.4亿元，居全省首位。

年末地表水Ⅰ－Ⅲ类水质断面（点位）达标率81.0%，城市生活污水集中处理率85%，11个设区市城区空气质量（AQI）优良率90.1%。森林覆盖率稳定在63.1%，居全国第2位；完成植树造林214.7万亩、森林抚育560万亩，森林蓄积量达4.45亿立方米，居全国第9位。已建成国家级自然保护区14处、省级38处，国家森林公园46处、省级120处，拥有国家级湿地公园28处、省级56处，湿地保有量91万公顷，占国土面积的5.45%。南昌、宜春成功创建国家森林城市，吉安获批全国生态保护与建设示范区。在全国率先实行全境流域生态补偿，首期筹集补偿资金20.91亿元。

全年全社会能源消费总量8440.3万吨标准煤，比上年增长4.8%；万元GDP能耗0.544吨标准煤，下降3.9%，超额完成全年下降2%的目标任务。规模以上工业综合能源消费量5104.3万吨标准煤，增长1.9%；万元规模以上工业增加值能耗0.681吨标准煤，下降6.7%，超额完成下降4%的年度目标任务。

六、从民生保障看：城镇化持续推进，社会事业全面发展

年末常住人口4565.6万人，比上年末增加23.4万人。其中，城镇人口2356.8万人，占总人口的51.6%，比上年末提高1.4个百分点。全年出生人口60.1万人，出生率13.20‰，比上年下降0.04个千分点；死亡人口28.4万人，死亡率6.24‰，下降0.02个千分点；自然增长率6.96‰，下降0.02个千分点。

全年居民人均可支配收入18437元，比上年增长10.2%。其中，城镇居民人均可支配收入26500元，增长9.0%；农村居民人均可支配收入11139元，增长10.1%。居民人均生活消费支出12403元，增长11.9%。其中，城镇居民人均生活消费支出16732元，增长10.5%；农村居民人均生活消费支出8486元，增长12.4%。

年末全社会就业人数2615.8万人，比上年末增加12.5万人。全年城镇新增就业55.3万人，城镇登记失业人数30.0万人，城镇登记失业率3.35%。年末农民外出从业人员842万人，其中，省外务工561万人。全年就业困难人员实现就业6.9万人。共发放小额担保贷款121.8亿元，扶持个人创业9.4万人次，带动就业47.1万人次。

年末参加城镇基本养老保险人数823.1万人，参加城镇职工医疗保险人数585.0万人，参加农村新型合作医疗人数3450.9万人，新型农村合作医疗基金支出148.0亿元，农民参合率99.2%，参合县比例95.0%，统筹基金使用率90.0%。向城市低保户发放低保金33.9亿元，月人均补差290元；向农村低保户发放低保金33.6亿元，月人均补差165元。城市居民得到政府最低生活保障人数97.6万人，农村居民得到政府最低生活保障人数169.6万人，农村居民得到政府五保救济人数22.7万人。

全年开工建设保障性安居工程23.26万套，基本建成28.51万套，分别达目标任务的100%和178.2%，其中，棚改开工16.54万套，棚

改货币化安置率达 31.9%；完成农村危房改造 31.2 万户，其中，国家下达任务 18.2 万户，省政府提前实施 13 万户，是完成农村危房改造任务最多的一年。完成扶贫移民搬迁 10.6 万人，减贫 72 万人。

全年研究生教育招生 1.0 万人，在校生 2.9 万人，毕业生 0.9 万人。普通高等教育招生 31.0 万人，在校生 98.5 万人，毕业生 23.5 万人。普通高中招生 32.0 万人，在校生 92.9 万人，毕业生 28.7 万人。初中学校招生 60.1 万人，在校生 176.4 万人，毕业生 55.7 万人。普通小学招生 71.6 万人，在校生 422.3 万人，毕业生 59.4 万人。学前教育毛入园率 77.1%，小学净入学率 99.9%，初中毛入学率 98.3%。高中阶段教育毛入学率 87.0%，普通高考录取率 78.8%，高等教育毛入学率 36.5%。

江西赣州夏浒古村落

年末共有艺术表演团体 85 个，文化馆 104 个，公共图书馆 113 个，博物馆 138 个；广播电台 8 座，中、短波发射台 15 座，电视台 10 座；有线广播电视用户 677.0 万户，其中，数字电视用户 580.6 万户。年末广播综合人口覆盖率 97.6%，电视综合人口覆盖率 98.6%。全年出版各类报纸 11.2 亿份，各类图书 1.9 亿册、期刊 7878 万册。

年末共有各类医疗卫生机构 38557 个（含村卫生室），其中，医院、卫生院 2159 个，妇幼保健院（所、站）112 个，专科疾病防治院（所、站）111 个，疾病预防控制中心 148 个，卫生监督所（中心）110 个。卫生技术人员 21.1 万人，其中，执业医师和执业助理医师 7.7 万人，注册护士 9.0 万人。医院、卫生院床位数 18.0 万张，其中，乡镇卫生院床位数 4.6 万张。

年末共有全民健身中心 2 个，青少年俱乐部 158 个，城市社区多功能运动场 65 个，青少年户外活动营地 5 个；国家级体育传统项目学校 15 所，省级体育传统项目学校 192 所，省级单项体育后备人才基地 29 个。全年新建村级农民体育健身工程 1340 个，乡镇农民体育健身工程 139 个，老区和贫困地区“雪炭工程”设施建设项目 3 个。在国际和国内的重大比赛中共获得 71 枚金牌、49 枚银牌和 49 枚铜牌。

回顾 2015 年，挑战非同寻常，过程充满艰辛，成绩来之不易。当前，江西经济发展正处于增速换挡、发展转型、动力转换的攻坚时期。逆水行舟，不进则退，唯有敢于担当、奋力前行，方能不辱使命、创造辉煌。展望 2016 年，全省人民将在省委、省政府的坚强领导下，坚持实施提质增效、结构优化发展，顽强拼搏，攻坚克难，锐意进取，开拓创新，为早日全面建成小康社会而努力奋斗！

（作者：曾文明）

专栏：政策人人心　脱贫有信心

2015 年 3 月 6 日习近平总书记在参加十二届全国人大三次会议江西代表团审议时，对江西的工作提出了殷切希望，特别是对着力推动老区加快发展、着力推动生态环境保护、着力推动作风建设提出了重要要求。“一个希望，三个着力”是习总书记对江西贯彻落实“四个全面”战略布局的重要指示。江西全省上下深入贯彻落实“一个希望，三个着力”总体要求，扎实做好各项工作。为反映精准扶贫政策在贫困户中的知晓度、满意度、信心度，进一步了解精准扶贫政策实施的难点及贫困户期盼的其他更多的帮扶政策，为各级党政部门制定“十三五”精准扶贫、精准脱贫政策提供参考依据，为“着力推动老区加快发展”提供统计服务。江西调查总队在居民住户调查网点上开展了一次农村贫困户扶贫政策意向调查。调查重点在江西罗霄山脉片区，选择了上犹、宁都、于都、兴国、会昌等 11 个贫困县和信丰、全南 2 个非贫困县。从 13 个调查县中随机抽选了 38 个贫困村，选取了 390 个农村贫困户（下同）作为调查样本，发放了调查表。从调查情况来看：精准扶贫政策在江西贫困地区全覆盖，脱贫效果明显。

一、农村贫困户基本特征

通过对调查样本数据的观察、梳理和排序，发现相对一般农户，农村贫困户主要有以下四大特征：一是劳动力偏少；二是文化程度低；三是家庭负担重；四是因病因灾、缺钱缺人致贫。前三大特征是致贫的最根本因素，第四个特征是致贫表征。

（一）劳动力偏少

390 调查户中，平均每户家庭人口 4.1 人，劳动力 1.6 人，户均家庭劳动力占比为 39%，而全省平均水平为 55%，仅为全省平均水平的 71%，其中每户外出务工人员 0.6 人，而全省平均水平为 0.9 人。劳动力是家庭收入的主要获得者和创造者，贫困户劳动力偏少的状况，决定了这部分家庭收入来源渠道过窄的困境。

（二）文化程度低

家庭人口文化程度整体偏低，小学或以下文化程度人员近七成；初中文化程度不到三分之一，为 29.8%；高中及以上文化程度极少，其中高中占 4.8%，大专以上 1.7%。文化程度低，意味着这部分劳动力缺乏竞争优势，从而导致获得高收入的可能性大大降低。

（三）家庭负担重

如果把居民家庭收入和消费比作“开源”、“节流”两个过程的话，则以上两方面是从“开源”角度分析贫困户收入获取能力的，那么，从消费角度即家庭负担看，贫困户又呈现哪些特征呢？调查显示，在调查对象中，平均每户赡养 0.4 个 70 岁以上老人，供养 1 个在校学生，抚养 0.7 个患有大病或慢性病的病人，由于家庭负担总体偏重，导致这些家庭基本上处于入不敷出状态，生存型消费比重高，发展和改善型消费比重偏低，家庭支出中，43.4% 用于基本生活保障，32.4% 用于医药费，而用于其他各项支出的总费用不足四分之一。

（四）因病因灾、缺钱缺人

据调查，导致农户贫困的原因主要有四类：位居首位的是大病、久病致贫，占 31%，现阶段，大病、久病已成为致贫的第一诱因；从生产要素看，特别是由于资金、技术和劳动力缺乏竞争力，成为仅次于因病致贫后的第二和第三致贫因素。调查显示，排在第二的是缺资金、技术致贫，占 19.1%；排在第三是缺劳动力致贫，占 17.8%；排在第四位的致贫因素是因残、因祸、因灾等突发事件，占 15.5%。其他占 16.6%。

二、贫困户对政策的认知与期盼

贫困户对扶贫政策呈现出高认知、高期盼的“双高”态势。

（一）扶贫政策深入人心

1. 政策知晓面达 94.9%。390 调查户中，有 370 户贫困家庭表示知道正在实施精准扶贫、结对帮扶政策，占 94.9%。从传播途径看，乡村干部宣讲是主要渠道，占 55.1%；其次为扶贫或“三送”（送政策释民惑，送温暖聚民心，送服务解民难活动）队员宣讲，占 39.5%；报纸、电视等其他途径宣传占 5.4%。

2. 政策满意度达 96%。在知晓政策的 370 户贫困家庭中，有 78.7% 的家庭表示对政策“非常满意”；17.3% 的家庭表示“较满意”；3.2% 的家庭表示“一般”；只有 0.8% 的家庭表示“不满意”。

以上表明，帮扶政策已深入人心，且得到绝大多数贫困家庭的拥护和支持，这为顺利推进精准扶贫、结对帮扶奠定了坚实的基础。

（二）扶贫效果提振人心

脱贫致富离不开信心的支撑。习近平总书记强调：只要有信心，黄土变成金。积极的心态，坚定的信心，是脱贫致富的有效内生动力。在调查中，绝大多数贫困家庭对扶贫政策效果表达了乐观的看法。

1. 八成贫困户对扶贫政策的脱贫效果充满信心。在调查中，当问到“如果帮扶政策、措施落实到位，通过您的努力是否有信心脱贫？”时，有 79.2% 的贫困家庭回答“有信心”，并认为只要扶贫政策落实到位，目前开展的精准扶贫、结对帮扶工作就会有成效；有 18% 家庭表示“不好说”，主要是觉得帮扶工作目前的效果还不是特别明显，对帮扶政策的最后结果还有一些疑惑；仅有 2.8% 的家庭表示“信心不足”，主要是极少数有重病患者的家庭。调查走访中，信丰县一位常年患重病的老人（因病致贫户）说：现有的大病救助、新农合等政策很好，但我病了这么多年，总也治不好，以后还要花很多钱，家庭负担很重，新的帮扶政策能否有效，我心里没底。

2. 65.7% 的贫困户认为 3 年内精准扶贫会大见成效。贫困户在对扶贫政策脱贫效果充满信心的同时，还对扶贫政策发挥效果的时间表达了自己的看法。据调查，认为政策 2 年起作用，帮助贫困户脱贫的占 22.7%；认为 3 年会起作用的占 43.0%；认为需要 4 年的占 17.8%；认为 5 年或更长时间才能发挥作用的占 16.5。平均时间为 3.3 年。

（三）贫困户有更多的期盼

在调查中，贫困户对哪些方面急需帮扶、什么程度才算脱贫等问题，提出了自己的看法。

1. 帮扶需求各异。当问及“目前您的家庭最需要哪方面的帮扶？”时，贫困户表达了各自的意愿。有 21.5% 农户需要“生产帮扶”，他们是劳动力条件较好的贫困家庭，需要提高“造血功能”帮扶，如帮扶毛竹、茶油等种植指导，帮扶蜜蜂、灰鹅、牛、水产等养殖指导；有 9.7% 的农户急需“就业帮扶”，希望得到引导，提高就业收入；有 6.4% 的农户急需“技术培训”帮扶，想要提高生产效益；有 4.9% 希望得到“小额贷款、创业指导”等方面的帮扶；有 34.9% 的贫困户希望“增加政府补助”，他们是缺乏劳动力、或劳动力素质偏低的贫困家庭，急需“输血”帮扶；14.1% 的农户希望“物质帮扶”；有 8.5% 的家庭希望得到“子女教育”帮扶。

2. 脱贫心理预期不一。当问及“年人均收入多少才算脱贫？”时，60.8% 的贫困家庭将脱贫期望值定在 4000 元以上，脱贫期望值定在 2800 ~ 3000 元、3000 ~ 3300 元、3300 ~ 3700 元、3700 ~ 4000 元分别占 10.0%、10.5%、11.0% 和 7.7%。从心理预期看，明显偏高。

三、扶贫政策实施过程中存在的难点

经过扶贫工作攻坚努力，江西农村贫困人口数量明显减少，贫困农户生活水平普遍提高，贫困地区状态显著改观。当前存在的贫困问题相比以前更复杂，解决起来更困难，对扶贫政策实施提出更严峻的考验。

（一）贫困户的自身条件束缚

1. 贫困户多处偏远落后区域，自救基础较差。贫困户大多地处偏远，基础设施落后区域，村级经济基础薄弱，公共服务水平较低，难以自救，不仅难依靠自身能力脱贫，有的甚至需完全依靠外力帮扶。从走访的上犹县塘坑村看，当地扶贫资源和能力十分有限，目前村干部工资和正常办公费用完全靠转移支付维持，还不用说有多余的资源帮扶贫困。

2. 贫困户“造血功能”相对匮乏。由于贫困户普遍存在劳动力相对缺乏、劳动力文化程度偏低等现状，家庭创收能力弱。贫困户家庭收入来源中，高达 23.6% 的比重来源于政府救济，只有 37.9% 和 27.2% 的收入是依靠家庭能力创收的务工收入和种植业收入，还有 11.3% 的收入来源其他渠道，与普通农户相比差别较悬殊。同时由于家庭负担重，贫困户用于维持生存消费和治病的两项支出就占到了消费支出的 75.8%，严重地挤压了生产投资和改善性消费，进而影响到家庭脱贫和发展。家底的薄弱不仅是脱贫的障碍，也影响着他们脱贫的信心。调查显示，有 46.2% 的贫困家庭表示，在帮扶的过程中，最担心“自身因素影响帮扶效果”。

（二）实施扶贫政策面临的挑战

1. 政策实施过程中如何结合实际，灵活运用政策是一个考验。在走访中，不少帮扶队员反映，在政策落实过程中，很多实际问题是政策中没有现成答案，想要有明确细化的具体措施。如，帮扶的资金到底如何使用？一些因大病或慢性病致贫的家庭，政府或组织完全兜底也不现实，即使暂时脱贫了，返贫也是迟早的事，这种情况怎么办？等等。

2. 如何发挥扶贫政策作用，整体推进扶贫脱贫是个考验。大多扶贫政策，客观上需假以时日才能见效，比如有些项目扶贫，不能在一年之内就明显增加农民收入，有些扶贫政策要一定时期才能见效。那么，如何帮扶才能有效地分步实施、整体推进解决贫困户脱贫是个挑战。

3. 政策实施过程中如何完全对接，形成合力是个考验。由于帮扶（三送）队员来自各部门、各行业，能力和资源不尽相同，而帮扶对象致贫原因各异，需帮扶的意愿也各不相同。因此，在帮扶与接受的过程中可能就难完全接轨，给的不一定想要，想要的可能给不了。信丰县三个贫困村的帮扶（三送）队员就反映：产业扶贫过程中，贫困户更多考虑的是自己会什么、现有的资源能做什么、自己缺乏什么从而需要什么？而干部则更多考虑的是自己有什么资源、能带来什么变化、什么产业适合全村或全镇的发展、如何引导贫困户学技术、找资金等？双方考虑角度和范围不同，造成扶贫过程中不能完全做到无缝对接，从而影响扶贫政策实施效果。

四、几点建议

推进精准扶贫、开展结对帮扶，是加快扶贫攻坚和振兴发展的重要举措，对于优化整合扶贫资源，确保扶贫到村到户到人，让贫困群众尽快脱贫致富意义重大。把好政策、好举措转化为帮扶成效，关键在于落实。

（一）严格贫困人口识别标准，加强动态监测，把好贫困人口进出关

在帮扶过程中，如何动态监测扶贫帮扶效果，量化贫困人口受政策帮扶的影响程度，测算脱贫的贫困人口，确定贫困人口数量将是今后一阶段的一项重要任务。

1. 严格标准，公正识别。精确识别帮扶对象，是实施精准扶贫的前提。贫困人口识别和确定是按照现行贫困线标准，通过科学、规范的方法，引入公示公告、群众监督、抽查检验等方式，来识别确定贫困人口。这些方法让群众有了话语权，村民成了裁判员和监督员，体现了公平、公正的原则。

2. 动态监测，跟踪进程。贫困人口确定后，紧密跟踪监测，让脱贫农民顺利退出贫困群体，既体现扶贫政策的效果，也有利政策更有效地覆盖其他需要帮助的贫困人口。同时，在此过程中，动态监测也可以发现新出现的贫困人口，并及时将之纳入到贫困群体中来，享受到帮扶政策的扶持。有进有出、动态管理，才

能使真正需要帮扶的对象及时得到扶持。

（二）打好“输血”“造血”组合拳

既要帮助处于贫困边缘的贫困户先行脱贫，也要兼顾长效扶贫机制，将扶贫与经济社会发展关联起来。

1. 在扶贫全覆盖的基础上，有针对性、短平快地帮助贫困程度较浅的贫困户脱贫，减少贫困人口总量。

2. 创新扶贫模式。建立扶贫保障机制，使社会保障体系与扶贫帮扶相对接，将一些确实难以帮扶的老弱病残户纳入扶贫保障体系中，实现政府保障、社会保障相结合，保障扶贫成效，防止返贫。

3. 完善扶贫长效机制。要统筹抓好救济扶贫和开发扶贫，既“输血”，更“造血”；既扶贫，更扶智；既保障贫困群众基本生存，更要形成扶贫长效机制。整合各类资金，改变扶贫资金投放形式，将之前“直接投放”扶贫资金转变为脱贫奖励、银行贷款贴息或是生产保险金等多种形式，创新金融扶贫机制，完善小额贷款机制，提高贫困人口的创业意识和创业能力。

4. 探索建立扶贫开发与区域经济协调发展机制。一是扶贫开发与区域经济发展相互协调。尤其是产业扶贫开发要与区域经济协调发展。以区域经济发展带动扶贫开发，扶贫开发促进区域经济发展。二是基础设施建设与扶贫工程相互协调。加大山村基础设施帮扶力度，加快推进扶贫开发急需的交通、电力、水利等基础施设项目建设，提升公共服务水平，为扶贫开发创造良好的发展环境。三是推进城镇化建设与扶贫开发相互协调。加快推进“美丽乡村”建设，深入实施中心村培育工程，把中心村建设与村庄整治、移民搬迁、农房改造等工作有机结合起来。

（三）做好对接互动，加强实施监管

1. 建立完善结对帮扶与过程监管机制。一是在结对帮扶政策实施过程中，干部不仅要面对面解除贫困户的思想顾虑，还要手把手讲政策、教方法、带路径，力求实效。二是加强帮扶过程监督管理，及时掌握、了解帮扶队员的帮扶进展情况，提高帮扶实效。

2. 加强扶贫资金使用的监管。落实扶贫资金信息披露制度以及扶贫对象、扶贫项目公告公示公开制度，保证财政专项扶贫资金在阳光下运行。同时，还应引入第三方监督，严格扶贫资金管理，确保扶贫资金用准用足。

（作者：邓盛平）

山东省经济社会发展报告

2015年，面对复杂严峻的宏观经济环境，山东深入贯彻落实中央和省委、省政府各项决策部署，统筹稳增长、调结构、促改革、防风险、惠民生各项工作，主动适应和引领新常态，加快推进经济转型升级，积极因素不断累积，新动能、新优势逐步集聚，全年经济运行平稳，稳中有进，稳中提质。

一、2015年山东经济运行情况

初步核算并经国家统计局审核，2015年山东实现地区生产总值（GDP）63002.3亿元，按可比价格计算，比上年增长8.0%，一季度、上半年、前三季度分别为7.8%、7.8%和8.0%，保持了平稳运行态势。其中，第一产业增加值4979.1亿元，增长4.1%；第二产业增加值29485.9亿元，增长7.4%；第三产业增加值28537.4亿元，增长9.6%。全年人均GDP为64168元，按年均汇率折算首次过1万美元。2015年山东经济运行的主要特点：

（一）主要调控指标运行稳定

就业形势基本稳定。全年城镇新增就业116.8万人，农村劳动力转移就业127.5万人，城乡就业连续“十二年”实现双过百万。城镇登记失业率3.35%，低于4%的全年控制目标。物价低位运行。全年居民消费价格比上年上涨1.2%，涨幅比上年回落0.7个百分点。其中，城市上涨1.4%，农村上涨0.9%。工业生产者出厂价格下降4.8%，购进价格下降5.0%，降幅均比上年扩大3.2个百分点。财政收入平稳增长。全年公共财政预算收入5529.3亿元，比上年增长10.0%。其中，税收收入4203.1亿元，增长6.0%；占公共财政预算收入的比重为76.0%，比上年同口径提高0.2个百分点。居民收入协调稳定增长。全年居民人均可支配收入22703元，增长8.8%，扣除价格因素实际增长7.5%。其中，城镇居民人均可支配收入31545元，增长8.0%，扣除价格因素实际增长6.5%。农村居民人均可支配收入12930元，增长8.8%，扣除价格因素实际增长7.8%。城乡居民收入倍差由上年的2.46缩小到2.44。金融信贷平稳运行。年末金融机构本外币存款余额76795.5亿元，比上年末增长9.5%。年末本外币贷款余额59063.3亿元，比上年末增长10.1%。

（二）行业生产平稳增长

农业生产稳定增长。全年粮食总产达到942.5亿斤，比上年增长2.5%，实现“十三连增”。其中，夏粮469.5亿斤，增长3.7%；秋粮473.1亿斤，增长1.4%。牧、渔业生产平稳。猪牛羊禽肉产量762.0万吨，增长0.5%；禽蛋产量423.9万吨，增长9.2%；牛奶产量275.4万吨，下降1.5%；水产品总产量884.4万吨，增长2.0%。工业生产平稳增长。全年规模以上工业增加值比上年增长7.5%。月度累计增速除1-2月达到8.0%外，基本稳定在7.3%-7.5%区间。其中，重工业增长7.5%，轻工业增长7.4%。分行业看，41个大类行业中有36个实现增长，增长面为87.8%。分产品看，重点调度的120种工业产品中，有73种产品产量实现增长，增长面为60.8%。规模以上工业企业产销率达到98.7%。建筑业保持增长。全年有资质的建筑企业实现总产值9381.7亿元，比上年增长0.7%。其中，国有及国有控股企业产值2312.9亿元，增长5.2%。服务业较快增长。全年规模以上服务业营业收入比上年增长10.0%，快于规模以上工业7.4个百分点。其中，生产性服务业增长9.5%，居民服务业增长25.3%。

（三）需求领域有稳有缓

固定资产投资稳中趋缓。全年完成投资47381.5亿元，比上年增长13.9%，一季度、上半年、前三季度分别增长14.8%、14.6%和14.4%，增速呈现小幅放缓态势。其中，房地产开发投资5892.2亿元，增长1.3%，扣除价格因素实际增长3.7%。市场消费稳定增长。全年实现社会消费品零售总额27761.4亿元，增长10.6%，扣除价格因素实际增长10.4%。四个季度依次增长10.8%、10.4%、10.4%和10.6%，呈现上半年小幅缓降、下半年筑稳回升的态势。其中，限额以上单位消费品零售额13058.7亿元，增长6.2%。对外贸易降势放缓。全年实现进出口总额2417.5亿美元，比上年下降12.7%，一季度、上半年、前三季度依次下降18.1%、16.9%和16.3%，降幅逐季收窄。其中，出口1440.6亿美元，下降0.4%；进口976.9亿美元，下降26.1%。利用外资平稳增长。全年实际到账外资163.0亿美元，增长7.3%。

（四）转型升级步伐加快

高新技术行业加快发展。全年实现高新技术产业产值47718.81亿元，比上年增长10.5%；占规模以上工业总产值的比重为32.5%，比年初提高1.12个百分点。高技术行业增加值增长8.9%，快于规模以上工业1.4个百分点。工业能耗继续下降。全年规模以上工业能耗由上年增长1.4%转为下降0.6%。重点监测的70项产品中，51项产品单位综合能耗下降。重点产品中，火电下降0.2%，电解铝下降1.3%，平板玻璃下降1.6%，生铁下降2.2%，炼焦下降4.0%。服务业驱动力明显增强。全年服务业增加值占GDP的比重为45.3%，比上年提高1.8个百分点；对经济增长的贡献率为45.1%，创改革开放以来的新高，比上年提高6.8个百分点。消费升级态势良好。全年限额以上单位商品零售中，家用电器和音像器材类、建筑及装潢材料类、文化办公用品类、通讯器材类保持较快增长，增速分别为10.3%、12.2%、16.0%和14.1%。投资方向渐趋优化。全年工业技改投资占全部工业投资的比重为60.6%，比上年提高1.0个百分点。六大高耗能行业投资占全部投资的比重为15.3%，比上年降低0.4个百分点。其中，技改投资占六大高耗能行业投资的比重为57.2%。服务业投资占全部投资的比重为47.3%，比上年提高0.2个百分点。出口结构得到改善。全年一般贸易出口额占出口总额比重为62.8%，比上年提高4.9个百分点。

（五）新动能聚集发展

新兴行业快速增长。全年互联网和相关服务、软件和信息技术服务业营业收入分别增长40.7%和12.9%，分别快于规模以上服务业营业收入增速30.7和2.9个百分点。从固定资产投资看，全年保险业增长4.8倍、航空运输业增长1.9倍、互联网和相关服务增长1.8倍、邮政业增长1.5倍，软件和信息技术服务业增长86.2%、科技推广和应用增长72.9%。从产品产量看，光缆增长60.2%，计算机服务器增长44.5%，动车组增长14.6%、风力发电机组增长18.4%、固体废弃物处理设备增长1.1倍。创新驱动力明显增强。全年国内发明专利申请量和授权量分别比上年增长20.9%和60.2%。年末每万人口发明专利拥有量达到4.9件，比上年增加1.3件。民营经济保持活跃。全年民营经济增加值32070.0亿元，增长8.7%，快于GDP增速0.7个百分点；占GDP比重达到50.9%，比上年提高0.4个百分点。规模以上民营工业增加值增长10.4%，民营固定资产投资增长18.1%，限额以上民营单位社会消费品零售总额增长11.1%，分别快于全省平均水平2.9、4.2和0.5个百分点。私营企业出口增长12.5%，高于全省平均水平12.9个百分点。

二、当前山东经济运行存在的主要问题

当前山东经济运行仍面临较大的下行压力，经济结构的调整难度依然较大，具体问题表现在：

（一）工业企业盈利水平下降

截至2015年底，山东工业生产者购进价格、出厂价格已分别连续44和47个月同比下降，且降幅比上年明显扩大。此外，企业还普遍承受用工、融资成本增加、产能利用率不足、节能环保以及技术改造投入增加等方面的压力，盈利空间面临进一步下探。根据2015年四季度工业企业

生产经营及景气状况调查，山东工业企业产能利用率为75.7%，分别比三季度、二季度降低0.5和1.4个百分点。受此影响，规模以上工业营业成本、销售费用、管理费用分别增长2.9%、9.2%和5.8%，依次高于营业收入0.3、6.6和3.2个百分点。产成品库存增长12.3%，高于主营业务收入9.5个百分点。利润总额由上年增长4.6%转为下降2.6%。

（二）供给侧结构调整任重道远

从规模以上工业看，山东工业增长仍以高耗能行业为重要支撑。全年六大高耗能行业增长11.0%，高于规模以上工业3.5个百分点。而装备工业低位运行，全年增加值增长7.1%，低于规模以上制造业增速1.8个百分点，说明山东工业更新装备的需求偏弱，影响传统产业转型升级进程。同时，资产规模庞大的国有经济低迷，制约了的市场活力的提升。国有企业增加值下降0.5%，国有控股企业下降1.9%。从固定资产投资看，先进行业的资金投向相对不足，高新技术产业投资增长10.9%，装备制造业投资增长10.8%，分别低于工业投资增速2.2和2.3个百分点。

（三）投资增长后劲不足

新开工项目单体平均投资规模缩小。全年新开工项目计划总投资增长5.7%，低于新开工项目个数增速29.6个百分点。大项目储备不足。亿元以上新开工项目4681个，计划总投资17366.3亿元，分别下降22.3%和21.1%。亿元以上新开工项目个数占全部新开工项目的11.5%，比上年下降8.5个百分点。到位资金仍然偏紧。全年固定资产投资到位资金49237.0亿元，增长12.3%，仍低于全部投资增速1.6个百分点。其中，利用外资、国内贷款分别下降20.0%和4.4%。

（四）市场需求总体偏弱

从国际市场看，受大宗商品价格下降与全球生产需求减少的影响，全年进出口总额下降12.7%，比上年回落16.7个百分点；出口下降0.4%，回落8.3个百分点；进口下降26.1%，回落26.1个百分点。规模以上工业出口交货值下降2.1%。贸易摩擦冲击较大，全年共遭受国外贸易救济调查65起，涉案金额6.3亿美元。从国内贸易看，汽车市场趋于饱和，对消费增长的拉动力减弱。全年限额以上单位汽车类商品零售额增长5.0%，比上年回落5.8个百分点。新的消费热点尚未形成，且面临外省电子商务的消费分流，2015年仅1家列入国家统计局重点监测的44家网上零售交易平台之中，反映出山东电子商务发展相对滞后，一定程度制约了消费需求对经济增长的拉动作用。

三、2016年山东经济发展形势展望

展望2016年，国内外经济形势依然严峻，机遇与挑战并存。

从国际看，国际经济总体处于缓慢复苏中，1月19日国际货币基金组织（IMF）发布的2015年经济增长预测值为3.1%，比上年回落0.3个百分点，2016年和2017年预测值分别为3.4%和3.6%，好于2015年。同时，受大宗商品价格走低、国际贸易减弱、资本流动与汇率波动加剧等因素影响，世界经济增长分化发展趋势明显，发达经济体增长加快，新兴国家及发展中国家增长乏力。美国经济平稳向好，IMF预计2015年增长2.5%，比上年加快0.1个百分点，2016年和2017年预测值均为2.6%。欧元区经济温和复苏，IMF预计2015年增长1.5%，比上年加快0.6个百分点，2016年和2017年预测值均为1.7%。但失业率居高不下，仍维持在11%左右。日本经济增长动力不稳，IMF预计2015年增长0.6%，比上年回升0.7个百分点，2016年和2017年预测值分别为1.0%和0.3%。新兴国家除中国与印度仍保持较快增长外，其他国家普遍低速增长，俄罗斯和巴西面临经济衰退风险，巴西自2014年二季度以来持续负增长，2015年二季度同比下降2.6%，IMF预计2016年下降3.5%，2017年零增长；俄罗斯自2015年一季度开始负增长，全年下降3.7%，IMF预计2016年下降1.0%，2017年增长1.0%。非洲、拉丁美洲增速明显放缓，加之地缘政治、地区冲突以及大国经济政策调整等因素影响，全球经济

格局仍将持续调整，经济增长面临较多的风险性、不确定性因素。

从国内看，经济保持平稳运行，风险总体可控，运行质量稳步提高。随着新一轮改革开放的持续推进，“大众创业、万众创新”的深入开展以及“中国制造2025”、“一带一路”、长江经济带、京津冀协同发展、西部大开发、东北老工业基地振兴等战略规划的有效实施，国内经济的新动能将不断积聚并发展壮大。供给侧结构改革将进一步对接差异化、个性化的市场需求，化解低端过剩产能，推动传统产业转型升级，增强实体经济的稳定性。长期看，国内经济发展仍处于重要的战略机遇期，工业化、城镇化、信息化和农业现代化将为经济发展提供强大动力，追赶发达国家的空间广阔，具备经济长期平稳运行的客观基础。

从省内看，山东经济保持中高速增长的同时，能耗水平持续下降，居民收入稳定增长，就业与物价总体平稳，市场预期保持稳定，“双创”成效显现，新登记市场主体与发明专利授权量快速增长，山东经济平稳运行的态势没有改变。从长期看，改革红利加大释放，创新能力逐步增强，依托较好的经济基础，山东经济转型的巨大潜力将加速转化为现实的增长动力。“两区一圈一带”、中韩自贸区、“一路一带”以及更大范围的区域经济融合发展，会进一步拓展山东经济发展空间，巩固经济增长动力。

但是，经济下行压力不容忽视。房地产市场回暖仍存在不确定性，化解过剩产能形势严峻，对外贸易下降幅度高于全国平均水平，企业盈利水平下滑，局部金融风险上升，平衡财政收支难度加大，制约经济动力活力的体制机制因素仍然

山东青岛“五四广场”（摄影：李静）

存在，加之劳动用工成本上升、融资渠道狭窄、资源环境约束等因素影响，将对山东经济的稳定健康发展带来不利影响。

综合分析，在国际环境没有明显变化的前提下，2016年山东经济仍将在动力转换中平稳运行，并在一段时期内延续稳中趋缓、结构优化、质量提升的发展态势。

四、做好 2016 年山东经济工作的建议

展望2016年，山东仍需坚定信心，按照创新、协调、绿色、开放、共享的发展理念，把握好稳增长与调结构的平衡点，积极做好“去产能、去库存、去杠杆、降成本、补短板”各项工作，推动山东经济提质增效、行稳致远。

第一，巩固提升政策落实效果。当前国家及省里都出台了一系列稳增长促改革的政策措施，目前政策效应开始显现，需要进一步巩固提升。一是继续全面深化改革。持续推进简政放权，建立健全“四张清单、一个平台”为主要框架的政府权力运行体系。简化行政审批手续，进一步放宽民间投资准入，增强市场活力，营造浓厚的“大众创业、万众创新”氛围。二是保持干事创业的热情。按照“一个定位、三个提升”的要求，把政策落实责任逐项分解，加强部门间协调配合，争分夺秒落实各项政策措施，特别是企业普遍关心的简化审批和降息减税清费政策，增强企业发展后劲。三是迅速形成有效投资。加快国家重大工程包、省重点项目、全国工商联执委会签约项目的建设进度，加大基础设施领域投资力度，推广 PPP 模式，撬动社会资本支持重点项目和重点领域建设，发挥投资对于稳增长的关键作用。

第二，加快转方式调结构。一是深入实施创新驱动发展战略。落实促进创新驱动的 23 条举措，改善创新环境，形成有利于创新主体的管理体制与收益分配格局，充分调动提升创新主体的积极性。二是推动产业转型升级。认真落实好农业提质增效转型升级实施方案以及 22 个制造行业、17 个服务行业转型升级方案，推动山东经济平稳实现动力转换，强化经济发展动能。三是加快区域经济融合发展。积极融入京津冀协同发展、中原经济区等战略规划中，加快“两区一圈一带”建设，推动济莱协作区建设，拓展山东经济发展空间。

第三，全面扩大开放。一是落实好稳定外贸增长的各项政策。推进贸易便利化，破解贸易融资瓶颈，推动获得原油进口资质的企业增加进口，帮助更多企业开展及扩大出口业务。二是加快推进国际产能合作。加快走出去步伐，积极对接“一带一路”战略，深化中韩、中日、中德地方合作，更好的参与国际分工，整合全球价值链。三是实施精准招商。按照“突破欧美，深化日韩，提升港澳台”的思路，推动与世界 500 强合作行动方案的落实，突出重点地区和合作领域招商，创新引资方式，争取在国企混合所有制引资、政府引导基金、境外上市借债等方面有所突破。

第四，进一步加快新型城镇化进程。要把城镇化作为稳增长、调结构的重要举措来抓，加强引导，加强协调，使更多的农民从农村进入城市，更多地享受发展的成果。要创新城镇化发展路径和机制，优化城镇化布局，提升城镇承载力，促进公共资源在城乡之间均衡配置、生产要素在城乡之间自由流动。

第五，切实改善民生。一是稳定就业。继续实施就业优先战略，强化创业吸纳就业的渠道作用，引导就业人员向服务业转移，通过各类培训改善就业质量。二是完善社会保障体系。稳步提升居民社会保障的覆盖面与保障水平，减少不同人群的保障差异，稳定消费预期。三是推进城乡公共服务均衡发展。统筹推进教育、卫生、文化、社会服务等领域均衡发展，积极适应居民消费提档升级的需求，增加发展型和享受型消费的产品供给，加快发展养老、健康、文化、旅游、体育产业等社会服务业，加快释放消费潜力。

（作者：潘振文）

专栏：农业农村经济平稳发展 存在问题不容忽视

2015年，山东各级全面贯彻落实各项“三农”政策措施，持续深化农业农村改革，积极统筹城乡协调发展，大力发展现代农业，农业经济平稳发展，农村社会和谐稳定，农民收入稳定增长。但是，“三农”发展中仍然存在不少问题，需要引起重视并妥善加以解决。

一、农业农村经济平稳发展

（一）粮食生产获得丰收，总产单产双超历史最高水平。2015年，全省粮食总产942.5亿斤，同比增长2.5%，实现“十三连增”，创历史新高；播种面积11238.2万亩，增长0.7%；亩产419.4公斤，增长1.8%，处历史最高水平。其中，夏粮产量面积单产实现“三增”，分别增长3.7%、1.6%、2.0%；秋粮产量单产分别增1.4%、1.6%，面积减0.2%。全省粮食面积、总产分别占全国的6.6%和7.6%，均居全国第三位。

（二）畜牧业生产稳中向好，肉蛋奶总产量稳居全国首位。2015年，全省猪牛羊禽肉类总产量762.0万吨，同比增长0.5%。其中，猪肉产量397.4万吨，下降2.3%；牛肉产量67.9万吨，增长1.9%；羊肉产量37.1万吨，增长3.0%；禽肉产量259.6万吨，增长4.4%。禽蛋产量423.9万吨，增长9.3%。牛奶产量275.4万吨，下降1.5%。全省肉蛋奶总产量占全国的10%，连续26年居全国首位。畜禽规模化、标准化养殖比重分别达到75%、65%，稳居全国前列。

（三）农民收入持续较快增长，增幅连年高于城镇居民。2015年，全省农民人均可支配收入12930元，同比增长8.8%，扣除物价实际增长7.8%，高出城镇居民1.3个百分点。其中，工资性收入5139元，增长9.0%；经营净收入5857元，增长7.8%；财产净收入326元，增长13.6%；转移净收入1608元，增长10.8%。从2010年开始，农民收入增幅连续6年超过城镇居民。全省农民人均可支配收入高于全国平均水平，稳居全国第八位。

（四）农民工总量稳中略增，收入保障水平稳步提升。2015年，全省农民工总量2431万人，同比增长1.3%，其中，外出农民工1006万人，增长0.5%。高中及以上文化程度的农民工占25.9%，同比提高0.3个百分点。接受过农业技能培训的农民工占16.0%，提高1.9个百分点。农民工从事第三产业的比重达42.7%，提高1.6个百分点。外出农民工月均收入3260元，增长8.7%。外出农民工签订合同的比例为41.9%，提高2.8个百分点。

（五）农民消费需求稳步释放，享受型消费结构逐步建立。2015年，全省农民人均生活消费支出8748元，同比增长9.9%。其中，医疗保健支出增长最快，增长18.4%，教育文化娱乐支出和交通通讯支出增长13.8%、13.6%，分别排在第2、3位。截至2015年末，全省农民每百户拥有家用汽车23.6辆，同比增加4.3辆；每百户拥有计算机34.8台，增加3.6台，其中78.9%接入互联网，提高4.6个百分点；每百户拥有移动电话207.8部，增加7.5部。

（六）农产品生产者价格微涨，农业生产资料价格继续下降。2015年，全省农产品生产者价格同比上涨0.1%，呈现有起有伏、升降不一的趋势。分季度看，一、二、三季度分别上涨0.2%、2.6%、2.2%，四季度下降4.7%。分行业看，种植业价格下降1.7%，林业、牧业、渔业价格分别上涨0.9%、3.3%和0.3%。全省农业生产资料价格同比下降0.7%。10个类别的农资价格“七涨三降”，其中，农用手工工具上涨2.1%，涨幅居首；化学肥料上涨1.7%；农业生产服务上涨0.8%；产品畜下降0.6%；饲料下降5.4%；农用机油下降15.8%，是农资价格下降的主导因素。

二、存在问题不容忽视

（一）粮食生产面临诸多制约因素，持续稳产增产难度较大。虽然全省粮食连年丰收，但是影响粮食稳产增产的因素依然存在。一是土地持续增产的能力下降。多年来，农药、化肥和薄膜的大量施用在提高农产品产量的同时，也导致有害残留物增多、土壤板结、地力下降。二是粮食种植面积大幅增加的空间较小。近10年来，粮食种植面积环比有8个年份在增长且趋于稳定，将来粮食种植面积大幅增加的可能性不大。三是农田管理粗放。当前从事粮食生产的人员多数年龄偏大、文化水平偏低，不利于粮食科技推广和农田管理。四是种粮收益下降。2015 年，小麦亩均纯收益同比下降 3.3%，玉米亩均纯收益下降 34.6%。如果粮食价格持续低位运行，农民种粮积极性将会出现波动。五是气候因素的不确定性。1978 年以来，有 23 个年份旱灾占农作物总受灾面积的比重大于 50%，未来气候波动将更趋频繁。

（二）棉花种植面积持续减少，种植效益不断下降。棉花播种面积由 2010 年的 1149.6 万亩减少到 2015 年的 773.3 万亩，平均每年减少 75.3 万亩。主要原因是棉花价格持续低位徘徊，种植效益低下，挫伤了农民种棉积极性。2015 年，棉花价格同比下降 12.9%，棉花种植收益进一步降低。专项调查显示，寿光一家农户每亩棉花的农资、耕作、灌溉费用为 380 元，再加上土地租赁费和雇工费，以 2015 年当时的棉花销售价格计算，每亩棉花收益不足百元，如果没有土地租赁费可能还有几百元的收益，这与前几年每亩 1200 元的种植收益不可同日而语。再加上粮食生产“四补贴”政策力度不断加大，种粮机械化程度高，农户主动减棉增粮。

（三）畜禽生产结构不合理，养殖效益起伏不定。全省猪鸡鸭等食粮型畜禽比重大，牛羊等食草型畜禽比重小，仅占肉类总产量的 13.8%。畜禽养殖效益时有波动。以生猪为例，出栏一头 100 公斤的肥猪，2011 年平均赚 415 元；2012 年赚 75 元；2013 年赚 50 元；2014 年亏 5% 左右。2015 年生猪养殖效益出现恢复性上升，每头出栏生猪能盈利 500 元左右，盈利额为近年来较高水平，但是后期形势仍需关注。此外，奶牛养殖业困境仍在延续。奶牛养殖继 2014 年以来持续低迷，并在 2015 年上半年创下新低，奶牛存栏量同比减少 6.2%，牛奶价格也在 3 月份达到低点，为近四年来最低位，比上年最高点下降 35%。

（四）农民收入增长趋缓，持续增收动力不足。农民收入增幅已经出现放缓趋势，2015 年的增速为 2010 年以来的最低。农民传统的增收动力正在减弱。一是农村剩余劳动力的红利正在削弱，劳动力转移的数量可能会出现递减。二是农民工工资水平在经历了近几年的大涨之后，受经济不确定和企业效益下降等因素的影响，未来工资水平将会缓慢增长。三是粮食价格经过前几年连续上涨后，2015 年首次出现回落，全年同比下降 5.4%，其中小麦、玉米跌幅分别为 2.4% 和 7.8%。今后，粮食价格低位运行有可能成为常态。四是农村产权制度改革试点以及农村资源的资产化进程缓慢，农民财产性收入短期难以有较大提高。五是目前政府对农民直接补贴比重小，短期内农民转移性收入也不会有大幅增长。

（五）农民工技能水平低，就业稳定性不高。目前，大部分农民工由于特殊原因，受教育程度和技能水平较低，有近 60% 的农民工在低端行业就业，无法满足产业升级需要，就业稳定性不高。一是农民工劳动合同签订率依然较低。打零工者多数为短期工，他们的雇主不确定，无法签订劳动合同。二是农民工工资待遇仍然不够高。当前外出农民工的收入虽然有了很大提高，但是与全省在岗职工平均工资相比，仍有不小差距。三是农民工社会保障水平较低。雇主或企业为农民工缴纳“五险”的比例较低，养老、医疗、失业、生育、工伤保险的比例分别为 18.0%、17.4%、11.1%、9.2% 和 24.7%。住房公积金参保率仅为 11.1%。

（六）农民基本消费已经满足，消费结构有待进一步升级。从消费结构来看，传统的吃穿支出仍然是农民消费的主流，交通通讯支出虽然是消费热点，但是长期持续稳定增长存在不小的困难，并且单一的消费热点难以支撑农民消费的可持续增长，需要新的消费热点与之进行衔接替代，可以在“提升”消费上下功夫。以住房为例，虽然农民住房条件已有很大改善，人均住房建筑面积 40.2 平方米，但是设施条件仍有很大的提升空间。56.1% 的农户住房还是砖瓦砖木材料。17.3% 的农户饮用水没有管道设施，38.6% 的饮用水源还是井水或泉水，13.3% 间断或定时供水。71.1% 的农户仍使用普通旱厕，40.8% 的农户仍用草木等作为炊用能源。

三、几点建议

（一）发挥适度规模经营的引领作用，提升粮食稳产增产能力。积极实施藏粮于地、藏粮于技战略，实行多种形式的适度规模经营，努力确保粮食稳产增产。农业经营体制改革要牢牢守住保护耕地、不改变农业用途、不损害农民承包土地权益等三条红线，在此基础上，采取各种措施促进粮食生产。大规模推进高标准农田建设，将其划为永久基本农田实行特殊保护。继续开展粮食整建制高产攻关，打造一批“吨粮市”、“吨粮县”和“半吨粮乡”。将农田水利作为农业基础设施建设的重点，加快重大水利工程建设，改造完善中小型农田水利设施，积极推进节水灌溉技术。强化现代农业科技在粮食生产中的应用，深入开展粮食绿色高产高效创建，特别要加快现代种业的发展，推动粮食作物品种的更新换代。

（二）优化畜牧业生产结构，建立健全生产预警机制。加快现代畜牧业建设，调整区域养殖布局，优化畜禽养殖结构，发展草食畜牧业，形成规模化生产、集约化经营为主导的产业发展格局。根据饲草业布局配套建设规模化养殖场，搞好畜产品加工、冷藏、运销体系建设，形成饲料生产、过腹转化、产品加工一体化的产业化经营体系。针对当前畜牧业生产处于转型期不稳定的特征，建立健全生产预警机制，在市场主导生产的基础上予以有效调控。要对养殖户生产、流通和销售等各个环节进行动态监测，及时掌握畜禽生产和供应情况，为养殖户提供价格、供需等信息，有效指导养殖户科学生产。同时加强预警，如遇疫情或其他突发事件，要及时实施适度调控，实现政策和市场共同调节，避免市场大起大落，减少养殖风险。

（三）改革完善农产品价格形成机制，确保粮食价格稳定。坚持市场化改革取向与保护农民利益并重，采取“分品种施策、渐进式推进”的办法，完善农产品市场调控制度。继续执行并完善小麦最低收购价政策。按照市场定价、价补分离的原则，积极稳妥推进玉米收储制度改革，在使玉米价格反映市场供求关系的同时，综合考虑农民合理收益、财政承受能力、产业链协调发展等因素，建立玉米生产者补贴制度。按照政策性职能和经营性职能分离的原则，改革完善粮食储备管理体制。深化国有粮食企业改革，发展多元化市场购销主体。科学确定粮食等重要农产品国家储备规模，完善吞吐调节机制。

（四）积极推进农村产业融合，促进农民持续较快增收。充分发挥农村的独特优势，深度挖掘农业的多种功能，培育壮大农村新产业新业态，推动产业融合发展成为农民增收的重要支撑。推动农产品加工业转型升级。加强农产品加工技术创新，促进农产品初加工、精深加工及综合利用加工协调发展，提高农产品加工转化率和附加值，增强对农民增收的带动能力。健全统一开放、布局合理、竞争有序的现代农产品市场体系，在搞活流通中促进农民增收。依托农村绿水青山、田园风光、乡土文化等资源，大力发展休闲度假、旅游观光、养生养老、创意农业、农耕体验、乡村手工艺等，使之成为繁荣农村、富裕农民的新兴支柱产业。促进农业产加销紧密衔接、农村一二三产业深度融合，推进农业产业链整合和价值链提升，让农民共享产业融合发展的增值收益，培育农民增收新模式。

（五）大力推进服务均等化，加快农民工市民化进程。健全农村劳动力转移就业服务体系，大力促进就地就近转移就业创业，稳定并扩大外出农民工规模，支持农民工返乡创业。大力发展特色县域经济和农村服务业，加快培育中小城市和特色小城镇，增强吸纳农业转移人口能力。加大对农村灵活就业、新就业形态的支持。实施新生代农民工职业技能提升计划，开展农民工免费接受职业培训活动。完善城乡劳动者平等就业制度，建立健全农民工工资支付保障长效机制。进一步推进户籍制度改革，保障进城落户农民工与城镇居民有同等权利和义务。全面实施居住证制度，努力实现基本公共服务常住人口全覆盖。落实和完善农民工随迁子女教育政策。将符合条件的农民工纳入城镇社会保障和城镇住房保障实施范围。维护进城落户农民土地承包权、宅基地使用权、集体收益分配权，支持引导其依法自愿有偿转让上述权益。

（六）改善农村消费环境，释放农民消费潜力。大力提升农村公共服务水平。把社会事业发展的重点放在农村和接纳农业转移人口较多的城镇，加快推动城镇公共服务向农村延伸，为改善农村消费环境打下良好基础。进一步健全完善农村社会保障体系，降低农民对未来收支预期的不确定性，稳定并增强农民的消费信心，增加即期消费。加强宣传力度，通过各种有效途径，转变农民保守的消费观念和非科学的消费方式，丰富农民的精神文化生活，扭转人情消费不断扩张的趋势。规范农村市场，整顿市场秩序，加大监管力度，坚决打击假冒伪劣商品、虚假广告等不法行为，切实维护农民的合法权益和消费热情，优化农村消费环境，增强农民消费安全感。找准住房等农民消费热点，配套有关政策措施，逐步释放农民的消费潜力。

（作者：王庆国）

河南省经济社会发展报告

2015 年，面对复杂严峻的经济形势，河南深入贯彻落实中央各项决策部署，主动适应经济发展新常态，坚持调中求进、改中激活、转中促好、变中取胜，统筹稳增长、促改革、调结构、强支撑、防风险、惠民生，采取一系列政策措施扩大增长点、转化拖累点、抓好关键点、稳控风险点、抢占制高点，全省经济呈现出总体平稳、稳中有进、稳中向好的发展态势。2016 年外部环境依 然复杂，长期积累的结构性矛盾仍较突出，保持河南经济较高速度增长仍会面临很多困难和挑战。

一、2015 年经济运行基本情况

（一）经济运行总体平稳、稳中向好

初步核算，2015 年河南生产总值 37010.25 亿元，比上年增长 8.3%。其中，第一产业增加值 4209.56 亿元，增长 4.4%，第二产业增加值 18189.36 亿元，增长 8.0%，第三产业增加值 14611.33 亿元，增长 10.5%。全年全省生产总值增速比前三季度、上半年、一季度分别提高 0.1 个、0.5 个、1.3 个百分点，呈现逐季加快态势。

1. 农业生产形势良好。大力实施粮食生产核心区战略，粮食产量实现“三个突破”。河南把保障国家粮食安全作为重大政治责任，围绕建设现代农业大省，加强粮食生产核心区建设，颁布实施全国首部高标准粮田保护条例，多策并举提高粮食生产能力，粮食产量实现新突破。2015 年，全省粮食总产量突破 1200 亿斤、达到 1213.42 亿斤，比上年增产 58.96 亿斤，连续 12 年增产，圆满完成粮食生产核心区中期目标。其中，夏粮突破 700 亿斤、达到 702.36 亿斤，增产 34.56 亿斤；秋粮突破 500 亿斤、达到 511.06 亿斤，增产 24.40 亿斤。畜牧业生产总体稳定。河南认真落实国家关于促进畜牧业发展的各项扶持政策，加大畜牧产业化集群培育力度，保障了畜产品市场的有效供给。2015 年全省猪牛羊禽肉总产量达到 696.50 万吨，下降 1.0%；牛奶产量达到 342.2 万吨，增长 3.1%；禽蛋产量 410 万吨，增长 1.5%。

2. 工业生产增势平稳。2015 年，河南深入开展“稳增长调结构防风险促发展”活动，长短结合、综合施策，加强银企、产销、用工、产学研对接，有效稳定了工业经济运行。全年全省规模以上工业增加值增长 8.6%。从走势看，4 月份累计增速回落至六年来的最低点，随着稳定工业经济运行政策效应逐步显现，6 月份开始趋稳回升，连续 7 个月稳定在 8.5%-8.6% 的增长水平，呈现小幅波动、总体平稳、稳中趋升的增长态势。

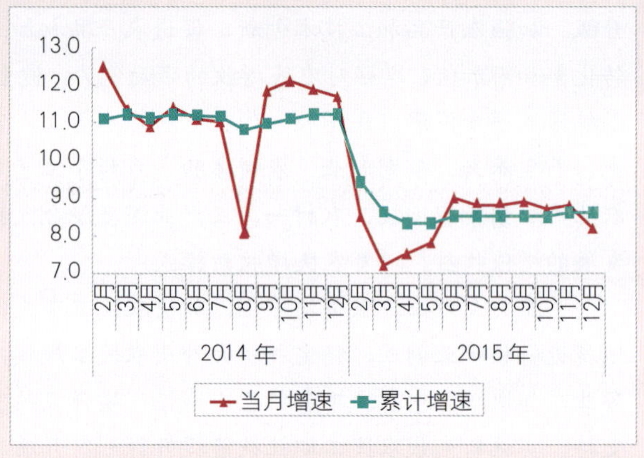

图 1　2014 年以来全省各月规模以上工业增加值增速图

产业集聚区建设为工业稳定增长提供了有力支撑。围绕提升科学发展载体建设水平，强化龙头带动、集群引进、功能完善和产城互动，产业集聚区综合带动效应进一步凸显。2015 年产业集聚区规模以上工业增加值同比增长 13.3%，增幅高于全省工业 4.7 个百分点；占全省工业增加值的比重 60.4%，同比提高 8.1 个百分点，对全省工业增长的贡献率 89.8%，同比提高 15.5 个百分点，拉动全省工业增长 7.7 个百分点。

3. 服务业加快发展。2015年，河南加快建设高成长服务业大省，推进服务业提速扩量，有力推动了服务业加快发展。初步核算，2015年全省服务业增加值14611.33亿元，增长10.5%，增速同比提高0.9个百分点，分别比生产总值、第二产业高2.2个、2.5个百分点，比前三季度、上半年、一季度分别提高0.5个、1.7个、4.9个百分点，增速明显加快。

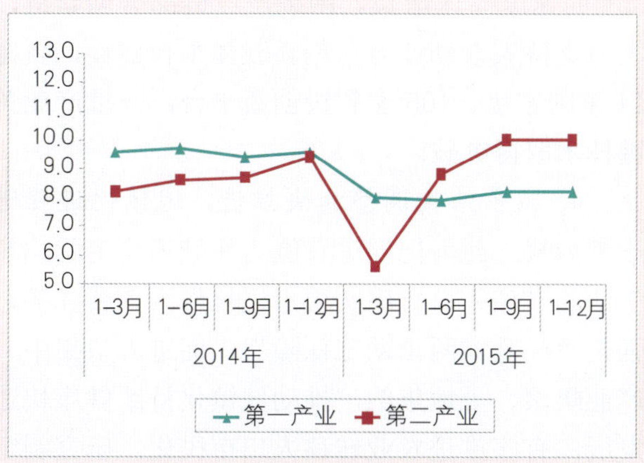

图2 2014年以来全省各季度第二、三产业增速图

4. 投资需求稳中趋升。通过制定“双十”投资促进计划，推进城乡基础设施、生态环保和产业转型升级领域重大项目建设增加有效投资，投资增长稳中趋升。2015年，全省固定资产投资34951.28亿元，增长16.5%。从年内固定资产投资累计增速走势看，自4月份起连续6个月稳定于15.6%-15.7%的增长区间，10月份以来连续3个月有所加快，呈现稳中趋升态势。

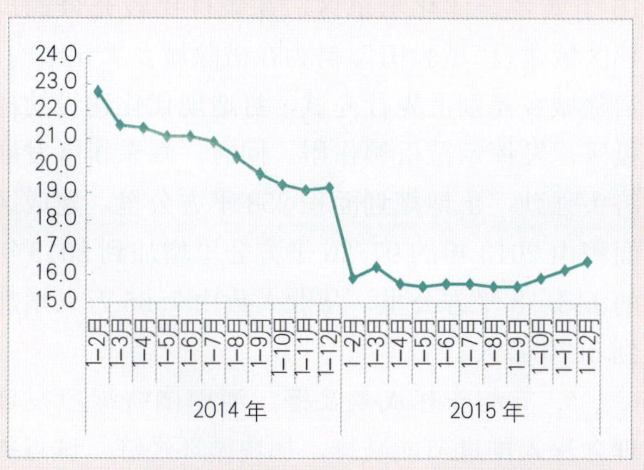

图3 2014年以来全省各月固定资产投资增速图

房地产市场趋稳回升。一年来，河南努力以消化库存、鼓励消费为重点促进房地产健康发展，出台促进房地产市场平稳健康发展、农民进城购房扩大住房消费等政策，房地产市场趋稳回升。2015年，全省房地产开发投资增速自5月份开始趋稳向好，全年增长10.1%，呈现小幅波动、总体回升态势；商品房销售面积、商品房销售额自3月份开始逐步回升，全年分别增长8.6%、14.7%。

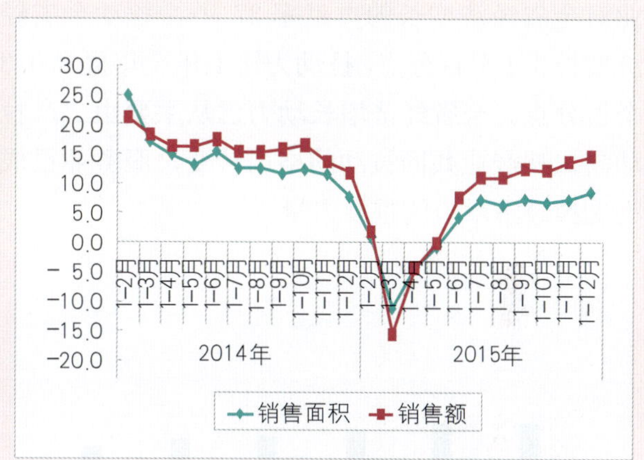

图4 2014年以来全省各月商品房销售面积和销售额增速图

5. 消费需求总体平稳。通过实施养老健康家政、信息、节能环保、旅游休闲、住房、文化教育体育六大消费工程培育消费热点，消费需求平稳增长。2015年，全省社会消费品零售总额15740.43亿元，增长12.4%。年内各月累计增速保持在12.2%-12.4%之间，当月增速月度间波动幅度不超过0.4个百分点，总体保持平稳增长态势。其中，限上企业（单位）消费品零售额6301.14亿元，增长9.6%。

6. 对外贸易快速增长。2015年，河南坚持以扩大开放“一举求多效”，积极融入国家对外开放和区域发展战略，通过发挥比较优势、提升产品国际竞争力，加快打造内陆开放高地，找到了一条内陆省份开放发展的新路子，对外贸易快速增长。全年全省进出口总额4600.2亿元，增长15.3%，在全国同比下降7%的大环境下实现了逆势上扬。其中，出口2684亿元，增长11%；进口1916.2亿元，增长21.9%。

（二）结构调整与转型升级步伐明显加快

2015年，河南顺应市场变化，坚持需求导向，抓住主要矛盾，聚焦提质增效，推动结构调整、转型升级和发展方式转变迈出新步伐。

1. 服务业比重进一步上升。全省实施服务业重点领域发展行动方案，服务业加快发展，促进了产业层次提升。2015年服务业增加值比重达到39.5%，同比提高2.4个百分点。全年服务业对全省经济增长的贡献率37.9%，拉动全省经济增长3.1个百分点，拉动力比上年全年提高0.3个百分点。全省经济增长动力已从主要由二产拉动向二三产业共同拉动的格局转变，服务业已成为支撑经济增长的重要力量。

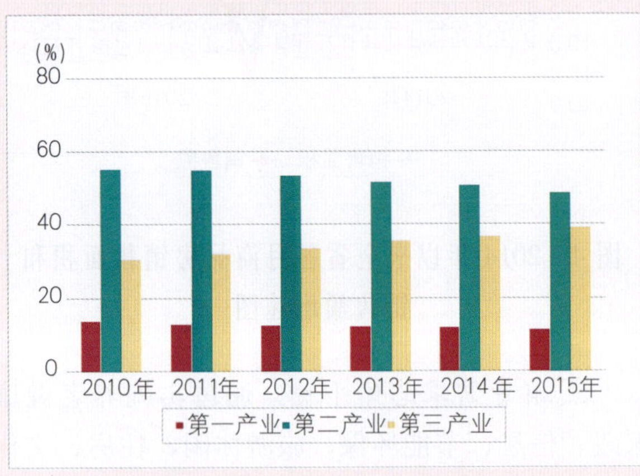

图5 近年来全省三次产业结构变化情况

2. 工业产业产品结构继续呈现积极变化。通过实施先进制造业大省建设行动计划，启动技改提升工程和工业强基工程，全省工业结构调整继续推进。2015年全省高成长性制造业和高技术产业增加值占全省工业的比重分别为47.5%、8.8%，同比分别提高2.5个、1.2个百分点。传统支柱产业转型升级成效继续显现，冶金工业中铝材与电解铝产量比例关系从2014年的72 ：28调整为75 ：25；化学工业中，精甲醇产量增长8.4%，高出上游产品原煤16.4个百分点；轻纺工业中，服装产量增长10.2%，增速分别高于上游产品布和印染布10.4个和77.9个百分点，传统支柱产业产品结构正逐步由低加工度向高加工度转化、由产业链前端向中后端延伸。

3. 新业态新模式新技术蓬勃发展。一年来，全省制定“互联网+”行动实施方案，实施中原云计算和大数据产业园等一批重大项目，持续深化与阿里巴巴、腾讯、百度等企业的战略合作，新产业新模式新业态发展势头迅猛。2015年全省网上零售额增速达36.8%，全年为“互联网+”发展提供技术支持和配套服务的软件和信息技术服务业、互联网和相关服务业营业收入均以超过35%的速度高速增长。围绕产业链部署创新链，大力支持大众创业万众创新载体平台建设，新建14家国家级、105家省级创新平台，一批产业关键技术取得突破。

4. 城乡结构调整加快推进，城镇化进程进一步加快。河南把促进有能力在城镇稳定就业和生活的常住人口有序实现市民化作为首要任务，强化“一基本两牵动三保障”，促进人口集中、产业集聚、土地集约，推动城镇化持续健康快速发展。有序推进农业转移人口市民化。研究制定推进“三个一批人”城镇化实施方案等政策文件，全面实行城乡统一的户口登记制度，2015年常住人口城镇化率46.85%，同比提高1.65个百分点，与全国的差距比上年缩小0.32个百分点。着力提升城市综合承载能力。加快推进城市交通、供排水、污水垃圾、地下综合管廊等基础设施建设，海绵城市试点建设顺利推进，全年供水、污水和垃圾日处理能力分别新增80万吨、100万吨、2000吨。深入推动城乡发展一体化。河南把着眼长远和立足当前统一起来，坚持一二三产业复合和经济、生态、人居功能复合，在全省规划建设16个城乡一体化示范区，在条件比较充分的局部区域建设“试验田”，努力在破除城乡二元结构、消除城乡差别上先行先试，打造现代化建设的样板区，发挥示范引领作用。同时，郑东新区发展势头强劲，土地规划面积258平方公里，建成区面积由2013年的97.26平方公里增加到2015年的113.13平方公里，从业人数由7.65万人增加到8.70万人。

5. 节能降耗成效显著。河南围绕绿色发展理念深入推进节能减排，加快循环经济`试点省建设，节能降耗取得显著成效。全年全省万元生产总值能耗下降6.57%，超额完成国家任务；规模以上工业单位增加值能耗同比下降11.54%，40个行业大类中有35个行业单位增加值能耗同比下降，下降面达到87.5%。

（三）民生大局总体稳定

2015年，河南把惠民生增福祉作为根本目的，坚持发展为民，着力办好民生实事、解决民生难题，加强普惠性、基础性、兜底性民生建设，圆满完成十项重点民生工程，确保民生大局总体稳定。

1. *民生支出保障较好*。2015年，全省财政用于保障民生的支出5265.69亿元，增长16.7%，高于一般公共预算支出3.8个百分点，占一般公共预算支出的77.4%。其中社会保障和就业、医疗卫生与计划生育支出分别增长20.4%、18.2%，节能环保、城乡社区支出分别增长49.6%、51.0%。

2. *稳岗就业成效显著*。2015年，全省城镇新增就业144.5万人，城镇失业人员再就业48.7万人，就业困难人员再就业19.3万人，农村劳动力新增转移就业72万人，转移就业总规模达到2814万人，其中省内转移就业1653万人、已于2011年超过省外转移就业人数。

3. *城乡收入保持较快增长*。2015年全省居民人均可支配收入17125元，同比名义增长9.1%，实际增长7.7%。城镇居民人均可支配收入25576元，名义增长8.0%，实际增长6.7%；农村居民人均可支配收入10853元，名义增长8.9%，实际增长7.6%。

4. *居民消费价格温和上涨*。2015年，全省居民消费价格上涨1.3%，涨幅同比收窄0.6个百分点，总体保持温和上涨态势。食品类、烟酒类、衣着类、家庭设备用品及维修服务类、医疗保健和个人用品类、娱乐、教育文化用品及服务类、居住类等价格分别上涨1.8%、1.1%、2.3%、0.5%、2.4%、2.1%和1.0%，交通和通信类价格下降2.1%。

5. *扶贫成绩显著*。河南扎实推进精准扶贫，在全国率先制定实施贫困县考核评价办法，扎实开展扶贫对象建档立卡和干部驻村帮扶工作，1.2万名重点村第一书记全面到岗就职；深入实施“三山一滩”群众脱贫工程，黄河滩区居民迁建第一批试点部分群众已入住安置区，2015年120万农村贫困人口稳定脱贫。

总体来看，面对需求不足外部因素与自身结构性矛盾、体制性问题交织叠加、共同作用的复杂形势，省委省政府全面贯彻落实党中央、国务院的科学决策部署，采取了一系列政策措施，着力扩大增长点、转化拖累点、抓好关键点、抢占制高点、稳控风险点，全省经济表现出总体平稳、稳中有进、稳中向好的发展态势，主要经济社会发展预期目标按时完成，一些指标取得历史性突破。与2008年金融危机时河南经济增速位次快速下滑不同，在这一轮全国各省增速普遍换挡回落的背景下，河南实现了换挡不失“速”、增质不失“效”。这些成绩是在困难和挑战大大超出预期的情况下实现的，来之不易，也为2016年开好局、起好步奠定了坚实基础。

二、2016年全省经济发展面临的机遇与挑战

综合分析，2016年河南发展面临的形势依然复杂，机遇与挑战并存。一方面，影响经济平稳增长的不确定因素依然较多，经济下行压力仍然较大；另一方面，也存在不少有利条件和积极因素。

（一）经济发展面临较多突出矛盾和问题，经济下行压力仍然很大

经济运行中的结构性矛盾虽有所缓解但尚未出现质的变化，传统优势减弱消失而新的支撑力量尚在形成之中，上拉力量和下拉力量处于胶着状态，增长动力转换尚需一个艰难的过程，一些领域的困难和挑战依然存在，经济下行压力仍然很大。一是工业企业经营持续困难。近年来河南供需错配矛盾仍较突出，产能过剩与需求不足现象并存，产品普遍供过于求、价格下跌，2015年全省工业生产者出厂价格累计下降4.6%，降幅同比扩大2.7个百分点，已连续43个月下降。

同时，企业成本增长较快，2015年以来全省规模以上工业企业主营业务成本增速持续快于主营业务收入增速。受售价下跌和成本上升的双重挤压，企业盈利空间继续收窄，2015年3月份以来规模以上工业企业利润总额增速持续低于1%，从10月份开始由正转负。特别是传统支柱产业生产经营更加困难，利润增速由2014年的1.9%持续下降至2015年的-8.4%，降幅比全省工业多8.3个百分点。2015年传统支柱产业增加值增长5.9%，远低于全省平均水平。传统支柱产业处于整个产业链条上游，其快速下滑将对下游行业的稳定性产生影响。二是房地产去库存任务较重，尤其是县域房地产业库存积压严重。2015年底全省商品房待售面积3606.83万平方米，仅比2014年底减少了87.23万平方米，总量仍处高位，去库存任务艰巨。分区域看，全省去库存周期5.1个月，市区3.9个月，县域达6.1个月，个别县（区）去库存周期超过2年以上。房地产业是支撑经济发展和民生改善的重要支柱，关联产业多、产业链条长，对经济发展具有综合拉动作用。近年来，全省房地产投资占全省的比重在15%左右，房地产税收占比大都在30%以上，个别地区可能更高。房地产库存居高不下，尤其是县域房地产消费增速明显慢于生产增速、库存积压严重，对未来这些县（市）乃至全省经济、投资、消费、税收、就业的影响不可小觑。三是部分企业融资难、融资贵问题突出，仍是制约发展的“瓶颈”。近年来企业销售不畅、货款回笼放缓，2015年全省工业企业应收账款回收期同比增加2.5天。在企业自有资金不足的同时，商业银行融资渠道不畅。由于中小企业、民营企业贷款门槛高，抵押贷款率低，银行贷款往往捆绑其他附加产品，大大增加了企业融资成本。而部分商业银行出于风险防控的考虑，审批更趋审慎，惜贷、限贷的对象已扩展到一些有订单有效益但生产经营暂时遇到困难的企业。商业银行融资渠道不畅，企业只能通过民间进行融资甚至参与非法集资，导致部分地区金融风险增大。融资难且贵的问题已经成了困扰企业顺利发展的重大问题，也是制约未来全省经济健康发展的“瓶颈”。四是经济结构调整可能会带来短期经济波动，稳增长调结构难度较大。冶金、建材、能源、化工等行业多属于全国性产能严重过剩行业，其增加值总量占全省工业35%，产业结构优化升级必然伴随着这些行业去产能、去库存、降成本的阵痛，面对市场需求不足和产能过剩的双重压力，河南传统竞争优势将迅速减弱，与此同时新的接续力量虽在形成之中，但短期内规模难以迅速扩张，拉动力依然偏弱，增长动力“青黄不接”可能带来短期经济波动。

此外，粮食价格走低、种植效益下降，财政收支平衡难度大等问题，也必须引起高度重视、及时加以化解，防止叠加共振，对经济稳定运行产生冲击。

（二）推动经济社会持续健康发展仍具备较多有利条件和积极因素

从国际看，国际金融危机加速催生的新一轮科技革命和产业变革，将加快推动传统制造业转型升级和全球产业布局调整，不断为世界经济发展注入新动力。从国内看，我国发展仍处于可以大有作为的重要战略机遇期，经济长期向好的基本面没有改变，中央将大力推进结构性改革、着力解决制约发展的深层次问题，深入实施创新驱动发展战略，加快新动能成长和传统动能提升，为经济发展提供强大动力。

从河南看，正处于新型工业化、城镇化、信息化、农业现代化快速推进阶段，特别是近年来一系列打基础管长远的重大战略性工程加快实施，厚植发展优势，全省经济持续平稳健康发展仍具备很多有利条件和积极因素。一是承接产业转移有优势、有空间。近年来，国内外产业转移更加注重贴近消费市场，更加注重向具有人力资源优势和产业配套能力的地区布局。有关研究显示，目前珠三角地区每年向外转移的产业中60%转向国内中西部地区。河南总人口占全国1/13，具有丰富的劳动力资源优势，市场容量巨大；经过近年来的科学载体建设，产业集聚区围绕主导产业集群发展，着力构建产业配套服务体系，河南已成为参与全球产业分工体系的重要窗口和承接产业转移的主平台，有优势、有空间承接大规模产业转移。二是全面融入国家“一带一路”战略拓展经济发展空间。河南位居国家核心腹地，是“一带一路”的重要战略支点，全面融入国家“一带一路”战略，有利于充分发挥区位和资源优势。2015 年，通过强力推进郑州航空港经济综合实验区建设，郑州机场客、货吞吐量已分别达到 1729.74 万人、40.33 万吨，富士康液晶面板等重大产业项目开工建设，郑欧班列和郑州跨境贸易电子商务服务试点继续保持全国领先地位，2015 年实验区生产总值增长 22.5%、固定资产投资增长 30.2%，“三年打基础”战略目标基本实现，只要发挥新郑国际机场二期工程建成投用后货运航线网络覆盖欧美亚的优势，发挥全球智能终端研发制造基地的优势，发挥郑欧班列和郑州跨境贸易电子商务服务试点的先行优势，不断提升河南在国际国内分工合作中的战略地位，完全可以拓展经济发展空间。三是新型城镇化发展为扩大内需提供机遇。2015 年河南常住人口城镇化率 46.85%，正处于城镇化的加速发展时期，有利于吸引农村劳动力加快转移就业，带动现代农业发展和农村生活水平提升。通过城镇化，既能直接带来消费需求的增长，又能通过城市基础设施建设带动投资需求的增长，这将为扩大内需特别是扩大消费需求提供机遇。四是要素支撑条件进一步改善。从人力支撑看，河南是人力资源大省，劳动力较为充裕且素质不断提升；从交通支撑看，全省着力打造现代立体综合交通网络，高速公路里程居于全国前列，米字形高速铁路网加快推进，交通运输能力显著增强；从资金支撑看，金融机构人民币各项存款余额接近 5 万亿，资金量充裕；存款余额高于贷款余额的幅度从 2010 年的 7278 亿元增加至 2015 年的 16197 亿元，贷款有较大潜力；从能源支撑看，2015 年全省火力发电装机容量达 6163 万千瓦，风力发电、太阳能发电、生物质发电、垃圾发电等新能源迅猛增长。要素条件的进一步改善，将有力支撑全省经济保持较高速度增长。

总体上看，2016 年促进发展的条件明显多于制约经济发展的困难和问题，有利因素多于不利因素，随着积极因素的持续积累，保持经济社会持续健康发展仍然可期。

三、迎接挑战，抢抓机遇，促进全省经济社会持续平稳健康发展

2016 年是“十三五”时期的开局之年，也是推进结构性改革的攻坚之年，做好经济工作非常重要。必须坚定信心、直面挑战、抢抓机遇、迎难而上，确保经济社会实现持续平稳健康发展。

（一）保持政策措施的连贯性和稳定性

要在已出台各项政策措施的基础上，充分调动各方积极性，把中央及河南出台的一系列稳增长政策措施落到实处，强化政策效果，在保持政策措施稳定性与连贯性的基础上，适时适度地进行必要的精准调控，实现政策调整的“软着陆”，确保经济持续平稳健康发展。

（二）以供给侧改革为契机，推动工业结构转型升级

要抓住推进国家供给侧改革契机，以优质需求为导向改善供给结构、提高供给质量、提升供给能力，增加有效供给。以发展战略性新兴产业为突破口推进工业结构调整，围绕国家产业政策和河南产业发展规划，培育一批拥有自主知识产权、核心技术和市场竞争力强的知名品牌；改造提升传统产业，加快淘汰落后产能，鼓励省内工业企业特别是产能过剩严重的行业，通过“一带一路”等战略积极拓展外部市场“走出去”，提升一批、转出一批、淘汰一批，大力化解过剩产能；要注意处理好存量和增量的关系，既要着力于培育优质增量，注重对高成长性制造业、高技术产业和战略新兴产业等优质增量的培育，更要着眼于存量的调整和优化，注重对全省具有比较优势的传统制造业进行优化升级。

（三）加大金融对实体经济的支持力度

建议实施有保有压的差别化信贷政策，对钢铁、有色、化工、煤炭等暂时困难的传统产业，区分不同类型企业，解决行业贷款受限问题；完

善企业担保链风险化解机制，而不是简单的向担保企业转移风险或降低担保企业授信标准，防止出现连锁反应；加大力度打击非法集资等违法违规金融活动，防止局部性问题演变为趋势性问题，维护金融秩序稳定。

（四）继续保障和改善民生

在大力推进结构调整的同时，要加大对民生领域的投入力度，守住民生底线，维护社会和谐稳定。实施更加积极的就业政策，增加就业岗位，促进就业环境改善、就业岗位稳定、劳动安全保障，切实提高就业质量。完善养老、医疗、失业、社会救助等社会保障制度，提高基本公共服务水平。打好扶贫攻坚战，大力开展精准扶贫、精准脱贫，加快贫困人口脱贫进度，确保 2020 年现行国家标准下农村贫困人口全部实现脱贫、贫困县全部摘帽。千方百计增加城乡居民收入。

（作者：王世炎）

河南开封

专栏：河南省贫困地区农民生活不断改善

党的十八届五中全会从实现全面建成小康社会奋斗目标出发，明确到2020年我国现行标准下农村贫困人口实现脱贫，贫困县全部摘帽，解决区域性整体贫困。2015年，河南省认真贯彻落实党的十八届五中全会精神，不断加大扶贫开发工作力度，全面推进精准扶贫工作，狠抓扶贫政策措施的落实，充分发挥产业扶贫、行业扶贫、专项扶贫、社会扶贫的作用，着力促进全省农村贫困地区经济社会的持续发展，帮助贫困地区农民就业和发展经济，促进贫困农民收入较快增长，贫困地区农民生活质量进一步改善。

一、贫困地区农民收入增长快于全省农民

2015年，全省贫困地区农村居民人均可支配收入8864.7元，与上年同期相比增加881.9元，增长11.0%，扣除价格因素实际增长9.7%，比全省农村居民人均可支配收入高2.1个百分点。工资性收入、家庭经营净收入、转移性收入的增长是支撑贫困地区农民人均可支配收入较快增长的主要动力。

（一）工资性收入增长对贫困农民收入增长贡献最大

2015年，全省贫困地区农民人均工资性收入2336.4元，同比增加341.6元，增长17.1%。工资性收入占全省贫困地区农民人均可支配收入的比重为26.4%，比上年提高1.4个百分点，对全省贫困地区农民人均可支配收入增长的贡献率为38.7%，拉动贫困地区农民人均可支配收入增长4.3个百分点。一是全省各地着力优化企业发展环境，大力推进集聚区建设，不断加大招商引资力度，沿海经济发达地区企业的内迁转移、重点项目建设和产业集聚为贫困地区农民的就业提供了更多的岗位，使贫困地区农民在本地就业务工的机会明显增多。二是近年来劳动用工工资水平的不断提高，政府对农民工权益的政策保障力度不断加大，维护了农民工的合法利益，保证了农民工工资的及时发放，促进了农民务工收入的明显增加。调查显示，2015年全省贫困地区农民人均按月发放的工资1331元，同比增加206元，增长18.3%。

（二）农业收入仍是贫困地区农民家庭经营净收入的主要来源

2015年，全省贫困地区农民人均家庭经营净收入3905.1元，同比增加193.3元，增长5.2%，对收入增长的贡献率为21.9%。其中：来自第一产业的人均经营净收入3018.3元，增长2.5%；来自第二产业253.4元，增长12.4%；来自第三产业633.43元，增长16.6%。全省贫困地区农民家庭经营净收入仍以农业生产为主。河南农业的连年丰收，使贫困地区农民可供出售的农产品数量较为充裕，但农产品价格持续低位运行，对贫困地区农民来自农业的家庭经营净收入影响较大，收入增幅明显低于往年。随着贫困地区二、三产业的不断发展，非农经营净收入在农民家庭经营净收入中所占比重较上年提高1.2个百分点。

（三）转移性净收入在贫困地区农民的收入中保持较快增长

随着全省扶贫开发工作的力度不断加大，对贫困地区政策扶持的力度不断增大，产业扶贫、整村推进、精准扶贫等扶贫政策成效的逐步显现，农村各项政策性补贴、社会保障等惠农政策的不断实施，贫困地区农民从中得到了更多的实惠。2015年，全省贫困地区农民人均转移性净收入2560元，同比增长15.5%，财产性净收入63.3元，同比增长5.2%。

二、贫困地区农民改善性消费支出较快增长

2015年，全省贫困地区农民全年人均总支出同比增加587.8元，增长6.4%。随着收入水平的稳步增长和社会保障体系的不断完善，全省贫困地区农民生活消费能力逐步增强，生活质量稳步提升，生活消费支出稳定增长。

2015年，全省贫困地区农民人均生活性消费支出6529.2元，同比增加683.9元，增长11.7%。在八

大类消费支出中，食品烟酒消费较快增长。人均食品烟酒消费支出 2196.8 元，同比增加 213.9 元，增长 10.8%。衣着消费水平稳步提高。人均衣着消费支出 514.2 元，同比增长 8.5%。居住消费支出稳步增长。人均居住支出 1391 元，同比增加 109.6 元，增长 8.6%。生活用品及服务消费支出继续较快增长。人均生活用品及服务消费支出 476.7 元，同比增加 46.5 元，增长 10.8%。教育文化娱乐及医疗保健支出增势明显。人均教育文化娱乐消费支出 579.7 元，同比增加 63.6 元，增长 12.3%；人均医疗保健消费支出 482.1 元，同比增加 58.7 元，增长 13.9%。交通通讯消费支出快速增长。人均交通通讯消费支出 737.2 元，同比增长 23%。其他用品和服务支出增速加快。人均其他用品和服务支出 151.4 元，同比增长 9.6%。总体看，贫困地区农民的生活水平不断提高，基本生活消费保持稳定增长，衣着、居住支出占人均消费支出比重有所下降；生活质量改善方面的消费增速同比呈现两位数的增长，交通通讯、家庭设备、医疗保健、教育文化等支出占比有所上升。

三、贫困地区农民生活水平需要继续提高

尽管全省贫困地区经济社会发展保持了良好的发展态势，贫困地区农民收入增长快于全省农民，改善性消费增长较快，但与全省农村居民平均收支水平相比差距仍然较大。

（一）贫困地区农民收支水平仍然不高

一是收入差距依然较大。2015 年，贫困地区农民人均可支配收入较全省农村居民平均水平低 1988.2 元，仅相当于全省农村居民人均可支配收入的 81.7%。二是生产结构相对单一，贫困地区农民的收入仍主要来源于第一产业，来源于第二、三产业的收入相对较少。贫困地区农民收入中，来源于第一产业的净收入占家庭经营净收入的 77.3%。三是生活水平仍然较低。2015 年，贫困地区农民人均生活消费支出比全省农村平均水平低 1358.3 元，相当于全省平均水平的 82.8%。

（二）贫困地区农民劳动竞争力较弱

在被调查的贫困地区农民家庭中，高中及以上文化程度的劳动力仅占 12.9%，接收过技能培训的劳动力只有 27.3%。劳动力文化程度相对较低，缺乏就业技能与掌握农业新技术的能力，经济意识不强，信息接受与反馈能力相对较低，参与就业的竞争能力相对较弱。大部分贫困地区农民选择的是劳动密集型工作，工资水平相对较低。调查显示，贫困地区农民人均工资性收入比全省农村居民平均收入水平低 1392 元。

（三）贫困地区农民增加收入后劲不足

一是来自第一产业的增收后劲乏力。全省贫困地区大多生产条件艰苦，人均耕地少，传统农业占主导地位，农业产业化程度低，优质、高效、生态、绿色农产品的比重偏小，粮食增产潜力不大，受自然条件影响较大，农业产业相对脆弱，土地经营增收乏力。二是非农产业发展较慢，贫困地区产业发展主要是小作坊式的工业、小规模建筑业、家庭式的商业与餐饮业，市场竞争力较低，增收能力有限。三是贫困地区农民劳动力普遍存在技能素质较低、文化程度不高的问题，外出务工基本从事的都是劳动密集型工作，工资水平相对较低。调查显示，2015 年贫困地区农村居民外出务工人员 55.5% 从事的是制造业、建筑业。

四、促进贫困地区农民尽快脱贫致富的建议

（一）创新扶贫机制，增强扶贫开发工作合力

进一步加大各项扶贫开发工作力度，全力推进精准扶贫工作的开展，增大财政资金带动社会资金对扶贫开发的投入力度，以产业扶贫为重点，加强对扶贫资金的管理，注重发挥资金的规模效益。强化扶贫信贷资金支持，提高资金到户率，切实解决贫困农户贷款难的问题。积极开展扶贫协作，加大行业对贫困地区的扶

持力度，把加强贫困地区基础设施建设、促进贫困地区发展放在优先位置，给予重点倾斜。积极探索经济协作的长效机制，帮助贫困地区解决发展中的实际问题。

（二）大力实施整村推进计划，加快新农村建设

统筹城乡发展，积极推进小城镇建设，集中力量，不断改善贫困地区的基本生产生活条件和生态环境。要对不易生活、不易开发的农村，实施整存搬迁，建设扶贫新村，实现跨越式发展。对需要保护的山区，要保住青山绿水，发展特色农业、观光农业，建设新山村。对需要建设的基本农田，要予以支持，加大投入，优先支持发展粮食增产的项目，确保贫困地区的粮食安全和贫困地区居民的生产生活保障。

（三）扶持贫困地区产业发展，培育经济增长点

一是支持扶贫龙头企业的发展。加大对农产品加工企业的扶持力度，推广“农户＋基地＋公司”的产业化发展模式，促进现代农业示范园建设，增强龙头企业的带动和辐射能力，鼓励立足当地区域经济优势，按照产业化发展方向，以市场为导向，以利益为纽带，形成龙头企业与贫困农户的利益共同体，充分发挥龙头企业带动贫困农户增收致富的作用。二是积极开拓农产品市场。大力引导农户建立各种形式的经济互助与合作组织，为农民提供及时有效的市场信息和项目信息，逐步形成有特色的规模种养殖优势，积极培育长期稳定的销售渠道和市场，促进实现贫困地区农民稳定增收。

（四）开展职业技能培训，推动贫困地区劳动力转移

要加强对贫困地区农民科技文化素质的培训和产业技能培训，重点在提高贫困人口就业能力和职业技能上下功夫。在提高贫困地区农民职业技能的基础上，拓展贫困地区农民劳动力的就业渠道，增加就业机会。要加强组织，完善服务，进一步加强就业信息的搜集、处理、管理与发布工作，积极建立完善贫困地区劳动力市场，合理组织和引导贫困地区农村劳动力的有序转移，通过积极的就业措施，帮助贫困地区农民脱贫致富。

（作者：贾志鹏）

湖北省经济社会发展报告

2015 年面对复杂严峻的国内外形势和较大的下行压力，全省上下认真贯彻落实中央和省委、省政府的各项决策部署，坚持“稳中求进”的总基调，按照“竞进提质，升级增效”的总要求，牢牢把握“三维纲要”，统筹做好稳增长、促改革、调结构、惠民生等各项工作，全省经济呈现“稳中有进、结构向好、质效提升”的发展态势。全年实现地区生产总值 29550.19 亿元，按可比价格计算，比上年增长 8.9%，增幅高于全国 2 个百分点。其中第一产业实现增加值 3309.84 亿元，增长 4.5%；第二产业实现增加值 13503.56 亿元，增长 8.3%，全部工业实现增加值 11532.63 亿元，增长 8.5%；第三产业实现增加值 12736.79 亿元，增长 10.7%。

一、2015 年湖北经济运行的主要特点

（一）经济运行总体平稳

1. 主要指标保持中高速增长。2015 年全省主要经济指标增长虽有所回落，但仍在合理区间，并且保持了相对较快速度。全年规模以上工业增加值、固定资产投资、社会消费品零售总额、出口分别增长 8.6%、16.2%、12.3%、11.0%，比全国平均增速分别高 2.5、6.2、1.6、12.8 个百分点，继续保持了“高于全国、中部靠前”的态势，且大多数指标增长较上半年和三季度有所加快，企稳态势进一步凸显。

2. 增长基础保持稳定。一是农业生产稳定。粮食总产达到 2703.3 万吨，增长 4.6%，创历史新高。猪出栏 4363.23 万头，下降 2.5%；牛出栏 159.87 万头，增长 5.1%，羊出栏 550.58 万只，增长 1.6%。水产品产量 455 万吨，增长 5.2%，连续 20 年居全国第一。二是物价水平稳定。全年居民消费价格指数增长 1.5%，保持在低位温和水平。三是居民就业稳定。全年城镇新增就业人数 86.63 万人，较上年多增 4.74 万人，12 月末城镇登记失业率为 2.64%，较上年底下降 0.46 个分点。四是要素供给稳定。截至 12 月末，全省金融机构存款余额 41345.88 亿元，增长 11.9%，增速比上年末加快 1 个百分点，贷款余额 29514.57 亿元，增长 16.7%，比上年末加快 1.1 个百分点。这几个稳，标志着大局之稳、宏观之稳。

（二）增长含金量不断提高

2015 年湖北经济平稳增长的同时，增长含金量进一步提高，调速不减势，调速质更优的势头更加显现。

1. 规模上档。全年全省地区生产总值达 29550.19 亿元，逼近 3 万亿大关，固定资产投资（不含农户，不含跨地区）26086.4 亿元，社会消费品零售总额达 13978.05 亿元，出口达 1817.1 亿元，分别站上新台阶。全省千亿元产业发展到 17 个，较上年增加 3 个。现在湖北经济一年的增量已经超过 2000 亿元，相当于每年又多出了两个中等城市的规模。

2. 效益提升。一是财政增收较快。全年全省地方公共财政预算收入 3005.39 亿元，增长 17%。在经济下行和结构性减税的大背景下，我省公共财政预算收入增长与上年基本持平，更显不易。二是企业利润增长相对较好。全年全省规模以上工业实现利润 2233.09 亿元，增长 2.1%，高于全国平均增速 4.4 个百分点，居全国第 11，中部第 3 位。三是居民收入增长稳定。全年全省城镇常住居民、农村常住居民人均可支配收入分别为 27051 元，11844 元，分别增长 8.8%，9.2%，均快于全国平均水平。四是产出消耗不断下降。全省单位 GDP 能耗较上年下降 7.66%，超额完成了年度目标。

3. 活力增强。一是坚持向改革要活力。进一步加大改革力度，简政放权，减少审批，提高

效率，激发了市场和社会活力，大众创业、万众创新的生动局面正在形成。全年全省新登记各类市场主体94.43万户，增长7.5%，增速比上年加快26.5个百分点。农民工流入比上年增加了3万人，流出则比上年减少了7万人，农民工回流显示出湖北经济发展内生动力进一步增强。二是坚持以开放促活力。全年全省实际利用外资89.48亿美元，增长12.9%。非金融类对外直接投资12.5亿美元，增长12.6%。“引进来、走出去”步伐双向加快。

（三）需求侧调整优化有效推进

1. 投资加快调优补短。一是第三产业投资快速增长。全省第三产业累计完成投资15416.72亿元，增长18.3%，快于全部投资增速2.1个百分点，快于制造业投资6.4个百分点，第三产业投资占全部投资比重达54.6%，比上年提高1.0个百分点。二是技术改造投资强劲。全年改建及技术改造完成投资4810.99亿元，增长24.3%，快于全部投资增速8.1个百分点，占全省投资比重达17.0%，比上年提高1.1个百分点。三是基础设施投资步伐加快。在需求不足，经济下行的大背景下，全省进一步加快了惠民生、补短板的基础设施投资步伐。全年累计完成基础设施投资7323.49亿元，增长26.4%，比上年加快4.8个百分点，占全部投资比重为25.9%，比上年提高2.1个百分点，其中：城市基础设施完成投资2863.01亿元，增长34.1%，比上年加快15.1个百分点。

2. 消费升级趋势凸显。一是网络消费增势强劲。全年全省实现实物商品零网上售额614.6亿元，增长44.6%，增速比全省社会消费品零售总额快32.3个百分点。二是新兴电子类消费快速增长。全省通讯器材类消费增长呈现逐月加快的态势，全年共实现零售额95.13亿元，增长57.8%，比上年加快35.1个百分点。三是文化娱乐休闲类消费持续升温。全年文化用品类、体育娱乐类、电子出版物及音像制品类零售额分别增长27.3%、22.5%和23.4%，比上年分别加快23.6个、4个和12个百分点。

3. 外贸竞争力增强。在全球经济错综复杂、全国进出口双双下降的背景下，湖北外贸逆势上扬，实现进出口总额2838.8亿元，增长7.3%，高于全国平均水平14.3个百分点，增速位居全国前列。其中，出口1817.1亿元，增长11%；进口1021.7亿元，增长1.4%。从产品结构看，机电、高新技术产品进出口双增长，七大类传统劳动密集型产品出口则大幅下降，外贸经济效益不断提升。

（四）供给侧升级创新步伐加快

1. 服务业发展加快。全年第三产业增加值增长10.7%，快于第二产业2.4个百分点，较上年加快0.2个百分点，拉动经济增长4.3个百分点。第三产业占生产总值的比重达43.1%，较上年提升1.6个百分点，创2000年以来的新高。第三产业贡献率达47.9%，较上年提升5.3个百分点。三产中，金融业、营利性服务业、房地产业增加值分别增长16.6%、13.7%、8.3%，继续保持较快增长。

2. 高新技术产业发展加快。全年全省高新技术产业完成增加值5028.94亿元，增长10.9%。高新技术制造业完成增加值4337.75亿元，增长12.0%；高新技术服务业完成增加值609.04亿元，增长3.8%。一是高新行业较快增长。全省电子信息、先进制造、新材料等行业增加值分别增长16.8%，12.9%，12.1%。二是新兴产品产销两旺。全年生产工业机器人增长36.7%，计算机增长75.7%，平板电脑增长1.0倍，智能手机增长16.8%，运动型多用途乘用车（SUV）增长94.5%，光纤增长2.5倍，光缆增长34.9%，太阳能电池（光伏电池）增长23.5%，环境污染防治设备增长12.3%。新能源汽车自8月份统计以来，环比平均增长65.6%。三是高新企业成长良好。全年新增高新技术企业833家，新登记备案的高新产品747项，据初步测算，新增企业对全省高新技术产业增长的贡献率达到30.6%。

3. 民营经济发展加快。全年全省规模以上民营工业企业增加值增长10.5%，快于全部规模以上工业增速1.9个百分点，对规模以上工业增长的贡献率达88.4%，较上年提高9.9个百分点。1-11月份，规模以上民营工业企业利润增长10.0%，与同期国有控股企业的利润下降3.2%形成鲜明对比。

4. 落后产能淘汰加快。全省六大高能耗行业增加值增长6.1%，较上年回落0.6个百分点，低于全部工业增速2.5个百分点。六大高能耗行业占全部工业比重为26.8%，较上年下降0.6个百分点。

5. 房地产去库存加快。在一系列刺激政策的作用下，2015年全省商品房销售呈现低开高走的态势。全年商品房销售面积6244.55万平方米，增长11.5%，快于上年5.8个百分点，商品房销售额3661.37亿元，增长18.6%，快于上年7.9个百分点。受此带动，年末全省房屋待售面积同比下降3.5%，而上年同期是增长24.7%。房地产企业去库存效果明显。

（五）行业、地区走势分化明显

1. 行业分化明显。全年全省采矿业、电力热力供应业增加值仅增长2.6%、1.7%，制造业则增长9.5%。在31个制造业大类行业中，有29个保持增长。其中汽车、计算机通信设备、农副食品加工、仪器仪表制造等13个大类行业实现两位数增长，钢铁、有色、石油加工等则表现低迷。

2. 企业分化明显。部分高新技术骨干企业引领作用明显，冠捷显示科技、武汉邮电科学研究院、烽火通信等产值继续保持较快增长。而另外一些传统行业的企业生产经营则比较艰难。

3. 地区分化明显。部分资源型地区、老工业基地和产业结构相对单一的县市经济下行压力明显偏大，黄石、十堰、潜江等地区工业增长出现了较大幅度的下滑。而部分经济转型和结构调整相对较早、较好的地区增长形势则较好，如荆门靠新增企业、技改扩能项目拉动，工业增速仍保持在两位数以上，稳居全省榜首。

二、当前我省经济运行面临的突出挑战

虽然2015年湖北经济交出了一份出色的答卷，但当前国内外环境依然复杂严峻，下行压力依然较大，加之深层次结构性矛盾不断发酵，我省经济发展仍面临较大挑战。

（一）宏观环境依然复杂严峻

当前世界经济仍处于危机后的深度调整之中，呈现出一种低增长、低物价、低利率、不平衡，而且振荡加剧的特点。前段时间世界银行、货币基金组织等国际机构都纷纷下调了对世界经济增长的预期，普遍下调了0.2到0.3个百分点。从国内情况来看，当前市场有效需求依然不足，全国工业生产者出厂价格长期下降，制造业PMI仍位于荣枯线以下，发展预期仍不乐观。同时房地产、金融、汇率、地方债务等领域风险犹存。

（二）内在结构性矛盾依然突出

1. 调结构与稳增长的矛盾突出。当前我省正处于结构调整的爬坡过坎阶段，传统产业产能过剩的程度仍较大。据专项调查显示2015年我省工业产能利用率仅为79%。特别是石油加工炼焦、钢铁、有色等行业的产能利用率低下尤为突出。未来要完成去库存、去产能，加快对僵尸企业的淘汰，短期来看对工业肯定会产生下行压力。

2. 旧动力减弱与新动力不足的矛盾突出。从需求侧来看，近年来在投资增速回落的同时，我省投资效益也不断下滑。效益系数（新增GDP/投资）从2010年的0.28下降到2014年的0.11，再到2015年的0.08。潜在增长率的降低和边际效应递减，使得投资对经济的拉动作用不断减弱。另一方面，继房地产和汽车后，我省具有重大拉动作用的新兴消费热点并未形成，虽然近年来网络消费和通讯电子消费快速增长，但总量依然偏小，整体作用有限。从供给侧来看，旧的支撑如钢铁、石化、建材等产业高速扩张期已过，但短期内又难以找到体量相当、带动力相近的新兴产业板块替代。

（三）微观单位生产经营依然困难

1. 农民持续增收面临瓶颈。长期以来，种植业生产收入占农民家庭经营性收入超过50%，农民收入增长对种植粮食经济作物依赖性较强。

目前，种植业生产已进入高成本时代，但产品市场价格走势却趋向低迷，导致种植利润空间减小，农业比较效益下降，农民面临增收瓶颈。

2. 企业盈利受到两头挤压。当前我省工业产品出厂价格持续走低，全年 PPI 下降 3.3%，连续 35 个月处于下降通道。另一方面企业的资金、土地、人工成本等却不断升高。全年全省工业企业每百元主营业务收入的成本为 85.53 元，比上年同期、上半年分别增加 0.7 元、0.3 元。受此两方面影响，部分企业盈利缩水，经营压力不断加大。全省工业企业亏损面达 8.9%，较上年同期扩大 0.8 个百分点。亏损企业亏损总额达 259.82 亿元，增长 58.5%，较上年同期上升 44.9 个百分点。

三、对 2016 年湖北经济走势的判断及调控建议

（一）对 2016 年湖北经济走势的总体判断

在面临较大挑战的同时，也要看到湖北经济发展中有利因素正在积累，长期向好的基本面并没有变。主要体现在五个方面：一是我省经济向好的态势没有变。2015 年下半年以来我省主要经济指标增长逐步企稳回升。工业用电量降幅收窄，新开工项目增长由负转正，商品房销售不断好转。同时新产业、新产品、新型业态、新商业模式加快孕育积累，支撑作用不断增强。二是我省经济韧性好、潜力足、回旋空间大的特质没有变。三是我省经济持续增长的良好支撑和基础条件没有改变。农业、服务业等支撑稳健。工业增长后劲较足。2016 年随着东风雷诺、东风格特拉克、东风特汽、华强化工基地等相继投产，新增长点形成的综合效应将持续释放。同时就业、收入、物价保持稳定，风险总体可控。四是中央密集出台扩大有效投资、增加流动性、刺激消费等调控政策，红利正逐步释放，持续向好的政策环境没有变。五是我省处于战略机遇期的基本态势没有变。长江经济带、“一带一路”、“中三角”和大别山革命老区振兴发展等重大战略规划进入具体实施阶段，目前省财政已出资 400 亿元作为引导基金，发起设立总规模达 2000 亿元的湖北省长江经济带产业母基金，预计最终将有 1 万亿元的社会投资为我省实体经济注入新动力、新活力。

总体来看，2016 年湖北经济运行将是上有压力，下有支撑。随着新动力的成长，潜力的发挥，改革的推进，创新的加快，新旧支撑力交织在一起，会对冲下行压力，所以湖北经济仍会持续保持平稳较快的增长，增长质量有望继续提高。

（二）对做好 2016 年宏观调控的几点建议

2016 年是“十三五”的开局之年，是全面建成小康社会决胜阶段的首战之年。坚持按照省

湖北省武汉市黄鹤楼

委“竞进提质、升级增效、以质为帅、量质兼取”的总要求，牢牢把握“三维纲要”，坚定信心，

直面问题，有效应对，供需两侧综合施策，确保经济平稳健康发展，努力为全省“十三五”发展开好局，显得尤为重要。

1. 保持定力，稳增长。当前发展不足仍然是湖北最大的实际。无论是调整产业结构，转变发展方式，还是改善民生水平，完善社会保障，都需要以一定速度的经济增长作为保证。为此要保持好定力，继续坚定不移的把发展放在第一要务。2016年我省经济面临的下行压力将超过上年，经济形势将更加严峻，必须以更加坚定的信心，更加积极的作为，主动迎难而上，凝神聚力地推进湖北经济保持平稳健康发展。

2. 挖掘潜力，增需求。一是要抢抓国家政策落地的机遇，积极对接国家重大项目。特别是要针对我省在公共服务、民生领域和战略性新兴产业存在的短板，有针对性地扩大投资，加快补短板项目建设。二是要实施积极的财政政策，增加民生支出，提高居民收入，进一步增强消费基础。三是要通过制定实施新的消费刺激政策，优化消费环境，进一步释放消费需求。

3. 加快改革，强供给。一是要增加有效供给。要以质为帅，提升湖北制造的品质高度。坚持瞄准国际高精尖产业和《中国制造2025》，围绕湖北有科技创新基础的造船、成套设备、医疗器械、精密机床等高端制造业，加快创新步伐，以更优品质的产品、更便利的服务占领未来市场。二是要清除无效供给。要积极借鉴以往国企脱困和债务风险处置的做法和经验，尽快制定去产能和清理僵尸企业的政策意见和制度安排，为去产能创造条件。三是要挖掘潜在供给。要适应生产生活方式智能化、信息化、城市化、绿色化的发展趋势，在医疗、教育、金融、交通、通讯等诸多领域创造新供给，发掘潜在的新需求。

4. 推进“双创”，育动力。一是要加快发展市场主体，注重本土创新组织的培育。要借鉴互联网的众创、众包、众扶、众筹，推广创客空间、创业咖啡、创新工场等新型孵化模式，为双创提供支撑平台，加快发展新产业、新型业态、新商业模式。二是要完善就业创业服务体系，积极扶持就业创业。湖北科技教育资源富集，每年有近40万高校毕业生，这是湖北未来发展的“金矿”。政府要加大公共产品的供给，为高素质人才创新、创业提供充分可及的公共基础设施和公共服务，将“金矿”变为新的生产力。三是要大力推进产业创新，着力打造发展新引擎。要充分利用财政、税收等调节手段，鼓励和扶持创新龙头企业加快发展。积极鼓励民间资本进入战略性新兴产业，实现全民创业创新与民间资本的良性互动。

5. 抓好落实，优环境。一是要进一步在全省上下形成聚精会神搞建设，一心一意谋发展的强大气场。二是要加快深化改革步伐，进一步简政放权，优化政府职能，提升运行效率，营造更加公平有活力的市场环境。三是要进一步优化完善经济发展和干部作为的评价考核机制，加强科学评价、全面评价、绿色评价。四是要着力解决好重大决策部署、政策措施落地的“最后一公里”。加大督查督办落实力度，切实让政策措施发挥实效。

（作者：李克勤）

专栏：湖北经济民生发展报告

2015年，面对经济下行压力不断加大的困难局面，湖北省积极主动适应经济发展新常态，坚持“稳中求进”总基调，秉持“竞进提质、升级增效”工作方针，践行“三维纲要”，统筹推进稳增长、调结构、促改革、惠民生各项工作，实现了经济的稳步发展和民生状况的持续改善。

一、农业生产稳定增长

（一）粮食生产再获丰收

2015年湖北粮食总产为540.7亿斤，比上年增产23.8亿斤，增长4.6%，刷新1997年总产526.8亿斤的历史记录，提前三年达到省委、省政府提出粮食总产超历史最高水平的目标，实现了粮食生产新跨越。

夏粮产量稳中略降。2015年，湖北夏粮总产100.9亿斤，比上年减产0.2亿斤，减幅为0.2%。受收获期雨水天气偏多、倒伏偏重及病虫害严重的影响，夏粮单产下降，在种植面积小幅增加的情况下，夏粮总产量略有下降。

秋粮生产奠定丰收基础。秋粮是湖北主要粮食作物，秋粮生产状况很大程度决定全年粮食生产形势。2015年，全省秋粮总产达到439.8亿斤，比上年增产24.0亿斤，增长5.8%，全年粮食总产增量均来自于秋粮。

面积增加带动粮食增产。“减棉扩粮”是近两年来湖北农业种植结构调整的突出特点。过去两年湖北棉花种植面积减少227.1万亩，减幅达到23.2 %。调减的面积主要用于扩种玉米、大豆等旱粮作物。2015年，全省粮食种植面积达到6699.1万亩，比上年增加143.5万亩，增长2.2 %。由于种植面积扩大带动粮食增产11.3亿斤，对粮食增产的贡献率为47.5 %。

科技支撑和有利的气候条件助推粮食增产。大力提高优质品种播种面积、扩大病虫害统防统治和联防联治范围、推动粮食生产全程机械化等科技支撑能力和水平的提升，以及适宜的气象自然条件助推了湖北粮食单产水平增加。2015年全省粮食平均亩产403.5公斤，比上年增加9.3公斤，提高2.4%。由于单产水平提高带动粮食增产12.5亿斤，对粮食增产的贡献率达到52.5 %。

（二）畜牧业生产稳定向好

在市场低迷和养殖效益下滑的严峻考验下，全省畜牧业生产整体保持平稳向好发展态势。生猪生产逐步企稳，跌幅逐季收窄，牛羊生产稳定，出栏快速增长，家禽生产平稳，禽蛋产量持续增长。2015年，全省生猪出栏4363.23万头，同比下降2.5%，降幅比上半年和前三季度分别收窄1.0和0.3个百分点。生猪存栏2497.11万头，同比下降2.1%；牛出栏159.87万头，增长5.1%，存栏361.33万头，增长2.6%；羊出栏550.58万只，增长1.6%，存栏465.70万只，下降0.9%；家禽出笼51222.71万只，略降0.8%，禽蛋产量165.29万吨，增长6.6%。

二、价格水平总体稳定

（一）消费价格温和上扬

价格水平低位运行。2015年湖北居民消费价格上涨1.5%，比上年回落0.5个百分点，为2010年来最低水平。其中，城市上涨1.4%，农村上涨1.7%。从分月数据看，同比涨幅围绕1.5%在1个百分点内窄幅波动，环比涨幅剔除春节影响产生较大波动的2、3月份，其他月份均窄幅波动。

八大类商品价格全面上涨。涨幅最大为衣着价格，上涨2.7%，最小为交通通讯价格，上涨0.2%。其他各类涨幅分别为：烟酒价格上涨2.6%，食品价格上涨2.2%，医疗保健和个人用品价格上涨1.7%，娱乐教育文化用品及服务价格上涨1.3%，家庭设备用品及维修服务价格上涨0.6%，居住价格上涨0.6%。

食品价格影响依然是主导。2015年食品价格上涨影响价格总水平上涨0.73个百分点，对总指数上行的贡献率为 48.7%。服务价格是影响 CPI 变动的重要因素。2015 年，全省服务项目价格上涨 1.9%，影响总指数上涨 0.53 个百分点，占 CPI 全年涨幅的 35.3%。

涨幅略高于全国平均水平。2015 年湖北居民消费价格总水平比全国平均水平高 0.1 个百分点，在全国 31 个省（市、区）中居第 12 位，在中部六省中与江西并列第 1 位。比湖南高 0.1 个百分点，比河南、安徽分别高 0.2 个百分点，比山西高 0.9 个百分点。

（二）工业生产者价格降幅相对减缓

PPI 低位震荡，整体形势优于全国。自 2013 年 2 月步入下行通道，湖北工业生产者出厂价格连续 35 个月同比负增长，但比全国少 11 个月。2015 年，湖北工业生产者出厂价格全年下降 3.3%，降幅比全国低 1.9 个百分点，在中部六省中最小。从月度同比数据看，各月降幅在 3.1%—3.6% 间波动，从月度环比数据看，除 3、4、6 月份保持稳定（涨跌幅度为 0），其他月份降幅在 0—0.8% 间波动。

"三黑"行业价格深幅下挫是主因。受国际原油价格低位震荡，钢材、水泥等产业产能过剩、需求不振等因素影响，作为湖北经济发展支柱的传统"三黑"行业价格深幅下挫，是影响 PPI 下行的主要原因。2015 年，黑色金属冶炼压延加工业、石油和天然气开采业、石油加工、炼焦及核燃料加工业和有色金属压延及加工业四个行业影响价格总水平下降 2.2 个百分点，占 66.7%。

生活资料价格稳中略涨。受人民群众生活水平提高影响，生活资料价格运行相对平稳。2015 年生活资料价格上涨 0.5%，其中，医药制造业价格上涨 2.1%，纺织服装、鞋、帽制造业价格上涨 0.6%。

（三）农产品生产者价格小幅下降

2015 年，湖北农产品生产者价格下降 0.5%，是 2010 年以来首次出现下跌。四大行业中，除畜牧业产品价格受猪肉价格大涨的拉动，上涨 7.6%，农业、林业和渔业产品价格均现下降趋势，分别下降 3.7%、0.5% 和 3.3%。水稻、油料等农产品价格下挫是影响农产品价格指数的下降的重要原因，水稻价格下跌 1.0%，油菜籽下跌 14.1%。2015 年虽然全省粮食生产获得大丰收，但是面对农产品生产者价格下降的冲击，增产不增收的现象进一步影响农民种粮积极性。

（四）固定资产投资价格运行平稳

2015 年，受国内经济下行压力加大、主要建筑材料价格持续下降、固定资产投资增速趋缓等多重因素的影响，湖北固定资产投资价格自 2010 年以来首次下降，全年固定资产投资价格下降 0.6%。构成固定资产投资价格的三大类价格指数"两降一升"，其中，建筑安装工程价格指数、设备工器具购置价格指数分别下降 0.9%、0.5%，其他费用价格指数上涨 1.2%。

三、小微企业平稳发展

（一）规下工业稳步增长

增速中部并列第一。2015 年湖北规模以下工业增加值同比增长 7.5%，增速在中部六省与安徽并列第一，比江西、山西、湖南、河南分别高 0.6、1.6、2.6、2.6 个百分点。

企业成长状况良好。2015 年，规下工业企业主营业务收入比上年增长 24.5%，比主营业务成本增速（22.2%）高 2.3 个百分点。企业期末从业人员增长 11.1%，比前三季度增速提高 1.1 个百分点。企业用电量稳步提升，比上年增长 21.5%，比前三季度高 2.8 个百分点。

生产效率不断提高。2015 年，规下工业企业户均营业利润 26.83 万元，比上年增长 11.4%。从业人员收入快速增长，应付职工薪酬全年增长 17.4%，比前三季度提高 2.7 个百分点。

政策受惠面持续扩大。2015 年湖北继续采取一系列政策措施激发市场活力，受惠面不断扩大。在受调查的 543 家企业中，有 165 家企业享受到减半征收企业所得税政策，占 30.4%，比上年的 15.4% 高出 15 个百分点。

（二）规下服务业平稳向好

总体发展态势良好。据对全省1820家规模以下服务业企业抽样调查，2015年调查企业实现营业收入45.9亿元，比上年增长12.3%，实现利润3.0亿元，增长22.5%。企业规模进一步扩大，调查企业本期固定资产44.3亿元，增长1.9%，资产总计103.6亿元，增长15.1%。

吸纳就业能力有所增强。1820家企业中对劳动力需求比上期增加的占11.1%，持平的占80.2%，减少的为8.7%。超过八成的企业离职率在10%以下。其中信息传输、软件和信息技术服务业对劳动力需求尤为旺盛，劳动力需求比上年增长24.1%，远高于其他行业。企业职工薪酬稳步增加，2015年应付职工人均薪酬3.2万元，比上年增长6.4%。

税费负担显著减轻。随着一系列小微企业税收优惠政策的出台和落实，小微服务业企业享受到更多实实在在的优惠。调查企业中，61.1%的企业享受税收优惠政策，30.9%的企业执行增值税，26.1%的企业免税，近六成的调查企业反映无收费情况。其中卫生和社会工作，水利、环境和公共设施管理两个行业税收政策受惠面最广，分别有84.7%和70.0%的企业享受税收优惠政策，在所有行业中居第一位和第二位。

四、民生状况持续改善

（一）居民收入较快增长

2015年，湖北全体居民人均可支配收入20026元，较上年增长9.5%。城镇常住居民人均可支配收入27051元，增长8.8%。农村常住居民人均可支配收入11844元，增长9.2%。农村居民收入增速快于城镇0.4个百分点。

工资性收入快速增长是增收主要动力。2015年，全体居民人均工资性收入为10079元，较上年增长10.8%，对增收的贡献率达56.5%，拉动居民人均可支配收入增长5.4个百分点。受就业稳定增长、政策性增资、城镇化进程加快等因素影响，城、乡居民工资性收入均保持快速增长的势头，分别增长9.5%和11.7%，分别拉动城、乡居民收入增长5.5和3.5个百分点，对增收的贡献率达61.7和38.6%。

转移净收入是增收新亮点。2015年，全体居民人均转移净收入4324元，较上年增长11.1%，拉动居民人均可支配收入增长2.4个百分点。城、乡居民转移净收入均保持快速增长，分别增长9.7%和12.5%，拉动城、乡居民收入增长2.0和2.8个百分点。

收入水平在全国的位次保持稳定。2015年，全体居民收入水平及城、乡居民收入水平在全国和中部六省的位次保持稳定，分别居全国第12、13、10位，中部第1、2、1位，均与上年持平。增速在全国和中部六省的位次不同程度下降。全体居民收入增速居全国第11位，中部第3位，比上年分别下降7位和2位；城镇居民收入增速居全国第8位，比上年下降4位，中部保持第2位；农村居民收入增速居全国第12位，中部第3位，比上年分别下降5位和1位。

（二）生活水平不断提高

2015年，全体居民人均生活消费支出14316元，增长10.7%。其中城镇常住居民人均生活消费支出18192元，增长9.1%，农村常住居民人均生活消费支出9803元，增长12.9%。居民消费特点：一是八大类消费全面增长。食品烟酒、衣着、居住、生活用品及服务、交通通信、教育文化娱乐、医疗保健、其他用品和服务支出分别增长8.7%、6.3%、7.0%、6.8%、28.6%、6.6%、18.6%、12.9%。二是消费与收入保持同步且略快的增长态势。2015年，全体居民、城镇常住居民和农村常住居民人均生活消费支出增速分别高出可支配收入1.2、0.3和3.7个百分点。三是农村居民生活消费支出增长更快。2015年农村常住居民人均生活消费支出增速高于城镇3.8个百分点。

（三）农民工状况有效改善

规模稳定扩大。据抽样调查推算，2015年湖北农民工（外出务工、在本地非农务工和非农自营活动时间达到或超过6个月的农村从业人员）总量为1453.60万人，比上年增长3.0%。其中外出农民工（本乡域以外）1086.00万人，增长0.8%；本地农民工（本乡域以内）367.60万人，增长10.4%。

收入加快增长。2015年，湖北外出农民工月均收入3459.70元，比上年增长11.2%，增幅比上年扩大0.3个百分点。月收入3000元以上的高收入农民工的比重大幅提高，占73.3%，比上年提高了14.4个百分点。

就业环境进一步改善。外出农民工社会保障进一步增强，养老保险、工伤保险、医疗保险、失业保险等参保率分别为18.1%、34.4%、25.5%和11.5%，同比均有所提高。平均劳动时间有所减少，日均工作时间8.59个小时，比上年减少0.16个小时。其中，每天工作8小时的占比达到65.4%，比上年提高6.9个百分点。

（作者：王跃新）

湖北宜昌夷陵长江大桥

湖南省经济社会发展报告

2015年，面对错综复杂的经济形势和艰巨繁重的改革任务，湖南省委、省政府带领全省人民认真贯彻落实党中央、国务院各项决策部署，把稳增长摆在更加突出的位置，着力促进“三量齐升”、推进“五化同步”，全省经济继续在合理区间运行。2016年，外部环境依然复杂严峻，国内市场需求不振，实体经济困难较多，下行压力仍然较大，要牢固树立和贯彻新的发展理念，进一步深化改革开放，加强创新创业，促进全省经济平稳健康发展。

一、2015年经济发展的主要特点

过去一年，全省积极适应和引领新常态，统筹做好稳增长、促改革、调结构、惠民生、防风险各项工作，经济发展总体呈现稳中有升、稳中有进的态势。

稳中有升的表现：

一是经济增速逐季回稳。2015年一季度、上半年、前三季度，全省地区生产总值分别增长8.4%、8.5%和8.7%，全年实现地区生产总值29047.2亿元，同比增长8.6%。农业生产平稳增长。全省粮食总产量达到600.6亿斤，比上年增加0.3亿斤。受市场价格回升拉动，生猪养殖逐渐回暖，生猪出栏下降2.3%，降幅比上半年收窄1.5个百分点。牛、羊出栏分别增长4.4%和3.5%，家禽出笼增长3.7%，蔬菜产量增长6.2%，水产品产量增长5.4%。第一产业增加值3331.6亿元，增长3.6%。工业增长初步企稳。全省规模工业在9月、10月、11月连续三个月保持7.8%的增幅后，12份继续平稳增长，全年增加值增长7.8%，初步呈现企稳迹象。第三产业持续向好。2015年，全省规模以上服务业实现营业收入2129.98亿元，增长13%。金融业发展持续较快，增加值增长20.6%；信息技术、租赁商务、文化娱乐等营利性服务业发展态势良好，增加值增长15.4%；房地产业增长7.6%，同比加快4.7个百分点。

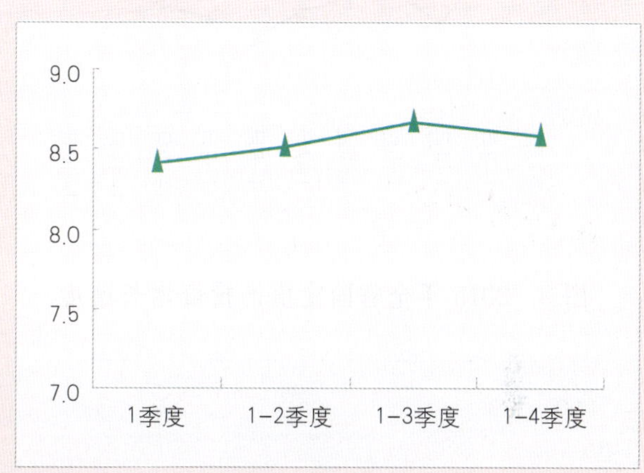

图1 2015年全省地区生产总值增长速度

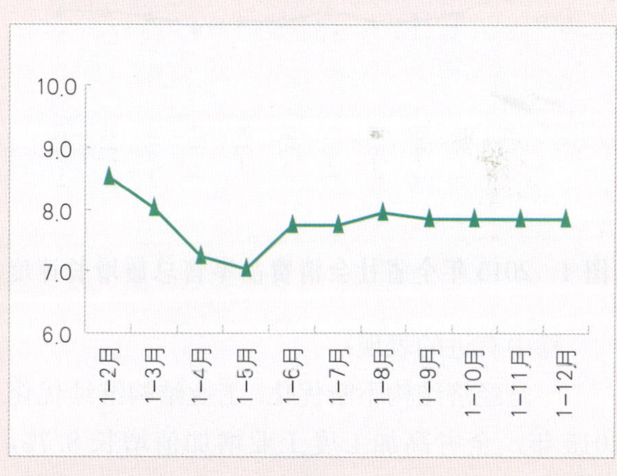

图2 2015年全省规模工业增加值增长速度

二是内需增长总体平稳。投资止跌回稳。2015年，全省完成固定资产投资25954.3亿元，增长18.2%，增速虽比上年有所回落，但四季度以来项目建设进度加快，形成的实物工作量明显增多，增幅逐月回升，1—12月比1—9月提高0.8个百分点。消费稳中显旺。2015年，全省实现社会消费品零售总额12024亿元，增长12.1%；扣除价格因素实际增长12.2%，比上年快0.3个百分点。商品房销售面积增长17%，销售回暖有利于加快存量房去化速度，也拉动了相关消费较快增长，家电类、建筑及装潢材料类商品零售额分别增长 16.1% 和 24.4%。

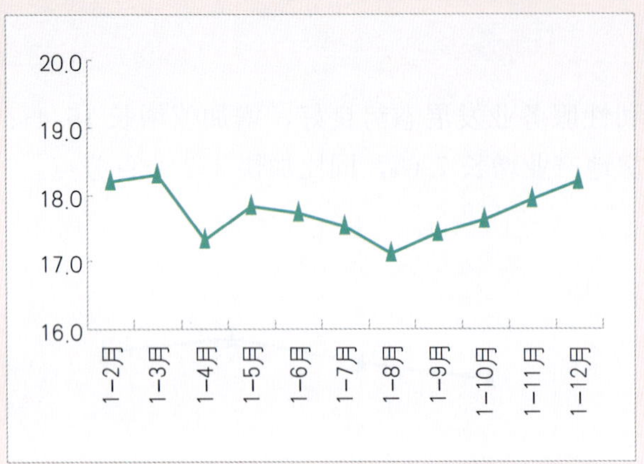

图 3　2015 年全省固定资产投资增长速度

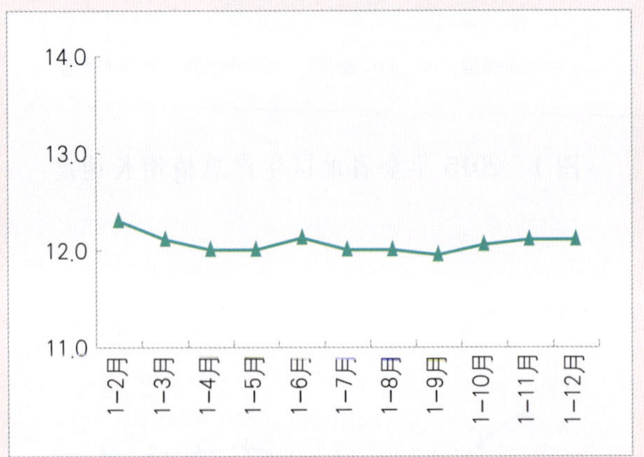

图 4　2015 年全省社会消费品零售总额增长速度

稳中有进的表现：

一是经济结构不断优化。工业结构继续优化。2015 年，全省高加工度工业增加值增长 8.7%，占规模工业的比重为 37.2%，同比提高 0.6 个百分点；高技术产业增加值增长 13.3%，占规模工业的比重为 10.5%，提高 0.2 个百分点；六大高耗能行业增加值占比为 30.3%，下降 0.9 个百分点；园区工业比重为 61.5%，提高 2.5 个百分点。服务业比重明显提升。全省第三产业占 GDP 的比重为 43.9%，同比提高 1.7 个百分点；文化和创意产业较快发展，增加值占 GDP 的比重超过 5.7%；金融业增加值比重为 4%，同比提高 0.5 个百分点。投资结构逐步向好。全省基础设施投资增长 23.6%，民生投资增长 26.2%，占全部投资的比重分别为 23.9% 和 7.4%，同比提高 1.1 个和 0.4 个百分点；高新技术产业投资增长 27%，占工业投资的比重为 15.2%，提高 6.3 个百分点。消费结构稳步升级。全省家具类、通讯器材类、体育娱乐用品类、汽车类限额以上法人单位商品零售额分别增长 19.7%、20.8%、33.2% 和 13.6%，延续了 2014 年以来的较好态势。

二是运行质量持续提升。企业效益保持增长。2015 年，全省规模工业利润总额增长 0.3%，高于上年 4.1 个百分点。其中，医药制造业利润增长 13.9%，铁路船舶航空航天和其他运输设备制造业增长 24.8%，计算机通信和其他电子设备制造业增长 25.9%。财政收入增势较好。下半年以来，全省财政收入累计增速均稳定在 10% 以上。全年实现一般公共预算收入 4008.1 亿元，增长 10.2%，比上年加快 0.5 个百分点。其中，地方财政收入 2513.1 亿元，增长 11.1%。节能降耗成效明显。全省规模工业综合能源消费量为 6060.1 万吨标准煤，同比下降 5.9%，低于同期规模工业增速 13.7 个百分点。万元规模工业增加值能耗 0.58 吨标准煤 / 万元，下降 12.7%。环境治理力度加大。全省生态投资增长 26.8%，比全部投资增速快 8.6 个百分点。县以上城镇污水处理率为 92.3%，超过目标任务 2.3 个百分点；县以上城镇生活垃圾无害化处理率为 99.2%，超过目标任务 4.2 个百分点。

三是新生动力不断成长。新产业加快培育。全省高新技术产业增加值增长 17.8%，占 GDP 的比重为 21.1%，同比提高 2.1 个百分点；电子信息、高技术服务、生物与新医药、新能源及节能、资源与环境等新兴领域分别增长 22%、23.7%、24%、24.1% 和 33.8%。新产品比重提升。全省规模工业新产品产值增长 29.7%，比总产值增速快 22.6 个百分点；占总产值的比重为 17.8%，同比提高 4.5 个百分点。新业态发展较快。全省限额以上法人单位中，网上商店零售额增长 56.7%，住宿业通过公共网络实现的客房收入增长 43.4%，餐饮业通过公共网络实现的餐费收入增长 90.4%。

四是民生保障继续加强。民生投入力度较大。

全省一般公共预算支出增长13.3%，医疗卫生与计划生育、社会保障和就业、住房保障等民生领域支出得到重点保障，分别增长15.5%、18.8%和26.7%。居民收入较快增长。国家统计局湖南调查总队抽样调查显示，全省城镇居民人均可支配收入28838元，比上年增长8.5%；农村居民人均可支配收入10993元，比上年增长9.3%。重点民生项目顺利推进。全省新增城镇就业78.0万人。农村危房改造21.3万户，新增公共租赁住房20.1万套，城市棚户区改造27.8万套。解决农村715.6万人饮水不安全问题，新增管输天然气用户46.6万户。

二、经济发展面临的主要挑战

2015年，尽管全省经济发展总体稳定，但面临的环境约束依然较紧，结构性矛盾比较突出，需要解决的困难和问题不少，主要表现在：

一是工业运行困难较多。工业品市场需求持续低迷，工业生产者出厂价格涨幅连续44个月为负，短期内难以明显扭转。2015年，全省规模工业增加值增长7.8%，同比回落1.8个百分点。前10大行业中7个行业增速比上年回落，电子信息、通用设备制造、烟草制品、非金属矿物制品等重要产业降幅均超过4个百分点，支撑作用有所下降。企业经营成本仍然较高，规模工业每百元主营业务收入成本为83.58元，同比增加0.34元。汽车制造业产成品增长24.8%，非金属矿物制品、烟草制品等行业产成品增幅均超过20%。

二是楼市开发步伐较慢。2015年，在政府减少对房地产市场干预、放宽购房限制等政策的刺激下，全省房地产需求端转暖，但从存量房面积、投资额、新开工面积等供给端情况来看，房地产市场发展还在回调，后期不确定性仍然较大。全省商品房待售面积3309.54万平方米，相当于销售面积的52%；房屋施工面积增长2.1%，本年新开工面积下降20.7%，同比分别回落7.1个和11.7个百分点。

三是增长动力接续较弱。2015年，全省传统动力逐渐减弱，占全部投资51%的工业投资和房地产投资增速分别回落至16.8%和-9.4%，服装、鞋类、钢材等大宗出口商品增速分别回落212.6个、86.1个和56个百分点。与此同时，新生动力培育和发展虽快，但由于规模不大、占比偏低，尚不足以抵消传统动力减弱的影响，短期内经济增长动力接续存在较大困难。

四是转型升级任务较重。全省第一产业比重比全国高2.5个百分点，而第三产业比重比全国低6.6个百分点。工业内部结构中，重化工业占比偏高，六大高耗能行业占规模工业的比重超过30%，农副食品加工、有色、钢铁、煤炭等四大传统产业占比接近20%，烟草制品业受计划指标影响生产波动幅度较大，支柱行业如专用设备制造业市场需求急剧萎缩，其他部分支柱行业中过剩产能、落后产能仍然大量存在。

三、2016年经济形势的基本判断

当前，国内外经济形势依然复杂严峻，导致经济下行压力较大的因素依然存在，经济稳定发展的挑战依然较多；但也应看到，以下三大趋势不会发生明显改变，2016年湖南经济运行实现稳中有进具备较为有利的条件。

一是国际经济缓慢复苏的发展格局不会改变。当前，世界经济仍处于国际金融危机后的深度调整期，疲弱复苏态势持续，经济调整分化明显。2015年，发达国家中，欧盟28国、日本GDP分别增长1.8%和0.4%，均比2014年加快0.4个百分点；美国GDP增速为2.4%，与2014年持平。新兴市场国家中，俄罗斯与巴西经济增长面临严峻挑战，2015年GDP分别下降3.6%和3.8%；南非失业问题高企，而印度经济表现较为稳健。IMF预计2015年世界经济增长3.1%，比上年回落0.3个百分点。展望2016年，尽管发达国家尤其是美国和日本的国内需求呈现弱化态势，尚未摆脱债务危机的欧洲还在遭遇经济低速增长与通货紧缩的困扰，新兴市场经济复苏的预期也有所降低，但总体而言，世界经济仍将保持温和的复苏态势。IMF预计全球经济2016—2017年将有小幅度改善，2016 年增长 3.4%，2017 年增长 3.6%。

二是国内经济稳定发展的基本面不会改变。过去的一年，面对严峻复杂形势的考验，我国主动适应、引领发展经济新常态，加快新旧动力转换，保持了稳中有进、稳中有好的发展态势。2015 年，最终消费对我国 GDP 的贡献达到 60% 以上，社会消费品零售总额增速连续 11 个月稳定在 10% 以上，消费稳增长的基础作用凸显。高技术产业增加值增长 10.2%，比规模以上工业快 4.1 个百分点；在优惠政策的刺激下，新能源汽车生产增长 1.6 倍，工业机器人增长 42%；实物商品网上零售额增长 31.6%，远远高于社会消费品零售总额增速；平均每天登记注册的企业增加 1.2 万户，新产业新业态新动力加快成长。2016 年，国家将实施积极的财政政策和稳健略偏宽松的货币政策，重点推进国有企业、财税体制、金融体制等重点领域改革，在适度扩大需求的同时，着力加强供给侧结构性改革。这些政策措施的实施，将有利于提高我国供给系统的质量和效率，增强持续增长动能，经济有望继续保持中高速增长态势。

三是湖南新动能加快集聚的态势不会改变。2015 年，全省努力克服经济下行压力加大等不利因素影响，实现了经济的平稳较快发展。湖南经济发展的韧性好、潜力足、回旋余地大，为经济持续增长提供了良好支撑。更为重要的是，在主动适应和引领经济发展新常态过程中，湖南新增长点、新增长动能正在加快集聚，结构调整优化的前进步伐更趋有力，为 2016 年巩固稳中有进的发展态势创造了条件。2015 年，全省文化、信息、旅游、健康等消费需求旺盛，文化娱乐体育健康类商品零售额增长 14.1%，比限额以上批发零售业平均增速快 4.3 个百分点，新兴消费热点正在成长；网上商店商品零售额增长较快，新业态、新模式将带动经济向更高水平发展；规模工业中的计算机通信和其他电子设备制造业、医药制造业、印刷和记录媒介复制业增加值分别增长 16.5%、16.4% 和 18.9%，新支撑格局加快形成。

四、促进经济平稳健康发展的对策建议

2016 年是“十三五”和全面建成小康社会决胜阶段的开局之年，也是推进结构性改革的攻坚之年。要按照中央“五位一体”总体布局和“四个全面”战略布局要求，贯彻创新、协调、绿色、开放、共享的发展新理念，坚持稳增长、调结构、惠民生、防风险，协同推进“五化”同步发展，确保经济实现平稳健康发展。

（一）突破薄弱环节强基础

作为中部省份、后发地区，湖南经济发展不充分、不协调、发展水平不高的情况还比较突出，经济发展中还存在一些薄弱环节，需要继续加强。一是完善基础设施。投资仍是湖南经济增长的第一引擎，近 3 年投资对湖南经济增长的贡献率虽有所下滑，但仍稳定在 62% 以上，在民间投资意愿有所下降的背景下，基础设施投资的拉动作用尤为重要。要抓好“四张网”等基础设施投资，加快“最后一公里”水电气路、新一代信息、新能源汽车、城市地下管网、城际交通等建设，着力增加重大项目储备。二是扩大产业投资。2015 年，全省实际利用外商直接投资中，第二产业比重由上年的 64.1% 下降到 61.8%。要进一步出台引导政策，扩大轨道交通、3D 打印、新能源、医药健康、生物育种等较有优势的重点领域投资，增强新材料、智能制造、云计算、文化创意、节能环保等新产业后劲，支持移动电子商务、租赁等新业态发展；加强产业园区管理，加大政策支持力度，提高项目集聚和产出效益。三是发展现代农业。湖南是农业大省，但还不是农业强省，弱质农业的状况没有得到根本改变。全省第一产业投资占全部投资的比重仅为 3.5%，远低于 11.5% 的产业比重。大力推进“百千万”工程，加大农业投入，加快土地整治、中低产田改造和高标准农田建设，完善水利设施；加快农村土地承包经营权确权登记颁证，稳步推进农村各项改革，激发农村农业发展活力；加快调整农业结构，发展休闲农业、城市农业、创意农业等新业态，壮大农产品加工业，提高农业比较效益。

湖南张家界

（二）统筹供需两侧调结构

当前湖南经济增长下行压力大，与供需两端结构调整仍未到位有关。一是加快供给结构优化。综合运用各类手段，加快淘汰过剩和落后产能，有序推进对不符合节能降耗、环保安全等标准，长期处于亏损状态企业实施清理；加大钢铁、有色、水泥、化工、机械等传统行业高端化、低碳化、智能化改造步伐，走差异化发展道路，帮助解决卷烟、汽车等行业库存偏高的困难，减少中介、物流、融资等费用，切实降低企业生产成本。二是促进居民消费升级。2015 年，湖南消费对经济增长的贡献已上升到 41.2%，但与全国 60% 以上的平均水平相比仍有较大差距。2016 年国家更加注重供给侧改革，重视消费的拉动作用，全省城乡居民收入也有望保持较快增长。应围绕居民消费升级，进一步扶持壮大汽车、房产、文化旅游、教育卫生、电子信息、健康养老等领域新的支柱产业，拉长消费品工业、消费服务业两大“短腿”，夯实消费稳定增长的基础作用。三是增强创新驱动能力。2015 年，湖南科技投入占财政支出的比重仅为 1.2%，比全国平均水平低 2 个百分点以上。要实施一批重大科技项目，组建一批重点实验室，突破一批核心、关键技术，培养培育一批创新型领军人才和领军企业；构建新型技术创新及转化体系，加强自主知识产权保护，促进新技术、新工艺、新材料转化和应用。

（三）推进新旧转换稳动力

一是推动改革取得新突破。以经济体制改革为牵引，进一步深化行政审批和工商注册登记等制度改革，加快国有企业改革，有序推进农村改革，深化财税和投融资体制改革，不断优化资源配置，加快形成符合科学发展要求的市场环境、产权制度、投融资体制、分配制度、人才培养引进使用机制，全面释放经济发展活力。二是培育做大新增长点。湖南战略性新兴产业占GDP的比重为11.5%，高技术产业占规模工业比重也仅10.5%，新增长点亟待培育。大力发展新产业、新产品、新技术、新模式，培育电子商务、云计算、大数据、物联网、互联网金融等“互联网+”新兴业态，加快发展生态环保、现代物流、文化创意、养老健康、生物医药等新兴产业；加强信用体系建设，培育合格市场主体，改善融资服务，加快金融业振兴发展。三是构建区域发展新格局。加快建设“一核三极四带多点”，不断增强长株潭地区核心增长极辐射带动能力，促进洞庭湖生态经济区沿江环湖产业发展，着力提升湘南地区对外开放窗口和门户的重要功能，大力发展湘西地区生态经济和特色产业，形成核心引领、板块联动、极带互动、多点支撑的竞相发展新格局。

（四）夯实平台基础扩开放

湖南在扩大开放方面已经取得明显成效，但目前进出口总额、对外投资额占全国的比重分别仅为0.7%和2.6%，发展空间很大。一是全面对接和融入国家区域发展战略。充分发挥“一带一部”的区位优势，不断完善基础设施体系，积极对接京津冀协同发展战略，促进以岳阳为龙头的长江经济带融入式发展，加强与粤港澳、北部湾经济区和东盟地区合作，全面参与21世纪海上丝绸之路开发和丝绸之路经济带建设，努力将湖南打造成为名副其实的内陆开放新高地。二是切实抓好重点招商引资。加大外贸综合服务体支持力度，构建“六位一体”中小企业贸易服务体系；围绕产业链配套、供应链衔接、价值链增值，大力引进跨国公司、大型央企、知名民营企业，着力引进现货交易、供应链等新业态贸易企业，促进全球供采在湖南落地。三是积极开拓新兴市场。整合省内资源，抢抓“一带一路”战略机遇，推动轨道交通、装备制造、光伏发电、住宅等优势产业企业抱团“走出去”，培育和发展境外经贸园区，努力开拓南美、东盟、非洲、中亚、中东等新兴市场。

（五）围绕民生改善增投入

2016年是全面建成小康社会决胜阶段的开局之年，守住民生底线，打好脱贫攻坚战，还需要进一步加大民生投入。一是提升保障水平。加大财政投入力度，继续推进“两房两棚”、“两供”、“两治”等重点民生实事建设，扩大城乡社会保障覆盖面，稳步提高保障标准和水平，保障人民群众基本生活；适时提高最低工资标准，增加低收入群体收入，优化居民收入分配，缩小收入差距。二是扩大创业就业。优化创业环境，大力推动大众创业万众创新，扶持“两符三有”的传统产业，特别是就业容量大的制鞋、皮革、服装、家具、机械零部件加工等劳动密集型产业发展，为小微企业、草根创业者、个体经营户提供足够的政策支持和发展空间；加强人才市场建设，强化劳动培训，抓好高校毕业生等重点群体就业，加强对就业困难人员特别是零就业家庭帮扶，确保就业形势稳定。三是加大扶贫攻坚。2016年，湖南要确保完成120万人的减贫任务，须继续加大武陵山和罗霄山片区区域扶贫攻坚的资金、政策、工作投入力度，推进基本公共服务均等化，切实把精准扶贫、精准脱贫战略落细落小，确保扶贫工作取得实效。

（作者：张世平）

专栏：湖南居民生活状况报告

2015年，在党中央、国务院的坚强领导下，湖南全省上下全面贯彻落实党的十八大和十八届三中、四中、五中全会精神，主动适应经济发展新常态，面对挑战迎难而上，大力推进“四化两型”，着力促进“三量齐升”，努力建设“四个湖南”，城乡居民收入稳步增加，生活水平持续提高，为全面建成小康社会奠定了坚实基础。

一、居民收入稳步提高

2015年，湖南省委、省政府着力促进民生发展，湖南城乡居民收入实现较快增长。全年居民人均可支配收入19317元，名义增长9.6%，扣除价格因素实际增长8.1%。其中，城镇居民人均可支配收入28838元，增长8.5%，扣除价格因素实际增长6.9%；农村居民人均可支配收入10993元，增长9.3%，扣除价格因素实际增长8.1%。

（一）工资性收入是居民增收的主导力量

工资性收入是居民收入增长的最主要拉动力。2015年湖南城镇居民人均工资性收入为15903元，增长8.5%，增收贡献率为54.7%，拉动城镇居民人均可支配收入增长4.7个百分点。农村居民人均工资性收入4515元，增长10.5%，增收贡献率为45.8%，拉动农村居民人均可支配收入增长4.2个百分点。

（二）经营性收入是居民增收的重要基石

近年来，湖南各级政府着力于优化市场环境，积极扶持创业、就业，为增加城乡居民经营性收入发挥了积极作用。

2015年，城镇居民人均经营净收入3993元，增长12.0%，是四项收入中增长最快的一项，增收贡献率为18.8%，拉动城镇居民收入增长1.6个百分点。

同时，农产品生产价格上涨，粮食产量的稳定增长，也有力地助推了农村居民经营性收入的增长。2015年，湖南农村居民人均经营净收入3912元，增长7.5%，增收贡献率为29.3%，拉动农村居民收入增长2.7个百分点。分产业看，第一产业经营净收入增长较快，第二、三产业经营净收入增速放缓。2015年，湖南农村人均第一产业经营净收入达到2384元，增长9.6%；第二、三产业经营净收入分别为339元和1189元，分别较上年增长8.8%和 3.1%，二者增幅均低于上年。

（三）财产性收入的多样性丰富了居民收入来源

近年来，居民投资理财意识不断增强，居民财产性收入呈现城镇以储蓄理财、股权分红为主，农村以红利和土地流转为主的特征。2015年，湖南城镇居民人均财产净收入2801元，增长6.6%，其中利息红利收入765元，增长31.7%；农村居民人均财产净收入174元，增长5.2%，其中转让承包土地经营权租金净收入26元，增长9.2%。受全年利率下调、金融市场动荡、房价平稳的影响，城乡居民财产净收入增长较缓慢，增幅均较上年有不同程度回落。

（四）转移净收入是居民收入的有益补充

2015年湖南各级党委和政府坚持收入分配政策向低收入群体和农村居民倾斜，连续提高企业职工退休金，加大对农村的投入和转移支付力度，持续推动居民转移收入增长。2015年城镇居民人均转移净收入6141元，增长7.5%，增收贡献率18.9%，拉动城镇居民人均可支配收入增长1.3个百分点；农村居民人均转移净收入2392元，增长10.3%，增收贡献率24.0%，拉动农村居民人均可支配收入增长2.2个百分点。

二、居民消费水平提高，结构更趋合理

2015年，湖南经济发展和城乡居民收入实现较快增长，居民消费也基本保持同步增长。

（一）居民人均生活消费支出增长 7.4%

2015 年湖南居民人均生活消费支出 14267 元，较上年增长 7.4%，扣除价格因素实际增长 5.9%。其中，城镇居民人均生活消费支出 19501 元，增长 6.4%；农村居民人均生活消费支出 9691 元，增长 7.4%。

（二）居民消费结构呈现新变化

一是城乡恩格尔系数受物价水平上涨而略有上升。2015 年湖南居民消费价格较上年上涨 1.4%，其中食品价格上涨 3.0%，其中粮食价格上涨 1.6%，猪肉价格上涨 11.5%，鲜菜价格上涨 5.0%。受此影响，城乡恩格尔系数小幅上升。城镇恩格尔系数为 31.0%，较上年上升 0.5 个百分点，农村恩格尔系数为 32.9%，上升 1.4 个百分点。

二是教育文化娱乐消费快速增长。随着教育事业发展和新生代消费力量的崛起，城乡居民在教育、文化以及娱乐方面的消费呈现快速增长势头。2015 年湖南城镇居民人均教育文化娱乐支出 2934 元，增长 15.6%。其中，教育支出 1690 元，增长 17.2%；文化娱乐支出 1244 元，增长 13.6%。农村居民人均教育文化娱乐支出 1276 元，增长 14.8%。其中，教育支出 976 元，增长 13.7%；文化娱乐支出 300 元，增长 18.5%。

三是居民互联网消费欣欣向荣。随着互联网技术和电子商务的迅猛发展，网络购物为主要特征的互联网消费发展迅速，并向城乡居民传统的消费方式发起挑战。2015 年湖南居民人均通过互联网购买的商品和服务支出为 184 元，增长 70.2%，已连续两年保持高速增长。

四是医疗保健和交通支出呈现城镇下降，农村上升趋势。受医疗制度改革和消费观念变化影响，城镇居民人均医疗保健支出 1175 元，下降 2.9%；农村居民人均医疗保健支出 844 元，增长 9.4%。随着国际原油价格走低和国内乘用车向农村市场扩张的影响，城镇居民人均交通支出 1551 元，下降 7.7%；农村居民人均交通支出 577 元，增长 5.1%。

五是城镇居民居住消费回落较快。受房地产投资增速回落影响，基础建材价格下跌和楼市价格低迷，城镇居民人均居住消费支出 3520 元，下降 1.4%，较上年回落 5.5 个百分点。受农村自建住房增加的拉动，农村居民人均居住消费支出 2191 元，增长 10.5%。

三、湖南外出农民工生活状况稳中向好

据推算，2015 年湖南外出农民工 1199 万人，较上年下降 0.8%；其中，省内务工人员比重为 34.2%，省外务工人员比重为 65.8%。

（一）外出就业收入有所增加

2015 年，湖南外出农民工月均收入 3346 元，较上年增长 11.8%。其中，省内务工者月均收入 3336 元，增长 7.6%，省外务工人员月均收入 3350 元，增长 13.7%；分产业看，从事第一、二、三产业农民工月均收入分别为 3096 元、3331 元和 3377 元，增长 19.0%、13.1% 和 8.9%。

（二）居住条件有所改善

2015 年，湖南外出农民工在外居住的月均居住消费支出为 331 元，增长 3.4%。

从单位或雇主提供住宿情况看，由外出农民工所在单位或雇主提供住宿的比重为 61.8%，较上年增长 3.7 个百分点，单位或雇主不提供住宿也没有住房补贴的比重为 28.9%，下降 1.1 个百分点。

从居所类型来看，外出农民工住在单位宿舍的人员占 46.0%，较上年提高 1.1 个百分点；住在工地工棚的占 11.0%，提高 0.7 个百分点；独立租住的占 16.5%，提高 2.3 个百分点；住在经营场所和与人合租居住的占 22.1%，减少 4.4 个百分点。另外，有 1.0% 的外出农民工在务工地自购住房，且比重在逐年提高；其他类型的占 3.4%。

（三）工作用餐更方便

2015年，外出农民工由用工单位提供用餐的比重为70.3%，较上年增加4.2个百分点；用工单位不提供饮食也不给予补贴的由上年的28.0%下降到25.3%。

（四）寄回带回和自用消费增加

2015年，外出农民工月均生活消费923元，较上年增长2.8%。月均寄回带回的支出为1213元，增长7.8%。

（五）劳动强度下降

2015年，湖南外出农民工每月平均从业时间24.9天，较上年增加0.1天，日均从业时间8.4小时，较上年减少0.1小时。其中，每天工作在10小时以下的占比为84.2%，较上年上升2.2个百分点；每天工作时间在10小时及以上的占15.8%，下降2.2个百分点。整体来说，外出农民工工作时间逐步趋于8小时，超负荷工作的人员比重逐年下降。

四、贫困地区农民收入增速明显

据贫困监测调查，2015年湖南贫困地区农民人均可支配收入7222元，较上年增加761元，增长11.8%，扣除价格因素实际增长10.6%，实际增速比全省农村平均水平高2.5个百分点。

（一）贫困人口减少，脱贫成果显著

2015年湖南农村贫困人口434万，较上年减少98万，下降18.4%，其中贫困地区农村贫困人口279万，减少64万，下降18.7%。2015年湖南农村贫困发生率为7.6%，下降1.7个百分点，其中贫困地区农村贫困发生率为14.0%，下降4.3个百分点。

（二）工资性收入快速增长直接拉动贫困地区农民增收

2015年湖南贫困地区农村居民人均工资性收入3179元，较上年增加420元，增长15.2%，增幅比全省平均水平高4.7个百分点。工资性收入增长对贫困地区农村居民可支配收入增长的贡献率为55.1%。人均转移净收入1839元，增长11.3%。人均经营净收入2156元，增长8.2%。

（三）医疗保健和教育文化娱乐支出增长较快

2015年湖南贫困地区农村居民人均消费支出7054元，较上年增长11.0%。其中，医疗保健支出721元，增长25.3%；教育文化娱乐支出931元，增长19.3%；居住支出1541元，增长15.6%；交通通信支出607元，增长10.4%；衣着支出341元，增长8.5%；食品烟酒支出2382元，增长4.2%；生活用品及服务支出420元，增长2.7%；其他用品和服务支出109元，增长2.2%。

（作者：国家统计局湖南调查总队）

广东省经济社会发展报告

2015年，广东经济保持总体平稳、稳中略升的走势，主要经济指标增长平稳，同时经济发展分化，传统产业相对稳定，新产业新业态新商业模式对经济增长的拉动力继续增强，经济结构调整优化，经济增长质量和效益保持提升，经济发展基本面没有改变。在全国经济发展进入新常态的背景下，广东经济增速和财政收入增速高于全国，为全国发展提供了总量速度和结构优化“两个支撑”，这充分展示了广东经济发展的结构优势、竞争优势，为“十二五”作了圆满的收官。

一、经济运行总体态势

据初步核算并经国家统计局核定，2015年广东实现地区生产总值7.28万亿元，同比增长8.0%，增幅同比提高0.2个百分点，圆满完成年度增长目标。全年物价上涨平缓，CPI上涨1.5%，同比回落0.8个百分点；就业总体稳定，城镇新增就业155.5万人，提前超额完成全年任务，促进创业22万人，城镇登记失业率2.45%，控制在预期目标内；实现固定资产投资同比增长15.8%；社会消费品零售总额同比增长10.1%；财政收入持续较快增长，地方一般公共预算收入增长12.0%（可比口径），经济发展基本面总体良好。

（一）全年经济保持稳中有升增长态势

2015年，广东按照中央对经济工作的决策部署，积极应对经济下行压力，抓住关键环节精准发力，推动全省经济保持平稳向好。加快推进省重点项目建设，超额完成年度计划；出台财政支持稳增长16条措施；出台外贸稳增长20项政策等。全年四个季度GDP分别增长7.2%、8.1%、8.3%和8.3%，呈稳步提升态势。

（二）广东主要经济指标表现良好，为全国经济稳定发展提供重要支撑

全年全国经济稳中有进，稳中有好，动力转换提速，全年GDP增长6.9%，广东GDP增速比全国高1.1个百分点，对全国经济增长的贡献率超过10%。广东规模以上工业增长7.2%，增速比全国高1.1个百分点；固定资产投资增长15.8%，比全国高5.8个百分点；社会消费品零售总额同比增长10.1%，比全国低0.6个百分点；进出口同比下降3.9%，降幅比全国小3.1个百分点；一般公共预算收入同比增长12.0%（可比口径），增幅比全国高出5个百分点以上。

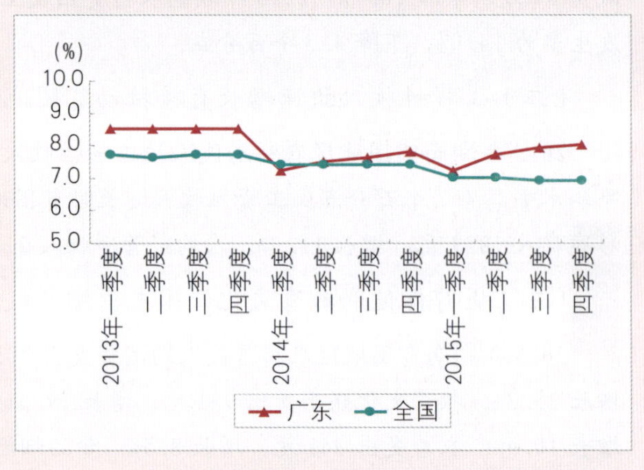

图1 2013年以来全国与广东GDP逐季累计增速

（三）从供给侧看，农业、工业增速平稳，服务业增速较快，发挥拉动作用

农业生产持续平稳增长。全年农林牧渔业实现增加值3344.82亿元，同比增长3.4%，增幅同比提高0.1个百分点。农作物播种面积稳定，粮食产量小幅增长，水果产量提高，畜牧业生产缓慢恢复，渔业生产维持稳定。

工业生产保持稳定。2015年规模以上工业增加值分季累计增速分别为7.4%、7.4%、7.3%、7.2%，波动很小。全年工业对GDP增长的贡献

率达到39.1%，拉动GDP增长3.1个百分点。工业中民营经济发挥了重要作用，2015年规模以上民营工业企业增加值增长11.8%，比工业平均水平高4.6个百分点，占全省规模以上工业增值1539.31亿元，同比增长7.6%，增幅持续回升；化学原料和化学制品制造业同比增长8.7%，通用设备、专用设备制造业分别增长8.3%和9.8%，增幅均较为平稳，高于全省平均水平。

表1 2015年广东规模以上工业增长情况

行 业	2015年增加值（亿元）	2015年增长（%）	2014年增长（%）
规模以上工业	30313.61	7.2	8.4
国有及国有控股企业	4851.59	2.1	6.3
外商及港澳台商投资企业	13246.42	4.1	5.0
民营企业	14004.86	11.8	13.2
采矿业	687.44	22.3	2.4
制造业	27300.03	6.8	8.8
农副食品加工业	447.07	9.6	8.3
食品制造业	727.47	2.3	6.7
烟草制品业	337.39	1.0	6.3
纺织业	633.98	6.2	4.1
纺织服装、服饰业	1107.64	4.7	5.4
皮革、毛皮、羽毛及其制品和制鞋业	672.04	3.3	6.2
家具制造业	452.37	4.7	8.2
造纸和纸制品业	453.68	4.9	10.2
石油加工、炼焦和核燃料加工业	566.00	-2.6	0.3
化学原料和化学制品制造业	1356.85	8.7	8.8
医药制造业	456.16	7.7	8.6
橡胶和塑料制品业	1145.78	6.2	6.2
非金属矿物制品业	1277.40	8.9	11.3
黑色金属冶炼和压延加工业	385.09	6.2	5.0
有色金属冶炼和压延加工业	551.42	-1.5	11.0
金属制品业	1346.14	9.9	11.9
通用设备制造业	926.85	8.3	8.2
专用设备制造业	660.52	9.8	9.2
汽车制造业	1539.31	7.6	9.2
铁路船舶、航空航天和其他运输设备制造业	281.42	6.4	10.2
电气机械和器材制造业	2596.21	6.1	7.3
计算机、通信和其他电子设备制造业	7175.24	10.5	11.7
电力、热力、燃气及水生产和供应业	2326.14	5.8	7.0
电力、热力生产和供应业	1982.54	3.0	6.2

加值的比重为46.2%，比上年同期提高2.6个百分点对工业增长的贡献率接近七成。从主要行业看，电子行业支撑作用明显，计算机、通信和其他电子设备制造业增长10.5%，增幅比全省规模以上工业高3.3个百分点，占规模以上工业增加值的比重达23.7%；汽车制造业实现增加

2015年广东经济增速上行主要依靠服务业拉动，金融业、房地产业和生产性服务业的贡献比较突出。全年部分规模以上服务业企业实现营业收入增长9.7%，增幅同比提高1.5个百分点，全部服务业增加值增长9.7%，同比提高1.7个百分点，对经济增长的贡献率为57.1%，拉

动GDP增长4.6个百分点。从金融领域看，全年证券市场虽然波动较大，但证券交易额同比增长137.1%，证券交易所带来的营业收入、税收均有较高的增速，资本市场发展对经济增长的贡献高于2014年。2015年，全省金融业增加值增长15.6%，对经济增长的贡献率为12.3%，拉动GDP增长1.0个百分点。从房地产市场看，2015年的回暖态势比较明显，全年商品房销售面积11681.01万平方米，同比增长25.4%。房地产业增加值增长11.4%，对经济增长的贡献率为8.2%，拉动GDP增长0.7个百分点。金融业和房地产业合计对经济增长的贡献率为20.5%，拉动GDP增长1.7个百分点。生产性服务业发展加快，实现增加值增长10.1%，高于整体服务业0.4个百分点，占第三产业的比重为53.1%，同比提高0.1个百分点；全年部分规模以上服务业中生产性服务业实现营业收入增长9.6%，占规模以上服务业营业收入的87.4%。

表2 2015年广东主要行业增长情况

指 标	2015年增长（%）	2014年增长（%）	差距（百分点）
地区生产总值	8.0	7.8	0.2
第一产业	3.4	3.2	0.2
第二产业	6.8	7.9	-1.1
第三产业	9.7	8.0	1.7
#工业	6.8	8.0	-1.2
建筑业	6.0	6.2	-0.2
批发和零售业	5.0	7.2	-2.2
交通运输、仓储和邮政业	5.3	10.8	-5.5
住宿和餐饮业	3.0	3.4	-0.4
金融业	15.6	8.3	7.3
房地产业	11.4	2.6	8.8
其他服务业	11.8	10.1	1.7

（四）从市场销售看，国内市场相对较好，外部市场疲弱

国内消费市场保持稳定。企业努力开拓国内市场，工业产品内销明显好于外销。2015年，规模以上工业实现销售产值12.13万亿元，增长3.5%，其中内销增长5.9%，占比73.1%，而出口交货值同比下降2.4%。2015年，广东累计实现社会消费品零售总额31333.44亿元，同比增长10.1%，扣除价格因素，实际增长10.5%。全年四个季度累计增速分别为10.0%、9.8%、10.1%和10.1%，保持稳定。全年限额以上单位实现零售额13830.73亿元，增长5.3%。批发零售业增长放缓，住宿餐饮业经营好转。全年批发和零售业实现零售额28065.95亿元，增长10.0%，增速比上年回落2.3个百分点；住宿和餐饮业实现零售额3267.49亿元，增长10.7%，增速比上年提高2.1个百分点。分行业看，传统消费增长平稳，信息、网络消费继续较快增长，汽车类消费回升。全年限额以上批发零售业粮油、食品类零售额同比增长17.6%，化妆品类增长12.7%，金银珠宝类增长15.9%，日用品类增长15.8%；石油及制品类零售额下降9.8%，降幅比前几月有所收窄；汽车类零售额3775.84亿元，增长1.4%，增速继续回升；通讯器材类商品零售额增长27.5%。住房相关类别消费增势良好，家具类商品零售额增长15.9%，增速高于全省平均水平。

进出口持续下降。2015年，广东完成进出口63559.7亿元，同比下降3.9%，降幅同比扩大1.4个百分点，占同期全国外贸总值的25.9%；其中出口39983.1亿元，增长0.8%，进口23576.6亿元，下降10.8%。贸易结构持续改善，加工贸易进出口持续下降，一般贸易进出口保持稳定增长，全年实现一般贸易进出口2.68万亿元，增长4.9%，加工贸易进出口2.74万亿元，下降14.4%。

二、新动力的推动作用日益突出

虽然2015年经济发展下行压力比较大，但广东转型升级的步伐不断加快，创新驱动、高新技术、新业态、新商业模式、民营经济等积极因素不断增加、积累，形成促进发展的新动能，开拓了经济增长的新空间，促进了经济发展的分化和经济结构的优化，同时也为全国经济结

构的优化发挥了重要的支撑作用。主要表现在以下几方面：

（一）新驱动促进现代产业发展，产业结构不断优化调整

一是工业投资结构进一步优化。2015 年全省工业投资结构进一步优化，全年完成工业投资 10151.77 亿元，同比增长 20.8%，高于整体投资 5.0 个百分点。其中，高新技术制造业投资 1366.55 亿元，增长 35.8%，高于同期制造业投资 11.3 百分点，其中的医药制造投资增长 49.9%，电子及通信设备制造投资增长 32.0%，医疗设备及仪器仪表制造投资增长 26.0%，均保持较高增速。工业技术改造持续推进，全年完成工业技术改造投资 2931.50 亿元，同比增长 56.5%，增幅同比提高 33.2 个百分点。这些推动广东产业结构继续优化。

二是现代服务业比重提升，经济增长动力继续调整。第三产业增加值增长 9.7%，对经济增长贡献率达 57.1%，三次产业占比调整为 4.6：44.6：50.8，第三产业占 GDP 的比重同比提高 1.8 个百分点。其中，现代服务业增加值增长 11.9%，比整体服务业高 2.2 个百分点，占服务业比重为 60.4%，占比同比提高 1.4 个百分点。

三是制造业继续向高端化方向发展。2015 年，先进制造业完成增加值 14712.70 亿元，增长 10.0%，占规模以上工业的比重达到 48.5%，占比同比提高 0.9 个百分点；高技术制造业完成增加值 8172.20 亿元，增长 9.8%，占规模以上工业比重达到 27.0%，同比提高 1.9 个百分点；珠江西岸装备制造业完成增加值 2623.94 亿元，同比增长 14.2%，增速高于规模以上工业 7.0 个百分点。

（二）改革深化、简政放权进一步释放市场活力和民资投入动力

一是商事登记制度改革促进大众创业，新投入资金快速增加。截止 2015 年底，全省市场主体总量、内资企业、外资企业、私营企业和个体工商户数量均位居全国首位。全年全省新登记企业数量同比增长 22.5%，注册资本金同比增长 76.8%。

二是民营经济活力增强，地位继续提升。全年民营经济增加值 38846.24 亿元，增长 8.4%，增速高于整体 GDP 增速，民营经济总量占比提高到 53.4%，占比同比提高 0.1 个百分点。规模以上民营工业增长 11.8%，占规模以上工业的比重提升到 46.2%；民营工业增速比国有控股工业高 9.7 个百分点，比三资工业高 7.7 个百分点。民间投资增长 19.9%，增幅同比提高 0.2 个百分点，占全省固定资产投资的比重为 60.1%。全省私营企业出口增长 9.9%，高于整体出口 9.1 个百分点。

（三）以“互联网+”为代表的经济新业态蓬勃发展，经济发展中“新”因素的作用日益增强

一是互联网技术不断渗透到各行各业，为百姓生活带来方便，信息相关产业表现抢眼。全年规模以上互联网和相关服务业营业收入增长 20.5%，软件和信息技术服务业营业收入增长 17.6%。通讯消费方面，2015 年全省限额以上单位通讯器材类商品零售额继续保持较快增速，同比增长 27.5%；12 月底，全省 4G 移动电话户数已达 4892.3 万户，同比增加 3426.6 万户，4G 用户覆盖率达到 32.6%；全省移动互联网接入流量同比增长 89.4%。网上购物方面，全年全省限额以上批发零售业通过公共网络实现商品零售额 820.32 亿元，占全省社会消费品零售总额的比重为 2.6%，同比增长 52.9%，拉动消费增长 1.2 个百分点。网购的火爆带动快递业务迅猛增长，行业利润较快增长。2015 年全省完成快递业务同比增长 49.4%，快递业务量占全国的近四分之一；在规模以上服务业中，交通运输仓储邮政业实现营业收入增长 8.7%，利润总额增长 50.6%。

二是居民生活质量提升，文体和健康消费较快发展。2015 年，限上单位文化办公用品类商品零售额 358.33 亿元，增长 16.5%；体育、娱乐用品类商品零售额 71.67 亿元，增长 62.8%；中西药品类商品零售总额 608.14 亿元，增长

16.6%；电子出版物及音像制品类商品零售额15.40亿元，增长25.6%。2015年，规模以上广播、电视、电影和影视录音制造业营业收入增长15.5%，主要影院业绩表现良好，电影放映业营业收入和利润分别增长37.6%和63.0%，娱乐业营业收入和利润分别增长17.5%和96.9%。

三是外贸新业态增势迅猛。全年全省旅游购物出口232.4亿美元，增长1.1倍；38家外贸综合服务试点企业出口280亿美元，增长22.3%。纳入统计的跨境电子商务进出口21亿美元，增长14.5倍，规模居全国首位。

四是便捷交通经济效应日益突出。广州通往珠三角城市若干轻轨的运营和武广、京广、厦深、贵广、南广等高铁的开通极大便利了省内各地以及广东与各省的往来，刺激了百姓的旅游和消费欲望，出行和旅游大幅度增加。2015年，广东高铁共完成客运量12308万人，同比增长45.4%，完成旅客周转量342.35亿人公里，同比增长49.6%；高铁客运量占全部铁路客运量的比重已达46.3%，同比提高10.6个百分点。全年全省旅游总收入8902亿元，同比增长13.4%；接待过夜游客3.5亿人次，同比增长6.8%。

五是部分与民生相关的行业发展快于平均水平。全年租赁和商务服务业投资增长26.1%，高于投资平均水平10.3个百分点，实现营业收入增长14.9%，高于全省规模以上服务业平均水平5.2个百分点。科学研究和技术服务投资增长32.4%，增速较快，利润总额增长11.7%，高于规模以上服务业利润总额增速0.6个百分点。卫生和社会工作投资增长30.2%，营业收入增长10.8%；生态保护和环境治理业实现营业收入增长41.5%，营业利润扭亏为盈。

三、经济增长质量和效益保持提升

一是财政保持稳定增收，为民生和社会建设支出提供重要保障。2015年，全省累计完成一般公共预算收入增长12.0%，其中税收完成7375.93亿元，增长13.4%，占一般公共预算收入的78.8%。民生类支出快速增长44.3%，占比达69.6%。

二是就业稳定，居民收入保持稳定增长。2015年全省城镇登记失业率2.45%，同比微升0.01个百分点。全省“四上”企业从业人员超过2000万人，同比基本持平。广东居民人均可支配收入27859元，同比名义增长8.5%，实际增长6.9%。其中城镇常住居民人均可支配收入增长8.1%，农村常住居民人均可支配收入增长9.1%。

三是企业利润增势相对较好。2015年，规模以上工业实现利润7208.77亿元，同比增长8.2%，比全国平均水平高10.5个百分点；产成品存货4533.05亿元，增长2.9%，比年初明显回落；工业企业主营业务收入利润率为6.1%，同比提高0.3个百分点。

四是能耗水平继续下降。2015年，全省节能降耗形势较为乐观，全省单位GDP能耗同比下降5.71%，完成了下降2.16%的年度目标任务；规模以上工业综合能源消费量14037.18万吨标准煤，同比下降4.0%，单位工业增加值能耗下降10.5%。

四、对2016年经济形势的预判和政策建议

（一）2016年国内外经济形势预计保持稳定

从国际看，当前世界经济仍处在危机后深度调整之中，呈现出低增长、不平衡、宽震荡、多风险的特征，而且国际产业转移格局的调整对中国进出口的影响还在加深。虽然美国经济恢复更趋稳定，但美国从2016年1月起启动加息，这从长期看将对新兴国家经济发展带来不利影响。IMF最新预测表明，2016年全球经济增速比2015年略有提高；联合国12月发布预计报告，预计2016年全球经济增长2.9%，比2015年有小幅改善。

从国内看，国家系列宏观调控措施的政策效应陆续显现，“十二五”主要预期目标基本

实现。随着供给侧结构性改革的推进，去产能、去库存、去杠杆、降成本、补短板等各项政策措施的落实，预计今年国内经济环境有望保持稳中有所改善。同时经济发展中新产业新业态新商业模式的力量日益增强，逐步形成拉动经济增长的正向效应，也有利于提振市场信心。但也要看到，当前外需依然疲弱，全国基建和房地产投资增速放缓，因此多家机构预测2016年中国经济增速将继续放缓至6.6%-6.8%之间。

（二）广东经济发展面临若干困难和挑战

虽然当前广东经济总体保持稳定，但也面临不少困难，存在较大的下行压力，主要体现在以下几方面：

一是国际大环境没有明显改观，广东进出口形势依然严峻。一方面，世界经济发展缓慢，国际贸易需求没有转暖；另一方面国际产业转移对中国的出口带来一定程度的负面影响，而且对广东来说还面临一个加工贸易产能向国内其他省份转移的压力。2014年和2015年广东进出口均出现下降，预计2016年广东进出口形势依然比较严峻。

二是国内经济下行压力大，实体经济经营仍然困难。当前，国内需求仍显疲弱，部分先行指标显示经济下行压力较大。2015年全省全社会用电量增长1.4%，其中工业用电量下降0.4%，连续3个月处于负增长区间，制造业用电量下降2.1%，处于全年低点。PMI指数持续下滑，12月广东省制造业采购经理指数（重点企业PMI）为48.4%，较上月回落0.2个百分点，已是连续第4个月处于50%的荣枯线以下。至12月，广东工业生产者出厂价格指数和购进价格指数已经连续44个月下降，降幅比前几个月略有加深，表明工业生产去产能化的任务还比较艰巨。此外，人工成本持续上涨、市场竞争更趋激烈等因素也增加企业的经营难度，企业对减免税费的愿望比较强烈。

三是资本市场波动较大，对实体经济发展、居民消费和财政税收等方面带来较大的不确定性。股票市场和投资性房地产市场的不确定性大大增强，不仅增加宏观调控的难度，也影响居民的消费预期以及消费结构的升级。

四是粤东西北地区发展放缓。2015年，粤东西北地区GDP增长8.1%，比珠三角地区低0.5个百分点，改变了2009年以来快于珠三角的局面。粤东西北地区经济增速放缓，从结构上看，主要是工业增速放缓。2015年粤东西北地区规模以上工业增加值增长7.9%，其中粤东增长7.3%，同比回落5.9个百分点；粤西增长9.9%，同比回落5.3个百分点；粤北增长6.9%，同比回落7.5个百分点。粤东西北地区工业增速放缓，直接影响到财政收入增长，粤东西北地区全年财政收入增幅放缓明显至4.2%，其中粤东地区出现负增长。

表3 2015年分区域主要经济指标增长情况

区域	规模以上工业增长（%）		固定资产投资增长（%）		社会消费品零售总额增长（%）		地方一般公共预算收入（%）	
	2015年	2014年	2015年	2014年	2015年	2014年	2015年	2014年
全省	7.2	8.4	15.8	15.9	10.1	11.9	12.0	13.9
珠三角	7.2	8.3	14.3	14.6	9.6	11.9	14.3	15.1
粤东西北	7.9	14.2	19.0	29.6	11.3	11.8	4.2	12.7
粤东	7.3	13.2	24.2	32.3	12.4	12.0	-3.2	9.1
粤西	9.9	15.2	23.2	30.0	10.8	11.7	6.3	11.1
粤北	6.9	14.4	10.4	26.7	10.6	11.4	8.1	16.7

（三）做好 2016 年经济工作的建议

根据以上情况，对 2016 年经济工作提出如下建议：

一是继续把稳增长放在突出位置。要继续保护民资的积极性，同时优化营商环境，稳住和增加外资。努力开拓海外市场，扩大广东工业产品出口，促进消费。

二是坚持创新驱动，加快推进“互联网 +”行动计划，催生新产业、新业态、新商业模式等“三新”经济，使之成为新的经济增长点，并引领经济发展潮流，力促广东成为新经济发展的排头兵。

三是着力加强供给侧结构性改革，进一步提升广东经济增长质量和效益。要将政策的着力点放在加大供给侧调整力度上，引导过剩产能供给侧减量和结构调整，达到与需求侧相适应的新水平，稳定价格，提升企业盈利能力，全面提高经济增长质量和效益，提升广东各方面的要素生产力。重点要贯彻实施“中国制造 2025”，促进工业化和信息化的深度融合，加快先进装备制造业发展，进一步提升广东制造业竞争力。同时，抓住“一带一路”战略契机，开拓新的海外市场，开展国际产能合作，推动企业走出去。

四是高度关注企业生产经营状况，为企业发展打造良好经济生态。一方面要切实落实、兑现国务院、省委省政府帮扶企业特别是小微企业的各项政策措施，使企业真正得到实惠；另一方面要把握好税收征管的节奏，保持经济增长和税收增长的协调和平衡。

（作者：幸晓维）

广东省广州天河体育场

专栏：2015年广东服务业转型升级特色鲜明

在经济发展新常态下，广东服务业已经成为促进经济社会持续健康稳定发展、引领经济转型升级的新引擎、新动力。据国家统计局广东调查总队对4512家规模以下服务业企业经营情况和发展状况调查结果显示，广东规下服务业企业2015年经营向好，总体平稳发展；用工规模扩大，充分保障劳动力就业功能突出；营造大众创业、万众创新的新局面，优化产业结构，推动转型升级特色明显。在寻找服务业转型升级的新途径中，2015年广东互联网金融、跨境电子商务业、融资租赁业的蓬勃发展，具有一定的典型代表性。

一、广东互联网金融发展现状：产业集聚效应明显

广东互联网金融发展较为迅速，得益于广东经济的发展和转型升级的深入，许多基于互联网的金融服务模式应运而生，并对传统金融业产生了深刻影响和巨大冲击。广东互联网金融企业不仅数量较多，种类也较为丰富。调研的29家互联网企业中，以货币银行服务和互联网P2P平台居多，分别为13家和11家，非金融机构支付服务和保险分别为2家和3家（见表1）。

表1　29家互联网金融企业的主营业务范围

主营业务	企业数（家）
众筹	1
互联网P2P平台	10
货币银行服务	13
非金融机构支付服务	2
保险	3

1. 企业对自身的发展前景看好。广东互联网金融迅速发展除了表现在全省企业数量规模扩张之外，企业对自身发展前景和市场信心十足。问卷汇总显示，当问及企业是否会进一步发展“互联网+”相关业务时，28家企业表示“进一步发展”，占96.6%，只有一家表示“维持现状”。从企业自身发展和对市场的信心来看，广东互联网金融行业正处于市场开拓期，企业对行业前景看好，市场信心很足，绝大多数企业正在不断的加大投入，处于投资阶段。

2. 产业集聚效应明显。在产业聚集方面表现为两大块：一是深圳异军突起。据深圳市金融办统计，截至2015年一季度，在深圳商事登记注册的各类互联网金融公司已突破1000家，约占全国三分之一，比上季度增长63.4%，其中，第三方支付机构50多家，业务规模达到3.52万亿元，同比增长192.5%，规模仅次于浙江省，位居全国第二；P2P网贷融资平台约600多家、贷款成交规模突破800亿元，贷款规模约占全国30%、占广东省一半以上；互联网理财产品销售已突破1000多亿元；股权众筹融资、互联网财富管理均居国内前三名。产业集聚效应进一步增强，深圳市已在福田、罗湖和南山三大金融发展较强的区，共同设立了深圳互联网金融产业园区，三大互联网产业园区总规划建筑面积突破100万平方米，目前已有近一百家互联网企业意向入驻园区。二是珠海横琴奋起直追。截至2015年6月末，珠海横琴已有企业超万家，其中今年1-5月新增企业2063家，超过去年全年新增企业总数，累计注册资本771亿元，较去年同期增75%；2015年4月23日成立的中国（广东）自由贸易试验区珠海横琴新区片区金融类企业1109家，注册资本1501亿元人民币，金融类企业中较为活跃的互联网金融企业有30家，交易平台11家（其中5家已获批复），其中，广东信汇电子商务有限公司获得央行发放广东首家民营企业的第三方支付牌照，由民生电商全资设立的珠海民商网络融资担保有限公司也于2月6日获省金融办批准设立。

3. 创新型的互联网金融产业不断出现。从行业协会等有关部门也了解到，广东各地兴起的互联网金融

企业中既有传统金融机构的互联网创新及电商化创新，如网上银行、网络保险、网上证券、互联网基金、手机银行、直销银行、电商平台等，也有第三方支付、P2P 网贷、股权众筹、手机理财 APP、金融产品销售和财富管理综合服务等类型，几乎覆盖目前我国现有的互联网金融类企业类型。部分企业眼光独到、勇于开拓，切入细分市场，多个领域涌现出一批龙头民营企业，例如，第三方支付平台财付通、跨境支付平台钱宝、P2P 网贷规模较大的红岭创投、投哪网、一站式综合理财服务平台金斧子、服务农产品市场的海吉星、专注大学生消费市场的桔子理财、以罗湖水贝珠宝园为基础打造的珠宝贷等等，个别企业的规模和业务量已经达到所在领域的国内领先位置，年成交金额达百亿级，甚至千亿级。

二、广东跨境电子商务发展现状：保税区双向试点助发展

跨境电子商务作为推动经济一体化、贸易全球化的技术基础，具有非常重要的战略意义。近年来，国家和地方政府非常重视跨境电子商务的发展，密集出台相关政策，传统企业纷纷试水电商业务，跨境电子商务在短期内迅速发展。广东作为改革开放的前沿阵地，历来为对外贸易大省，其毗邻港澳的地理位置决定了其发展跨境电子商务得天独厚的天然优势。

1. 总体发展较快，广州深圳为主要城市。从广东省跨境电子商务协会了解到，广东省作为全国第一外贸大省，跨境电子商务交易额占全国交易总额的七成，相关从业人员多达几百万人；从广东省电子商务协会了解到，从销售额上看，2014 年广东的跨境电商企业中，深圳占了 50% ~ 60%，广州占了 30% ~ 40%，广东的其余城市仅占 10% ~ 20%，主要也集中在珠三角地区，粤东西北地区还处在刚起步阶段，所以本次重点调研主要集中在深圳和广州两市 25 家样本企业。

深圳方面，跨境电子商务出现了爆发式增长，据深圳市经信委数据， 2015 年深圳跨境电子商务交易额达 333.95 亿美元（约合人民币 2175.7 亿元），同比增长 95.98%，比 2014 年高出 68.7 个百分点，占全市电子商务整体交易额的 12.54%，全市外贸进出口总额的比重约为 7.87%，比 2014 年高出 4.37 个百分点。广州作为国家跨境贸易电子商务服务试点城市，2015 年也迎来了快速发展，广州率先试行的跨境电商备案制管理，最大程度降低企业开展跨境电商业务门槛，截至 2015 年上半年，备案的跨境电商企业达 397 家，已开展业务的 158 家。

25 家提供财务报表的样本企业调研数据显示，2015 年 1-6 月份实现营业收入 15.31 亿元，户均 6123.00 万元，同比增长 37.3%，期末从业人数 3544 人，户均 142 人，同比增长 21.8%，企业的发展速度很快。

2. 保税区双向试点加快广东跨境电子商务发展步伐。中国最早的十五个保税区中广东占六个，占 40%。它们是广州保税区、深圳沙头角保税区、深圳福田保税区、深圳盐田保税区、汕头保税区、珠海保税区。相对而言广东保税区具有成立早、规模大、设备齐全、毗邻港澳、依托广东外贸出口、优势明显等特点，也是改革试点地区，其中跨境电子商务双向试点于 2014 年 7 月在深圳进行，此次试点主要在前海湾保税港区实施，试点首期为网购保税进口模式，跨境电商按照“保税跨境电子商务”这一新型海关贸易方式，将货物批量运入前海湾保税港区，根据国内个人用户订单情况，向海关申报个人物品清单，经海关征收个人物品税后寄交给国内个人用户。相比传统的报关模式，保税区内效率更高，以速度促发展，加快了深圳跨境电商发展步伐。据前海湾保税港区数据， 2015 年前海共备案跨境电商商品 36，603 品种次、进口跨境电商商品 1，244 批次、货值 10.77 亿元人民币、发出订单邮包 1，013.47 万单，同比分别增长 138 倍、38 倍、66 倍和 201.3 倍，涉及备案企业 247 家。试点的成功经验将会推广到其他保税区，这将加快广东跨境电子商务发展步伐。

3. 跨境电商带动物流业同步发展。伴随着跨境电商的迅猛发展，为其提供配套服务的物流业也得到同步发展。以深圳和惠州为例，深圳方面，根据深圳市统计局数据显示，2015 年物流业增加值 1782.70 亿元，增长 9.4%，深圳市交委统计快报显示，2015 年深圳港集装箱吞吐量达到 2421 万标箱，其中重箱吞吐量 1606 万标箱，占全港吞吐量比例超过 66%。深圳港集装箱吞吐量已连续第 3 年站在全球第三的位置。2015 年深圳市快递收入达 222.97 亿元，收入同比增长 32.19%，2013-2015 年深圳市快递收入年均复合增长率为

32.74%。深圳市交通运输委员会发布的数据还显示，深圳现有物流公司超过1.5万家，供应链公司300多家，集中了全国80%以上的供应链公司总部。出现了递四方、顺丰速运、均辉速递及原飞航等优秀的跨境物流综合服务电商。在惠州方面，惠州民间跨境电商对物流业带动也十分明显，据统计，2012年以来，惠州国际小包每年增幅超过50%，跨境电商邮件寄递量在2014年就已经占邮件比例48%。中国邮政集团公司广东省包裹业务局易岚局长就中国邮政国际小包服务做过介绍，邮政国际小包具有价格低、轻小件的优势，是跨境电商物流的首选，2015年中国邮政国际小包业务量为5.3亿件，同比增长72%。2公斤以下国际轻小件寄递市场占有率为55.3%，比上一年提高了14个百分点，居同行业第一位。而惠州邮政国际小包业务自2010年开通以来，推出了国际平邮小包、国际挂号小包、港澳小包和中哈陆路专线国际小包等业务，可寄到全球200多个国家，全程提物流系统挂号包裹查询，流水线日均处理量超过2万件。

4. 广东跨境电子商务企业信心足。广东由于其所处地理位置优越，各种资源要素流转方便，并形成放大的集聚与扩散效应，这使广东成为落实“一带一路”战略不可替代的经济支撑点。加上国家层面“互联网+”的行动计划的落实，广东成了深化改革，转型升级的前沿阵地。也基于广东大环境的发展，跨境电子商务企业负责人对该行业的发展信心十足，前景看好。在广州、深圳、惠州和中山4市29家样本企业中，问及企业对“互联网+”相关业务发展趋势的预期时，26家认为“好”，占89.7%，只有3家认为一般，占10.3%；问及企业是否会进一步发展“互联网+”相关业务，28家选择“进一步发展”，占96.6%，只有1家表示“维持现状”，占3.4%。

三、广东融资租赁发展现状：发展环境相对落后

相对于互联网金融、跨境电子商务行业的快速发展，广东融资租赁业则受地方政策及环境制约影响较大。2014年通过对广东91家融资租赁企业进行各种方式的调查数据资料汇总或实地走访调研，了解到融资租赁作为金融行业新领域、作为服务与促进实体经济新兴业务所迎来的快速发展，但同时又面临着诸多的困难与制约。

在调查访问的91家融资租赁企业中，金融系融资租赁公司1家，90家非金融系租赁；内资融资租赁公司2家，外资融资租赁公司88家。由于新注册成立尚处于前期筹备阶段，或注册后处于营业初期、正式业务量未能统计出来等原因，实际获得财务数据资料的有45家，了解到企业经营状况等信息的为91家。企业分布情况如表2：

表2　广东融资租赁企业分布情况

分　市	2013年底企业数（家）	金融租赁	经营租赁		各市企业数量所占比重（%）
			内资租赁	外资租赁	
总　计	91	1	2	88	100.0
广　州	29		1	28	31.9
深　圳	50	1		49	54.9
珠　海	8		1	7	8.8
佛　山	2			2	2.2
东　莞	1			1	1.1
中　山	1			1	1.1
各类企业数量所占比重（%）	100.0	1.1	2.2	96.7	

数据来源：1. 中国租赁联盟；2. 根据调研企业数据整理。

1. 企业发展迅速，但盈利能力稍弱。2014 年上半年企业平均注册资金 4.39 亿元，同比增长 29.6%，平均每家资产 38.33 亿元，比去年同期增加 9.8%；平均每家的合同余额为 33.54 亿元，比去年增长 4.0%；企业的期末从业人员数平均为 21 人，比去年同期增长 36.9%，说明企业发展较快。但另一方面，企业盈利能力却有待加强。2014 年 1-6 月份企业平均管理费用 600 万元，比去年同期增长 11.0%；平均应付职工薪酬 400 万元，同比增长 31.6%；平均营业税金及附加 200 万元，同比增长 4.7%。在营业额相当的情况下，由于企业运营成本的增加，企业平均营业利润为 2800 万元，比上年同期下降了 2.7%。

2. 金融性租赁一家独大，外资金融企业占绝对多数。调研的融资租赁企业分为金融性租赁和经营性租赁两种类型，广东在全国金融性租赁方面领先，国银金融租赁有限公司作为广东 2013 年在册的唯一一家金融租赁公司，2015 年注册资本 95 亿美元，在全国排位第二，仅次于工银金融租赁有限公司。2015 年其资产总计达到 1557.0 亿元，同比增长 10.9%；合同余额为 147.3 亿元，同比增长 10.3%。另外，在经营性租赁企业中，外资租赁企业占了绝大多数。广东 91 家融资租赁企业中，内资企业仅有两家，89 家为外资融资租赁企业，占比达 97.8%。

3. 经营租赁企业的发展环境相对落后。相比而言，在经营性租赁方面，由于受地方政策及环境制约，深圳、广州、珠海等地的发展远落后于天津、上海和北京。原因有四：一是受“营改增”税收政策影响。由于在税制改革中将融资租赁行业纳入到营业税改增值税范畴，但是该行业高度依赖的金融业却依然实行营业税，而且广东各地并没有像天津一样及时出台相关税收减免、地方补贴等优惠措施，导致该行业税负陡增、利润受挫；二是企业所得税率过高。如前海湾保税港区和珠海保税区的企业都无法享受 15% 的所得税率优惠，两地的融资租赁企业只能转而通过到天津等地开子公司的曲线形式规避税负，增加盈利和自身竞争力。三是企业高管奖金部分的个人缴纳所得税率过高。由于我国是实行累进制个人所得税征缴，融资租赁行业的企业高管往往奖金偏高，按国家标准缴纳的个人所得税达到 45%，而地方政府又没有相应的补救措施，导致高级人才和管理层在本地经营的意愿下降；四是其他配套优惠条件不足，导致该行业高级人才信心受挫。

四、小结

互联网金融尚处在发展初期，短期内行业快速发展，存在法律、监管、征信、人才等方面的滞后问题，企业健康发展亟待制度保障。广东政企应上下同心做好“互联网 +”这篇大文章，尽快推进各行各业与互联网的深度融合，促进电子商务交易结构协调发展、全面提高电子商务质量，为发展新兴业态、打造新增长点、助推产业升级、增强经济发展新动力、促进经济提质增效提供新引擎。融资租赁业在大众创业、万众创新推动经济发展的大潮下，发挥的作用越来越大，但由于受地方环境和政策的制约，作用尚不明显，期待广东及时建立促进融资租赁业发展的政策措施，打造良好的发展环境鼓励其发展。

（作者：叶健夫）

广西壮族自治区经济社会发展报告

2015年，面对国际经济复苏缓慢、国内经济持续下行的严峻形势，自治区党委、政府坚决贯彻落实中央的各项决策部署，坚持稳中求进工作总基调，主动适应经济发展新常态，统筹做好稳增长、促改革、调结构、惠民生、防风险等各项工作，全区经济呈现“总体平稳、稳中有进”的发展态势，实现“十二五”完美收官。

一、经济运行的主要特点

初步核算，2015年全区生产总值16803.12亿元，按可比价格计算，比上年增长8.1%，增速高于全国1.2个百分点。总量在全国排第17位，比上年前进2位，在西部排第4位；增速排全国第15位，西部第7位，分别比上年前进2位和1位。分产业看，第一产业增加值2565.97亿元，增长4.0%，增速高于全国0.1个百分点；第二产业增加值7694.74亿元，增长8.1%，高于全国2.1个百分点，其中工业增加值6338.28亿元，增长7.7%；第三产业增加值6542.41亿元，增长9.7%，高于全国1.4个百分点。三次产业结构为15.3:45.8:38.9，三次产业对经济增长的贡献率分别为6.7%、51.4%和41.9%。

（一）总体平稳：三次产业稳步增长，就业形势稳定，物价涨幅平稳

1. 农业基础地位稳固。全年农林牧渔业增加值2634.28亿元，比上年增长4.1%，其中，种植业增长5.2%，林业增长6.4%，畜牧业下降0.2%，渔业增长4.0%。全年粮食总产量1524.8万吨，比上年减少0.6%；园林水果产量1369.99万吨，增长11.1%；蔬菜及食用菌产量2786.08万吨，增长6.7%；木材产量约2950万立方米，增长15.7%；糖料蔗产量7504.92万吨，下降5.6%。活禽养殖走出上年禽流感疫情的不良影响，全年出栏8.08亿羽，由上年下降4.8%转为增长3.2%，实现恢复性增长。水产品产量345.62万吨，增长4.1%；蚕茧产量36.06万吨，增长6.2%，约占全国45%，产量连续11年排全国第一。

2. 工业生产稳定增长。全年全区规模以上工业增加值比上年增长7.9%，高于全国1.8个百分点，其中，轻工业增长6.7%，重工业增长8.3%。

八成行业实现增长。40个大类工业行业中，32个行业实现增长，占行业面的80%。增加值总量超过200亿元的10大行业中除电力热力生产和供应业外全部实现同比增长，计算机通信和其他电子设备制造业增长25.2%，木材加工和木竹藤棕草制品业增长15.4%，黑色金属冶炼和压延加工业增长14.2%，电气机械和器材制造业增长12.9%，化学原料和化学制品制造业增长11.9%，有色金属冶炼和压延加工业增长10.8%，非金属矿物制品业增长8.5%，汽车制造业同比增长7.1%，农副食品加工业增长2.5%，电力热力生产和供应业下降1.9%。

非公有工业贡献率超过90%。非公有工业增加值比上年增长10.3%，高于规上工业2.4个百分点。非公有工业对全区规模以上工业增长贡献率达到90.6%，比上年提高11.6个百分点。非公有工业增加值占规模以上工业比重71.7%，比上年提高2.7个百分点。

小微企业拉动作用超过大中型企业。小微工业企业增加值比上年增长12.0%，高于全区4.1个百分点，高于大中型工业企业6.2个百分点；对全区规模以上工业增长贡献率达50%，比上年提高5.5个百分点；拉动规模以上工业增长4个百分点，高于大中型工业企业0.1个百分点；占规模以上工业比重35.1%，比上年提高2.4个百分点。

3. 服务业增速加快。全年全区第三产业增加值比上年增长9.7%，增速比上年提高1.6个

百分点，从主要行业看：

限额以上住宿餐饮业经营情况好转。全年限额以上住宿业营业额由上年的下降1.0%转为增长5.6%；限额以上餐饮业营业额增长7.2%，比上年提高6.8个百分点。

商品房销售情况良好。全年商品房销售面积3523.41万平方米，比上年增长11.6%，增速比上年提高6.2个百分点；商品房销售额1747.77亿元，增长14.1%，提高2.7个百分点。

铁路客运量大幅增长。随着高铁新线开通，高铁通达省会城市增加，动车组开行密度加大，全年铁路客运量比上年增长50.4%，增速比上年提高10.1个百分点。

邮电业务总量加快增长。受4G、快递等业务快速发展拉动，我区邮政电信业务主要指标保持快速增长。全年完成邮电业务总量646.23亿元，比上年增长28.4%，增速比上年提高12.7个百分点，其中电信业务总量增长29.0%，提高13.8个百分点。

4. 就业形势基本稳定。全年全区城镇新增就业44.62万人，城镇失业人员再就业8.77万人，就业困难人员实现就业2.48万人，新增农村劳动力转移就业65.69万人次，均超额完成年度预定目标。城镇登记失业率2.92%，低于4.5%的年度控制目标。

5. 物价温和上涨。全年全区居民消费价格（CPI）比上年上涨1.5%，涨幅比上年回落0.6个百分点，今年以来各月累计波动幅度在0.5个百分点以内。分类别看，八大类消费价格同比呈现“六涨二降”态势：食品类价格上涨2.6%，涨幅比上年下降1.7个百分点；烟酒类上涨1.3%，衣着类上涨5.0%，家庭设备用品及维修服务类上涨0.8%，医疗保健和个人用品类上涨1.8%，娱乐教育文化用品及服务类上涨1.3%；交通和通信类下降1.5%，居住类下降0.4%。

（二）投资消费协同拉动，内生动力不断增强

1. 固定资产投资较快增长。全年全区固定资产投资15654.95亿元，比上年增长17.8%，增速比上年提高1.1个百分点，高于全国7.8个百分点。第一、三产业投资增速加快，第一产业投资748.60亿元，比上年增长43.9%，增速比上年提高31.2个百分点；第二产业投资6479.34亿元，增长14.5%；第三产业投资8427.01亿元，增长18.6%，提高3.1个百分点。基础设施投资较快增长，全年完成基础设施建设投资4886.86亿元，增长21.3%，增速比上年提高7.6个百分点。全区基础设施更为完善，通高铁设区市增至11个，新增里程220公里；新增7个县通高速公路，新增里程567公里；大藤峡水利枢纽主体工程、落久水利枢纽、桂中治旱二期工程开工；北部湾港一批码头项目建成；红沙核电1号机组并网发电。

2. 消费品市场平稳增长。全年全区实现社会消费品零售总额6348.06亿元，比上年增长10.0%。按所在地分，城镇社会消费品零售总额5600.28亿元，增长9.9%；乡村消费总额747.78亿元，增长10.7%。分商品类别看，汽车类零售额增长9.7%，中西药品类增长16.2%，粮油食品类增长15.9%，家用电器和音像器材类增长11.1%。

3. 外贸进出口形势明显好于全国。2015年，在全国外贸进出口出现双降的背景下，广西外贸逆势上扬，进出口总值均为两位数增长。全年全区进出口总值3190.3亿元，增长15%，较全国外贸增速快22个百分点。其中，出口1739.9亿元，增长16%；进口1450.4亿元，增长13.8%；贸易顺差289.5亿元，扩大27.9%。

（三）结构调整成效显著，新生动力不断成长

1. 三次产业结构优化。三次产业结构由上年的15.4:46.7:37.9调整为15.3:45.8:38.9，其中第一产业比重下降0.1个百分点，第三产业比重提高1.0个百分点；第三产业增速快于第二产业增速1.6个百分点，是近13年来首次快于二产增速。服务业对经济增长的贡献率比上年提高8.6个百分点，创2003年以来最高水平。

2. 工业结构调整初显成效。一是高技术产业比重提高。全区高技术产业增加值占规模以上

工业增加值的比重为8.6%，比上年提高1.2个百分点。二是高耗能行业比重下降。全区规模以上工业高耗能行业增加值比上年增长7.6%，比规模以上工业增速低0.3个百分点，高耗能行业增加值占规模以上工业的比重为37.3%，比上年下降1.9个百分点。

3. 投资结构继续改善。服务业投资占比提高。全年服务业投资占固定资产投资比重为53.8%，比上年提高0.8个百分点。高耗能行业投资比重下降，六大高耗能行业投资占固定资产投资比重为13.0%，比上年下降0.6个百分点。

4. 新生动力不断成长。新产业发展较快。全区规模以上高技术产业实现增加值比上年增长16.9%，增速高于规模以上工业9个百分点。其中，属于新兴领域的计算机及办公设备制造业比上年增长24.4%，电子及通信设备制造业增长21.3%，医疗仪器设备及仪器仪表制造业增长11.1%，航空航天器及设备制造业增长10.6%，医药制造业增长9.2%。

新兴服务业发展势头良好。2015年1-11月，全区规模以上服务业中，商务服务业、互联网和相关服务业、软件和信息技术服务业发展较快，营业收入分别增长23.3%、27.0%和29.9%。

新业态加快培育。随着“电商广西，电商东盟”工程及“电子商务倍增计划”的深入实施，我区电子商务发展异军突起，据商务厅统计，预计全年全区电子商务交易额4400亿元左右，比上年增长一倍多。

新登记企业较快增长。自治区工商局资料显示，截止2015年11月底，全区新登记企业达9.1万多户，同比增长26.6%；新登记企业注册资本总额4404亿元，同比增长21.9%；新登记过亿企业575户，同比增长31.0%。新登记的私营企业8.7万多户，平均每天有364 家企业、1145个体工商户设立。

（四）发展质量稳步提升，发展成果惠及民生

1. 财政收入保持增长，金融运行平稳。全年全区财政收入2332.96亿元，比上年增长7.9%。其中，一般公共预算收入1515.08亿元，增长6.5%。收入结构趋于优化。全区一般公共预算中非税收入483.51亿元，同口径占比为28%，低于上年3.2个百分点。全区一般公共预算支出总量突破4000亿元大关，达4076.42亿元，比上年增长17.1%。14个地级市财政支出首次实现全部超过百亿元，其中，南宁市财政支出首次突破500亿大关。

年末金融机构本外币各项贷款余额18119.30亿元，比上年增长12.7%；本外币各项存款余额22793.54亿元，增长11.8%，增速比上年提高1.8个百分点。全区新增本外币贷款2048.35亿元，同比多增105.54亿元。

2. 综合能耗下降。全年全区规模以上工业综合能源消费量5802万吨标准煤，由上年同期增长0.4%转为下降5.4%。六大高耗能行业综合能源消费量4817万吨标准煤，占规模以上工业能耗83.0%，由上年增长0.2%转为下降5.6%。其中，电力热力的生产和供应业能耗下降23.9%，石油加工炼焦和核燃料加工业下降6.4%，化学原料及化学制品制造业下降1.8%，非金属矿物制品业下降1.7%，黑色金属冶炼及压延加工业下降0.8%。

3. 民生支出占比提高。全区财政涉及民生支出达到3243.78亿元，占一般公共预算支出比重为79.6%，比上年提高2.4个百分点。其中，扶贫支出增长59.4%，住房保障支出增长51.9%，城乡社区支出增长21.9%，社会保障和就业支出增长18.8%。

4. 城乡居民收入稳步增长。全年全区居民人均可支配收入16873元，比上年名义增长8.5%，扣除价格因素实际增长6.9%。其中，城镇居民人均可支配收入26416元，比上年名义增长7.1%，扣除价格因素实际增长5.5%；农村居民人均可支配收入9467元，比上年名义增长9.0%，扣除价格因素实际增长7.4%。

5. 保障安居工程目标任务超额完成。全年全区保障性安居工程完成投资262.43亿元，约超过全年计划总投资的9.4%。截至12月25日，保障性安居工程完成年度新开工目标任务的

109.8%，完成年度基本建成目标任务的 123.3%，完成分配入住目标任务的 142.1%。

（五）区域经济稳定发展，“双核”贡献突出

全年全区双核地区（南、北、钦、防、柳、梧、贵、百、来、崇）GDP 总量 12330.60 亿元，比上年增长 8.1%，占全区比重为 73.4%，对全区经济增长的贡献率为 73.7%。

北部湾经济区主要指标增速高于全区。2015 年广西北部湾经济区（南、北、钦、防 4 市合计）GDP 总量为 5867.32 亿元，比上年增长 9.1%，比全区高 1.0 个百分点；占全区比重为 34.9%，比上年提高 0.1 个百分点。财政收入增长 10.6%、规模以上工业增加值增长 10.2%，分别比全区高 2.7 和 2.3 个百分点。

珠江 - 西江广西七市主要指标保持增长。2015 年珠江 - 西江广西七市（南、贵、梧、百、来、柳、崇 7 市合计）GDP 总量为 9873.36 亿元，同比增长 7.7 %；占全区比重为 58.8%。财政收入、规模以上工业增加值、固定资产投资分别同比增长 6.4%、6.7% 和 17.2%。

（六）社会事业取得新进步，生态文明建设扎实推进

2015 年。广西教育、社保、卫生等社会事业取得新进步。全区九年义务教育巩固率达 93%，高中阶段教育毛入学率 87.3%，小学生五年保留率 91%，普通初中生三年保留率 94.7%。卫生事业进一步发展，城市社区卫生服务体系基本建立，农村三级卫生服务网络逐步健全。年末全区共有医疗卫生机构 11770 个，卫生技术人员 27.49 万人，每千人拥有医院卫生院病床数 4.16 张，每千人中卫生技术人员 5.73 人。养老、医疗、失业、工伤、生育等保障制度继续完善，年末全区参加城镇基本养老保险的人数 576.63 万人，参加城镇基本医疗保险的人数 1077.59 万人，参加失业保险的人数 273.18 万人，参加工伤保险的人数 360.48 万人，参加生育保险的人数 307.86 万人。

生态文明建设扎实推进。山区生态林、珠江防护林、沿海防护林、自然保护区、湿地生态系统建设深入推进，天然林保护、退耕还林等成果进一步巩固。2015 年，全区森林蓄积量达 6.7 亿立方米，森林覆盖率达 62.24%，比 2010 年提高 4.24 个百分点，获准国家级生态示范区增至 22 个，建成自然保护区达到 78 个，其中国家级自然保护区 22 个。在监测的 14 个城市中，空气质量均达到二级以上（含二级）标准。

二、经济运行存在的突出问题和困难

（一）新动力上升不足以弥补旧动力的下滑

当前，我区新技术、新业态和新模式引导的新兴上升力量与重化工业和产能过剩主导的下行力量并存，传统产业和新兴产业尚处于“青黄未接”状态，传统动力失速过快，新增动力发力缓慢，这也是导致我区经济增速自去年以来持续回落的主要原因。这种新旧动力的差距，主要表现在：

2002-2013 年，传统旧动力起了主导作用。在全国经济发展的大势下，广西经济年均增长 12.4%，比全国同期高 2.2 个百分点，并出现了两个高峰：第一个高峰是 2007 年 GDP 增长 15.1%；第二个高峰是 2010 年增长 14.2%。

2013 年以来，进入“三期叠加”，在转方式，调结构的大环境下，我区新动力较快发展，但不足以弥补旧动力下滑。进入“十二五”以来，我区加大扶持新兴产业发展力度，高技术产业得以快速发展。2015 年全区高技术产业增加值增速高于规模以上工业增加值增速 9 个百分点，但高技术产业比重较低，仅占规模以上工业增加值的 8.6%，而高耗能行业增加值所占比重将近 40%，新旧力量相差悬殊。

新增行业难于弥补传统支柱行业的下滑。近几年来，我区新增石油天然气开采、化学纤维制造 2 个行业，2015 年，上述两行业实现增加值 8.39 亿元，比上年下降 35.8%。与此同时，传统支柱行业中，石油加工炼焦和核燃料加工业由于增速下滑，减少增加值 45.36 亿元。

新入库企业少而退库企业多。全年全区新入库工业企业 141 家，仅比上年增加 35 家，新增

产值364.92亿元。但退库、停产或半停产的企业633家，减少产值816.89亿元，增减相抵，合计净减少产值451.97亿元。

（二）工业品出厂价格连续4年下滑，企业生产经营困难

2015年，全区工业生产者出厂价格比上年下降3.0%，降幅比上年扩大1.4个百分点，已连续4年呈下跌态势。从主要工业品价格看：成品糖价格5400元/吨，比上年同期提高1000元/吨，但距2011年7500元/吨的高位回落2100元/吨；铁合金4000元/吨，比上年下降2050元/吨；电解金属锰9300元/吨，下降2650元/吨；螺纹钢2020元/吨，下降1050元/吨；电解铝10950元/吨，下降2080元/吨。工业品出厂价格持续下跌，同时企业融资成本、用工成本上升挤压盈利空间，企业要实现提质增效升级面临诸多困难和挑战。

（三）投资增长动力不足

一是工业投资增长乏力。全年全区工业投资增长14.1%，比上年回落0.1个百分点，低于投资平均增速3.7个百分点。其中制造业投资增长13.3%，回落3.0个百分点。二是民间投资活力不足。今年以来，各月民间投资增速均低于全区固定资产投资增速，同比均有所回落。全年全区民间投资增长16.1%，比上年回落3.8个百分点，低于固定资产投资增速1.7个百分点，占固定资产投资的64.6%，比重下降0.9个百分点。

（四）第三产业发展仍是短板

2015年，全国第三产业增加值占GDP的比重达到50.5%，首次突破50%，而广西第三产业增加值占GDP的比重为38.9%，低于全国11.6个百分点，在全国排倒数第四位，仅相当于全国1999年的水平，滞后全国16年左右。2011-2015年，广西第三产业增加值年均增长9.8%，低于GDP增速0.3个百分点；而全国第三产业增加值年均增长8.4%，高于GDP增速0.6个百分点。第三产业发展滞后仍是广西经济发展的一大短板。

三、推动经济发展的对策措施

2016年是“十三五”开局之年，也是全面建成小康社会决胜阶段的开局之年，要坚持宏观政策要稳、产业政策要准、微观政策要活、改革政策要实、社会政策要托底的总体思路，大力推进结构性改革；在适度扩大总需求的同时，全面落实“去产能、去库存、去杠杆、降成本、补短板”的工作任务要求，改造提升传统优势产业，加大对实体经济支持力度，加快培育新的发展动能，增强经济持续发展动力，奋力实现“十三五”良好开局。

（一）加快转型升级，培育经济新增长点

坚持把发展实体经济作为推动广西产业转型升级的核心，加快以新技术、新管理、新模式改造传统产业，有效激活存量增长动力，着力补齐动力短板。一要积极对接“中国制造2025”战略和“互联网+”行动计划，加快制定和实施广西行动方案，在优势领域、关键环节重点突破，着力打造产业发展新支撑。二要加大科技创新力度，推动产业自主创新和自主品牌高端化延伸，增强产业配套能力，巩固提升优势产业。三要大力发展战略性新兴产业，提高政策和资金扶持效率，实现创新驱动、内生增长，努力打造经济发展的新引擎。四要加快推进结构性改革步伐，推动企业并购、重组、联合，提高产业集中度。鼓励有实力的大企业和企业集团，以资产、资源、品牌和市场为纽带，实施跨地区、跨行业的兼并重组，促进工业产业生产要素的积聚和集中。五要加快现代服务业发展，推动生产性服务业向专业化和价值链高端延伸、生活性服务业向精细和高品质转变，适应制造业和生产性服务业融合发展的趋势。

（二）扩大有效投资，增强发展的持续性

投资项目建设一直以来是我区稳增长的有力抓手，当前广西正面临着工业化城镇化加快发展，实施“双核驱动”、“三区统筹”战略，参

与“一带一路”建设等多重机遇，基础设施建设、产业发展和改善民生对投资的需求仍然巨大，扩大投资仍极具潜力。一要引导投资投向基础设施互联互通和新技术、新产品、新业态、新模式，加大公共产品和公共服务投入力度。根据国家支持重点和投资方向，筹划申报铁路、高速公路等符合我区资源禀赋和有利于长远发展的重大投资项目，加快推动县乡村公路建设、农网改造、通信通达、安全饮水等基础设施建设，抓好企业和园区改造项目建设。扩大节能环保、电子信息、生物制药、高端装备制造、新能源、新材料等战略性新兴产业项目储备规模。二要严格控制高耗能、高污染行业和产能过剩行业投资项目。进一步做好高耗能行业发展规划，高耗能行业的投资方向应以拉长产业链，提升工艺水平，促进科技创新为重点，进一步发挥投资在结构调整、转型升级的关键作用。三要着力解决项目建设中的土地、资金瓶颈，动员银行、证券、保险、资本市场等各种资本拓宽项目融资渠道，鼓励金融创新，加大对重点领域和薄弱环节的定向金融支持，健全重大项目面向民间投资招标长效机制，发挥民营资本主力军作用，激发民营资本进入产业转型升级、基础设施建设、城乡统筹发展、民生保障等领域的积极性。

（三）继续释放消费需求，增强发展的内生动力

一要不断完善消费设施，优化消费环境，加大消费信贷支持力度。二要深入实施“宽带中国”战略，加快发展移动通讯，鼓励电子商务创新发展，积极培育网络购物等新型消费业态。三要多层次培育信息、医疗、养老、文化、汽车、家政等新的消费热点，增强消费的拉动作用。四要推动居民消费升级，增加不同类型的消费方式和商品，医疗保健、智能家电、婴童产品和娱乐体验等将引领新一轮消费周期的兴起。五要加大商品房去库存力度，推进保障住房性货币化，运用发放租赁补贴方式解决住房保障问题。六要维持政府消费的合理增长。着力扩大政府支出中用于教育、卫生、医疗、社会保障等民生领域的比重，拓展基础性研发、环保和公共基础设施等支出领域。

（作者：杨和荣）

漓江晨雾

专栏：减贫任务超额完成 收入增速高于全国

为深入贯彻落实广西区党委《关于贯彻落实中央扶贫开发工作重大决策部署坚决打赢“十三五”脱贫攻坚战的决定》，确保到2020年全区贫困人口全部脱贫和贫困县、贫困村全部脱贫摘帽。根据国家统计局等五部委《关于进一步加强农村贫困监测调查工作的通知》的统一部署，国家统计局广西调查总队对纳入国家农村贫困监测调查的33个县、258个调查小区、2580户调查户开展监测调查。2015年监测调查结果显示，2015年广西超额完成预定的减贫目标任务，同时贫困农民收入保持平稳较快增长，贫困地区农民生活水平稳步提高。

一、监测调查基本情况

农村贫困监测调查主要内容包括居民现金和实物收支情况，住户成员及劳动力从业情况、家庭住房和耐用消费品拥有情况，家庭经营和生产投资情况、社区基本情况、贫困县社会经济基本情况和贫困县扶贫项目实施情况，以及村和户的扶贫参与情况等。

（一）贫困人口减少，全区超额完成减贫任务

按现行国家贫困标准（每人每年2300元，2010年不变价）测算，2015年广西农村贫困人口452万人，比上年减少88万人，下降16.3%；减贫人数比预期减贫目标85万人多3万人。广西农村贫困人口占全国农村贫困人口的比重为8.1%。广西贫困发生10.5%，比上年下降2.1个百分点。

（二）农民收入保持平稳较快增长

1. 收入增速实现“两个高于”。2015年，广西贫困地区农村居民人均可支配收入7927元（农民人均纯收入7008元），比上年增加882元，增长12.5%，增速比全区农村居民收入增长速（9.0%）高3.5个百分点，比全国贫困地区农村居民收入增长速度（11.7%）高0.8个百分点。

2. 收入增加额超过全区农村居民收入平均水平，与全区农村居民收入平均水平差距进一步缩小。2015年，广西贫困地区农村居民人均可支配收入增加额为882元，比全区农村居民收入平均水平783元高99元。广西贫困地区农村居民人均可支配收入占全区农村居民人均可支配收入的比例达到83.7%，比2014年提高2.6个百分点。

3. 工资性收入比重提高，农村居民收入结构不断优化。2015年广西贫困地区农村居民人均可支配收入中，工资性收入、经营净收入、财产净收入、转移净收入分别为2166元、3776元、65元和1919元，占可支配收入的比重分别为27.3%、47.6%、0.8%和24.2%。与上年相比，农村居民收入结构呈“一升三降”态势，工资性收入比重比上年提高1.7个百分点，经营净收入、财产净收入、转移净收入分别下降1.0个、0.1个和0.6个百分点。

4. 四大项收入全面增长。从收入来源看，2015年贫困地区农村居民人均可支配收入增长12.5%，四大项收入实现不同程度增长，其中：工资性收入增长19.8%，经营净收入增长10.2%，财产净收入增长6.9%，转移净收入增长9.8%。

（三）农村居民生活消费支出稳定增长

1. 农村居民消费支出稳定增长。2015年，广西贫困地区农村居民人均消费支出6991元，比上年增长7.3%。贫困地区农村居民人均消费支出达到全区农村居民人均消费支出的92.2%。与全国贫困地区农村居民消费水平相比，广西贫困地区农村居民消费水平高于全国平均水平，2015年消费支出比全国平均水平多296元。

2. 食品消费支出占比高于全区平均水平。在2015年贫困地区农村居民消费支出中，人均食品支出2595元、衣着支出251元、居住支出1525元、生活用品及服务支出428元、交通通信支出670元、教育文化娱乐支出851元、医疗保健支出569元、其他商品和服务支出101元，占消费支出的比重分别为37.1%、3.6%、

21.8%、6.1%、9.6%、12.2%、8.1%、1.4%。与全区农村平均水平相比，贫困地区农村居民消费支出八大项占比呈“五高三低”态势，即食品支出、衣支出、生活用品及服务支出、教育文化娱乐支出、其他商品和服务支出所占比重分别比全农村平均水平高1.7、0.5、0.1、1.1、和0.1个百分点，而居住支出、交通通信支出和医疗保健支出所占比重分别比全区农村平均水平低1.0、1.3和1.2个百分点。

3. 贫困地区农村居民消费水平与全区农村平均水平差距不断缩小。2015年，广西贫困地区农村居民消费支出占全区农村平均水平的92.2%。其中，食品支出为全区农村平均水平的96.8%，衣着支出为全区农村平均水平的105.8%，居住支出为全区农村平均水平的88.2%，生活用品及服务支出为全区农村平均水平的93.9%，交通通信支出为全区农村平均水平的81.5%，教育文化娱乐支出为全区农村平均水平的101.1%，医疗保健支出为全区农村平均水平的80.2%，其他商品和服务支出为全区农村平均水平的95.7%。

（四）农户生活条件进一步改善

1. 农户住房以砖混结构为主。2015年，广西贫困地区农村居民住房建筑面积户均149.4平方米。居住在钢筋混凝土结构住房的农户比重为12.1%，居住在砖混结构住房的农户比重为67.6%，居住在砖瓦砖木结构住房的农户比重为14.1%，居住在竹草土坯房的农户比重为1.2%。与上年相比，居住在钢筋混凝土结构住房的农户比重和居住在砖混结构住房的农户比重分别提高0.4和1.5个百分点；居住在砖瓦砖木结构住房的农户比重和居住在竹草土坯房的农户比重分别下降1.6和0.2个百分点。

2. 饮水困难有所缓解，饮水质量有所提高。2015年，贫困地区有87.0%的农户不存在饮水困难，有1.1%的农户单次取水往返时间超过半小时，有6.8%的农户存在间断或定时供水，有5.1%的农户当年连续缺水时间超过15天。与2014年相比，饮水无困难的农户比重提高2.4个百分点。

3. 使用水冲式卫生厕所农户比例达到六成。2015年，广西贫困地区使用水冲式卫生厕所的农户比重为60.5%，使用卫生旱厕的农户比重为10.1%，使用普通旱厕的农户比重为21.1%，无厕所的农户为2.1%。与2014年相比，使用水冲式卫生厕所的农户比重提高2.3个百分点，使用普通旱厕的农户比重下降4.7个百分点。

4. 一半以上农户使用柴草作为炊用燃料。2015年，广西贫闲地区有66.2%的农户炊用燃料使用柴草，使用清洁、环保能源的农户比重逐步增加。有15.3%的农户使用罐装液化石油气，有14.2%的农户使用电，有3.9%的农户使用沼气。与2014年相比，使用柴草作为炊用燃料的农户比重下降3.2个百分点，使用罐装液化石油气、电和沼气的农户比重分别提高1.8、0.7和0.4个百分点。

5. 耐用消费品拥有量继续增加。2015年，广西贫困地区每百户农户汽车拥有量为7.9辆，比2014年增加1辆；百户洗衣机拥有量为64.8台，比2014年增加5.9台；百户电冰箱拥有量为89.3台，比2014年增加6.0台；百户移动电话拥有量为244.6部，比2014年增加5.8部；百户计算机拥有量为16.5台，比2014年增加2.0台。

（五）农村基础设施持续得到改善

1. 交通通讯设施继续改善。2015年，广西贫困地区通电的自然村比重达到99.9%，比2014年提高0.2个百分点；通电话的自然村比重为93.0%，比2014年提高1.3个百分点；通宽带的自然村比重为38.2%，比2014年提高6.3个百分点；贫困地区主干道路经过硬化处理的自然村比重为63.9%，比2014年提高11.3个百分点；通客运班车的自然村比重为38.6%，比2014年提高6.8个百分点。

2. 文化教育卫生设施进一步改善，2015年，广西在贫困地区行政村中，有文化活动室的比重为75.6%，比2014年提高1.8个百分点；有卫生室的比重为79.1%，拥有合法行医证医生的比重为84.0%，有幼儿园或学前班的村比重为51.2%，有小学且就学便利的村比重67.1%。

（六）扶贫资金主要投向生活生产基础设施建设

2015年，广西贫困地区村级扶贫资金投向主要集中在农村危房改造、农村通公路、农村饮水安全和农村中小学建设等，扶贫资金占比分别为 36.7%、21.0%、7.8% 和 6.8%。

二、脱贫攻坚面临的主要问题

（一）贫困人口总量多，分布广，脱贫任务重

2015 年，广西贫困人口占全国贫困人口的比重为 8.1%，贫困人口规模在全国排第四位。452 万人贫困人口分布在 107 县（市、区），县县有脱贫攻坚任务，确保在 2020 年农村贫困人口脱贫，压力大，脱贫攻坚任务十分繁重。

（二）贫困群众对扶贫工作和政策了解不多

据机关干部春节返乡调查了解，一些基层组织的干部和群众对国家、自治区开展准脱贫工作重大意义、出台的精准扶贫政策等不了解或了解不多，不能准确向老百姓宣传，不能准确使用政策为老百姓办好事，不利于调动群众脱贫致富的积极性，不利于形成扶贫工作合力。

（三）劳动力外流和技能缺失，增加扶贫工作难度

当前，农村劳动力向城市或非农产业大量转移，特别是贫困村空心化情况日益严重，有文化的青壮年劳动力外流，直接导致开发式扶贫的主体缺失，扶贫项目实施困难，而留在家的妇女、老人由于知识和技能缺乏，不能适应项目实施需要，影响项目实施效果，对扶贫开发工作形成制约。据监测调查，有 26.2% 的农户当年家里面临的最主要问题是缺乏致富技术，9.7% 的户认为家中最主要问题是缺乏劳动力、有人患大病或残疾。

三、促进精准脱贫工作的几点建议

（一）创新扶贫工作方法，确保精准脱贫项目到村到户

要针贫困户致贫原因和发展需求，按照“一村一策、一户一法”，逐村逐户制定帮扶措施，分类施策，对有劳动能力者，主要实行产业扶贫、雨露计划、科技扶贫、小额信贷等开发式扶贫政策；对残疾致贫、因病致贫、因灾致贫等，可采取资金援助与整体帮扶相结合的扶贫方式，确保扶贫方法有效、管用，贫困农民能增收脱贫。

（二）注重产业扶贫，增强造血功能

增加农民收入是脱贫致富的核心，创新贫困地区农民增收的有效途径。要立足贫困地区资源禀赋、产业基础，引导群众“靠山吃山”“靠水吃水”“靠边吃边”，因地制宜发展特色优势产业，增强贫困农民自我发展能力和可持续发展能力，确保贫困农民快速脱贫、稳定脱贫。

（三）加大精准扶贫工作宣传力度，调动贫困农民积极性

宣传精准脱贫工作意义、目标、规划、扶贫政策、措施。通过召开村民大会、访谈等方式，结合媒体、网络、村务宣传栏等媒介，或通过发放简易精准扶贫政策解读本，把有关政策宣传到村到户，让贫困群众及时掌握扶贫信息及政策动态，努力营造精准脱贫人人皆知、户户知晓的全社会共同参与的浓厚氛围，使贫困群众主动参与脱贫工作，促进精准脱贫工作深入开展。

（作者：邹伟忠）

海南省经济社会发展报告

2015年，在海南省委、省政府的正确领导下，海南各级政府、各部门坚持稳中求进工作总基调，主动适应经济发展新常态，克服了错综复杂的国内外环境的不利影响，全省经济运行呈现出稳中加快、稳中向好、结构优化、民生改善的良好态势，转型发展取得新进展。

一、2015年经济运行取得较好成绩

（一）稳增长取得积极变化

经济增长积极向好。2015年，面对一季度GDP仅增长4.7%、投资负增长的巨大经济下行压力，海南省委、省政府及时研究分析形势，采取一系列有效措施，着力解决经济运行中的突出矛盾和问题，促进了经济企稳回升。全力推动重点项目建设，9月份开始开展了投资项目百日大会战行动；积极探索培育新的经济增长动力，谋划了促进产业转型升级的十二个产业、发挥产业集聚优势的六类园区、提升基础设施水平的五网建设、带动城乡统筹的百个特色产业小镇等重大发展战略；大力开展旅游、房地产、农产品三大促销活动，出台了促进现代保险服务业、小微企业融资、互联网产业、体育产业、对外贸易、邮轮游艇产业、现代金融服务业、房地产转型、现代物流业、热带特色高效农业等多个领域发展的意见；加强了对电力、天然气等生产要素的组织调度，服务重点工业企业加快生产。经国家统计局初步核算确认，全年全省地区生产总值3702.76亿元，比上年增长7.8%，增速高于全国平均增速0.9个百分点，分别比一季度和上半年高3.1个和0.2个百分点，经济运行总体向好。其中，第一产业增加值855.82亿元，增长5.3%；第二产业增加值875.13亿元，增长6.5%；第三产业增加值1971.81亿元，增长9.6%。

—— 农业生产较快增长。2015年，海南省政府着力培育、壮大热带特色高效农业发

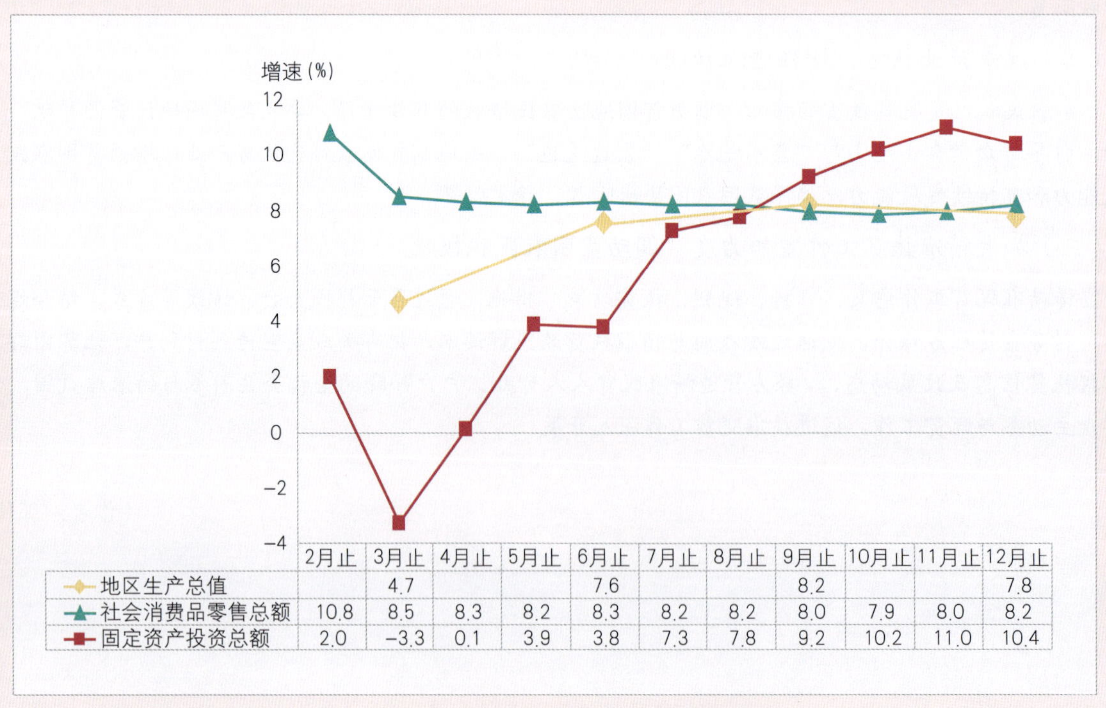

	2月止	3月止	4月止	5月止	6月止	7月止	8月止	9月止	10月止	11月止	12月止
地区生产总值		4.7			7.6			8.2			7.8
社会消费品零售总额	10.8	8.5	8.3	8.2	8.3	8.2	8.2	8.0	7.9	8.0	8.2
固定资产投资总额	2.0	−3.3	0.1	3.9	3.8	7.3	7.8	9.2	10.2	11.0	10.4

图1　2015年全省主要经济指标增长情况

展，加快推进热带农业生产力空间布局调整，努力将热带禀赋比较优势转化为新的农业增长点，激活热带农业生产要素在空间的流动与配置，促进全省农业经济保持稳定增长。全年农林牧渔业增加值比上年增长5.5%，继续保持较快增长态势。种植业生产保持平稳较快发展，受良好气候条件影响，蔬菜和果用瓜产量分别比上年增长3.8%和7.5%，花卉收获面积增长10.2%，特色高效药材收获面积增长13.6%；但是园林水果、粮食、甘蔗、胡椒等产量下滑。畜禽生产总体保持稳定，全年生猪生产者价格上涨3.9%，家禽价格持续上涨，养殖户生产积极性较高。渔业生产呈稳中向好，全年水产品总产量207.29万吨，增长5.0%；其中，海水产品增长9.5%，淡水产品下降8.9%。林业生产小幅增长，人工造林面积、成幼林抚育管理面积和更新造林面积均实现大幅增长，但木材采伐量增幅回落；全年天然橡胶收获面积比上年下降1.4%，干胶产量下降8.5%。

表1 农林牧渔业及各行业增加值

指标	2015年（亿元）	比上年增长（%）
农林牧渔业	880.52	5.5
种植业	407.29	6.4
林业	64.11	7.3
畜牧业	142.04	2.6
渔业	241.29	4.8
农林牧渔服务业	25.79	10.5

—— 工业生产平稳增长。全年规模以上工业增加值比上年增长5.1%。八大支柱产业中，炼油、医药、造纸、电力等行业生产形势较好，是拉动全部工业实现增长的主要动力。其中，石油加工行业较快增长，上年新投产项目东方石化年产量同比大幅度增长是拉动炼油板块快速增长的主要因素，全省原油加工量同比增长17.3%；医药行业中，海口制药厂、齐鲁、海灵等龙头药企生产运营良好；浆纸及纸制品行业中，纸浆产量同比增长5.1%，受160万吨造纸二期项目投产拉动，生活用纸同比增长26.0%；电力行业在西南部电厂和昌江核电投产带动下，发电量同比增长6.7%。

—— 服务业持续较快增长。全年服务业增加值同比增长9.6%，增速比上年加快0.8个百分点。金融业持续较快增长、增速不断加快，为第三产业较快发展发挥了重要作用；在批发和零售业、住宿和餐饮业全年保持平稳增长的基础上，房地产业、其他服务业运行不断向好是带动第三产业增速回升的主要动力。海南银行挂牌营运，金融机构加大对三农、小微企业的信贷支持，三次调整地方法人金融机构存款准备金以加大信贷投放力度。本外币存贷款余额同比分别增长15.5%和23.4%，金融业对拉动服务业增长的贡献率超过30%。房地产销售自下半年起恢复增长，全年房屋销售面积1052.28万平方米，同比增长4.8%；房屋销售额982.75亿元，同比增长5.1%。其他服务业中的营利性服务业增势较好，规模以上其他营利性服务业营业收入同比增长11.2%。

表2 服务业及各行业增加值

指标	2015年（亿元）	比上年增长（%）
服务业	1971.81	9.6
其中：交通运输邮政仓储业	185.79	7.1
批发和零售业	446.75	8.3
住宿和餐饮业	170.07	6.6
金融业	247.01	19.6
房地产业	306.75	5.4

固定资产投资持续增长。全年固定资产投资总额完成3355.40亿元，比上年增长10.4%。房地产开发投资、交通运输业和水利环境公共设施管理业投资较快增长，拉动了全部投资加快增长。房地产开发投资占全部投资的50.8%，同比增长19.0%；交通运输业投资占全部投资的12.6%，同比增长20.5%；水利环境公共设施管理业占全部投资的7.2%，同比增长23.8%；三行业投资增速分别比全部投资快8.5个、10.1个和13.3个百分点。

—— 重点项目进展良好。全年393个重点项目完成投资1915亿元。西线高铁、屯昌至琼中高速公路通车，海口江东大道（一期）基本建成，国电西南部电厂两台35万千瓦机组、昌江核电1号机组并网运营，华信洋浦石油储备基地、博鳌亚洲论坛永久会址二期主体完工进入收尾阶段，海棠湾索菲特度假酒店、海棠湾红树林度假酒店、昌江棋子湾恒盛元酒店等五星级酒店基本完工。琼中至五指山至乐东高速公路、文昌至博鳌高速公路、万宁至洋浦高速公路、博鳌机场、铺前大桥开工建设。

消费市场保持较快增长。全年社会消费品零售总额1325.14亿元，同比增长8.2%。从消费形态看，餐饮收入同比增长12.0%，增速快于商品零售4.5个百分点。从商品类别看，免税购物零售额55.4亿元，增长28.3%，是拉动全省消费市场增长的亮点。

（二）经济运行质量和宏观效益较好

从运行质量看，节能降耗成效明显。2015年全省单位工业增加值能耗2.4吨标准煤/万元，比上年下降0.56%。单位GDP能耗完成国家下达的“十二五”期间累计下降10%的目标任务。

从宏观效益看，财政收入实现较快增长。全年地方一般公共预算收入完成627.69亿元，同比增长8.7%，其中税收收入514.30亿元，增长7.0%。

（三）调结构取得新的成效

在经济结构上，以旅游为龙头的现代服务业成为推动经济增长的主要力量。三次产业的比重为23.1:23.6:53.3，服务业所占比重同比提高1.4个百分点，结构继续优化。服务业对经济增长的贡献率达到63.1%。

—— 接待游客总人数突破5000万人次。全年全省接待游客总人数5335.66万人次，同比增长11.4%，增速比上年提高0.8个百分点；旅游总收入572.49亿元，同比增长13.0%。

—— 新兴服务业经营形势较好。海南生态软件园发展壮大，规模以上软件和信息技术服务业营业收入增长48.4%。“千古情”演艺落户三亚一年来发展迅速，拉动相关行业快速增长，规模以上文化艺术业营业收入同比增长51.5%，规模以上娱乐业营业收入是上年同期的2倍。

在生产结构上，高技术产业成为工业经济增长的主要动力。规模以上医药制造业增加值增长17.2%，比规模以上工业增速高12.1个百分点，对规上工业经济增长的贡献率达23.6%。

在房地产结构上，房地产市场进一步向旅游商业地产转型升级。普通住宅投资的比重从上年的78.4%下降到73.2%，降低了5.2个百分点，房地产投资结构进一步优化。

在投资结构上，民间投资和新兴行业投资的贡献进一步增大。全省民间固定资产投资同比增长15.0%，占全省固定资产投资的57.8%，比重同比提高2.3个百分点。信息传输、计算机服务和软件业同比增长1.9倍，占全省固定资产投资的2.4%，比重同比提高1.5个百分点。

（四）惠民生取得良好成绩

城乡居民收入较快增长。全年全省常住居民人均可支配收入18979元，比上年增长8.6%，扣除价格因素，实际增长7.5%。其中，城镇常住居民人均可支配收入26356元，比上年增长7.6%，扣除价格因素，实际增长6.4%；农村常住居民人均可支配收入10858元，比上年增长9.5%，扣除价格因素，实际增长9.0%。农民收入增长快于城镇居民收入，扣除价格因素快于同期GDP增长。

就业总体稳定。全年海口市与三亚市调查失业率均处于平稳区间，与去年同期相比均略有下降。全省城镇新增就业人数10.1万人，高校毕业生初次就业率达88.8%，农村劳动力转移就业人数9.62万人，海南省大城市就业总体保持平稳。

市场物价平稳。全年全省居民消费价格上涨1.0%，比全国平均水平低0.4个百分点，明显低于全年调控目标。

为民办实事全面完成。全省民生支出939.34亿元，同比增长13.9%，增速快于全省一般公共预算支出3.3个百分点，占全省一般公共预算支出的75.7%。海南省委、省政府为民办十件实事全面完成。城镇和农村居民基础养老金统一提高到145元，企业退休人员基本养老金月人均增加185元，企业最低工资标准提高150元。省级食品检验检测中心主体封顶，免费孕前优生健康检查和地中海贫血病筛查覆盖范围从农村扩大到全省城乡育龄人群，海南省肿瘤医院建成开业。全面完成民族地区农村道路建设，硬化行政村到自然村出口路494.6公里；新建农村饮水安全工程166处，解决15万农民安全饮水问题；减少贫困人口8.6万人。对中职所有在校生全额进行学费补助，对农民小额贷款按不低于5%的贴息率给予财政贴息。城镇保障性安居工程新开工4.02万套，农村危房改造开工4.4万户，均完成年度计划；城镇保障性安居工程新开工建设面积352.65万平方米，农村危房改造面积310.16万平方米。

二、2016年经济运行展望

综合考虑国内外宏观环境和海南省产业支撑的状况， 2016年海南经济运行存在许多不确定因素，但经济发展潜力与优势明显，预期全省2016年经济继续实现平稳增长，增速继续小幅回调。

从海南省经济发展的外部环境看：尽管全球经济增长相对前几年有所趋稳，但是随着大宗商品价格的回落和我国投资需求增速的下降，发展中国家或者新兴市场面临的挑战将更为严峻。有专家预测全球经济增速放缓的可能性极大。2016年，“十三五”各项政策效用开始释放，全国经济仍预计维持中高速增长，但是外部环境更加复杂，面临着来自发达国家和发展中国家双重的竞争压力，经济发展不确定因素较多，旧的增长动力在减弱，新的增长动力正在培育壮大，全国经济增长有可能延续2015年的回落走势。

从海南省各产业发展的有利条件看：农业方面，产业结构不断调整优化，做强做精冬季瓜菜产业，发展壮大莲雾、蜜柚、火龙果、花卉、花梨、辣木等特色高效品种；逐步提升本地黑猪饲养比例，将生猪年出栏量控制在600万头左右；促进水产养殖由内湾向近海拓展，推广适合外海远海生产的捕捞作业方式。工业方面，预计全省电力供应充足，工业企业用电得以保障；医药行业有望延续快速增长态势，水泥、农产品加工等行业运行有望转好；在西南部电厂、昌江核电等电力项目投产拉动下，电力行业及2015年受缺电影响明显的纺织、饲料、水产加工等行业增长有望加快。服务业方面，预期金融业、旅游业、互联网+等十二个重点产业中的相关服务业将成为服务业增长的重要推动力。生活日用品、农产品电商等支撑零售业增长。旅游市场推动住宿餐饮业平稳增长，带动商务服务业、文化体育娱乐业较快增长。

从制约海南省产业发展的不利条件看：农业方面，种植业受耕地资源供给总量的约束，播种面积可能略有下降；林业生产受天然橡胶生产低迷影响，增长空间有限；畜牧业经济受生猪出栏量调减影响，增长存在压力。工业经济总体形势较为严峻。一方面是工业产品的市场竞争将更加激烈，汽车行业生产面临着较大的去库存压力，部分产值亿元以上企业已计划关停。另一方面是海南省新增生产能力有限，除西南部电厂、核电项目外，2016年海南省缺少新投产的大型工业项目支撑。服务业方面，批发业受全球大宗商品产能过剩、价格下跌影响，在基数大的情况下继续保持近几年的快速增长难度较大；零售业在成品油、汽车销售低迷和网购增加的冲击下，增速可能进一步回落。

三、经济工作对策建议

2016年是“十三五”规划的开局之年，也是全面建成小康社会奠定坚实基础的重要一年。要全面贯彻落实中央经济工作会议和全省经济工作会议精神，按照省委、省政府的决策部署，坚持以提高经济发展质量和效益为中心，稳增长、调结构、惠民生、防风险，主动适应和引领经济社会发展新常态，狠抓改革攻坚，突出创新驱动，积极培育新的经济增长点，努力推动新常态下海南省经济持续平稳健康发展。

（一）加强供需两侧改革，促进经济结构转型升级

一是优化商品供给。一方面要把好供给品质

关，随着人们生活水平的提高，对消费品质的要求也不断提高，从饮食、服饰、交通到居住，各方面品质都要不断跟进，质监、工商、食药监等相关部门要严把生产、流通关，推进企业优胜劣汰，要减少无效或负面供给，扩大有效供给，确保人们吃得放心、用得放心，安心购买岛内产品。另一方面要把好供给价格关，着力降低企业生产流通成本，同时严厉打击囤积居奇和恶意低买高卖，提高供给的性价比，有效减轻网购的冲击。

二是开展商品房去库存。创新促销方式，突出海南岛的区域品牌优势，开展好房地产促销活动。有针对性地实施“差别化”房地产信贷政策，引导居民改善住房条件。强化舆论引导，稳定房地产投资者和消费者的心理预期。深化户籍制度改革，推进户籍人口城市化率，有效释放商品房的刚性需求。加大棚户区改造工作力度，进一步推行货币安置，积极引导棚改居民购买商品房解决住房问题。加快“五网”基础设施建设工作，不断推进公共服务设施建设，逐步完善城市功能，增强商品房吸引力。

三是大力促进旅游消费。强化旅游宣传营销，进一步完善旅游电子商务网站建设；扩展营销中心，在主要客源地建立旅游营销中心；协调引导旅游企业根据客户的不同需求，设计不同的旅游产品，合作推出旅游优惠套餐；提高旅游景区品质，规范旅游市场，增强游客消费信心，提高游客旅游回头率；以免税购物新政策的出台为契机，以实施多样化的免税购物和提货方式形成新的消费热点。

（二）着力打好“两张王牌”，推进特色产业做优做强

一是做优做强健康医疗产业。依托博鳌乐城国际医疗旅游先行区，利用优惠政策大力引进高端医疗、健康管理、康复护理、医学美容抗衰老和中医养生等项目，形成集聚效应。积极推进博鳌恒大国际医学中心、博鳌济民国际医学抗衰老中心、中国干细胞集团海南博鳌附属干细胞医院等医疗健康项目建设，鼓励社会资本和国内外医疗康复养生机构进入。依托海南独特、稀缺的生态资源，加快健康产业和旅游地产相结合，开发高品位、高质量、地域特色鲜明的养生旅游产品。

二是做优做强热带特色高效农业。立足于热带农业资源禀赋比较优势，加快热带农业转型升级，提升热带特色农产品附加值。一要调整农业产业结构，按照生态效益、经济效益和社会效益优先的原则，巩固提高传统优势产业，稳步调减低效产业，做大做强特色产业，逐步提升农业综合效益。二要创造条件吸引国内外知名生物研究机构或企业入驻海南，带动海南生物技术基础研究和生物产业发育成长。三要优化和完善热带农业生产力空间布局，建立以高标准设施化栽培和工厂化规模生产为主的资本与技术密集型生产体系，推进热带农业集约化、产业化发展。四要强化农业职业教育，积极推广应用农业新技术，提高农业劳动者的劳动素质和生产技能。

（三）大力实施创新驱动，促进经济发展提质增效

一是建设技术创新体系。坚持以企业为主体、市场为导向、产学研相结合，鼓励龙头企业、高等院校、行业协会等社会力量共同创新，利用市场机制推动和引导企业创新，加快科技创新成果转化，提高产业化水平。鼓励企业自主研发，对研发成果显著的企业给予重点补助。

二是加快自主创新步伐。加快传统产业转型升级。运用高新技术加快改造提升传统产业，在油气生产、汽车制造、农渔产品加工等重点领域建设技术创新平台，加快科技成果转化应用，提升传统产业创新发展能力。重点培育战略性新兴产业。以海口高新区、老城开发区等相对成熟的园区为基础，重点推进园区内新材料、新能源汽车、制药等战略性新兴产业发展。依托海南资源优势和地方特色，重点推进新能源、生物制药等产业的发展，在天然资源获取便利的地方，建立相应的特色园区。

（四）全力推进项目建设，增强经济发展后劲

一是完善项目开发机制。根据“十三五”发展规划和“多规合一”形成的蓝图，结合区位、

海南陵水分州界岛海湾

资源等优势，因地制宜，做好重点项目的筹划、论证、筛选工作，重点引进品牌附加值高、辐射能力强的产业项目，增强经济发展后劲。积极推进“飞地经济”政策的落实，促进全省各园区优化资源配置和项目合理布局，推动产业集聚，形成全省一盘棋的整体产业分工格局。

二是重点抓好项目储备。针对当前项目储备不足、固定资产投资增长乏力的现状，按照竣工投产一批、加快推进一批、开工建设一批、策划储备一批的思路狠抓落实。突出加大重点领域投资，各级政府、各部门要把抓项目促投资作为主要抓手，集中力量抓好产业、城乡基础设施、新型城镇化、棚户区改造、生态、现代农业、社会事业等重点领域项目投资。

三是破解项目建设难题。着力解决项目建设中的土地、资金瓶颈，动员银行、证券、保险、资本市场等各种资本拓宽项目融资渠道；争取群众理解和支持，破解征地拆迁难题，为项目落地创造条件。加大为推动项目建设优化项目提供服务的力度，各行业主管部门要从服务项目、服务企业角度出发，进一步简化各项审批手续。

（作者：符国瑄）

海南精准扶贫成效显著 贫困人口生活改善

“十二五”时期以来，针对海南省致贫原因，省委省政府坚持“因地制宜，宜种则种、宜养则养”原则，改“漫灌”为“滴灌”，整合资金，加强贫困地区基础设施建设，教育扶贫、产业扶贫、旅游扶贫并举，海南贫困人口数量和贫困发生率呈明显下降态势。根据对海南5个国家级扶贫重点县[①]（以下简称国贫县）的监测调查，海南国贫县农村贫困人口收入和消费持续增长，住房、教育、卫生、基础设施等条件逐步改善。

一、海南扶贫成效

（一）贫困人口逐步减少，贫困发生率显著降低

根据国家统计局核定数据，2015年，海南农村贫困人口为41万人，比2010年减少了92万人[②]，年均减贫18.4万人，减少幅度累计为69.2%；贫困发生率为6.9%，比2010年下降了16.9个百分点。

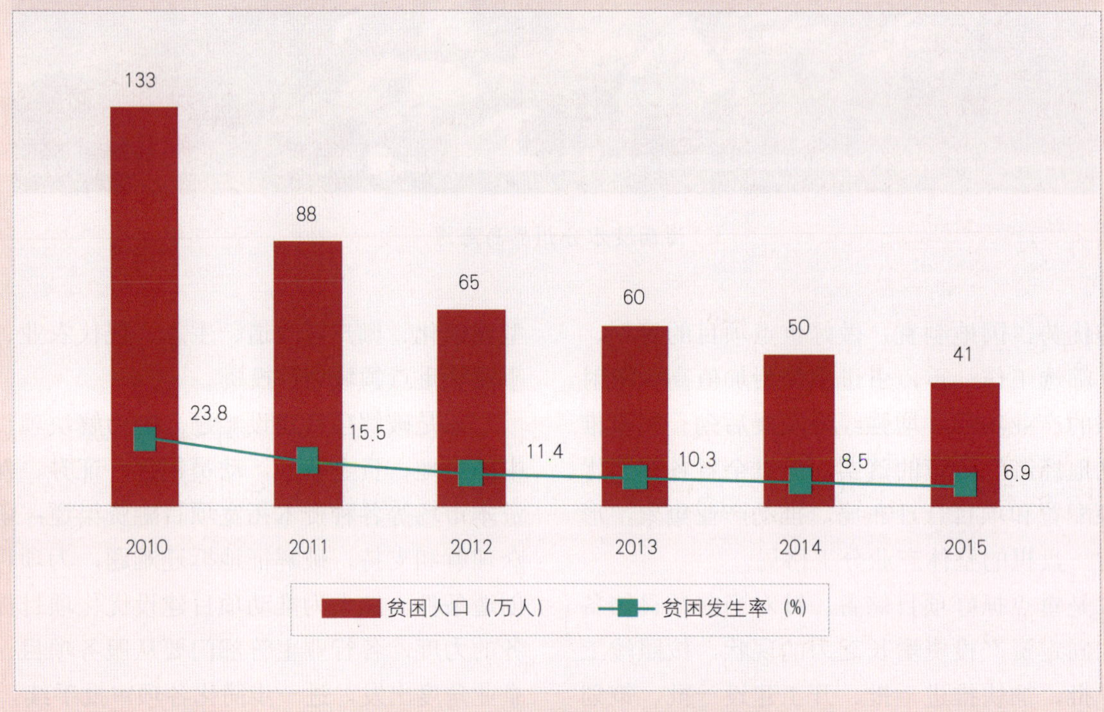

图1 2015年全省主要经济指标增长情况

从全国来看，除北京、天津、上海、江苏和浙江没有贫困人口[③]之外，其他26个省市区均存在不同程度的贫困现象。按2015年国家统计局核定数据，海南农村贫困人口规模为41万人，高于宁夏（37万人）、福建（36万人），贫困发生率在26个省市区中居第12位（从大到小排序）。

从国家扶贫开发重点县来看（以下简称国贫县），2015年，海南国贫县农村贫困人口11万人，比2011年减少4万人，累计减少幅度为26.7%；贫困发生率为14.4%，比2011年下降4.8个百分点。贫困发生率在21个省市区[④]中处第8位（从大到小排序）。

（二）国贫县农村居民收入高于全国国贫县[⑤]，增速快于全省农村

注：①海南国家级扶贫重点县：五指山市、琼中县、保亭县、白沙县、临高县。
②本表中的数据，均来自于贫困监测和农村住户调查，为国家统计局审核确认并反馈。
③本文中的贫困人口，指按国家2010年贫困标准确定的农村贫困人口。
④国家级扶贫开发重点县总共有832个，分布在21个省市区。
⑤为了简化，海南国贫县与全国的对比，都是指与全国国贫县平均水平的对比。

据对海南5个国贫县的监测调查，2015年，海南国贫县农村居民人均可支配收入为8284元，比上年增长11.2%。其中，工资性收入、经营净收入、财产净收入和转移净收入分别为3186元、3893元、18元和1187元，分别同比增长15.2%、0.4%、-25.0%、51.8%。

1. 工资性收入、转移净收入是收入增长的绝对动力，收入结构明显改善。得益于农村外出务工规模的扩张和扶贫投入的增加，国贫县农村居民收入中，来自工资性、转移性的收入快速增长，成为农民增收的绝对主力；经营净收入增速平缓，虽然仍是收入主体，但比重下降态势明显。2015年，海南国贫县的农村贫困人口经营净收入占人均可支配收入的比重为47.0%，首次降到50%以下。工资性收入、转移净收入比重持续提高，二者合计占收入的比重为52.8%，对居民增收的贡献率为98.8%。

转移净收入迅猛增长，主要是得益于养老金或离退休金、从政府得到的实物收入产品和服务以及报销医药费的大幅增长，分别增长77.1%、273.3%、121.3%。可以看出，政府逐年加大转移支付力度和社会各界对贫困人群的扶助，对贫困人口的收入增长发挥了重要作用。

2. 收入增速快于全省平均水平，相对差距逐步缩窄。“十二五”时期，海南国贫县农村居民收入年均增长19.4%，增速快于全省农村平均水平5.1个百分点，名义收入实现翻番。与全省农村的收入相对差距逐步缩窄。2015年，海南国贫县农村人均可支配收入相当于全省平均水平的76.3%，较2010年提升了14.8个百分点。

3. 海南国贫县农民收入高于全国平均水平，位次居前。与全国国贫县平均水平比较，2015年，海南国贫县农村居民人均可支配收入为8284元，比全国平均水平7543元高741元，收入水平在全国有国贫县的21个省市区中居第5位。

（三）消费平稳增长，刚性支出比重大

2015年，海南国贫县农村居民人均消费支出7091元，同比增长7.0%。从消费项目来看，除了衣着类、教育文化娱乐有所下降外，其他六大项支出均有不同程度增长。其中，医疗保健、其他用品和服务、交通通信、生活用品和服务四类支出增幅最大，食品烟酒、居住支出增长缓慢。

1. 消费支出高于全国平均水平，低于全省农村。2015年，海南国贫县农民人均消费支出高于全国国贫县平均水平475元，居全国第6位。与全省农村对比，国贫县农民消费支出比全省农村居民平均水平低1119元，相当于全省农村居民消费水平的86.4%。

2. 消费刚性支出比重大，医疗保健支出迅猛。从消费比重来看，食品烟酒、居住和医疗保健是国贫县农民的主要支出，分别占消费支出的41.1%、17.9%、10.3%，即吃饭、居住、看病这三项刚性支出合计占了消费支出的69.4%，较上年提高了1.3个百分点。主要原因，是医疗保健支出大幅增加，较上年增长69.4%，比重较上年提高了3.8个百分点。医疗保健支出加大，压缩了其他支出的空间，各项支出增速普遍慢于全国平均水平（详见下表）。

表1 2015年海南国贫县消费结构与全国对比表

结构	海南国贫县			全国国贫县		
	消费（元）	同比增长（%）	占消费比重（%）	消费（元）	同比增长（%）	占消费比重（%）
消费支出	7091	7.0	——	6616	11	——
食品烟酒	2917	2.5	41.1	2430	10.4	36.7
衣着	280	-10.3	3.9	400	9.6	6.0
居住	1272	3.0	17.9	1358	10.8	20.5
生活用品及服务	312	8.3	4.4	408	7.7	6.2
交通通信	689	11.2	9.7	680	12.3	10.3
教育文化娱乐	816	-1.2	11.5	671	15.0	10.1
医疗保健	729	69.4	10.3	560	9.8	8.5
其他用品和服务	77	13.1	1.1	109	18	1.6

表 2　2015 年海南国贫县消费结构与全省对比表

结构	海南国贫县			全省农村		
	消费（元）	同比增长 %	占消费比重 %	消费（元）	同比增长 %	占消费比重 %
消费支出	7091	7.0	——	8210	16.8	——
食品烟酒	2917	2.5	41.1	3506	15.4	42.7
衣着	280	-10.3	3.9	282	13.6	3.4
居住	1272	3.0	17.9	1470	10.7	17.9
生活用品及服务	312	8.3	4.4	405	3.0	4.9
交通通信	689	11.2	9.7	836	26.3	10.2
教育文化娱乐	816	-1.2	11.5	904	18.9	11.0
医疗保健	729	69.4	10.3	635	39.7	7.7
其他用品和服务	77	13.1	1.1	173	18.2	2.1

3. 国贫县农民由吃饱向吃好转变，食品消费结构逐步升级。食品类消费逐步向吃好转变，谷物消费下降，肉类、水产品、禽类消费增长较快，在食品烟酒类的比重均有不同程度提升。2015 年，海南国贫县农村居民在肉、鱼、禽三类上人均花费 1282 元，占食品烟酒类的比重为 43.9%，较上年提升了 2.4 个百分点。谷物比重为 14%，较上年下降了 1.5 个百分点。

（四）生活条件逐步改善，基础设施得到加强

随着生态文明村建设的推进，海南国贫县农村居民的生活环境和生活设施持续改善（详见附表）。

1. 卫生和供水状况改善较大。2015 年，海南国贫县农村居民使用照明用电、饮水供给、卫生条件等方面持续改善。在调查的农户中，使用照明电、饮水无困难、独用厕所的农户比重分别为 99.9%、82.9%、62.1%，分别比上年提高了 0.1、5.5、8.2 个百分点。随着生态保护意识的增强，炊用柴草的农户比例逐步下降，2015 年为 77.1%，较上年下降了 1.2 个百分点。

2. 享受型消费品拥有量增加。2015 年，汽车、冰箱、移动电话等耐用消费品的持续增加。每百户中拥有量中，家用汽车 5 辆、冰箱 39.8 台、移动电话 237.5 部，分别比上年增加了 2.3 辆、10 台、5.5 部；洗衣机 25.5 台，计算机 2.4 台，与上年持平。

3. 基础设施建设得到加强。自然村接近通电全覆盖；信息化触角逐步延伸，通有线电视信号的自然村、通宽带的自然村比重分别为 47.1%、47.9%，分别较上年提升了 4 个、25.8 个百分点；道路硬化成效明显，主干道路硬化的自然村比重为 90.7%，较上年提高了 9.1 个百分点。

二、海南精准扶贫主要措施

（一）教育扶贫，扶贫先扶智

1. 教育培训促就业。海南省扶贫办在传统的扶贫路子上不断拓宽思维，按照“应学尽学，应补尽补”的要求，在各市县推广思源学校和推进劳动力转移培训、阳光工程、春蕾工程等培训外，落实雨露计划职业教育扶贫助学补助政策，开设职业中专班及短期引导性培训，帮助贫困地区学子就业，以“直补到户”的形式将助学补助资金直接发放到贫困家庭，尽量防止贫困代际传递。

例如，2015 年白沙县组织输送 41 贫困户子女就读“雨露计划”中专班 举办贫困家庭劳动力转移培训 11 期，培训人数 905 人；举办农村实用技术培训班 38 期，培训人数 3273 人，培训主要包含目前社会用工需求量大的工种，如家政服务、建筑砌墙、挖掘机操作等，极大地增强了贫困户就业能力⑥。

注：⑥数据来源于海南省扶贫办。

2. 言传身教促自强。扶贫就要破除“穷自在”的老想法，就要打破“等靠要”的旧思维，为推动富美乡村建设，海南启动优秀机关干部到村任第一书记工作，团结村干部和致富带头人“面对面、手把手”地向贫困户开展政策宣传、科技培训、生产指导等服务活动，推介农作物和畜禽的优良品种，传授先进实用、简单易学的种养技术，推广节本增效、操作简便的新型农机具，实现从“输血救助”到“造血共赢”。

（二）产业扶贫，授人以渔

1. 特色种养，推进“一村一品”。海南省制定贫困地区特色产业发展规划，2015 年安排中央财政专项扶贫资金 1.39 亿元，从政策、资金、技术、信息、流通等方面支持贫困村、贫困农户发展种养业和传统手工业等。扶持、引导龙头企业、农民专业合作社在贫困地区建立生产基地，实行“公司 + 贫困农户”“专业合作社 + 贫困农户”等模式，吸引贫困农民以土地、劳动力入社入股，建立与贫困户利益联结机制，实施贫困村“一村一品”产业推进行动。

如保亭县新建村成立了红藤子加工合作社、山栏稻米酿酒合作社、深山养蜂合作社等。并以地名“风鼓岭”作为品牌商标注册。2015 年 10 月，风鼓岭特产的淘宝店和微店上线，3 个月的网上销售额就达到 4 万余元。现在新建村已基本实现整村脱贫，村民年人均收入超过 1 万元[⑦]。

2. 旅游扶贫，建设“富美乡村”。旅游扶贫是通过旅游产业带动贫困地区发展，促进贫困农户增收脱贫。海南省农村集聚了 70% 的旅游资源，乡村旅游发展空间巨大。自国家旅游局、国务院扶贫办启动旅游扶贫试点工作以来，五指山水满乡新村、临高博厚镇加禄村、白沙邦溪镇南班村、琼中红毛镇什寒村成为海南省旅游扶贫第一批试点村，其中南班村被列为 2015 年全国贫困村旅游扶贫试点村。

什寒村，山高路远，民贫坡陡，人迹罕至。琼中县委县政府将其列为首个“奔格内”乡村旅游示范点。在定点帮扶的省委办公厅支持下，县里整合各类涉农资金 2000 多万元，对什寒进行最本土化的旅游改造[⑧]。搭建富有民族特色的茅草屋景观亭、花梨寨高脚屋、乡村客栈、景观栈桥、自行车慢道、民族歌舞广场、射弩场，吸引驴友蜂拥而至。

（三）整合资金，整村推进

海南省在加大对贫困地区贫困户危房改造直补外，以贫困行政村为单元，根据“性质不变、用途一致”原则，整合各部门涉农政策资金及各种资源，调动各方力量，实施全方位、整体式、“翻身式”扶持，集中扶贫资金、集中扶贫对象、集中解决制约贫困地区发展的突出问题的“三集中”扶贫，以及以“帮思想、帮门路、帮资金、帮技术”为主要内容的联手扶贫，组成了整村推进扶贫开发的“海南模式”。

2015 年，海南省投入财政专项扶贫资金 1.14 亿元，并整合各类涉农资金 2.4 亿元，基本完成 60 个贫困村整村推进扶贫开发任务[⑨]。以临高县为例，2015 年安排中央财政专项扶贫资金 1433 万元， 整合部门资金 1257 万元，县本级财政配套资金 71 万元，总投资 2761 万元，用于 5 个行政村 23 个自然村整村推进建设，其中：基础设施建设项目 2447 万元，生产发展项目 228 万元，农民实用技术培训项目 15 万元，县本级配套工程配套费共 71 万元。通过一年的努力，共完成硬化道路长 14.315 公里，建设饮水工程 4 宗，扶持贫困户养猪 2480 头、养鹅 25370 只，尿素 2706 包，掺混肥 1804 包，举办农民实用技术培训 15 期 1800 人次，整村推进十项工作标准达标，取得了良好的社会效果[⑩]。

（执笔人：彭桂洁 邵渺）

注：⑦数据来源于新华网 http://news.xinhuanet.com/mrdx/2016-03/23/c_135213924.htm
⑧数据来源于海南省人民政府网 http://www.hainan.gov.cn/hn/yw/zwdt/sx/201512/t20151224_1736898.html
⑨数据来源于海南扶贫办。
⑩数据来源于海南省扶贫办。

重庆市经济社会发展报告

2015年，世界经济呈现徘徊式复苏态势，国内经济仍面临较大下行压力，重庆市委市政府主动适应经济发展新常态，深入实施五大功能区域发展战略，统筹稳增长、促改革、调结构、惠民生、防风险等各项工作，重庆经济运行总体平稳，继续保持了“稳中有进、稳中向好”的发展态势，为“十二五”收官划上了圆满句号，为全面建成小康社会奠定了坚实基础。

一、经济运行总体平稳

（一）宏观调控各项指标增长稳定

经济增速稳中向好。2015年重庆实现地区生产总值15719.72亿元，同比增长11.0%，保持了两位数增长，增速位居全国前列。增速比上年提高0.1个百分点，比一季度提高0.3个百分点，与上半年、前三季度持平，呈现稳中有升的趋势。其中，第一产业增长4.7%，第二产业增长11.3%，第三产业增长11.5%。

与上年相比，提升较大的行业主要是金融业和其他服务业。2015年金融业增加值增长15.4%，增幅比上年提高3.1个百分点；其他服务业增长14.0%，比上年提高2.6个百分点。房地产业回落较大，2015年房地产业增加值增长5.5%，增幅比上年下降2.1个百分点。

物价水平总体趋稳。2015年，重庆居民消费价格总水平同比上涨1.3%，涨幅比上年继续缩小0.5个百分点，为近六年来最低水平。其中，食品价格上涨1.8%，服务项目价格上涨1.5%，工业品价格上涨0.5%。工业生产者出厂价格同比下降2.8%，购进价格同比下降2.9%，降幅均比上年有所扩大。

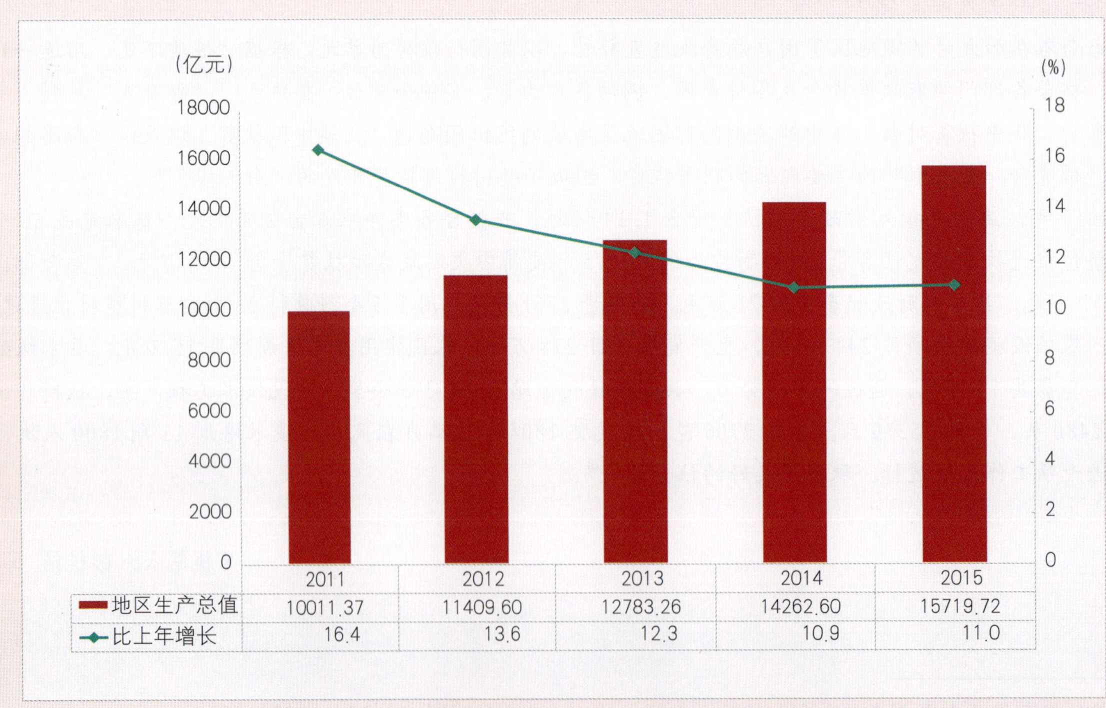

	2011	2012	2013	2014	2015
地区生产总值	10011.37	11409.60	12783.26	14262.60	15719.72
比上年增长	16.4	13.6	12.3	10.9	11.0

图1　2011－2015年地区生产总值及其增长速度

就业形势保持稳定。2015年，城镇新增就业人员71.82万人。城镇登记失业人员实现就业27.71万人，比上年增长3.5%。累计农村劳动力非农就业810.3万人。年末城镇登记失业率3.58%。

（二）一、二、三产业保持平稳较快增长

特色效益农业发展较快。2015年，重庆实现第一产业增加值1150.15亿元，同比增长4.7%。蔬菜、水果、草食牲畜等特色效益农业对农业的支撑引领作用进一步增强。重庆蔬菜产量达到1780.47万吨，同比增长5.4%；水果产量375.85万吨，增长8.1%；肉牛出栏67.66万头，增长5.2%；羊出栏274.31万只，增长9.8%。

表1　2015年主要农产品产量

产品名称	产　量	比上年增长（%）
粮食（万吨）	1154.89	0.9
油料（万吨）	59.87	5.2
蔬菜（万吨）	1780.47	5.4
水果产量（万吨）	375.85	8.1
禽蛋（万吨）	45.36	5.0
牛奶（万吨）	5.45	-4.3
出栏生猪（万头）	2119.89	-1.4
出栏牛（万头）	67.66	5.2
出栏羊（万只）	274.31	9.8
出栏家禽（万只）	24206.63	2.6
猪肉（万吨）	156.15	-1.5

工业生产保持平稳。2015年，规模以上工业总产值突破2万亿大关，达21404.66亿元，同比增长12.4%，规模以上工业增加值增长10.8%，连续六年列全国前两位，增速比上半年、前三季度回落0.3和0.1个百分点。规模以下工业全年实现增加值（含个体）459.5亿元，同比增长9.2%，增速位居全国第四，西部第四。

服务业平稳较快增长。2015年，第三产业实现增加值7497.75亿元，同比增长11.5%，比上年提高1.5个百分点。现代服务业保持了蓬勃发展的良好态势，社会效益显著。规上服务业吸纳从业人员达77.50万人，增长10.2%，吸纳就业进一步增强。规上服务业企业实现营业收入2585.8亿元，同比增长16.7%，增速位居全国第二，企业效益进一步提升。规上服务业企业营业收入超亿元的有379家，比去年同期增加143家，龙头企业进一步增多。金融业发展稳定。金融业实现增加值1410.18亿元，比上年增长15.4%，占全市地区生产总值的9.0%。其中，新型金融业企业实现增加值244.14亿元，增长62.4%。金融机构资产规模达到4.3万亿元，增长11.6%。

表2　2015年规模以上工业总产值

指　标	绝对量（亿元）	同比增长（%）
规模以上工业总产值	21404.66	12.4
按轻重工业分		
轻工业	5481.32	11.2
重工业	15923.34	12.8
按登记注册类型分		
国　有	182.51	24.8
集　体	34.23	14.9
股份合作制	18.28	-10.3
股份制	15683.48	16.8
外商及港澳台	5103.79	0.8
其　他	382.37	9.4

（三）投资、消费、外贸“两稳一降”

投资稳中趋缓。2015年，重庆固定资产投资完成15480.33亿元，同比增长17.1%，由年初17.6%的增速逐月小幅回落，但全年基本保持平稳态势。全年工业投资4990.09亿元，同比增长19.8%，比上年提高1.8个百分点，其中，制造业对工业投资增长的贡献率达92.9%，拉动增长18.4个百分点，成为工业投资增长的支柱。基础设施投资完成4356.14亿元，增长28.6%，对重庆投资的贡献率为43.0%，拉动重庆投资增长7.3个百分点，贡献率和拉动力首次超过工业投资。房地产开发投资3751.28亿元，增长3.3%，增速降至历史最低，前三季度增速分别为10.7%、10.5%和6.6%，呈持续回落走势。

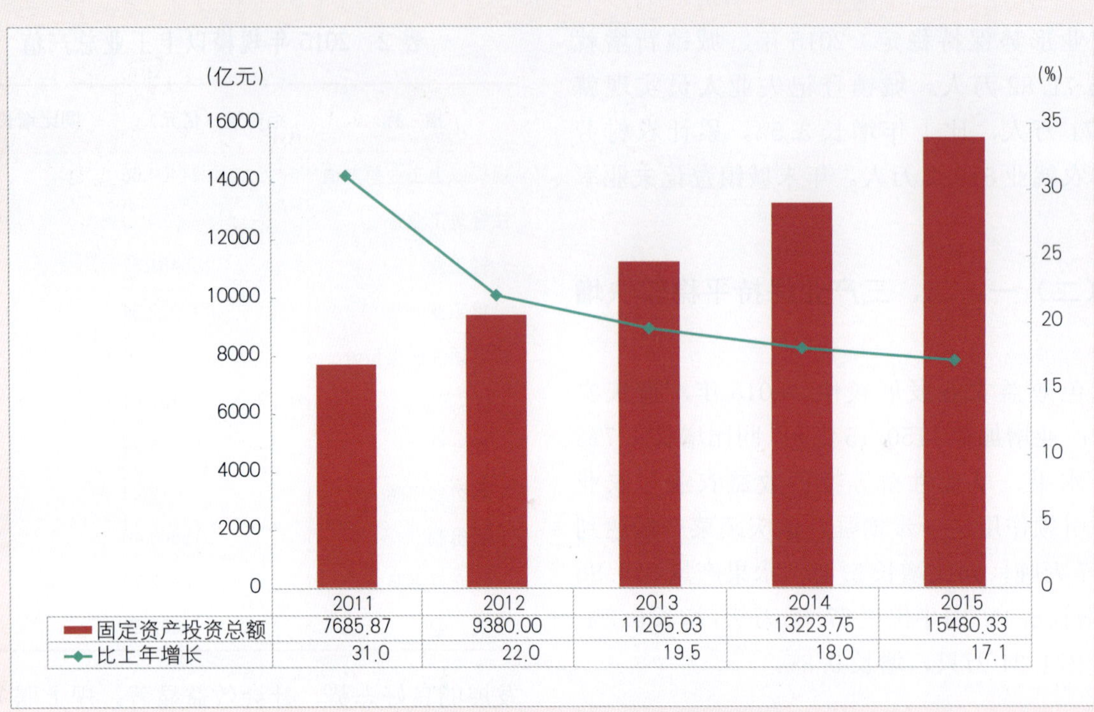

图 2　2011 － 2015 年固定资产投资总额及其增长速度

消费品市场总体平稳。2015 年，重庆实现社会消费品零售总额 6424.02 亿元，同比增长 12.5%，较上半年、前三季度分别提高 0.7 和 0.2 个百分点，全年稳定较快增长。通讯器材类消费高速增长，通讯器材类实现零售额 99.79 亿元，增长 47.3%；汽车类消费回升明显，汽车类实现零售额 1052.05 亿元，同比增长 15.9%，比前三季度提高 3.4 个百分点。

外贸进出口持续下行。2015 年，重庆实现货物进出口总值 4615.49 亿元，同比下降

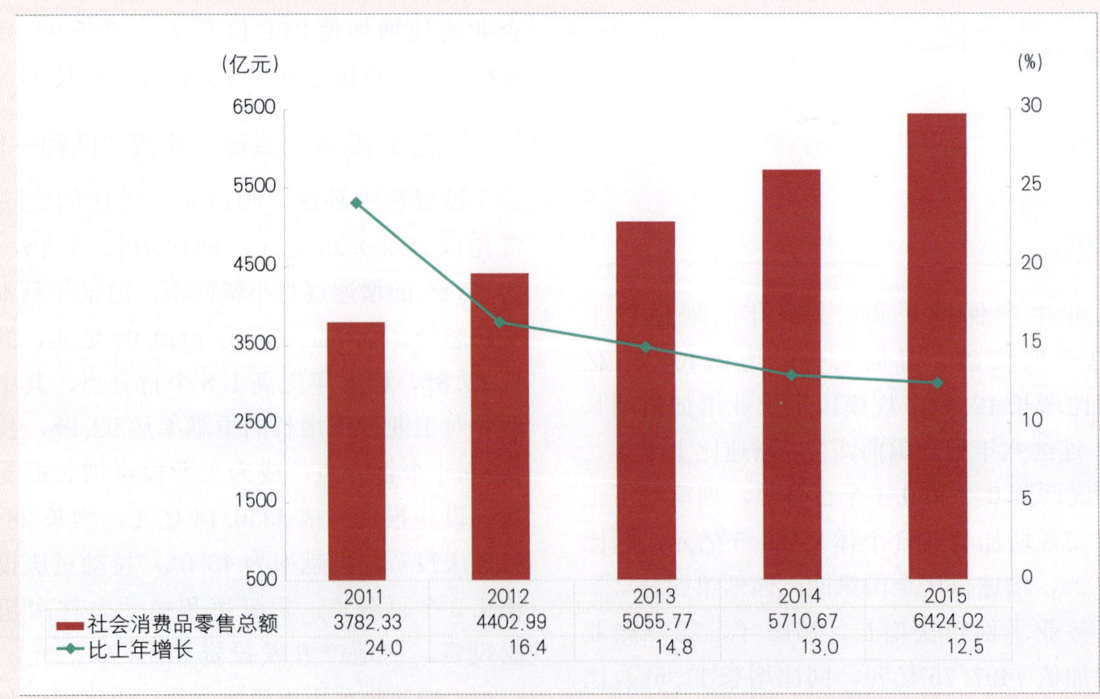

图 3　2011 － 2015 年社会消费品零售总额及其增长速度

21.3%，其中，出口3417.03亿元，下降12.3%；进口1198.46亿元，下降39.1%。按美元计算，货物实现进出口744.77亿美元，比上年下降22.0%。其中，出口551.90亿美元，下降13.0%；进口192.87亿美元，下降39.8%。从全年走势看，进口从1月份起迅速转为负增长；出口受珠宝、贵金属产品及便携式电脑出口持续大幅下降影响，8月份开始出口总值也转为负增长，降幅随之进一步加大。

的笔记本电脑生产基地，产量约占全球的40%，同时也是全国最大的汽车和摩托车生产基地。2015年，笔记本电脑、汽车、摩托车产量分别达5575.14万台、304.51万辆和841.64万辆。在其他重点行业中，电气机械及器材制造业增加值增长8.6%，化学原料和化学制品制造业增长9.0%，农副食品加工业增长9.3%。十大重点行业全年增加值合计占全市工业的比重达65.5%，有力支撑全市工业平稳增长。

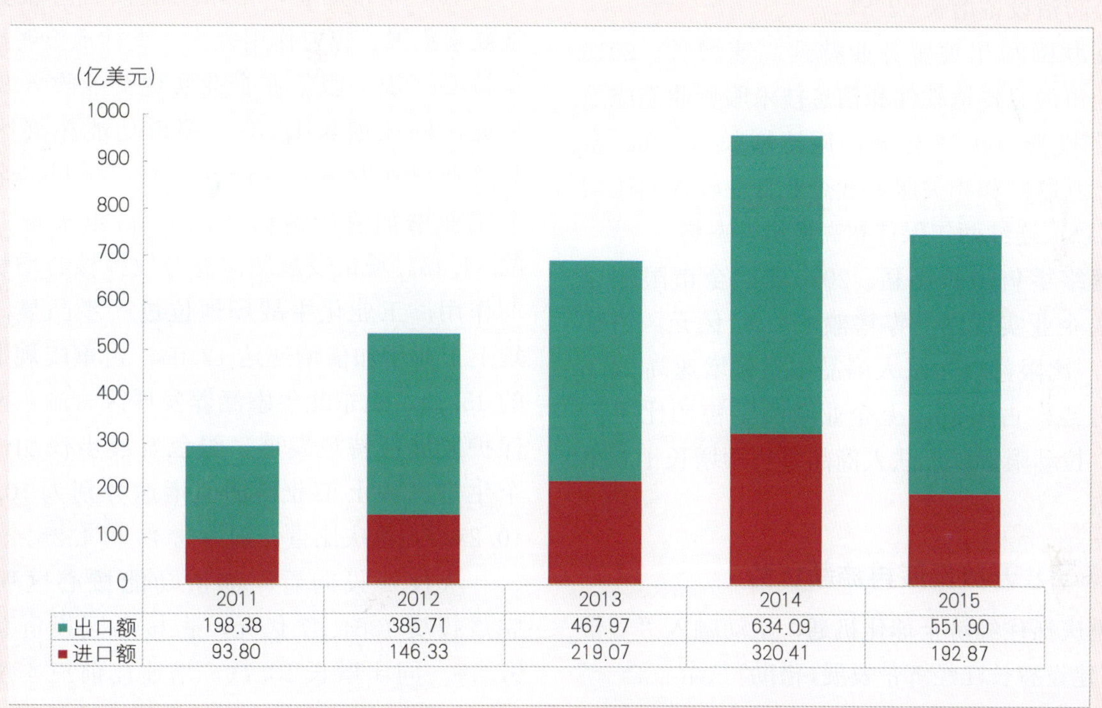

	2011	2012	2013	2014	2015
出口额	198.38	385.71	467.97	634.09	551.90
进口额	93.80	146.33	219.07	320.41	192.87

图4 2011－2015年货物进出口总额

二、经济运行的主要特点

（一）产业集群效应明显

近几年，重庆坚持全产业链垂直整合的产业集群发展之路，目前形成了以汽车和电子为重点的“6+1”支柱产业集群，成为重庆经济增长的重要支撑。

“双轮驱动、多点支撑”的产业体系推进工业稳定增长。2015年，汽车行业增加值增速14.8%，拉动工业增长3.1个百分点；计算机、通信及其他电子设备制造业增加值增速24.6%，拉动工业增长2.0个百分点。重庆成为全球最大

新增企业拉动作用逐步凸显。近两年，全市新投产企业579家，对全市工业产值增长的贡献率为44.9%，拉动工业增长5.6个百分点。特别是汽车、电子类项目发挥了支撑作用，10个汽车行业的达产项目完成产值393亿元，20个电子行业项目完成产值272亿元，合计占全部达产项目的62%。

（二）“三新”发展势头良好

在一系列创新创业活动和成果的支撑下，重庆“三新”蓬勃发展，新产业、新业态、新商业模式加快孕育并迅速发展。

高技术产业发展态势良好。2015 年，高技术产业工业总产值比上年增长 12.6%，增加值增速达 19.4%，高于全市平均水平 8.6 个百分点。符合消费升级要求的高端、智能、高技术产品产量保持较快增长，如运动型多用途乘用车（SUV）和多功能乘用车（MPV）分别增长 83.8% 和 23.0%，智能手机增长 1.1 倍，工业机器人增长 2.7 倍，光缆增长 65.4%，数控金属切削机床增长 30.1%，大气污染防治设备增长 55.4%，水质污染防治设备增长 62.8%。

互联网和相关服务业持续高速增长。2015 年，全市信息传输软件和信息技术服务业完成固定资产投资 100.72 亿元，同比增长 38.8%。全市规上互联网和相关服务业企业营业收入同比增长 85.7%，连续两年保持超高速增长态势。

网络零售增长迅猛。2015 年，全市限额以上法人企业实现网上零售额 177.87 亿元，增长 40.2%，比限额以上法人商品零售额增速高 24.6 个百分点，占限额以上企业商品零售额比重为 4.8%，拉动限额以上法人商品零售额增长 1.6 个百分点。

（三）开放发展再添新优势

重庆抓住经济全球化机遇，主动融入“一带一路”建设和长江经济带发展，借助“三个三合一”开放平台优势，开放型经济快速发展。2015 年，渝新欧铁路开行班列翻番，达到 257 班。跨境电子商务、口岸贸易、保税贸易、云计算大数据、新型金融服务等快速发展，带动服务贸易额增长 30%。

“一带一路”沿线市场快速成长。在渝新欧国际铁路联运大通道和长江黄金水道推动下，重庆与“一带一路”沿线 64 个国家的外贸交易更加便捷高效，2015 年实现进出口 1342.94 亿元，占全市总值 28.9%，较去年上升 0.4 个百分点。其中与新加坡、巴基斯坦、中东欧 16 国外贸增长较快，分别增长 26.1%、78.4% 和 15.1%。

以机电产品为主的出口结构更加凸显。2015 年，出口机电产品 2595.77 亿元，微降 0.6 个百分点，占全市出口总值比重 76.0%，较去年提高 8.9 个百分点。其中，手持（车载）无线电话机、集成电路和平板电脑等为代表的新兴产品迅速增长，分别增长 2.9 倍、2.1 倍、0.5 倍。

（四）区域发展取得新进展

五大功能区域发展战略把以前同质化的区域发展变为差异化的非恶性竞争的发展，初步形成了特色发展、差异发展、协调发展、联动发展的良好态势，合力推动全市经济较快增长。

从产业布局看，都市功能核心区服务业高端要素集聚、辐射作用强大、支柱地位明显，全年核心区规上服务业企业实现营业收入 875.16 亿元，同比增长 12.3%。都市功能拓展区先进制造业提速发展，片区开发有序推进，全年规上工业增加值增速达 11.4%，占重庆规上工业的 34.4%。城市发展新区充分发挥核心增长极带动作用，工业化主战场地位进一步凸显，全年规上工业增加值增速达 12.0%，占重庆规上工业的 45.1%。渝东北生态涵养发展区、渝东南生态保护发展区特色发展、绿色发展步伐加快，两个生态区规上工业增加值增速分别为 10.6% 和 10.2%，占重庆比重分别为 9.4% 和 4.2%。

从投资投向看，都市功能核心区服务业完成投资 1361.37 亿元，占核心区投资总额的 97.1%，同比增长 13.7%，增速比前三季度提高 3.2 个百分点。都市功能拓展区工业投资增速达 12.9%，占重庆工业投资的 18.8%，集成电路、液晶面板、通用航空器、石墨烯等战略性项目加速实施。城市发展新区工业投资领跑重庆，占重庆工业投资的 60.1%，增幅达 28.2%；基础设施建设完成投资 1681.81 亿元，同比增长 37.0%，拉动重庆基础设施增长 7.3 个百分点，在五大功能区域中体量最大、增速最快。

三、经济运行质量和效益保持向好

（一）财政收入平稳增长

2015 年，重庆一般公共预算收入完成 2154.8 亿元，同比增长 12.1%，较上年下降 1.8 个百分点。其中，税收收入 1450.9 亿元，增长 13.2%，较上年下降 2.0 个百分点。一般公共预算支出3792.0亿元，同比增长14.8%，文体与传媒、医疗卫生与计生、教育支出增长较快，分别增长30.5%、27.5%和14.1%。

（二）企业利润保持较快增长

2015年，规上工业实现利润总额1393.80亿元，增长16.5%，稳中提质的成效进一步凸显。全市39个行业大类中，37个行业实现盈利，28个行业同比增长。汽车、计算机、通信和及其他电子设备制造业、铁路、船舶、航空航天和其他运输设备制造业、非金属矿物制品四个行业对全市利润增长贡献度较高，四个行业合计实现利润734.84亿元，占全市利润的52.7%，拉动全市利润增长11.9个百分点。其中，汽车行业对利润总额增速贡献达52.3%，拉动利润增长8.6个百分点，是全市利润保持高位增长的主要动力。

（三）居民收入较快增长

2015年重庆全体居民人均可支配收入20110元，增长9.6%。其中，城镇常住居民人均可支配收入27239元，增长8.3%，农村常住居民人均可支配收入突破万元大关，达10505元，增长10.7%。工资性收入仍是居民收入的主要来源，城镇人均工资性收入15936元，增长6.1%，对城镇居民增收的贡献率为43.8%；农民人均工资性收入3583元，增长12.1%，对农民增收的贡献率为38.1%。

（四）能源消费低位增长

2015年，规模以上工业企业综合能源消费量3959.42万吨标准煤，同比增长1.5%，增速逐步放缓，增速从1季度的4.3%开始回落至2季度的1.4%，随后延续平稳增长趋势，全年增长1.5%，比去年回落2.1个百分点。六大高耗能行业共消费能源3338.11万吨标准煤，同比下降0.4%，占规上工业企业用能的84.3%，比去年下降1.6个百分点。

四、民生事业持续改善

2015年在全面推进就业、教育、医疗、社保、住房、居民收入等民生工作的基础上，立足“五个坚持”，完成了25件重点民生实事年度任务，解决了一大批群众最关切的利益问题，全市民生得到进一步改善。

（一）困难群众生活得到更好保障

年末全市共有37.52万人享受城市居民最低生活保障，50.26万人享受农村居民最低生活保障。全年资助62.38万城市困难群众参加医疗保险，资助90.25万农村困难群众参加新型农村合作医疗。

（二）教育普及水平全面提高

义务教育就近入学率达到97.2%，高中阶段教育、高等教育毛入学率分别达到93%和40.5%，职业教育和民办教育加快发展。

（三）医疗卫生机构标准化不断推进

年末全市共有各级各类医疗卫生机构（含村卫生室）19806个，其中，乡镇卫生院924个，社区卫生服务中心203个。共有医疗卫生机构床位数17.67万张，其中乡镇卫生院床位3.93万张。

（四）城乡环境质量大幅改善

全年主城区环境空气质量满足优良天数比上年增加46天，主城区环境空气细颗粒物（PM2.5）平均浓度比上年下降12.3%。全市水质满足水域功能要求的断面比例为88.2%，61个城区集中式饮用水水源地达标率为100%。

五、2016年经济发展趋势预判

2015年重庆发展的成绩来之不易。这些成绩的取得，是党中央、国务院坚强领导和深切关怀的结果，是全市广大干部群众在市委、市政府带领下共同努力、砥砺奋进的结果。

从经济增长支撑因素看，工业、服务业、投资、消费等主要经济指标均保持稳定增长态势。从要素保障看，用电量、交通运输、存贷款余额等指标平稳运行，与经济增长相匹配。与此同时，经济增长的质量和效益稳步提高，就业、居民收入、物价指标均处于良好运行态势。

从另一角度看，重庆经济实现持续稳定的增长主要是得益于供给侧结构性改革。一是严格限制过剩产能，淘汰落后产能，有效避免了产能过剩行业市场下滑对经济的冲击。二是产业集群化发展成效显著，产业核心竞争力全面提升，成为重庆经济增长的重要支撑。三是战略性新兴产业和高技术产业蓬勃发展，新旧动力接续有力，有效抵御了传统行业不景气对经济的负面影响。四是“三个三合一”开放体系创建形成，内陆开放高地建设实现新突破，开放型经济对全市经济的快速发展支撑有力。五是五大功能区域差异发展、协调发展，合力推动全市经济较快增长。六是“去杠杆”措施切实有力，金融风险得以防范，为全市经济的健康发展保驾护航。

同时也要看到，经济运行中也存在不少问题：主导产业增长压力不断加大，传统产业增加投资、扩大产能的意愿不强，扩大进出口面临许多不确定因素，企业生产经营成本还在上升。

2016 年是实施“十三五”规划的第一年，前景光明，任务繁重。只要认真贯彻落实中央的决策部署和新的发展理念，按照“四个全面”战略布局，适应经济发展新常态，深入实施五大功能区域发展战略，坚持改革开放，坚持稳中求进工作总基调，着力加强供给侧结构性改革，增有效供给、去无效供给、降企业成本，提高供给体系质量和效益，加快培育发展新动力，重庆经济社会发展就一定能够实现“十三五”的良好开局。

（作者：蓝庆华）

重庆城市建筑夜景

专栏：政策措施齐发力 精准扶贫成效显

2015年，重庆市委、市政府认真贯彻落实习近平总书记关于扶贫开发的重要讲话精神，始终围绕“2017年基本完成、2018年做好扫尾工作”总目标，紧扣“精准扶贫、精准脱贫”总要求，突出“贫困人口越线、贫困村脱贫、贫困区县摘帽”三大任务，统筹组织领导、强化政策保障，农村扶贫开发工作取得了显著的成就。根据农村贫困监测及相关调查资料显示，2015年重庆全市农村贫困人口大幅减少，贫困地区基础条件不断改善，农民收入较快增长、生活水平逐步提升。

一、统筹组织领导，强化政策保障

（一）加强组织领导，全面统筹部署

市委、市政府坚持把脱贫攻坚作为头等大事、第一民生工程和“一把手工程”来抓，全市上下形成了“党委主导、政府主抓、部门主推、干部主攻”的工作格局。在充分考虑贫困现状、政策力度、工作基础和发展态势等因素基础上，经过科学论证，明确提出“6年目标3年完成1年扫尾2年巩固”工作思路，按照我国现行标准，确保2017年基本完成全市14个国家扶贫工作重点县和4个市级扶贫工作重点县全部“摘帽”、1919个贫困村整村脱贫、165.9万贫困群众全部越过扶贫标准线，2018年完成扫尾工作，再经过2年的巩固，确保2020年全市稳定脱贫，全面高质量地补齐扶贫短板。全市33个贫困区县党政“一把手”分别向市委、市政府签订责任书，立下军令状，把责任扛在肩上，量身定做脱贫方案，科学安排脱贫时序，全市上下形成“市负总责、部门配合、区县抓落实，一级抓一级、层层抓落实”的攻坚氛围。

（二）强化政策保障，加大财政投入

先后研究出台《关于集中力量开展扶贫攻坚的意见》、《关于精准扶贫精准脱贫的实施意见》以及13个方面的配套政策和实施方案，形成了“1+1+13”扶贫攻坚政策体系，为限时打赢扶贫攻坚战提供了有力的政策支撑。特别是在政策性投入保障方面，实行“五年政策、三年到位”，通过做大增量、盘活存量、提前调度等方式，优先保障脱贫攻坚财政资金需求。3年脱贫攻坚期内，将新增投入财政资金82.8亿元，其中增量投入67.8亿元，提前调度15亿元。2015年，市级以上财政扶贫资金落地40.1亿元，较上年增长48%。同时，注重调动和发挥行业及社会参与投入扶贫的作用。据统计，2015年全市共投入行业和社会资金达172亿元。坚持当前和长远相结合，注重政策延续性，脱贫“摘帽”后，对原向贫困区县倾斜的系列政策和资金，保持3年过渡期不变，并逐步规范纳入五大功能区域转移支付体系，不再与贫困“帽子”挂钩。

（三）突出精准有效，坚持分类施策

针对贫困对象不同的致贫原因，因地制宜、分类施策，扎实做好“六个一批”。梯度转移一批。引导渝东南、渝东北地区农村人口特别是贫困人口有序梯度转移，全年转移人口10万人，实现贫困家庭成员转移就业71642人。统筹职业培训资源，完成各类培训14.98万人。搬迁安置一批。实施差异化补助和梯度搬迁，多渠道落实搬迁户后期产业扶持政策。累计安排市级以上专项资金45.09亿元，区县投入财政资金50.46亿元，完成搬迁安置54.2万人，其中贫困户24.8万人，占搬迁人口的45.8%；启动建设集中安置点1684个，建成1294个。产业带动一批。立足渝东南、渝东北地区资源优势，安排特色效益农业资金10亿元，支持柑橘、生态渔、草食牲畜、茶叶、榨菜、中药材、调味品等重点产业链向贫困村、贫困户延伸。教育资助一批。完善从学前教育至大学到就业全覆盖资助体系，全市因学致贫的19.83万贫困学生受到资助。医疗救助一批。建立面向贫困人口的城乡居民合作医疗保险、大病保险、补充商业保险、医疗救助相衔接的医疗保障制度，将因病致贫贫困家庭的重病患者全部纳入医疗救助。兜底保障一批。落实低保标准与扶贫标准“两线合一”，建立与经济社会发展和居民收入相适应的增长机制，将18.6万丧失劳动能力的深度贫困人口全部纳入农村低保范围。

（四）整村扶贫稳步推进，贫困户优先得到了扶贫项目

多数村都有自己的扶贫规划。在被监测的161个行政村中，2015年有村级扶贫规划的村所占比重为67.7%，比上年提高17.5个百分点；由村民讨论共同决定扶贫规划的村所占比重为64.4%，比上年提高17.3个百分点；参加过扶贫项目的村所占比重为50.2%，比上年提高15.4个百分点；有小额信贷组织或村民互助资金组织的村所占比重为28.8%，比上年提高0.5个百分点。扶贫开发的公共项目成果显著。与上年比较，2015年在161个行政村中饮水安全工程扶持的农户数量比上年增长229.5%，农村危房改造面积增长175.3%，易地扶贫搬迁的农户数量增长99.9%。贫困户优先得到了扶贫项目。在农村贫困监测农户中，2015年有28.5%的农户参与村级扶贫项目，比上年提高2.5个百分点，近85%的监测农户认为贫困户优先得到了本村分配的扶贫项目；2015年有12.2%的农户正在参加当年的扶贫项目，比上年提高4.5个百分点。正在参加当年扶贫项目的农户按行业划分排在前四位的为：第一是种植业，占当年参加扶贫项目农户的比重为35.9%；第二是养殖业， 占18.9%；第三是人畜饮水工程，占18.8%，第四是教育免费，占9.2%。

二、精准扶贫成效彰显，农村贫困人口大幅减少

（一）农村贫困人口大幅减少，多个区县初步实现整体脱贫目标

根据国家统计局核定，重庆市农村贫困人口从2014年的119万人减少到2015年的88万人，净减少31万人，下降26.1%，农村贫困发生率（农村贫困人口占乡村人口的比重）从2014年的5.3%降低到2015年的3.9%，下降了1.4个百分点。这为2017年重庆如期实现脱贫目标奠定了坚实基础。

依据有关调查资料推算，2015年，綦江区、潼南区和涪陵区农村贫困发生率已降至3%以下，分别为2.9%、2.9%和2.8%，初步实现整体脱贫的预期目标。与此同时，石柱、黔江、奉节、云阳、巫山、城口、酉阳、秀山、武隆、巫溪、彭水等区县贫困发生率分别下降了2－3.3个百分点， 开县、涪陵、綦江、忠县、潼南、万州、丰都等区县贫困发生率分别下降了1－2个百分点，扶贫工作正向预定目标坚定迈进。

（二）生产生活环境改善，劳动力素质提高

1. 村容村貌变好。交通条件进一步改观。精准扶贫工作开展以来，国家和重庆市始终把贫困人口所占的贫困地区基础设施建设投入作为扶贫工作的重点之一，交通条件明显改善。2015年重点区县（国家级贫困县，下同）有53.7%的社主干道路面经过硬化处理，比上年提高14.0个百分点；有36.3%的社已通客运班车，比上年提高了7.9个百分点。道路条件的改善带动了汽车数量的增加。2015年末重点区县农村百户汽车拥有量达到7.3辆，比上年增长54.3%。饮水条件继续改善。据初步调查，2015年重点区县有26.5%的社饮用水经过集中净化处理，比上年提高5.8个百分点；有56.8%的农户使用管道供水，比上年提高了14.4个百分点；有34.3%的农户使用经过净化处理自来水，比上年提高5.4个百分点；获取饮用水需要走较远的路或者爬较高的山，饮水存在困难的农户占21.4%，比上年减少4.1个百分点。电力设施实现全覆盖。2015年，重点区县农村所有社均已通电，95%以上的农户使用照明电，且已经连续多年保持较高水平，这在山大人少的贫困地区已是一个了不起的成就。

2. 教育卫生及社会保障状况改善。教育文化卫生事业保持较高水平。2015年重点区县农村6岁及以上常住成员中，在校学生比重为25.5%，比上年提高0.5个百分点；96.1%的村有文化活动室，比上年提高近3.7个百分点；拥有合法行医证医生或者卫生员的村，由于村社撤销或者分开，以及居民持续搬迁进乡入城等原因，有小幅下降，但也已数年保持在90%以上，处于较高水平。社会保障范围扩大。2015年重点区县农村收到救济救灾款物的农户比重为5.2%，比上年提高了1.3个百分点；受到救济和救助的农户户均收到救济救灾款物577元。随着经济社会不断发展和精准扶贫政策的进一步落实，2015年重点区县农村的社会保障范围进一步扩大，据抽样调查目前已经有超过半数的农村常住居民参加了农村社会养老保险。

3. 信息物流逐步畅通。通讯联络更加方便。在重点区县的信息物流设施建设中，通讯设施的发展快于其它信息物流设施的发展。2015年通电话的社已经达到99.4%，比上年提高了2.8个百分点；重点区县农户移动电话平均每百人拥有量为207部，比上年提高了19.1%。电视信号覆盖更广。重点区县的电视信号覆盖率长期稳定在90%以上。2015年重点区县97.3%的社可以接收到电视节目，比上年提高1.0个百分点；46.2%以上的社通宽带，比上年提高6.8个百分点。彩色电视机几乎家家拥有；每百户计算机拥有量为17.4台，比上年增长23.6%。农产品商品率提高。农户出售农产品（农林牧渔业产品）的现金收入增加较多。2015年重点区县农村人均出售农产品的现金收入3216元，比上年增加759元，增长了30.9%。重点区县农户的农产品商品率持续增长。2015年重点区县农户的农产品商品率为64.7%，比上年提高了9.9个百分点。

4. 劳动力素质与转移人数上升。劳动力素质提高。2015年重点区县高中及以上文化程度的劳动力占10.9%，比上年提高了1.9个百分点；未上过学的劳动力比例占5.8%，比上年下降了0.1个百分点。2015年重点区县农村得到过技能培训的劳动力比重达到23.4%，比上年提高了4.5个百分点。劳动力转移人数增加。2015年重点区县农村第一产业劳动力占常住从业劳动力的比重由上年的69.2%下降到67.5%，减少了1.7个百分点；第二产业劳动力比重由上年的15.4%上升到16.5%，提高了1.1个百分点；第三产业劳动力比重由上年的15.3%上升到15.9%，提高了0.6个百分点。

三、农村居民收入增加，生活质量改善

（一）收入实现快速增长

1. 重点区县农民收入快速增长。2015年重点区县农民人均可支配收入为9120元，比上年增加1077元，增长13.4%。其中：工资性收入为2493元，比上年增长15.7%；经营净收入为3820元，增长9.4%；财产转移性收入为2807元，增长17.2%。其中值得一提的是重点区县农民现金收入大幅增长，2015年人均现金可支配收入7974元，比上年增长19.8%，占可支配收入总额的比重从2014年的82.7%上升到87.4%，增加4.7个百分点。

2. 重点区县农民收入增幅高于全市平均水平。重点区县农民人均可支配收入增速比全市农民平均水平高2.7个百分点，已达全市农民平均水平的86.8%，比上年提高了2.1个百分点。从横向比较来看，在全国22个省（直辖市、自治区）的同类农村贫困地区中，2015年重庆重点区县农民人均可支配收入增幅位居第3位，绝对额位居第1位。

3. 经营净收入是农民可支配收入的主要组成部分。2015年重点区县农民经营净收入占可支配收入的42%左右，在四大类收入来源中所占的比重最大，但与上年相比，该比重下降了1.5个百分点，这在一定程度上说明了重点区县农民收入来源也在不断丰富。在经营净收入中，第一、二、三产业所占比重分别为75.6%、7.4%和17.1%，与上年比较，第一产业所占比重出现下降而二、三产业所占比重有不同程度上升。

4. 农民可支配收入增量来源呈现多样化。2015年重点区县农民可支配收入来源中，转移净收入、工资性收入和经营净收入增加额分别为393元、339元、327元，对重点区县农民可支配收入的贡献率分别达到36.5%、31.4%和30.3%，共同形成了重点区县农民可支配收入来源的三大支柱。政策性收入对农民收入增量的贡献增多。2015年重点区县农民人均获得政策性可支配收入（包括养老金或离退休金、社会扶贫和救济、政策性生活补贴、报销医疗费、从政府和组织得到的实物产品和服务折价、现金政策性惠农补贴等）达到874元，比上年增加243元，增长38.4%。

（二）生活质量进一步改善

1. 消费水平提高很快。2015年重点区县农民人均生活消费支出8170元，比上年增加825元，增长11.2%。重点区县农民人均生活消费支出的增长幅度虽然比全市农民低0.8个百分点，但在全国22个省（直辖市、自治区）的同类农村贫困地区中，2015年重庆重点区县农民人均生活消费支出增幅排名第8位，绝

对额排名第3位，均高于全国农村贫困地区平均水平。

2. 恩格尔系数下降1.0个百分点。恩格尔系数即食品消费支出占生活消费支出的比重，它是反映居民生活质量高低的一个重要指标。一般情况下，恩格尔系数越小，生活质量越高，消费越上档次。重点区县农民恩格尔系数从2014年的39.5%下降为2015年的38.5%，减少了1.0个百分点，农民能够将更多的钱用于其它消费，虽然总体水平上还未跳出基本消费的层次，但从发展趋势看生活质量还是提高了。

3. 发展型和享受型消费出现2位数增长。发展型和享受型消费主要指医疗保健、交通通讯、教育文化娱乐消费。2015年，发展型和享受型人均消费支出为2271元，占生活消费支出的比重为27.8%，比重比上年增加1.8个百分点。与上年比较，发展型和享受型消费在2014年增长18.9%的基础上2015年又增长了18.8%。这表明重点区县农民购买非必需商品和服务的能力进一步增强了。

（作者：朋琳）

重庆武隆天生三桥

四川省经济社会发展报告

2015年，面对国际、国内经济下行压力持续加大的复杂严峻形势，四川省委、省政府认真贯彻落实中央决策部署，牢牢把握稳中求进工作总基调，主动适应经济发展新常态，深入实施"三大发展战略"，采取有力措施稳定经济增长，扎实推进创新转型发展，科学统筹稳增长、调结构、促改革、惠民生、防风险，政策效果逐步显现，四川主要经济指标达到或超过年初预期目标，经济运行呈现总体平稳、稳中有进的发展态势。

一、"六大亮点"凸显2015年四川经济稳中有进

一是经济总量"上台阶"。 2015年，受国际、国内宏观经济下行和市场需求不足等多因素的影响，四川经济自一季度增长7.4%以来，省委、省政府及时制定和实施一系列稳增长的政策措施，全年实现地区生产总值(GDP)30103.1亿元，按可比价格计算，比上年增长7.9%，高于7.5%的年度预期目标，高于全国平均水平1个百分点。四川经济总量继2011年迈上2万亿之后再上一个万亿元台阶，超过3万亿元，占全国经济比重达4.45%，比"十二五"初期提高0.2个百分点。

二是新常态下"稳增长"。四川经济增长快于全国、在全国位次提升。其中，地区生产总值（GDP）比上年增长7.9%，增幅比全国平均水平高1个百分点；规模以上工业增加值增长7.9%，增幅比全国高1.8个百分点；服务业增加值增长9.4%，增幅比全国高1.1个百分点；固定资产投资（不含农户）增长10.2%，增幅比全国高0.2个百分点；社会消费品零售总额增长12.0%，增幅比全国高1.3个百分点；农村居民人均可支配收入增长9.6%，增幅比全国高0.7个百分点。在全国位次提升，其中规上工业增加值增速居全国第12位，比上年提高3位；固定资产投资增速居全国第24位，比上年提高1位；社会消费品零售总额增速居全国第6位，比上年提高4位。

三是主要经济指标"超预期"。全年实现全社会固定资产投资25973.7亿元、比上年增长10.2%，社会消费品零售总额13877.7亿元，增长12.0%，增速分别超年度预期目标0.2、0.5个百分点；全年城镇新增就业101.9万人，超额完成全年目标任务的127.4%；节能降耗形势良好，超额完成单位GDP能耗和单位工业增加值能耗的降耗目标；物价温和上涨1.5%，控制在3%的预期目标内；规上工业增加值增长7.9%，基本完成年度预期目标。

四是千亿市州、百亿县区"添新军"。2015年，四川多点多极支撑发展战略继续稳步推进，市州经济和县域经济竞相发展。首位成都市着力打造西部经济核心增长极，经济总量达10801.2亿元；眉山、广安两市成功跨入GDP千亿市州行列，全省地区生产总值超过千亿元的市（州）已达到14个；遂宁、泸州、广安、眉山4个市州实现两位数增长，9个市州GDP增速比上年提高。GDP超百亿县（市、区）阵容不断扩张，达到110个。

五是结构调整谱写"新进展"。三次产业结构进一步优化，从上年的12.4:48.9:38.7调整为12.2:47.5:40.3，第一产业比重继续下降，服务业比重首次超过40%，对经济增长的贡献率达41.1%，比上年提高3.4个百分点。工业行业结构优化调整，高技术产业、汽车制造业增加值占规上工业比重均比上年有所提高，采掘业增加值比重降低1.4个百分点，酒饮料和精制茶制造业、食品制造业稳定增长，占比分别提高0.4和0.2个百分点。投资结构调整，基础设施投资增长较快，第三产业投资比重持续提高至68.1%。消费新业态发展迅速，全省通过互联网实现的限上企业商品零售额达到333.1亿元，增长78.7%。

六是新旧增长动力"双发力"。新兴产业、

新型业态、新商业模式加快培育，高端产业发展初见成效，高技术产业增加值占规上工业增加值的12.5%，比上年提高0.1个百分点；新兴行业逐步壮大，汽车制造业和医药制造业增加值占规上工业增加值的比重分别为6.0%和3.7%，均比上年提高0.3个百分点。传统产业焕发新活力，非金属矿物制品业、石油和天然气开采业、酒饮料和精制茶制造业三大传统产业加快转型发展，增加值全年分别增长20.1%、17.7%、11.4%，合计对全省规上工业增长的贡献率达到37.7%，拉动规上工业增长3个百分点。

二、主要经济指标运行情况

2015年，四川农业、工业生产稳定，服务业发展加快，投资、消费稳步增长，财政、金融和市场物价平稳运行，居民收入增加。主要特征：

（一）农业、工业生产稳定，服务业发展加快

农业方面：2015年全省气候条件较好，农业科技推广得力，强农惠农政策落实到位，农作物实现稳产增收，全年粮食产量3442.8万吨，比上年增长2.0%；油料作物产量307.4万吨，增长2.2%。生猪价格自4月以来持续回升，产能调整趋于合理，牛羊禽出栏保持较快增长，畜牧业生产总体平稳。2015年，第一产业增加值3677.3亿元，比上年增长3.7%。

工业方面：工业生产克服市场需求明显不足等影响，加大去产能、转方式力度，全年规模以上工业增加值比上年增长7.9%。主要特征：

一是重点行业支撑作用明显。规上工业41个行业大类中有36个行业增加值实现增长，15个行业增速比上年提高，前十大行业全部实现增长。其中医药制造业、汽车制造业、化学原料和化学制品制造业均保持较快增长，分别比上年增长12.3%、10.0%和11.6%，合计对规上工业增长贡献率为20.5%。

二是部分重点企业增势较好。2015年，重点监测的前50强企业中有31户企业实现增长，有4户企业工业总产值超500亿元、27户企业产值超100亿元。电子信息类的业成科技、纬创、欧珀移动，汽车制造类的中嘉汽车、大运汽车，油气及炼钢类的中石油西南油气田、中石化西南油气田、西南不锈钢公司，传统资源类的泸州老窖、剑南春、龙蟒集团等均呈较快增长态势。

三是高端产品增势较好。2015年，全省重点监测的117种主要工业产品中有52种增长，增长面44.4%。其中，战略性新兴产业产品中的水质污染防治设备增长39.6%，锂离子电池增长632.1%，太阳能电池增长74.9%；高技术产业产品中的手机产量增长171.0%，半导体分立器件增长33.5%；高附加值产品中炼油化工生产专用设备产量增长17.8%，石油化工用加氢反应器产量增长188.9%，城市轨道车辆增长95.5%，风力发电机组增长13.4%。

建筑业：2015年，全省实现建筑业增加值2325.6亿元，增长9.0%，增速比上年提高0.4个百分点；建筑业占全省经济比重为7.7%，对全省经济增长的贡献率为8.7%，比上年提高1.0个百分点。

服务业：2015年，在金融业较快增长、住宿餐饮业恢复增长等拉动下，服务业加快发展势头明显。全年第三产业增加值12132.6亿元，比上年增长9.4%，增速比GDP和规上工业增速均高1.5个百分点。其中，金融业增加值增长15.9%，包括信息技术、健康养老等在内的其他服务业增加值增长10.1%，住宿餐饮业增加值增长6.7%。

（二）投资规模继续扩大，消费需求平稳增长

投资方面：2015年，全省完成全社会固定资产投资25973.7亿元，比上年增长10.2%。其中，固定资产投资（不含农户）增长10.2%。主要特征：

一是一、三产业投资较快增长。2015年，第一产业完成投资840.1亿元，比上年增长31.8%；第二产业完成投资7462亿元，增长3.5%；第三产业完成投资17671.6亿元，增长12.4%。三次产业投资比重从上年的2.7:30.6:66.7调整为3.2:28.7:68.1。

二是工业投资低位回升。受产能过剩、PPI持续走低，劳动力成本上升、企业效益下降等因素影响，工业投资延续低位增长。在稳投资系列政策拉动下，工业投资从年初的下降1.0%逐步调整回升，上半年增长1.7%，全年完成工业投资7361.0亿元，增长2.7%。

三是基础设施投资增长较快。全年完成基础设施投资7499.6亿元，比上年增长16.6%，增速比全社会投资高6.4个百分点，占全社会投资比重达28.9%，比上年提高1.6个百分点，对全社会投资的贡献率达44.7%。

四是房地产投资增速回落。全年完成房地产开发投资4813.0亿元，比上年增长9.9%，这是近年来首次回落至个位数增长。但在楼市新政刺激下，商品房销售持续回升，全年商品房销售面积7671.2万平方米，比上年增长7.4%。

消费方面：2015年，全省实现社会消费品零售总额13877.7亿元，比上年增长12.0%。

一是城乡市场增势稳定。2015年，全省城镇实现零售额11151.7亿元，增长11.7%；乡村实现零售额2726.1亿元，增长13.2%。乡村市场增速比城镇快1.5个百分点。

二是餐饮收入持续回升。2015年，餐饮收入1956.0亿元，增长12.3%，增速比一季度、上半年、前三季度分别回升2.1、0.5、0.3个百分点。商品零售较快增长，2015年实现零售额11921.7亿元，增长11.9%。

三是消费逐步转型升级。限额以上16大类商品中有14类增长、12类保持2位数增长，其中粮油、食品、饮料、烟酒类零售额增长19.1%，体育、娱乐用品类增长59.3%，汽车零售额增长6.3%。

外贸方面：受国际市场需求不足等影响，2015年全省进出口总额降幅呈逐季扩大趋势。全年实现进出口总额515.9亿美元，比上年下降26.5%。其中，出口额333.5亿美元，下降25.6%；进口额182.4亿美元，下降28.1%。

（三）就业形势稳定，节能降耗成效明显

就业方面：年末全省城乡就业总量为4847万人，比上年末增加14万人，其中城镇就业人员1566万人，乡村3281万人，城乡就业结构为32.3:67.7。城镇新增就业较好，全年城镇新增就业101.94万人，完成全年目标任务的127.4%；失业人员再就业25.87万人，完成全年目标任务的129.4%；就业困难人员就业8.53万人，完成全年目标任务的142.3%；城镇登记失业率4.12%，低于4.5%的年度控制目标。

节能降耗：全年规上工业企业能耗9303.1万吨标准煤，比上年下降5.1%；六大高耗能行业能耗6784.1万吨标准煤，比上年下降5.5%。2015年全省单位工业增加值能耗下降12.05%，单位GDP能耗下降7.25%，超额完成年度单位工业增加值能耗下降3%和单位GDP能耗下降2%的年度目标任务。

（四）物价温和上涨，金融平稳运行

物价方面：居民消费价格温和上涨，2015年，CPI比上年上涨1.5%，八大类商品及服务项目价格“七涨一跌”，其中食品类价格上涨2.9%，涨幅居八大类之首。工业生产者出厂价格（PPI）连续44个月下跌，12月同比下降4.0% ，全年比上年下降3.6%；工业生产者购进价格（IPI）比上年下降3.3%。

金融方面：12月末，全社会金融机构人民币各项存款余额59184.8亿元，增长10.1%，其中住户存款余额28575.9亿元，增长10.8%；金融机构人民币各项贷款余额38011.8亿元，增长12.2%。

三、2016年四川经济走势展望

2016年是“十三五”决胜全面小康、建设经济强省的开局之年，也是推进结构性改革的攻坚之年。尽管宏观经济形势错综复杂，自身发展的多重矛盾和困难交织影响，但在积极实施稳增长政策措施、加快推进结构性改革等推动下，四川经济有望延续平稳增长的势头。

（一）全球经济持续缓慢复苏

2016年，全球经济仍将处于国际金融危机、

欧债危机后缓慢复苏阶段。美国经济自2012年以来持续复苏，2016年在低油价、高科技创新等推动下有望继续稳步走强；欧洲经济在量化宽松政策等带动下温和增长，但受地缘政治等风险影响复苏势头或将反复；新兴经济体增速放缓的压力仍然较大，尤其是国际大宗商品价格持续下跌对资源出口型经济体影响较大。同时，美元加息、地缘政治冲突频繁、恐怖主义威胁加剧让全球经济复苏进程更添波折。2016年初，世界银行调降2016年全球经济增长预估，国际货币基金组织（IMF）对2016年世界经济发展趋势也表示担忧。预计2016年全球经济将缓慢复苏，但增速可能低于2015年。

（二）新常态下国内经济稳增长势头进一步增强

从发展阶段看，我国经济发展正处于新常态，认识新常态、适应新常态、引领新常态，是当前和今后一个时期我国经济发展的大逻辑，符合我国发展的阶段性特征。尽管国内经济发展中仍面临着很多困难和挑战，特别是结构性产能过剩比较严重，但发展潜力大、韧性强、回旋余地大的特点没有改变，总体向好的基本面没有改变。从政策机遇看，十八届五中全会提出了“创新、协调、绿色、开放、共享”五大发展理念，中央经济会议强调了“宏观政策要稳、产业政策要准、微观政策要活、改革政策要实、社会政策要托底”五大政策支柱，明确了结构性改革“去产能、去库存、去杠杆、降成本、补短板”五大任务。随着各项利好政策的积极推进，经济增长的积极因素将进一步累积。从趋势变化看，全国经济增速已经连续4年保持在7%左右的增长区间，连续四个季度经济波动仅在0.1个百分点上下，为2016年稳定增长奠定了较好的基础。

综合判断，在稳中求进工作总基调指引下，在加快供给侧结构性改革推动下，2016年全国经济有望保持6.5%-7%的平稳增长。

（三）四川经济缓中趋稳的势头较强

当前，四川经济发展与全国大势基本一致，经济运行总体平稳，呈现稳中有进、稳中有好的发展态势。省委经济工作会议深刻分析了四川经济发展的“六个基本特征”，强调统筹好“五大关系”，明确提出了经济工作总体要求和2016年7%以上的经济增长预期目标，科学部署了经济工作“八项重点任务”，为全年经济发展奠定了政策基调。

一是趋势变化引领稳定增长。新常态下，四川经济增长总体呈现出从高速向中高速、甚至中速转变的阶段性发展特征，但近两年在各项稳增长政策措施推动下，增速从放缓到企稳的势头有所增强。GDP增速从2012年、2013年回落2个百分点以上，逐渐缩小至2014年的1.5个百分点，2015年仅回落0.5个百分点左右，经济下行势头有所减缓。从短期波动变化看，自去年一季度四川GDP增长7.4%以来，已经连续三个季度稳定在8%左右，企稳基础进一步夯实。

二是供给侧改革助推稳定增长。四川经济正从主要依靠工业向依靠工业和服务业增长转变，加快供给侧结构性改革将为产业发展创造新的契机。煤炭、钢铁等传统产业化解过剩产能进程有望加快，白酒、家具等消费型行业在转型发展中孕育新机遇，信息安全、生物医药、节能环保装备、页岩气等战略性新兴产业和高端成长型产业在创新中加快发展。同时，考虑到市场需求明显不足、工业投资不振、企业经营效益下滑等不利因素影响，预计全年工业经济稳中趋缓，增速略低于上年。省委经济工作会议明确提出全省经济增长要由依靠工业增长向依靠工业和服务业增长转变，服务业发展政策机遇好，在加快培育服务业新兴业态和新商业模式、实施服务业“三百工程”和“互联网+”行动计划等带动下，服务业有望继续保持高于工业、高于GDP的加快发展势头。

三是需求侧发力护航稳定增长。投资方面，2016年全省将着力推动631个省重点项目、100个省级重点推进项目的建设，精准对接国家七大投资方向、积极争取国家专项建设基金支持，重点推动中电科、京东方、成飞等工业投资重大项目，鼓励支持民间资本参与重点项目建设，四川投资规模将稳步扩大。考虑到2016年投资结构调整任务较重，民间投资和工业投资持续低位增长，房地产投资增速持续回落，全省投资增速将有所回落。消费方面，以网上零售额为代表的消费新业态迅速发展，消费规模有望继续扩大；餐饮行业转型发展成效进一步显现，有望继续保持较快增长；新型城镇化尤其是户籍人口城镇化建设将有力推动城乡统筹发展，加速释放消费潜力。同时，品迭网上消费增长对传统消费市场的挤压和替代、城乡居民增收速度放缓影响居民实际消费能力提升等因素影响，全年消费市场将平稳增长。

2016年，站在“十三五”的新起点，对标“决胜全面小康、建设经济强省”的宏伟目标，统筹稳增长政策措施，加快推进结构性改革进程，四川经济将蓄势扬帆、稳健启航！

（作者：陈炜）

四川红石滩（摄影：罗廷）

专栏：四川农民收入破万元 迈上新台阶

2015年，全省认真贯彻落实中央、省委农村工作会议和1号文件精神，按照"稳粮增收、提质增效、创新驱动"的要求，着力加大农村改革、现代农业发展、新农村建设、扶贫攻坚和农民增收等农业农村重点工作力度，取得明显成效。农民收入实现较快增长，收入水平实现新跨越、迈上新台阶，首次突破万元，收入增速高于全国，增收质量有进一步提高。

一、农民收入迈上新台阶

据全省城乡一体化住户调查，2015年四川农村常住居民人均可支配收入突破万元大关，达到10247元，比上年增加900元，增长9.6%，扣除价格因素，实际增长7.9%。面对困难和复杂的增收形势，四川农民收入实现了新跨越、迈上了新台阶，呈现如下特点：

（一）收入增速快于全国，占全国比重不断上升

2015年四川农村居民人均可支配收入名义增速高于全国平均0.7个百分点，扣除价格因素，实际增速快于全国平均0.4个百分点。农民收入占全国平均收入比重由上年末的84.0%提升至89.7%，提升5.7个百分点。

（二）农民收入增长快于城镇，城乡收入比进一步缩小

2015年四川农村居民人均可支配收入增速高于城镇常住居民收入1.5个百分点，城乡居民收入倍差2.56，比上年缩小0.03，且比全国平均水平低0.17，实现了城乡收入比进一步缩小。

（三）在经济八大省中，四川农民增幅居首位

从全国排位情况看，四川农村居民人均可支配收入总量居全国第21位；增幅居全国第7位，比2014年上升4位。在经济八大省中，四川农村居民收入增幅居第1位。

（四）四大项收入来源全面增长

其中工资性收入3463元，同比增长9.7，经营净收入4197元，同比增长8.2%，财产净收入224元，同比增长21.0%，转移净收入2363元，同比增长11.0%。与2014年相比，农民财产性和转移性净收入占比分别提高0.2个0.3个百分点，工资性和经营净收入占比分别下降0.1和0.5个百分点。

二、多重利好助农增收

（一）行政推动到位，为农民增收提供了组织保障

省委1号文件明确农民增收工作由县（市、区）委书记和县（市、区）长负责，全省在全国率先建立了农民增收工作县（市、区）委书记和县（市、区）长负责制。

（二）经济总体发展向好，农民工资性收入稳步增长

2015年以来，四川经济平稳运行、呈现稳定增长的发展态势。投资、消费等主要经济目标均高于全国平均水平，农村居民增收大环境趋好。7月1日起，全省月最低工资标准由1100元、1250元和1400元，分别调整为1260元、1380元和1500元，平均上调幅度为10.4%。全省最低工资标准连年上调，机关、事业单位人员的津补贴标准陆续调整到位，为农村常住居民增资提供了政策支持。

（三）农民生产经营稳定，非农产业发展情况良好

一是粮食增产。据国家统计局核定：2015年四川粮食总产量达到3442.8万吨（688.6亿斤），比上年增产67.9万吨（13.6亿斤），增长2.0%。二是牧业生产、销售情况较好。全年主要禽畜生产总体稳定，养

猪收益由亏转盈，养殖户填槽补栏积极，生猪产能有所回调。牛羊生产稳步增长，家禽数量增长明显。三是农产品生产价格总指数比上年有所上涨，全年累计同比涨3.3%。分类看，除渔业外其他三大类农产品生产价格都比去年有所上涨。其中种植业产品生产价格全年上涨1.7%；林业上涨1.2%；畜牧业上涨5.3%，是近三年来的最好水平。

（四）新型业态快速发展，对农民增收效果日趋显著

据调查，全省农业新型业态助农增收的效果日趋显著。休闲农业、观光农业、创意农业、农产品加工销售+互联网等新型业态，通过延伸农业产业链，拓展产业功能，带动农民增收。另一方面受益于小微企业优惠政策不断深化，各地经营者减本增效。

（五）努力推进土地产权交易，财产性增收取得新成效

2015年，为加大农民财产性收入，省委下发了关于进一步引导农村土地经营权规范有序流转发展农业适度规模经营的实施意见，各地积极推进农村土地产权交易，加大土地管理制度改革创新，引导土地承包经营权流转，土地流转面积稳步增长。

（六）惠农政策落实到位，转移净收入稳步增长

全省各级政府始终把保障和改善民生作为全部工作的出发点和落脚点，陆续出台多项文件，提高城乡低保标准、退休人员基本养老金、新农合补助比例和农村贫困标准。另一方面，各级全面落实国家深化农村改革、支持粮食生产、促进农民增收的政策措施，积极落实粮食直补、良种补贴、农机具购置补贴等多项补贴，让农村居民生产生活得到实惠。自2015年1月起，四川新型农村医疗保险缴费标准由原来的每人每年55元提高到70元，60岁以上老人新型农村基本养老保险标准由原来的每人每月补助55元提高到75元，80岁以上的发高龄补贴，每月增加20元，基本实现全覆盖；提高农村低保标准，三类农村低保标准分别由2014年的每月85元/人、115元/人和145元/人，提高到每月95元/人、125元/人和155元/人，较上年提高11.8%、8.7%和6.9%。

三、打好政策组合拳促农持续增收

2015年，面对国内外经济下行压力，省委省政府重视民生改善，等多方面保障和增加农村居民收入，取得显著成绩。但是经济增速放缓，影响到四川农村居民收入增幅收窄，增收难度加大。2016年要确保农民收入持续稳定增长，需要各级政府采取积极措施，实现重点突破。

（一）增加农民二、三产业的经营收入

随着城镇化和新农村建设步伐的不断加快，农民二、三产业发展空间扩大，特别是交通运输、住宿餐饮、批零贸易等的行业快速发展，有效地推动了农民家庭经营净收入的增加。但在农民家庭经营净收入中，第二、三产业的收入占比仍然不高，2015年农村二三产业经营净收入占收入比重为12%。因此要进一步优化全省农民自主创业的政策环境，贯彻落实有关金融服务“三农”发展的政策，提供好贷款服务，同时要加大对农村居民创业贷款贴息等支持力。大力发展农副产品加工业，扶持有发展潜力的个体和私营加工企业不断做大、做强，创出品牌。引导农民以小城镇建设为依托，积极参与家政、养老服务等专门的家庭服务经营企业，有条件的可开办养老院。鼓励农民开发旅游和兴办农家乐，在餐饮、娱乐、住宿、商品营销、运输等行业进行创业经营。

（二）大力发展农村经济新型业态

挖掘乡村旅游、观光农业等新型产业形态。当前四川新型农场、农庄、农民合作社、乡村酒店、农村电商等新型经营主体发展滞后，是新业态发展的短板。要以“移动互联网+生态农业+食品安全+健康产业”

驱动，努力打造“信息支撑、管理协同，产出高效、产品安全，资源节约、环境友好”的农村经济新业态升级版。

（三）合理实现土地经营权充分有序流转

鼓励创新土地经营权多种流转形式，大力支持农民建立土地股份合作社并以此为载体规模化流转土地，给予土地股份合作社更多财政补贴和信贷优惠。围绕土地流转向适度规模经营加大政策支持。重点支持在适度规模经营适宜区间的新型农业经营主体，扶持家庭农场等新型农业经营主体成长。

（四）构建精准式“三农”支持政策体系

积极争取中央“三农”资金投入。以改革创新为导向，抓好四川省四个国家农村改革试验区建设。建立中央与地方政府之间的改革成本分担机制，尽可能由中央、省级、地方等三级财政分摊改革成本。加强“三农”支持政策的瞄准性。对新型农业经营主体用于农业基础设施建设和固定资产投资的信贷予以支持，给予投资补助和利息补贴；对资源节约、环境友好型农业生产方式给予更多补贴支持。

（作者：丁远忠）

四川稻城亚丁（摄影：罗廷）

贵州省经济社会发展报告

2015年是“十二五”规划的收官之年。面对复杂严峻的经济形势和持续较大的下行压力，全省深入贯彻习近平总书记系列重要讲话特别是视察贵州时的重要讲话精神，认真落实中央宏观调控政策，积极适应经 济发展新常态，以“守底线、走新路、奔小康”为总纲，努力培育发展新动力、厚植发展新优势、拓展发展新空间，经济平稳增长，结构调整加快，动力转换提速，生态环境趋优，民生持续改善。

一、2015年经济运行基本情况

（一）总体情况

初步核算，2015年全省地区生产总值10502.56亿元，比上年增长10.7%，增速比上年回落0.1个百分点。其中，第一产业增加值1640.62亿元，比上年增长6.5%；第二产业增加值4146.94亿元，增长11.4%；第三产业增加值4715.00亿元，增长11.1%。

1. 主要经济指标迈上新台阶，“十二五”规划胜利收官。2015年经济发展外部宏观环境十分复杂，下行压力较大。在宏观环境趋紧情况下，全省着力促进经济稳定增长，实现“十二五”规划胜利收官。全省地区生产总值突破1万亿元，超额完成“十二五”规划目标任务。一些重要经济指标提升至新数量级，其中，全省市场主体注册资本金突破2.5万亿元；金融机构人民币各项存款余额接近2万亿元；金融机构人民币各项贷款余额突破1.5万亿元。

表1 2011-2015年全省地区生产总值

单位：亿元

指标名称	2011年	2012年	2013年	2014年	2015年
地区生产总值	5701.8	6852.2	8086.9	9266.4	10502.6
第一产业增加值	726.2	891.9	998.5	1280.5	1640.6
第二产业增加值	2194.3	2677.5	3276.2	3857.4	4146.9
第三产业增加值	2781.3	3282.8	3812.2	4128.5	4715.0
贵州GDP占全国比重(%)	1.2	1.3	1.4	1.5	1.6

2. 主要经济指标增速较快，继续位居全国前列。2015年全省经济运行延续了2011年以来平稳较快的增长态势，主要经济指标增速高于全国，位居全国前列。全省地区生产总值增速高于全国3.8个百分点。规模以上工业增加值、固定资产投资、社会消费品零售总额、金融机构人民各项存款余额、金融机构人民币各项贷款余额增速分别比全国高3.8、11.6、1.1、14.5和7.4个百分点。

（二）主要特点

全省经济运行突出表现为“总体平稳、稳中有新、稳中向好”的特点

1. 总体平稳。

—— 农业生产平稳运行。2015年，全省气候总体较好，雨水充足，农作物长势好于上年。一是粮食产量保持稳定。2015年全省粮食总产量1180.00万吨，创历史最高水平，比上年增长3.6%。其中，夏粮产量269.45万吨，增长1.8%；秋粮产量910.55万吨，增长4.2%。二是经济作物较快增长。全省积极引导和鼓励扩大经济作物种植，主要经济作物种植面积较快增长。2015年全省蔬菜、茶园、果园、中药材种植面积分别为980.22、418.89、300.48和155.81千公顷，分别比上年增长6.1%、13.4%、14.6%和6.3%。三是畜牧业发展平稳。全省坚持走山地畜牧业发展新路，除生猪受价格低迷影响呈负增长外，其余主要畜禽生产均保持稳步增长。全省猪牛羊禽肉产量为198.02万吨。

—— 工业经济总体稳定。面对持续加大的工业经济下行压力，全省出台了一系列支持工业发展的政策措施，工业保持稳定发展态势。2015年

全省规模以上工业增加值3550.13亿元，比上年增长9.9%。一是工业企业数量增多。全省规模以上工业企业数量为4145户，比上年净增250户。随着企业数量增加，工业产品覆盖面进一步拓宽。2015年末，全省规模以上工业企业实现大类行业全覆盖，中类行业覆盖率为82.1%，共生产工业统计范围内的工业产品282种，产品覆盖率为49.7%。二是轻重工业同步增长。2015年全省规模以上轻工业增加值1374.19亿元，比上年增长8.3%；重工业增加值2175.94亿元，增长10.9%。三是重点产业平稳增长。2015年全省煤电烟酒四大传统行业实现增加值2069.07亿元，占规模以上工业比重为58.3%。其中，酒、饮料和精制茶制造业增加值716.05亿元，比上年增长10.2%；煤炭开采和洗选业增加值684.68亿元，增长5.6%；电力、热力生产和供应业增加值364.53亿元，增长4.2%。四是非公有经济平稳发展。2015年全省规模以上非公有控股企业实现增加值1838.72亿元，比上年增长13.5%，占规模以上工业增加值的比重为51.8%，比上年提高3个百分点。

—— 固定资产投资平稳较快增长。全省紧紧抓住宏观政策调控机遇，固定资产投资继续保持平稳较快增长。2015年全省固定资产投资10676.70亿元，比上年增长21.6%。一是三大领域投资形成主体支撑。全省基础设施投资、工业投资和房地产开发投资对固定资产投资带动作用明显。2015年三大领域共计完成投资9088.66亿元，占全省固定资产投资的比重为85.1%。其中，基础设施投资4137.35亿元，比上年增长22.3%；工业投资2746.22亿元，增长17.5%。二是新兴产业投资增长较快。2015年全省信息服务业投资72.87亿元，比上年增长33.1%；租赁和商务服务业投资113.02亿元，增长132.2%。三是民间投资增长较快。随着一系列鼓励社会投资尤其是民间资本投资政策措施的贯彻落实，加之推广政府与社会资本合作（PPP模式），民间投资较快增长。2015年全省民间投资4823.76亿元，比上年增长16.4%。

—— 市场消费稳步发展。全省努力拓展消费领域，积极培育新型消费模式，消费市场繁荣活跃，消费热点不断显现。2015年全省社会消费品零售总额3283.02亿元，比上年增长11.8%。一是城乡市场消费平稳增长。2015年全省城镇消费品零售额2691.66亿元，比上年增长11.8%，乡村消费品零售额591.36亿元，增长11.7%。二是与生活相关的产品消费增速较快。全省限额以上企业（单位）主要商品零售中，生活相关产品消费增长较快，其中，粮油、食品类，饮料类，烟酒类商品分别比上年增长19.4%、20.9%和13.0%，拉动全省限额以上消费品零售额增长3.2个百分点。

—— 物价涨幅总体平稳。2015年全省居民消费价格比上年上涨1.8%，涨幅比上年回落0.6个百分点。其中，食品价格比上年上涨2.6%。

2. 稳中有新。

—— 加快培育新产业，形成新支撑。全省坚持改造提升传统产业和培育壮大新兴产业，坚持“两条腿”走路，在稳定煤电烟酒等传统产业的同时，加快发展壮大新兴产业，拓宽产业发展空间，新兴产业快速发展。特别是五大新兴产业呈现蓬勃发展之势，引领产业转型升级。2015年全省医药、电子产业工业增加值分别突破100亿元和50亿元，分别比上年增长6.9%和102%。

—— 加快释放“双创”潜力，形成新动力。全省通过举办数博会、众筹大会，搭建创业创新平台，推动大众创业、万众创新，最大程度地释放创业创新潜力。2015年末，全省市场主体190.98万户，比上年增长18.5%。创新驱动格局初步形成，2015年全省授权专利14115件，比上年增长39.7%。

—— 加快搭建开放平台，形成新格局。全省以农村电子商务为突破口，加快打造淘宝贵州馆、京东贵州馆、贵农网等电子商务综合平台，电子商务迅猛发展，推动黔货走出大山。2015年全省限额以上企业单位通过互联网实现商品销售额476.74亿元，比上年增长94.4%。全省以“5个100工程”为平台，优化生产力布局，园区经济、规模经济集聚效应不断凸显，全省产业园区实现工业总产值7670亿元。积极融入“一带一路”、长江经济带、珠江—西江经济带等国家战略，推动黔深欧国际海铁联运和中欧(贵阳—杜伊斯堡)班列常态化运营，打造“1+7”国家级开放平台等承接产业的新窗口。2015年全省进出口总额122.20亿美元，比上年增长13.5%；实际利用外资25.24亿美元，增长22.2%；引进省外实际到位资金7213.51亿元，增长20.1%。

3. 稳中向好。

—— 经济效益持续向好。全省守住收入的底线，“三项收入”平稳较快增长。一是财政收入平稳增长。2015年全省财政总收入2291.82亿元，比上年增长7.6%。一般公共预算收入1503.38亿元，增长7.6%。其中，税收收入1126.03亿元，增长9.7%，占一般公共预算收入的比重为74.9%。二是企业收入增长稳定。2015年全省规模以上工业企业主营业务收入9376.19亿元，比上年增长8.3%；实现税金700.70亿元，增长2.8%。三是城乡居民收入快速增长。2015年全省城镇常住居民人均可支配收入、农村常住居民人均可支配收入分别为24579.64元和7386.87元，分别比上年增长9.0%和10.7%。

—— 生态环境持续向好。全省守住山青、天蓝、水清、地洁的底线，生态环境稳中向好。2015年全省森林覆盖率达到50%，比上年提高1.0个百分点。9个市(州)中心城市空气质量优良。大力开展环境污染治理设施建设，集中整治了赤水河、乌江、清水江流域污染。加强工业“三废”和矿产资源综合利用，全省工业固体废物综合利用率为58.0%，比上年提高1.1个百分点。

—— 发展质量持续向好。随着结构调整深入推进，经济发展与能源投入呈现积极变化，实现了较低的能源投入带来较大的经济效益，过去支撑经济较快发展的高耗能、高投入状况有所改善。2015年全省单位GDP能耗为1.2吨标准煤/万元，比上年下降7.5%。

二、存在的问题和困难

在经济平稳较快增长的同时，经济运行也出现了近年来少有的一些情况和问题。

(一) 经济下行压力仍然较大

宏观经济增速趋紧放缓，全省经济下行压力加大，主要经济指标增速呈回落态势。其中，地区生产总值增速已从2011年的15.0%，回落到2012年的13.6%、2013年的12.5%和2014年的10.8%，2015年全省地区生产总值增长10.7%，呈稳中趋缓态势。规模以上工业增加值增速由2011年的21.0%回落到2015年的9.9%，近五年来首次个位数增长。固定资产投资增速由2011年的40.0%回落到2015年的21.6%。社会消费品零售总额增速由2011年的18.1%回落到2015年的11.8%。

表2 2011-2015年贵州主要经济指标增速情况

单位：%

指标名称	2011年	2012年	2013年	2014年	2015年
地区生产总值	15.0	13.6	12.5	10.8	10.7
规模以上工业增加值	21.0	16.2	13.6	11.3	9.9
固定资产投资	40.0	35.0	29.0	23.6	21.6
社会消费品零售总额	18.1	15.8	14.8	12.9	11.8

(二) 传统支柱行业支撑下降

从工业看，过去支撑工业经济快速增长的传统支柱产业增长乏力。煤电烟酒四大工业传统支柱产业占比高、增速放缓，影响了工业经济较快增长。全省除酒、饮料和精制茶制造业增长为两位数外(10.2%)，煤炭、电力行业为个位数增长(分别为5.6%和4.2%)，卷烟制造业负增长2.3%。煤电烟酒四大行业占规模以上工业增加值的比重为58.3%，比上年下降3.7个百分点。

从投资看，过去支撑投资快速增长的房地产开发投资增速出现回落。2015年房地产业深度调整，房地产开发资金紧张、商品房库存增加，房地产开发投资增速回落。2015年全省房地产开发投资2205.09亿元，增速由上年的12.6%回落到仅增长0.8%。房地产开发投资占固定资产完成投资的比重为20.7%，比上年下降4.2个百分点。

从消费看，过去支撑消费市场较快增长的石油消费增速回落。年内国际油价持续下跌，受此影响，石油类商品增速逐步放缓，对消费的拉动作用减弱。2015 年全省限额以上企业石油及制品类商品零售额比上年增长 4.1%，增速比上年回落 12.3 个百分点。

（三）部分企业生产经营困难

受宏观经济增速放缓影响，市场有效需求不足，部分行业、部分企业生产经营困难。一是工业产品价格持续回落。2015 年全省工业生产者出厂价格（PPI）比上年下降 3.9%，工业生产价格呈持续低迷态势。二是部分行业呈现深度调整。2015 年全省生铁产量比上年下降 18.2%，钢材产量下降 16.2%，粗钢产量下降 15.4%，原煤产量下降 1%。三是重点企业出力不足。2015 年全省大中型工业企业实现增加值 2133.71 亿元，比上年增长 6.4%，增速低于规模以上工业增速 3.5 个百分点。

三、2016 年经济发展展望

（一）外部环境

1. 从国际看。随着美欧再工业化战略以及新一轮科技革命和互联网条件下的商业模式创新，新一轮科技革命和产业革命蓄势待发。加之 TPP、TTIP 等各类跨区域贸易协定的生效，将给世界经济发展注入新活力。据世界货币基金组织（IMF）预计，2016 年世界经济将增长 3.6%，呈现温和发展态势。

2. 从国内看。“十三五”时期是全面建成小康社会、实现第一个百年奋斗目标的决胜阶段。党的十八届五中全会指出，当前全国经济发展进入新常态，经济下行压力明显，保持较高增速难度较大。但与此同时，我国物质基础雄厚、人力资本丰富、市场空间广阔、发展潜力巨大，经济长期向好基本面没有改变，仍处于可以大有作为的重要战略机遇期。国内外主要研究机构普遍认为，今后五年，全国经济将保持中高速增长，2016-2020 年经济增长 6%—7%。

（二）内部条件

经过这几年快速发展，全省工业化、城镇化基础条件日益改善，发展集聚的势能逐渐增大，发展环境不断优化，资源红利、生态红利、劳动力红利、政策红利、改革红利叠加释放，面临较多有利条件。党中央、国务院高度关心重视贵州，为全省发展注入了强大动力；国家实施“一带一路”、长江经济带、京津冀协同发展等战略，为全省扩大开放合作创造了有利条件；国家实施大数据和网络强国等战略，为全省弯道取直、后发赶超创造了宝贵契机；国家实施精准扶贫精准脱贫，为全省打好扶贫开发攻坚战提供了政策支撑。省委十一届六次全会深入贯彻落实中央精神，结合贵州实际，提出紧紧围绕“四个全面”战略布局，贯彻创新、协调、绿色、开放、共享五大发展理念，加快推进供给侧结构性改革，突出抓好大扶贫、大数据两大战略行动，为我省培植后发优势，奋力后发赶超指明了工作方向。

2016 年是“十三五”规划开局之年，贵州进入全面建成小康社会的决战决胜阶段，尽管外部发展环境中仍然存在较多不确定因素，经济下行压力较大，但同时也面临重大战略机遇。综合判断，2016 年贵州经济可继续保持平稳较快增长。下阶段，要认真贯彻落实中央和全省经济工作会议各项部署，加快推进供给侧结构性改革，充分调动各方面发展经济的积极性，为实现“十三五”良好开局奠定坚实基础。

1. 强化目标意识，确保新时期开好局。紧紧围绕全年目标任务，落实相关责任，充分调动各地区、各部门抓发展、抓项目、抓转型、抓民生的积极性、主动性、创造性，努力实现开门红，争取工作主动权，开好头，起好步，为实现全年目标打好基础。

2. 统筹抓好供给侧改革和需求侧管理。供给侧与需求侧是市场经济发展的两头，推动经济持续健康发展，必须把供给侧与需求侧统筹起来，两端发力，双管齐下。供给侧方面，特别是要加快结构性调整，着力提高供给结构适应性和灵活性，通过改革加快培育各种创新主体，推动市场前景好、附加值高的产业发展，加快形成一批具有市场竞争力的贵州大品牌。需求侧方面，特别是要加强投资需求管理，扩大有效需求，放大乘数效应，结合国家一系列重大战略决策部署，推动基础设施、产业、生态、民生等项目投资，进一步撬动民间投资，立足贵州资源优势，加大对重大成套和优势产能领域的推介力度。

3. 统筹抓好传统产业优化升级和新兴产业培育壮大。短期来看，煤电烟酒等传统支柱仍是稳定经济发展的“压舱石”，保持经济运行在合理区间，必须坚持“两条腿”走路。一方面，要加大传统产业优化升级，加大技改投资力度，鼓励传统行业开展集成创新、管理创新和营销模式创新，稳定经济平稳发展的基石；另一方面，继续营造良好政策环境、市场环境，通过实施重大工程和重点项目，推动大数据、大健康等五大新兴产业加快发展，助推成为经济发展重要支撑。

（作者：任湘生）

贵州赤水杨家岩

专栏：城乡居民收入差距不断缩小 四大动力支撑收入持续较快增长

“十二五”时期，贵州居民增收渠道不断拓宽，增收动力不断增强，城乡居民收入持续较快增长。民生不断改善的同时，居民收入分配状况也逐步改善，收入差距有所收窄。“十二五”时期，贵州城乡居民人均可支配收入年均名义增幅分别为 11.8% 和 14.4%，分别比“十一五”快 0.1 个和 1.3 个百分点。城乡居民收入比（以农民收入为 1）由 2010 年的 4.07 缩小到 2015 年的 3.33。

一、贵州城乡居民收入差距不断缩小

（一）地区收入相对差距缩小

“十二五”各年，贵州城乡居民收入①保持了高于全国的增速，与全国平均水平的差距持续缩小。2010 年，贵州城乡居民人均收入分别为 14143 元和 3472 元，相当于全国平均水平的 74% 和 58.7%。到 2015 年，两个收入分别达到 24580 元和 7387 元，相当于全国平均水平的 78.8% 和 64.7%，收入的相对差距分别比“十一五”末缩小了 4.8 和 6 个百分点。

从贵州与部分省、市城镇居民收入差异系数②的对比看，贵州差距缩小的态势较为明显。其中，重庆、广西、湖南、云南、四川等水平高于贵州的省市城镇居民收入差距都比“十一五 ”末有所缩小，但黑龙江、甘肃等城镇居民低于贵州的省份，与贵州的差距也有所缩小。

农村居民收入方面，与黑龙江、湖南、重庆、四川、广西、云南等收入高于贵州的省市相比差距有所缩小，收入最低的甘肃与贵州的差距有所扩大。

（二）城乡收入相对差距缩小

“十五”时期，贵州农民收入增速明显慢于城镇居民，各年增速都没有超过城镇居民，年均增速比城镇居民慢 3.3 个百分点。“十一五”时期，农民收入开始发力，其中 3 年的增速超过城镇居民，年均增速比城镇居民快 1.4 个百分点。“十一五”第一年，贵州城乡居民收入倍差（以农为 1）达到历史最高的 4.59，此后虽总体下降，但有所波动。“十二五”时期，农民收入加快增长，各年增速都超过了城镇居民，年均增速比城镇居民快 2.6 个百分点，收入倍差由 2010 年的 4.07 下降到 2015 年的 3.33，城乡居民收入的相对差距大为缩小。

（三）居民内部收入相对差距缩小

“十二五”期间，各种调节收入分配的直接政策和间接措施不断发力，推动居民收入分配状况持续改善。全国居民收入的基尼系数逐年下降，从 2011 年的 0.477 下降到 2015 年的 0.462，居民内部收入分配差距逐渐缩小。

再看贵州。按城镇居民五等份收入分组，2015 年低收入组、中等偏下收入组、中等收入组、中等偏上收入组和高收入组人均可支配收入分别为 9549.9 元、17394.5 元、24618.8 元、32639.8 元和 49620.5 元，其中三个中等收入组的人均收入与高收入组之比分别较 2010 年提高了 1.7、3.3、3.8 个百分点，低收入组基本持平。

按农民五等份收入分组，2015 年低收入组、中等偏下收入组、中等收入组、中等偏上收入组和高收入组人均可支配收入分别为 2531.3 元、5105.3 元、6929.9 元、9245.3 元和 15841.1 元，其中三个中等收入组的人均收入与高收入组之比分别较 2010 年提高了 3.5、4.8、4.6 个百分点，低收入组基本持平。可见，

注：①本文所指城乡居民收入，城镇居民为人均可支配收入指标；2013 年及以前的农民收入为人均纯收入指标，2014 年和 2015 年为人均可支配收入指标。

②收入差异系数指用 1 减去两个地区收入之比，系数越大，收入的相对差距越大。

随着一系列分配政策的实施，中等收入群体增收动力更为强劲，城乡居民中等收入群体的收入与高收入组的相对差距有所缩小。

（四）区域差距缩小

“十二五”以来，随着基础条件的改善，省内各地竞相发展，区域经济差距缩小，居民收入的差距也在缩小。2010年城镇居民收入最低的铜仁，其水平相当于最高的贵阳的66.3%，到2015年这一比例已达到82.5%；2010年农民收入最低的黔东南州，其水平相当于最高的贵阳的52.9%，到2015年这一比例达到57.6%。其他市（州）与贵阳之比也不同程度提高。

据测算，2010年9个市（州）城镇居民收入的离散系数为0.107，到2015年缩小为0.061，农民收入的离散系数从0.234缩小到0.207。从分县情况看，2010年88个县（市、区）农民收入的离散系数为0.302，到2015年下降到0.245，表明各县（市、区）农民收入的差距也在缩小。

二、四大动力支撑贵州城乡居民收入持续较快增长。

“十二五”时期贵州城乡居民收入持续较快增长的动力主要包括以下几个方面：

（一）发展战略驱动

“十二五”时期，贵州大力实施的工业化、城镇化带动主战略和“四在农家·美丽乡村”建设等，培育更多消费增长点，居民经营创业的市场环境、政策环境和金融环境优化，农业生产经营条件改善，驱动城乡工商、运输个体户持续健康发展。至“十二五”末，贵州城乡居民人均经营净收入分别达到3730元和2879元。

（二）惠民政策撬动

“十二五”期间，养老、医疗、工伤、生育、失业等基本社会保障制度不断完善，公租房、廉租房、低保等保障范围和水平加快提升，机关和企事业单位离退休人员退休金、养老金标准上调，各种惠农强农的生产生活补贴及农民最低生活保障等政策不断落实到位，有效促进城乡居民转移性收入增长。至“十二五”末，贵州一、二、三类地区每月最低工资水平分别调高到1600元、1500元和1400元，年均增幅15%左右；行政、事业单位年度目标绩效考核奖、企业养老金年均增幅10%左右。“十二五”末，贵州城乡居民人均转移净收入分别达到4816元和1527元。

（三）基建投资拉动

“十二五”时期，贵州固定资产投资高速增长，为本地农民工增添大量就业场所，本地务工人员大量增加。据总队测算，“十二五”时期本地农民工年均增长20%左右；农民人均本地劳务收入（含常住人口中的职工工资）年均增长30%左右。“十二五”末，贵州城乡居民人均工资性收入分别达到14166元和2897元。

（四）产业升级带动

“十二五”期间贵州持续加大农业结构调整力度，增加农业科技投入，农业科技水平不断提升，优质高效农业发展势头强劲，粮食综合生产能力显著提高。2015年粮食产量1180万吨，为历史最高水平；其中夏粮产量269.45万吨，连续三年突破全省夏粮历史记录。“十二五”末，贵州农村居民人均来自一产的经营净收入达到2077元。

（作者：钟赛梅）

云南省经济社会发展报告

2015年，在世界经济深度调整，复苏乏力和国内经济“三期叠加”，经济增速放缓的背景下，云南经济下行压力持续加大，在此形势下，云南省委、省政府积极谋划部署，出台了一系列稳增长、调结构、促改革、惠民生、防风险的政策措施，全省经济顶住压力，砥砺前行，持续运行在合理区间，且保持了经济稳中有进、进中有好的良好态势。

一、经济运行稳中有升，经济基础进一步夯实

2015年云南省生产总值完成13717.88亿元，同比增长8.7%，增速在全国排第9位。其中：第一产业增加值完成2055.71亿元，增长5.9%；第二产业增加值完成5492.76亿元，增长8.6%；第三产业增加值完成6169.41亿元，增长9.6%。人均生产总值（GDP）达29015元，比上年增加1751元，增长8.1%。三次产业结构比重由上年的15.5:41.2:43.3调整为15.0:40.0:45.0，产业结构有所优化。

（一）农业生产提质增效

2015年全省农林牧渔业总产值完成3383.09亿元，同比增长6.0%；完成增加值2098.19亿元，增加值总量在全国排第14位，同比增长6.0%，其中：农业增加值1230.75亿元，增长5.7%；林业增加值216.11亿元，增长10.3%；牧业增加值559.98亿元，增长4.3%；渔业增加值48.88亿元，增长8.8%；农林牧渔服务业增加值42.48亿元，增长10.2%。全省粮食生产实现了总量增及单产同步增长态势，粮食产量为1876.4万吨，比上年增产15.7万吨，增长0.8%，连续十三年增长。全省高原特色农业形势良好，特色经济作物量效齐升，橡胶、咖啡及核桃种植面积和产量继续保持全国第一。

（二）工业生产砥砺前行

2015年全省工业经济在内需不振、外需疲弱的严峻形势下砥砺前行，全年工业保持了较为平稳的运行态势，全省规模以上工业增加值完成3623.08亿元，同比增长6.7%，高于全国0.6个百分点。从三大门类看：制造业支撑作用明显，采矿业实现恢复性增长。全省制造业实现增加值2731.98亿元，同比增长6.0%，占规模以上工业增加值的比重为75.4%；采矿业实现增加值326.69亿元，同比增长10.6%，占规模以上工业增加值的比重为9.0%；电力、热力、燃气及水生产和供应业全年实现增加值564.41亿元，增长7.5%，占规模以上工业增加值的比重为15.6%。

（三）能源消耗降幅持续收窄

2015年全省节能消耗工作成效显著，初步核算，全省单位生产总值能耗降低率为8.83%，超额完成年初计划目标。全省规模以上工业综合能源消费量6285.58万吨标准煤，同比下降6.96%，其中，六大高耗能行业综合能源消费量为5421.89万吨标准煤，下降7.93%，占规模以上工业能源消费量的比重为86.26%。全社会用电量1438.61亿千瓦时，同比下降5.94%，其中，规模以上工业用电量950.13亿千瓦时，下降4.46%。

（四）固定资产投资高速增长

2015年全省固定资产投资（不含农户）完成13069.39亿元，同比增长18.0%，增速较上年提高2.9个百分点，高于全国8.0个百分点。其中：第一产业投资499.92亿元，增长61.9%，占全部投资的比重为3.8%；第二产业投资3145.92亿元，增长12.8%；第三产业投资9423.55亿元，增长18.1%，占全部投资的比重为72.1%。同时，

民间投资及工业投资增速均有所回升。全省民间投资完成5612.73亿元，同比增长8.4%，增速比上年回升7个百分点；民间投资占全部投资的比重为42.9%；重点行业完成投资9381.80亿元，同比增长10.1%，占全部投资的比重为71.8%，比重较上年下降5.1个百分点。重点行业中，工业投资完成3145.19亿元，同比增长12.8 %，增速较上年回升15.6个百分点，占全省固定资产投资比重为24.1%。房地产投资形势较为严峻。全省房地产开发投资完成2669.01亿元，同比下降6.2%。其中，商品住宅投资完成1670.27亿元，下降8.7%。

（五）社会消费品零售总额增速稳步回升

2015年全省社会消费品零售总额完成5103.15亿元，增长10.2%，低于全国0.5个百分点。其中，限上单位批发零售企业实现零售额2659.17亿元，增长8.4%，增速较年初提高6.1个百分点，较上年回落2.8个百分点。全省城镇市场实现消费品零售额4405.81亿元，同比增长9.9%；乡村市场实现零售额697.34亿元，增长11.8%，乡村消费增幅高于城镇1.9个百分点。全省限额以上吃穿用类商品消费有所加快，粮油、食品类商品实现零售额347.69亿元，增长22.0%；饮料类商品零售额50.53亿元，增长17.3%；烟酒类商品零售额53.48亿元，增长9.4%；服装、鞋帽类商品131.69亿元，增长4.6%；日用品类商品97.13亿元，增长5.6%；金银珠宝类商品93.53亿元，增长40.0%；中西药品类商品130.67亿元，增长15.6%；汽车类商品734.20亿元，增长2.9%；石油及制品类619.57亿元，增长2.5%。

（六）进出口降幅持续扩大

受大宗商品价格持续低位震荡下行，主要原材料购进价格持续回落及缅北战事影响，2015年全省进出口增速下滑。全省进出口总额完成245.27亿美元，同比下降17.2%。其中：出口完成166.26美元，同比下降11.5；进口完成79.01亿美元，同比下降27.0%。

（七）财政金融运行平稳

2015年全省地方公共财政预算收入完成1808.15亿元，同比6.5%。其中，税收收入完成1210.54亿元，下降1.8%；非税收入完成597.61亿元，增长28.6%。全省地方公共财政预算支出4712.83亿元，同比增长6.2%。年末全省金融机构人民币存款余额为25035.09亿元，比年初增加2637.61亿元，同比增长11.5%；人民币贷款余额20842.86亿元，比年初增加2587.72亿元，同比增长15.9%。

（八）就业形势保持稳定

2015年全省城镇新增就业人数40.92万人，年末城镇登记失业率为3.96%。全省农民工总量为719.5万人。其中，本地农民工266.1万人，比上年增加11.7万人，增长4.6%；外出农民工453.4万人，比上年减少28.1万人，下降5.8%。

二、当前云南经济运行存在的困难和问题

（一）工业生产形势严峻，经济效益不佳

工业市场需求恶化明显。受国内外工业品市场需求持续恶化影响，全省工业生产持续低迷，工业产品价格屡创新低，近期，铜、铅、铝、锌及锡等金属价格全线下跌， 2015年全省工业生产者出厂价格累计下降5.1%，已连续46个月下降。12月份，全省制造业采购经理指数（PMI）为49.3%，低于全国0.4个百分点，仍低于生产荣枯线，说明全省制造业总体衰退，生产扩张动力有所减弱。工业经济效益亟待提高。全省规模以上工业实现主营业务收入9823.27亿元，比上年下降1.5%；实现利润461.99亿元，下降9.5%；企业亏损面达33.14%，亏损面比上年扩大6.1个百分点；亏损企业亏损额达296.45亿元，增长35.6%。

（二）省属企业财务风险加剧

从省属企业看，须重点关注以下几方面风险：一是省属企业盈利水平普遍不高，财务风险依然

较高。重化工企业主要产业板块资产规模大，投资期限长，回报率低，资产负债率居高；二是现金流紧张，少数企业面临资金链断裂风险。部分企业生产经营活动产生的净现金流无法满足正常运营，融资压力不断增大、资金成本大幅攀升、资金链紧张的情况进一步凸显；三是少数省属企业集团在实施工业倍增计划阶段，盲目投资扩张，由于市场需求萎缩，投资坏账损失巨大，财务风险不断攀升。

（三）房地产市场下行压力不断加大

目前全省房地产投资仍为负增长，且降幅进一步扩大，全省房地产市场商品房库存量大、待售面积居高不下、房地产开发资金持续紧张、停工项目较多等问题仍未有改善迹象。2015 年全省商品房销售面积 3145.13 万平方米，比上年下降 1.5%；商品房销售额 1666.85 亿元，增长 4.4%；房地产开发企业本年到位资金 2850.09 亿元，下降 2.3%；商品房施工面积 20722.2 万平方米，增长 3.4%，其中，新开工面积 3841.29 万平方米，下降 29.6%；土地购置面积 826.89 万平方米，下降 32.1%；土地成交价款 146.38 亿元，下降 31.8%。全省商品房待售面积达 1948.59 万平方米，比上年增长 36.6%，其中，待售 1-3 年面积达 956.86 万平方米，增长 20.1%；待售 3 年以上面积达 70.71 万平方米，增长 1.07 倍，过多的存量积压致使房地产企业资金无法及时回笼，增加了企业的债务风险及融资成本，部分房地产企业走向破产边缘，使全省房地产下行压力有增无减，对保持全省投资及经济稳定增长带来较大挑战。

（四）主要税种增收困难

2015 年，全省主要税种未改增收缓慢且绝大部分负增长的严峻态势。全省增值税完成 190.25 亿元，比上年增长 2.2%，增速较上年回落 15.4 个百分点；营业税、企业所得税、个人所得税均为负增长，分别下降 7.2%、7.6% 和 8.3%，增速较上年分别回落 1.8 个、16.3 个以及 26.5 个百分点，上述主要税种增收困难折射出全省实体经济经营形势严峻。

三、促进 2016 年全省经济较快发展的建议

2016 年是全面建成小康社会决胜阶段的开局之年，也是推进结构性改革的攻坚之年，促进经济平稳增长仍是经济工作的着力点，对实现“十三五”开好局、起好步至关重要。全省要在经济运行保持在合理区间的基础上着力加强结构性改革，在适度扩大总需求的同时，去产能、去库存、去杠杆、降成本、补短板，提高供给体系质量和效率，提高投资有效性，加快培育新的发展动能，改造提升传统比较优势产业，增强持续增长动力，推动全省社会生产力水平整体改善，为努力实现“十三五”时期经济社会发展的良好开局打下坚实基础。

（一）及早出台稳增长政策

建议在 2015 年 27 条稳增长政策的基础上，及早谋划出台 2016 年稳增长政策措施，避免稳增长政策“真空期”，保持稳增长措施的连续型及稳定性。同时，各级各部门要抓好相关配套措施的细化落实，并实行一月一督查、一月一通报制度，确保稳增长政策不折不扣落实到位，并收到明显成效。

（二）加大力度扶持工业经济，多措并举降低企业成本

一是要坚持走“两型三化”产业发展新路子，加快推动工业产业结构由中低端向中高端迈进。着力培育现代生物、光电子、节能环保、高端装备制造、新能源、新材料等六大战略性新兴产业，以发展壮大云计算、大数据、互联网 +、生物医药以及人工智能等新兴产业，积极引领全省工业结构转型升级。二是着力加强工业投资，增强工业发展后劲。围绕大企业培育、传统优势产业转型升级、创新项目产业化、兼并重组、工业化和信息化融合等方面推进重点项目建设，狠抓工业投资；加大支持企业技术改造和设备更新力度，降低企业债务负担，创新金融支持方式，提高企业技术改造投资能力；优化实施战略性新兴产业培育奖励政策，加快新技术、新产品、新业态等

创新。三是鉴于当前实体经济将面临更为严峻的形势，应从年初就开始执行丰水期电价政策；降低电力价格，继续着开展2016年电力市场化交易工作，根据实际需要切实扩大省内用户电力市场化规模，推进电价市场化改革，完善煤电价格联动机制。四是针对当前工业企业生产经营困难，生产积极性不高，相关部门应打出“组合拳”，着力降低企业成本。进一步降低企业税费负担，降低企业财务成本；推进流通体制改革，降低运输成本。五是不断完善规模企业培育机制，继续实施达规企业培育奖励政策，同时抓好企业申规培训辅导，加强对有成长潜力企业的筛选扶持培育。六是加大对停产减产企业的帮扶支持，促进早日复产达产，为工业经济稳增长贡献力量。

（三）狠抓“五网”建设，积极化解房地产库存

一是要加快推进“五网”基础设施建设，着力破解基础设施瓶颈制约。要以“十三五”规划为引领，在现有“五网”的设施基础上，打好“五网”建设5年大会战，着力构建“一核一圈两廊三带六群”区域发展新布局，加快推进互联互通标志性工程建设，集中力量狠抓滇中引水工程等涉及发展全局的重大项目建设，补齐软硬基础设施短板。二是落实固定资产投资目标责任制。切实保障71项重点项目开工建设，加快推进“四个一百”重点工程项目建设，着力发挥投资拉动经济增长的关键作用。三是积极稳妥化解房地产库存。取消过时的限制性措施，让市场在消化库存中发挥决定性作用。在租房、公积金、土地、规划等方面打出稳定楼市发展的政策“组合拳”，上调住房公积金贷款额度，进一步降低首套房贷款利率，鼓励以购代建加快楼市去库存化。按照加快提高户籍人口城镇化率和深化住房制度改革的要求，通过加快农民工市民化，扩大有效需求，打通供需通道，有效消化库存，稳定房地产市场。抓紧推进21万套（户）城镇保障性安居工程建设，积极推进棚改货币化安置和公租房保障方式货币化。

（四）千方百计促进消费稳中有升

一是积极推进云南旅游强省及航空强省战略的加快实施，强化对旅游业及航空业发展的政策支持力度，推动旅游业与航空业的融合发展，提高旅游业及航空业蓬勃发展对消费的带动促进作用。二是要瞄准群众多样化需求，改革创新，调动市场力量增加有效供给，加快发展生态旅游、休闲养老、远程医疗、远程教育、数字穿戴、智慧社区等与人民生活息息相关的服务新模式，促进消费扩大和升级，促进服务业中的新产业、新业态、新商业模式发展。三是抓住公车改革的契机，加快推进州（市）、县（市、区）公车改革进度，落实国家出台的购买1.6升及以下排量乘用车减半征收车辆购置税的优惠政策，大力促进汽车消费。四是大力促进节庆消费，指导企业加大营销力度，努力扩大餐饮消费。五是继续实施电子商务奖励补助政策，积极扶持引导省内具有实力的电子商务企业建设具有云南特色的第三方电子销售平台，努力留住省内购买力，同时吸引外省购买力。

（作者：张云松）

专栏：云南居民收入平稳较快增长 生活消费水平显著提高

2015 年以来，云南主动适应经济社会发展新常态，以保障和改善民生为根本，紧扣城乡居民收入消费平稳较快增长主题，以推进高原特色农业产业化、新型工业化、城镇化和教育现代化“四轮驱动”发展，城乡统筹，城乡社会保障，精准扶贫等强民惠民富民政策制定及落实为抓手，全省居民收入消费平稳较快增长，民生保障水平显著提高，社会和谐稳定的良好发展局面。

一、 居民收入消费增速均超全国平均

2015 年，云南居民人均可支配收入（新口径数据，下同）15223 元，同比增加 1450 元，增长 10. 5%，比全国平均增速 8. 9%，高 1. 6 个百分点；人均生活消费支出 11005 元，增加 1136 元，增长 11. 5%，比全国平均增速 8. 4%，高 3. 1 个百分点。

按常住地分： 城镇常住居民人均可支配收入 26373 元，增长 8. 5%，比全国 8. 2%，高 0. 3 个百分点；人均消费性支出 17675 元，增长 8. 6%，比全国 7. 1%，高 1. 5 个百分点。农村常住居民人均可支配收入 8242 元，增长 10. 5%，比全国 8. 9%，高 1. 6 个百分点；人均生活消费支出 6830 元，增加 800 元，增长 13. 3%，比全国 10%，高 3. 3 个百分点。

二、居民收入增长呈现“三个缩小”特征，收入分配格局进一步改善

2015 年，全省居民收入增速比上年加快 1 个百分点，实现两位数快速增长，呈现“三个缩小”的总体特征，即高低收入户之间、城乡居民之间、与全国平均水平之间的收入差距进一步缩小，全省收入分配格局得到改善。

（一）居民收入增速居全国前列，与全国平均水平的相对差距进一步缩小

2015 年云南居民人均可支配收入增速居全国第 4 位。按常住地分，城镇居全国第 9 位；农村居全国第 4 位。云南居民人均可支配收入与全国平均水平的比值差距由 2014 年的 1. 46:1 缩小至 2015 年的 1. 44:1，下降 0. 02；其中，城镇居民由 1. 19:1 缩小至 1. 18:1，下降 0. 01；农村居民由 1. 41:1 缩小至 1. 39:1，下降 0. 02，呈现居民收入与全国平均水平相对差距逐步缩小的良好态势。

（二）农村居民收入增长持续快于城镇居民

2015 年，云南农村常住居民人均可支配收入增速比城镇居民收入增速快 2 个百分点，连续 6 年实现农村居民收入增长快于城镇居民。按城乡同口径人均可支配收入计算，城乡居民收入之比为 3. 20： 1，相对差距比上年下降 0. 06。

（三）居民中低收入户和中低收入户的收入增速显著高于平均水平

以全体居民依次划分形成的低收入户、中低收入户、中等收入户、中高收入户、高收入户 5 个不同收入组中，低收入户收入增长最快，同比增长 19. 5%，其次是中低收入户，增长 17. 4%，增速明显都高于全省平均水平。同期，高收入户收入增长 7. 9%，低于平均水平 2. 6 个百分点，高低收入户收入相对差距从 2014 年的 12. 74:1 缩小为 11. 50:1， 比上年下降 1. 24。

（四）工资性收入对可支配收入增长的贡献最大

从贡献率来看，工资性收入增长对居民可支配收入增长的贡献率达 52. 3%，居四大收入来源之首，是居民收入增长的主动力。按常住地分，城镇居民工资性收入增长对其可支配收入增长的贡献率为 54. 4%；农村居民人均工资性收入增长对其可支配收入增长的贡献率为 43. 2%，工资性收入增长已成为农村居民增收的又一引擎。

（五）收入结构呈现新变化，四大类收入占比“两升两降”

2015 年全省居民工资性收入占可支配收入的比重为 46. 5%，比上年提高 0. 6 个百分点；经营净收入占比为 26. 6%，比上年下降 0. 6 个百分点；财产净收入占比为 10. 8%，比上年提高 0. 3 个百分点；转移性收入占

比为16.2%，比上年下降0.3个百分点，工资性收入和财产净收入两类收入占比有所提高，经营净收入和转移净收入占比有所下降。

一是家庭经营净收入仍然是农村居民最大的收入来源，占可支配收入的比重超过一半。但随着新四化进程推进，以及政府转移支付力度加大，农村常住居民收入来源不断丰富，家庭经营净收入占比呈逐年下降趋势。2015年全省农村常住居民人均经营净收入4601元，占可支配收入的55.8%，比上年下降1.1个百分点。同时，工资性收入占比有所提升，由上年的26.5%提高到28.1%；财产净收入、转移净收入所占比重与上年同期基本一致，分别占1.8%和14.3%。

二是城镇常住居民收入来源，相比农村常住居民结构则较为稳定。2015年全省城镇居民人均工资性收入14659元，占其可支配收入的比重为55.6%，仍是城镇居民最主要的收入来源。经营净收入、财产净收入、转移净收入占比分别为12.0%、15.3%和17.1%，收入构成与上年同期基本一致。

三、居民收入平稳较快增长的主要政策效应

（一）强民惠民富民政策措施持续释放，有力推动居民增收

一是企业退休人员基本养老金持续提高。2015年全省各地继续以不低于10%的幅度提高企业退休人员养老金，并提高了城乡居民基础养老金，促进城乡居民转移性收入提高。二是城乡低保标准持续提高。多地兑现提高了低保标准，增长幅度都高于10%，促进了居民转移收入的提高。三是机关事业单位工作人员基本工资调整带动收入增加。全省在职机关事业单位工作人员及机关事业离退休职工人均增资300余元，惠及全省170万左右机关事业单位职工。加上自2014年10月至2015年7月人均3000多元的补发增加额，以全省城镇常住居民1967万人推算，约能拉动城镇常住居民人均可支配收入上涨1.5个百分点。四是全省提高村干部岗位补贴和社区干部生活补贴标准，以及对街道办、乡镇发放乡镇基层工作人员发放补贴等政策促进收入增长。五是部分自治州发放地方民族自治补贴，助力收入增长。2015年全省文山、红河、怒江、楚雄、大理等地增发民族自治州补贴，发放范围包含机关事业单位离退休职工，成为居民收入增长的又一有利因素。六是省人民政府出台支持农民工等人员返乡创业的实施意见，鼓励农民工等人员返乡创业。政策利好促进农民工返乡增加，农民打临工机会增多，支撑收入较快增长。七是医疗等保障水平提高，促进居民转移收入增加。全省新农合筹资水平及住院报销封顶线提高，同时实施新农合重大疾病治疗费用即时结报制度，农村医疗保障体系不断完善，使得农民医疗报销额度不断提高，农民转移收入得到提高。八是失业保险等费率下调，参保失业人员失业保险金提高，促进转移性收入增加。九是宏观经济企稳回升，支撑居民收入增长。

（二）基础设施改善，居民收入增长可持续性增强

据统计，2015年，全省13个州市通高速公路，迪庆州、怒江州、临沧市的高速公路正在建设中。全省129个县有123个通高等级公路，有72个通高速公路。近年作为建设重点的农村交通通畅化建设力度不断加大，乡镇公路通畅率达100%，建制村通畅率达75%，已实现县乡通油路、70%建制村通硬化路。同时，开通农村客运班线不断增多，乡镇通班车率100%，行政村通班车率85%。同时，精准扶贫力度加大，爱心水窖、引水入户、移民搬迁工程大力推进，山区半山区灌溉和饮水困难问题得到缓解，加之农业科技示范园、生态农庄、美丽家园建设加速，全省越来越多的特色农产品得以走出大山， 居民收入增长可持续性增强。

（三）高原特色农业推进，对居民增收起到积极作用

2015年初，习近平总书记在云南考察时要求："要着力推进现代农业建设，立足多样性资源这个独特基础，打好高原特色农业这张牌。"全省特色农业建设进程提速，在宏观经济增速放缓、局部地区自然灾害频发、农产品价格剧烈波动等严峻挑战下，云南特色农业呈现良好的增长态势，农业提质增效对居民增收起到积极作用。尤其是土地流转推进，促进农民从土地获得的红利明显增长。2015年，全省108个县（市、区）、开展确权登记颁证工作，承包地流转率提高，居民人均转让承包土地经营权租金净收入达到100元，同比增长54.8%。

四、居民消费支出全面增长

全省居民消费能力不断增强，城乡居民消费支出差距从去年的2.70:1缩小到2.59:1，生活质量得到改善。

（一）各类消费支出呈全面增长态势，教育文化娱乐、医疗保健支出快速增长，成为居民消费支出变化的一大亮点

2015年，全省居民消费支出增长较快，增速高于收入1个百分点，八大类消费支出呈全面增长态势，其中，居民人均教育文化娱乐支出1282元，增长16.9%；医疗保健支出876元，增长18.4%，呈现增长不断加快的趋势。

（二）农村居民消费增速高于城镇

2015年，全省农村常住居民人均生活消费支出6830元，增长13.3%，高于城镇常住居民人均生活消费支出增速4.7个百分点。其中，食品类消费支出2487元，增长15.9%，快于城镇8.7个百分点；衣着类消费支出305元，增长14.1%，快于城镇7.4个百分点；居住类消费支出1229元，增长7.0%，快于城镇2.9个百分点；交通通信消费支出987元，增长15.2%，快于城镇13.1个百分点；教育文化娱乐支出782元，增长17.7%，快于城镇3.2个百分点。

（三）食品支出占消费支出的比重稳定，支出结构改善

2015年，全省居民人均食品类消费支出增长11.7%，占生活消费总支出的32.6%，拉动生活消费支出增长3.8个百分点，仍是居民消费支出的最大项。与上年比，居民食品类消费支出占生活消费总支出的比重变动仅为0.06个百分点，恩格尔系数基本稳定在32.5%左右，居民生活质量总体已经达到相对宽裕阶段。从人均食品消费结构看，谷物类、肉类、鲜菜类年人均消费量分别下降0.23%、1.95%和0.95%，禽类、水产品类和干鲜瓜果类年人均消费量分别增长6.4%、6.7%和13.2%。居民饮食服务消费人均488元，增长18.4%。食品支出结构向健康迈进的同时，方便、快捷以及享受消费服务倾向明显。

（四）耐用消费品拥有率提高，促进消费升级，生活质量显著提高

至2015年底，全省居民家庭每百户家用汽车拥有量为24.2辆，比上年增加3.1辆 拥有移动电话235.1部，增加6.1部，其中接入互联网的手机63.8部，增加15.7部；拥有计算机30.7台，增加2台，其中接入互联网的25.1台，增加3.1台。得益于基础设施改善及收入水平提高，居民家庭汽车拥有量增加，出行更为便捷，带动交通类消费支出明显增长，2015年居民人均交通费、交通工具用燃料、交通工具使用及维修支出分别增长31.7%10.7%和30.3%。同时，智能手机的迅猛发展使手机上网用户大幅增加，居民人均通信服务支出379元，增长12.8%，成为消费支出增长的一大亮点。

（五）居住支出稳步增长，居住条件明显改善

从居民消费支出结构看，居住类支出是城乡居民仅次于食品类支出的第二大支出。2015年全省居民人均住房建筑面积37.9平方米，比上年增加3.1%，户均住房建筑面积在60平方米以下的住户减少7.3%，居住在筒子楼或连片平房的住户减少17.0%，住户没有独立厕所的减少9.8%，住宅外道路路面为水泥或柏油的户增加2.8%，为沙石或石板等硬质路面的增加7.9%，居住条件进一步改善，居住支出也进一步增加。2015年居民人均居住支出2146元，比上年增加128元，增长6.3%。

2015年，云南实现了居民收入增长与经济发展同步、劳动报酬增长和劳动生产率提高同步目标，为全省"十二五"圆满收官，确保经济社会平稳健康发展发挥了重要的支撑作用。2016年是"十三五"规划实施第一年，全省居民收入消费向全面建成小康社会更高的目标聚焦，稳增长、促改革、调结构、惠民生、防风险，大众创业，万众创新，供给侧结构性改革等一系列新政策措施的有效实施，将有力增强居民持续增收的动力。

（作者：杨雯）

西藏自治区经济社会发展报告

2015年，是我区实施“十二五”规划的收官之年，自治区党委、政府团结带领全区各族人民，认真贯彻党的十八大、十八届三中、四中、五中全会精神和中央经济工作会议、中央第六次西藏工作座谈会精神，深入贯彻落实科学发展观，贯彻落实习近平总书记系列重要讲话精神，按照“五位一体”总体布局、“四个全面”战略布局和五大发展理念，坚持稳中求进的工作总基调，主动适应经济发展新常态，坚持“六对”抓手、强化“六动”措施、坚守“三条底线”，统筹做好稳增长、调结构、促改革、惠民生、防风险等各项工作，实现了经济增长快、投资拉动大、质量效益高、经济结构优、民生改善好的良好局面。

一、综合

初步核算，2015年，全区实现生产总值（GDP）1026.39亿元，按可比价格计算，比上年增长11.0%。其中：第一产业增加值96.89亿元，增长3.9%；第二产业增加值376.19亿元，增长15.7%；第三产业增加值553.31亿元，增长8.9%。人均地区生产总值31999元，增长8.9%。

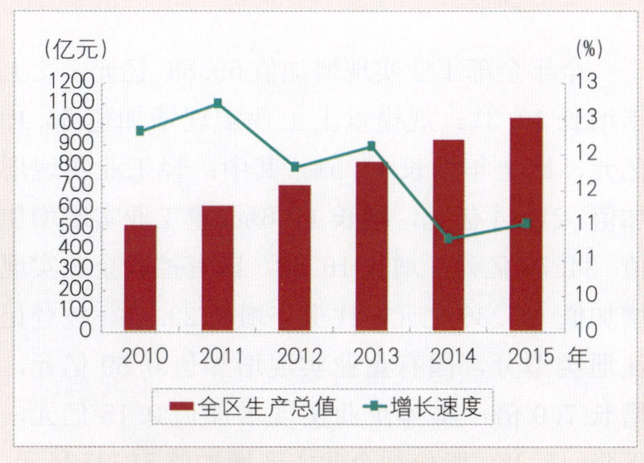

图1 全区生产总值及增长速度

在全区生产总值中，第一、二、三产业增加值所占比重分别为9.4%、36.7%、53.9%，与上年相比，第一产业比重下降0.5个百分点，第二产业提高0.1个百分点，第三产业提高0.4个百分点。

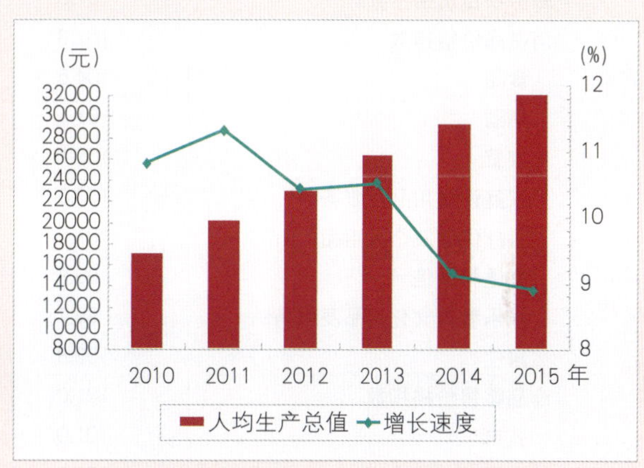

图2 全区人均生产总值及增长速度

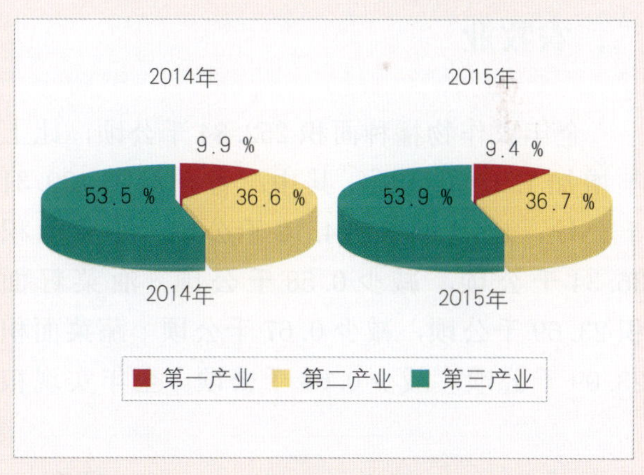

图3 全区三次产业比重

全区居民消费价格总水平比上年上涨2.0%。其中：城市上涨2.1%，农村上涨1.8%。服务项目价格上涨2.1%，消费品价格上涨2.0%。从居民消费价格构成大类看，食品类、烟酒类、衣着类、家庭设备用品及服务类、医疗保健及个人用品类、娱乐教育文化用品及服务类和居住类，分别比上年上涨3.1%、3.6%、2.4%、1.5%、1.4%、1.4%和0.7%；交通和通信类下降1.5%。商品零售价格上涨 1.4%。农业生产资料价格下降 0.3%。工业生产者出厂价格下降 6.8%。

表 1 消费价格变化情况

上年 =100

项目	2010 年	2011 年	2012 年	2013 年	2014 年	2015 年
居民消费价格指数	102.2	105.0	103.5	103.6	102.9	102.0
城市	102.2	105.2	103.6	103.5	103.3	102.1
农村	102.2	104.7	103.4	103.6	102.5	101.8
服务项目价格指数	101.5	104.3	102.0	102.7	102.9	102.1
消费品价格指数	102.3	105.2	103.9	103.8	102.9	102.0
食品	104.5	109.1	106.9	107.7	105.3	103.1
烟酒	101.1	102.7	101.5	100.2	100.1	103.6
衣着	102.1	102.8	104.3	102.2	102.3	102.4
家庭设备用品及服务	100.6	101.9	101.5	100.5	101.3	101.5
医疗保健及个人用品	101.2	102.8	100.9	100.2	101.0	101.4
交通和通信	99.8	102.2	101.2	100.4	100.6	98.5
娱乐教育文化用品及服务	99.7	100.7	100.3	101.4	101.7	101.4
居住	102.8	106.3	101.4	102.5	102.4	100.7
商品零售价格指数	101.0	103.7	102.9	103.0	102.2	101.4
城市	101.0	103.9	103.1	103.3	102.4	101.4
农村	101.0	103.3	102.5	102.5	101.9	101.3
农业生产资料价格指数	100.6	102.6	101.6	101.8	100.9	99.7

二、农牧业

全年农作物播种面积 252.84 千公顷，比上年增加 1.97 千公顷。其中：青稞面积 129.31 千公顷，比上年增加 4.12 千公顷；小麦面积 36.34 千公顷，减少 0.58 千公顷；油菜籽面积 23.69 千公顷，减少 0.67 千公顷；蔬菜面积 23.09 千公顷，减少 0.68 千公顷。全年实现粮食总产量 100.63 万吨，比上年增长 2.7%；油菜籽 6.37 万吨，增长 0.5%；蔬菜 69.63 万吨，增长 2.1%。年末牲畜存栏总数 1832.68 万头（只、匹），比上年末减少 28.76 万头（只、匹）。其中：牛 598.53 万头，增加 4.37 万头；羊 1155.64 万只，减少 33.87 万只。全年猪牛羊肉产量达 29.28 万吨，比上年增长 2.3%；奶类产量 35.44 万吨，增长 4.1%。

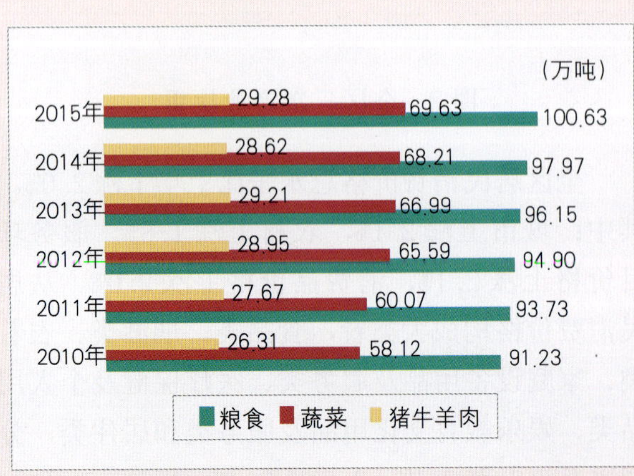

图 4 主要农畜产品产量

三、工业和建筑业

全年全部工业实现增加值 69.88 亿元，比上年增长 13.3%。规模以上工业实现增加值 56.19 亿元，比上年增长 14.5%。其中：轻工业实现增加值 21.44 亿元，增长 11.6%；重工业实现增加值 34.75 亿元，增长 16.5%。国有控股企业实现增加值 25.30 亿元，比上年增长 22.4%。按登记注册类型分，国有企业实现增加值 0.69 亿元，增长 7.0 倍；集体企业实现增加值 0.15 亿元，下降 15.1%；股份制企业实现增加值 51.97 亿元，增长 15.1%；外商及港澳台企业实现增加值 3.79 亿元，下降 3.1%。

全年规模以上工业企业实现利润总额 6.36 亿元，比上年下降 49.5%。国有控股企业亏损 8.61 亿元，亏损额比上年增长 87.6%。其中：股份制企业实现利润 7.46 亿元，下降 31.1%。外商及港澳台企业实现利润 1.49 亿元，下降 12.8%；集体企业亏损 0.07 亿元，下降 12.6%；规模以上工业企业产品销售率 96.2%。

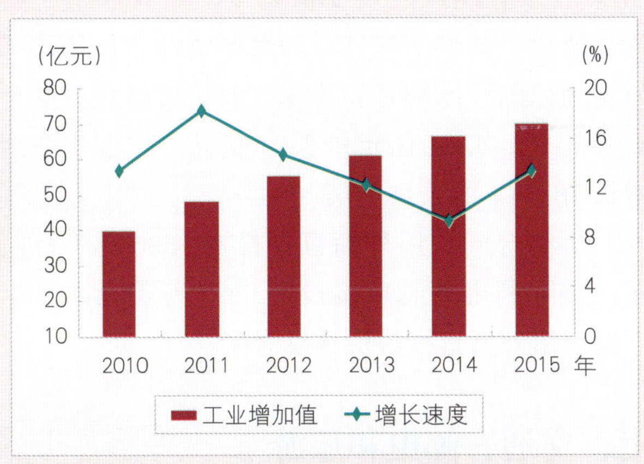

图 5　工业增加值及增长速度

全年规模以上工业企业完成水泥产量 467.9 万吨，比上年增长 36.7%；发电量 35.69 亿千瓦时，增长 49.3%；啤酒 15.81 万吨，下降 0.3%；中成药（藏医药）2009 吨，增长 12.8%；自来水 13181 万吨，增长 7.5%；包装饮用水 24.45 万吨，增长 113.5%；铬矿石 91731 吨，增长 0.7%。

全年建筑业实现增加值 306.31 亿元，比上年增长 16.3%。

四、固定资产投资

全年全社会完成固定资产投资总额 1342.16 亿元，比上年增长 19.9%。其中：民间投资 319.75 亿元，增长 3.5%。

按产业分：第一产业完成 82.93 亿元，比上年增长 44.1%；第二产业完成 263.91 亿元，下降 25.8%；第三产业完成 995.32 亿元，增长 40.9%。按经济类型分：国有经济完成 975.38 亿元，比上年增长 26.6%；集体经济完成投资 1.59 亿元，下降 64.5%；其他各种经济类型完成 345.39 亿元，增长 12.7%；个体经济完成 19.80 亿元，下降 48.4%。

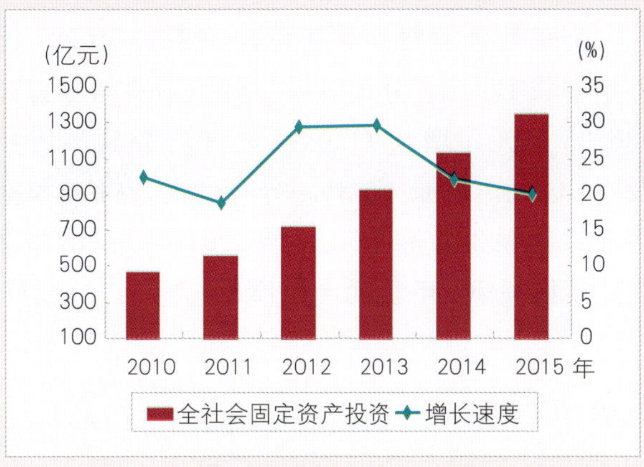

图 6　固定资产投资总额及增长速度

按行业分：农林牧渔业完成 82.93 亿元，增长 43.9%；采矿业完成 75.25 亿元，增长 24.1%；制造业完成 30.13 亿元，下降 52.8%；电力、燃气及水的生产和供应业完成 157.86 亿元，下降 32.3%；交通运输、仓储和邮政业完成 350.64 亿元，增长 64.1%；信息传输、计算机服务和软件业完成 8.46 亿元，增长 22.9%；批发和零售业完成 15.18 亿元，增长 57.8%；住宿和餐饮业完成 15.36 亿元，下降 47.0%；金融业完成 47.76 亿元，增长 2.6 倍；房地产业完成 131.66 亿元，下降 4.7%；租赁和商务服务业完成 6.62 亿元，下降 38.7%；科学研究和技术服务业完成 11.35 亿元，下降 4.2%；水利、环境和公共设施管理业完成 148.42 亿元，增长 86.9%；居民服务、修理和其他服务业完成 12.28 亿元，下降 32.8%；教育完成 36.72 亿元，增长 14.3%；卫生和社会工作完成 16.04 亿元，增长 2.5%；文化、体育和娱乐业完成 18.81 亿元，增长 35.0%；公共管理、社会保障和社会组织完成 176.02 亿元，增长 57.4%。

全年房地产开发投资 50.02 亿元，比上年下降 5.5%。房地产开发施工房屋面积 380.62 万平方米，比上年增长 39.3%；竣工房屋面积 92.27 万平方米，增长 75.9%；商品房销售面积 51.27 万平方米，下降 13.6%。

五、国内贸易

全年社会消费品零售总额408.49亿元，比上年增长12.1%。分地域看，城镇消费品零售额336.35亿元，增长11.0%；乡村消费品零售额72.14亿元，增长17.3%。分行业看，批发和零售业零售额337.54亿元，增长9.7%；住宿和餐饮业零售额70.95亿元，增长24.7%。

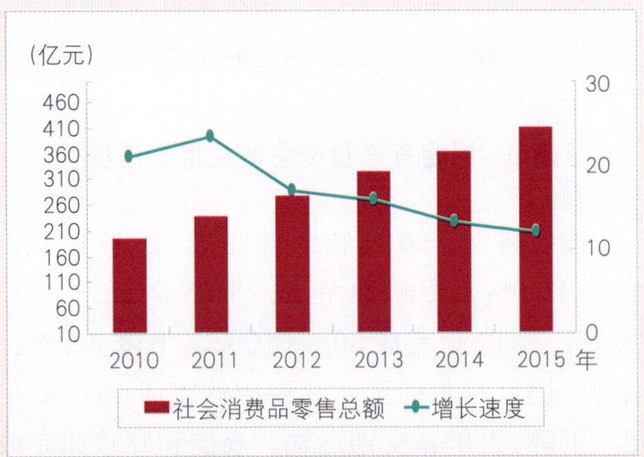

图7　社会消费品零售总额及增长速度

在限额以上批发和零售业零售额中，增长较快的有：中西药类增长2.6倍，粮油、食品、饮料、烟酒类增长68.9%，五金、电科类增长48.9%，汽车类增长18.3%。

六、对外贸易

全年进出口总额56.55亿元，比上年下降59.2%。其中：出口总额36.24亿元，下降71.9%；进口总额20.32亿元，增长114.4%。

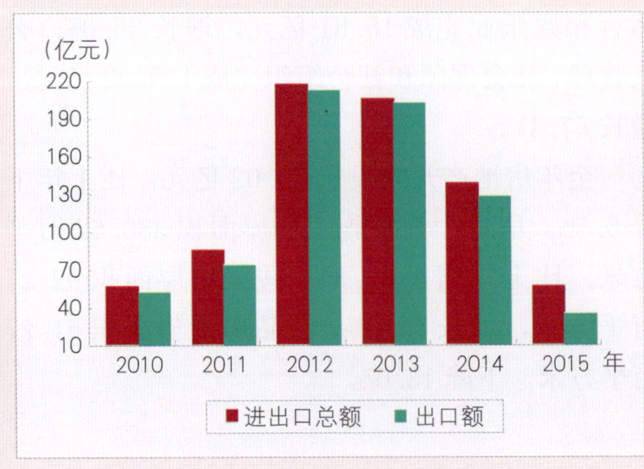

图8　对外进出口总额

在进出口贸易中，边境小额贸易实现进出口总额30.23亿元，比上年下降75.1%，占进出口贸易总额的53.5%。其中：出口29.90亿元，下降75.2%；进口0.33亿元，下降68.8%。

全年我区与77个国家和地区开展双边贸易，其中与尼泊尔的贸易总值为31.41亿元，下降74.2%，占外贸进出口总值的55.5%，超过其它76个国家和地区的贸易值总量，是我区最主要贸易伙伴。除尼泊尔外，西藏外贸前三位伙伴国分别为德国、比利时和美国，双边贸易额分别为6.57亿元、4.84亿元和3.91亿元，比上年分别增长78.3%、112.8%、67.6%。

全年合同利用外商直接投资16964.01万美元，实际利用外商直接投资6997万美元，全年审批利用外商直接投资项目3家。

七、交通、邮电和旅游

全年完成货运量2478.19万吨，比上年增长3.4%。其中：公路运输完成1973万吨，增长5.5%；铁路运输完成494.22万吨，下降2.8%；民航运输完成2.86万吨，增长16.3%；管道运输完成8.11万吨，下降47.2%。全年客运总量2072.72万人次，增长7.1%，其中：公路运输完成1490万人次，增长5.8%；铁路运输完成219.66万人次，增长3.9%；民航运输完成363.06万人次，增长15.2%。

年末公路通车里程7.8万公里，比上年增加2530公里，其中：有铺装路面里程1.14万公里，

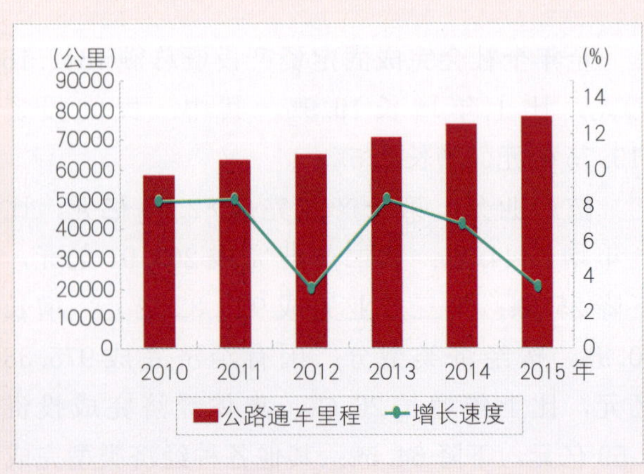

图9　公路通车里程及增长速度

增加1662.7公里。

全年完成邮电业务总量55.41亿元，比上年增长17.8%。其中：邮政业务总量1.71亿元，增长4.2%；电信业务总量53.70亿元，增长18.3%。年末局用交换机总容量11.5万门。固定电话用户34.9万户，其中：城市电话用户34.7万户，乡村电话用户0.23万户。移动电话交换机总容量达448万门。移动电话用户271.6万户，减少20.23万户。电话普及率达到96.5部/百人。

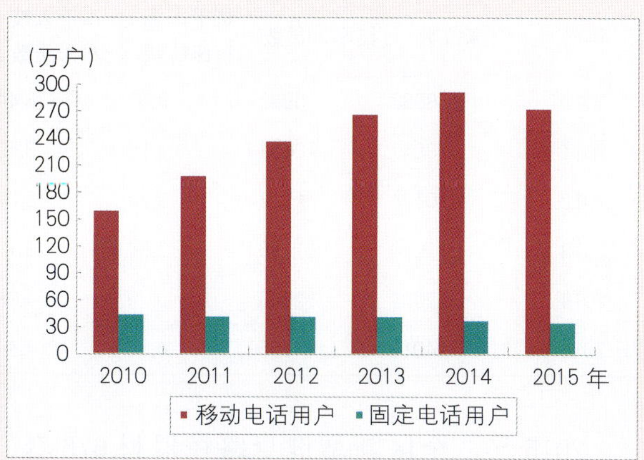

图10 移动电话和固定电话用户数量

全年接待国内外旅游者2017.53万人次，比上年增长29.9%。其中：接待国内旅游者1988.27万人次，增长30.1%；接待入境旅游者29.26万人次，增长19.7%。旅游总收入281.92亿元，增长38.2%；旅游外汇收入1.77亿美元，增长22.1%。

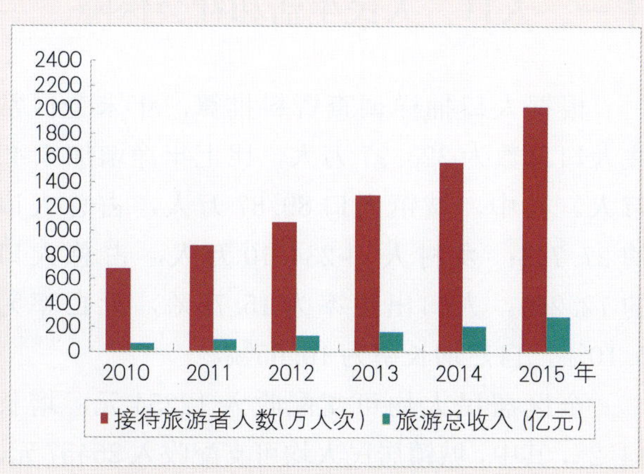

图11 旅游情况

八、财政、金融和保险

全年完成地方财政收入175.83亿元，按同比口径计算，比上年增长7.8%。其中：公共财政预算收入137.13亿元，增长10.4%。全年地方财政支出1427.41亿元，按同比口径计算，比上年增长15.3%。其中：公共财政预算支出1383.93亿元，增长16.7%。在公共财政预算支出中，社会保障和就业支出104.28亿元，增长21.3%；教育支出165.25亿元，增长16.3%；医疗卫生支出65.60亿元，增长34.3%；环保支出54.96亿元，增长88.0%。

表2 地方财政收入和支出情况

单位：亿元

年份	地方财政收入	#各项税收	地方财政支出
2010	42.47	25.28	562.58
2011	64.53	45.83	775.68
2012	95.63	70.07	933.97
2013	110.42	71.54	1049.06
2014	164.75	85.86	1240.27
2015	175.83	91.81	1427.41

年末全部金融机构本外币各项存款余额3671.22亿元，比上年末增长18.8%。其中：住户存款654.17亿元，增长16.4%。全部金融机构本外币各项贷款余额2124.49亿元，增长31.2%。

全年保险公司保费收入17.36亿元，比上年增长36.1%。财产险保费收入11.14亿元，比上年增长23.6%，其中，机动车辆险保费收入7.32亿元，增长15.7%；人寿险保费收入3.50亿元，增长2.2倍；意外险保费收入1.47亿元，下降0.1%；健康险保费收入1.25亿元，增长5.5%。全年共支付各类赔款8.05亿元，比上年增长32.8%。

九、教育、科学技术

全区普通高等教育院校6所，年内招生10880人，其中：研究生503人，普通本专科10377人；在校生35679人，其中：研究生1476人，普通本专科34203人；毕业生9959人，其中：研究生423人，普通本专科9536人。中等专业学校9所，招生5568人，在校生15796人，毕业生6139人。中学127所，其中：高级中学26所，完全中学4所，初级中学97所，高中招生19598人，在校生57961人，毕业生18109人；初中招生41122人，在校生117520人，毕业生40083人。小学826所，招生51723人，在校生292290人，毕业生48466人。特殊学校招生98人，在校生695人。年末幼儿园在园幼儿87951人，比上年增加6828人。全区小学学龄儿童入学率达98.9%，比上年下降0.7个百分点。

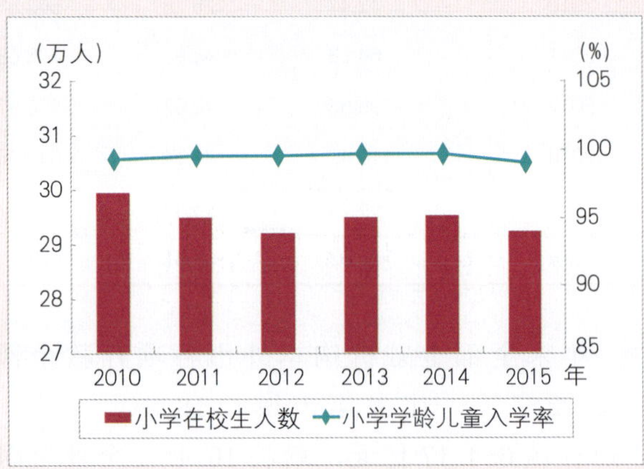

图12　小学在校生人数及小学学龄儿童入学率

2015年西藏气象系统共有237个自动气象站，其中：有人值守气象站39个，无人值守气象站198个。天气雷达站6部，其中：多普勒雷达站4部，数字化雷达站2部。

十、文化、卫生和体育

年末全区共有电视台2座，广播电视台6座，广播电台1座。广播、电视人口综合覆盖率分别达94.83%和95.96%。报纸总印数19127万印张，杂志总印数243万册，图书总印数1191万册。

年末全区共有卫生机构1463个，其中：医院139所、卫生院680个，疾病预防控制中心（卫生防治机构）82个，妇幼保健院、所、站55个。实有病床床位14013张，其中：医院9954张。卫生技术人员14335人，其中：执业/执业（助理）医师6204人。每千人病床数和卫生技术人员数分别达到了4.34张和4.44人。

表3　卫生机构床位数和技术人员数

单位：张、人

年份	床位数	技术人员数	每千人拥有床位数	每千人技术人员数
2010	8838	9983	3.02	3.44
2011	9642	10664	3.17	3.52
2012	10134	11313	3.29	3.67
2013	11036	11716	3.54	3.75
2014	12024	12946	3.79	4.08
2015	14013	14335	4.34	4.44

2015年，全区新增健身路径器材676套、农民体育健身工程761个。我区运动员在国际国内各种竞技体育比赛中共取得金牌33枚、银牌39枚、铜牌30枚。本年度认证社会体育指导员882人，其中：一级体育指导员128人，二级体育指导员280人，三级体育指导员474人。全年销售体育彩票5.22亿元，筹集体育彩票公益金1.38亿元。

十一、人口、人民生活和社会保障

根据人口抽样调查资料推算，年末全区常住人口总数为323.97万人，比上年净增加6.42万人。其中，城镇人口89.87万人，占总人口的27.74%；乡村人口234.10万人，占总人口的72.26%。人口出生率为15.75‰，死亡率为5.10‰，自然增长率为10.65‰。

全区居民人均可支配收入12254元，增长14.2%，其中，城镇居民人均可支配收入25457元，增长15.6%；农村居民人均可支配收入8244元，增长12.0%。年末城镇居民人均自有住房面积26.19平方米，农牧民人均自有住房面积32.75

平方米。

截至2015年底，全区参加企业职工基本养老保险人数为15.6万人，城乡居民社会养老保险人数为141.04万人，工伤保险人数为24.57万人，失业保险人数为11.8万人，生育保险人数为23.17万人；参加城镇职工基本医疗保险人数为34.08万人，参加居民基本医疗保险人数为27.4万人。

全区城镇居民共有46452人享受政府最低生活保障，发放低保救助金2.59亿元。农村居民有32.03万人享受政府最低生活保障，发放低保救助金3.82亿元。年末全区各类社会福利机构共有163个，公办儿童福利院11所，民办儿童福利院1所，集中收养5652人；供养五保户11633人。全年销售社会福利彩票10.66亿元，筹集社会福利公益金3亿元。

十二、矿产资源、安全生产

2015年度全年新发现矿产2处，有6种矿新增储量，实施地质勘探项目173项，完成了钻探实物工作量7.09万米。

全年共发生各类安全事故476起，下降4.8%，死亡193人，下降26.3%。工矿商贸发生生产安全事故16起，死亡25人。亿元GDP生产安全事故死亡率0.188，下降1.3%。

（作者：刘柏呈）

西藏雪山（摄影：罗廷）

陕西省经济社会发展报告

2015年是“十二五”期间陕西经济运行压力最大的一年。受国际需求持续收缩、国内经济爬坡过坎、煤炭石油价格持续下跌、自身产业结构“偏重”等多重因素交织影响，陕西经济开局远低预期。一季度全省地区生产总值仅增长6.9%，近20年来首次低于全国增速；支撑经济发展的主导力量如工业、投资等增速均出现大幅回落。面对严峻形势，省委、省政府审时度势、沉着应对，果断出台“三稳两优”系列政策，各级各部门全力以赴保增长、调结构、促改革、惠民生，较好对冲了经济下行压力造成的不利影响，全省经济增速逐季回升，总量位次前移，全年呈现“稳中有进、稳中向好”的态势，成绩来之不易。

一、经济运行稳中有进，增速逐季回升，总量实现赶超

初步核算，2015年全省生产总值18171.86亿元，较上年增长8%，增速较前三季度、上半年和一季度分别加快0.4、0.7和1.1个百分点，呈逐季回升态势；较全国增速高出1.1个百分点。总量超过内蒙古，位次前移至第15位。

（一）从三次产业看，农业稳定增长，工业缓中企稳，第三产业较快增长

一是农业保持稳定增长。省委、省政府积极应对干旱、强对流天气等自然灾害，持续加大农业扶持力度，我省粮、果、菜、牧发展良好，2015年，第一产业增加值增长5.1%，经济稳定器作用凸显。粮食产量“十二连丰”。据抽样调查，全年粮食总产量1226.8万吨，比上年增加29.02万吨，比上年增长2.4%，其中夏粮491.7万吨，增长9.1%，秋粮735.1万吨，下降1.5%。粮食产量从2004年开始，连续十二年稳定在千万吨以上。果业总产、单产及产值均创历史新高。2015年，全省园林水果面积1865.19万亩，比上年增长1.5%；园林水果产量1630.62万吨，增长4.9%。水果面积和总产实现“十五连增”。其中，苹果面积1042.74万亩，产量1037.30万吨，继续保持面积、产量、品质全国第一；猕猴桃面积93.11万亩、产量124.35万吨，面积、产量均居全国第一，成为继苹果之后陕西果业的又一亮点。蔬菜、畜牧业保持较好增长态势。2015年，全省蔬菜及食用菌产量1822.53万吨，比上年增长5.7%；家禽存栏6733.62万只、羊存栏701.93万只，分别增长1.7%和0.3%。

二是工业缓中企稳。省委、省政府针对煤炭石油价格持续低迷、工业下行压力持续加大的严峻形势，适时出台多项稳工业措施，全力以赴支持企业稳产促销，政策效果不断显现。2015年，全省规模以上工业实现增加值7083.57亿元，比上年增长7%，增速较一季度、上半年和前三季度分别加快1.4、0.7和0.4个百分点。能源工业由负转正。主要支柱产业能源工业逐步走出低谷，增加值增速由一季度的下降1.3%转为上半年的正增长，并逐季回升，全年增长1.5%，增速分别高于前三季度、上半年和一季度0.5、1.4和2.8个百分点。全年天然原油产量3736.73万吨，原煤产量5.22亿吨，同比分别下降0.8%和1.2%，降幅分别较上半年收窄0.7和1.7个百分点；天然气产量415.92亿立方米，由上半年的下降2.5%转为增长0.3%。

三是第三产业增速逐季加快、占比显著提高。2015年，第三产业增加值比上年增长9.6%，较一季度、上半年和前三季度分别加快1.4、1.1和0.7个百分点，保持较快增长态势，成为新的经济增长动力源。其中，金融业增长17.7%、其他服务业增长12.8%。第三产业占GDP比重达到39.7%，较2014年提高2.7个百分点，为2004年以来的最高值。

（二）从三大需求看，投资突破两万亿，消费市场总体平稳，外贸进出口快速增长

一是投资总量再创新高。受需求回落、产能过剩等因素影响，2015 年初全省投资增速出现大幅回落。省委省政府持续推动投资扩量提速，全省新开工项目不断增加，重点项目建设进度逐步加快，投资增速持续回升。全年固定资产投资（不含农户，不含跨区项目）达到 18231.03 亿元，增长 8.3%。重点项目超额完成年度任务。2015 年，全省 54 个重点推进项目完成投资 522.67 亿元，占年度计划的 153.3%，提前完成年度任务，确保了全省经济稳步增长。其中，三星 12 英寸闪存芯片项目完成投资 155.23 亿元，为年度计划的 3 倍多；城市快速轨道三号线项目完成投资 37.75 亿元，占年度计划的 108.5%；吉利汽车产业基地项目完成投资 25 亿元，占年度计划的 125%。基础设施建设成效显著。省委、省政府在基础设施建设方面干成了一批打基础、利长远的大事实事，2015 年，全省高速公路突破 5000 公里，西安咸阳国际机场旅客年吞吐量突破 3300 万人次，横贯关中、连接陕北的 750 千伏电力骨干网架全面建成，长期稳定发展的支撑更加牢固。

二是消费市场总体平稳。省委、省政府通过深入推进各项商贸流通重点工程，大力发展新商业模式，千方百计扩大城乡消费等一系列措施，充分挖掘内生潜力，着力释放消费需求，2015 年全省社会消费品市场稳中趋缓，缓中向好。全年实现社会消费品零售总额 6578.11 亿元，比上年增长 11.1%。餐饮业波动回升。2015 年，在国内经济持续下行的大环境下，全省限额以上企业（单位）餐饮收入一枝独秀，累计增速由年初的 4.8% 波动回升至 11 月的 5.7%，进入上升通道。全年限额以上企业（单位）实现餐饮收入 199.51 亿元，增长 5.8%，高于 2014 年 2.7 个百分点。网上零售高速增长。我省大力发展新兴业态和新型消费模式，积极推进电子商务在全省的普及应用。2015 年，全省实现网上零售额 692.9 亿元，同比增长 47%，对社会消费品零售总额增长的贡献率达到 33.6%。其中，全省限额以上企业（单位）实现网上零售额 107.35 亿元，比上年增长 1.7 倍，对限额以上消费品零售额增长的贡献率达到 22.7%。

三是进出口保持快速增长。2015 年，我省抢抓“一带一路”战略机遇，加快推进内陆改革开放新高地建设，对外贸易快速增长。在三星、美光等大企业带动下，全省进出口总额 1895.7 亿元，比上年增长 12.8%。其中，出口 918.5 亿元，增长 7.4%；进口 977.1 亿元，增长 18.4%。全年实际利用外商投资 46.21 亿美元，增长 10.6%，世界 500 强企业落户总数达 115 家。

二、经济发展稳中向好，积极因素不断增加

全省经济在企稳回升的同时，结构也出现了积极变化。

（一）从三次产业结构看，第三产业对经济增长的贡献大幅提升

“十二五”前 4 年，我省第三产业增速一直低于第二产业以及 GDP 增速，2015 年以来，我省第三产业增加值增速一直高于第二产业及 GDP 增速，并呈逐季加快态势。全年第三产业增加值增长 9.6%，分别高于第二产业和 GDP 增速 2.3 和 1.6 个百分点。

（二）从三大需求看，消费增速开始高于投资增速

我省经济发展多年来一直以投资驱动为主，“十二五”前 4 年，社会消费品零售总额增速一直低于全社会固定资产投资增速。2015 年，我省社会消费品零售额增速开始高于固定资产投资增速，全年增长 11.1%，高于固定资产投资 3.1 个百分点。消费对经济发展的支撑作用日趋明显。

（三）从工业结构看，轻工业快于重工业，非能源工业快于能源工业，高技术产业增长较快

轻工业快于重工业。2015 年，规上轻工业增加值同比增长 13.5%，较重工业增加值增速 5.8% 高出 7.7 个百分点。

非能源工业增速高于能源工业。2015 年，非能源工业总产值 14139.82 亿元，占规模以上工业的比重接近七成（为 69.4%），比能源工业占比高 38.8 个百分点，比 2014 年高 6.6 个百分点；非能源工业总产值同比增长 10.8%，增速高于能源工业 26.5 个百分点。

高技术产业增长较快。2015 年我省高技术产业实现增加值同比增长 25.9%，比规模以上工业增加值增速高出 18.9 个百分点。

（四）从第三产业结构看，金融业、其他服务业等现代服务业增速远高于批发零售、住宿餐饮等传统服务业增速

2015 年，第三产业中，金融业增加值增长 17.7%、其他服务业增长 12.8%，而传统服务业中，批发和零售业增长 6.7%、交通运输、仓储和邮政业增长 2.4%、住宿和餐饮业增长 7.7%、房地产业增长 3.1%，现代服务业增速远远高出传统服务业增速。

（五）从发展内生动力看，非公经济占比持续提高，新兴产业快速发展，文化产业后劲增强，城镇化加速推进

非公经济占比持续提高。2015 年全省完成非公经济增加值 9695.62 亿元，占 GDP 比重为 53.4%，比 2014 年提高 0.7 个百分点，为历史最好水平。

新兴产业占 GDP 比重不断提高。2015 年，七大战略性新兴产业投资 2529.31 亿元，增长 20.9%，增速高于固定资产投资增速 12.9 个百分点。其中，新能源产业、新能源汽车产业和高端装备制造业分别增长 42.5%、46.9% 和 34.9%。初步测算，2015 年，七大战略性新兴产业完成增加值 1834.3 亿元，比上年增长 12.4%，较 GDP 增速高出 4.4 个百分点，占 GDP 的比重达到 10.1%。

文化产业发展后劲增强。2015 年，全省文化产业投资同比增长 23.2%，高于全社会固定资产投资增速 15.4 个百分点，文化产业增加值占 GDP 比重达 3.7%。

城镇化加速推进。省委、省政府以人为本统筹城乡发展，实施避灾扶贫移民搬迁工程、重点示范镇建设，推动农村人口进城就业落户，城镇化率不断提高，2015 年达 53.92%，较上年提高 1.35 个百分点。移民搬迁步入常态化并在全国推广，全年搬迁避灾扶贫生态移民 11.6 万户、40.6 万人。全年转移农村劳动力 680 万人，超额完成全年转移 590 万人的目标任务。

三、经济质量持续提升，社会民生进一步改善

（一）从发展质量看，节能减排成效显著，财政收入保持两位数增长，居民收入持续增长，就业人数平稳增加，金融存贷稳定增加

节能减排成效显著。2015 年，全省规模以上工业综合能源消费量 8430.42 万吨标准煤，比上年增长 4.1%，低于规上工业增加值增速 2.9 个百分点。全社会累计用电 1221.73 亿千瓦时，下降 0.4%，较 2014 年回落 6.8 个百分点。预计全年单位 GDP 能耗 0.684 吨标准煤 / 万元，下降 3.3%，完成全年目标任务。

财政收入保持两位数增长。在经济增速下行的不利局面下，2015 年以来我省地方财政收入增速运行在 10.1%-12.1% 区间，始终保持两位数增长。2015 年，全省完成地方财政收入 2059.87 亿元，增长 12.05%。其中，各项税收 1290.21 亿元，占地方财政收入的 62.6%；非税收入 769.66 亿元，占 37.4%。百元 GDP 地方财政收入由 2014 年的 10.68 元提高到 11.35 元。

城乡居民收入稳定增长、收入比继续缩小。2015 年，全省居民人均可支配收入为 17395 元，比上年增长 9.8%，其中，农村居民人均可支配收入为 8689 元，增长 9.5%；城镇居民人均可支配收入为 26420 元，增长 8.4%。城乡居民收入比由 2014 年的 3.07:1 缩小至 2015 年的 3.04：1。

就业超额完成目标任务。2015 年，我省坚持创业带动，改善就业环境，全省城镇新增就业 44.37 万人，比全年 36 万人的目标任务高 8.37 万人，城镇登记失业率为 3.36%，控制在 4% 以内，就业局势保持总体稳定。

金融存贷款稳定增加。2015年末，全省金融机构人民币各项贷款余额21760.61亿元，较年初新增2913.23亿元。其中，新增非金融企业及机关团体贷款2460.44亿元，占全部新增贷款的84.5%。全省金融机构人民币各项存款余额突破3万亿元，达到32415.24亿元，较年初新增3996.96亿元。其中，新增住户存款1448.61亿元，占全部新增存款的36.2%；新增非金融企业存款1420.54亿元，占全部新增存款的35.5%。

（二）从民生保障看，民生支出占比提升，基本社会保障持续改善，保障房建设积极推进

民生支出占比提升。省委、省政府坚持落实“两个80%”的民生投入政策，有力保障了就业、教育、社会保障、医疗卫生、文化项目、移民搬迁、食品环保以及保障性住房建设、农林水等各项重点民生建设。2015年，全省财政支出4375.53亿元，比上年增长10.42%，民生支出3582.13亿元，占到全省财政支出的81.87%，较去年同期提高了1.47个百分点。其中城乡社区事务支出增长22.68%，医疗卫生与计生支出增长17.53%，社会保障和就业支出增长16.41%，增速均高于财政支出增速。

基本社会保障得到改善。2015年，全省十大民生领域共完成投资1350亿元。按照扩面提标要求健全社会保障体系，城镇企业退休人员基本养老金十一连调，居全国第12位。城乡低保标准分别达到月460元和年2500元。城镇居民医保和新农合人均财政补助分别高出国家标准20元。医改制度框架基本建成，分级诊疗制度全面启动，新农合政策范围内报销比例达到75%。

保障房建设积极推进。据住建部统计，2015年我省新增保障性安居工程48.5万套，基本建成53.36万套，新增发放住房租赁补贴2.05万户，完成投资780.51亿元，圆满完成“十二五”目标任务。移民搬迁步入常态化轨道并在全国推广，当年搬迁21.9万人。

（三）从运行环境看，CPI低位运行，PPI持续下降，经济形势依然严峻

CPI低位运行。据调查总队调查，2015年，陕西居民消费价格总水平累计上涨1.0%，低于全国0.4个百分点，其中，食品价格上涨0.9%，低于全国1.4个百分点，非食品价格上涨1.0%；消费品价格上涨0.8%，服务价格上涨1.5%。

PPI持续下降。2015年12月，陕西工业生产者出厂价格同比下降11.1%（全国下降5.9%）；工业生产者购进价格同比下降4.9%（全国下降6.8%）。PPI同比指数连续42个月呈现下降趋势（仅2012年12月持平）。2015年，全省工业生产者出厂价格累计下降9.2%（全国下降5.2%），购进价格累计下降4.8%（全国下降6.1%）。

四、2016年发展面临较大压力，问题不容忽视

2015年，在省委、省政府的正确领导下，我省有效应对了经济下行压力，在异常艰难的困境中较好完成了收官之年各项任务，成绩来之不易。但是经济下行的压力依然存在，要打好2016年的“十三五”开局之战，必须要高度关注以下问题，提前做好谋划。

（一）投资增长乏力

2015年，我省固定资产投资仅增长8%；低于上年9.8个百分点，较全国和西部地区平均增速分别低2个百分点。单体项目投资下降，单个本年施工项目投资91.2万元，比上年减少7万元。亿元以上大项目减少，2015年全省亿元以上项目3703个，比上年减少155个，下降4%，年内持续负增长。本年实际到位资金较上年增长7.4%，回落1.1个百分点；房地产开发投资增速回落，房地产开发投资仅增长2.8%，增速较上年回落5.5个百分点。

（二）工业运行形势严峻

一是PPI持续下降。2015年，我省PPI同比指数连续42个月呈现下降趋势（仅2012年12

月持平），且出厂价格下降幅度大于购进价格下降幅度，工业剪刀差加剧。二是PMI指数连续5个月低于50%。2015年12月，我省制造业采购经理指数（PMI）为45.8%，低于全国3.9个百分点，连续第5个月位于临界点(50%)以下。三是工业用电量降幅扩大。2015年，全省工业用电量770.53亿千瓦时，较上年下降3%，降幅较1-11月扩大0.7个百分点。

（三）部分消费热点降温

2015年，占用类商品比重最大（31.9%）的汽车类商品增速较上年回落13.9个百分点；占比21.1%的石油及制品类商品增速回落13.8个百分点；占比5.6%的煤炭及制品类增速回落15.2个百分点；占比4.6%建筑及装潢材料类增速回落5.1个百分点。

（四）去过剩产能压力较大

2015年，全国煤炭、石化、钢铁等重化工业全面进入去过剩产能阶段。预计2016年去过剩产能力度将进一步加大。而我省规模以上能源化工工业增加值仍占规上工业的56.1%，能化工业占比依然较高，受到的冲击也将较大，经济持续稳定增长面临较大压力。

五、坚定信心，全力谱写追赶超越新篇章

2015年年初，习近平总书记来陕视察时强调，“陕西仍处在追赶超越阶段”。这一定位，为陕西进一步做好当前和今后工作指明了方向。2016年，是实施“十三五”规划的开局之年，也是推进供给侧结构性改革的攻坚之年，陕西要紧跟中央部署，切实抓好去产能、去库存、去杠杆、降成本、补短板五大任务，增强经济持续增长动力，为“十三五”谱写追赶超越新篇章开好头、起好步。五点政策建议：

（一）积极推进工业供给侧结构性改革

统筹推进工业去产能、去库存和降成本工作，坚决淘汰“僵尸企业”、高污染企业和产能过剩领域无竞争力企业，全力打好“去产能”歼灭战；从降低交易、人工、物流、财务成本等方面发力，打好降本增效“组合拳”；精准研判国际市场价格变化，帮助企业开发适销对路新产品，全力遏制工业企业效益下滑势头，促进工业持续稳定回升。

（二）抓好有效投资补好发展短板

2015年我省投资出现较大幅度回落，2016年投资要紧扣国家政策取向，进一步提高投资的有效性和精准性，加强在能源化工转化、电子信息、高端装备制造业、旅游业、科技创新、县域经济等领域的投资，稳定投资增速，提升我省经济增长动力。同时抓紧落实“十三五”规划，提前谋划开工一批重大项目，稳定市场预期，增强市场投资信心。

（三）积极培育新的消费热点

要加大陕西品牌推广力度，加快培育发展文化休闲、体育健身、医养结合等新型消费业态。要强化责任，全力落实中省出台的关于促进信息、养老、健康服务业、电子商务、现代物流等产业发展的各项政策措施，加快培育新的消费增长点。

（四）深入实施创新驱动战略

依托国家重点实验室、国家工程（技术）研究中心及重点龙头企业，完善重点行业技术创新平台，支持龙头企业联合高校、科研院所组建产业技术联盟。推进创新链与产业链双向互动，组织实施一批产业创新专项。推动大众创业万众创新，加强军民融合创新，推进西安全面创新改革实验区、西安高新区国家自主创新示范区建设，加快中国西部科技创新港建设。

（五）加强生态环境保护

强力实施节能减排工程，推进园区循环化改造和再生资源回收体系建设，提高矿产资源采收率、回采率和综合利用率。继续实施天然林保护、退耕还林和矿区植被恢复等重点生态工程，加快推进“关中大地园林化、陕北高原大绿化、陕南山地森林化”。

（作者：丁云祥）

专栏：精准施策 攻坚克难促增长 追赶超越 民生经济快发展

2015 年是“十二五”收官之年，担负着承前启后、继往开来的历史重任。面对复杂多变、复苏不及预期的国内外经济形势，陕西省委省政府精准施策，攻坚克难，追赶超越，稳增长、提效益、促改革、谋发展，全省民生经济实现稳中有进、进中向好、好中创优、较快发展，基本完成了“十二五”初期制定的经济增长发展目标。

一、稳中有进，居民收入位次前移

2015 年，陕西全体居民人均可支配收入 17395 元，同比名义增长 9.8%；其中，城镇居民人均可支配收入 26420 元，增长 8.4%；农村居民人均可支配收入 8689 元，增长 9.5%。

（一）增速快于全国

与上年同期相比，2015 年，陕西城镇居民收入增长 8.4%，增幅居全国第 11 位 扣除价格因素实际增长 7.5%，名义增速和实际增速分别高于全国 0.2 个和 0.9 个百分点。农村居民收入增长 9.5%，增幅与上海、海南并列居全国第 8 位；扣除价格因素实际增长 8.3%，名义增速和实际增速分别高于全国 0.6 个和 0.8 个百分点。全体居民收入增速居全国第一方阵，扣除价格因素实际增长 8.8%，高于全国 1.4 个百分点，超过全省 GDP 8% 的增速。初步核算，全省居民收入占 GDP 的比重达到 37.7%，较上年提高 2.6 个百分点，较“十一五”末期提高 3.5 个百分点，居民收入的含金量明显提升。

“十二五”时期，全省城镇居民收入年均增长 11.5%，高于全国平均增速 0.8 个百分点；农村居民收入年均增长 14.2%，高出全国 1.4 个百分点。城乡居民收入实际增速与 GDP 增速差距快速缩小，其中农村居民收入增速 2011 年、2014 年、2015 年三年超过 GDP。

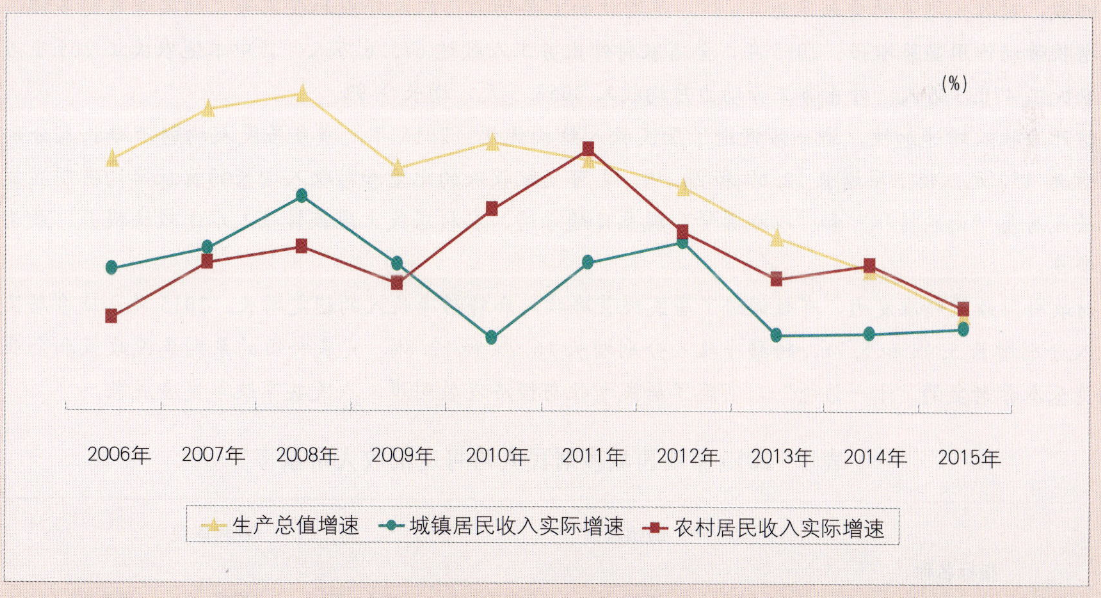

图 1 2006-2015 年陕西城乡居民收入与生产总值增速

（二）收入排位前移

2015 年，陕西全体居民收入水平在全国 31 个省份中居第 21 位，较上年前移 1 位，超越宁夏；在西部 12 省份中排第 3 位，前移 1 位；在西北 5 省份中排第 1 位，前移 1 位。其中，城镇居民收入在全国居第 16 位，较上年前移 1 位，超越广西；在西部 12 省份中排第 3 位，前移 1 位；在西北 5 省份中排第 1 位，前移 1 位。

农村居民收入在全国居第26位，与上年持平；在西部12省份和西北5省份中分别排第7位、第3位，低于新疆、宁夏，高于青海、甘肃。

"十二五"时期，全省城镇居民收入较"十一五"末期提高68.3%，较"十五"末期提高2.2倍；收入水平在全国位次较"十一五"末期前移3位，较"十五"末期前移9位。农村居民收入较"十一五"末期提高94.1%，较"十五"末期提高2.9倍；收入水平在全国位次较"十一五"末期前移1位，较"十五"末期前移2位。

（三）城乡差距缩小

与全国平均水平相比，2015年，陕西全体居民收入为全国的79.2%，较上年提高0.7个百分点。其中，城镇居民收入为全国的84.7%，较上年提高0.2个百分点，较"十一五"末期提高2.6个百分点，较"十五"末期提高5.9个百分点；农村居民收入为全国的76.1%，较上年提升0.5个百分点，较"十一五"末期提高6.7个百分点，较"十五"末期提高13.1个百分点。城乡居民收入与全国平均水平差距明显缩小。农村居民收入增速连续6年快于城镇居民，城乡收入差距也进一步缩小，2015年，农村居民收入增速快于城镇居民1.1个百分点，城乡收入比为3.04: 1，较上年收窄0.03，较"十一五"末期收窄0.39。

（四）增收渠道拓宽

从可支配收入构成看，居民工资性收入、经营净收入、财产净收入、转移净收入均稳定提高，其中，工资性收入和转移净收入增长对居民增收的贡献率突出，是居民增收的主要动力；财产净收入和转移净收入增速加快、占比提高，成为居民增收亮点。

分城乡看，城镇居民人均工资性收入15742元，增长5.5%；占可支配收入的比重达到六成，对收入增长的贡献率达到四成，支柱地位不变。农村居民人均工资性收入3548元，增长10.3%；占可支配收入的比重达到四成，对收入增长的贡献率为43.8%，是增收的主要动力。农民外出和在家务工的渠道日趋多样，使得务工增收带动作用显著增强。2015年，全省农村外出务工人数达675.6万人，其中本地农民工205.1万人，外出农民工470.5万人；外出务工劳动力月均收入3053.3元，增长9.9%。

财产净收入增速加快，进一步促进了居民收入结构优化。2015年，城乡居民人均财产净收入分别达到2274元和152元，较上年增长12.6%和26.7%，占可支配收入的比重和对收入增长的贡献率均有明显提升。城镇居民房屋"由购转租"和"以租养贷"现象日趋普遍，农村居民土地流转收入水平较快提升，成为居民增收亮点。

财政补贴政策精准发力，有效促进了居民经营净收入和转移净收入的稳定增长。2015年，城乡居民经营净收入分别增长5.4%和5.7%，转移净收入分别增长16.2%和12.8%，兜底补短的系列惠民政策和企业离退休人员基本养老金的"十一连增"，实现了居民增收与经济发展同步，人民共享改革发展成果。

表1　2015年陕西城乡居民人均可支配收入贡献率

指标名称	城镇居民			农村居民		
	收入（元）	增幅（%）	贡献率（%）	收入（元）	增幅（%）	贡献率（%）
可支配收入	26420	8.4	100.0	8689	9.5	100 .0
（一）工资性收入	15742	5.5	39.7	3548	10.3	43.8
（二）经营净收入	2140	5.4	5.3	2909	5.7	20.9
（三）财产净收入	2274	12.6	12.4	152	26.7	4.2
（四）转移净收入	6264	16.2	42.5	2080	12.8	31.2

二、进中向好，农业生产形势良好

2015 年，陕西粮食总产 1227 万吨，比上年增加 29 万吨，增长 2.4%，超过 2013 年（1215.8 万吨）、接近 2012 年（1245.1 万吨）大丰收年水平。

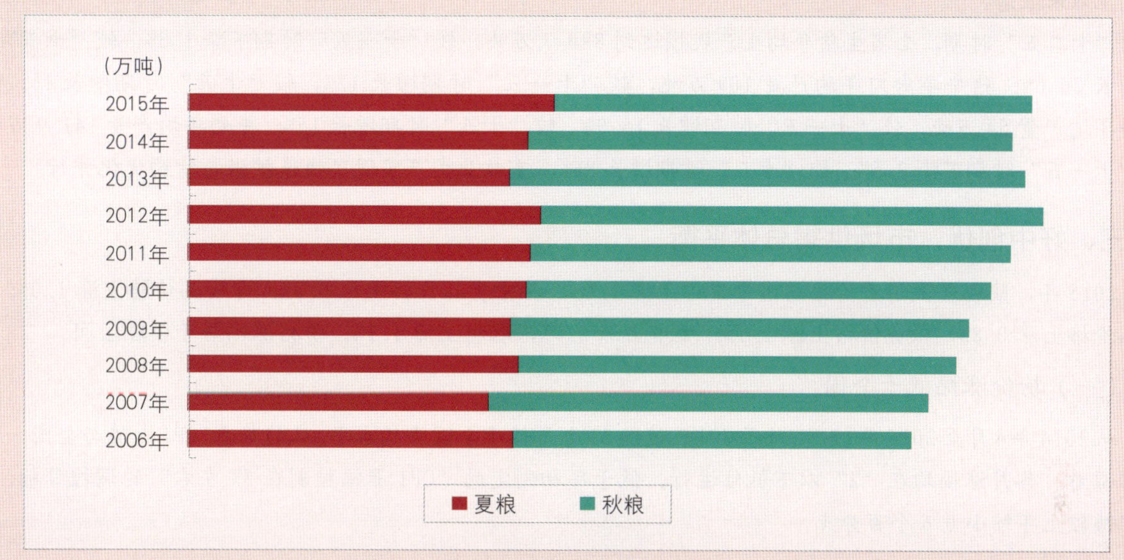

图 2　2006–2015 年陕西粮食总产量

（一）夏粮增产秋粮平收

全省粮食播种面积 4610.3 万亩，比上年减少 5 万亩，微降 0.1%；其中夏粮播种面积 1837 万亩，增长 0.1%；秋粮播种面积 2773.3 万亩，减少 0.3%。全省粮食单产 266.1 公斤，比上年提高 2.5%，其中夏粮亩产 267.7 公斤，增长 8.8%；秋粮单产 265.1 公斤，与上年同期基本持平。全省夏粮总产 492 万吨，增加 41 万吨，增长 9.1%；小麦占夏粮总产量的 93.1%。秋粮总产 735 万吨，减少 12 万吨，下降 1.5%。秋粮生长期间遭遇严重伏旱，导致陕北小杂粮、薯类减产较多，而陕北地区秋粮播种面积占全省三分之一，因此全省秋粮亩产水平与近五年平均值相比低 1.7%，属于平收年。夏粮增产较多，秋粮平收，奠定了粮食连年丰收的基础。

（二）农业科技水平提升

农业科技水平的快速提升和良种的全面推广，是粮食连年丰收的根本保障。“十二五”时期，全省粮食单产水平由 2010 年的 245.8 公斤 / 亩提高至 2015 年的 266.2 公斤 / 亩，提高了 8.3%，年均增长 1.6%；其中夏粮单产年均增长 3.4%，秋粮单产年均增长 0.6%。在播种面积基本稳定的基础上，单产水平的稳步提高为粮食丰产丰收作出了积极贡献。2015 年，因单产提高全省夏粮增产 39.8 万吨，对粮食增产的贡献率高达 97.8%。

“十二五”时期，全省粮食单产较“十一五”时期提高了 10.8%，较“十五”时期提高了 27.6%；总产较“十一五”时期提高了 10.2%，较“十五”时期提高了 20.8%。全省粮食年均总产量达到 1216.2 万吨，其中 3 年超过 1200 万吨，2 年接近 1200 万吨，为历史发展最好、最稳定时期。全省粮食播种面积稳定在 4600 万亩以上，较好地完成了“十二五”预期目标。

（三）畜牧业生产结构优化

2015 年，全省猪牛羊禽肉类产量 114.7 万吨，与上年同期持平，其中猪肉产量减少 1.5%，牛、羊、禽肉产量分别增长 2.8%、4.3%、5.3%；禽蛋产量 58.1 万吨，增长 6.5%；生牛奶产量 141.2 万吨，减少 2.4%。各种肉类产量增速均有所减缓，畜牧业生产结构调整速度加快。

全省生猪出栏1205.6万头，同比减少2.1%；牛出栏54.6万头，增长2.8%；羊出栏494.1万只，增长4.2%；家禽出栏5312.9万只，增长5.3%。截止年末，全省生猪存栏846万头，同比减少3.8%；牛存栏146.8万头，同比减少2.6%；羊存栏701.9万只，同比增长0.3%；家禽存栏6733.6万只，同比增长1.7%。畜禽养殖去产能化效果显著。

"十二五"时期，全省生猪年均生产规模达到880.7万头，较"十一五"时期下降1.3%，较"十五"时期增长20.6%；猪牛羊禽肉年均产量109万吨，较"十一五"时期增长13%，较"十五"时期增长16.2%；禽蛋年均产量54万吨，较"十一五"时期增长15.9%，较"十五"时期增长15%；牛奶年均产量141.9万吨，较"十一五"时期下降2.5%，较"十五"时期增长86%。畜牧业生产实现了快速扩张与结构优化并行。

三、好中创优，市场供需总体平衡

2015年，陕西居民消费价格总水平累计上涨1.0%，其中食品价格上涨0.9%，非食品价格上涨1.0%；消费品价格上涨0.8%，服务价格上涨1.5%；城市上涨0.9%，农村上涨1.1%。价格涨幅居于合理区间。

（一）物价涨幅低于全国

从2014年4月至2015年12月，陕西CPI已连续21个月低于全国平均水平。从趋势看，CPI走势与全国一致；从涨幅看，各月涨幅均在"2"以下低位运行，低于年初制定的"CPI涨幅控制在3%左右"的调控目标，全年涨幅较上年缩小0.6个百分点。

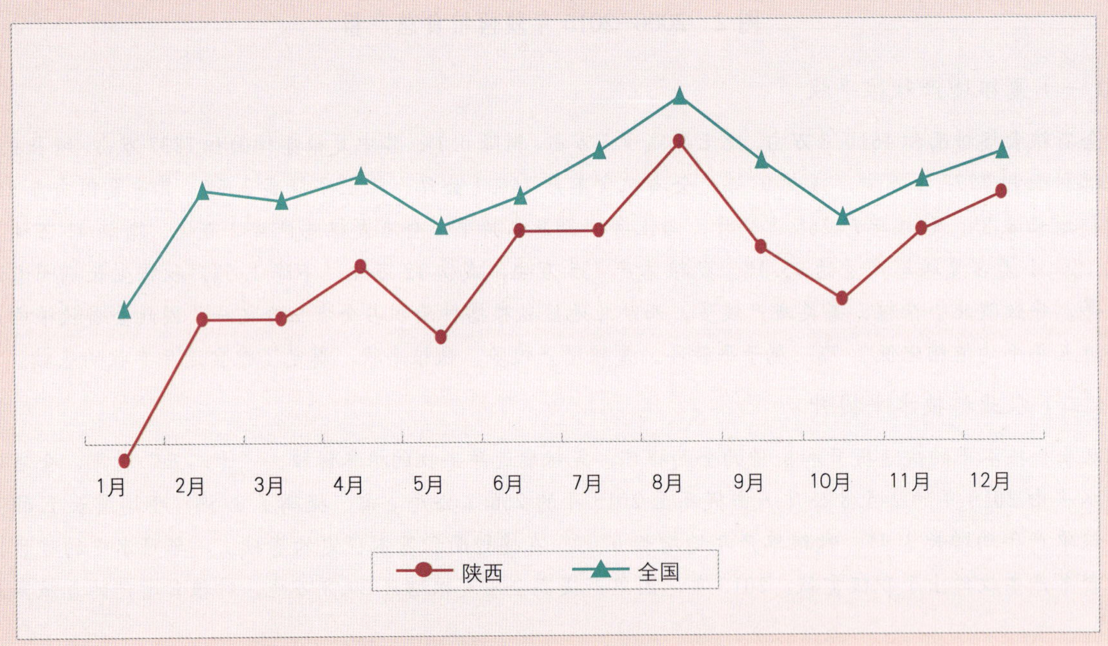

图3　2015年陕西居民消费价格同比涨幅与全国对比

（二）涨价面"六升两降"

在居民消费的八大类商品及服务中，烟酒及用品类、衣着类、医疗保健和个人用品类、娱乐教育文化用品及服务类、食品类、居住类价格上涨，交通和通信类、家庭设备用品及维修服务类价格下降。食品、医疗保健、衣着、娱乐教育等四大类商品和服务价格上涨是全年价格总水平上涨的拉动因素，共同影响居民消费价格总水平上涨0.9个百分点，影响程度为90%。据测算：在2015年1.0%的居民消费价格总水平涨幅中，翘尾因素影响约为0.12个百分点，新涨价因素影响约为0.88个百分点，影响程度分别为12%和88%。

（三）涨价幅度先抑后扬

从同比指数运行看，与上年震荡回落走势明显不同，2015 年以来，市场物价呈逐步上行态势。1 月是 CPI 运行谷底，二季度市场回暖物价上行，6 月后物价上行速度加快，8 月涨幅已接近上年同期水平，9 月、10 月虽有回调，但年底上行趋势明显。从环比指数运行看，在经历了一季度的大起大落后，二季度市场物价进入调整期，6 月后物价重回上行区间，8 月涨幅扩大明显，四季度先抑后扬。同比、环比指数运行趋势同时表明，全省市场运行环境回暖，供需衔接逐步趋于活跃。

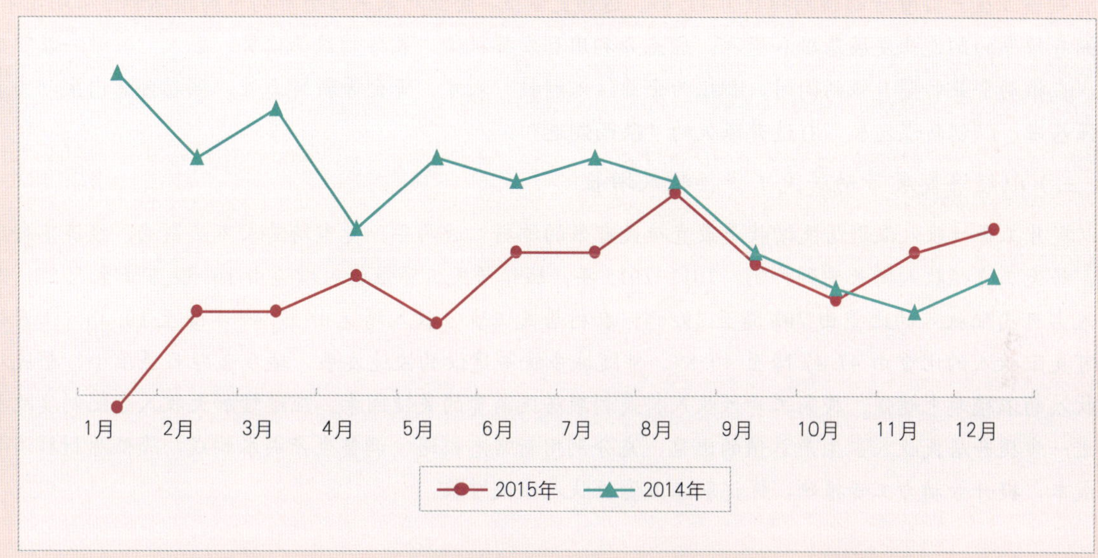

图 4　2015 年陕西居民消费价格指数同比涨幅与上年对比

（四）工业生产者价格深度调整

2015 年，陕西工业生产者出厂价格同比下降 11.1%，降幅大于全国 5.9 个百分点；购进价格同比下降 4.9%，降幅小于全国 1.2 个百分点。

能源化工、装备制造、有色金属经济是陕西的重要支柱产业，三者合计占工业经济的 80%，重工业产品和生产资料价格持续下降是 PPI 下降的主要因素。2015 年，陕西重工业产品价格下降 10.6%，轻工业产品上涨 0.5%；生产资料价格下降 10.9%，生活资料价格上涨 0.3%；15 个工业部门中，产品价格“4 升 11 降”，降幅最大的是石油工业，价格下降 23.2%；38 个行业大类中，产品价格“11 升 3 平 24 降”，降幅最大的是石油和天然气开采业，价格下降 24.0%；价格涨幅最大的是皮革、毛皮、羽毛（绒）及其制品业，价格上涨 16.6%。

截止 12 月，陕西 PPI 同比指数已连续 42 个月呈下降态势，环比指数呈波动震荡走势，表明全省工业经济正积极摆脱下行压力影响，以深度调整适应新常态，以改革创新寻求内生动力，主动破解发展难题。

四、几点建议

（一）积极推动供给侧改革

受有利的气候条件影响，2015 年全省蔬菜、鲜瓜果等农产品普遍增产，菜农、果农喜获丰收。但由于市场供应充足，加之雨水较多不便储藏，导致果、蔬品质下降，多地出现鲜瓜果、蔬菜滞销现象。2015 年陕西农产品生产价格由涨转跌，指数仅为 96.3%，较上年下降 5.8 个百分点，其中种植业产品价格指数仅为 94.7%，小麦、玉米等大宗商品价格均出现近年来少有的下行态势。同样，部分工业消费品因产能过剩、供大于求，市场价格下降，企业经营亏损。工农产品价格持续低走，一方面反映社会的进步和物资产品的极大丰富，一方面也说明市场需求变换速度加快。因此需加快推进工、农业生产结构调整和转型升级，以供给侧改革调动市场活力，以新产业、新业态、新商业模式和新产品技术激发市场消费潜力，促进经济繁荣发展。

（二）调动制造业企业内生发展动力

2015 年，陕西制造业采购经理指数为 48.6%，低于全国 1.3 个百分点，其中 12 月采购经理指数为 45.8%，低于全国 3.9 个百分点，继续呈下行态势。市场复苏不及预期，企业生产投入日趋谨慎，观望情绪浓厚。12 月，制造业生产经营活动预期指数为 41.6%，达历史新低，企业对未来 3 个月的市场预期和信心明显不足。陕西拥有雄厚的制造业发展基础和资源，应充分利用和发挥机械、装备制造业优势，融入“一带一路”建设机遇，在推动企业转型升级的同时，积极为企业注入科技、人才、资金等新鲜血液，调动企业内生动力，以优势强基础，以创新谋发展，打造升级版的“陕西制造”。

（三）以经济发展带动居民工资性收入增长

以提升工资性收入促进居民增收是最直接最有效的举措。近两年，受市场需求不足影响，经济下行压力加大，居民工资性收入增长受到抑制。2011-2015 年，城镇居民工资性收入增速由 16.3% 下降至 5.5%，工资性收入占可支配收入的比重由 70% 降至 59.6%；农村居民工资性收入增速由 37.4% 下降至 10.3%，工资性收入占可支配收入的比重由 47.4% 降至 40.8%。伴随城乡统筹建设的快速发展，城乡差距日益缩小，居民对工资性收入的依赖越来越强，提高工资性收入将是刺激居民消费的关键因素。应继续加大收入分配制度改革力度，进一步提升居民收入占生产总值的比重，充分利用新常态机遇，调整生产成本构成，降低原材料消耗和管理成本，提升劳动力工资报酬，保证职工工资性收入较快增长。

（作者：孙法臣）

陕西省西安古城雪景

甘肃省经济社会发展报告

2015年，面对复杂严峻的国内外环境和较大的经济下行压力，甘肃省委、省政府团结带领全省各族人民，深入贯彻党中央、国务院的决策部署，牢牢把握稳中求进的工作总基调，紧紧围绕“努力与全国一道全面建成小康社会”的宏伟目标，针对经济运行中的薄弱环节和重点领域，实施精准调度，统筹推进稳增长、促改革、调结构、惠民生、防风险各项工作，全省经济呈现总体平稳、稳中有进、稳中有好的发展态势。

一、全省经济运行的基本情况

（一）积极应对下行压力，经济运行总体平稳

全年全省实现生产总值6790.32亿元，比上年增长8.1%。一季度、上半年、前三季度和全年全省生产总值分别增长7.8%、8.0%、8.0%和8.1%，波动幅度较小，增速分别比全国平均水平高0.8、1.0、1.1和1.2个百分点。在工业品价格持续下跌，困难挑战明显增多的情况下，全省经济保持总体平稳、稳中有升的发展态势，这一成绩来之不易。

从三次产业看，全省第一产业实现增加值954.54亿元，增长5.4%；第二产业实现增加值2494.77亿元，增长7.4%，其中工业实现增加值1778.10亿元，增长7.0%；第三产业实现增加值3341.01亿元，增长9.7%。

*1. 农业经济发展良好。*粮食呈现面积、产量双增态势。全年全省粮食种植面积4274.43万亩，比上年增长0.25%；粮食总产量1171.1万吨，创历史新高，增长1.07%，连续5年稳定在1000万吨以上。

蔬菜产业平稳较快发展。全年蔬菜播种面积790.75万亩，比上年增长4.0%，产量1823.1万吨，增长6.9%，经过多年的发展，甘肃蔬菜产业已形成了河西走廊灌区、沿黄灌区、泾河流域、渭河流域和“两江一水”流域五大优势产区，是我国“西菜东调”、“北菜南运”的五大商品蔬菜基地之一，被农业部列入规划的西北内陆出口蔬菜重点生产区域、西北温带干旱及青藏高寒区设施蔬菜重点区域。

中药材生产继续呈快速发展趋势。全年中药材种植面积403.06万亩，比上年增长5.05%；产量108.2万吨，增长8.9%。

林果经济呈现快速发展的势头。全年花椒产量4.29万吨，比上年增长7.3%；核桃产量8.76万吨，增长13.8%；水果产量461.8万吨，增长8.6%。

*2. 工业经济平稳发展。*全年全省规模以上工业企业实现工业增加值1662.0亿元，比上年增长6.8%，增速比全国平均水平高0.7个百分点。其中：轻工业完成工业增加值319.8亿元，增长6.2%；重工业完成工业增加值1342.2亿元，增长7.0%。

从八大重点支柱行业看，有色、机械、食品、石化行业工业增加值分别比上年增长12.5%、12.5%、10.1%、8.1%，高于全省规模以上工业平均增速；建材行业工业增加值增长0.6%；电力、煤炭、冶金行业工业增加值分别下降3.8%、6.2%和8.9%。

高技术产业较快增长。全年全省规模以上高技术工业企业完成工业增加值59.5亿元，比上年增长14.5%，占全省规模以上工业增加值的3.6%，拉动规模以上工业增长0.4个百分点，贡献率为5.7%。

*3. 第三产业增速逐季加快。*2015年以来，国家多次降息降准，释放了更为宽裕的货币政策，同时，精准扶贫、强化基础设施建设等行动使积极的财政政策增力加效，在财政八项支出、金融存贷款、其他营利性服务业快速增长的带动下，

第三产业增速逐季加快。一季度、上半年、前三季度和全年第三产业增加值分别增长7.7%、8.2%、9.0%和9.7%。

4. 金融机构存贷款继续增加。年末，全省金融机构本外币各项存款余额为16299.50亿元，比上年末增长16.55%。本外币存款余额比年初增加2329.70亿元，其中，住户存款增加917.42亿元，非金融企业存款增加961.92亿元。金融机构本外币各项贷款余额为13728.89亿元，比上年末增长23.93%。本外币贷款余额比年初增加2651.11亿元，其中，住户贷款增加650.62亿元，非金融企业及机关团体贷款增加1976.65亿元。

（二）政策效应持续显现，需求指标增速回升

面对市场有效需求不足，投资、消费增速放缓、出口总值下降的严峻局面，省委、省政府果断采取了一系列稳增长的有效措施，进入下半年，全省需求指标增速逐步回升。

1. 投资增速止滑企稳。全年全省完成固定资产投资8626.60亿元，比上年增长11.2%。其中项目投资7858.53亿元，增长11.7%。前五个月固定资产投资增速下滑，随着省委、省政府促进投资企稳回升的各项措施的逐步落实，6月份以后逐步回升并趋于稳定，11月份开始增速回升至两位数以上，全年增长11.2%。

从三次产业看，第一产业完成投资534.89亿元，比上年增长30.8%；第二产业完成投资3434.90亿元，下降2.7%；第三产业完成投资4656.81亿元，增长21.9%。

房地产开发投资增速回升。全年全省房地产开发投资768.06亿元，比上年增长6.5%，增速比1—4月（年内最低点）提高6.2个百分点。从实物量看，全省完成房屋施工面积8586.18万平方米，增长12.1%；完成房屋竣工面积962.24万平方米，增长18.3%，其中，新开工面积2312.66万平方米，增长12.79%；房屋竣工面积962.24万平方米，增长18.32%；商品房销售面积1434.96万平方米，增长8.26%。

2. 消费品市场缓中趋稳。全年全省实现社会消费品零售总额2907.22亿元，比上年增长9.0%，增速比1—8月的增长8.5%（年内最低点）回升0.5个百分点。按经营单位所在地分，城镇消费品零售额2316.80亿元，增长8.1%；乡村消费品零售额590.42亿元，增长12.3%。按消费形态分，餐饮收入460.03亿元，增长10.9%；商品零售2447.19亿元，增长8.6%。

全年全省批发业实现销售额4778.58亿元，比上年增长3.1%；零售业实现销售额2789.11亿元，增长10.0%；住宿业实现营业额93.97亿元，增长14.4%；餐饮业实现营业额542.60亿元，增长17.2%。

从限额以上企业主要商品零售情况看，全省粮油、食品类零售额比上年增长77.5%，饮料类增长13.0%，烟酒类增长6.5%，服装、鞋帽、针纺织品类增长5.4%，日用品类增长7.0%，金银珠宝类增长10.2%，汽车类增长4.6%；石油及其制品类下降16.9%，煤炭及其制品类下降37.1%。

3. 进出口总值降幅收窄。全年全省实现外贸进出口总额497.7亿元，比上年下降5.4%，降幅比一季度收窄23.2个百分点。其中：出口总额362.1亿元，增长11.2%，增幅比一季度提高35.3个百分点；进口总额135.6亿元，下降32.3%，降幅比一季度收窄9.3个百分点，实现贸易顺差226.5亿元。

（三）经济结构调整优化，转型升级成效明显

1. 产业结构继续优化调整。全年全省第三产业增加值增长9.7%，增速快于生产总值1.6个百分点；占生产总值的比重为49.2%，比上年提高5.2个百分点，比第二产业高12.5个百分点，创历史最高点。

2. 战略型新兴产业较快增长。全年全省战略型新兴产业增长11.9%，增速比生产总值快3.8个百分点；占生产总值的比重为12.1%，比上年提高1.9个百分点。

3. 节能降耗成效明显。全年全省能源消费总量7522.85万吨标煤，比上年增长0.02%，增速比上年回落3.20个百分点，以较低的能源消费增长支撑了经济增长。从三次产业看，低能耗的第三产业增加值增速高于高能耗的工业增速2.7个百分点，从工业内部结构看，六大高耗能行业增加值增速低于工业增速7.9个百分点，结构的优化调整使经济增长对能源消费依赖程度减弱，节能降耗成效明显。2015年，全省单位生产总值能耗为1.10吨标准煤/万元，比上年下降7.46%。

4. 城镇化水平进一步提高。近年来，随着甘肃工业化进程的不断推进及小城镇改造和城区扩大建设，促进了全省城镇建设的范围和规模继续扩大；经济的快速发展使农村剩余劳动力向城镇转移流量的加快，从而加快了城镇化进程，城镇化水平继续提高。2015年末，全省城镇人口达到1122.75万人，比上年末增加42.91万人，增长3.97%；占常住人口的比重为43.19%，提高1.51个百分点。

（四）民生改善扎实推进，质量效益稳步提升

1. 财政收入稳步增长。各级财税部门主动应对经济下行压力和实施一系列减税降费政策措施等不利影响，强化收入预测分析和动态监控管理，统筹协调、上下联动，狠抓组织收入工作落实，确保全省财政收入保持合理增长。全年全省完成一般公共预算收入743.90亿元，比上年增长10.59%。税收收入529.73亿元，增长8.05%；非税收入214.18亿元，增长17.41%。完成一般公共预算支出2964.63亿元，比上年增长16.65%。其中，教育支出增长23.91%，科学技术支出增长41.40%，医疗卫生与计划生育支出增长22.07%，节能环保支出增长27.48%。

2. 居民收入继续增加。在深入实施“双联”活动，推动精准扶贫、提高职工工资与最低收入标准等多项惠民政策的促进下，城乡居民收入水平不断提高。全年全省城镇居民人均可支配收入23767元，比上年增长9.0%。其中：工资性收入15189元，增长8.5%，拉动可支配收入增长5.5个百分点，对可支配收入增长的贡献率60.6%，是城镇居民收入的主要来源；经营净收入1805元，增长8.1%；财产净收入2295元，增长8.8%；转移净收入4478元，增长11.3%。

全年全省农村居民人均可支配收入6936元，比上年增长10.5%。其中：工资性收入1975 元，增长12.5%，拉动农村居民收入增长3.5个百分点，对收入增长的贡献率达33.3%；经营净收入3025元，增长9.5%，对于收入增长的贡献率为40%，拉动农村居民收入增长4.2 个百分点；财产净收入128.0元，增长14.0%；转移净收入1808 元，增长9.8%。

3. 居民消费价格涨幅温和平稳。2015年，全省居民消费价格总水平比上年上涨1.6%。其中，城市上涨1.4%，农村上涨1.8%。2015年全省居民消费价格同比涨幅一直处于“1时代”，12月份涨幅最低，为1.3%；8月份涨幅最高，为1.8%。

八大类商品及服务价格呈“七升一降”格局。2015年，全省衣着价格比上年上涨3.1%，烟酒价格上涨3.1%，居住价格上涨1.9%，食品价格上涨1.7%，家庭设备用品及维修服务价格上涨1.6%，医疗保健及个人用品价格上涨1.6%，娱乐教育文化用品及服务价格上涨0.6%；交通和通信价格下降1.4%。

二、经济运行中需要关注的问题

（一）工业生产经营困难

工业生产当月增速持续回落。6月份以来，规模以上工业增加值当月增速在6%左右波动，12月份仅增长5.2%，比5月份的9.5%（年内最高增速）回落4.3个百分点。

主要工业产品产量下降。全年钢材、粗钢、原煤、天然气、原油加工量等产品产量均比上年下降，降幅分别为23.5%、20.7%、7.4%、6.7%、1.5%。

工业企业亏损进一步加大。全年盈亏相抵后全省规模以上工业企业累计亏损72.3亿元（上

年盈利225.0亿元），其中12月份亏损21.3亿元。规模以上工业企业亏损面31.7%，亏损企业亏损总额297.8亿元，比上年增长1.4倍。

工业生产者价格持续下降。2012年2月以来，全省工业生产者出厂价格累计同比连续47个月下降。2015年全省工业生产者出厂价格累计降幅呈逐月扩大态势，降幅从一季度的10.3%扩大到全年的13.0%，扩大了2.7个百分点。12月份当月，全省工业生产者出厂价格同比下降15.2%，降幅大于全国9.3个百分点，降幅由高到低居全国第3位，仅低于山西和新疆。

工业用电量持续回落。自1—5月开始，全省工业用电量增速持续回落，全年工业用电量860.22亿千瓦时，比上年增长0.7%，增速比1—5月回落9.2个百分点。

（二）投资增长后劲乏力

工业投资持续下降。工业投资降幅由一季度的9.1%扩大到前三季度的15.5%，之后降幅开始收窄，但全年仍然下降13.7%。

大项目进展缓慢。全省亿元及以上项目本年完成投资出现下降，占项目投资的比重呈回落态势。全年全省计划总投资亿元及以上施工项目计划总投资下降8.0%，完成投资下降24.5%；亿元及以上项目完成投资占项目投资的38.8%，比上年回落18.6个百分点。

（三）消费动力有待加强

石油及制品、汽车等大宗商品销售额下降，对消费品市场的带动作用明显减弱，培育新的、大的消费热点尚需时日，短期内难以显著推动消费需求快速增长。

星级酒店数量增长缓慢且营业额所占份额下降，高档宾馆、酒店仍未走出低谷。商贸企业劳动力成本、租金不断上升，企业经营压力较大。

三、2016年展望

从国际环境看，2016年全球经济将面临诸多挑战，在大宗商品价格下跌及金融条件收紧背景下，新兴经济体面临增长放缓、资本流入减少、外汇储备下降和货币贬值等压力。如果大宗商品价格进一步急跌，依赖资源出口的新兴经济体将面临更多问题。世界银行1月6日发布《全球经济展望》报告，将2016年全球经济增长率预期下调至2.9%（2015年6月曾预期2016年全球经济增长3.3%）。

从国内形势看，实体经济困难增加，经济下行压力加大，金融市场、资源配置的整体灵活性和合理性方面还有一些结构重组的严峻挑战。同时，我国宏观经济结构调整已取得诸多进展，党中央和国务院将着力加强供给侧结构性改革，经济增长的潜力仍然是非常巨大的。

从全省看，传统产业结构调整将面临挑战，新的经济增长点有待培育壮大。同时，随着“一带一路”建设实施方案的出台，省委、省政府加快推进供给侧结构性改革，将推动全省经济社会持续健康发展。

综合判断，2016年全省经济将继续保持平稳发展势头。

四、对策建议

当前及今后一段时期，要加快转型升级步伐，着力提高经济质量和效益，增强发展后劲，确保全省经济平稳健康发展。

（一）推动实体经济加快发展

一是深化企业帮扶。按照重点企业“一企一策”、中小企业分类指导的方式，帮助企业用足用活国家和省上出台的各项优惠政策措施，协调解决企业生产经营过程中的困难和问题，在金融信贷、技改资金、要素保障等方面给予政策扶持，增强产品竞争力，提升工业企业经济效益。

二是培育壮大战略型新兴产业。深入实施战略性新兴产业发展总体攻坚战，加大对原骨干企业的支持力度，加快实施战略性新兴产业配套中小企业三年行动计划，组建甘肃省大数据公司和大数据研究院，推动北大“中国芯”、中核甘肃核技术产业园、稀土公司轻稀土高纯化技术改造等重点项目加快建设。

三是大力推进“双创”、“互联网+”行动计划。发挥好“双创”、“互联网+”部门联席会议制度作用，全面启动实施陇原“双创”五大专项行动计划，加大兰白科技创新改革试验区建设力度，积极培育有技术支撑的创新型企业，加快推进“宽带乡村”和中小城市基础网络完善工程建设，进一步完善云计算中心、大数据平台等网络应用基础设施，促进互联网与实体经济融合发展。

四是大力发展物流、电子商务、社区服务和文化旅游服务等新业态。支持企业面向丝绸之路沿线国家开展优势领域的产业对接，打造具有丝绸之路特色的国际精品旅游线路和旅游产品，推动文化产业与旅游业大发展。

（二）切实提高投资效率

一要狠抓项目建设。深入实施“3341”项目工程、“6873”交通突破行动。加强项目前期工作，做好项目储备，提高项目履约率和到位率，力促项目早落实、早开工。集中推动一批可以有效拉动内需、有利于优化经济结构和提升产业层次水平的重大项目，促进经济持续稳定增长。

二要拓宽融资渠道。充分利用国家开发西部的政策和资金，采取灵活多样的方式，真正把国内外大公司请得来，留得住。鼓励和引导各有关企业抢抓政策机遇，围绕战略性新兴产业、养老产业、城市地下综合管廊、城市停车场、生态绿色环保等国家优先支持方向，加强信用合作融资，扩大信贷规模，确保项目建设所需的资金投入。

三要进一步优化投资结构。坚持增量优化与存量改造并举，走创新驱动型投资发展道路。坚持以改善民生为出发点和落脚点，在资源配置上优先向社会保障、医疗、教育、就业和保障性住房等民生领域倾斜。

（三）扩大消费总量规模

一是继续提高城乡居民收入。加快收入分配制度改革，不断提高城乡居民收入水平，大力提高居民消费能力，是提升居民消费水平的根本条件。

二是加快实施“十大扩消费行动”，组织开展形式多样的消费促进活动，利用丝绸之路（敦煌）国际文化博览会即将举办的契机，扩大文化、旅游、健康、养老和信息等新兴消费。

三是稳定批发零售、住宿餐饮、汽车等传统消费，加大棚改货币化安置力度，为农民工开设住房公积金缴存账户建立“绿色通道”，有效扩大住房消费。

四是大力改善消费环境，开展家用电器和日用消费品品质提升行动，利用邮政、供销社现有网点及“万村千乡”工程村级店，支持电商和物流企业向农村延伸，推动消费加快增长。

（作者：包东红）

专栏：城乡居民收入稳步增长　生活质量明显提高

2015 年是“十二五”的收官之年，面对错综复杂的国际国内形势和经济增长放缓的压力，全省上下准确把握经济发展新常态，深度融合精准扶贫和“双联”行动，大力营造“大众创业，万众创新”发展环境，做大做强特色优势产业，积极落实城乡居民收入计划和增资政策，不断完善社会保障制度，促使城乡居民收入稳步增长，生活质量明显提高。

一、城镇居民可支配收入稳步增长

2015 年，城镇居民人均可支配收入达到 23767 元，比上年增加 1962 元，增长 9.0%。

（一）政策补贴落实到位，工资性收入同比增长 8.5%。2015 年，城镇居民工资性收入 15189 元，比上年增加 1189 元，增长 8.5%，拉动可支配收入增长 5.5 个百分点，对可支配收入增长的贡献率 60.6%。主要原因：机关事业单位津贴补贴、取暖费补贴标准的提高，另外，科学发展业绩考核奖、目标管理奖发放，乡镇工作补贴、县以下机关公务员职务与职级并行制度都拉动收入增长。

（二）创造良好发展环境，经营净收入同比增长 8.1%。 2015 年，城镇居民经营净收入 1805 元，比上年增加 135 元，增长 8.1%，拉动可支配收入增长 0.6 个百分点，对可支配收入增长的贡献率 6.8%。主要原因：一是近年来，全省上下在优化市场环境、破除市场壁垒、减轻企业负担、扶持创业就业等方面出台了一系列优惠政策，非公经济发展速度明显加快，电子商务快速发展，带动作用日益增强。

（三）投资渠道日趋多元化，财产净收入同比增长 8.8%。2015 年，城镇居民财产净收入 2295 元，比上年增加 186 元，增长 8.8%，拉动可支配收入增长 0.8 个百分点，对可支配收入增长的贡献率 9.4%。主要原因：随着城镇居民财产总量的不断增加和理财意识的不断增强，单一的存款局面发生根本性转变，收益呈现增长态势。

（四）补助标准逐步提高，转移净收入同比增长 11.3%。2015 年，城镇居民转移净收入 4478 元，比上年增加 453 元，增长 11.3%，高于城镇居民人均可支配收入 2.3 个百分点，拉动可支配收入增长 2.1 个百分点，对可支配收入增长的贡献率 23.1%。主要原因：近年来，各级政府更加关注低收入群体，各项标准 12 连增。

二、农村居民可支配收入稳步提高

2015 年甘肃农村居民人均可支配收入为 6936 元，同比增长 10.5%。从构成看四项收入全面增长。其中，人均工资性收入 1975 元，增长 12.5 %；人均经营净收入 3025 元，增长 9.5 %；人均财产净收入 128 元，增长 14.0%；人均转移净收入 1808 元，增长 9.8 %。

（一）本地务工人数稳中有升，拉动工资性收入较快增长。2015 年，全省农村居民人均工资性收入为 1975 元，同比增加 219 元，增长 12.5%，拉动农村居民收入增长 3.5 个百分点，对收入增长的贡献率达 33.3%，是农村居民收入的重要来源。增长的主要原因：一是全省各地持续加大劳动力输转就业和专业技能培训，带动全省人均务工收入增涨。二是地区内自主产业吸纳劳动力就近就业成为常态。主要是畜牧养殖、采摘瓜菜、仓储包装和其它专业合作社带动农村劳动力就近就业。三是全省精准扶贫、双联行动、美丽乡村建设等各项政策措施的大力实施，拉动农村水利设施、危房改造、环境治理等项目建设和基础设施的大力发展，带动了本地务工人数的上升，据农民工监测调查资料推算显示，2015 年甘肃本地务工人数增加 2.9%。四是第三产业创造了更多就业岗位。2015 年，受经济大环境的影响，虽然房地产、制造业、交通运输业等受到了一定冲击，但随着省委省政府经济结构的积极调整，甘肃服务业的发展加快，服务业的增加为甘肃创造了更多的就业岗位，提高了农村居民的收入。五是土地流转规模扩大，农村居民将土地流转后，接受承租方的聘用，增加了工资性收入。

（二）特色产业发展良好，推动农村居民经营净收入持续增长。2015 年，全省农村居民人均经营净收入

3025元，同比增加 264元，增长9.5 %，对于收入增长的贡献率为40 %，拉动农村居民收入增长4.2 个百分点，成为支撑农村居民收入增长的主要来源。一方面是特色产业发展情况良好，特色农产品价格走高带动第一产业收入增加。2015 年甘肃农村居民人均农业收入 2003 元，同比增长 12.0 %，占第一产业收入的近八成。主要是水果、蔬菜、中药材、马铃薯、玉米制种等特色优势产业播种面积的增加和产量提高，直接带动了全省农村居民经营净收入的增加，部分农产品价格和去年同期相比涨幅明显，其中花椒从去年每斤 35 元左右增长到今年 56—60 元、洋葱由上年每吨 400—600 元增长到 1200—1500 元左右，红枣、中药材、枸杞、瓜菜等价格上都均有不同幅度的上涨，尤其是生猪价格进入二季度大幅上涨，对农村居民农业收入增长保持了较稳定的支撑。另一方面是调结构政策显现，第三产业强劲发展。2015 年全省第三产业人均经营净收入为 480 元，同比增长 8.6 %。其中，批发零售业、居民服务修理和其它服务业、农林牧渔服务业收入涨幅较大，分别增长 9.9%、49.6%、50.1%，成为拉动第三产业收入增长的三个主要因素，保证了农村居民的收入增加。

（三）土地流转和金融扶贫政策实施，驱动财产净收入快速增长。2015 年，甘肃农村居民财产性收入增速明显，农村居民人均财产性净收入为 128.0 元，同比增长 14.0 %，对收入增长的贡献率为 2.3 %，拉动农村居民收入增长 0.24 个百分点。一是农村土地流转规模不断加大。2015 年全省农村土地流转面积累计达到 1093.4 万亩，流转率达 22.5%，带动农村居民转让承包土地经营权租金净收入增长 36.1 %，成为财产性收入增长的一大亮点。二是金融支持“三农”力度加大，农村居民红利收入增加。随着精准扶贫工作力度加大，各地抓住机遇，创新贷款方式，农村居民贷款问题得到有效解决，部分农民特别是贫困户通过合作社入股和企业投资等形式获得分红，使农民红利收入增长迅速。三是农村创业、兴业政策的落实，带动了农村房屋租赁市场升温，居民房屋出租面积增加和租金提高，使农村居民出租房屋财产性收入增长 18.2%。

（四）民生改善政策持续落实，引动转移净收入较快增长。2015 年，甘肃农村居民转移净收入为 1808 元，同比增长 9.8 %。对收入增长的贡献率为 24.4 %，拉动居民收入增长 2.6 个百分点。主要原因：一是全省各级党委、政府高度重视农业发展和农民增收问题。2015 年，是甘肃“双联”活动开展的第三年，也是深入开展“1+17”方案的扶贫攻坚年，全省各地不断出台多项惠农补贴，增加了农民的转移性收入；二是社会保障制度进一步完善。2015 年，甘肃农民人均社会救济和补助收入 156.8 元，同比增长 23.5 %；人均扶贫款增长 73.7%，同时，不断上调的农村居民最低生活保障标准和城乡居民养老金标准也提高了农民收入。三是外出打工人数增加，寄带回收入较快增长。据农民工监测调查资料推算显示，2015 年甘肃省外出从业人数和去年同期相比增长 8.7%，农村家庭外出从业人员寄带回收入同比增长 7.0%。

三、农村居民收入增长快于城镇居民

2015 年，甘肃农村居民人均可支配收入同比增长 10.5%，城镇居民人均可支配收入同比增长 9.0%，农村居民收入增速比城镇居民收入增速高 1.5 个百分点。农村居民收入之所以快于城镇居民，主要是近几年甘肃培植的一批特色产业、优势产业效益显现，农民从中受益；精准扶贫力度加大，措施到位，让农村贫困农民收入明显提高；受创业、兴业政策鼓励和更加优惠的扶持措施，农民自主创业的积极性提升，特别是电商企业的迅速发展，拓宽了产品市场销路，为农民增收提供了更加多元化的增收渠道。农村居民收入增长快于城镇居民，有利于改善农民的生产、生活条件，也有利于缩小城乡收入差距。

四、城乡居民增收的几点建议

（一）积极转变发展方式，不断拓宽就业渠道。一是要通过农业科技示范推广，改造主产区传统农业生产方式，加强先进技术培训，着力提升农牧民科技素质和应用转化能力，增强发展后劲。二是政府应进一步加大就业工作力度，把财政投入、小额贷款、税收政策和免费培训等再就业政策落到实处，帮助失业人员、低收入家庭子女等困难群体就业，提高低收入群体的收入水平。二是要想方设法增加就业岗位，进一步实施积极的就业扶持政策，鼓励创业带动就业，提高就业率，提高劳动者工资收入水平。

（二）深度融合精准扶贫与“双联”行动，进一步做大做强特色优势产业。一方面，要不断加大农村扶贫开发力度，加强农村水利、交通、易地搬迁、危房改造等基础设施建设，持续推进精准扶贫和“双联”行动，进一步提高和改善农民生活水平和生活环境。另一方面，要在着力调整优化农业产业结构，优先支持林果、蔬菜、马铃薯、中药材、制种等特色优势产业基础上，充分利用地理优势，大力发展休闲观光农业、乡村旅游等，同时制定有针对性扶持政策，打造新的居民增收增长点。

（三）鼓励和扶持多种经营，持续关注低收入群体。各级政府应加大扶持私营经济发展力度，进一步优化发展环境，打造良好的融资环境，降低贷款门槛，拓宽融资渠道，减轻税收负担，提供资金支持，为经营户增收创造更多的条件，开展多种经营，助其健康发展，提高经营净收入占总收入的比重。要进一步完善社会保障体系，扩大医疗、失业、养老等社会保障覆盖面，不断提高社会保障额度；加大民生保障工程投入，进一步提高最低生活费用补助标准，进一步提高离退休人员基本养老金标准，确保转移净收入增长的稳定性。

（作者：刘克明）

甘南扎尕那风光

青海省经济社会发展报告

2015年是“十二五”收官之年，是青海省经济调结构、转方式的关键时期，一年来，青海省委、省政府带领全省各族人民凝心聚力、鼓足干劲、奋力拼博、攻坚克难，主动适应经济发展新常态，抓好国家重大决策部署的分解落实，针对全省经济发展实际，实施一系列改革政策和配套措施，着力解决经济运行中出现的新问题、新矛盾，实现了全省经济在结构调整、社会进步和民生改善共同推进下的平稳运行。

一、经济运行基本情况

（一）经济运行总体平稳，三次产业协同发展

经济增长速度高于全国。经国家统计局核定，全年全省实现地区生产总值2417.05亿元，比上年增长8.2%，增速比全国平均水平高1.3个百分点。其中，第一产业增加值208.93亿元，增长5.1%；第二产业增加值1207.31亿元，增长8.4%；第三产业增加值1000.81亿元，增长8.6%。

农牧业生产平稳增长。2015年全省粮食播种面积415.6万亩，较上年下降1.1%。其中，小麦、青稞、马铃薯播种面积下降，玉米播种面积增长，同时扩大了经济效益较高的蔬菜、枸杞等经济作物播种面积，蔬菜及食用菌播种面积比上年增长3.2%，枸杞播种面积增长31.1%。全年粮食产量102.72万吨，比上年减少2.09万吨，下降2.0%。蔬菜及食用菌产量166.4万吨，增长4.9%；枸杞产量5.87万吨，增长10.6%；水产品产量1.06万吨，增长17.1%。全年猪牛羊禽肉产量34.14万吨，增长4.1%；牛奶产量31.5万吨，增长3.3%；禽蛋产量2.26万吨，增长3.7%。

工业生产平稳增长。2015年，全省各地区、各部门牢牢抓住保稳增产这条主线，多措并举、狠抓落实，大力培育新增长点，力促已建成项目尽快投产，加快推进在建项目建设；支持企业稳定生产，加大一企一策帮扶力度，深入企业解决困难，全力启动用电负荷，协调金融机构优化信贷结构，全省工业保持了平稳增长态势。全年全省规模以上工业①增加值比上年增长7.6%，增速比全国平均水平高1.5个百分点。36个大类行业中25个行业增加值比上年增长。从轻重工业看，轻工业快速增长。全年全省规模以上轻工业

表1 规模以上工业主要行业增加值增速

单位：%

指标名称	1-12月	1-6月
规模以上工业	7.6	7.5
#煤炭开采和洗选业	-17.3	-33.5
石油和天然气开采业	0.3	4.6
黑色金属矿采选业	-12.0	-35.0
有色金属矿采选业	11.1	17.0
农副食品加工业	27.7	28.7
食品制造业	31.6	23.2
酒、饮料和精制茶制造业	17.8	8.8
纺织业	10.1	10.7
纺织服装、服饰业	8.4	6.7
文教、工美、体育和娱乐用品制造业	17.3	16.1
石油加工、炼焦业	5.2	-8.0
化学原料和化学制品制造业	12.4	12.2
医药制造业	4.8	17.8
非金属矿物制品业	15.7	13.1
黑色金属冶炼和压延加工业	-0.5	7.7
有色金属冶炼和压延加工业	11.8	11.9
汽车制造业	20.6	-4.2
电气机械和器材制造业	43.7	100.1
电力、热力生产和供应业	-1.1	-1.4

注：①规模以上工业企业统计口径为年主营业务收入2000万元及以上的工业企业。

增加值比上年增长18.0%。其中，农副食品加工业，食品制造业，酒、饮料和精制茶制造业，文教、工美、体育和娱乐用品制造业等特色轻工行业均保持了17%以上的快速增长。重工业增加值增长6.3%。

表2 2015年全省规模以上工业主要产品产量及增速

产品名称	单位	产量	比上年增长(%)
原煤	万吨	804.80	-11.1
天然气	亿立方米	61.37	-10.9
鲜、冷藏肉	万吨	8.75	14.3
乳制品	万吨	19.80	4.3
中成药	吨	1807	-0.1
白酒	千升	18471	-5.0
手工地毯挂毯	万平方米	22	-6.9
机制地毯挂毯	万平方米	2507	34.3
制帽	万顶	14748	25.2
原盐	万吨	286.37	29.1
铁合金	万吨	215.35	-2.4
纯碱(碳酸钠)	万吨	348.66	6.8
钾肥(实物量)	万吨	849.36	4.1
产品名称	单位	产量	比上年增长(%)
天然原油	万吨	223.00	1.4
发电量	亿千瓦时	537.46	-3.6
钢材	万吨	113.59	-14.0
黄金	千克	6816	-6.1
铝材	万吨	99.67	58.2
原铝(电解铝)	万吨	218.52	-6.5
水泥	万吨	1744.49	-4.1
平板玻璃	万重量箱	392.03	-51.1
商品混凝土	万立方米	602.90	13.4
改装汽车	辆	2363	7.0
单晶硅	吨	4740.86	64.2
多晶硅	吨	11103.52	43.9
光电子器件	万只(片、套)	387	286.2

服务业发展加快。全年全省第三产业增加值1000.81亿元，比上年增长8.6%，增速高于地区生产总值0.4个百分点，高于全国平均水平0.3个百分点，为2015年季度累计最高增速。从行业看，金融业增长17.9%，房地产业增长4.7%，其他服务业增长12.0%，住宿和餐饮业增长6.1%，对地区生产总值的贡献率分别为14.7%、0.9%、20.7%和0.7%，比上年分别提高2.4、0.1、10.3和0.4个百分点。

（二）内需稳定外需扩大，发展动力逐步增强

固定资产投资突破3000亿元。全年全省完成全社会固定资产投资3266.64亿元，比上年增长12.3%。其中，固定资产投资（不含农户）3144.17亿元，比上年增长12.7%，增速比全国平均水平高2.7个百分点。三次产业投资协同增长。全年全省第一产业完成固定资产投资157.92亿元，比上年增长13.2%。第二产业完成固定资产投资1467.45亿元，增长14.3%，其中工业投资1305.45亿元，增长8.3%。第三产业完成固定资产投资1641.27亿元，增长10.5%。房地产开发投资平稳增长。全年全省房地产开发投资336.00亿元，比上年增长9.0%。全年全省房屋施工面积比上年增长1.6%，其中90平米以下住宅施工面积增长28.1%；商品房销售面积下降5.5%，其中90平米以下住宅销售面积增长38.4%。

消费品市场较快增长。全年全省实现社会消费品零售总额690.98亿元，比上年增长11.3%，增速比全国平均水平高0.6个百分点。从规模看，限额以上企业②零售额311.41亿元，增长7.9%；限额以下单位（含个体户）实现零售额379.57亿元，增长14.3%。从限额以上批发和零售业商品分类零售额情况看，全年石油及制品类零售额比上年增长7.0%，汽车类增长10.5%，粮油、食品类增长26.1%，中西药品类增长33.4%，家用电器和音像器材类增长2.2%，烟酒类增长36.0%，化妆品类增长30.3%，通讯器材类增长18.8%，书报杂志类增长36.7%，服装、鞋帽、针纺织品类增长4.4%。

注：②限额以上批发业包括年主营业务收入在2000万元及以上的批发业企业（单位）；限额以上零售业包括年主营业务收入在500万元及以上的零售业企业（单位）；限额以上住宿、餐饮业包括年主营业务收入在200万元及以上的住宿、餐饮业企业（单位）。

出口总值快速增长。全年全省进出口总值119.86亿元，比上年增长13.6%，其中，进口总值18.11亿元，比上年下降50.0%；出口总值101.76亿元，增长46.8%。

入境旅游快速增长。全年全省接待国内外游客2315.4万人次，比上年增长15.5%；实现旅游总收入248.03亿元，增长22.8%。其中，接待国内游客2308.84万人次，比上年增长15.4%，实现国内旅游收入245.55亿元，增长22.5%；接待入境游客6.56万人次，增长27.4%，实现旅游外汇收入3876.3万美元，增长50.6%。

（三）结构调整成效显现，转型发展步履坚定

服务业比重显著提高。全年全省地区生产总值中第三产业增加值增速（8.6%）高于全省地区生产总值增速0.4个百分点，三次产业结构由2014年的9.4∶53.6∶37.0调整为8.6∶50.0∶41.4，第三产业比重较上年提高4.4个百分点，第三产业对生产总值的贡献率达34.7%，比上年提高2.8个百分点。

工业转型升级力度加大。制造业比重提高，资源类行业[③]比重下降。全年全省规模以上工业三大门类中，制造业增加值比上年增长11.7%，增速高于规模以上工业4.1个百分点，占规模以上工业增加值的比重为67.8%，比上年提高3.9个百分点；采矿业（资源类行业）增加值比上年增长2.3%，增速低于规模以上工业5.3个百分点，占规模以上工业增加值的比重为16.7%，比上年下降3.7个百分点。轻工业比重提高。全年规模以上轻工业增加值占规模以上工业增加值的比重为16.4%，比上年提高2.6个百分点。非公有工业比重提高。全年规模以上非公有工业增加值比上年增长13.3%，增速比规模以上工业高5.7个百分点，占规模以上工业增加值的比重为48.5%，比上年提高4.5个百分点。高技术产业[④]和装备制造业[⑤]比重提高。全年规模以上工业中，高技术产业和装备制造业增加值比上年分别增长26.6%和22.0%，分别高于规模以上工业增加值增速19.0和14.4个百分点，占规模以上工业增加值的比重分别为6.2%和5.6%，比上年分别提高1.3和1.0个百分点。新兴产业凸显快速增长势头。全年规模以上工业优势产业[⑥]中新能源产业、新材料产业和生物产业增加值分别比上年增长29.7%、34.2%和21.9%。外商及港澳台投资企业占比提高。全年规模以上工业中外商及港澳台投资企业增加值比上年增长23.3%，增速高于规模以上工业15.7个百分点，占规模以上工业增加值的比重为5.2%，比上年提高0.8个百分点。

固定资产投资导向作用加强。现代服务业投资比重提高。全年全省第三产业项目投资（不含房地产和农户）中，信息传输、软件和信息技术服务业投资比上年增长4.2倍，占全部项目固定资产投资额的2.8%，比重较上年提高2.2个百分点；金融业、科学研究和技术服务业投资分别增长83.1%和69.9%，比重比上年有所提高。工业优势产业投资快速增长。全省工业优势产业投资中，新能源产业投资增长18.7%、新材料产业投资增长60.3%、装备制造业投资增长24.5%、盐湖化工产业投资增长25.3%、有色金属产业投资增长1.4%，这五个行业投资额占工业十大优势产业投资额的比重为72.6%，比上年提高10.5个百分点。惠民生投资力度加大。全年全省惠民生投资比上年增长14.7%，增速较全社会固定资产投资高2.4个百分点，占全社会固定资产投资的比重为39.5%，比上年提高0.8个百分点。

注：③资源类行业包括煤炭开采和洗选业，石油和天然气开采业，黑色金属矿采选业，有色金属矿采选业，非金属矿采选业，开采辅助活动，其他采矿业。

④青海省高技术产业有化学药品制造，中药饮品加工，中成药生产，兽用药品制造，生物药品制造，卫生材料及医药用品制造，光纤、光缆制造，锂离子电池制造，电子器件制造，电子元件制造，仪器仪表制造，信息化学品制造。

⑤青海省装备制造业包括金属制品业，通用设备制造业，专用设备制造业，汽车制造业，铁路、船舶、航空航天和其他运输设备制造业，电气机械及器材制造业，通信设备计算机及其他电子设备制造业，仪器仪表制造业，金属制品、机械和设备修理业。

⑥青海省优势产业指新能源产业、新材料产业、盐湖化工产业、有色金属产业、油气化工产业、煤化工产业、装备制造业、钢铁产业、轻工纺织业、生物产业。

消费新业态呈现良好发展态势。随着互联网+战略的实施，传统行业在互联网技术的助力下实现了新的突破，全年全省限额以上批发零售业企业通过公共网络实现的商品零售额[⑦]4.07亿元，比上年增长25.2倍；限额以上住宿餐饮业通过公共网络实现的客房和餐费收入分别达到1622.4万元和238万元，比上年分别增长1.6倍和14.4%。

（四）经济运行质量有所提升，民生改善持续推进

财政用于民生支出稳步增加。全年全省完成公共财政预算收入381.13亿元，比上年下降1.1%。其中，地方公共财政预算收入267.12亿元，增长6.1%；上划中央“四税”收入114.01亿元，下降14.6%。全年全省完成公共财政预算支出1505.54亿元，比上年增长11.7%，增幅比上年提高2.0个百分点。其中节能环保支出增长54.2%，城乡社区支出增长37.4%，社会保障和就业支出增长27.9%，医疗卫生和计划生育支出增长24.0%，农林水支出增长7.7%，教育支出增长5.1%，一般公共服务支出增长17.8%。

城乡居民收支稳步增长。全年全省全体居民人均可支配收入15812.70元，比上年增长10.0%。其中，人均工资性收入9191.51元，增长10.9%；人均经营净收入2444.97元，增长2.0%；人均财产净收入802.55元，增长14.8%；人均转移净收入3373.67元，增长13.0%。全体居民人均生活消费支出13611.34元，增长8.0%。全年城镇常住居民人均可支配收入24542.35元，比上年增长10.0%，增速较上年提高0.4个百分点。其中，人均工资性收入16899.17元，增长10.6%；人均经营净收入1765.25元，增长3.9%；人均财产净收入1330.84元，增长14.8%；人均转移净收入4547.09元，增长9.2%。全省城镇常住居民人均生活消费支出19200.65元，增长9.8%。全年全省农村常住居民人均可支配收入7933.41元，比上年增长8.9%。其中，人均工资性收入2234.66元，增长9.5%；人均经营净收入3058.47元，增长1.2%；人均财产净收入325.72元，增长13.2%；人均转移净收入2314.56元，增长19.8%。全省农村常住居民人均生活消费支出8566.49元，增长4.0%。

铁路客运量增速明显回升。全年全省完成货物运输量14870.30万吨，比上年增长1.6%（增速比上半年回升4.6个百分点）。其中，铁路货运量下降24.4%（降幅比上半年缩小4.4个百分点），公路货运量增长10.1%，民航货运量增长5.7%。在铁路运输的主要货物中，木材运输量增长87.7%，农副土特产品增长4.3%，石油增长2.1%，医药品增长1.3%；水泥下降1.7%，煤下降65.7%，化工品下降17.9%，盐下降16.1%，钾肥下降0.6%。全年全省完成客运量6375.35万人，比上年增长13.1%。其中，铁路客运量增长53.9%，增速比上年提高50个百分点；公路客运量增长8.1%；民航客运量增长7.0%。

（五）宏观调控成效明显，经济运行环境保持稳定

居民消费价格涨幅趋缓。全年全省居民消费价格总水平比上年上涨2.6%，涨幅比上年回落0.2个百分点。其中，食品类上涨2.5%，衣着类上涨5.1%，娱乐教育文化用品及服务类上涨3.1%，居住类上涨3.2%，医疗保健和个人用品类上涨2.3%，家庭设备用品及维修服务类上涨1.4%，烟酒类上涨1.4%，交通和通信类上涨0.4%。

就业稳定。全年全省城镇新增就业6.24万人，比上年增加0.1万人，增长1.6%；城镇登记失业率为3.2%，与上年持平；转移农村富余劳动力118万人次，比上年增加1万人次，增长0.8%。

金融运行平稳。12月末，全省金融机构本外币各项存款余额5227.96亿元，比年初增加677.65亿元，同比多增加237.25亿元，增长

注：⑦网上零售额是指通过公共网络交易平台（包括自建网站和第三方平台）实现的商品和服务零售额。其中，网上零售额包括的服务类商品，以及少部分用于生产经营用或被转卖的商品不统计在社会消费品零售总额中。

14.8%。其中，住户存款余额1823.02亿元，增长7.6%；非金融企业存款余额1640.90亿元，增长29.9%。12月末，全省金融机构本外币各项贷款余额5124.10亿元，比年初增加820.67亿元，同比多增加38.41亿元，增长19.1%。其中，住户贷款余额449.86亿元，增长18.3%；非金融企业及机关团体贷款余额4548.62亿元，增长19.8%。

二、经济运行中存在的问题

（一）工业生产下行压力加大

从2015年全省规模以上工业运行情况来看，工业生产外部环境未出现明显好转，大宗商品价格持续下跌，全年工业生产者出厂价格下跌6.9%，跌幅比2014年扩大3.0个百分点。主要行业中非金属矿物制品业，石油和天然气开采业，化学原料和化学制品制造业，电力、热力生产和供应业等主要重工行业生产增速减缓，工业企业盈利水平持续下降，全年全省规模以上工业企业实现利润同比下降36.1%，远高于全国降幅（2.3%）。产业结构调整转型升级的阵痛在持续，新动力虽加快孕育，但由于体量还比较小，在短期内难以弥补传统动力消退带来的影响。同时，全年新投产入库规模以上工业企业14户，比上年少20户，对全省工业生产的拉动作用有限，全省工业生产持续增长压力加大。

（二）固定资产投资持续增长压力加大

2015年，全省全社会固定资产投资各月累计增速基本保持在7.8%-12.5%之间，均低于上年同期水平。当前全省投资领域仍面临不小的压力：项目储备不足，全年亿元以上项目投资比上年增长7.6%，增幅比上年回落16.9个百分点，且全省新开工项目平均投资规模偏小，仅4448万元，比上年的5989万元减少1541万元，下降25.7%。一般性工业投资下降，全年工业投资增长8.3%，增速比上年回落3.7个百分点，其中一般性工业投资下降0.7%。民间投资呈现负增长，民间投资2015年下半年以来均同比下降，全年下降4.8%。当前房地产市场仍处于调整期，后续增长仍面临较大压力。

（三）财政收支矛盾突出

全年全省公共财政预算支出比上年增长11.7%，而地方公共财政预算收入仅增长6.1%，增速比上年回落6.3个百分点，比财政支出增速低 5.6个百分点。在地方税收收入中增值税下降25.7%、资源税下降5.3%。财政收入增速明显回落，而民生等刚性支出不减，收支矛盾凸显。

（四）城乡居民持续增收难度加大

一方面城镇居民收入增长主要靠工资性收入和转移净收入来拉动，而近年来受市场需求不振、工业产品价格低位徘徊等影响，企业压缩产能，部分企业受到项目升级改造、资金不足的影响开工和用工不足，企业利润下降，影响城镇居民工资性收入的增加。同时，财产性收入和经营性收入占比小，可持续增长的难度加大。另一方面随着全省固定资产投资增速回落，项目平均投资规模减小，农村居民务工难，务工时间缩短，务工人数和务工收入减少，同时主要农畜产品价格走低，特别是牛羊肉、冬虫夏草、油菜籽价格持续走低，都影响农村居民收入的增加。

三、对策建议

一是稳生产、加快推进工业转型升级。一方面继续抓好稳工业各项举措落实工作，帮助解决重点地区、重点企业突出问题，千方百计稳住企业生产经营，给予财政、金融等政策支持，切实解决工业生产经营中的困难和问题。另一方面以供给侧改革加快结构调整步伐，运用新技术、新工艺、新装备改造传统产业；延伸补强下游精深加工产业链，开发适销对路的高附加值新产品，打造市场竞争新优势；加大新增长点培育力度，提升新兴产业对工业的支撑力。

二是重协调、全力以赴强化投资支撑。一方面加快项目建设进度，全面梳理项目建设中的困难和问题，有针对性地采取有效措施，进一步抓好投资项目建设工作。另一方面不断创新思路，本着优化投资结构的原则，着力谋划一批产业补链、关联度高、可操作性强、经济效益显著的重点项目，为全省投资后续增长提供保障，同时在项目审批上要严格把关，大力支持新兴产业，扶持基础较好的传统制造业改造提升。

三是抓共享、多渠道多方式增加居民收入。要同时发挥好市场、企业与政府三者作用，保持城乡居民工资性收入稳定增长；要加大财税、金融等政策支持力度，鼓励大众创业、万众创新，提高城乡居民经营性收入；要将各项惠民政策落到实处，不断增加居民转移性收入；要在积极健全和完善资本市场的同时，引导居民通过债券、股票、基金、保险和不动产进行投资，依法增加红利、租金和利息等财产性收入。同时还要不断推进收入分配制度改革，提高劳动报酬占生产总值的比重，加快健全再分配调节机制，实施缩小收入差距政策，提高低收入者收入水平，扩大中等收入者比重。

四是促消费、挖掘新的经济增长点。一方面要继续综合施策，以商贸领域促消费稳增长政策措施为着力点，加大政策支持力度，搭建促消费平台、扩大产品销售；加快电子商务建设、促进我省商品的网络消费，多方面更好地发挥消费对引领生产、调整结构、繁荣市场的基础性作用；2015 年以来旅游业发展势头强劲，要继续加强服务和保障力度，全力保持良好发展态势，同时带动相关行业的发展。另一方面继续保持对民生各方面的投入力度，抓好就业和社会保障各项工作，消除城乡居民的后顾之忧，增强消费者信心；加大生活必需品调运储备，加强市场监管、稳定市场价格，保障居民消费需求。

（作者：侯碧波）

青海塔尔寺

专栏：多措并举 惠及民生

2015 年，面对国际经济下行压力加大和国内经济换档调整复杂多变的形势，青海省委省政府坚持科学发展，牢牢把握稳中求进、好中求快的总基调，抢抓机遇，稳中有为，始终坚持“小财政大民生”的理念，以提高城乡居民收入为抓手，以改善民生、提高城乡居民生活水平为目标，将财政支出的 75% 以上用于民生建设，制定和出台一系列惠民政策和措施，多渠道增加城镇居民收入，多举措增加农村居民收入，城乡居民收入保持较快增长，居民生活水平继续提高。据全省城乡一体化住户抽样调查资料显示，2015 年，青海全体居民人均可支配收入 15812.7 元，同比增长 10.0%，全体居民人均消费支出 13611.3 元，同比增长 8.0%。

一、2015 年居民收入保持较快增长

（一）人均可支配收入

2015 年，全省居民人均可支配收入 15812.7 元，同比增长 10%，比全国平均增速高 1.1 个百分点，增速居全国 31 个省（市、区）第 7 位。按常住地分，城镇常住居民人均可支配收入 24542.3 元，同比增长 10%，比全国平均增速高 1.8 个百分点，增速居全国 31 个省（市、区）第 3 位；农村常住居民人均可支配收入 7933.4 元，增长 8.9%，与全国平均增速持平，增速居全国 31 个省（市、区）第 20 位。全省及分城乡居民人均可支配收入增长的主要情况如下：

1. 工资性收入。2015 年，全省居民人均工资性收入 9191.5 元，增长 10.9%，对全省居民人均可支配收入增长的贡献率为 62.5%，拉动全省居民人均可支配收入增长 6.3 个百分点。其中，城镇居民人均工资性收入 16899.2 元，增长 10.6%；农村居民人均工资性收入 2234.7 元，增长 9.5%。工资性收入增长的主要原因：一是在国家“大众创业、万众创新”政策推动下，青海省委、省政府高度重视“双创”工作，制定完善新形势下做好就业创业工作的一系列政策措施，努力使全省就业局势保持稳定，全省城镇新增就业 6.2 万人。二是机关事业单位基本工资改革、补发津补贴、提高目标考核奖和冬季取暖费标准、出台并实施民族团结创建奖等，政策性增资力度加大。三是农村牧区劳动力本地务工时间有所拉长，月均收入水平达 3578 元，比上年增长 6.2%，对工资性收入保持较快增长奠定了坚实的基础。但随着产业转型升级步伐加快，各地压缩过剩产能，资源型原材料企业效益大幅下滑，影响了部分企业人员工资继续增长，尤其是受投资需求萎缩、建筑企业开工不足等因素影响，全省农村务工形势趋紧，务工人数有所下降，农村居民以务工为主的工资性收入增速明显放缓。

2. 经营性净收入。2015 年，全省居民人均经营性净收入 2445 元，增长 2%，对全省居民人均可支配收入增长的贡献率为 3.3%，拉动全省居民人均可支配收入增长 0.3 个百分点。其中，城镇居民人均经营性净收入 1765.3 元，增长 3.9%；农村居民人均经营性净收入 3058.5 元，增长 1.2%。经营性净收入增长的主要原因：一是全省居民人均二三产业经营净收入增长较快，比上年增长 13.6%。主要是“营改增”的进一步推进，小微企业税费减免政策力度加大，创业扶持政策持续发力，自主创业能力增强，个体经营户增多，经营环境趋好，乡村旅游火爆，消费品市场日趋活跃，促使二三产业加快发展，对居民经营净收入继续保持增长起到了有力的支撑。二是受虫草、枸杞、粮油、牛羊肉等价格下降影响，全省居民人均第一产业经营净收入下降 8.5%。其中，城镇居民第一产业经营净收入下降 34.5%；农村居民第一产业净收入下降 6.9%。

3. 财产净收入。2015 年，全省居民人均财产净收入 802.6 元，增长 14.8%，对全省居民人均可支配收入增长的贡献率为 7.2%，拉动全省居民人均可支配收入增长 0.7 个百分点。其中，城镇居民人均财产净收入 1330.8 元，增长 14.8%；农村居民人均财产净收入 325.7 元，增长 13.2%。财产净收入增长的主要原因：一是全省居民人均出租房屋收入增长 26.4%，人均红利收入增长 46.3%，使得财产净收入保持较快增长。二是农村牧区土地草场流转和规模经营加快，农村居民人均转让承包土地经营权租金收入增长 37.6%。

4. 转移净收入。2015 年，全省居民人均转移净收入 3373.7 元，增长 13%，对全省居民人均可支配收入

增长的贡献率为27%，拉动全省居民人均可支配收入增长2.7个百分点。其中，城镇居民人均转移净收入4547.1元，增长9.2%；农村居民人均转移净收入2314.6元，增长19.8%。转移净收入增长的主要原因：一是提高城镇企业离退休人员养老金水平、城镇居民基础养老金、高龄补贴、低保、冬季取暖费标准、机关事业单位离退休人员目标考核奖标准，增发城乡优抚对象和困难群体生活补贴以及机关事业单位补发津补贴和基本工资调整覆盖离退休人员，促使城镇居民人均养老金或离退休金比上年增长20.5%，带动城镇居民人均转移性收入稳定增长。二是农村基础养老金、低保、高龄补贴、农村义务教育营养餐补助和住宿补贴标准提高以及新增退耕还林、精准扶贫、整村推进项目等资金逐步落实到户，使农村居民转移性收入保持快速增长。

（二）人均可支配收入中位数

2015年全省居民人均可支配收入中位数13324.7元，同比增长12.3%，比平均数增速高2.3个百分点。全省居民人均可支配收入中位数相当于平均数的84.3%。其中，城镇居民人均可支配收入中位数为23416元，同比增长8.6%，比平均数增速低1.6个百分点。城镇居民人均可支配收入中位数相当于平均数的95.4%。农村居民人均可支配收入中位数为7204.4元，同比增长4.5%，比平均数增速低4.4个百分点。农村居民人均可支配收入中位数相当于平均数的90.8%。

二、2015年居民消费稳定增长

（一）全省居民消费水平稳步提高

2015年，全省居民人均消费支出13611.3元，同比增长8%。从其构成看，八大类消费支出呈“六升二降”态势。

1. 人均食品烟酒支出3958.2元，同比增长2.7%，占消费支出的比重为29.1%。在全省居民人均食品烟酒支出中，粮油支出878.9元，下降6.5%；蔬菜支出328.6元，增长5.9%；肉禽支出889.5元，下降5.5%；蛋奶支出204.5元，增长9.8%；烟酒支出415.1元，增长11.4%；在外饮食支出624.1元，增长18%。

2. 人均衣着支出1232元，同比增长6.9%，占消费支出的比重为9.0%。全省居民衣着支出中，服装类支出971.2元，增长6.5%；鞋类支出260.8元，增长8.3%。

3. 人均居住支出2352.8元，同比下降0.9%，占消费支出的比重为17.3%。全省居民居住支出中，住房维修及管理支出下降18.2%；水电燃料及其他支出增长6.2%。

4. 人均生活用品及服务支出793.4元，同比增长8.2%，占消费支出的比重为5.8%。全省居民生活用品及服务支出中，家具及室内装饰品支出182.1元，增长13%；家用器具支出164.9元，增长14.8%；个人用品支出127.7元，增长29%；家庭日用杂品支出227元，下降5%。

5. 人均交通通讯支出2263.3元，同比增长26.4%，占消费支出的比重为16.6%。全省居民交通通讯支出中，交通支出1682.4元，增长36.1%；通讯支出580.8元，增长4.8%。

6. 人均教育文化娱乐支出1383.4元，同比增长7%，占消费支出的比重为10.2%。全省居民教育文化娱乐支出中，教育支出788.8元，增长12.1%；文化娱乐支出594.6元，增长0.9%。

7. 人均医疗保健支出1318.2元，增长23.1%，占消费支出的比重为9.7%。全省居民医疗保健支出中，医疗器具及药品支出375.3元，增长12.7%；医疗服务支出942.9元，增长27.7%。

8. 人均其他用品和服务支出310元，下降7.5%，占消费支出的比重为2.3%。

（二）城镇居民消费较快增长

2015年，全省城镇居民人均消费支出19200.7元，同比增长9.8%。从其构成看，八大类消费支出呈“五升三降”态势。

1. 人均食品烟酒支出5502.6元，同比增长5.2%，占消费支出的比重为28.7%。人均食品烟酒支出中，粮油支出1168.8元，下降5.2%；蔬菜支出464.1元，增长3.8%；肉禽支出1028.1元，增长3.6%；蛋奶支出303.3元，增长12.4%；烟酒支出577.3元，增长8.5%；在外饮食支出1056.6元，增长18%。

2. 人均衣着支出1902.5元，同比增长8.5%，占消费支出的比重为9.9%。人均衣着支出中，服装类支出1532.7元，增长8.4%；鞋类支出369.8元，增长8.7%。

3. 人均居住支出3340.1元，同比下降3.1%，占消费支出的比重为17.4%。人均居住支出中，住房维修及管理支出下降17.4%；水电燃料及其他支出增长1.8%。

4. 人均生活用品及服务支出1179.9元，同比增长17%，占消费支出的比重为6.1%。人均生活用品及服务支出中，家具及室内装饰品支出245.4元，增长38.7%；家用器具支出233.6元，增长33.2%；个人用品支出233元，增长32.5%；家庭日用杂品支出339.9元，下降6.4%。

5. 人均交通通讯支出3354.8元，同比增长50.1%，占消费支出的比重为17.5%。人均交通通讯支出中，交通支出2494.5元，增长83.6%，其中购买交通工具支出增长2.6倍，车辆保险支出增长97.4%；通讯支出860.2元，下降1.8%。

6. 人均教育文化娱乐支出2022.5元，同比下降1.7%，占消费支出的比重为10.5%。人均教育文化娱乐支出中，教育支出945.9元，下降4.3%；文化娱乐支出1076.6元，增长0.8%。

7. 人均医疗保健支出1459.3元，增长20.3%，占消费支出的比重为7.6%。人均医疗保健支出中，医疗器具及药品支出494.6元，增长16.2%；医疗服务支出964.7元，增长22.5%。

8. 人均其他用品和服务支出439元，下降20.3%，占消费支出的比重为2.3%。

（三）农村居民消费平稳增长

2015年，全省农村居民人均消费支出8566.5元，同比增长4%。从其构成看，八大类消费支出呈“五升三降”态势。

1. 人均食品烟酒支出2564.2元，同比下降2.4%，占消费支出的比重为29.9%。人均食品烟酒支出中，粮油支出617.4元，下降8.9%；蔬菜支出206.3元，增长9.7%；肉禽支出764.5元，下降14.6%；蛋奶支出115.3元，增长3.3%；烟酒支出268.6元，增长16.9%；在外饮食支出235.2元，增长17.3%。

2. 人均衣着支出626.9元，同比增长1.9%，占消费支出的比重为7.3%。人均衣着支出中，服装类支出464.3元，增长0.2%；鞋类支出162.5元，增长7%。

3. 人均居住支出1461.7元，同比增长3.2%，占消费支出的比重为17.1%。人均居住支出中，住房维修及管理支出下降19.1%；水电燃料及其他支出增长16.5%。

4. 人均生活用品及服务支出444.6元，同比下降8.8%，占消费支出的比重为5.2%。人均生活用品及服务支出中，家具及室内装饰品支出125元，下降15%；家用器具支出103元，下降10.7%；个人用品支出32.7元，增长7.9%；家庭日用杂品支出125.2元，下降2.4%。

5. 人均交通通讯支出1278.1元，同比下降8.2%，占消费支出的比重为14.9%。人均交通通讯支出中，交通支出949.4元，下降15.7%；通讯支出328.7元，增长23.5%，其中通讯工具支出140.7元，增长43.5%。

6. 人均教育文化娱乐支出806.6元，同比增长32.1%，占消费支出的比重为9.4%。人均教育文化娱乐支出中，教育支出647.1元，增长43.9%；文化娱乐支出159.5元，下降0.8%。

7. 人均医疗保健支出1190.9元，增长26.1%，占消费支出的比重为13.9%。人均医疗保健支出中，医疗器具及药品支出267.6元，增长7%；医疗服务支出923.2元，增长33%。

8. 人均其他用品和服务支出193.6元，增长35.8%，占消费支出的比重为2.3%。

（作者：张小军）

宁夏回族自治区经济社会发展报告

今年以来，自治区党委、政府牢牢把握稳中求进工作总基调，主动适应引领经济新常态，立足于转型升级和培育新动能，着力稳增长、促改革、调结构、惠民生、防风险，在复杂严峻的国内外经济形势和持续加大的下行压力下，取得了经济运行“总体平稳、稳中有进、稳中向好”的好成绩，实现了“十二五”规划的顺利收官。

一、全区经济运行的主要特点

（一）宏观调控精准到位，经济运行逐季加快

年初以来，受区内外经济环境影响，加之结构调整的阵痛在继续释放，资源环境约束增强，传统比较优势下降，全区经济下行压力持续加大，对此形势，自治区党委、政府坚持问题导向，相继出台“工业18条”、“财税20条”、“小微企业23条”等一系列政策稳增长，随着政策效应逐步显现，积极因素不断增加，全区经济增速逐季回升。初步核算，2015年，全区实现地区生产总值2911.77亿元，同比增长8.0%，增速比比前三季度加快0.4个百分点、比上半年加快0.6个百分点，比一季度加快1.0个百分点，比全国高1.1个百分点。分产业看，第一产业增加值238.47亿元，增长4.6%，增速比前三季度回落0.4个百分点；第二产业增加值1379.04亿元，增长8.5%，增速比前三季度回落0.1个百分点；第三产业增加值1294.26亿元，增长7.9%，增速比前三季度加快1.4个百分点。全区经济运行总体保持在合理区间。

（二）供给侧生产保持平稳，工农业形势进中向好

1. 农业生产能力不断提升。今年以来，全区努力克服高温干旱等自然灾害对农业生产的影响，主动转变农业发展方式，大力推进“五百三千”计划，加快构建现代农业体系，农业生产能力不断提升，农产品供给能力进一步增强。2015年，全区实现农林牧渔业总产值487.0亿元，同比增长4.5%。粮食生产喜获“十二连丰”，总产量达372.6万吨。蔬菜园艺产业形势较好。全区蔬菜产量574.2万吨，增长6.2%；瓜果产量202.8万吨，增长1.9%；园林水果产量99.7万吨，增长9.3%；葡萄产量21.3万吨，增长10.8%；枸杞产量8.9万吨，增长5.4%。养殖、水产业稳定发展。全区牛出栏64.4万头，增长9.7%；羊出栏579.7万只，增长5.0%；生猪出栏91.5万头，下降9.6%；牛奶产量136.5万吨，增长0.6%；禽蛋产量8.7万吨，增长5.7%；水产品产量16.9万吨，增长3.9%。

2. 工业生产稳中趋好。面对年初工业经济低速开局、产能过剩问题突出、企业效益持续走低的不利局面，全区上下积极应对，及时出台多项工业稳增长措施，力促工业经济企稳回升。2015年，全区规模以上工业实现增加值972.2亿元，同比增长7.8%，增速分别比一季度、上半年和前三季度加快1.3个、0.8个、0.3个百分点，比全国高1.7个百分点。从轻重工业看，轻工业持续发力。全区规模以上轻工业实现增加值173.8亿元，增长15.7%，增速比重工业快9.3个百分点；重工业实现增加值798.3亿元，增长6.4%。从主导产业看，七成重点产业保持增长。全区10大工业产业继续呈现“7增3降”态势。其中：医药增长28.2%、化工增长27.7%、机械增长23.6%、轻纺增长15.4%、煤炭增长11.0%、其他工业行业增长7.3%、有色增长3.3%；电力下降3.7%、建材下降9.2%、冶金下降21.9%。在全区36个工业大类行业中，有25个行业保持增长，占行业面的69.4%。其中，20个行业增速高于全区平均水平，占行业面的55.6%。从产品

产量看，近五成重点产品保持增长。其中，树脂增长 90.4%、精甲醇增长 74.0%、葡萄酒增长 42.9%、钢材增长 21.1%、铁合金增长 19.1%；石墨及炭素制品下降 19.1%、原铝下降 13.7%、水泥下降 9.2%。

（三）需求侧刺激颇见成效，三驾马车企稳回升

1. 固定资产投资缓中向好。今年以来，在不断加大的经济下行压力下，全区投资增速出现较大回落，但随着“从严从实抓落实，大干实干 100 天”活动的不断推进，全区新开工项目不断增加，建设进度逐步加快，投资增速持续回升。2015 年，全区完成全社会固定资产投资 3532.93 亿元，同比增长 10.4%。其中，固定资产投资（不含农户）完成 3453.90 亿元，增长 10.7%，增速比一季度回落 5.1 个百分点、比上半年回落 2.1 个百分点、比前三季度加快 2.7 个百分点，比全国高 0.7 个百分点；农户完成投资 79.02 亿元，下降 1.1%。分产业看，第二产业投资贡献突出。全区第一产业投资 166.45 亿元，增长 29.3%；第二产业投资 1662.37 亿元，增长 15.4%；第三产业投资 1704.11 亿元，增长 4.4%，第二产业占全社会固定资产投资的比重由上年的 45.0% 提高到 47.1%。分规模看，重大项目持续增长。全区亿元以上项目完成投资 2157.20 亿元，增长 14.4%，增速比全区平均水平高 4.0 个百分点，占全社会固定资产投资比重为 61.1%，比上年同期提高 2.2 个百分点。分领域看，工业和基础设施投资较快增长。全区工业完成投资 1648.28 亿元，增长 15.7%，增速比全区平均水平高 5.3 个百分点，占全社会固定资产投资的比重为 46.7%，比上年提高 2.2 个百分点。全区基础设施完成投资 545.16 亿元，增长 16.9%，增速比全区平均水平高 6.5 个百分点。其中，交通运输邮政业完成投资 239.21 亿元，增长 29.7%；信息传输和信息技术服务业完成投资 36.27 亿元，增长 65.2%。

2. 消费市场继续回暖。今年以来，我区消费市场和流通领域需求不断减弱，特别是石油、汽车等大宗商品市场持续萎缩，全区消费市场低速增长，但随着城乡居民收入的不断增加，消费下行的风险部分得到对冲，消费市场缓中趋暖。2015 年，全区实现社会消费品零售总额 789.6 亿元，同比增长 7.1%，增速比一季度回落 0.5 个百分点，但比上半年和前三季度回升 0.6 个和 0.4 个百分点，比全国低 3.6 个百分点。从经营地看，乡村消费保持较快增长态势。全区城镇消费品零售额 726.7 亿元，增长 6.6%；乡村消费品零售额 62.8 亿元，增长 13.7%，增速高于城镇 6.8 个百分点。从行业看，四大行业全部实现增长。其中，批发业实现零售额 121.8 亿元，增长 5.1%，增速比上年同期加快 3.5 个百分点；零售业实现零售额 539.4 亿元，增长 5.2%，增速比上年同期回落 5.5 个百分点；住宿业实现零售额 9.0 亿元，增长 5.0%，增速比上年同期加快 9.8 个百分点；餐饮业实现零售额 119.3 亿元，增长 19.1%，增速比上年同期加快 0.2 个百分点。在限额以上商品销售中，22 大类商品零售额呈现“10 增 12 降”态势。其中：粮油、食品类增长 9.4%，化妆品类增长 4.5%，家用电器和音像器材类增长 1.5%，文化办公用品类增长 1.5%，金银珠宝类下降 4.6%，汽车类下降 1.1%，石油及制品类下降 2.9%。

3. 对外贸易降幅收窄。今年以来，世界经济复苏步伐缓慢，全球贸易持续低迷，我区对外贸易大幅回落，但随着“开放宁夏 20 条”的出台以及中阿博览会的高水平举办，进出口总额降幅较年初有所收窄。据海关统计显示，2015 年，全区外贸实现进出口总额 37.91 亿美元，同比下降 30.3%，降幅比年初的 1-2 月收窄 16.5 个百分点。其中：出口 29.76 亿美元，下降 30.8%；进口 8.14 亿美元，下降 28.1%。累计实现贸易顺差 21.62 亿美元。重点出口产品保持增长。其中，轮胎增长 7.6 倍、红霉素 16.8%、泰乐菌素增长 16.0%、羊绒纱线增长 15.6%。

（四）结构性改革催生新动力，转型升级步伐加快

今年以来，自治区党委、政府在不断化解持

续加大的经济下行压力的同时，以产业转型升级为主攻方向，不断优化经济结构，新产业、新业态和新的经济增长点加速孕育发展。

1. 第三产业比重提升。2015 年，全区三次产业结构由上年的 7.9：48.7：43.4 调整为 8.2：47.4：44.4，第三产业比重上升 1.0 个百分点，三次产业对经济增长的贡献率分别为 4.2%、57.9% 和 37.9%。

2. 结构调整取得实效。农业上，特色优势农业比重达到 86.3%，葡萄、枸杞等优势农作物量效齐增，蔬菜种植面积增长 5.5%。工业上，现代纺织、清真食品等快速发展，轻工业占规模以上工业增加值的比重为 17.9%，比上年同期提高 2.9 个百分点；淘汰落后产能 139.8 万吨，高耗能工业比重从上年同期的 54.4% 下降至 52.6%；新能源占到电力总装机的 36%，占工业发电量的比重从上年同期的 8.1% 提高到 10.2%；企业更新改造步伐加快，工业更新改造增长 12.8%，增速比全社会固定资产投资快 2.4 个百分点；非公有工业快速发展，完成增加值 424.9 亿元，增长 10.6%，增速高于全区 2.8 个百分点，占规模以上工业增加值的比重由上年同期的 42.0% 提高到 43.7%。电力消耗上，第三产业用电量增速快于第二产业。全区第三产业用电量增长 8.0%，分别高于第二产业和工业用电量增速 4.9 和 4.8 个百分点。

3. 以“互联网 +”为代表的新产业、新业态迅猛发展。2015 年，全区网上交易额突破 4000 亿元，银川 IBI 育成中心跻身中国产业园创新力百强，智慧宁夏“政务云”上线运行。与之密切相关的产业规模不断扩大。1-11 月，全区快递业务总量同比增长 49.1%，业务收入增长 44.3%，电信业务总量增长 31.6%，互联网宽带接入用户增长 8.9%。文化产业蓬勃发展。从规模以上服务业企业看，1-11 月，全区广播、电视、电影和影视录音制作业营业收入增长 20.7%，文化艺术业增长 37.2%、娱乐业增长 11.5%。旅游产业稳步增长。2015 年，全区新增 5A 景区 1 家、4A 景区 2 家，接待国内游客 1835.75 万人次，增长 9.8%，实现国内旅游收入 160.01 亿元，增长 13.0%。

（五）质量效益不断提高，运行环境保持稳定

1. 财政收支稳定增加。2015 年，全区完成一般公共预算总收入 610.48 亿元，同比增长 12.0%。其中，地方一般公共预算收入 373.74 亿元，增长 10.0%。在地方公共财政预算收入中，完成各项税收收入 257.32 亿元，增长 2.8%。其中，增值税下降 7.3%、营业税下降 5.0%、企业所得税下降 13.3%。完成非税收入 116.41 亿元，增长 30.0%。全区一般公共预算支出 1138.18 亿元，增长 13.8%。其中，一般公共服务支出增长 9.8%、公共安全支出增长 7.3%、教育支出增长 16.7%、科学技术支出增长 48.9%、社会保障和就业支出增长 26.7%、医疗卫生与计划生育支出增长 16.1%、节能环保支出增长 36.8%、城乡社区支出增长 50.8%。

2. 居民收入稳步提高。根据城乡一体化住户调查结果，2015 年，全区全体居民人均可支配收入 17329 元，同比名义增长 8.9%，增速比上年同期回落 0.3 个百分点，与全国持平，扣除价格因素影响，实际增长 7.7%。按常住地分，农村常住居民人均可支配收入 9119 元，同比名义增长 8.4%，增速比上年同期回落 2.3 个百分点，比全国低 0.5 个百分点，扣除价格因素影响，实际增长 7.2%。城镇常住居民人均可支配收入 25186 元，同比名义增长 8.2%，增速比上年同期回落 0.2 个百分点，与全国持平，扣除价格因素影响，实际增长 6.9%。

3. 就业形势总体稳定。2015 年，全区城镇新增就业 7.7 万人，农村劳动力转移就业 71.3 万人；城镇登记失业率 4.02%，完成 4.5% 的年度调控目标。

4. 金融信贷稳健运行。2015 年，全区金融机构人民币各项存款余额 4805 亿元，同比增长 14.1%，比年初增加 602 亿元。其中，住户存款 2358 亿元，增长 8.2%，比年初增加 186 亿元。人民币各项贷款余额 5118 亿元，增长 11.8%，

比年初增加539亿元。其中，短期贷款1797亿元，增长7.9%；中长期贷款3007亿元，增长10.5%；票据融资305亿元，增长66.0%。贷款利率稳中有降。11月，全区银行业金融机构一般贷款加权平均利率为6.30%，为2008年以来的最低点，同比下降1.63个百分点。其中，全国性银行一般贷款加权平均利率为5.0%，同比下降1.74个百分点；地方性金融机构一般贷款加权平均利率为7.67%，同比下降1.82个百分点。

5. 物价水平保持稳定。2015年，全区居民消费价格同比上涨1.1%，涨幅比上年同期回落0.8个百分点，比全国低0.3个百分点。其中，12月份上涨0.1%。分城乡看，城市上涨1.2%，农村上涨1.0%。分类别看，食品类上涨0.4%、烟酒类上涨2.6%、衣着类上涨2.8%、家庭设备用品及维修服务类上涨1.4%、医疗保健及个人用品类上涨1.0%、娱乐教育文化用品及服务类上涨5.7%、居住类上涨0.3%，交通和通信类下降1.4%。

二、当前经济运行中存在的主要问题

当前，经济形势仍较为复杂，一些影响经济平稳运行的矛盾和问题仍较突出，经济增长内生动力不足，下行压力依然较大。

（一）产能过剩引发的市场通缩风险进一步加剧

2015年，受国际大宗商品价格低迷、国内产能过剩等多重因素的影响，全年物价涨幅持续低位运行，通缩压力进一步加剧。从全国情况看，全国居民消费价格总水平同比上涨1.4% ，比上年同期低0.6个百分点，明显低于年初预期。工业生产者出厂价格下降5.2%，已连续46个月负增长，主要工业品价格降幅较大。从我区情况看，全区工业生产者出厂价格同比下降6.3%，自2012年4月份以来已连续45个月负增长，降幅比上年扩大2.6个百分点；工业生产者购进价格同比下降7.9%，降幅比上年同期扩大4.9个百分点；居民消费价格总水平上涨1.1%，比全国低0.3个百分点；农产品生产价格下降1.6%，其中，牛生产价格下降4.6%、羊下降17.4%、牛奶下降17.6%、禽蛋下降14.3%。物价涨幅长期偏低，特别是PPI连续为负，最直接的影响就是抑制了投资的积极性。2015年，全区全社会固定资产投资增速由上年同期的19.4%回落到10.4%。尤其是更为敏感的民营经济，全区民间投资仅增长3.4%，比上年同期回落14.4个百分点，占全社会固定资产投资的比重从55.9%回落到52.3%。

（二）企业生产经营困难没有明显改观

今年以来，在多重压力下，企业经营环境没有明显好转，营业利润大幅下滑，生产经营仍然面临较大困难。从生产来看，工业企业停产减产情况仍未好转。截止12月末，全区1186户规模以上工业企业中停产145户，停产面达到12.2%，净减少工业产值79.6亿元。同时，还有434户企业产值比上年同期下降，企业减产面达到36.6%，净减少产值381.0亿元。从效益来看，企业利润大幅下滑。1-11月，全区规模以上工业企业实现利润总额67.1亿元，同比下降35.3%，降幅比上年同期扩大10.6个百分点。其中，煤炭、化工、有色、医药四大产业全行业亏损。在效益减少的同时，亏损企业不断增多。1-11月，全区规模以上工业亏损企业407家，亏损面达34.3%；亏损企业亏损额80.6亿元，增长49.0%。其中，有色亏损22.3亿元，化工亏损19.2亿元，冶金亏损12.3亿元。企业产销衔接仍然不畅。1-11月，全区规模以上工业实现主营业务收入3066.9亿元，下降3.3%，比反映生产的工业增加值增速低11.0个百分点，收入与生产差距悬殊，增产不增收的形势愈发严峻。全区工业企业成本费用利润率为2.28%，比上年同期下降1.16个百分点，比全国低3.68个百分点。规模以上工业产销率为94.1%，在全国仅排在青海省和山西省之前，与甘肃省并列第28位。

（三）库存增加导致企业扩大生产意愿降低

今年以来，企业库存增速持续快于销售增速。从工业企业看，1-11月，全区规模以上工业企业应收账款 509.5 亿元，增长 13.2%，产成品存货 289.8 亿元，增长 2.2%，增速分别比主营业务收入增速高 16.5 个和 5.5 个百分点。资金的沉淀导致工业企业资金周转速度下降，令企业资金紧张状况雪上加霜。1-11 月，规模以上工业企业财务费用 116.7 亿元，增长 8.1%，其中，利息支出 115.7 亿元，增长 10.7%，小型企业财务费用增幅更高达 21.9%。受此影响，全区工业投资中，采矿业投资下降 37.8%，制造业投资仅增长 4.4%，均低于全区平均水平。从房地产开发看，2015 年，全区房地产市场降温明显，企业库存显著增加。全区商品房销售面积 839.16 万平方米，下降 25.7%，增速比上年同期回落 33.4 个百分点。其中，住宅销售面积 708.12 万平方米，下降 24.6%，增速比上年同期回落 25.8 个百分点。商品房销售额 370.30 亿元，下降 20.4%，增速比上年同期回落 25.2 个百分点。其中，住宅销售额 283.98 亿元，下降 19.3%，降幅比上年同期扩大 16.1 个百分点。截止 12 月底，全区商品房待售面积 1207.15 万平方米，增长 24.8%。其中，住宅待售面积 733.43 万平方米，增长 17.0%。在库存增加的压力下，开发企业投资信心和意愿明显降低，全区仅完成房地产开发投资 633.64 亿元，下降 3.2%。主要先行指标也同步回落，全区房地产开发土地购置面积 230.51 万平方米，下降 30.7%，降幅比上年同期扩大 6.2 个百分点；商品房新开工面积 1391.12 万平方米，下降 32.3%，降幅比上年同期扩大 27.2 个百分点。

（四）有效供给不足抑制消费潜力释放

当前，我区有效需求相对不足，很大程度上并非由于需求潜力小，而是因为有效供给不足抑制了需求潜力的释放。2015 年，我区农村居民人均可支配收入同比增长 8.4%，城镇居民人均可支配收入增长 8.2%，均高于经济增速；金融机构人民币存款增加 602 亿元，其中住户存款增加 186 亿元。从繁荣的网络购物和海外代购也可看出，我区需求潜力仍然十分巨大。因此，供给结构不合理、有效供给不足使潜在的需难以转化为实际购买力。究其原因，一方面，属于我区传统消费热点的汽车、石油制品、金银珠宝等消费已趋于饱和，新的消费热点还没有形成；另一方面，生产的产品和提供的服务与市场实际需求脱节，不能完全满足居民需要，推进需求侧改革势在必行。

（五）经济发展与资源环境的矛盾加剧

当前，我区经济在平稳较快发展同时，能源消费也在同步加快，经济发展与资源环境的矛盾日渐突出。一方面，高耗能产业在工业中的比重依然较高。2015 年，全区高耗能工业占工业的比重仍超过一半，远高于全国平均水平。六大高耗能行业实现工业增加值 511.0 亿元，同比增长 4.7%，对规模以上工业增长贡献率为 33.2%，工业增长对高耗能工业的依赖性较大，调结构转方式依然任重而道远。另一方面，我区能源消费也在快速增长。2015 年，全区规模以上工业能源消费量 4580.7 万吨标准煤，增长 10.3%，增速比增加值增速快 2.5 个百分点；单位工业增加值能耗上升 2.3%。“十三五”期间，我区节能降耗的形势更加严峻。

三、对 2016 年全区经济走势的判断

展望 2016 年，区内外经济形势依旧错综复杂，机遇与挑战并存。从国际看，世界经济仍将延续温和低速增长态势。IMF 预计，2016 年世界经济将增长 3.6%。发达国家保持温和复苏态势，新兴和发展中经济体经济仍存下行压力；全球贸易略有改观，但增速仍然较低；美联储货币政策将逐步回归正常化，但欧元区和日本仍将实施宽松货币政策，全球金融动荡和风险加大；能源和大宗商品价格中低位徘徊，地缘政治及突发事件将会推动价格剧烈震荡；跨太平洋伙伴关系协定（TPP）达成，各国政策博弈加剧。

从国内看，党中央、国务院着力从供需两侧发力，推进结构性改革，全面建成小康社会和构建发展新体制将引领今后一个阶段的发展目标，2016 年，中国经济将呈现出“减速增质”的核心特征，经济增速虽有回落，但在供给侧结构性

改革的帮助下，经济增长质量有望稳步提升，经济增长的就业创造能力、环境友好关系、内需支撑力度和微观受益比例将渐次提升。12 月份，全国制造业 PMI 为 49.7%，高于上月 0.1 个百分点；供给侧和需求侧双双回暖，生产指数为 52.2%，比上月上升 0.3 个百分点，新订单指数为 50.2%，比上月上升 0.4 个百分点；消费需求持续释放，消费品制造业稳定增长，消费品制造业 PMI 为 54.4%，高于上月 1.0 个百分点。同时，我国经济仍然面临不少困难和挑战。一方面，外部环境的不稳定、不确定因素，都会通过汇率、投资、贸易等渠道影响我国经济发展。另一方面，国内经济下行压力仍然较大，企业盈利能力下降，市场预期不稳、信心不足，大企业投资意愿不强，中小企业经营困难、融资难融资贵问题突出。

从我区看，全区经济运行仍将保持平稳健康发展的态势。有利的是，中央和地方的两级“十三五”规划为经济发展提供了新动力。同时，稳增长、促改革、调结构、惠民生、防风险的政策效应不断显现，转型升级势头良好，新产业、新业态、新的经济增长点正在加快孕育和发展，全区医药、化工、轻纺等产业的较快发展支撑了工业的平稳增长，“互联网 +”及其相关的产业快速扩张。但山川、城乡经济发展不平衡、不协调，稳增长的基础不牢固，企业生产经营的压力大、困难多，科技创新驱动力还比较弱，煤炭、铁合金等传统产业遇到了严峻挑战，市场低迷、价格下降，房地产去库存还需要一段时间，国际原油价格持续下降直接影响煤制油项目的投产等问题还十分突出。

总体判断，2016 年，我区只要能抓住多重战略叠加机遇，主动适应引领经济新常态，着力提质增效、转型升级、改善民生，加快新常态下经济发展动力转换，我区经济就有望继续保持平稳健康发展态势，顺利实现“十三五”开局任务。

四、促进经济平稳健康发展的几点建议

2016 年，是“十三五”规划的开局之年，是全面建成小康社会进入决胜阶段的第一年，也是三年集中攻坚扶贫的关键年。因此，全区经济工作必须按照宏观政策要稳、产业政策要准、微观政策要活、改革政策要实、社会政策要托底的总体思路，加强结构性改革，去产能、去库存、去杠杆、降成本、补短板，增强持续增长动力，努力实现“十三五”时期经济社会发展的良好开局。

（一）保持调控定力，在推动结构性改革上求突破

目前经济增长仍处于合理区间，要继续保持宏观调控的定力，切实提高对经济增速放缓的容忍度，适应经济增长新常态。要保持宏观调控政策取向连续稳定，针对经济运行中出现的新矛盾和新问题，及时、精准、适时、适度进行微调，把更多精力放在促改革、调结构、惠民生和防风险上来，着力提高经济增长的质量和效益，提高企业竞争力。要利用当前经济企稳向好的有利时机，加快推进 68 项改革任务，力争在一些重点领域和关键环节取得实质性突破和进展。进一步加大工作力度，再取消、下放一批真正具有含金量、带有标志性的重大审批事项，把决策权真正还给市场、还给企业。加快落实财税体制改革方案，争取在市县财政收入激励办法、法定预算硬约束和地方事权划分等方面取得现实性实质突破。加快国有企业改革，包括混合所有制改革，按照公司制、股份制改组国有企业，推动非公有制资本通过出资入股、收购股权等各种形式参与国有企业重组，鼓励非公有制资本控股混合所有制企业。

（二）加快结构调整，在化解产能过剩上求突破

抓住经济放缓的时机，加快推进经济结构调整和发展方式转变，促进产业结构优化升级。要注重运用市场机制、经济手段、法治办法化解产能过剩，加大产业的整合力度，优化存量、引导增量、主动减量，促进产业兼并重组，全面提高效率，下决心关、停、并、转一批长期停产、资不抵债、扭亏无望的“僵尸企业”。支持和引导煤炭、石化、建材、纺织等传统产业改造升级，加强新技术、新理念、新产品对传统产业的渗透，高度重视技术改造对传统产业转型升级的作用，

创新商业模式，依托电子商务，带动传统产业转型升级。结合国家和自治区产业转型升级的新形势、新政策和新要求，制定并完善符合我区实际的招商引资准入标准，提高招商引资门槛，有选择地接纳外来资本的进入。进一步发挥投资在稳中求进、转型升级的关键作用，引导投资投向科技创新、结构调整、节能减排、基础设施、民生保障等关键领域，积极探索投资促进技术进步的新途径，进一步释放民间投资潜力，引导社会资金进入高技术领域。

（三）积极拓展需求，在帮扶企业去库存上求突破

化解库存、保持平稳健康发展事关经济发展全局，要积极扩大有效需求，打通供需通道，妥善帮扶企业消化库存。对于工业，政府要继续通过收储、区内项目用区内产品等政策，帮助企业开拓市场、减少库存、增加流动资金。对于房地产业，一是鼓励房地产企业对于新开盘房屋适度让利，低价入市消化库存，盘活资金；二是对一些库存量大的项目小区，在交通、教育、医疗、生活等配套设施方面进行完善优化，提高楼盘竞争力，刺激消费者购买；三是结合保障性安居工程项目和任务的推进，对于存量房屋较大的地区，不再以新建的方式建设，而采取政府以成本价收购部分存量商品房，转化为保障性用房、棚改安置房或公租房，盘活企业存量。

（四）释放发展活力，在降低经营成本上求突破

当前企业生产经营成本居高不下，盈利比较困难，企业资产负债情况继续恶化，生产经营和投资的信心受到影响。要多措并举降低企业负担，提升企业盈利能力。一是加大减费力度，清理政府、协会、中介的不合理收费，降低政府收取的各项费用。二是进一步完善能源价格机制，降低用电成本。在煤炭持续低价背景下适当降低电价，继续增加输配电价改革试点范围，增加用户直购电数量，扩大电力市场规模，降低企业用电综合成本。三是降低融资成本。鼓励本地金融机构降低贷款利率，保持流动性供给相对充裕。四是进一步转变政府职能，全面推行“两个清单”，营造良好营商环境。

（五）坚持共享发展，在补齐发展短板上求突破

当前，我区的最大短板就是收入、消费和创新。要通过完善收入分配机制，“双创”带动就业，缩小收入差距，实现居民收入增长和经济同步增长。要多点支撑扩消费。注重通过创新供给激活需求，大力扩展养老健康家政、信息、节能环保、旅游休闲、住房、文化教育体育等领域消费，加快推进实施“智慧宁夏”工程。积极推动落实带薪休假制度，支持各地旅游产业发展。要进一步加大投入，大力推进科技创新，培育创新型企业。采取补助、贷款贴息和按设备投资额一定比例补助等方式对重点技术改造项目和成长型中小企业技术改造项目给予资金支持。鼓励和支持企业引进掌握核心技术、具有持续研发能力并能承担重大科技攻关任务的高层次创新创业人才，为优秀人才的脱颖而出创造机会和环境。鼓励企业通过委培、定向等方式与院校联合培养专业技术人才和技术工人。

（六）严控能源消费，在建设美丽宁夏上求突破

针对目前节能降耗形势，政府相关部门需综合考虑经济发展水平、产业结构、节能潜力等因素，进一步加强节能目标管理，将经济发展“稳增长”目标与实现节能降耗任务有机结合，合理分解节能目标任务，加强重点企业节能法律法规及标准落实的监督与考核，强化工业企业的节能主体责任。继续密切关注高耗能行业，高耗能行业占我区综合能源消费比重较高，其运行态势对完成节能降耗目标十分关键。要大力推动节能监管，强化非金属矿物制品业、黑色金属冶炼加工业、化学原料及化学制品制造业等行业能耗监测，积极创造条件，加速产品升级，加大工艺改造，降低能耗水平，抑制能耗回升。

（作者：贾红邦）

专栏：宁夏农民的全面小康之路还有多远？

重农固本是安民之基，党的十八大明确提出，到2020年我国要实现国内生产总值和城乡居民收入比2010年翻一番的目标，习近平总书记强调指出，“小康不小康，关键看老乡”，2016年中央一号文件连续第13次聚焦“三农”，再一次提出，到2020年农民生活达到全面小康水平，农村居民人均收入比2010年翻一番，城乡居民收入差距继续缩小。为早日实现农民生活达到全面小康水平，宁夏各级党委政府重民情、解民忧、惠民生，农民增收成效显著，生活水平不断提高，为收入翻番打下了坚实的基础。

一、宁夏农民增收取得阶段性成效

近年来，宁夏农民收入增长态势总体良好，收入结构发生明显变化，区域不平衡相对减缓，但横向比较差距持续扩大。2015年，宁夏农民人均可支配收入9119元，增长8.4%，扣除价格因素实际增长7.3%，收入水平在全国各省（市）区中位居第25位。2010—2015年，宁夏农民人均可支配收入增长77.9%，年均增长率为12.2%，均高于城镇居民可支配收入和GDP的增速。居民生活水平明显改善，食品消费支出比重明显降低，为全面建成小康社会奠定了坚实基础。

（一）工资性收入持续发力，收入与全国增长趋势保持同步

近年来，宁夏农民收入延续高速增长，主要受工资性收入的拉动。目前随着农村外出务工人数和时间快速增长阶段的结束，工资性收入增长逐步稳定。农民收入增速也明显趋缓，增速出现前高后低、平稳回落的走势，与全国农民可支配收入增长趋势基本同步。2015年，宁夏农民人均工资性收入3614元，增长6.6%，占可支配收入的比重为39.6%，对可支配收入增长的贡献率为31.5%。随着宁夏针对小微企业的各项税制改革对促进就业创业发挥积极作用，有效遏制经济进一步下滑，增加部分就业岗位，农民工资性收入增幅下滑趋势有所缓解，基本趋于稳定。

（二）收入结构不断优化，转移净收入成农民增收最强“引擎”

长期以来，宁夏农村居民家庭经营收入占可支配收入的比重与全国和西北五省相比都居高不下，同时财产性和转移性收入占可支配收入的比重又在西北五省中处于最低水平，这也是制约宁夏农民收入快速增长的一个重要因素。但是近年来这一状况得以逐步改善，农民财产性和转移性收入出现了高速增长，转移净收入成农民增收最强“引擎”。2010—2015期间，年均增长率为21.8%，比“十一五”期间13.7%高8.1个百分点。2015年，宁夏农民人均转移净收入1477元，比上年增加252.1元，增长20.6%，对可支配收入增长的贡献率最大，为35.6%。与此同时，农民家庭经营净收入占可支配收入的比重由2010年的50.9%降至2015年的42.1%，其内部结构也发生了变化，一产收入所占比重逐年降低，二、三产业收入所占比重提高。

（三）收入区域不平衡性相对减弱

尽管宁夏城乡居民收入和山川农民可支配收入差距依然较大，但区域不平衡性相对减弱。2010—2015

表1　2010—2015年宁夏农民可支配收入区域对比表

单位：元/人

年份	城镇居民可支配收入	农村居民可支配收入	城乡收入比	沿黄灌区农民可支配收入	中南部地区农民可支配收入	灌区山区收入比
2010	15093	5125	2.94:1	6222	3612	1.72:1
2011	17291	5931	2.92:1	7149	4193	1.70:1
2012	19507	6776	2.89:1	8143	4856	1.68:1
2013	21476	7599	2.83:1	9104	5550	1.64:1
2014	23285	8410	2.77:1	10023	6227	1.61:1
2015	25186	9119	2.76:1	10821	6818	1.59:1

年，宁夏城乡居民收入绝对差距从9968.0元扩大到16067.0元，沿黄灌区与中南部地区农民可支配收入绝对差距由2010年的2610.0元增至2015年4003.0元。但城乡收入比从2010年的2.94 ：1下降到2015年的2.76 ：1，灌区与山区收入比由1.72:1降为1.59:1，差距均呈现出相对缩小的态势，这说明宁夏农民收入增长正在向良性方向发展（表1）。

（四）收入横向比较差距继续增大

与全国平均水平相比，宁夏农民可支配收入在全国的位次由2011年的第24位下降至2012年的25位后一直保持到现在。在西北五省中，在2012年位居新疆之后一直保持第二的位次，但与全国平均水平及中、东部省份的差距依然明显，并有继续扩大的趋势。2010—2015年，宁夏农民可支配收入与全国平均水平的绝对差距从1147.0元扩大至2302.7元，与新疆的绝对差距从高132.0元变为低306.0元，与收入接近的陕西绝对差距从高648.0元缩至高430.0元（表2）。

表2 2010—2015年西北五省农民可支配收入对比表

单位：元、%

年份	全国	陕西	甘肃	青海	宁夏	新疆
2010	6272	4477	3747	4028	5125	4993
2011	7394	5484	4278	4806	5931	5853
2012	8389	6285	4931	5594	6776	6876
2013	9430	7092	5589	6462	7599	7847
2014	10489	7932	6277	7283	8410	8724
2015	11421.7	8689	6936	7933	9119	9425
2015年城乡收入比	2.73:1	3.04:1	3.43:1	3.09:1	2.76:1	2.79:1
年均增长率	12.7	14.2	13.1	14.5	12.2	13.6

二、宁夏农民小康实现环境分析

“物有甘苦，尝之者识；道有夷险，履之者知。”过去几年，宁夏各级党委政府出台多项增收措施，稳扎稳打，民生福祉得以大幅提升。目前全面建成小康社会已进入决胜阶段，农民收入翻番目标能否实现，关键看今后几年农民增收情况。那么，宁夏农民收入离翻番还有多远？

（一）宁夏农民收入翻番目标分析

从理论上说，如果宁夏农民可支配收入的年均增长率保持在7.2%以上，就可以实现翻番。但是，如果城乡居民的实际收入水平因为通货膨胀的因素而相对下降。那么，实现收入翻番的目标就没有任何意义，所以只有实际收入翻番才能使农民生活水平提高。

按照2010年价格计算，2015年宁夏农民人均可支配收入为7848.0元，比2010年实际增长53.1%，收入翻番目标实现程度为76.5%，年均增长率为8.9%，超过了翻番需要的7.2%的年增长率。要到2020年实现翻番目标，需保证年均实际增长率在5.5%以上。但是，“十二五”后期农民收入增速明显放缓，实际增速从2012年的12.3%降至2015年的7.3%。所以，“十三五”期间保证农民收入稳定增长，实现收入翻番目标依然不易。

（二）目前宁夏农民收入增长遇到的主要困难

1. 农民工就业问题较多。随着农民收入结构的调整，工资性收入对农民收入增长发挥着决定性作用。但目前农民工就业遇到的问题较多：一是就业机会减少。随着产业升级和结构调整而来的结构性失业，特别是受房地产行业不景气影响，连续多年上涨的农民工工资标准从2014年开始基本未变，务工人数最多的建筑行业用工减少，农民遭遇找活难问题；二是工资拖欠影响务工积极性。农民工工资拖欠问题虽然得到一定程度地解决，但讨要工资难的情况还时有发生，致使部分农民宁愿选择家门口低标准的日结工资务工或者不务工，也不愿意冒险外出干收入得不到保障的活；三是自身技术水平不能适应当前劳动力市场的发展需要。目前，宁夏农民工技术水平普遍较低，缺乏一定的职业技能和经验，绝大多数人只能从事脏、累、重的体力活，得不到和城市工人一样的待遇；四是法律意识淡薄，影响就业。目前一些大型建筑工地不愿意雇佣宁夏农民工，主要是个别工地“工闹”现象时有发生，影响了农民工的声誉，特别是回族农民工找工作困难。

2. 产业结构调整难现规模效益。近年来，宁夏农业结构调整取得了很大成绩，特别是蔬菜种植、牛羊养殖、退耕还林等，都使农民得到一定的实惠。但从事种植业时，由于农村人多地少，土地经营权分散，农业种植很难实现规模效益，形成了“背篼装不完，汽车装不满”的格局。农民赔上土地和劳务，往往好种不好销。从事养殖业时，受资金缺乏、技术问题和信息不足的制约也不敢大力发展，特别是近几年猪肉、羊肉、牛奶价格的大幅波动，养殖户往往经营刚上规模就遇上价格大跌，因资金受困而收场。最终产业结构不断调整但农民生产经营模式并未取得实质性进展。

3. 农牧产品价格波动大影响稳定增收。农牧业收入一直对农民收入起着兜底作用，但是近几年农牧产品价格的大幅波动对农民稳定增收影响较大。2014 年蔬菜价格一跌再跌，严重的时候甚至有跌破 50% 的，导致部分菜农损失惨重；而牛奶价格的下跌致使绝大多数散养户以低价出售奶牛并停止养殖；羊肉价格的下跌使一些养羊专业户不得不改变生产经营模式；2015 年秋收时节的玉米价格下跌更是让大范围的玉米种植户目前只能选择存粮观望。农民种养殖业多是小规模经营，规避风险能力差，承受损失能力弱。一旦出现大的经营亏损要两三年才能恢复再生产能力，也不利于收入的持续稳定增长。

三、宁夏农民增收实现全面小康目标的几点建议

（一）拓展工资性收入的增长空间，大力推进农村劳动力转移

非农产业收入在农民收入中所占比重逐年提高，抓好农村劳动力的转移将是实现农民收入快速增长的主要途径。一是加强对农村剩余劳动力的职业技能培训，提高农民的自身素质。通过对农民工的培训，使农村青壮年劳动力改变就业观念，能掌握一两门实用技能，增强农民进城务工的竞争力和就业率；二是加强劳务服务，使农民务工权益受到保障。在目前的就业形势下应大力提高劳务输出的组织化程度，健全农民劳务输出信息网络，大力发展民间劳务中介组织。当农民务工权益受到侵犯时，能及时得到赔偿。三是加快小城镇建设，推进户籍制度改革，为农民进城从事二三产业创造良好的条件，加快农业人口向非农业人口转化。

（二）调整优化农业结构，有效实现农业收入稳定增长

在今后的一段时间，种植业仍是多数农民收入的主要来源。要进一步优化农产品品种和质量，重点是发展无公害食品、绿色食品、有机食品的生产。健全完善农业龙头企业与农户利益联结调节机制，通过发展订单农业、保护价收购、入股分红、利益返还等多种形式，实现企业发展和农户增收的“双赢”。通过兴办专业合作社、组建农产品专业协会、发展农产品中介组织，在引导农民种什么、养什么和帮助农民推销产品方面发挥重要的作用，使农业收入稳增成为现实。

（三）发挥精准扶贫的作用，缩小农民内部收入差距

过去几年，在宁夏城乡居民收入差距不断缩小的同时，农民内部收入差距并未缩小。因为低收入组农户受资金扶持较多、高收入组农户有资金充足的优势，出现了低收入组和高收入组农户收入增速远高于中间收入组农户的情况。今后，要以精准扶贫为导向，突出农业产业发展，兼顾基础设施和社会事业建设，针对不同收入水平的贫困人口谋划帮扶项目，制定实施方案，使中低收入农户依靠产业扶持中的技术共享和资金扶持，全力发展起自己的增收产业。在贫困人口全部脱贫的同时也缩小与高收入组的收入差距，朝着共同富裕的方向稳步前进。

（作者：胡宁生）

新疆维吾尔自治区经济社会发展报告

2015年，自治区党委、人民政府坚定不移的贯彻落实中央决策部署，团结带领全区各族人民，克服世界经济深度调整，经济形势严峻复杂，面临两个“三期叠加”等困难，坚持“稳中求进、改革创新”总基调，主动引领经济发展新常态，保持定力，精准发力，及时出台20个方面50条稳增长措施，经济运行保持总体平稳，稳中向好的态势。但当前经济发展的困难和风险不可低估，长期积累的深层次矛盾仍需引起高度关注。

一、经济运行的主要特点

（一）增速换挡“稳”字当先，经济总体保持平稳增长

我区适应经济新常态，增长速度从高速转向中高速，经济发展以稳增长为主线，主要经济指标显示大势平稳，呈现“十稳”态势。

*GDP增长稳中有进。*经国家统计局审核反馈，2015年全区实现地区生产总值9324.80亿元，增长8.8%。分三次产业看，第一产业增加值1559.09亿元，增长5.8%；第二产业增加值3564.99亿元，增长6.9%；第三产业增加值4200.72亿元，增长12.7%。从三次产业贡献率来看，第一产业对经济增长的贡献率为10.8%，第二产业为38.1%，第三产业为51.1%。

*农业生产稳步发展。*2015年，全区实现农林牧渔业总产值2804.4亿元，按可比价格计算，比上年同期增长6.3%。其中，农业增长6.9%，林业增长7.9%，畜牧业增长4.1%，渔业增长9.5%，农林牧渔服务业增长7.4%。全年粮食总产量1521.30万吨，增长9.4%，其中，夏粮产量704.3万吨，增长8.8%；秋粮产量816.9万吨，增长9.9%。棉花产量429.8万吨，按同口径计算，比上年同期下降4.7%。全年猪牛羊肉产量128.9万吨，增长1.8%；禽蛋产量32.6万吨，增长6.9%；牛奶产量155.8万吨，增长5.6%。

*工业生产低速运行。*2015年，全区规模以上工业完成增加值2500.1亿元，比上年同期增长5.2%。分季度看，一季度增长5.3%，上半年增长5.1%，前三季度增长5.2%，全年增长5.2%。

*固定资产投资稳中趋缓。*2015年，全区固定资产投资突破万亿，达到10729.32亿元，比上年同期增长10.1%，增速比上年同期回落15.1个百分点。

*消费市场稳中趋旺。*2015年，全区实现社会消费品零售总额2605.96亿元，比上年同期增长7.0%。分季度来看，一季度增长6.1%，上半年增长6.3%，前三季度增长6.7%，全年增长7.0%，呈逐季回升态势。分城乡看，城镇实现消费品零售总额2373.80亿元，增长6.9%；乡村实现消费品零售额232.16亿元，同比增长7.6%。

*城乡居民收入稳步增长。*2015年，全体居民人均可支配收入16859.11元，增长11.7%。按常住地分，城镇居民人均可支配收入26274.66元，增长13.2%；农村居民人均可支配收入9425.08元，增长8.0%。

*就业形势总体稳定。*全年实现城镇新增就业46万人，就业困难人员实现就业5.79万人，零就业家庭就业人员674人，城镇登记失业率控制在4%以内。

*物价水平低位趋稳。*2015年，全区居民消费价格比上年同期上涨0.6%，涨幅低于全国0.8个百分点。其中，城市上涨0.5%，农村上涨0.6%。分类别看，食品价格下降0.8%，烟酒及用品上涨2.0%，衣着类上涨3.4%，家庭设备用品及维修服务上涨0.6%，医疗保健及个人用品上涨1.5%，交通和通信下降0.7%，娱乐教育文化用品及服务上涨0.9%，居住类上涨2.0%。2015年，全区工业生产者出厂价格下降17.6%，降幅大于全国12.4个百分点。其中，轻工业下降1.3%；

重工业下降20.3%。工业生产者购进价格下降15.7%，降幅大于全国9.6个百分点。

金融机构存贷款平稳增长。截至12月末，全区金融机构人民币各项存款余额17123.95亿元，比上年同期增长10.9%，增速比上年同期加快2.7个百分点。金融机构人民币各项贷款余额13041亿元，增长11.7%，增速比上年同期回落7.0个百分点。

财政收支保持平稳。2015年，全区一般公共预算收入1330.95亿元，增长3.8%，增速上年同期回落9.9个百分点。从税收情况看，税收收入861.83亿元，下降2.9%，增速比上年同期回落10.3个百分点。一般公共预算支出3804.99亿元，增长14.7%，增速比上年同期提高6.4个百分点。

（二）结构优化“进”字引领，结构调整出现积极变化

我区把握经济新常态，加快经济结构调整，经济在“进”字引领下，不断优化结构，非石油、非公有制经济份额加大，装备制造等高新技术工业引领作用增强，呈现“五快于，二好转”趋势。

非石油工业快于石油工业。全区非石油工业实现增加值1623.54亿元，增长9.0%，拉动工业增长4.9个百分点。石油工业实现增加值876.56亿元，增长0.8%，仅拉动工业增长0.3个百分点，非石油工业增速快于石油工业8.2个百分点。全区非石油工业占规模以上工业增加值的比重达到64.9%。

非公有制工业快于公有制工业。全区非公有制工业实现增加值811.57亿元，增长8.9%，比公有制工业高4.9个百分点，比全区规模以上工业高3.7个百分点。公有制工业完成增加值1683.58亿元，增长4.0%。全区非公有制工业增加值占规模以上工业增加值的比重达32.5%。

装备制造等高新技术工业快于高耗能工业。有色工业、装备制造业增幅在25%以上，农副食品加工工业、电力工业、纺织业、纺织服装服饰业保持平稳增长。高耗能行业增速持续放缓。其中，黑色金属冶炼和压延加工业下降38.5%，非金属矿物制品业下降8.7%。

服务业投资快于制造业投资。全区第一产业投资366.33亿元，增长21.8%；第二产业投资5179.17亿元，增长6.7%；第三产业投资5183.82亿元，增长13.0%。服务业投资5383.19亿元，增长13.3%，占全区固定资产投资的50.2%。服务业投资增速快于制造业投资15.0个百分点。

消费升级类商品销售快于传统石油类商品销售。全区限额以上批发零售企业建筑及装潢材料类销售额增长1.7倍，家具类增长1.2倍，通讯器材类增长47.2%，书报杂志类增长6.8%。而石油类传统商品销售持续萎缩。全区限额以上石油及制品类零售额228.82亿元，下降9.4%；限额以上石油及制品类销售额3002.75亿元，下降20.6%。

节能降耗形势明显好转。全区单位生产总值能耗完成年度节能降耗下降2.09%的目标任务，规模以上工业单位增加值能耗比上年下降2.97%，单位生产总值电耗比上年增长2.75%，均创我区“十二五”以来节能降耗指标完成情况的最好水平。

投资效率明显好转。全区固定资产交付使用率达到67.1%，比上年同期提高5.9个百分点。全区项目投产竣工率71.4%，比上年同期提高6.5个百分点。

（三）动力转换“新”字显现，新产业新动力孕育发力

我区引领经济新常态，经济发展动力由投资驱动转向消费拉动、由工业主导转向服务业主导。新产业、新业态等新兴力量正孕育成长，呈现“一转换，三加快，四加大”特征。

助推经济增长的主动力由第二产业转换为第三产业。今年以来，传统的经济增长主动力——工业引擎显著减速，第三产业成为助推经济增长的主动力。全年第三产业实现增加值4200.72亿元，增长12.7%。三次产业结构由2014年的16.6∶42.6∶40.8调整为2015年的16.7∶38.2∶45.1，经济结构由2003年以

来的“二、三、一”转变为“三、二、一”，第三产业成为拉动经济增长的重要力量。

服务业加快发展。1-11 月，全区重点调查的 31 个行业大类 1200 家规模以上服务业企业累计实现营业收入 888.50 亿元，增长 3.5%，增速比上年同期提高 2.5 个百分点；实现营业利润 145.97 亿元，增长 7.3%；应交增值税 36.03 亿元，增长 27.4%。分行业看，机动车、电子产品和日用产品修理业营业收入增长 92.7%，文化艺术业增长 62.5%，广播、电视、电影和影视录音制作业 42.3%，娱乐业增长 30.0%，商务服务业增长 15.0%，租赁业增长 14.3%。

旅游业发展加快。全年全区 71 家 4A 级以上景区（景点）共接待游客 2313.98 万人次，比上年增长 25.0%。其中：境外游客 4.90 万人次，增长 42.3%。实现营业收入 30.56 亿元，增长 57.8%，其中，门票收入 5.37 亿元，增长 65.3%；实现利润总额 2.32 亿元，增长 2.2 倍。全区共接待国内外游客 6097 万人次，比上年同期增长 23.1%，其中，国内游客 5929 万人次，增长 23.5%；境外游客 168.36 万人次，增长 12.1%。全区实现旅游总消费 1022 亿元，其中，国内旅游消费 985 亿元，入境旅游消费 6.08 亿美元。

新政出台带动汽车销售加快。国务院出台促进新能源和小排量汽车发展的相关扶持政策，减半征收车辆购置税，对汽车消费市场的促进作用明显。全年限额以上单位实现的汽车零售额 334.72 亿元，增长 1.4%。其中，10 月至 12 月汽车零售额同比分别上涨 13.4%、23.6% 和 16.6%。四季度限额以上单位汽车零售占全年 30%。

基础设施建设对投资的稳定作用加大。全区基础设施投资 4396.72 亿元，比上年同期增长 25.4%，占全区固定资产投资的 41.0%，比重提高 5.0 个百分点，拉动投资增长 9.1 个百分点。其中，电力、热力、燃气及水的生产和供应业投资 2108.82 亿元，增长 28.0%；交通运输、仓储和邮政业投资 1061.36 亿元，增长 26.5%；水利、环境和公共设施管理业投资 1093.95 亿元，增长 20.0%；信息传输、计算机服务和软件业投资 132.60 亿元，增长 22.9%。

纺织类工业投资力度加大。全区纺织类工业投资突破 300 亿，达到 317.94 亿元，增长 2.3 倍，增速同比提高 154.6 个百分点，成为制造业投资中最突出的亮点，占全部制造业投资的比重为 15.4%，比重提高 10.8 个百分点。

“互联网 +”对消费的引领作用加大。据国家统计局反馈数据，2015 年，疆内企业通过（国内第三方电子商务交易平台）网上实现的零售额为 44.4 亿元，增长 20.3%；新疆本地消费者通过网购（国内第三方电子商务交易平台）实现的网上零售额 319.5 亿元，比上年同期增长 26.7%，占同期新疆社会消费品零售总额 12.3%。

二、经济运行中亟需关注的主要问题

总体来看，全区经济运行基本平稳，结构调整初显成效，经济长期向好的基本面没有改变。但当前国际环境依然错综复杂，国内“三期”叠加的阵痛仍在持续，经济下行压力加大的局面短期内仍难以扭转，“两个不足、两个加大”的问题仍需引起高度关注。

（一）新动力体量不足，传统动力支撑作用明显减弱，是影响经济增长的突出难题

当前，全区经济正处于新旧动力转换的艰难过程中，旧动力的弱化加剧了经济下行压力，新动力虽在加快孕育，但一时难以全面接续和替代。

从工业来看，传统产业占比较高，重点行业回落态势明显，新兴产业体量仍无法弥补工业下滑缺口。从今年 2 月起，全区工业增加值增速在 5% 附近波动，工业对经济的贡献率持续走低。一是石油工业持续低位。石油工业占全区规模以上工业增加值的 46% 以上，石油石化工业的增产增效，对全区工业增长起着至关重要的作用。今年以来，全区石油开采和石油加工业均呈疲弱态势。全年石油工业增加值仅增长 0.8%，对工业经济支撑作用明显不足。全年全区原油加工量下降 8.5%，天然气产量下降 1.5%。二是传统重点行业回落态势明显。纵观全年走势，钢铁、建材、

化工一直处于负增长区域；有色、电力、农副食品一直呈持续回落态势，装备制造在下半年后加入到持续回落行业中。从产品产量看，铁矿石原矿产量下降37.6%，钢材下降39.3%，铁矿石下降21.1%，水泥下降15.9%，乙烯下降15.1%。三是新兴产业虽然增长较快，但体量小，无法弥补传统优势产业下滑形成的缺口。新型装备制造、新能源、新材料、电子信息、生物医药等新兴产业虽然增长较快，但普遍存在产业规模小，带动作用不明显的问题。

从投资来看，工业和房地产投资持续乏力，重点项目计划投资减少，对全区投资增速影响较大。一是石油、钢铁、有色等传统工业投资下行趋势明显。全年全区工业投资5060.53亿元，增长6.3%，增速比上年同期回落13.7个百分点，仅拉动固定资产投资增长3.1个百分点。其中，制造业投资下降1.7%，采矿业投资下降12.3%。在31个制造业行业中，有18个行业呈现不同程度的下降。二是房地产市场去库存化也面临诸多调整。房地产投资增速从6月份开始逐月回落，全年完成房地产开发投资998.88亿元，下降1.6%，增速为2013年以来的最低水平。

从消费市场来看，传统消费业态增长乏力，新兴业态消费未抢得先机。一方面传统消费业态动力持续减弱，实体销售企业经营困难，加之不断上涨的房租和人工成本，企业利润率不断下滑。另一方面我区在新兴业态消费上未抢得先机。在近年异军突起的网购消费市场中，我区由于起步晚、上规模的企业较少，与沿海发达省份存在较大差距，市场份额流失严重，对区内传统零售企业销售影响日益加大。全年网上购物分流同期我区限额以上消费品零售额22.8%，全口径消费品零售总额10.9%，影响限额以上消费品零售额增速4.8个百分点，全口径消费品零售总额增速1.8个百分点。

（二）需求收缩，工业企利润空间进一步压缩，是影响经济持续快速增长的重要因素

在产能过剩依然突出，市场压力倒逼的情况下，经济下行对实体经济的传导作用较为明显，企业生产经营的困难短期内难以化解。

一是市场需求疲软的态势明显。今年以来，全区居民消费价格涨幅一直在0.6%以下徘徊，位居全国31省市的末位。全区工业生产者出厂价格指数（PPI）自2012年5月开始至今，已连续44个月持续下降，且降幅逐步扩大。全年全区工业生产者价格指数降幅比全国大12.4个百分点，工业生产者购进价格指数降幅比全国大9.6个百分点。其中，国际大宗商品价格下跌影响很大，石油加工、煤炭开采、有色金属、钢铁冶炼等行业产品价格下滑尤为明显，对我区工业经济冲击较大。同时房地产市场的下滑，抑制制造业乃至工业生产的扩张，经济紧缩的潜在风险不断加大。

二是工业企业效益持续下滑，利润空间进一步压缩。从2014年2月起，全区规模以上工业企业利润总额连续23个月下降，亏损企业亏损额持续增加。2015年，全区规模以上工业企业实现利润总额341.6亿元，比上年同期下降50.1%。规模以上工业企业每百元主营业务收入中的成本为80.76元，比上年增长2.6%；主营业务收入利润率为4.25%，比上年减少3.3个百分点。全年亏损企业854家，比上年增加156家，亏损面为34.2%。亏损企业亏损额317.9亿元，增长39.8%。

（三）下行压力加大，经济增长的基础仍不稳固，是影响经济持续增长的隐患

从世界经济来看，美、欧、日主要发达经济体的经济走势分化。2014年，欧元区和欧盟国内生产总值分别增长0.9%和1.4%，日本下降0.1%。金砖国家经济增长低迷，新兴经济体困难较大，因此这种全球低迷的经济态势导致全球经济总需求萎缩。从中国制造业采购经理指数（PMI）来看，2015年12月为49.7%，仍低于50%临界值，处于今年以来低位，表明全国制造业乃至工业的减速调整将持续更长时间，也给我区经济持续复苏带来压力。从我区来看，今年以来，全区主要经济指标增速持续放缓，工业增加值、固定资产

投资、社会消费品零售总额、客货运周转量、财政收入、工业品价格等主要经济指标增速均处于金融危机以来最低点。从用电量、货运量、新增贷款量等体现经济活跃程度的先行指标来看，经济下行态势仍未得到根本扭转。全年全区工业用电量增速比上年同期有所回落；人民币贷款余额增速回落 7.0 个百分点。货运量持续下降，地方财政收入持续负增长。表明当前经济增长乏力，下行压力依然较大。

（四）财政增收难度加大，刚性支出需求较大，是影响民生持续改善的瓶颈

受经济增长放缓、企业效益不景气以及税收政策影响，全区财政持续增收的压力加大，财政收支的矛盾凸显。

一是受原油价格持续走低的影响，自治区主体税种增值税、资源税等涉油税收持续负增长。二是工业经济对税收的贡献不足。当前，全区工业经济进入转型的关键期，传统产业与新兴产业转换矛盾凸显，工业经济面临较大下行压力。从工业对经济增长的贡献率来看，全年全区工业对经济增长的贡献率仅为 23.9%，比上半年回落 24.8 个百分点，比一季度回落 8.3 个百分点，呈逐季走低态势，工业对经济的支撑作用明显不足。三是用于民生的刚性支出持续增加。城乡社区事务、教育、卫生、医疗等支出高速增长。四是今年结构性减税、清费力度不断加大，资源类大宗商品量价齐跌等因素影响，后期财政增收形势不容乐观。

三、保持全区经济平稳增长的对策建议

2016 年是“十三五”规划的开局之年，全区应按照自治区党委八届十次全委（扩大）会议和自治区经济工作会议的部署，始终坚持“稳中求进、改革创新、重点突破、主动精准”的经济工作总原则，把“转方式、补短板、防风险、抓改革”作为着力破解的重点和难点，突出抓好“去产能、去库存、降成本”的任务，加大结构性改革的力度，下大力气做好“加减乘除”。在确保稳定增长的基础上，不断加大“调”的力度，加快“转”的步伐，加速“质”的提升，多措并举稳增长，创新驱动推转型，坚持不懈抓统筹，千方百计保民生，确保全区经济持续健康发展，努力实现“十三五”时期经济社会发展的良好开局。

（一）稳增长，激发活力不脱轨，确保经济平稳增长

稳增长是经济发展的前提。2016 年是“十三五”规划的开局之年，经济发展面临的机遇与挑战并存。全区上下在正视困难的同时，要清醒地认识到经济持续增长的良好支撑基础和条件没有变，要科学谋划好明年经济工作思路，把保持经济平稳较快增长继续作为经济工作的首要任务。要形成扶持实体经济发展的浓厚氛围，集中力量落实好有利于实体经济发展的行动计划和具体政策措施，推动重点行业和领域的发展，着力加大投资、引领消费、改善民生，切实解决经济运行中的突出矛盾和问题，全力以赴夯实稳增长的基础。

（二）促改革，释放红利不停歇，为经济持续发展再添活力

促改革是经济发展的活力之源。当前，全面深化改革的大气候已经形成，必须把改革创新作为适应新常态、抢占新机遇的“关键一招”。一是着力深化行政审批制度改革，激发企业发展活力。一方面要做好“减法”，重点清理涉及企业生产经营活动的审批事项，减少批备案事项；认真梳理并向社会公布“负面清单”和“权力清单”，为企业创造一个更加宽松公平的市场环境。另一方面要做好“加法”，按照宽进严管的原则，从加强依法监管、完善监督检查、提高服务能力等方面入手，守好安全生产、产品质量、环保标准等“红线”，将工作重心放在制定法规标准、完善基础设施、提供公共平台上来，保障企业健康发展。二是用创新驱动发展。技术创新已经成为企业做大做强的关键所在。以应用为核心、市场为导向、企业为主体，集中突破一批基础共性和核心关键技术，提高我区工业基础能力。加快推动工业从要素驱动、投资驱动向创新驱动转型。

（三）调结构，转型升级不懈怠，提高经济增长的质量和效益

结构调整是工业经济发展的内生动力和内在活力。我区工业要提质增效，必须把结构调整作为适应新常态的“基本之法”，以调整促增长。一是做好企业帮扶工作，积极搭建产销对接平台，主动扩大市场，努力摆脱困境。二是改造提升传统优势产业。作为传统产业的石油、钢铁、有色（电解铝）、PVC等行业要主动调整产品结构，延伸产业链，提高市场的抗风险能力，推动企业兼并重组，提高产业集中度和竞争力。三是加快培育新兴产业。当前，我区装备制造业、有色、纺织等行业增速较快，要提高政策和资金扶持效率，实现创新驱动，打造工业增长新动力。四是进一步落实好主管部门行业调度帮扶和市县政府稳定工业增长的责任，形成全区上下、各行各业齐抓共促工业稳增长的工作局面。

（四）促消费，引领新供给打造新动力，充分发挥消费对经济的支撑作用

促消费是主动引领经济新常态的核心着力点。当前拉动经济增长的“三驾马车”中，投资和出口动力不足，消费对经济的拉动作用日益增强，因此推进供给侧结构性改革势在必行。一是认真落实国务院印发的《关于积极发挥新消费引领作用加快培育形成新供给新动力的指导意见》。抓紧制定和完善扩大全区消费的政策措施，推进消费结构升级和消费规模持续扩大。二是促进消费转型升级，培育新的消费热点。推动企业从过去追求数量扩张，满足人民群众“有没有”的需求，转到核心强调质量效益、绿色清洁发展，满足“好不好”的需求。在进一步巩固汽车、家电、金银珠宝、通信等传统消费的基础上，积极发展服务消费、信息消费、绿色消费、时尚消费、品质消费、农村消费六大领域，弥补传统消费增长空间收窄的缺口。三是以“互联网+”为引领，不断改善消费环境。加快营造安全、便利、诚信的良好消费环境。加快流通网络化、数字化、智能化建设，加快传统零售业触网转型，实现线上线下融合发展。大力发展第三方物流，提高流通集约化水平。

（五）惠民生，改革发展的成果不断惠及百姓，确保社会发展和谐稳定

惠民生是一切改革发展的出发点和落脚点。实施好以医疗、教育、社保、就业等为主要内容的富民惠民工程，认真落实各项惠民政策。着力解决好就业困难人员和重点群体就业问题，确保就业形势稳定。千方百计促进城乡居民收入较快增长，提高居民生活水平。不断完善社会保障制度，提高社会保障标准和覆盖面。稳定市场物价，抓好生活必需品的储备和调节，做好困难群众基本生活保障工作。加快保障性安居工程建设，大力推进扶贫开发工作，抓好重大扶贫项目建设，加快脱贫致富步伐，确保社会和谐稳定。

（作者：许斌）

专栏：新疆农民收入增长分析及对策建议

中央新疆工作座谈会以来，自治区党委、政府认真贯彻落实中央关于新疆工作的一系列重大决策部署，在坚持转型跨越发展的同时，始终把改善民生作为第一要务，坚持把经济增长建立在就业基础稳定、收入同步增长的基础上，增投入、补短板、兜底线、织密网，使发展成果更多更公平地惠及各族人民，全疆人民生活大幅改善，群众得到更多实惠。但随着经济发展进入新常态，农业生产经营模式对农民增收的拉动作用逐渐减弱，如何拓宽增收渠道，促进边疆农民快速增收致富，是当前农村工作中要着力解决的重要问题。

一、新疆农民收入变化呈现六大特征

新疆农村居民人均可支配收入由2010年的4993元，增加到2015年的9425元，五年来增加4432元，年均增长13.5%，高于城镇0.9个百分点，扣除价格因素，年均实际增长9.6%。

（一）农民收入增长与经济增长同步，农民享受经济发展成果逐年提升

十二五期间，新疆基本实现了农民收入增长与经济的同步发展。从“GDP含金量”（人均可支配收入与人均GDP的比值）看，2011-2015年，“GDP含金量”分别为19.6%、20.3%、20.7%、21.5%、23.5%，农村居民收入在GDP中所占份额提高了近4个百分点；从收入的贡献份额看，转移净收入贡献率由2010年的10.4%提高到2015年的31.2%，提高了20.8个百分点，民生含量逐年提升，表明农民享受到经济发展的成果日益增多。

表1　2010—2015年新疆农村居民人均可支配收入（新口径）

年份	可支配收入（元）	增速（%）	工资性收入（元）	增速（%）	经营净收入（元）	增速（%）	财产净收入（元）	增速（%）	转移净收入（元）	增速（%）
2010	4993	19.6	598	20.5	3925	18.9	136	4.3	333	34.3
2011	5853	17.2	865	44.7	4181	6.5	158	16.3	649	94.6
2012	6877	17.5	1084	25.3	4559	9.1	184	16.2	1050	61.8
2013	7847	14.1	1243	14.6	5201	14.1	205	11.7	1198	14.1
2014	8724	11.2	1848	48.7	5179	-0.4	229	11.4	1468	22.5
2015	9425	8.0	2131	15.3	5397	4.2	209	-8.4	1687	14.9

（二）农民收入增速由高速向中高速转换

从农民收入增长变动趋势看，新疆农村居民人均可支配收入增速呈现由高速→中高速→中速转换的态势。2011-2012年保持在17%以上，随着宏观经济增速放缓，城乡居民收入增速持续出现下行，2013-2014年增速逐步回落到12%左右，2015年回落到8.0%，为2010年以来的最低。

（三）农民收入年均增长率高于全国，但与全国绝对差距在扩大

新疆农村居民收入年均增长率13.5%，比全国高0.8个百分点。新疆农村居民收入于全国平均水平的比重由2010年的79.6%提高到2015年的83.2%，新疆与全国收入相对差距缩小了3.6个百分点；但与全国的绝对差距呈扩大态势，由2010年的1541元扩大到2015年的1997元。

（四）城乡收入差距逐步缩小

“十二五”期间，新疆农村居民人均可支配收入年均增长速度比城镇居民高0.8个百分点，2011-2014年，农村居民收入增幅较城镇居民分别高3.5、2.0、3.2和1.1个百分点，2015年主要受农产品价格低迷的影响，农民收入增速趋缓，低于城镇增速。城乡居民收入差距比由2010年的2.90:1缩小到2015年的2.79:1(见表2)。

表 2 2010—2015 年新疆城乡居民收入水平与差距比情况表

年份	农村		城镇		城乡收入比
	水平（元）	增速（%）	水平（元）	增速（%）	
2010	4993	19.6	14479	11.3	2.90:1
2011	5853	17.2	16464	13.7	2.81:1
2012	6877	17.5	19018	15.5	2.77:1
2013	7847	14.1	21091	10.9	2.69:1
2014	8724	11.2	23214	10.1	2.66:1
2015	9425	8.0	26275	13.2	2.79:1

（五）农民收入来源呈多元化之势

1. 劳务收入成为带动农民增收的最主要动力

2015 年农村居民人均工资性收入 2131 元，较 2010 年增长 2.6 倍，占可支配收入的比重由 2010 年的 12.0% 提高到 2015 年的 22.6%，提升 10.6 个百分点。工资性收入对可支配收入的贡献率由 2010 年的 12.5% 增加到 2015 年的 40.4%，成为拉动可支配收入增长的最主要动力。

2. 民生建设对农民增收贡献大

2010 年以来，自治区连续 6 年开展民生建设年活动，实施重点民生工程，财政支出不断向民生领域倾斜，对农村居民转移支付力度逐年加大。2015 年，农村居民人均转移净收入 1687 元，较 2010 年增长 4.1 倍，占可支配收入的比重由 2010 年的 6.7% 提高到 2015 年的 17.9%，对可支配收入的贡献率由 2010 年的 10.4% 增加到 2015 年的 31.2%，成为拉动可支配收入增长的第二大动力。

3. 收入结构升级明显，非农产业发展为农民增收注入新活力

新疆农村居民经营净收入比重逐年下滑，但仍然占据主要份额；财产净收入份额较小，比重变化较平稳；工资净收入和转移净收入比重显著攀升呈上升态势，农民收入结构调整逐步升级、优化。

2015 年农民二、三产业净收入已达 194 元和 1300 元，占经营净收入的比重分别由 2010 年的 1.6%、7.7% 提高到 2015 年的 3.6%、24.1%，且第二、三产业收入年均增长分别达到 25.8% 和 33.4%，呈现高速增长的态势。由数据可看出， 随着国家对农村领域经济政策支持力度的不断加大，农民增收渠道已由传统的家庭农业经营方式逐渐向家庭二三产业经营和外出打工就业等方面扩展，非农产业生产收入呈上升态势，尤其是第三产业发展对农民增收的贡献越来越大，预示着未来第三产业净收入将成为家庭内部另一大增收渠道。

（六）农产品市场化和商品化程度提升

“十二五”时期，中央及援疆省市支援新疆加快粮食流通基础设施建设，改善粮食流通条件，推动新疆粮食流通跨越式发展。同期，新疆农产品流通公共信息服务平台正式开通，免费为全疆各类农产品流通主体提供全方位的市场信息服务。2015 年，自治区发布农产品流通基础设施建设布局规划，要在重要流通节点规划建设跨区域农产品流通基础设施，争取在 2020 年建立农产品流通骨干网络。在这些政策的有力推动下，新疆农产品销售市场更加趋于完善，主要农产品商品率逐步提高，2015 年小麦、玉米、棉花等商品率分别为 66.6%、83.8% 和 90.1%，较 2010 年分别提高了 8.1、29.3 和 5.9 个百分点。

二、现阶段制约新疆农民收入增长的原因

（一）经济发展水平低，对农民增收支撑不足

“十二五”时期，新疆 GDP 增速逐年下降，对农民增收支撑力度明显不足。2015 年，农村居民收入弹性

为0.84，即GDP每增长1%，农村居民人均可支配收入相应增长0.84%，比2010年农民收入弹性低0.39，说明经济总量增长对农民收入的拉动作用有所降低。

（二）农产品价格走低打破农民增产增收的传统模式

新疆农民绝大部分收入主要依靠家庭经营取得，且以第一产业收入为主。近两年来，受农产品价格“天花板”的限制，国内主要农产品呈现价格持续走低、库存加大，新疆农产品价格也大幅下降，加之农资价格的上涨，特别是农业用工成本的上涨，新疆农民收入受到来自上压下挤的双重冲击。新疆农业用工价格较2010年上涨近1倍，同时因缺乏资金、技术支持、信息不对称等制约，以市场为导向的经营方式尚未完全建立，导致农民增收空间被压缩，增产难增收时有发生，过去长期依赖农业增产增收的模式逐渐被打破。

（三）受外部因素影响，农民非农收入增长潜力未得到充分释放

目前新疆正处于经济发展和社会稳定两个“三期叠加”复杂形势之中，传统产业逐渐缺乏竞争优势，新兴产业、新业态和新商业模式尚处于培育发展阶段，农民增收受外部因素的冲击较大。受国家制定的节能减排，防治污染等政策影响，加上市场需求不足，成本上升，从事采矿业、制造业等行业的收入大幅下滑，导致农民二三产业经营发展受阻，受经济下行的影响，外出务工人员回流增加，限制农民劳务收入增长。“十二五”时期，农村劳动力外出打工比重（外出劳动力人数/劳动力人数）整体呈下降趋势，由2010年的11.2%回落到2015年的9.2%。

（四）惠农政策支撑后劲还需加强，非生产性收入增长受限

“十二五”期间，国家实施惠农补贴政策的标准和范围不断增加，财政支农力度日益加大，政策效应十分明显，带动了农民收入快速增长，但受世界贸易组织（WTO）黄箱政策限制，今后包括中国在内的WTO成员国将全面取消农产品出口补贴，并将限制农产品出口信贷，我国农民农业生产直接补贴会进一步受限，这将严重影响农民转移性收入持续的增加，对今后农民增收的支撑力将会逐步减弱。从财产性收入来看，由于农村土地流转机制不完善等原因，已流转的土地“回流”现象偶有发生，再加之亩均效益的下滑，农民土地流转收益出现回吐现象，农民财产收入增加遇到瓶颈。

三、提高“十三五”时期农民收入的对策建议

（一）努力实现经济稳定增长，为农民增收奠定基础

当前国际国内经济形势复杂多变，经济面临不少下行压力，新疆在“十三五”期间转方式、调结构任务较繁重，要适应新常态、化解过剩产能、推进供给侧改革，加快发展新型业态和新的商业模式，在调结构中不断助推经济质量和效益逐步提升，努力保持新疆经济稳定增长，为居民收入增长奠定物质基础。

（二）坚持工业化、城镇化、农业现代化为主导的协调发展模式

新疆各地应立足区域的不同产业基础、人口禀赋、城乡格局生态环境、民族特色以及经济实力等条件，在人、地、钱、房和生态等方面加快机制和制度创新，为农民提供更多就业机会。“人”就是推进户籍制度改革，要让有意愿、有条件的进城农民工能够安居落户，享受到和当地城镇居民同等待遇；“地”就是深化土地改革，实现农村土地“三权”分置，推进适度规模经营，提高土地集约化利用水平；“钱”就是创新城镇化自我保障机制，完善规范透明投融资机制，创新融资工具，多渠道吸引社会资金参与城镇化建设；“房”就是建立城镇房屋制度，政府加大保障性住房投资力度，完善租赁补贴制度；“生态”就是严格执行环境监管制度。妥善安置农村的剩余劳动力，缓解农村人口与耕地之间的矛盾，拓宽就业空间，增加农民收入。

（三）加快农业供给侧结构性改革，夯实农业增收基础

要以市场需求为导向优化提升农业结构，突出“稳粮调棉、优果兴畜”的结构，调整粮棉生产布局，优

化粮食品种结构，加快形成粮经草三元种植结构，做强现代畜牧业，大力发展现代林果业，发展高效设施农业，努力形成产业竞争新优势。在结构调整中，注重优化农产品供给，要使之有利于当地优势资源发挥和生态环境保护，形成效率高、效益好、可持续的供给，真正达到农业增效农民增收。

（四）大力推进三次产业融合发展，挖掘产业增收潜力

要树立大农业、大食物观念，优化产业结构和生产力布局，推动粮经饲统筹、农牧林结合、种养加一体、三次产业融合发展。要推动农产品加工转化，加快形成全产业链，大力发展农业产业化经营，实现产业链延伸增值。鼓励农民通过合作与联合方式发展规模种养业、农产品加工和农村服务业，在三次产业融合中培育发展新产业，完善农业产业链与农民的利益联结机制，提高农民在产业链、价值链中的利益分享比例。

（五）推进农民转移就业创业，通过务工实现增收

以南疆为重点，大力引导农民务工经商和创业就业。积极组织和引导农民参与农业季节性务工，鼓励发展民族特色手工业。支持民间资本到农村发展劳动密集型产业、中小微企业，吸纳农民就业。要不断创新劳务输出工作机制，完善服务和管理体系，扩大劳务输出规模，引导农民就地就近转移、向二三产业转移、向兵团转移、向内地转移，通过外出务工实现增收。要加大农民工就业培训力度，增强务工农民就业本领，突出抓好对农村富余劳动力的专业技能培训，真正使得外出务工农民有一技之长。

（作者：余晓明）

新疆哈纳斯湖

新疆生产建设兵团经济社会发展报告

2015 年，面对复杂严峻的国内外经济形势和艰巨繁重的改革发展稳定任务，兵团上下深入贯彻落实兵团党委、兵团各项决策部署，以开展城镇化提升年、服务业促进年、质量效益管理年、投资攻坚等“四大活动”为抓手，主动适应经济发展新常态，加快转变经济发展方式，着力做好稳增长、调结构、促改革、惠民生各项工作，在经济下行压力持续加大的背景下，兵团经济运行呈现“总体平稳、稳中趋缓、稳中有进”的发展态势。但经济发展还依然存在产业层次低、服务业和新兴产业发展滞后、粗放型经济特征突出等矛盾和问题，需要重点关注。

一、主要特点

全年实现兵团生产总值 1934.91 亿元，按可比价格计算（下同），比上年增长 12.3%，其中，第一产业增加值 428.04 亿元，增长 6.9%；第二产业增加 883.88 值亿元，增长 15.5%；第三产业增加值 622.99 亿元，增长 11.8%。总体来看，全年兵团经济运行总体平稳、稳中趋缓、稳中有进，增速换挡特征明显。一是经济增速稳中趋缓。从上年对比看，较上年 16.1% 增速回落 3.8 个百分点；从全年走势看，一、二、三、四季度累计生产总值增长分别 14.6%、14.3%、12.1% 和 12.3%，稳中趋缓态势明显。二是保持较高增长水平。全年 12.3% 增速高于同期全国 6.9% 增速 5.4 个百分点，高于自治区 8.8% 增速 3.5 个百分点。相比于全国和自治区，兵团经济保持较高增长水平。三是经济增长稳中有进。兵团生产总值占自治区比重为 20.8%，比上年提高 2.1 个百分点。三次产业结构由 2014 年 24:44.7:31.3 调整为 22.1:45.7:32.2，一产比重继续下降，二、三产业比重继续提高，产业结构进一步优化。

（一）农业生产稳步发展，水果产量创新高

2015 年，兵团各级以职工增收团场增效为中心，以调结构转方式为主线，紧紧围绕质量和效益，把农业产业化作为兵团实现农业现代化的关键，把大力发展畜牧业作为新一轮农业结构战略性调整的突破口，农业生产稳步发展。全年实现农业总产值 971.22 亿元，比上年增长 6.4%。

种植结构进一步调整。坚持“稳粮、优棉、精果、强畜”的方针，稳定粮食种植面积，调减棉花面积百万余亩，稳步增加饲草料面积，种植业结构进一步优化。全年农作物总播种面积 2029.36 万亩，较上年增长 1.9%。其中，粮食面积 483.71 万亩，增长 15.5%；棉花面积 944.23 万亩，下降 10.1%；蔬菜面积（含菜用瓜）131.48 万亩，增长 7.9%。饲草料种植面积 164 万亩，增长 16.8%。

主要农产品产量“两降三升”。棉花总产略有下降，受 7 月下旬、8 月上旬高温影响，棉花长势不及常年，全年棉花产量 146.53 万吨，比上年下降 10.4%。粮食生产稳中有升，全年粮食产量 265.37 万吨，增长 19.1%。油料产量 19.32 万吨，增长 13.7%；甜菜产量 184.41 万吨，下降 9.4%；蔬菜产量 682.07 万吨，增长 10.9%，其中，工业用番茄 396.91 万吨，增长 5.9%。

水果产量创新高。全年园林水果产量 348.91 万吨，比上年增长 26.1%。其中，红枣 161.86 万吨，增长 23.7%；葡萄 86.72 万吨，增长 39.0%；香梨 32.69 万吨，增长 31.1%；苹果 46.64 万吨，增长 20.8%。

现代畜牧业稳步发展。年末牲畜存栏 771.28 万头（只），比上年增长 6.8%。其中，牛 46.80 万头，增长 5.5%；猪 147.39 万头，增长 2.7；羊 572.69 万只，增长 7.9%。年内牲畜出栏 803.40 万头（只），增长 4.3%。全年肉类总产

人口就业保持稳定。年末总人口 276.56 万人，比上年增长 1.2%。年末从业人员 136.18 万人，比上年增长 3.2%。全年新增城镇就业 10.59 万人。城镇登记失业率控制在 3% 以内。

二、需要关注的问题

（一）主要指标增速回落，经济下行压力较大

从全球看，国际金融危机的影响尚未消退，世界经济仍低迷徘徊，复苏艰难。从全国看，我国经济外需下降，内需不足，国内长期积累的问题凸显，结构性、阶段性、周期性矛盾相互叠加，经济下行压力仍然较大。从兵团看，规上工业增加值、固定资产投资等主要经济指标增速持续放缓。在以变速度、转动力、优结构为核心的新常态下，国内经济下行压力正加速向处于产业链前端和价值链低端的兵团传导，兵团传统产业优势在消退，投资动力在减弱，新产业新动力新优势短期难以形成，经济发展动力接续不足，面临着较大下行压力。

（二）经济结构不尽合理，转型升级任务艰巨

从产业结构看，兵团一产比重偏高、三产比重偏低的基本产业构架没有得到根本性改变。从行业情况看，众多传统产业产能过剩，去产能面临巨大压力。当前支撑兵团经济增长的化学原料及化学制品加工、有色金属冶炼、水泥、电力 4 个行业工业产值占全部工业产值比重达 47.9%，是结构调整和化解过剩产能的重点。同时，这些产业层次不高，效益不好，转型升级任务艰巨。低技术含量、低品质产品供给过剩的同时，高性价比、高品质的产品相对短缺，结构性供求矛盾依然突出。

（三）市场需求萎靡不振，企业效益持续下滑

全球经济态势低迷，产能过剩问题严重，经济下行对实体经济的传导作用较为明显，导致市场需求持续疲软。全年新疆居民消费价格涨幅一直在 0.6% 以下徘徊，工业生产者出厂价格指数（PPI）已连续 44 个月持续下降，且降幅逐步扩大。煤炭、电解铝、钢铁等产品价格下滑尤为明显，对兵团工业经济冲击较大。在市场压力的倒逼下，企业生产经营的困难加剧，企业效益持续下滑。规模以上工业实现利润总额增幅年内各月持续收窄，规模较大的煤炭、食品制造、炼焦、黑色金属及有色金属等行业，成本增加、利润率下降，企业生产经营的困难短期内难以化解。

（四）投资增速大幅回落，经济发展后劲不足

当前投资依然是拉动兵团经济增长的主要动力。在新常态下，受经济结构调整、重大项目减少、社会稳定因素和高基数等多重因素影响，工业投资持续负增长，民间投资和房地产开发投资持续下滑，招商引资难度加大，重大项目接续不上，对投资支撑和拉动作用明显下降。部分企业投资信心不足，一批已签约项目观望等待、难以落地。投资增速大幅回落对经济保持平稳较快增长将产生较大影响。

（五）改革开放仍显滞后，体制机制活力不足

改革进度仍显滞后，团场综合改革、国资国企改革、行政职能转变等推进缓慢。开放型经济新体系亟待探索完善。管理法制化规范化程度还不高，市场主体活力动力仍不足，行政对企业的干预和企业对行政的依附并存，市场配置资源的决定性作用尚未充分发挥，要素自由流动和高效配置受到制约。

三、2016 年经济展望及对策建议

展望 2016 年，从国际看，国际环境依然复杂多变，发达经济体有望缓慢复苏，新兴经济体增速下滑、国际大宗商品价格下跌及资本外流可能导致金融市场震荡，全球经济面临的下行风险依然较大。从国内看，在增长动力转换和发展方式转变的新常态下，经济增速将继续放缓，国家将加强供给侧结构性改革，在适度扩大总需求的

同时，在“三去、一降、一补”方面会出台许多实质性的政策措施，供给体系质量和效率会逐步趋好，传统动能继续改造提升，新的增长动能将会加快形成，总体上国内经济将会保持稳定运行。从兵团看，尽管外部发展环境中的不确定因素仍然较多，经济增长下行压力较大，但同时也面临重大战略机遇，丝绸之路经济带核心区建设、兵团在南疆发展、对口援疆等为兵团发展开辟了新的空间，预计 2016 年兵团经济缓中趋稳走势延续，继续保持中高速增长。

2016 年，是“十三五”规划开局之年，是全面建成小康社会决胜阶段，兵团上下要全面贯彻落实中央、自治区和兵团党委的各项决策部署，以“适应新常态，展现新作为”为引领，坚持稳中求进、改革创新、转型升级、提质增效工作总基调，在适度扩大总需求的同时，着力加强供给侧结构性改革，突出创新驱动，推进转方式、增动能、补短板、防风险，促进经济持续健康发展，努力实现“十三五”经济社会发展良好开局。

（一）针对难点和重点问题，精准高效做好经济运行调节

“精准高效”是对冲当前经济下行压力、做好经济调节的行动目标，也是在有限的时间内解决困难问题、完成目标任务的必然要求。

农业方面。以加强农业供给侧结构性改革为抓手，加快转变农业发展方式，推进现代农业建设。一是调整优化农业结构。坚持“稳粮、优棉、精果、强畜、促加工”的发展思路，稳定粮食面积，进一步调减棉花面积，增加饲草面积；建设高标准果园，打造精品示范大棚，做精果蔬园艺业；着力推进畜牧业集约化养殖，做大做强畜牧业；大力发展农业品精深加工业，着力提高农产品加工增值效益和市场竞争力。二是着力推进棉花供给侧改革。在国家连续三年的棉花收储政策支持下，兵团棉花单产获得了快速提高，而品质被严重忽视，导致棉花质量下降。提升棉花品质，要加强棉花生产、加工、销售全过程质量管理。各植棉师团应结合地理气候条件精选品种，尽量统一种植品种，推行“一主一副”模式，强化栽培管理，积极适应市场需求，改造升级加工工艺，提高棉花加工水平。三是积极发展农业新型经营主体。要充分发挥兵团农业的独特优势，大力支持农业合作社、团场农业经营公司、农业龙头企业等多种新型经营主体发展，在农业技术推广、农资供应、农产品产销等方面构建全面高效的服务体系。

工业方面。一是加强工业经济运行调度。抓好煤电油运等生产要素的组织协调，优先满足重点企业生产需求，重点抓好电力、食品饮料、农副食品加工以及支农产品等有增长潜力行业的生产经营，为稳增长多做贡献。二是加快供给结构优化。按照国家去产能政策部署，稳妥推进兵团“去产能、去库存”。综合运用各类手段，加快淘汰过剩和落后产能，有序推进对不符合节能降耗、环保安全等标准，长期处于亏损状态的“僵尸企业”实施清理；做好工业品去库存工作，继续组织实施兵团主要工业品促销活动，帮助钢铁等企业开拓兵团内部市场，减轻企业库存压力。三是抓好现有企业转型升级。推动钢铁、有色、水泥、化工等传统行业高端化、低碳化、智能化改造步伐。以增加科技投入为抓手提高企业生产效率，积极引导企业强化技术、产品、服务和经营模式创新，延长产业链，增强竞争力，实现传统产业转型升级。四是着力推进“降成本”。针对当前工业企业生产经营困难，生产积极性不高，相关部门应打出“组合拳”，提高行政效能，坚决清理涉企收费，着力降低企业成本。做好银政企衔接，帮助中小微企业拓宽融资渠道，降低融资成本。积极协调铁路部门，对兵团工业产品实施铁路出疆运费下浮政策，扩大产品范围，增加运费下调幅度，进一步降低企业运输成本。

服务业方面。一要深入挖掘内贸潜力。扎实推进服务业提升年活动，继续开展“消费促进‘6+1’活动”和“百团万店”工程，积极组织兵团企业参加疆内、国内大型展会活动，不断加大产品销售力度，扩大销售覆盖面积，深挖内贸潜力。二要全力促进外贸转型升级。要充分利用兵团现有 9 家海关监管货场的仓储物流设施，积极组织销售，进一步扩大纺织服装、建材、化工产品和特色果蔬等兵团自产品出口规模。支持企

业运用跨境电子商务开拓国际市场，促进外贸转型升级。三要加快发展电子商务。抓紧出台兵团“互联网＋”行动方案，积极开展“互联网＋”试点项目建设。以国家“电子商务进农村综合示范”为契机，积极推进电子商务应用向兵团基层延伸，并大力推广“网订店取”、“网订店送”等新型配送模式。四是积极发展服务业新业态。要积极发展金融保险、养老、健康、文化体育等新兴服务业态，鼓励引导民间资本进入，增加服务性消费供给的数量，提升质量，进一步释放服务性消费需求潜力。

（二）狠抓重大项目建设和招商引资，努力扩大有效投资

一是抓项目进度。明确领导责任，重点挂牌督办，合理组织施工，加快工程进度，确保各节点目标计划按时有序完成。二是抓资金到位。千方百计拓宽投融资渠道，研究出台鼓励和引导民间投资配套政策。谋划和推出 PPP 模式试点示范项目，切实调动社会资本特别是民间资本参与重点项目建设的积极性，破解资金不足和运营维护等方面的问题。三是抓招商引资。结合“一带一路”建设战略，密切关注国家推出的 7+4 重大工程包和六大消费领域工程，围绕加强兵团薄弱环节开展项目储备，创新招商引资方式方法，谋划引进一批纺织、能源、新兴产业、现代物流等方面重大项目投资。四是积极争取国家支持。紧密跟踪国家投资方向和政策安排，积极争取中央投资支持。

（三）紧盯重点领域和关键环节，全面深化改革开放

一是进一步推进行政职能转变。继续推进简政放权，深入推进投资审批制度改革，进一步简化、整合投资项目报建手续。二是切实抓好国资国企改革。着力推动国有企业真正成为市场主体，提高国有资本运行效率。三是大力发展非公经济。制定兵团发展非公经济的实施意见，努力为兵团非公经济发展营造更加良好的环境。五是切实加快“走出去”步伐。加快组建中新建国际农业合作有限责任公司，打造兵团农业“走出去”统一平台。积极推进塔吉克斯坦农业产业园和苏丹、俄罗斯、哈萨克斯坦等现代农业开发项目，力争早日取得实效。

（四）深入推进在南疆发展，优化兵团战略布局

中央将兵团在南疆发展确定为国家战略，自治区党委高度重视并支持兵团在南疆发展，在南疆发展将成为兵团新的经济增长点。一是促进南疆师团人口持续快速增长，为提升维稳戍边能力和南疆发展提供人力资源保障；二是加快推进纺织服装等劳动密集型产业发展，吸纳就业和集聚人口；三是加大水利、交通、农林等基础设施和教育、文化、卫生等民生项目投入，夯实南疆发展基础，改善民生；四是推动建立各民族相互嵌入式的社会结构和社区环境，带动周边乡村共同致富。

（五）实施创新驱动发展战略，打造经济增长新引擎

创新是推动经济增长、产业优化升级的原动力，在新常态下必须把发展基点放在创新上。一是要深入推进大众创业、万众创新，打造增长新引擎。积极为“双创”提供政策支持，搭建平台，营造良好环境，推广“四众”模式，培育各类创业创新主体。围绕兵团“四化”建设和现代服务业发展，依托各类园区，集聚创业要素，发展一批创业孵化基地和创业园区，大力支持中小微企业和非公经济发展，引导兵团大中型企业加快创新，积极探索发展连队经济和域外经济。二是着力改善生态环境推进绿色发展。鼓励企业改造工艺技术装备，推进传统产业绿色改造，实施能源和水资源消耗、建设用地等总量和强度双控行动，严格防止落后产能、落后工艺技术项目落地，积极扩大基础设施、公共产品和公共服务等有效投资，推动绿色发展。三是持续改善民生推进共享发展。继续开展“十件实事”民生工程，加大南疆师团、边境团场和贫困团场资金投入，加强教育、卫生、文化和养老等基础设施建设。加大扶贫攻坚力度，完善社会保障体系，促进职工多元增收，稳步提高职工收入水平，确保扶贫工作取得实效。

（作者：王新农）

专栏：兵团创新驱动发展战略研究

兵团经过60多年的发展，基本形成了多种产业并行运营的现状，已经建立起比较完整的经济和社会发展体系。2015年，兵团实现生产总值1934.91亿元，比上年增长12.3%。其中，第一产业增加值428.04亿元，增长6.9%；第二产业增加883.88值亿元，增长15.5%；第三产业增加值622.99亿元，增长11.8%。三次产业增加值占生产总值比重分别为22.1%、45.7%、32.2%。三次产业对经济的贡献率分别为13.8%、59.3%和26.9%，分别拉动经济增长1.7、7.3和3.3个百分点。全年人均生产总值70380元，比上年增长11.0%，兵团经济在新常态下平稳运行，结构调整逐步优化，改革开放不断深化，民生事业持续进步，经济社会发展迈上新台阶。

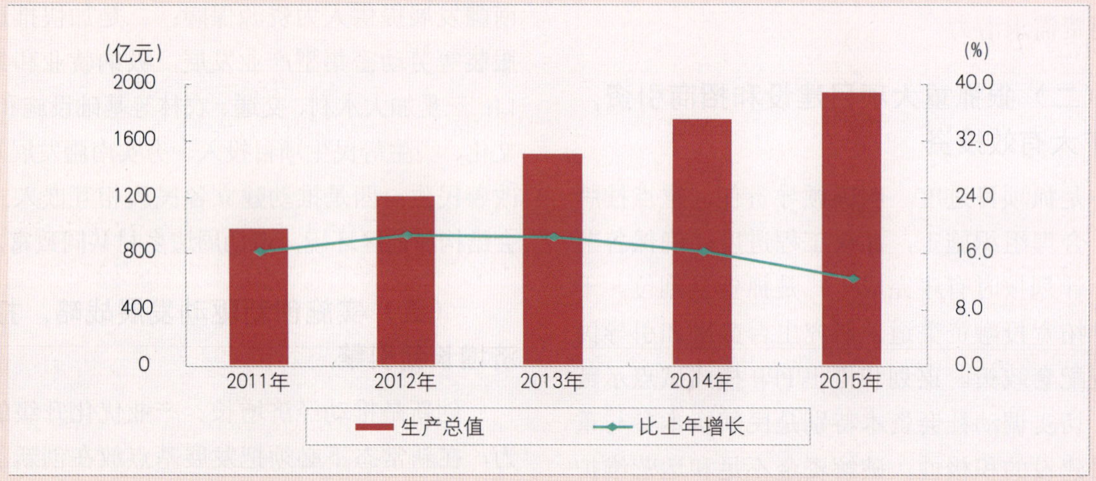

图1 2011—2015年兵团生产总值及其增长速度

回首过去，兵团在新疆的发展与稳定中发挥了重要作用，创造了辉煌的业绩；展望未来，兵团既面临着难得的发展机遇，同时也面临着严峻的挑战。在这历史性机遇和挑战面前，兵团如何创新驱动发展，以改革为动力，加快发展、促进产业升级，是一项现实而具有重要意义的课题。

一、兵团创新驱动发展的重要意义

（一）创新驱动发展是适应引领经济发展新常态、转变兵团发展方式、调整经济结构的迫切要求。

一是产业结构不合理。兵团生产总值保持了平稳快速增长的良好势头，但是结构性的问题依然突出，2015年三次产业占比为22.1∶45.7∶32.2，三产占比分别低于自治区、国家12.8和18.3个百分点，离兵团率先在西北地区全面建成小康社会三产占比50%目标差距较大。且南北疆垦区发展不均衡，南疆垦区大多处于自然条件恶劣地区，且又是维稳重点地区，经济社会发展滞后。

二是“三化”发展不协调。城镇化滞后于工业化，就业结构滞后于产业结构转换。2015年，一产就业人员比重高于农业增加值比重4.1个百分点。2015年第二产业劳动生产率是第一产业的2.03倍；农业现代化与城镇化还不够协调，城镇居民消费水平不及连队居民，2015年兵团，城镇居民人均消费支出20308元，增长3.9%，扣除价格因素，实际增长3.3%；连队居民人均消费支出13539元，增长7.0%，扣除价格因素，实际增长6.5%。城镇居民人均消费支出增幅明显低于连队居民人均消费支出，反映了兵团城镇化质量不高。

三是产业链短、初级产品多。农业产业化经营水平较低，深加工投入不足，丰富的农业资源优势没有有效地转化为产业优势、经济优势，产品主要集中在以原料为主的初级产品上，技术含量高、加工层次高的产业发展不足，精深加工产品缺乏，尚未形成优势，农牧产品资源优势发挥不充分。四是生产、加工和流通相

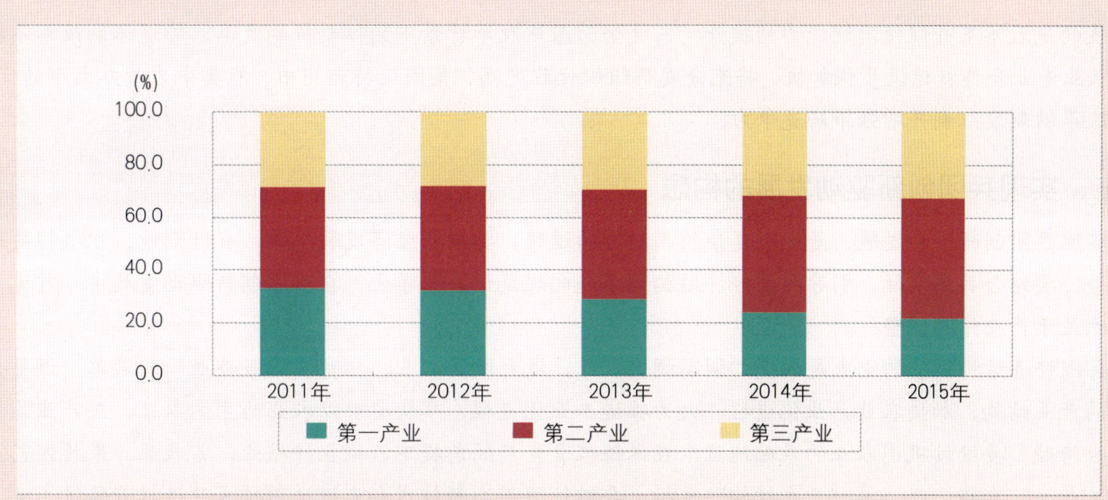

图 2　2011—2015 年兵团三次产业增加值占生产总值比重

脱节。兵团在服务体系、产品加工、物流和生产组织方式上还较落后，产业、行业各自为政，服务便捷化不到位，产品加工比较低，龙头企业和基地职工的利益联结机制不合理，农业物流体系极不健全，生产组织方式即“统分结合”不协调，产业间没有形成专业化生产、社会化协作体系和规模经济，存量结构的调整效果不明显。

（二）创新驱动发展是推进兵团生态文明建设，实现绿色、循环、低碳发展的迫切要求

一是目前，资源环境约束趋紧，资源开发效应趋弱，节能减排形势严峻，单位生产总值能源消耗、单位生产总值二氧化碳排放、主要污染物排放 3 项目标下降压力不断加大。2015 年，兵团单位 G GDP 能耗是全国的 2.4 倍左右，是兵团 2010 年的 1.4 倍。

二是由于兵团起步较晚，企业大多规模小，发展缓慢，比如兵团的矿产企业，许多仍然是以小作坊生产方式为主，多采取粗放式经营，不仅造成了资源不能合理利用，浪费现象十分严重，而且对环境的污染也相当严重。三是兵团大部分团场所在区域生态环境较差，水资源匮乏；南疆团场、边境团场生态工程建设经济效益不明显，城市管理水平不高，团场工业企业发展尚在起步阶段，许多企业在技术装备上受资金短缺的制约，只能利用能耗高、工艺落后、原材料浪费大并已被发达地区淘汰的落后设备，推动了工业经济的高速增长，同时也加速了资源短缺、产生了环境污染问题，环境污染则将影响人民生活质量的全面提高。

（三）创新驱动发展是进一步提升兵团创新能力、激发经济活力的迫切要求

一是人口增速较低，老龄化趋势加重，中高层次人才匮乏，人力资本可持续发展后劲不足。现有人才总量、人才结构不能满足经济快速发展和产业结构转型需要。二是各种人才稀缺尤其是高端人才紧缺，主要表现在人才资源开发尚未形成整体合力，本土人才留不住、大量流失，外部的人才难引进，导致人才来源不足，特别是在公司化经营、资本运作等方面的人才匮乏， 具有金融、信息、城镇管理等专业知识的人才尤为短缺。并且尚有的大量专业技术人才和高级管理人才集中在兵师两级机关，团连和企业人才不足，使兵团在迈向全面小康社会的进程中，以工业的发展带动整体经济的起步，实现长久可持续发展受到制约，人才资源不足成为进一步发展的瓶颈。

二、兵团创新驱动发展面临机遇

一是中央边疆治理方略下的兵团地位得到确认和提升，对外开放格局下的丝绸之路经济带建设和对口援疆政策下的民生改善，将拓宽兵团发展空间并带动产业转型升级；二是兵团党政军企合一的特殊体制，具有组织化程度高，集团化优势突出，劳动者素质相对较高的优势。师市合一体制下的城镇化发展，也将弥补兵

团发展的先天不足并促使治理能力的提升；三是全面深化改革背景下的体制机制变革，管理体制改革不断深化，农业专业合作社建设步伐加快，将充分发挥组织化程度高、集团化特点突出、能集中力量办大事的优势，释放改革的制度红利并增强市场竞争力。

三、实现兵团创新驱动发展的构想

实现兵团创新驱动发展，是一个复杂的、渐进的过程，要按照经济发展规律，有计划地、积极稳妥地逐步调整。要结合兵团实际，引导兵团经济结构逐步趋向规范化、科学化。在兵团创新驱动发展中，首先重点心是立足于产业结构调整。

兵团经济结构调整的重点是围绕“调高调优农业，做大做强工业，拓宽搞活服务业”的思路，调整优化兵团的产业结构，加快农业产业化进程，大力推进工业化进程，尽快实现以农业为主向以二、三产业为主的历史性跨越。要继续巩固农业的基础地位，在保证粮食生产的前提下，树立种植业、畜牧业、果蔬园艺业的“三足鼎立”和粮、经、草“三元结构”目标。要继续运用高新技术和先进适用技术改造提升传统工业，积极发展高技术含量的新兴工业项目。依托新疆优势资源，用足用好各项优惠政策，继续做大做强兵团的内外贸易、金融保险和旅游业，努力培植新的经济增长点。加快发展具有较强竞争力的大企业、大集团，同时注意引导中小企业向“专、精、特、新”方向发展。积极调整所有制结构，大力发展非公制经济、混合所有制经济。抓好撤并连队工作，调整优化团场管理格局，集中力量做大做强一批“中心团场”，形成布局合理、具有兵团优势和特点的团场和连队。

在调整的方向和重点上，既要密切跟踪世界经济科技发展的新趋势，又要从兵团经济发展的实际出发；既要紧紧依靠科技进步，提高劳动者素质，增强企业竞争能力，实现速度与结构、质量、效益相统一，又要始终坚持可持续发展，合理开发使用各种自然资源，控制人口增长，使经济发展和人口、资源、环境相协调。

兵团要围绕创新驱动发展的目标，以转变经济发展方式为主线，加快产业结构优化升级，做大做强优势特色产业，形成以战略性新兴产业为先导、现代服务业和先进制造业为支撑的现代产业体系，不断增强综合经济实力。要打牢建立现代产业体系的基础，必须走科技含量高、经济效益好、资源消耗低、环境污染少、人力资源优势得到充分发挥的新型工业化道路。

（一）加快经济结构调整，构建现代产业体系

一是解放思想，增强机遇把握和转化能力。在发展理念上，要遵循经济规律，实现科学发展，真正建立起市场在资源配置中起决定性作用的体制机制，加快兵团特殊管理体制与市场机制接轨；要遵循自然规律和社会规律，坚持转变经济发展方式和推动结构调整。推动三大产业、三大需求、三大收入结构进一步优化，坚持把改革作为重中之重，以改革激发市场活力和动力，实现和谐包容性发展。兵团要在加快提升传统产业竞争优势的同时，通过自主创新提高生产制造的技术水平，改造提升传统产业，提升产品质量和附加值。要进一步加大政策支持、资金引入力度，以改造传统产业为抓手，以培育龙头企业为突破口，推动高新技术产业基地建设，大力培育新能源、新材料、节能环保和生物医药等战略性新兴产业，实现资源优势向产业优势、继而向经济优势转换。加快布局关键基础产业和战略性新兴产业，力争构建起以现代服务业和先进制造业“双轮驱动”为核心，战略性新兴产业为引擎，优势传统产业为支撑的现代产业体系。

（二）立足现实基础，稳定传统优势，发挥现有优势，培育新的增长点

全面推进各领域改革，激发发展活力和动力，要突出重点，抓住关键点，坚持“两个可持续”。发展产业立意要高，占领行业、市场、技术、规模的制高点。要高起点规划，分类指导，区别对待。充分发挥兵团和师市两个层面的积极性，优势优先，协调发展，在现代煤化工产业上实现突破。既要继续支持石油产业做大做强，并延伸产业链条，保持石油石化产业稳定，抓住机遇整治煤炭行业秩序。要看到兵团经济新变化，充分认识受到高度依赖投资拉动经济的不可持续性以及化解产能过剩的影响，严格控制钢铁、水泥产业新增

产能，培育农牧业和轻工食品产业龙头企业，旅游业要培育新业态；更要靠放开市场竞争、产业化创新、有利的政策和制度环境，做大做强优势特色产业，加快引进和发展装备制造业和新材料、新能源等战略性新兴产业，大力支持节能环保产业，支持循环经济技术研发、示范推广和能力建设，努力把环保产业做成新的经济增长点。大力发展绿色工业、节能工业、循环工业，培育和形成新的增长点。努力用最小的资源和环境代价保持全市经济的快速发展。

（三）切实提高服务业的科技含量和技术含量，促进传统服务业的改造升级，并向现代服务业迈进

以转型升级为导向，构筑后发优势。要要善于发现专业型人才，善于用好各类人才，加快对传统商贸流通业的改造升级，形成布局合理、结构优化、管理规范、服务优质的商贸流通体系。鼓励企业引进现代信息技术、管理技术，通过专业经营、连锁经营、联盟发展等方式，形成一批跨地区、跨行业、跨所有制的大型流通企业集团，促进传统商贸流通业的升级，推进商贸流通业现代化进程。

（四）统筹城乡发展，着力解决好“三农”问题，改善民生等方面实现重大突破

必须在坚持经济效益、社会效益和环境效益三者和谐统一基础上，把统筹城乡发展的思路贯穿到城镇规划、发展、建设、管理的全过程，从整体上着力解决好“三农”问题，推进兵团经济持续快速协调健康发展。运用好经营城镇理念，最重要的就是要做好资源向资本的转化工作。加快转变农业发展方式，拓展农业功能和增值增效空间，加快创新农业经营体系，推行农业标准化清洁生产，挖掘农产品电子商务巨大潜力，用好两个市场、两种资源；拓宽就业渠道，提高农民就业水平；积极推进新型城镇化，发挥城镇对产业、资金、信息和人口的集聚作用，培育城市经济增长极。一是积极推进传统农业向现代农业转变，吸引农业产业化龙头企业向兵团城市或团场城镇集中。二是充分发挥兵团已有城市和拟建城市的政策、区位和资源优势，鼓励和引导工业项目向城镇工业园区集中。三是鼓励职工和社会各类人员到团场城镇开发房地产业、商贸流通业、旅游业、仓储运输业和建设集贸市场，扶持文化传媒、中介服务和社区服务等第三产业。

四、兵团创新驱动发展战略的方向

（一）建立起市场在资源配置中起决定性作用的体制

一是立足市场多样化、优质化的需求，着眼国内外市场，突出区域特色，加强顶层设计，主动参与丝绸之路经济带建设，以做实中国新建集团为突破口，着力培育市场竞争主体，构建特殊管理体制与市场机制相适应的国资管理体制和运营机制，提升兵团对外开放水平，发挥兵团体制优势和地域优势。

二是进一步处理好政府和市场关系，推进兵团、师、团场三级“政企、政资、政事、政社”分开，丰富创新党政军企合一体制内涵及实现形式；着力培育壮大市场主体，解决资产不能流动、条块分割问题，盘活存量，引进增量；以政企分开为前提，健全和转变行政职能，推动行政职能向创造良好发展环境、提供优质公共服务、维护社会公平方面转变。

三是搞好产销衔接。选择市场前景广阔、生产潜力大的产业和产品，集中力量加快发展壮大。大力发展电子商务、物流配送等形式，逐步规范龙头企业与农户的产销合同，完善双方的主体地位和相应的权利、义务，努力提高订单的履约率，提高企业产品营销的组织化程度。

（二）发挥比较优势

兵团社会经济发展所具备的优势主要表现在三个方面。第一，兵团具有得天独厚的地缘优势、口岸优势和资源优势。兵团有数十个边境团场分布在11个国家一类开放口岸地区，具有发展口岸经济的地缘和资源优势。兵团具有丰富的边境旅游资源、屯垦文化旅游资源和自然风光等特色旅游资源，这种独特的旅游资源与地缘、口岸优势形成了明显的集合优势。第二，农业发展优势。农业是兵团的基础产业，同时也是兵团经济

的支柱产业。自兵团成立以来，兵团一直致力于现代农业建设的探索和实践，目前兵团已初步形成了节水灌溉示范基地、农业机械化推广基地和现代农业示范基地“三个基地”，农业发展具有明显的资源优势、规模优势、装备优势、科技优势、组织优势。第三，集团组织优势。兵团是一个特殊社会经济组织，具有“党、政、军、企”合一的特殊管理体制。兵团的特殊管理体制具有浓重的计划经济色彩，在兵团发展过程中，其形成了集团化优势突出、组织化程度高、能够集中力量办大事的特点。这是兵团经济社会发展最为突出的优势之一。

一是兵团要立足新疆和兵团农业资源充足、区内及周边地区矿产资源丰富、地处向西开放前沿的三大优势，以“三化”建设为主线，以市场为导向，以兵团城市和产业聚集园区为载体，强力推进城镇化打造跨越式发展平台、大力推进新型工业化壮大跨越式发展实力、加快推进农业现代化夯实跨越式发展基础，不断健全现代产业体系。

二是实行与当地城市错位发展，解决好城市（镇）建设中产业支撑、资源环境支撑等问题，使城市（镇）逐步成为发展工业、拓展服务业、招商引资的平台和相对集中、具有专业化特点的区域性产业集群。城市（镇）经济发展要为转移农业人口创造条件，加快发展劳动密集型产业和服务业，发挥城市（镇）对就业的促进作用。坚持因地制宜，发挥当地的资源优势，立足当地资源条件确立主导产业，根据生产力发展水平选择产业化经营模式，力避区域间的产业雷同和企业间的恶性竞争。

三是综合考虑各区域在资源禀赋、生产规模、市场区位、环境质量、以及资金、技术、人才等方面的优势，因地制宜，扬长避短，把潜在的优势转变为现实的经济优势。重点发展食品医药、纺织服装、氯碱化工和煤化工、特色矿产资源加工等支柱产业，培育壮大石油天然气化工、新型建材和装备制造业，大力发展旅游产业，不断推进城镇化、新型工业化和农业现代化，促进经济快速发展和收入稳步增长，为改善职工生产生活条件、提高职工生活水平提供牢固的经济支撑。

（三）依靠科技进步和创新

科技支持是动力，要坚持创新、协调、绿色、开放、共享发展理念，建立科技示范园区，落实科技项目，尤其是种、养、加项目。

一是塑造和构筑更多引领发展的支撑点，加快高新技术发展，引进一批高起点、高标准的农业科研和生产项目，培育战略性新兴产业，从当前农业结构调整和农民增收的要求来看，重点要围绕高新科技的种苗、设施农业、绿色食品和生态农业的发展，对高科技育种技术、设施农业、工厂化生产技术、优质品牌农产品的标准化生产技术、绿色食品的无公害生产技术和生态农业技术，高效低成本农产品精深加工技术以及农产品保鲜储运技术、农产品质量监测与动植物检疫技术进行重点攻关。全面支撑兵团经济转型发展与重点产业提质增效，在开发研究生物组培技术、基因工程技术，示范推广标准农业、节水农业、工厂化农业等方面发挥导向和示范作用。

二是加快推动创新驱动发展，抓住关键技术，实行科技攻关，加强集成创新与引进消化吸收再创新，提高科技持续创新能力，加强技术创新和知识创新，狠抓农业科技研发和技术推广，有条件的龙头企业要组建自己的研究开发机构，加速科技成果的转化，逐步发展成为有自主知识产权、创新能力强的现代农业企业或企业集团，提高产品的质量和科技含量，不断提高科技创新供给的质量，大力推动科技成果转化和产业化，着力解决关系兵团发展的重大科技问题。

三是全面推进科技创新平台建设，充分发挥人才资源作为第一资源的作用，进一步提升自主创新能力，夯实建设创新型兵团的基础和支撑条件。要激活创新创业的动力引擎，将创新驱动发展建立在大众创业万众创新的基础上，加快技术推广步伐，围绕主导产品，广泛采用先进技术，通过多种形式，把技术送到千家万户，推动新技术、新产业、新业态蓬勃发展。建立和完善兵团创新体系，发展先进适用的高新技术，用现代高科技提升传统产业、产品的技术水平和市场竞争能力。

四是融入全球创新网络，加快完善围绕科技创新和规划目标的科技投入持续增长机制，推动形成行政引导、企业为主、社会参与的多元化科技投入体系。牢牢把握“一带一路”战略和全国对口支援的重大机遇，发挥市场配置创新资源的决定性作用，提升劳动力、信息、知识、技术、管理、资本的效率和效益，充分利用国际国内两种资源和两个市场，建好“丝绸之路经济带”创新驱动发展试验区和中国—中亚科技合作中心兵团分中心，让创新成果更好更快地进入市场，创造出价值，以技术合作带动产业合作，全面拓宽兵团创新网络

（四）坚持转变经济发展方式和推动结构调整

一是以城镇化为载体。按照现代城市理念，高起点、高水平规划建设一批布局合理、功能完善、特色鲜明、环境优良、宜居宜业宜游的现代化城市和城镇。对已有的城市要进一步理顺体制、完善功能，统筹城市规划、产业发展、基础设施、公共服务、劳动就业和社会发展，从道路、水电、绿化、住房等入手，实现城市资源共享、统筹发展，尤其要着力培育发展二三产业，吸纳集聚人口，在城市规模和产业上取得新的突破，增强对周边的辐射带动功能，打造兵团发展新的增长极，增强屯垦戍边事业凝聚力。

二是以新型工业化为支撑。要以改革激发市场活力和动力以增强造血功能为目标，以市场运作为手段，以园区建设为平台，坚持把改革放在重中之中的位置，转变经济发展方式和推动结构调整，推动三大产业、三大需求、三大收入结构进一步优化，深化改革、扩大开放，按照统一规划、统一管理原则，切实抓好喀什、霍尔果斯两个特殊经济开发区兵团区域的开发建设，加快推进石河子经济技术开发区扩区、阿拉尔和五家渠园区升格工作，积极创造条件，申报、审批建设自治区级、兵团级开发区和工业园区。充分利用新疆的资源优势和兵团现有产业基础，谋划一批产业延展性较强、带动力强的重大项目和战略项目，大力培育一批具有支撑性的主导产业，努力推动工业经济快发展、大发展。坚持以企业为主体，加快运用新技术、新工艺、新材料、新设备，提升改造食品医药、纺织、农用装备制造、矿业、建材、能源等传统产业，提高产品附加值和市场竞争力。

三是以农业现代化为基础。兵团农业在相当程度上是社会效益高、经济效益低的弱质产业，在比较利益规律作用下，资金、技术、人才等生产要素必然向比较利益高的非农产业流动，使农业处于投入严重不足、发展后劲乏力的困境，这是市场经济条件下农业发展的难点所在。兵团要坚持按照“稳粮、优棉、增果畜”方针，加大农业结构调整力度，积极发展设施农业和休闲农业，做大做强兵团具有比较优势的特色农业，鼓励支持龙头企业以资本、品牌为纽带，跨出师团，面向全兵团、全疆整合资源，使其尽快做大做强，建成一批上规模、上档次的农业产业基地。在兼顾师、团场、职工三者利益基础上，提高农业专业水平和技术水平，并将一、二、三产业融为一体，通过规模经营和多层次加工使农产品实现重复增值。积极探索符合农业产业化要求的大宗农产品经营体制，特别是通过“龙头企业＋基地＋农户”、“公司＋农户”、“专业协会＋农户”、“股份合作”等组织形式，使龙头企业与农户之间，企业与职工之间在自愿、平等、互利的前提下形成“利益共享、风险均担”的经济利益共同体，在一体化经营体系内部进行利益互补，职工除了可以获得种植业、养殖业的收入外，还可以分享加工业和服务业的部分利润，从而增加职工收入，提高农业的比较效益。

（五）实现科学可持续协调发展

兵团要遵循经济规律和自然规律，坚持以发展质量为前提，以协调发展为中心，以可持续发展为目的，以促进人的全面发展为根本，处理好兵团的城乡发展、区域发展、经济社会发展、人与自然和谐发展、国内发展与对外开放的关系，加快培育和拓展与生态保护、休闲观光、文化传承、生物能源等密切相关的循环农业、特色产业、生物能源产业、乡村旅游业和农村二、三产业等，充分发挥农业多种功能，增进经济社会效益。改善和保护生态环境和生产条件，提高综合生产能力，促进人与自然的和谐，实现经济发展和人口、资源、环境相协调，坚持走生产发展、生活富裕、生态良好的文明发展道路，实现可持续发展，努力提升兵团的整体发展水平，保证一代接一代地永续发展。

（执笔：周其运）